# Rhino3D

## 라이노3D

## 머릿말

90년대 초 대학교 2학년때 처음 컴퓨터와 그래픽(3D)을 접하고 너무나 신기한 나머지 밤을새며 주전자를 만들던 기억이 생생한 지금 15년 가까이 지난 현재 그때와는 비교도 안 될 만큼 컴퓨터와 그래픽 소프트웨어가 발전되었고 계속해서 새로운 기능을 가진 프로그램을 경쟁적으로 선보이고 있습니다. 이는 프로그램 버전이 업그레이드 되는 상황을 따라가기가 어려울 정도로 빠른 속도로 발전이 되고 있습니다.

필자가 라이노3D를 처음 접하게 된 것은 10년전 직장을 다니면서 학원을 잠깐 다닌 적이 있었는데 그때 강사분이 개인적으로 공부해 보라고 CD한장을 주셨는데 이것이 라이노3D 프로그램이었습니다.

3D-Max와 Auto cad에 익숙해 있던터라 처음에는 생소하고 적응이 어려웠지만 하면 할수록 흥미로운 프로그램 이었습니다. 그 당시에는 책도 2권정도 밖에 없었던 걸로 기억이 되는데 아주 힘들게 공부했던 기억이 납니다.

대학 졸업후 제품 Mock-up 회사에서 일하면서 라이노3D를 접한 뒤로는 계속 사용해 왔는데 그러던중 선배의 권유로 귀금속 업계로 돌아와서 처음으로 라이노 교육을 시작하게 되었습니다.

처음으로 교육과 제작을 하다보니 수없이 시행착오를 겪으면서 많은 여려움도 있었습니다. 그 당시에는 상대적으로 주위에서 먼저 도입된 주얼캐드와 많은 비교를 하게 되었는데 대부분 어려워하는 경우가 많았습니다. 하지만 계속 버전이 업그레이드 되면서 4.0 현재 많은 개선이 이루어져 사용이 훨씬 더 쉬워지고 편리한 기능들이 추가되어 현재는 사용자층이 아주 많이 늘어나게 되었습니다.

업계에서 일한지 8년이 지난 지금 많은 발전을 해왔으나 타 분야보다 CAD/CAM 시스템 도입이 늦었기 때문에 앞으로 발전할 수 있는 여지가 많고 차지하는 비중은 더욱 더 커질것으로 보여집니다. 이에 업계에서 필요한 라이노3D 활용서적이 필요하다고 생각되어 처음 시작하는 분들을 위해서 조금이나마 도움이 되고자 집필하게 되었습니다.

다른 책들처럼 세련되고 화려한 모델링과 렌더링을 다루진 않았지만 처음 시작하시는 분들을 위해 조금이나마 쉽게 접근할 수 있도록 쉬운 예제를 따라하는 방식으로 설명하였습니다. 여기에는 명령어에 대해 설명한 책들은 많이 있지만 초보자들이 따라 하기에는 적합한 책이 부족하다고 느꼈기 때문이기도 합니다.

개인적인 사정으로 예정보다 늦게 완성이 되서 이무형 사장님께 죄송하다는 말씀과 감사하다는 말씀을 드리며 책을 쓰는 계기를 마련해 준 홍성백 교수에게 고맙고 또한 옆에서 조언과 격려를 해주신 선,후배님과 친구들에게도 감사의 말씀을 드립니다.

그리고 이 책이 나오기까지 옆에서 가장 많은 고생을 한 유은정 강사에게 다시 한번 감사하다는 말을 전하고 늘 말없이 지켜봐주시고 걱정해주신 부모님 두분과 동생들, 마지막으로 소영,세진, 그리고 미란에게 큰 고마움을 전합니다.

## 책 내용 요약

이 책에서 중점을 둔것은 각 명령어의 상세한 설명이 아니라 실제로 라이노3D를 가지고 어떤방법으로 제작이 되는지 보여주고자 했으며 각 예제마다 아이콘과 명령창을 같이 첨부하여 초보자들이 이해하기 쉽도록 하였다.

또한 작업 순서를 번호로 표시하여 처음 접하는 분들도 쉽게 따라할 수 있도록 하였고 책의 진행 순서는 기초적인 환경 설정부터 마우스와 키보드 사용법, 그리고 커브를 그리고 편집한 다음 서페이스 개체를 만들고 변형하는 순서로 되어 있다.

그리고 산업기사를 준비하는 분들을 위해 산업기사 유형의 예제를 별도로 도면 작성법과 함께 상세하게 다루어 시험에 대비할 수 있도록 하였고 기존의 디자이너와 학생들에게도 도움이 될 수 있도록 하였다.

예제는 진행이 될수록 점점 난이도 있는 예제를 접하도록 하여 책을 이해하고
진행하는데 무리가 없도록 하였다.

[ 책에 포함된 CD에는 라이노3D 4.0 SR-2 한글 평가판과 보석 Data가 수록이 되어있고 평가판의 경우 25회까지만 저장이 가능하며 그후에는 저장은 되지않으나 작업은 가능하다.]

# Contents | Rhino3D

## 보석 파일 다운 받기

[ 아래 사이트에서 보석 Data를 다운 받을 수 있다. ]

WWW.jewelryworks.co.kr

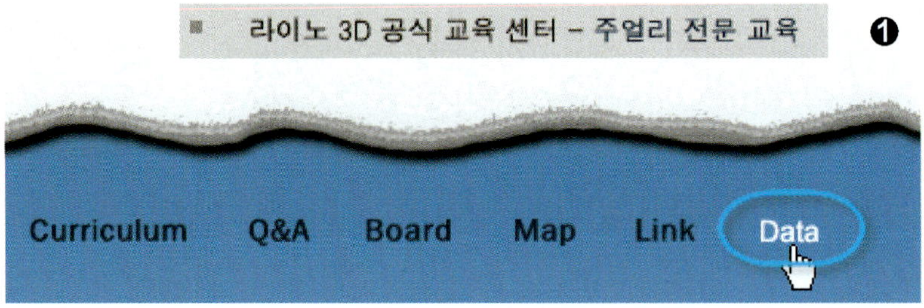


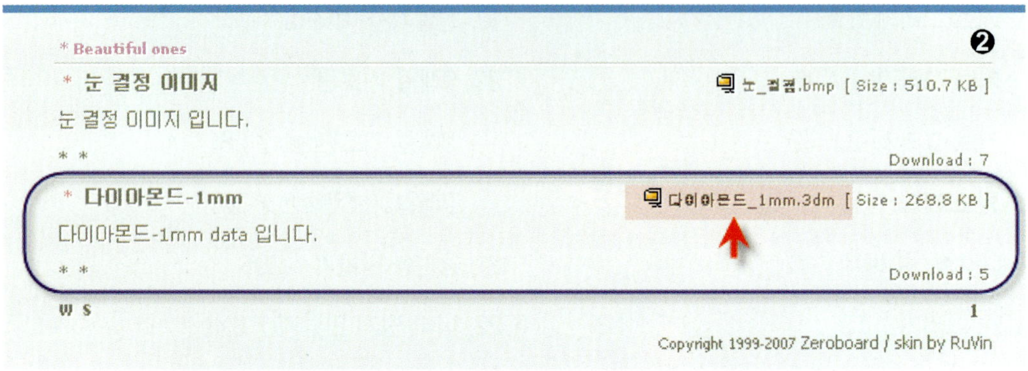


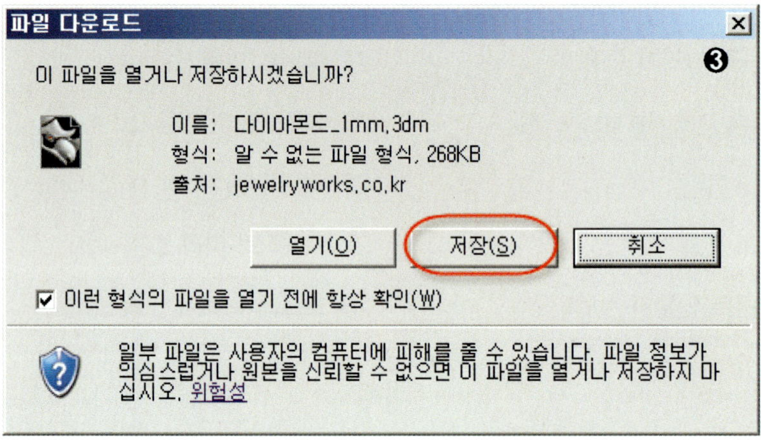


-> 지름 1mm원형 다이아몬드를 다운받을 수 있다.

WWW.kr.rhino3d.com/4/newfeatures.htm
-여기서 라이노 4.0 평가판 및 여러자료를 검색할 수 있다.

# Rhino3D

## 1. 라이노 4.0 소개

# 1. 라이노 4.0 소개

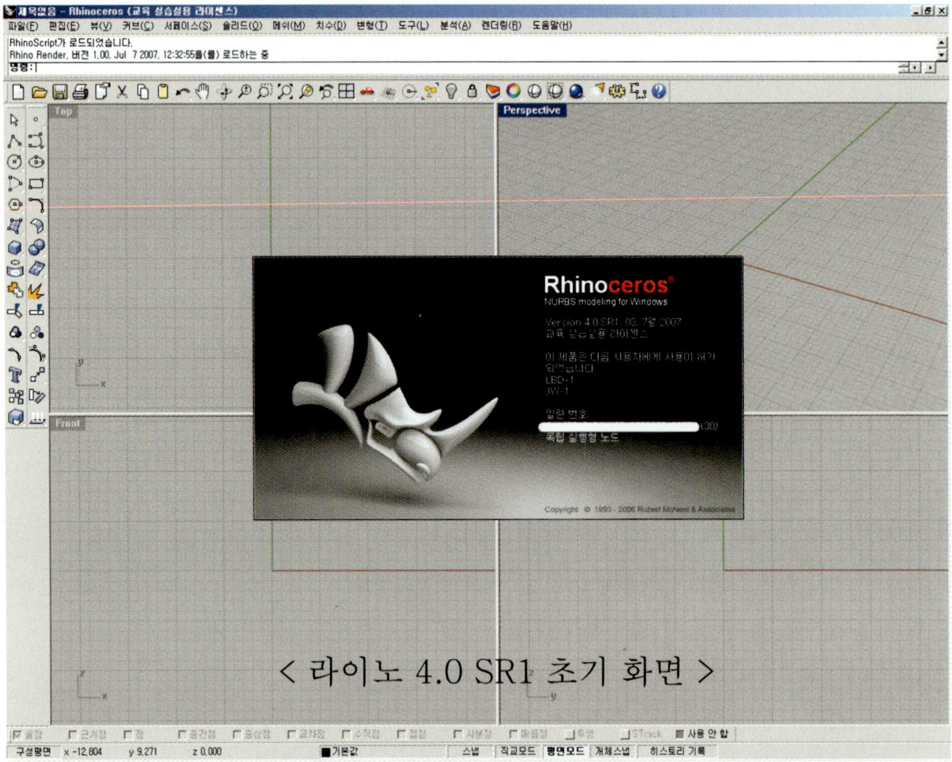

< 라이노 4.0 SR1 초기 화면 >

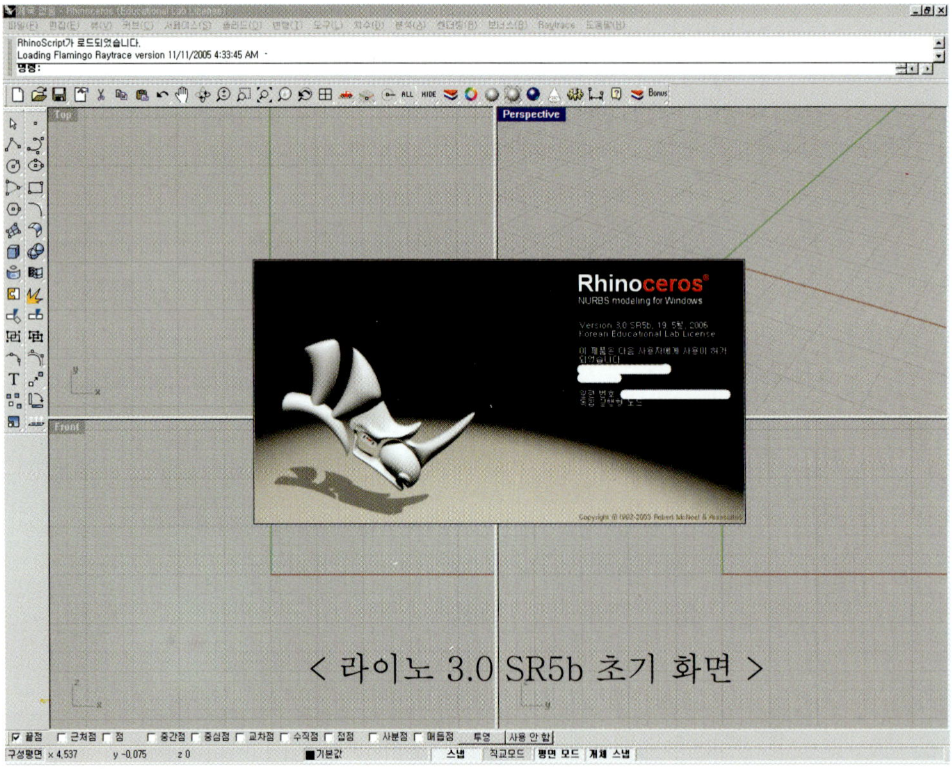

< 라이노 3.0 SR5b 초기 화면 >

# 1. 라이노 4.0 소개

❶

\+ F1

❷

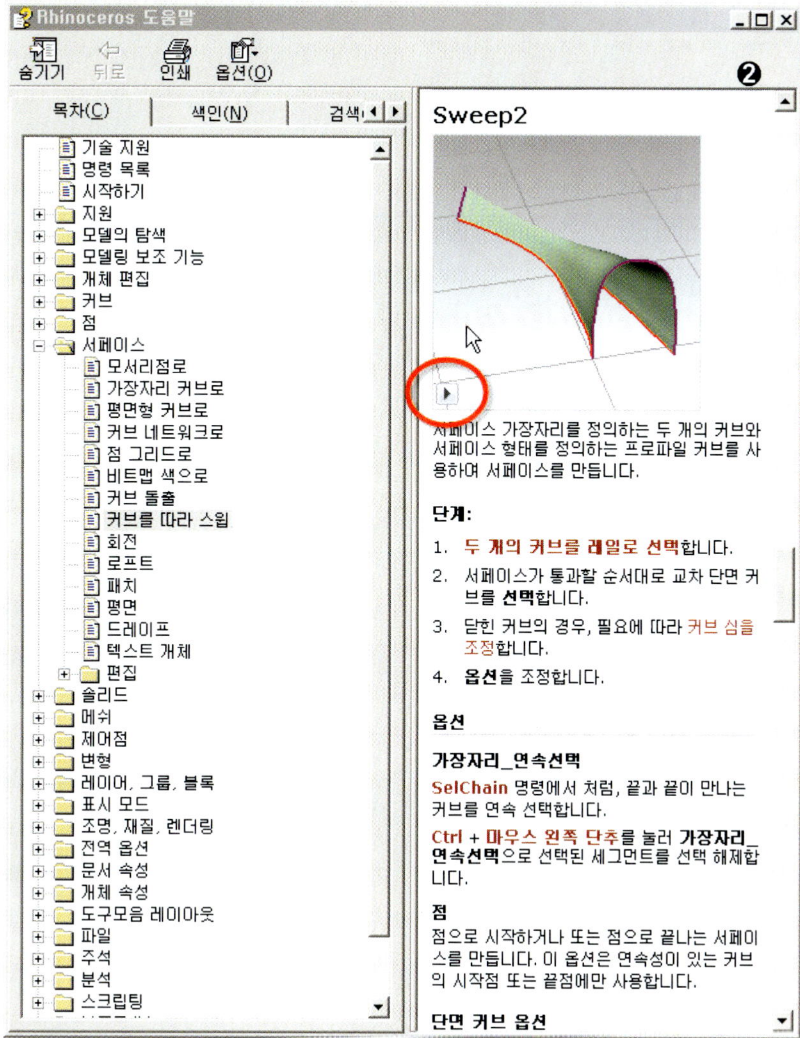


Sweep2

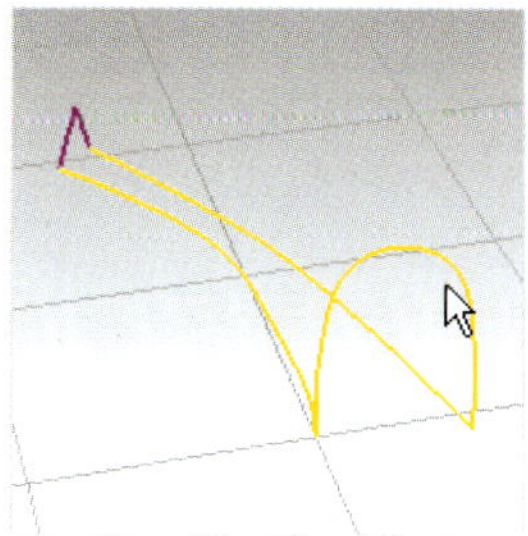

서페이스 가장자리를 정의하는 두 개의 커브와 서페이스 형태를 정의하는 프로파일 커브를 사용하여 서페이스를 만듭니다.

Sweep2

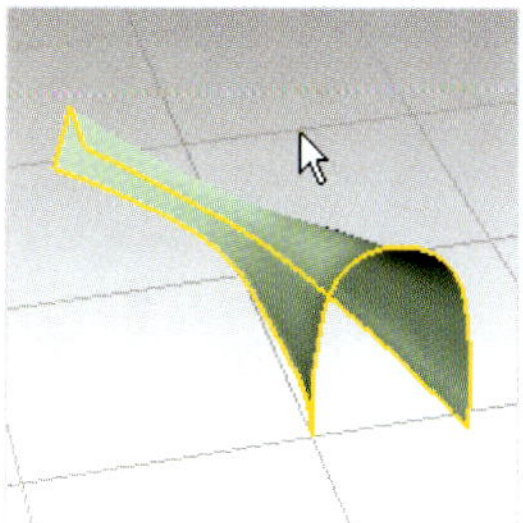

서페이스 가장자리를 정의하는 두 개의 커브와 서페이스 형태를 정의하는 프로파일 커브를 사용하여 서페이스를 만듭니다.

* 1번 그림처럼 2레일 아이콘을 클릭한 후 F1을 누르면 2번과 같은 창이 뜬다.
라이노 4.0이 기존의 3.0버전과 달라진것 중에 한가지는 명령어에 대한 설명이 동영상으로 되어있어 위 그림에 표시된 곳을 누르면 명령어에 대한 설명이 동영상으로 보여진다.

## 1. 환경 설정

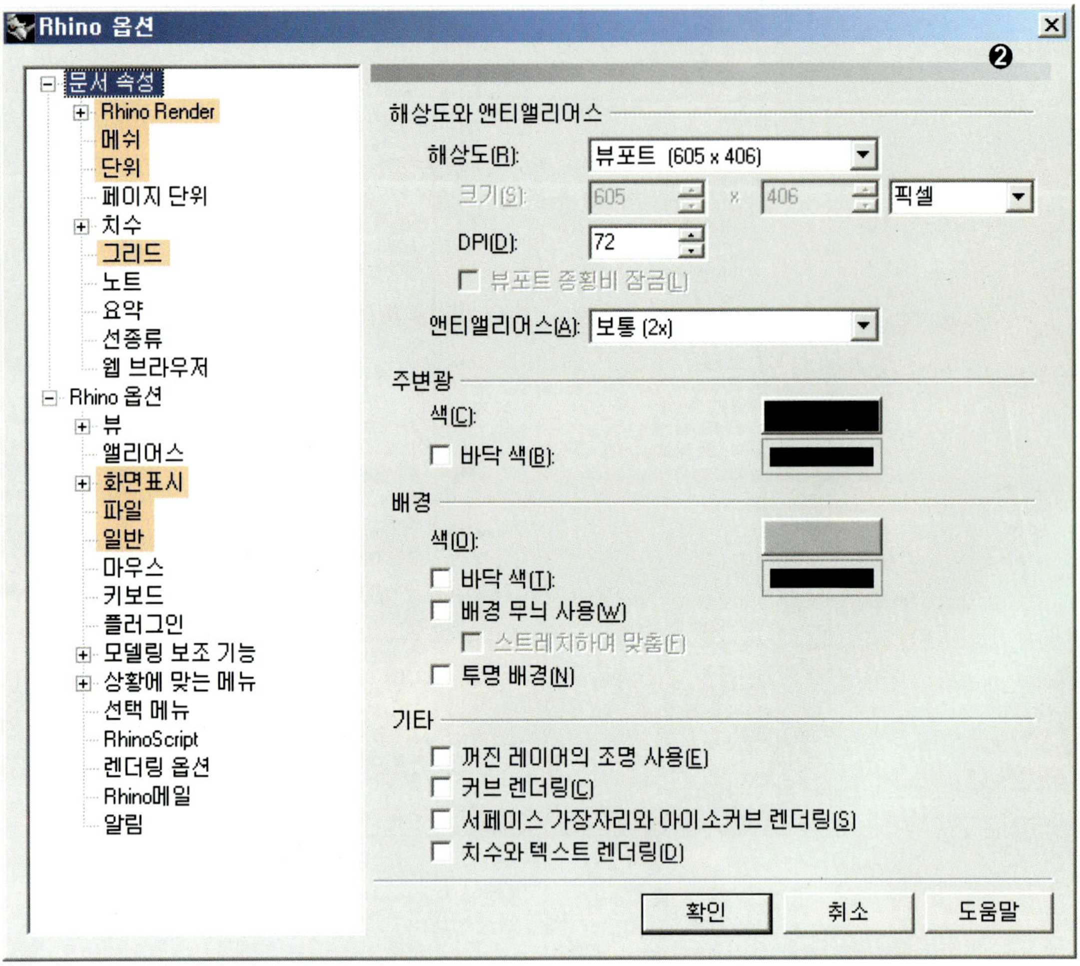


* 화면 상단의 1번 옵션 아이콘을 클릭하면 2번 그림과 같은 옵션창이 뜬다.
2번 그림은 라이노 4.0 의 옵션 화면이고 3.0에 비해 많이 세분화 되고 기능이 추가 되었다.
화면에 강조되어 표시된 부분에서 도움이 될만한 내용을 다루고자 한다.

# 1. 환경 설정

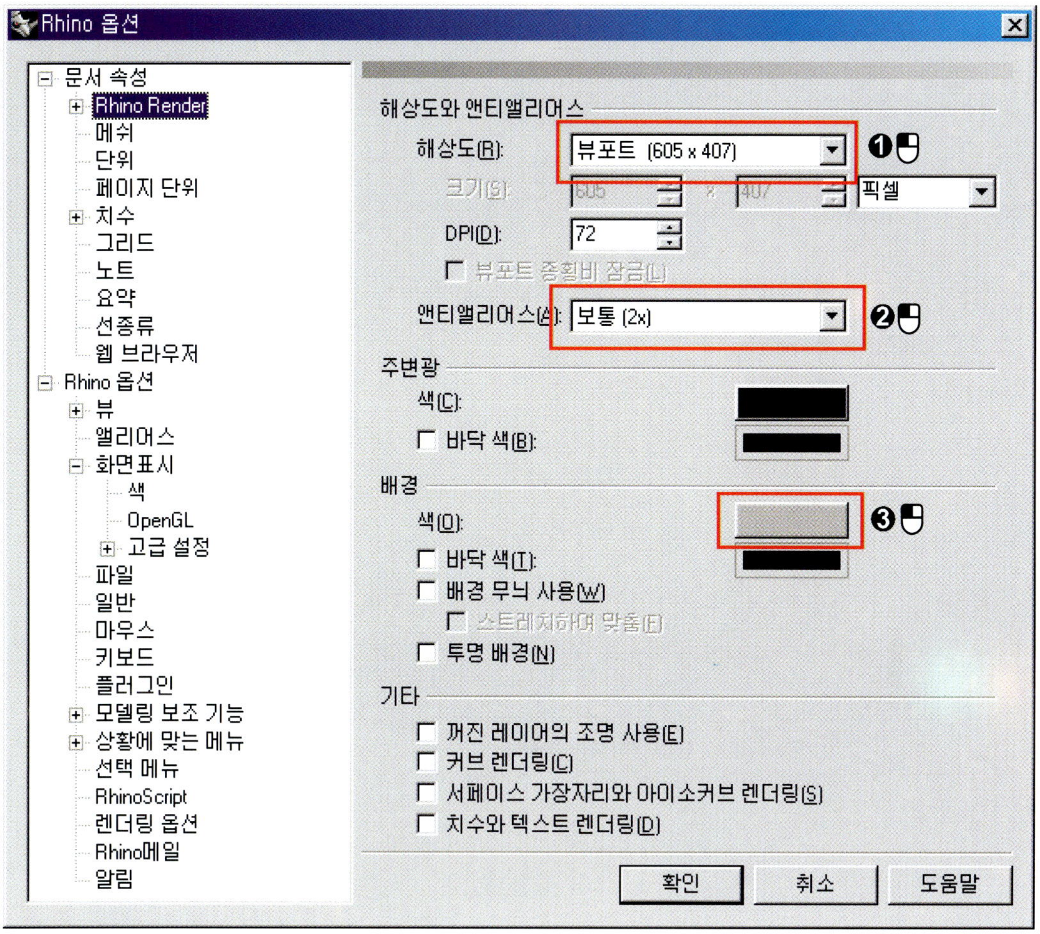


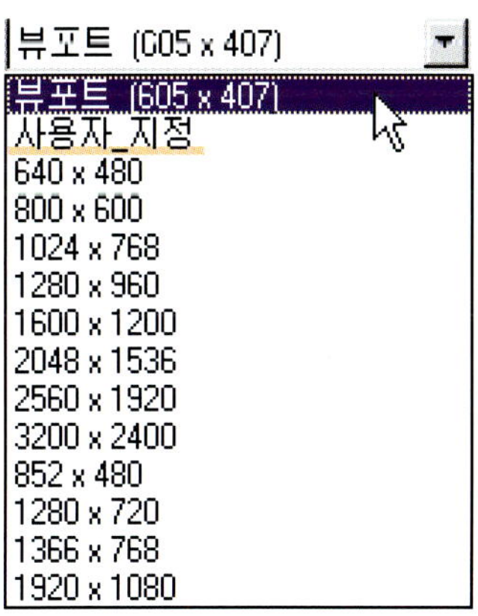


**1.** 그림 1번 부분을 클릭하면 왼쪽 그림과 같이 창이 나오는데 여기서 해상도를 조절할수 있다.

여기에 나와있지 않은 해상도는 좌측 창에서 사용자 지정을 선택하고 아래 그림처럼 원하는 수치를 입력해서 렌더링 할 수 있다.

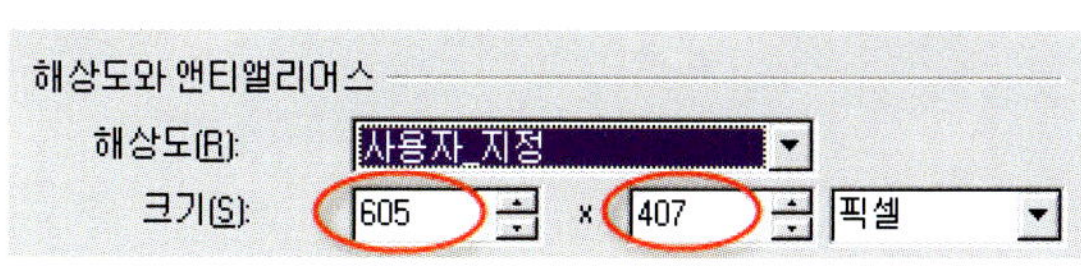

## 1. 환경 설정

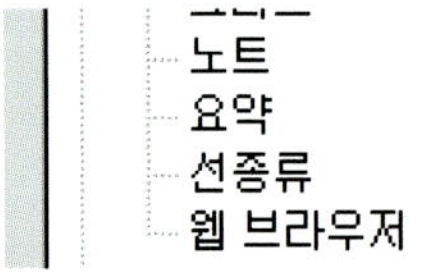


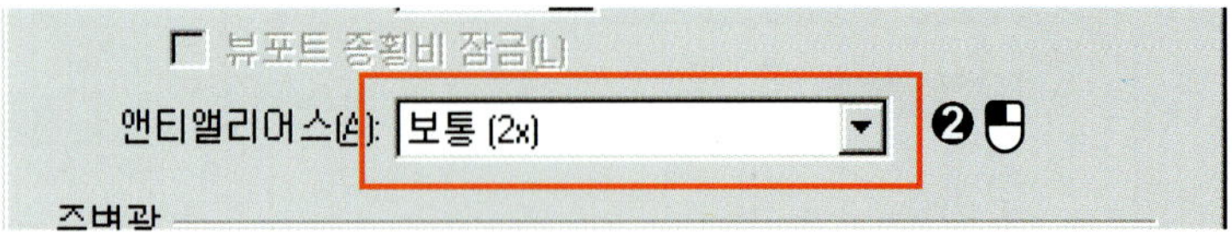


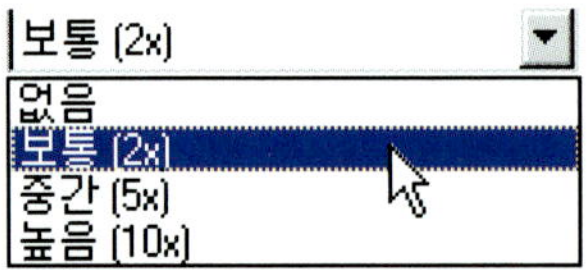


**2.** 그림 2번 부분을 클릭하면 왼쪽 그림과 같이 창이 나오는데 이것은 아래 화면처럼 렌더링시 화질의 거친 정도를 조절할 수 있다. (앤티 앨리어스 설정이 높을수록 렌더링 시간이 더 오래 걸린다.)

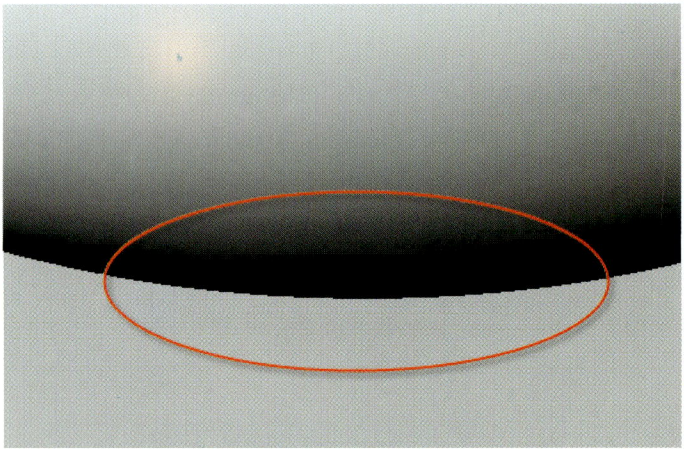

(앤티 앨리어스-없음 )

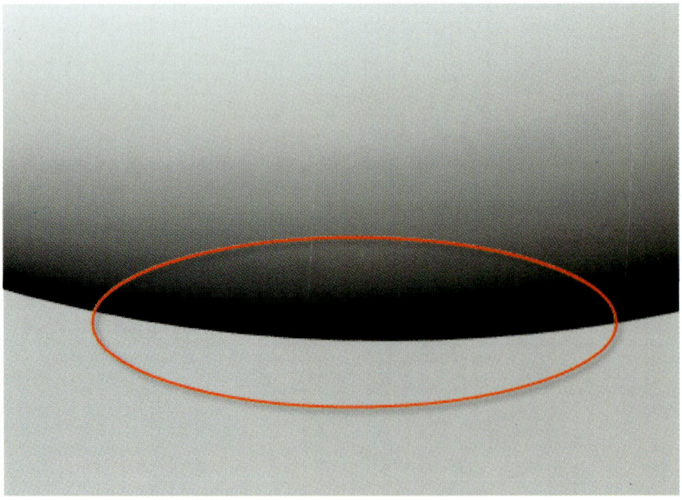

(앤티 앨리어스-높음 10x )

## 1. 환경 설정

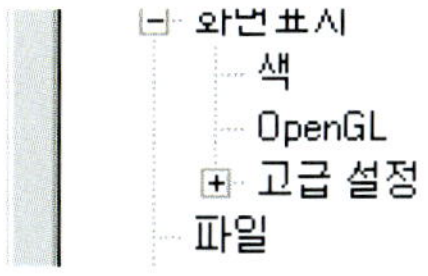

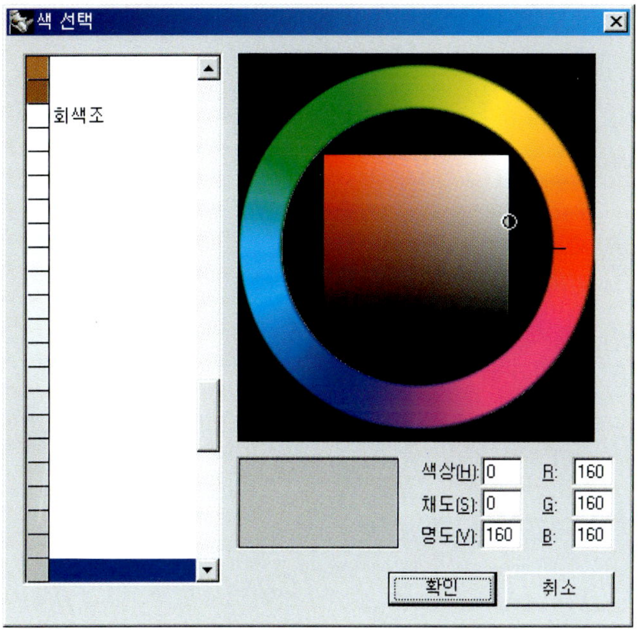


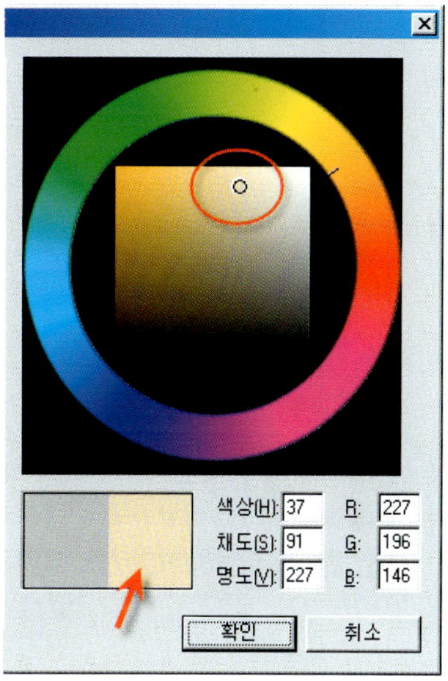


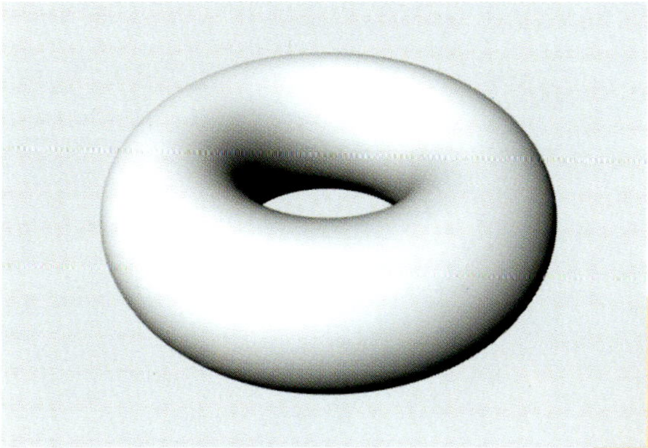

< 배경색 변경후 렌더링 예 >

* 3번 배경색을 클릭하면 색선택 옵션창이 뜨는데 원하는 색상을 클릭해서 배경색을 변경해 줄 수 있다.

# 1. 라이노 4.0 소개

## 1. 환경 설정

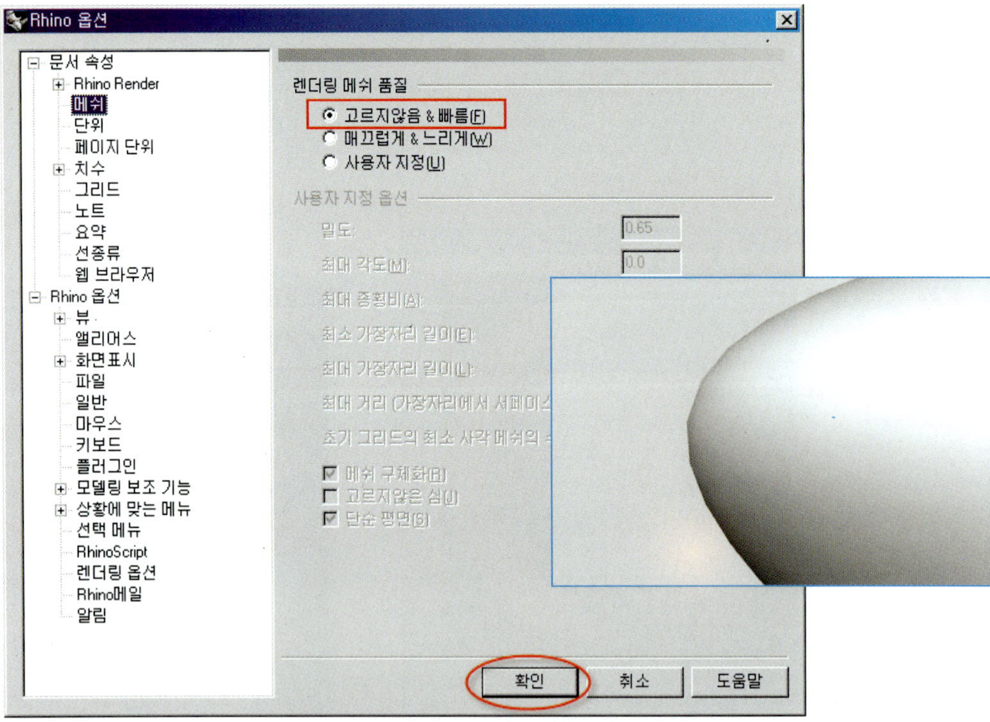


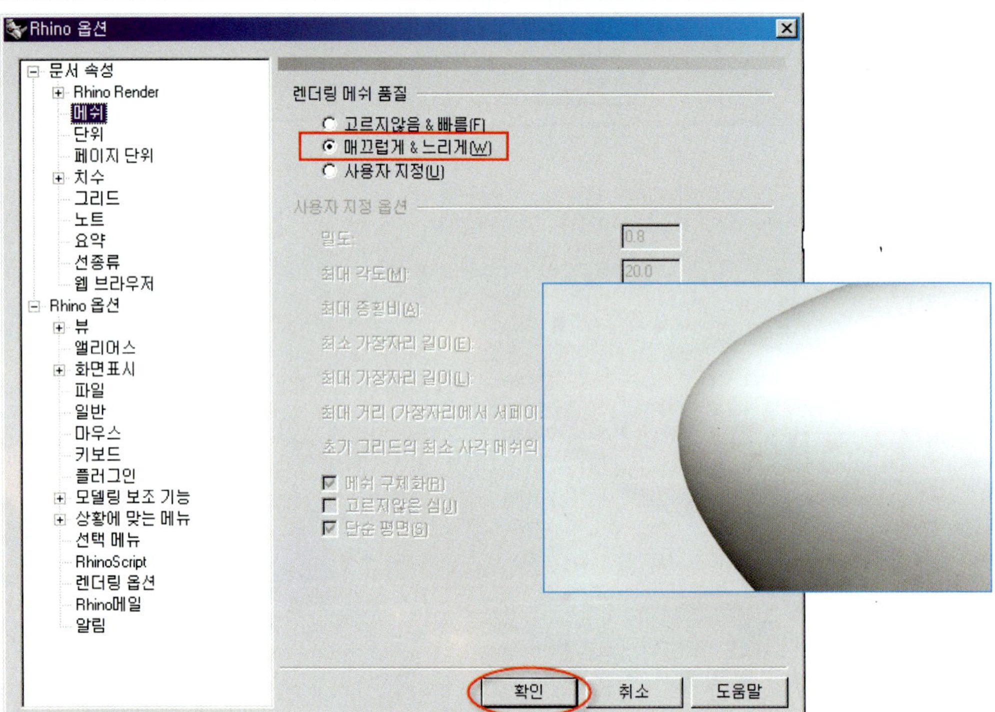


* 메쉬값의 옵션에 따라 화면에 보여지는 음영 모드에서의 거친 정도를 조절할 수 있다.

## 1. 환경 설정

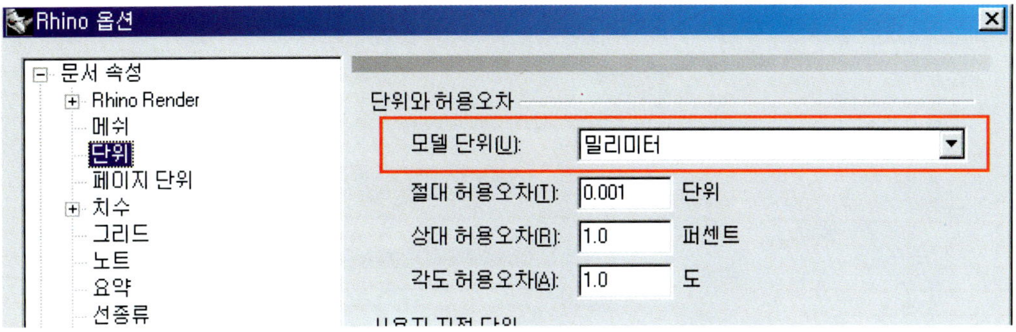


* 단위에서는 모델 단위가 밀리미터인지 확인한다.

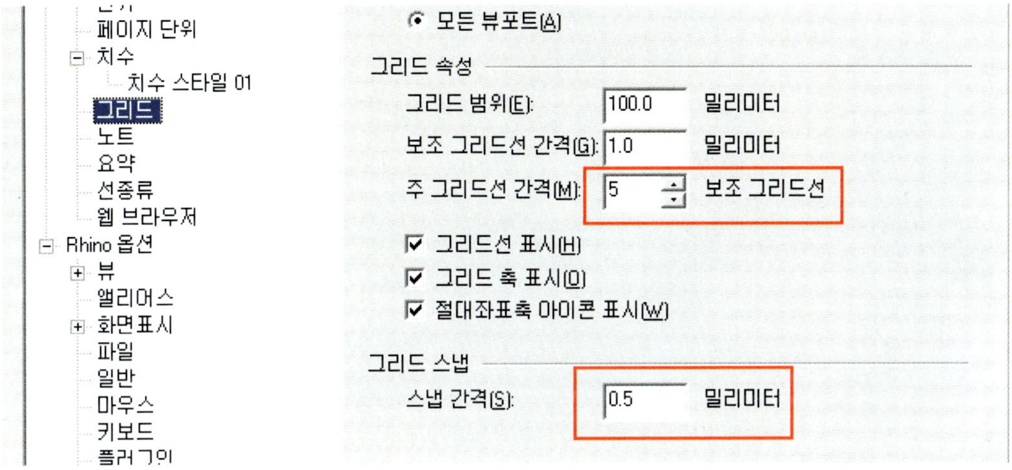


* 그리드에서는 주 그리드 간격을 5로 입력하고 스냅간격을 0.5로 하는 것이 아래 그림처럼 화면에서 눈금을 이용한 치수 확인이 편리하다.

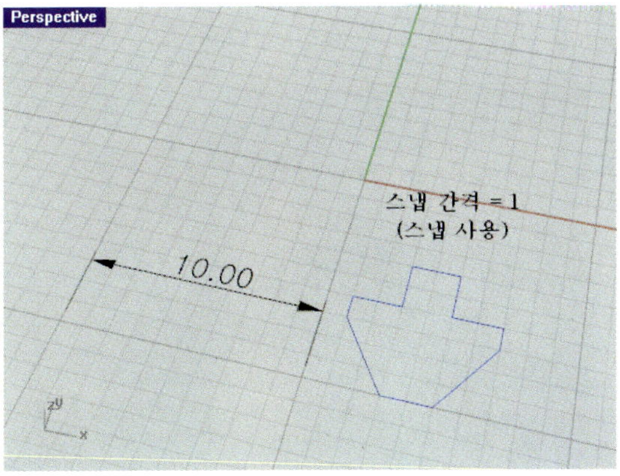


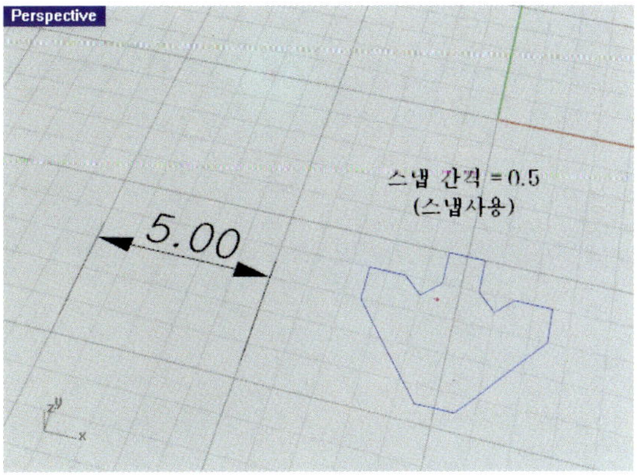

# 1. 환경 설정

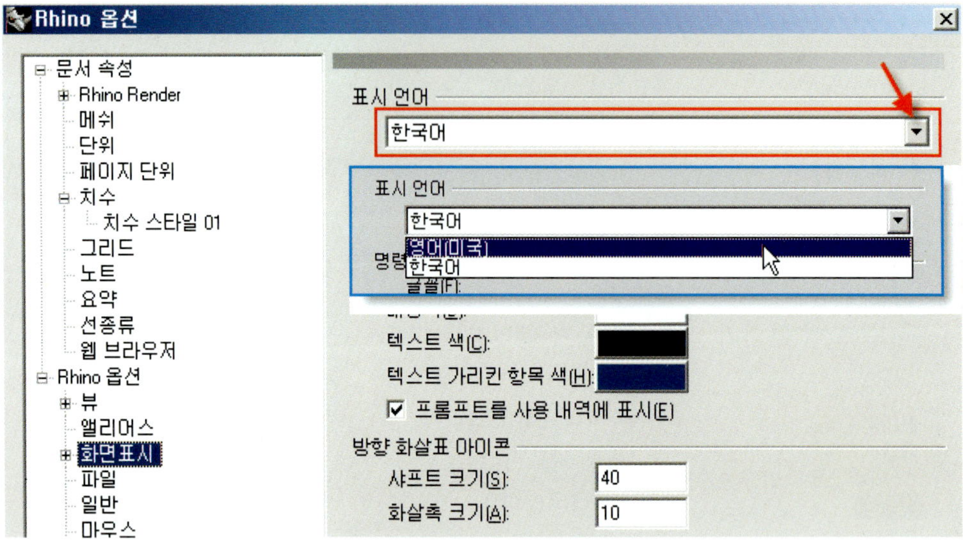


* 화면표시에서 라이노를 설치할때 설치한 언어를 그림처럼 선택해서 사용할 수 있다.

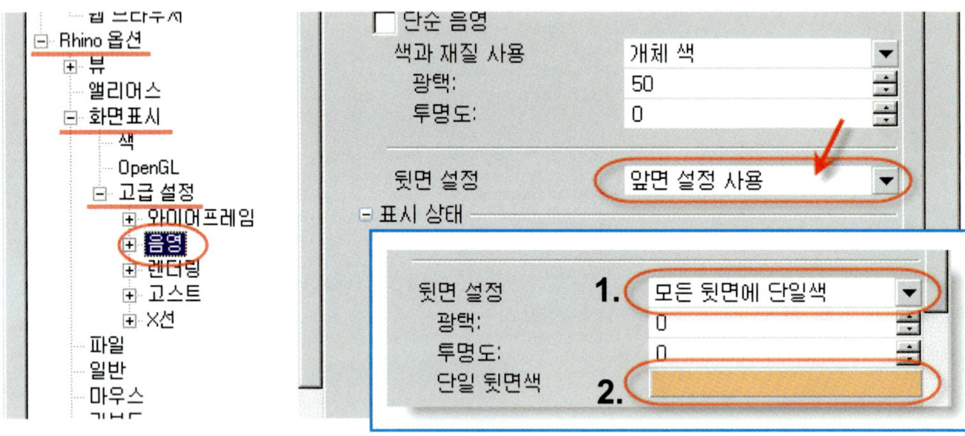


* 화살표 부분을 눌러 1,2번 처럼 설정을 바꾸면 아래 그림처럼 보여진다.
라이노 작업시에 면의 방향성을 알고 작업을 해야 편할 때가 있기 때문에 설정해 두면 편리하다.

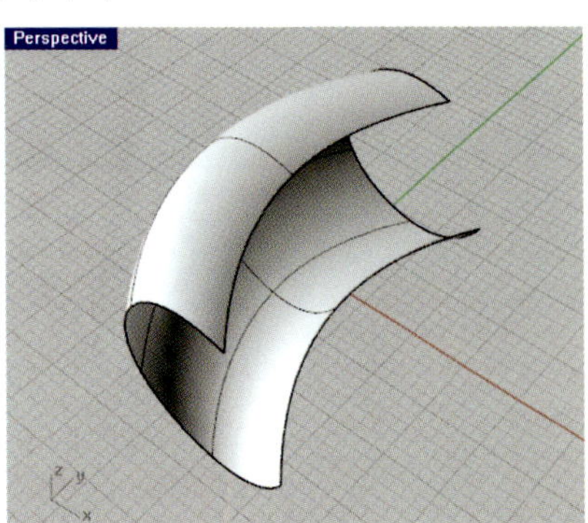


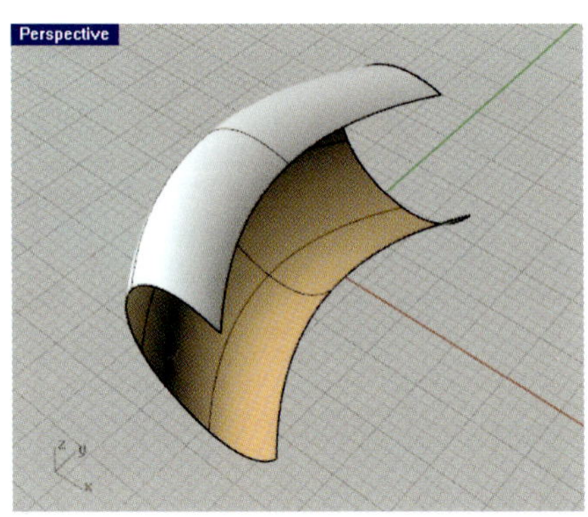

# Rhino3D

## 2. 마우스 사용법

## 2. 마우스 사용법

# 마우스 사용법

**왼쪽 클릭**

- 아이콘을 클릭할 경우
- 물체를 선택할 경우

**오른쪽 클릭**

- 키보드의 Enter 버튼과 같은 역할을 한다.(명령창의 옵션설정을 바꿀때)
- 같은 명령의 다시시작과 종료할 경우
- 아이콘을 오른클릭할 경우

오른쪽 클릭

● 뷰포트에서 이름창을 오른 클릭하면 아래그림과 같이 옵션창이 뜬다.

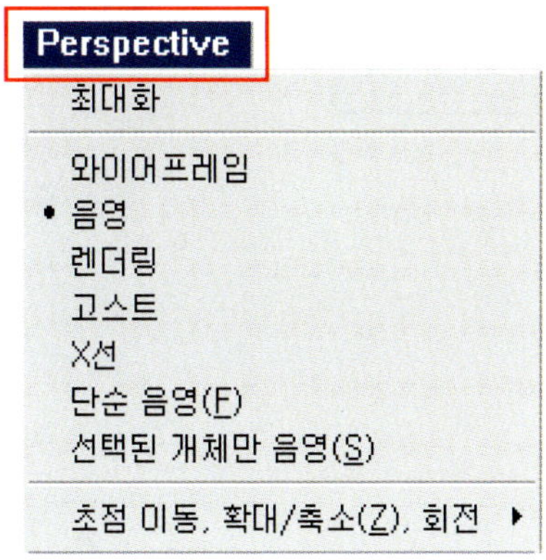


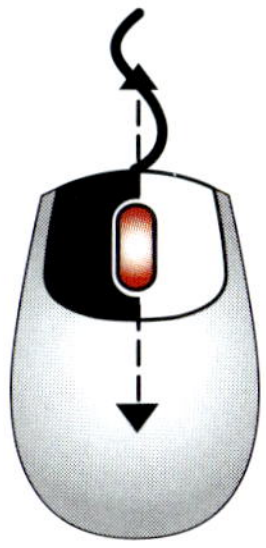

휠 스크롤

( 휠을 위, 아래로 움직인다.)

● 선택된 화면을 확대/축소 한다.

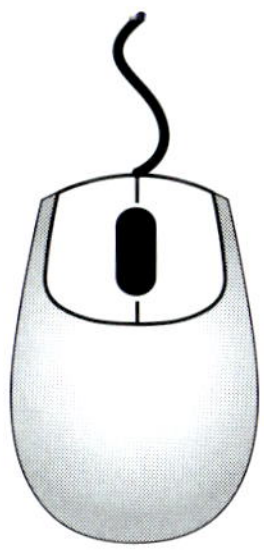

휠 클릭

(휠을 누른다.)

● 휠을 클릭하면 아래와 같은 팝업창이 뜬다.

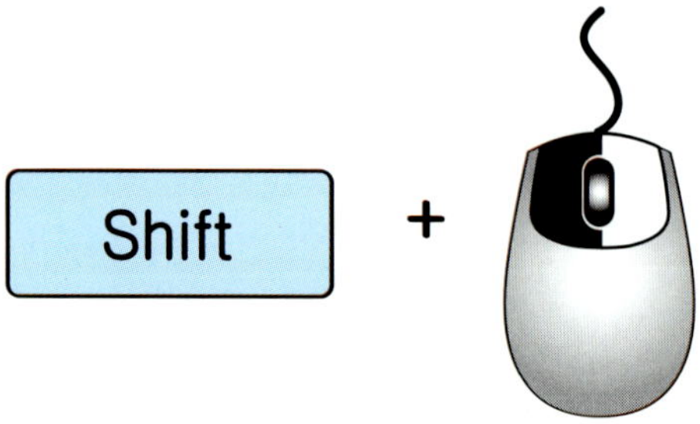


- 수직, 수평으로 커브를 그리거나 개체를 이동할 수 있다.
- 개체를 중복 선택할 수 있다.

- 중복선택된 개체중에서 원하는 개체를 선택해제 할 수 있다.

- 화면을 확대/축소 할 수 있다. (휠 스크롤 보다 부드럽게 화면을 확대/축소 한다.)
-  동적 확대축소 아이콘과 같은 역할을 한다.

## 2. 마우스 사용법

왼쪽 클릭

오른쪽 클릭

더블 클릭 - 마우스 왼쪽을 빠르게 두번 클릭한다.

왼쪽 클릭 + 드래그

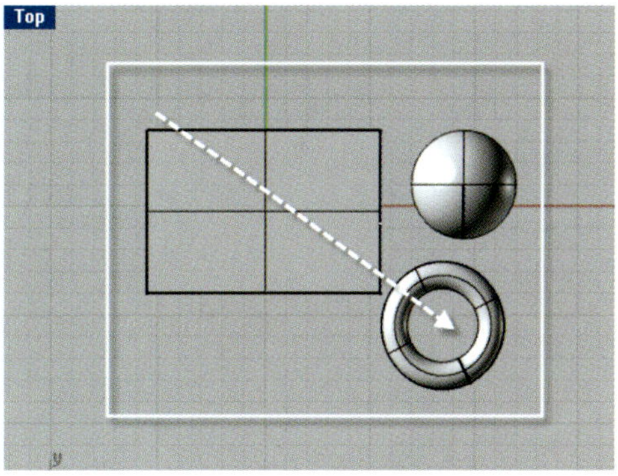


오른쪽 클릭 + 드래그

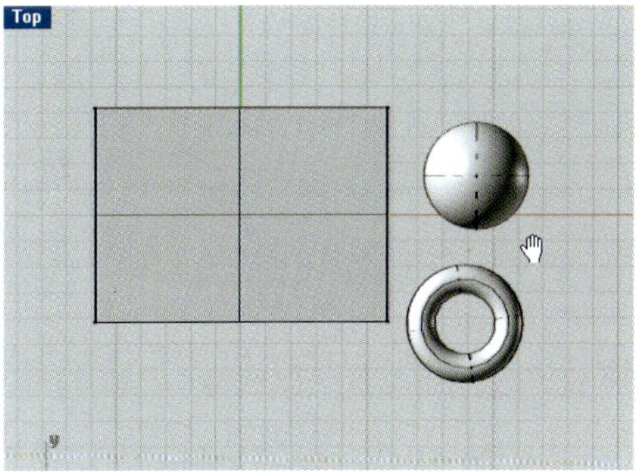


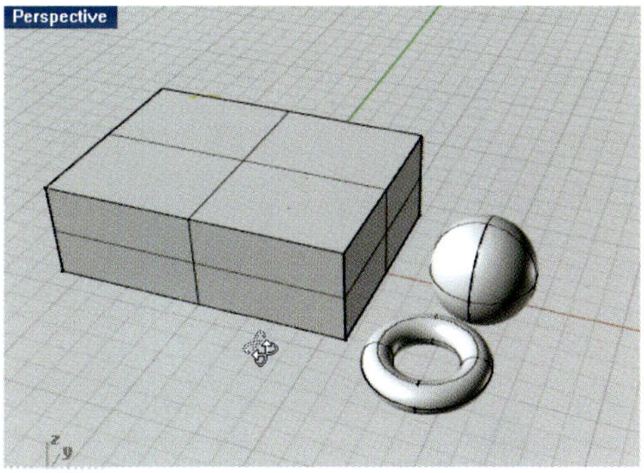


Shift + 오른쪽 클릭 + 드래그

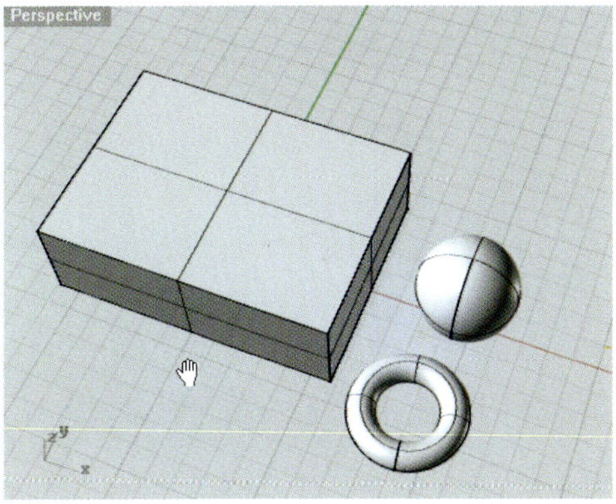


왼쪽 길게 클릭

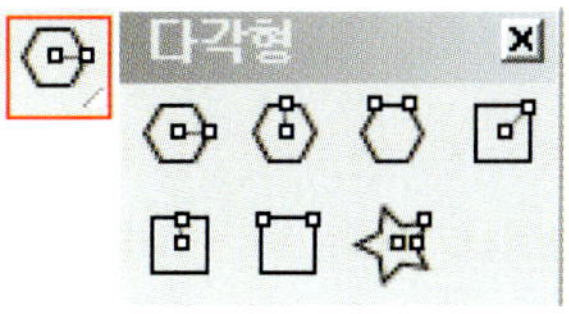

# Rhino3D

## 3. 라이노 4.0 새 기능

# 3. 라이노 4.0 새기능

[위의 사이트 주소가 라이노3D 홈페이지이고 라이노3D에 관한 자세한 정보가 있다.]

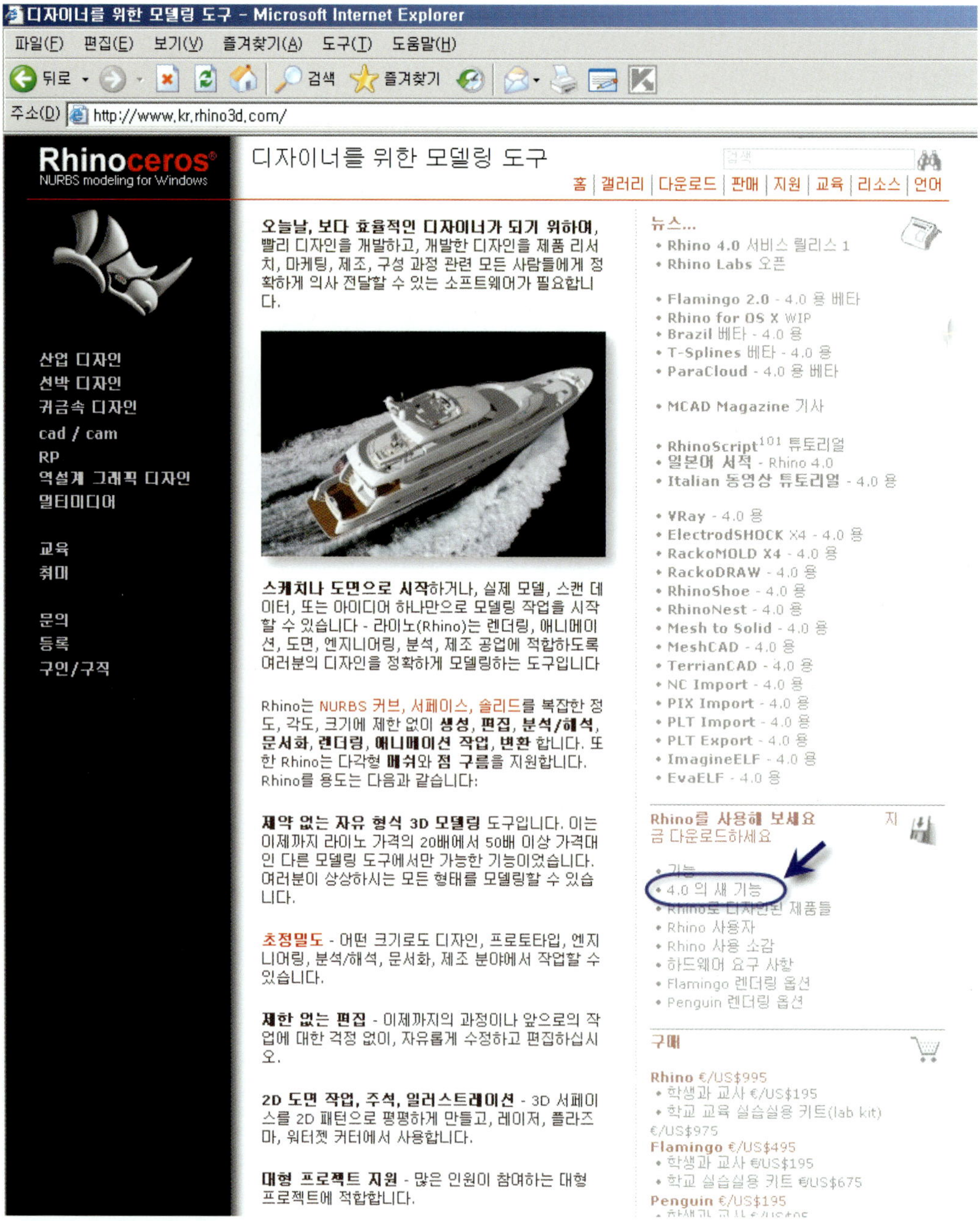

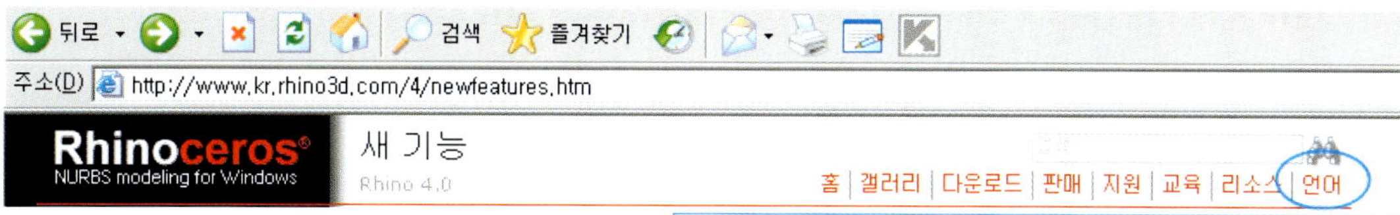


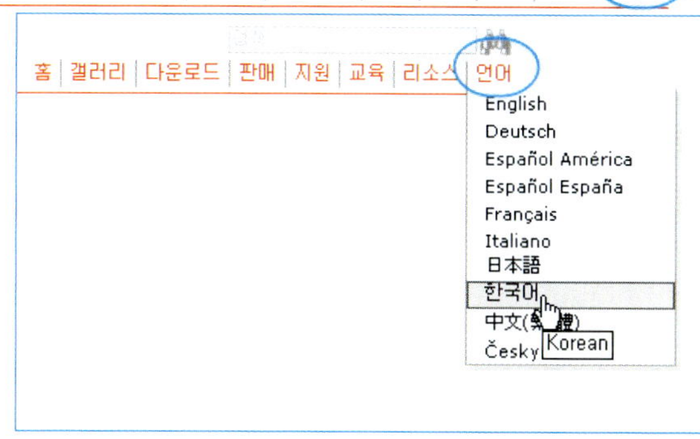


[ 아래에 표시된 부분을 클릭하면 라이노 4.0의 새기능을 소개하는 동영상을 볼 수 있다. ]

# 3. 라이노 4.0 새기능

**렌더링과 애니메이션** - 새로운 기본 렌더링 기술, 향상된 텍스처 매핑 도구, 업데이트된 Flamingo, Penguin, Brazil r/s, 그리고 V-Ray와 Maxwell 과 같은 새로운 서드 파티 렌더러를 사용하실 수 있습니다. *자세히...*

*동영상 보기...*
*다운로드 (5MB)*

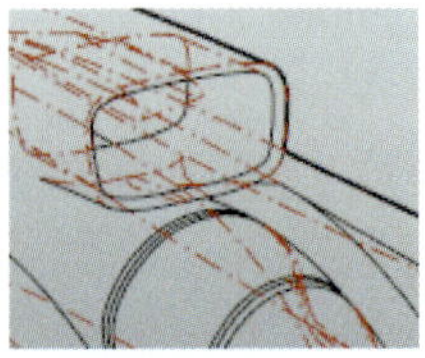

**2D 도면 작성 도구**에는 선 스타일, 선 두께, 은선, 치수, 해칭, 페이지 레이아웃, 인쇄/플롯팅이 있습니다. *자세히...*

*동영상 보기...*
*다운로드 (2MB)*

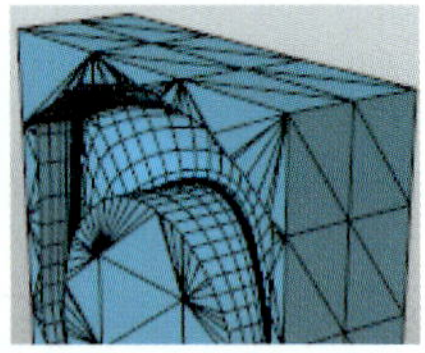

**메쉬 모델링, 편집, 분석, 수정, RP**. 메쉬 생성 및 편집 기능 향상. STL 수정과 3D 인쇄와 관련하여 많은 새로운 도구가 추가되었습니다. *자세히...*

*동영상 보기...*
*다운로드 (7MB)*

**분석** 기능에 측정과 표시를 위한 새로운 도구가 추가되었습니다. 문제 발견 및 모델의 퀄리티 평가 도구가 향상되어 후반 작업에서 겪을 수 있는 문제를 미리 방지할 수 있습니다. *자세히...*

**대형 프로젝트** - 레이어의 계층 구조 관리, 파일 잠금을 지원하고, 작업세션, 블록, 참조 파일 지원 기능이 향상되었습니다. *자세히...*

**호환성** 향상 - PDF, AI 8+, STEP, DWG/DXF, PLY, DGN, FBX, SolidWorks, Google Earth, SketchUP, WAMIT 형식을 지원합니다. *자세히...*

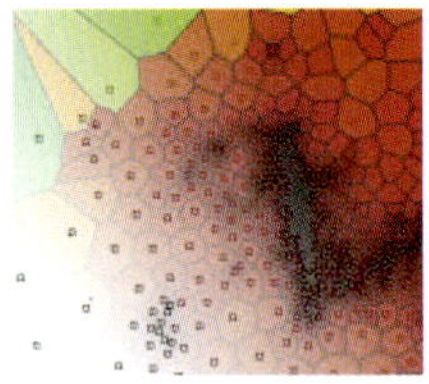

사용자와 서드 파티 개발자를 위한 **소프트웨어 개발자 툴**에는 업데이트된 C++ SDK, 새로운 .NET SDK, 새로운 렌더링 SDK (RDP), 업데이트된 openNURBS 툴킷이 있습니다. *자세히...*

# Rhino3D

## 4. 개체스냅 예제

# 4. 개체스냅 예제

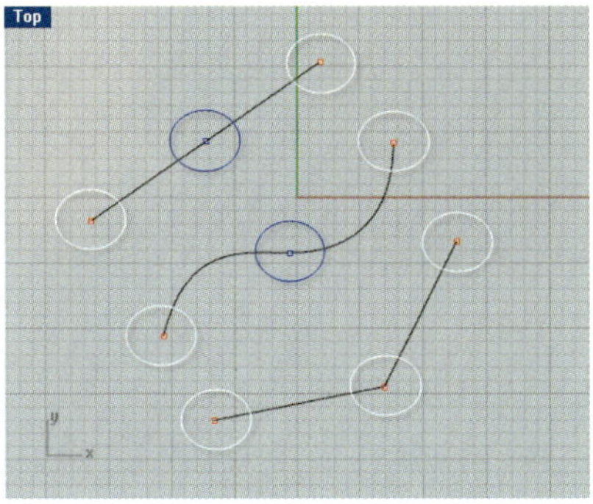


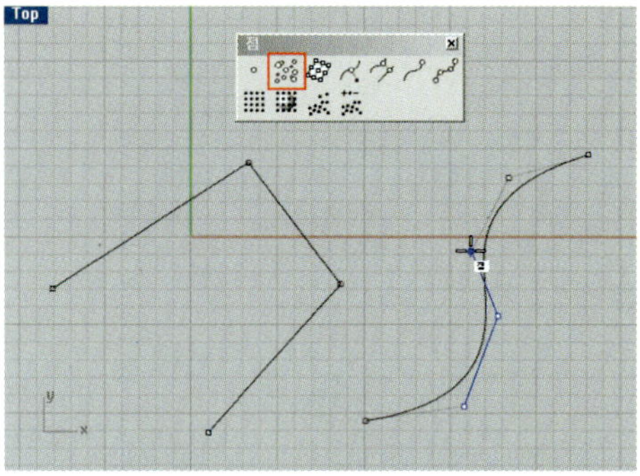


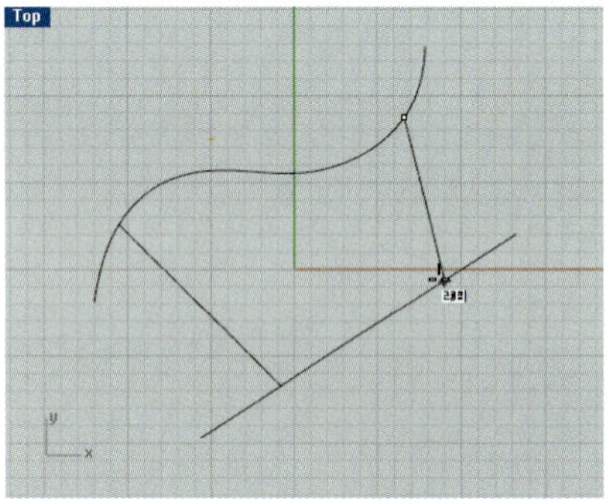


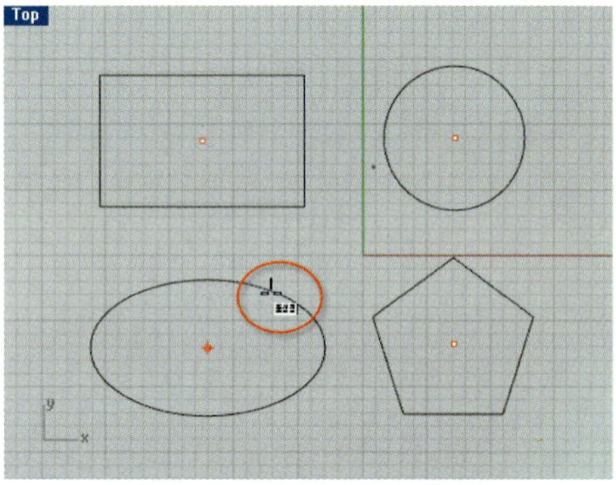


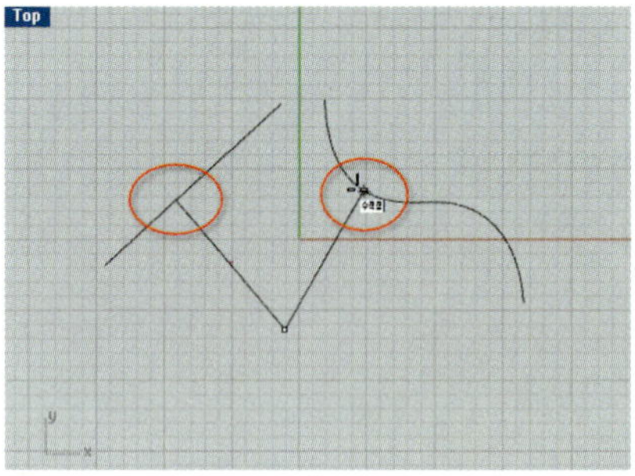


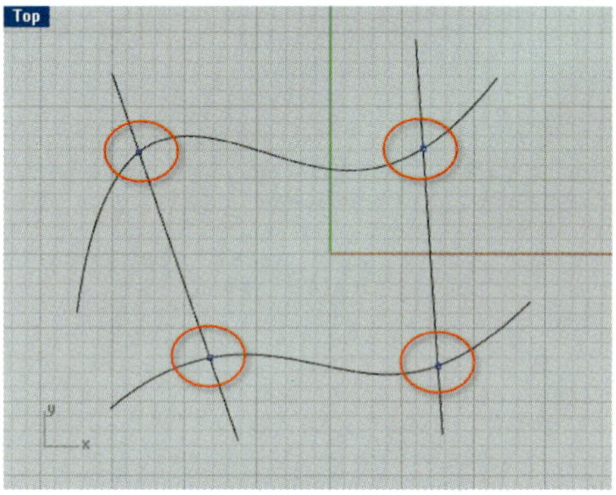


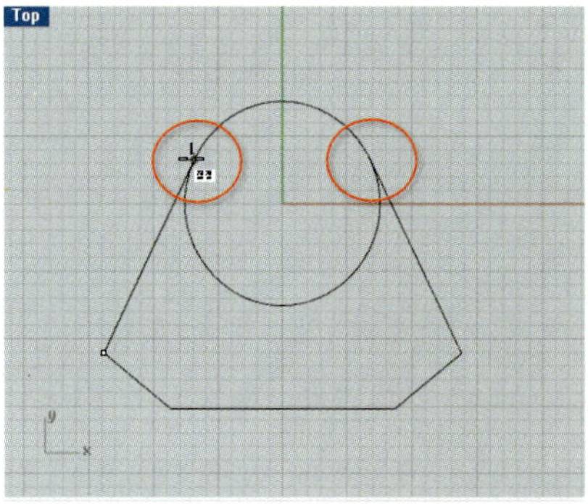


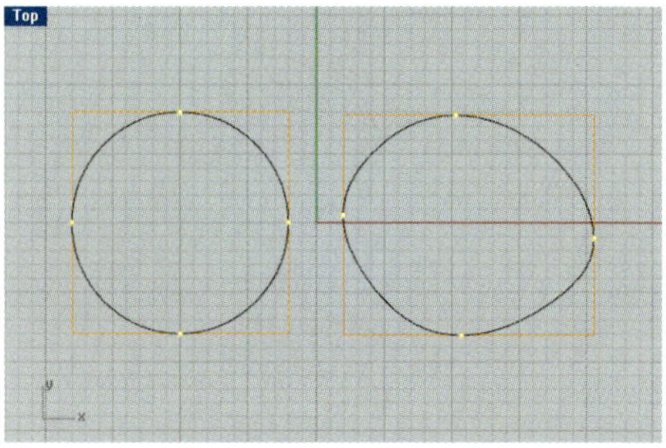

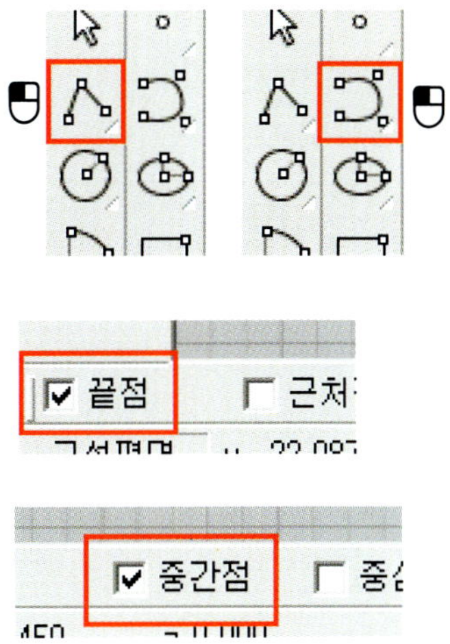


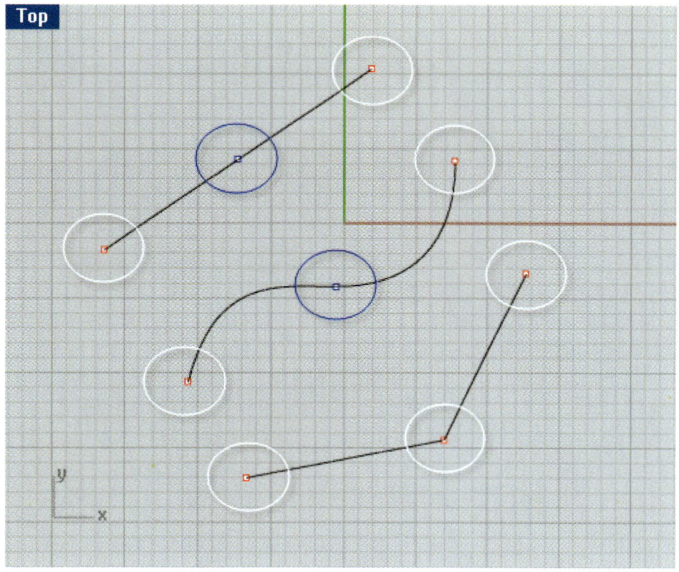


< STEP-1 >

(S-1) 위에 표시된 직선, 커브 그리기 명령으로  그림처럼 그리는데 빨간점으로 표시된 부분이 끝점이고 가운데 파란점이 중간점이다. 이 부분을 연결시켜 커브를 그리기 위해서는 하단의 개체스냅 중에 해당되는 부분을 체크해야 정확하게 연결시켜 그릴 수 있다.

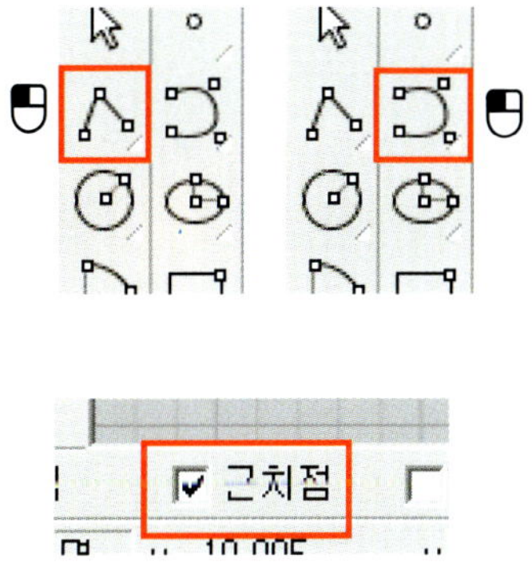


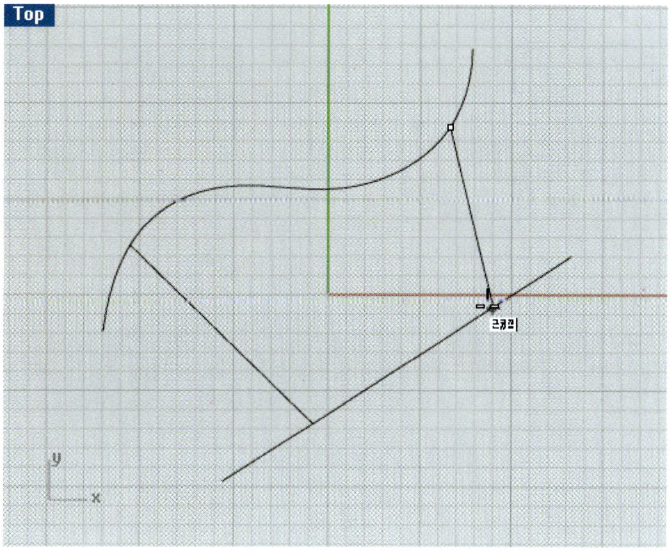


< STEP-2 >

(S-2) 위와같이 커브와 직선으로 그린다음 하단의 근처점을 체크하고 그림처럼 커브에 가져가면 커서가 커브위를 따라 움직이는데 근처점은 커브 전체에 해당된다고 볼 수 있다.

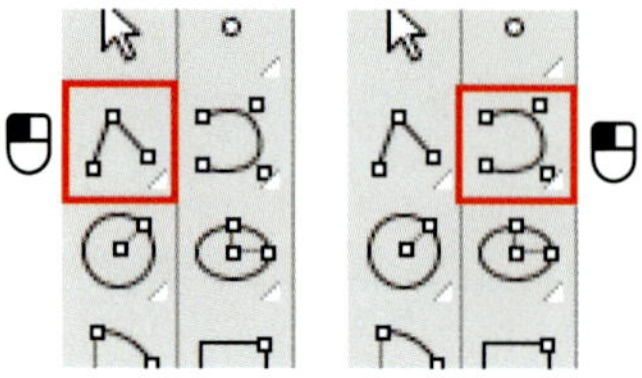

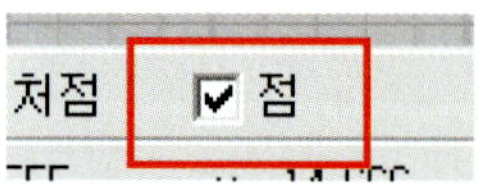


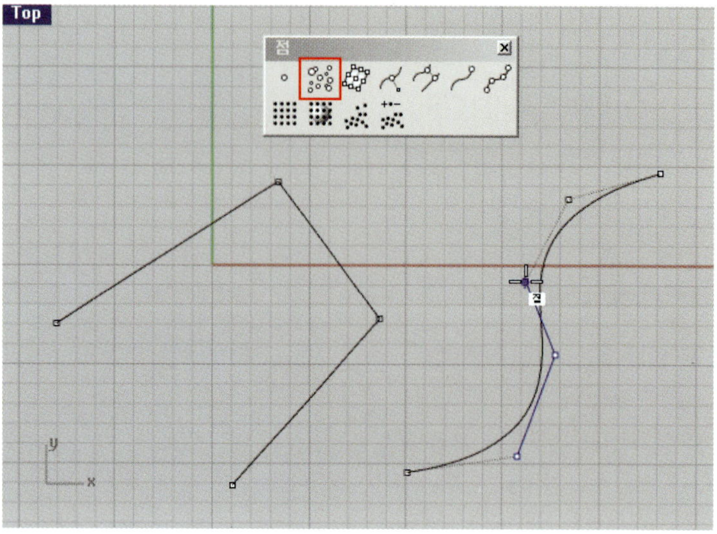


< STEP-3 >

(S-3) 그림처럼 점을 연결되게 해주는 기능으로 그려져있는 점을 연결할수 있고 커브의 제어점도 연결되게 그릴 수 있다.

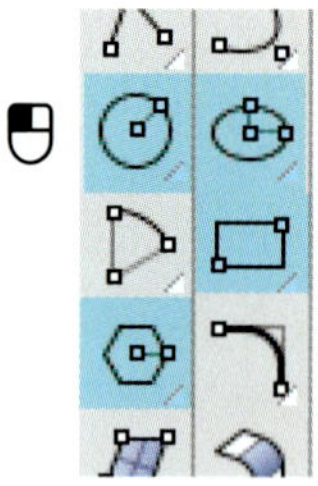

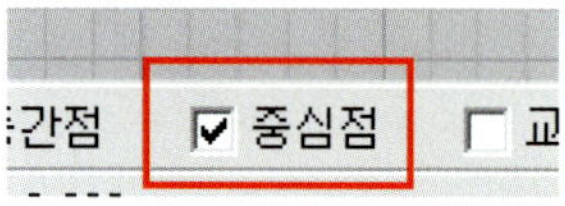


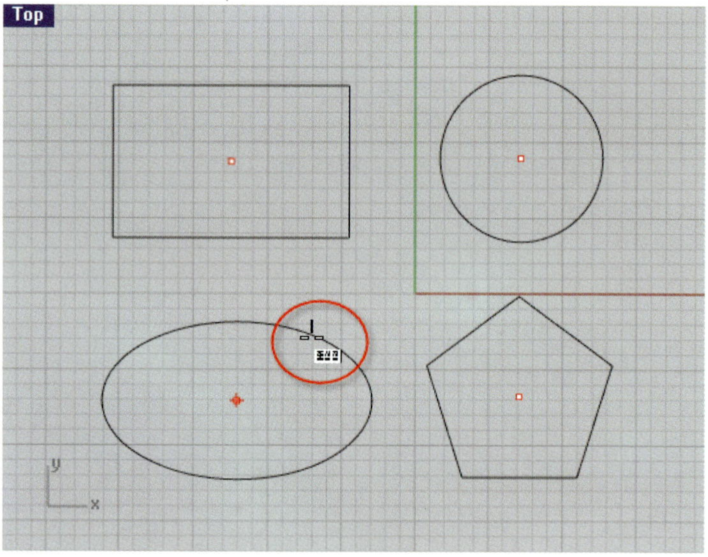


< STEP-4 >

(S-4) 그림을 보면 가운데 빨간점이 중심점인데 직사각형도 중심점이 있고 원, 타원, 다각형이 있다. 중심점을 선택하려면 마우스 커서를 중심에 가져가서 찾는게 아니고 표시된 것처럼 대상커브에 가져가면 중심점이 보여지게 된다.

# 4. 개체스냅 예제

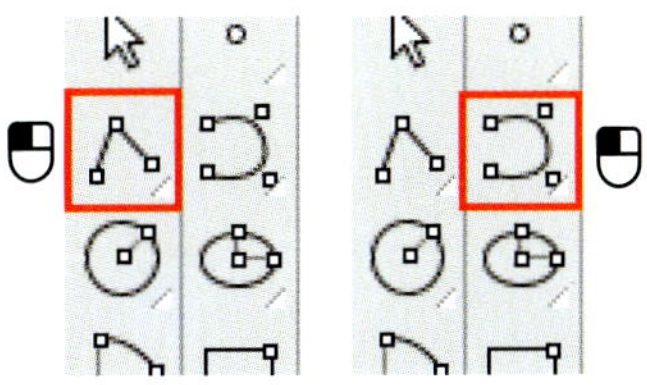

< STEP-5 >

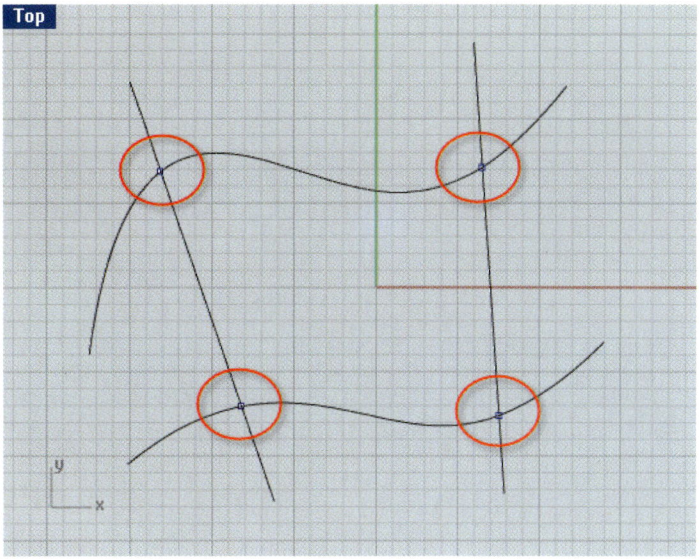


(S-5) 그림에서 표시된 부분으로 서로 교차되는 지점을 말한다.

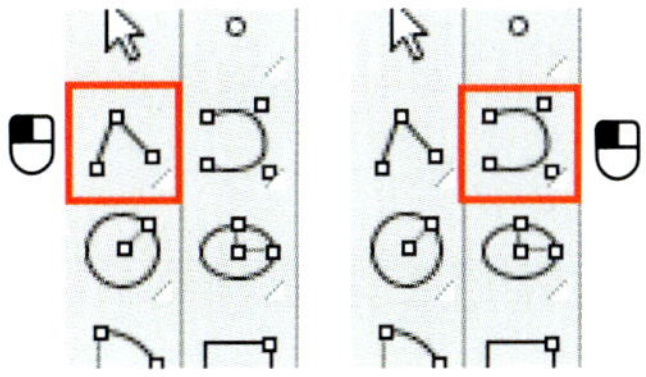

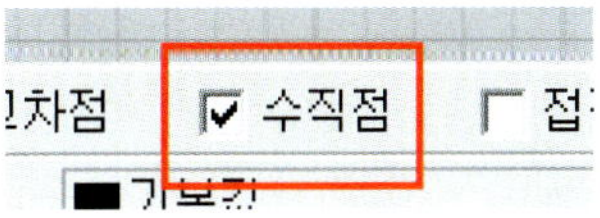


< STEP-6 >

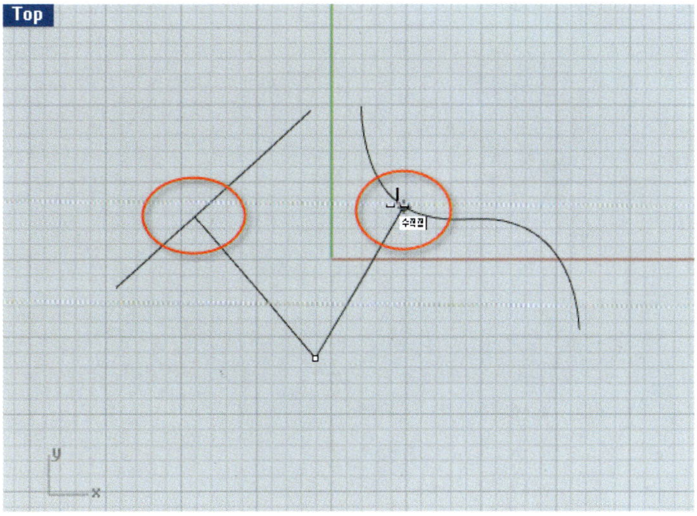


(S-6) 표시된 부분을 보면 두 커브가 만나는 각도가 90도를 이루는 지점을 말한다.

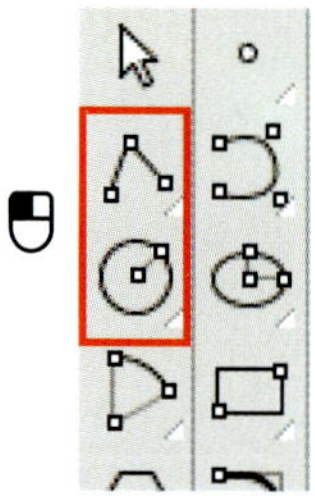

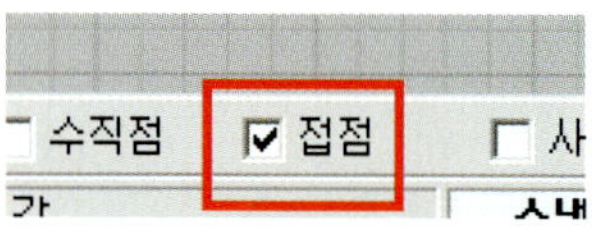


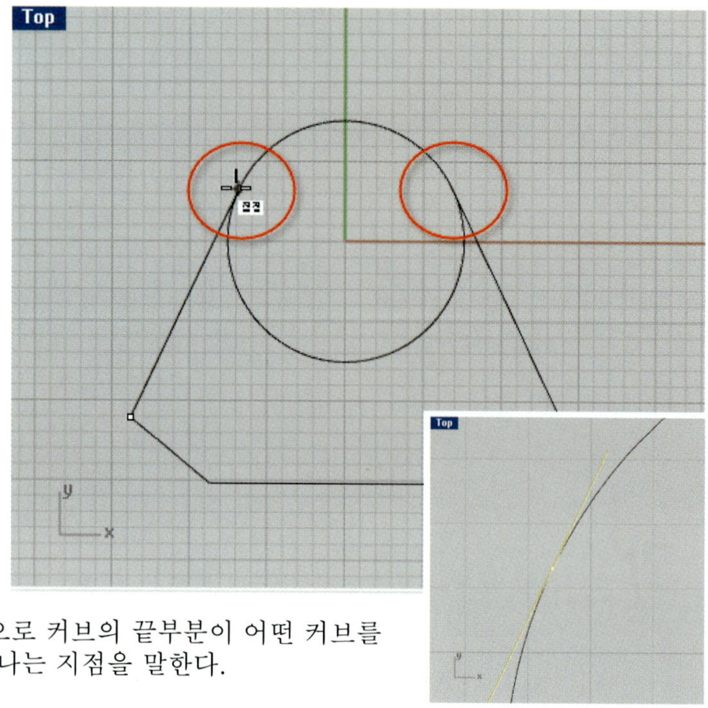


< STEP-7 >

(S-7) 그림에서 표시된 부분으로 커브의 끝부분이 어떤 커브를 지나는데 한점을 접하면서 지나는 지점을 말한다.

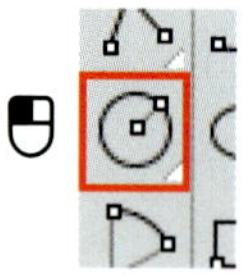

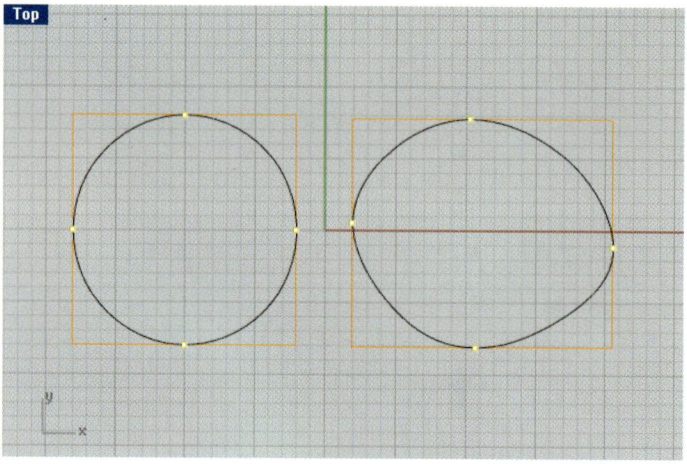


< STEP-8 >

(S-8) 그림처럼 점으로 표시된 지점을 말하는데 커브의 네군데 방향에 수직,수평으로 가장 끝부분에 접하는 지점을 말한다.

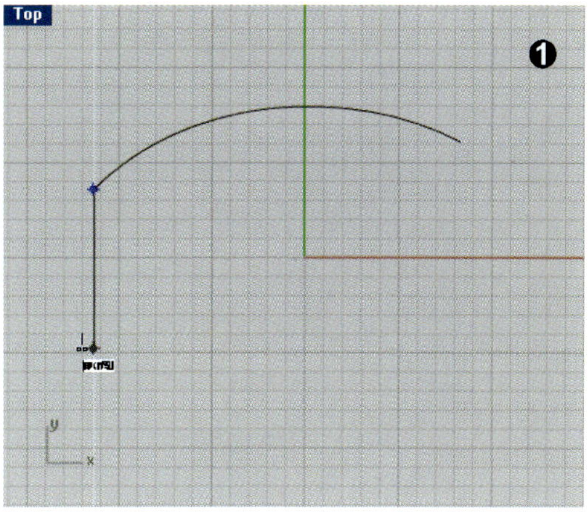


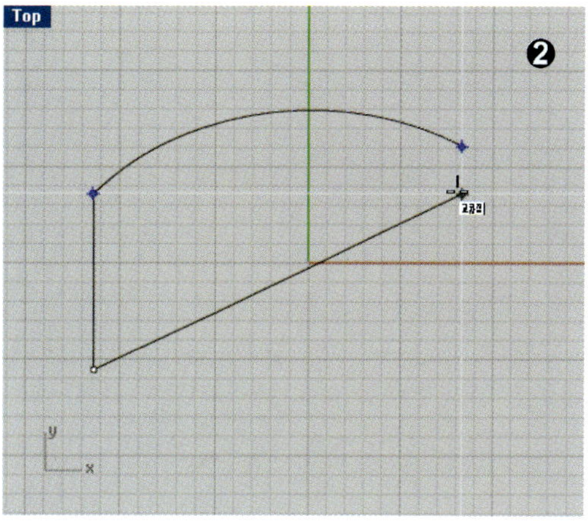


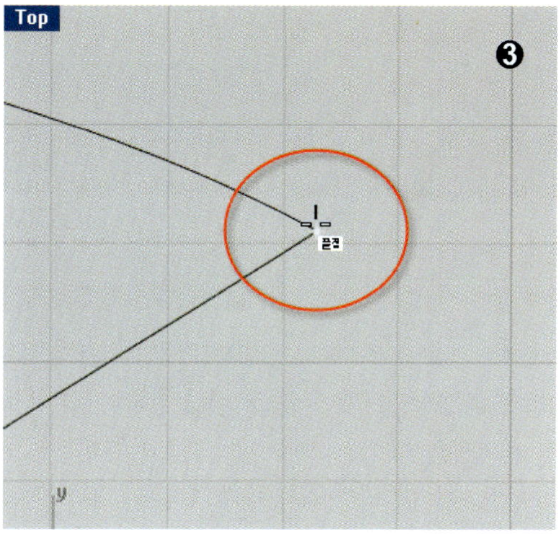

◀ 사용안함

◀ 사용함

< STEP-9 >

(S-9) 1번 그림처럼 커브 끝점을 선택해서 움직여보면 스냅을 끈 상태에서도 수직이 되도록 가상의 축이 되는 선이 나타난다. 2번 그림은 두 끝점이 수직,수평으로 만나는 위치를 보여 주는데 방법은 3번 그림처럼 마우스 커서를 끝점에 가져가면 흰색으로 바뀌는데 이때 마우스를 움직이면 그림처럼 흰색의 선이 나타난다.

[ 개체스냅을 전체적으로 사용할때와 사용하지 않을때 비교 이미지 ]

# Rhino3D

## 5. 커브 그리기

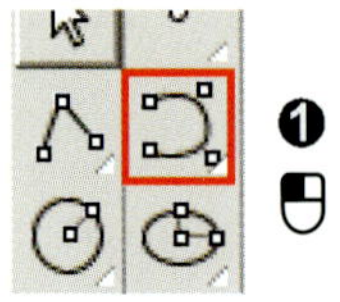


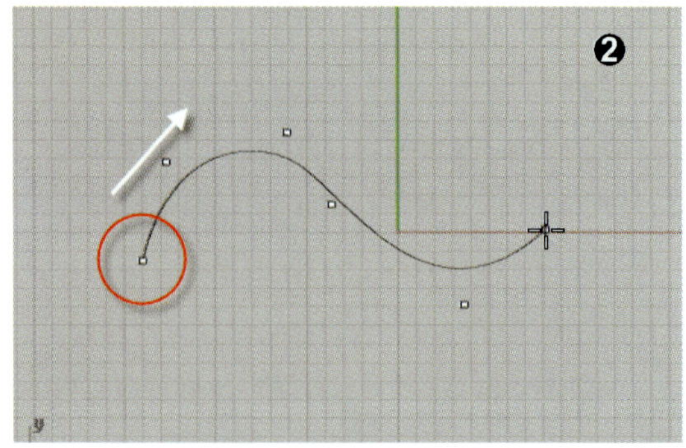


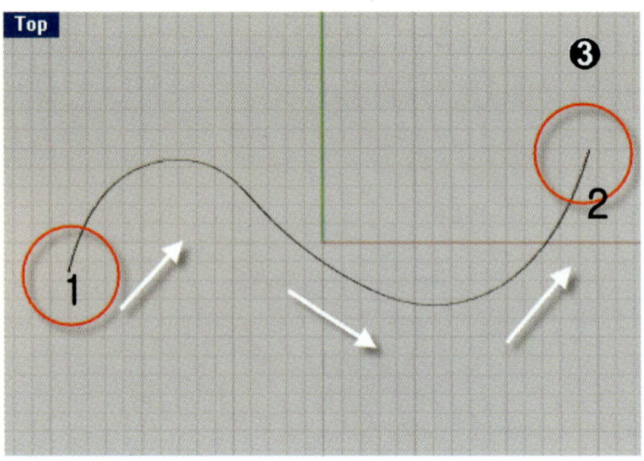


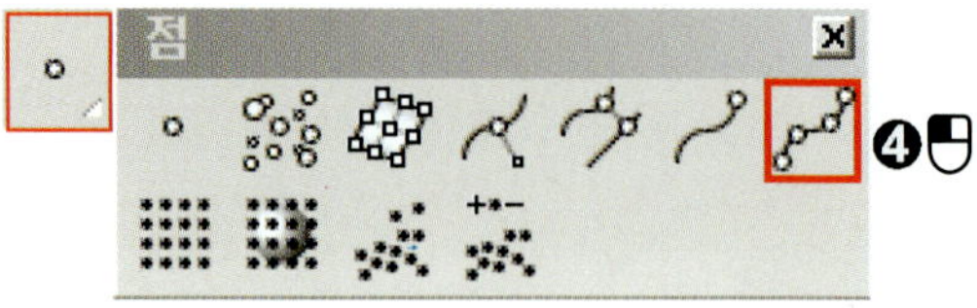


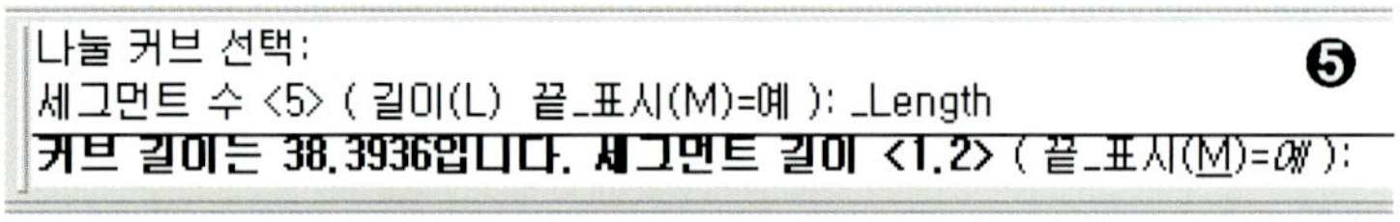

< STEP-1 >

(S-1) 좌측 메인툴바중 1번 제어점 커브를 선택하고 2번과 같이 커브를 그린다.
3번 그림처럼 커브를 그리고 2번 위치에서 마우스의 오른쪽을 클릭하거나 Enter를 쳐서 커브를 완성시킨다.
그 다음 커브를 같은 길이로 나누기 위해서 4번과 같이 툴바 점안에 있는 커브를 길이로 나누기를 클릭한 후 커브를 클릭, Enter친다.
커브 선택을 하면 5번과 같이 명령창이 뜨는데, 6번처럼 지정하고자 하는 길이를 입력, Enter친다.

# 5. 커브 그리기-1

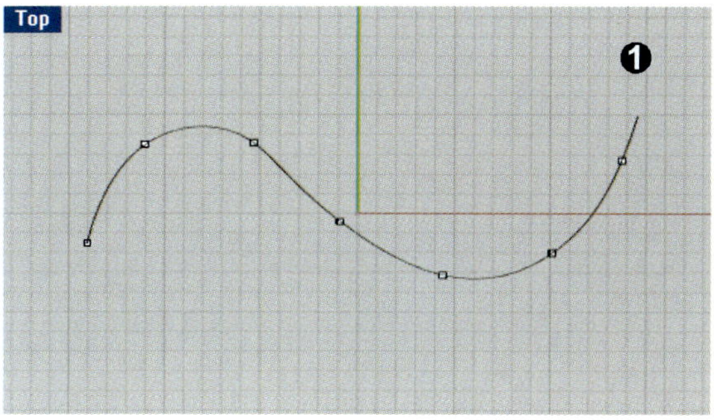


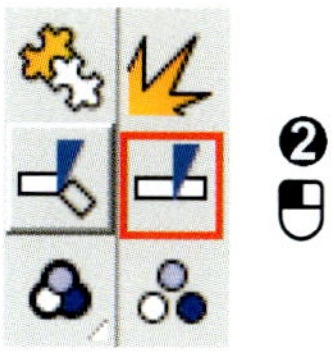


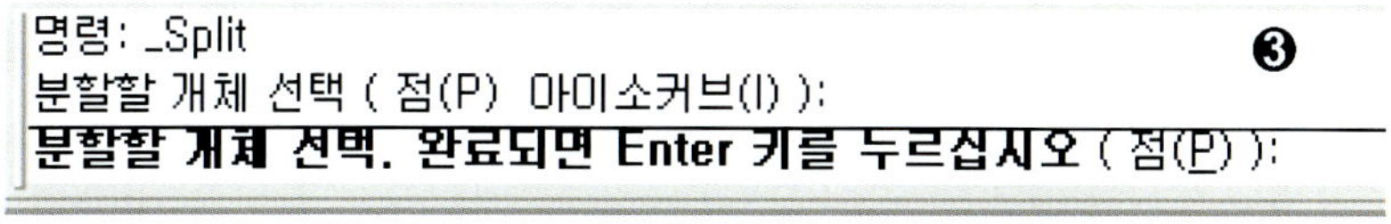


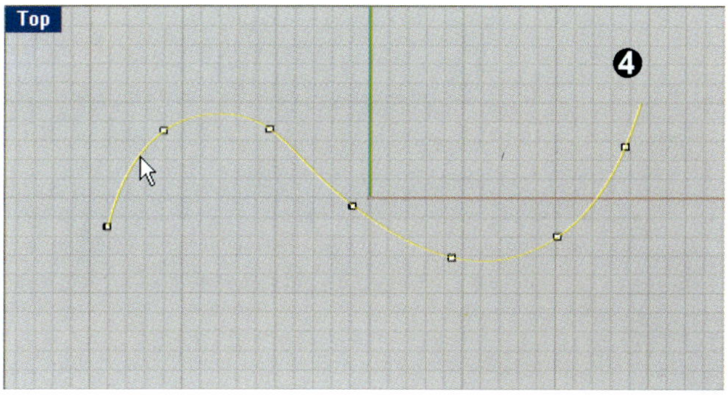


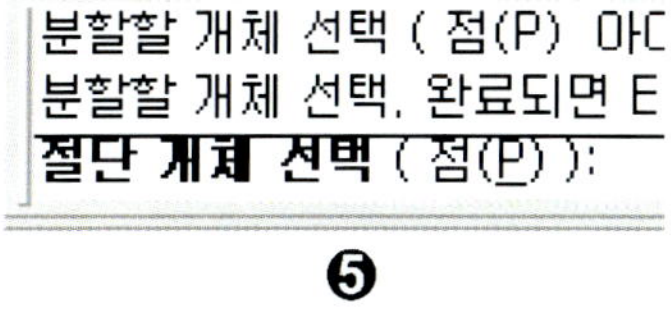


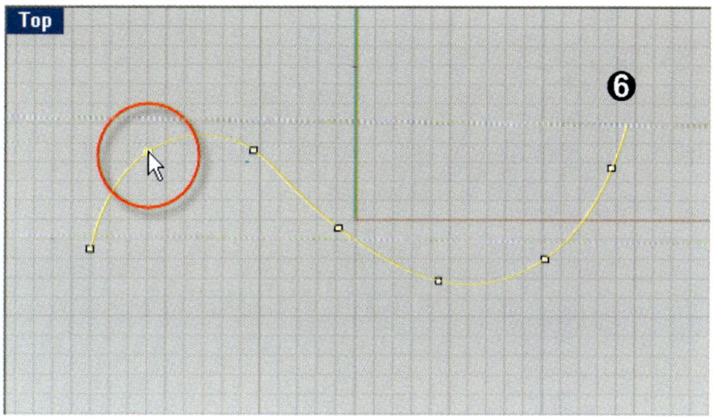


< STEP-2 >

(S-2) 1번처럼 완성 후 2번 분할을 클릭하고 3번 명령창을 확인 후 4번 그림처럼 커브를 클릭한 다음 Enter를 치면 5번처럼 명령창이 뜬다.
그 다음 6번그림의 표시된 포인트를 클릭 후 Enter친다.

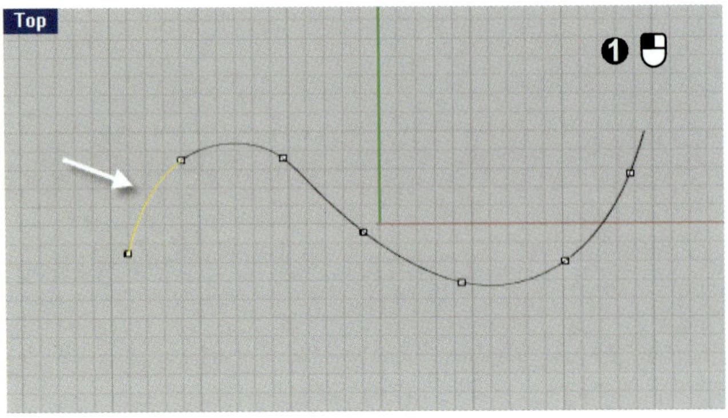


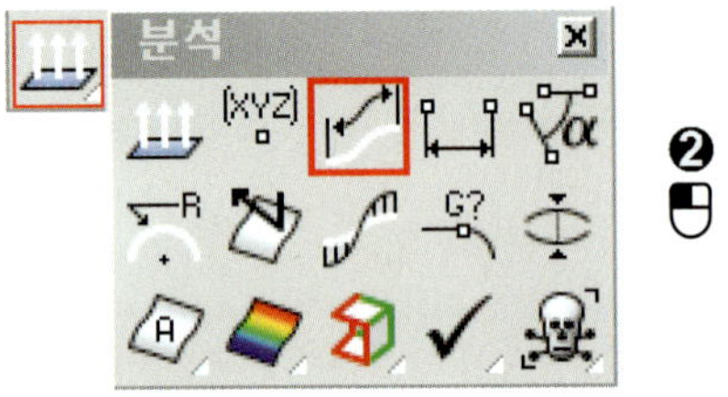

< STEP-3 >

(S-3) 1번처럼 잘라진 커브를 클릭한 후 2번 분석의 길이 툴을 클릭하면 3번처럼 명령창에 길이가 나타난다.

＊이 명령을 사용할 경우에 그려진 커브를 내가 원하는 길이 만큼 만들 수 있다.

# 5. 커브 그리기-1

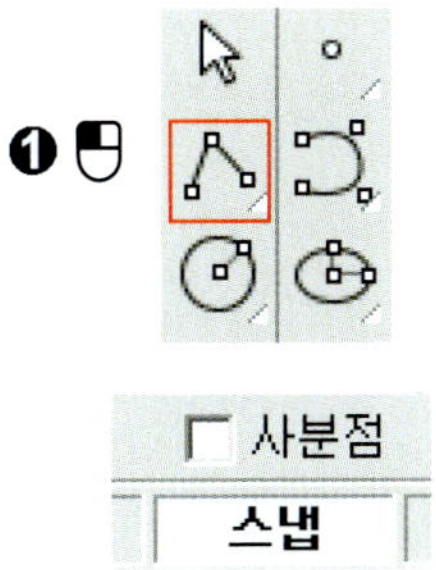


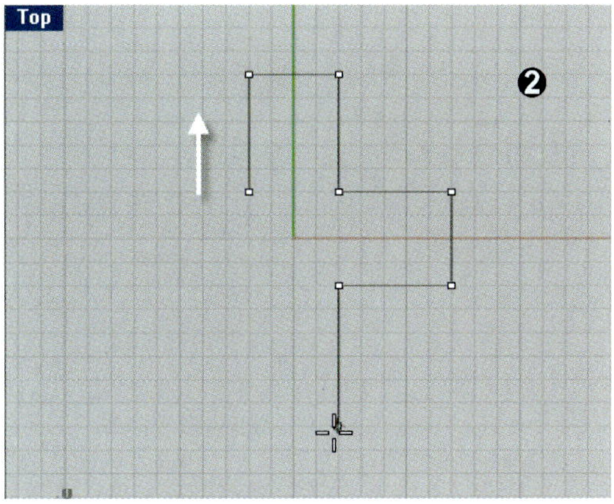


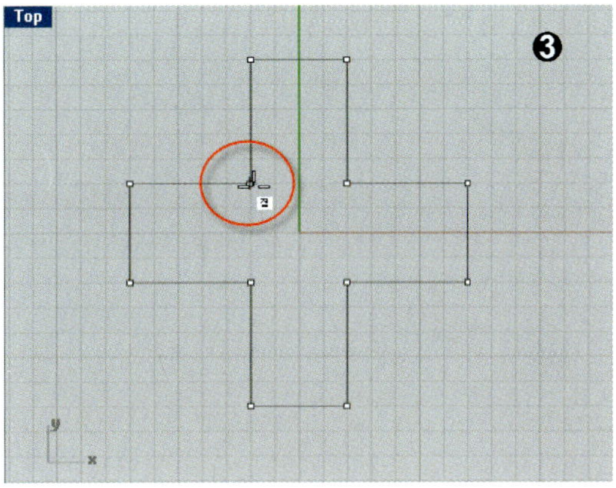


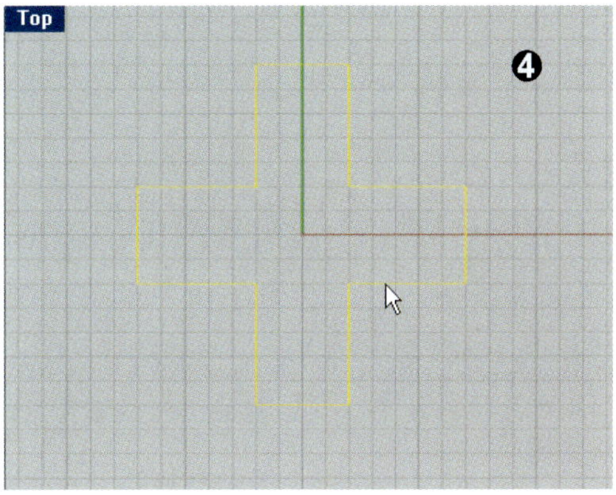


< STEP-1 >

(S-1) 하단의 스냅을 켠 후 좌측 메인툴바 중 1번 폴리라인을 클릭하고 2번 화살표 방향대로 선을 그린 후 3번처럼 완성 시키면 4번과 같은 하나의 커브가 완성된다.

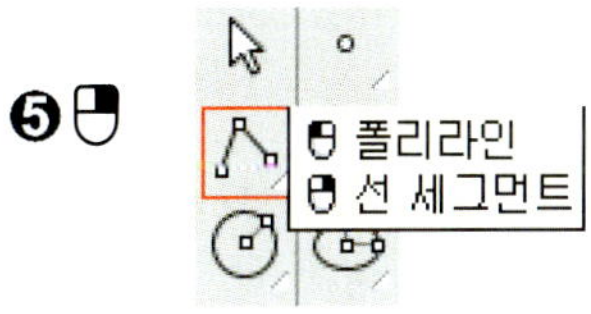


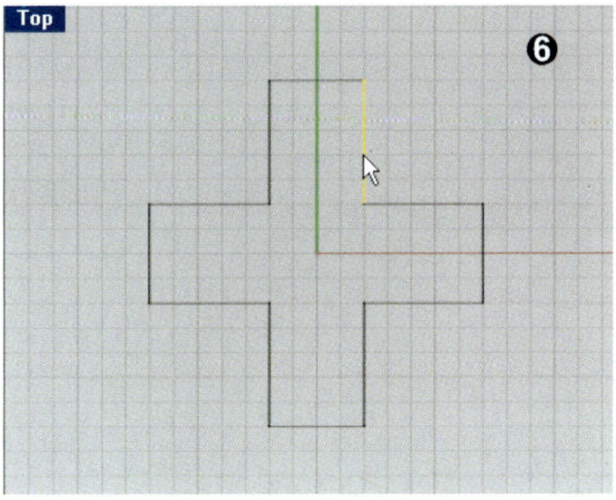


< STEP-2 >

(S-2) 5번 아이콘을 마우스 오른클릭(선 세그먼트)을 하고 STEP-1과 동일한 방법으로 그린다음 6번 그림처럼 클릭을 하면 결합 되어있지 않은 것을 확인할 수 있다.

❷ 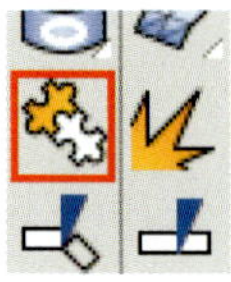

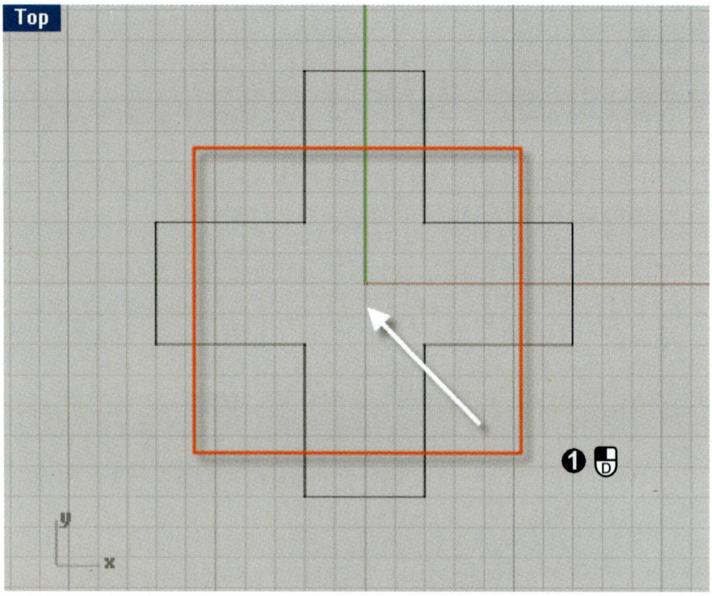


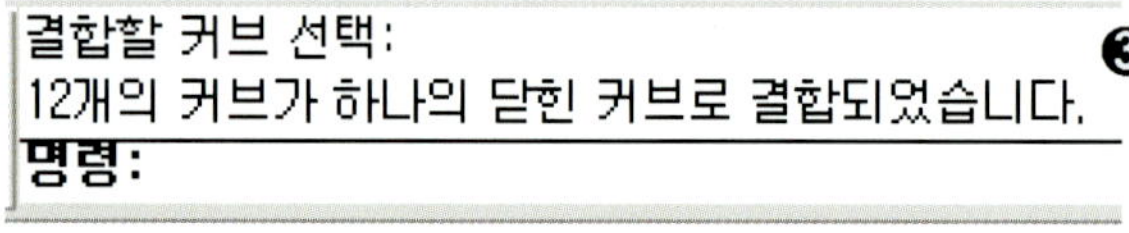


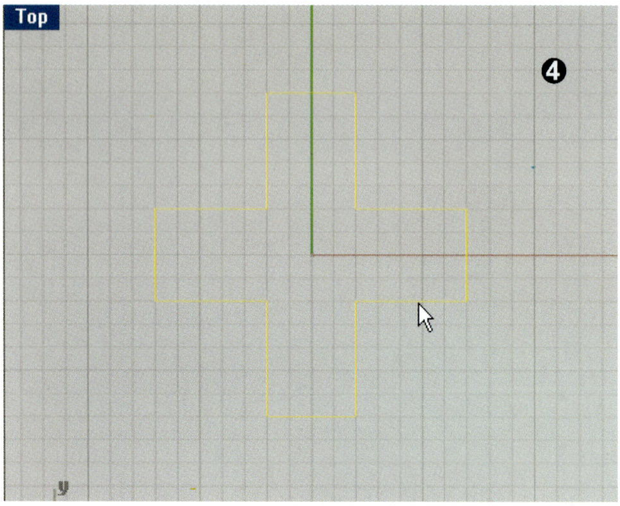


(S-3) 1번 그림처럼 클릭, 드래그한 후 2번 결합을 클릭한다.
그러면 3번처럼 명령창에 하나의 커브로 결합되었다고 나타난다. 4번 그림의 커브를 선택하면 하나의 커브로 결합이 된 것을 알수 있다.

< STEP-3 >

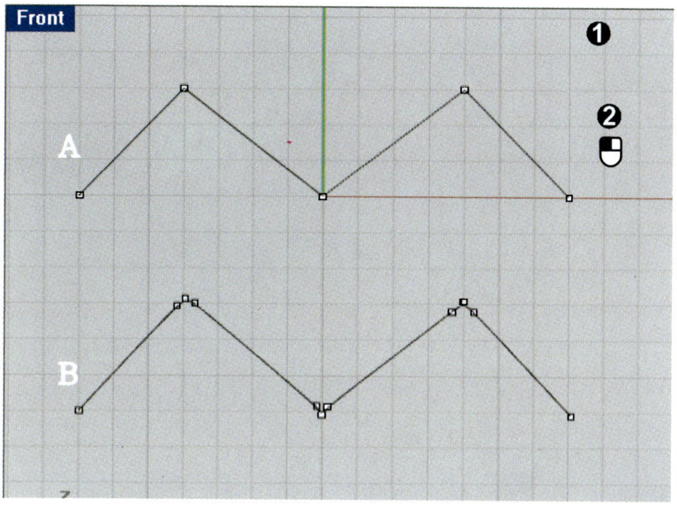


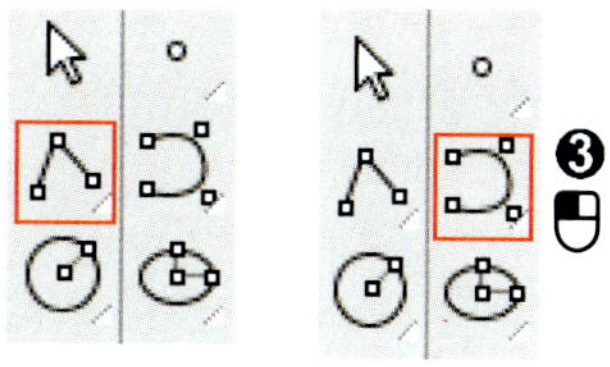

< STEP-4 >

(S-4) 1번그림의 A커브는 2번 폴리라인으로 그린 것이고, 커브는 3번 제어점 커브로 그린 것이다.

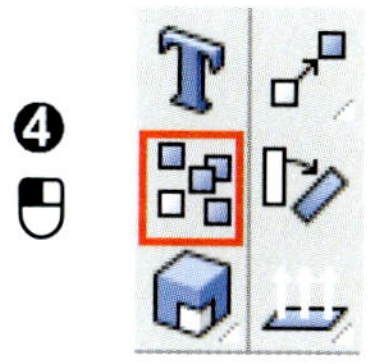

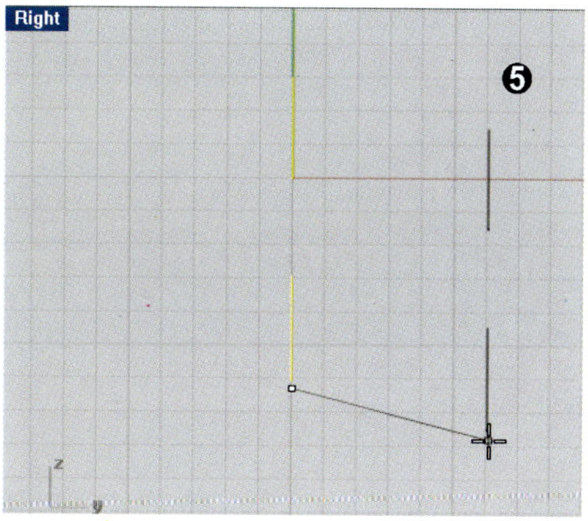


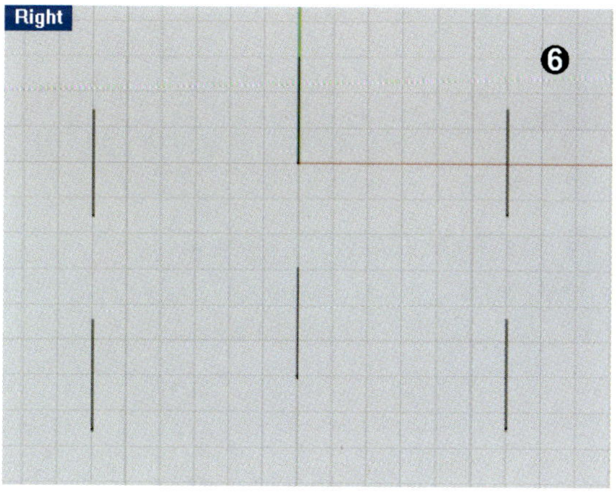


< STEP-5 >

(S-5) 4번 복사를 클릭하고 Right 화면에서 5번, 6번처럼 양쪽으로 복사후 Enter를 쳐서 종료한다.

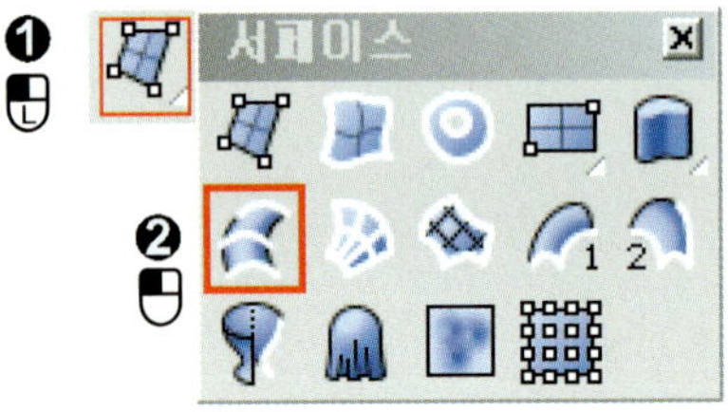


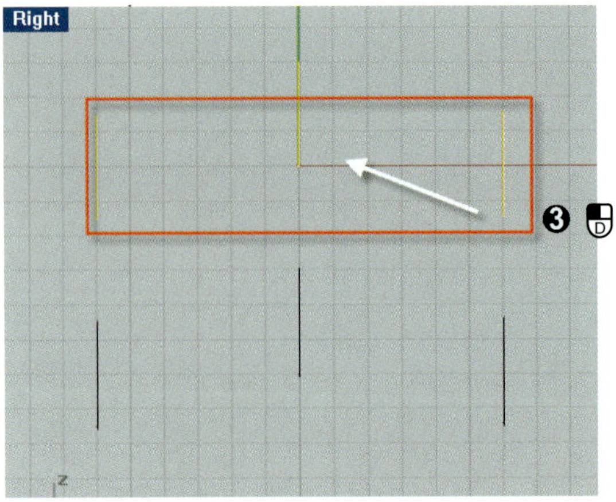


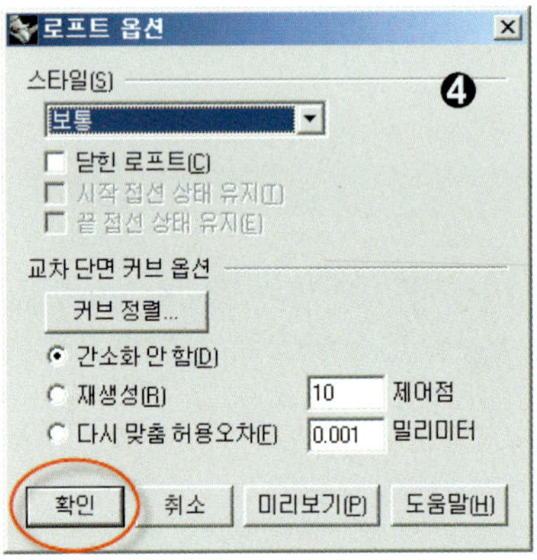


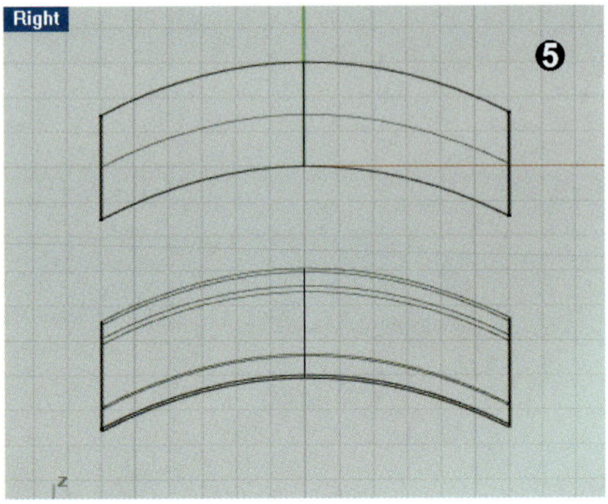


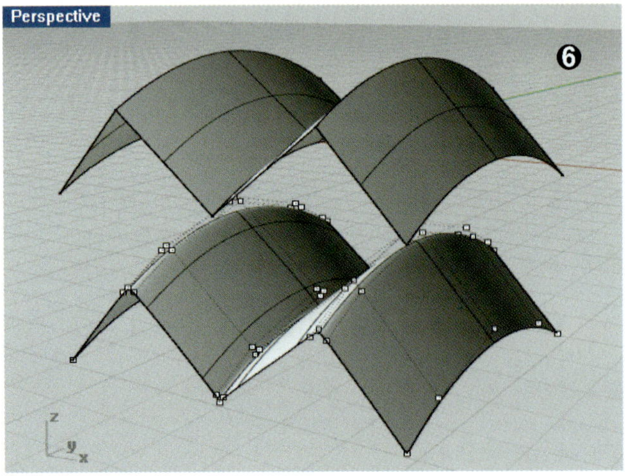


(S-6) 1번 서페이스 툴바를 길게 누르고 2번 로프트를 클릭하고 3번 그림의 화살표 방향처럼 클릭-드래그하고 4번처럼 옵션창이 뜰때 확인을 클릭하면 5번처럼 서페이스가 만들어진다.
제어점 커브로 그린 커브도 같은 방법으로 로프트한다.
이때 만들어진 서페이스를 클릭해서 F10을 누르면 제어점 커브로 만든 서페이스는 6번처럼 제어점이 켜지는 것을 알수 있다.

< STEP-6 >

* 폴리서페이스는 제어점을 켤 수 없다.

# 5. 커브 그리기-1

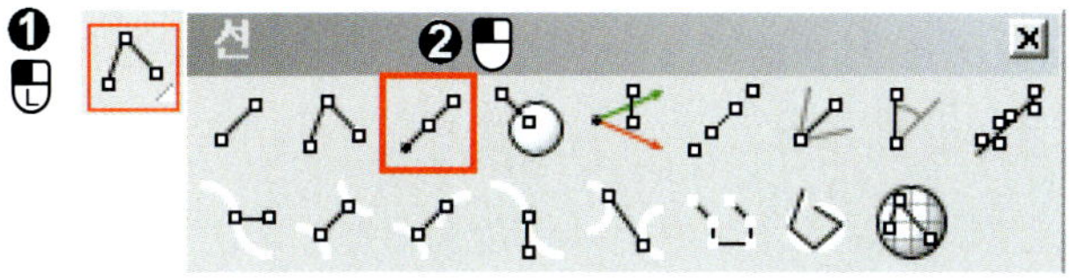


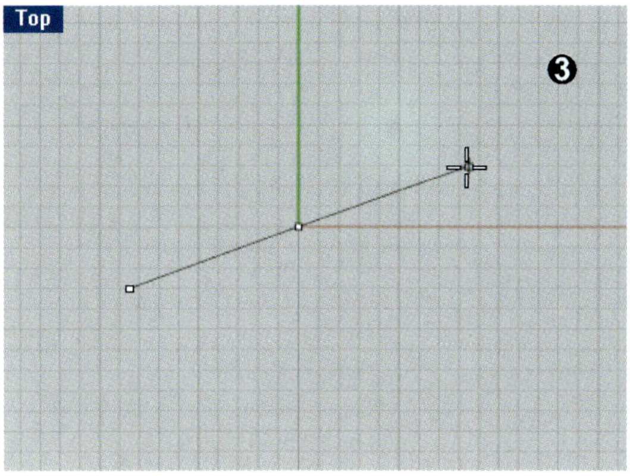


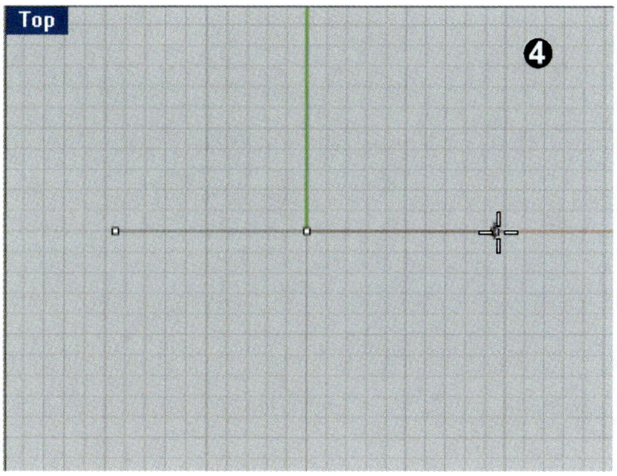


▶ 1번 폴리라인 툴바를 길게 누르고 2번 중간점에서를 클릭한 후 3번처럼 임의의 점을 클릭하면 양쪽으로 같은 길이의 선이 생기는데, 이때 명령창에 숫자를 입력하거나 마우스로 클릭해서 길이를 정할 수 있으며 Shift를 눌러서 수직, 수평선을 그릴 수 있다.

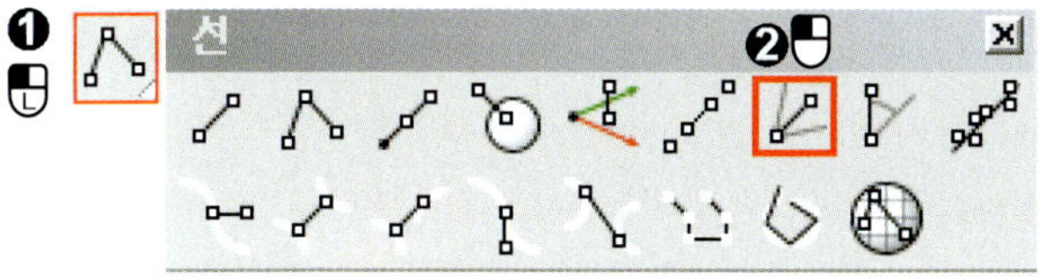

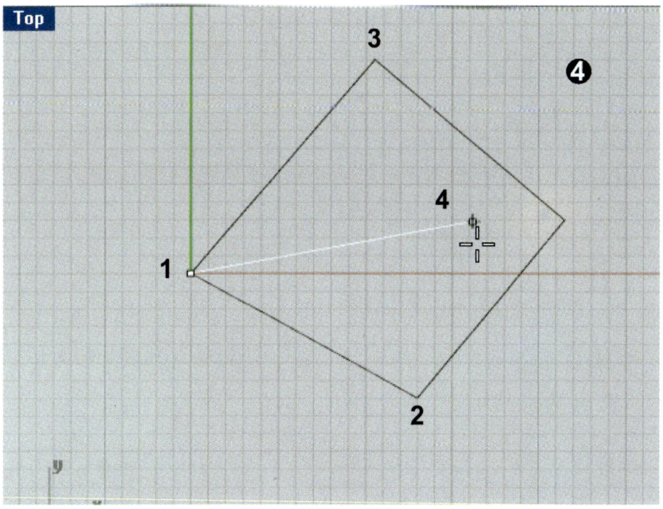


▶ 1번 폴리라인 툴바를 길게 누르고 2번 이등분을 클릭한 후 화면 하단의 개체 스냅중에 3번 끝점을 체크하고 4번의 그림처럼 번호 순대로 끝점을 선택하면 이등분된 선을 그릴 수 있다.

# 5. 커브 그리기-1

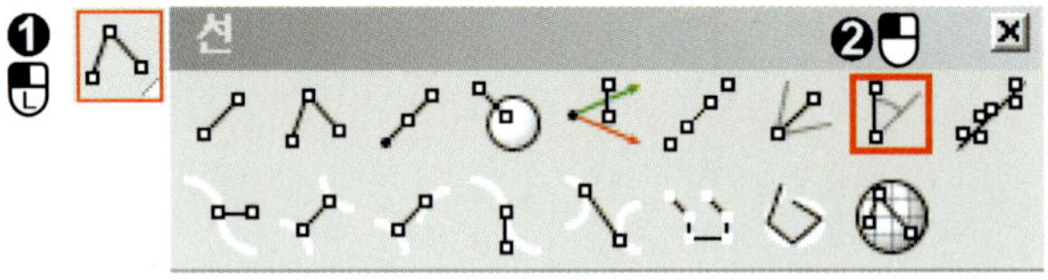

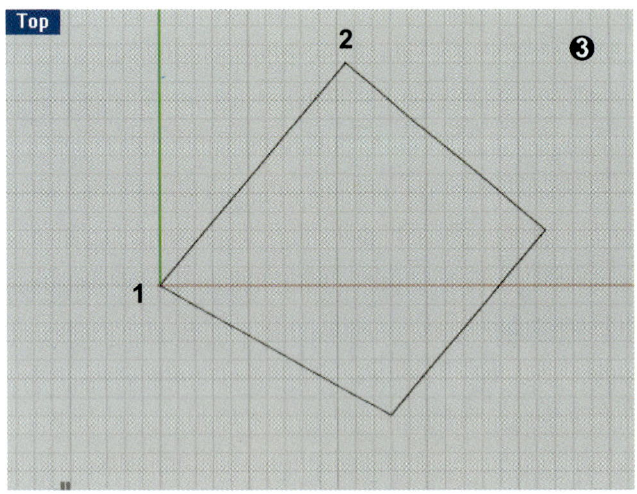


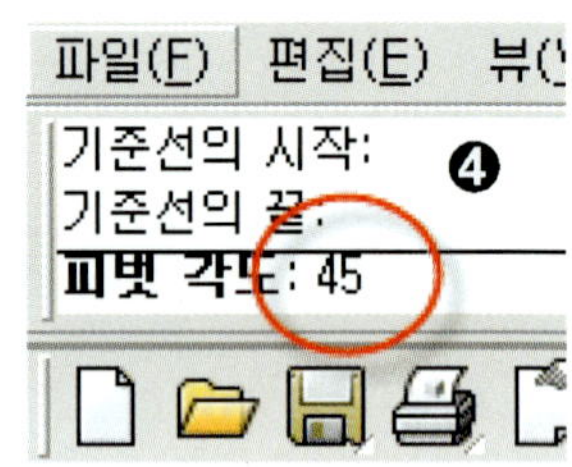


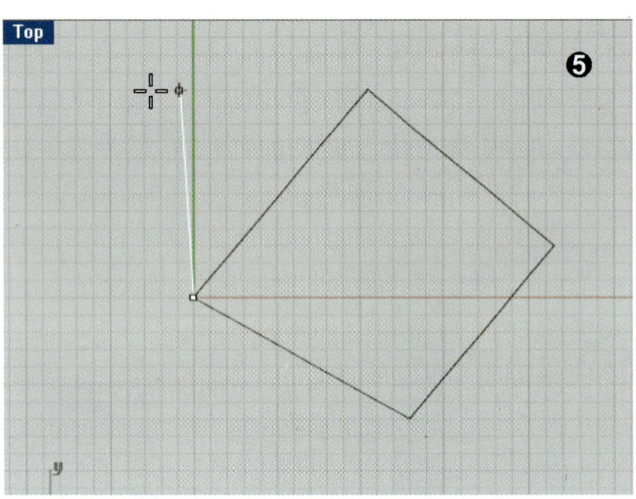


1번 폴리라인을 길게 누른 후 2번 각이 있음을 클릭하고 하단의 개체스냅의 끝점을 체크하고 3번 그림 순서대로 클릭한다.
4번 그림처럼 명령창에 지정하고자 하는 각도를 입력후 Enter치면 5번 그림처럼 45도를 이루는 선을 그릴 수 있다.

# 5. 커브 그리기-1

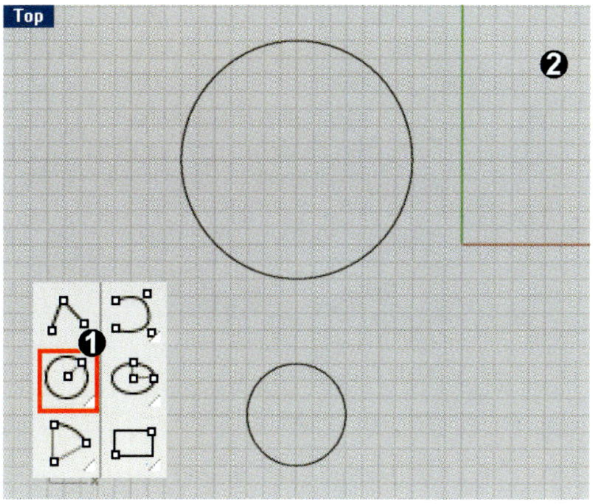


(S-1) 1번 원을 클릭한 다음 2번 그림과 같이 크기가 다른 두 원을 그린다.

< STEP-1 >

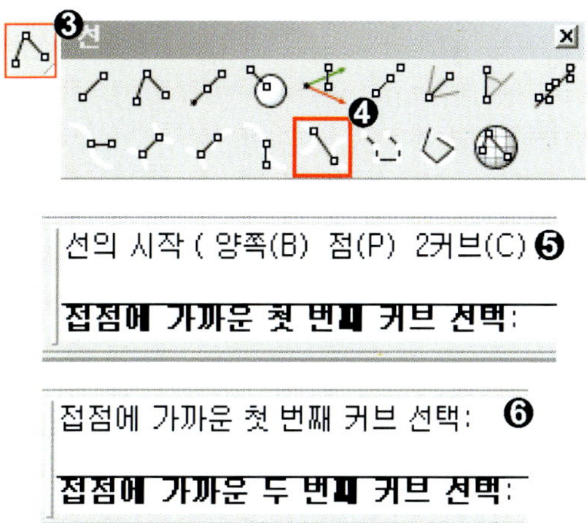


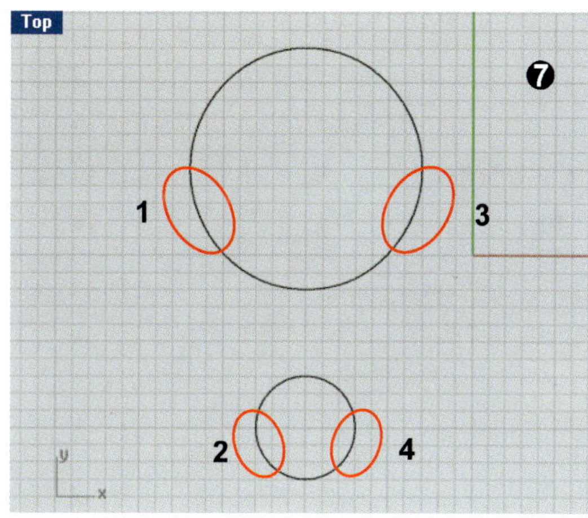


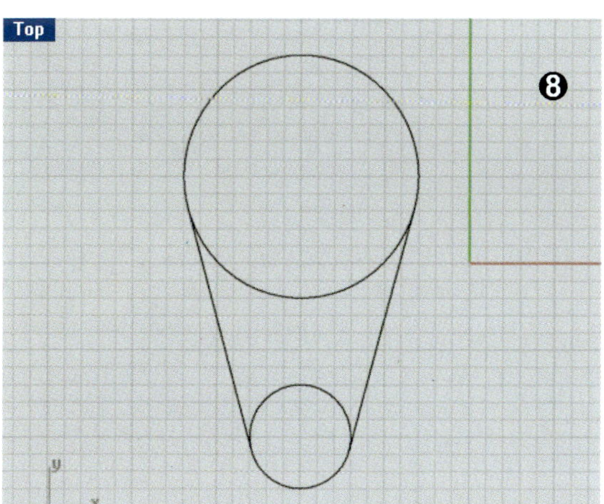


(S-2) 3번 폴리라인을 길게 클릭한 후 4번 두 커브에 접함을 클릭하면 5번 명령창이 뜨는데 7번 그림의 1을 클릭하면 6번 명령창이 뜬다. 이때 7번 그림의 2를 클릭하면 두 원에 접하는 커브가 생긴다. 같은 방법으로 7번의 3.4를 클릭해서 8번 그림과 같이 완성한다.

< STEP-2 >

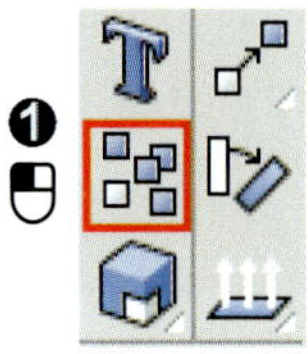

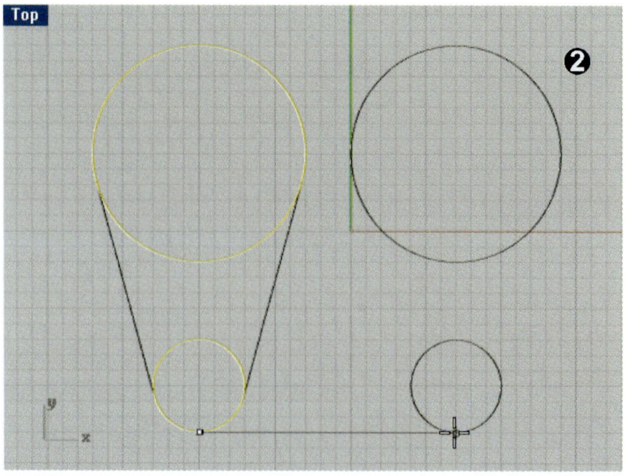


< STEP-3 >

(S-3) 1번 복사를 누른 후 두 원을 클릭한 다음 Enter 치고 2번 그림처럼 복사한다.

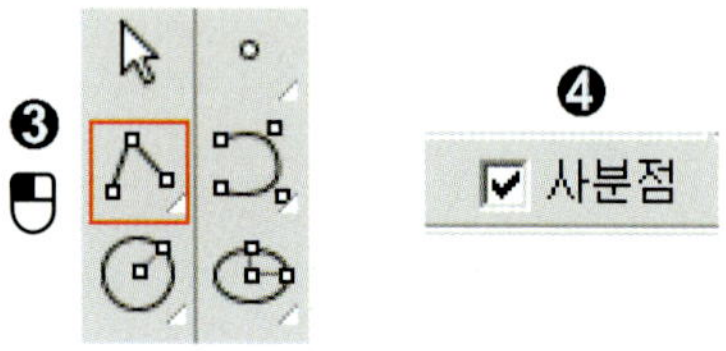


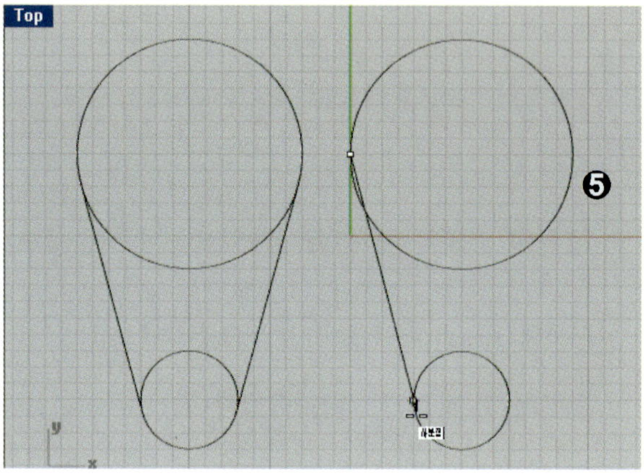


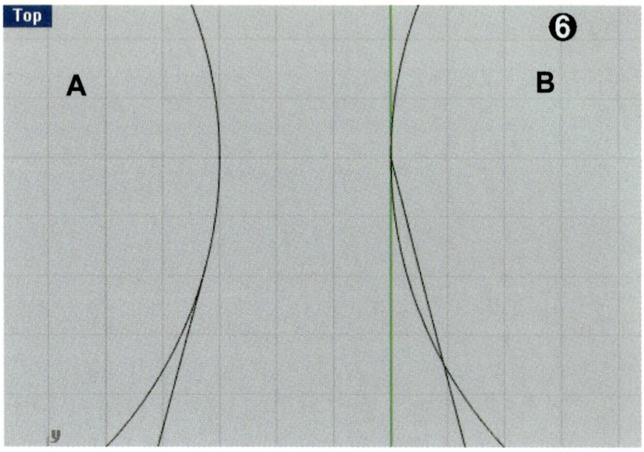


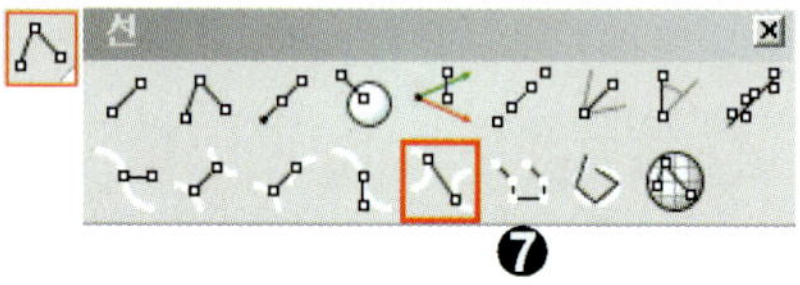


(S-4) 복사후 3번 폴리라인을 클릭하고 4번 사분점을 체크한 후 5번 그림처럼 사분점에 맞춰서 선을 그린다.
6번 그림을 보면 알 수 있듯이 7번 두 커브에 접함은 A와 같이 커브에 접하는 접선을 그릴 수 있는 명령이다.

< STEP-4 >

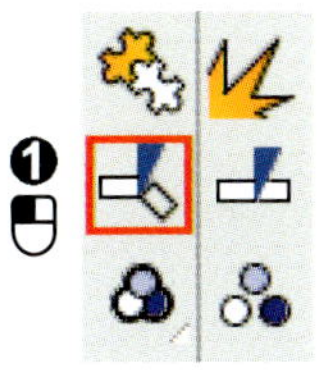


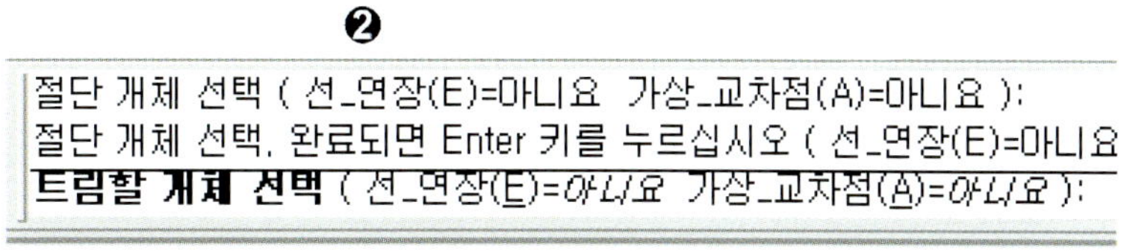


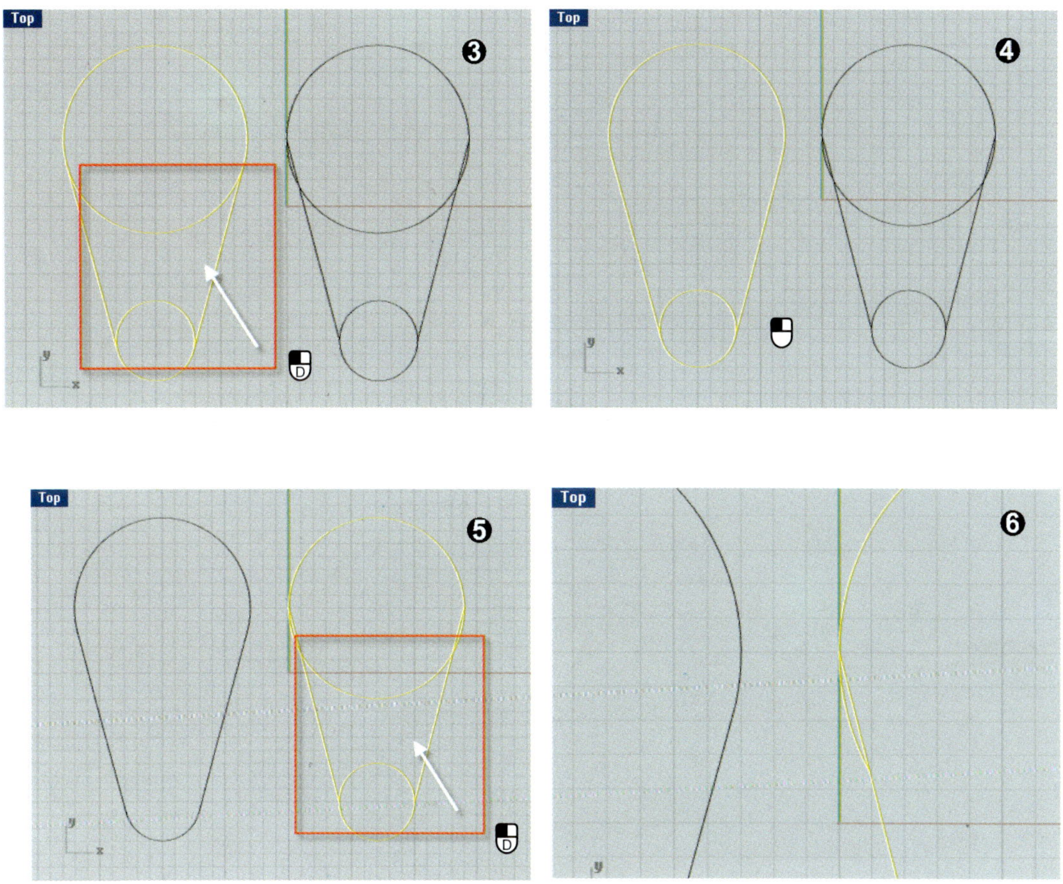


< STEP-5 >

(S-5) 1번 트림을 선택후 2번 명령창이 뜨면 3번 그림처럼 클릭-드래그를 한다. 그리고 4번 그림처럼 교차되고 있는 부분을 선택해서 지울 수 있다. 5번 역시 같은 방법으로 실행한다. 트림한 결과를 보면 6번 그림처럼 두 커브에 접함을 이용하여야 올바른 접선을 그릴 수 있다.

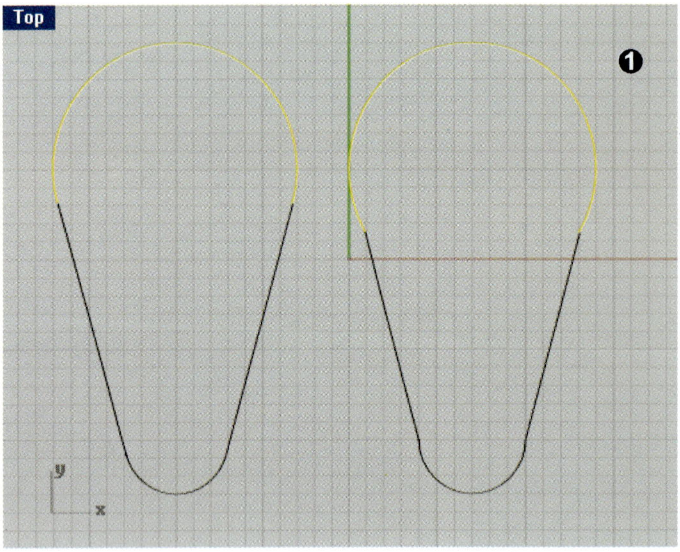


1번 그림은 트림한 결과이다.

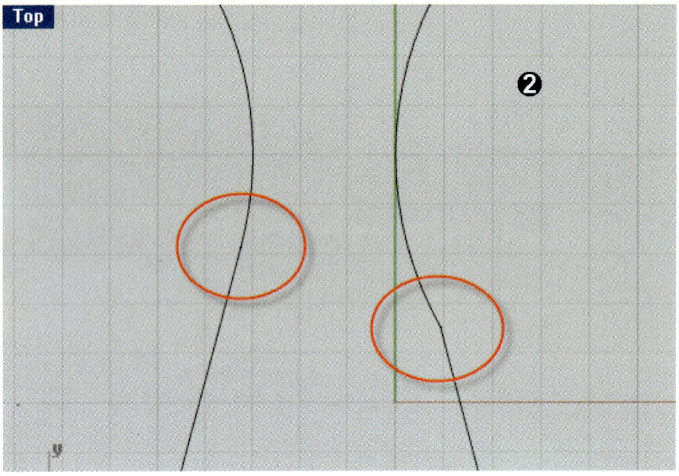


2번 그림를 보면 알 수 있듯이 두 커브에 접함을 쓰지 않는 부분은 접선을 그릴 수 없기 때문에 두 커브의 연결이 매끄럽지 못한 것을 알 수 있다.

## 5. 커브 그리기-2

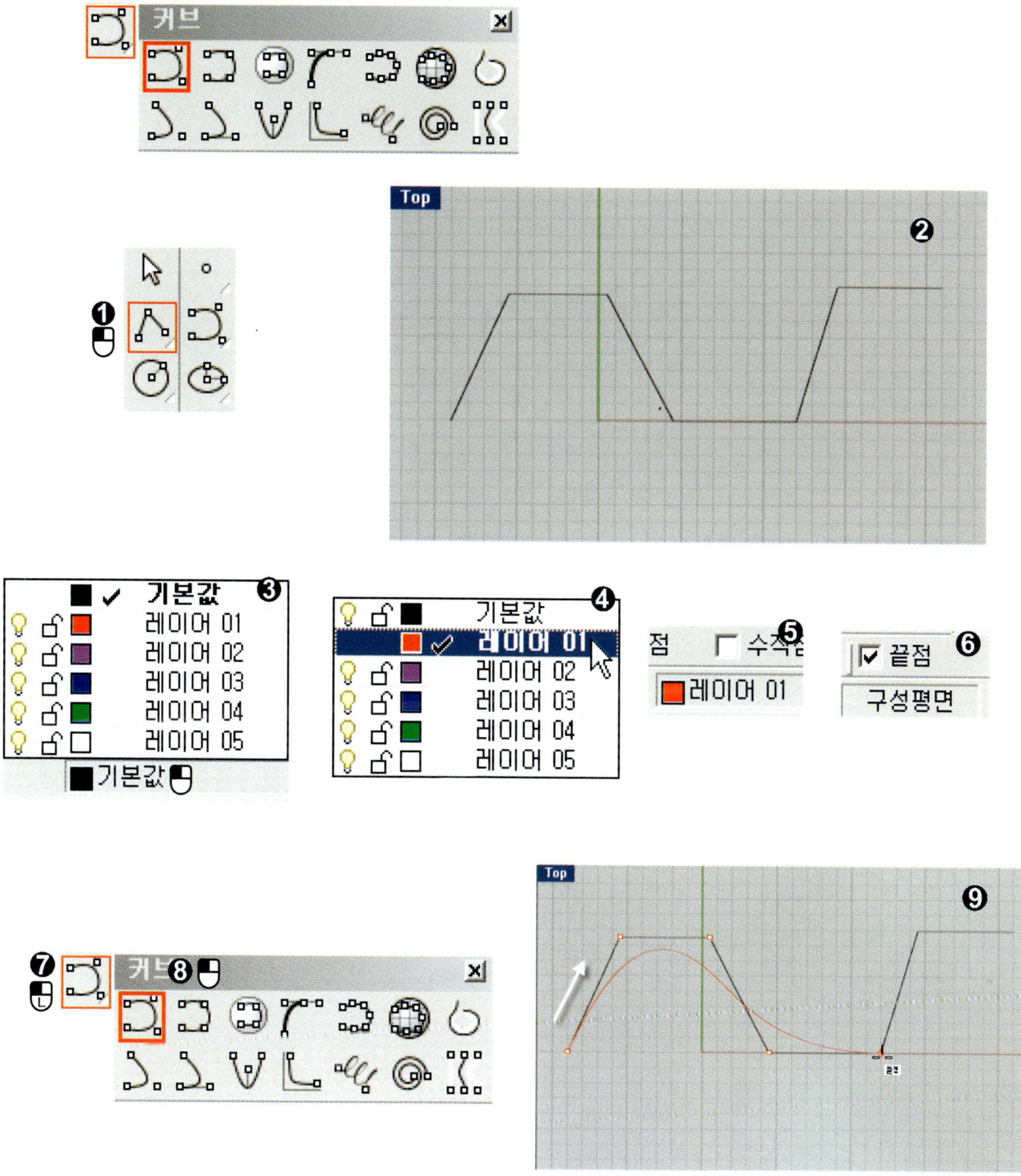


< STEP-1 >

(S-1) 좌측 메인 툴바중 1번 폴리라인을 클릭한 후 2번 그림과 같이 선을 그리고 제어점 커브의 색(레이어)을 바꾸기 위해서 하단의 기본값을 마우스 왼쪽으로 클릭하면 3번과 같은 창이 뜬다. 4번 그림처럼 글씨부분을 클릭하면 5번과 같이 레이어가 바뀐다.

화면의 하단부분 개체스냅의 6번 끝점을 체크하고 7번 제어점 커브를 길게 누른 후 8번을 클릭하고 선을 그리면 9번과 같은 커브가 그려지는 것을 알 수 있다.

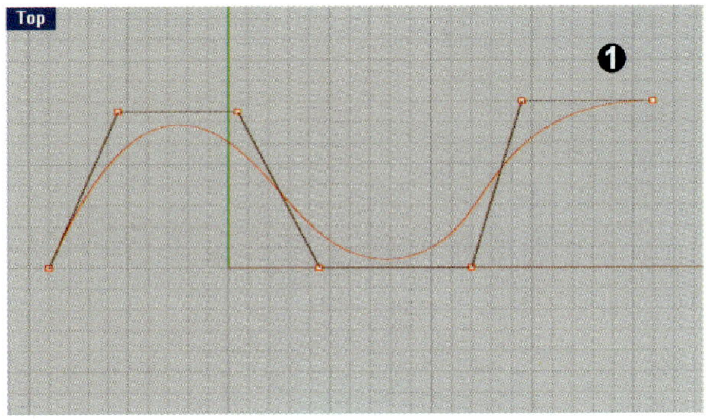


1번 그림과 같이 제어점을 지정하여 그리는 커브는 지정한 점을 통과 하지 않는다.

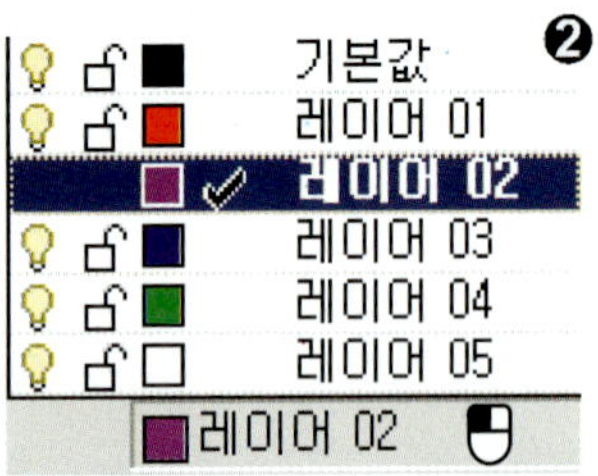

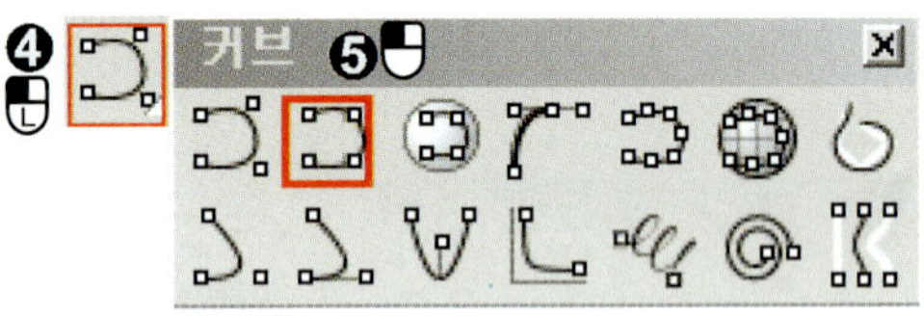


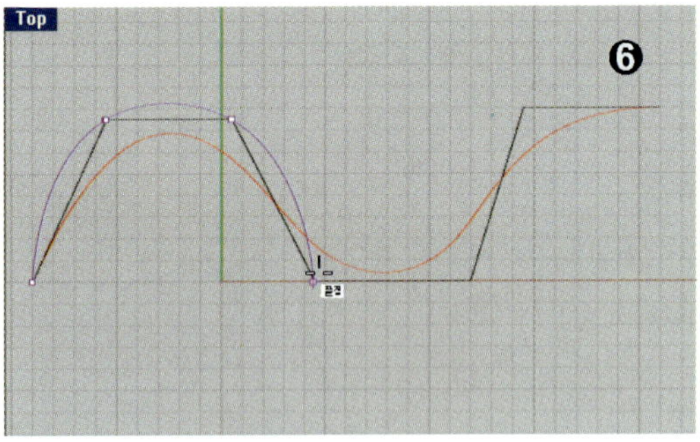


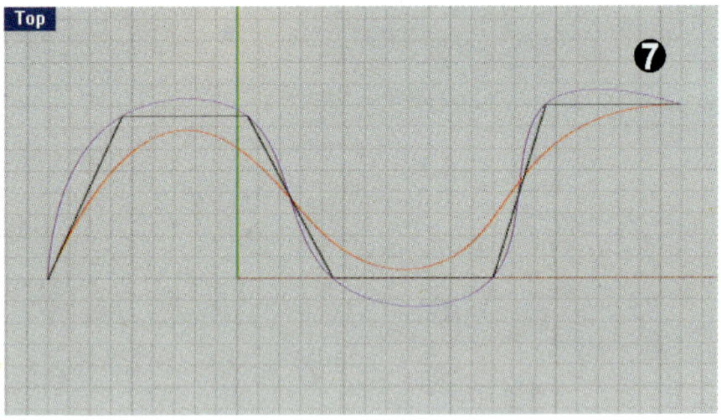


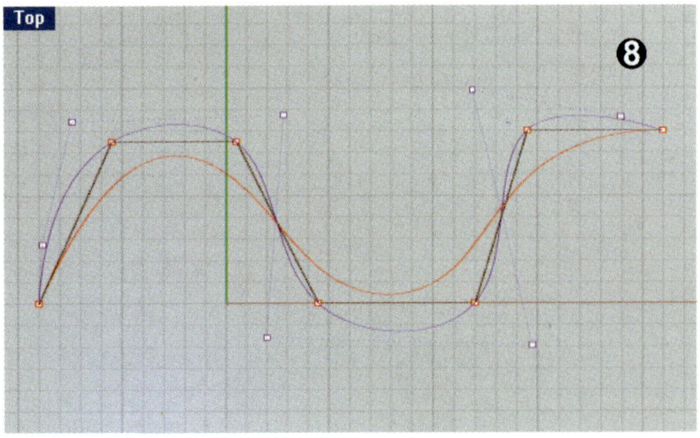


(S-2) STEP-1에서 레이어 바꾼 것과 같이 2,3번 처럼 레이어를 바꾼다. 4번 제어점 커브를 길게 클릭한 후 5번 보간점을 클릭하고 6번 그림처럼 커브를 그려 7번과 같이 완성시킨다. 두가지 방법으로 그린 커브를 보면 보간점으로 그린 커브는 지정한 점을 지나면서 그려진다.

< STEP-2 >

## 5. 커브 그리기-2

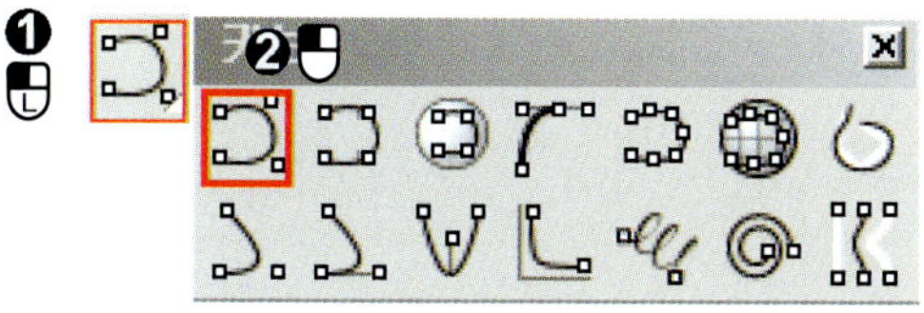

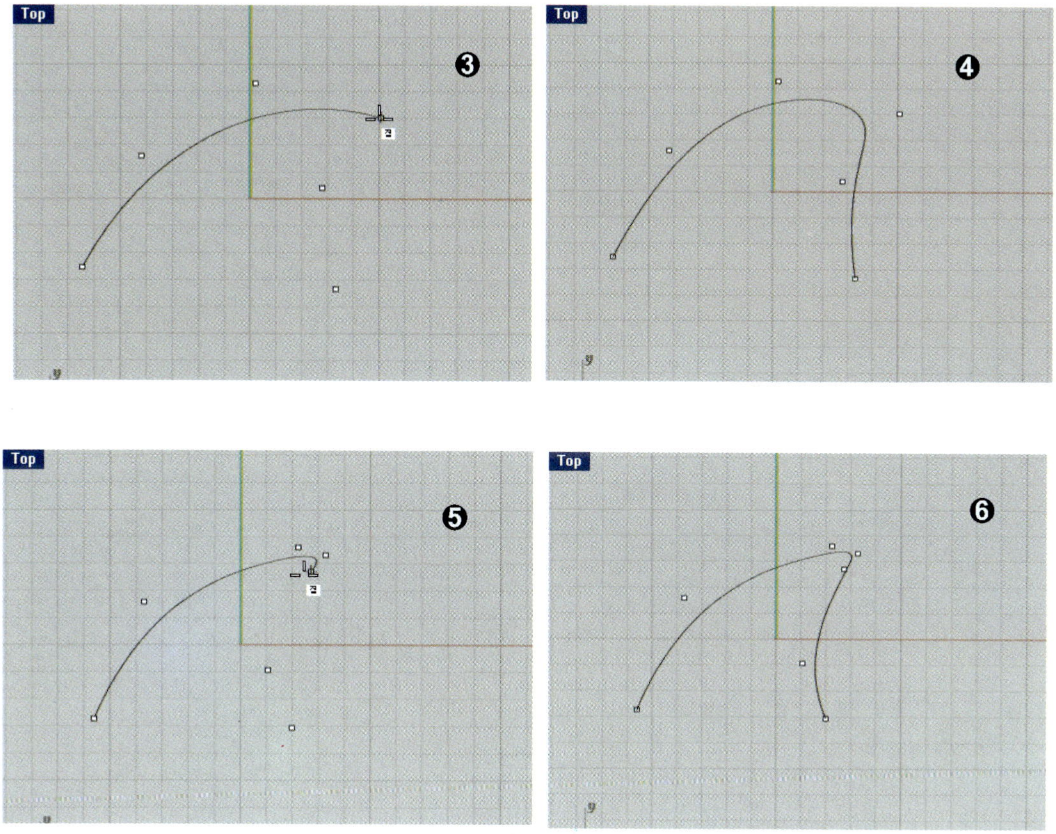


< STEP-1 >

(S-1) 1번 제어점 커브를 길게 누른 후 2번을 클릭하고 3번 그림의 포인트가 놓인 부분을 클릭하면 4번 그림처럼 그려지고 5번 그림의 포인트부분을 클릭해서 그리면 6번처럼 그려진다. 위 그림은 하나의 커브로 뾰족하게 그리는 방법을 제시하는 하나의 예이다.

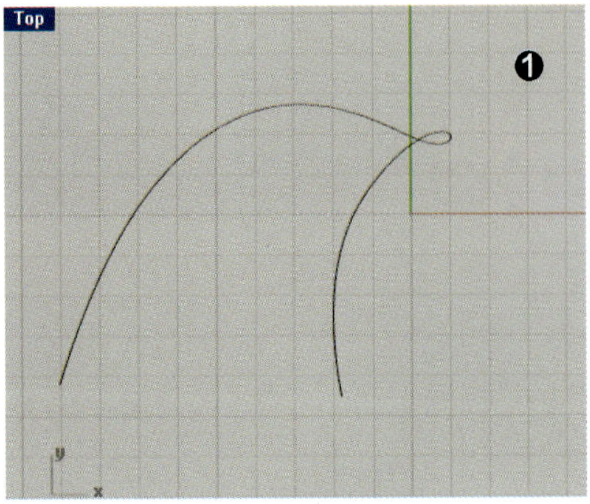

커브가 꼬였을 경우

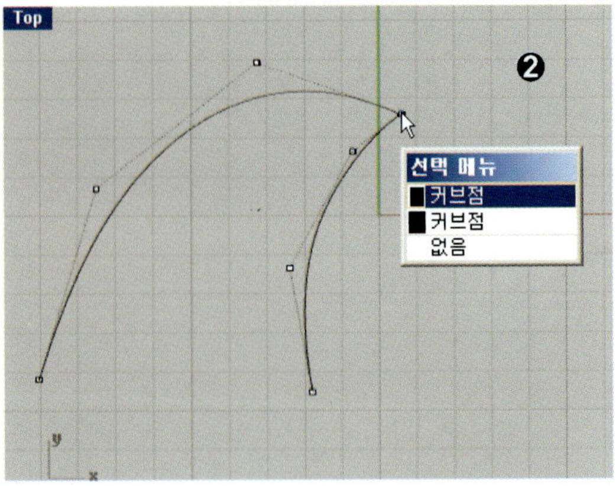

포인트가 중첩이 되었을 경우

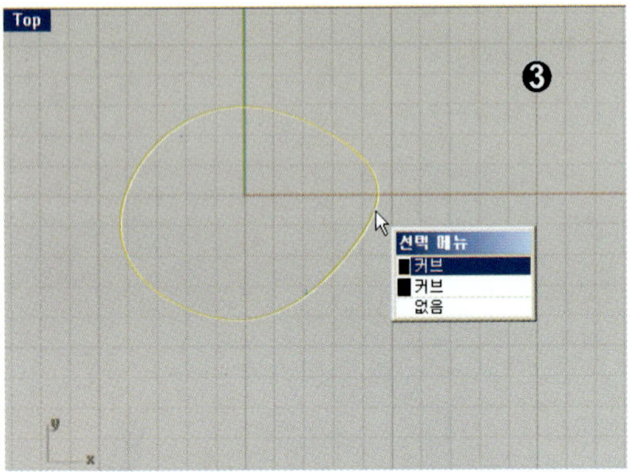

커브전체가 중복이 되었을 경우

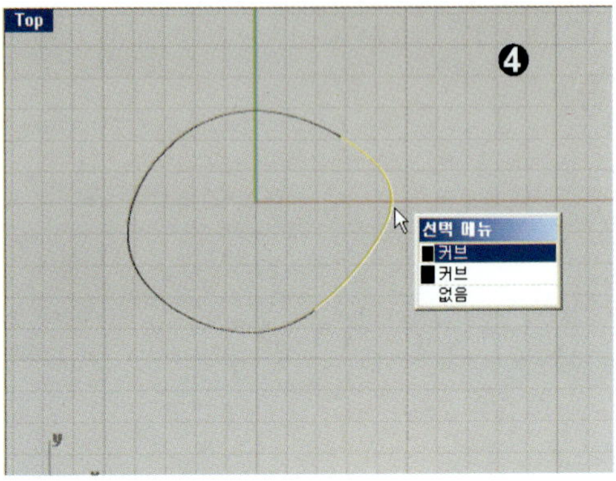

커브 일부가 중첩이 되었을 경우

위의 4가지 경우는 커브 작업시 피해야 할 경우이다.

# 5. 커브 그리기-2

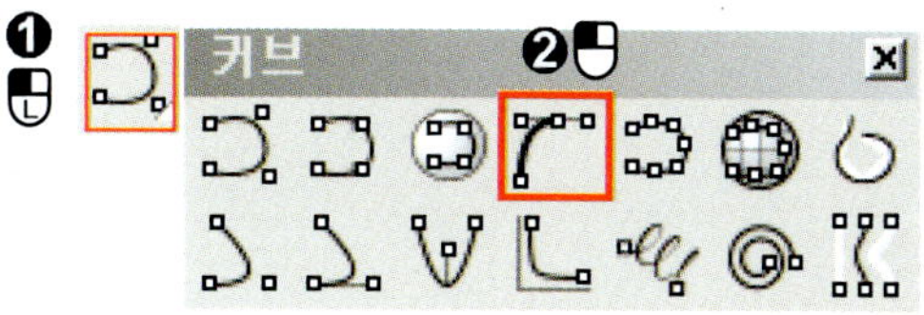


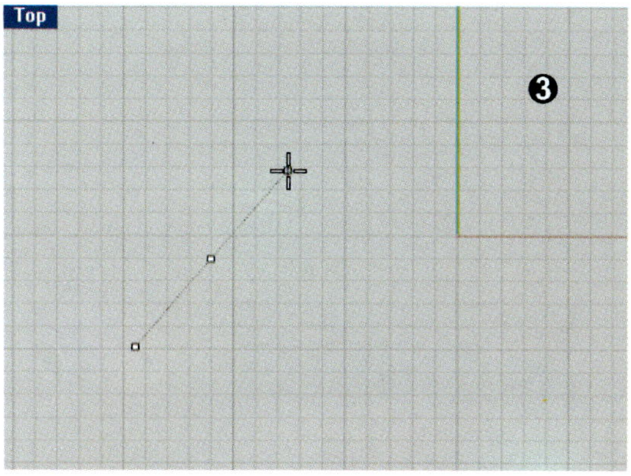


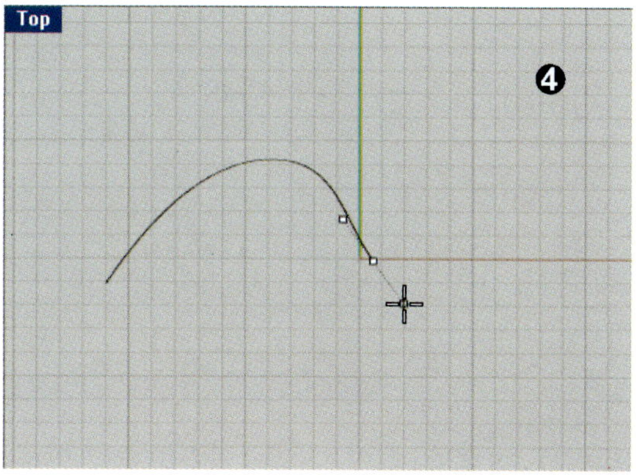


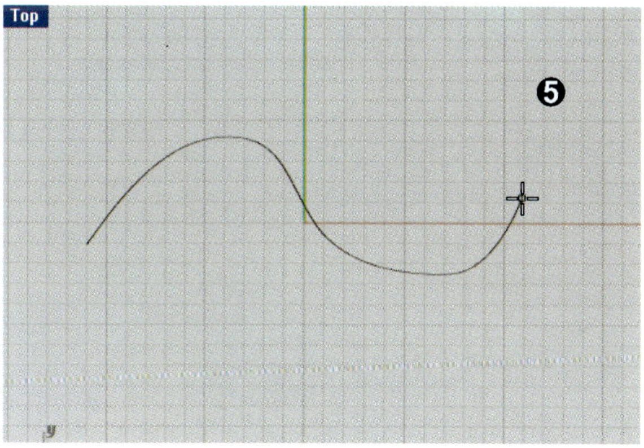


(S-1) 1번 제어점 커브를 길게 누른 후 2번 핸들커브를 클릭한다.
마우스를 클릭하면 3번과 같이 방향이 제시가 된다. 4번 5번 그림처럼 임의 점을 클릭해서 그려나간다. 그리는 방법은 일러스트 선그리기와 유사하다.

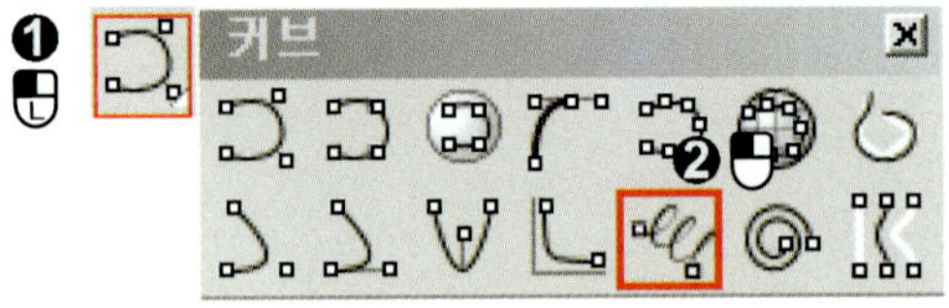


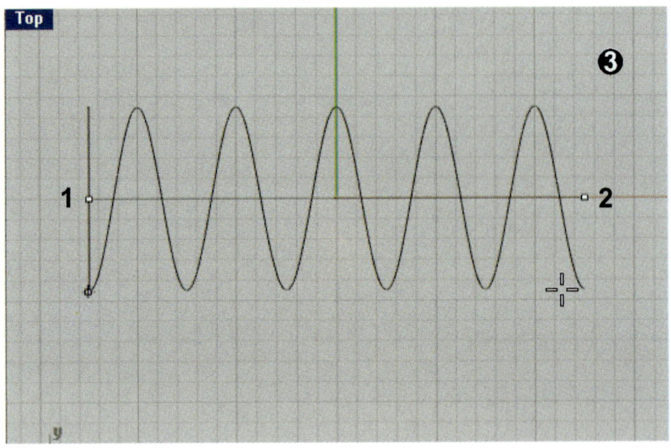


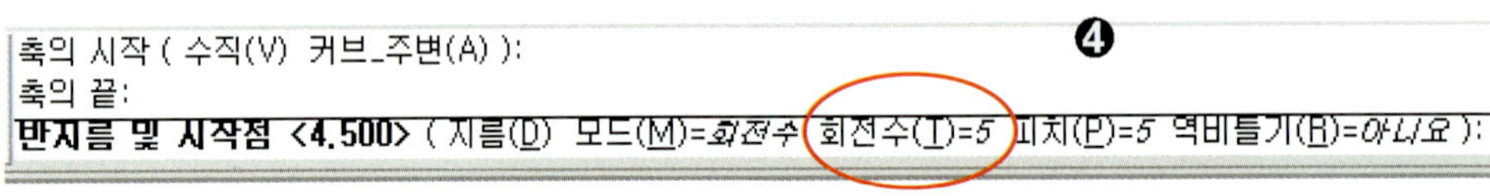


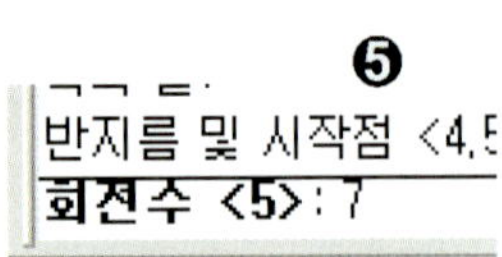


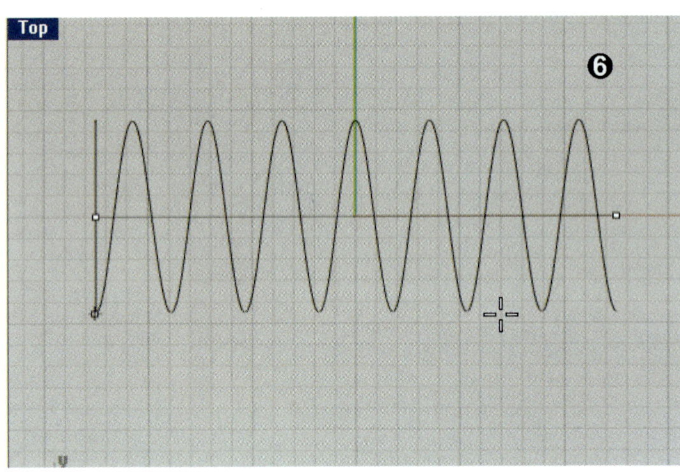

< STEP-1 >

(S-1) 1번 제어점 커브를 길게 누른 후 2번 원통형 나선을 클릭하고 3번 그림의 순서대로 클릭을 하는데 시작점을 클릭한 후 명령창에 길이를 입력해도 된다.
이때 4번의 명령창이 뜨는데 회전수를 바꾸기 위해 4번의 회전수를 클릭하고 5번의 그림처럼 값을 입력하고 Enter를 치면 6번 그림처럼 회전수를 바꿀 수 있다.

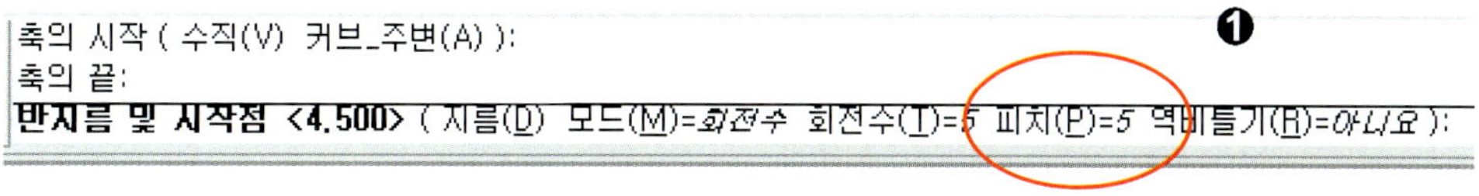


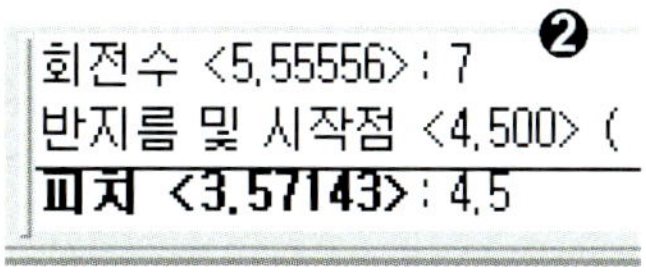


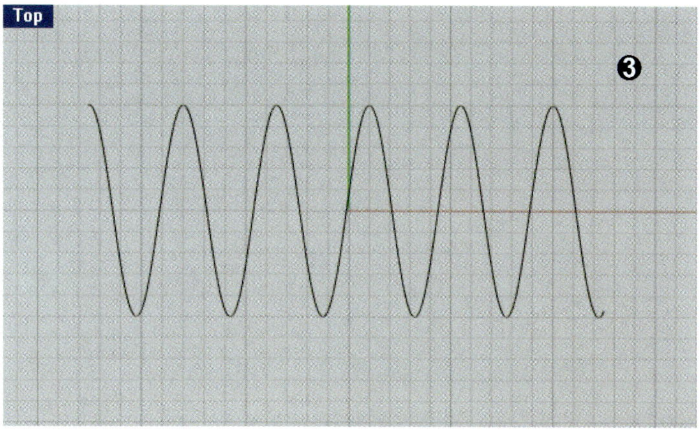


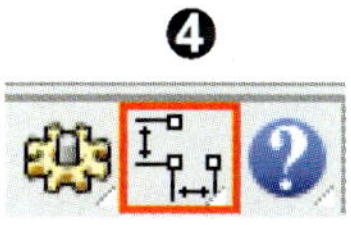

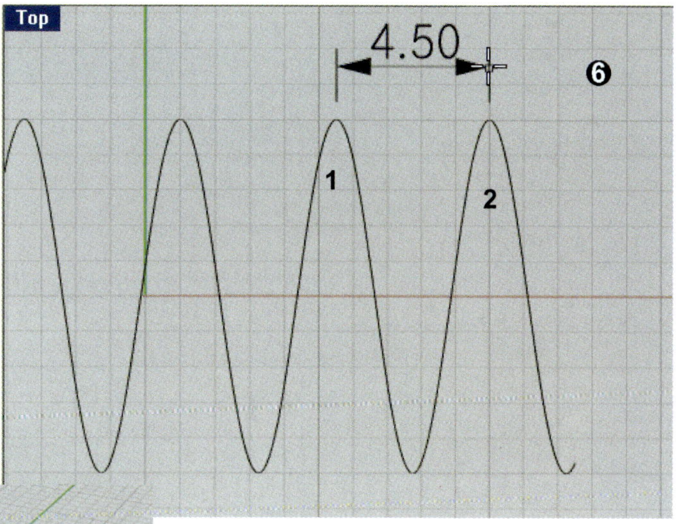


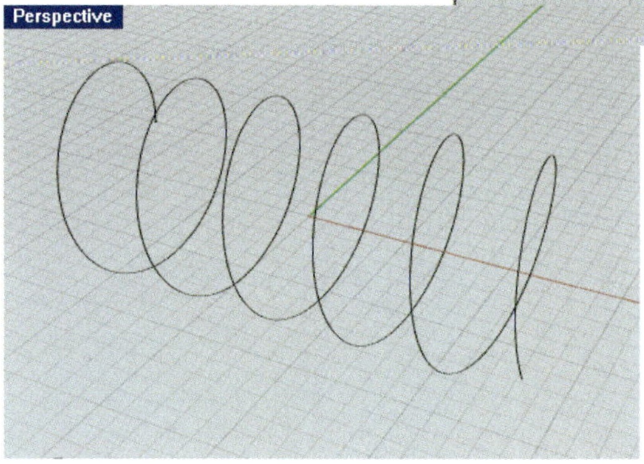


(S-2) 1번 명령창의 피치를 클릭하고 2번 그림처럼 값을 입력하고 Enter를 치면 3번 그림과 같이 그려진다. 피치를 확인하기 위해서 화면 상단부분의 4번 선형치수를 클릭하고 하단의 개체스냅 5번 사분점을 체크한 후 6번 그림의 순서대로 클릭하면 길이를 확인할수 있다.

< STEP-2 >

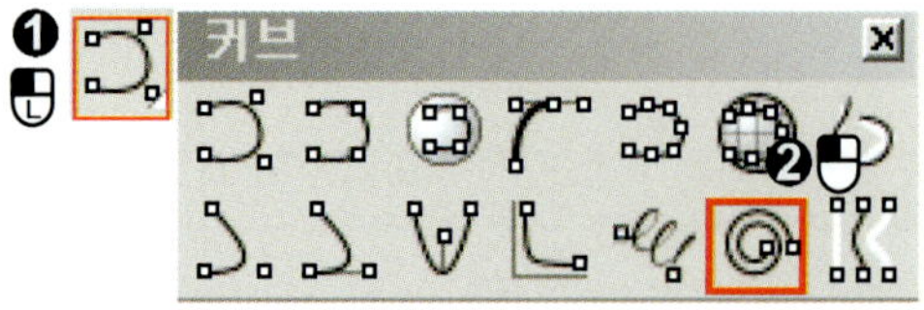


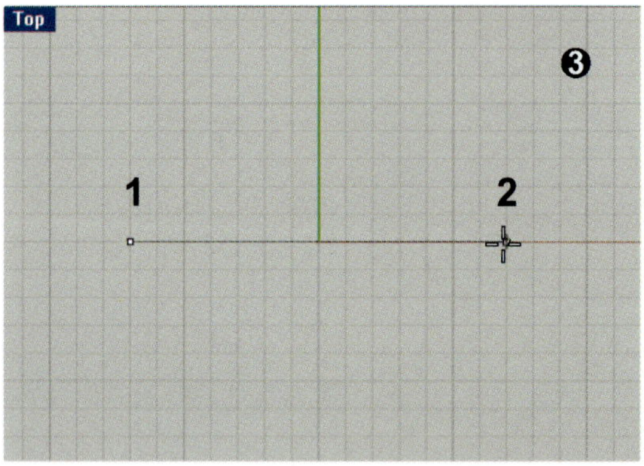


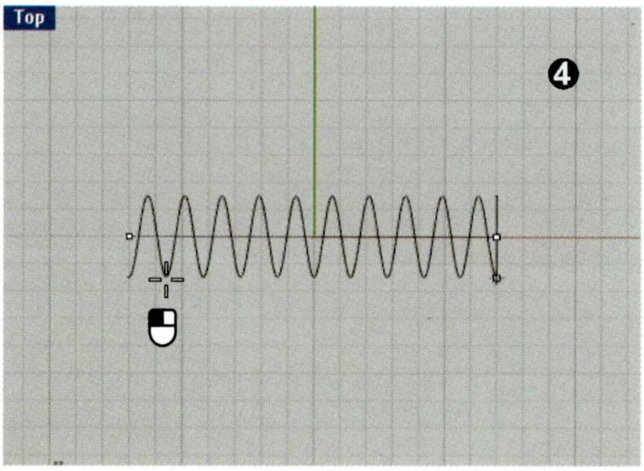


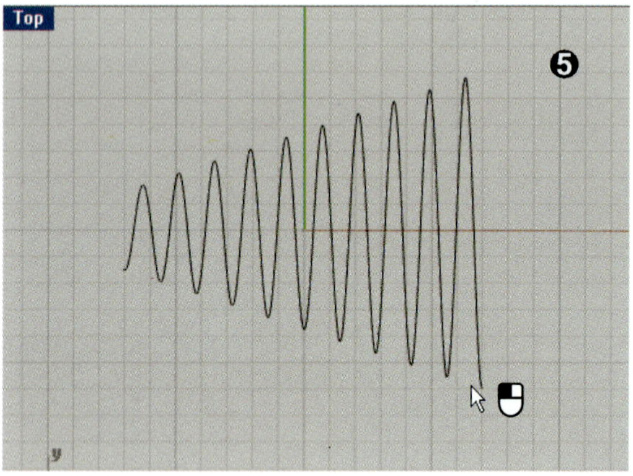


1번 제어점 커브를 길게 누른 후 2번 원뿔형 나선을 클릭 하고 3번 그림의 순서대로 클릭하면 4번 그림처럼 전체 길이를 지정하게 된다. 그리고 5번 그림은 원뿔형 나선의 처음과 끝의 직경을 달리 지정할수 있는 것을 보여준다.
(나머지 옵션은 앞의 원통현 나선의 옵션과 동일하다.)

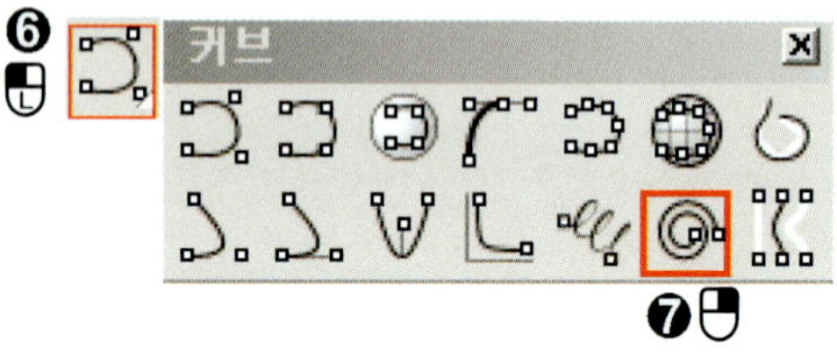


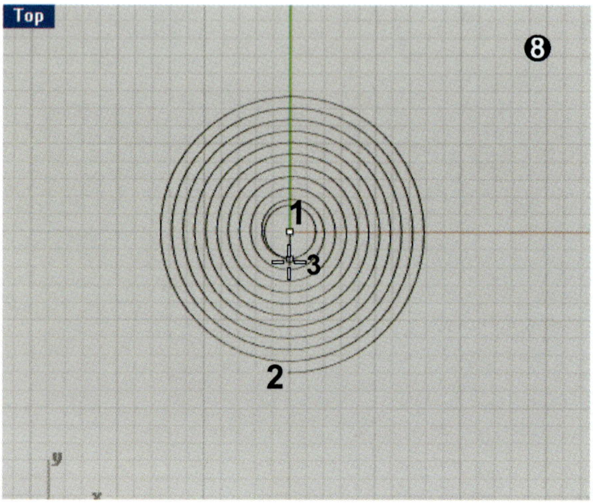


6번 제어점 커브를 길게 누른 후 7번 평평한 원뿔형 나선을 오른 클릭하고 8번 그림의 순서대로 클릭하면 평면형의 원뿔형 나선을 그릴 수 있다.

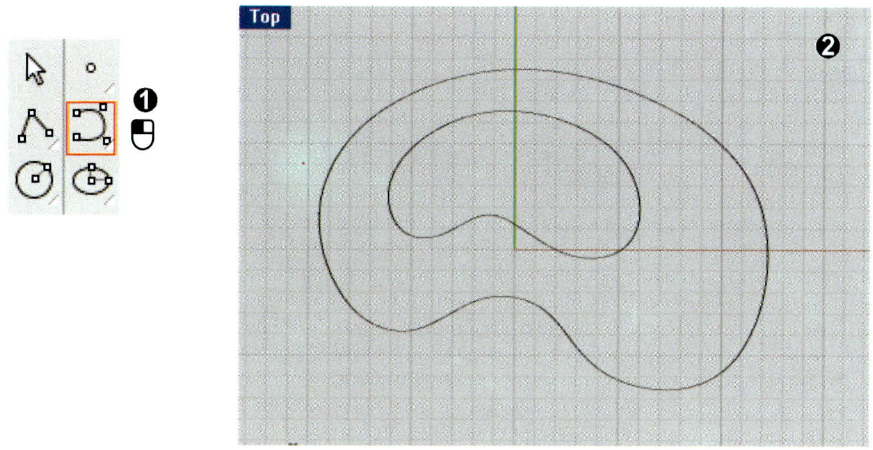


< STEP-1 >

(S-1) 1번 제어점 커브를 클릭해서 2번 그림과 같이 두 커브를 그린다.

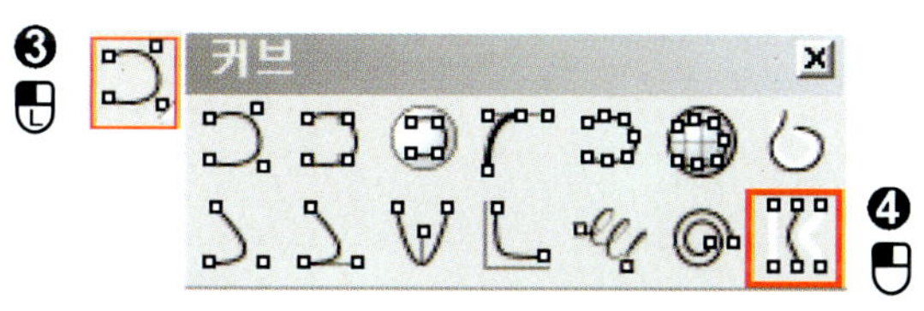


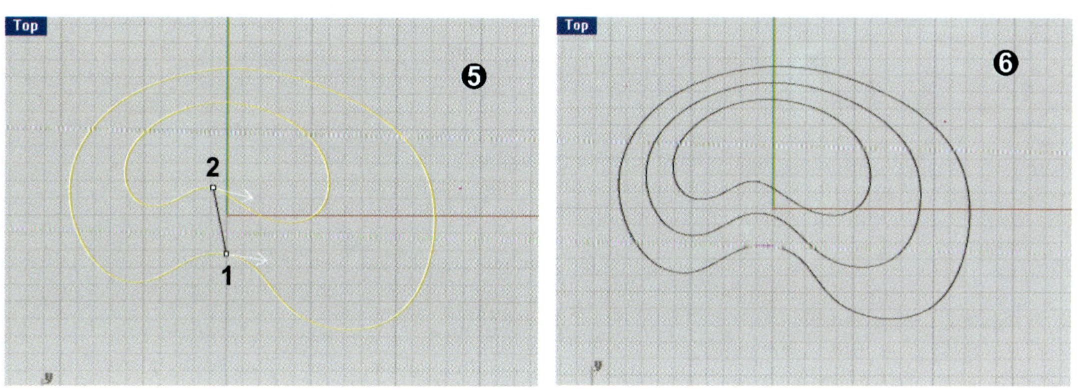


< STEP-2 >

(S-2) 3번 제어점 커브를 길게 누른 후 4번 2 커브의 평균을 클릭하고 5번의 그림의 순서대로 클릭하고 Enter치면 6번의 그림과 같이 2 커브의 평균인 커브를 그릴 수 있다.

## 5. 커브 그리기-2

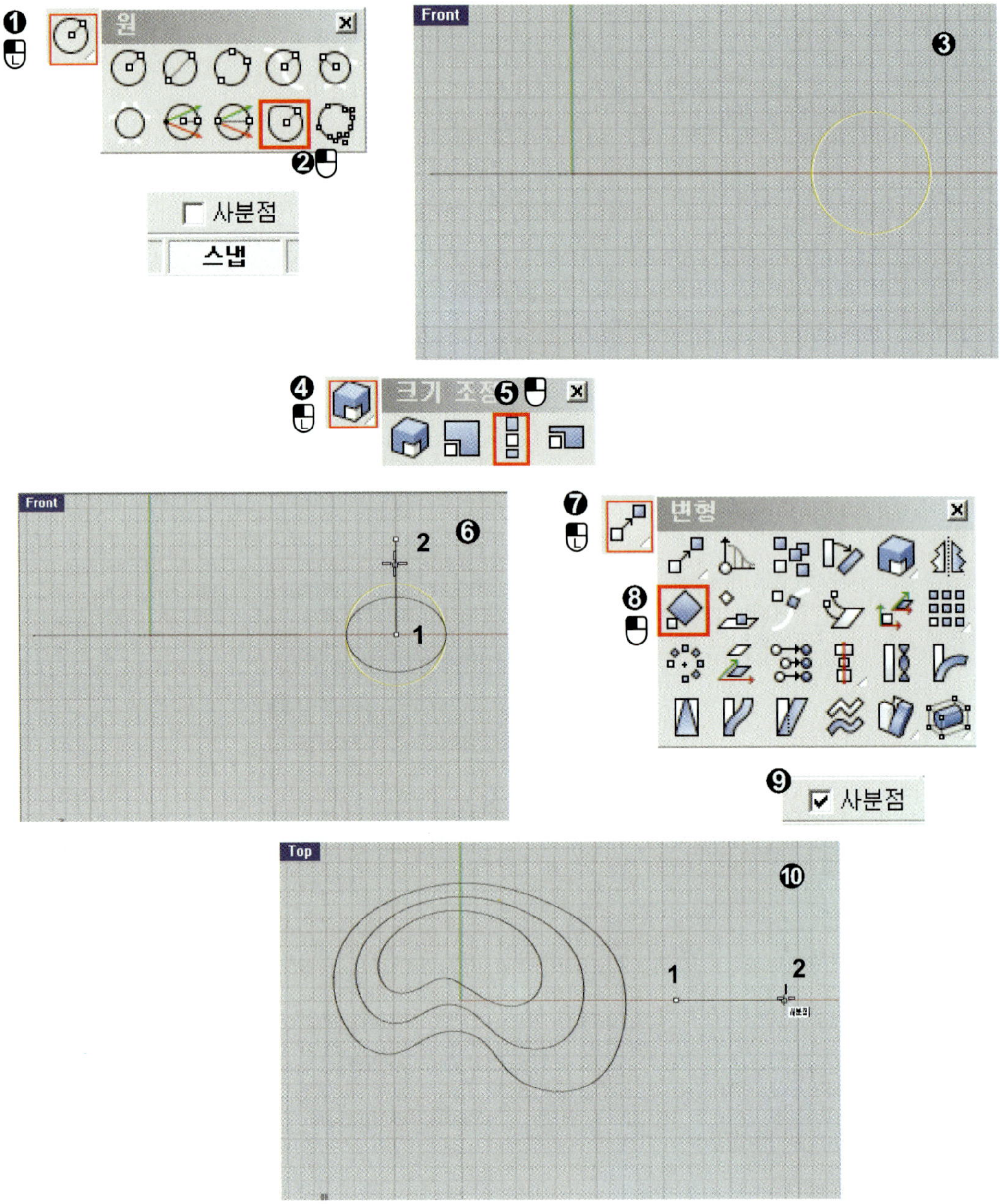


< STEP-3 >

(S-3) 1번 원을 길게 선택한 후 2번 원:변형가능을 클릭한 후 하단의 스냅을 켜고 3번 그림과 같이 단면커브를 그린다. 4번 3D 크기 조정을 길게 선택한 후 5번 1D 크기 조정으로 6번 그림의 순서대로 클릭한 후 마우스를 조절해서 타원형태도 크기를 조정한다. 7번 이동을 길게 선택한 후 8번 방위 : 2점을 클릭하고 9번 사분점을 선택해서 10번 그림의 순서대로 클릭한다.

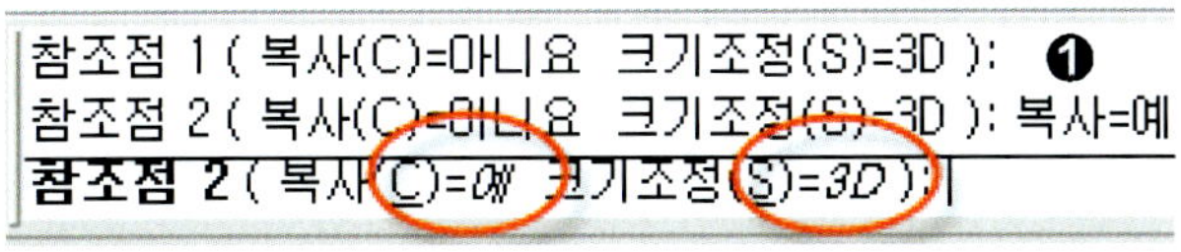


(S-0)

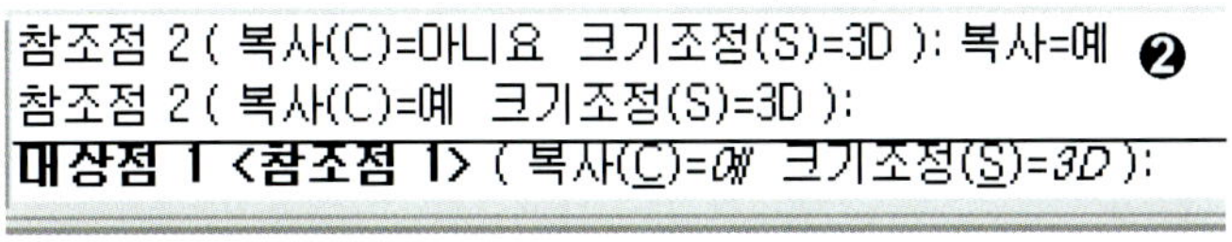

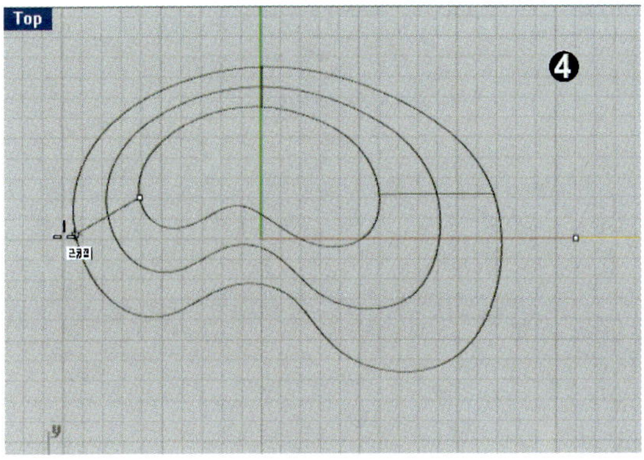


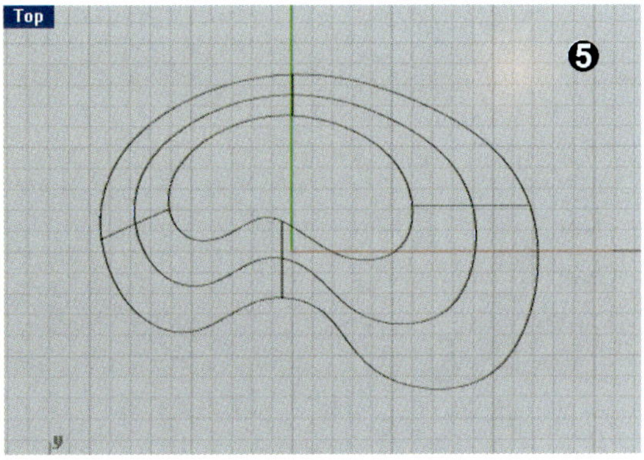


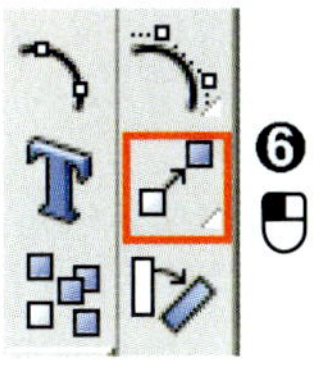

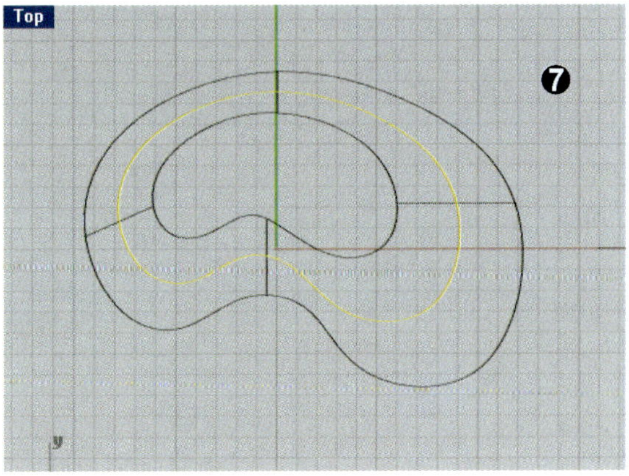


< STEP-4 >

(S-4) STEP-3에서 사분점을 클릭하면 명령창이 뜨는데 1번 표시된 부분을 클릭해서 그림처럼 바꾼 후 Enter를 치면 2번과 같은 명령창이 뜬다. 하단의 3번 근처점을 체크하고 4번의 그림처럼 단면커브를 4곳에 그리고 Enter를 쳐서 5번과 같이 완성한다. 6번 이동을 클릭하고 하단의 스냅을 켠 후 7번 그림처럼 두커브의 평균으로 만들어진 커브를 클릭, Enter친다.

# 5. 커브 그리기-2

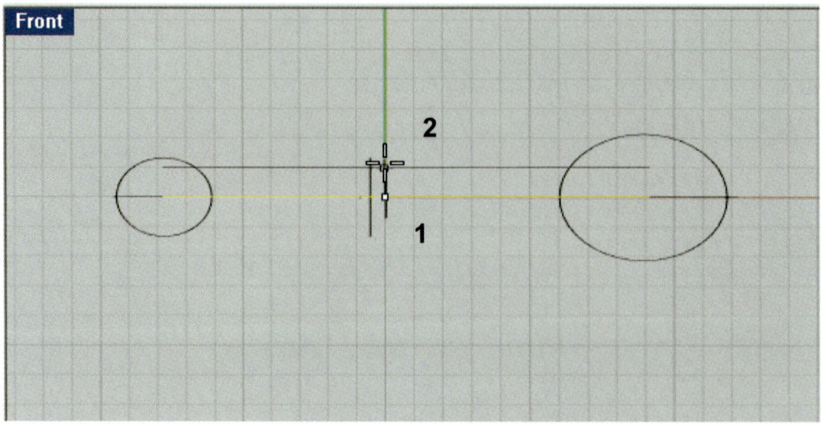


< STEP-5 >

(S-5) 위 그림의 순서처럼 Front창에서 좌표축의 중심점을 클릭하고 마우스를 끌어올려 클릭한다.

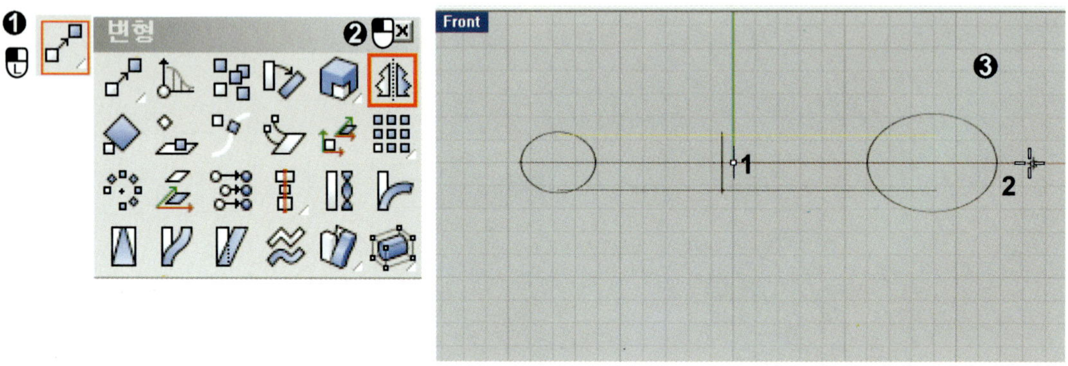

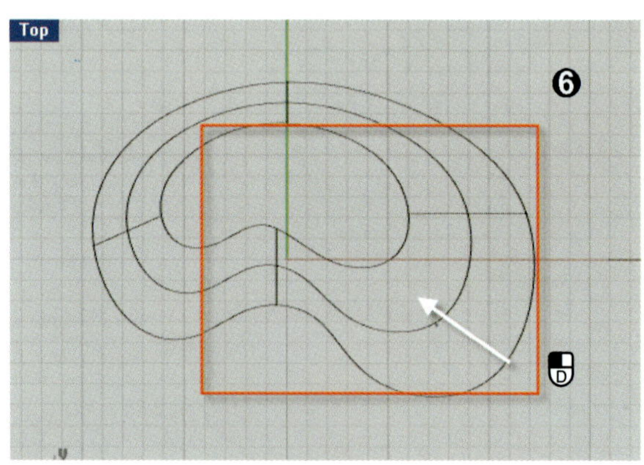


< STEP-6 >

(S-6) 1번 이동을 길게 선택한 후 2번 미러를 클릭하고 3번 그림의 순서대로 클릭 해서 커브가 위아래로 대칭이 되도록 그린다. 4번 서페이스를 길게 선택한 후 5번 커브 네트워크를 사용한 서페이스를 클릭하고 6번 그림과 같이 드래그한다.

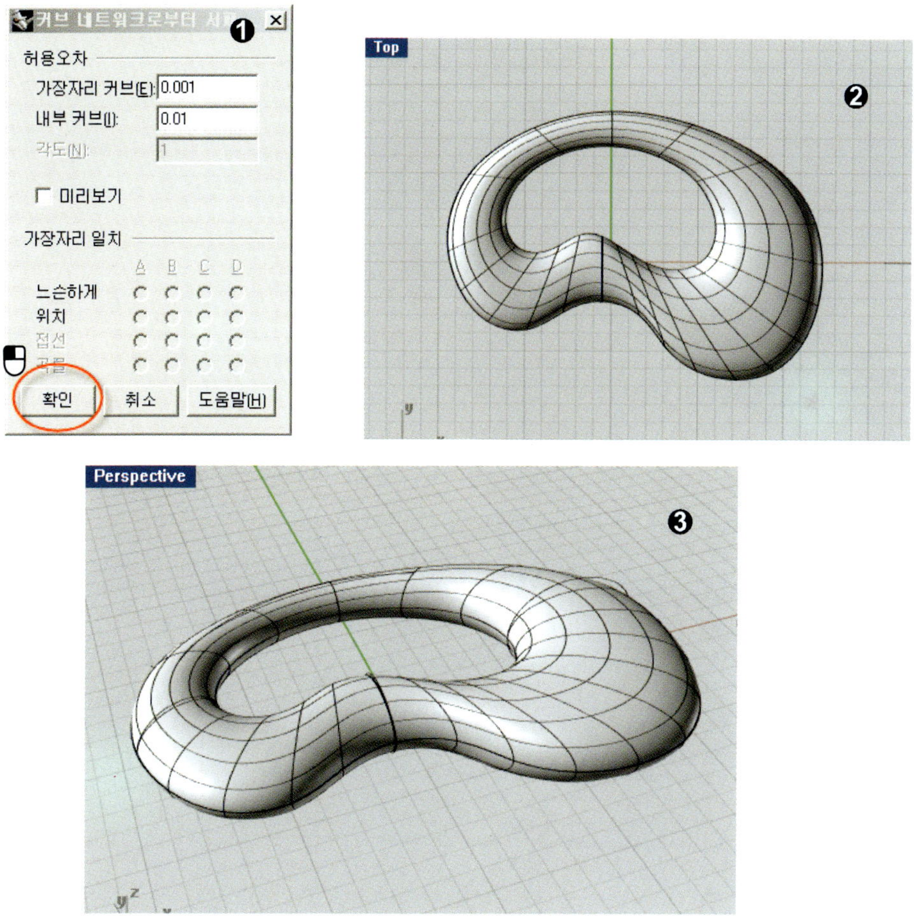


< STEP-7 >

(S-7) 앞단계에서와 같이 드래그하면 1번과 같은 창이 뜨는데 확인을 클릭해서 2번과 같이 완성시킨다. Perspective에서 확인해보면 3번형태와 같이 만들어지는 것을 알 수 있다.

(정확한 커브의 수정은 편의상 생략하였다.)

# Rhino3D

## 6. 원 그리기

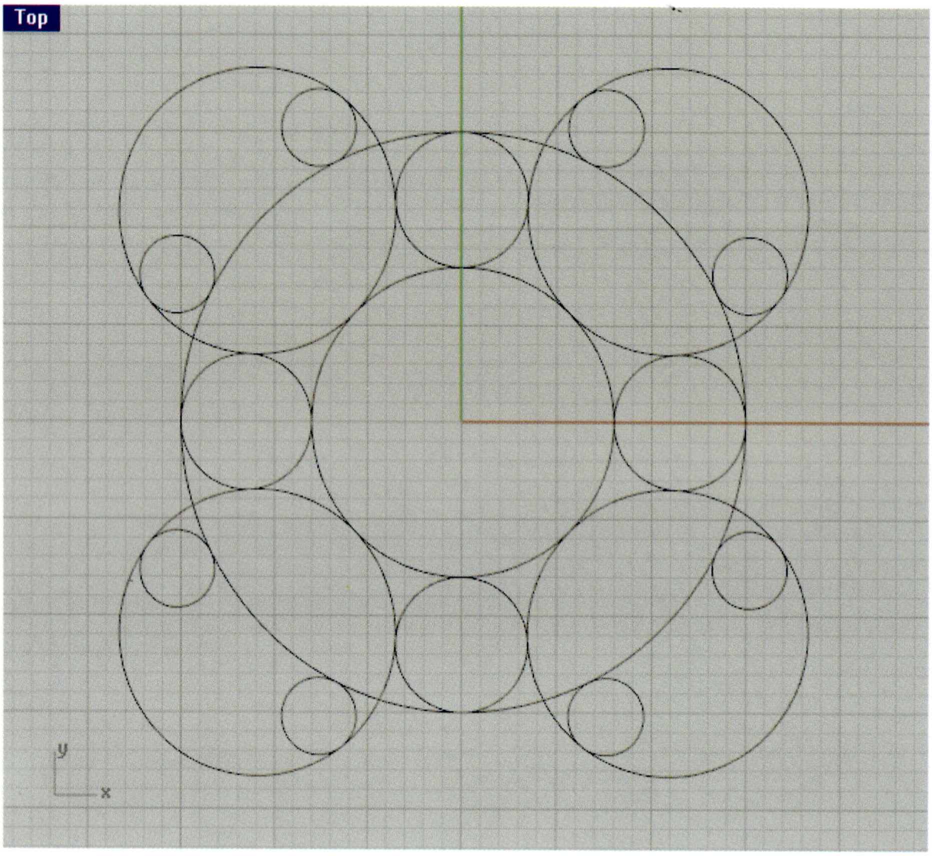


위 그림과 같이 완성하고자 한다.

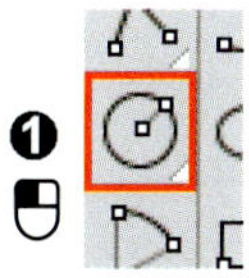

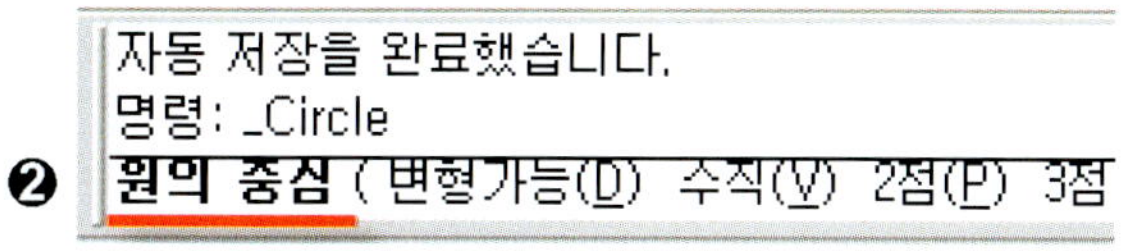


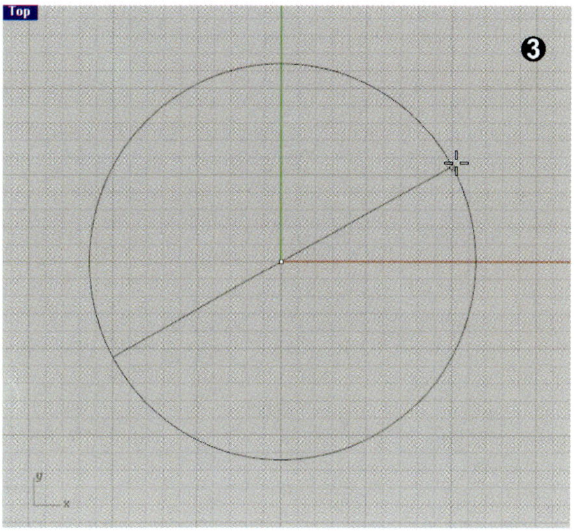


(S-1) 1번 원을 클릭하고 2번 그림같이 명령창이 나오면 스냅을 켜고 3번 그림에서 좌표의 중심을 선택하면 그림처럼 된다.

[ 반지름으로 설정되어 있으면 지름이 되는 선이 나타나지 않는다. ]

< STEP-1 >

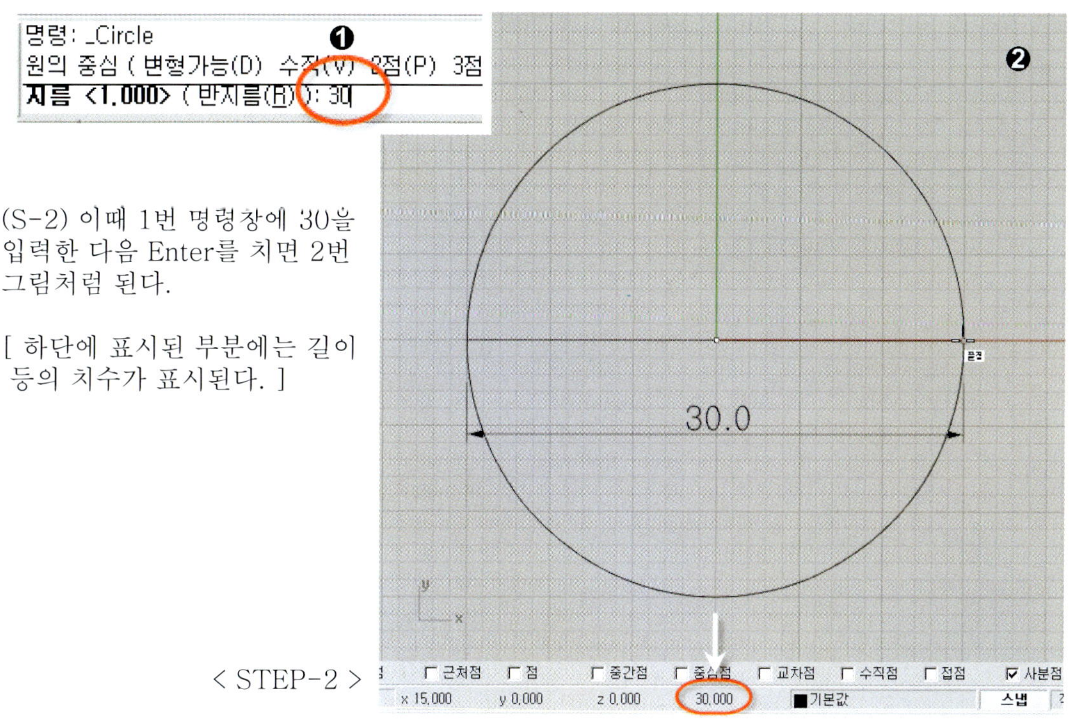


(S-2) 이때 1번 명령창에 30을 입력한 다음 Enter를 치면 2번 그림처럼 된다.

[ 하단에 표시된 부분에는 길이 등의 치수가 표시된다. ]

< STEP-2 >

# 6. 원 그리기

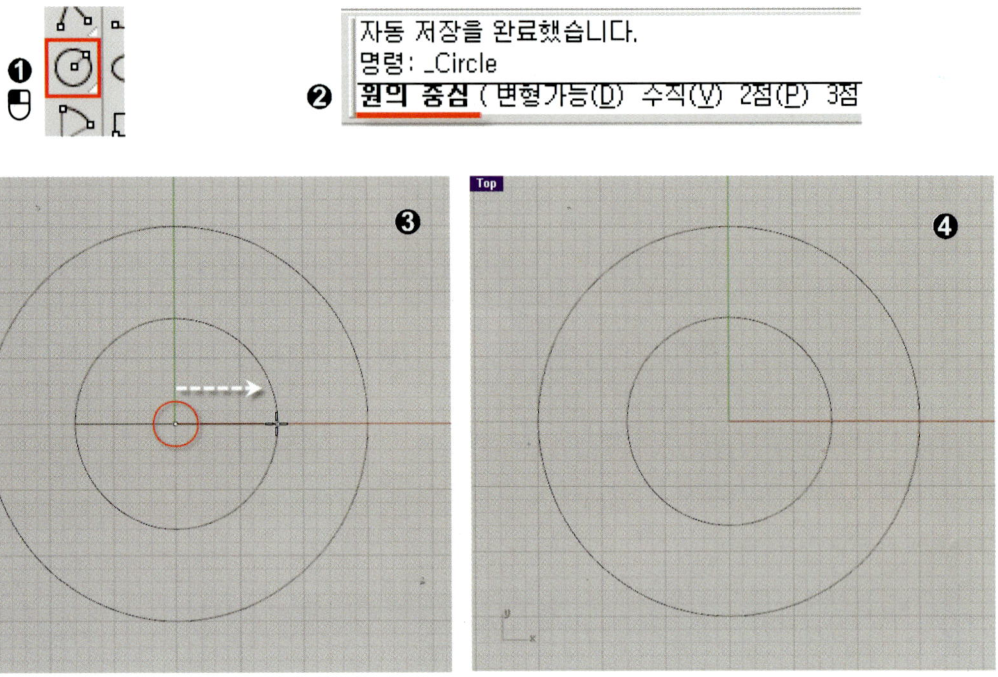


< STEP-3 >

(S-3) 다시 원을 그리는데 키보드의 Enter를 쳐도 되고 1번 원을 클릭해도 된다. 2번처럼 명령창을 확인하고 3, 4번 그림처럼 중심을 클릭하고 지름이 16mm인 원을 그린다.

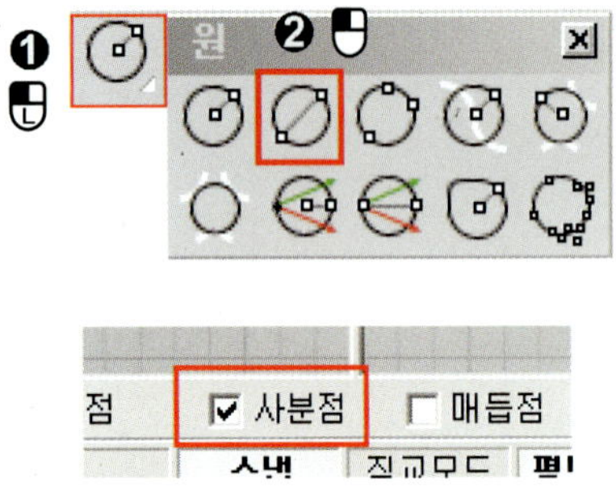


(S-4) 1, 2번 지름을 클릭하고 개체 스냅중 사분점을 체크하고 3번 그림처럼 두 원의 사분점을 클릭해서 원을 그린다.

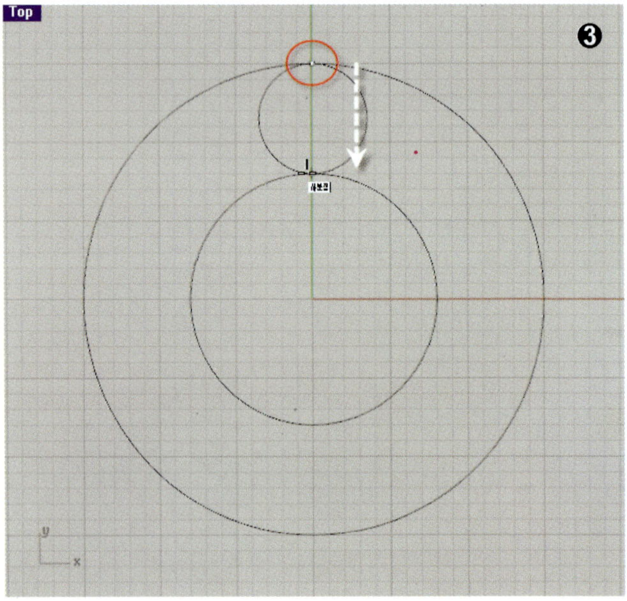

< STEP-4 >

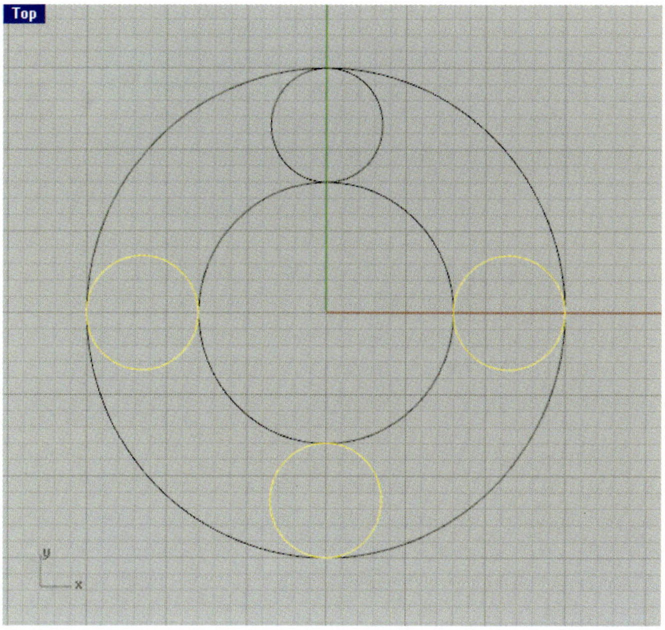


(S-5) STEP-4와 같은 방법으로 그림처럼 네부분에 원을 그린다.

< STEP-5 >

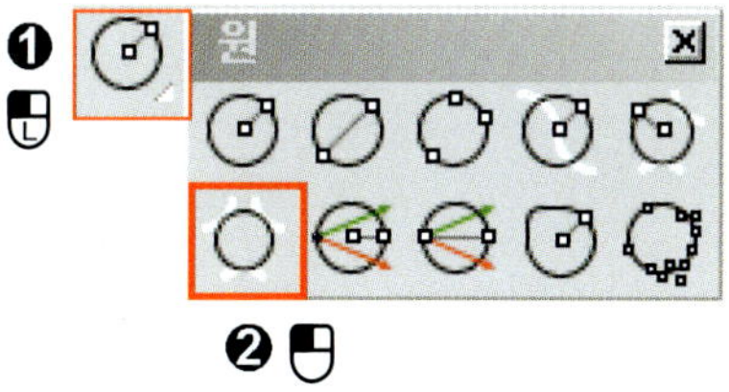


(S-6) 1번을 길게 클릭하고 2번 3커브에 접함을 클릭한 다음 3번 그림의 번호 순서대로 세개의 원에 접하는 원을 그리는데 방법은 그림에 표현 된것처럼 흰색 라인 접선이 표시될때 클릭하면 된다.

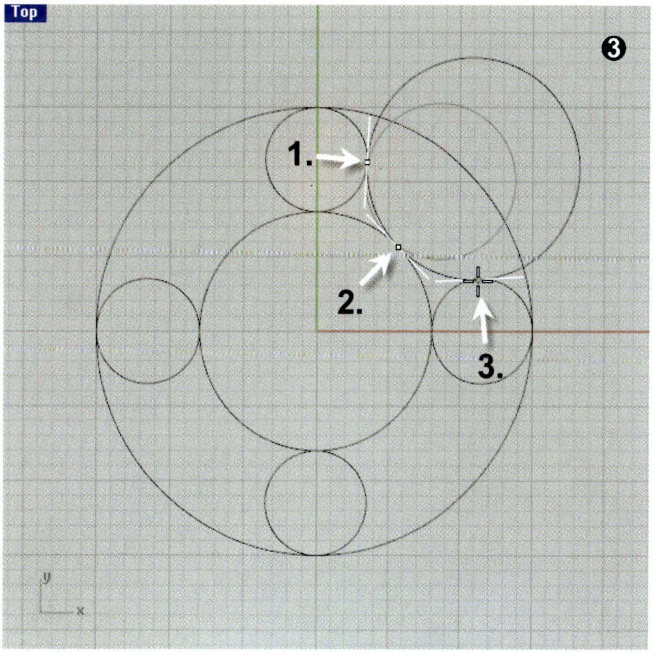


< STEP-6 >

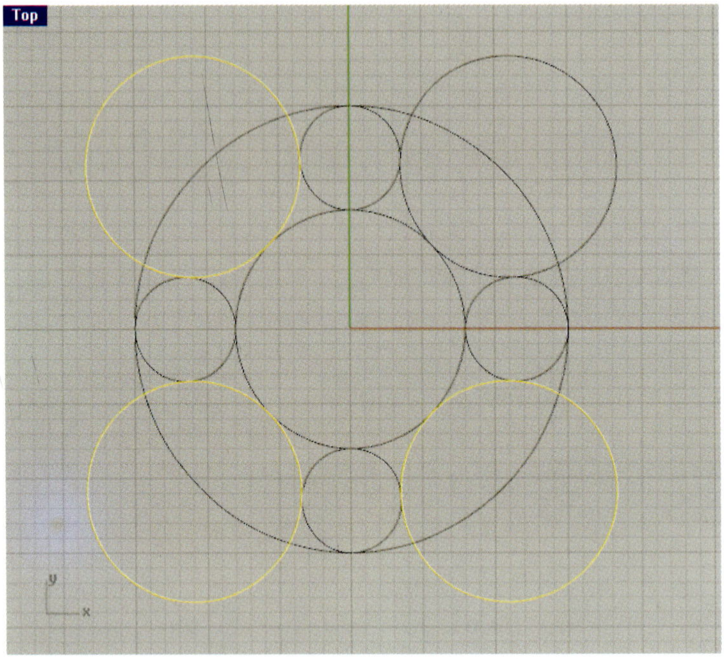

(S-7) STEP-6과 같은 방법으로 그림처럼 네부분에 원을 그린다.

< STEP-7 >

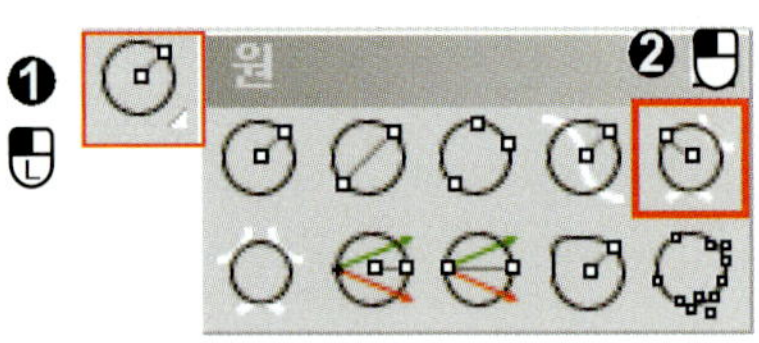


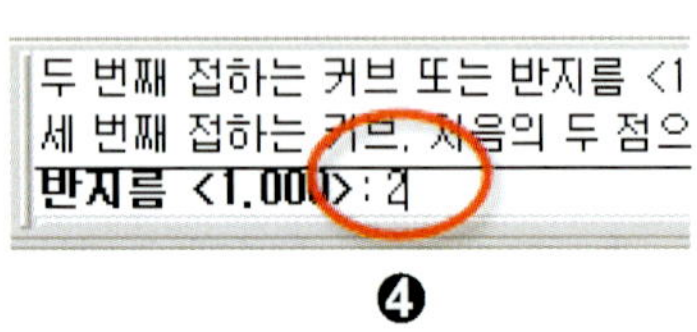


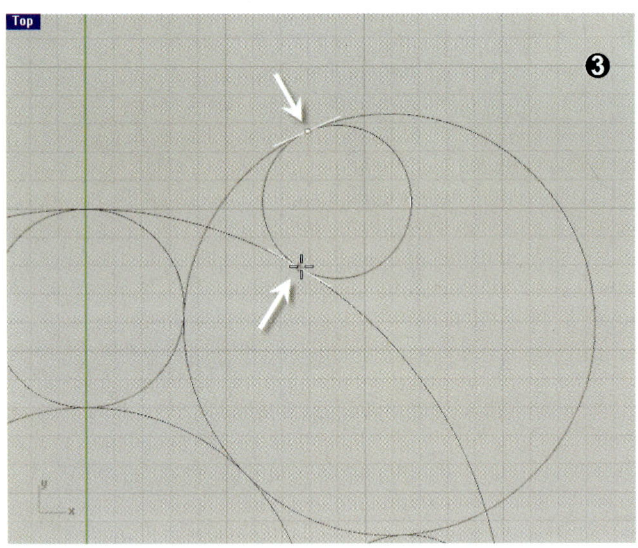

< STEP-8 >

(S-8) 1번을 길게 클릭하고 2번 접점,접점,반지름을 클릭한 다음 3번 그림처럼 두 원을 접선이 나타날때 차례로 클릭하면 4번 명령창이 나오는데 여기에 2를 입력하고 Enter를 친다.

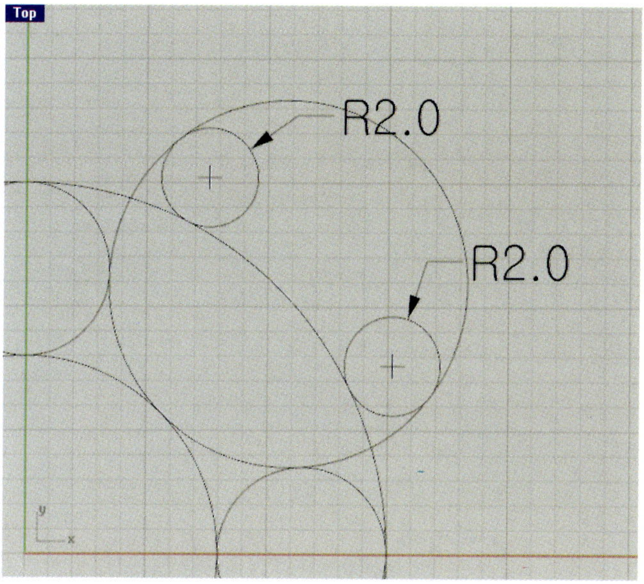


(S-9) STEP-8과 같은 방법으로 대칭이 되게 같은 크기의 원을 그린다.

< STEP-9 >

[ 완성된 예제 ]

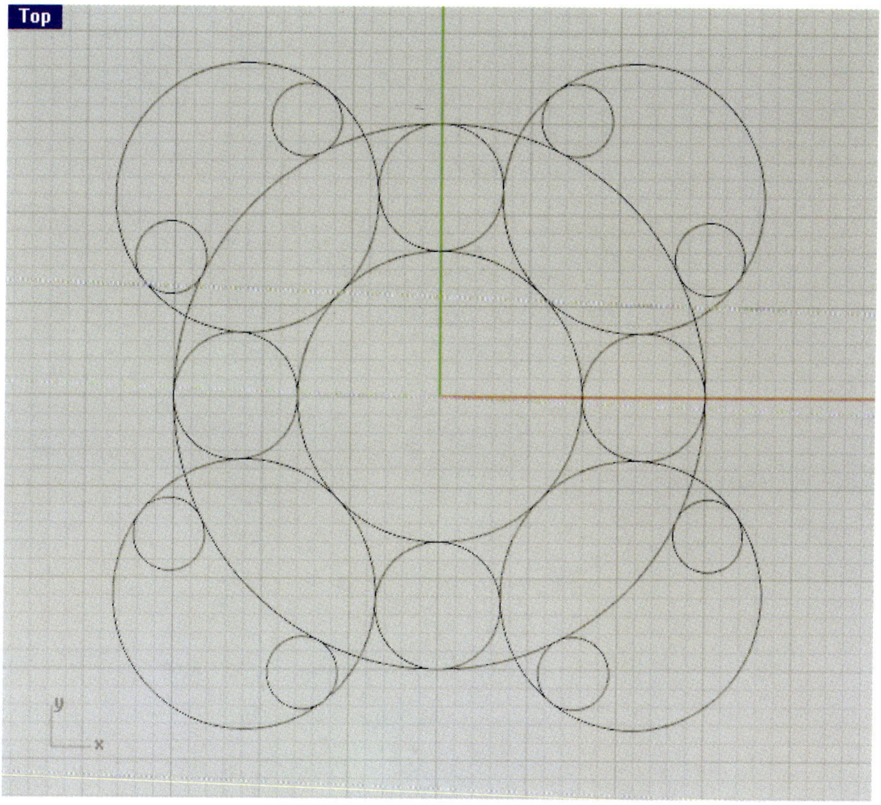

# Rhino3D

## 7. 다각형 _ 원 예제

# 7. 다각형_원 예제

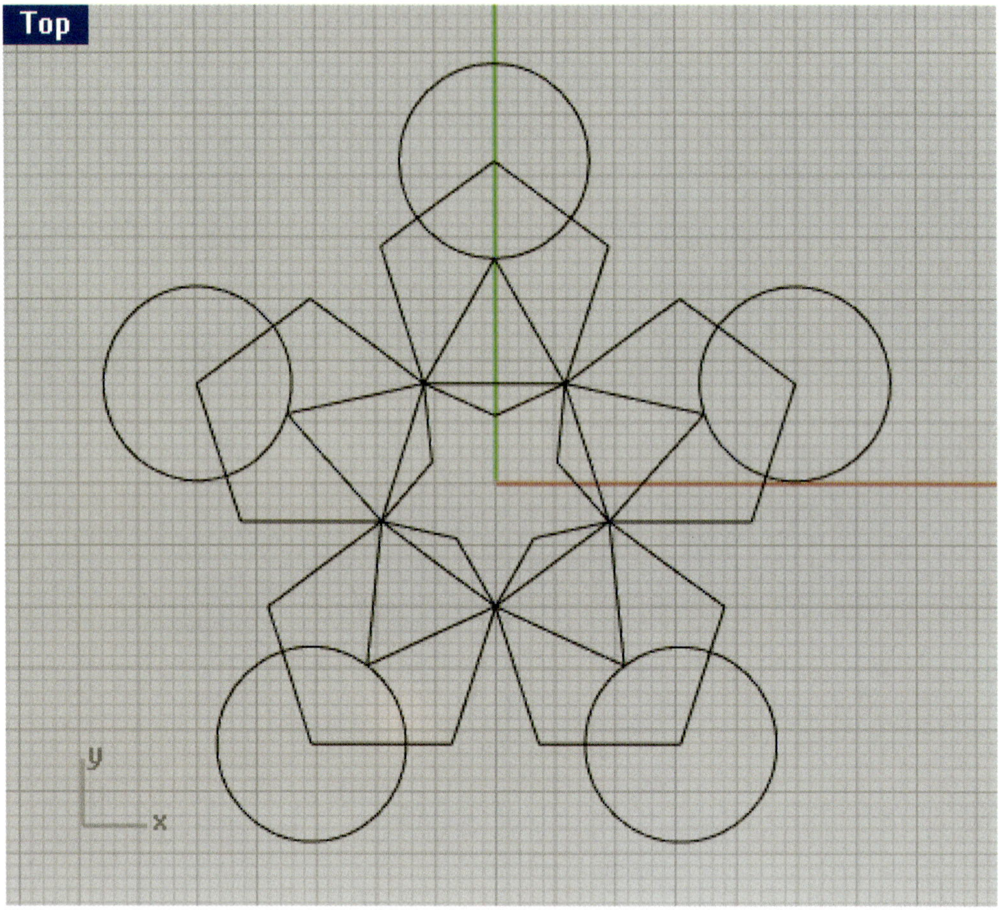


다각형 툴을 이용해서 위의 그림과 같이 완성하고자 한다.

# 7. 다각형_원 예제

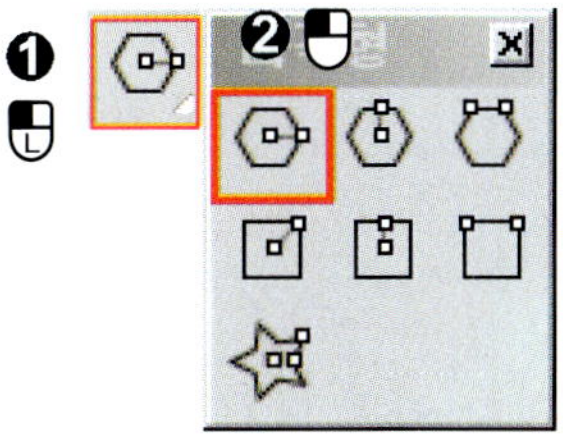

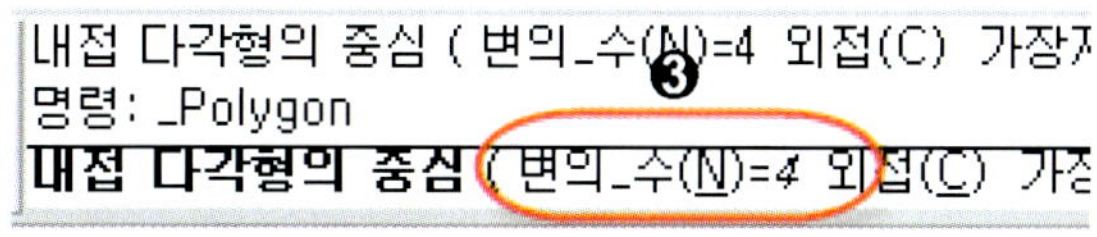

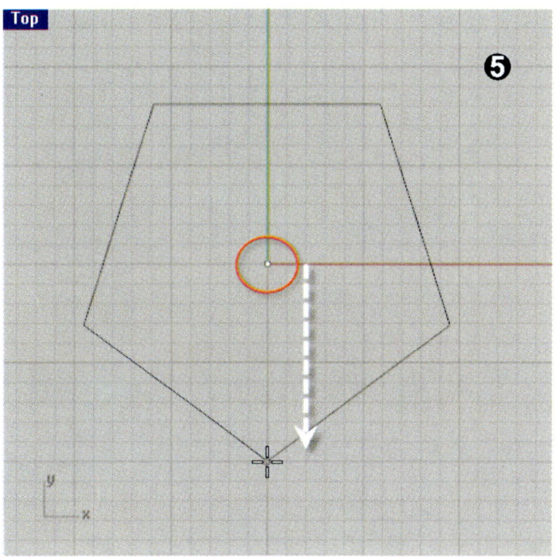

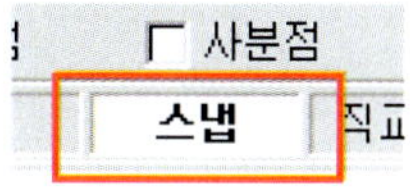


(S-1) 5각형을 그리기 위해 1번을 길게 클릭하고 2번 다각형을 클릭하면 3번 명령창이 나오게 된다. 이때 표시된 변의 수를 클릭하면 4번 그림처럼 나올때 5를 입력후 Enter를 친다.
그 다음 스냅을 켜고 5번 그림처럼 중심점을 클릭한 다음 아래로 10mm 이동후 클릭해서 완성한다.

< STEP-1 >

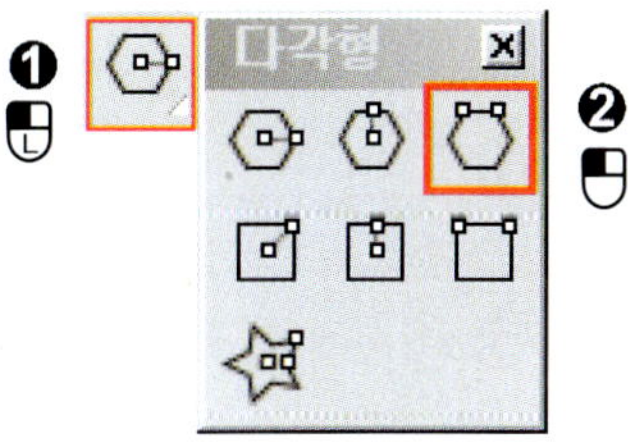


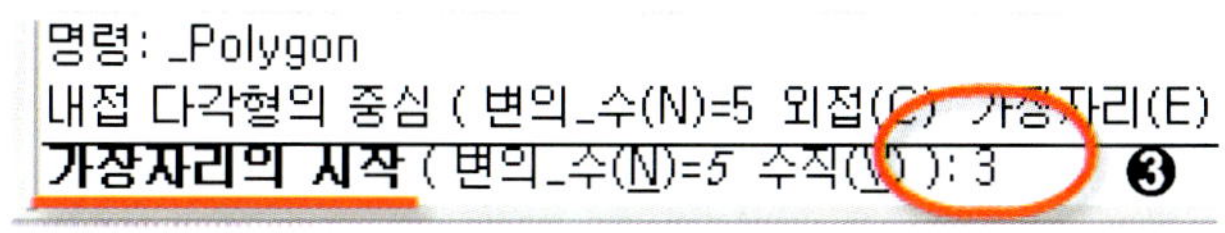


(S-2) 1, 2번 가장자리를 클릭하고 개체스냅중 끝점을 체크한다. 그 다음 3번 명령창에 3을 입력후 Enter를 치고 4번 그림처럼 클릭해서 정삼각형을 그린다.

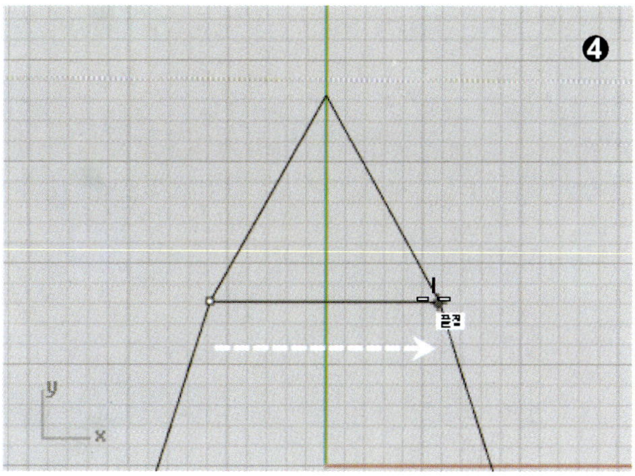

< STEP-2 >

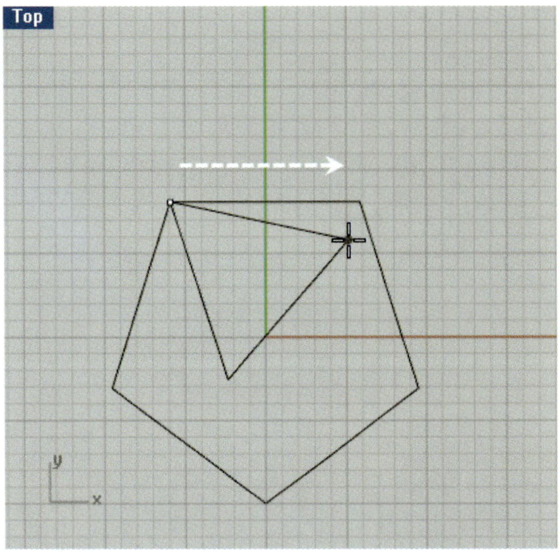


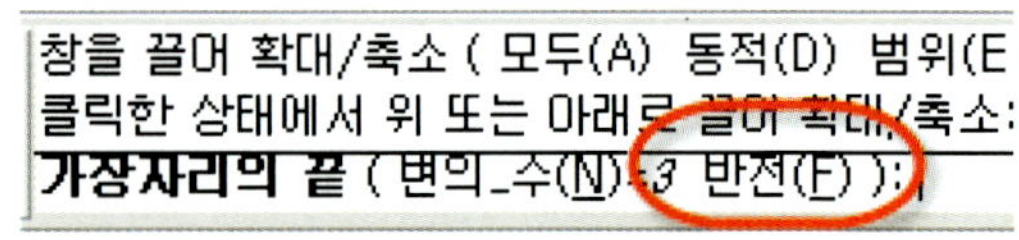


(S-3) 만약 그림처럼 아래 방향으로 그려지면 명령창의 반전을 클릭하거나 클릭해서 그리는 순서를 반대로 그리면 된다.

< STEP-3 >

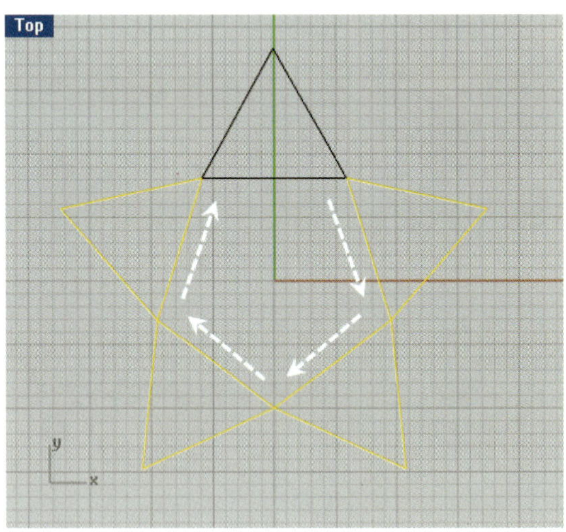


(S-4) 나머지 부분의 삼각형도 위와 같은 방법으로 그려서 완성한다.

< STEP-4 >

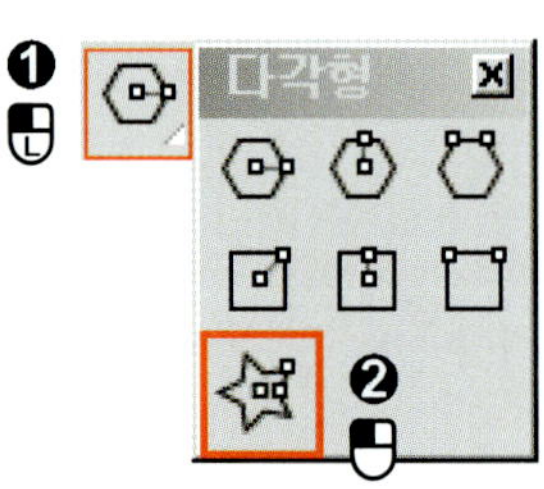


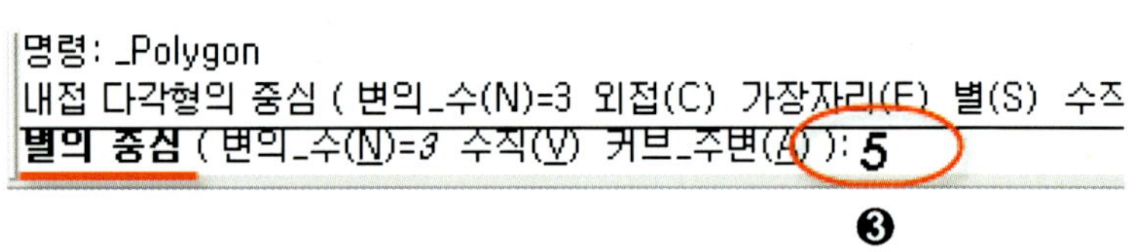


< STEP-5 >

(S-5) 1, 2번 별 그리기를 클릭하고 3번처럼 명령창이 나오면 5각별을 그리기 위해 그림처럼 5를 입력한 다음 Enter를 친다.

# 7. 다각형_원 예제

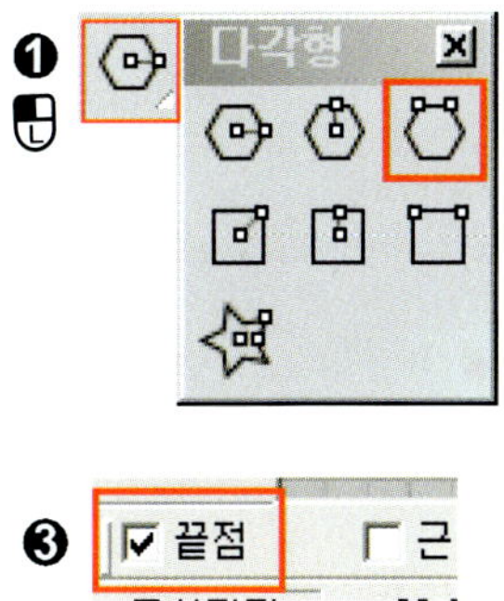


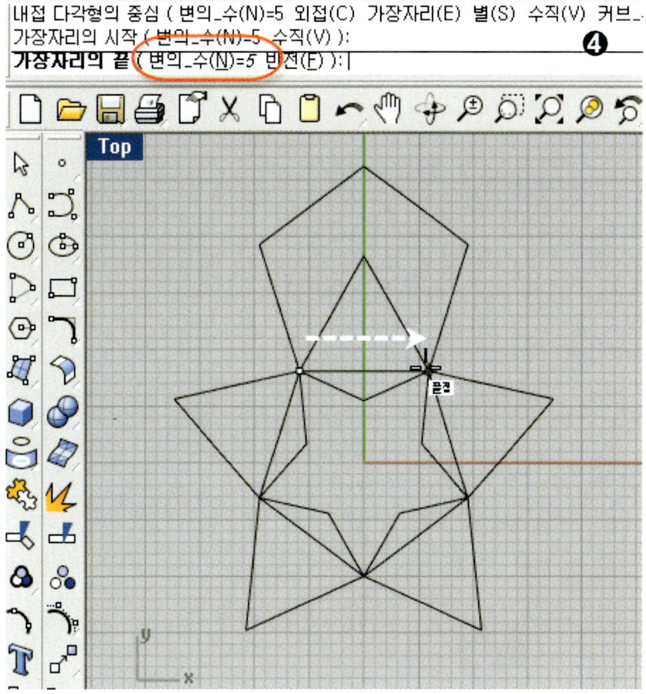


< STEP-8 >

(S-8) 1번을 길게 클릭하고 2번을 클릭한 다음 3번 개체스냅중 끝점 체크를 확인한다. 그 다음 4번 그림과 같이 5각형인지 변의 수를 확인하고 끝점을 선택해서 5각형을 그린다.

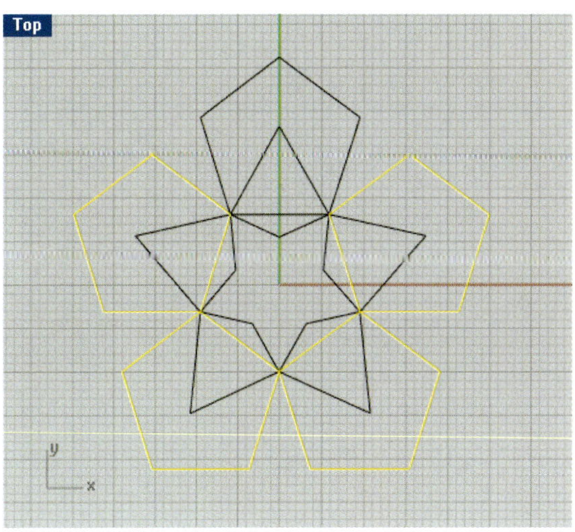


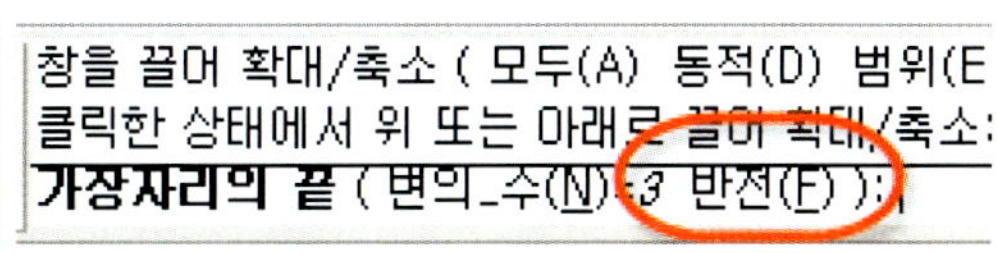


< STEP-9 >

(S-9) 앞에서 작업한 STEP-3, STEP-4를 참고로 해서 그림처럼 나머지 4개의 5각형도 그린다. STEP-3에서 다룬것처럼 안쪽으로 그려지게 되면 명령창에서 반전을 클릭하거나 선택하는 순서를 반대로 하면 된다

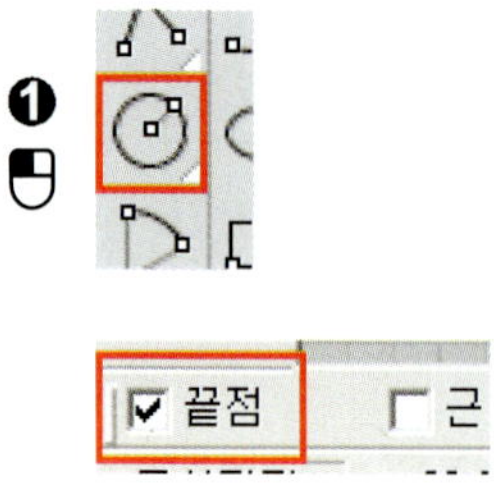


(S-10) 1번 원을 클릭하고 끝점 체크를 확인한 다음 2번 그림의 번호 순서대로 클릭해서 완성한다.

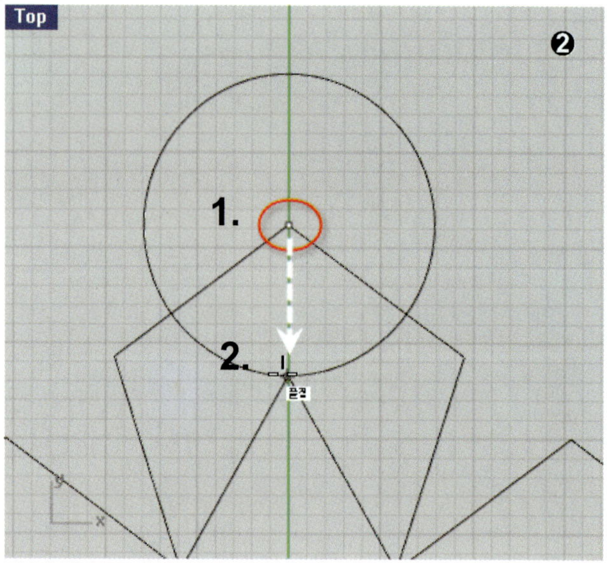


< STEP-10 >

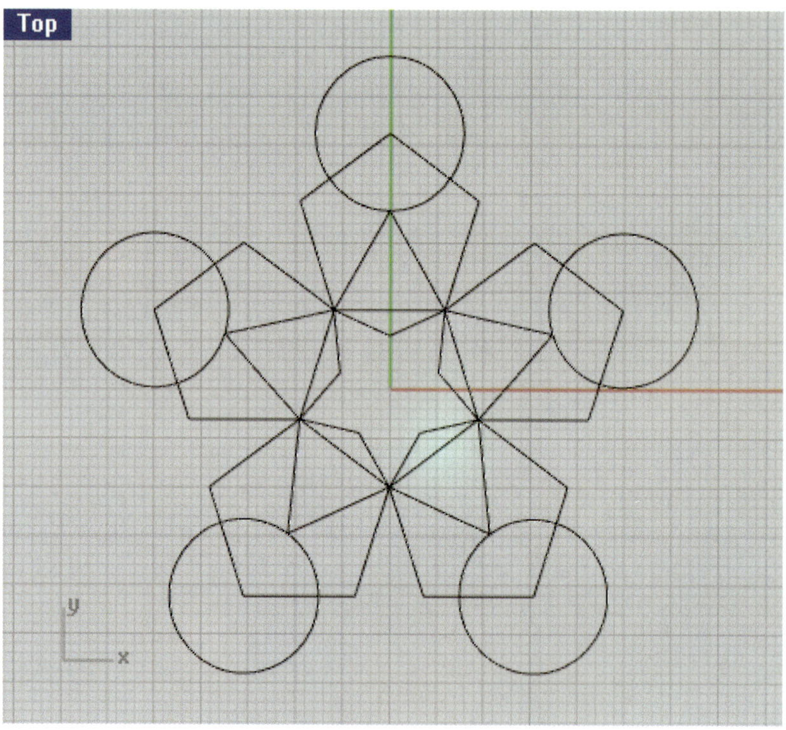


< STEP-11 >

(S-11) 나머지 부분도 같은 방법으로 실행해서 완성 시킨다.

Rhino3D

# 8. 호 그리기

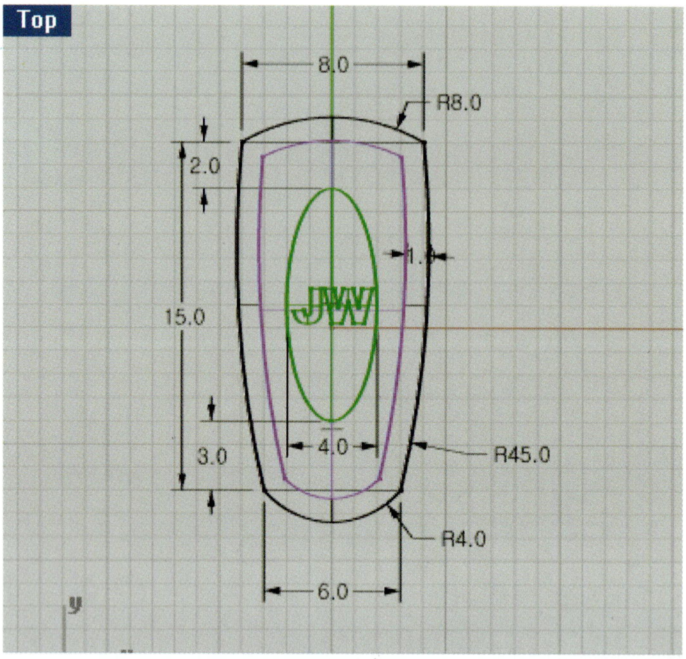
Top
8.0
R8.0
2.0
1.0
15.0
JWV
4.0
R45.0
3.0
R4.0
6.0

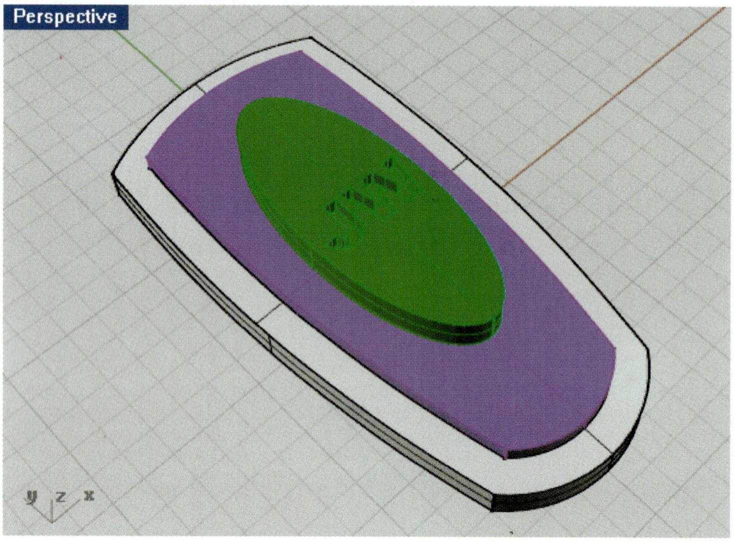
Perspective

# 8. 호 그리기

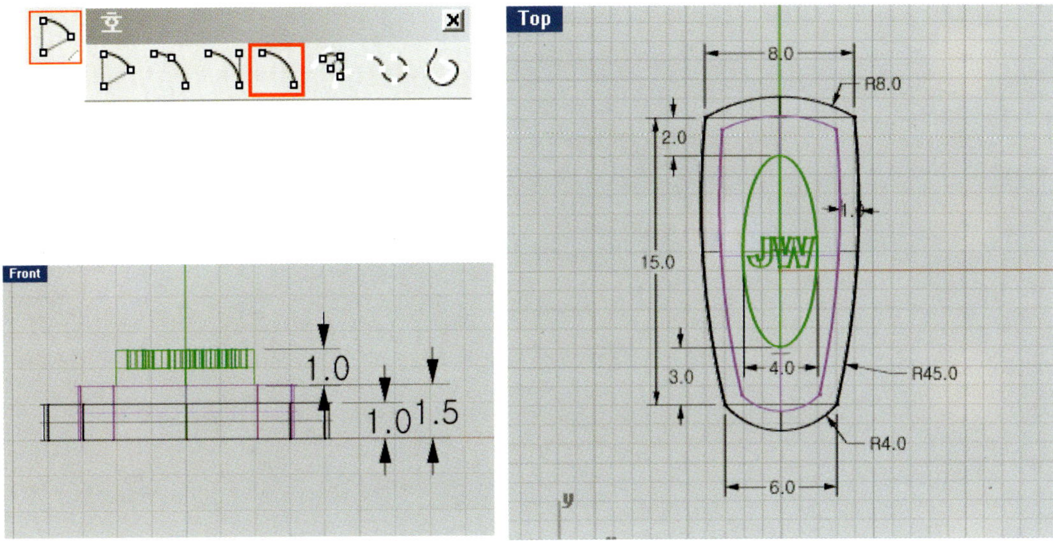


호를 이용해서 위의 그림과 같은 모델링을 하고자 한다.

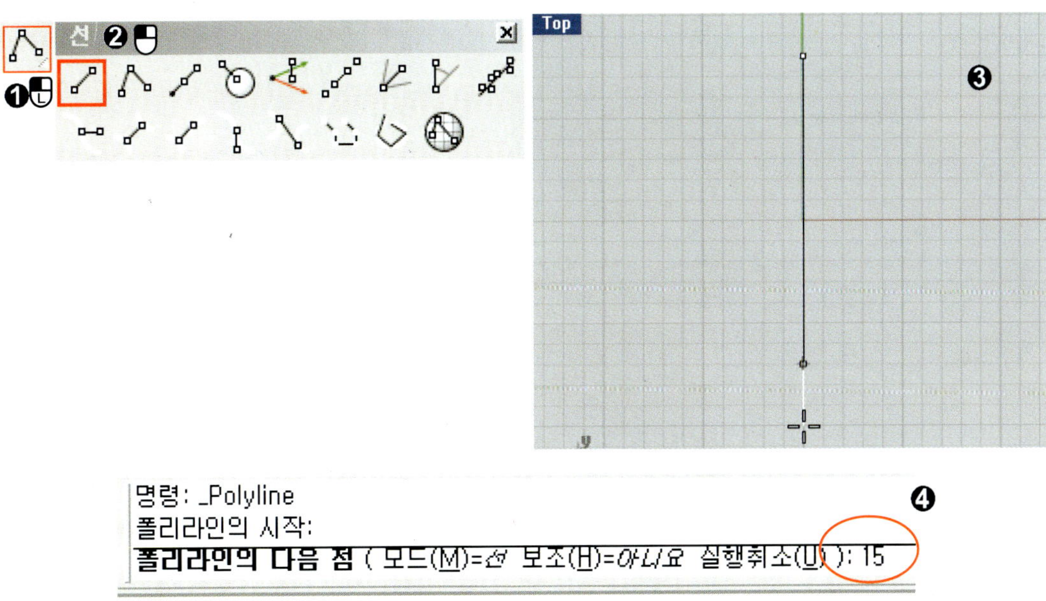


(S-1) 1번 폴리라인을 길게 선택한 후 2번 선을 클릭한다. 3번 그림과 같이 임의의 점을 클릭한 후 4번의 그림처럼 명령창에 숫자입력을 하고 Enter쳐서 15mm의 선을 그린다.

< STEP-1 >

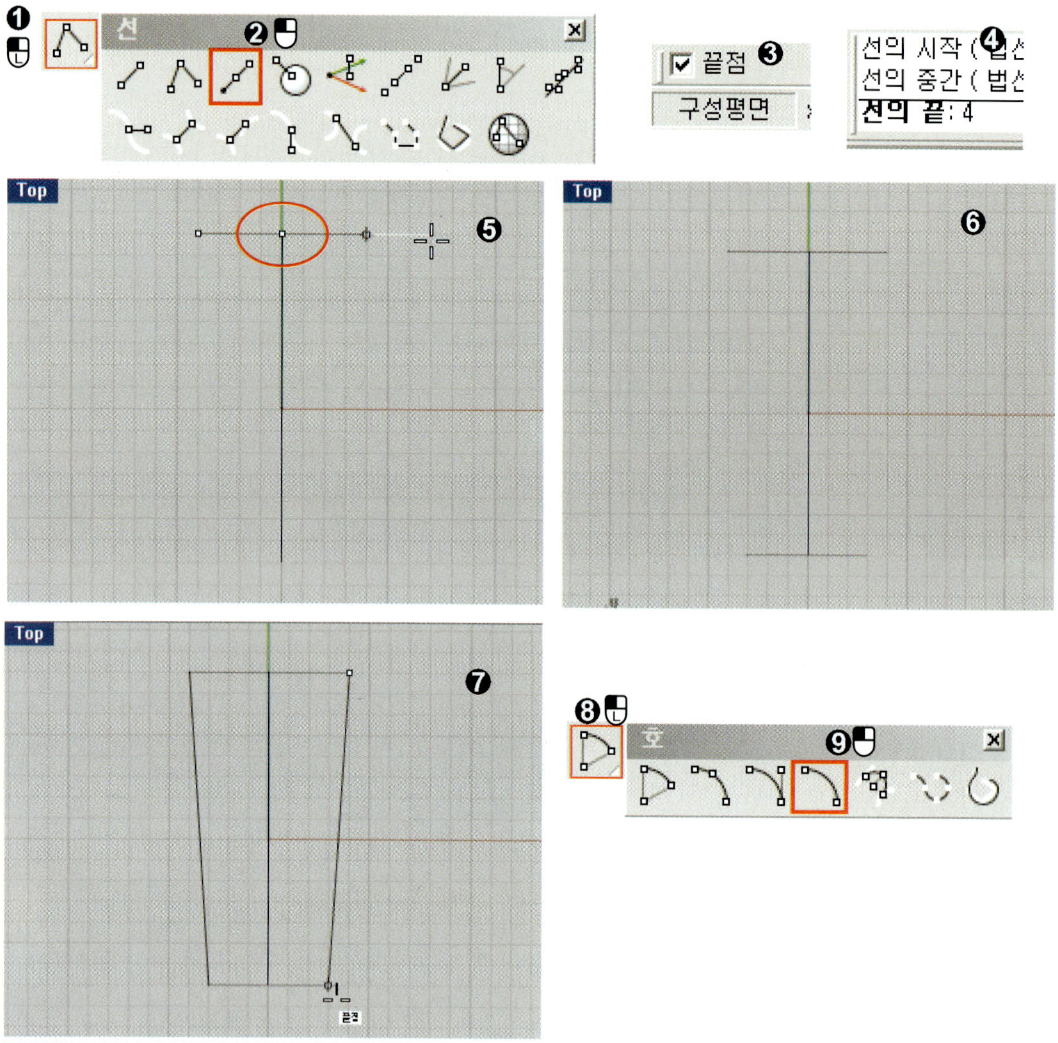


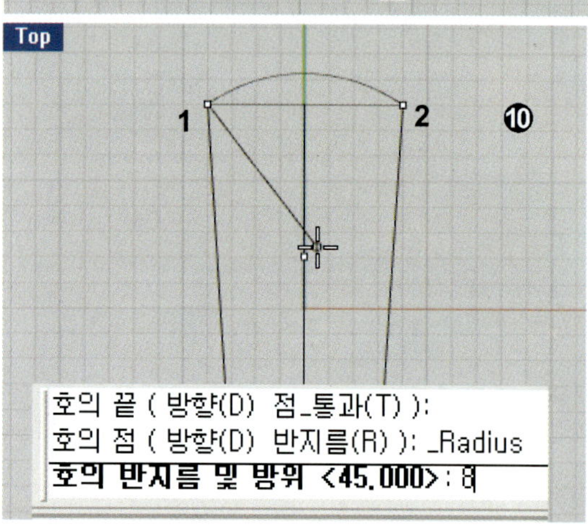


(S-2) 1번 폴리라인을 길게 선택한 후
2번 선:중간점에서를 클릭하고 하단의 3번
끝점을 선택하고 선의 끝점을 클릭한 후
명령창에 4번 그림과 같이 반지름 값을 입력
한다. 그 다음 Shift키를 눌러서 5번 그림처럼
수평을 잡은 후 클릭한다.
6번 그림과 같이 반지름이 3mm인 선을
그린후 끝점을 잡아서 7번 그림처럼 폴리
라인으로 선을 그려준다.
8번 호를 길게 누른 후 9번 호:시작점, 끝점,
반지름를 클릭하고 10번 그림의 순서대로
클릭한후 명령창에 호의 반지름값을 입력한다.

< STEP-2 >

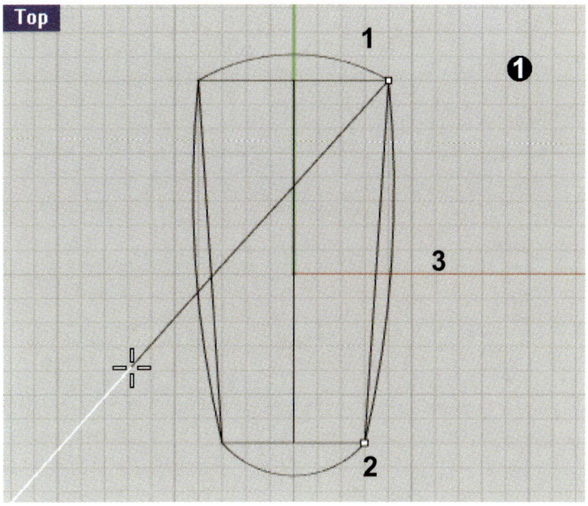


(S-3) 1번의 호의 반지름은 4mm, 2번은 호의 반지름이 3mm, 3번 호의 반지름은 45mm이다. STEP-2와 같은 방법으로 1번 그림과 같이 그려 완성 시킨다.

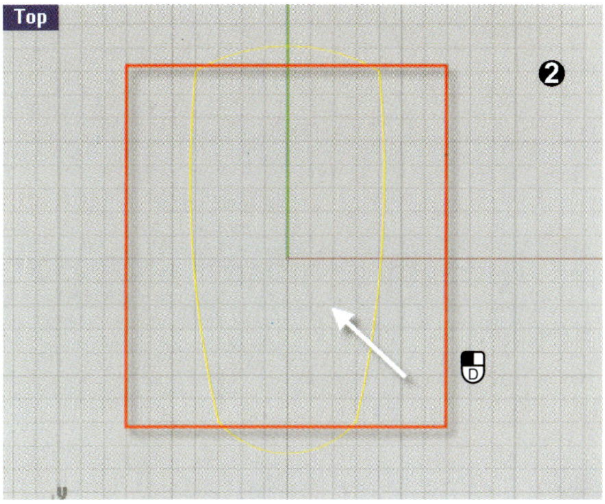


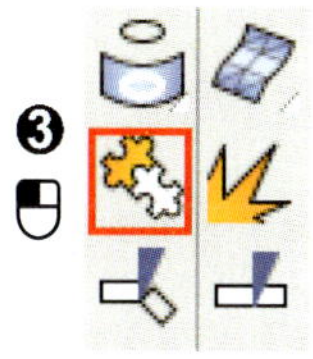

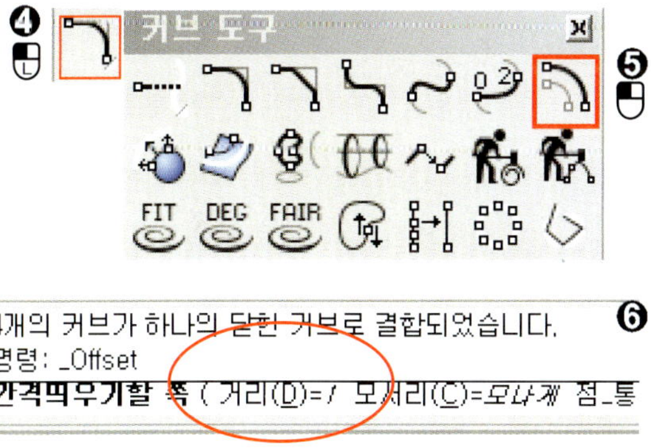


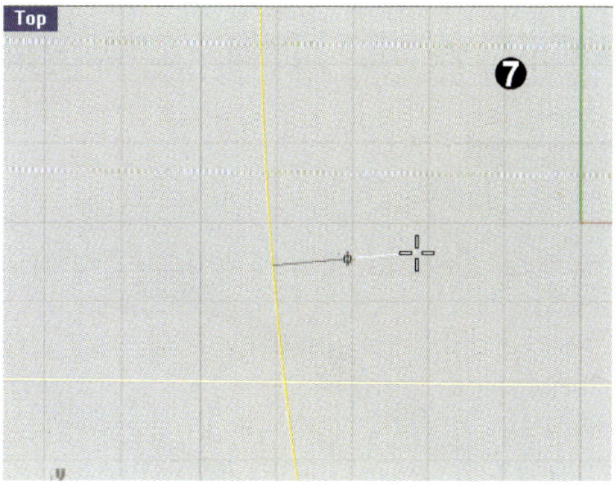


< STEP-3 >

(S-3) 2번 그림의 방향처럼 드래그 한 후 3번 결합을 클릭해서 하나의 커브로 만든다. 만들어진 커브를 클릭하고 4번 커브필렛을 길게 선택한 후 5번 커브 간격띄우기를 클릭하면 6번과 같은 명령창이 뜨는데 거리를 1로 입력하고 Enter친다. 그다음 7번 그림과 같이 나왔을 때 클릭한다.

## 8. 호 그리기

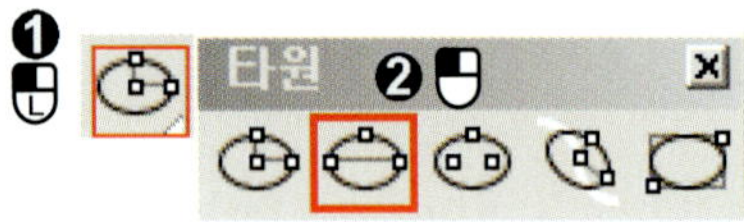


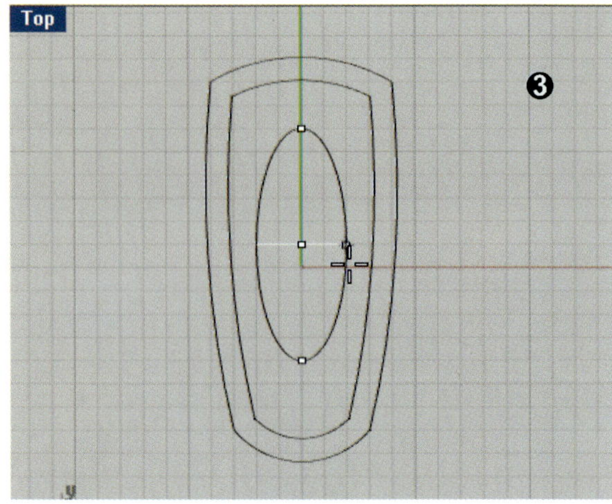


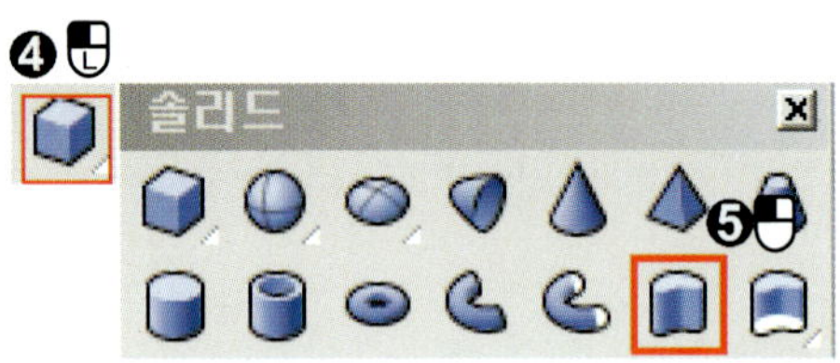


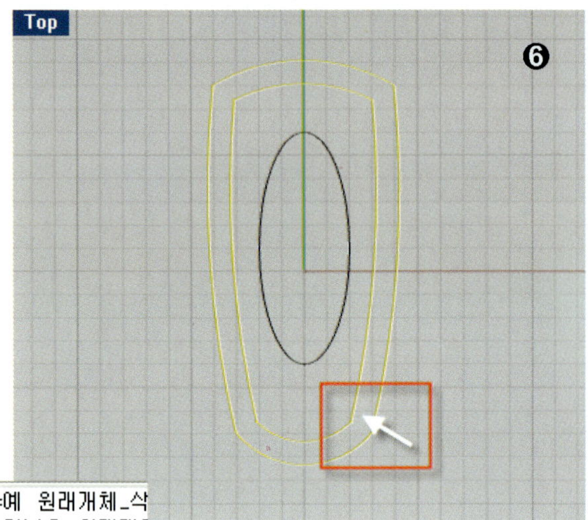


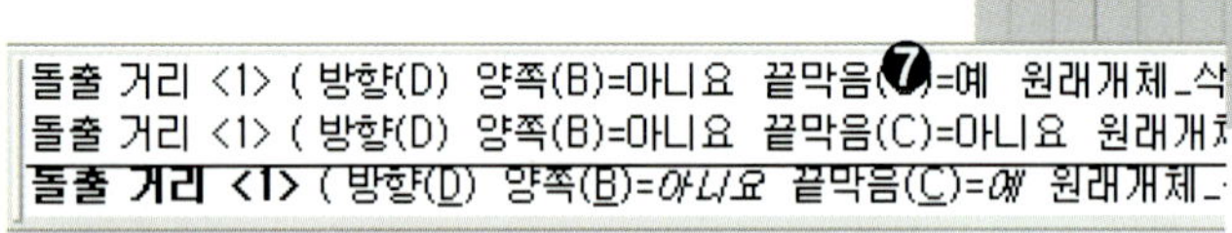


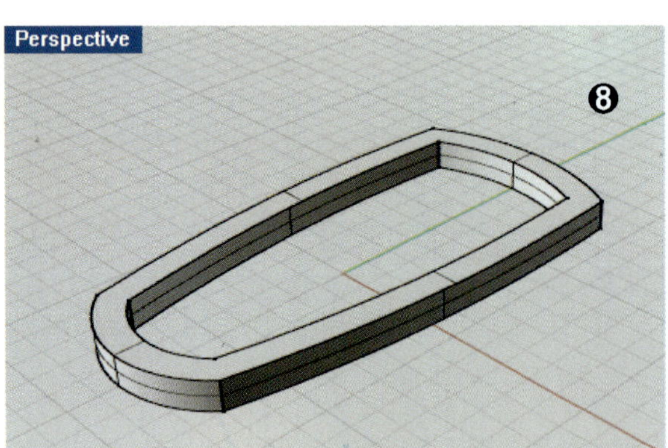


(S-4) 1번 타원:중심에서를 길게 선택한 후 2번 타원:지름을 클릭하고 3번 그림처럼 지름 4 * 8mm인 타원을 그린다. 4번 상자:모서리에서 모서리로 높이를 길게 선택한 후 닫힌 평면형 커브 돌출을 클릭하고 6번 그림처럼 드래그하고 Enter치면 명령창이 뜨는데 7번그림처럼 입력하고 Enter친다.
8번 그림과 같은 솔리드를 만들 수 있다.

< STEP-4 >

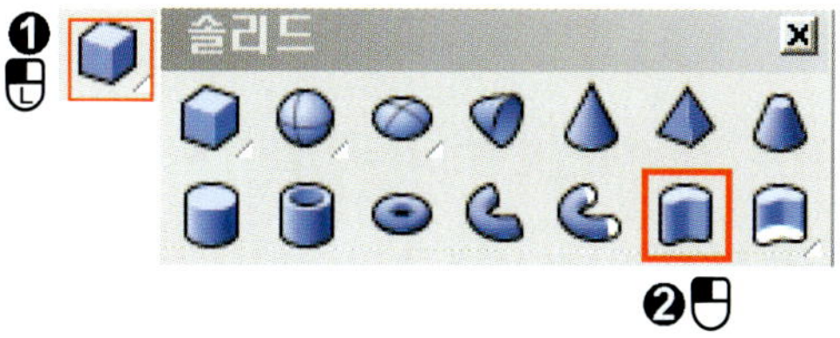


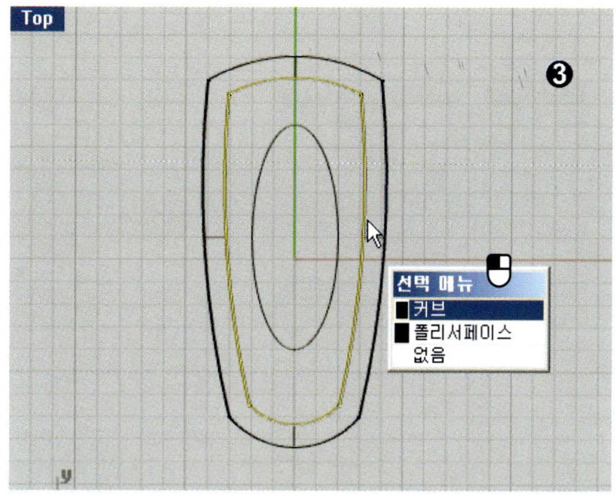


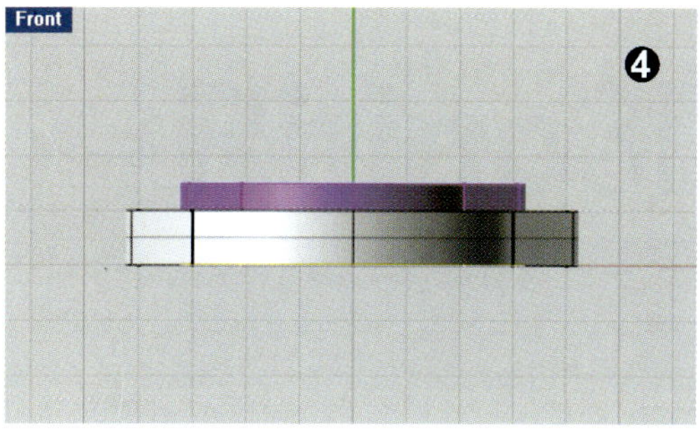


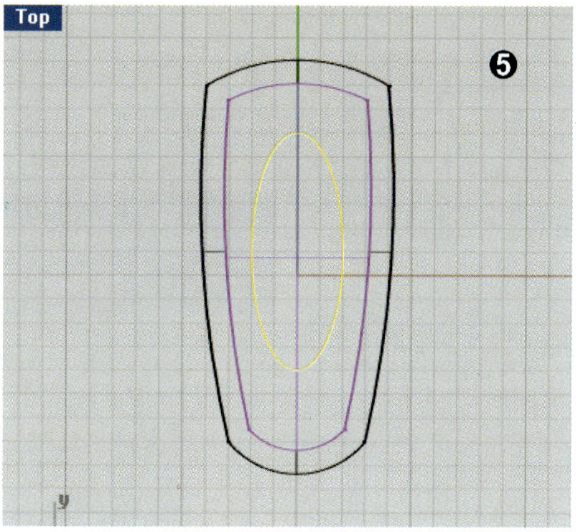


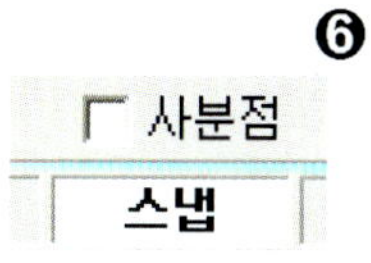


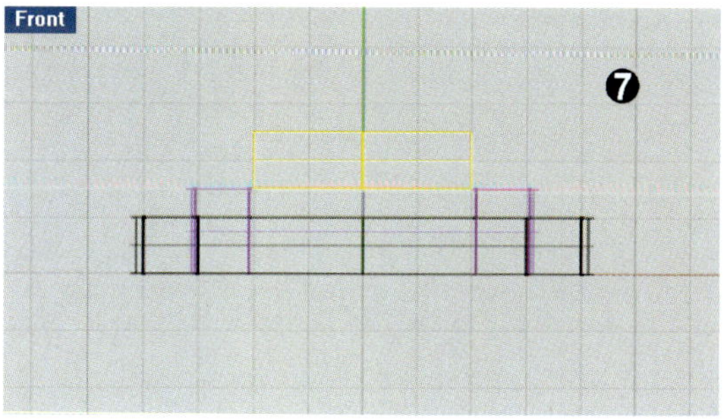


< STEP-5 >

(S-5) 상자 : 모서리에서 모서리로, 높이를 길게 선택한 후 2번 닫힌 평면형 커브 돌출을 클릭하고 3번 그림과 같이 커브를 선택해서 4번 그림과 같이 1.5mm로 돌출 시킨다. (STEP-4를 참고한다.) 이때 비교해서 보기 위해 레이어를 보라색으로 바꿔서 작업했다. 5번 커브도 같은 방법으로 1mm 돌출 시킨 후에 하단의 6번 스냅을 켜고 보라색 솔리드 위로 이동시킨다.

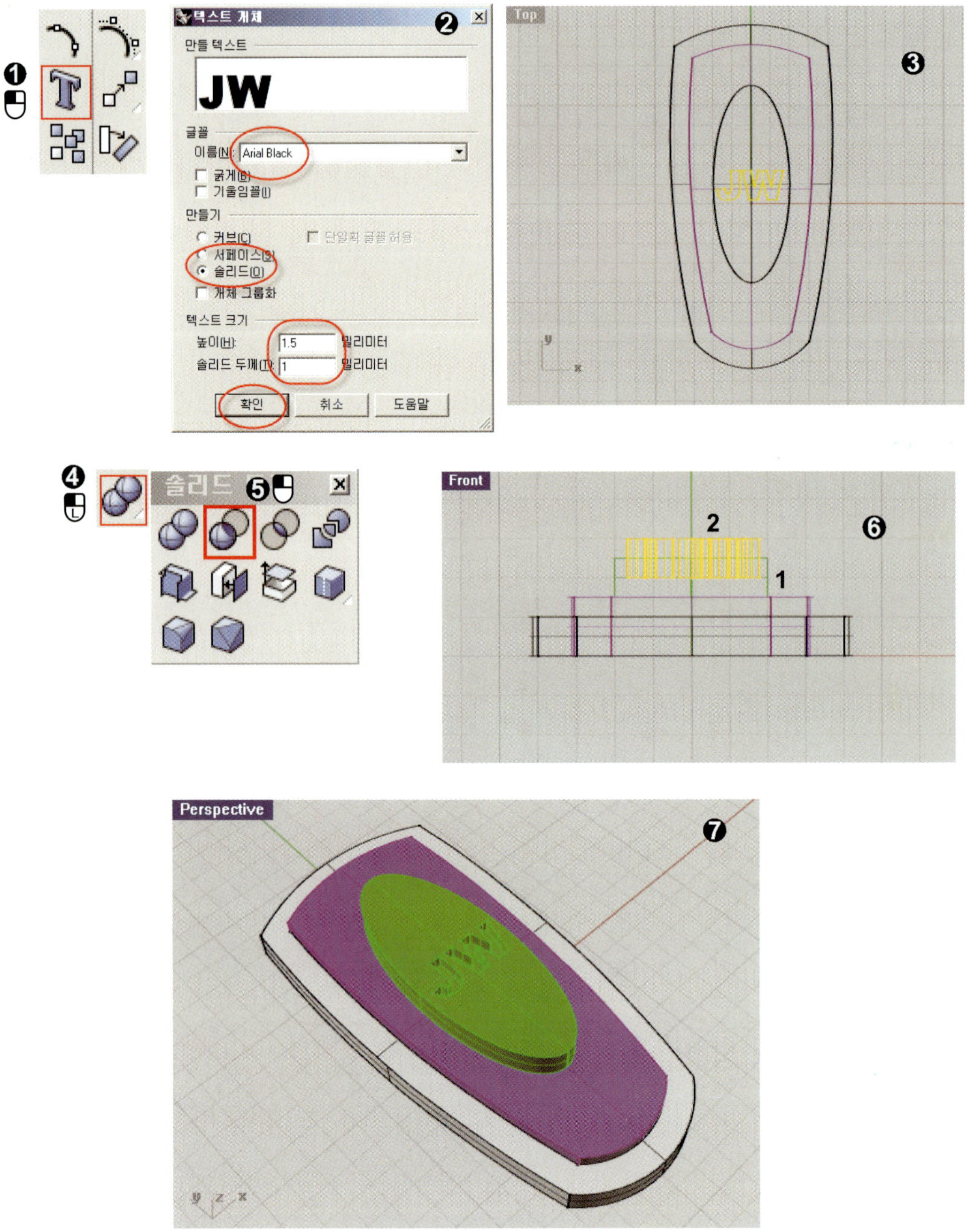


< STEP-6 >

(S-6) 1번 텍스트 개체를 선택하고 2번 그림의 옵션창과 같이 입력하고 3번 그림처럼 가운데로 이동시키고 Front에서 녹색 솔리드와 겹쳐지도록 위로 이동시킨다.
4번 부울 합집합을 길게 선택한 후 5번 부울 차집합을 클릭하고 6번 그림의 순서와 같이 1을 클릭, Enter친 후 2를 클릭, Enter쳐서 7번 그림과 같이 완성한다.

Rhino3D

# 9. 커브 편집(커브필렛 / 커브간격 띄우기)

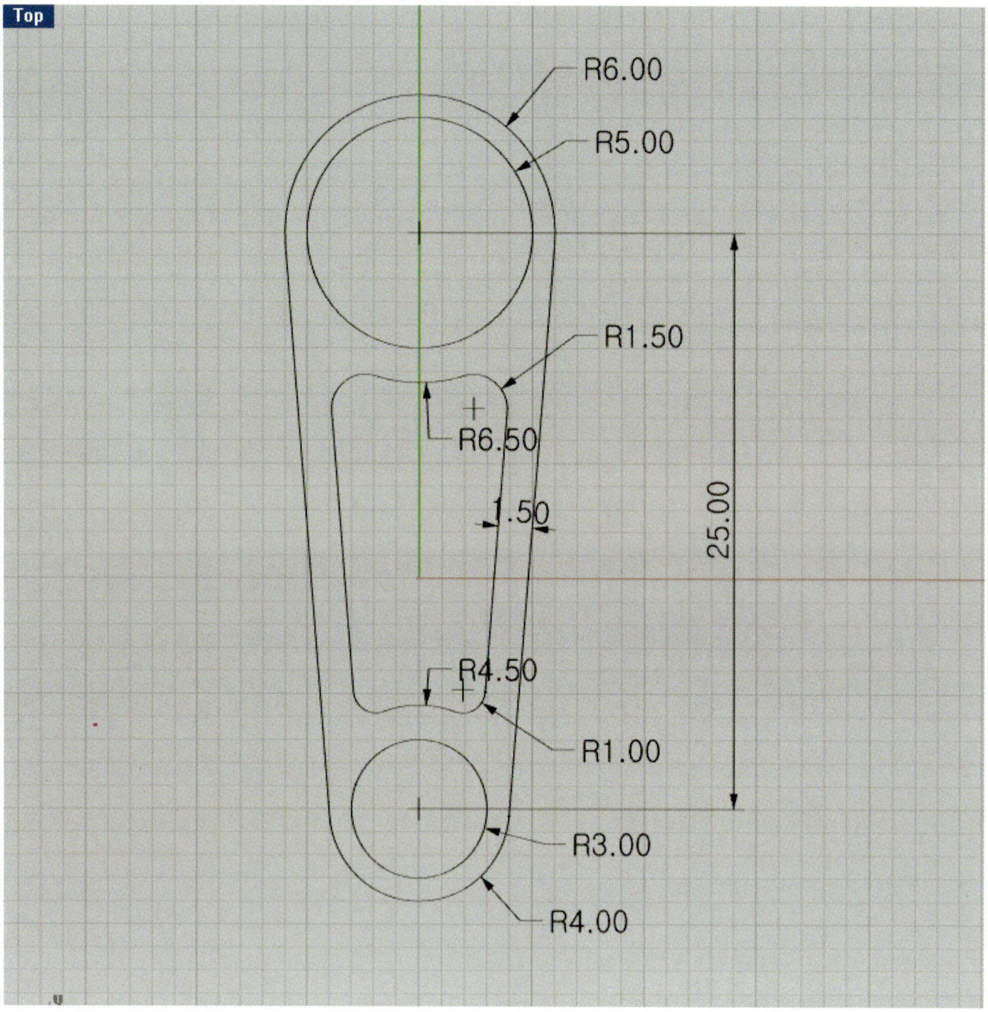


위 그림과 같이 그려보고자 한다.

# 9. 커브 편집-(커브 필렛/커브간격띄우기)

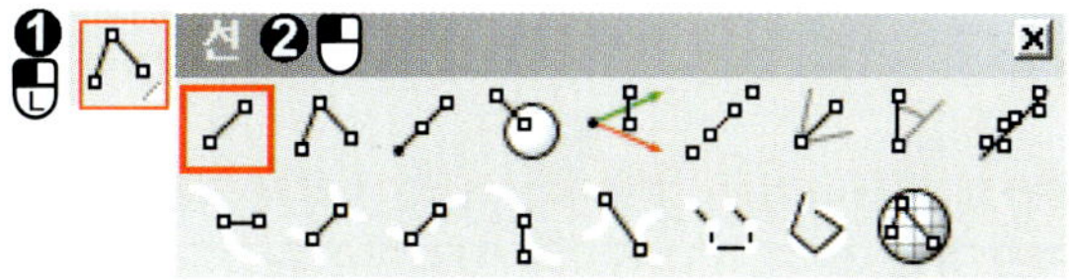


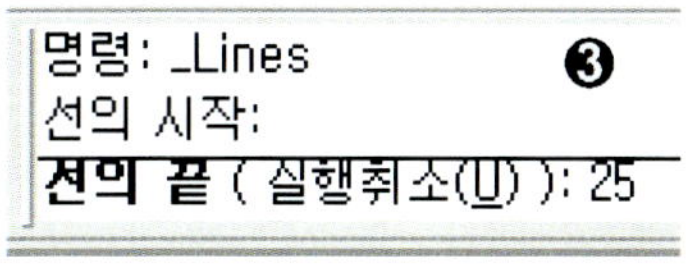


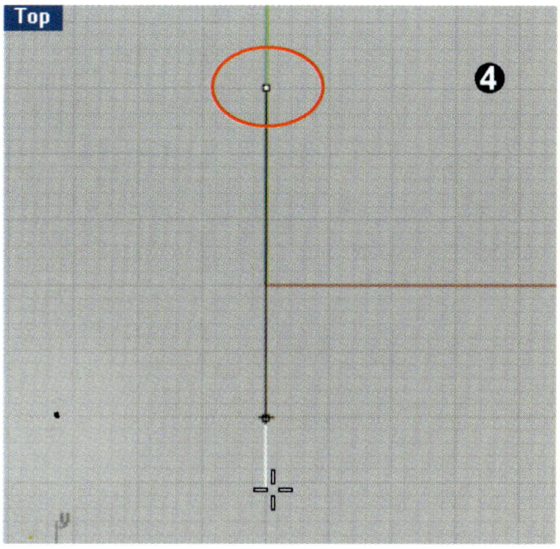


▶ 1번 폴리라인을 길게 선택한 후 2번 선을 클릭하고 4번 그림의 표시된 부분처럼 한점을 클릭하고 3번 명령창에 25를 입력, Enter친다. 그 다음 Shift키를 눌러서 수직으로 맞춘 후 클릭한다.

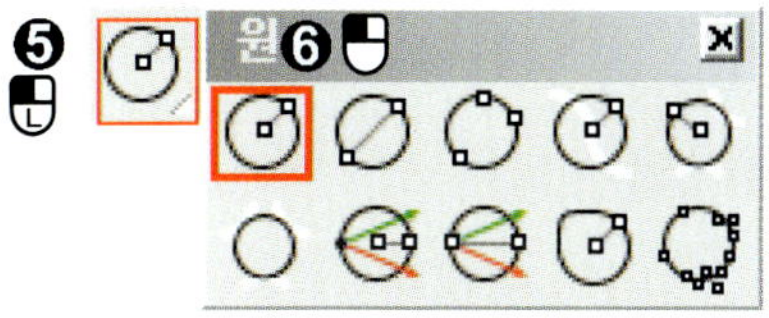

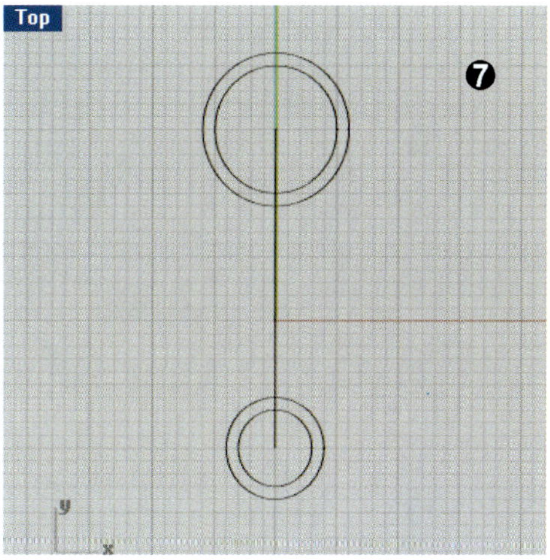


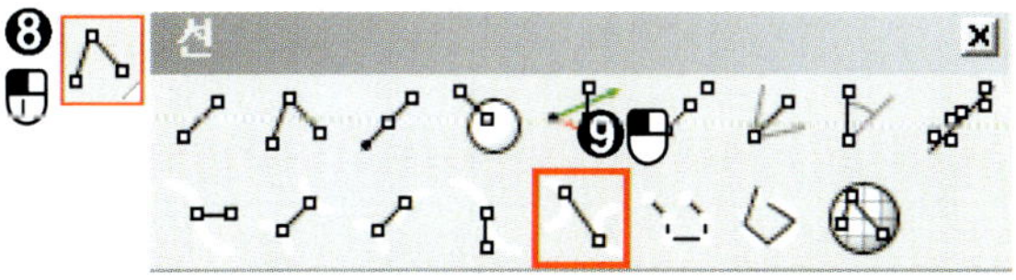


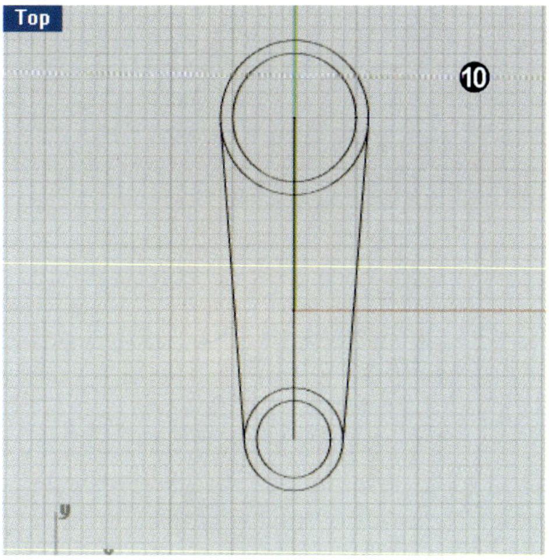


(S-1) 5번 원을 길게 선택한 후 6번 원;중심점, 반지름을 클릭하고 하단의 끝점을 체크한 후 7번 그림처럼 반지름 6mm, 5mm, 4mm, 3mm, 인 원을 그린다.
8번 폴리라인을 길게 선택 한 후 9번 두 커브에 접함을 클릭하고 10번 그림과 같이 완성시킨다.

< STEP-1 >

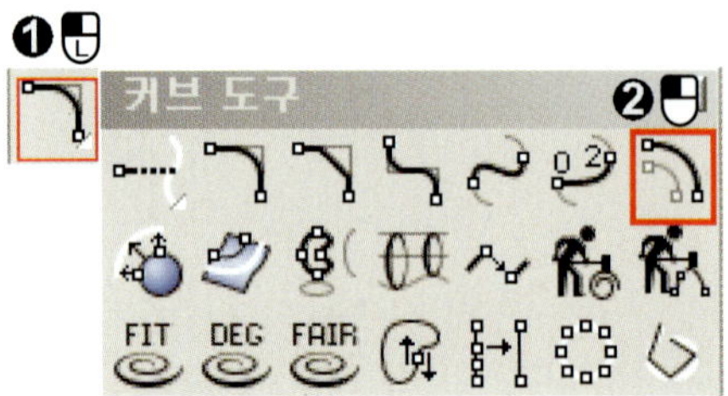


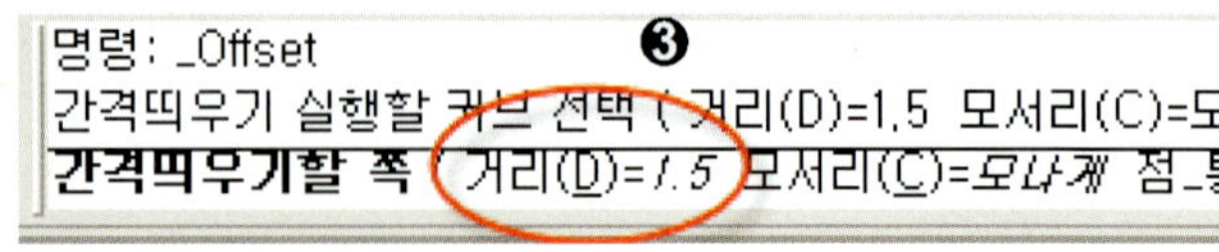


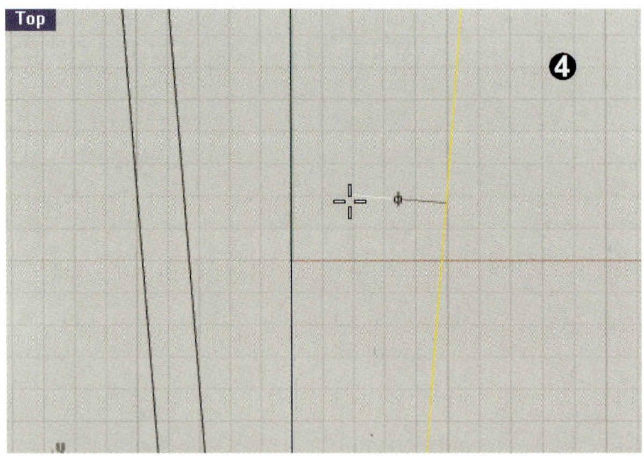


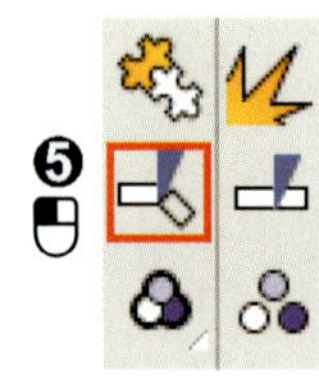

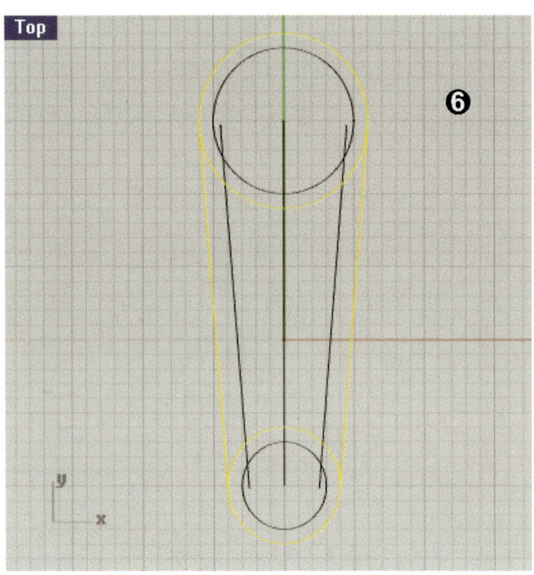


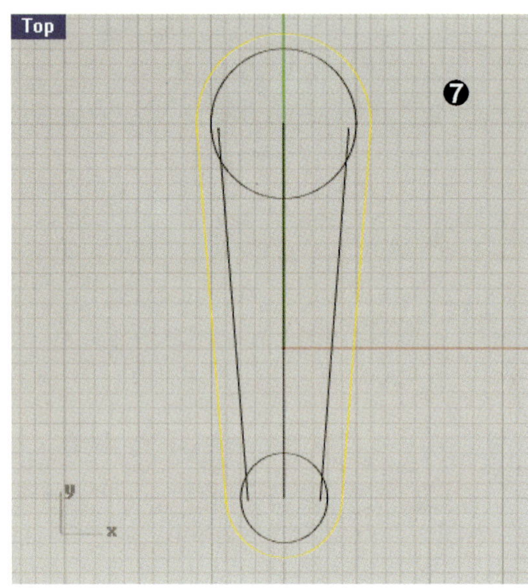


(S-2) 1번 커브필렛을 길게 선택한 후 2번 커브 간격띄우기를 클릭하고 3번 표시된 부분을 클릭해서 명령창에 거리를 1.5로 입력을 한 후 4번 그림처럼 커브를 클릭하고 왼쪽 마우스를 클릭하면 1.5mm 떨어진 커브가 생기는 것을 알 수 있다. 5번 트림을 클릭한 후 6번 그림처럼 가장 바깥쪽에 있는 커브를 차례대로 클릭한후 Enter친 다음 7번 그림과 같이 안쪽 원을 클릭해서 지운다.

< STEP-2 >

# 9. 커브 편집-(커브 필렛/커브간격띄우기)

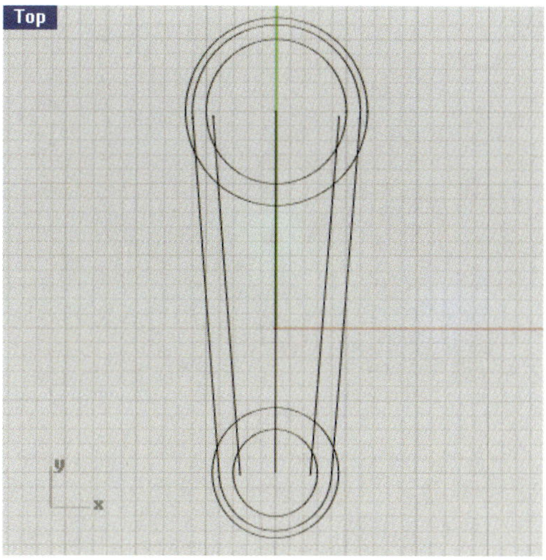


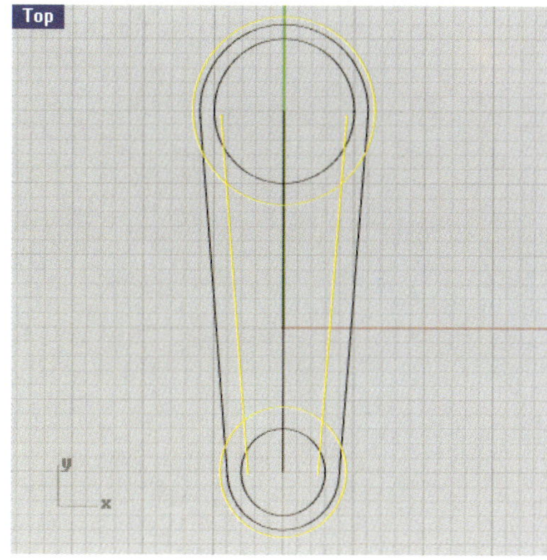


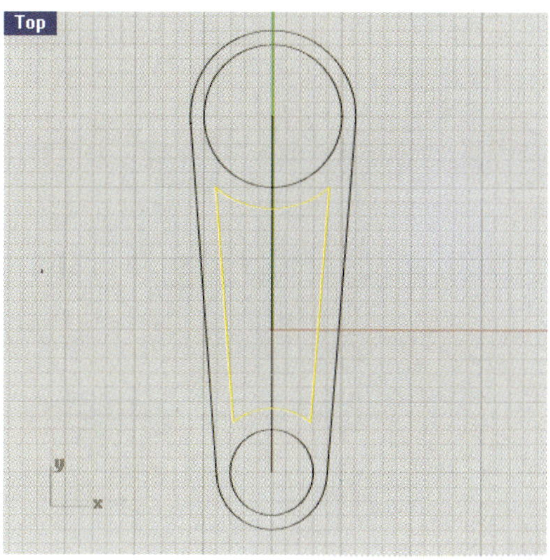


(S-3) STEP-1과 같이 반지름이 6.5mm, 4.5mm인 원을 그린후 STEP-2에서 트림한 것과 같은 방법으로 커브를 잘라서 완성시킨다.

< STEP-3 >

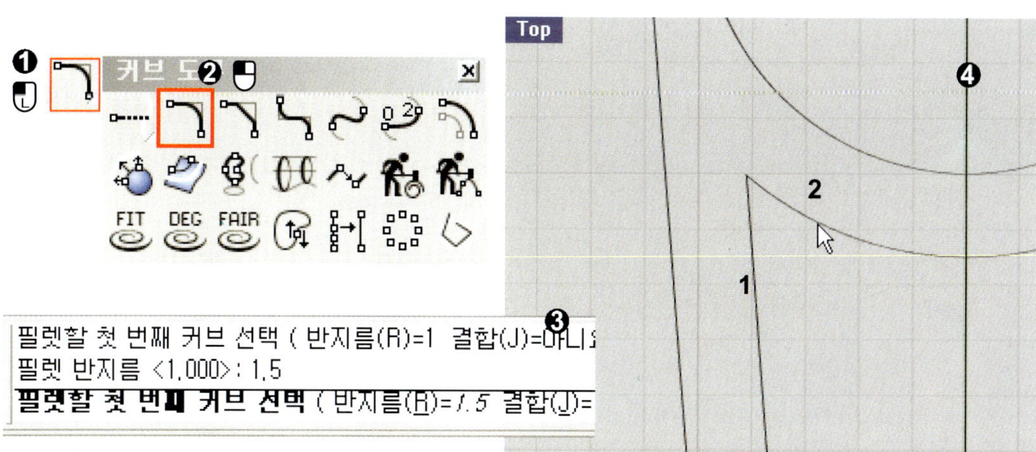

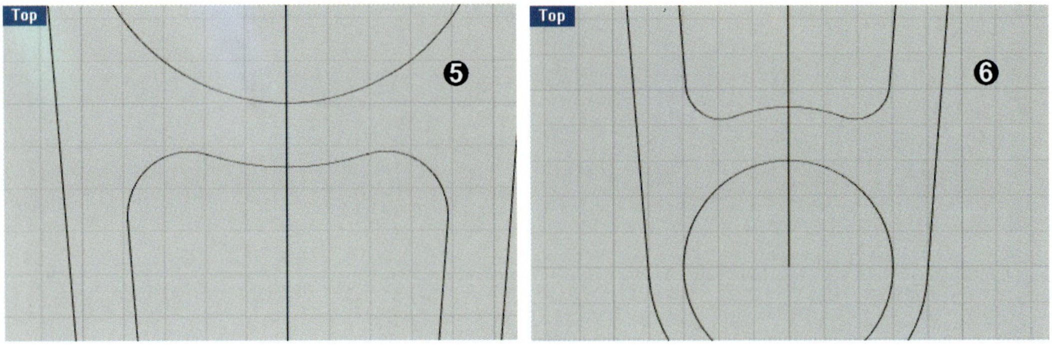


< STEP-4 >

(S-4) 1번 커브필렛을 길게 선택한 후 2번을 클릭하고 3번 명령창에 반지름 값을 1.5로 입력한 다음 4번 그림의 순서대로 클릭해서 5번 그림과 같이 완성한다. 아랫부분은 같은 방법으로 실행하되 반지름값을 1로 입력해서 6번 그림과 같이 완성한다.

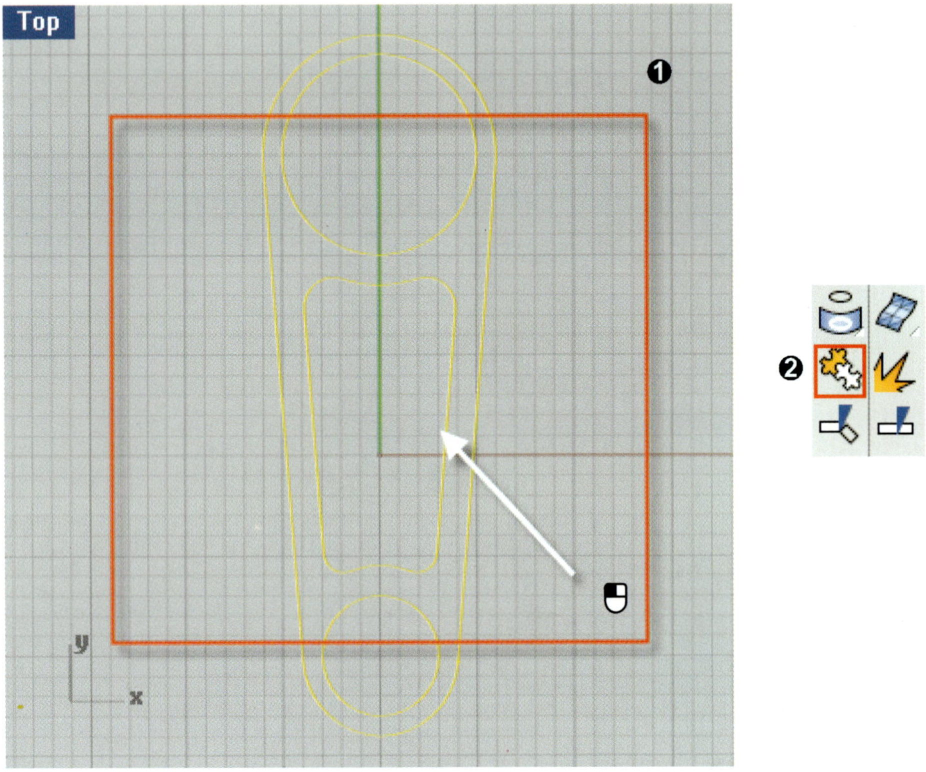


1번 그림의 화살표 방향대로 드래그 한다음 2번을 클릭해서 결합시킨다.

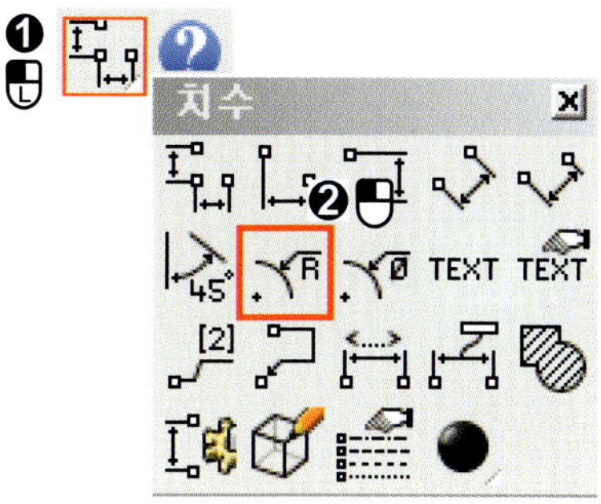


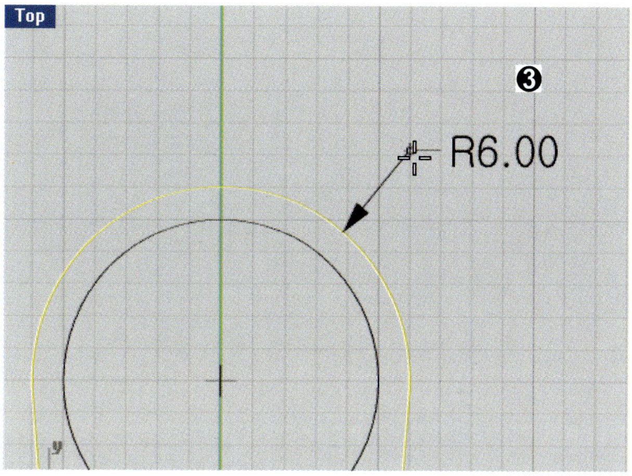


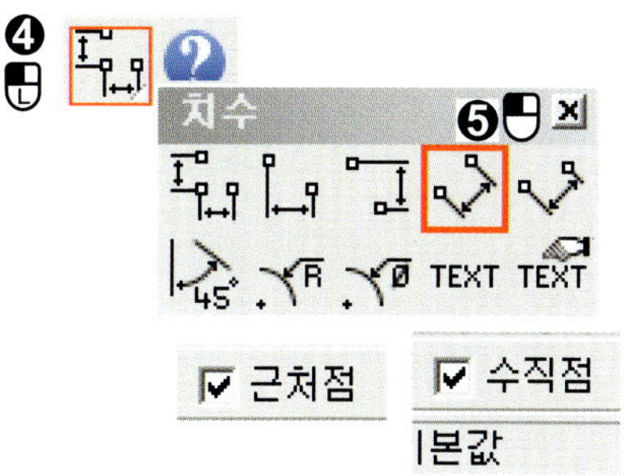


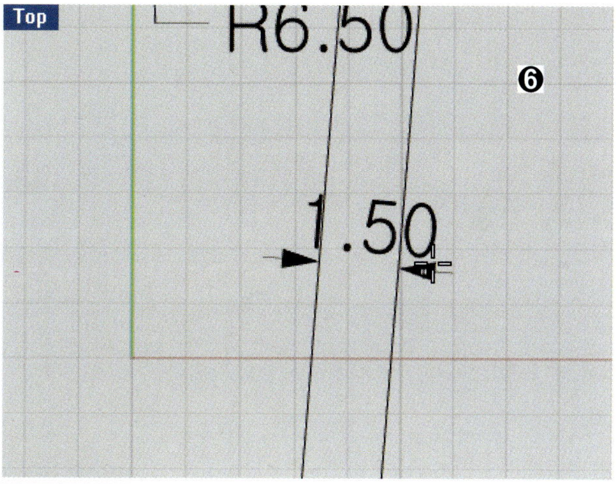


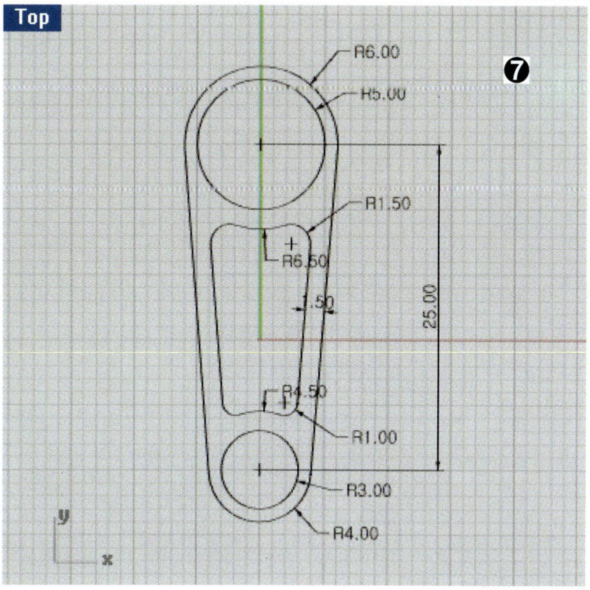


(S-5) 1번 선형치수를 길게 선택한 후 2번 반지름 치수를 클릭하고 3번 그림과 같이 반지름값을 얻고자 하는 커브를 클릭하고 숫자를 확인하고 클릭한다. 반지름 값을 얻고자 하는 곡선을 모두 실행한다.
4번 선형치수를 길게 선택하고 5번 정렬된 치수를 클릭하고 하단의 근처점과 수직점을 체크한 후 두 커브를 클릭하면 6번 그림과 같이 기울어져 있는 커브의 길이 값을 알 수있다.
7번과 같이 완성시킨다.

< STEP-5 >

Rhino3D

# 10. 커브 편집 - 꽃 그리기

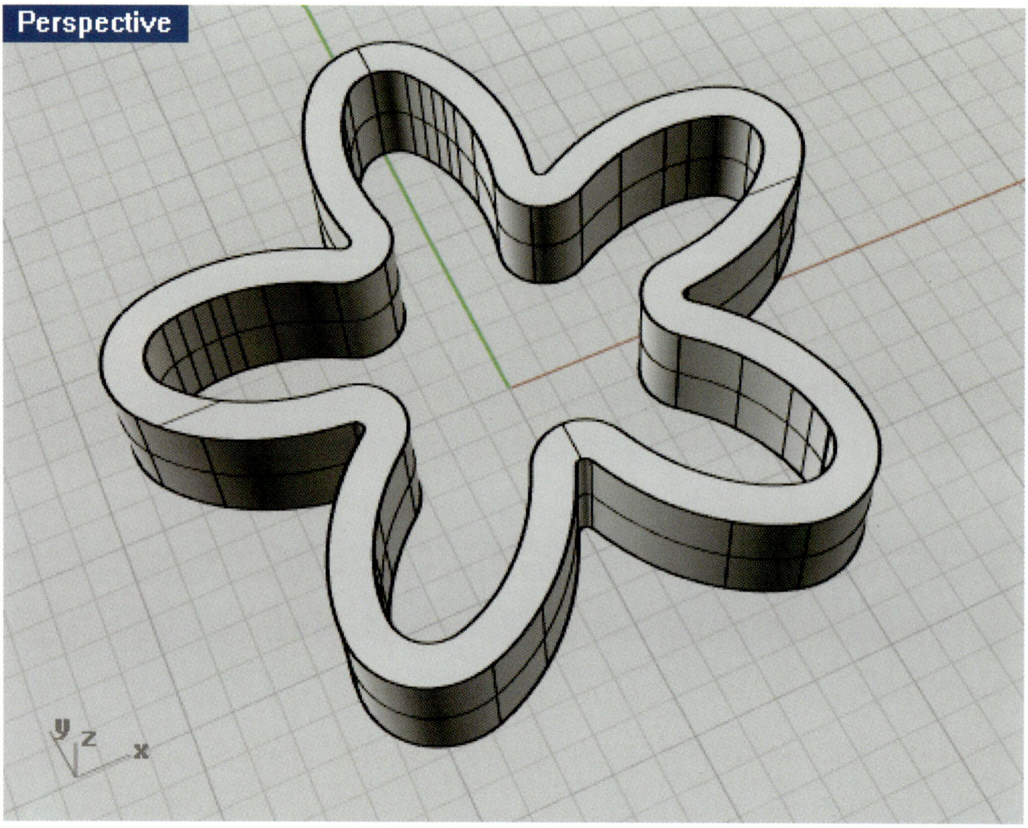


위 그림과 같이 꽃을 그리고자 한다.

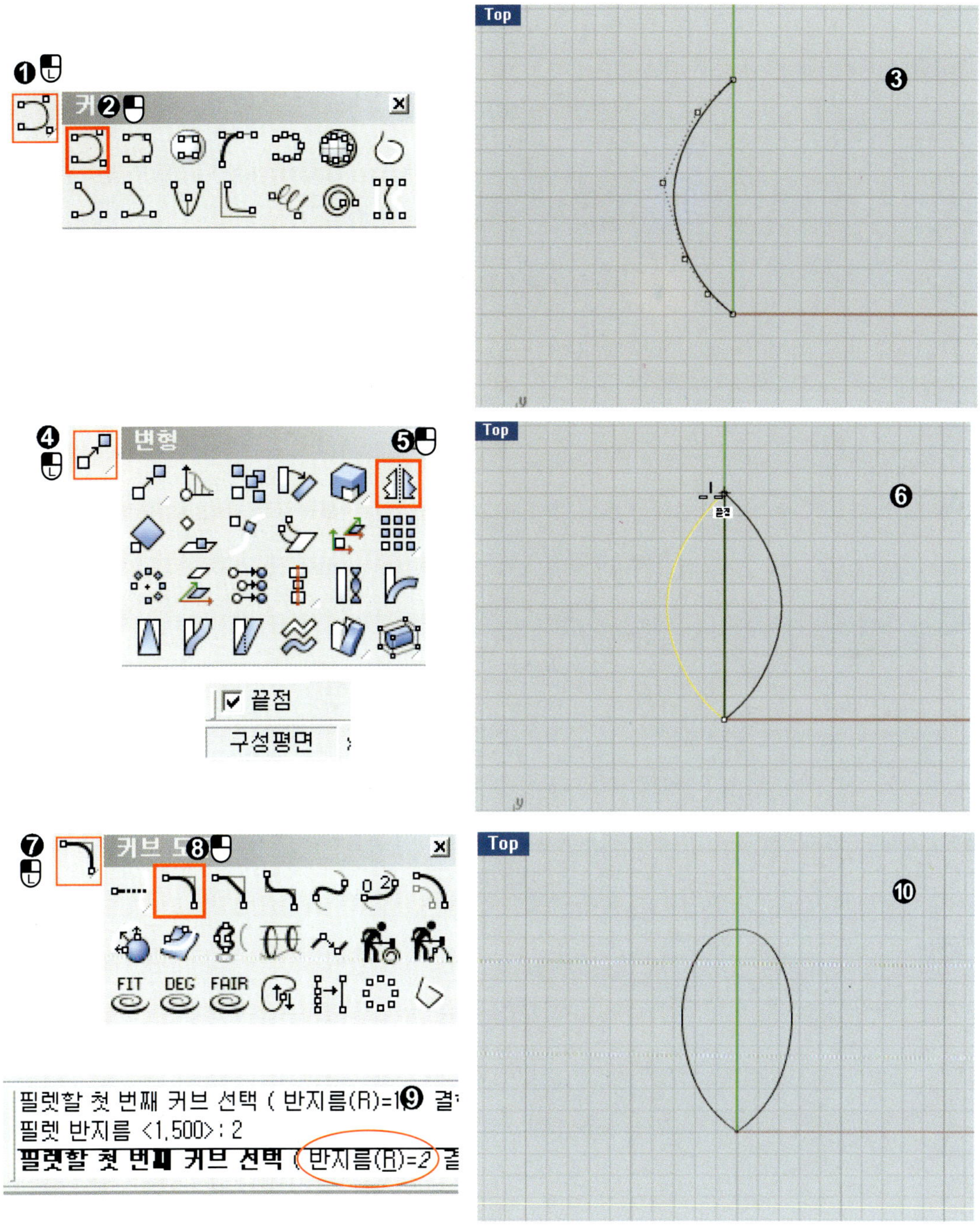


< STEP-1 >

(S-1) 1번 제어점 커브를 길게 선택한 후 2번을 클릭하고 3번 그림처럼 커브를 그린다. 4번 이동을 길게 선택한 후 5번 미러를 클릭하고 하단의 끝점을 체크한 후 6번과 같이 커브를 완성시킨다. 7번 커브필렛을 길게 선택한 후 8번을 클릭하고 9번 명령창에 커브 반지름값을 2로 입력하고 커브를 하나씩 선택해서 10번과 같이 만든다.

# 10. 커브 편집-꽃 그리기

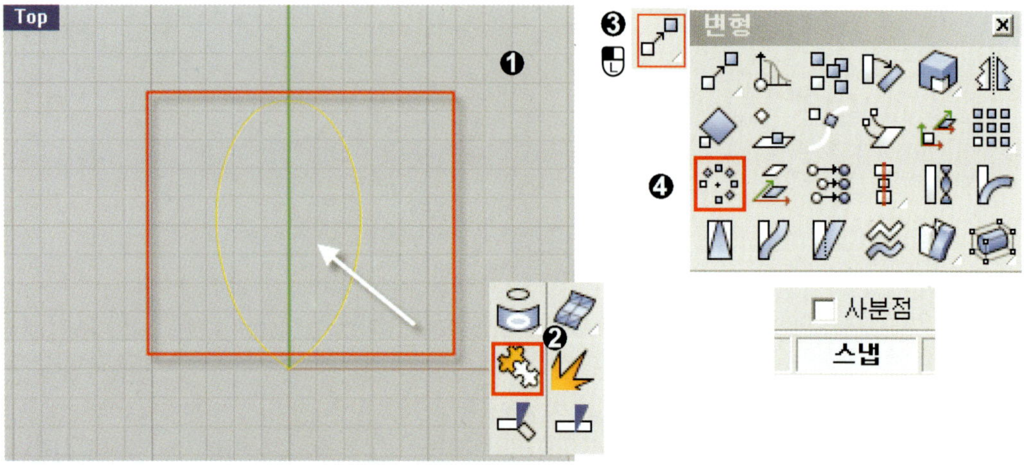


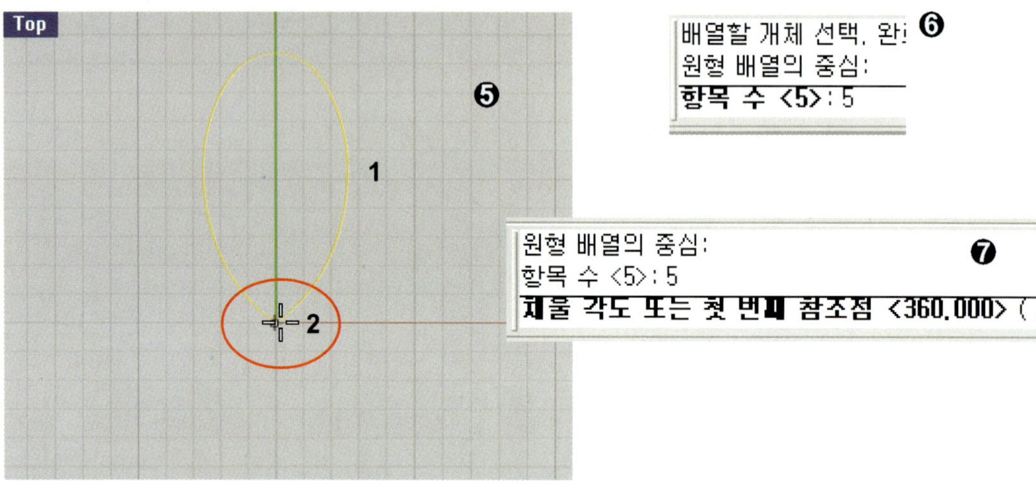


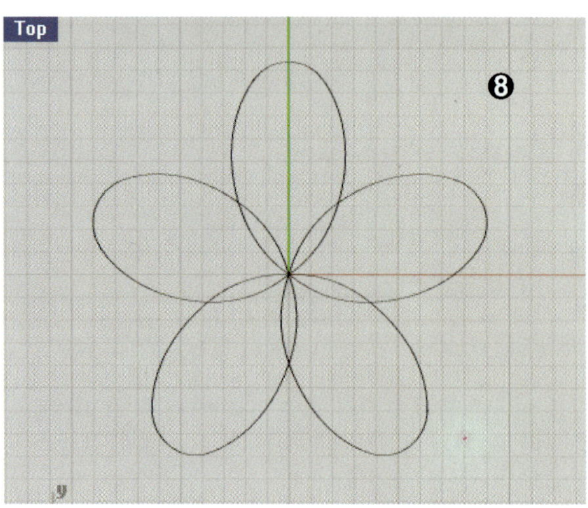


(S-2) 1번 그림과 같이 드래그해서 2번 결합을 클릭한다. 3번 이동을 길게 선택한 후 4번 원형배열을 클릭하고 하단의 스냅을 켠다. 그다음 5번 그림의 순서대로 커브를 먼저 선택 Enter를 치고 좌표축의 중심점을 클릭한다. 명령창에 6번과 같이 입력하고 7번과 같은 명령창이 뜨면 Enter를쳐서 8번과 같이 완성한다.

< STEP-2 >

# 10. 커브 편집-꽃 그리기

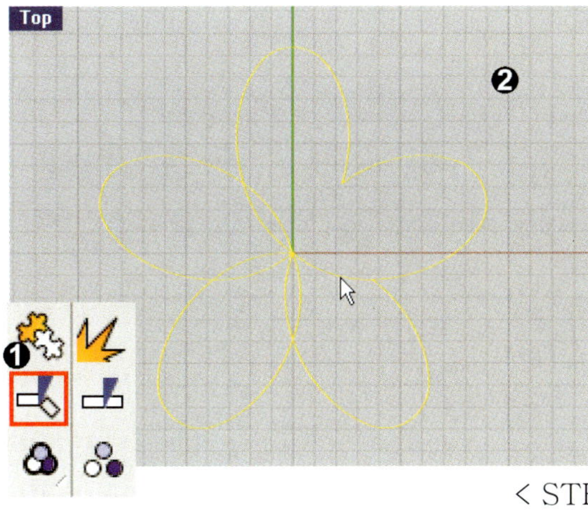


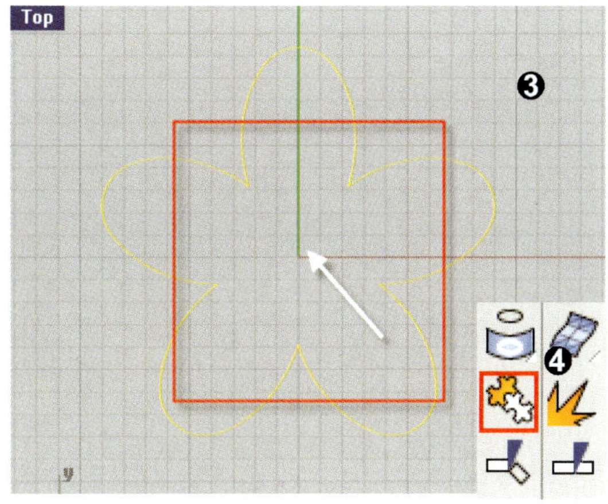


< STEP-3 >

(S-3) 전체 선택을 한 후 1번 트림을 클릭해서 2번 그림과 같이 안쪽 커브를 지워주고 Enter를 친다. 그리고 3번과 같이 전체 선택을 한 후 4번 결합시켜준다.

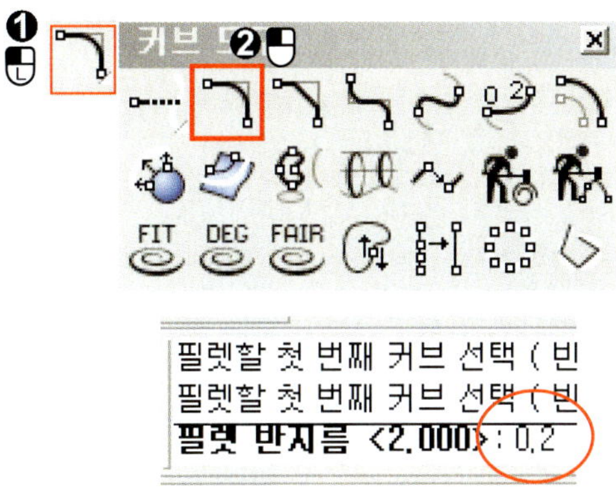


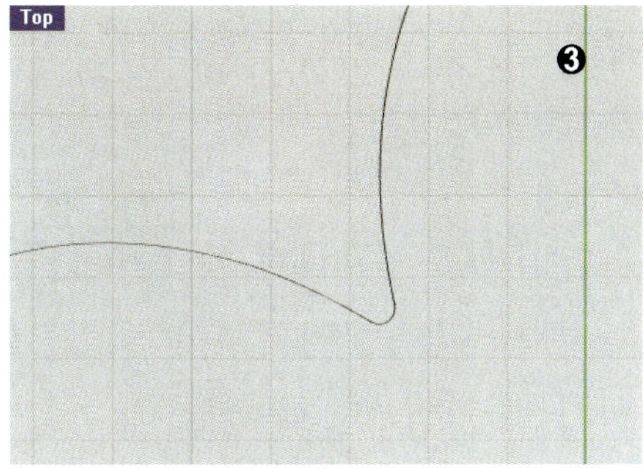


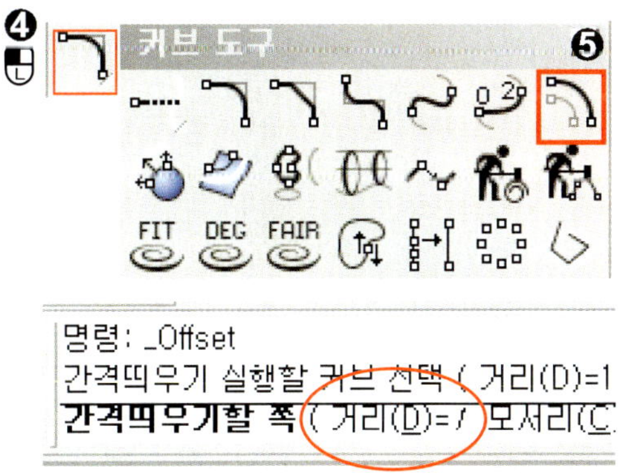


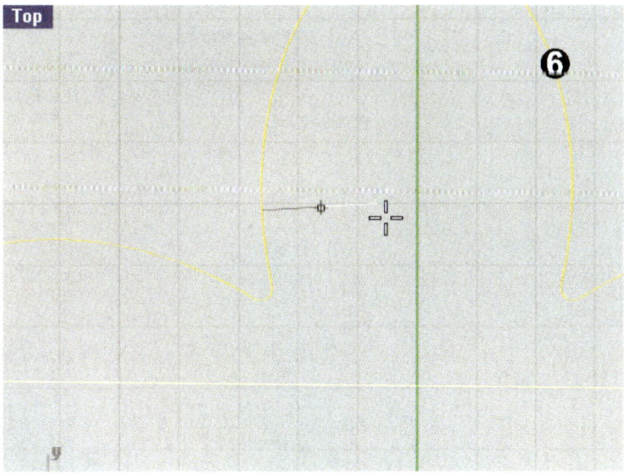


< STEP-4 >

(S-4) 1번 커브필렛을 길게 선택한 후 2번을 클릭하고 명령창에 반지름값 0.2를 입력해서 3번과 같이 필렛값을 0.2로 모두 준다. 4.5번을 클릭해서 명령창에 거리를 1로 입력하고 6번과 같이 커브를 클릭해서 그려준다.

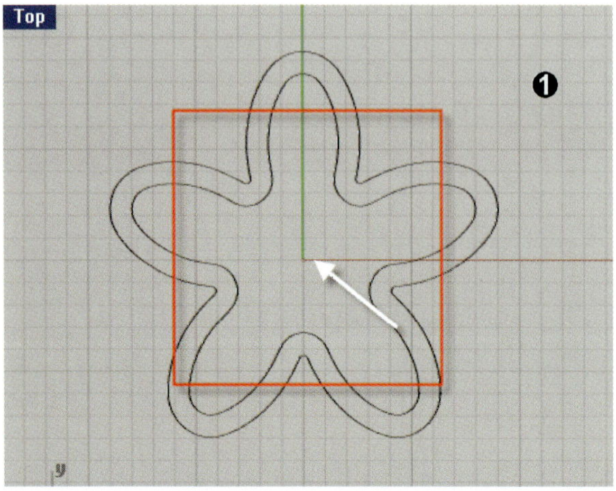


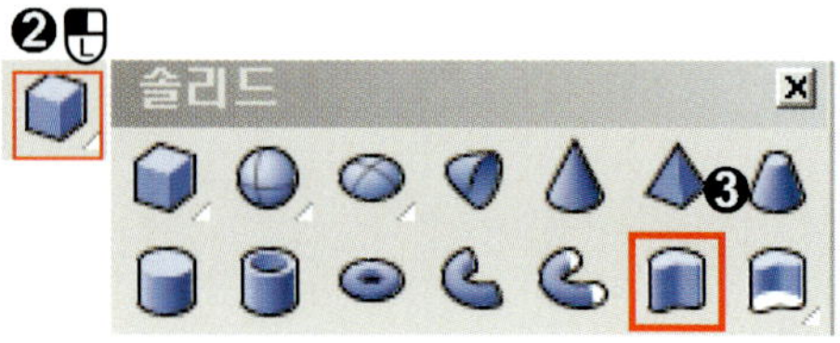


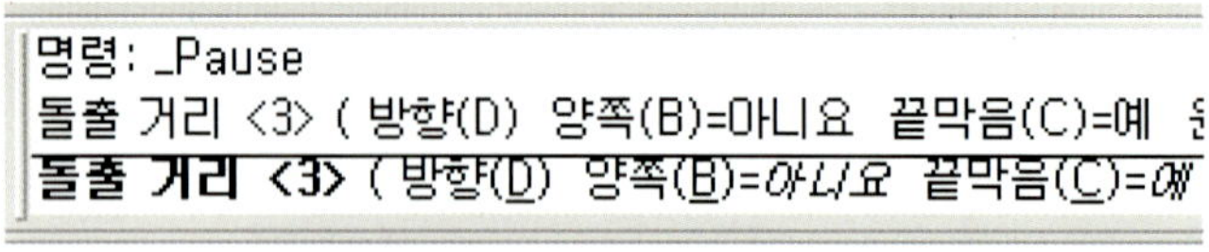


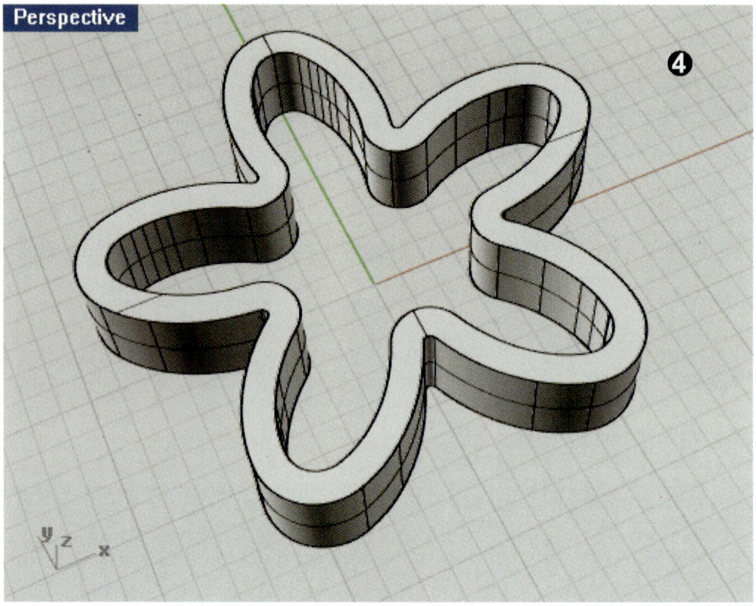


< STEP-5 >

(S-5) 1번과 같이 드래그 한 후 2번 상자를 길게 누르고 3번 닫힌 평면형 커브 돌출을 클릭하고 명령창에 돌출 거리를 3으로 입력 Enter쳐서 4번과 같이 완성시킨다.

# Rhino3D

## 11. 커브 편집(트림/커브 부울 연산)

Top

Perspective

# 11. 커브 편집 - (트림/커브 부울 연산)

-> 커브를 편집하는데 있어서 가장 많이 사용되는 명령어로 사용방법이 비교적 간단하다.

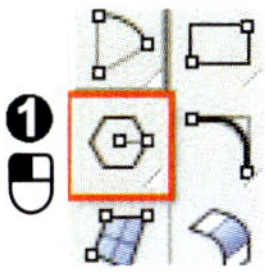

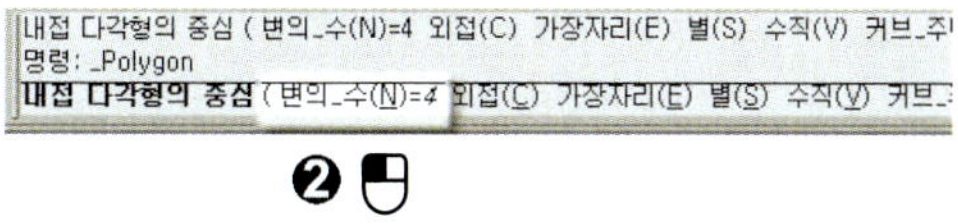

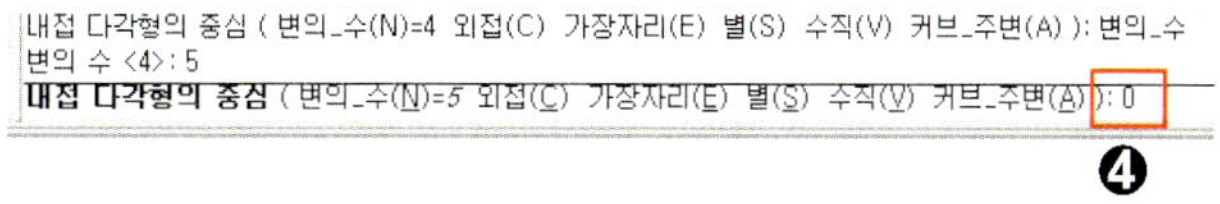

<사용함>

<사용안함>

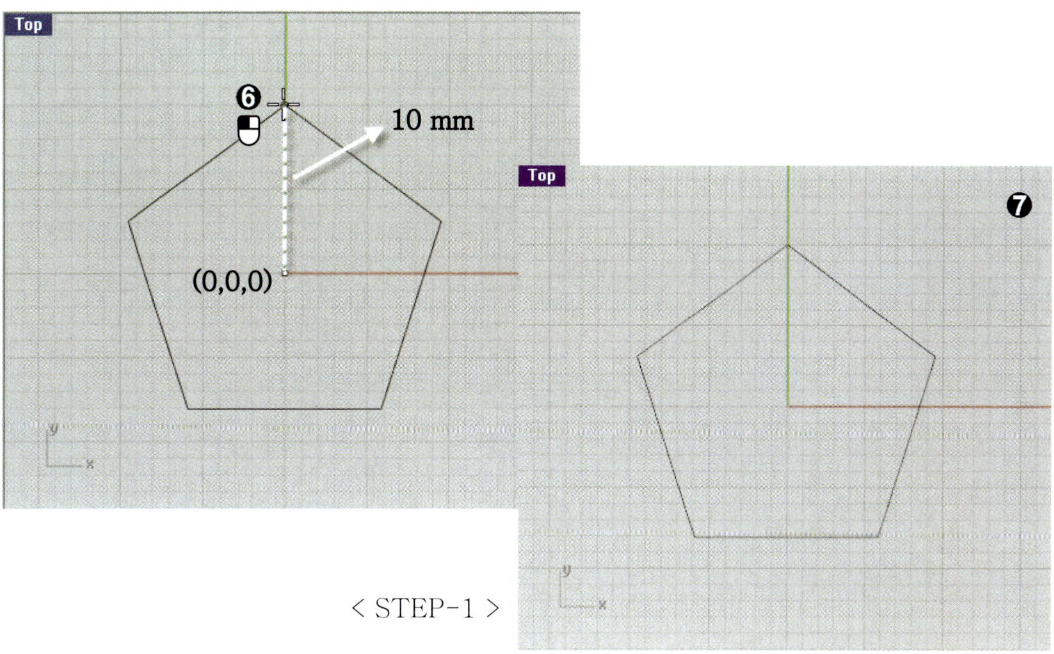


< STEP-1 >

(S-1) 좌측 메인툴바 중 1번 다각형을 클릭하고 명령창의 2번을 누른 뒤 5각형을 만들기 위해 3번에 5를 입력 후 Enter를 친다. 4번처럼 중심을 지정하라고 할때 숫자 0 입력 후 Enter를 치면 화면 좌표의 0,0,0 위치인 중앙에 중심이 정해진다.
그 다음 화면 하단의 5번 스냅을 켜고 Top 화면에서 눈금을 확인 후 클릭을 하거나 명령창에 10을 입력 후 Enter를 치면 6번 위치에 5각형 크기가 고정이 된다. 이때 키보드의 Shift키를 누른 상태로 마우스를 움직여보면 마우스 커서가 수직,수평으로만 움직일 수 있게 되고 7번 처럼 클릭해서 완성시킨다.

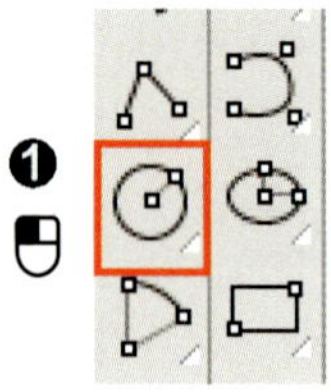


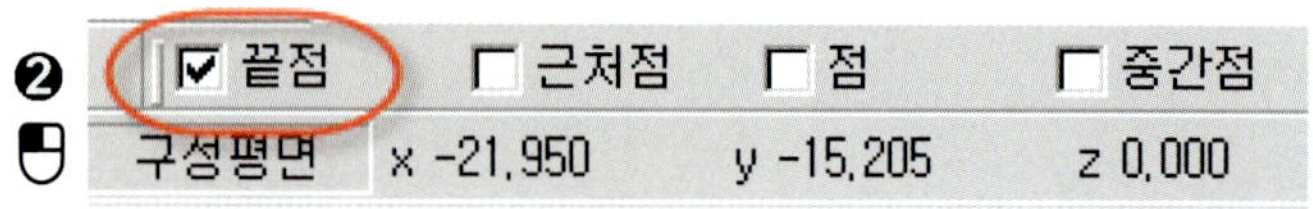


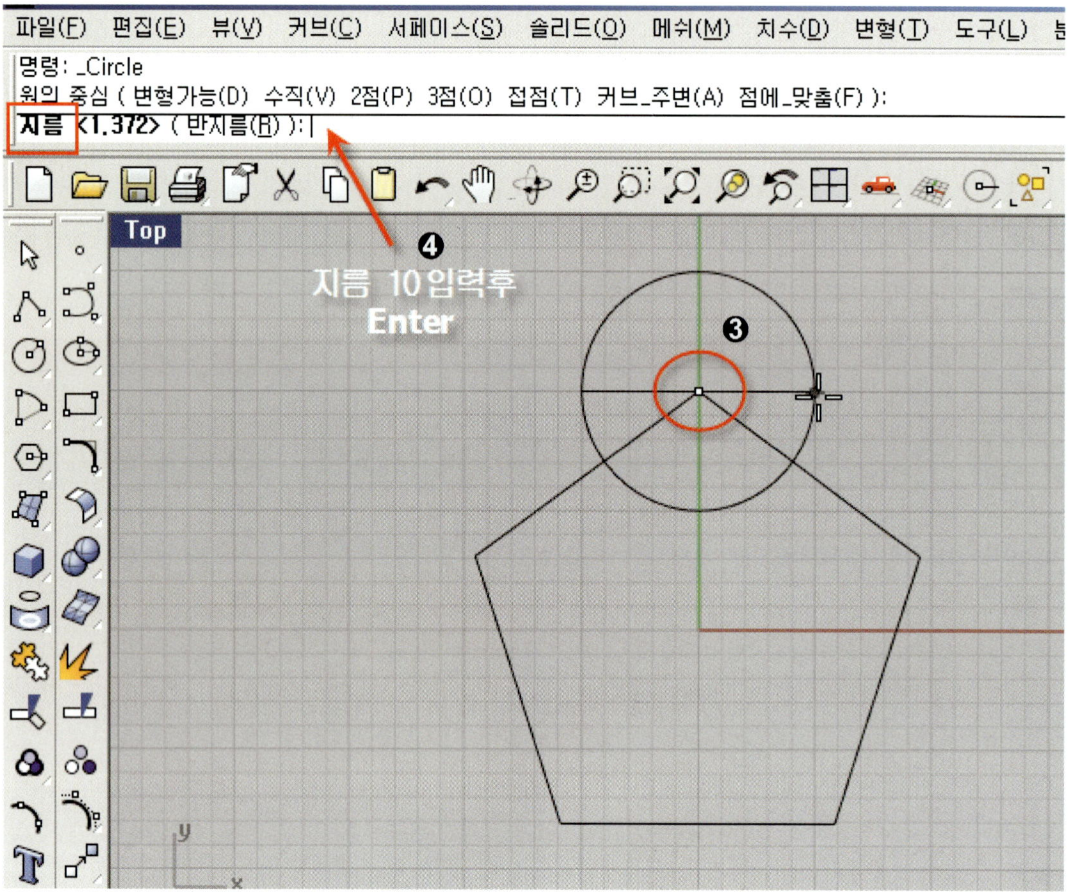


< STEP-2 >

(S-2) 좌측 툴바중에서 1번 원그리기를 클릭한 다음 화면 하단의 개체스냅 중에 2번 끝점을 체크한다. 그 다음 화면의 3번 위치에서 5각형의 끝점을 선택해서 클릭하고 4번 명령창에 10 입력후 Enter를 친다.

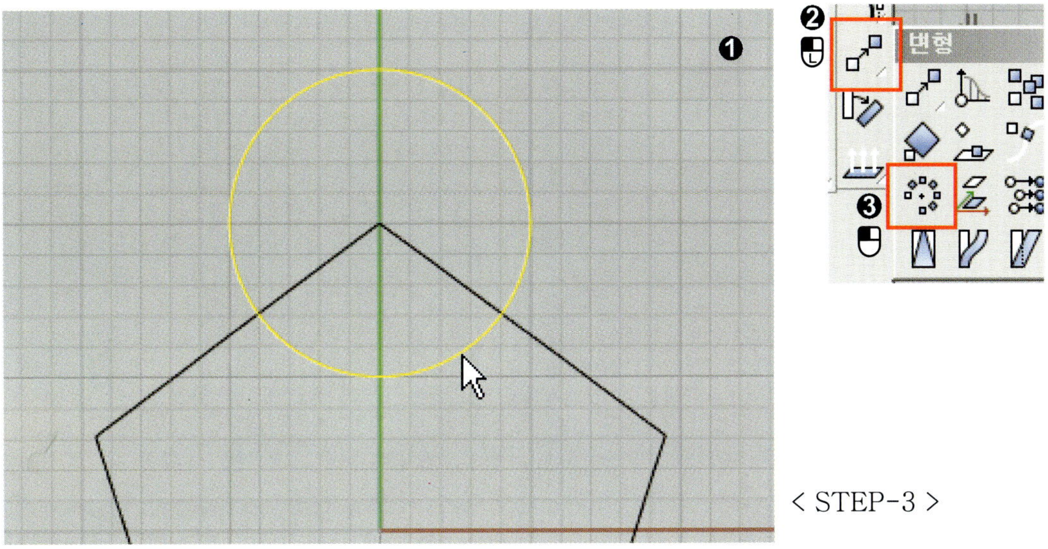


< STEP-3 >

(S-3) 1번 그림에서 그려진 원을 다시 선택하고 2, 3번 원형 회전을 클릭한다.

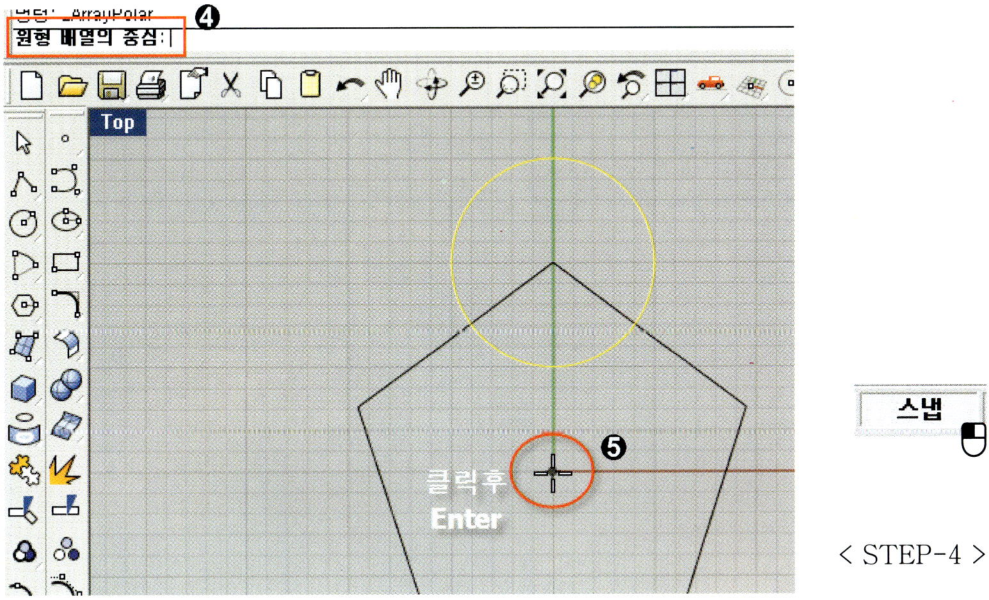


< STEP-4 >

(S-4) 그 다음 4번 명령창에 원형 배열의 중심점을 지정하라고 할 때 화면 하단의 스냅을 클릭 또는 키보드의 F9번을 눌러 스냅을 활성화 시키고 5번의 위치인 5각형 중심(좌표 중심)을 선택한다

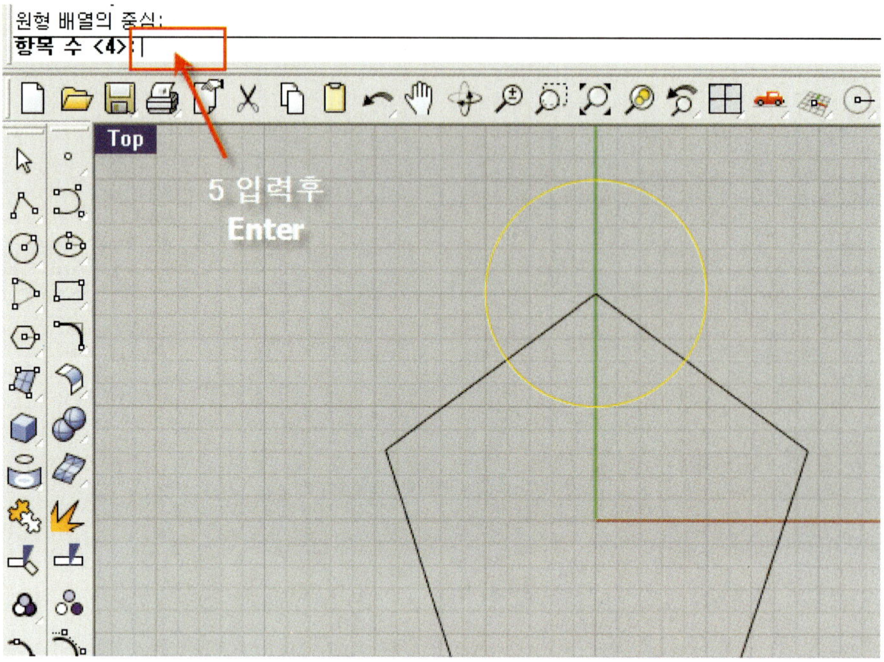


< STEP-5 >

(S-5) 명령창에 항목수 입력이 나오면 5를 입력후 Enter를 친다.

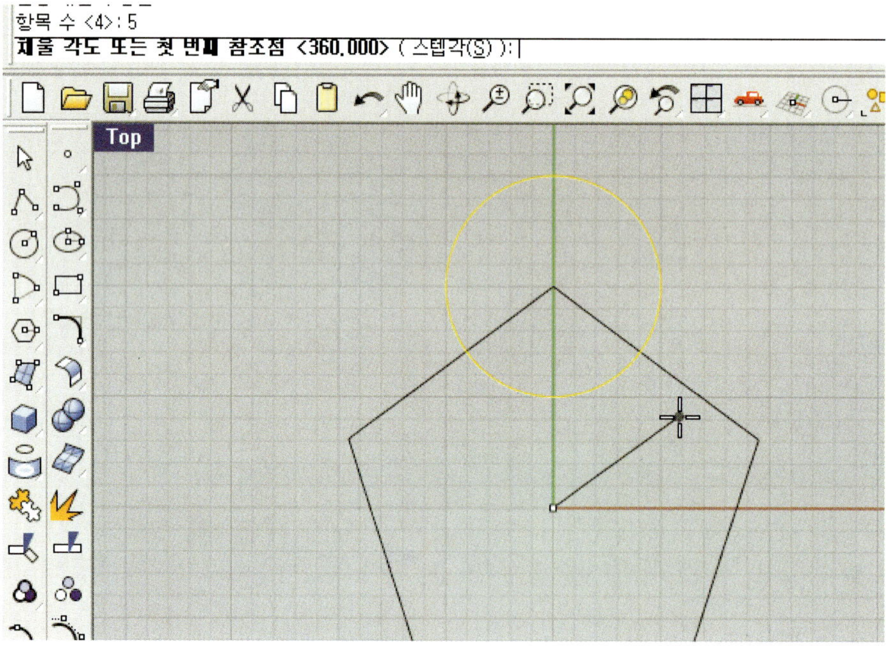


< STEP-6 >

(S-6) 항목수 입력후 Enter를 치면 위 그림처럼 나타나는데 이때 Enter를 친다.

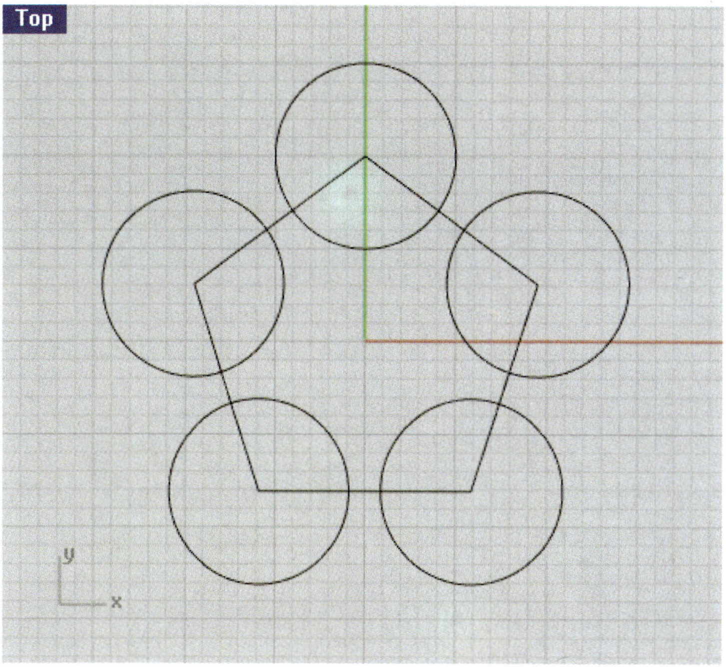


(S-7) STEP-6에서 Enter를 치면 그림과 같이 5개의 원이 만들어진다.

< STEP-7 >

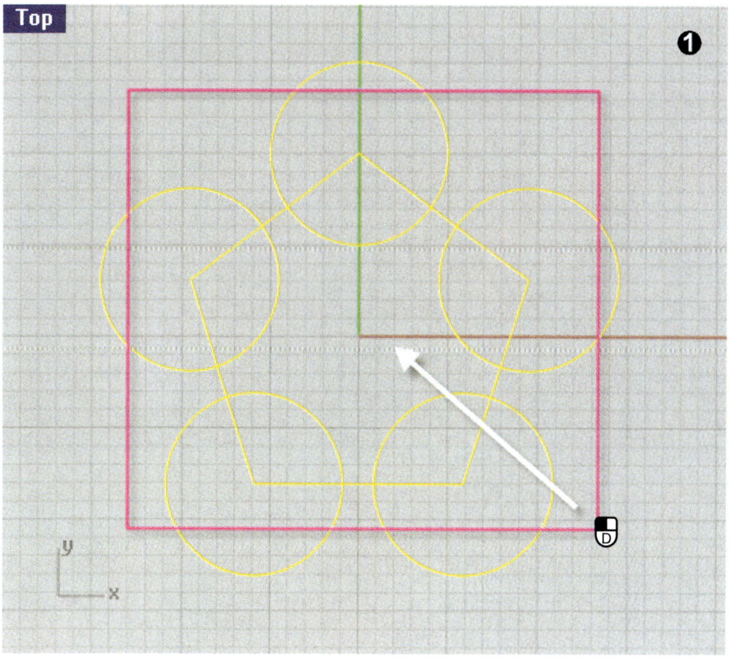


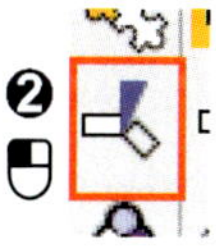

< STEP-8 >

(S-8) 트림을 이용하여 커브 편집을 하기 위해서 그림처럼 클릭-드래그하여 원과 5각형 모두를 선택한 다음 좌측 메인 툴바에서 2번 트림을 클릭한다.

❶

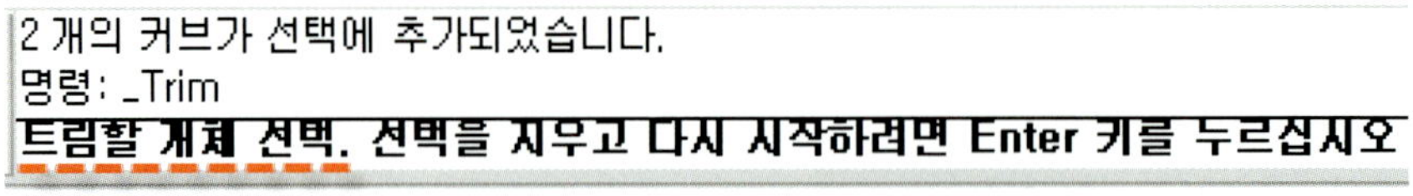


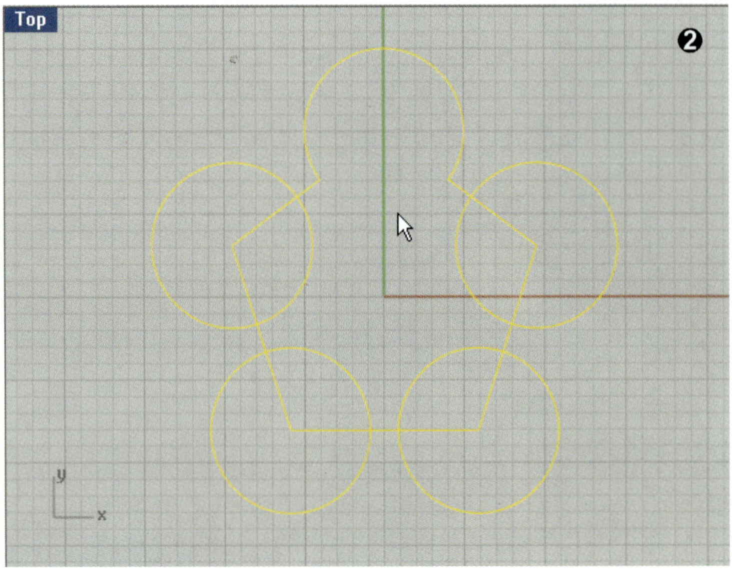


(S-9) 명령창에 1번처럼 나오게 되면 교차하고 있는 커브들중 필요없는 부분을 클릭하면 2번 그림처럼 서로 교차하고 있는 부분이 지워진다.

< STEP-9 >

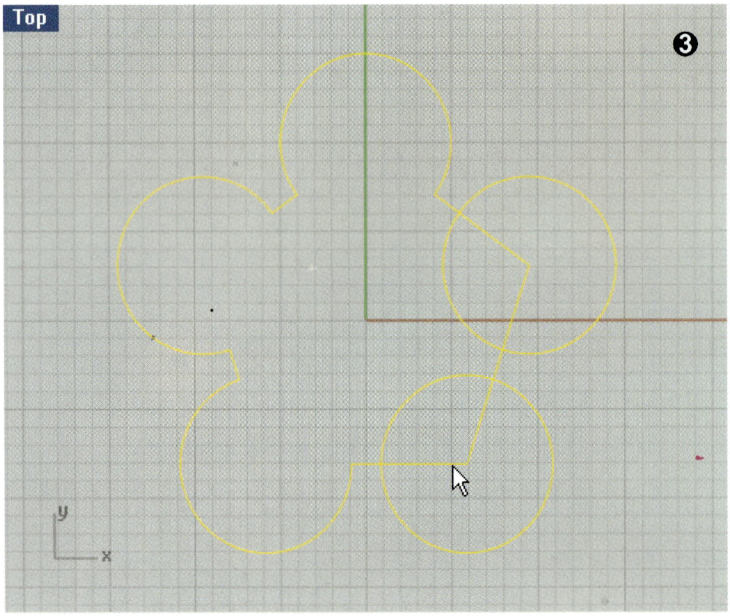


(S-10) 위 과정을 동일하게 실행한다.

< STEP-10 >

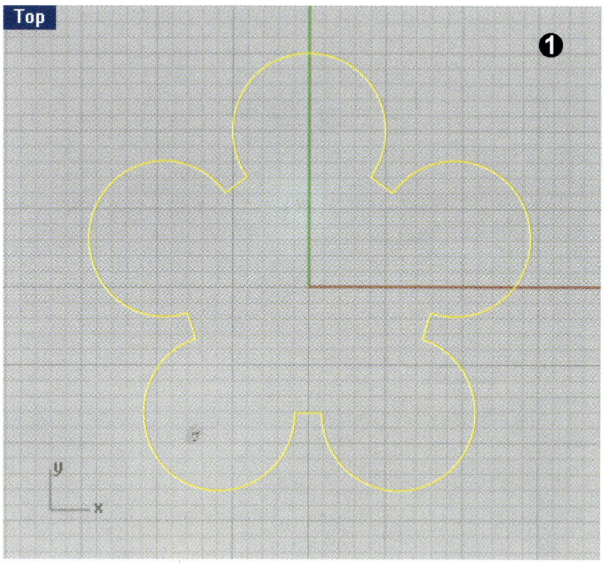


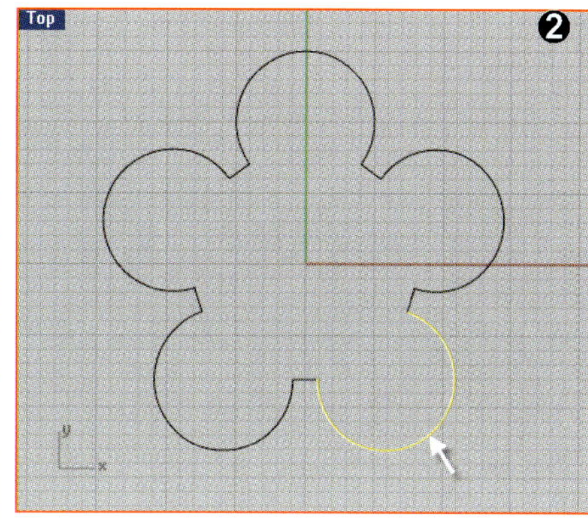


< STEP-11 >

(S-11) 1번처럼 되도록 지운 다음 Enter를 치면 그림처럼 선택이 되어 있는 상태로 되는데 이때 커브를 클릭해 보면 2번처럼 각각 떨어져 있다.

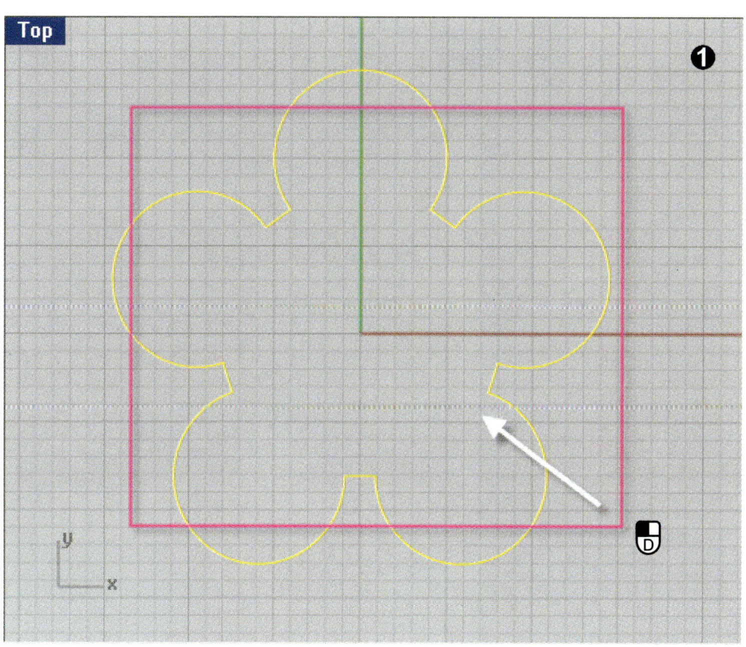


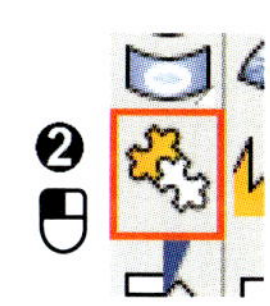


< STEP-12 >

(S-12) 떨어져 있는 커브들을 하나로 결합하기 위해 그림처럼 클릭-드래그해서 선택한 다음 4번 결합을 클릭해서 하나의 커브로 만든다.

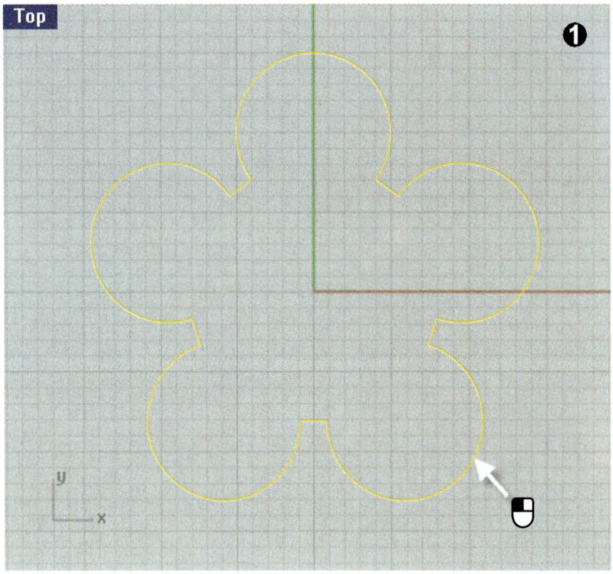


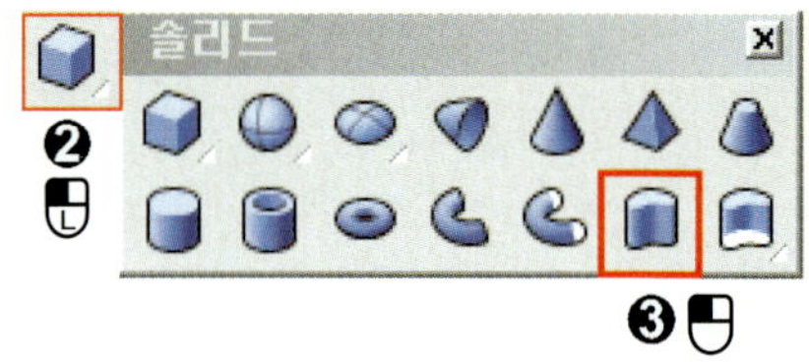


< STEP-13 >

(S-13) 편집한 커브를 가지고 간단한 판 형태를 만들기 위해 1번 커브를 선택한 다음 2번 솔리드 툴바안에 3번(닫힌 평면형 커브 돌출)을 클릭한다.

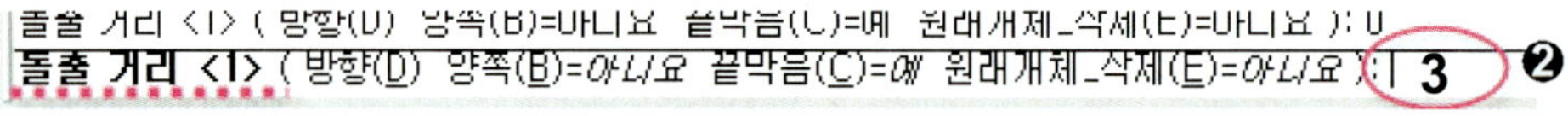


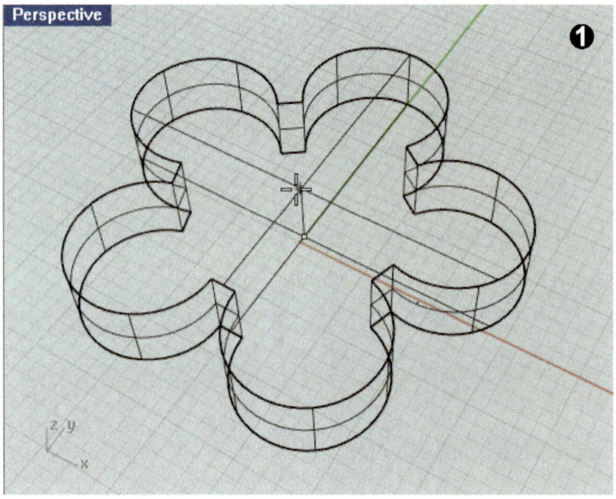


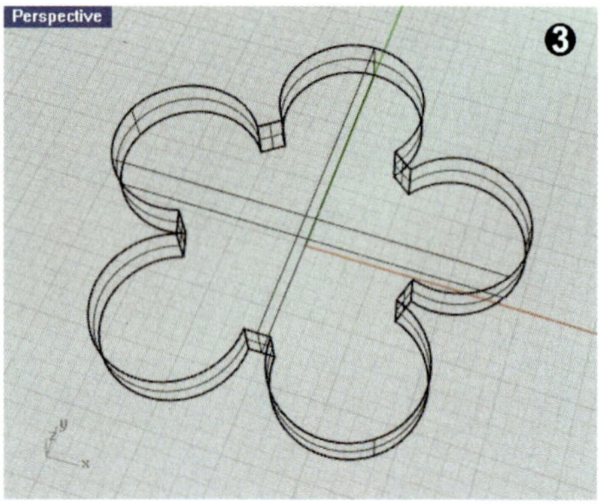


< STEP-14 >

(S-14) STEP-13의 3번을 실행하면 1번 그림처럼 높이가 생기는 입체가 만들어 지는데 마우스 커서를 Front나 Right로 이동해서 임의로 높이를 클릭해서 만들수도 있고 2번 명령창에 3을 입력하고 Enter를 치면 3번 그림처럼 높이 3mm의 입체가 만들어 진다.

# 11. 커브 편집 - (트림/커브 부울 연산)

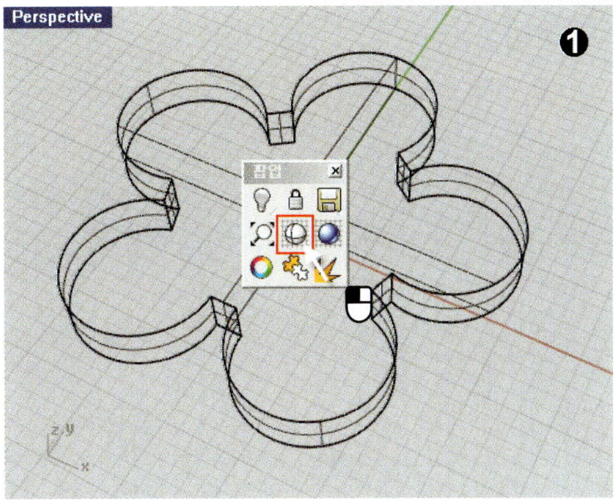

< STEP-15 >

(S-15) 입체가 만들어진 화면 모드를 보면 와이어 프레임 모드인데 이를 음영 모드로 바꾸기 위해서 1번 그림처럼 마우스의 가운데 휠 버튼을 누르면 팝업창이 뜨는데 이때 가운데의 표시된 아이콘을 클릭하면 2번 그림처럼 색이 입혀진 음영 모드 상태로 바뀐다.

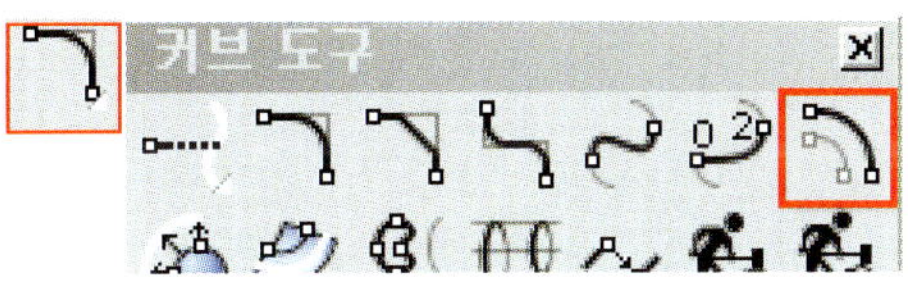


[ 간격띄우기 옵션에 따른 변화 ]

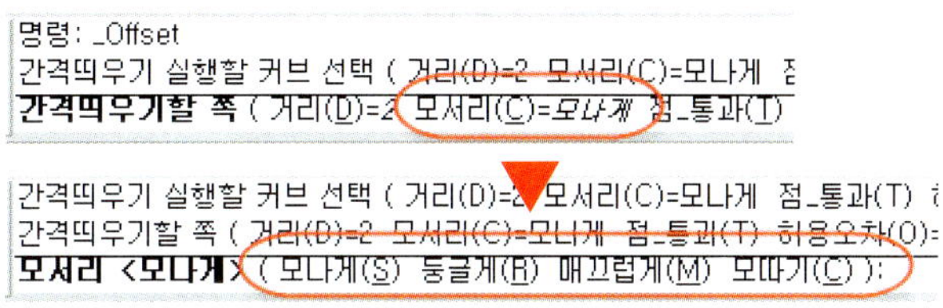


< 모나게 >

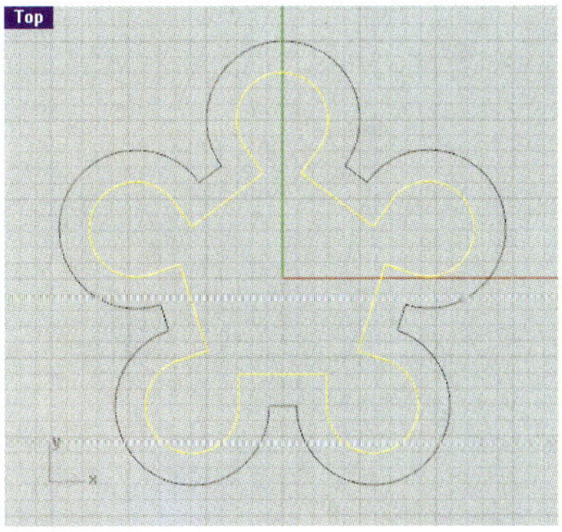


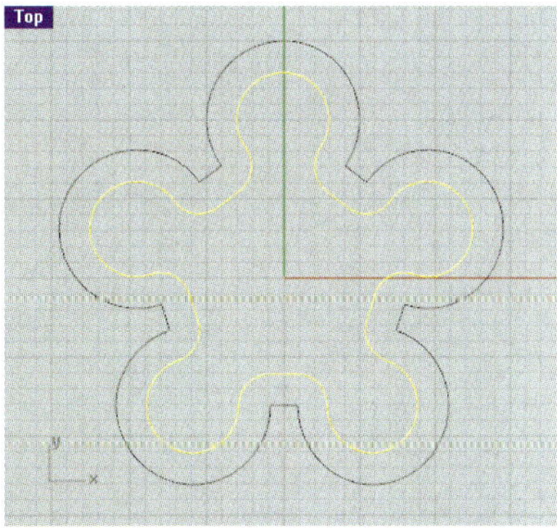


< 둥글게 >

< 매끄럽게 >

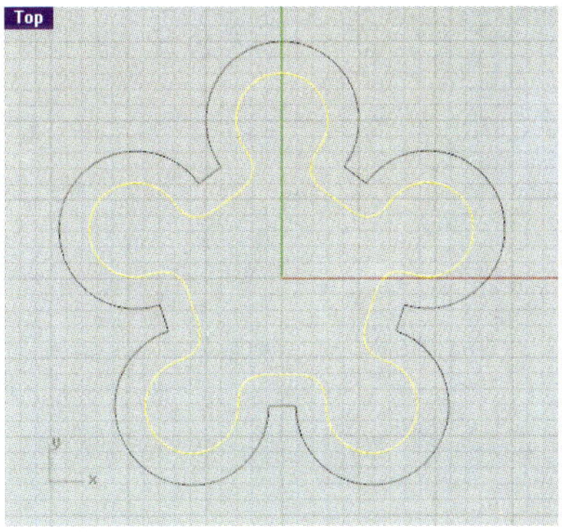


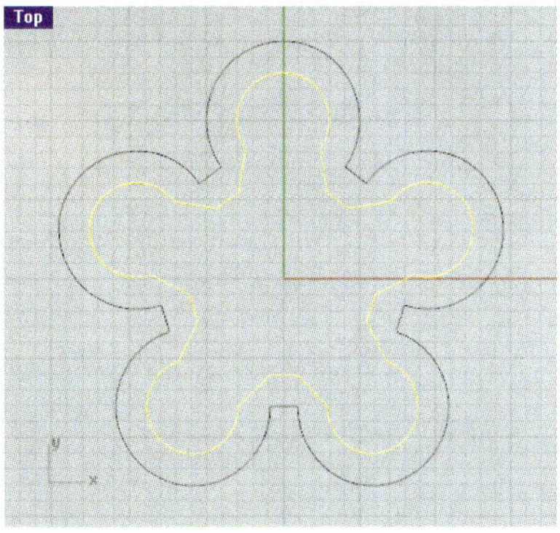


< 모따기 >

[ 이번에는 4.0에 새롭게 추가된 기능인 커브 부울 연산을 사용하는 과정이다. ]

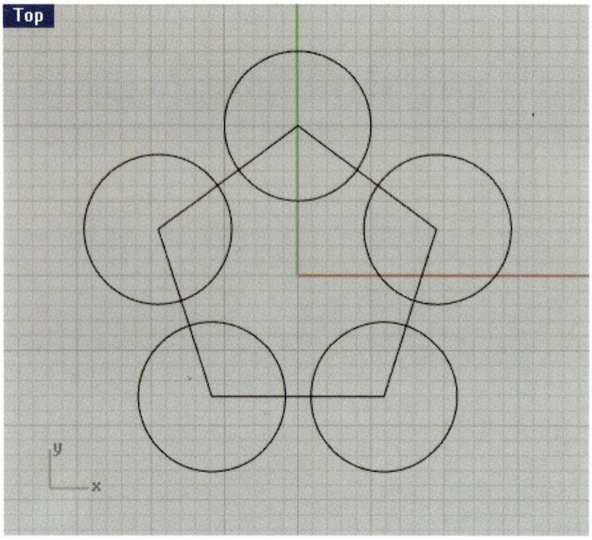


(S-16) 앞에서 한 작업을 참고로 그림과 같이 다시 커브를 그린다.

< STEP-16 >

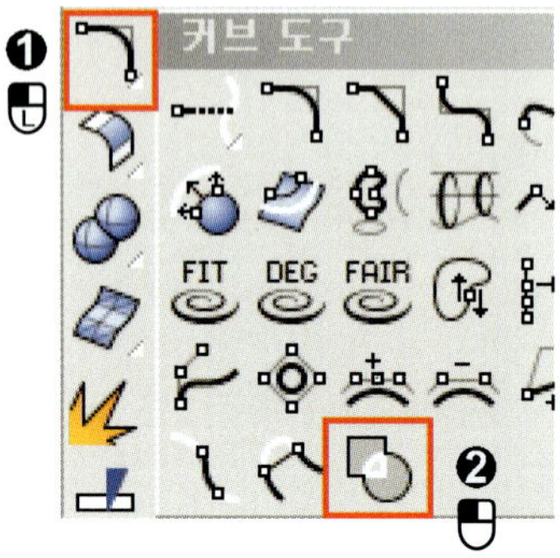


(S-17) 1번을 길게 클릭하고 2번 커브 부울 연산을 클릭한 다음 3번 그림처럼 클릭-드래그하여 커브 전체를 선택한 다음 Enter를 친다.

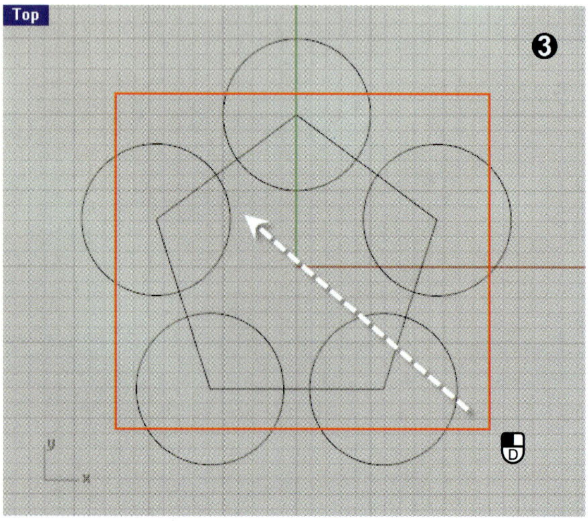


< STEP-17 >

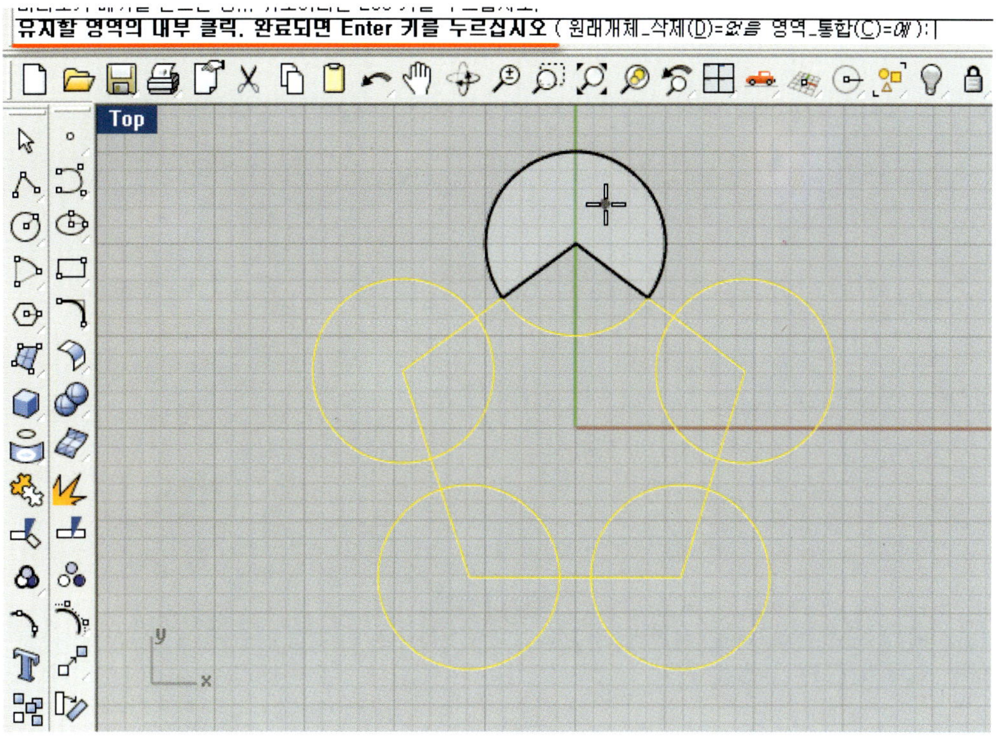


< STEP-18 >

(S-18) Enter를 치면 그림처럼 명령창이 나오는데 이때 다각형 내를 클릭해보면 영역 외형에 검정색 라인으로 커브가 만들어지게 된다.

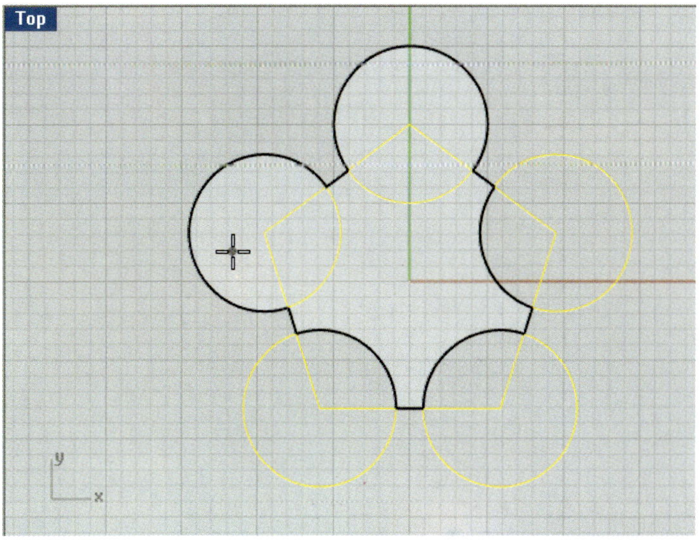


(S-19) 커브의 영역내부를 계속해서 클릭해 나가면 영역들이 합쳐지면서 외형에 커브를 만들어 준다.

< STEP-19 >

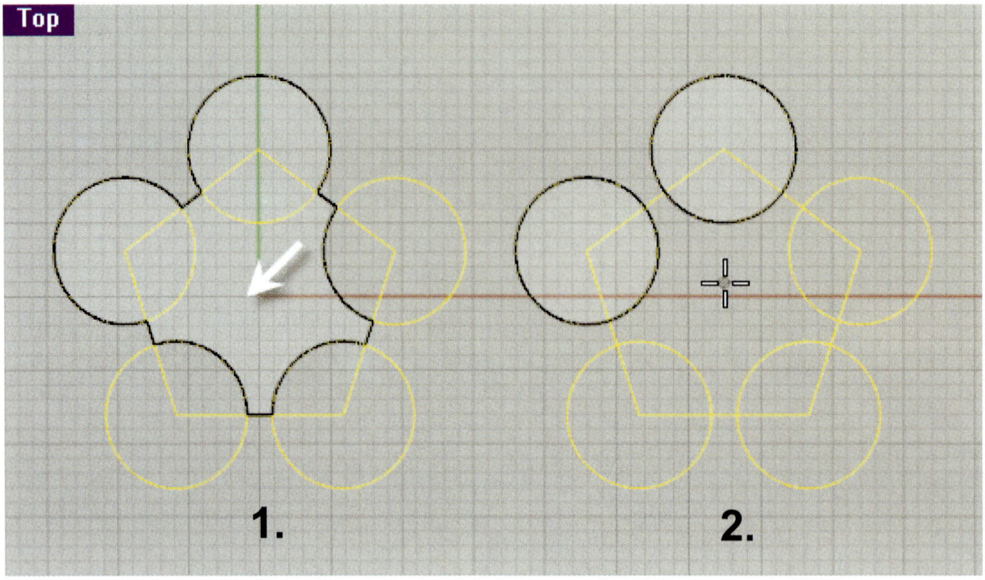


< STEP-20 >

(S-20) 영역 내부를 클릭해 가면서 위 -1 그림에 표시된 화살표 부분을 다시 클릭하면 -2 그림처럼 영역 선택이 해제가 된다.

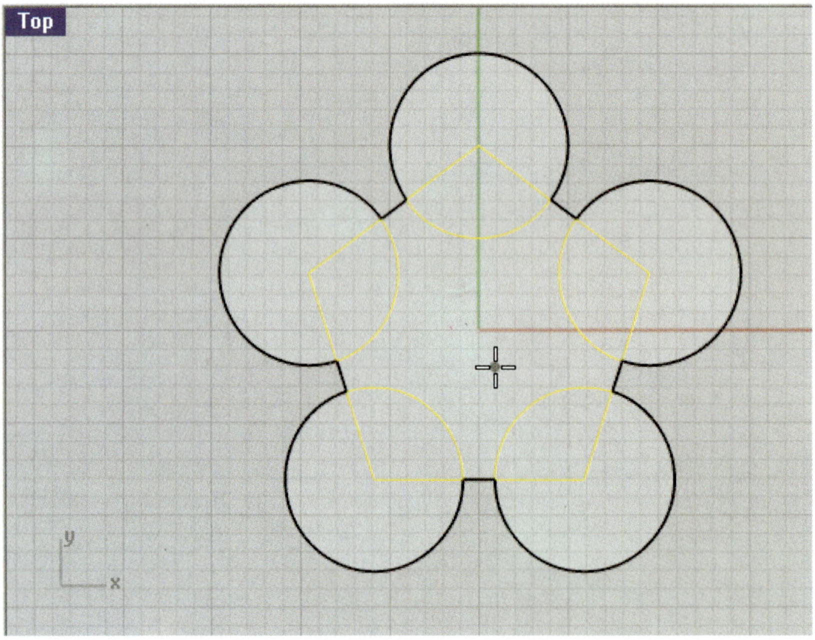


< STEP-21 >

(S-21) 이와 같은 방법을 이용해서 위 그림처럼 커브가 표현이 되면 Enter를 친다.

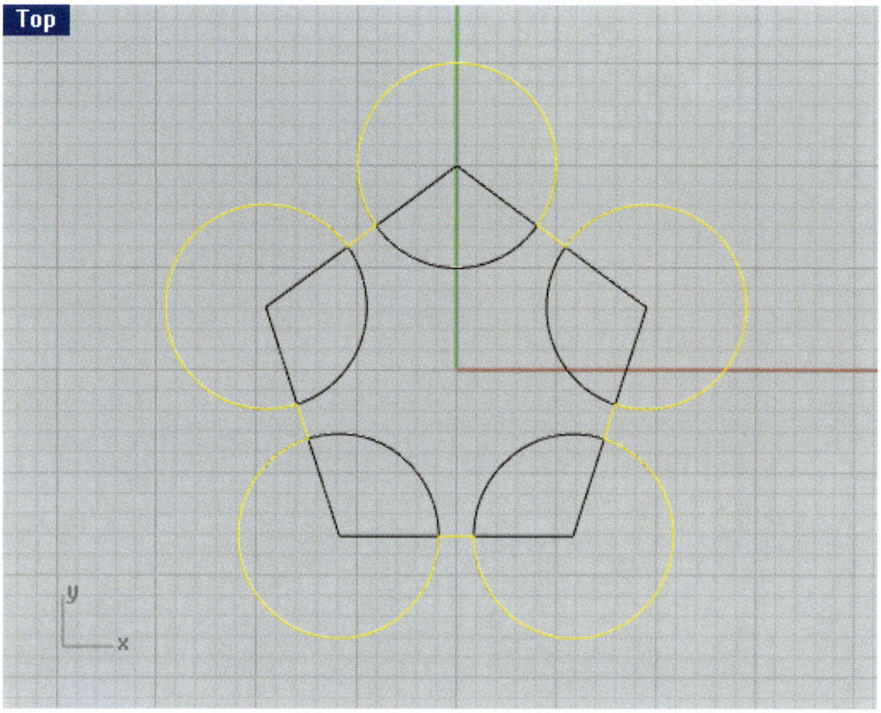


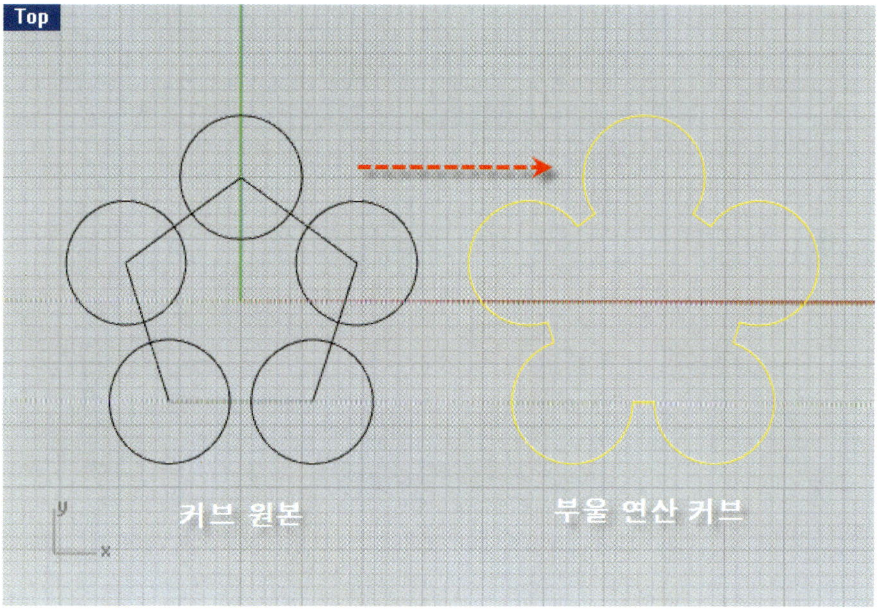


< STEP-22 >

(S-22) Enter를 치면 1번 그림처럼 외형에 커브가 만들어지게 되는데 이때 이동 명령으로 2번 그림처럼 이동시켜 보면 외형 커브가 만들어진 것을 알 수 있다. 이는 트림 명령과 달리 기존의 커브가 지워지지 않고 원하는 형태의 커브를 쉽게 편집 할 수 있다는 장점이 있다.

(명령창의 옵션에 따라 기존의 커브를 지울 수 있다.)

< STEP-23 >

(S-23) 위 그림은 기존의 커브를 가지고 커브 부울 연산을 이용해서 만든 커브들의 예를 보여준다.

# Rhino3D

## 12. 꽃 만들기

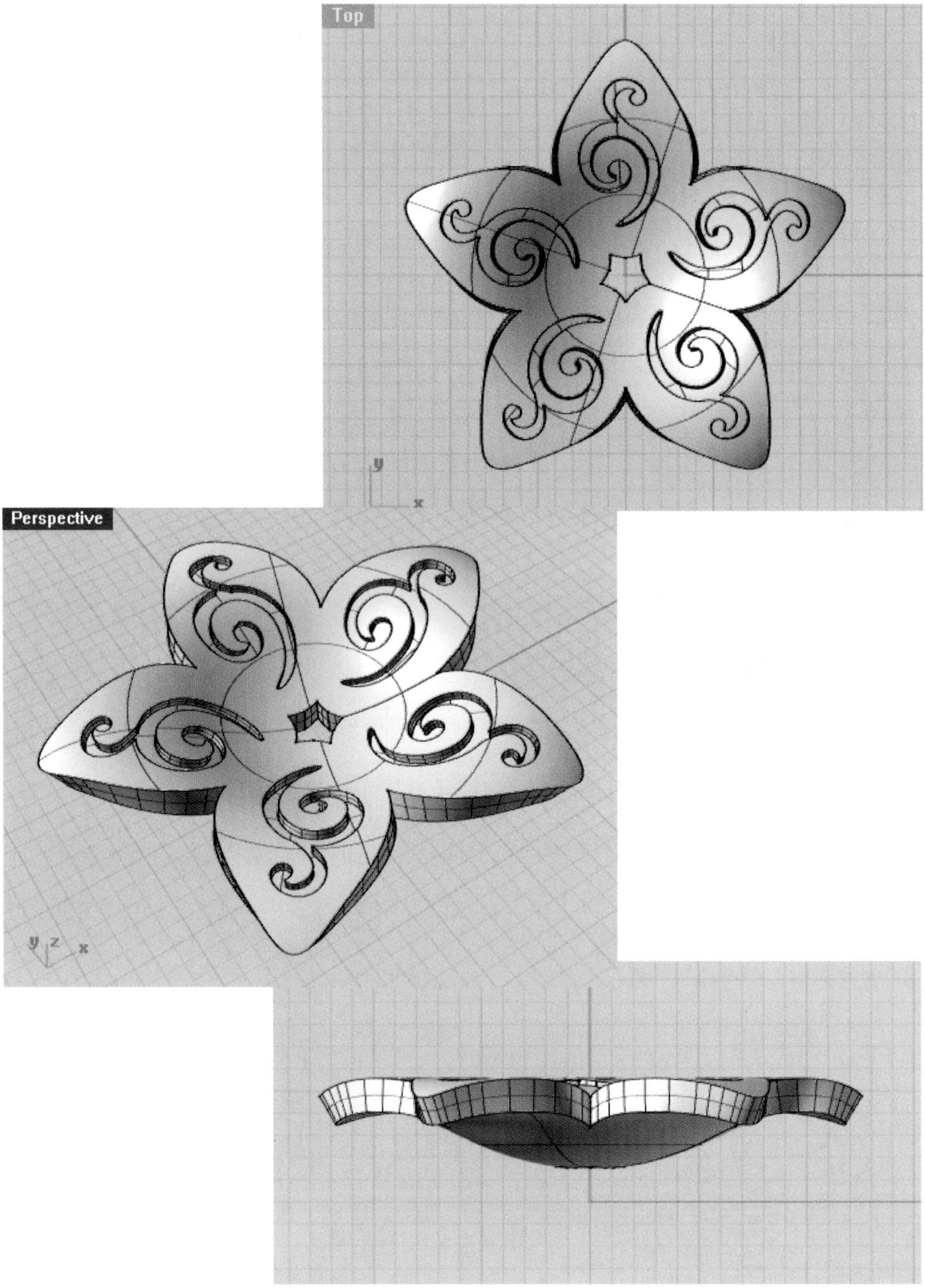
Top
Perspective

# 12. 꽃 만들기

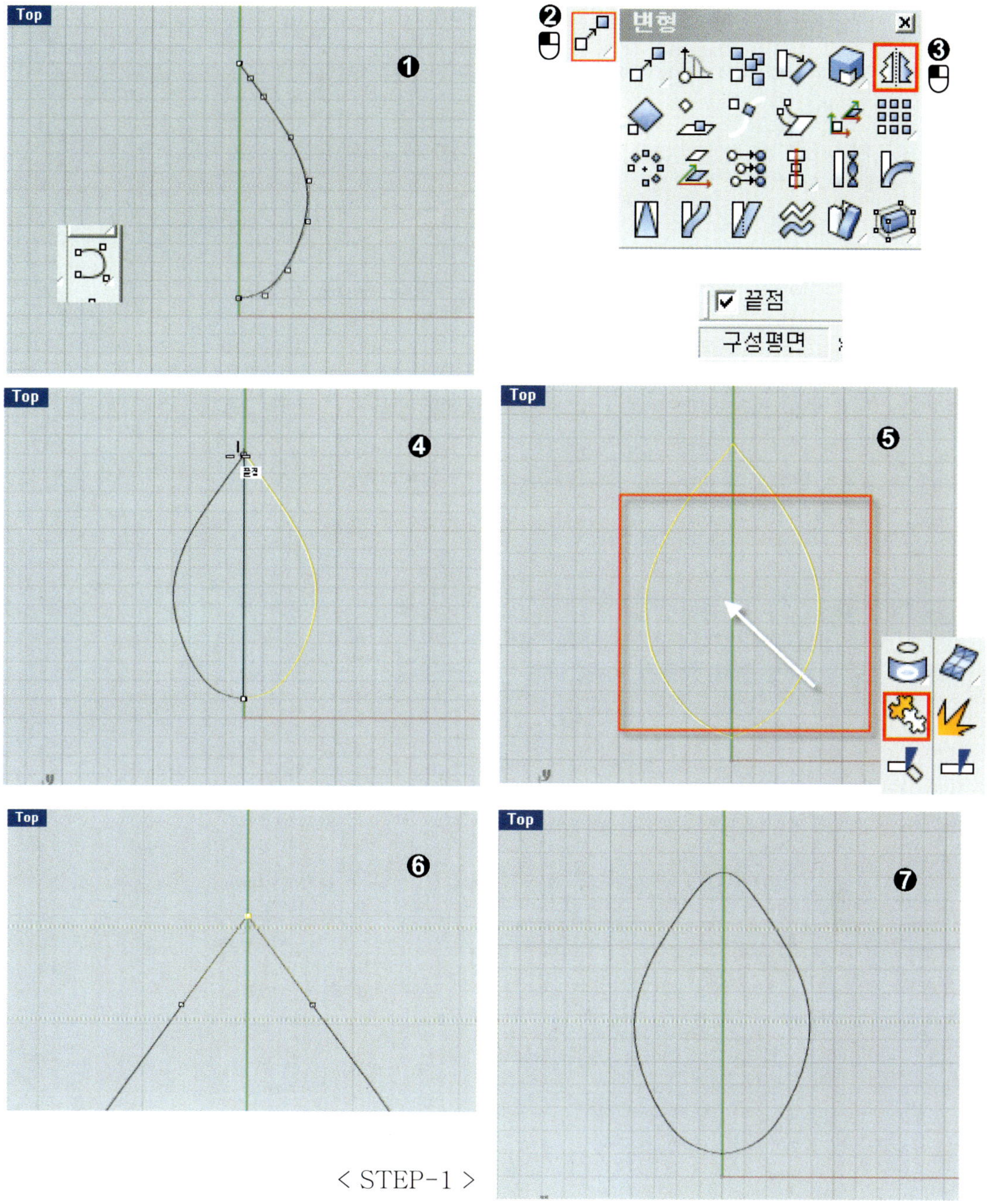


< STEP-1 >

(S-1) 제어점 커브를 클릭하고 1번과 같이 커브를 그린 후 2번 이동을 길게 선택하고 3번 미러를 클릭한후 하단의 끝점을 체크해서 4번 그림과 같이 완성한다. 5번그림처럼 전체 선택한후 결합을 시켜주고 킹크점을 지우기 위해서 F10을 누르고 제어점을 켠후 킹크점을 지워서 7번과 같은 커브를 완성시킨다.

* 킹크(Kink) - 킹크는 커브 상에서 뾰족한 점을 일컬으며, 두개의 커브가 결합(Join) 되면 그 점은 킹크(Kink)가 된다.

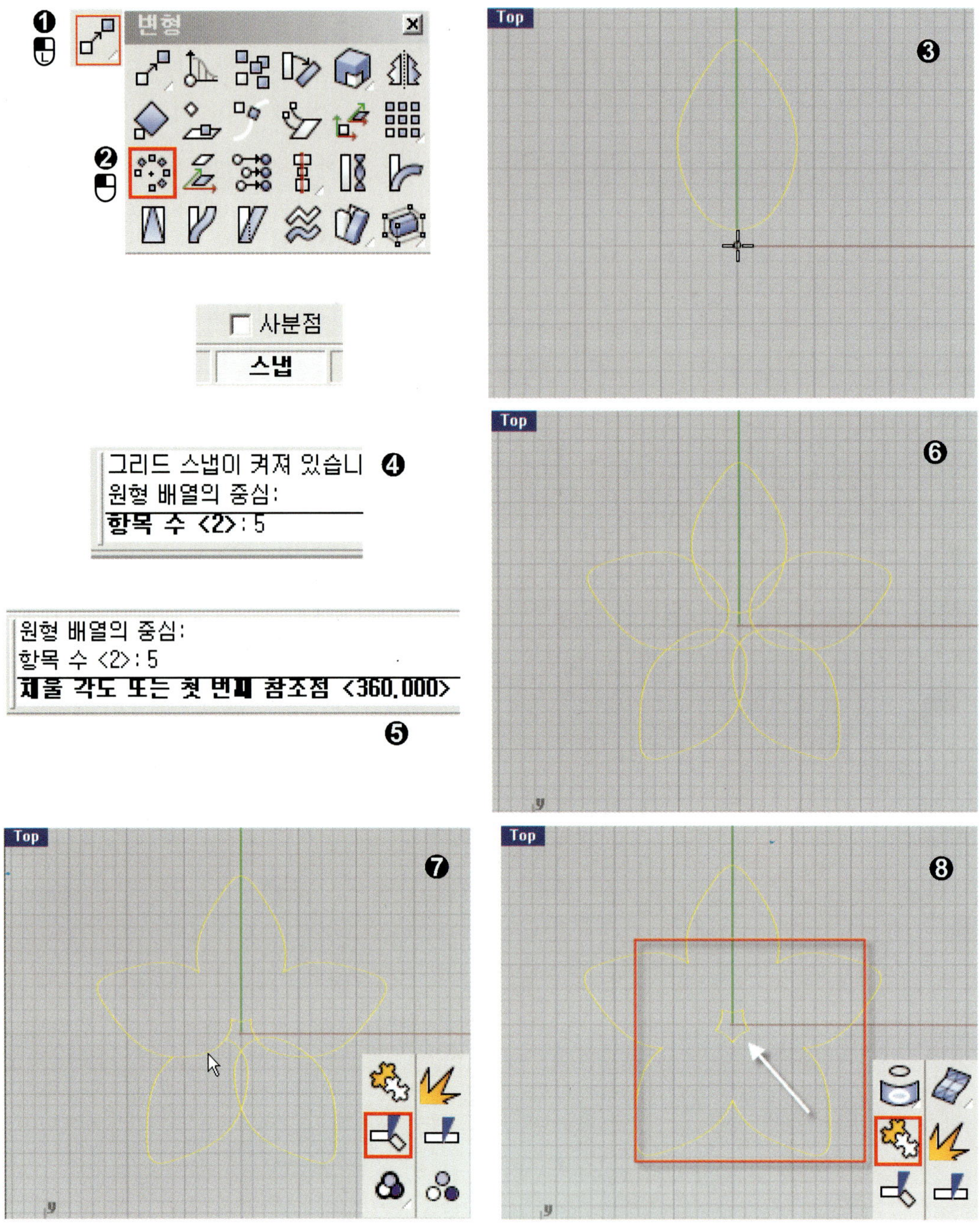


< STEP-2 >

(S-2) 1번을 길게 선택한 후 2번 원형배열을 클릭하고 하단의 스냅을 켠다. 3번 그림처럼 커브를 클릭하고 Enter를 친 후 좌표축의 중심점을 클릭하고 4번 명령창에 5를 입력하고 Enter를 친다. 그 다음 5번 그림에 360도를 확인하고 Enter를 치면 6번 그림처럼 된다. 그리고 전체 선택을 한 후 트림을 선택하고 7번 그림과 같이 겹쳐진 부분을 클릭해서 지워주고 8번 그림처럼 전체 선택을 한 후 커브를 결합시켜 완성한다.

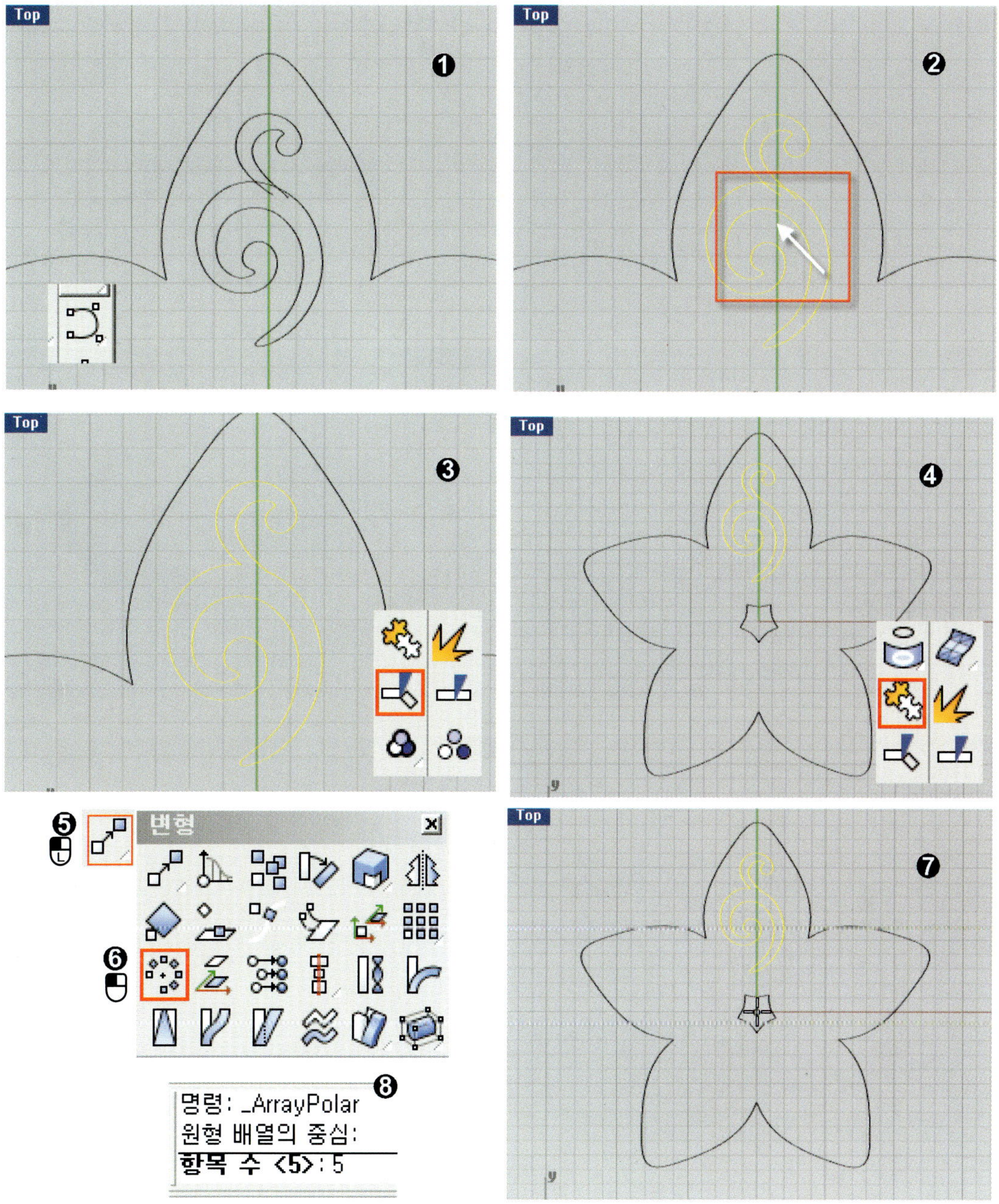


(S-3) 제어점 커브를 클릭해서 1번과 같이 당초무늬를 그린다. 그 다음 2번 전체 클릭해서 3번 트림으로 자른 후 4번 그림처럼 결합시킨다.
커브를 먼저 선택한 후 5번 이동을 길게 누르고 6번 원형배열을 클릭하고 하단의 스냅을 켠다. 좌표축의 중심점을 클릭한 후 8번 명령창에 5를 입력하고 Enter친다.

< STEP-3 >

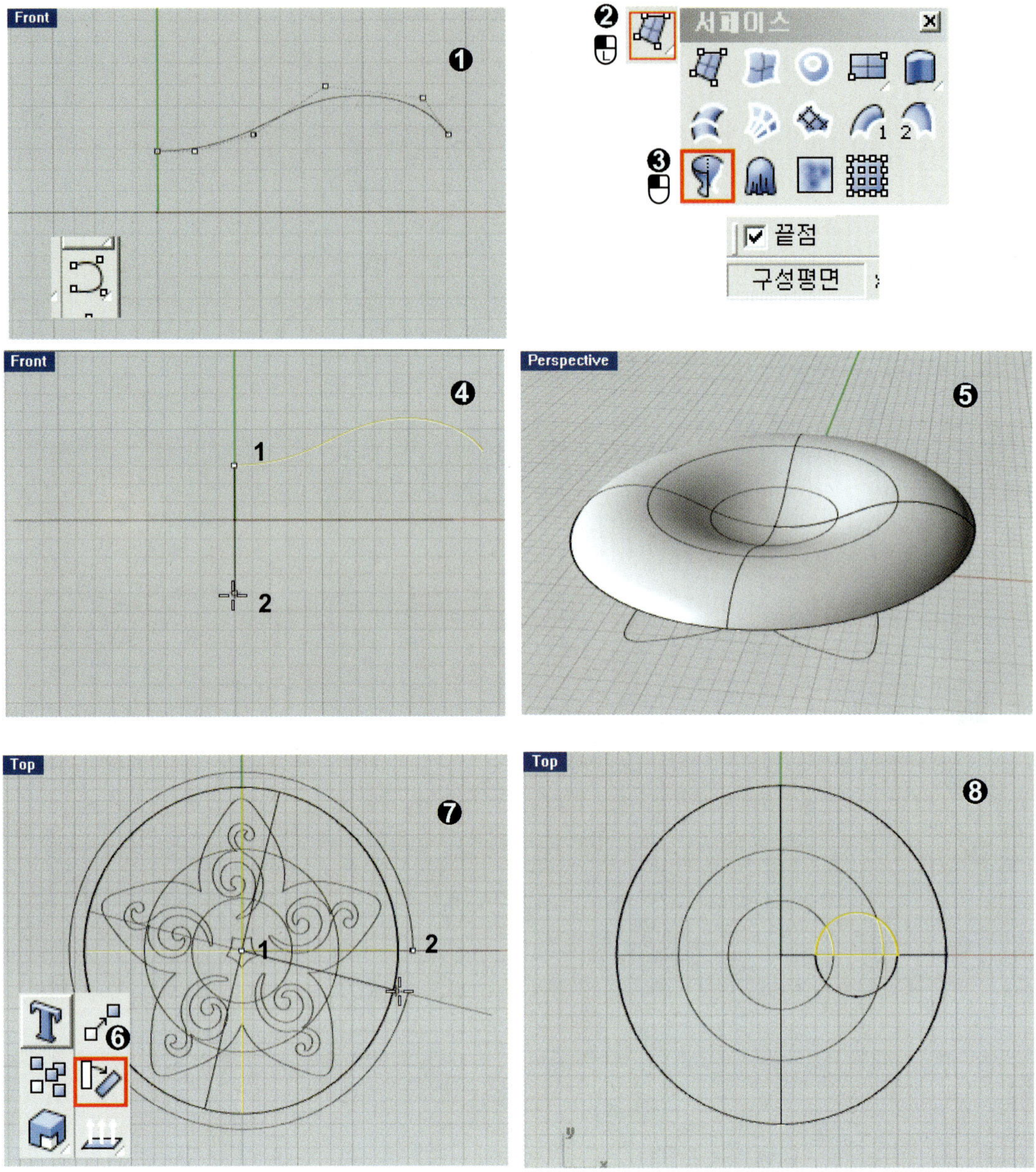


< STEP-4 >

(S-4) 제어점 커브를 클릭하고 Front에서 1번과 같이 커브를 그린다. 2번 서페이스를 길게 선택한 후 3번 회전을 클릭하고 하단의 끝점을 클릭한 후 4번 그림의 순서대로 클릭해서 시작각도가 0일 때 Enter를 치고 끝각도가 360도 일때 Enter를 쳐서 5번과 같이 완성한다.
6번 2D회전을 클릭하고 7번의 순서대로 클릭해서 이음새의 위치를 바꿔준다.
이음새의 위치를 바꿔주는 이유는 이음새가 위치한 곳을 잘랐을 때 8번과 같은 결과가 나오기 때문이다.

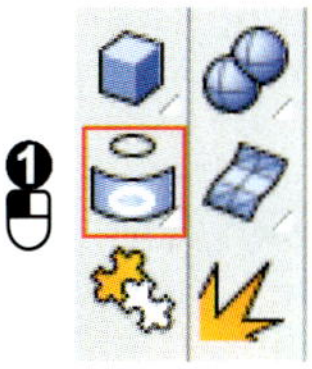

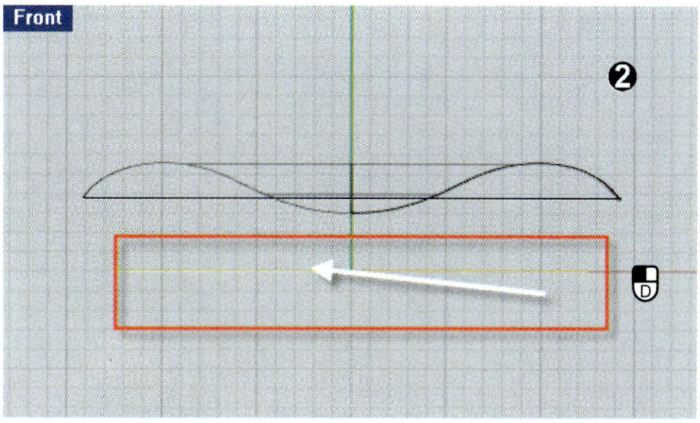


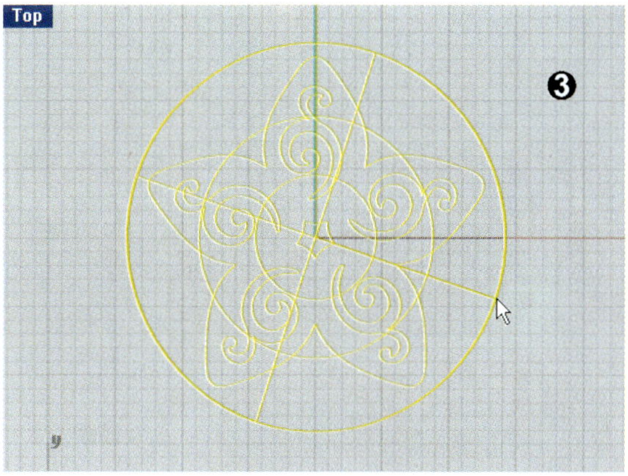


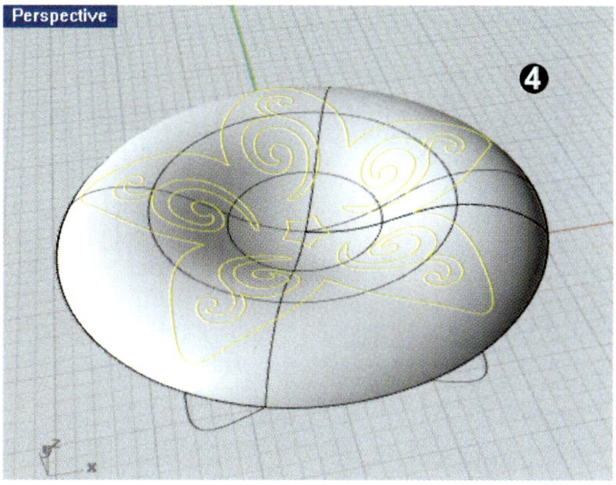


< STEP-5 >

(S-5) 1번 투영을 클릭하고 2번 그림과 같이 Front에서 커브만 선택하고 Enter친다. 그다음 3번 그림처럼 서페이스를 클릭 Enter치면 4번 그림과 같이 서페이스에 커브가 달라붙게 된다.

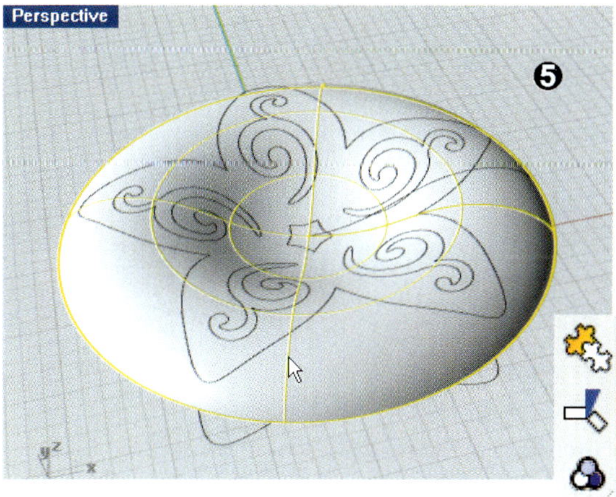

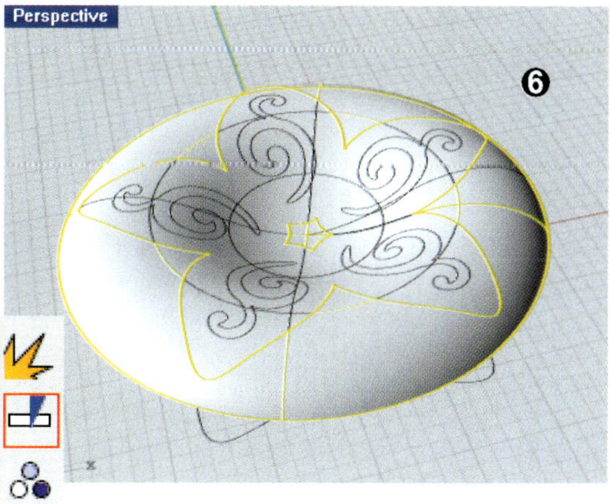


< STEP-6 >

(S-6) 5번 서페이스를 먼저 클릭한 후 분할을 클릭하고 6번과 같이 꽃형태의 커브 두개만 클릭하고 Enter친다.

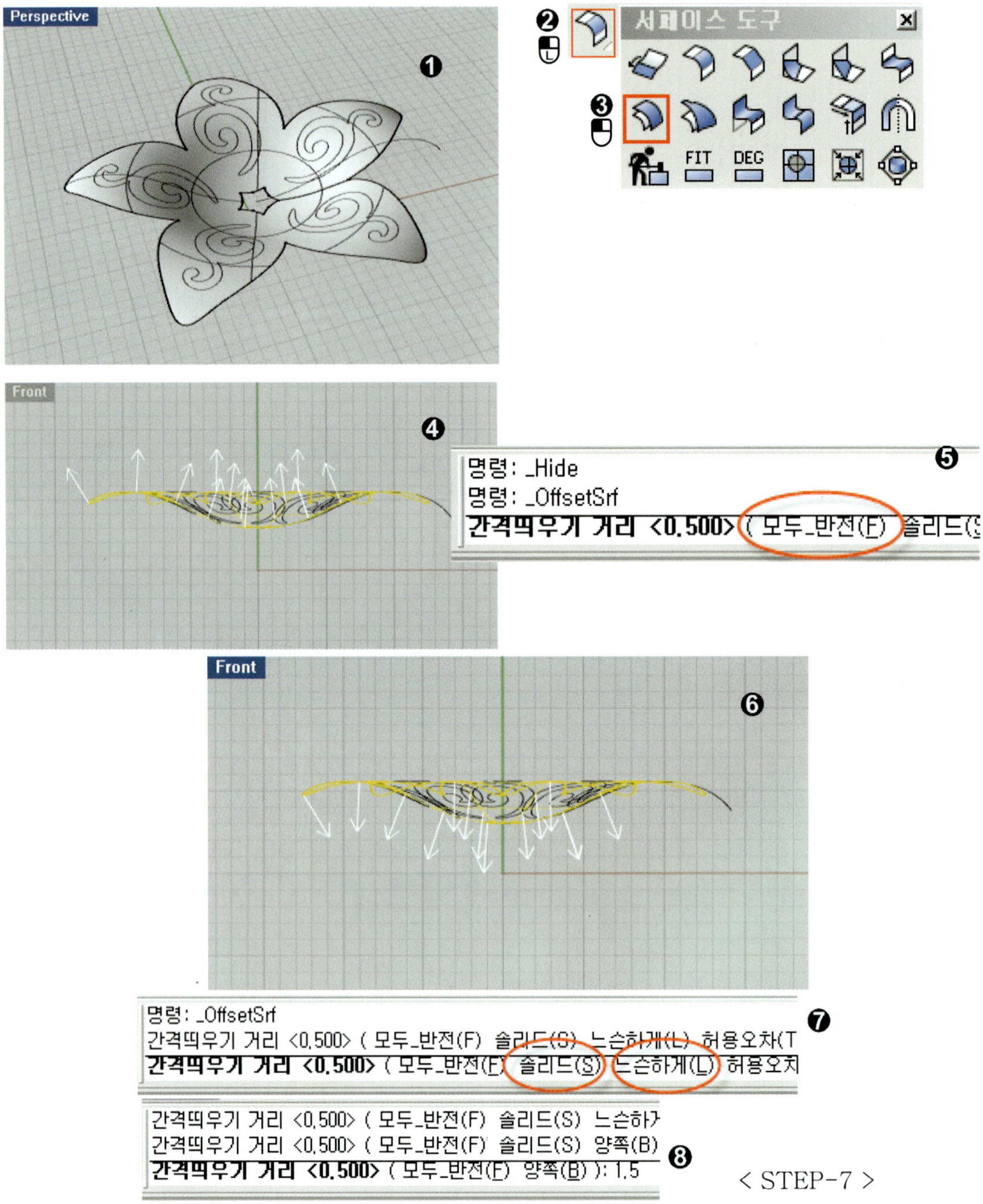


< STEP-7 >

(S-7) STEP-6에서 분할 한 후 서페이스를 Delete해서 1번과 같이 완성시킨다. 2번 서페이스 필렛을 길게 선택한 후 3번 서페이스 간격띄우기를 클릭하고 서페이를 클릭하면 4번과 같이 화살표 방향이 위로 생기는데 이대로 클릭하게 되면 위로 면이 만들어지기 때문에 명령창에 5번과 같이 모두 반전을 클릭해주면 6번과 같이 화살표 방향이 바뀌는 것을 알 수 있다. 그 다음 명령창에 7번과 같이 솔리드와 느슨하게를 클릭해주고 Enter친다.
그리고 8번 그림처럼 거리값을 입력 Enter친다.

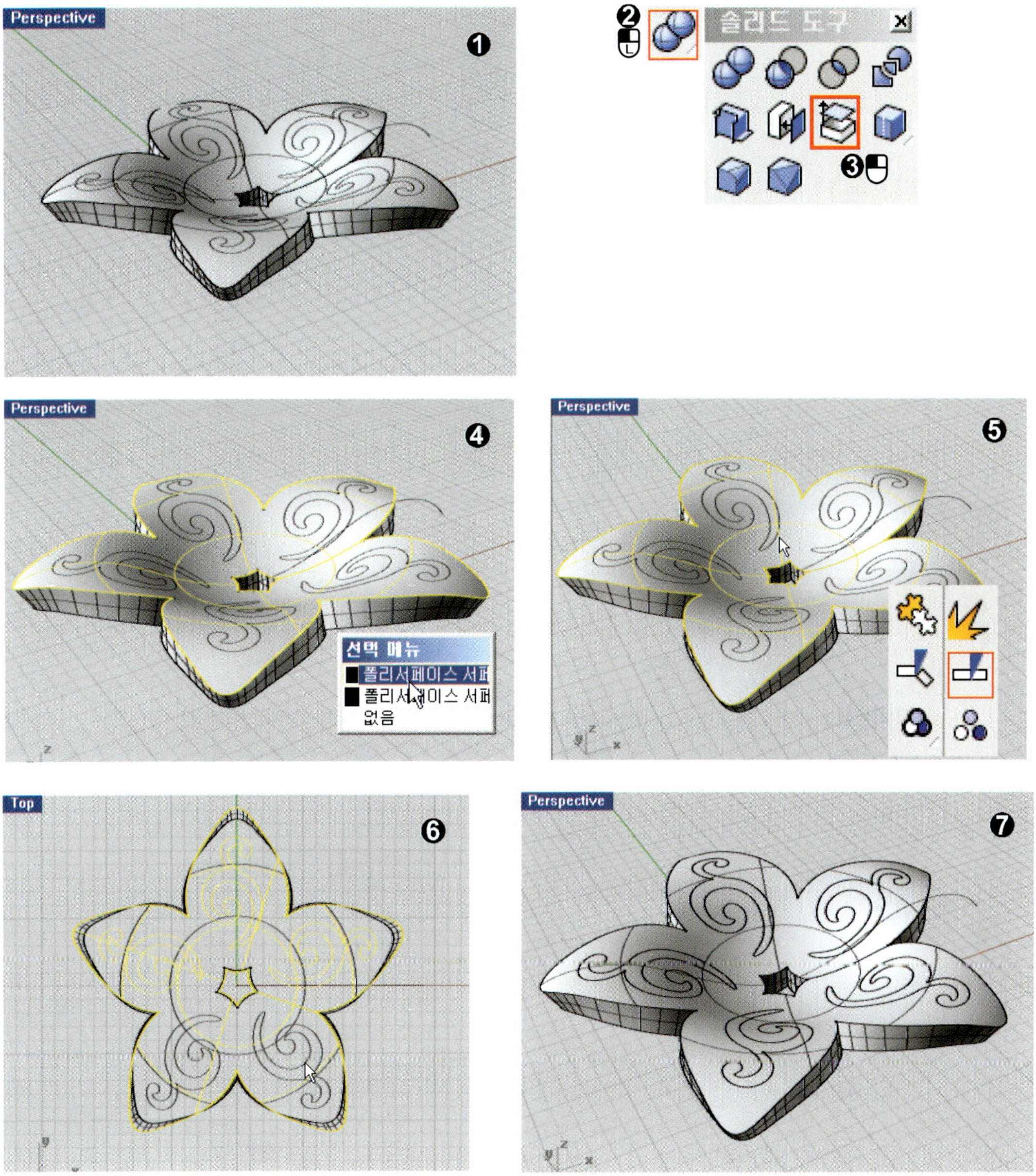


< STEP-8 >

(S-8) STEP-7에서 만들어진 1번 솔리드에서 문양의 음각표현을 하기 위해서 2번 부울 합집합을 길게 선택한 후 3번 서페이스 추출을 클릭하고 4번 그림처럼 윗면을 클릭하고 Enter친다. 문양을 잘라주기 위해서 5번 그림처럼 추출한 서페이스를 먼저 클릭하고 분할을 클릭한후 6번 그림과 같이 문양을 선택하고 Enter쳐서 7번과 같이 완성한다.

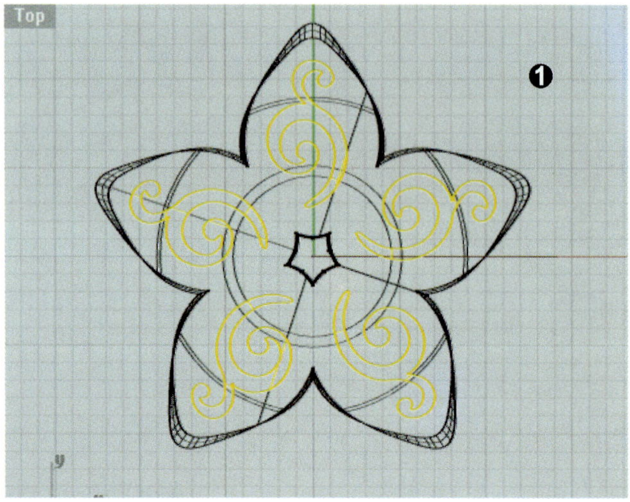

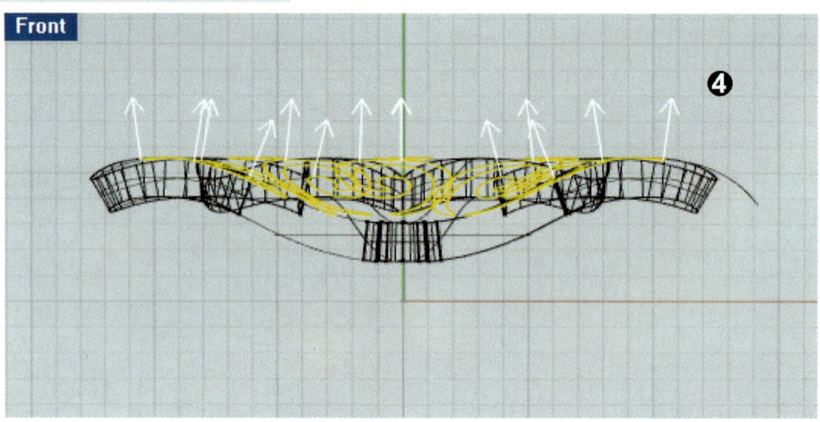


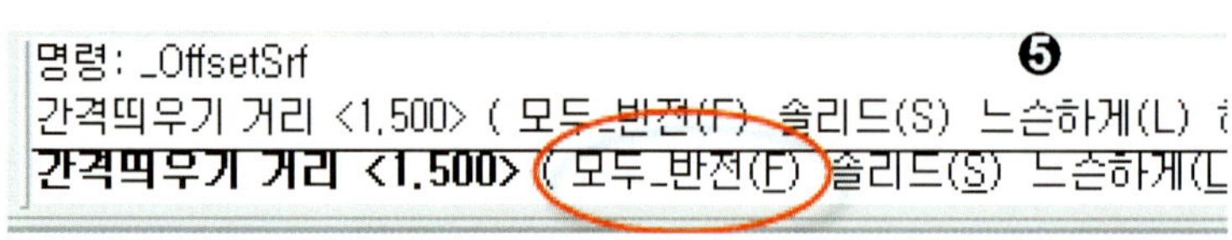


< STEP-9 >

(S-9) STEP-8에서 자른 문양 서페이스를 클릭한다. 이때 Shift키를 누르면 중복선택을 할 수 있다. 2번 서페이스 필렛을 길게 선택 한 후 3번 서페이스 간격띄우기를 클릭하면 4번과 같이 화살표 방향이 위로 향하게 된다. 화살표 방향이 위로 가게 실행을 하면 서페이스가 위로 만들어지기 때문에 5번 명령창에 모두 반전을 클릭해서 화살표가 아래쪽으로 향하게 만든다.

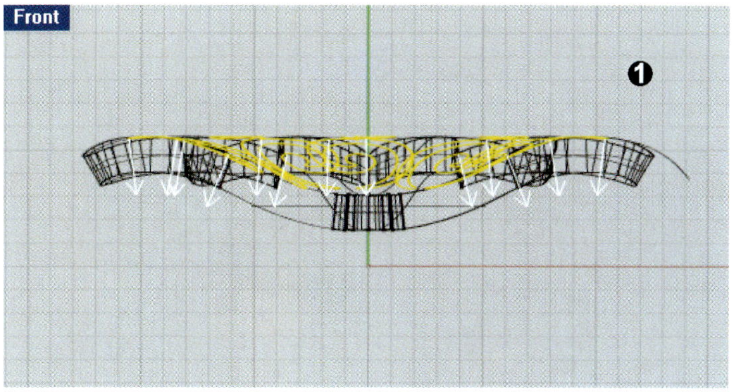


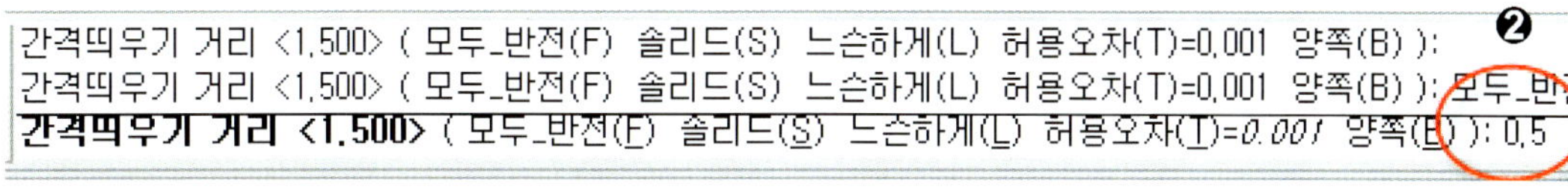

< STEP-10 >

(S-10) STEP-9에서 모두반전을 해서 1번과 같이 방향성을 바꿔주고 2번 명령창에 음각 처리할 깊이 값 0.5를 입력한다. 음영으로 보면 3번 그림처럼 간격띄우기를 한 것이 보이지 않지만 고스트 모드로 보면 4번 그림처럼 아래쪽으로 서페이스가 만들어졌다는 것을 알 수 있다.

위에 있는 서페이스를 지워서 그림과 같이 완성시킨다.

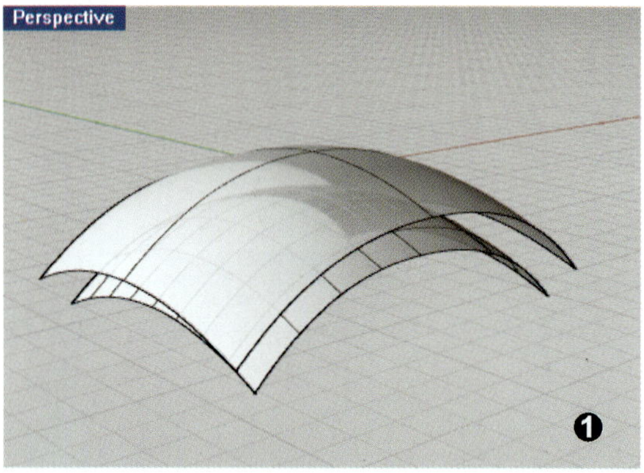


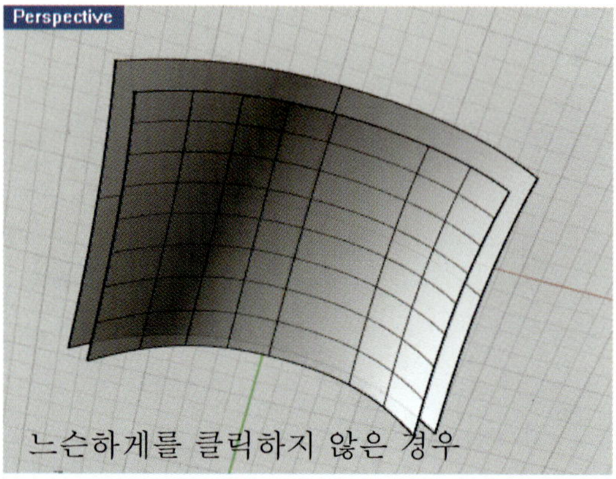


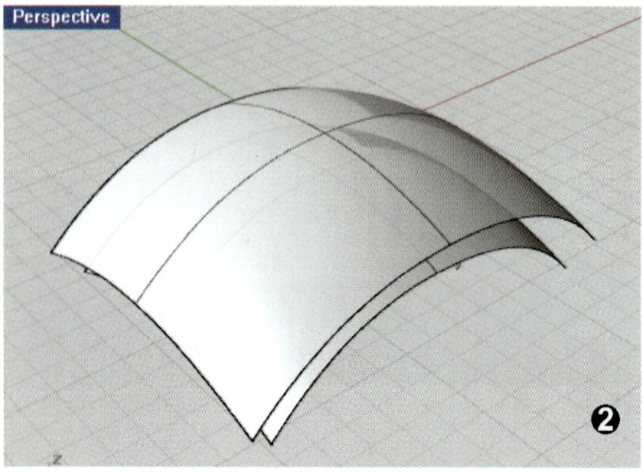


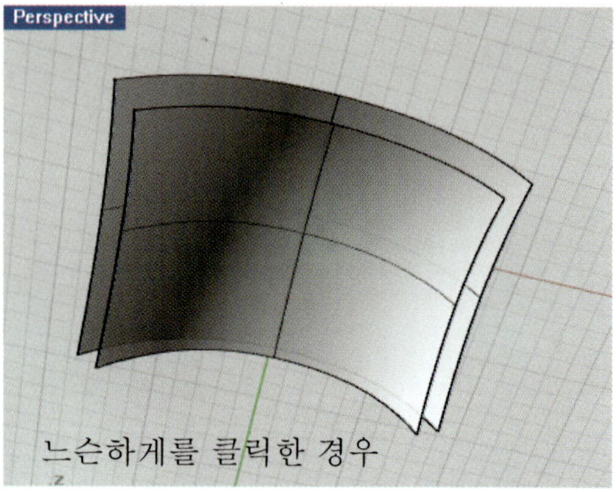


1번, 2번 그림은 앞에서 사용했던 서페이스 간격띄우기에서 명령창의 느슨하게를 클릭, 클릭하지 않느냐에 따라서 달리 만들어지는 것을 보여주는 예이다.

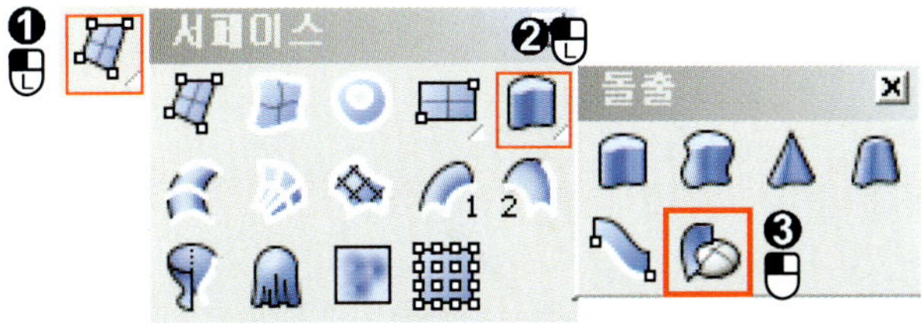

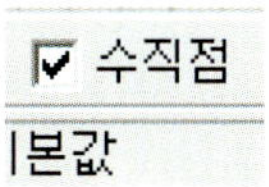

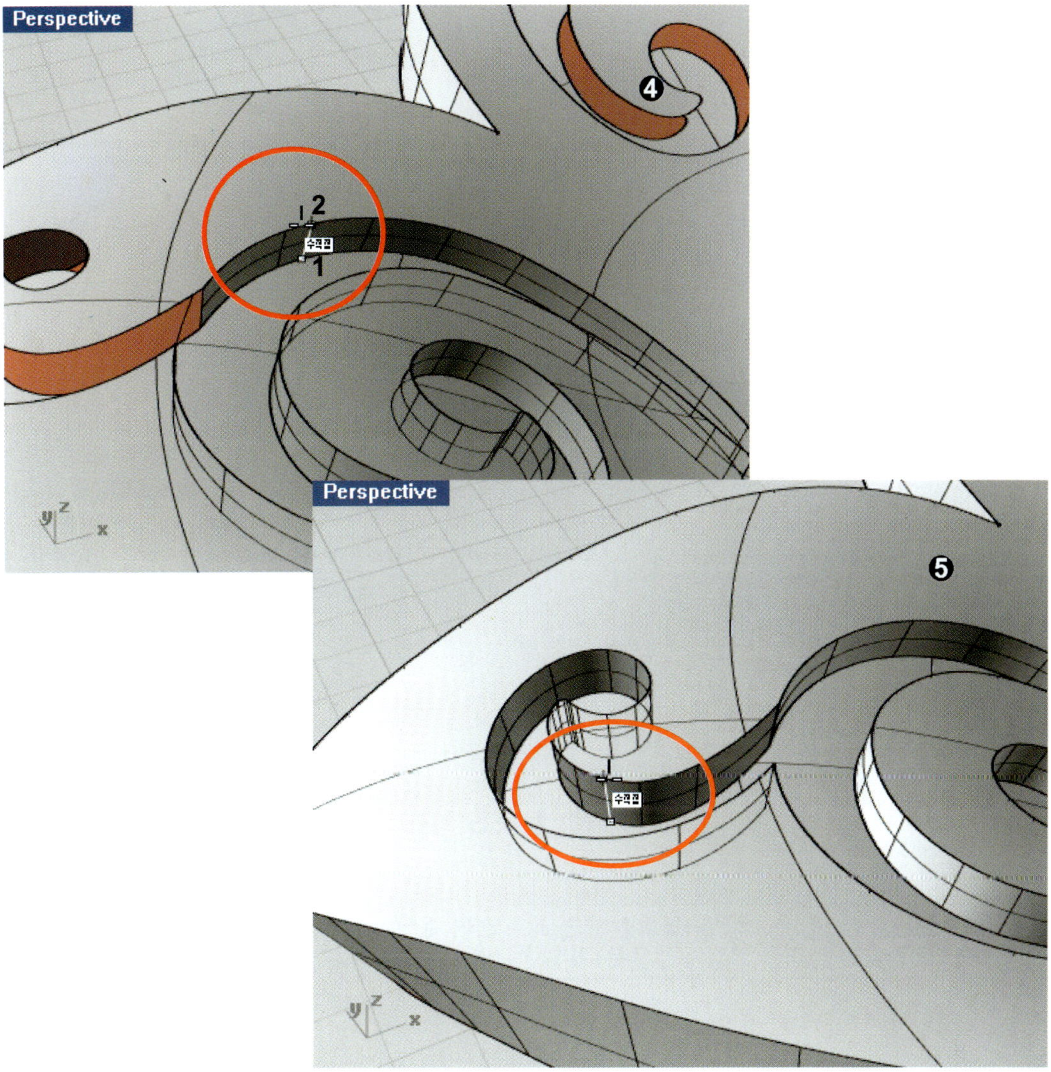

< STEP-11 >

(S-11) 1번 서페이스를 길게 선택한 후 2번 직선돌출을 길게 선택하고 3번 서페이스 법선 방향으로 커브 돌출을 클릭한후 하단의 수직점을 체크한다.
4번 그림의 순서대로 클릭해서 수직점을 잡아서 클릭한 후 Enter친다. 같은 방법으로 차례대로 서페이스를 완성시킨다.

< STEP-12 >

(S-12) STEP-11에서 한 방법으로 열린 면이 없도록 1번 그림처럼 완성시킨다. 그다음 2번그림처럼 전체를 선택한 다음 결합한다.
3번 방향분석을 길게 선택한 후 4번 가장자리 표시를 클릭하고 개체를 클릭하면 5번과 같은 창이 뜬다
명령창에 떨어진 가장자리가 없음이 나오면 RP로 제작하는데 문제가 없다.
이때 열린 가장자리가 있으면 5번 옵션 명령창에 나타나져있는 색으로 표시 되어진다.

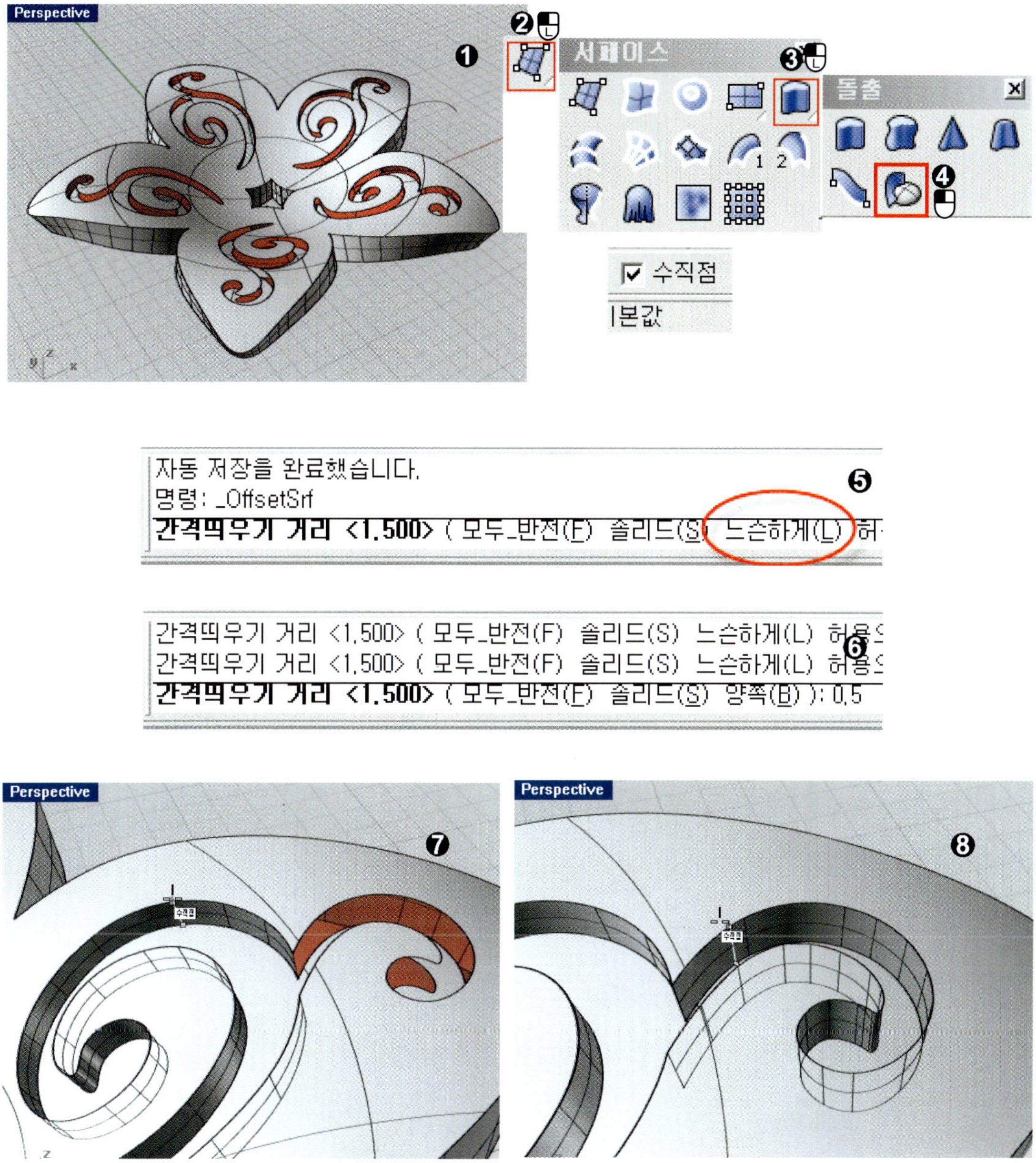


< STEP-13 >

(S-13) 서페이스 간격띄우기의 명령창에 느슨하게를 클릭해서 비교해보고자 한다. 1번 그림처럼 작업후 2, 3, 4번을 클릭하고 5번 명령창에 느슨하게를 클릭한 후 앞에서 작업한 것과 같이 수직점을 잡아서 서페이스를 만들어서 8번과 같이 완성시킨다

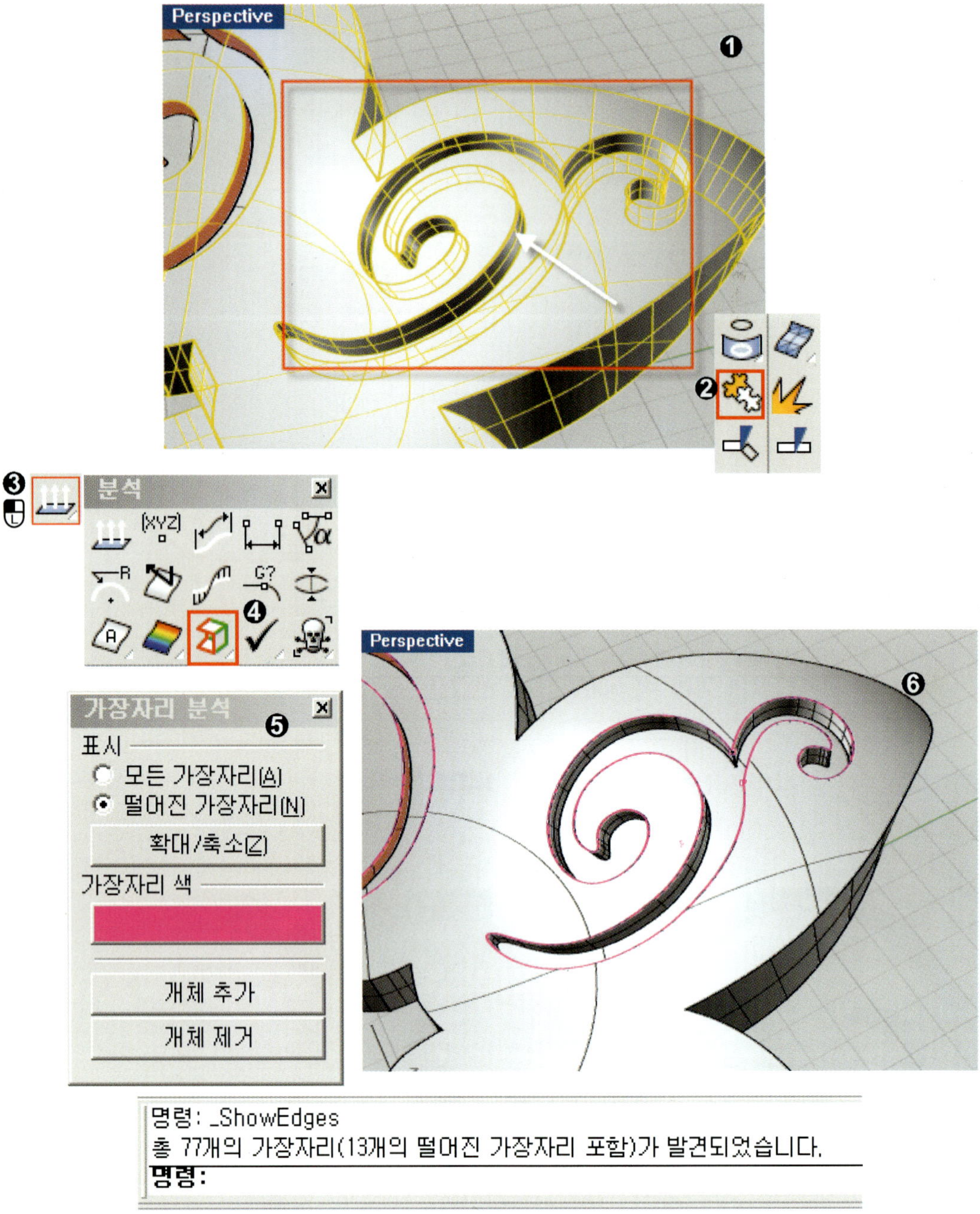


< STEP-14 >

(S-14) 1번과 같이 전체 선택을 한 후 2번 결합을 클릭한다. 3번 방향분석을 길게 누른 후 4번 가장자리 표시를 클릭하고 개체를 선택해서 보면 6번과 같이 결합이 되지 않은 것을 알 수 있고 명령창을 보면 열린 가장자리 갯수가 표시가 된다. 그래서 느슨하게를 누르면 서페이스 법선방향으로 커브 돌출을 사용 할 수가 없고, 2rail을 이용해서 옆면을 만들어야 한다

**Rhino3D**

# 13. 하트 펜던트 만들기

# 13. 하트 펜던트 만들기

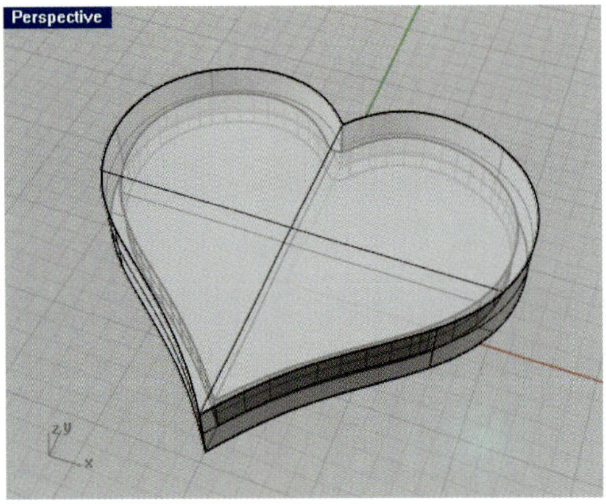
Perspective

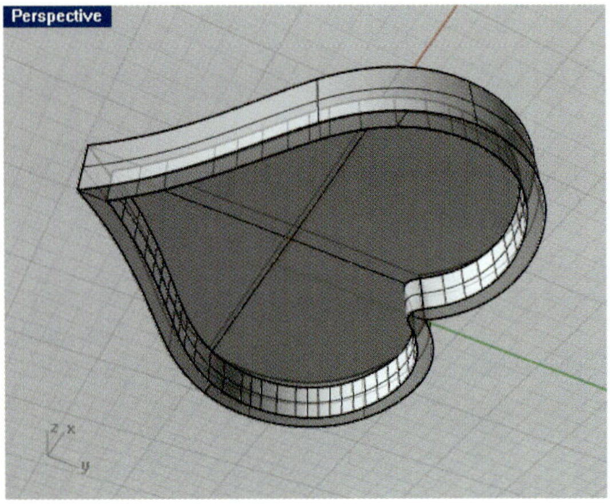
Perspective

Perspective

Perspective

Perspective

# 13. 하트 펜던트 만들기

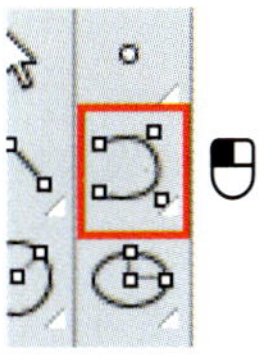

< STEP-1 >

(S-1) 하트를 그리기위해 좌측 메인툴바의 제어점 커브를 클릭한다.

< STEP-2 >

(S-2) 정확하게 절반의 하트를 그리기 위해 화면 하단의 스냅을 클릭해서 활성화한다.

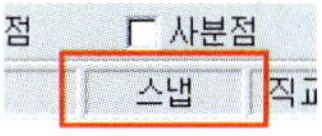


(스냅-off)

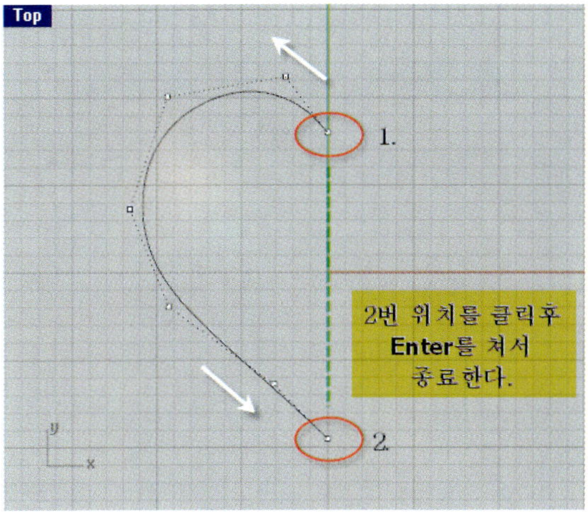


< STEP-3 >

(S-3) 왼쪽 그림의 번호순으로 클릭해서 그려 나가는데 1번과 2번 위치를 클릭 할때는 하단의 스냅을 켜서 그리고 나머지 위치는 스냅을 끄고 그려야 자유롭게 그려 나갈 수 있다.
1,2번의 위치는 녹색(Y축) 그리드에 수직으로 일치시켜서 그린다.

[스냅은 키보드 F9를 눌러도 되는데 누를때마다 on /off 할수 있다. ]

[그린 커브를 선택후 F10을 눌러 제어점을 켜서 수정을 하는데 크기는 대략 이와 비슷하게 눈금을 보고 조정한다.]

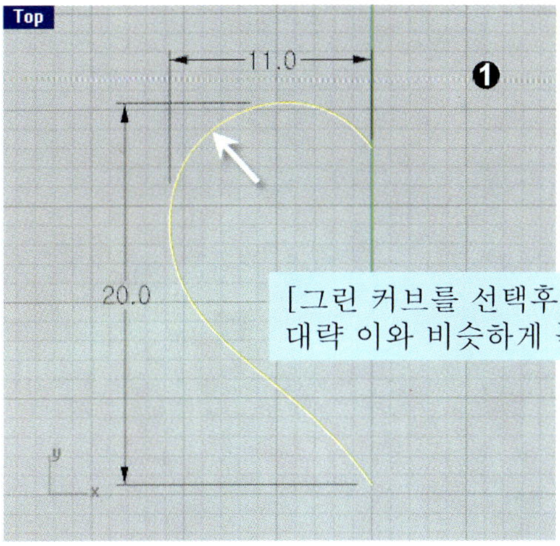


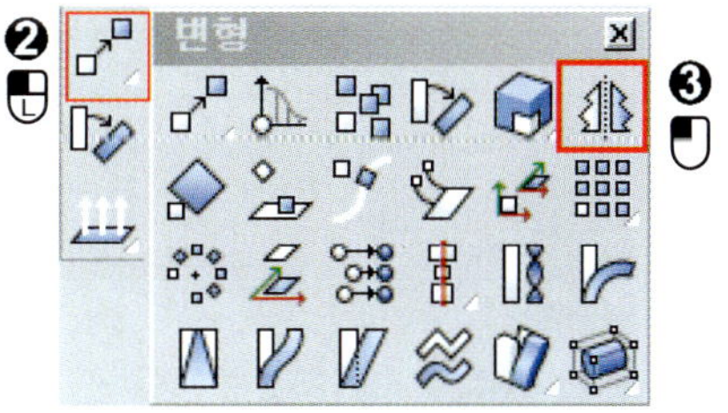


[그린 커브를 선택후 F10을 눌러 제어점을 켜서 수정을 하는데 크기는 대략 이와 비슷하게 눈금을 보고 조정한다.]

(S-4) 그려진 하트 커브를 클릭하고 좌측 메인툴바에서 2번 이동을 길게 클릭하고 3번 미러를 클릭한다.

< STEP-4 >

< STEP-5 >

(S-5) 미러를 클릭한 다음 화면 하단 우측에 히스토리를 클릭해 활성화한다. 이는 새로 추가된 기능 히스토리를 이용해 좌우 커브를 동시에 수정하기 위해서이다.

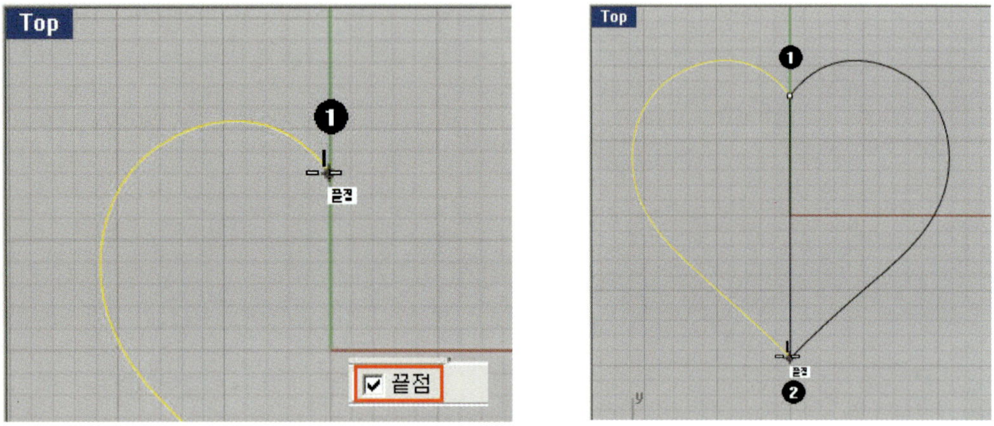


< STEP-6 >

(S-6) 그려진 커브는 스냅을 켜서 그렸기 때문에 1번 끝부분 선택에 문제가 없으나 스냅이 꺼진 상태로 그려졌다고 한다면 화면 하단의 개체스냅중 끝점을 체크하고 마우스 커서를 근처로 가져가야 위 그림처럼 나타나며 번호 순서대로 클릭하면 정확하게 끝점이 연결이 되어 두 커브를 결합할 수 있게 된다.

[개체스냅을 전체적으로 사용하지 않을때 ]

[개체스냅을 전체적으로 사용할때 ]

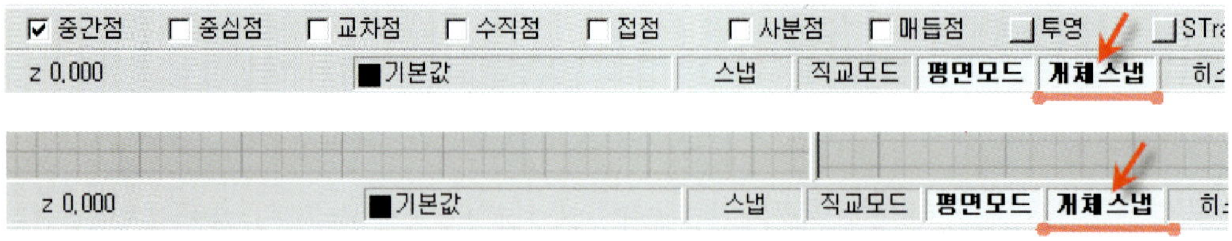


[하단 우측 개체스냅을 클릭하면 개체스냅창을 on / off 할 수 있다.]

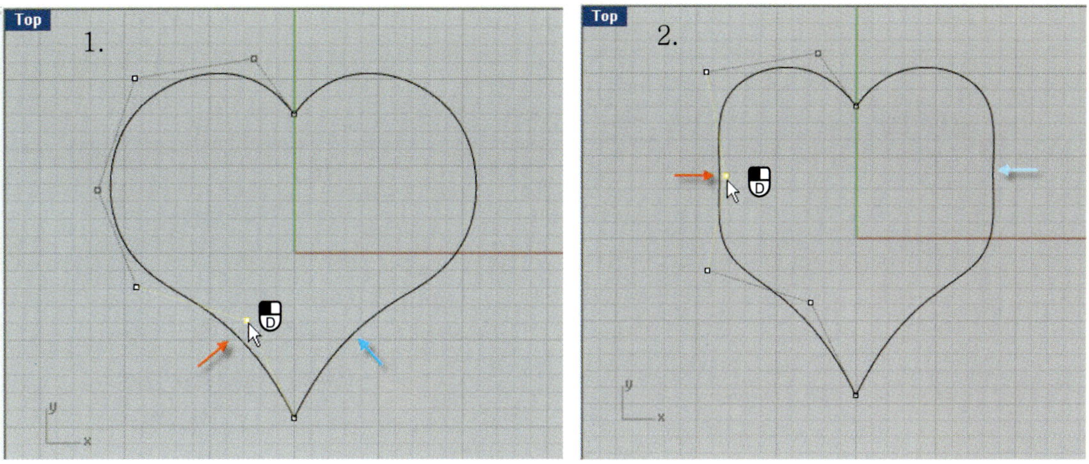


< STEP-7 >

(S-7) 커브를 수정하기 위해 선택 후 키보드 F10을 누른 다음 제어점을 켜서 움직여 보면 우측의 커브도 같이 변형된다. 히스토리는 4.0에 새로 추가된 기능으로 미러에 적용을 하면 좌우가 동시에 변형이 된다.

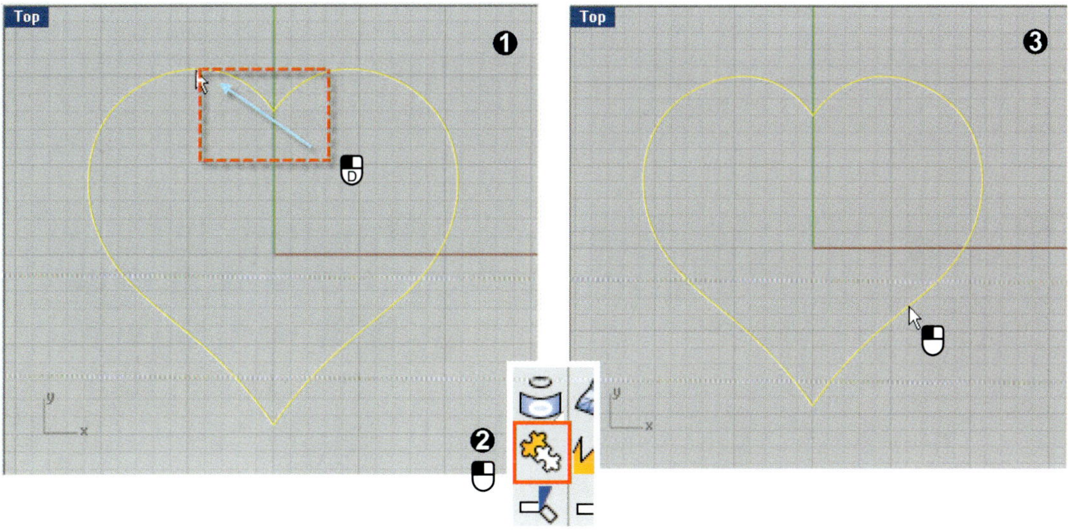


< STEP-8 >

(S-8) 수정이 끝나면 F11을 눌러 제어점을 끈 다음 1번 그림처럼 클릭-드래그하여 선택한 다음 2번 결합을 클릭하여 3번처럼 하나의 커브로 만든다.

* 명령창에 History를 치고 F1 키를 누르면 아래와 같이 적용할 수 있는 명령어들을 알 수 있다.

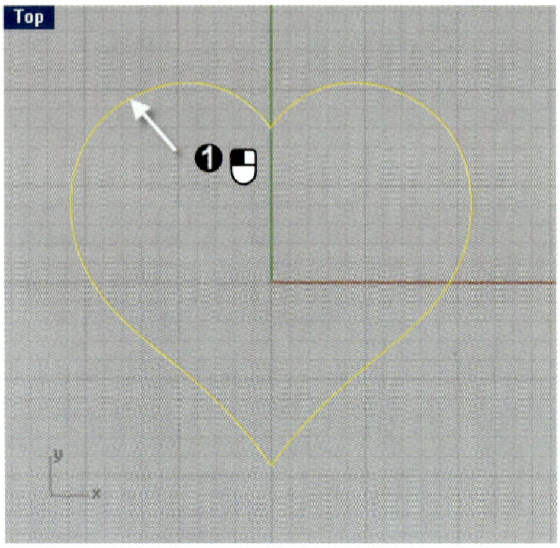


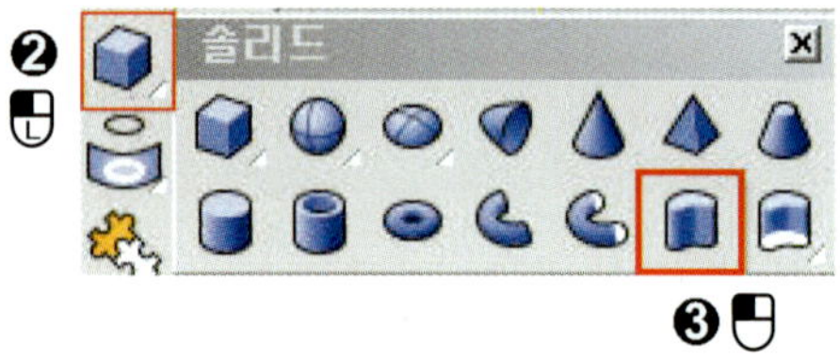


< STEP-9 >

(S-9) 만들어진 하트 커브를 가지고 두께를 가진 입체로 만들기 위해 1번 커브를 클릭하고 2번 상자를 길게 누른뒤 3번 닫힌 평면형 커브 돌출을 클릭한다.

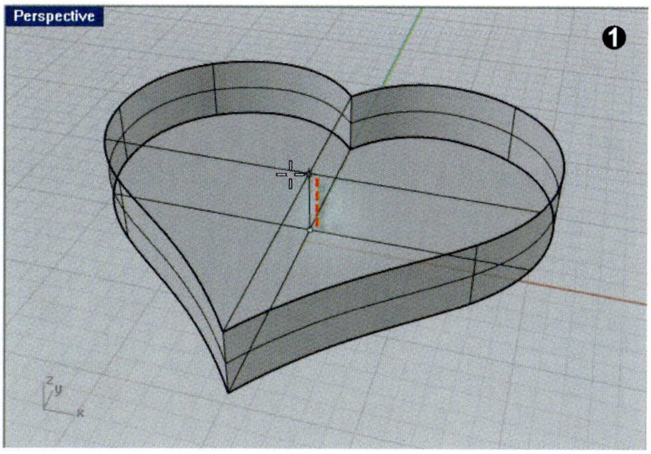


< STEP-10 >

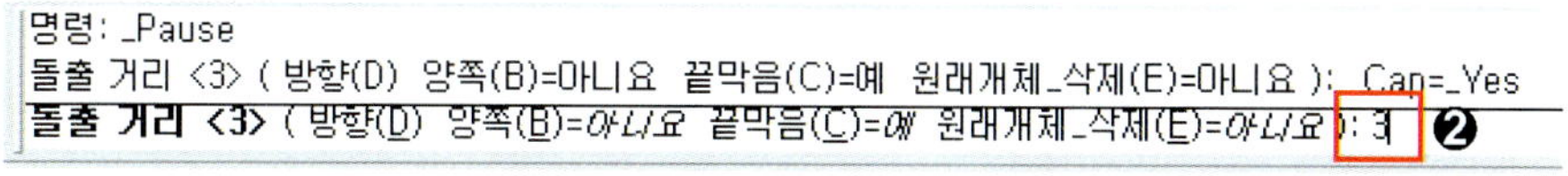


(S-10) STEP-9의 3번을 클릭하면 화면에 1번처럼 두께가 만들어지는 것을 볼 수 있다. 이때 마우스로 클릭해 두께를 정할 수도 있고 2번 명령창에 원하는 값을 입력해도 되는데 여기서는 3을 입력하고 Enter를 친다.

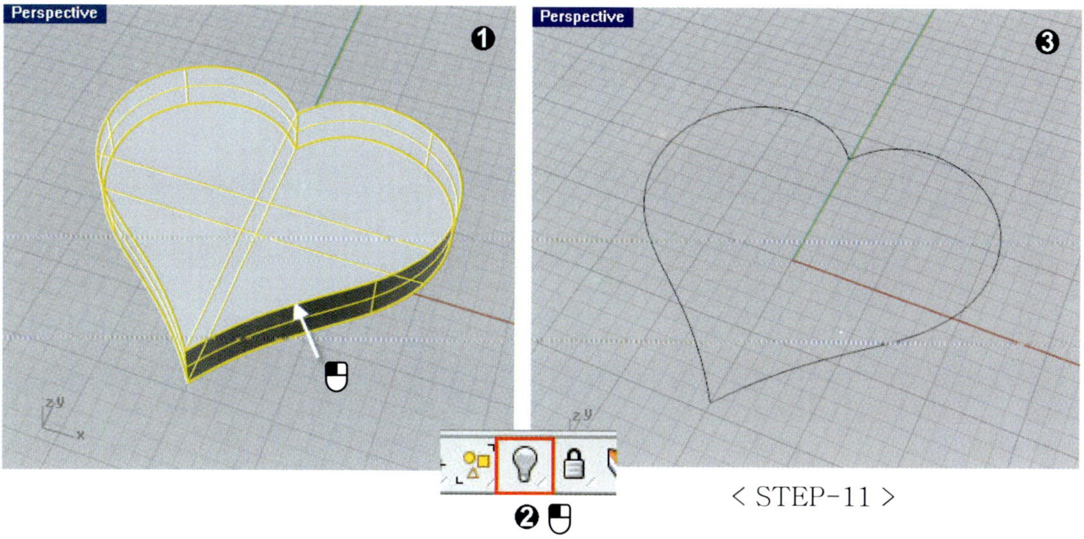


< STEP-11 >

(S-11) 이제 속을 파낼 내형을 만들기 위해 1번 만들어진 입체하트를 선택하고 상단 표준 툴바 중 2번 개체 숨기기를 왼쪽 클릭해서 하트를 숨긴다.

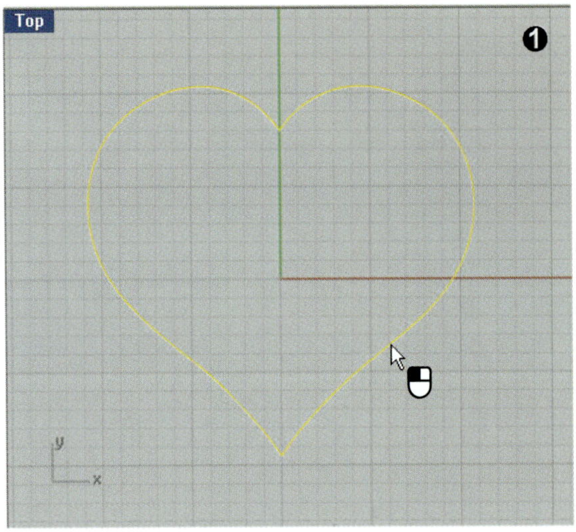


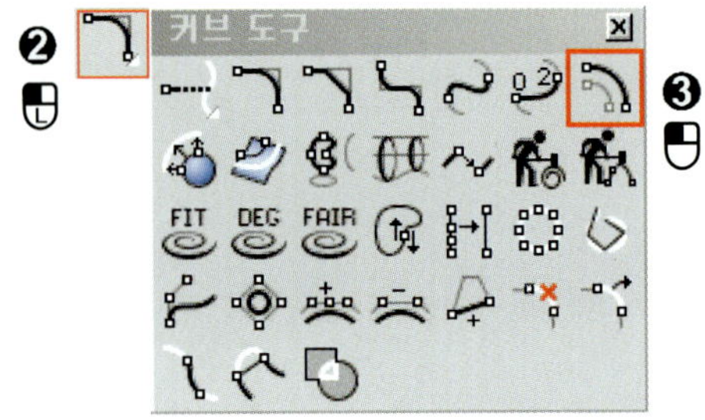


< STEP-12 >

(S-12) Top에서 1번 하트커브를 선택하고 좌측 메인 툴바에서 2번 커브 필렛을 길게 누르고 3번 간격띄우기를 클릭하면 아래처럼 명령창이 뜨는데 4번 부분을 클릭하면 5번 그림과 같이 옵션이 보여지는데 여기서 간격띄우기의 형태를 바꿀수 있다.

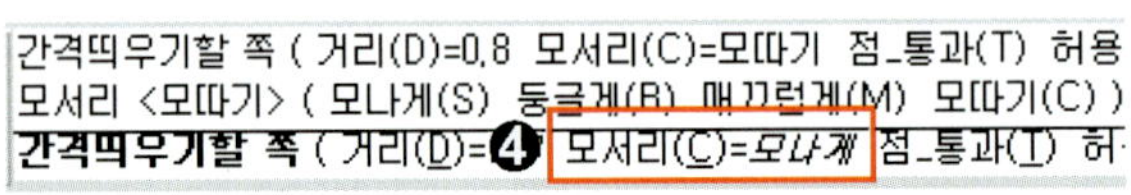


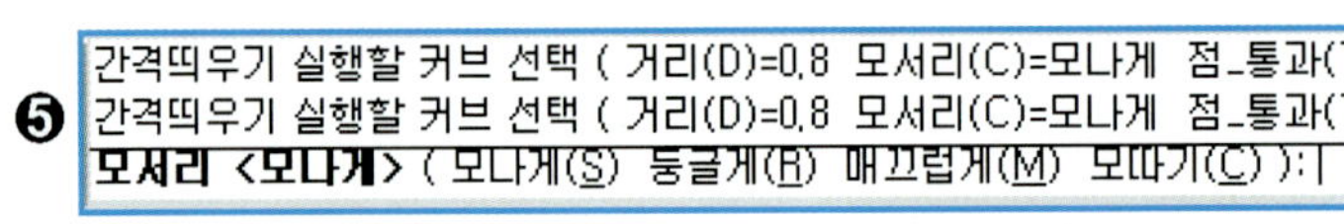


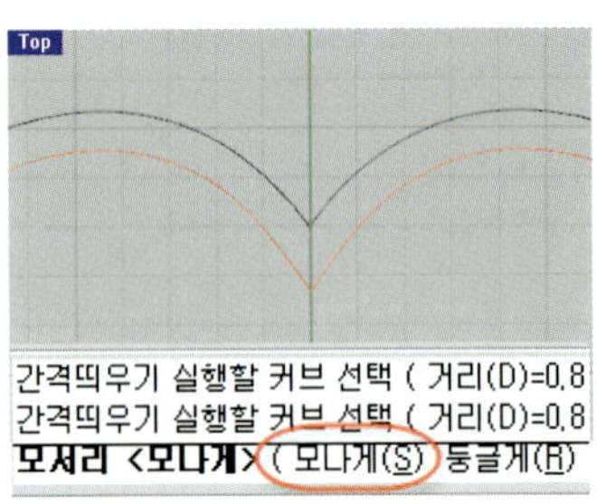


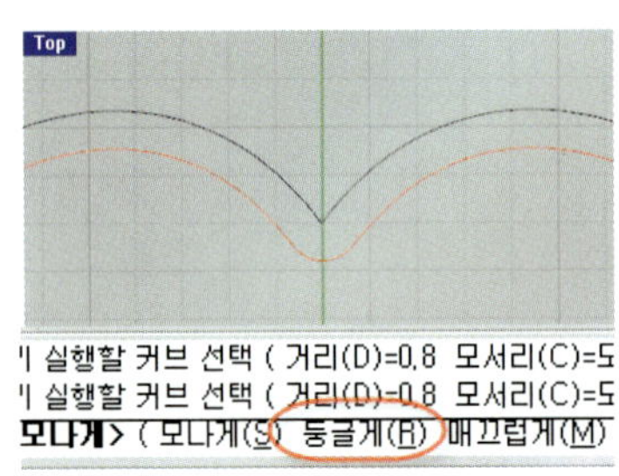


[간격띄우기의 4가지예 ]

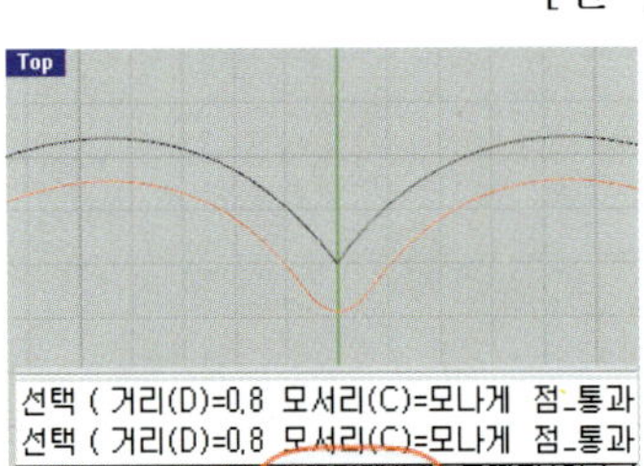


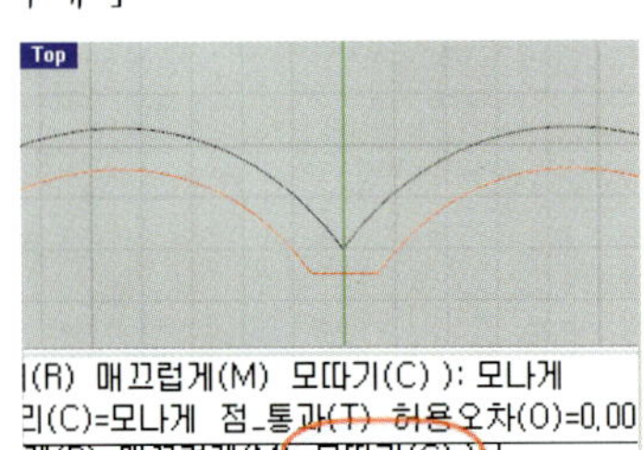

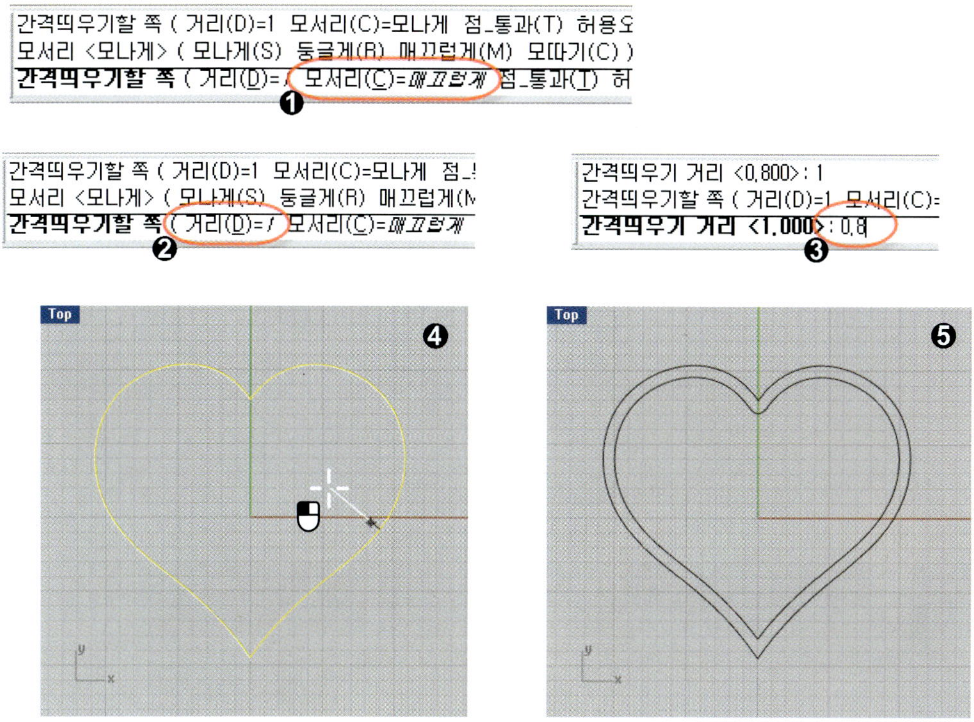


< STEP-13 >

(S-13) 1번 그림처럼 매끄럽게로 바꾼다음 2번 거리를 클릭해 3번 거리를 0.8로 입력한 후에 Enter를 치고 4번 그림처럼 안쪽으로 클릭해서 5번 그림처럼 되게 한다.
지금 0.8mm 안쪽으로 만든 커브는 나중에 외형에서 속파기를 할때 사용할 커브이다.

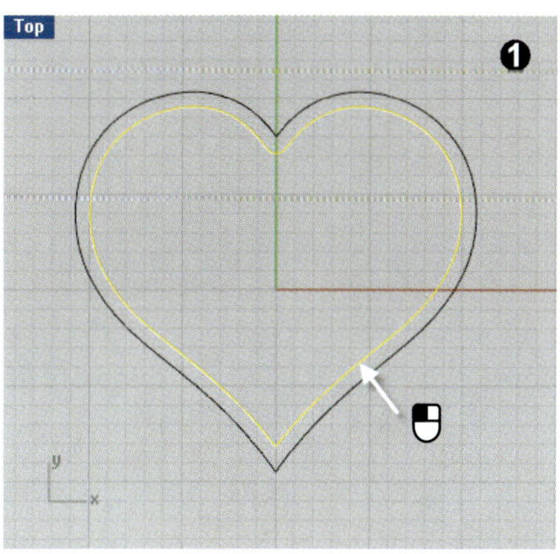


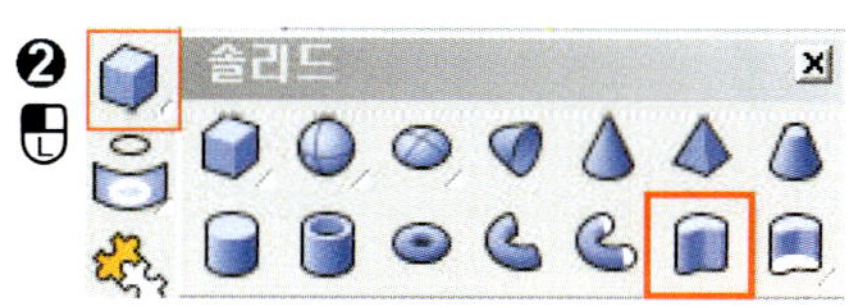


< STEP-14 >

(S-14) 1번 안쪽커브를 선택하고 2번 상자를 길게 클릭하고 3번 닫힌 평면형 커브 돌출을 선택한다.

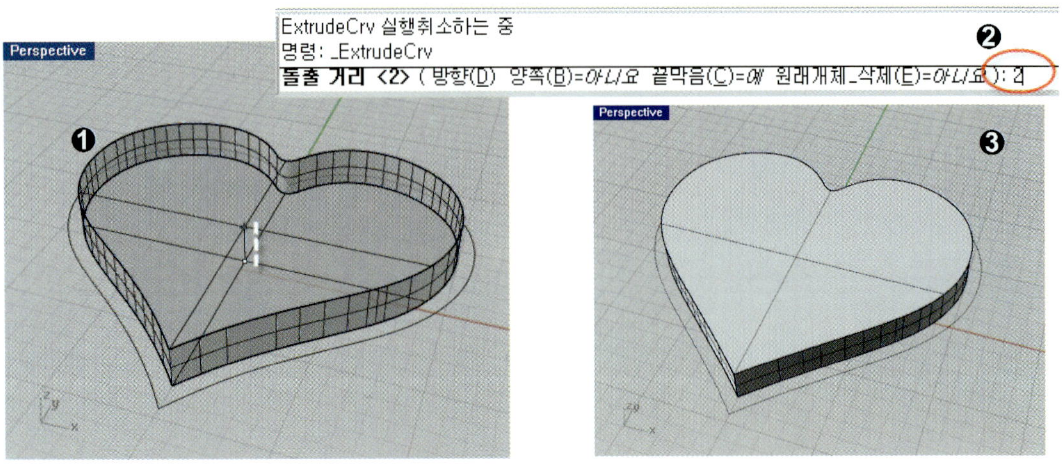


< STEP-15 >

(S-15) 커브 돌출을 클릭하면 1번 그림처럼 보여지는데 2번 명령창에 거리 2를 입력후 Enter를 치면 3번처럼 2mm 두께의 형태가 만들어진다.

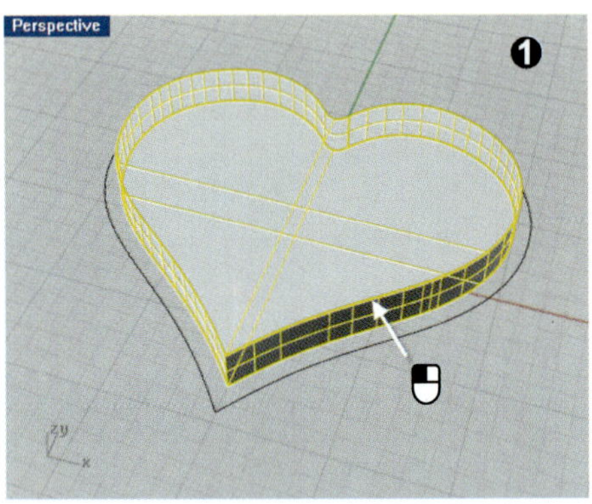


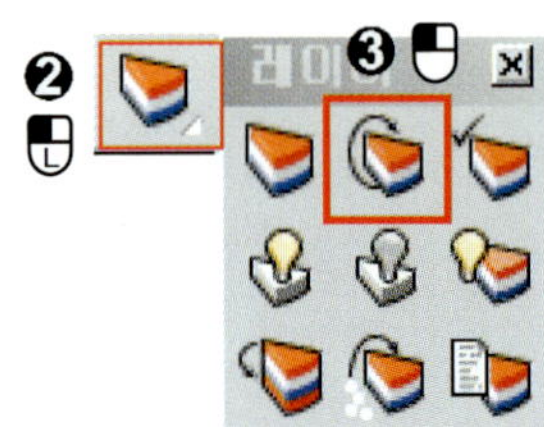


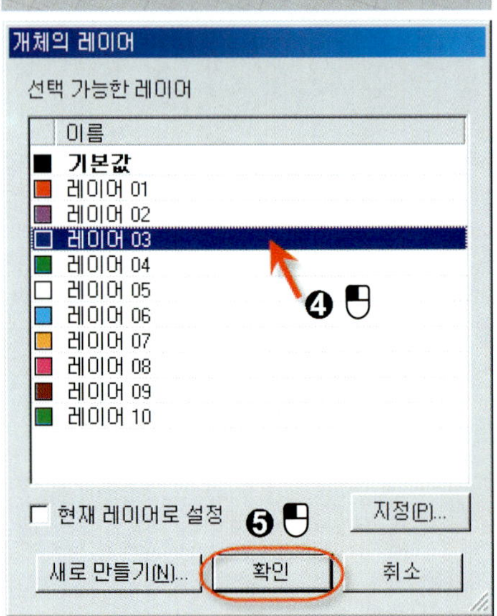


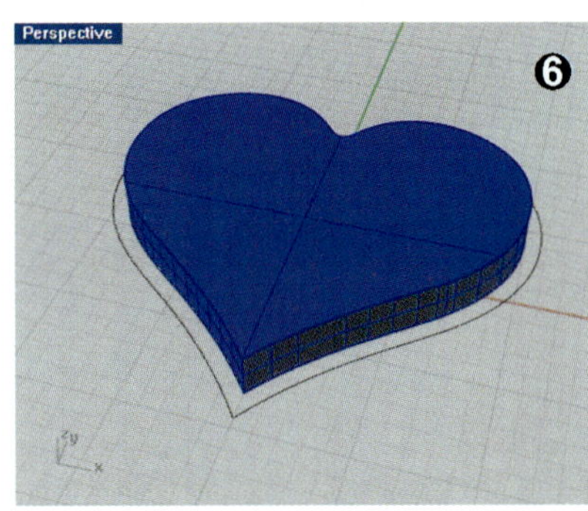


(S-16) 작업 편의상 외형과 내형의 색을 바꾸기 위해 1번 선택을 하고 상단 표준 툴바에 2번을 길게 클릭한 다음 3번을 클릭, 레이어 창이 나오면 4번을 클릭후 5번 확인을 누르면 6번처럼 레이어가 변경되면서 색이 바뀐다.

< STEP-16 >

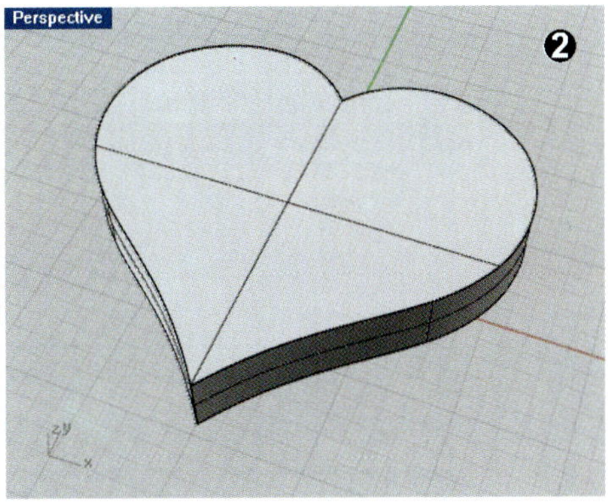


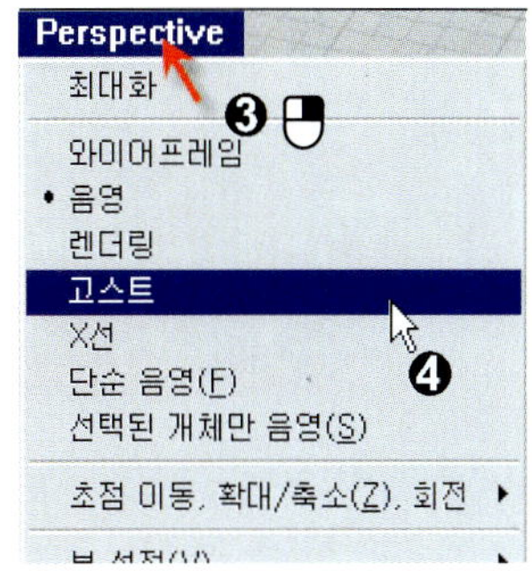


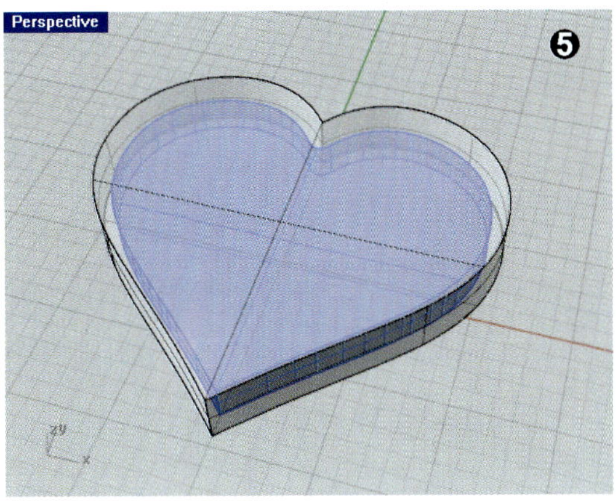


(S-17) 1번을 오른 클릭하면 2번처럼 먼저 완성된 숨겨있던 하트가 보여진다.
이때 3번 부분을 오른 클릭하면 아래로 창이 나오는데 여기서 4번 고스트를 클릭하면 5번처럼 반투명하게 보여지게 된다.

< STEP-17 >

[아래와 같이 화면모드를 바꿀수 있으며 이는 개체를 확인하거나 선택할때 좀 더 편하게 작업할 수 있게 해준다.]

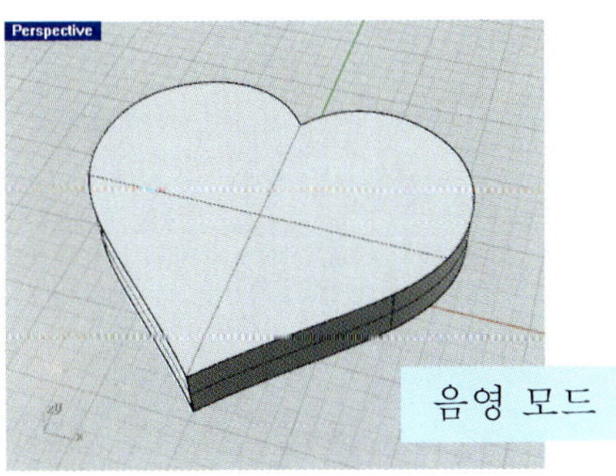


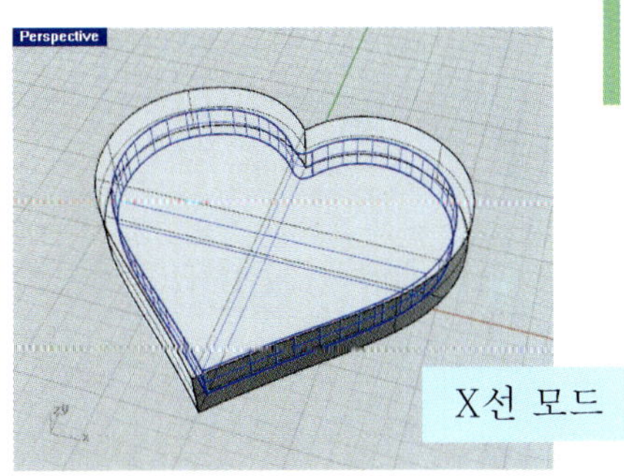


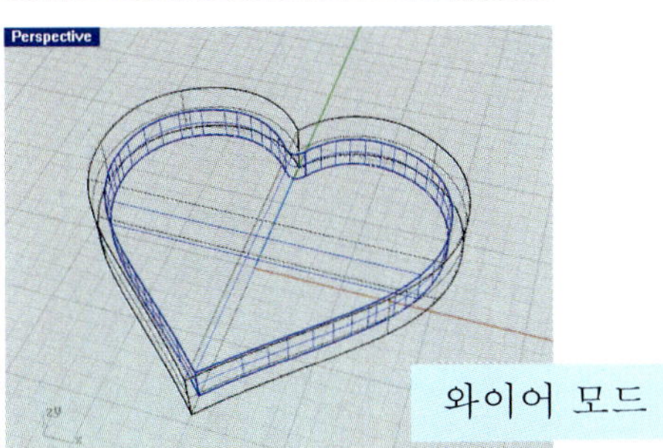


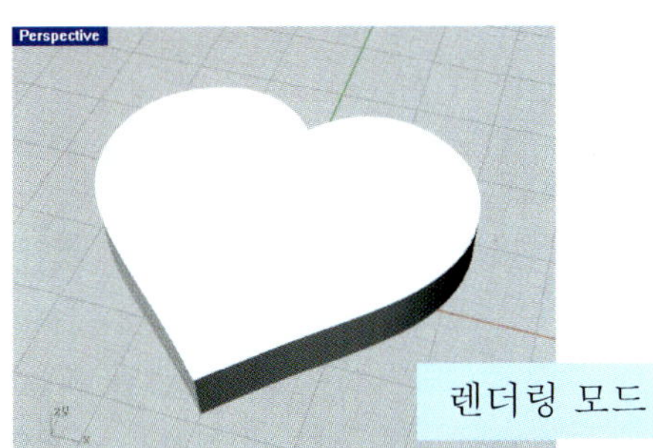

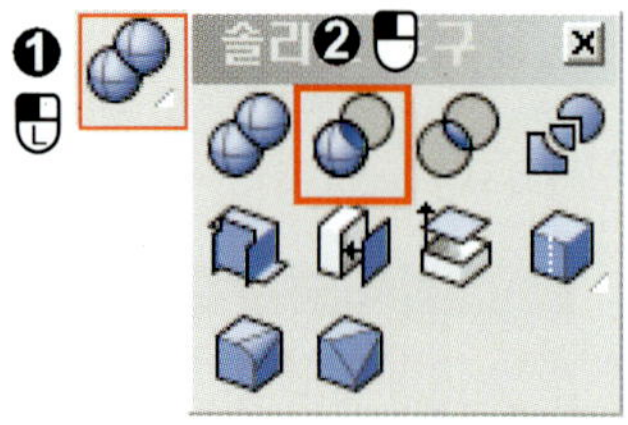

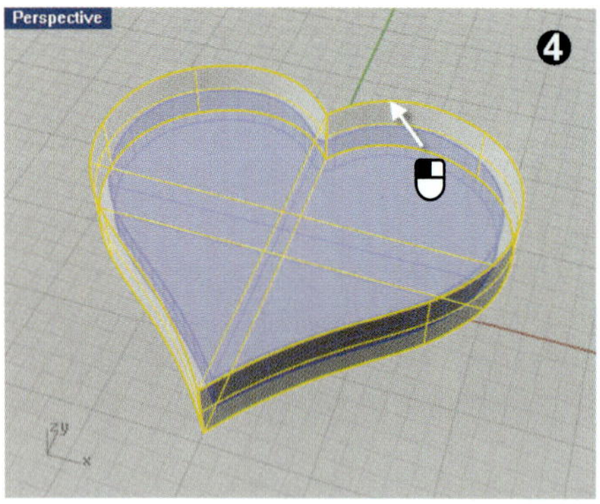


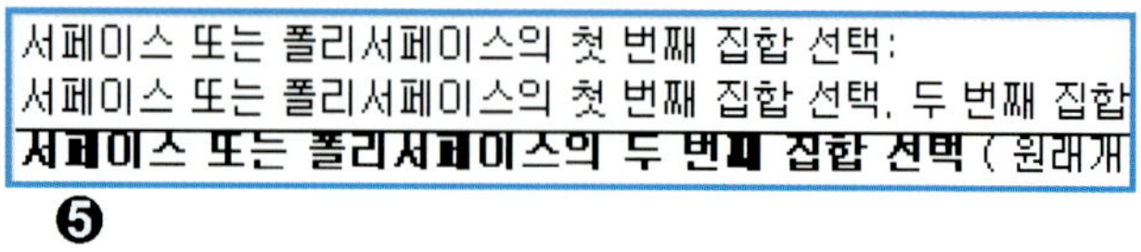


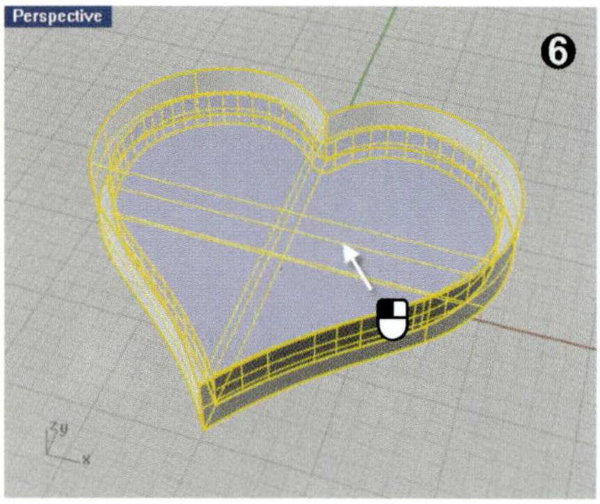


(S-18) 속파기를 위해서 1번 부울연산을 길게 클릭하고 2번 차집합을 선택, 3번 명령창을 확인하고 4번 외형을 선택 후 Enter를 치면 5번과 같이 명령창이 나온다. 이때 6번의 파란색 내형을 선택한 다음 Enter를 치면 7번처럼 속이 파진걸 볼 수 있다.

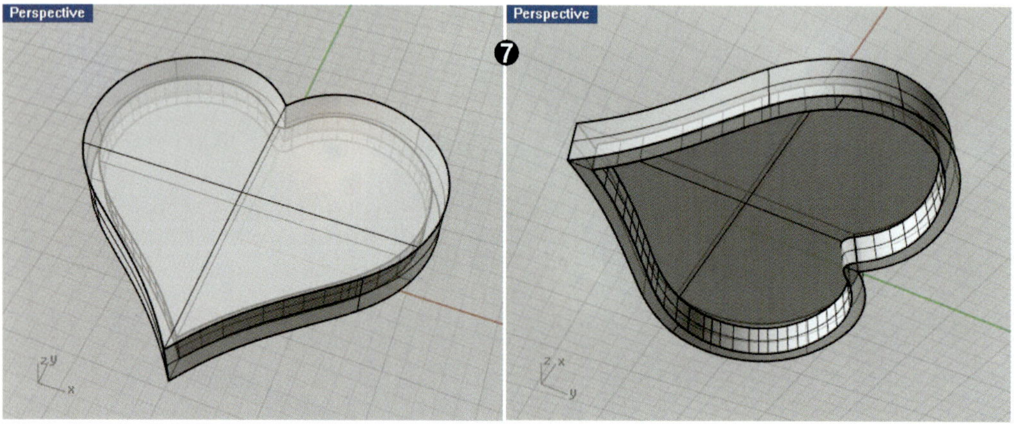


< STEP-18 >

# 13. 하트 펜던트 만들기

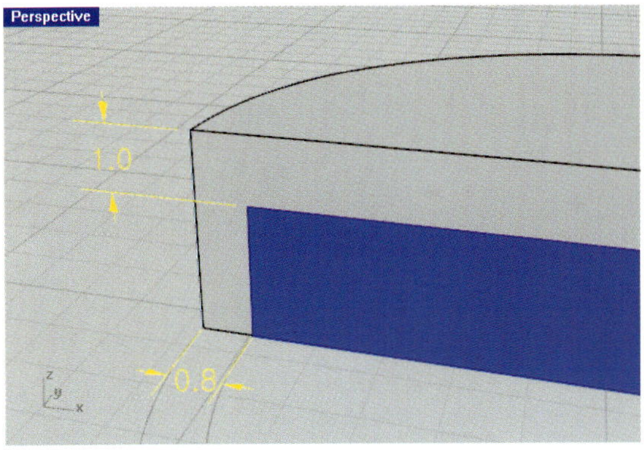


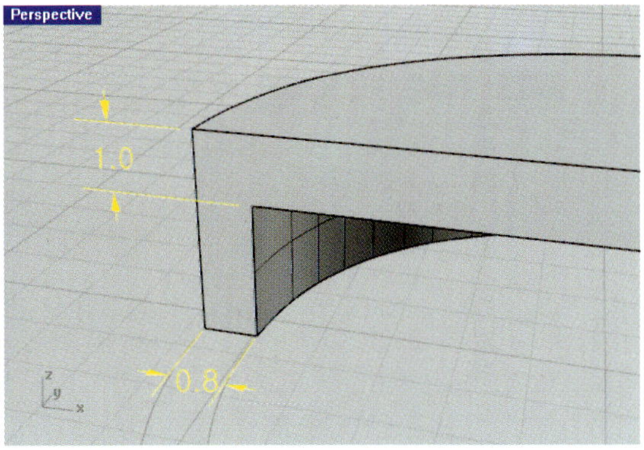


[ 위 그림은 앞서 작업한 수치에 의해 만들어진 입체의 단면을 보여주는데 생산되는 제품이 귀금속, 또는 악세사리냐에 따라서 사용되는 금속이 달라지므로 위에서 보여지는 두께는 생산되는 제품의 종류에 따라 달라지게 된다.
보석류가 세팅이 되는 경우에도 두께가 달라지는데 이는 업체마다 작업하는 치수가 달라서 CAD 작업이 들어가기전에 세팅을 담당하는 분과 사전에 보석 크기에 따른 금속의 두께에 대한 협의를 하고 작업에 들어가야 문제 발생을 피할 수 있다.
이는 세팅이 들어가지 않는 일반 제품에서도 마찬가지이다. ]

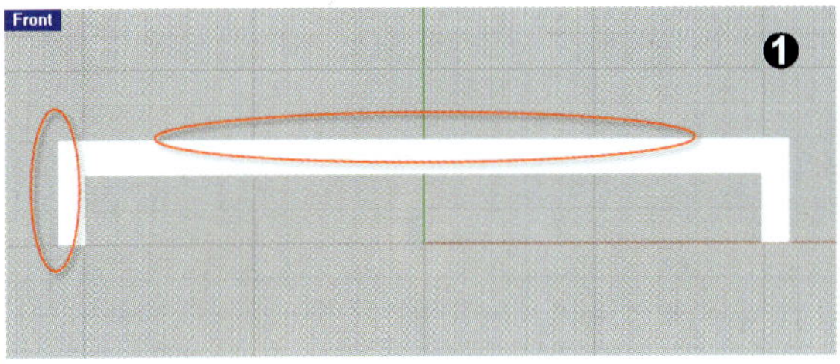

<부분 확대 모습>

[ 위의 1번과 같이 만들어진 형태를 RP를 이용하여 만든 다음 주조를 해서 주물을 만들어 보면 2번 그림처럼 가운데 부분이 약간 꺼지는 현상이 발생한다.
(2번 그림은 편의상 실제보다 과장되게 표현한 것이고 이런 현상은 작업물의 크기나 두께에 따라 다르게 나타날 수 있다.)
이렇기 때문에 주물을 평면으로 마무리 작업을 해놓고 보면 기존의 두께보다 얇아지는 경우가 발생을 한다.
그래서 실제 CAD 작업을 할때 이것을 미리 예상을 해서 외형의 마무리 될 부분을 약간 더 두껍게 해주거나 솟아 오르게 작업을 해주면 이런 문제를 어느정도 해결할 수 있다.
이렇게 작업을 하려면 위와는 약간 다른 방법으로 작업을 해줘야 한다.

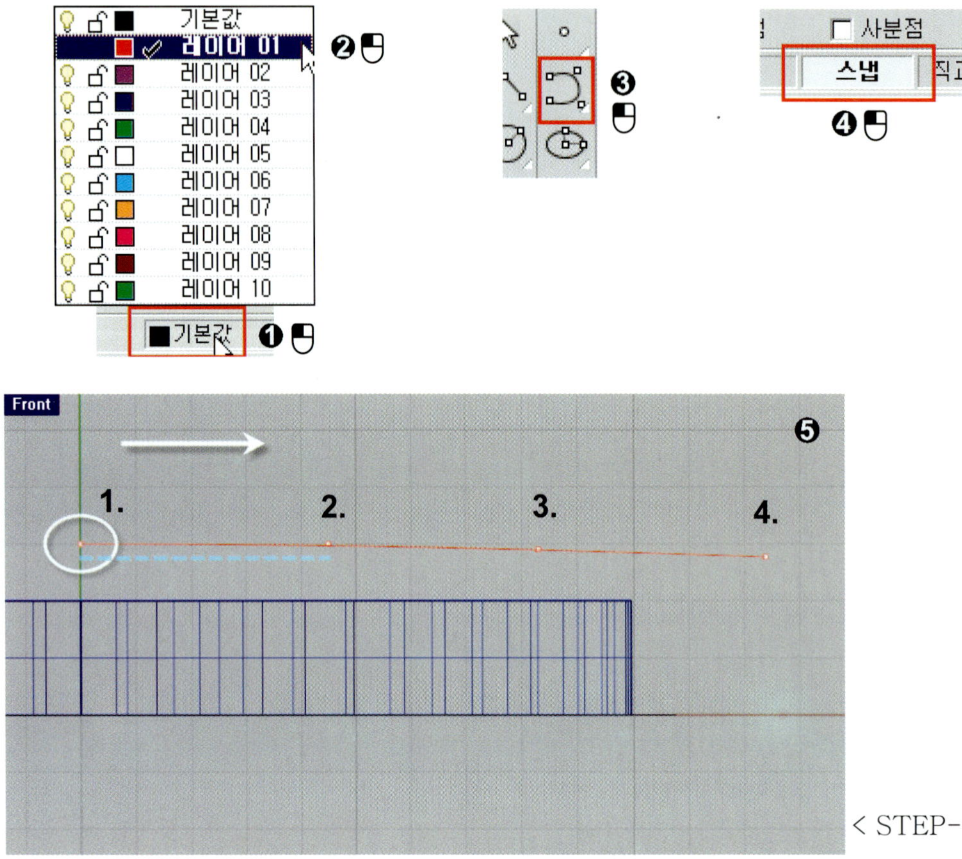


< STEP-1 >

(S-1) 상면이 구배진 하트를 만들기 위해 실행취소를 해서 속파기 전단계로 돌아간 다음 외형을 지우고 내형만을 남긴다. 그리고 1번, 2번처럼 레이어를 바꾸고 3번 제어점 커브를 클릭한 다음 4번 화면 하단의 스냅을 클릭해 활성화 한다.
그 다음 5번 그림 번호순서로 그려 나가는데 -1번은 바닥에서 3mm위에 녹색축에서 선택해서 그리는데 -1번, -2번은 같은 높이값으로 클릭한 다음 스냅을 해제하고 -3번 ,-4번을 클릭해서 그리는데 아주 약간씩 내려가게 그려나간다.

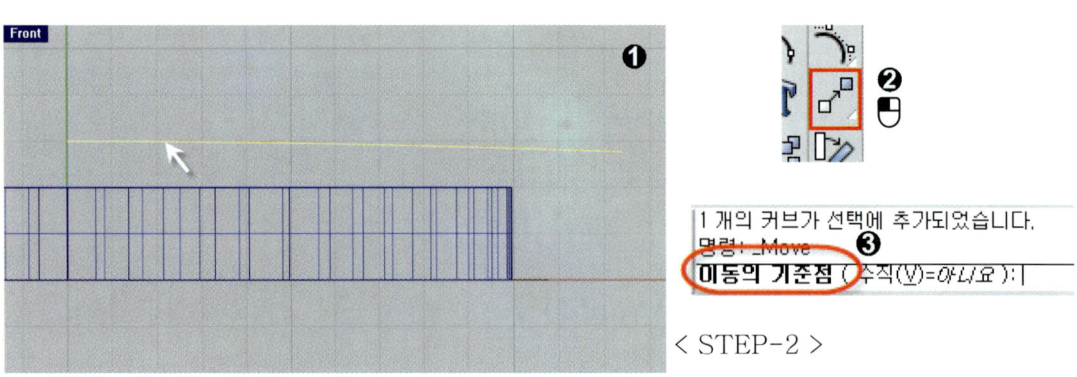


< STEP-2 >

(S-2) 1번처럼 커브를 선택하고 2번 이동을 클릭하면 3번처럼 명령창이 보여진다.

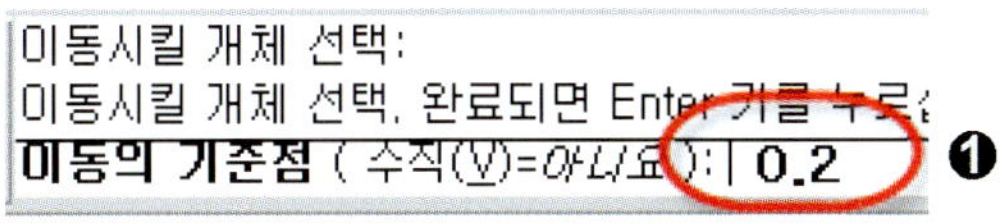


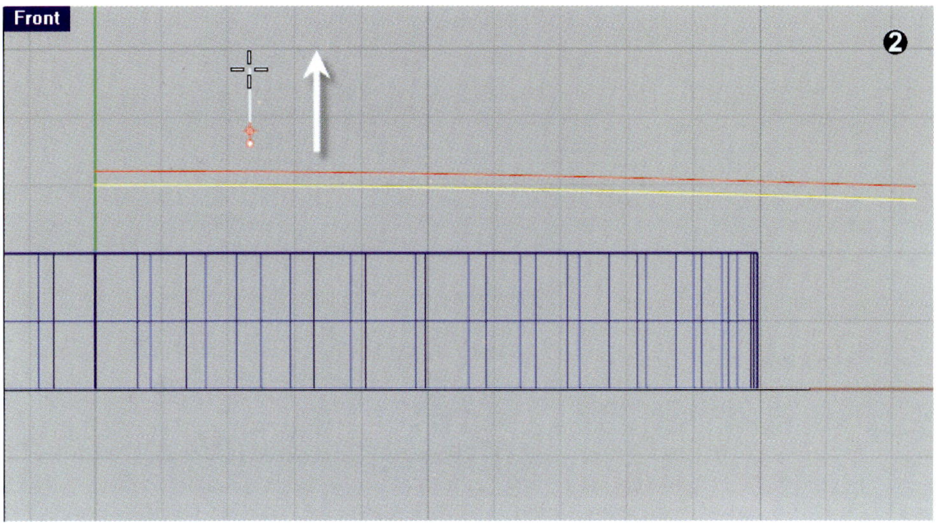


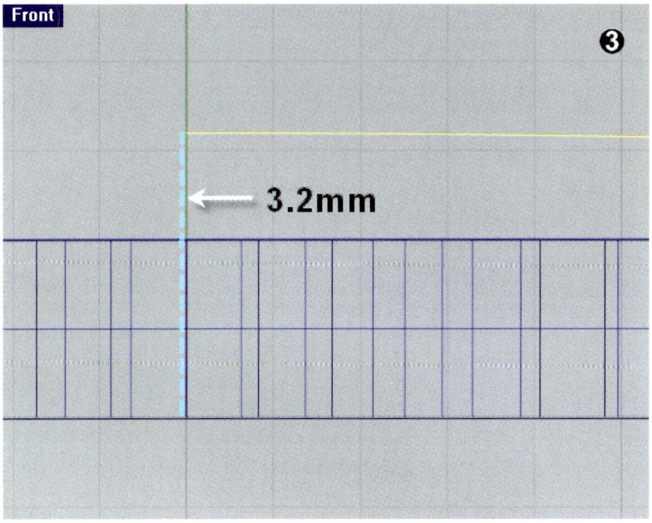


< STEP-3 >

(S-3) 이동의 기준점 명령창이 나왔을때 Front에 임의의 한곳을 클릭하고 1번 명령창에 0.2를 입력하고 Enter를 치면 2번 그림처럼 0.2mm로 움직임이 고정이 된다.
그때 Shift키를 누르고 수직 방향으로 이동시켜 클릭한 다음 종료한다.
이 결과로 0.2mm 수직 이동한 커브가 3번 그림이다.

# 13. 하트 펜던트 만들기

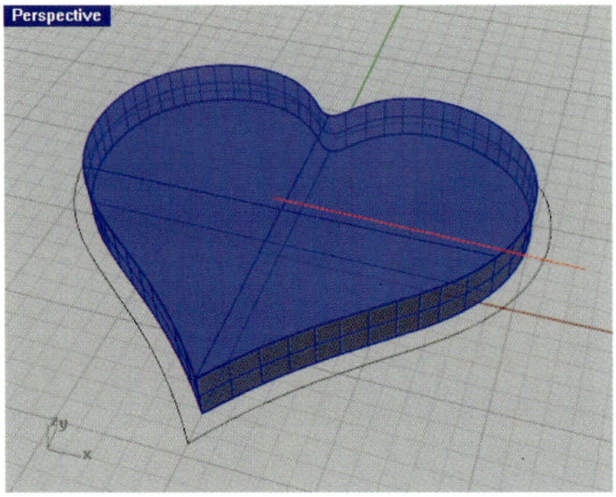


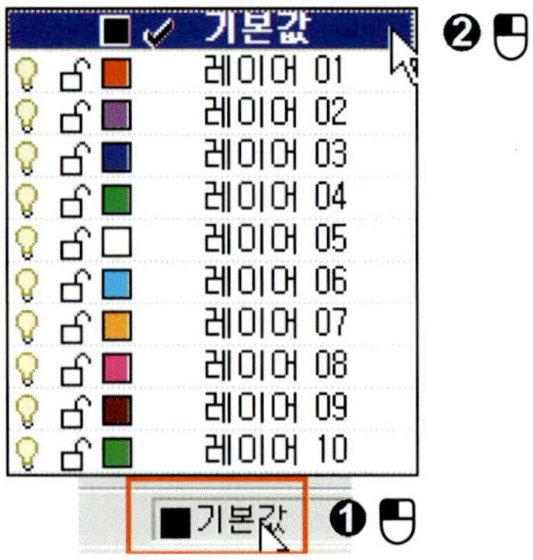


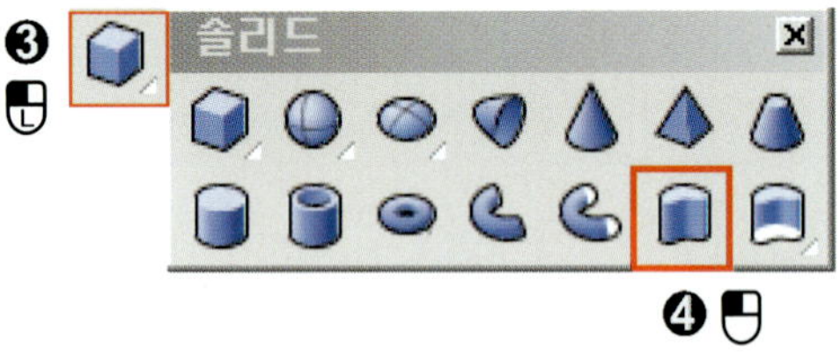


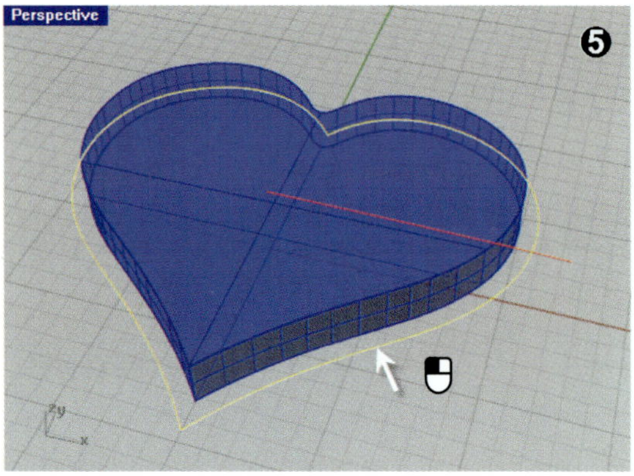


< STEP-4 >

(S-4) 다시 1번,2번 순서로 선택하여 레이어를 기본값으로 바꾸고 3번을 길게 클릭, 4번 돌출 명령을 클릭한다. 그 다음 5번 그림의 기존의 외형 커브를 다시 클릭하고 Enter를 치면 아래 6번처럼 되는데 이때 7번 명령창에 5를 입력후 Enter를 치면 8번 그림처럼 높이 5mm 두께의 입체가 만들어 진다.

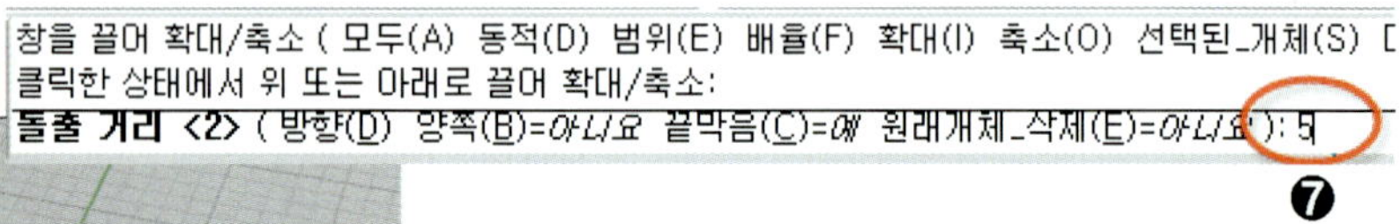


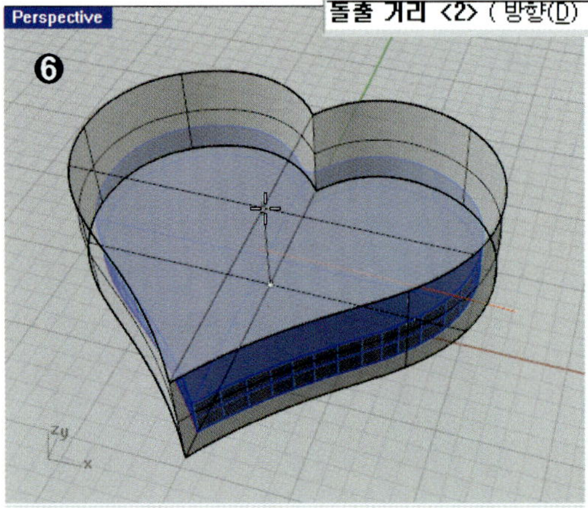


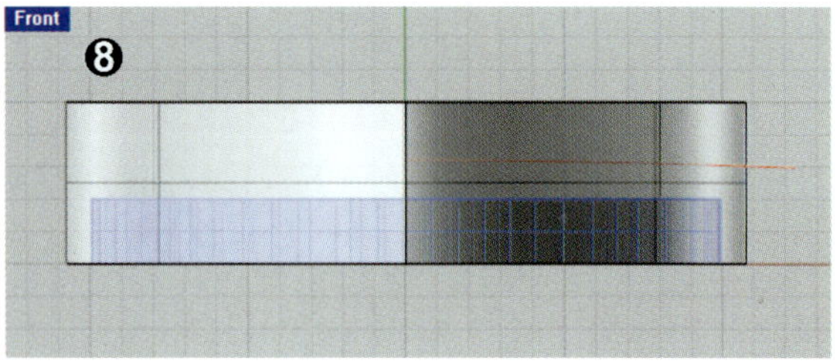


< STEP-4 >

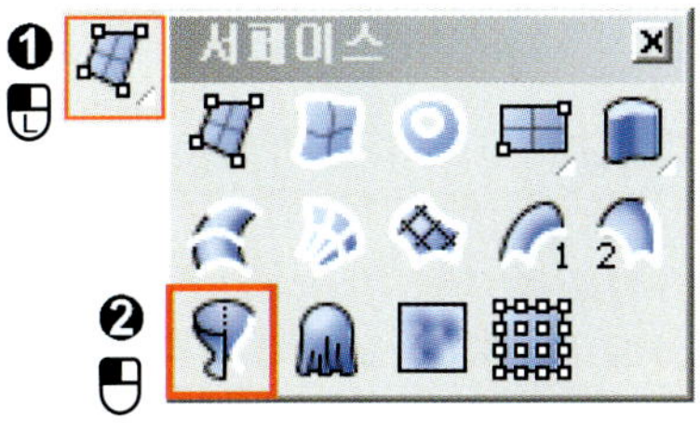


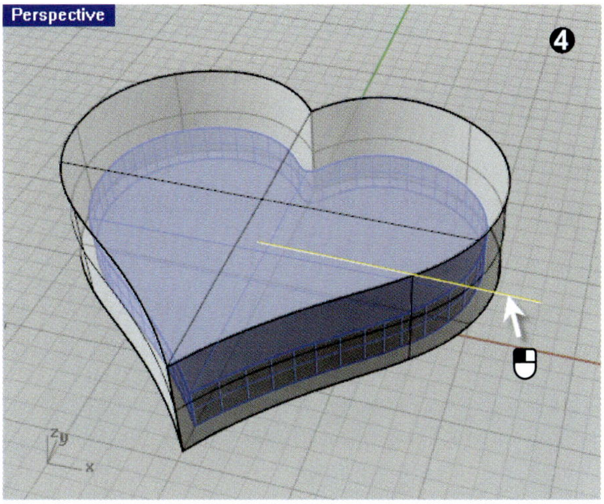

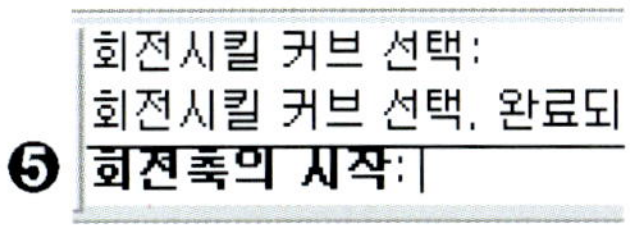

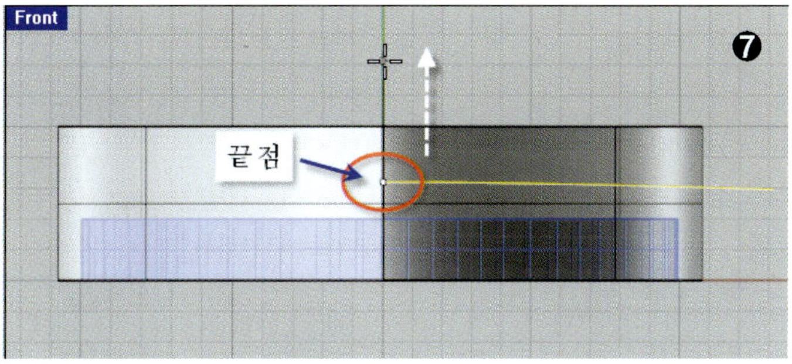


< STEP-5 >

(S-5) 만들어진 외형 하트를 구배형태로 자를 서페이스를 만들기 위해 1번을 길게 클릭하고 2번 회전을 왼쪽 클릭하고 3번 명령창이 나왔을때 4번 그림의 빨간색 커브를 선택하고 Enter를 치면 5번 명령창이 나온다.
이때 하단 개체스냅의 6번 끝점을 체크하고 7번 그림처럼 커브의 끝점을 선택하고 Shift키를 누른 상태로 수직으로 이동한 뒤 클릭한다.

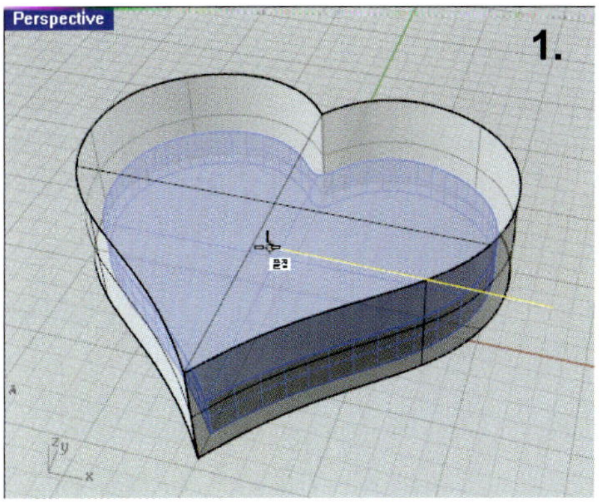


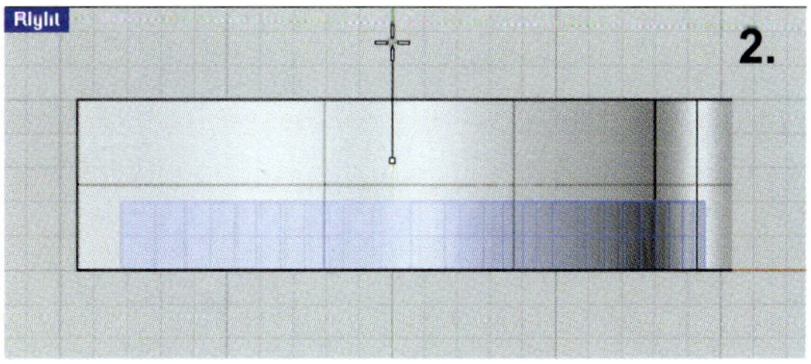


[위의 5번 회전축의 시작점을 선택할때 Front가 아닌 Perspective에서 끝점을 선택하고 Front나 Right에서 수직으로 이동한 뒤 클릭해서 완성해도 된다.]

❶
회전축의 시작:
회전축의 끝:
**시작 각도 <0>** ( 원래개체_삭제(D)=아니요 변형가능(E)=아니요 360도(F) 시작_각도_입력(A)=예 ):

❷
회전축의 끝:
시작 각도 <0> ( 원래개체_삭제(D)=아니요 변형가능(E)=아니요 360도(F) 시작_각도_입력(A)=예 ):
**회전 각도 <360>** ( 원래개체_삭제(D)=아니요 변형가능(E)=아니요 360도(F) ):

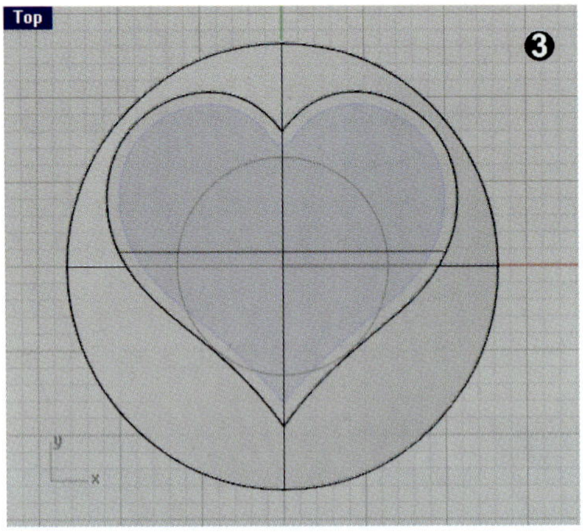


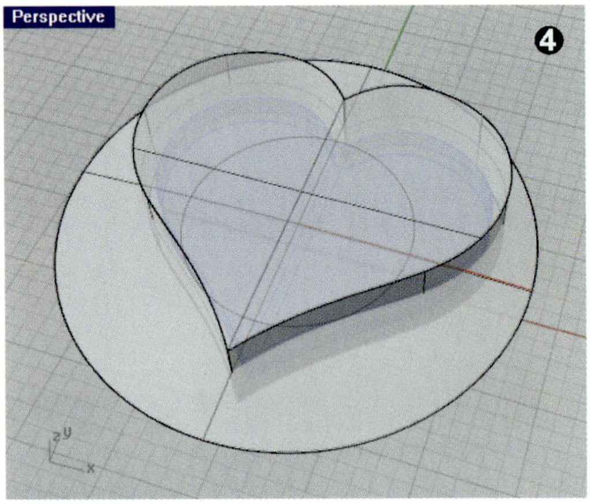


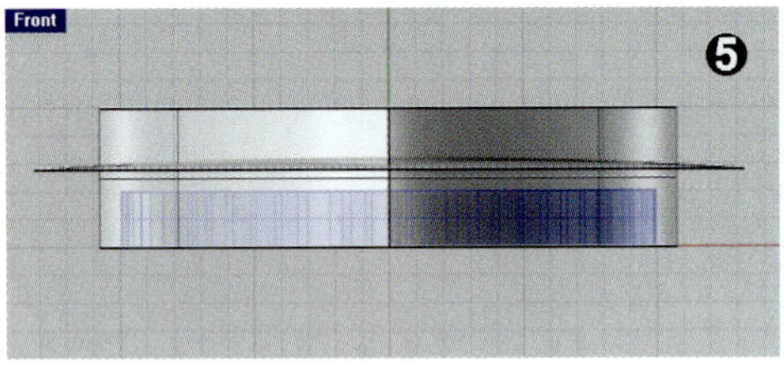

< STEP-6 >

[ 부울 연산이나 트림 명령등이 적용이 안되는 경우이다. 3번처럼 완전히 양분되게 해야 한다. ]

(S-6) 회전축을 선택하면 1번처럼 명령창이 나오는데 이때 Enter를 치면 2번같이 명령창이 나오게 되는데 여기서 Enter를 치면 위의 3,4,5번 그림같이 만들어진다.
6번처럼 만들어졌을 경우 회전시켰던 커브를 좀더 길게 수정해서 다시 만들거나 원형으로 된 서페이스를 적당히 이동해 완전히 양분되게 교차시킨다.

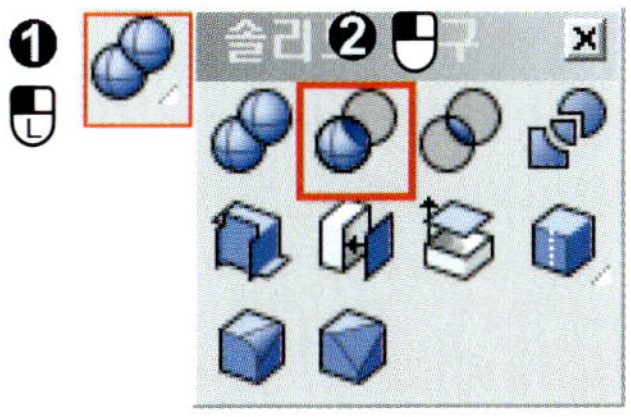

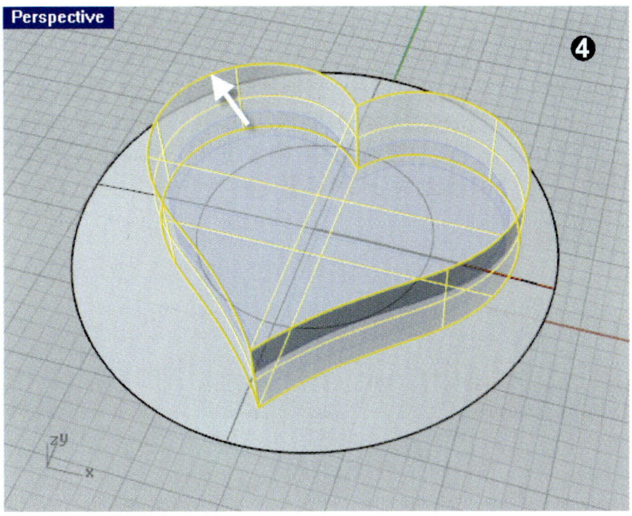


(S-7) 하트의 윗면을 솔리드 상태로 잘라내기 위해 1번을 길게 클릭하고 2번 차집합을 선택하면 3번처럼 명령창이 보여지는데 이때 4번 그림에서 외형을 선택하고 Enter를 치면

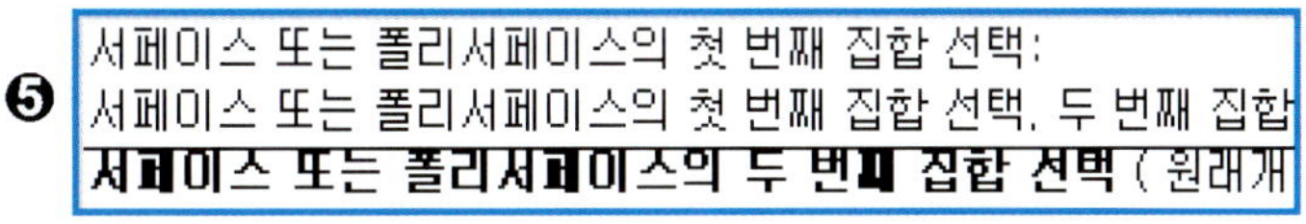


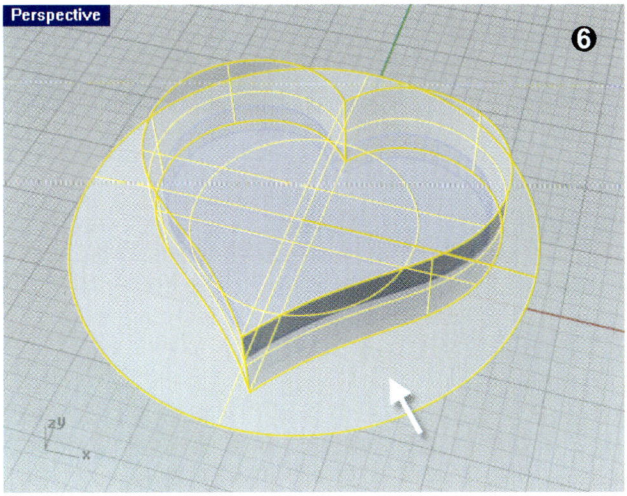


5번처럼 명령창이 나오는데 이때 6번 그림의 원형 서페이스를 선택하고 Enter를 친다.

< STEP-7 >

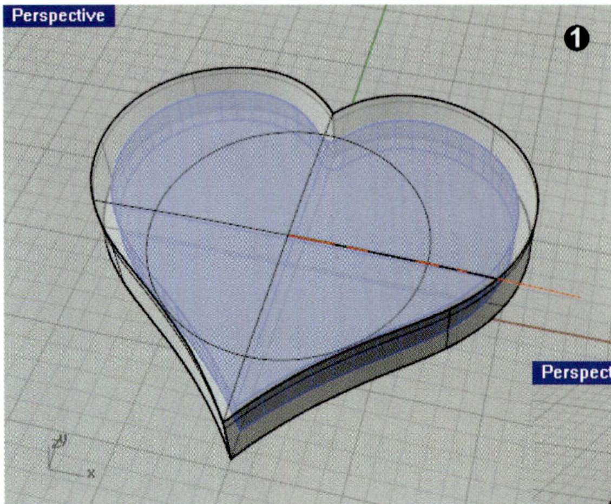


(S-8) 부울 연산 결과가 1번 그림처럼 나오는 경우가 있고 2번 그림처럼 나오는 경우가 있다.
이는 솔리드와 솔리드로 부울 연산을 하지 않고 솔리드와 서페이스, 서페이스와 서페이스로 할 경우에 서페이스의 방향성 때문에 발생하는데 해결 방법은 대략 2가지가 있다.

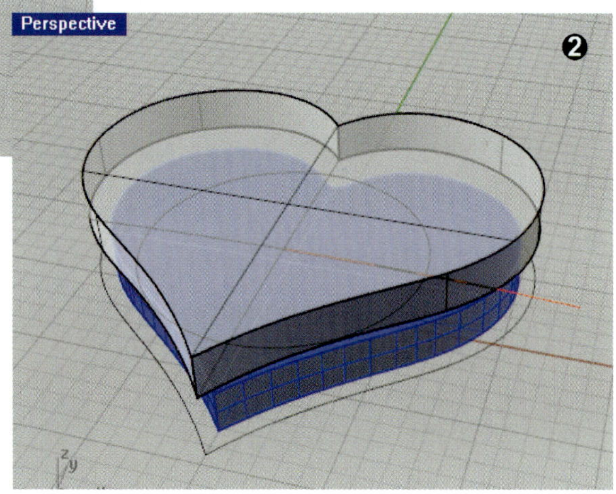


< STEP-8 >

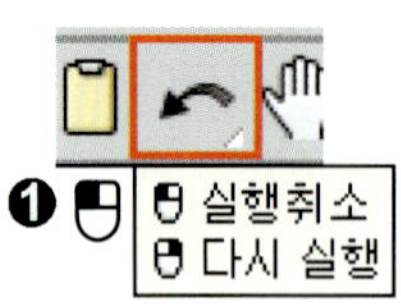


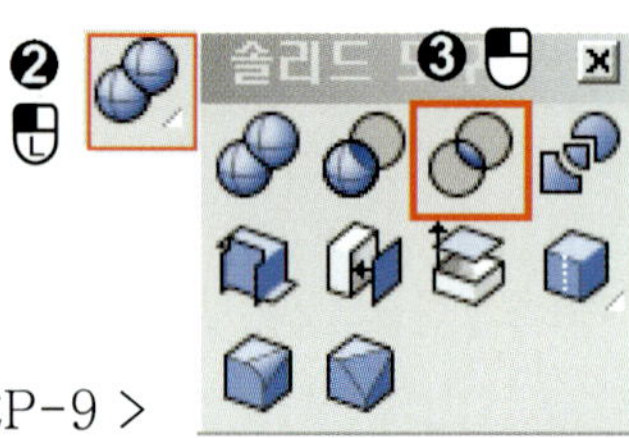


< STEP-9 >

(S-9) 첫번째 방법은 부울 연산시에 차집합으로 했을때 위 <STEP-8>의 1번이 아닌 2번 그림처럼 결과가 나올 때는 바로 1번 실행취소를 클릭하고 부울 연산 전으로 되돌아 간다. 그리고 다시 부울 연산을 실행하는데 2번을 길게 클릭하고 차집합이 아닌 3번 교집합을 선택한 다음 이전 단계인 <STEP-7>의 부울 연산 작업과정을 그대로 실행하면 위의 <STEP-8>의 1번 그림과 같은 결과가 나타난다.

이것은 단순하게 우선 아이콘 순서대로 차집합을 실행하였는데 결과가 예상과 반대로 나오면 작업을 되돌아가서 교집합을 선택하고 실행 순서는 똑같이 하면 예상한 결과가 나오게 된다.

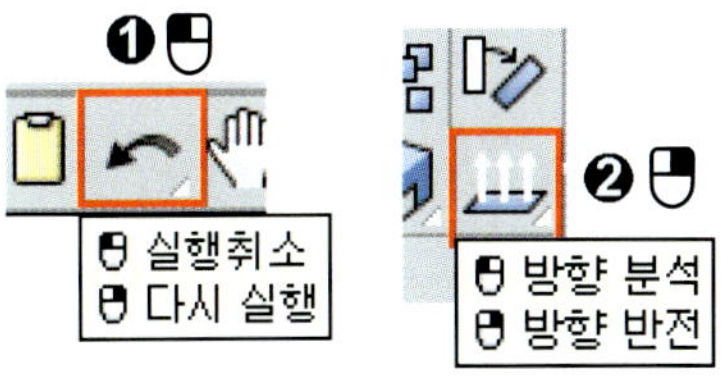


< STEP-10 >

(S-10) 두번째 방법은 서페이스 면의 방향성을 바꾸는 방법인데 위<STEP-8>의 2번 그림같이 될때 상단 표준툴바에 1번을 클릭, 부울 연산 전으로 간 다음 회전 명령으로 만든 원형 서페이스를 선택하고 좌측 메인툴바 2번을 오른 클릭하면 면의 방향성이 바뀌게 되어 <STEP-7>의 차집합 과정을 동일하게 실행하면 위의<STEP-8>의 1번과 같은 결과가 나타난다.

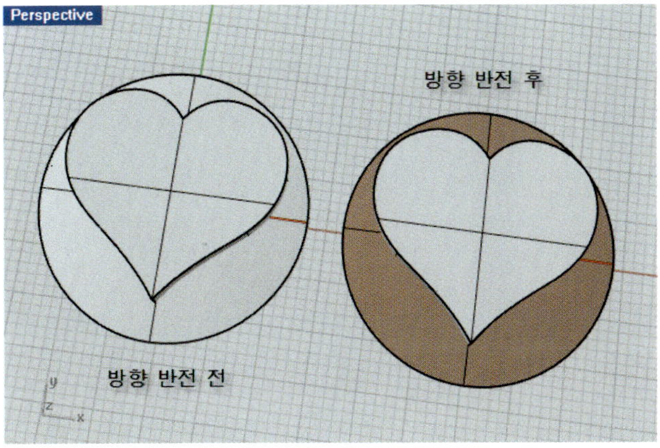


[ 좌측 그림은 앞서 설명한 환경 설정에서 라이노 옵션 - 화면표시 - 고급설정 - 음영안의 옵션에서 뒷면 색을 바꾸는 과정을 설명한 바 있다. ]

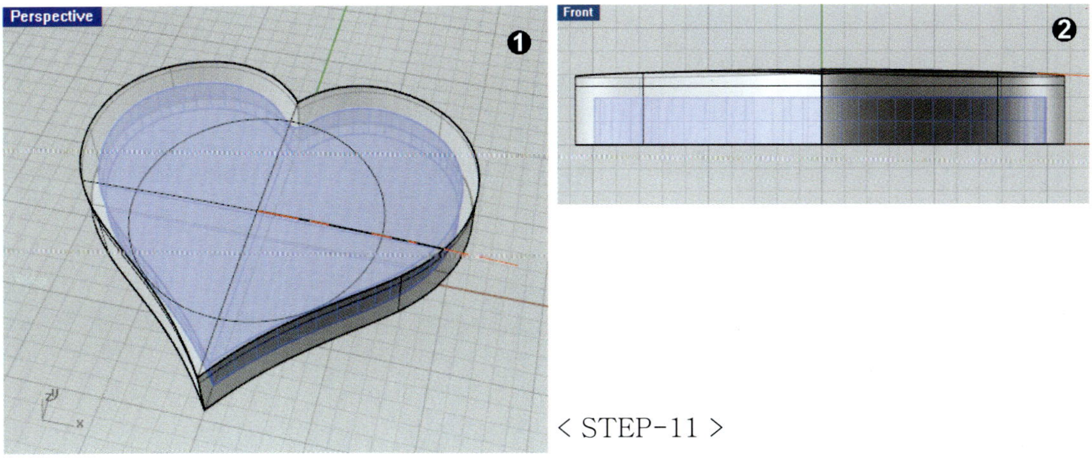


< STEP-11 >

(S-11) 위의 1, 2번 그림은 부울 연산을 실행해서 나온 결과인데 2번 그림을 보면 윗부분이 약간 구배진것을 볼 수 있다.

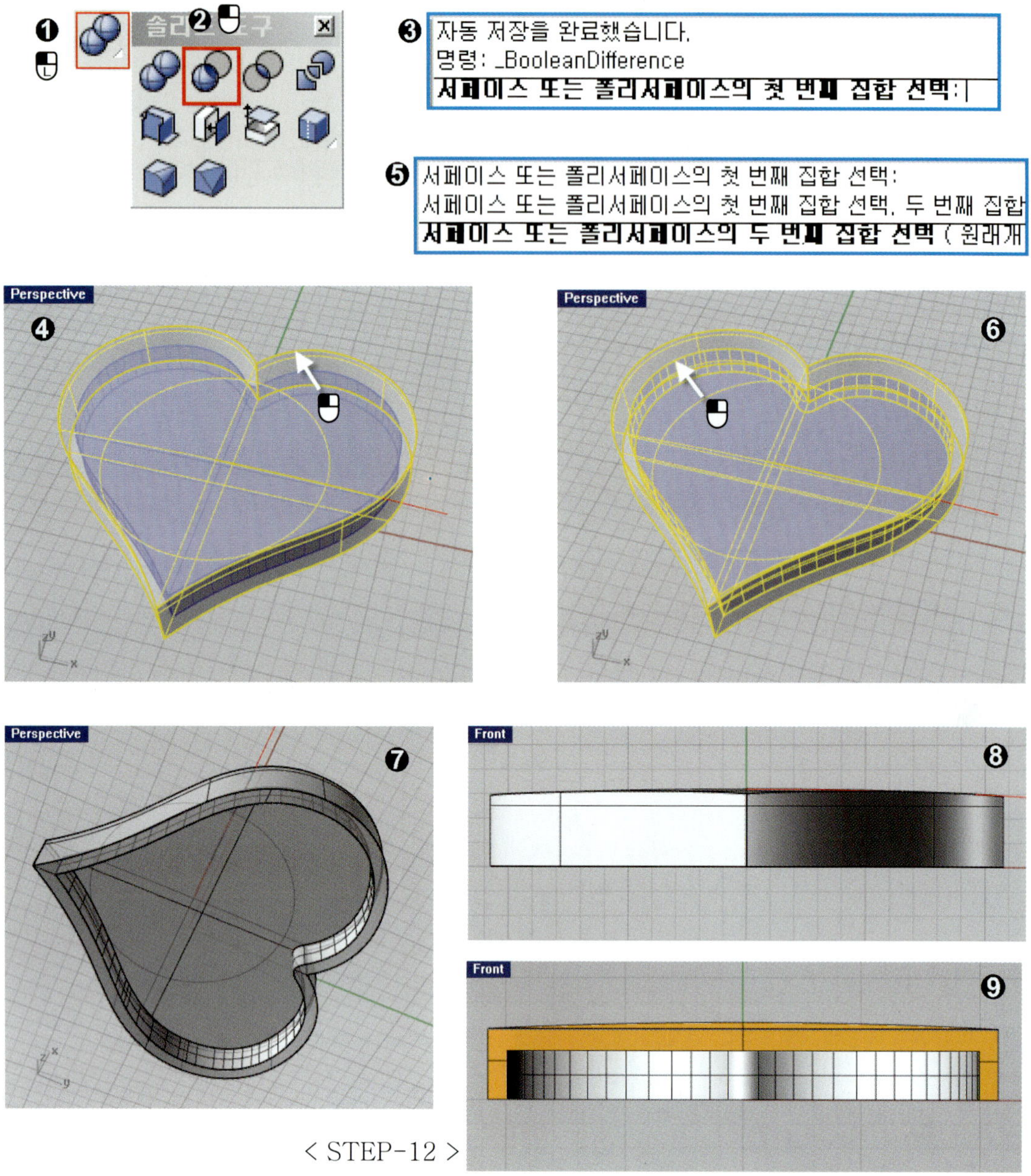


< STEP-12 >

(S-12) 속파기를 하기위해 1번을 길게 클릭, 2번 차집합을 선택하면 3번처럼 창이 나오는데 이때 4번그림의 외형을 선택하고 Enter를 치면 5번 명령창이 나온다. 그다음 6번의 내형을 선택하고 Enter를 치면 7번 그림처럼 속파기가 된다.
8번 그림은 결과물의 구배진 외형을 보여주고 있고 9번은 하트 단면을 보여주고 있는데 가운데 부분이 약간 솟아 있는걸 볼수 있다.
이것은 절대적인 것은 아니며 업체마다 다른 원본 치수를 요구하기 때문에 서로 협의 후에 작업이 진행되어야 문제 발생을 줄일 수 있다.

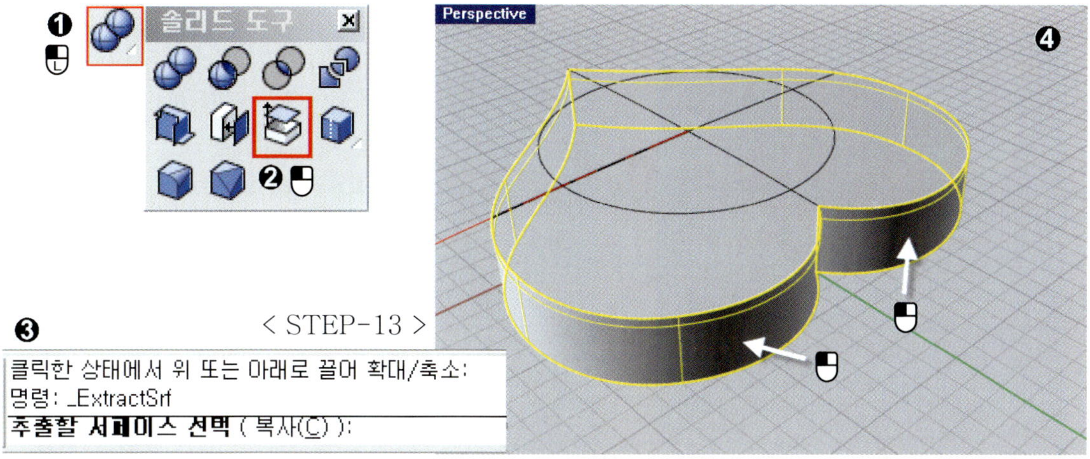


< STEP-13 >

(S-13) 이제 옆면을 수정하는데 1번을 길게 누르고 2번 서페이스 추출 명령을 클릭하면 3번 처럼 명령창이 나오는데 이때 4번 그림의 옆면 두군데를 클릭하고 Enter를 치면 옆면이 추출 되어 분리 된다.

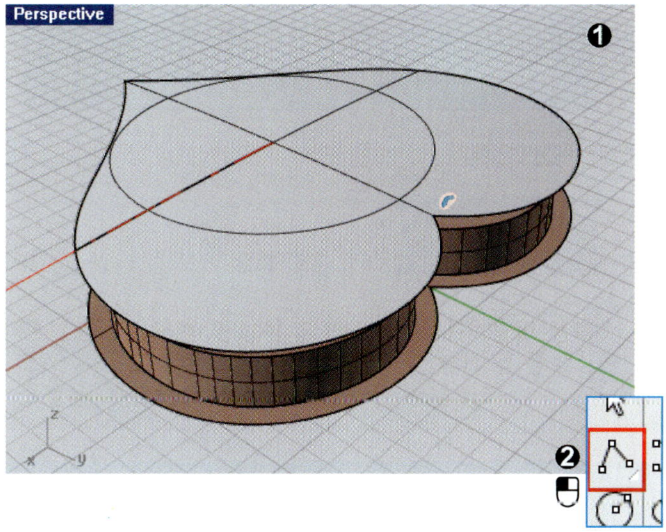


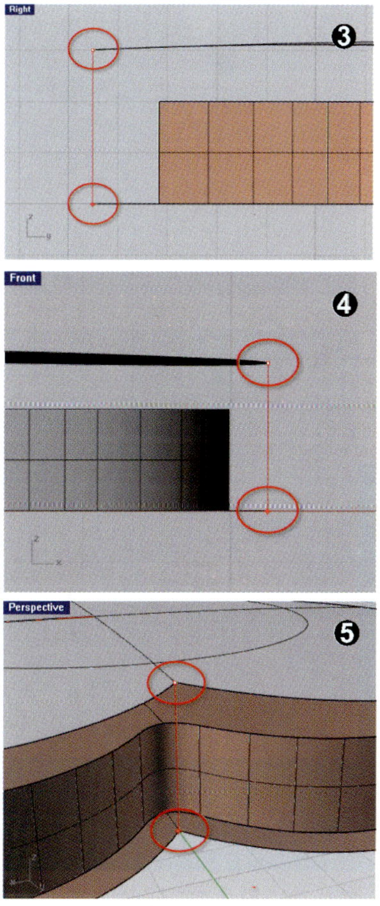


(S-14) 위에서 분리된 옆면은 선택해서 1번처럼 지우고 2번 폴리라인으로 3번, 4번, 5번 그림처럼 각 뷰포트에서 직선커브를 그리는데 하단의 개체스냅 끝점을 체크하고 그림처럼 연결하는데 4번은 Front에서 사분점을 체크 하고 선택하여 그린다.

< STEP-14 >

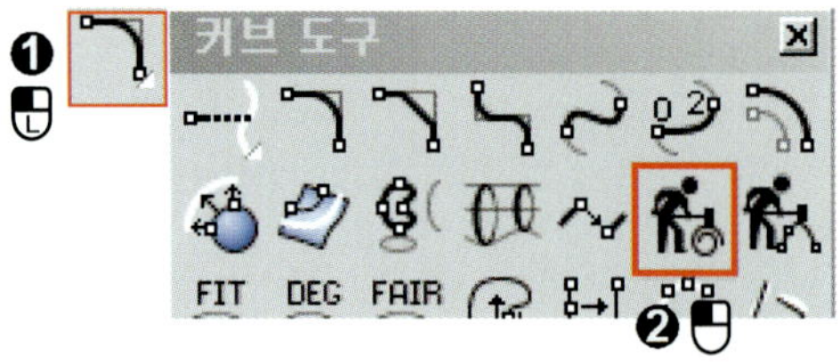


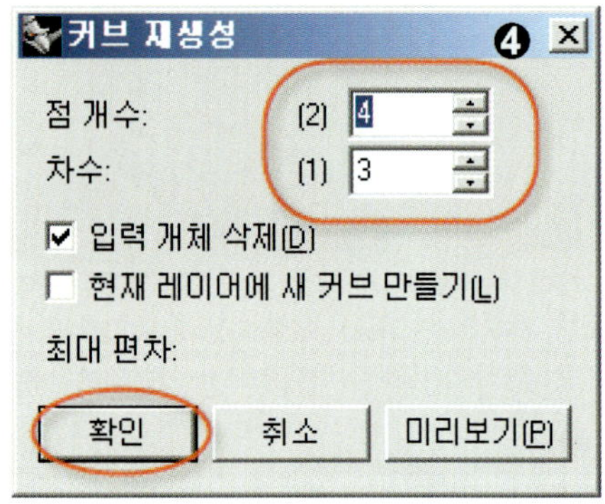


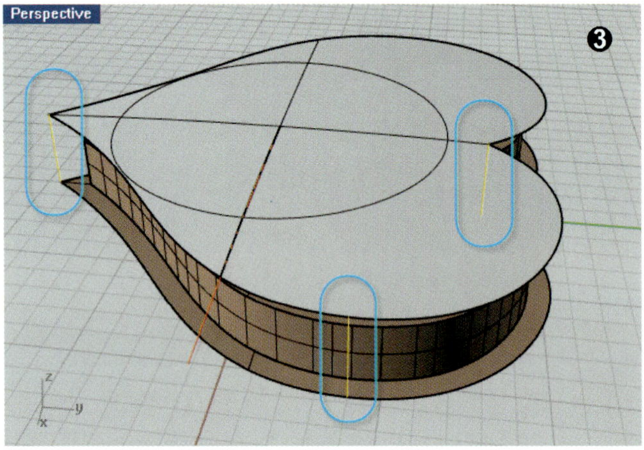


(S-15) 옆면에 그려진 단면 커브를 재생성 하기위해 1번을 길게 누르고 2번 재생성을 클릭한 다음 3번 그림처럼 옆면의 단면 커브를 모두 선택하고 Enter를 친다.
그러면 4번 재생성 창이 나오는데 위처럼 바꾸고 확인을 누른다.

< STEP-15 >

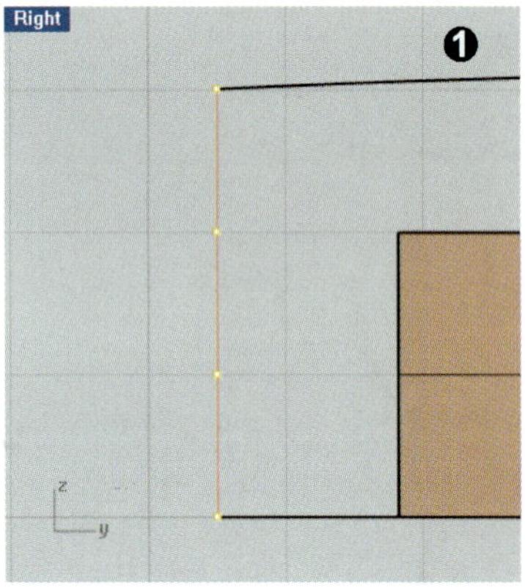


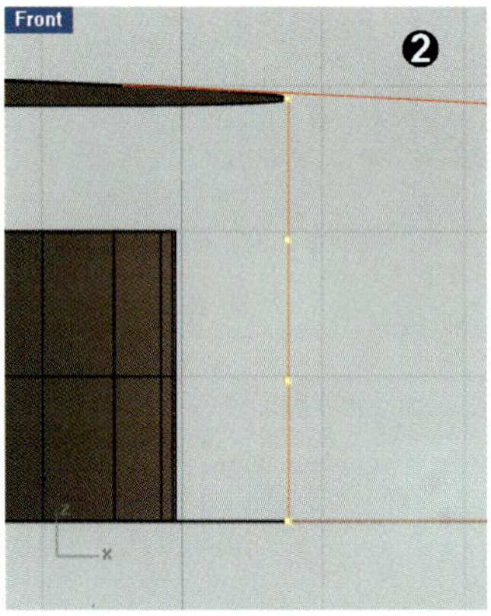


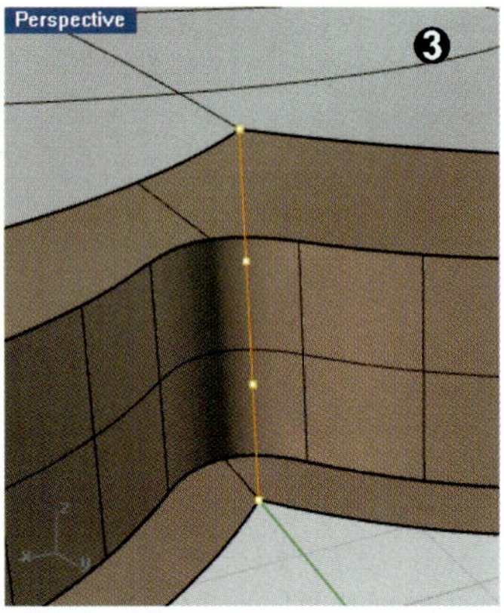


< STEP-16 >

(S-16) 확인을 누르고 나서 각 3개의 커브를 선택하고 F10을 눌러 제어점을 켜보면 1, 2, 3번처럼 바뀌게 되는데 이는 차수가 1인 직선이 차수가 3인 자유곡선으로 바뀌게 되는 것이다.

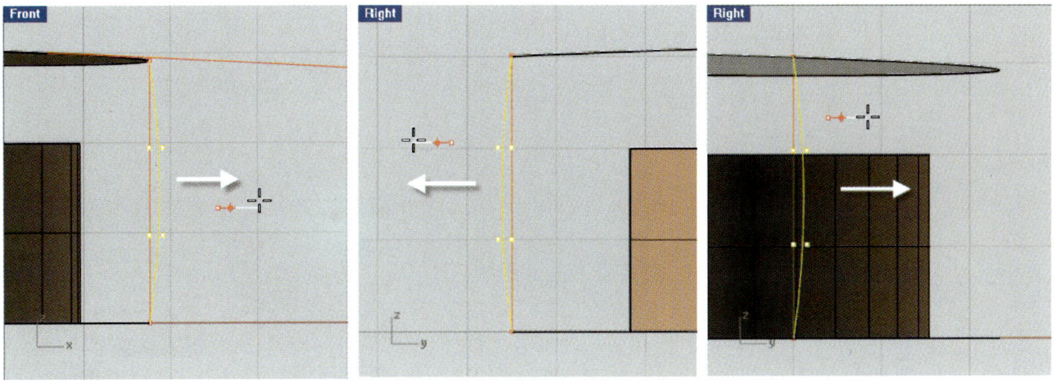


< STEP-17 >

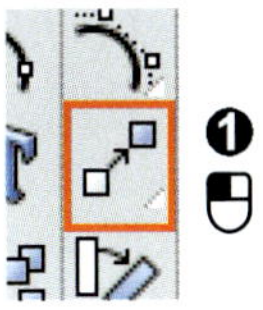

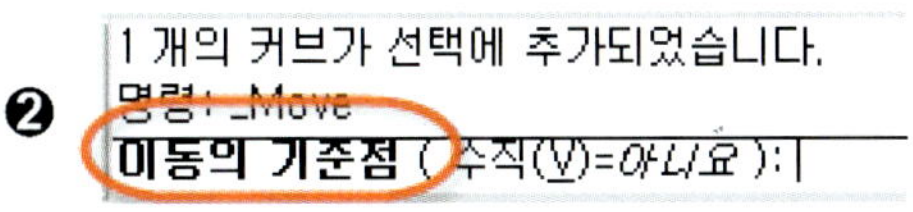


(S-17) 각 뷰포트에서 가운데 제어점 2개를 선택후 1번 이동을 클릭후에 2번처럼 명령창이 나오면 각 뷰포트에서 임의의 한곳을 선택한 다음 명령창에 0.15를 입력하고 Enter를 치면 0.15mm 길이로 고정이 되면 Shift키를 누르고 화살표 방향으로 클릭해 이동시킨다.

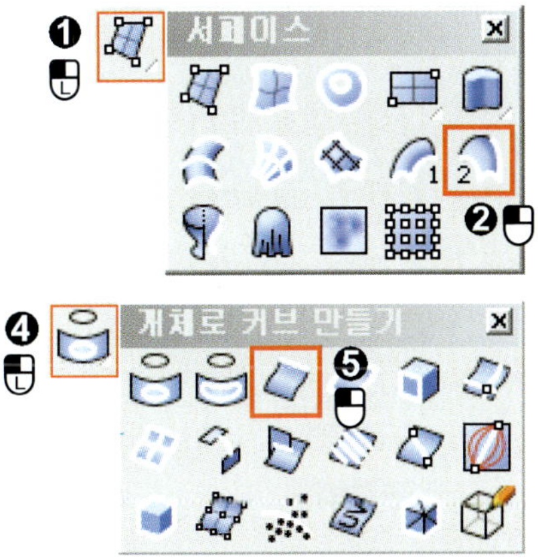


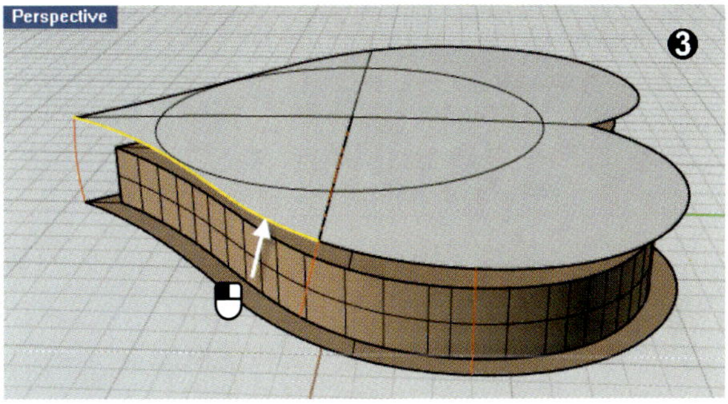


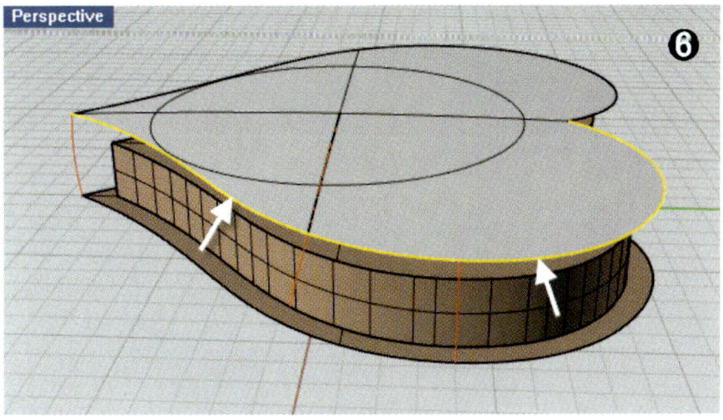


(S-18) 2레일을 이용해서 옆면을 만드는데 1번을 길게 클릭, 2번 2레일을 선택하고 3번 서페이스의 엣지를 선택하면 그림처럼 끊어져 있는데 이는 이전 부울연산 작업시 원형 서페이스의 이음선이 이곳이었기 때문이다. 그래서 엣지에 커브를 복사하기 위해 4번을 길게 클릭하고 5번을 클릭, 6번 그림처럼 하트 절반만 커브를 복사한 다음 Enter를 쳐서 종료한다.

< STEP-18 >

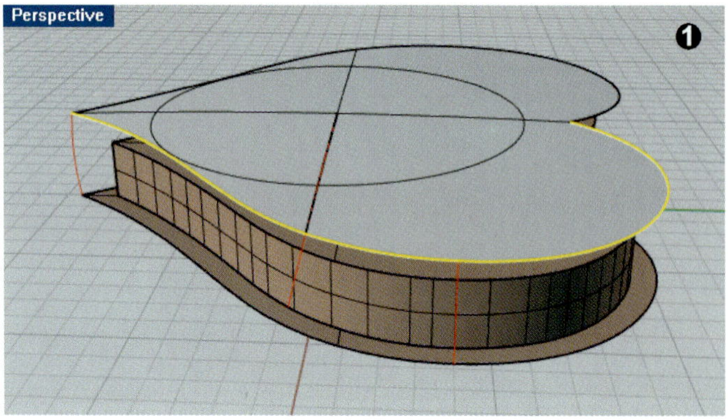


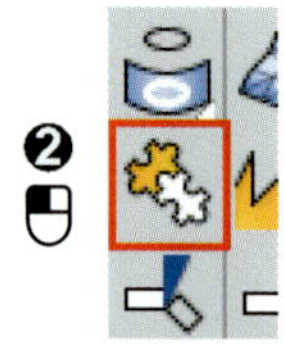

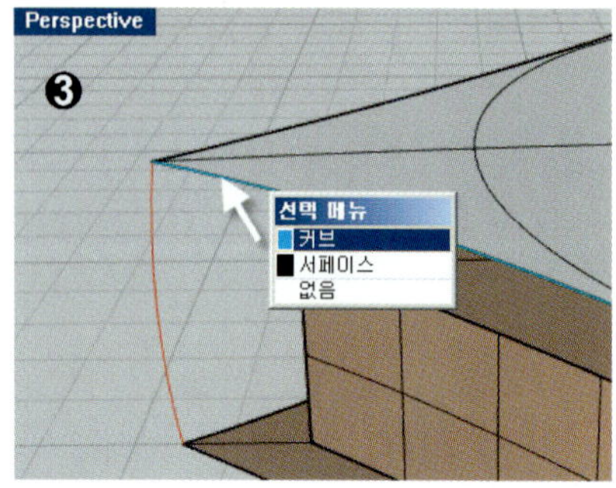


< STEP-19 >

(S-19) 이렇게 추출된 2개의 커브는 아직 결합이 안되어 있기 때문에 추출된 상태에서 바로 2번 결합을 클릭해서 하나의 커브로 결합시킨다. 실수로 선택이 해제되어 있을 경우는 2번 결합을 클릭하고 차례로 2개의 커브를 선택하고 Enter를 쳐도 된다.
3번 그림처럼 서페이스 엣지를 클릭해 보면 커브가 복사된 것을 알 수 있다.

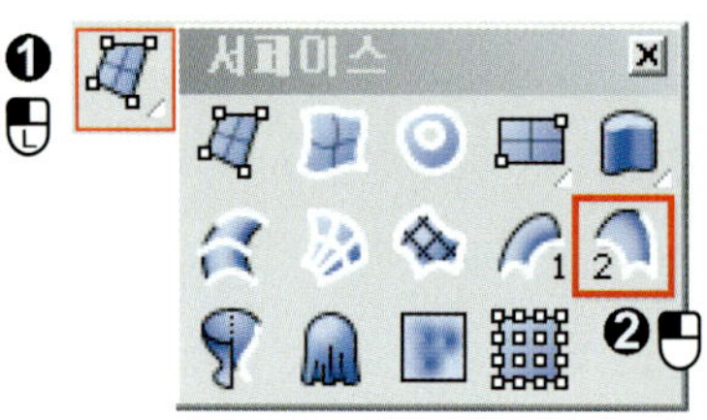


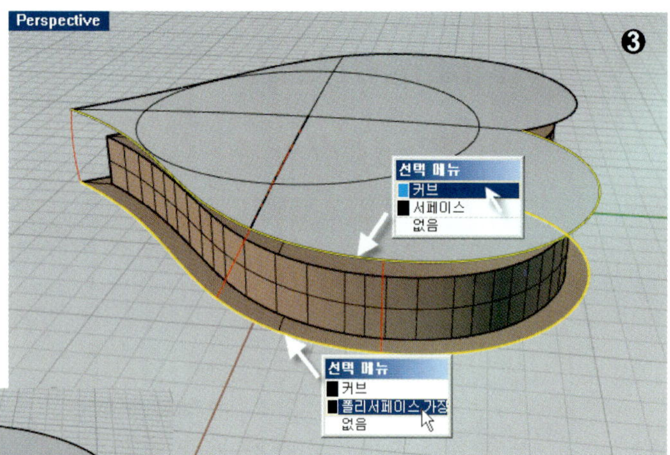


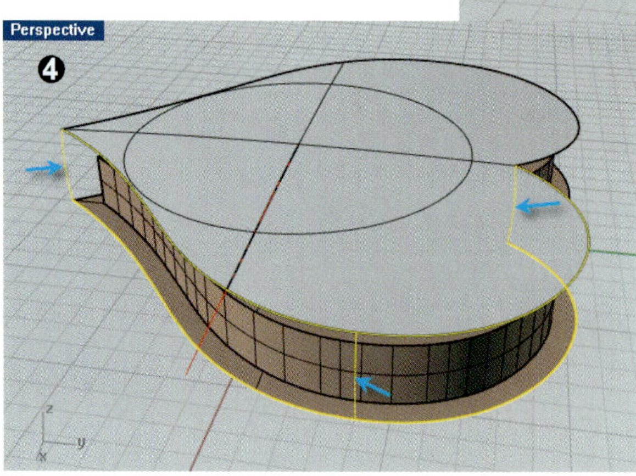


< STEP-20 >

(S-20) 2레일로 옆면을 만들기 위해 표시된 두 부분을 레일로 하기위해 3번 그림처럼 클릭하는데 위쪽은 커브를 선택하고 아래쪽은 폴리서페이스 가장자리를 선택한 다음 4번 그림처럼 옆의 단면 커브를 차례로 선택하고 Enter를 친다.

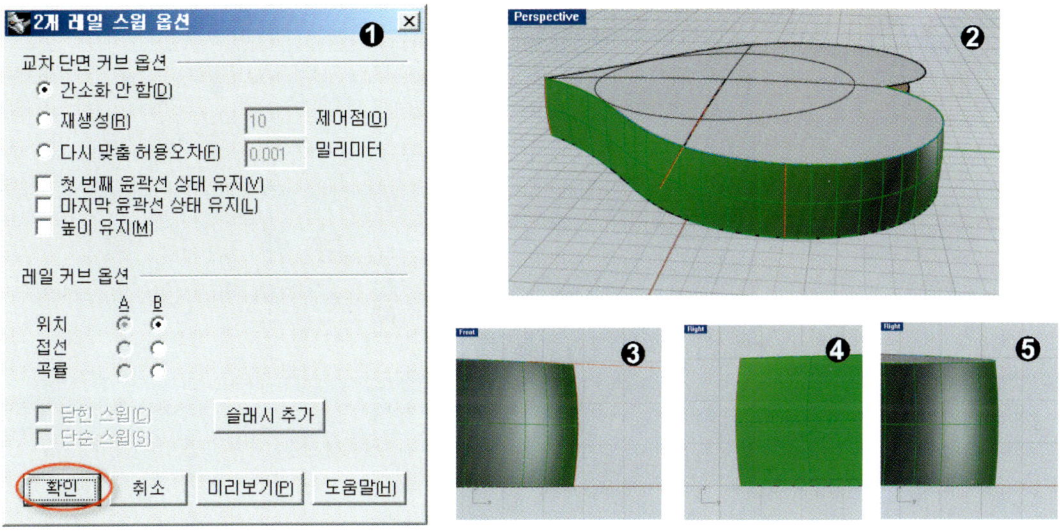


< STEP-21 >

(S-21) Enter를 치면 옵션창이 나오는데 여기서는 확인을 누른다. 그럼 2번 처럼 옆면이 만들어지는데 3, 4, 5번을 보면 단면 커브처럼 서페이스가 만들어진 것을 알 수 있다.

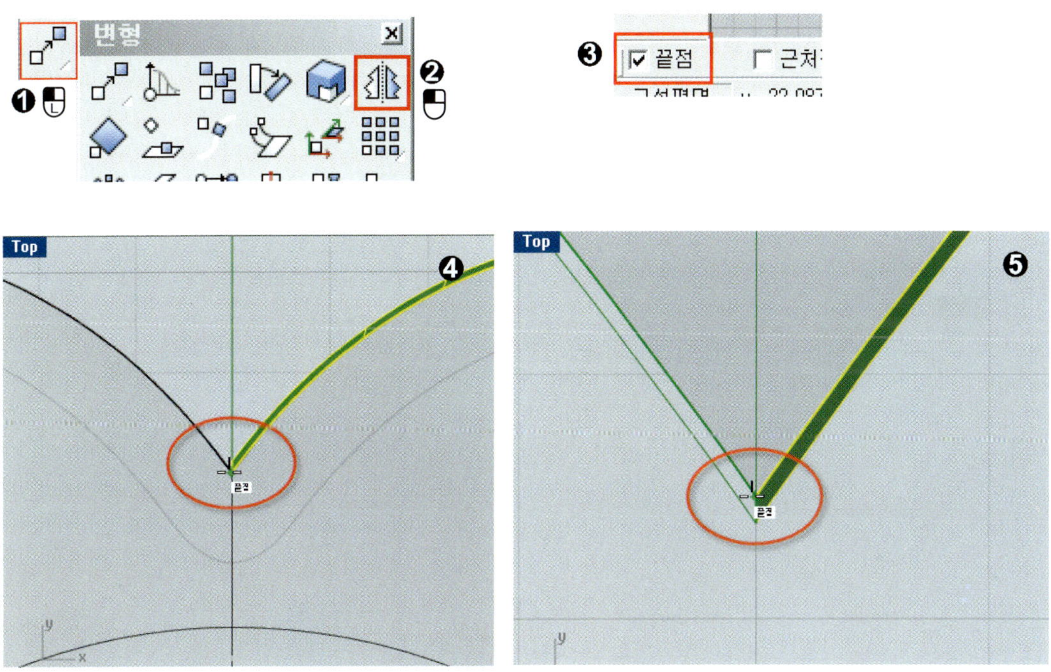


< STEP-22 >

(S-22) 여기서는 편의상 만들어진 옆면을 선택하고 1번을 길게 클릭하고 2번 미러를 클릭한 다음 화면 하단의 개체스냅 중에 3번 끝점을 체크하고 4번 그림처럼 위쪽의 끝점을 선택하고 5번 그림처럼 하단의 끝점을 선택한다.

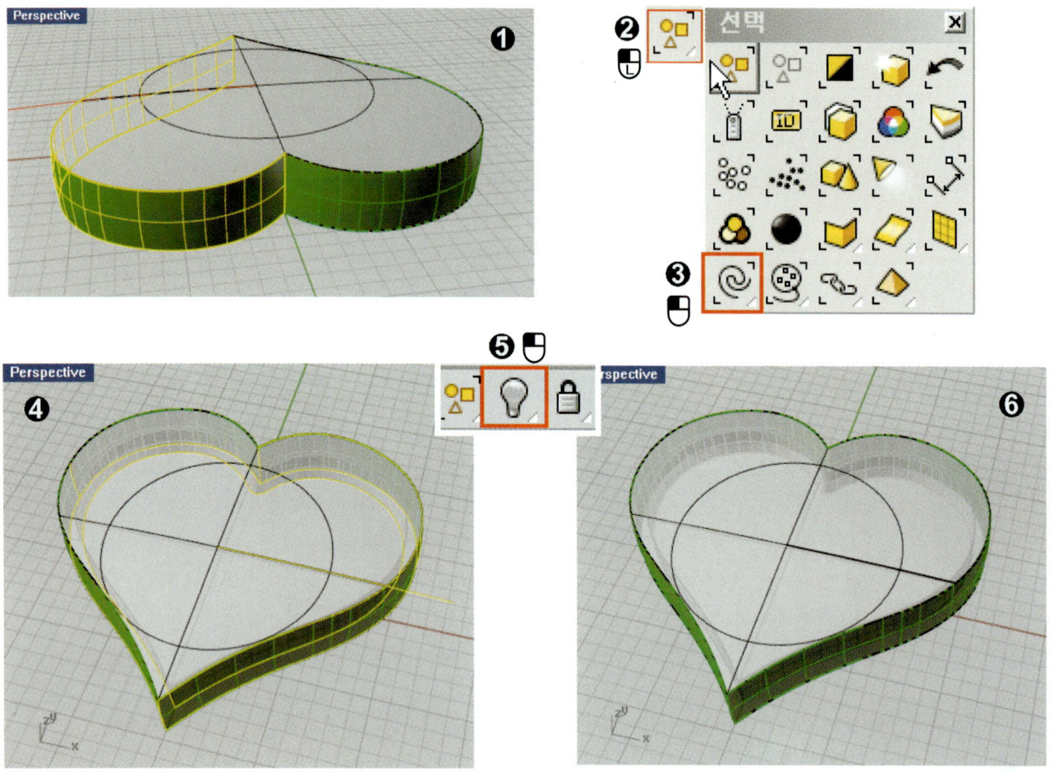


< STEP-23 >

(S-23) 1번이 미러된 결과이고 작업 편의상 모든 커브를 잠깐 숨기기 위해 2번 모두 선택을 길게 클릭하고 3번을 클릭하면 4번처럼 화면의 모든 커브들이 선택이 된다. 이때 5번 숨기기를 클릭하면 6번처럼 커브들만 숨길 수 있다.

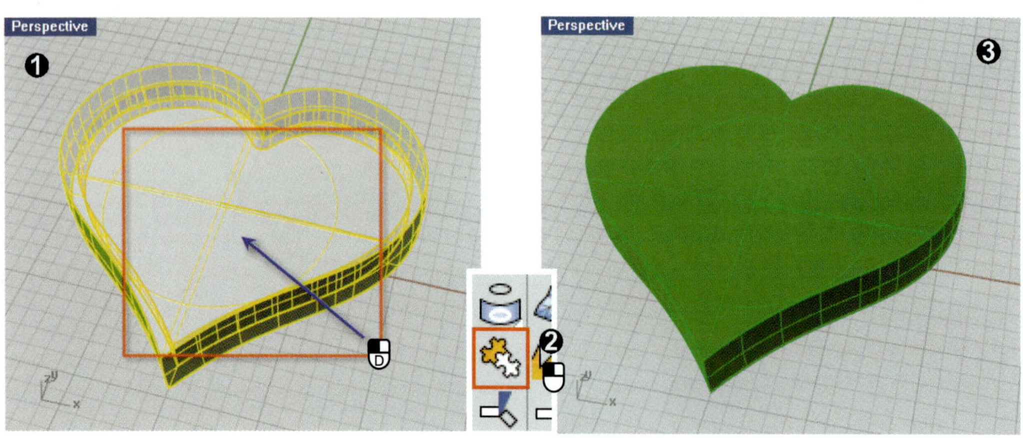


< STEP-24 >

(S-24) 1번처럼 클릭-드래그하여 모든 서페이스를 선택한 다음 2번 결합을 클릭하면 3번처럼 하나의 폴리서페이스로 된다.

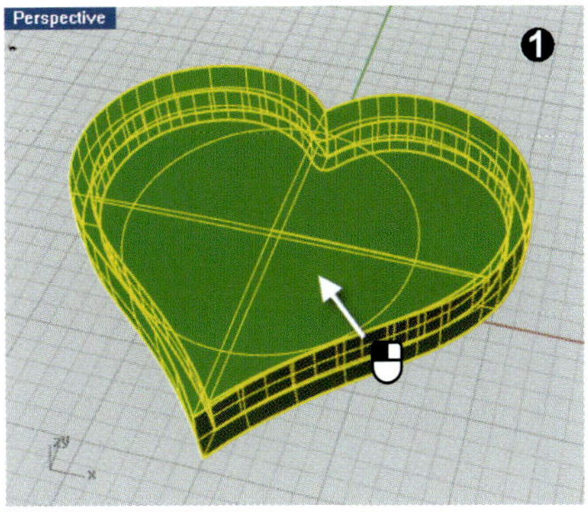

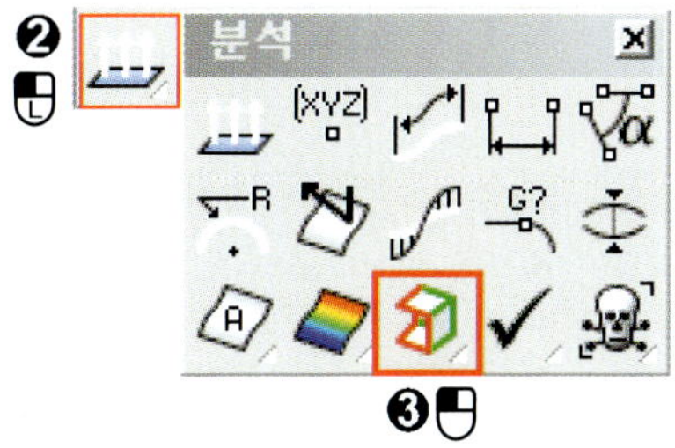


< STEP-25 >

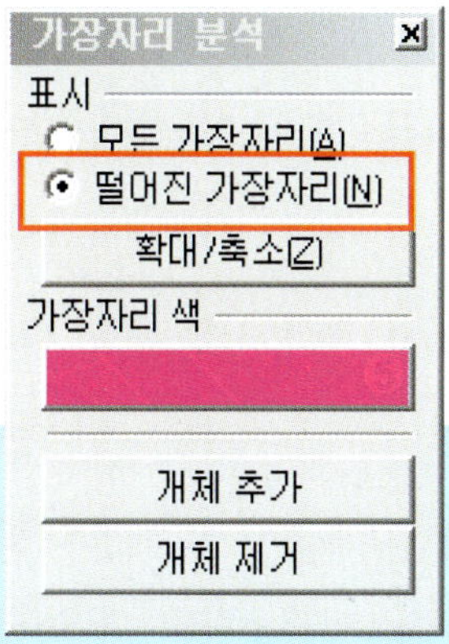


❹

명령: _ShowEdges
총 11개의 가장자리(떨어진 가장자리 없음)가 발견되었습니다.

(S-25) 1번 완성된 하트를 선택해서 2번 분석을 길게 클릭하고 3번 가장자리 보이기를 클릭했을때 4번처럼 명령창이 나오면 RP를 사용해서 작업하는데 문제가 없는 솔리드 개체가 된 것을 알 수 있다. 여기서 5번 명령창에 모든 가장자리가 체크되어 있으면 개체의 모든 가장자리가 체크되어 보여지므로 4번 명령창을 우선 확인해야 한다.
이 부분은 앞으로 작업 중간에라도 수시로 체크해야 할 매우 중요한 부분이다.
이것을 작업중에 체크하지 않았을 경우 완성된 후에 열린 가장자리가 나오게 되면 초보자들의 경우 수정이 어려운 경우가 많기 때문이다.
위 4번 명령창에 떨어진 가장자리 갯수가 표시 되면 만들어진 개체에 5번 명령창에 현재 지정된 보라색으로 가장자리가 표시가 된다. 그러면 그 가장자리가 없도록 반드시 수정해야 RP장비로 제작을 할 수 있다.

[ 여기서 다룬 하트의 구배진 윗면과 옆면의 수정하는 방법은 개인적인으로 작업하는 방법을 조금이나마 도움이 되고자 해서 다룬것이므로 작업자의 모델링 방법에 따라 달라질 수 있는 부분이므로 참고하시기 바랍니다. ]

[아래 이미지는 위의 방법을 응용한 예를 보여준다.]

# Rhino3D

## 14. 십자가 팬던트 만들기

# 14. 십자가 팬던트 만들기

# 14. 십자가 펜던트 만들기

라이노 옵션 -그리드 -스냅간격을 0.5로 설정하고 시작한다.

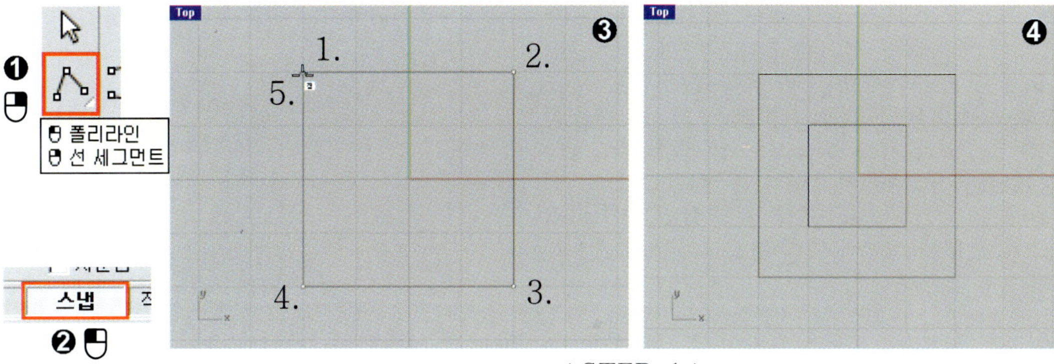


< STEP-1 >

(S-1) 십자가 외형을 그리기 위해 1번 아이콘을 오른클릭(선 세그먼트)하고 하단의 2번 스냅을 켜고 Top에서 3번 그림의 번호 순서대로 클릭해서 4mm 정사각형을 그린다.
4번 그림안에 사각형도 같은 방법으로 그린다.

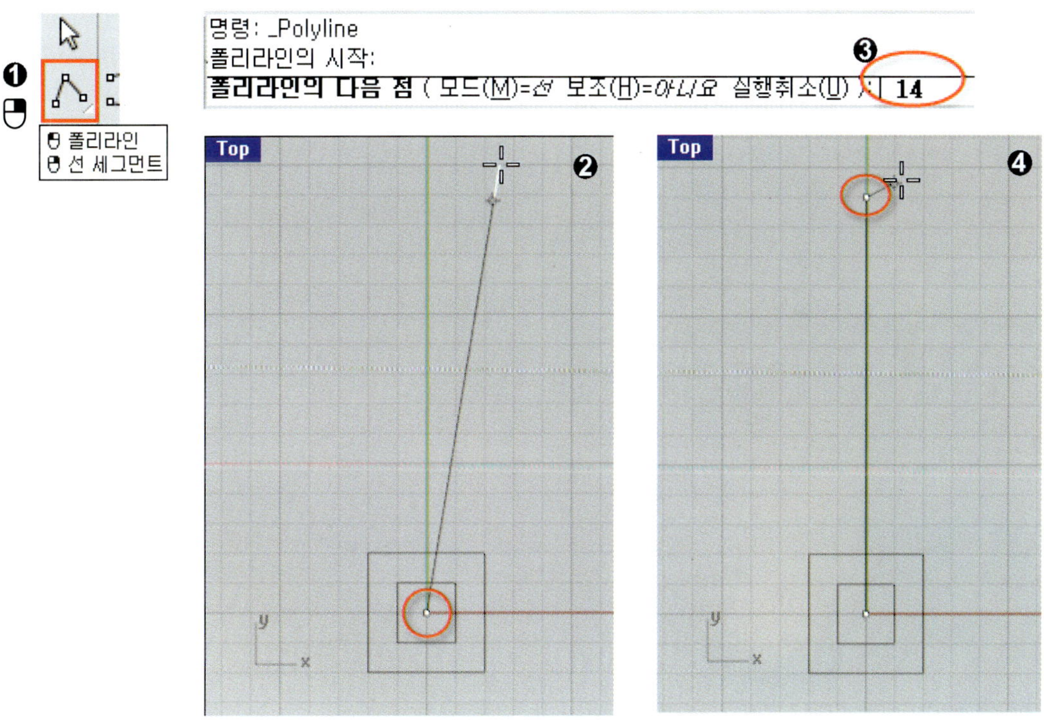


< STEP-2 >

(S-2) 1번을 오른클릭하고 2번 그림의 사각형 중심점을 클릭한 다음 3번 명령창에 14를 입력하고 Enter를 치면 직선이 14mm로 고정이 되고 이때 Shift 를 누르고 4번 그림처럼 클릭하고 Enter를 쳐서 종료한다.

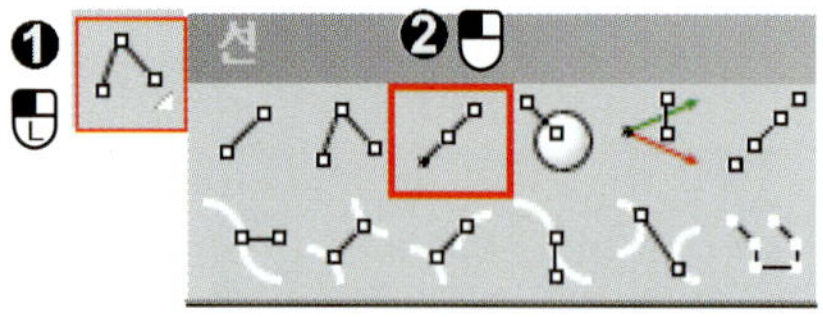


(S-3) 1번 폴리라인을 길게 클릭하고 2번 중간점을 클릭, 3번 그림처럼 하단의 개체스냅 중에 끝점을 체크하고 직선 끝점을 선택해서 수평으로 2mm를 이동해서 클릭해서 그린다.
아래 수평선도 2번 중간점을 클릭하고 수직선 끝에서 1.5mm 내려와서 클릭한 후에 수평으로 3.5mm 이동해서 클릭하면 좌우로 같은 길이의 직선이 그려진다.
(여기서는 치수가 작게 설정되어 있으므로 눈금을 보고 클릭한 경우이다.)

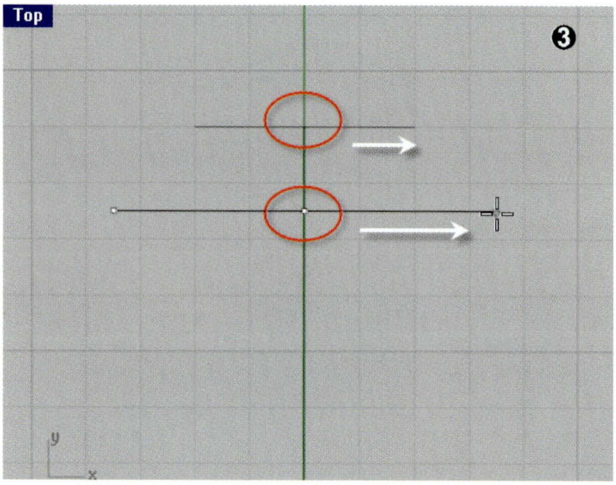


< STEP-3 >

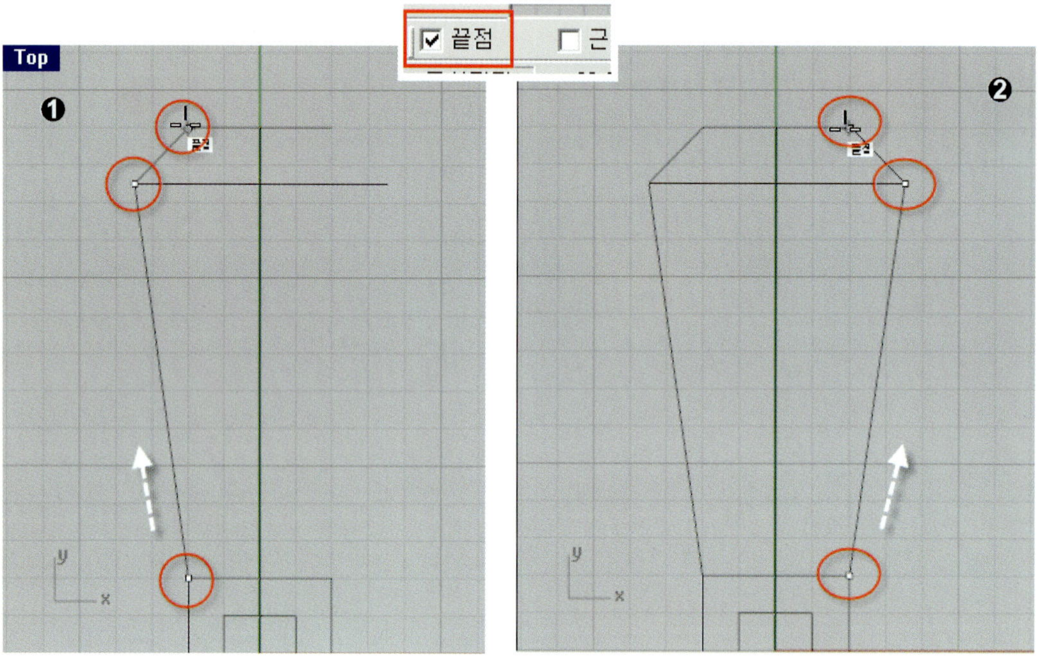


< STEP-4 >

(S-4) 위 STEP-3의 1번 폴리라인을 선택하고 하단의 개체스냅 중에 끝점을 체크하고 1, 2번 그림의 화살표 순서대로 각각 그린다.

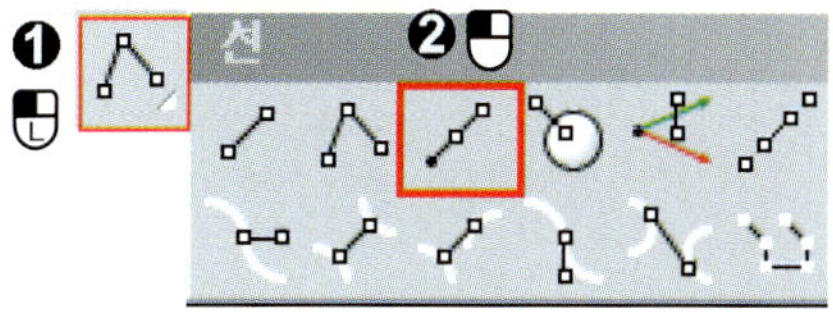


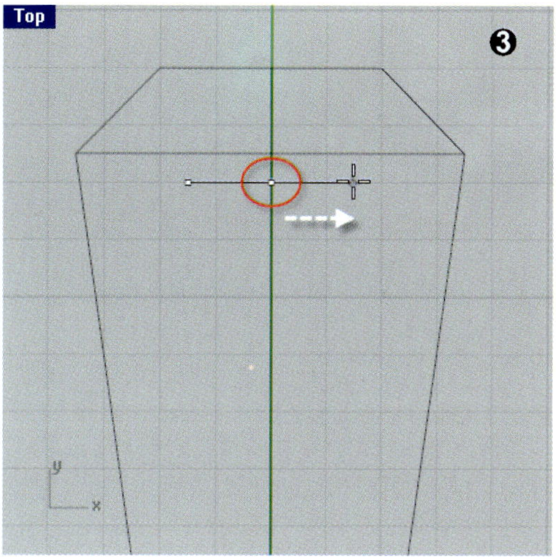


(S-5) 1번을 길게 클릭하고 2번 중간점 에서를 선택, 3번 그림처럼 끝에서 2mm 내려온 위치에서 클릭후 수평으로 1.5mm 수평으로 이동한 다음 클릭해서 종료한다.

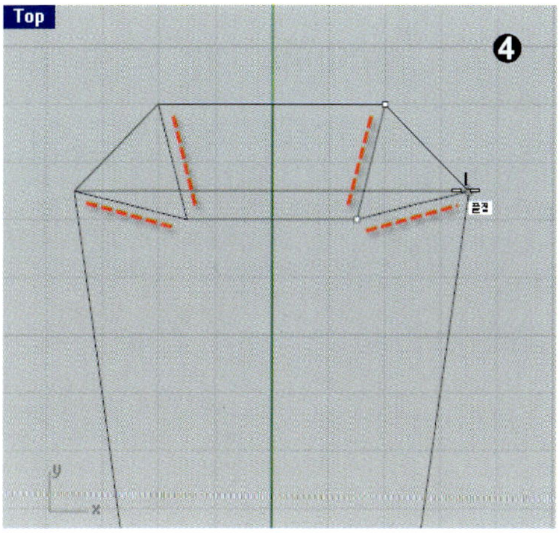

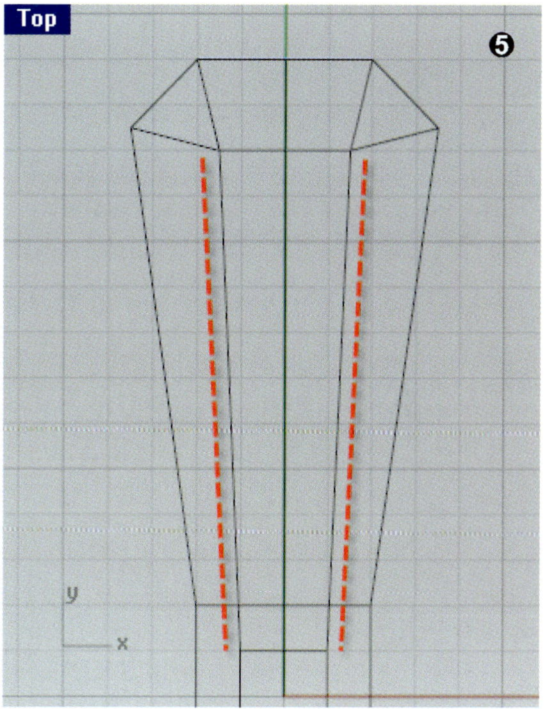


< STEP-5 >

(S-5) 위 1번 폴리라인을 클릭하고 화면 하단의 끝점을 체크한 다음 4번 그림처럼 클릭해서 그리는데 Enter를 쳐야 그리기가 종료가 된다.
5번 그림에서도 같은 명령어로 표시된 두 직선을 그려서 완성하고 위에서 그린 가로폭의 7mm 기준선과 STEP-2에서 그린 기준선은 그림처럼 선택해서 지운다.
(커브를 그릴때는 선들이 중복 되어 겹쳐지게 그려서는 안된다.)

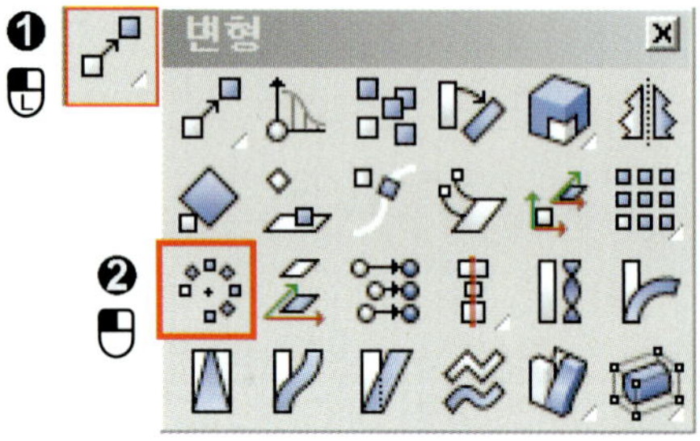


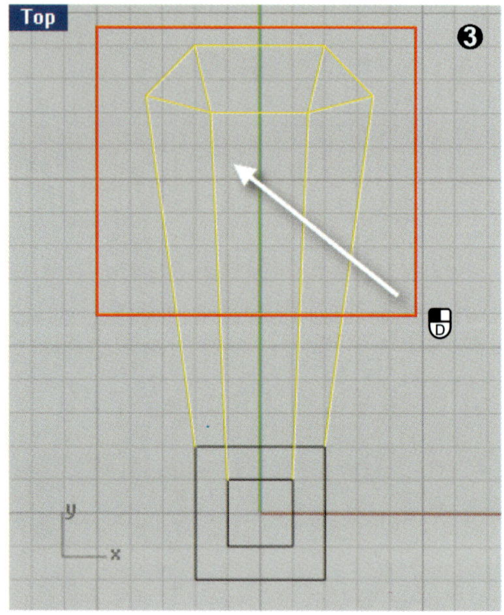


(S-6) 만들어진 커브를 원형 배열해서 복사하기 위해 1번을 길게 클릭, 2번 원형배열을 클릭하고 3번 그림처럼 클릭-드래그해서 커브를 선택한 다음 Enter를 친다.

< STEP-6 >

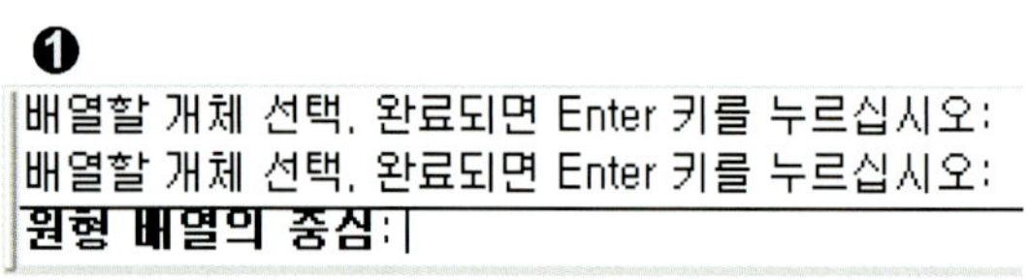


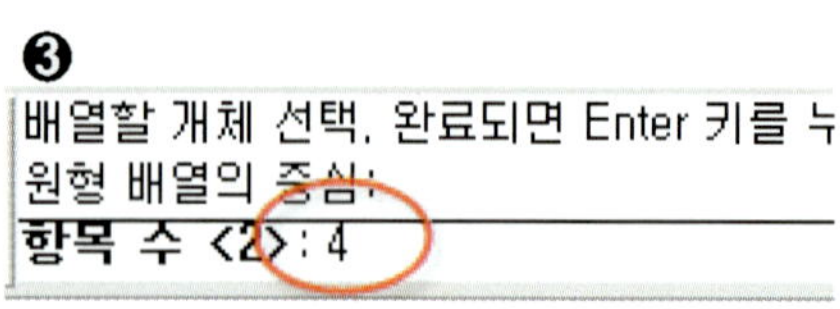


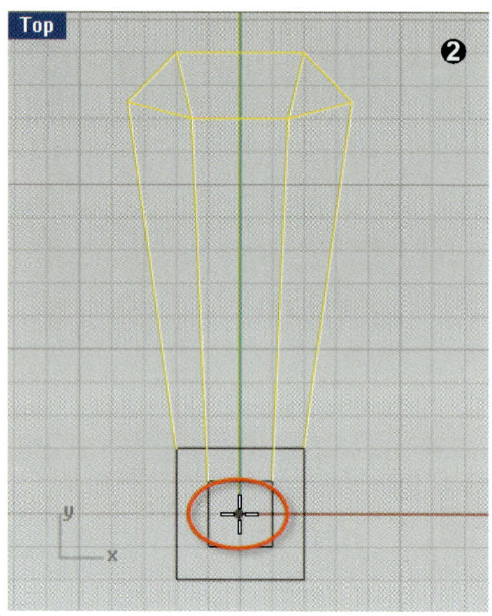


< STEP-7 >

(S-7) STEP-6에서 Enter를 치면 1번처럼 나오는데 이때 2번 그림과 같이 정사각형의 중심을 클릭하면 3번같이 항목수 입력창이 나오는데 여기에는 만들고자 하는 총 갯수를 입력하면 된다. 따라서 4를 입력하고 Enter를 친다.

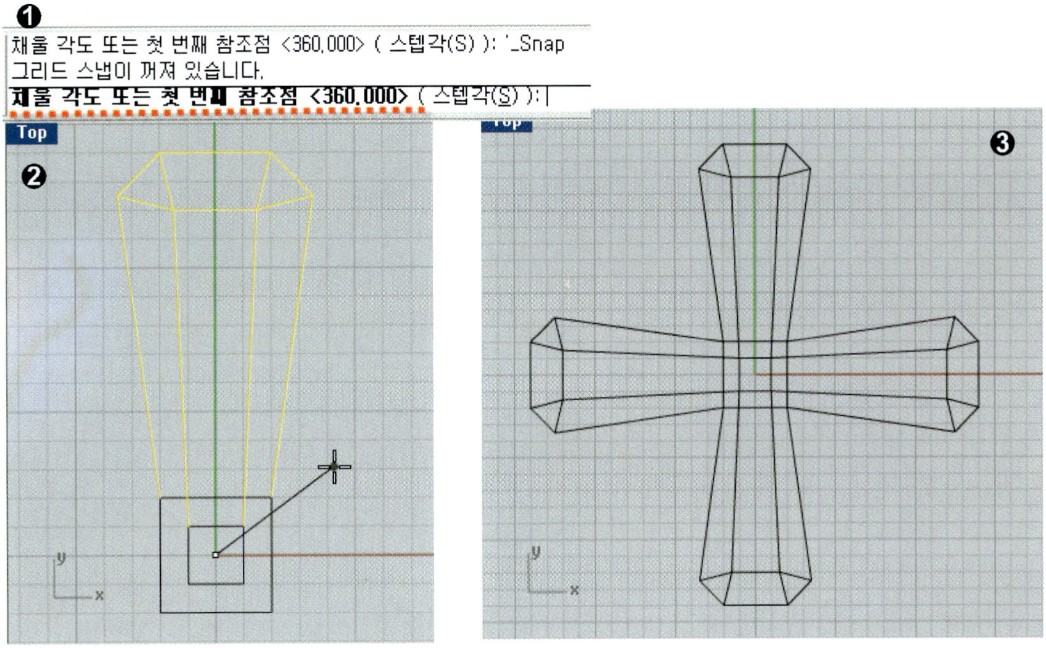


< STEP-8 >

(S-8) STEP-7에서 Enter를 치면 1, 2번과 같이 나오는데 이때 Enter를 치면 3번 그림처럼 완성된다.

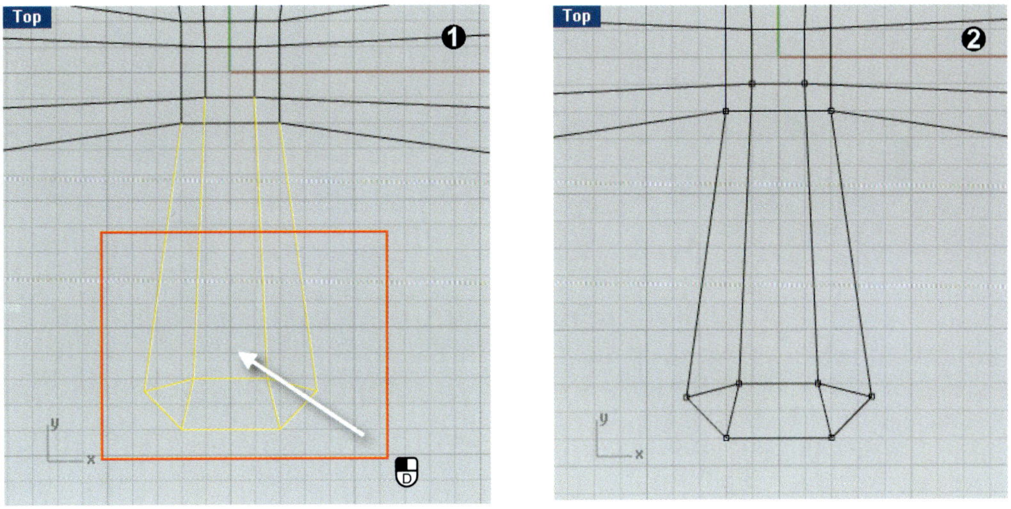


< STEP-9 >

(S-9) 1번 처럼 클릭-드래그해서 아래부분의 커브를 선택한 다음 F10을 눌러 2번처럼 제어점을 킨다.

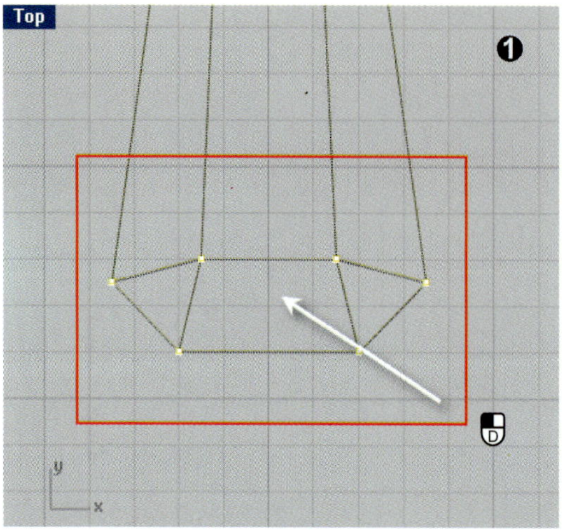


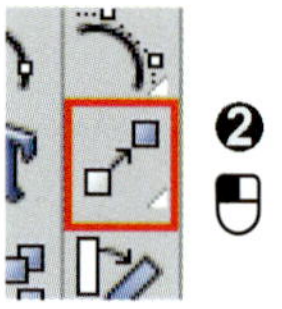


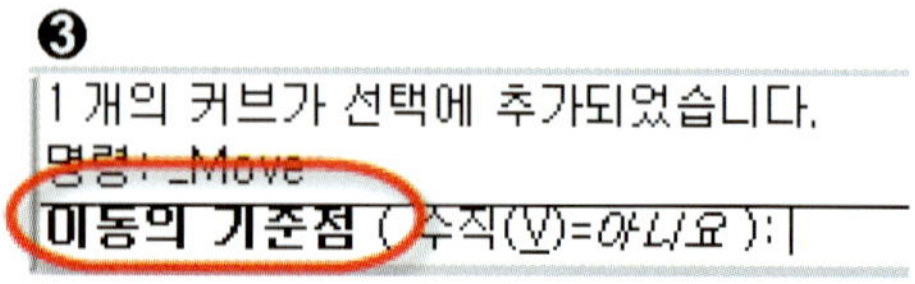


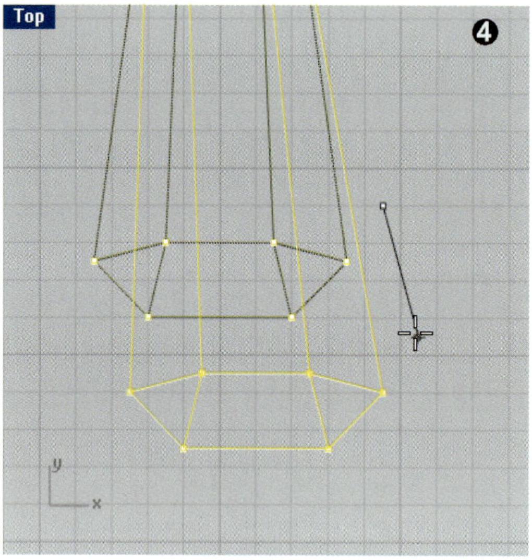


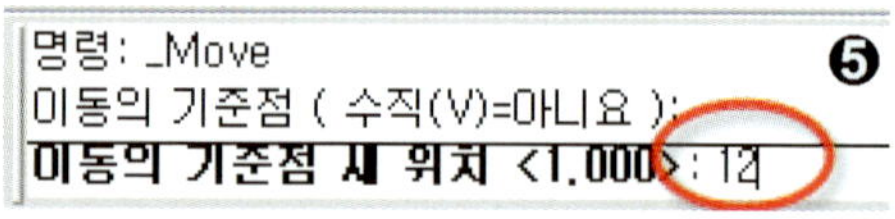


< STEP-10 >

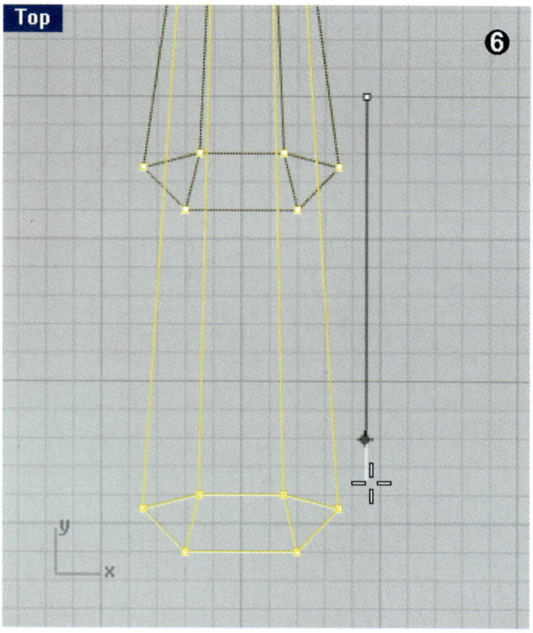


(S-10) 그다음 1번처럼 제어점을 선택후 2번 이동을 클릭하면 3번같이 명령창이 나오는데 이때 4번처럼 임의의 한곳을 클릭한다. 그럼 5번과 같이 명령창이 나오는데 여기에 12를 입력후 Enter를 치면 6번과 같이 12mm만큼 움직이도록 고정이 되며 Shift키를 누르고 그림처럼 클릭해서 이동시킨다.

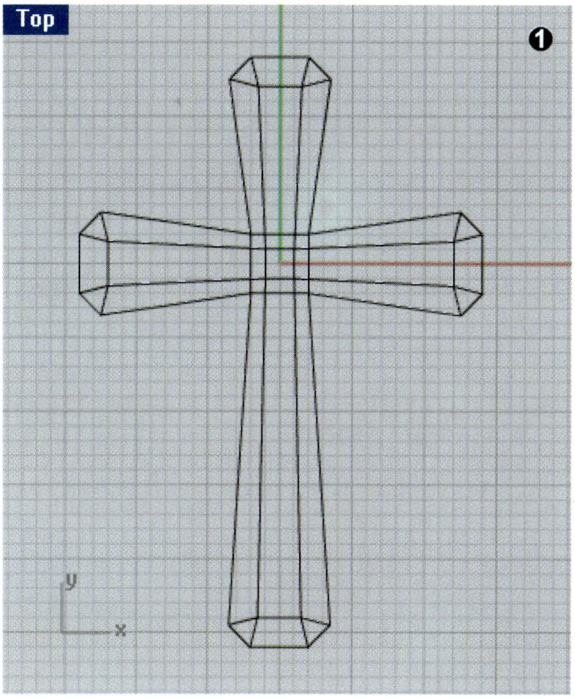


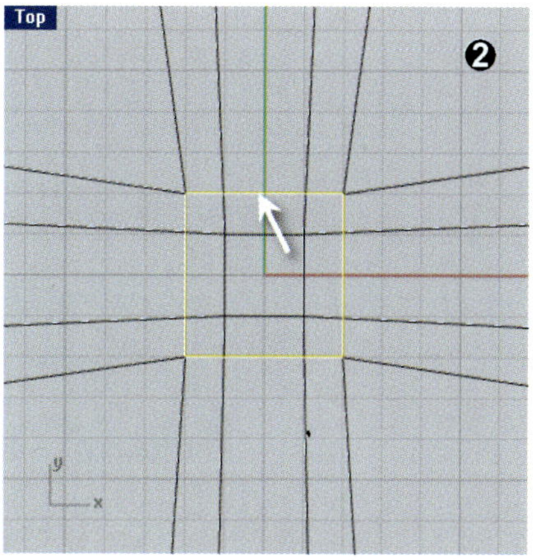


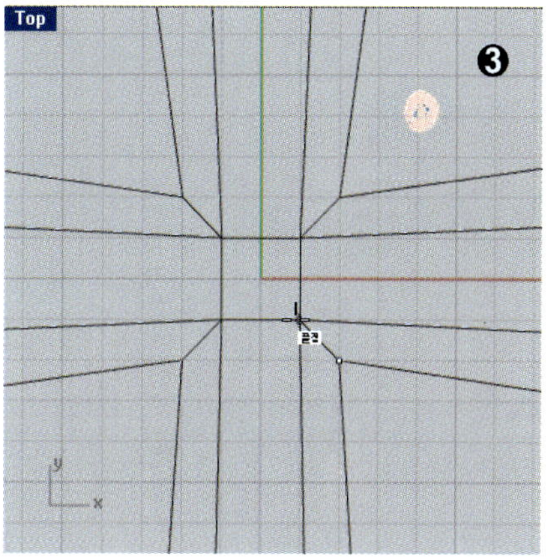


< STEP-11 >

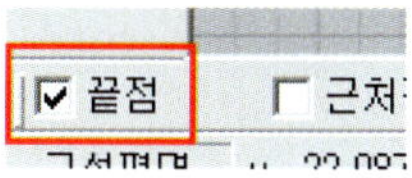


(S-11) 1번처럼 완성이 되면 2번에 사각형을 선택해서 지우고 3번 그림처럼 하단의 개체스냅 중에 끝점을 체크하고 지선으로 4곳을 연결한다.

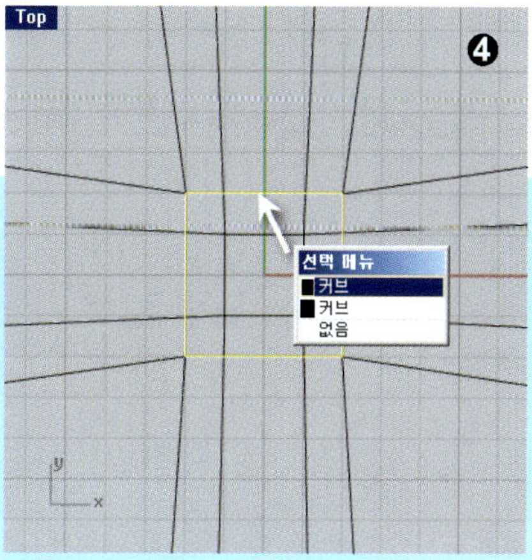


[ 이때도 마찬가지로 각 커브가 중첩되는 곳이 없게 해야 한다. 4번 그림은 커브를 선택 했을때 2개가 중첩이 되어 있는 경우의 그림이다.]

이번 예제에서는 직접 커브를 선택해서 서페이스를 만들어 나가기 때문에 중복되는 서페이스를 만드는 경우는 드물지만 커브 일부가 중첩이 되어 있을때 이것을 모르고 돌출 명령이나 회전 명령등으로 만드는 경우 솔리드 입체에 일부의 서페이스가 중첩되서 만들어지게 되며 육안으로 찾기 어렵기 때문에 이것을 모르고 RP등으로 작업시 이것으로 인해 에러가 난 것처럼 보일 수 있으므로 주의해야 하며 미리 파일을 체크해야 한다.

(S-12) 좌측 그림과 같이 외형의 십자가 커브는 선택하지 말고 내부에 있는 커브만 선택을 하는데 커브를 중복해서 계속 선택하는 방법은 앞에서 언급하였듯이 Shift를 누르고 선택하면 중복해서 선택할 수 있으며 반대로 선택을 해제하는 방법은 Ctrl를 누르고 선택하면 선택한 것만 해제할 수 있다.

[Ctrl키는 키보드의 양쪽 2개중에서 왼쪽키만 적용이 되었다.]

< STEP-12 >

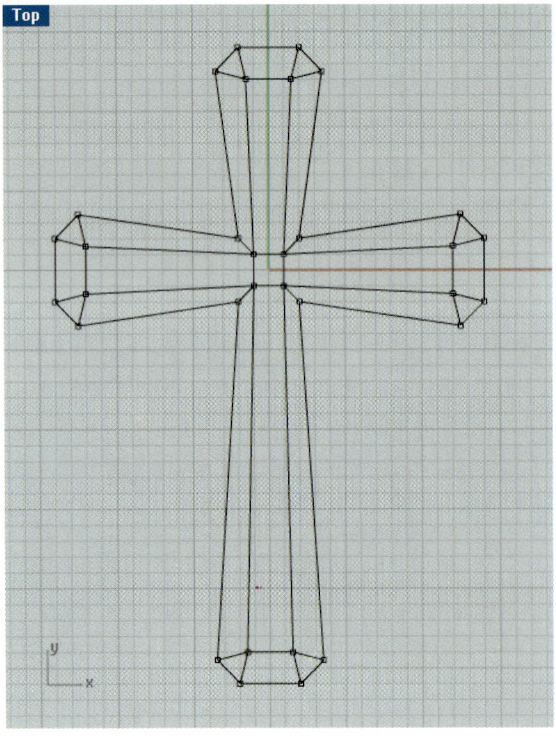

(S-13) 내부의 커브를 모두 선택한 다음 F10을 누르면 왼쪽 그림처럼 제어점이 켜진다.

< STEP-13 >

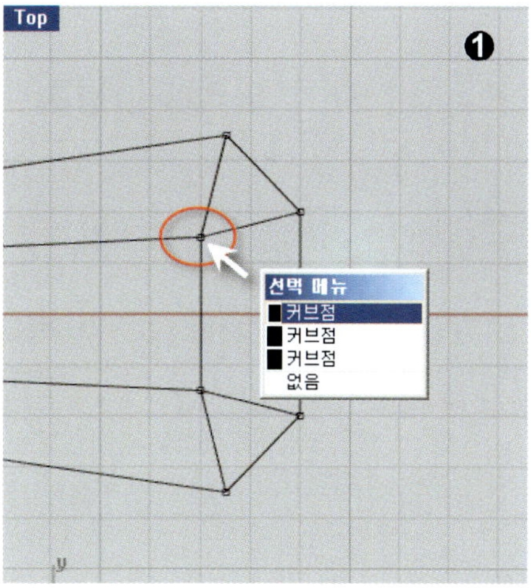


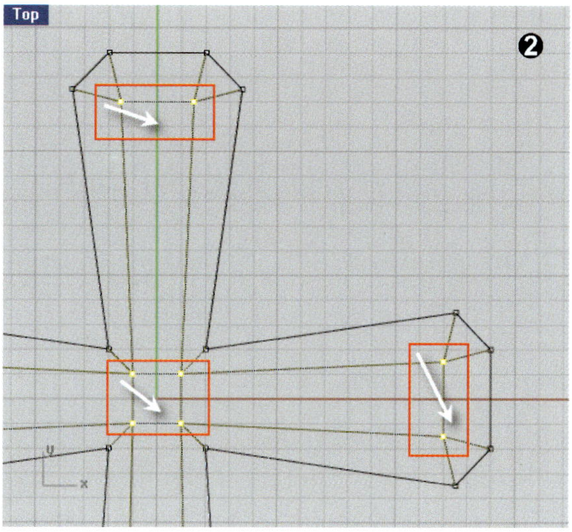


< STEP-14 >

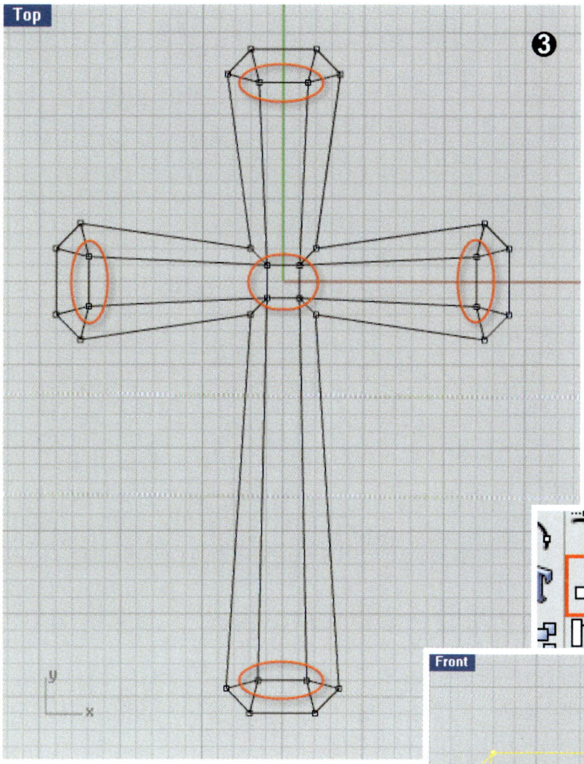


(S-14) 1번같이 제어점을 클릭해보면 커브점이 3개인것을 볼 수 있는데 이는 3개 커브의 끝점이 한곳에서 만나고 있기 때문이다. 그래서 2번처럼 드래그해서 선택해야 중첩되어 있는 제어점을 모두 선택할 수 있다. 이와같은 방법으로 3번 그림에서 표시된 부분의 제어점을 모두 드래그해서 선택한다.
이것도 역시 Shift 키를 누르고 선택해야 중복 선택이 된다.

제어점 선택후 4번 이동을 클릭하고 5번 그림처럼 Front에서 하단의 스냅을 체크하고 임의의 한곳을 선택한 다음 수직으로 2mm 이동시킨다.

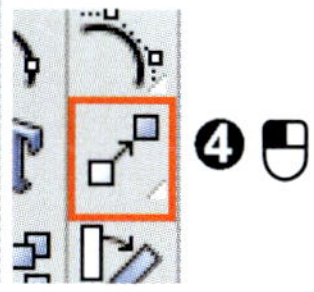

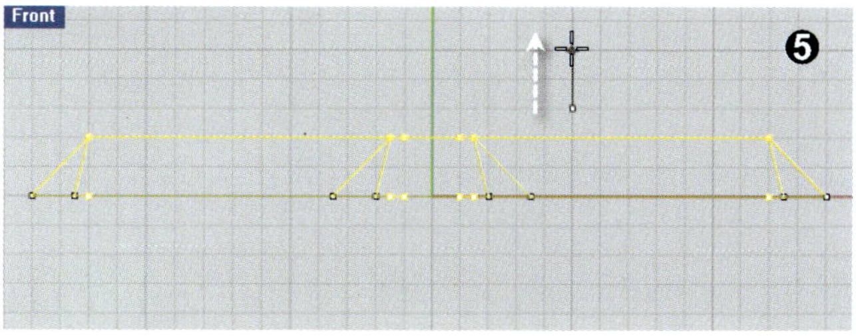

# 14. 십자가 펜던트 만들기

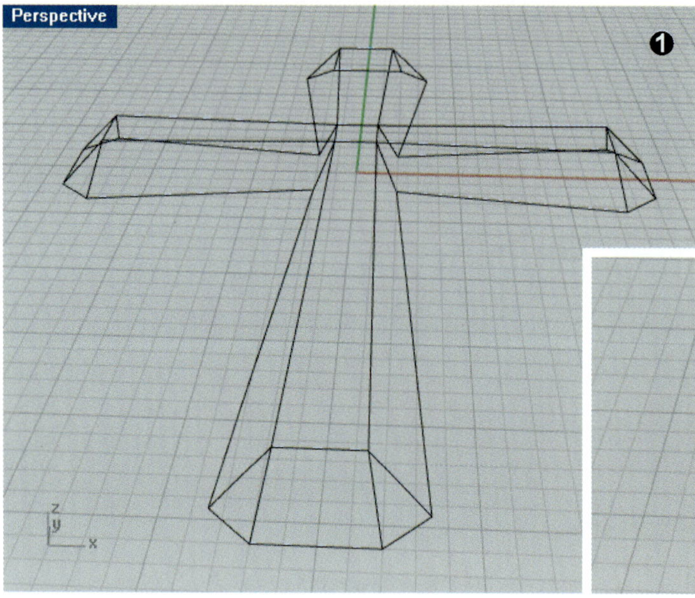

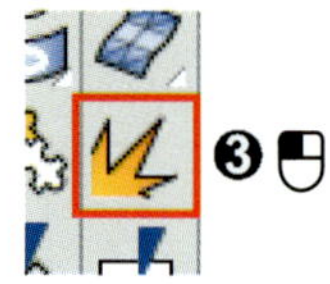

< STEP-15 >

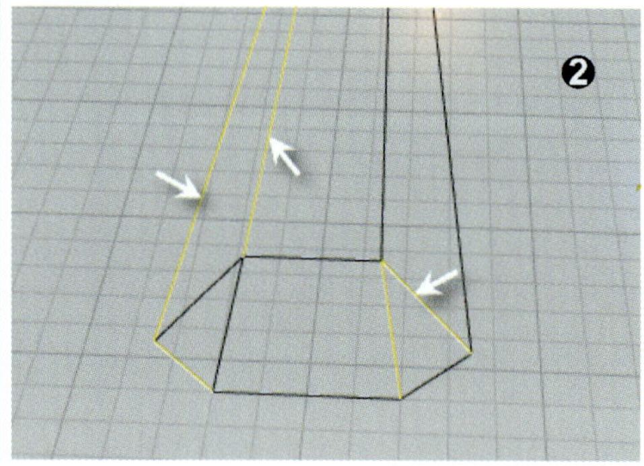

(S-15) 1번은 이동후 제어점을 끈 그림인데 2번 그림을 보면 커브를 그릴 당시 폴리라인으로 그렸기 때문에 커브들이 결합이 되어있는 것이 있다.
이제는 각 커브들을 이용해 서페이스를 만들어야 되기 때문에 클릭-드래그해서 십자가 전체 커브를 선택해서 3번 분해를 클릭하면 각각의 커브로 분해가 된다.

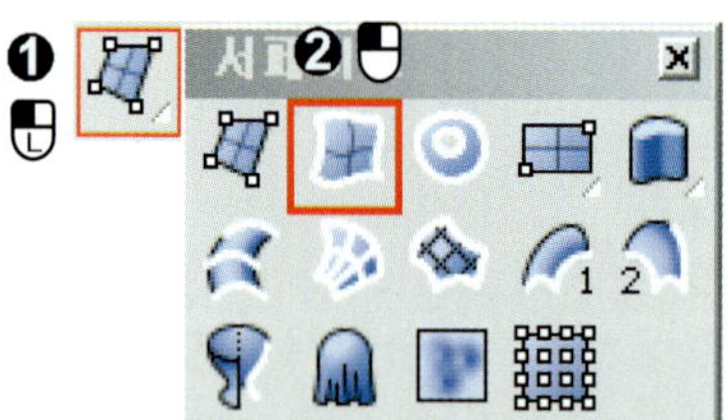

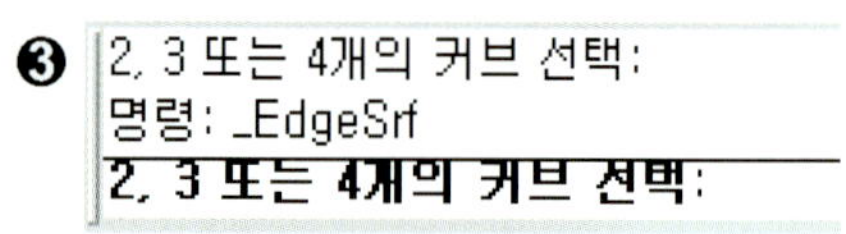


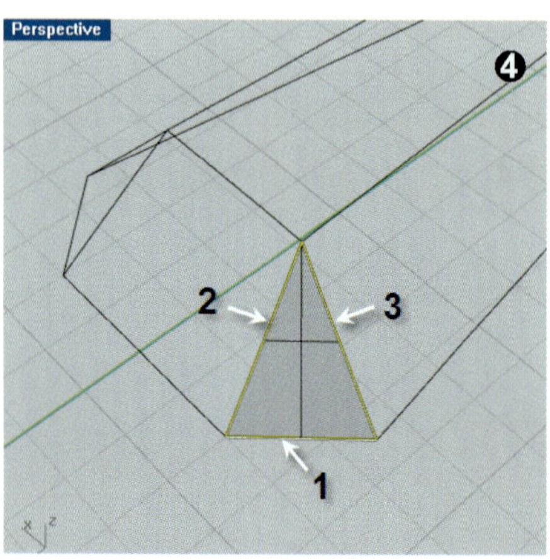

(S-16) 각 부분에 서페이스를 만들기 위해 1번을 길게 클릭하고 2번을 클릭하면 3번같이 명령창이 나오는데 4번그림의 순서로 커브를 클릭하고 Enter를 치면 서페이스가 만들어 진다.

[2개의 가장자리일때도 Enter를 쳐야 생성이 되고 4개일 경우는 바로 만들어진다. ]

클릭 순서는 바뀌어도 되고 2번 명령어는 2,3,4개의 가장자리만 사용 할 수 있다.

< STEP-16 >

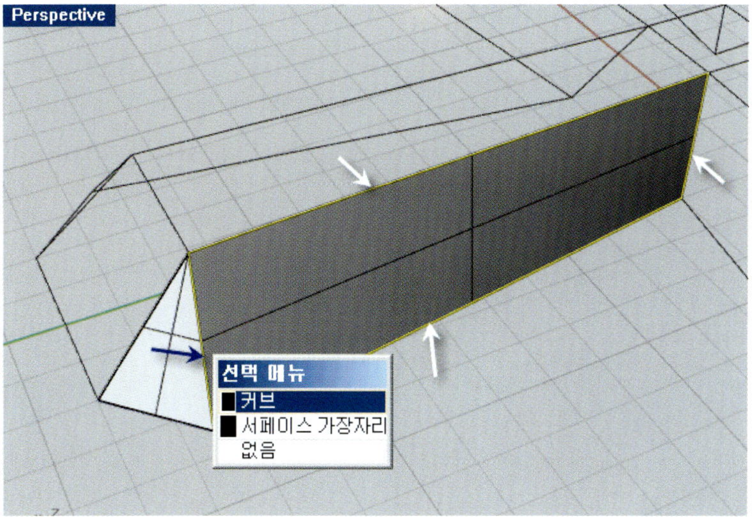


< STEP-17 >

(S-17) 위의 그림처럼 4개의 경우는 클릭후 바로 만들어지는데 파란 화살표 부분을 클릭하면 그림처럼 창이 나오는데 이유는 기존에 그린 커브가 있고 이전에 만든 서페이스도 같이 중첩이 되어 있기 때문이다. 여기서는 어느것을 선택해도 상관 없다.

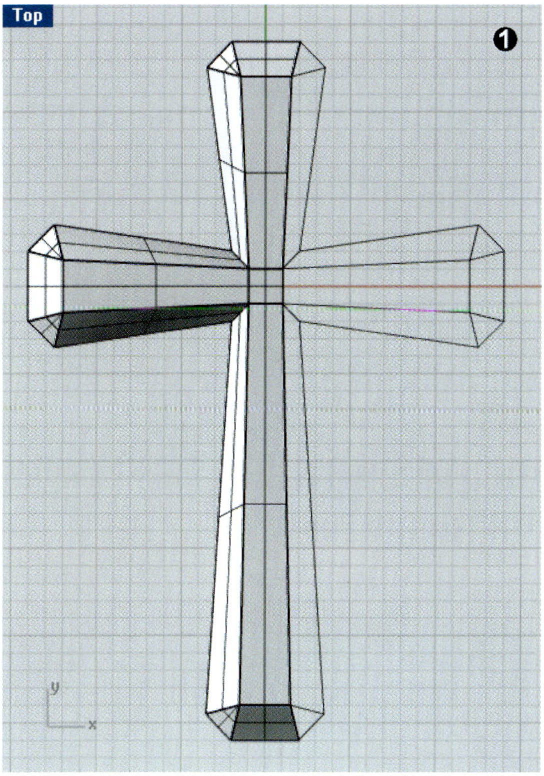


(S-18) 이와같은 방법으로 좌측 1번 그림처럼 서페이스를 만드는데 절반만 만들어 미러를 사용해도 되기때문에 2번 그림처럼 좌측 절반만 선택을 한다.

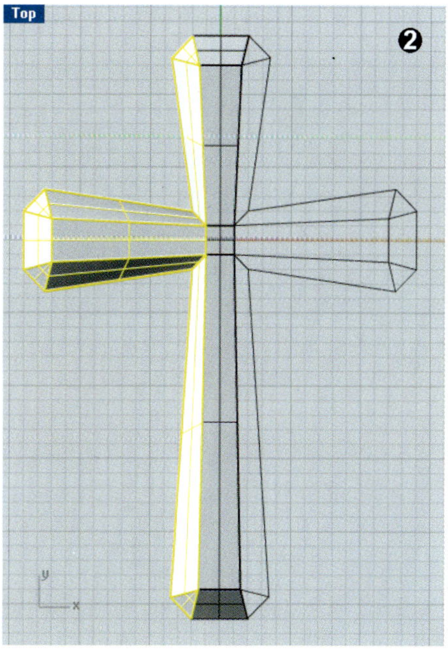


< STEP-18 >

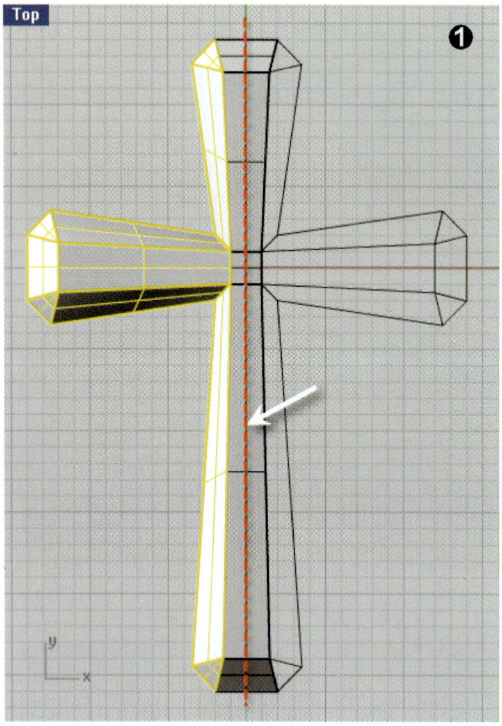

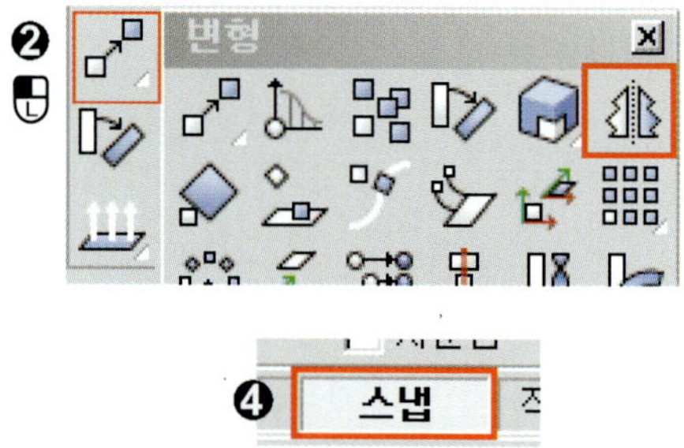


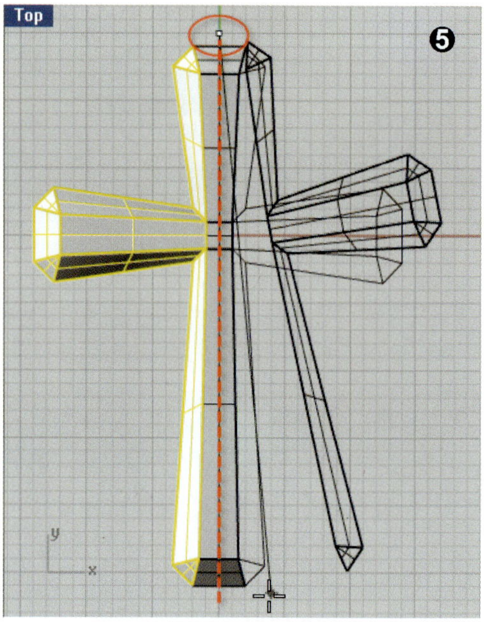

(S-19) 절반을 선택한 다음 2번을 길게 클릭, 3번 미러를 클릭한 다음 하단의 스냅을 켜고 1번 그림에 빨간색으로 표시된 축을 시작과 끝점으로 해서 5번 그림처럼 미러를 실행해서 6번처럼 완성 시킨다.(1번 그림처럼 절반 선택 할 때 전체 드래그 하지 않고 Shift키로 눌러서 서페이스면을 복수선택 한다. 이때 커브는 선택 되지 않도록 주의한다.)

[여기서도 미러를 실행할 때 가운데 생성된 서페이스와 커브가 선택되어 미러되지 않도록 주의해야 한다. 자칫 서페이스가 겹쳐지게 되는 실수를 할 수 있다.]

< STEP-19 >

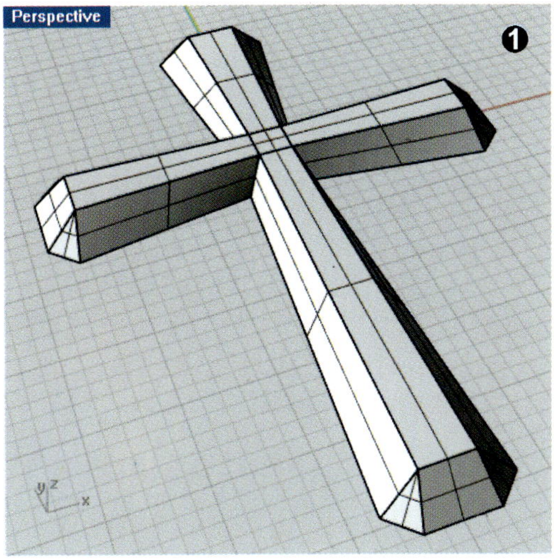


(S-20) 여기까지 작업한 결과물이다.
아직 만들어진 서페이스가 모두 결합이 되어 있지 않은 상태이다.

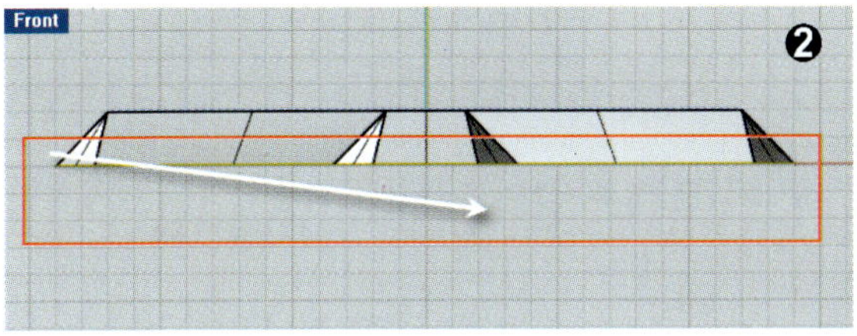


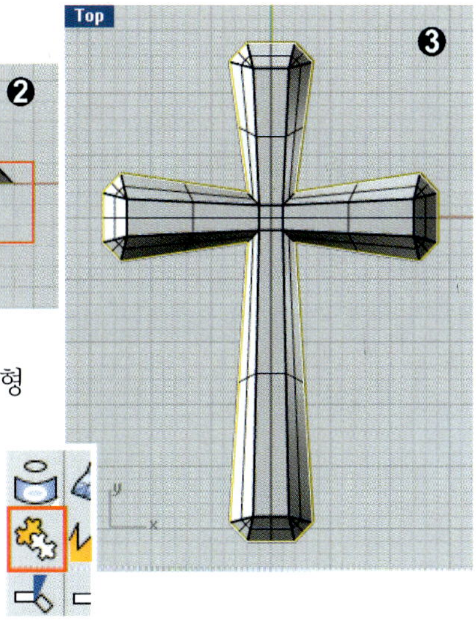


(S-20) 이제 옆면을 만드는데 2번처럼 Front에서 화살표 방향대로 드래그해서 선택하면 3번처럼 외형 커브만 선택 할 수 있다.
이때 결합을 클릭해서 하나의 커브로 만든다.

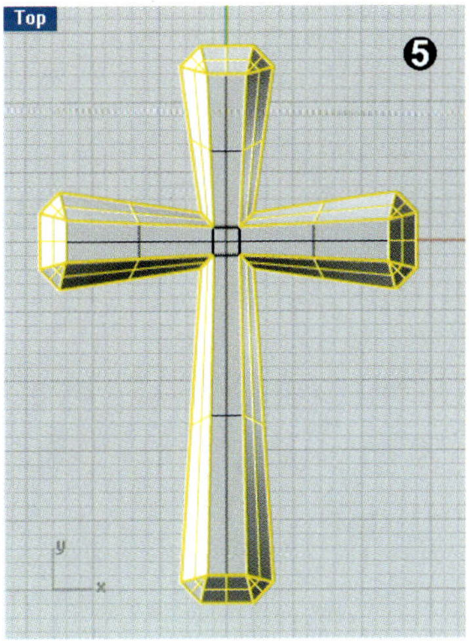


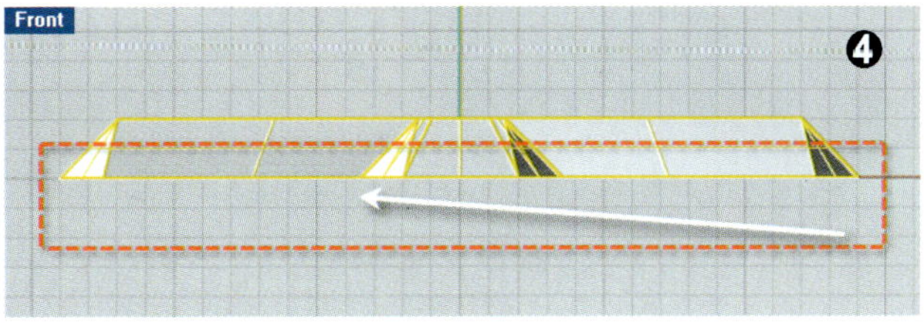


(S-20) 그러나 4번 그림의 화살표 방향대로 드래그해서 선택하면 5번처럼 서페이스와 커브, 점선에 닿는 부분까지도 모두 선택이 된다.

< STEP-20 >

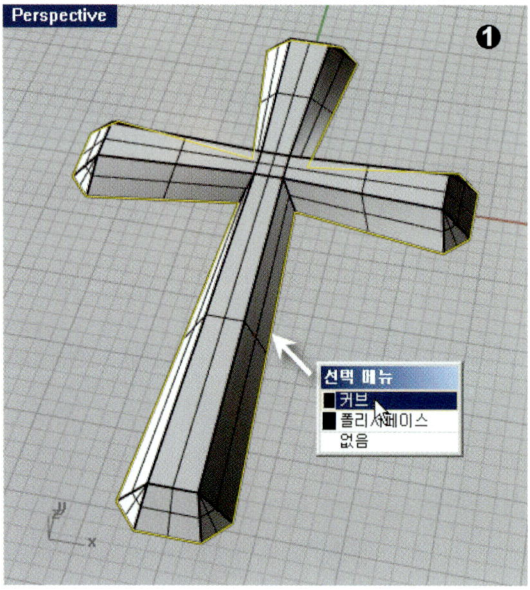


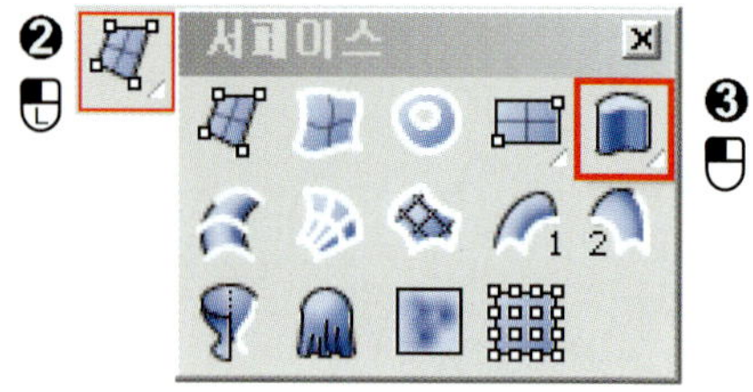


(S-21) 1번처럼 커브를 선택하고 2번을 길게 클릭하고 3번 서페이스 돌출을 클릭한다.

< STEP-21 >

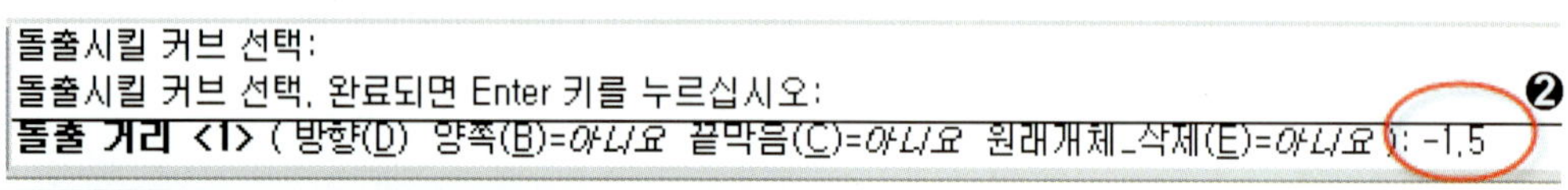


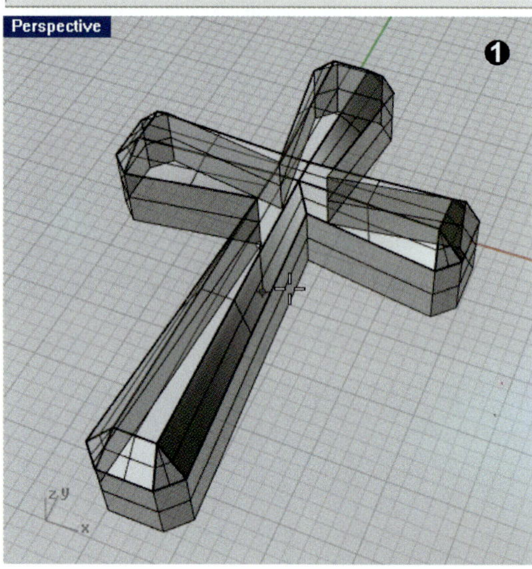


(S-22) 위에서 서페이스 돌출을 클릭하면 1번 그림처럼 서페이스가 만들어지는 것이 보여지는데 이때 2번 명령창에 치수를 입력하는데 -1.5를 입력하고 Enter를 치면 아래 3번 그림처럼 서페이스가 만들어진다.
이때 1.5를 입력했으면 위쪽으로 서페이스가 만들어 진다.

< STEP-22 >

[ 옆면이 완성된 모습 ]

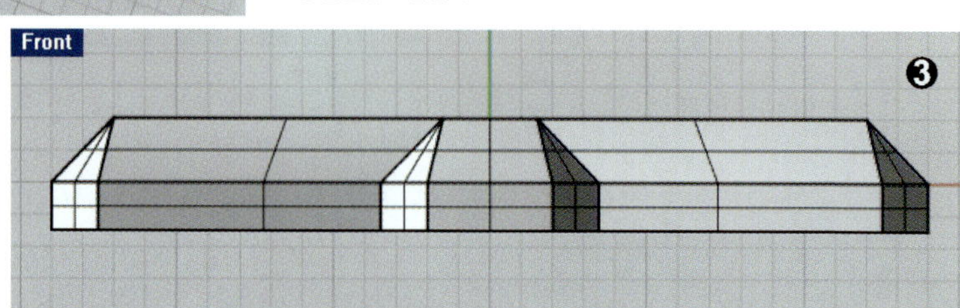

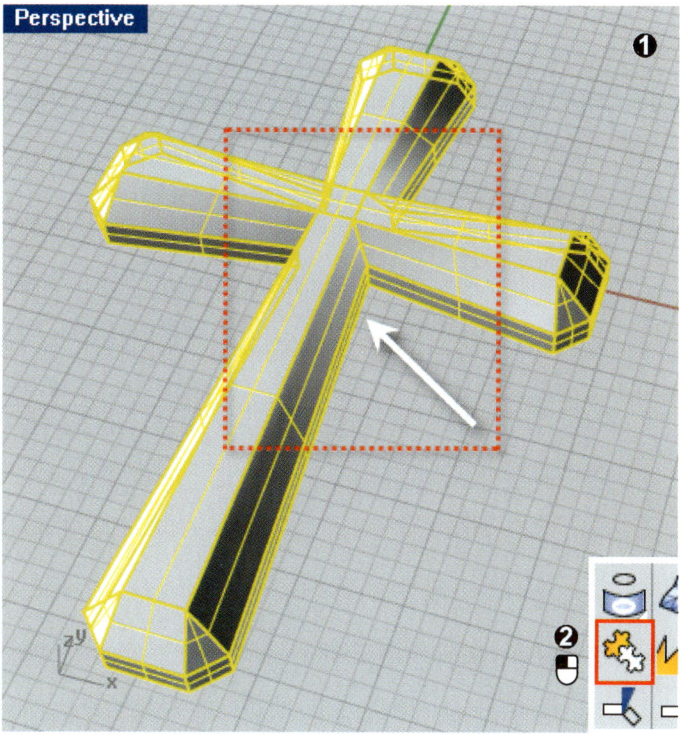


(S-23) 1번 그림처럼 드래그-선택을 해서 모두 선택한 다음 결합을 눌러 하나의 서페이스로 결합을 시킨다.
결합한 다음 보면 3번 그림처럼 바닥면이 없어서 솔리드로 되어 있지 않기 때문에 바닥면을 만들기 위해 십자가를 선택한 후 4번을 길게 누르고 5번 평면형 구멍 끝막음을 클릭해서 6번처럼 바닥면을 막는다.

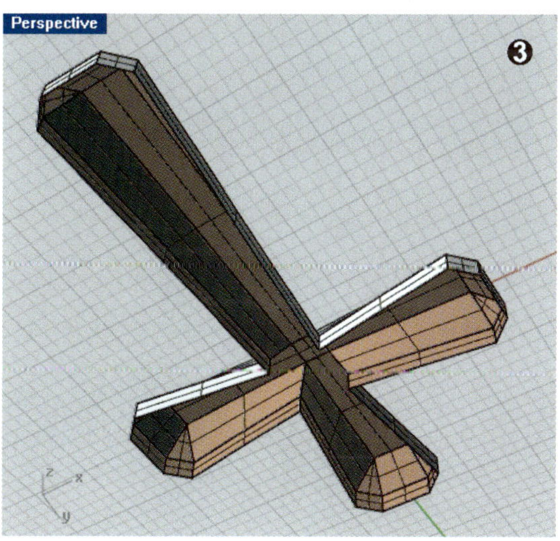


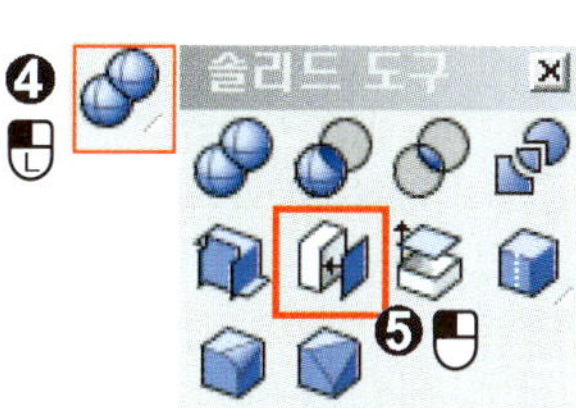


< STEP-23 >

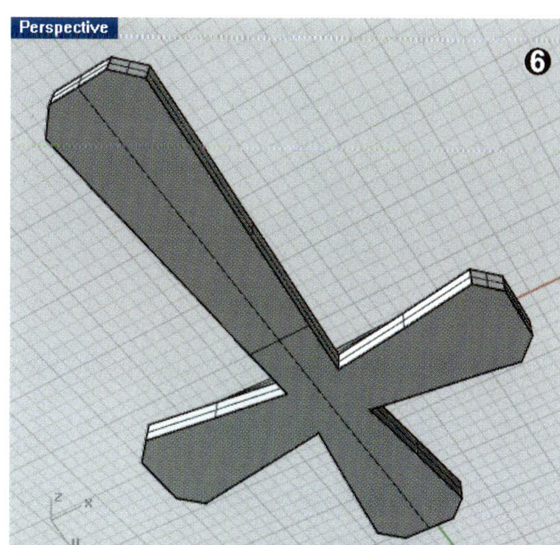

[ 이와같이 작업이 되면 속파기가 안된 상태이기 때문에 중량 문제와 주조시에 기포 발생과 축소율이 커지게 되기 때문에 속을 파내는 작업을 해야 한다. 하지만 이런 디자인의 경우 속파기 작업이 까다롭기 때문에 초보자의 경우 작업이 쉽지는 않다. ]

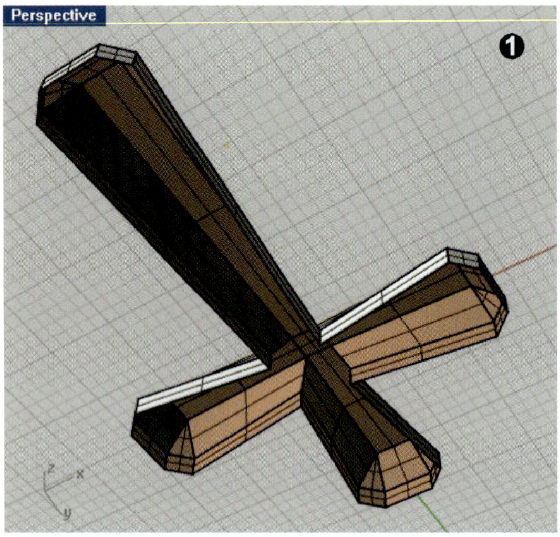


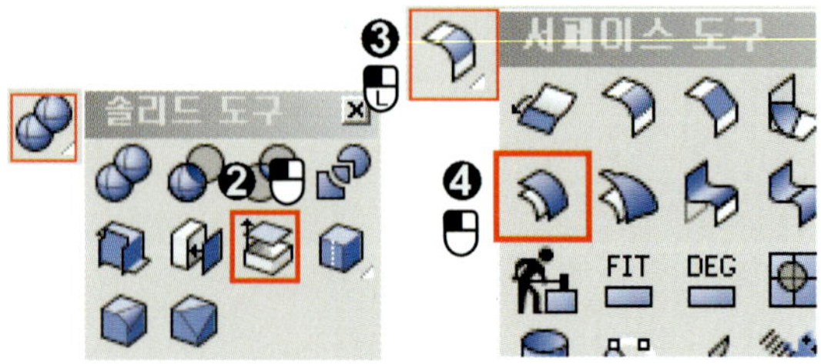


(S-24)1번 그림처럼 바닥면을 지우려면 실행취소를 해서 되돌아가도 되고 2번 서페이스 추출을 클릭한 다음 이전단계의 6번 그림에서 바닥면을 클릭하고 Enter를 치면 따로 분리되는데 이때 추출된 바닥면을 선택하고 지운다. 그리고 개체를 먼저 선택한 후 3번을 길게 누르고 4번 간격 띄우기를 누르면 5번처럼 면의 방향성이 표시가 되는데 이때 바깥쪽으로 되어 있으면 6번 그림의 모두 반전을 클릭해서 안쪽으로 방향을 바꾼다.

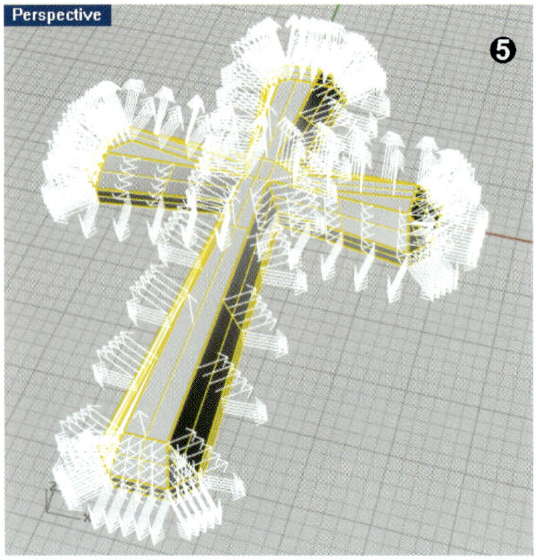


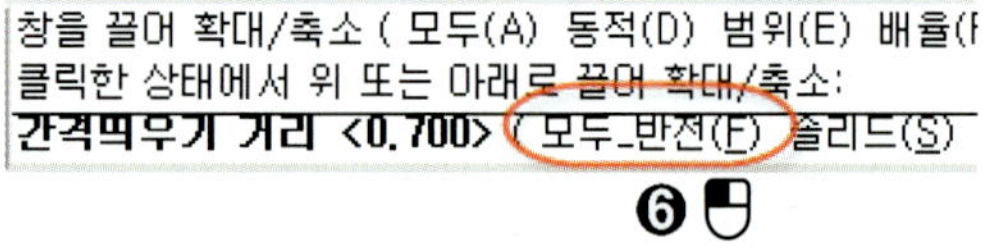


< STEP-24 >

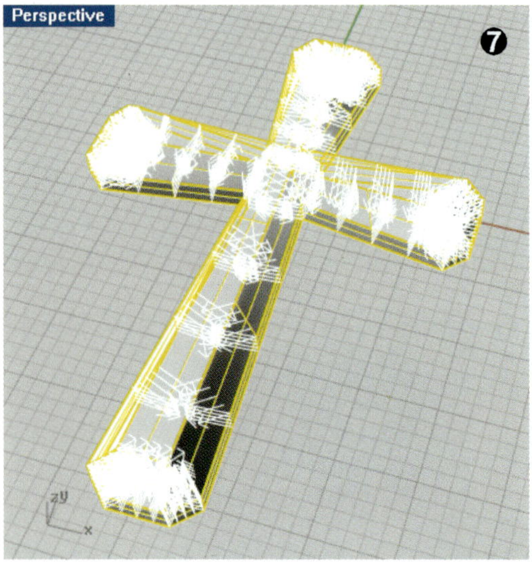


(S-24) 방향을 바꾼다음 간격의 거리는 0.7을 입력하고 Enter를 친다.

# 14. 십자가 펜던트 만들기

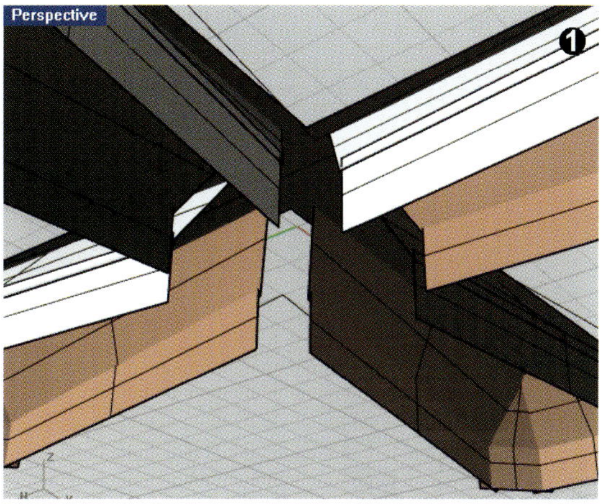


(S-25) 서페이스 간격띄우기를 하고 기존 외형 서페이스를 이동하거나 숨기고 보면 1번 그림처럼 가운데 만나는 부분이 그림처럼 교차하고 있지 않기 때문에 2번을 길게 클릭하고 3번 서페이스 연장을 클릭한 다음 4번 그림처럼 각 끝부분의 서페이스를 클릭해서 서로 교차되게 면을 만들어 주면 4번 그림처럼 만들어질 수 있다.

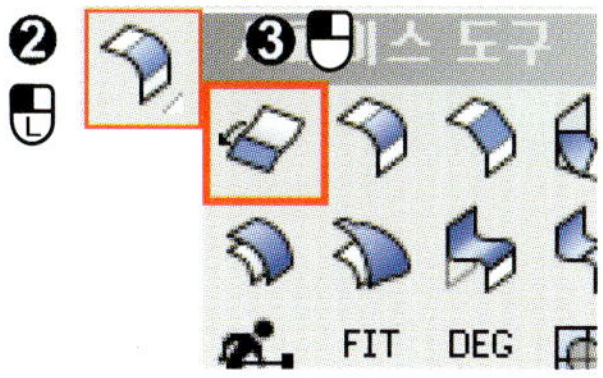


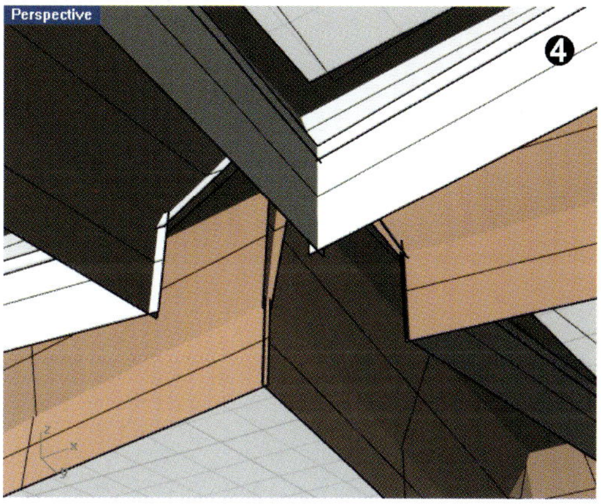


< STEP-25 >

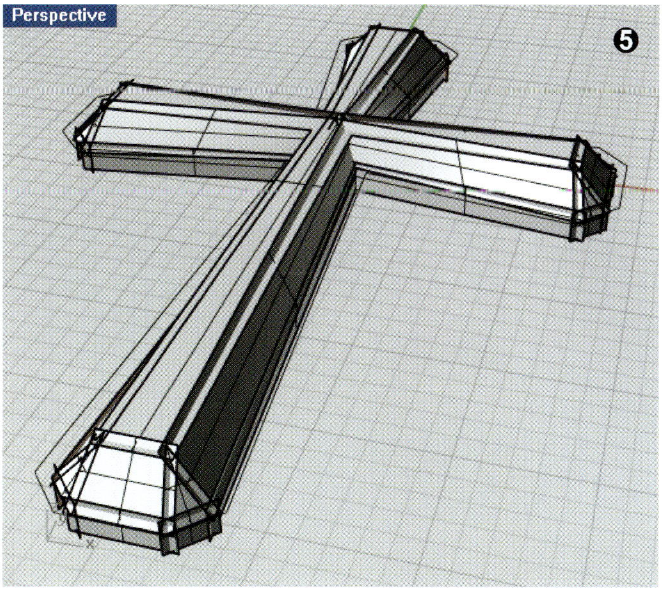


(S-25) 위의 서페이스 연장 과정을 실행한 다음 속파기 할 형태의 완성된 모습이다.

이럴 경우 교차되어 있는 면들을 서로 잘라주어 완성을 시켜 줘야 되는데 과정이 복잡하고 시간이 많이 소요되기 때문에 여기서는 이 방법을 쓰지 않고 다른 방법을 사용하도록 하겠다.

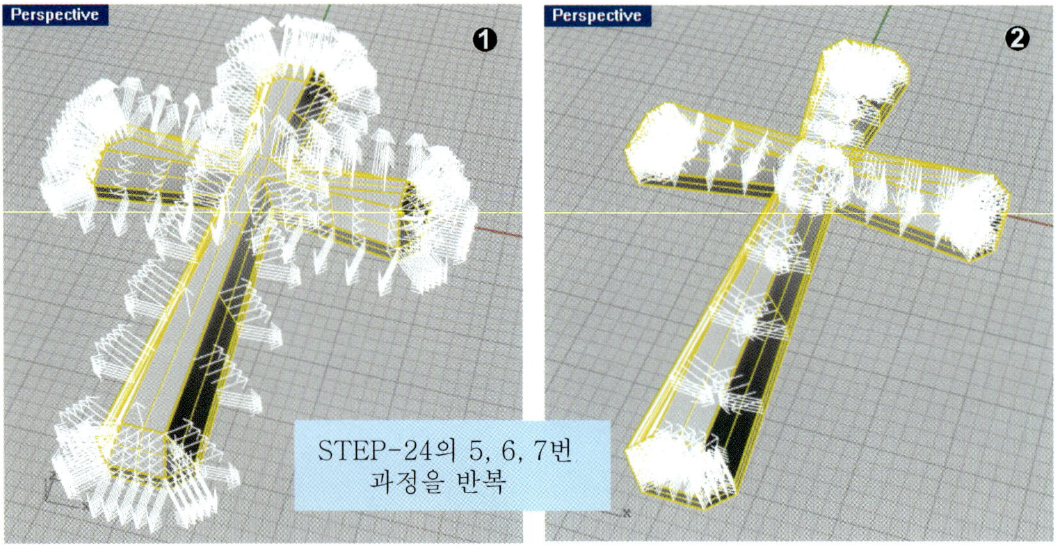


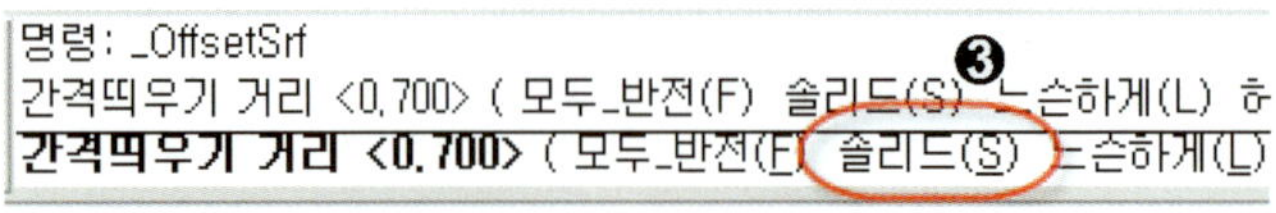


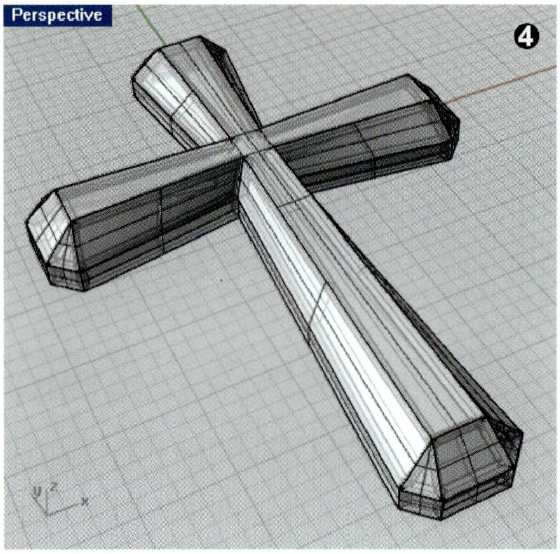


< STEP-26 >

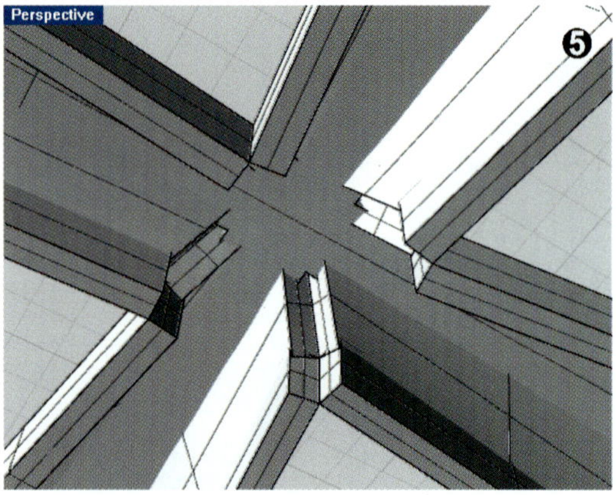


(S-26) 다시 실행취소로 전 단계로 돌아가서 위의 그림 1, 2번은 STEP-24의 5, 6, 7번 과정을 반복하는데 이번에는 3번 명령창에서 솔리드 옵션을 클릭하고 Enter를 치면 4번 그림처럼 두께를 갖는 입체가 생성이 되는데 가운데 밑부분을 보면 서로 연결이 되지 않는 것을 볼 수 있는데 이 또한 수정이 쉽지 않다 .

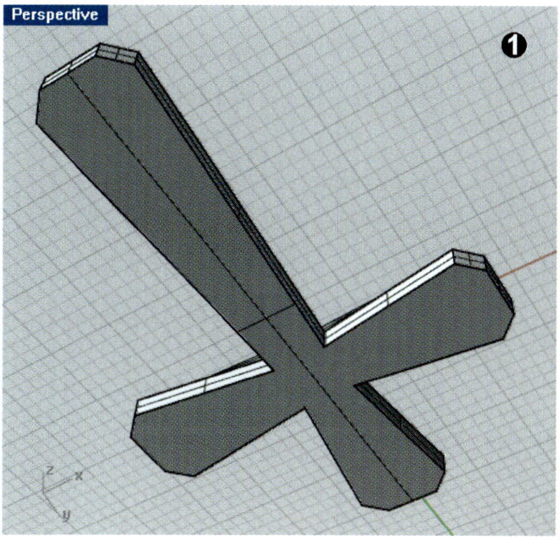


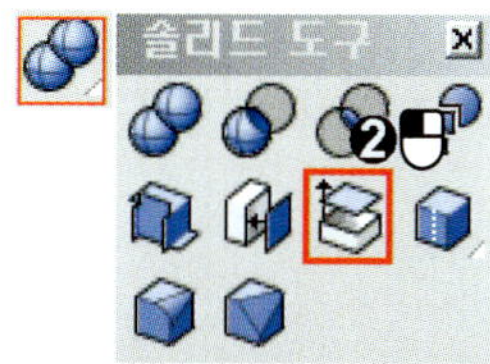


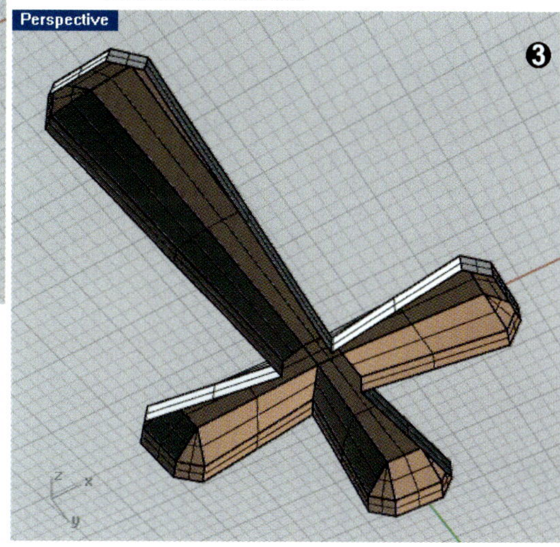

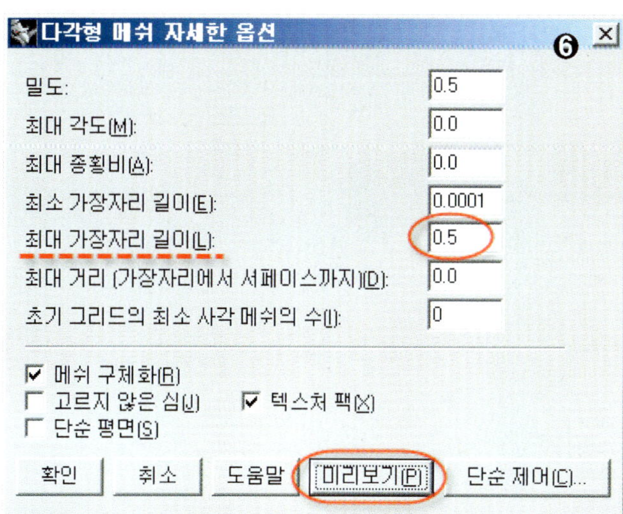


(S-27)따라서 STEP-23단계로 돌아간 다음 1번처럼 바닥면이 막아진 서페이스의 바닥면을 추출하기 위해서 2번을 클릭해서 3번 그림처럼 바닥면을 추출한다. 개체를 먼저 선택하고 4번 서페이스/폴리서페이스로부터 메쉬를 클릭하면 5번같은 창이 뜬다. 이때 표시된 세부제어를 클릭하면 6번 같은 창이 뜨는데 표시된 부분을 그림과 같이 수정하고 미리보기를 누른다.
[이 설정은 개인적으로 사용하는 설정이므로 참고하기 바랍니다.]

< STEP-27 >

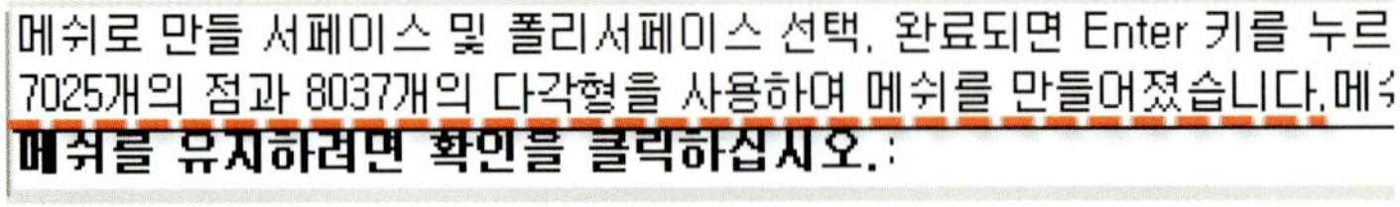


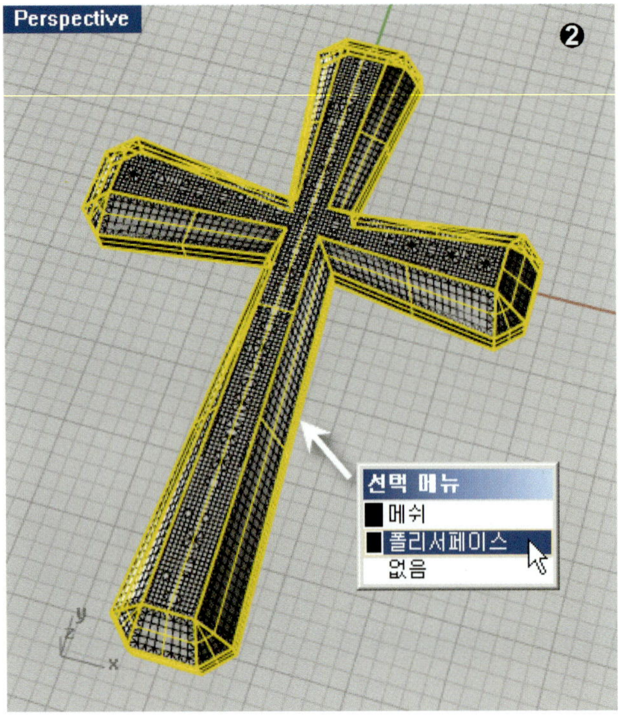


(S-28) 전 단계에서 미리보기를 클릭하면 1번처럼 명령창이 뜨고 화면에는 메쉬로 바뀐 모습이 보여진다.
이때 옵션창에서 확인을 누르면 메쉬로 전환된 개체가 만들어진다.
2번 그림처럼 개체의 가장자리를 클릭해보면 메쉬와 폴리서페이스가 같이 겹쳐 있는 것을 볼 수 있다.
이럴때 둘중에 하나를 선택해서 이동시켜 분리를 시킨다.
이 예제에서는 메쉬 옵셋을 사용하기 위해서 이다.

[현재 만들어진 개체는 솔리드가 아니지만 가령 솔리드로 완성이 된 결과물을 RP로 작업할때 메쉬와 폴리서페이스가 같이 겹쳐있는 상태로 작업이 되지 않도록 한다.]

< STEP-28 >

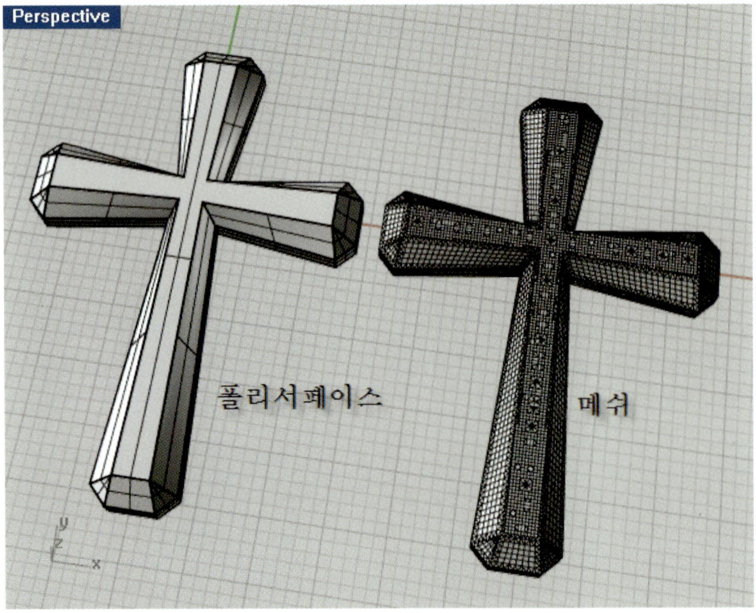


[만들어진 개체를 분리해 놓은 모습]

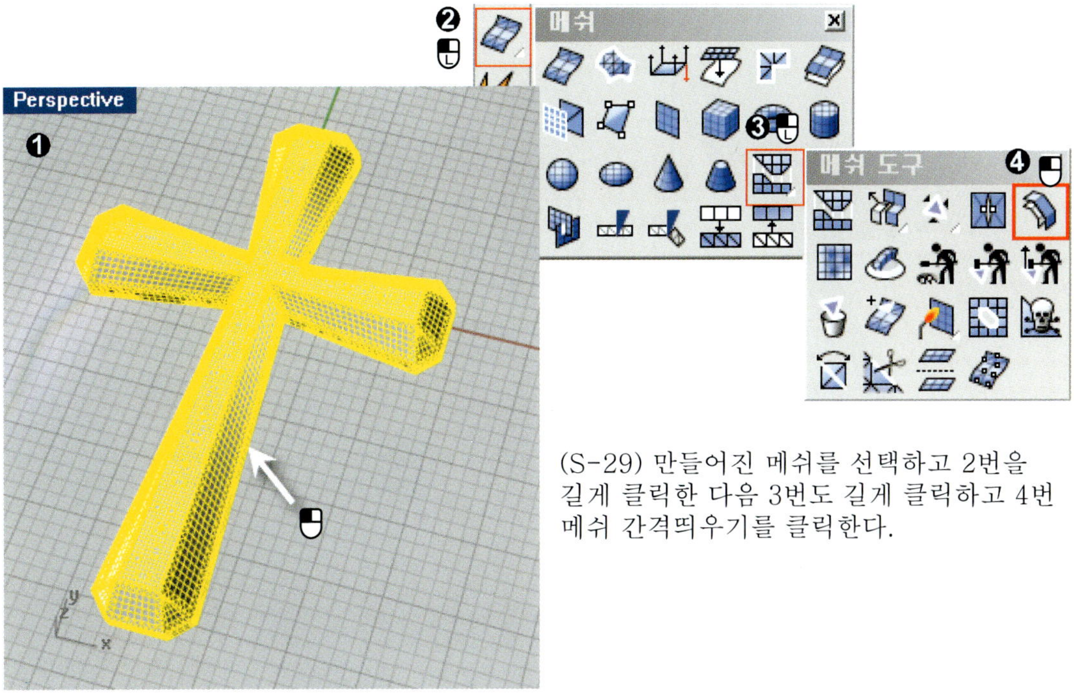


(S-29) 만들어진 메쉬를 선택하고 2번을 길게 클릭한 다음 3번도 길게 클릭하고 4번 메쉬 간격띄우기를 클릭한다.

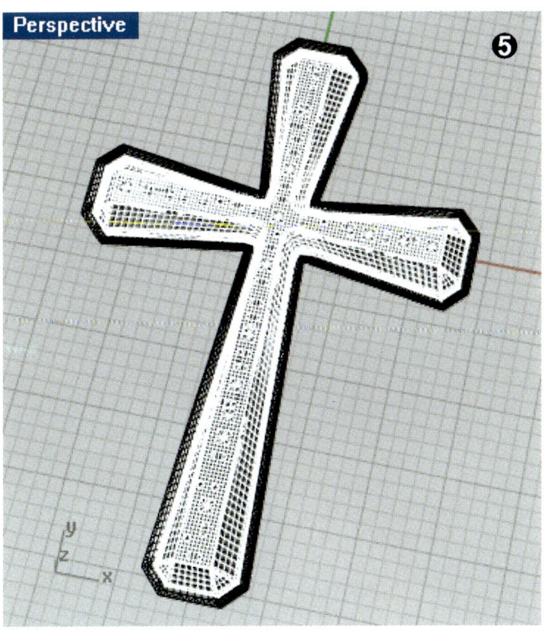


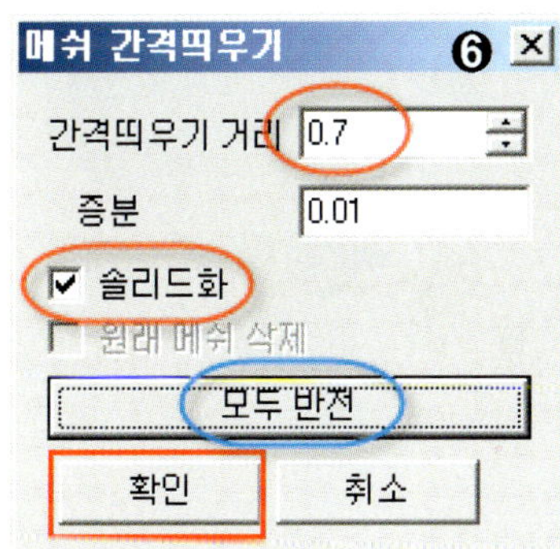


(S-29) Enter를 치면 5번, 6번 그림처럼 창이 나오는데 간격띄우기 거리는 두께를 정할 수 있고 솔리드화를 반드시 체크 한다. 모두 반전은 두께주는 방향을 정할 수 있고 확인을 눌러 완성한다.

< STEP-29 >

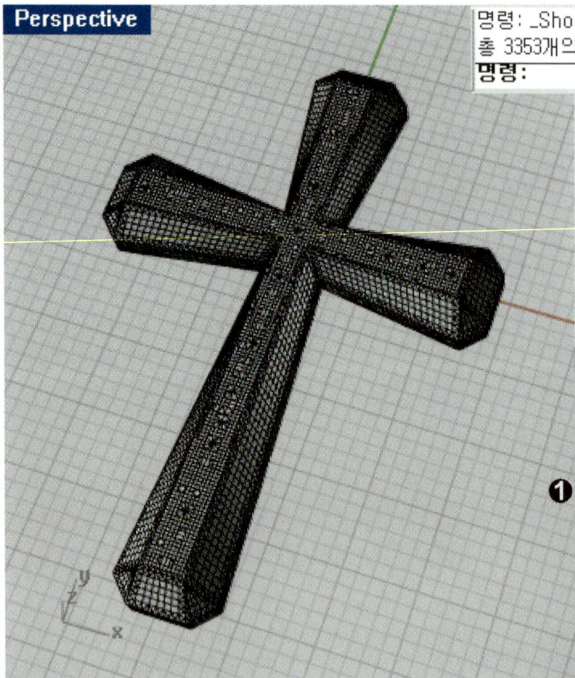


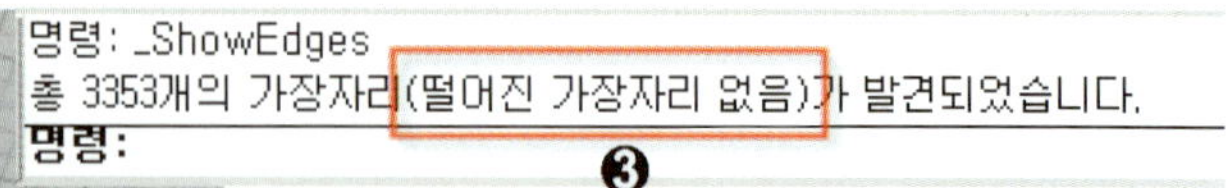


(S-30) 1번 그림은 완성된 십자가를 위, 아래서 본 모습이고 십자가 선택후 아래 2번 가장자리 표시를 클릭하면 3번 명령창처럼 나오면 RP작업에 문제가 없게 된다.

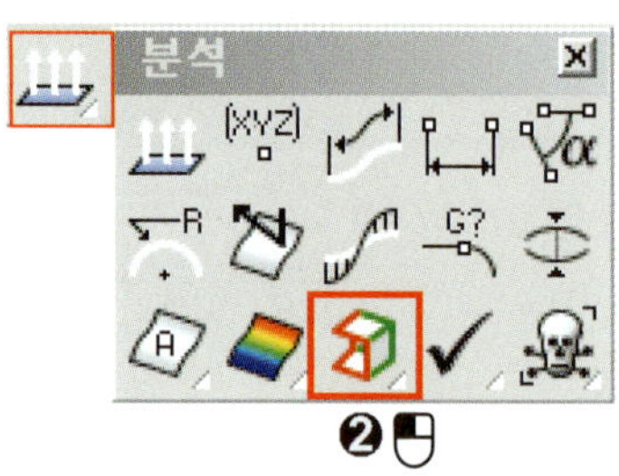


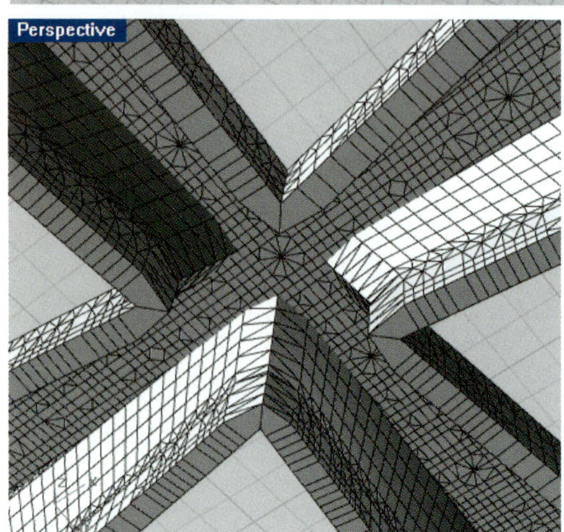


(S-30) 서페이스 간격띄우기의 경우 면이 꼬이거나 겹치는 등의 문제가 발생하는 경우가 많기 때문에 각 서페이스를 자르고 결합하는 복잡한 과정을 거쳐야 하는데 이에 반해 메쉬 간격띄우기는 그런 문제점 발생이 아주 적으며 손쉽게 두께를 생성할 수 있는 장점이 있어 시간적인 손실을 상당히 줄일 수 있다.

< STEP-30 >

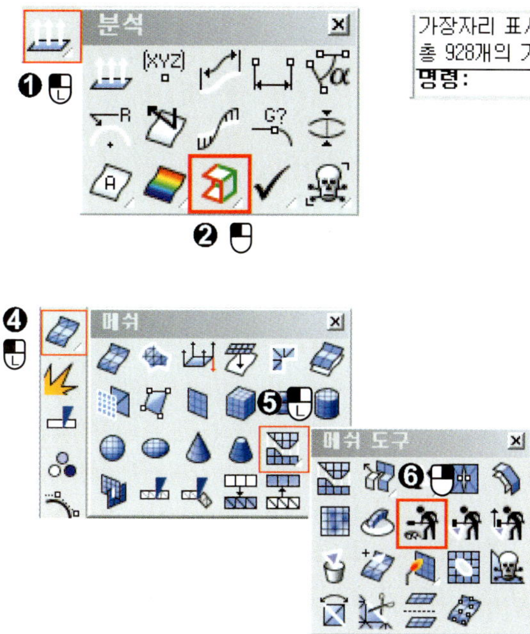


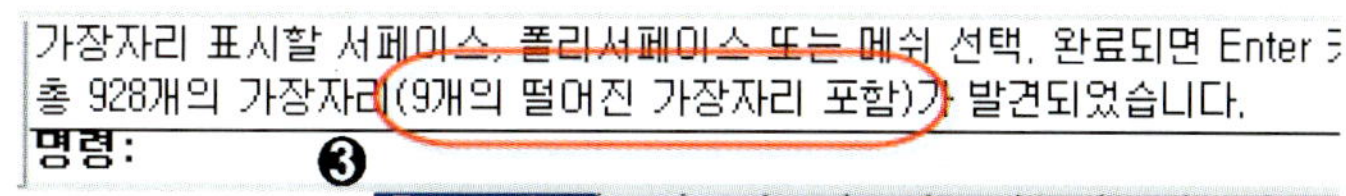


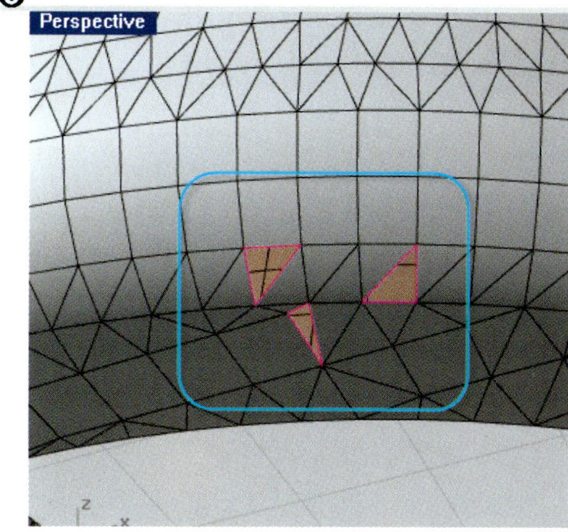


(S-31) 또한 에러없는 라이노 데이터를 메쉬로 변환했을 때에도 열린 가장자리가 간혹 발생하는 경우가 있다.
위에서 완성된 메쉬개체를 선택하고 1, 2번 가장자리 표시를 클릭했을때 3번 명령창과 그림처럼 메쉬가 부분적으로 지워지거나 틈이 벌어지는 경우에 4,5,6번 오른 클릭-메쉬의 모든 구멍 채우기를 클릭하면 7번 그림처럼 수정이 된다.

< STEP-31 >

[ 이처럼 라이노 본래의 넙스 파일이나 메쉬로 변환시 에러가 나는 것은 모델링할때 주의해서 한다면 미연에 방지할 수 있다.
에러가 난 파일을 받아보면 가장 많은 경우가 부울 연산시 아주 작은 면들이 생기는 경우, 특히 많은 보석을 세팅할 자리 파기를 할때 표면에 아주 미세한 서페이스가 생겨 이로인해 에러가 생기는 경우가 많았고 세밀한 문양등의 음각,투각의 경우와 필렛 명령같은 경우 눈으로 확인이 힘든 작은 열린 엣지가 생길 수 있으므로 되도록 바로 에러 유무를 체크하고 다음작업을 진행해야 하는데 이렇게 하지 못한 경우도 있었다.]

Rhino3D

# 15. 산업기사 예제-1

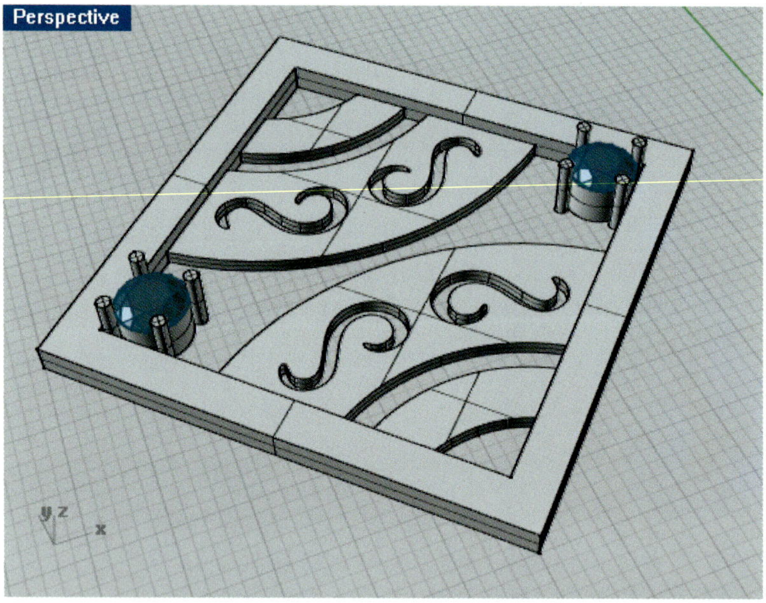


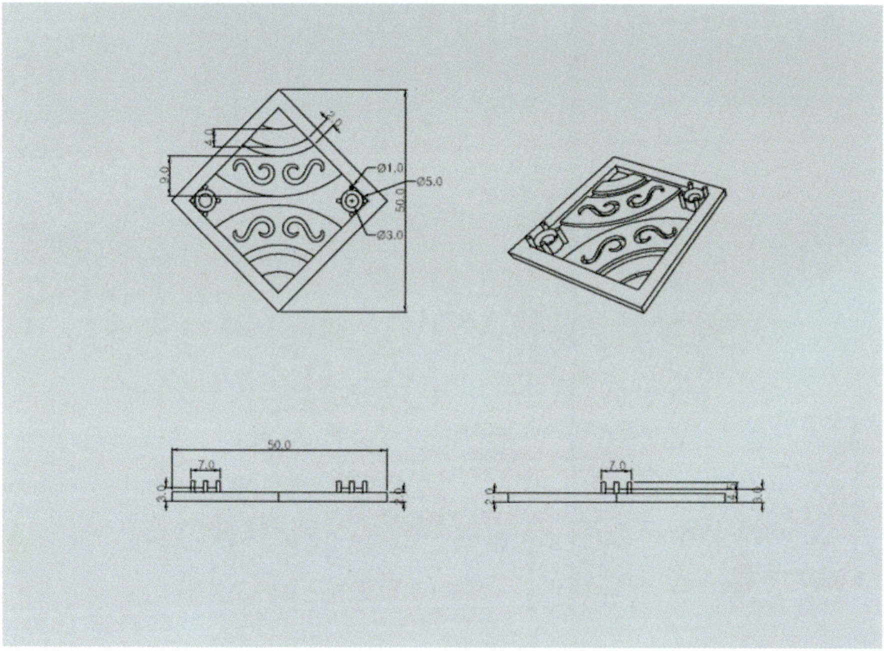


위 그림과 같이 모델링 및 1:1 출력을 해보고자 한다.

# 15. 산업기사 예제-1

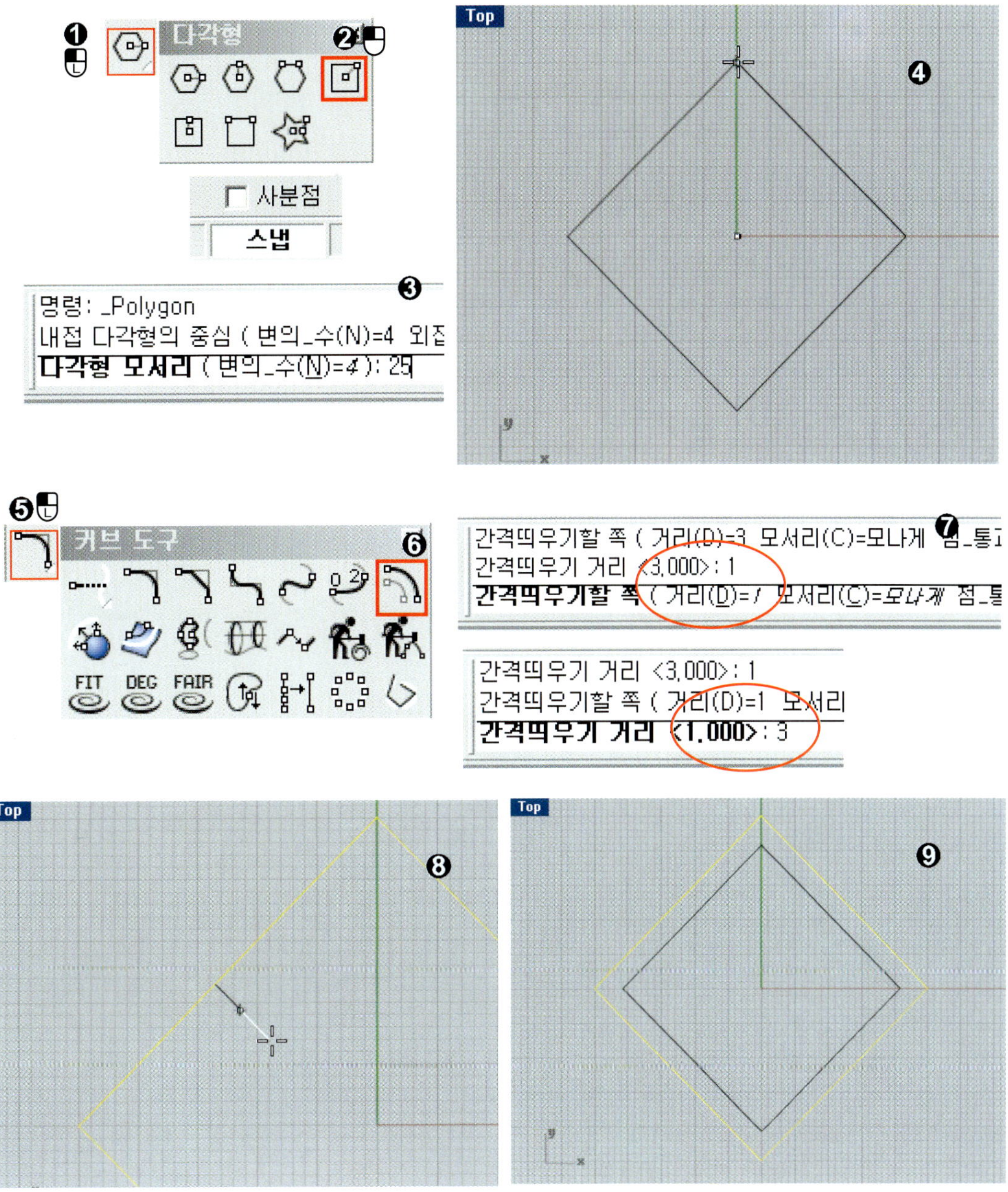


< STEP-1 >

(S-1) 1번 다각형을 길게 선택한 후 2번 사각형:중심점, 모서리를 클릭하고 하단의 스냅을 켠다. 좌표측의 중심점을 잡고 명령창에 3번과 같이 반지름 값 25를 입력 후 Enter쳐서 4번 그림과 같이 완성시킨다.
커브를 먼저 선택하고 5번 커브필렛을 길게 선택한 후 6번 커브 간격띄우기를 클릭하고 7번 그림의 거리를 클릭해서 간격띄우기 거리를 3으로 입력 후 Enter친다. 8번 그림처럼 클릭하고 9번 그림과 같이 완성시킨다.

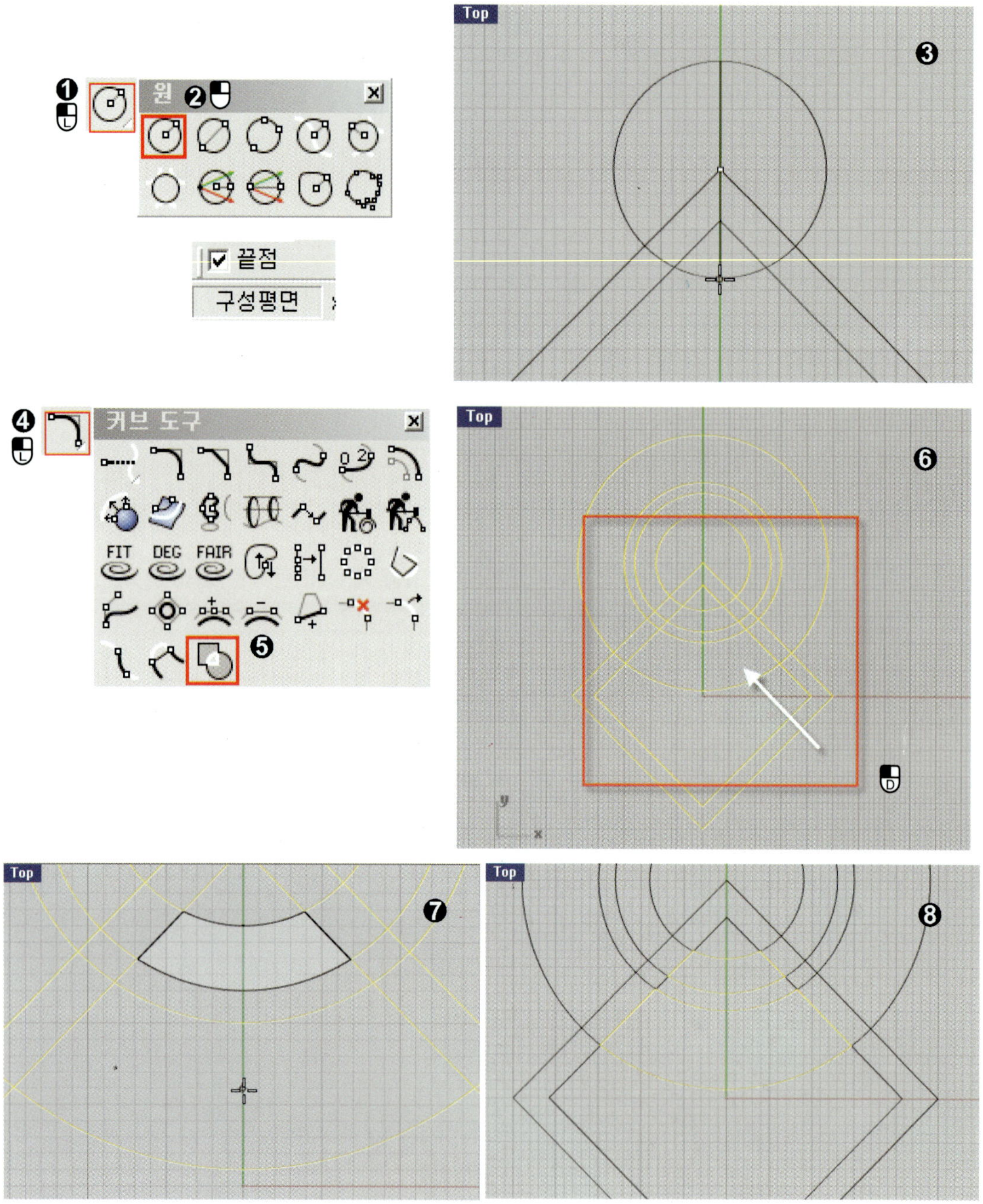


< STEP-2 >

(S-2) 1번 원을 길게 선택한 후 2번을 클릭하고 하단의 끝점을 체크한 후 3번 그림과 같이 끝점을 잡아서 반지름 값이 9, 13, 15, 24인 원을 그린다.
4번 커브필렛을 길게 선택한 후 5번 커브부울연산을 클릭하고 6번 그림과 같이 드래그 한 후 Enter친다.
7번 그림과 같이 커브들의 교차되는 영역을 클릭하면 8번 그림과 같이 영역의 외곽선들이 합쳐지면서 검은선으로 커브를 만들어준다.

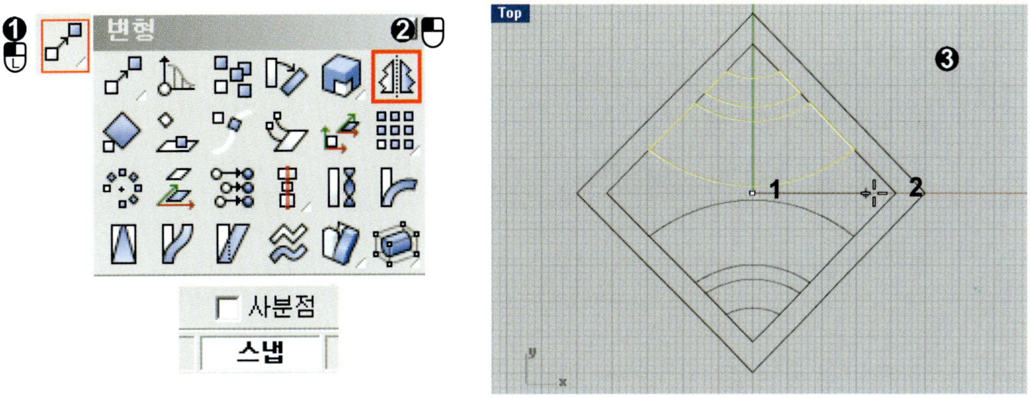


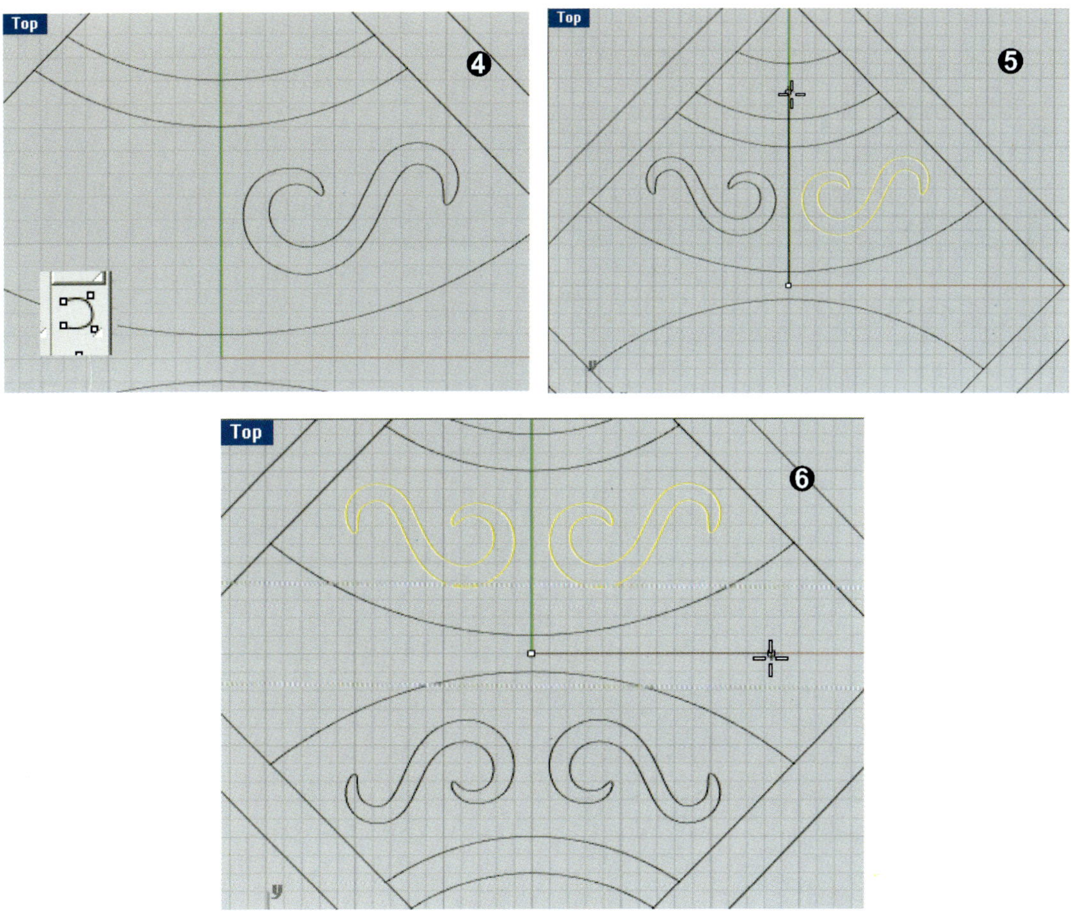

< STEP-3 >

(S-3) 커브부울연산은 기존의 커브가 지워지지 않기 때문에 기존의 원은 삭제한다. 그다음 1번 이동을 길게 선택한 후 2번 미러를 클릭하고 하단의 스냅을 켜고 3번 그림의 순서대로 클릭한다. 제어점 커브를 클릭해서 4번과 같이 당초무늬를 그려준다음 앞에서 사용한 미러를 클릭해서 5번 ,6번 그림처럼 완성시킨다.

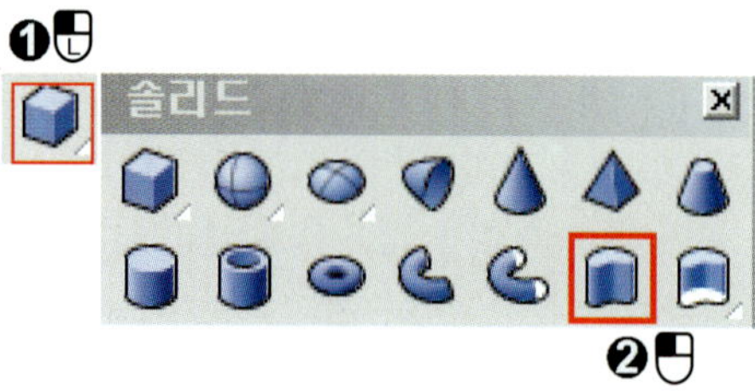


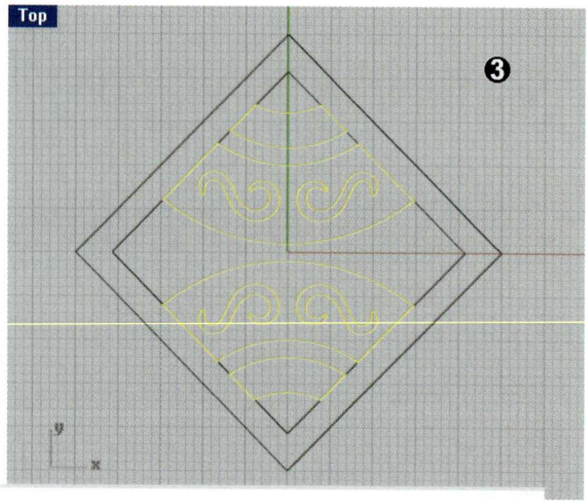


```
명령: _Pause
돌출 거리 <4> ( 방향(D) 양쪽(B)=아니요 끝막음(C)=예 원래개체_삭제(E)=아니요 ): _Cap=
돌출 거리 <4> ( 방향(D) 양쪽(B)=아니요 끝막음(C)=예 원래개체_삭제(E)=아니요 ): 1
```

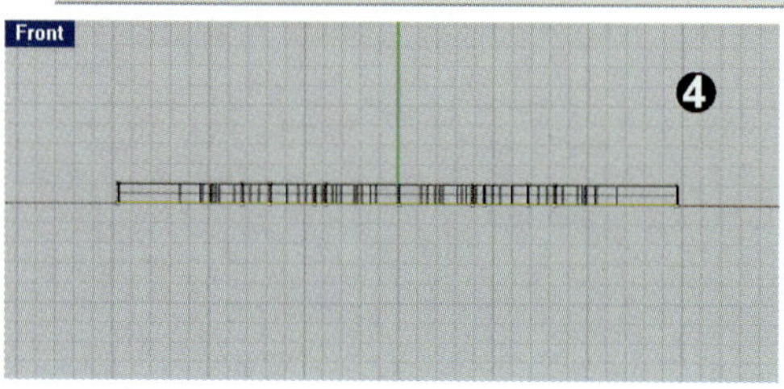


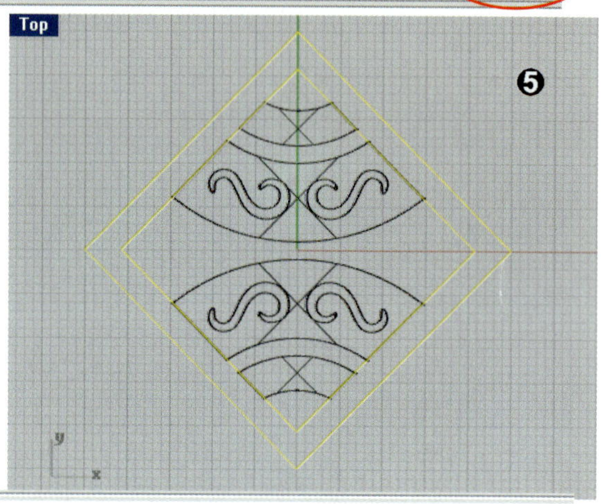


```
명령: _Pause
돌출 거리 <1> ( 방향(D) 양쪽(B)=아니요 끝막음(C)=예 원래개체_삭제(E)=아니요 ): _Cap=
돌출 거리 <1> ( 방향(D) 양쪽(B)=아니요 끝막음(C)=예 원래개체_삭제(E)=아니요 ): 2
```

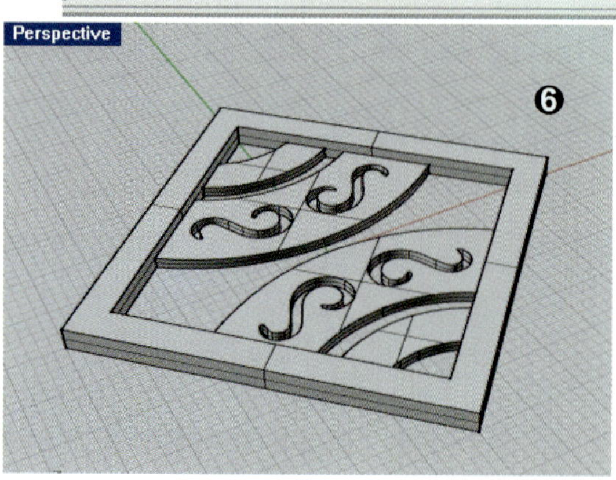


(S-4) 3번 그림처럼 커브를 먼저 선택하고 1번 상자를 길게 클릭한 후 2번 닫힌 평면형 커브 돌출을 클릭하고 명령창에 1을 입력 Enter쳐서 4번과 같이 완성한다.
그다음 같은 방법으로 5번 그림처럼 테를 선택해서 두께가 2mm인 입체를 만든다.

< STEP-4 >

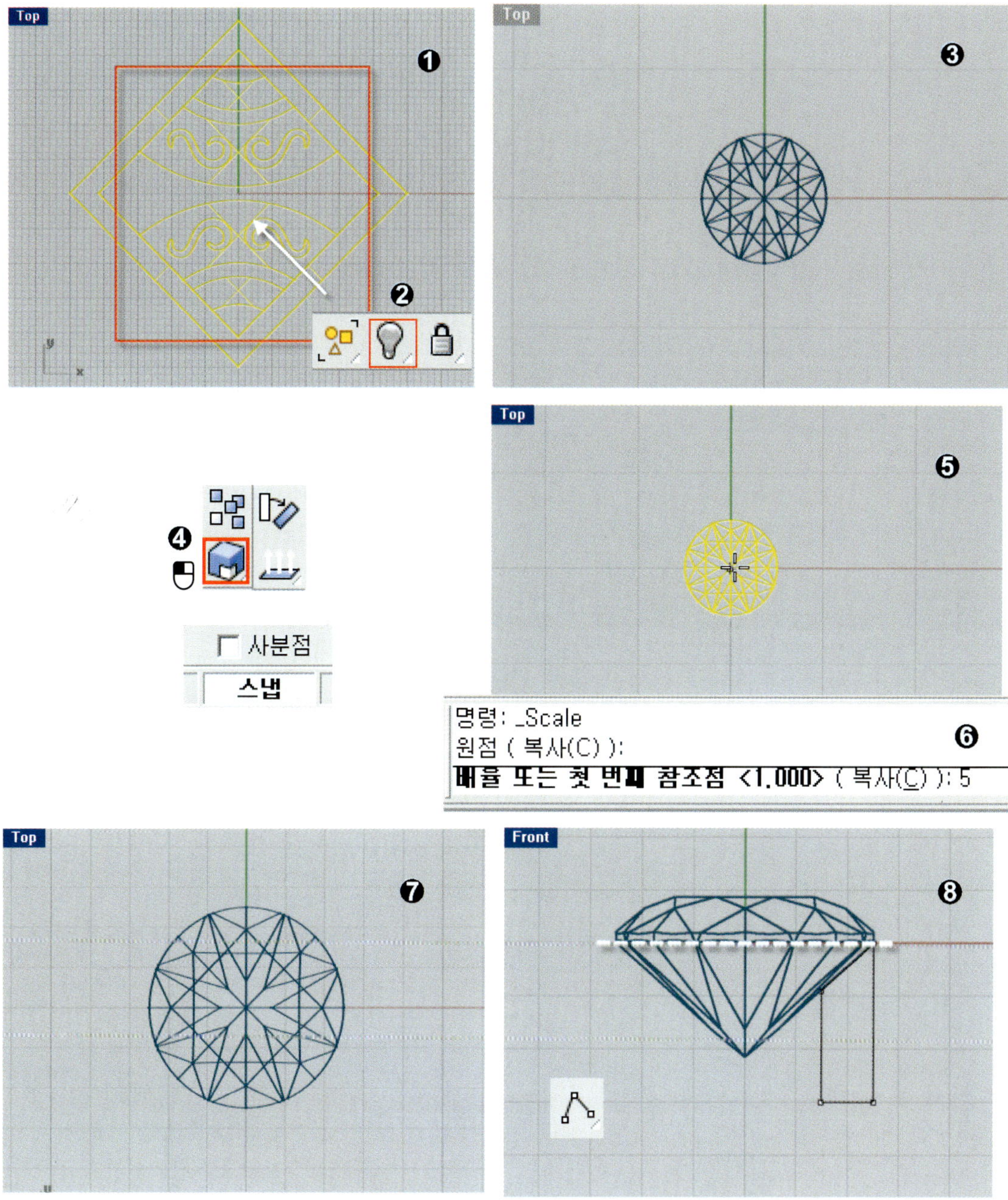


< STEP-5 >

(S-5) 1번 그림처럼 전체선택을 한다음 상단의 2번 개체숨기기를 클릭해서 잠깐 숨겨둔다. 파일의 가져오기에서 3번과 같이 지름1mm 보석을 불러온 후 4번 3D크기 조정을 클릭하고 하단의 스냅을 켠다. (이 때 개체스냅은 꺼두는게 좋다) 보석을 먼저 선택한 다음 5번과 같이 좌표축의 중심점을 클릭하고 6번 명령창에 5를 입력한 후 Enter치면 7번과 같이 5mm의 보석이 완성된다. 8번 그림처럼 보석의 표시된 부분이 빨간 선상에 놓이도록 이동시킨 후 폴리라인을 클릭해서 그림과 같이 커브를 그려 완성한다. (보석 이동시 스냅을 끄고 이동한다)

# 15. 산업기사 예제-1

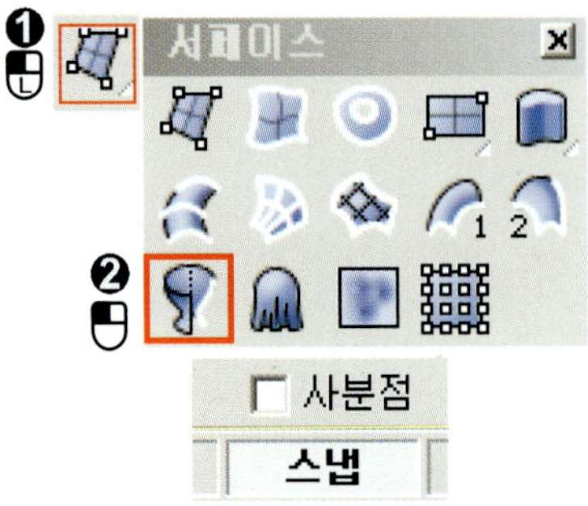


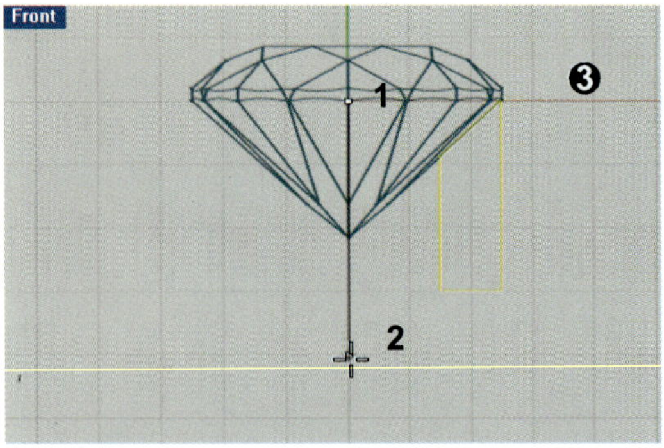


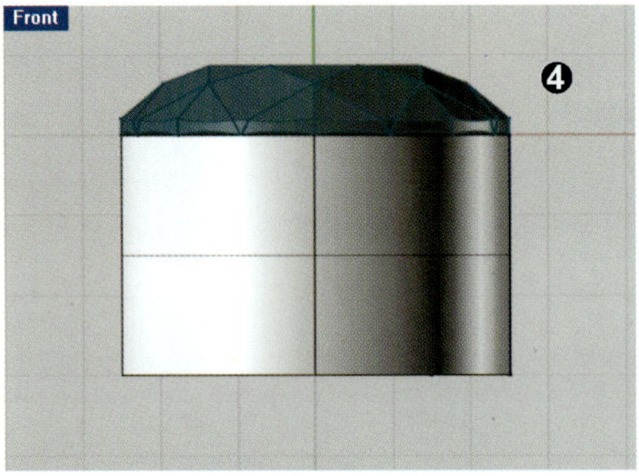

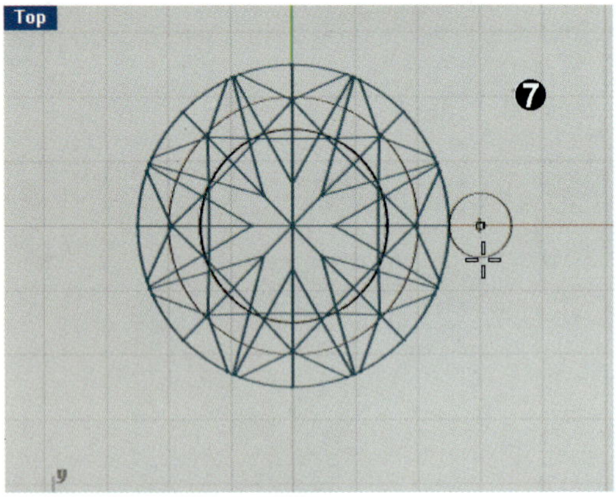


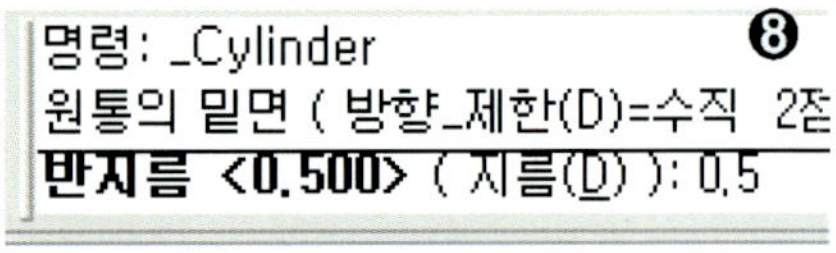


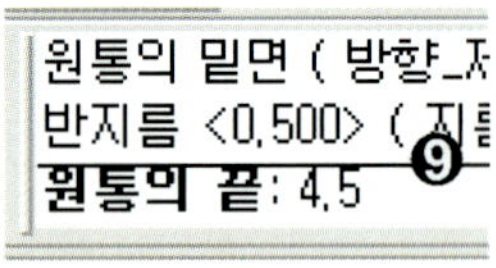


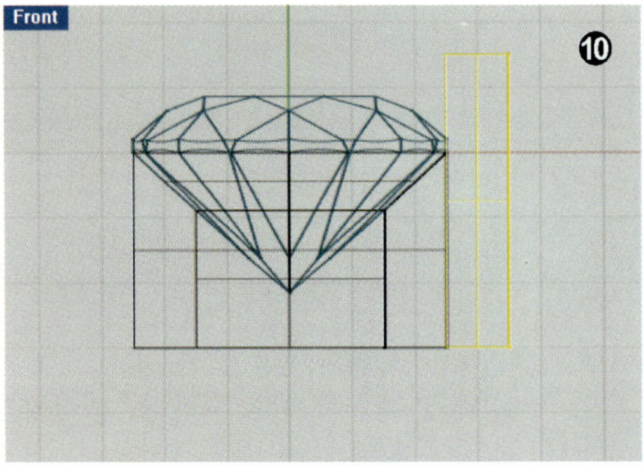


(S-6) 1번 3개 또는 4개의 모서리점을 활용한 서페이스를 길게 선택한 후 2번 회전을 클릭하고 하단의 스냅을 켠다.
3번 그림의 순서대로 클릭한다음 명령창에 시작각도가 0일때 Enter를 치고 끝각도가 360도 일때 다시 Enter를 쳐서 4번과 같이 완성시킨다. 5번 상자를 길게 선택하고 6번 원통을 클릭하고 7번 그림과 같이 난발이 놓일 위치의 중심점을 클릭하고 8번 창에 원통의 반지름값을 입력하고 Enter친 다음 9번 명령창에 원통의 길이를 입력한후 Enter를 친다.
그다음 원통을 10번과 같이 이동시킨다.

< STEP-6 >

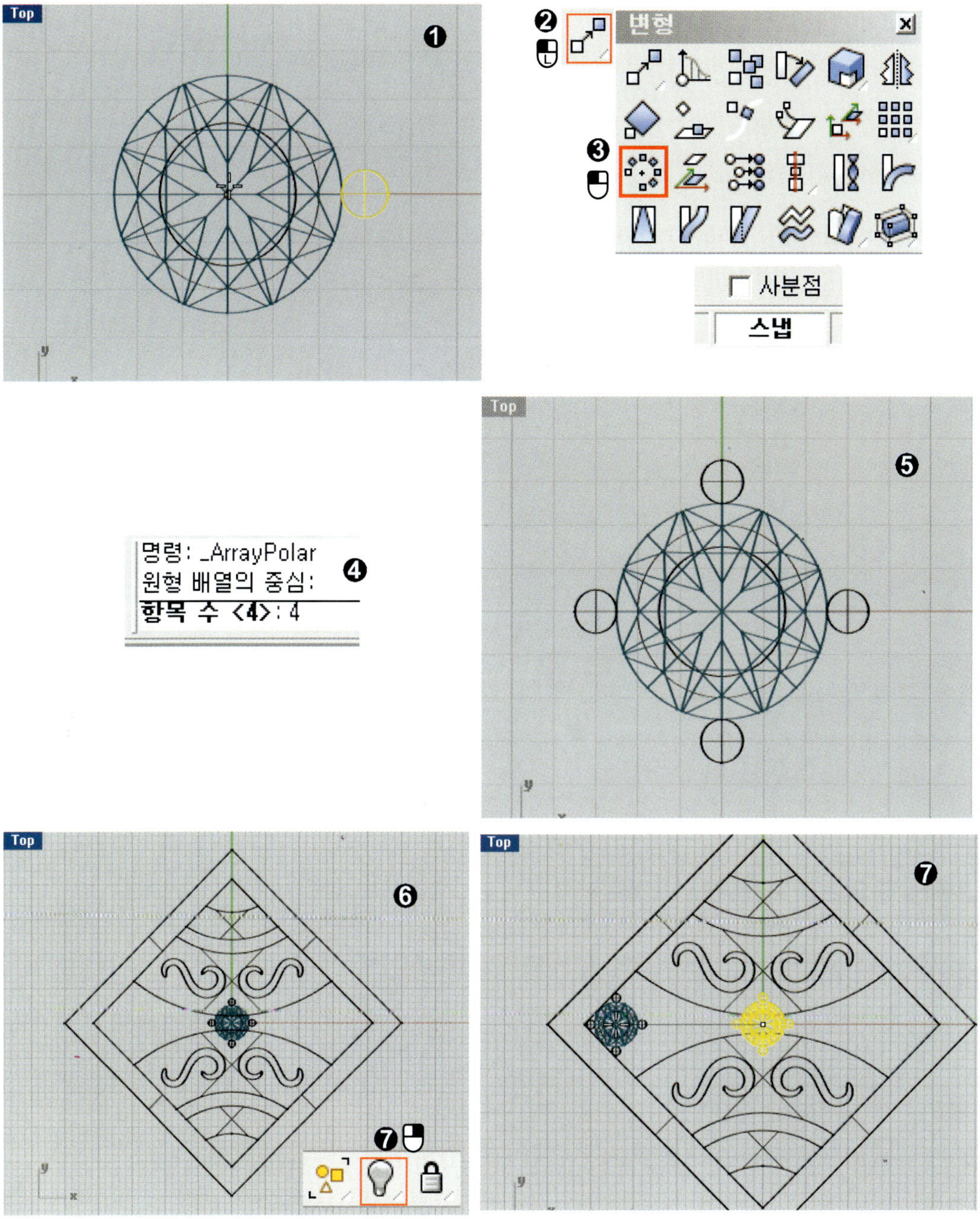


< STEP-7 >

(S-7) 1번 그림과 같이 개체를 선택한 후 2번 이동을 길게 누르고 3번 원형 배열을 클릭한 후 하단의 스냅을 켠다. 보석의 중심점을 클릭한 후 4번 명령창에 4를 입력해서 5번 그림과 같이 완성시킨다. 7번 오른 클릭해서 6번과 같이 숨긴 개체를 다시 불러온 후 7번과 같이 이동시킨다.

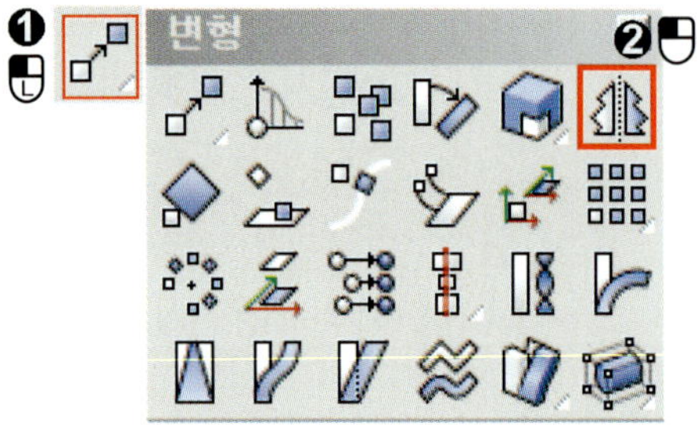

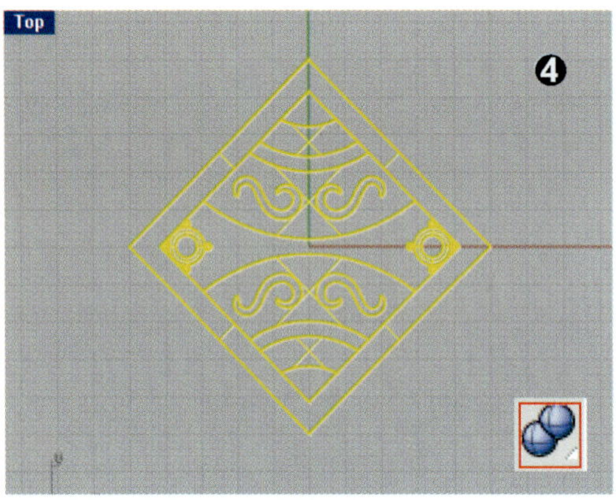


합집합을 해주면 2D 도면 만들기를 할때 떨어진 커브가 발생하지 않는다.

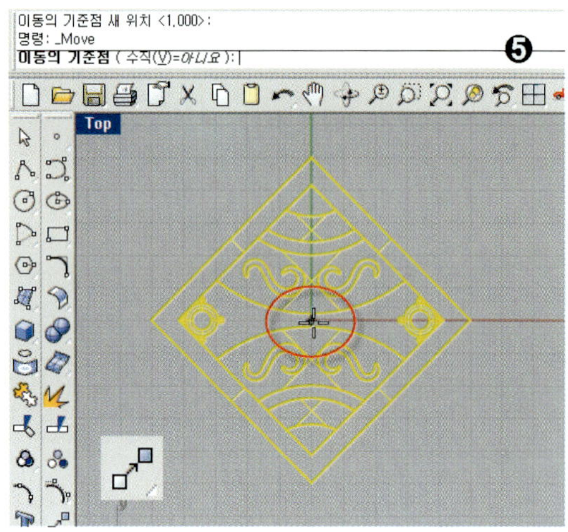


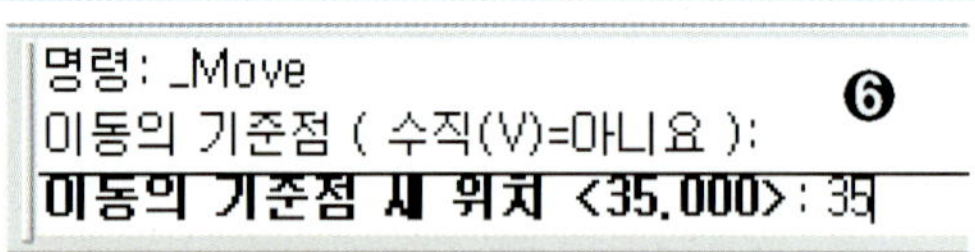

(S-8) 1번 이동을 길게 클릭한 후 2번 미러를 클릭하고 스냅을 켠다. 좌표측의 중심점을 잡은 후 3번 그림과 같이 완성한다. 그 다음 4번 그림과 같이 보석은 숨겨둔 후 전체 선택해서 합집합을 클릭한다.
5번 그림처럼 이동 아이콘을 클릭한 후 중심점을 클릭한 다음 6번 명령창에 35를 입력, Enter친다. 7번 그림과 같이 Shift키를 눌러서 수평을 잡은 후 클릭한다.

< STEP-8 >

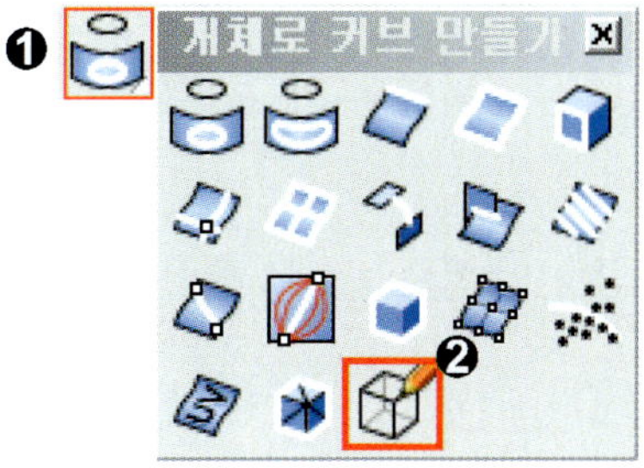


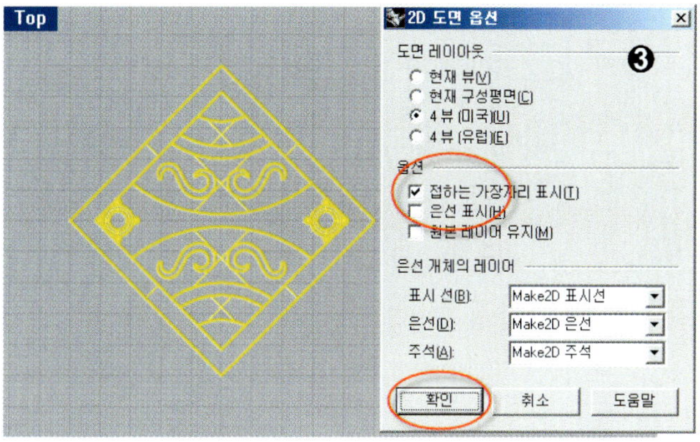


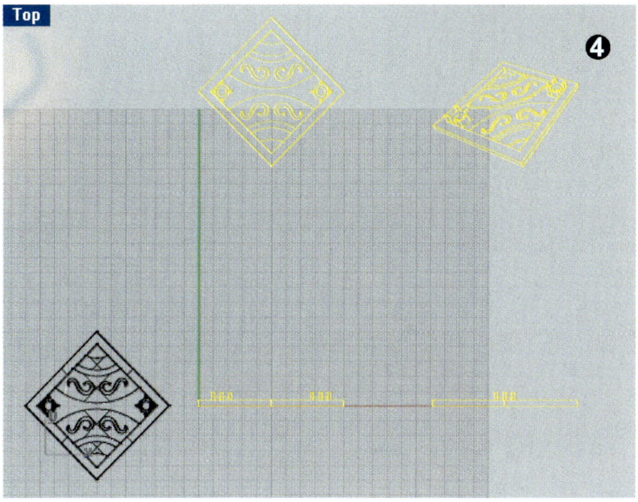


(S-9) 2D 도면을 만들기 위해서 개체를 먼저 선택한 다음 1,2번을 클릭하면 3번 그림과 같은 옵션창이 뜬다. 이때 표시된 부분을 체크한 다음 확인을 클릭하면 4번과 같이 4뷰의 2D도면이 만들어진다.

< STEP-9 >

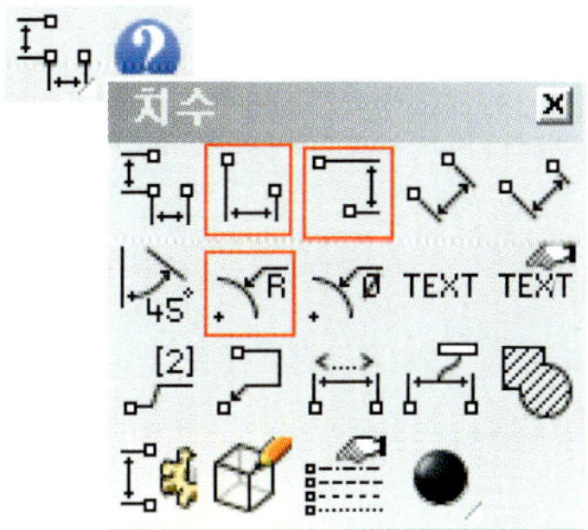


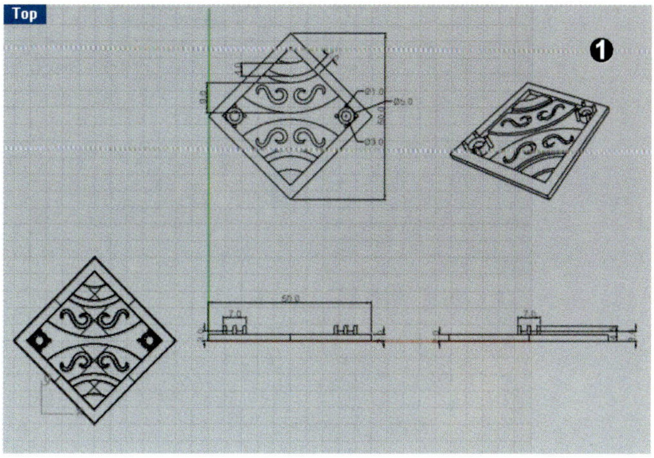


< STEP10 >

(S-10) 하단의 개체스냅중 끝점을 체크하고 치수아이콘을 사용해서 1번 그림과 같이 치수를 입력한다.

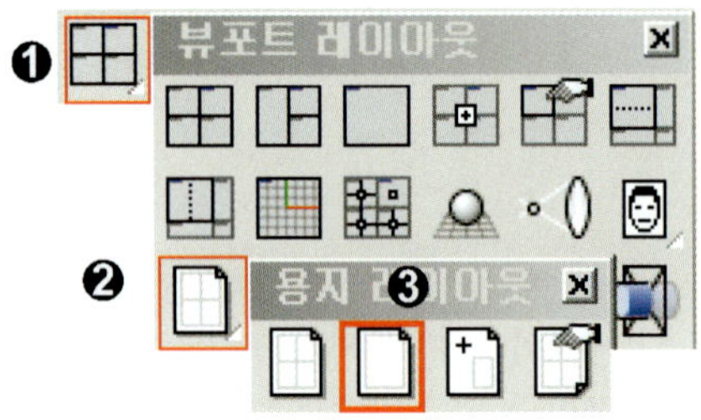


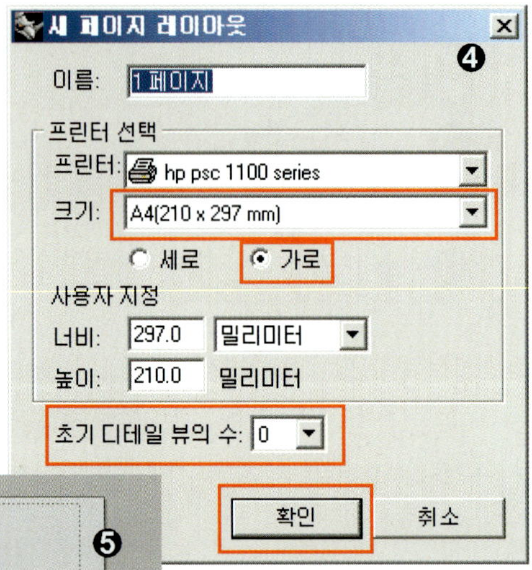


< STEP-11 >

(S-11) 라이노 4.0에서 추가된 기능을 사용해서 1:1 프린트를 하고자 한다. 1.2.3번을 클릭하면 4번과 같은 명령창이 뜨는데 이 때 입력 후 확인을 클릭하면 5번 그림과 같은 레이아웃이 만들어진다.

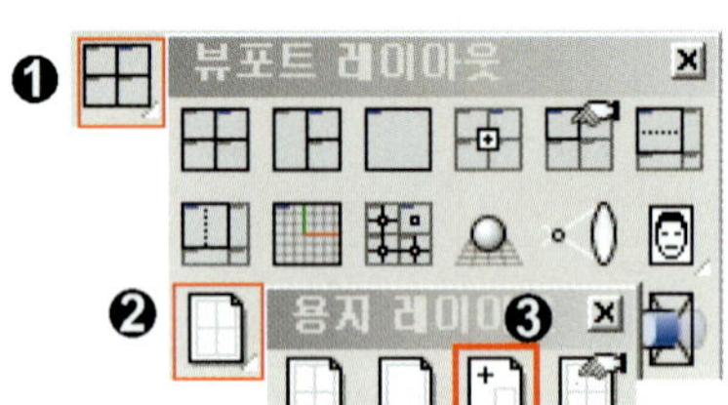


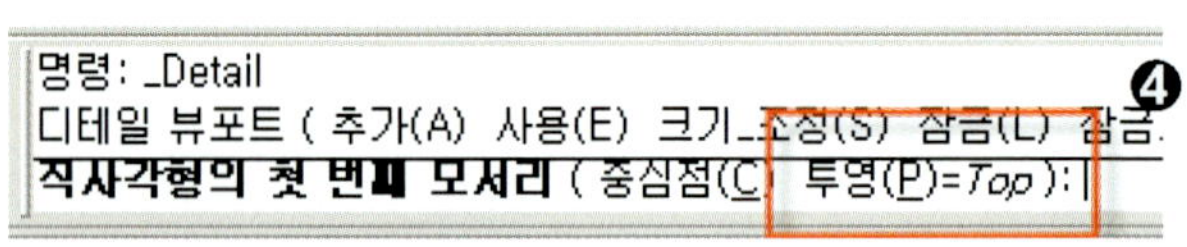


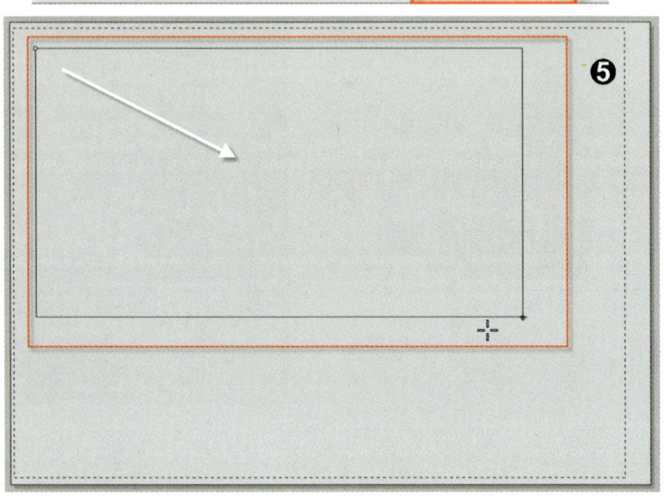


(S-12) 만들어진 레이아웃에 화면을 첨부하기 위해서 1.2.3을 클릭한 후 4번 명령창이 뜰 때 5번 그림과 같이 클릭 드래그 한다. ( 4번의 명령창에 투영이 Top으로 되어있으면 클릭 드래그 했을 때 Top에서 작업한 화면이 첨부된다. 클릭해서 Perspective, Front, Right 화면으로 전환 할 수 있다.)

< STEP-12 >

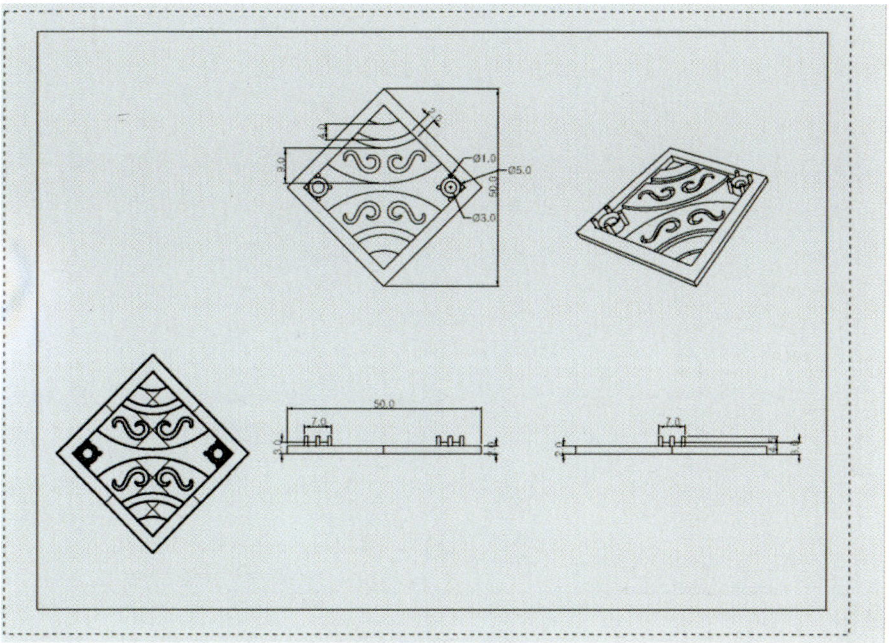

▶ 앞단계에서 클릭, 드래그하면 위의 그림과 같이 완성할 수 있다.

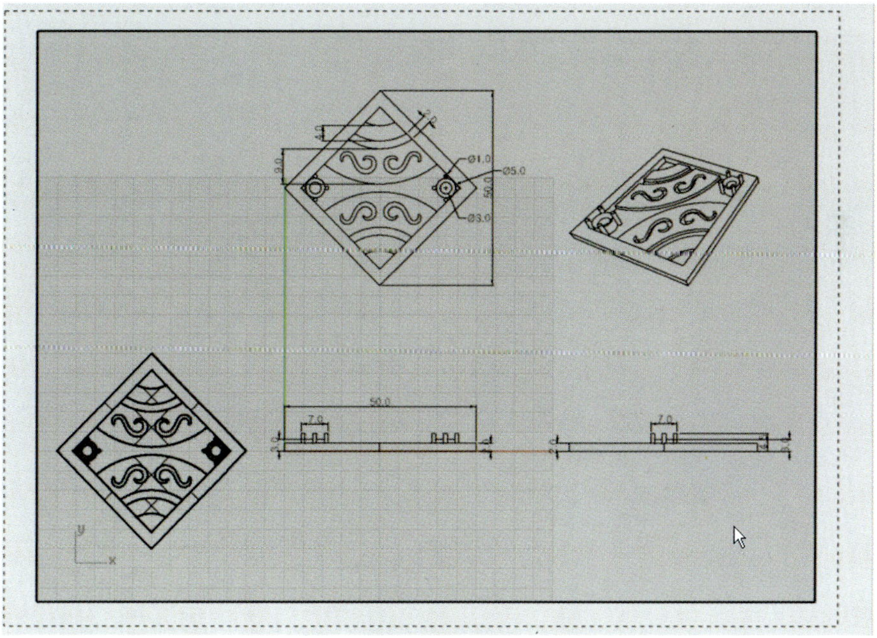

< STEP-13 >

(S-13) 위의 그림과 같이 사각박스 안쪽을 더블 클릭하면 Top화면이 활성화 된다. 활성화 된 Top뷰에서 치수기입, 모델링 수정이 모두 가능하다.

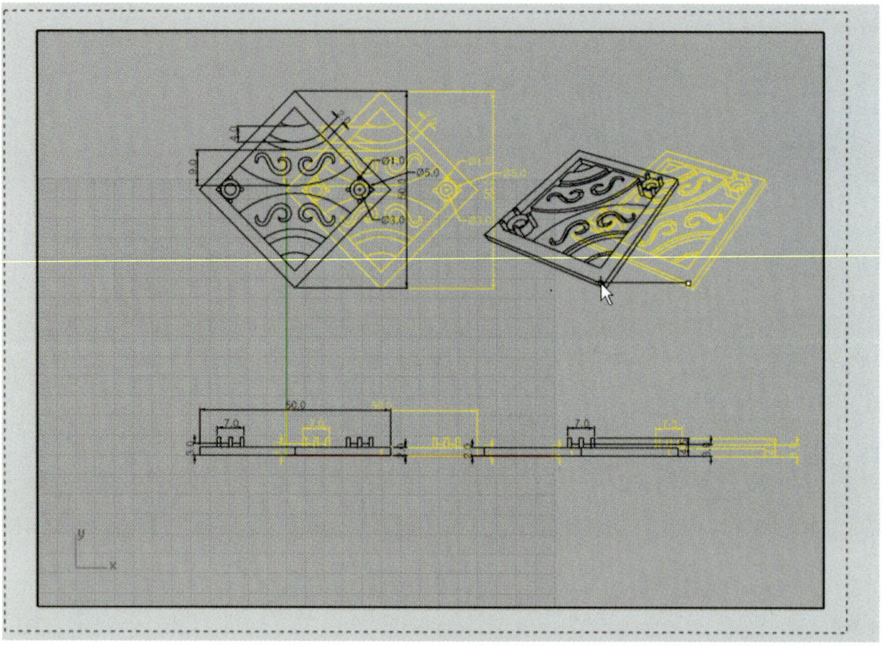

< STEP-14 >

(S-14) 활성화된 뷰에서 모델링 했던 개체는 숨겨둔 뒤 4뷰 2D 도면을 선택해서 위치를 잘 조정하도록 한다.

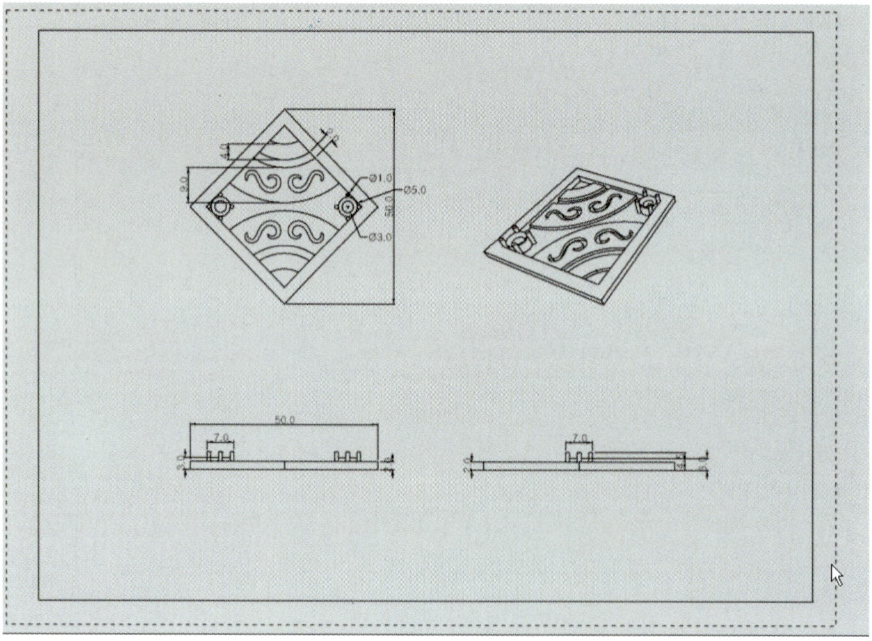

< STEP-15 >

(S-15) 위치조정을 한 다음 사각 박스의 바깥쪽을 더블 클릭해서 활성화를 취소한다

# 15. 산업기사 예제-1

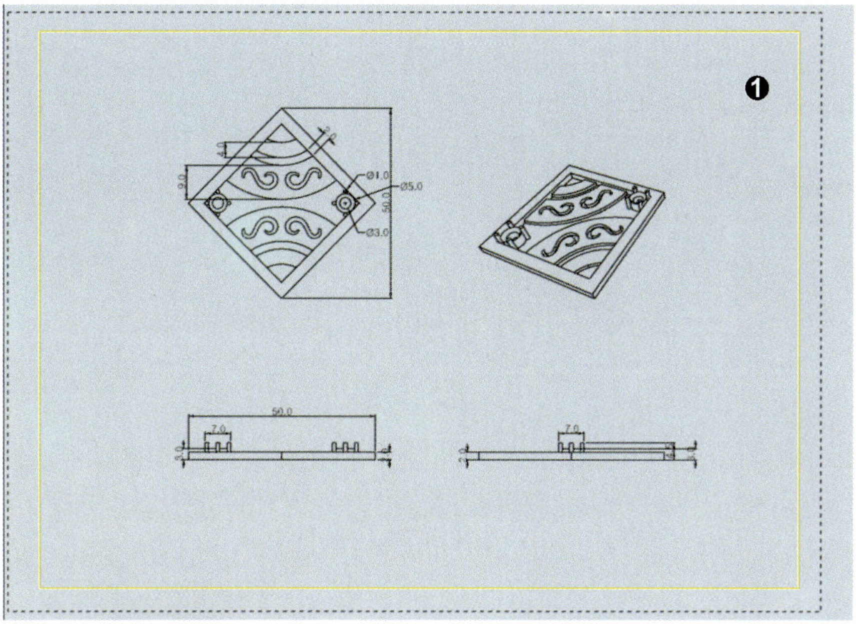

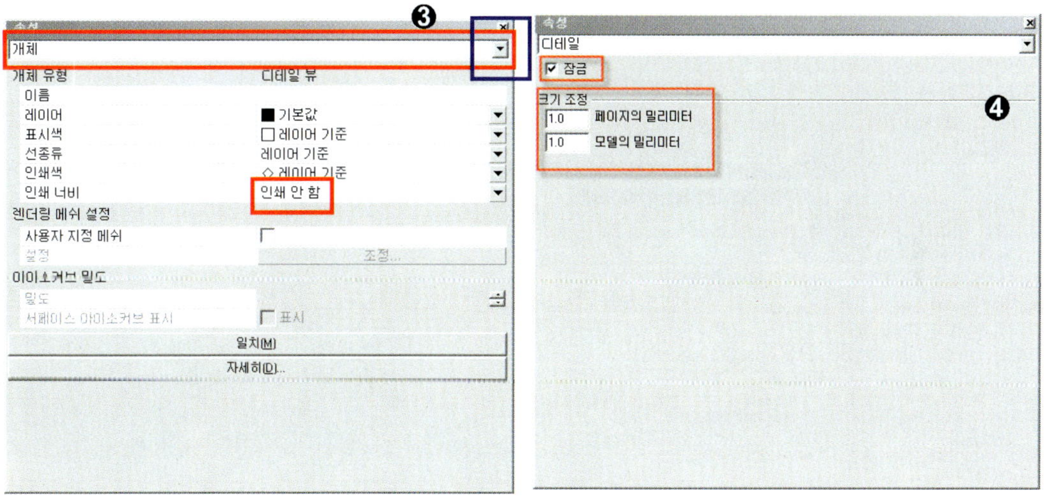


< STEP-16 >

(S-16) 1번 뷰를 1:1 사이즈로 변경하기 위해서 1번 그림처럼 사각박스를 먼저 클릭한 다음 2번 개체 속성을 클릭하면 3번 그림과 같은 명령창이 뜬다. 3번 그림의 표시된 부분은 클릭해서 바꿔준 후 3번의 파란색으로 표시된 곳을 화살표를 클릭하고 디테일을 클릭한다. 그 다음 4번 그림처럼 잠금을 체크한 후 크기조정을 모두 1.0으로 바꿔준다.

잠금을 설정하면 활성화된 뷰포트에서 크기와 이동을 잠가놓는 기능을 한다. 잠금 기능을 클릭하지 않고 다시 뷰를 활성화 시키면 크기가 조정될 수 있기때문에 1:1출력시에 주의해야한다. 출력하기 전 가장 마지막 단계로 하는 것이 좋다.

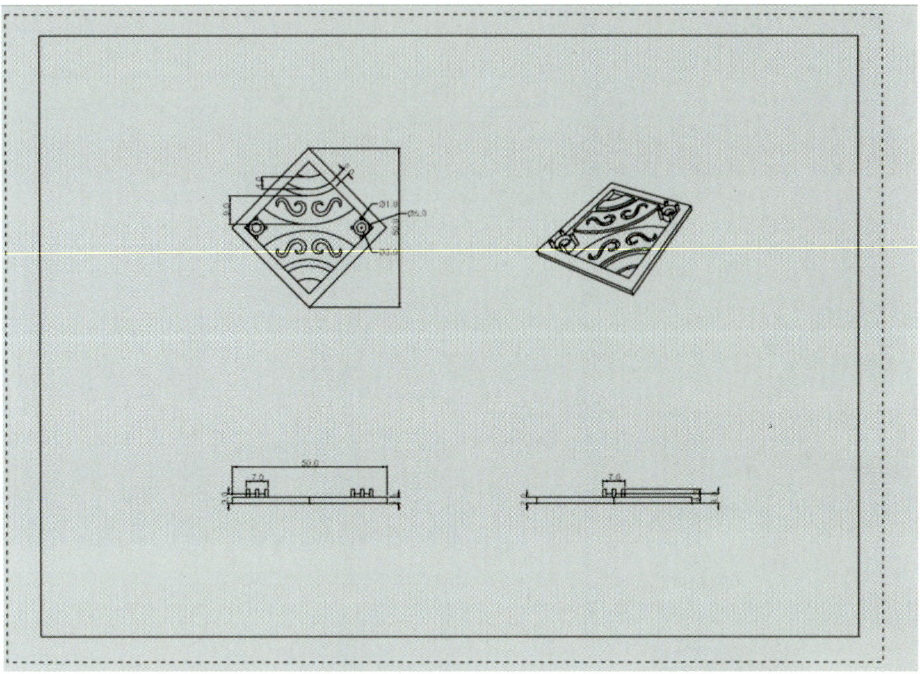

▶ 앞단계에서 1:1 사이즈로 크기 조정을 한 모습이다.

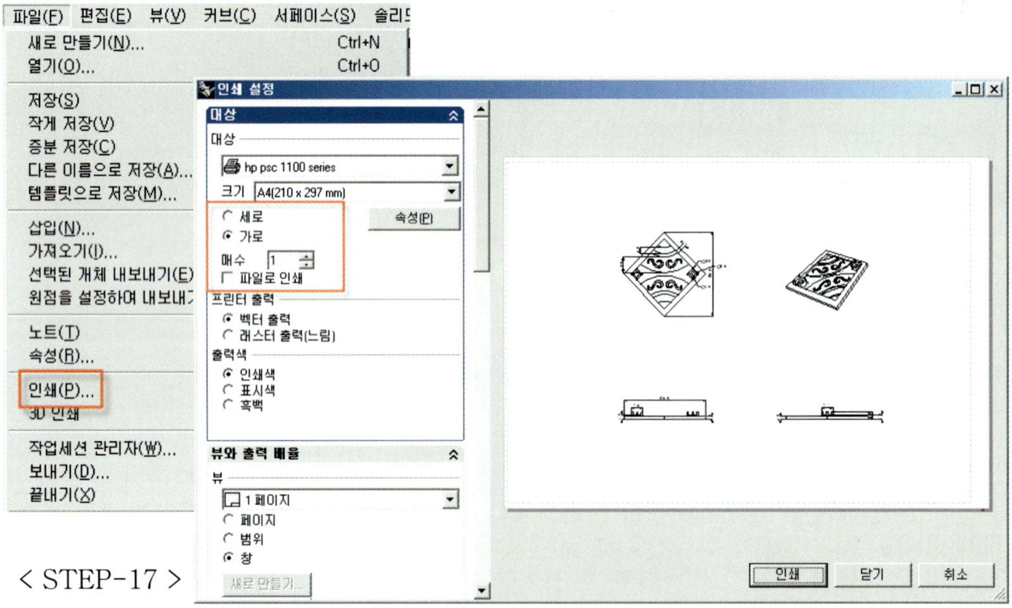


< STEP-17 >

(S-17)라이노 화면 상단의 파일을 클릭하고 인쇄를 클릭하면 오른쪽 그림과 같이 옵션 창이뜨는데 이때 그림처럼 표시된 부분을 체크한다.

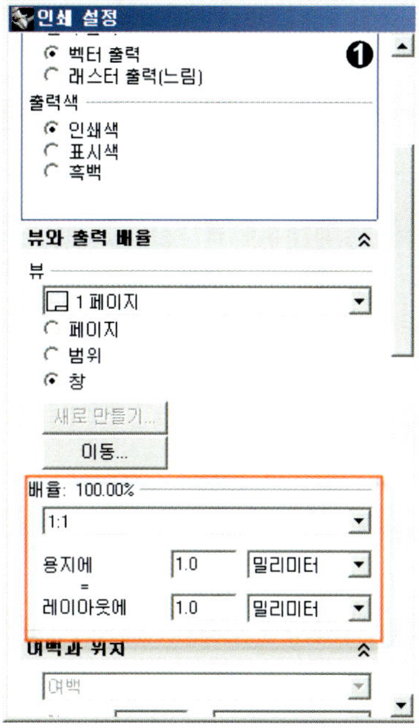


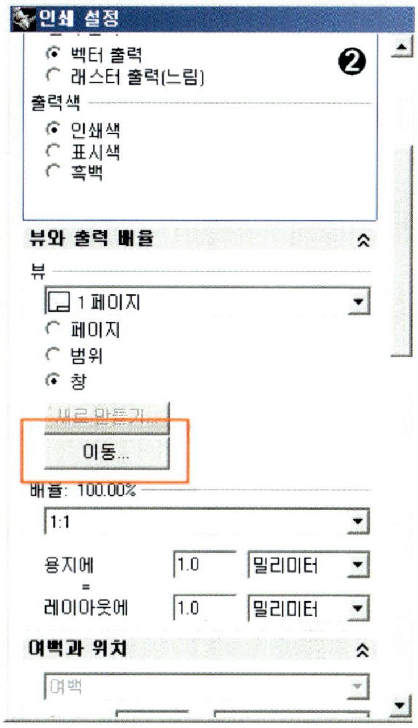


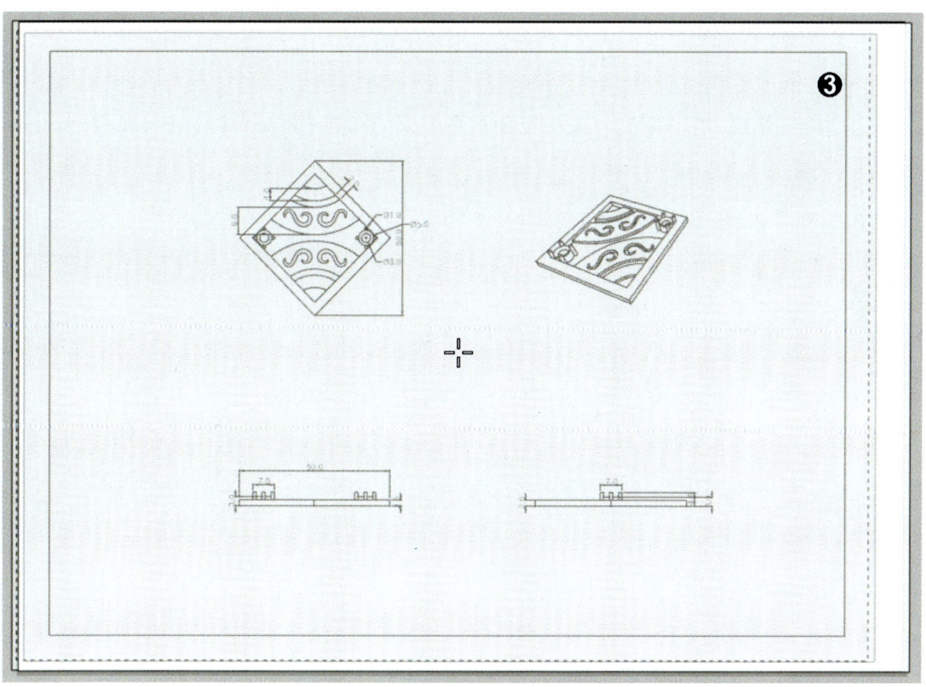


< STEP-18 >

(S-18) 앞단계의 옵션창을 1번 그림처럼 뷰와 출력비율을 표시된 부분처럼 1:1로 맞춰준 다음 2번 이동을 클릭해서 인쇄시 중앙으로 출력할 수 있도록 이동시켜주기 위해서 3번 그림처럼 클릭한 후 이동시켜 중앙으로 맞춰준다.

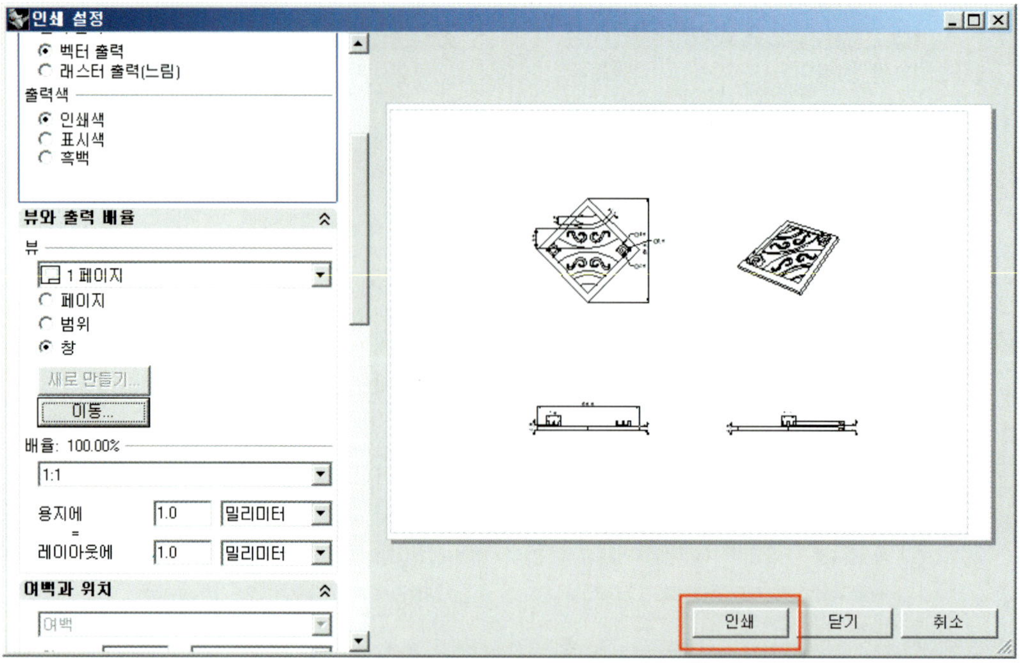


(S-19) 앞단계에서 이동을 해서 중앙을 맞춘 뒤 인쇄를 클릭해서 출력한다.

출력시 다른 방법은 STEP-10에서 2D 도면 만들기를 한 다음 ai로 저장 해서 일러스트로 출력하는 방법도 있다. 하지만 라이노 4.0에 추가된 기능 중에서 1:1사이즈로 바로 출력 할 수 있기때문에 이 방법을 사용하면 정확한 도면을 쉽게 얻을 수 있는 장점이 있다.
또한 가려진 안쪽 면을 점선으로 표현할 수 있으며, 선 종류나 두께를 지정해서 바꿔줄 수 있다. (산업기사 2번째 예제를 참고한다.)

# Rhino3D

## 16. 산업기사 예제-2

## 16. 산업기사 예제-2

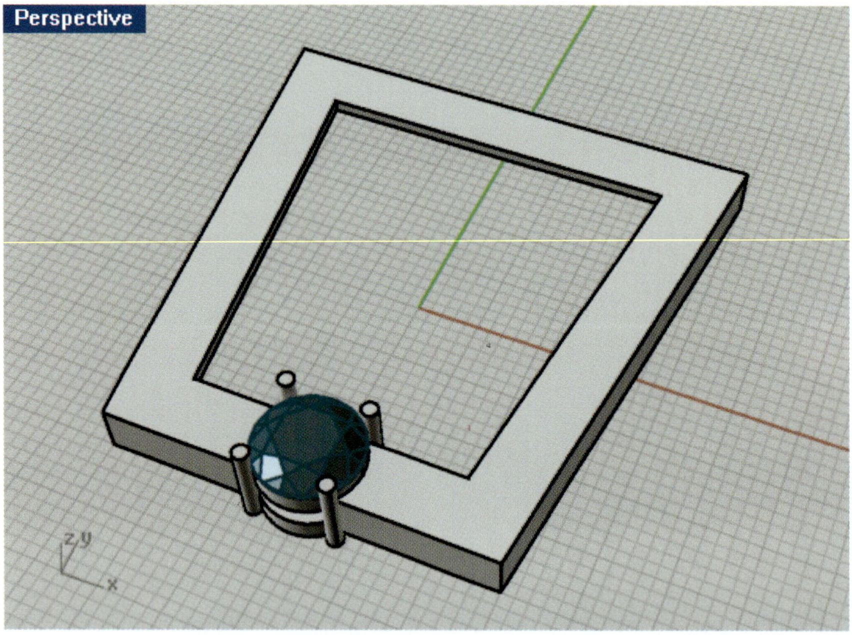


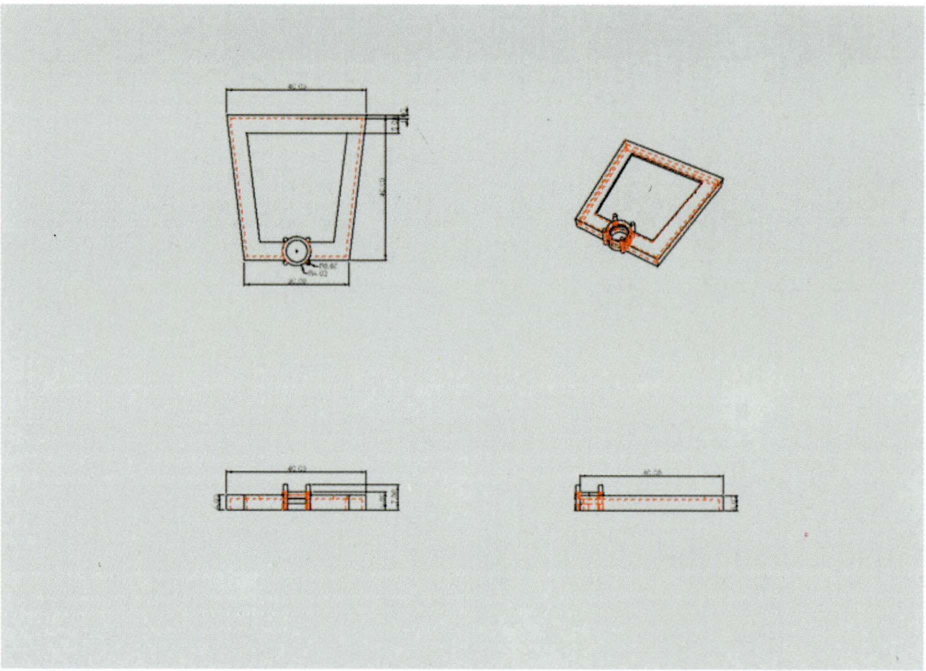

위 그림과 같이 모델링및 1:1 출력을 하고자 한다.

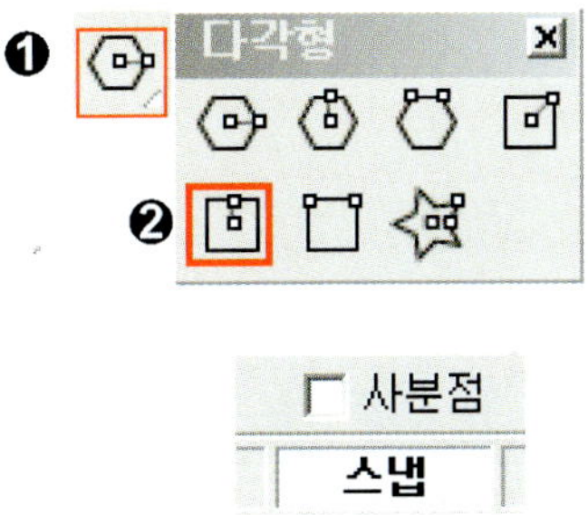


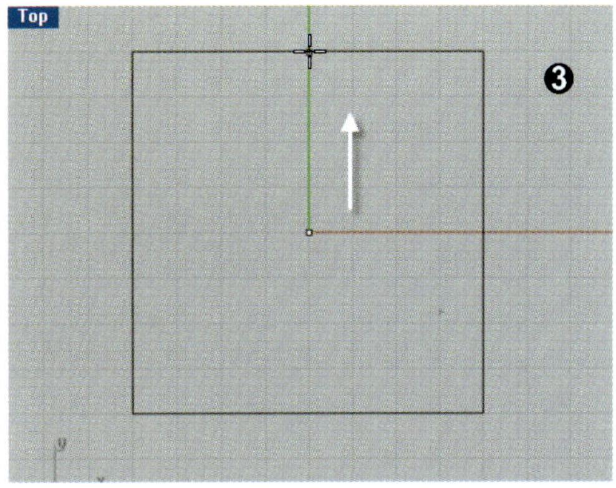

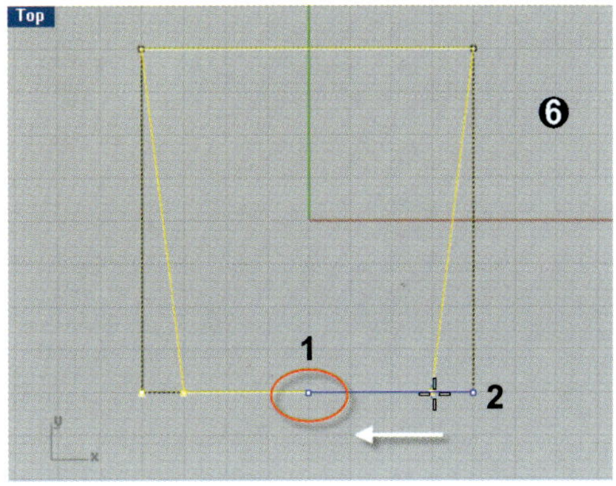


(S-1) 1번 다각형:중심점, 반지름을 길게 선택한 후 2번 외접 사각형을 클릭하고 하단의 스냅을 켠다음 3번 그림처럼 반지름이 20mm인 사각형을 그린다. F10번을 눌러서 제어점을 켠 후 아래 두점을 클릭한다. 4번 3D 크기조정을 클릭한 후 5번 1D 크기 조정으로 6번 그림의 순서대로 클릭해서 양쪽으로 5mm씩 크기를 조정한다.

< STEP-1 >

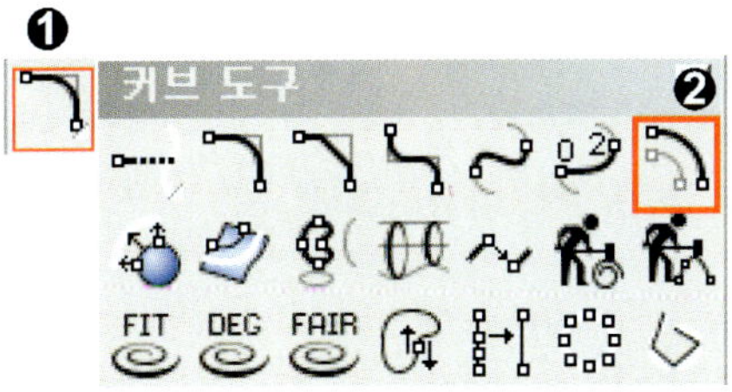


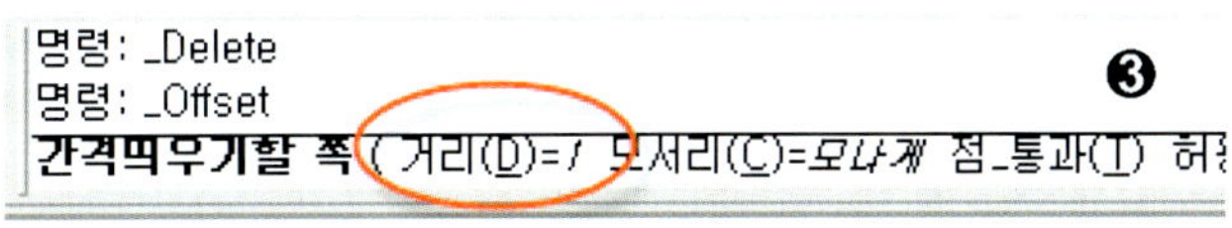


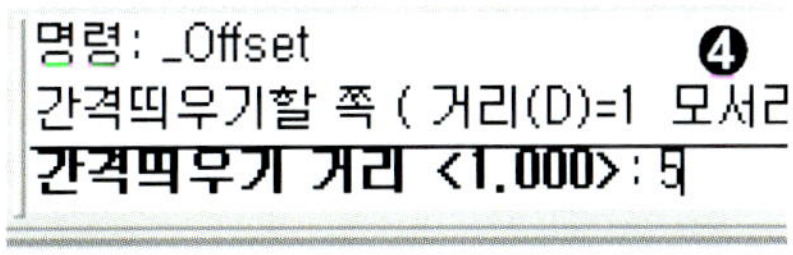


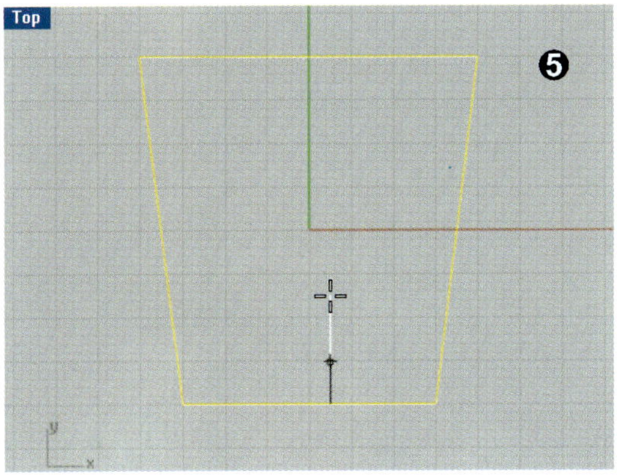


(S-2) 커브 간격띄우기를 실행하기 위해서 1번 커브필렛을 길게 선택한 후 2번 커브 간격 띄우기를 클릭한다.
커브를 선택하고 Enter치면 3번 그림과 같이 명령창이 뜨는데 거리를 클릭해서 4번 그림과 같이 거리값을 5로 입력한 다음 5번 그림처럼 안쪽으로 클릭한다.

< STEP-2 >

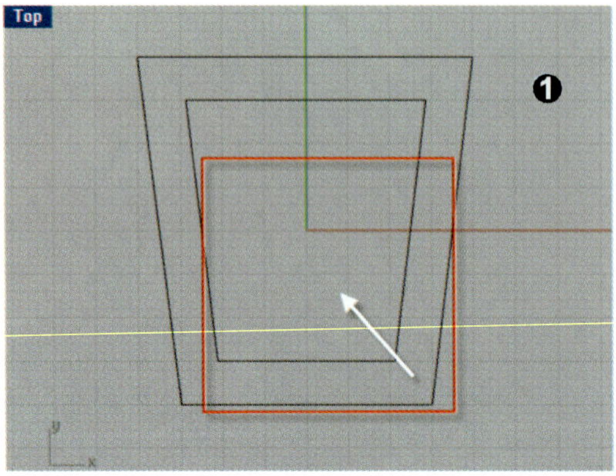

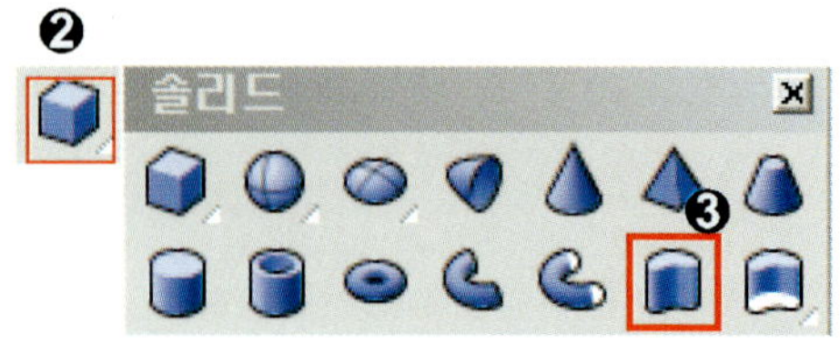


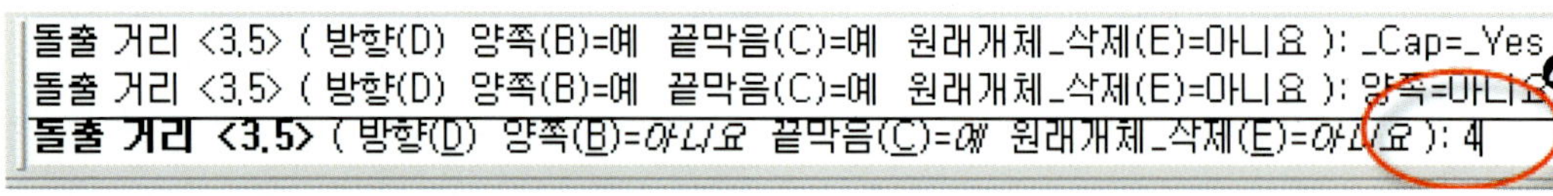


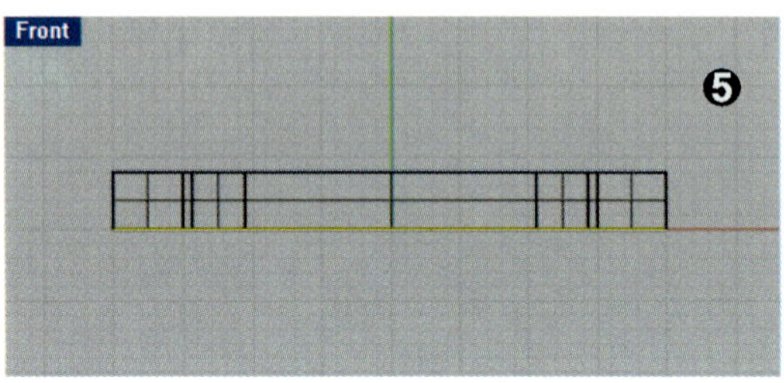

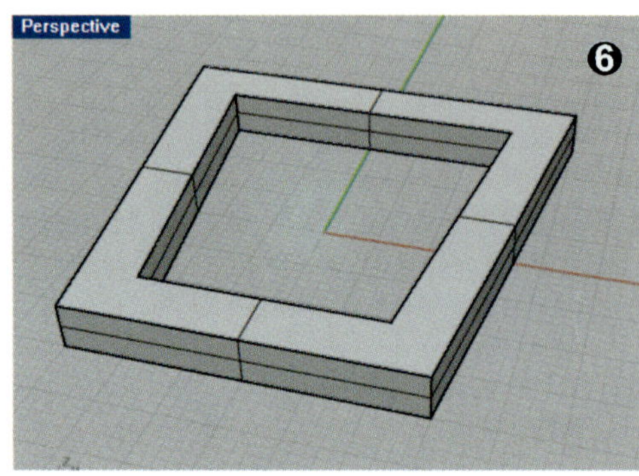

(S-3) 간격띄우기를 한 두 커브를 1번 그림 처럼 드래그 한 다음 2번 상자를 길게 선택한 후 3번 닫힌 평면형 커브 돌출을 클릭한다. 그 다음 4번 그림처럼 명령창에 4를 입력하고 Enter쳐서 5번, 6번 그림과 같이 완성시킨다.

< STEP-3 >

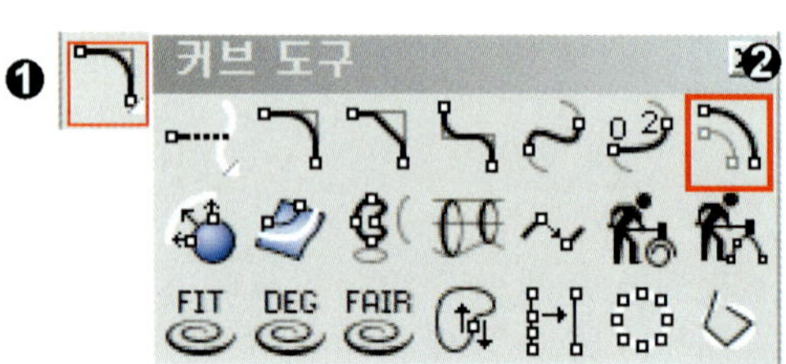


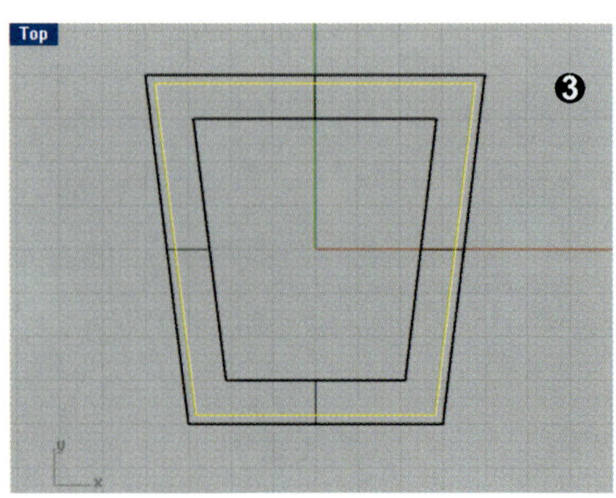

(S-4) 두개의 커브중 바깥쪽 커브를 선택한 다음 STEP-2에서 한 방법처럼 1, 2번을 클릭한 다음 명령창에 거리값을 1로 입력해서 3번 그림과 같이 안쪽으로 클릭해서 완성한다.

< STEP-4 >

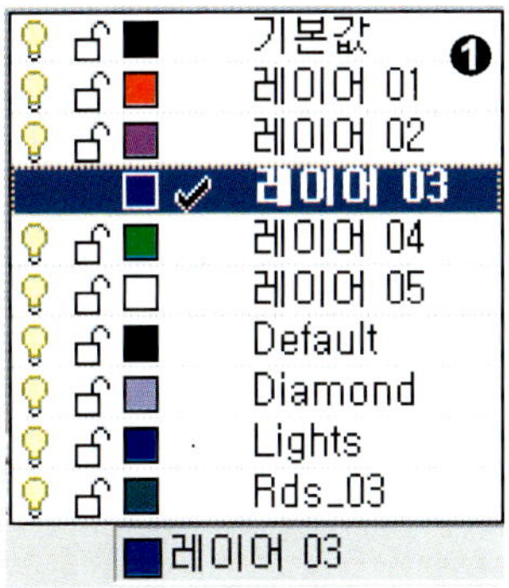


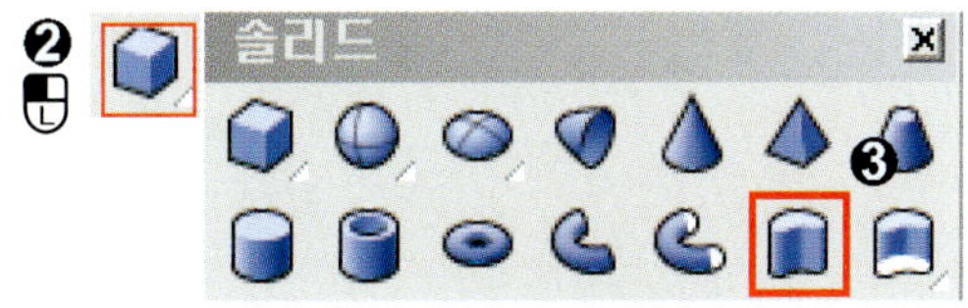

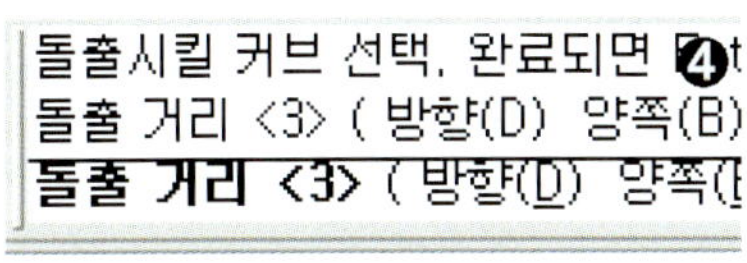


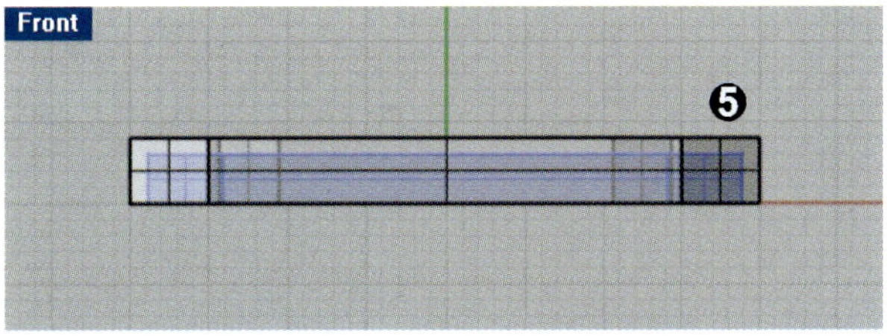


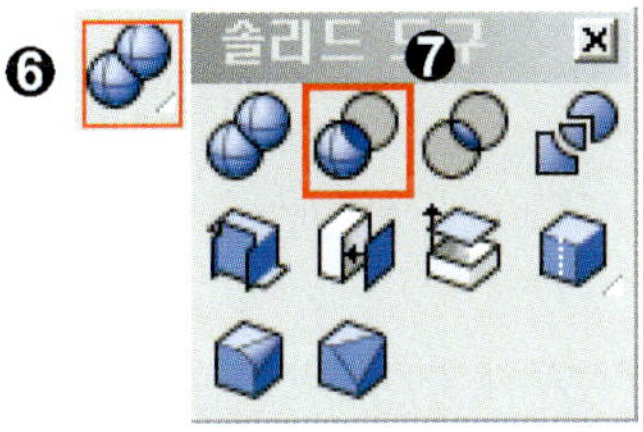


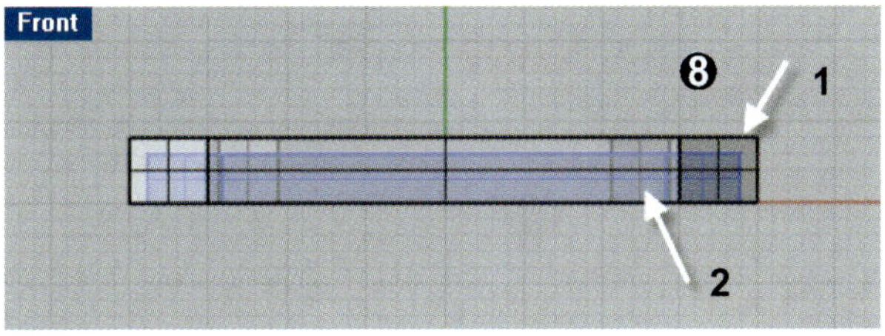


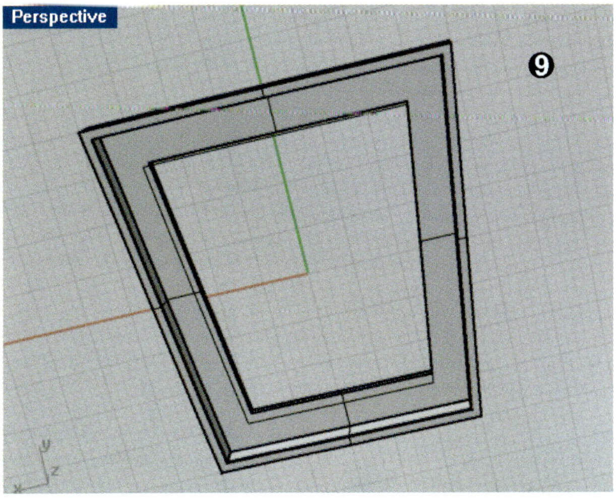


(S-5) 레이어의 색을 바꿔주기 위해서 하단의 레이어를 클릭한 다음 1번 그림처럼 글씨 부분을 클릭하면 원하는 레이이로 변경할 수 있다. 그리고 STEP-4에서 1mm 안쪽으로 만든 커브를 선택하고
2번을 길게 선택한 후 3번 닫힌 평면형 커브돌출을 클릭하고 하단의 스냅을 켠다. STEP-3에서 한 방법처럼 명령창에 3을 입력 Enter쳐서 5번 그림과 같이 완성한다.
6번을 길게 선택한 후 7번 차집합을 클릭하고 8번의 1을 클릭, Enter치고 안쪽 개체인 2를 클릭,Enter쳐서 9번과 같이 완성한다.

< STEP-5 >

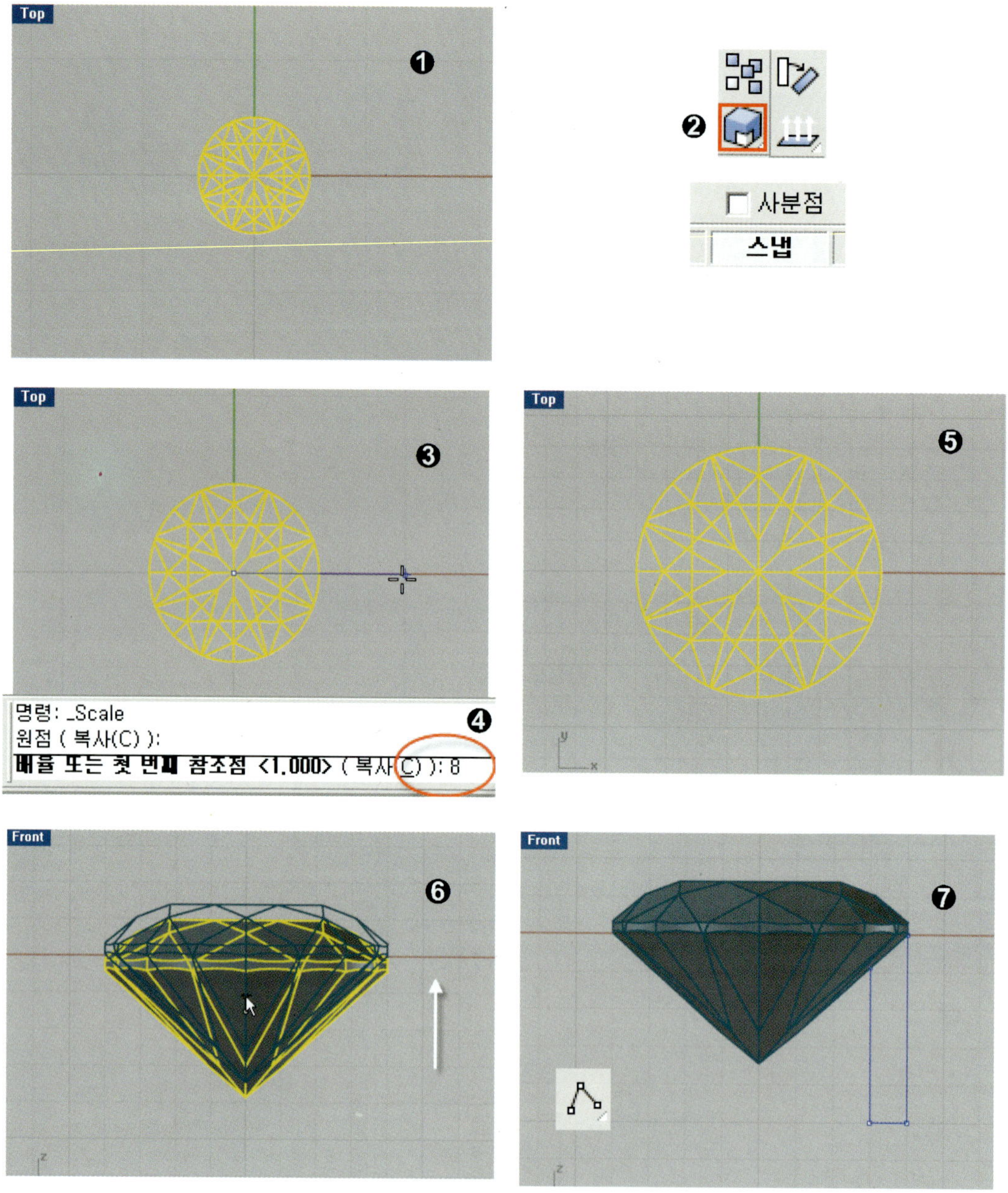


< STEP-6 >

(S-6) 파일의 가져오기에서 1번과 같이 지름1mm 보석을 불러온 후 2번 3D 크기조정을 클릭하고 하단의 스냅을 켠다. 그 다음 3번과 같이 좌표축의 중심점을 클릭하고 4번 명령창에 8을 입력한 후 Enter치면 5번과 같이 8mm인 보석이 완성된다. 그다음 난집을 만들 커브를 쉽게 그리기 위해서 6번 그림처럼 보석을 위로 이동시킨다. 보석 이동시 스냅을 끈 상태에서 이동시킨 후에 다시 스냅을 켠다. 그리고 폴리라인을 클릭해서 7번 그림과 같이 커브를 그려 완성한다.

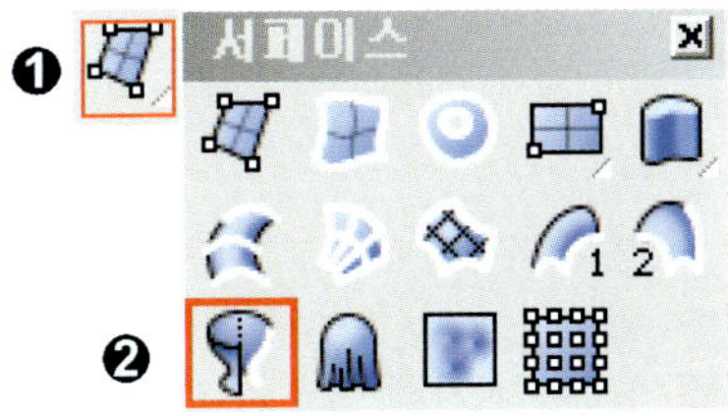


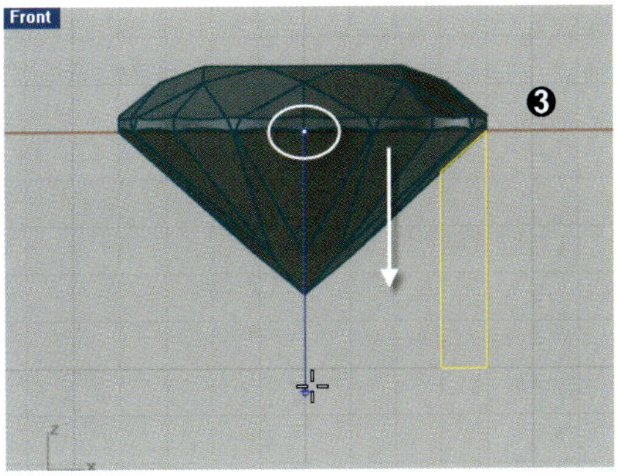


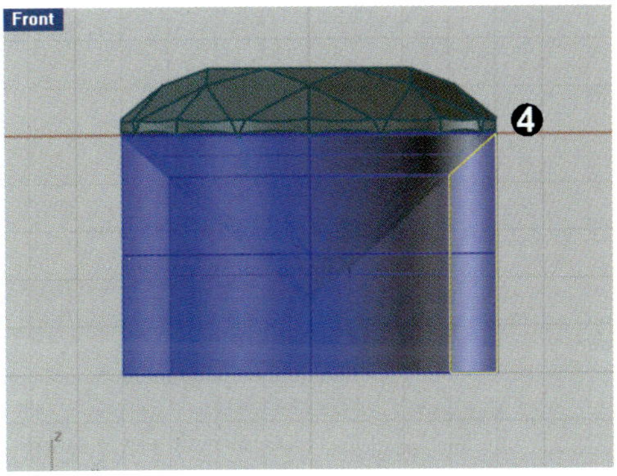


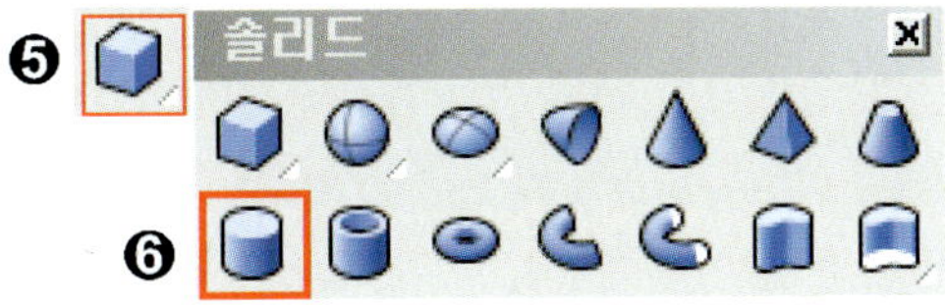


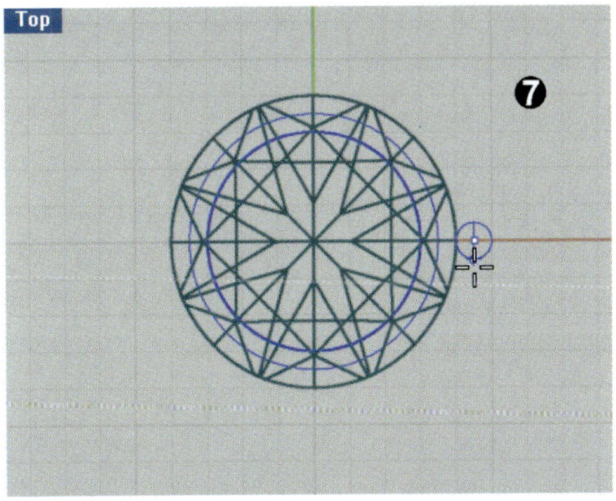


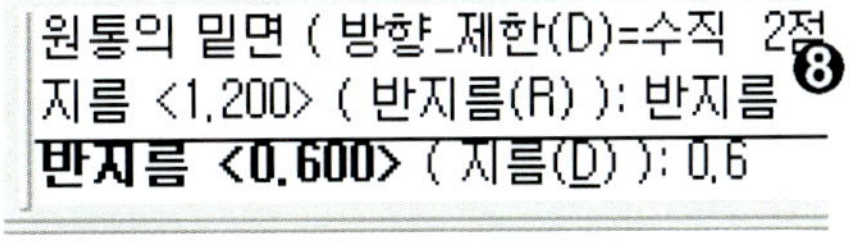

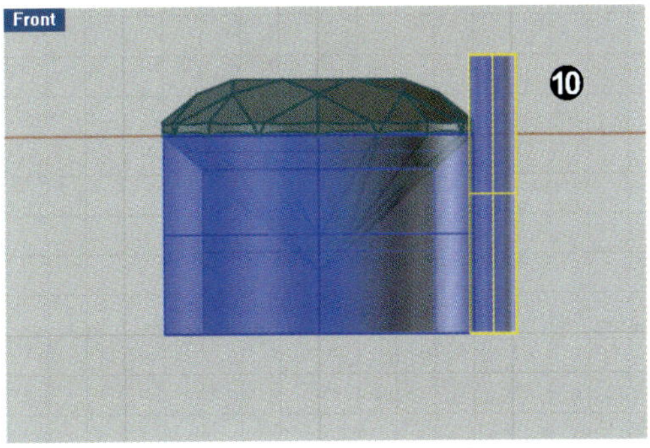


(S-7) 방금 그린 단면 커브를 클릭한 다음 하단의 스냅을 켜고 1,2번을 클릭한 후 3번 그림의 순서대로 클릭한 다음 명령창에 시작각도가 0일때 Enter를 치고 끝각도가 360도 일때 다시 Enter를 쳐서 4번 그림과 같이 완성시킨다. 5,6번을 클릭하고 7번 그림과 같이 난발이 놓일 위치의 중심점을 클릭하고 8번 창에 원통의 반지름값을 입력, Enter 친 다음 9번 명령창에 원통의 길이를 입력한 후 Enter친다.
그 다음 원통을 10번과 같이 이동시킨다.
< STEP-7 >

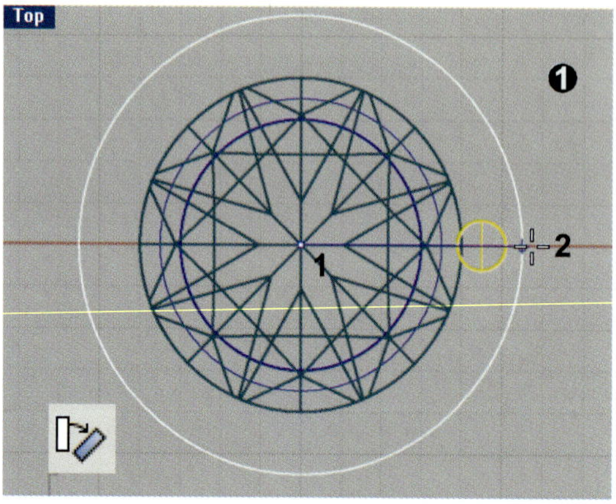


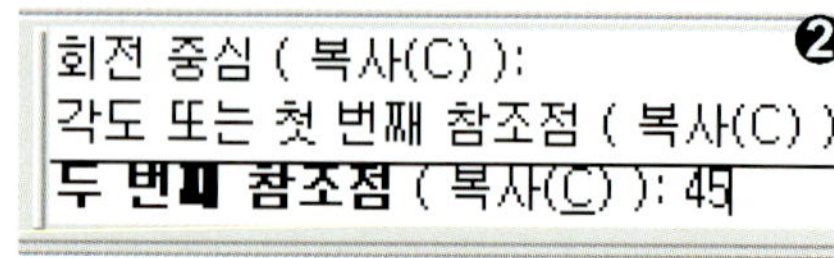


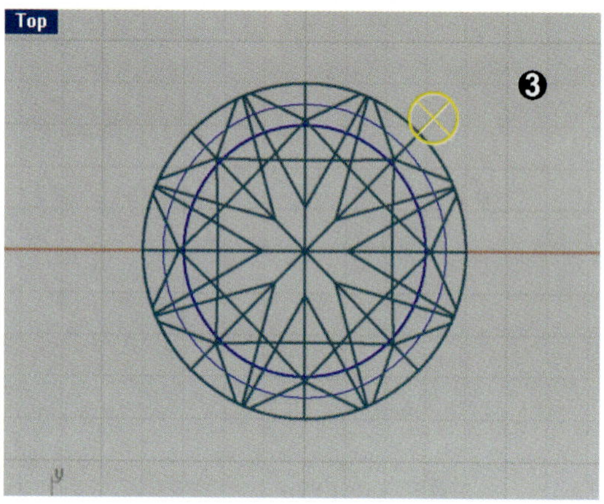


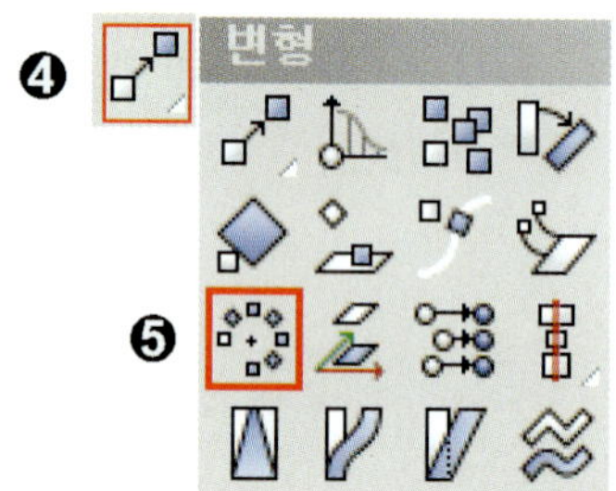


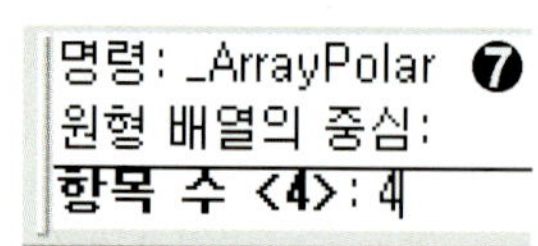


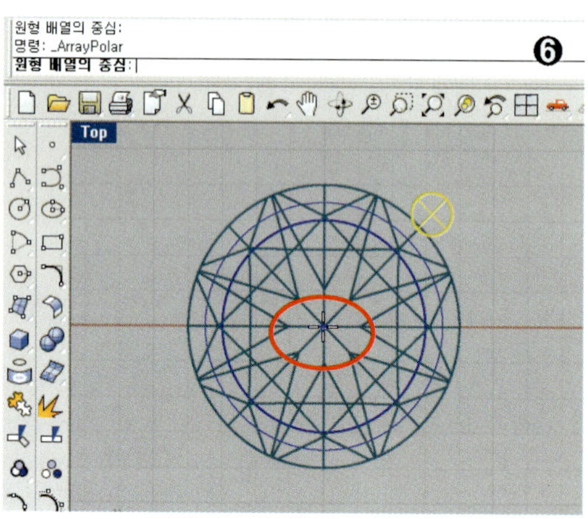

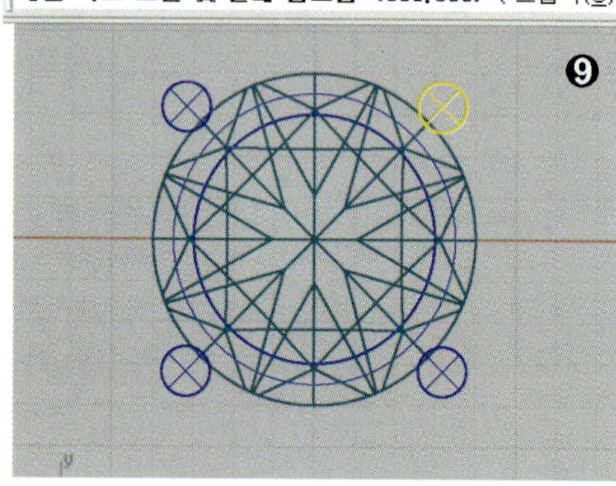


< STEP-8 >

(S-8) 난발의 위치를 바꿔주기 위해서 회전 아이콘을 클릭하고 1번 그림의 순서대로 클릭한 뒤 2번 명령창에 45를 입력후 Enter를 치면 3번 그림과 같이 완성된다. 그 다음 4,5번을 클릭하고 6번 그림처럼 원형배열의 중심의 좌표축의 중심점을 클릭후 7번 명령창에 4를 입력하고 Enter를 친다. 그리고 8번 명령창을 확인한 다음 Enter를 쳐서 9번 그림처럼 완성한다.

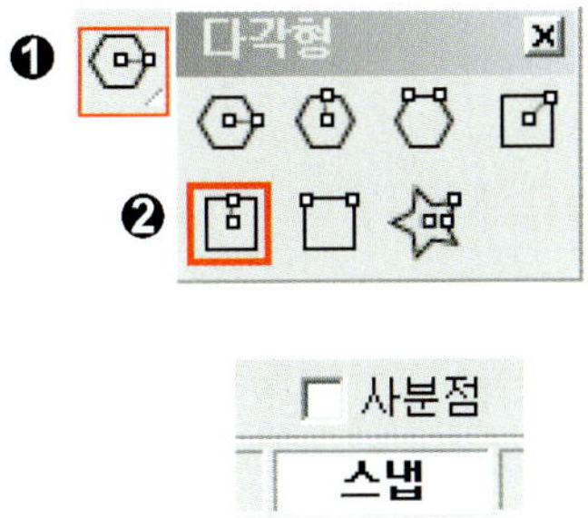


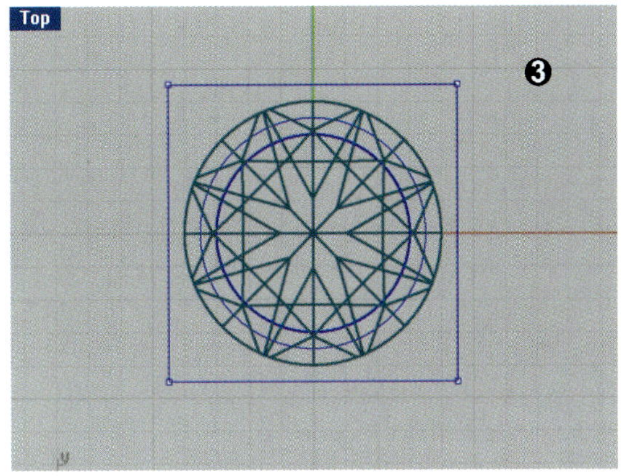


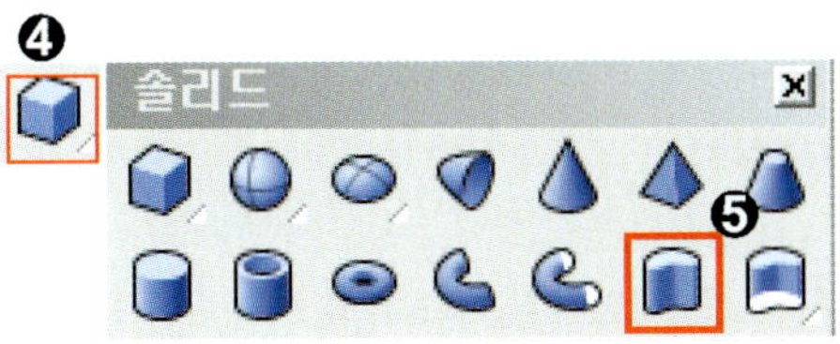


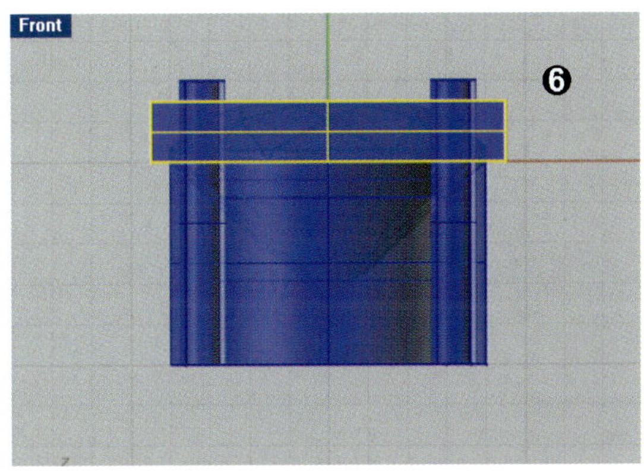


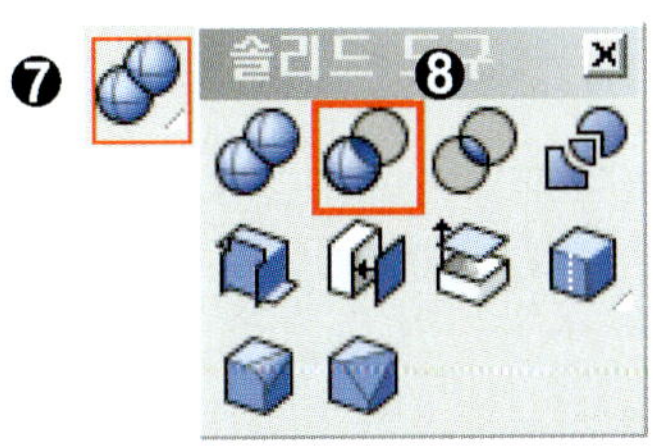


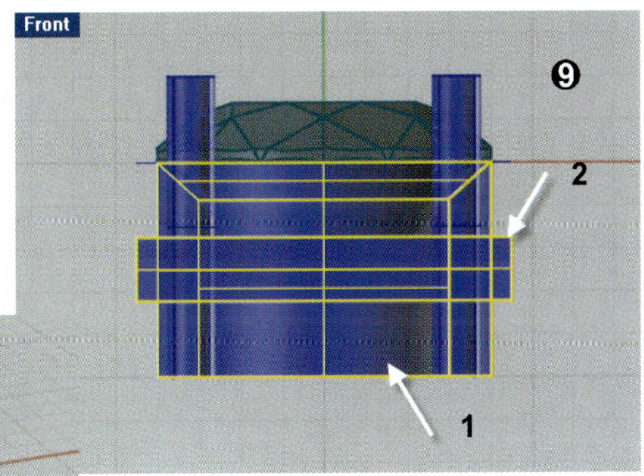


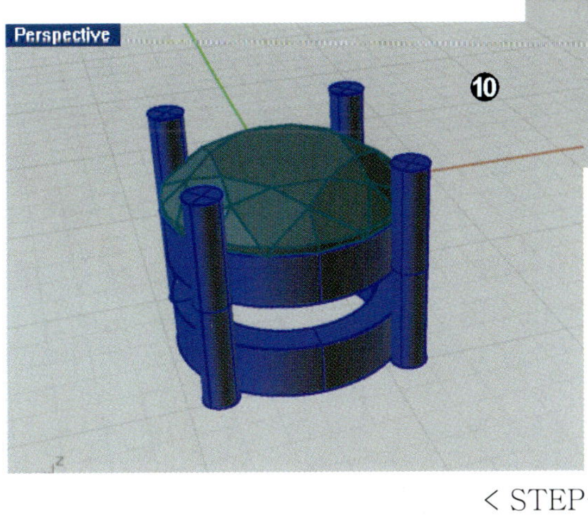


(S-9) 1, 2번을 클릭하고 하단의 스냅을 켠 후 3번 그림처럼 사각을 그린 다음 4.5번을 클릭해서 명령창에 1.5mm를 입력해서 두께를 준 후 중간으로 이동시킨다. 7.8번을 클릭하고 STEP-5에서 한 방법과 같이 9번 그림의 순서대로 클릭해서 10번 그림처럼 완성한다.

< STEP-9 >

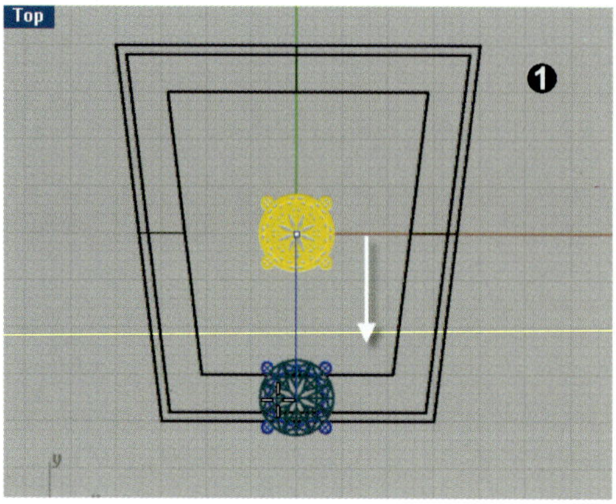


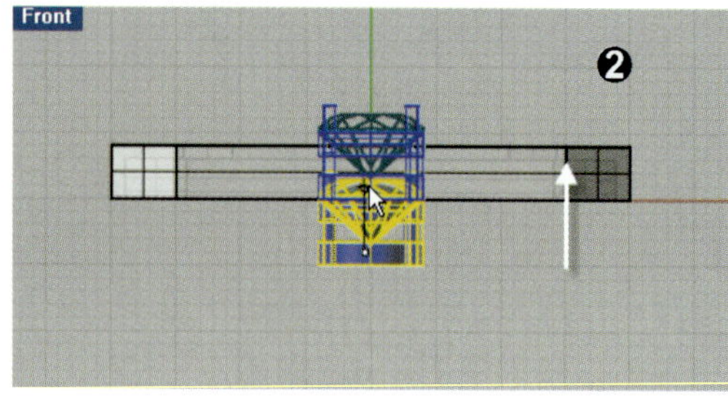


(S-10) 완성된 난집을 전체 선택해서 1,2번과 같이 이동시킨다.

< STEP-10 >

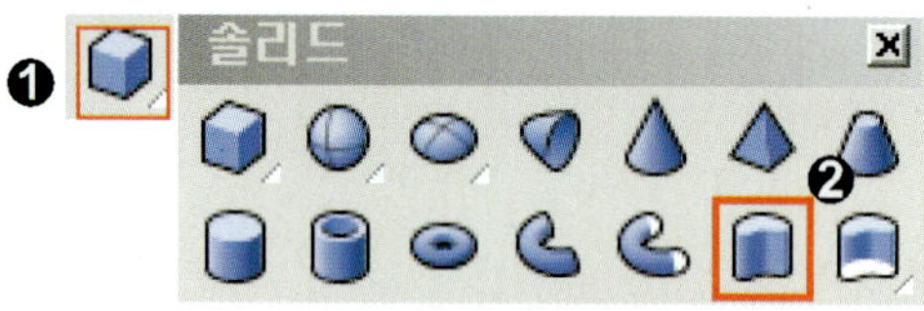


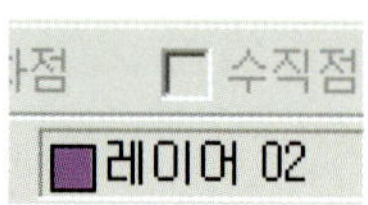


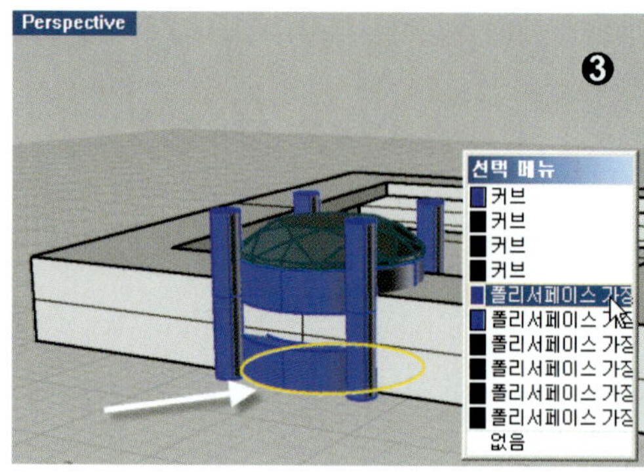

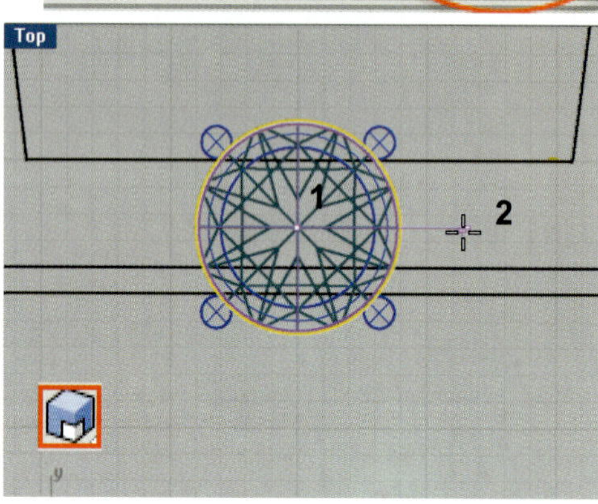


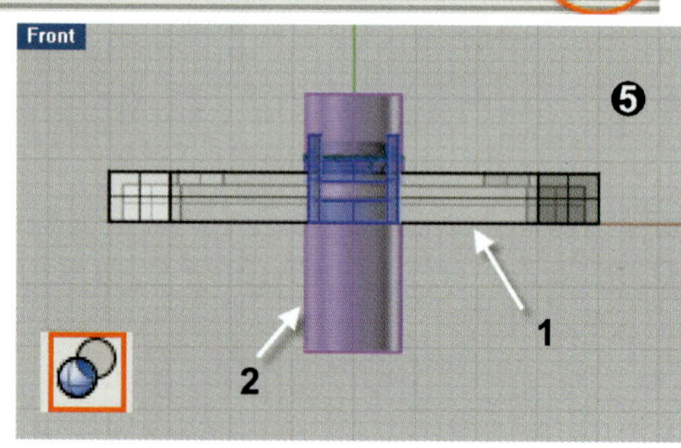


< STEP-11 >

(S-11) 레이어를 바꿔준 후 1.2번을 클릭하고 3번 그림처럼 난집의 아래부분의 가장자리를 클릭한 후 4번 그림과 같이 명령창에 값을 입력해서 돌출시킨다. 돌출 된 개체를 3D 크기 조정으로 5번 그림처럼 난집보다 약간 작게 줄여준다. 그 이유는 다음 단계에서 쉽게 합집합하기 위해서이다. 그 다음 5번 그림과 같이 차집합을 실행한다.

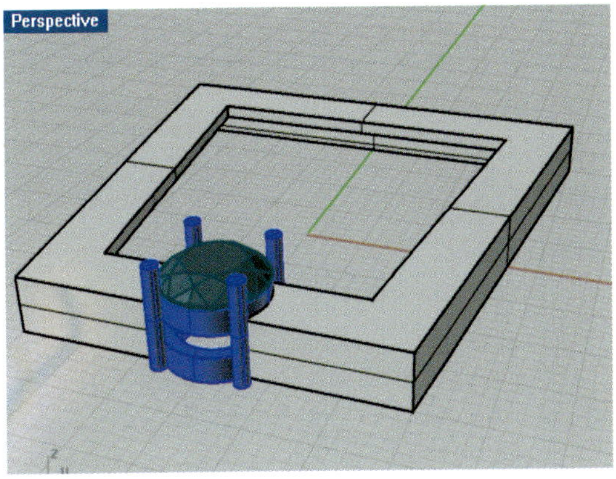


▶ STEP-11에서 차집합을 한 결과이다.

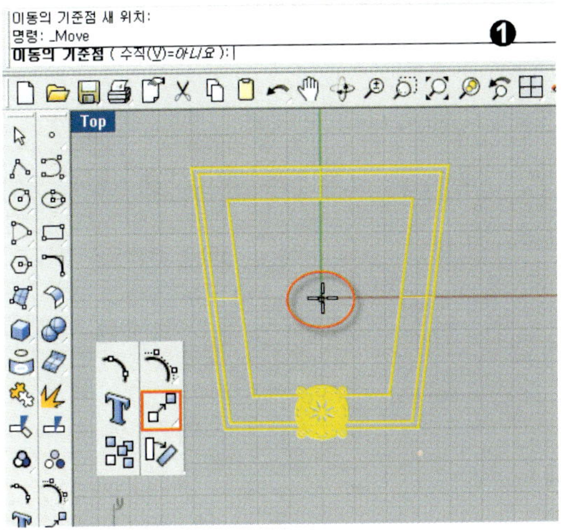


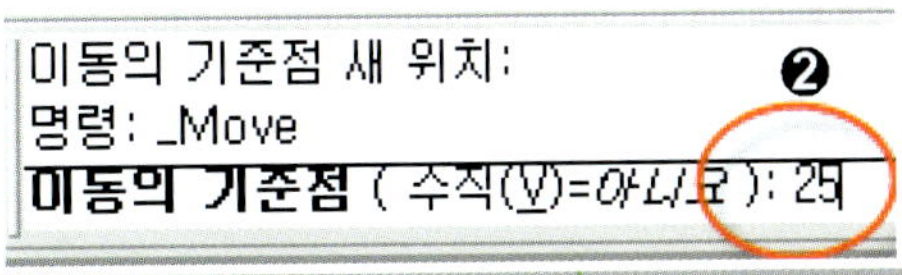


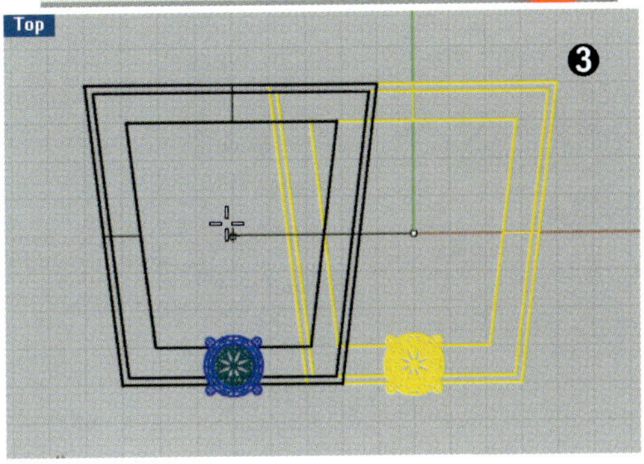


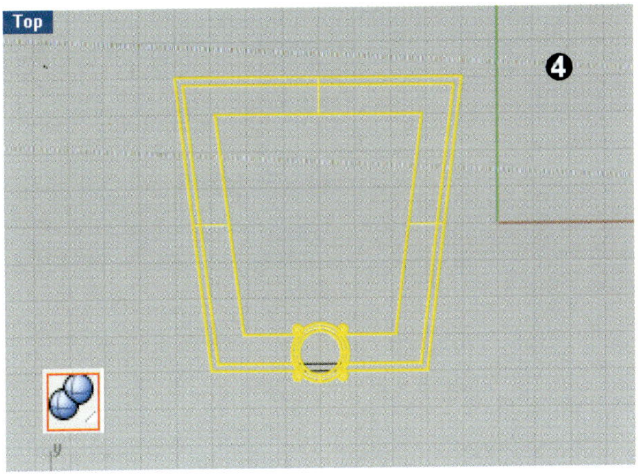


(S-12) 1번 그림과 같이 개체를 먼저 선택한 다음 하단의 스냅을 켜고 좌표축의 중심을 클릭하고 2번 명령창에 25를 입력, Enter 친다. 그 다음 3번 그림처럼 Shift 키를 눌러서 수평을 맞춘후에 클릭 한 후 보석을 상단의 아이콘 숨김을 클릭해서 숨긴 후 4번 그림처럼 개체를 합집합한다.

< STEP-12 >

이 단계에서 합집합을 해주는 이유는 도면 작업시에 생성이 안돼는 커브가 없도록 하기 위해서이다.

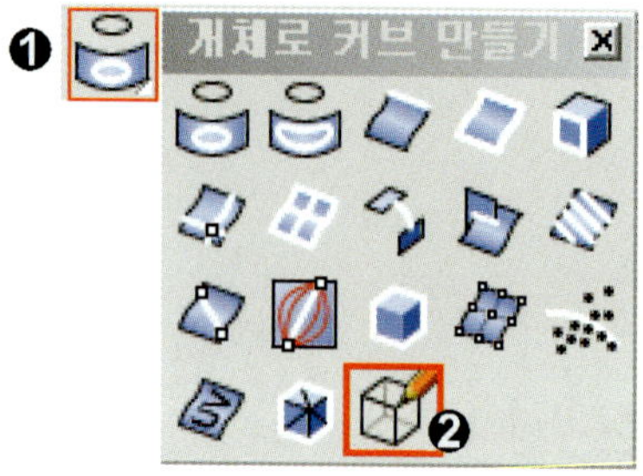


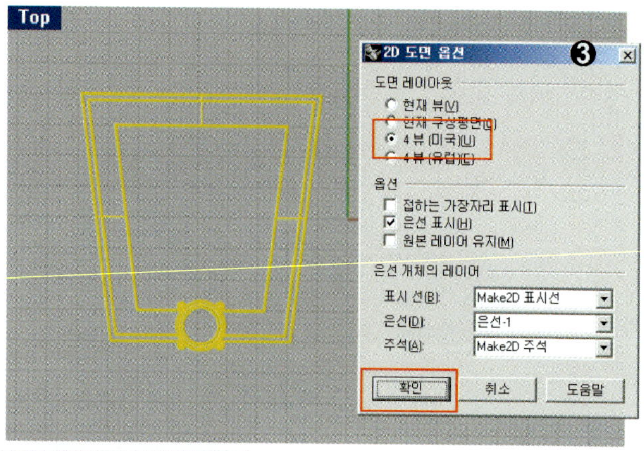


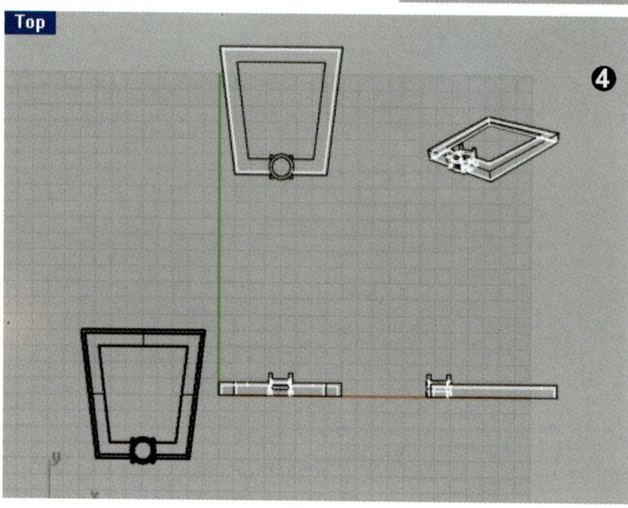


(S-13) 개체를 먼저 선택한 다음 1,2번을 클릭하면 3번 그림과 같은 옵션창이 뜬다. 이 때 표시된 부분을 클릭하면 4번 그림과 같이 흰색 안쪽 선을 포함해서 4면도가 나오는 것을 알 수 있다. 다음 단계에서는 안쪽선을 점선, 눈에 띄는 색상으로 바꿔보고자한다.

< STEP-13 >

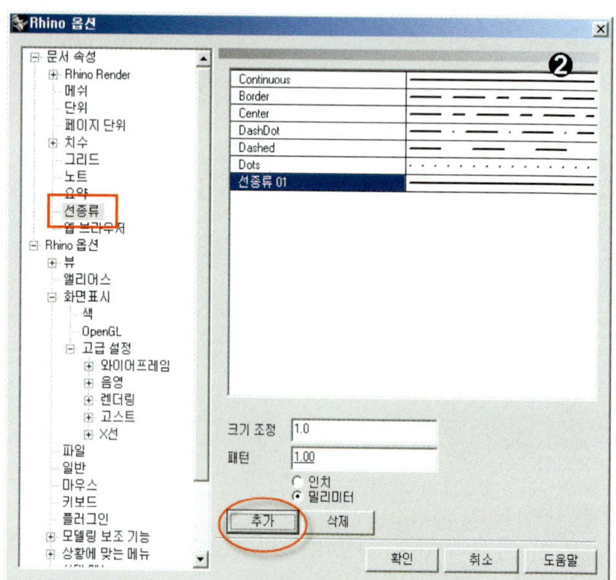


(S-14) STEP-13에서 안쪽 흰색 선을 점선으로 바꿔보고자 한다. 상단의 옵션아이콘을 클릭한 후 점선을 만들어주기 위해서 선종류를 클릭한 후 추가를 클릭한다.

< STEP-14 >

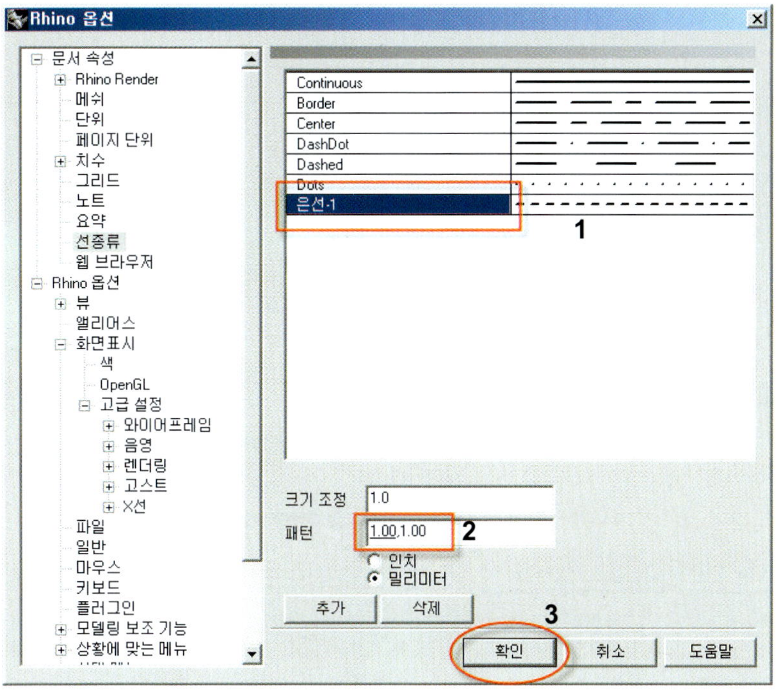


< STEP-15 >

(S-15) 위 그림의 1번을 클릭한다음 은선-1을 입력한다음 2번처럼 1.00,1.00을 입력하면 점선으로 표시되는 것을 확인하고 3번 확인을 클릭한다. 이 값은 점선의 간격을 뜻한다.

(S-16) 하단의 레이어를 오른 클릭하면 왼쪽 그림과 같이 창이 뜬다. 이때 윗쪽에 표시된 곳을 클릭해서 새로운 레이어를 만든다.

< STEP-16 >

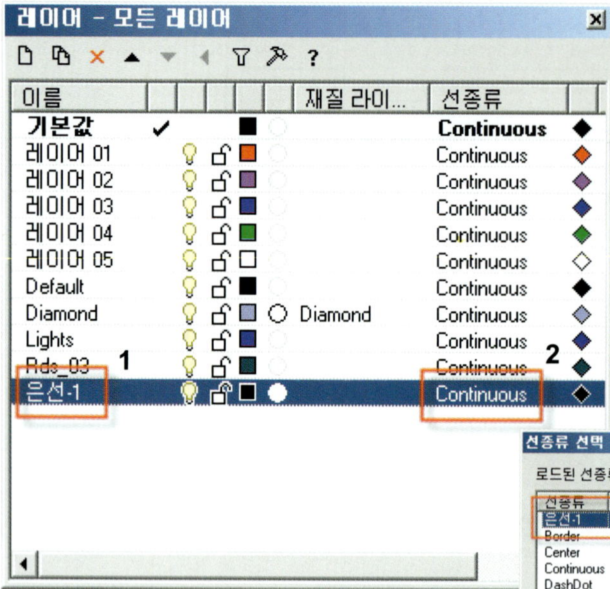


(S-17) 앞단계에서 새로 만든 레이어를 왼쪽 그림의 1번을 왼쪽 클릭해서 은선-1로 바꿔준다. 그 다음 2번을 왼쪽 클릭하면 3번 그림과 같이 창이뜨는데 이때 앞단계에서 만든 은선-1을 클릭하고 확인을 눌러서 선종류를 변경해준다.

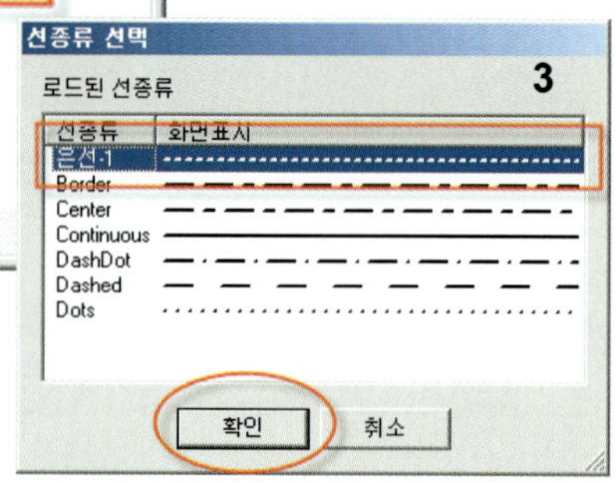


< STEP-17 >

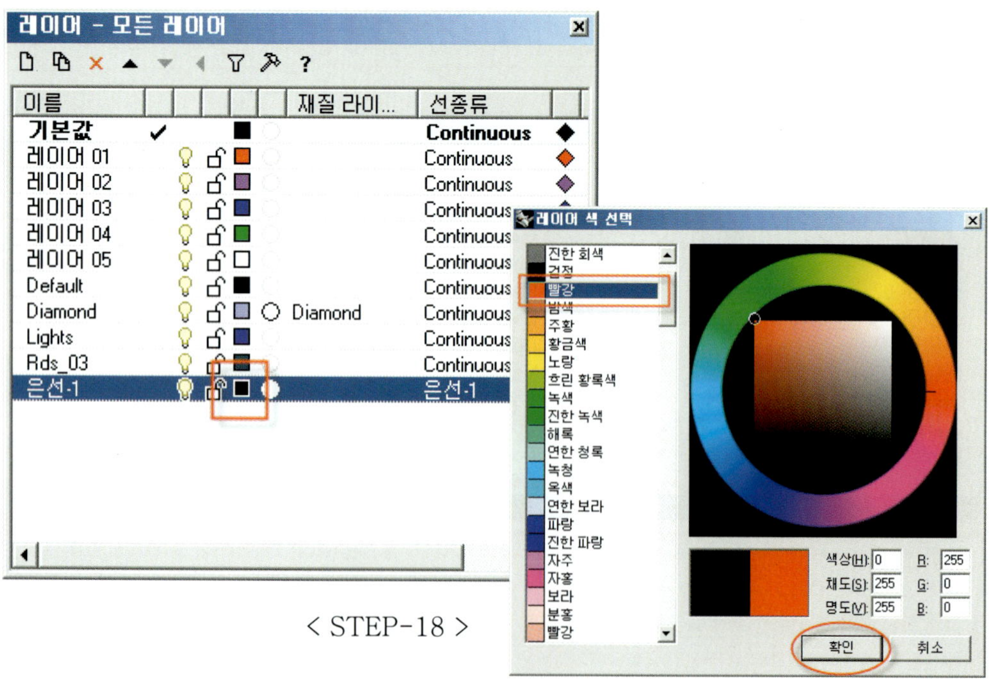


< STEP-18 >

(S-18) 선색을 바꾸기 위해서 1번 그림의 표시된 부분을 클릭하면 2번과 같은 옵션창이 뜨는데, 그림과 같이 지정하고자하는 색상을 선택해서 확인을 클릭한다.

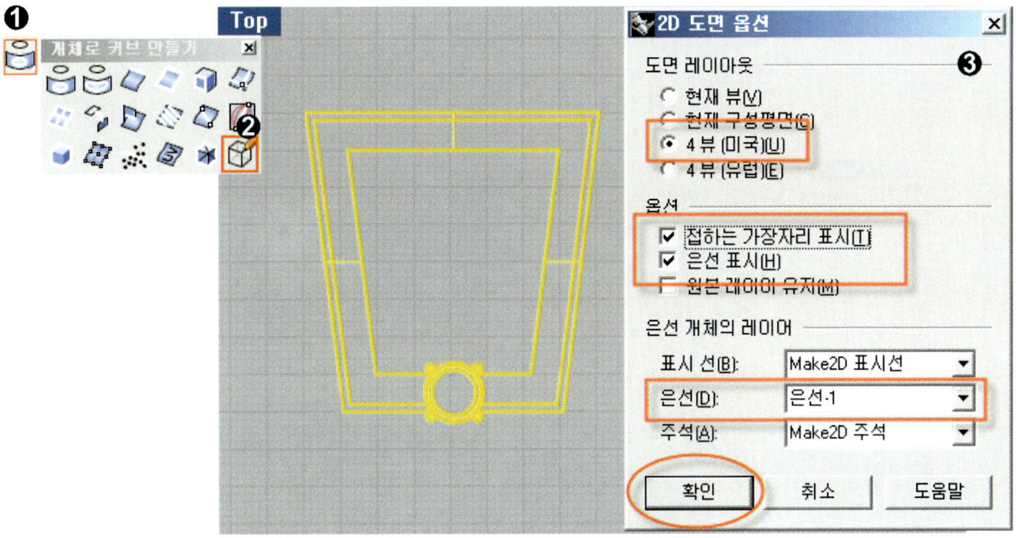


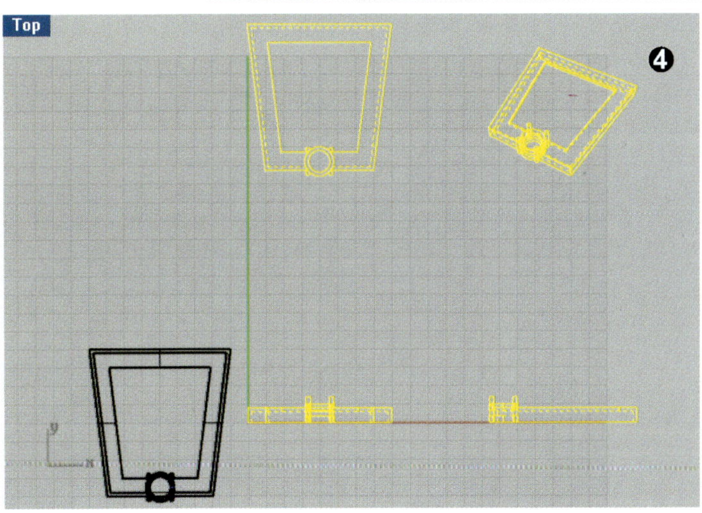


(S-19) 개체를 먼저 선택한 다음 1.2번을 클릭하면 3번 명령창이 뜬다. 3번 옵션창처럼 도면 레이아웃에서는 4뷰 (미국)을 체크하고 옵션에서는 은선표시를 꼭 체크한다. 그다음 은선 개체의 레이어에서 은선을 은선-1로 변경한 후 확인을 클릭한다. 은선-1은 앞단계에서 만든 빨간 점선이다.

< STEP-19 >

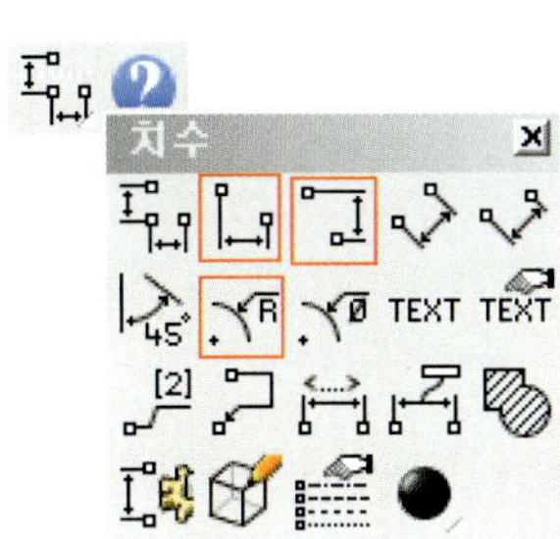


(S-20) 하단의 끝점을 체크한 후 치수 도구에서 오른쪽 그림과 같이 치수를 기입한다.

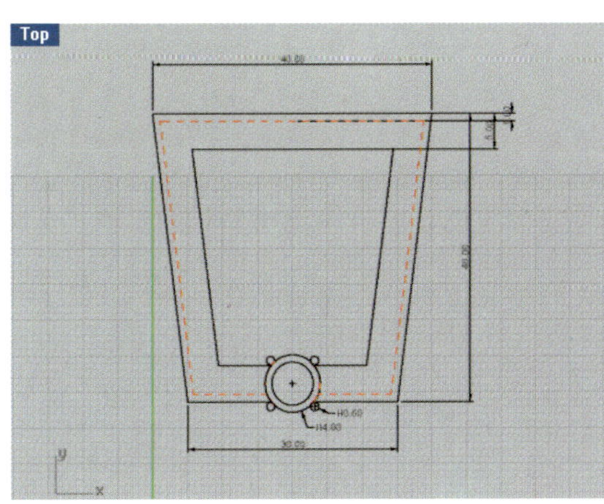


< STEP-20 >

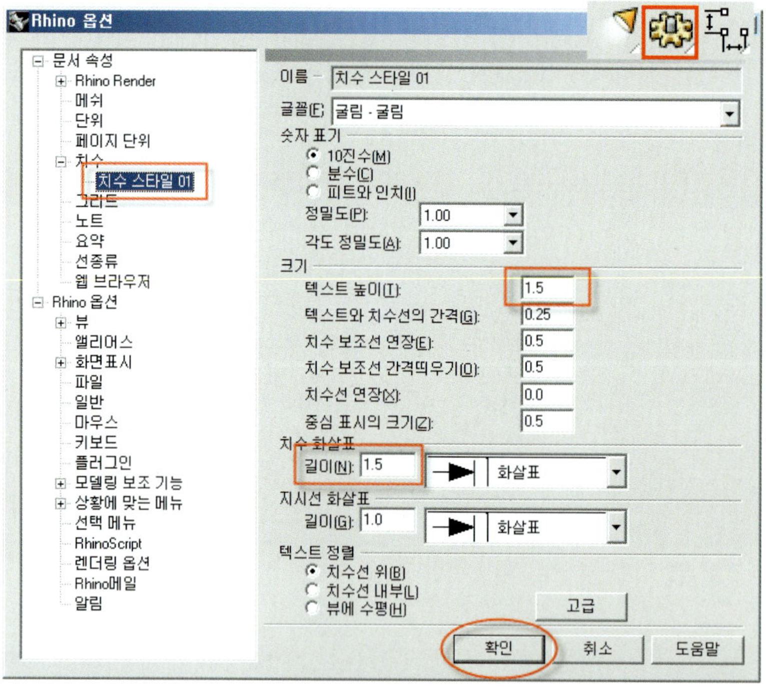


▶치수 숫자와 화살표의 크기를 키우기 위해서 상단의 옵션을 클릭해서 왼쪽 그림과 같이 변경해준다.

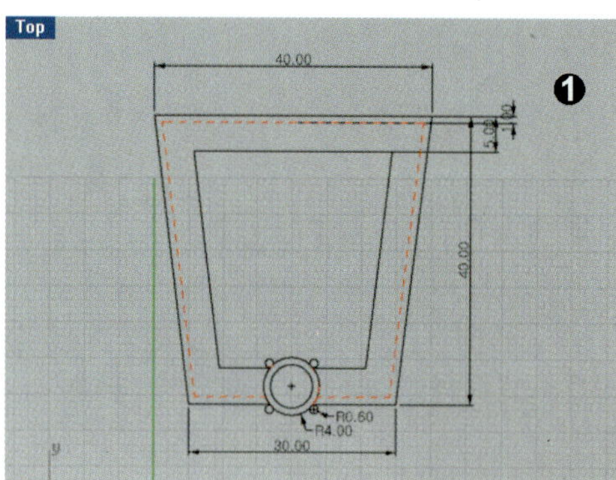


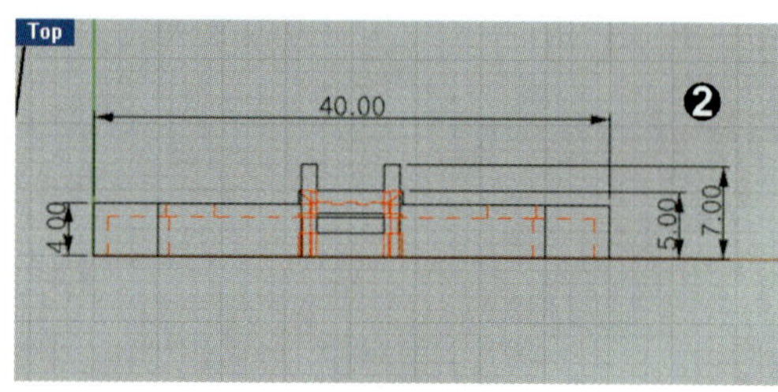


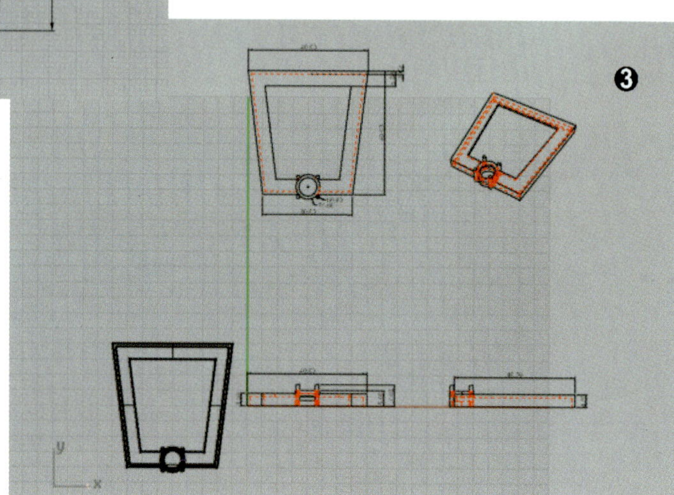

(S-21) 상단의 옵션에서 치수의 크기값을 변경하면 1번 그림과 같이 변경된다. STEP-18과 같이 치수를 기입해서 3번그림과 같이 완성한다.

< STEP-21 >

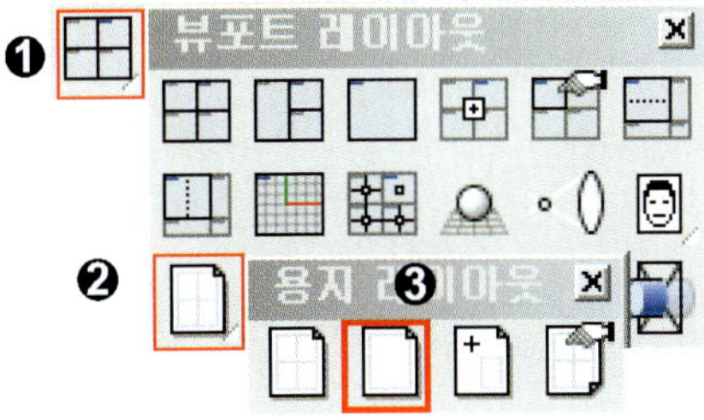


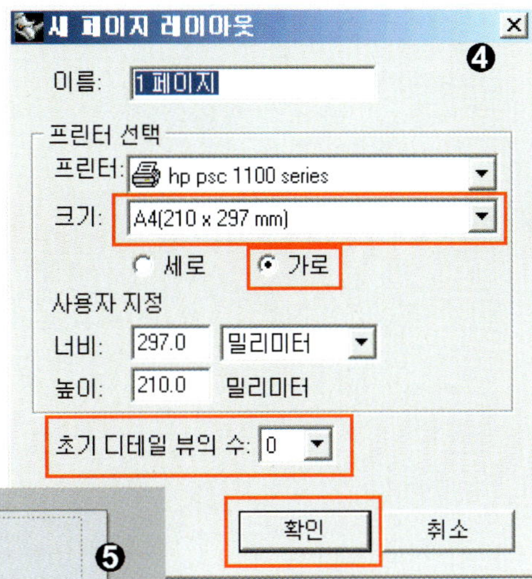


< STEP-22 >

(S-22) 라이노 4.0에서 추가된 기능을 사용해서 1:1 프린트를 하고자 한다. 1.2.3번을 클릭하면 4번과 같은 명령창이 뜨는데 이 때 입력후 확인을 클릭하면 5번 그림과 같은 레이아웃이 만들어진다.

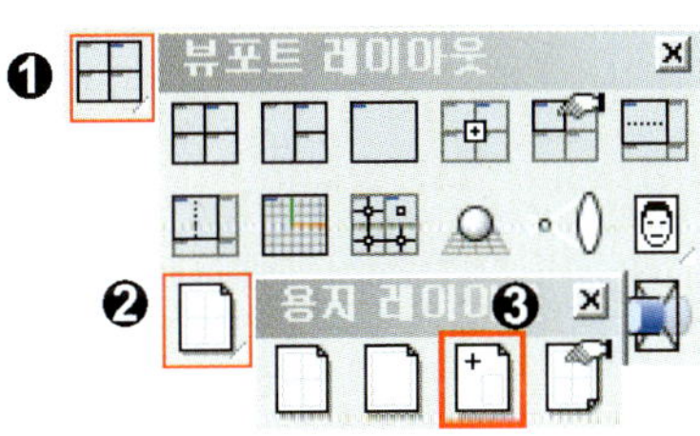


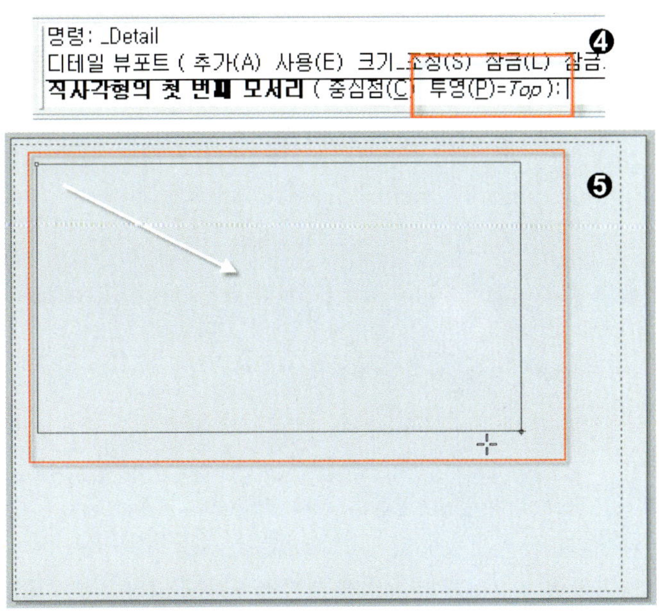


(S-23) 만들어진 레이아웃에 화면을 첨부하기 위해서 1.2.3을 클릭한 후 4번 명령창이 뜰 때 5번 그림과 같이 클릭 드래그 한다. ( 4번의 명령창에 투영이 Top으로 되어있으면 클릭 드래그 했을 때 Top에서 작업한 화면이 첨부된다. 클릭해서 Perspective, Front, Right 화면으로 전환 할 수 있다.)

< STEP-23 >

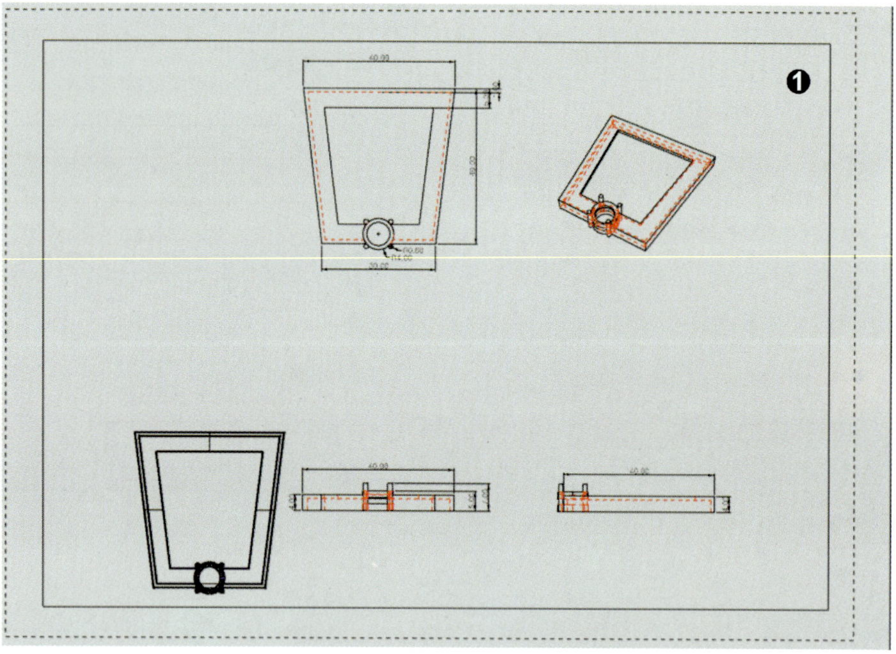


▶ 앞단계에서 클릭, 드래그하면 위의 그림과 같이 완성할 수 있다.

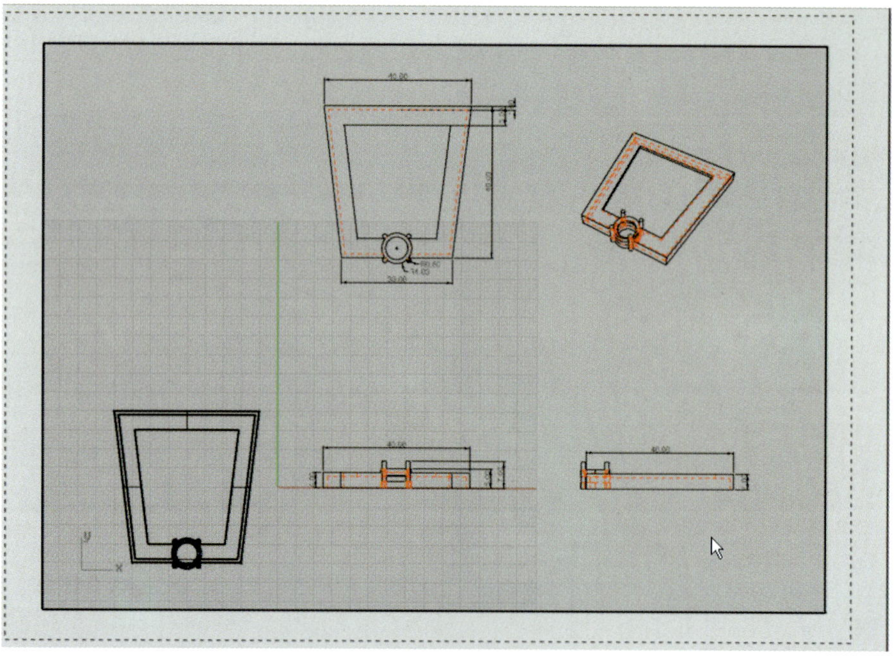

< STEP-24 >

(S-24) 위의 그림과 같이 사각박스 안쪽을 더블 클릭하면 Top화면이 활성화 된다. 활성화 된 Top뷰에서 치수기입, 모델링 수정이 모두 가능하다.

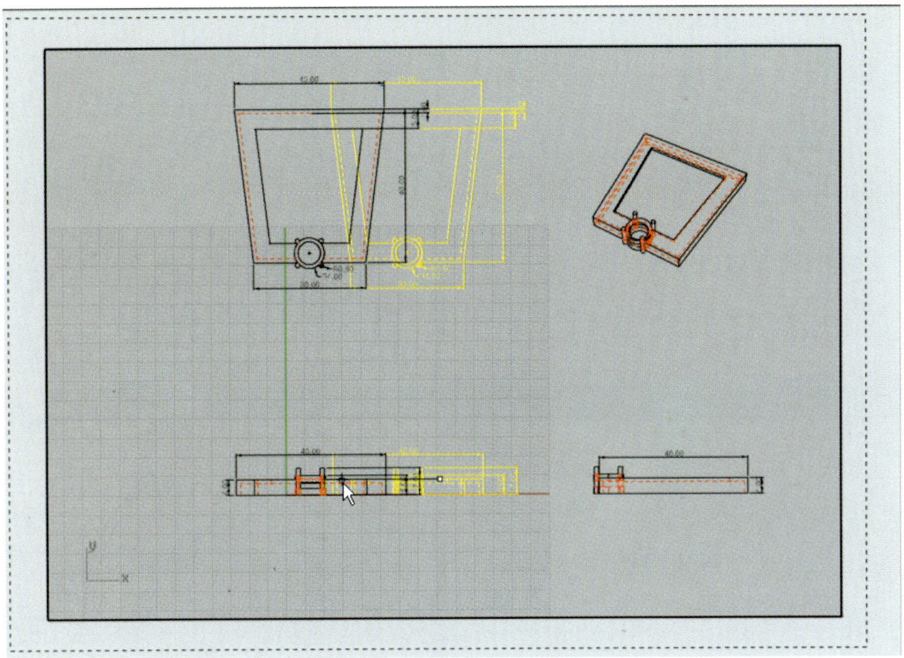

< STEP-25 >

(S-25) 활성화된 뷰에서 모델링 했던 개체는 숨겨둔 뒤 4뷰 2D 도면을 선택해서 위치를 잘 조정하도록 한다.

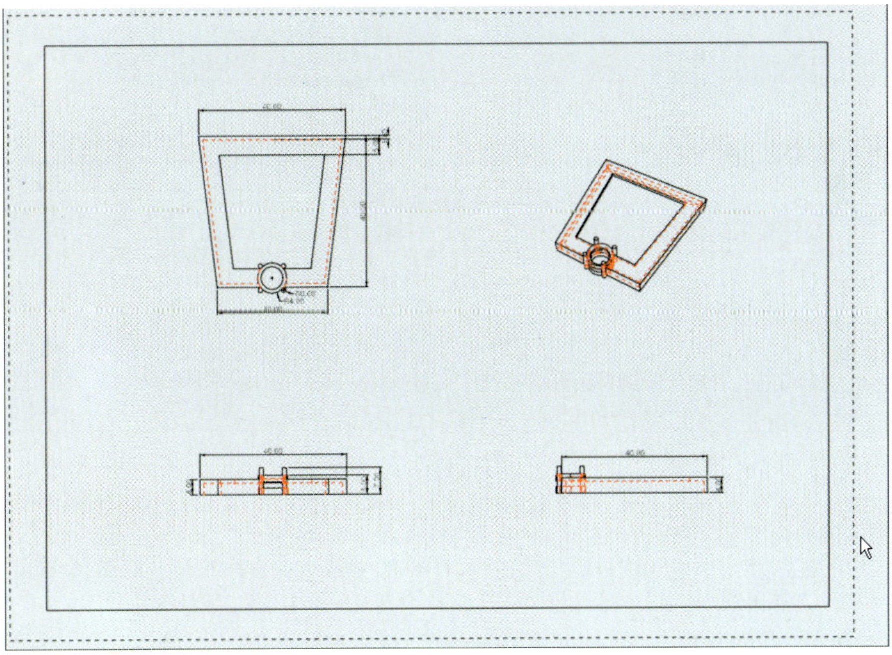

< STEP-26 >

(S-26) 위치조정을 한 다음 사각 박스의 바깥쪽을 더블 클릭해서 활성화를 취소한다.

# 16. 산업기사 예제-2

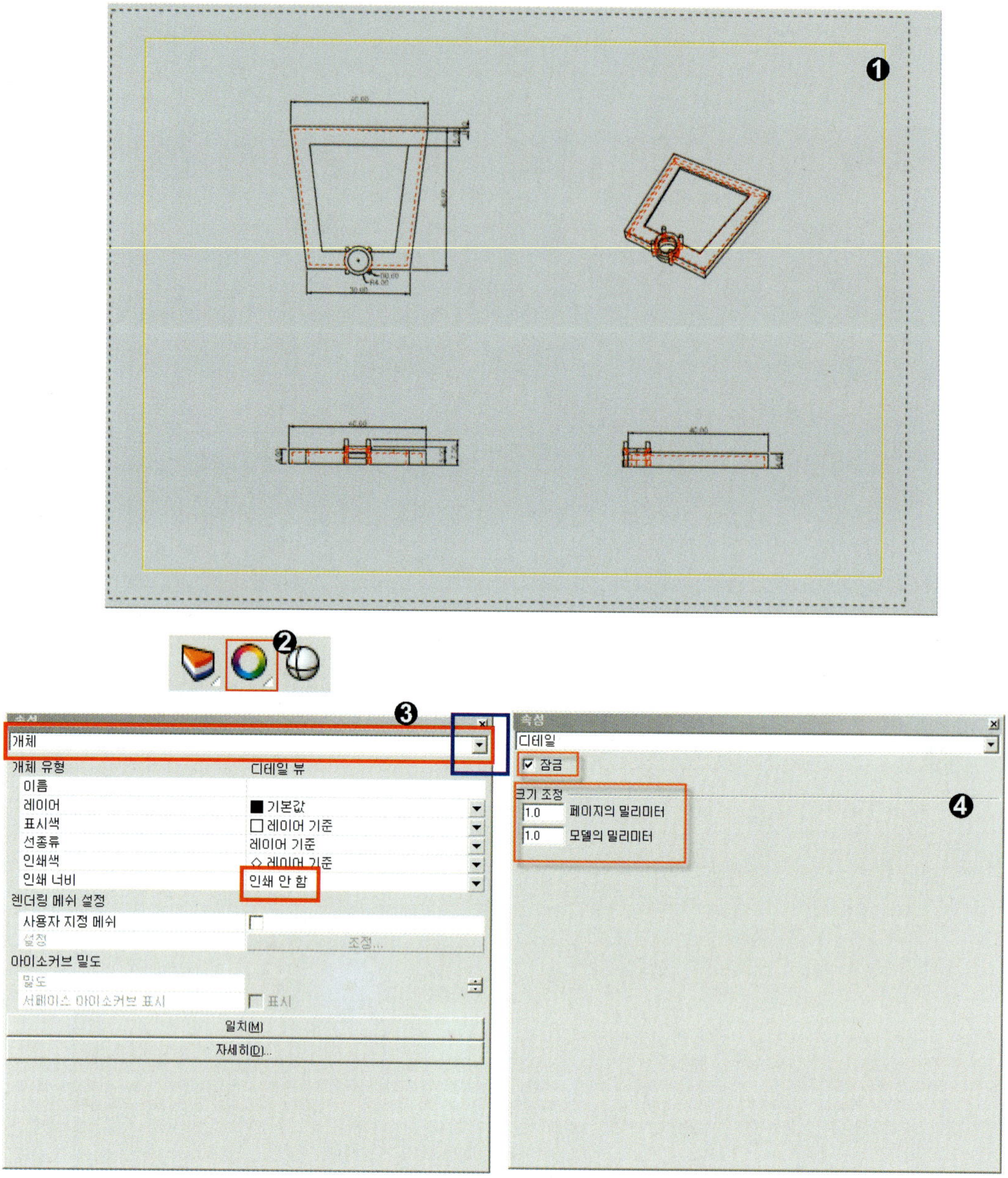


< STEP-27 >

(S-27) 1번 뷰를 1:1 사이즈로 변경하기 위해서 1번 그림처럼 사각박스를 먼저 클릭한 다음 2번 개체 속성을 클릭하면 3번 그림과 같은 명령창이 뜬다. 3번 그림의 표시된 부분은 클릭해서 바꿔준 후 3번의 파란색으로 표시된 곳을 화살표를 클릭하고 디테일을 클릭한다. 그 다음 4번 그림처럼 잠금을 체크한 후 크기조정을 모두 1.0으로 바꿔준다.

잠금을 설정하면 활성화된 뷰포트에서 크기와 이동을 잠가놓는 기능을 한다. 잠금 기능을 클릭하지 않고 다시 뷰를 활성화 시키면 크기가 조정될 수 있기때문에 1:1출력시에 주의해야 하며 출력하기 전 가장 마지막 단계로 하는 것이 좋다.

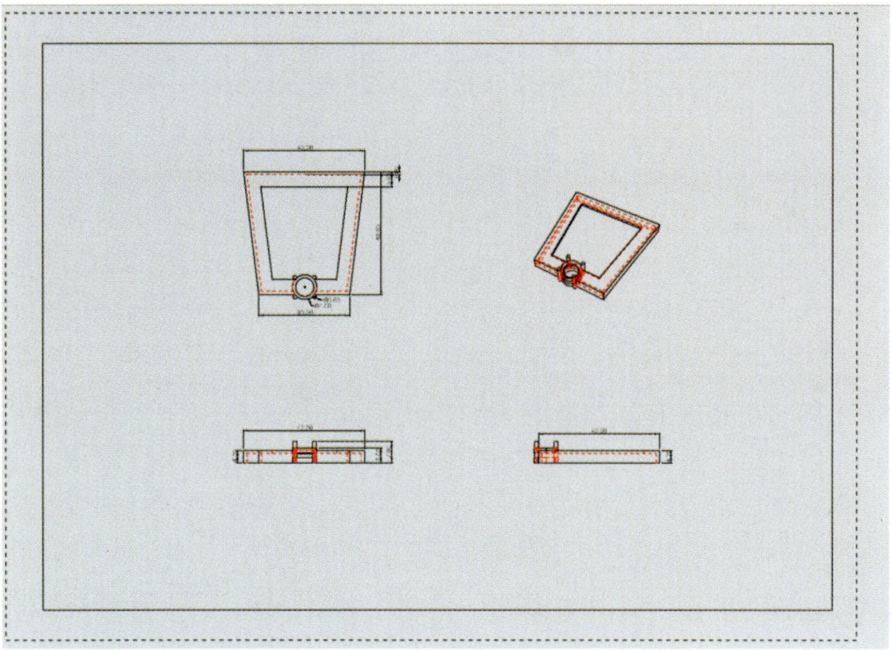

▶ 앞단계에서 1:1 사이즈로 크기 조정을 한 모습이다.

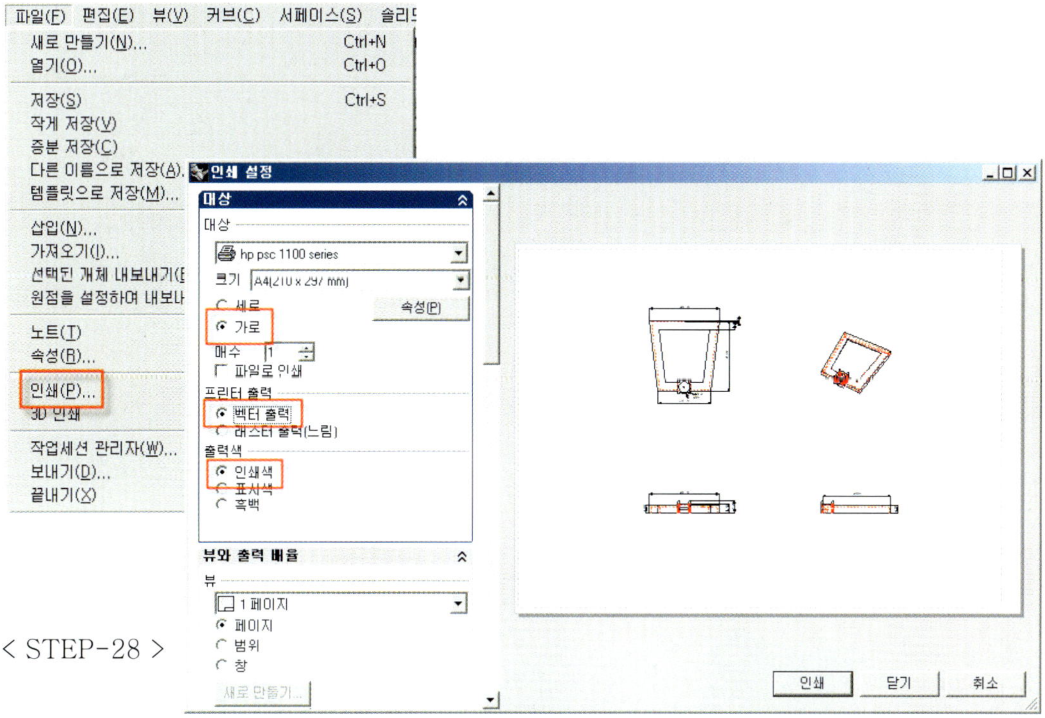


< STEP-28 >

(S-28) 라이노 화면 상단의 파일을 클릭하고 인쇄를 클릭하면 오른쪽 그림과 같이 옵션창이 뜨는데 이때 그림처럼 표시된 부분을 체크한다.

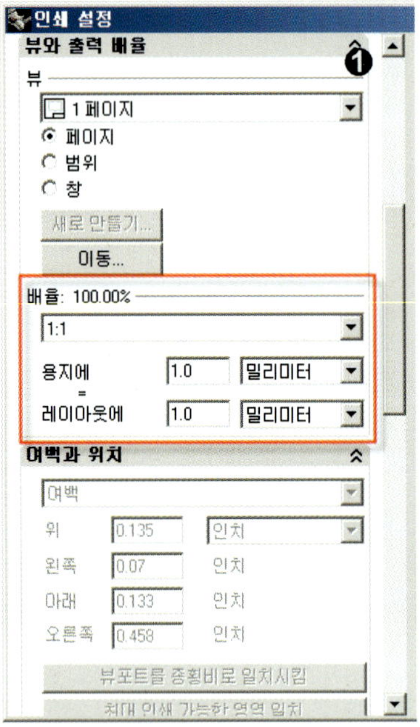


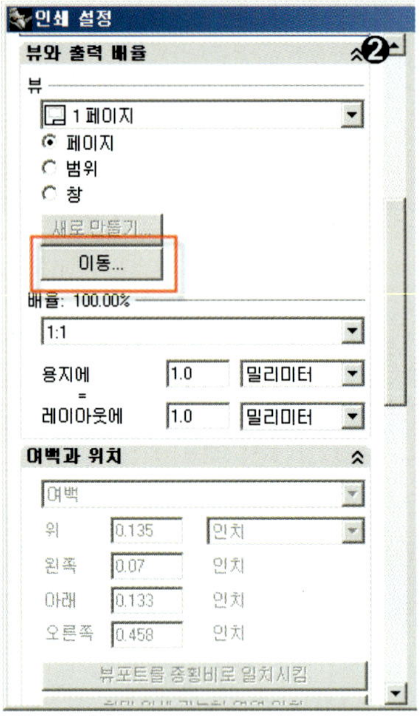


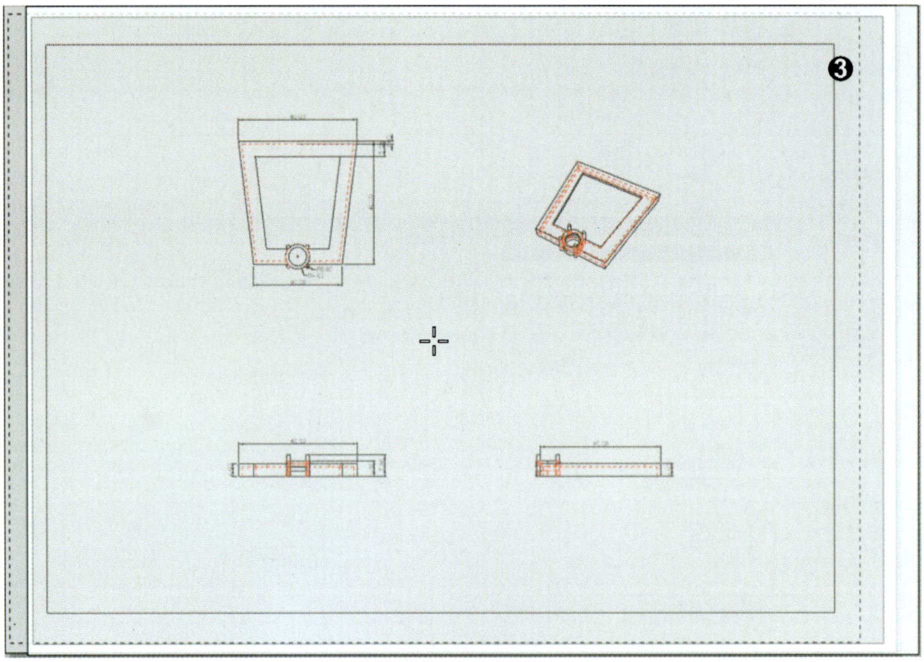

< STEP-29 >

(S-29) 앞단계의 옵션창을 1번 그림처럼 뷰와 출력비율을 표시된 부분처럼 1:1로 맞춰준 다음 2번 이동을 클릭해서 인쇄시 중앙으로 출력할 수 있도록 이동시켜주기 위해서 3번 그림처럼 클릭한 후 이동시켜 중앙으로 맞춰준다.

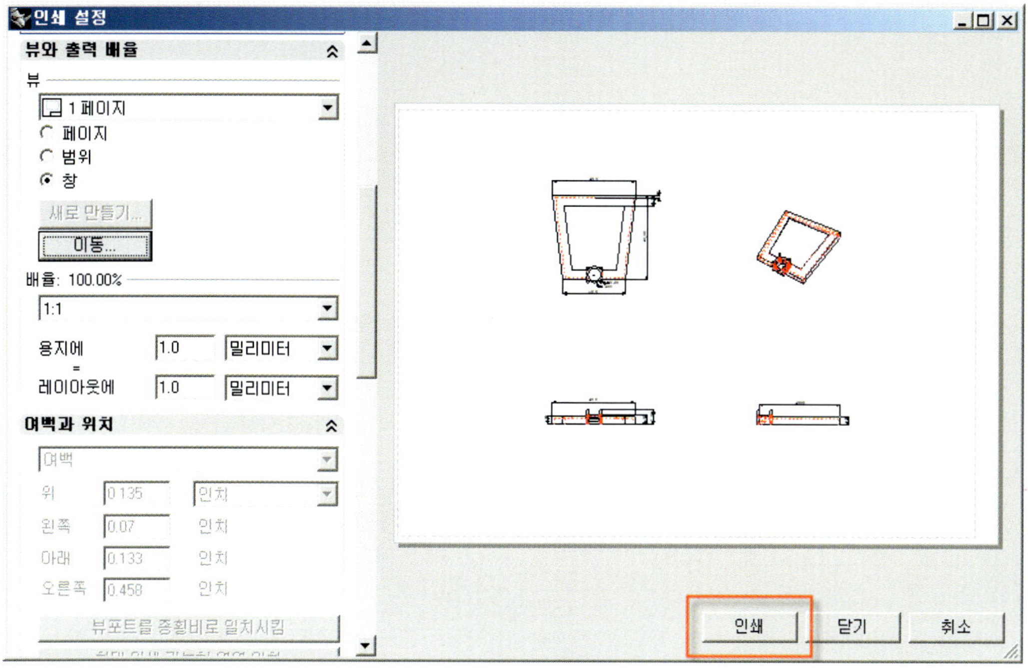


< STEP-30 >

(S-30) 앞단계에서 이동을 해서 중앙을 맞춘 뒤 인쇄를 클릭해서 출력한다.

출력시 다른 방법은 STEP-19에서 2D 도면 만들기를 한 다음 ai로 저장 해서 일러스트로 출력하는 방법도 있다. 하지만 라이노 4.0에 추가된 기능 중에서 1:1사이즈로 바로 출력할 수 있기때문에 이 방법을 사용하면 정확한 도면을 쉽게 얻을 수 있는 장점이 있다.
또한 가려진 안쪽 면을 점선으로 표현할 수 있으며,(빨간 점선) 선 종류나 두께를 지정해서 바꿔줄 수 있다.

# Rhino3D

## 17. 산업기사 예제-3

# 17. 산업기사 예제-3

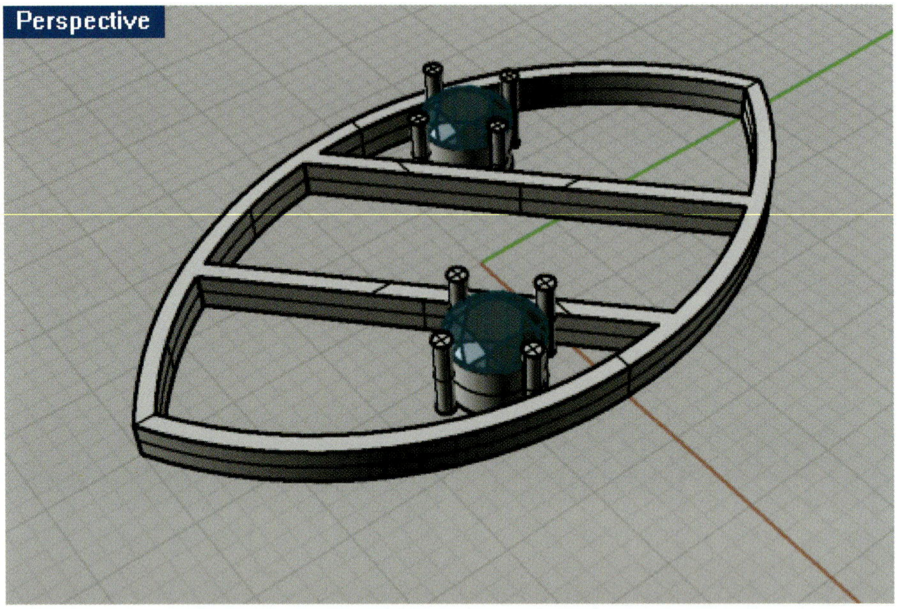


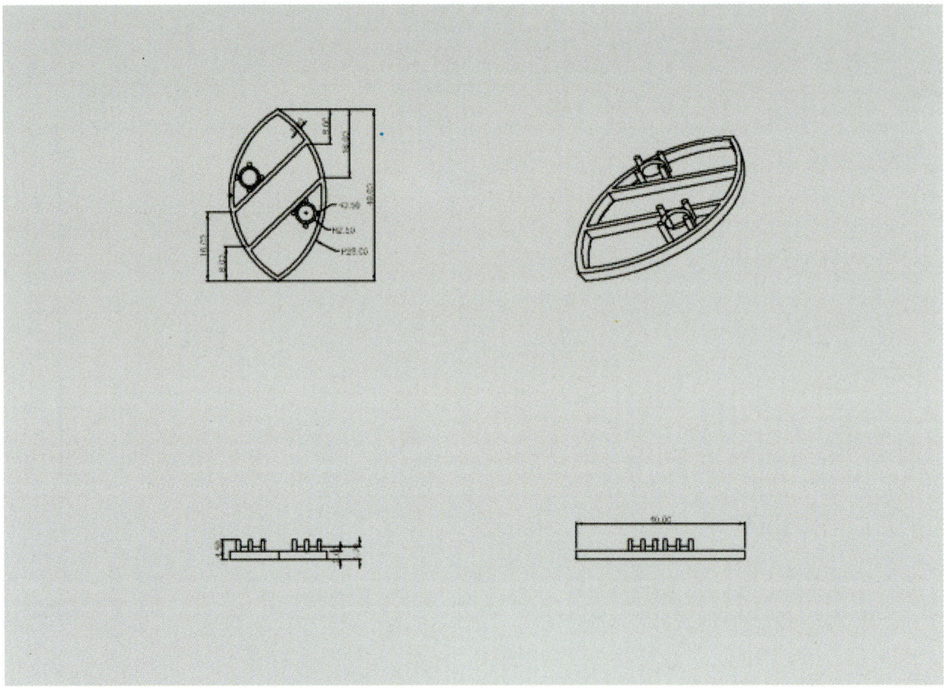

위 그림과 같이 모델링 및 출력을 해보고자 한다.

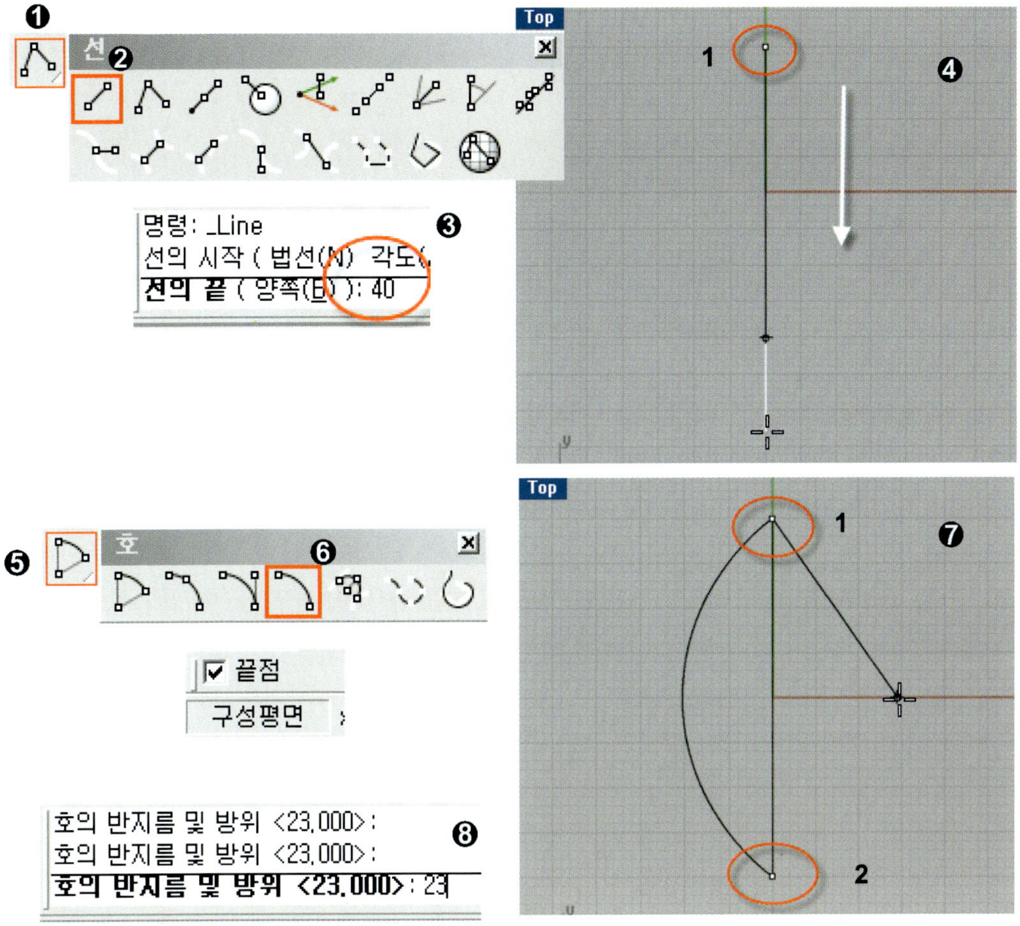


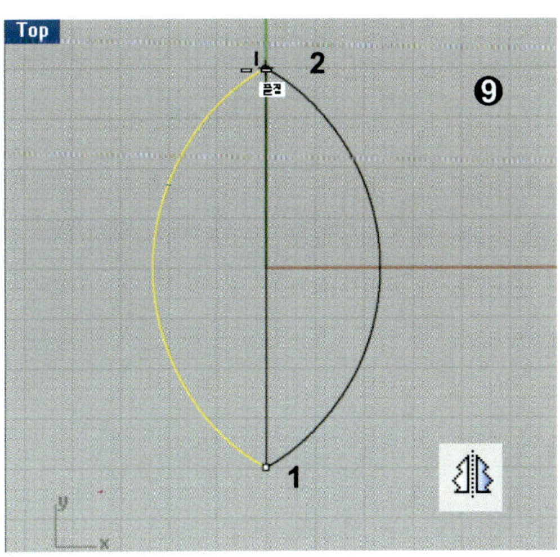


(S-1) 1.2번을 클릭한 후 4번 그림의 1번과 같이 한점을 클릭하고 3번 명령창에 거리값 40을 입력 Enter친다. 그 다음 Shift키를 눌러서 수직으로 만든 후 클릭한다.
5.6번을 클릭하고 하단의 끝점을 체크한 후 7번 그림의 순서대로 클릭하고 8번 명령창에 호의 반지름값 23을 입력, Enter 친 후 클릭한다.
만들어진 커브를 클릭하고 9번 그림처럼 순서대로 클릭해서 미러시킨다.

< STEP-1 >

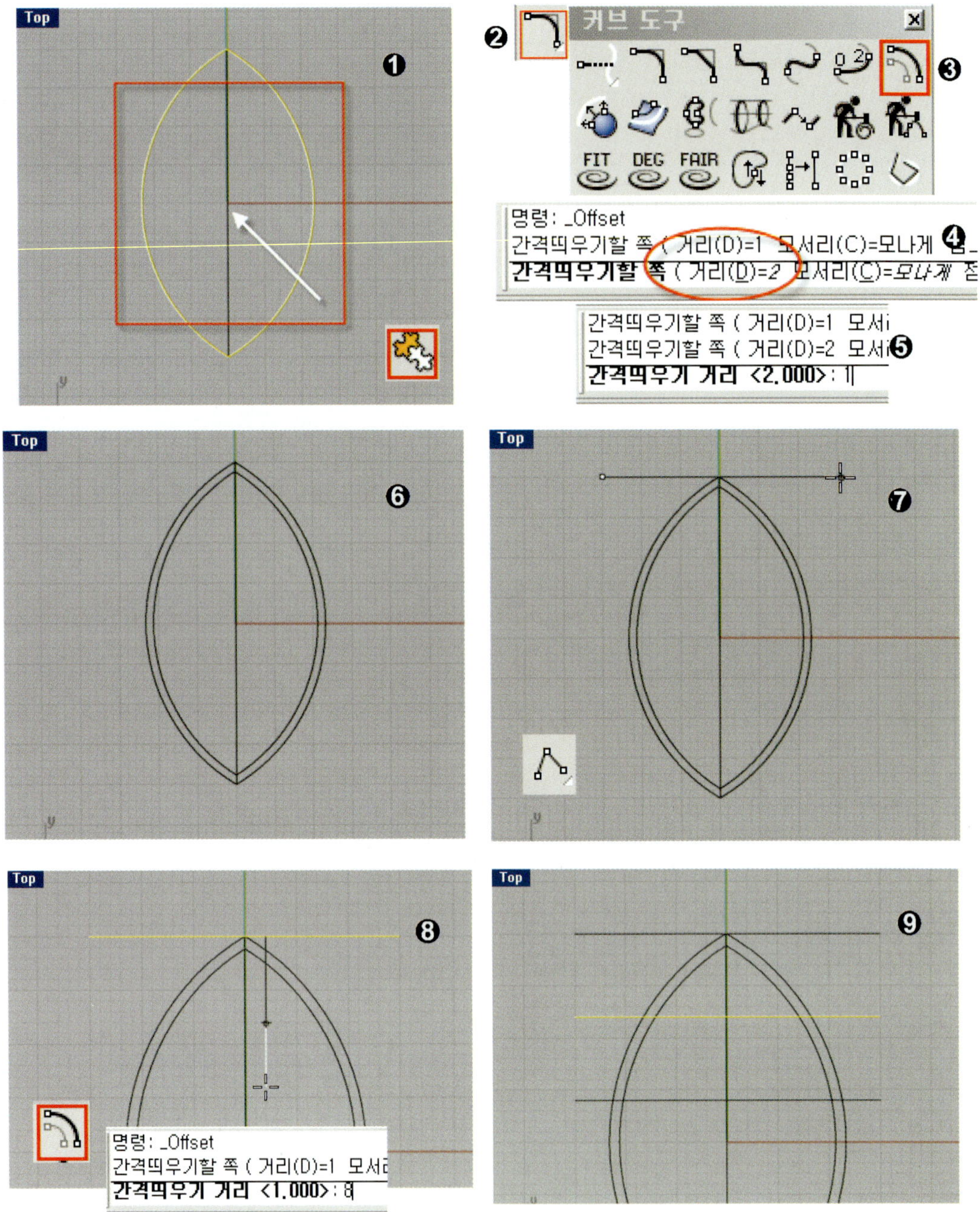


< STEP-2 >

(S-2) 앞단계에서 미러시킨 두 커브를 1번 그림과 같이 드래그 해서 결합한다.(이때 가운데 그려준 커브는 지워준다) 커브를 먼저 선택한 다음 2.3번을 클릭하고 4번 명령창이 뜨면 거리를 클릭해서 5번 그림처럼 거리값 1을 입력하고 Enter친다음 클릭해서 6번 그림과 같이 완성한다. 그다음 7번 그림과 같이 폴리라인으로 커브를 그린다음 앞에서 한 방법과 같이 8번 그림과 같이 커브간격띄우기를 실행해서 9번 그림과 같이 완성한다.

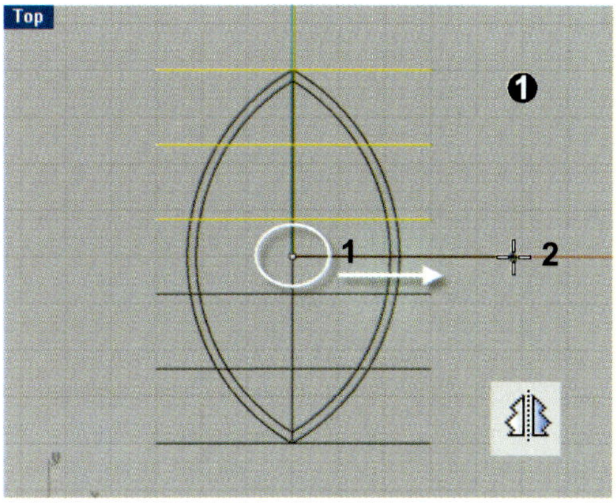


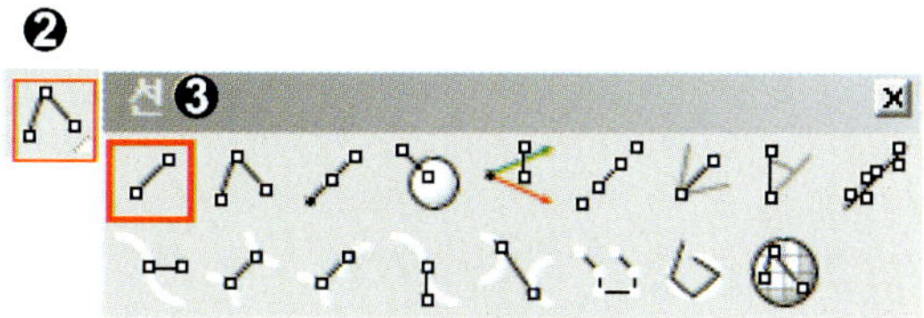

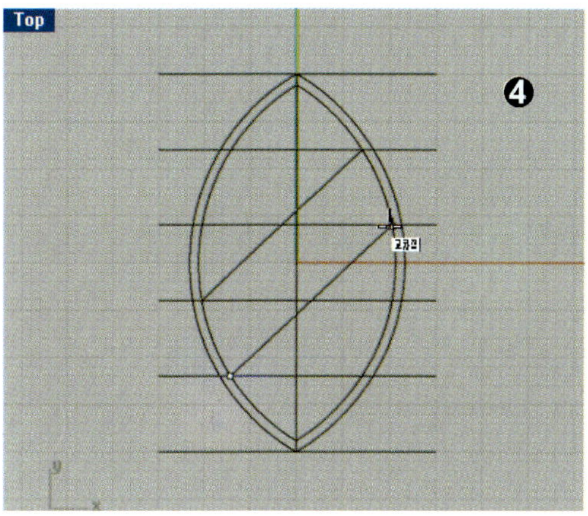


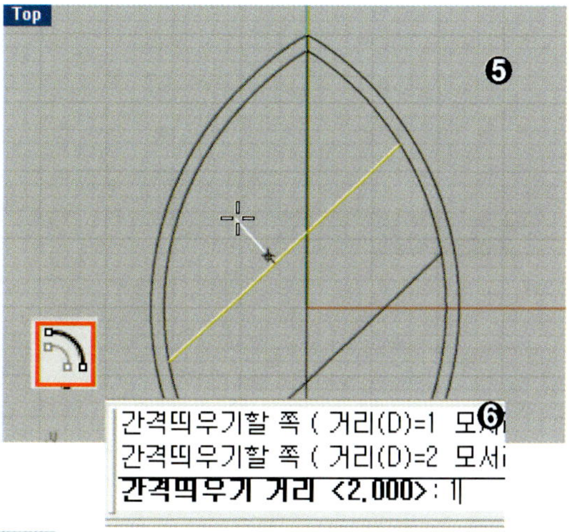


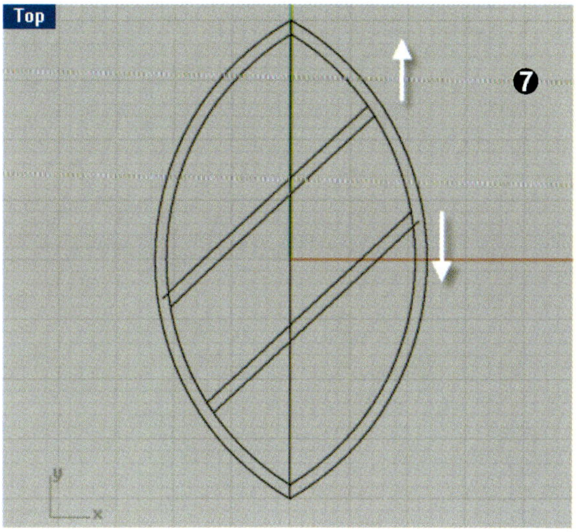


(S-3) 앞단계에서 간격띄우기를 실행한 커브를 선택한 후 미러 아이콘을 클릭한 다음 1번 그림의 순서대로 클릭한다. 2.3번을 클릭하고 하단의 교차점을 체크한 후 4번 그림처럼 커브를 그린다. 그다음 5번 그림처럼 간격띄우기를 실행해서 7번그림과 같이 완성시킨다. (STEP-2를 참고한다.)

< STEP-3 >

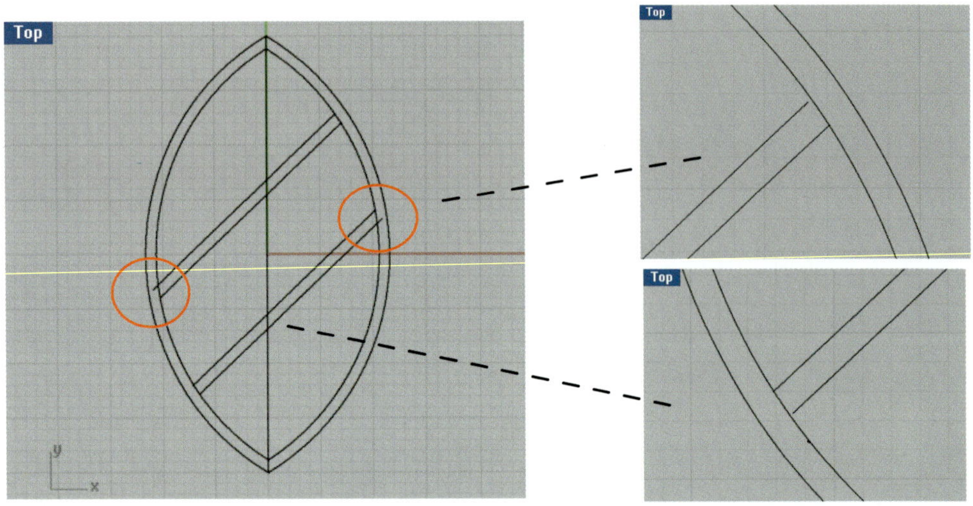


▶ 간격띄우기를 실행한 커브가 사선으로 되어있기 때문에 커브가 맞닿아 있지 않다.

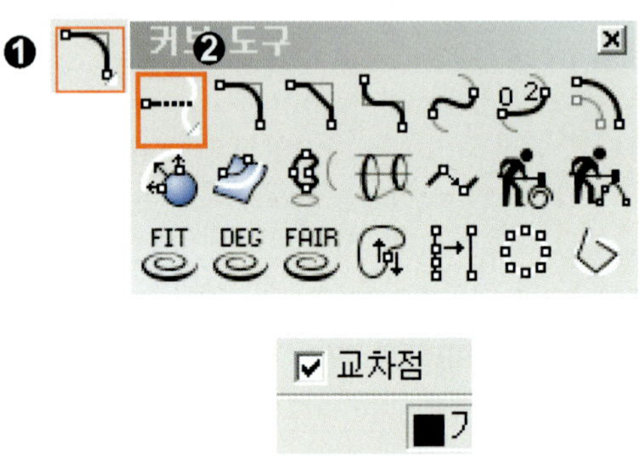


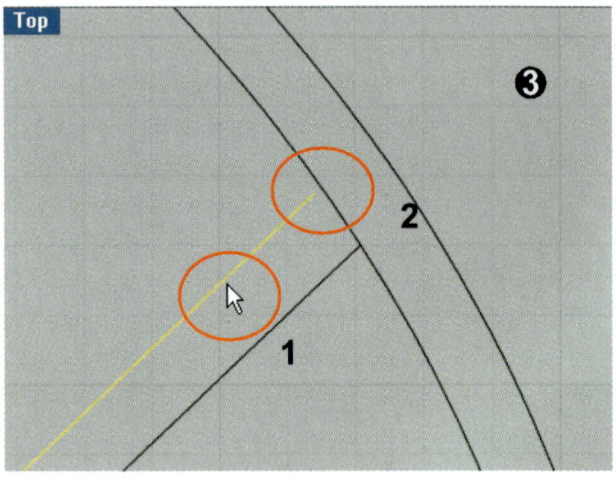


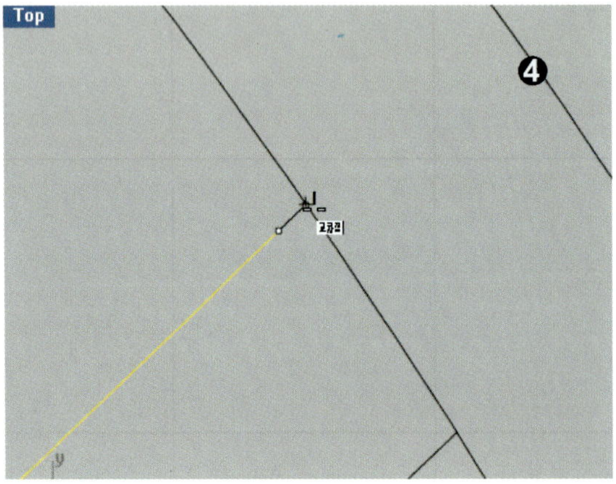


(S-4) 커브를 연장시키기 위해서 1번을 길게 선택한 후 2번 커브연장을 클릭한다. 그 다음 3번 그림의 1을 클릭, Enter친 후 커브의 끝부분을 클릭, Enter치면 4번 그림과 같이 커브가 연장되는 것을 알 수 있다. 이때 교차점이 되어지는 부분에서 클릭한다. 반대쪽 떨어진 부분도 커브연장을 실행한다.

< STEP-4 >

## 17. 산업기사 예제-3

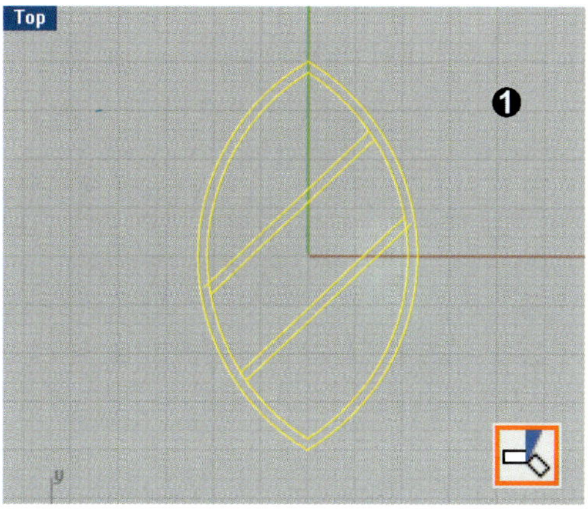


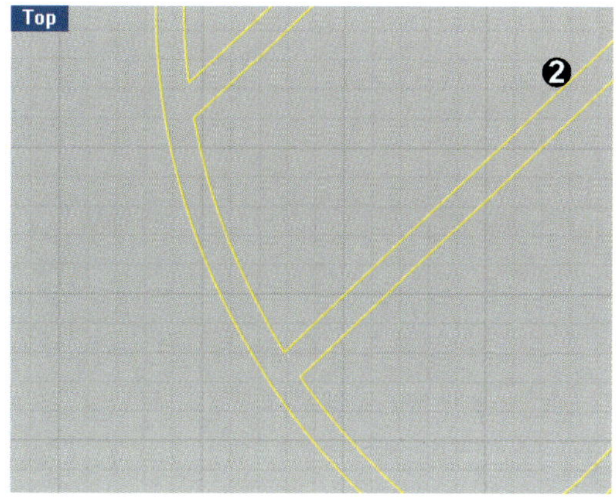


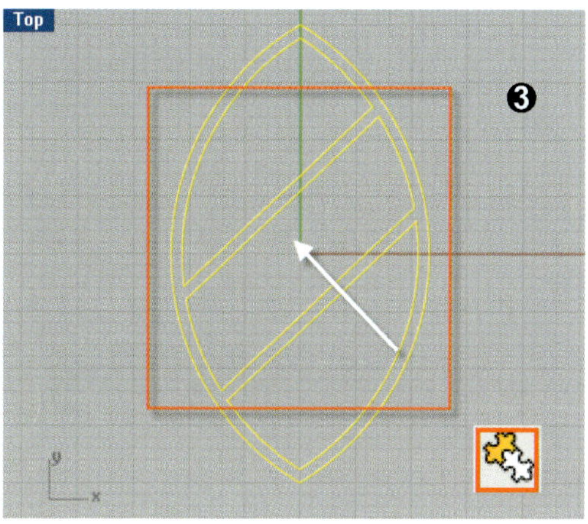


(S-5) 커브를 전체 선택한 다음 트림으로 2번 그림과 같이 교차되어진 부분을 클릭해서 지워준 후 Enter친다음 결합을 클릭해서 하나의 커브로 만든다.

< STEP-5 >

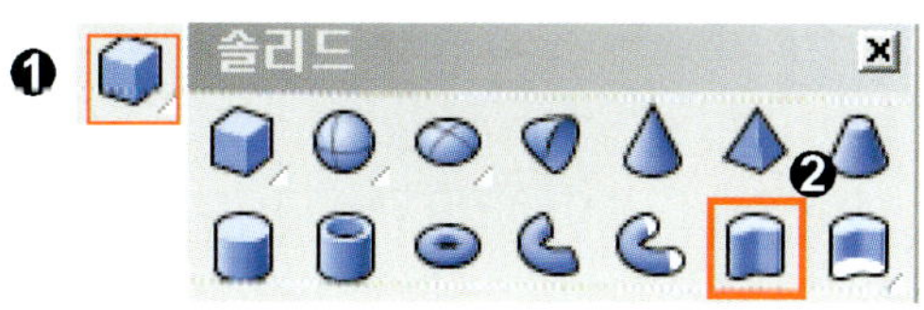


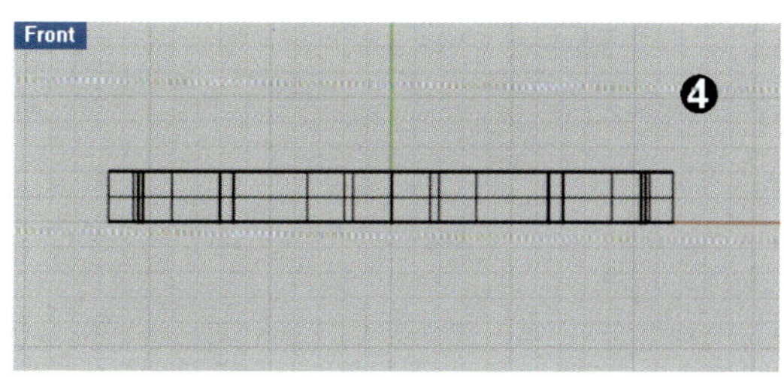

< STEP-6 >

(S-6) 완성된 하나의 커브를 클릭한 후 1.2번을 클릭하고 3번 명령창에 돌출 거리 2을 입력, Enter쳐서 4번 그림과 같이 완성한다.

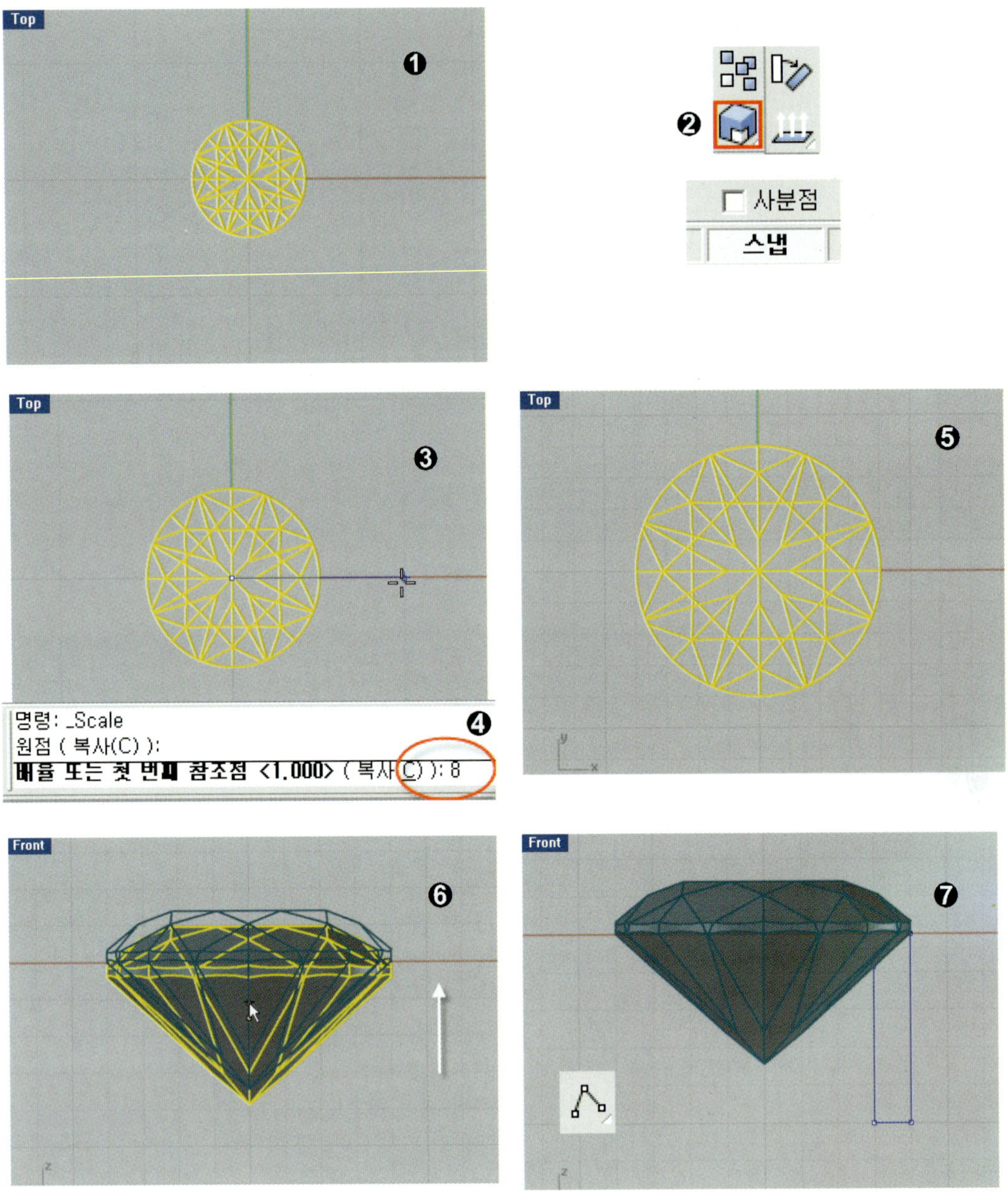


< STEP-7 >

(S-7) 라이노 화면 상단 파일의 가져오기에서 1번과 같이 지름1㎜ 보석을 불러온 후 2번 3D 크기조정을 클릭하고 하단의 스냅을 켠다. 그 다음 3번과 같이 좌표측의 중심점을 클릭하고 4번 명령창에 8을 입력한 후 Enter치면 5번과 같이 8mm인 보석이 완성된다. 그 다음 난집을 만들 커브를 쉽게 그리기 위해서 6번 그림처럼 보석을 위로 이동시킨다.(보석 이동시에 스냅을 꺼두고 이동 시킨 후 다시 켠다.) 폴리라인을 클릭해서 7번 그림과 같이 커브를 그려 완성한다.

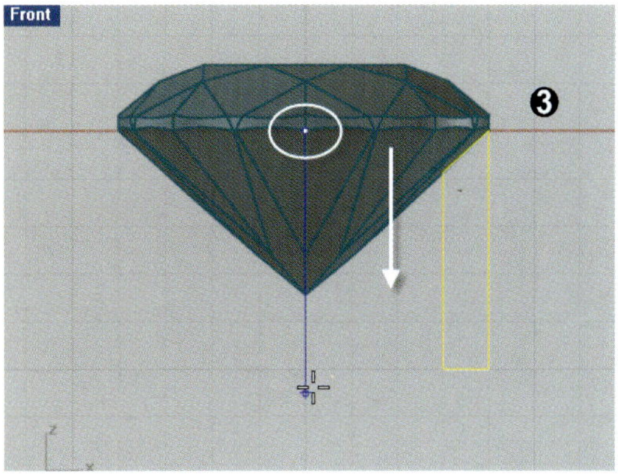


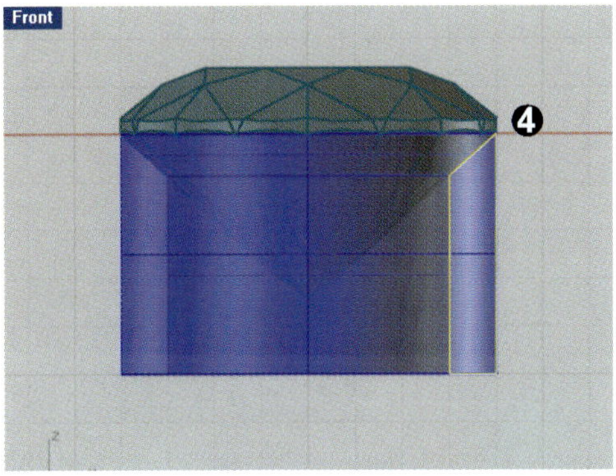


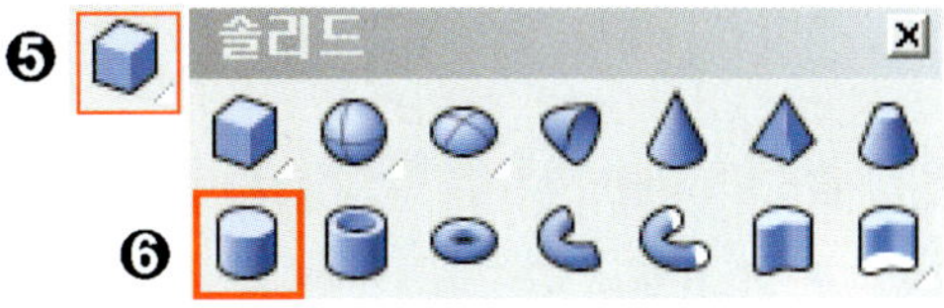


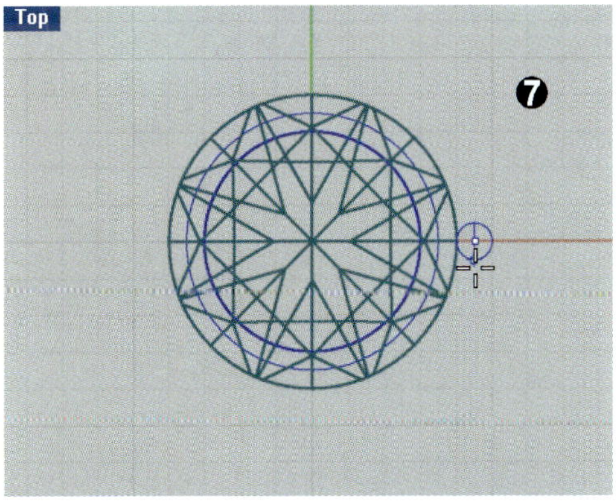


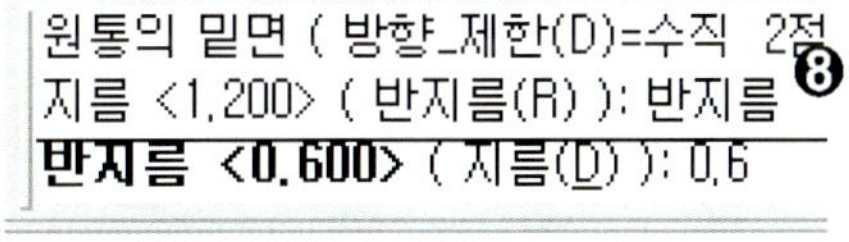


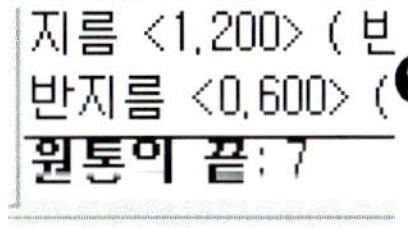


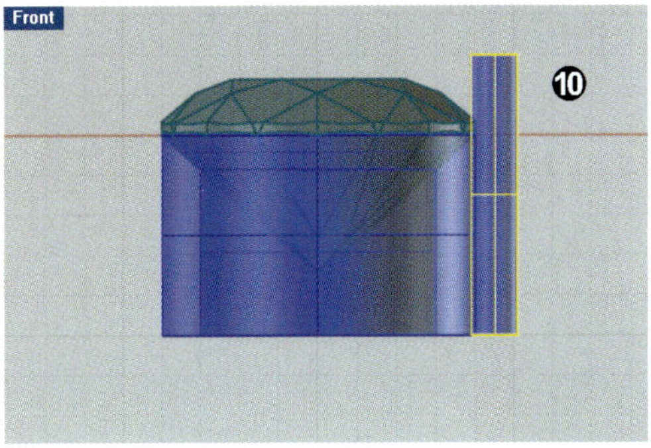


(S-8) 방금 그린 단면 커브를 클릭한 다음 하단의 스냅을 켜고 1,2번을 클릭한 후 3번 그림의 순서대로 클릭한 다음 명령창에 시작각도가 0일때 Enter를 치고 끝각도가 360도 일때 다시 Enter를 쳐서 4번 그림과 같이 완성시킨다. 5,6번을 클릭하고 7번 그림과 같이 난발이 놓일 위치의 중심점을 클릭하고 8번 창에 원통의 반지름값을 입력, Enter 친 다음 9번 명령창에 원통의 길이를 입력한 후 Enter친다.
그 다음 원통을 10번과 같이 이동시킨다.

< STEP-8 >

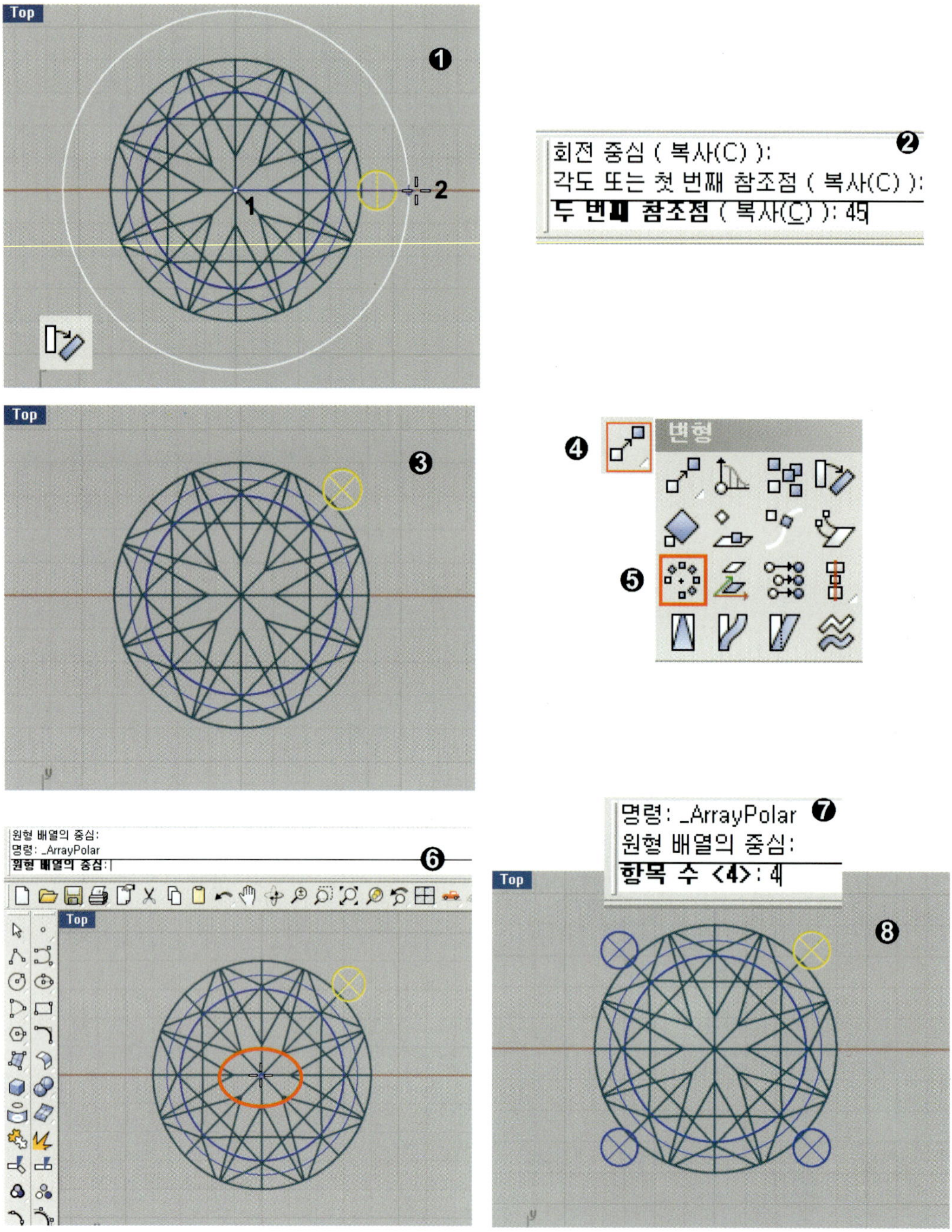


< STEP-9 >

(S-9) 난발의 위치를 바꿔주기 위해서 회전 아이콘을 클릭하고 1번 그림의 순서대로 클릭한 뒤 2번 명령창에 45를 입력하고 Enter 치면 3번 그림과 같이 완성된다.
4,5번을 클릭한 다음 6번 그림처럼 좌표측의 중심점을 클릭하고 7번 명령창에 4을 입력 Enter쳐서 8번 그림과 같이 완성한다.

# 17. 산업기사 예제-3

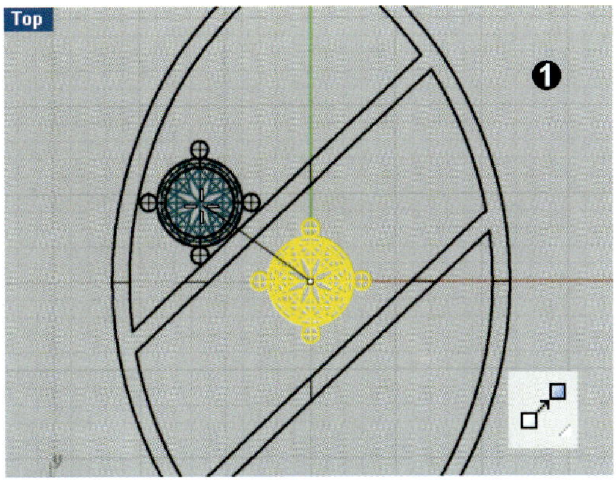


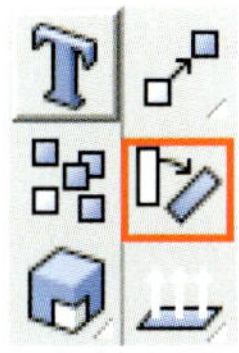

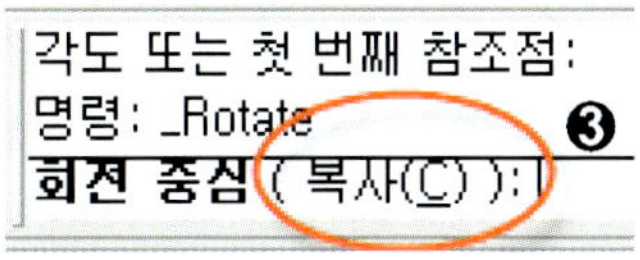


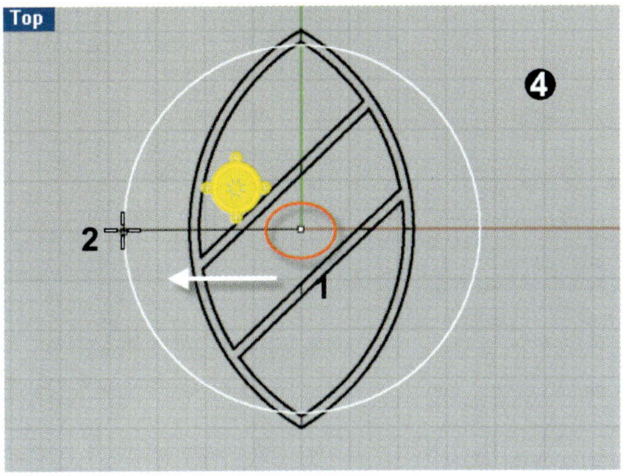


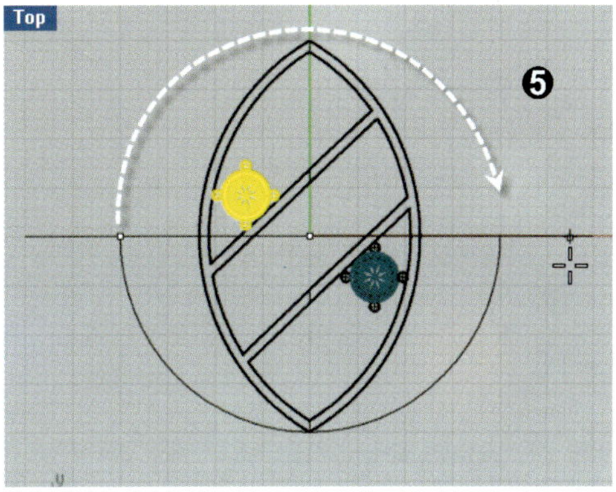


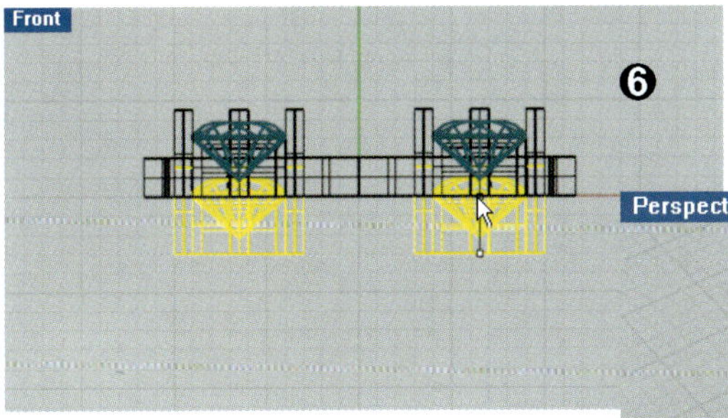


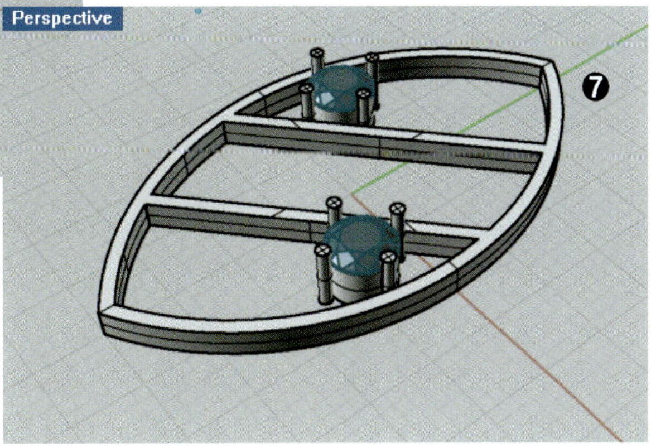


(S-10) STEP-9에서 완성시킨 난집을 클릭한 후 이동 아이콘으로 1번 그림과 같이 이동시킨다. 이동 시킨 개체를 먼저 클릭한 후 2번 회전을 클릭하고 3번 그림과 같이 명령창의 복사를 클릭한다. 그 다음 4번 그림의 순서대로 클릭 한 후 5번 그림의 화살표 방향대로 180도 돌려서 클릭한다. 하단의 스냅을 켜서 6번 그림처럼 위로 이동시켜서 7번 그림과 같이 완성한다.

< STEP-10 >

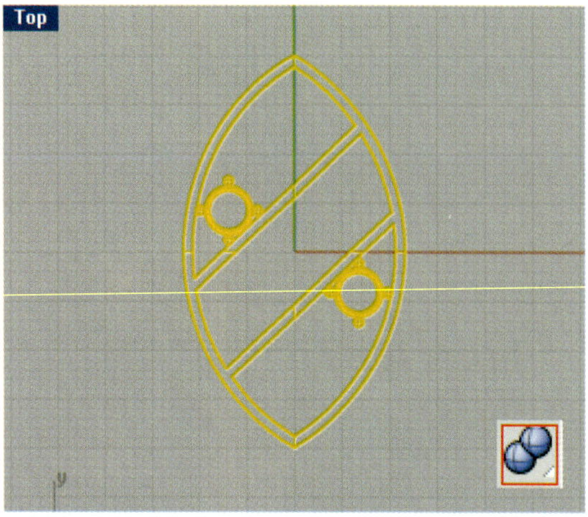


▶ 보석은 숨겨둔 후 합집합한다.

합집합을 해주면 2D 도면 만들기를 할때 떨어진 커브가 발생하지 않는다.

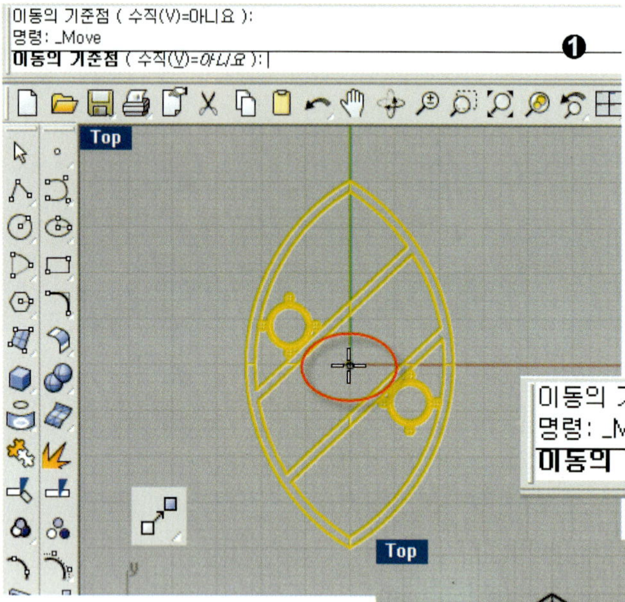


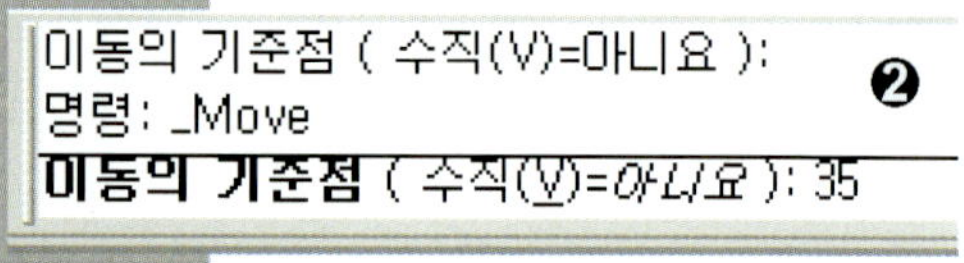


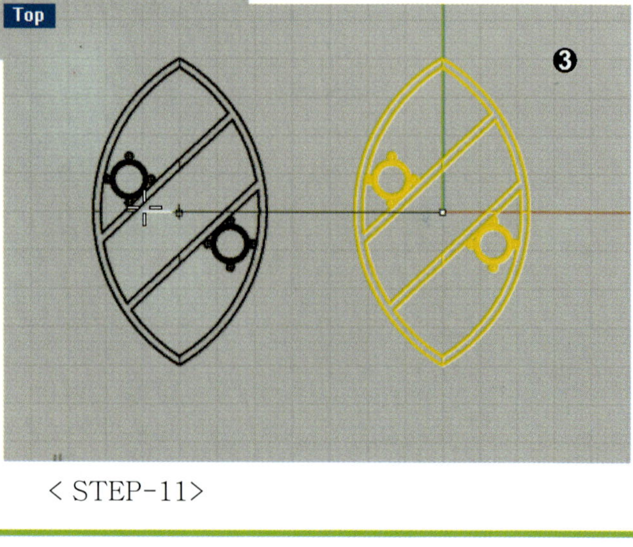


(S-11) 보석은 숨겨둔 후 전체 선택해서 합집합 한다. 그 다음 1번 그림처럼 이동 아이콘을 클릭하고 하단의 스냅을 컨 후 좌표축의 중심점을 클릭한다. 2번 명령창에 35를 입력, Enter친 다음 3번 그림과 같이 Shift키를 눌러서 수평을 맞춘 후 클릭한다.

< STEP-11>

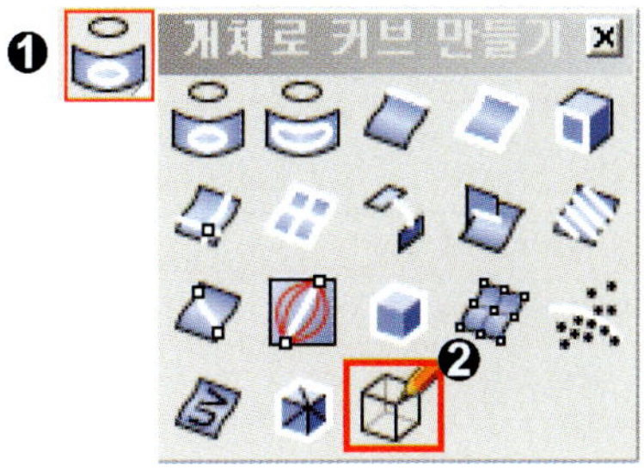


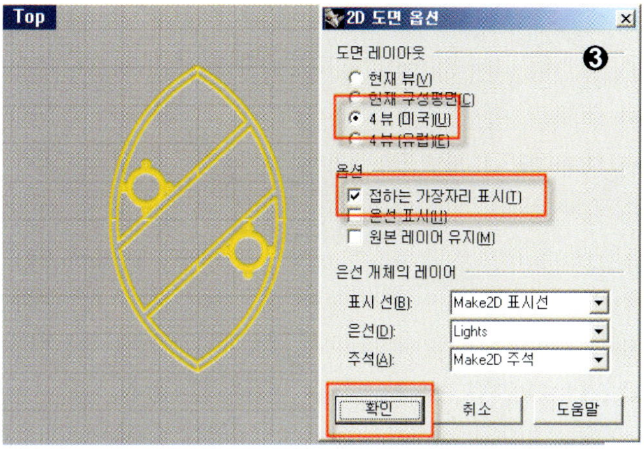


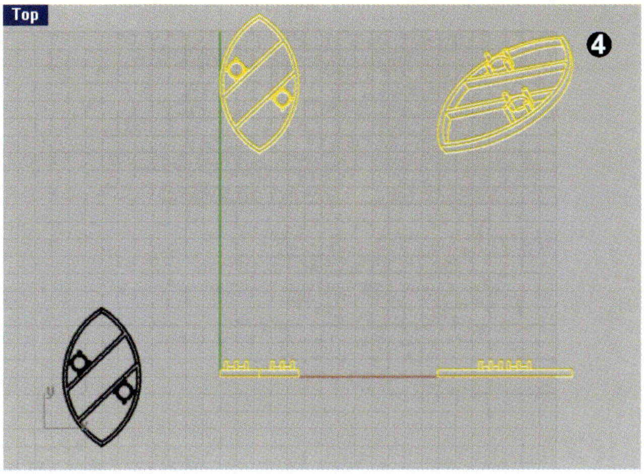


(S-12) 2D 도면을 만들기 위해서 개체를 먼저 선택한 다음 1,2번을 클릭하면 3번 그림과 같은 옵션창이 뜬다. 이때 표시된 부분을 체크한 다음 확인을 클릭하면 4번과 같이 4뷰의 2D도면이 만들어진다.

< STEP-12 >

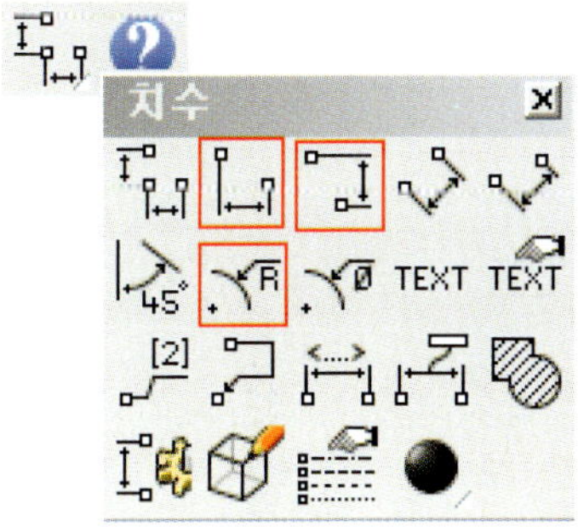


< STEP-13 >

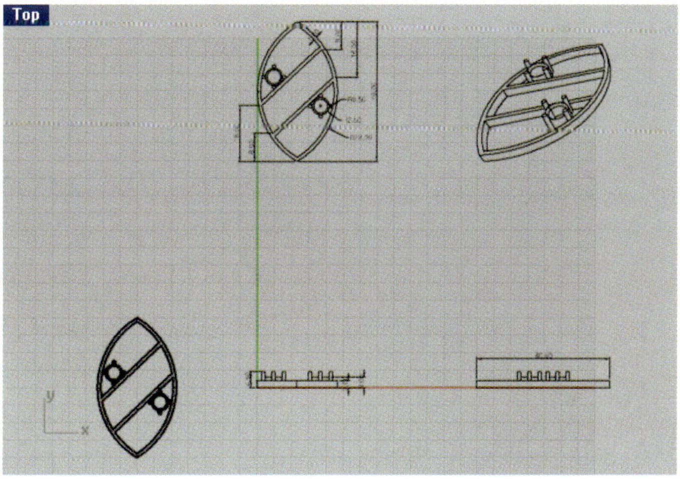


(S-13) 하단의 끝점을 체크하고 치수아이콘을 사용해서 그림과 같이 치수를 입력한다.

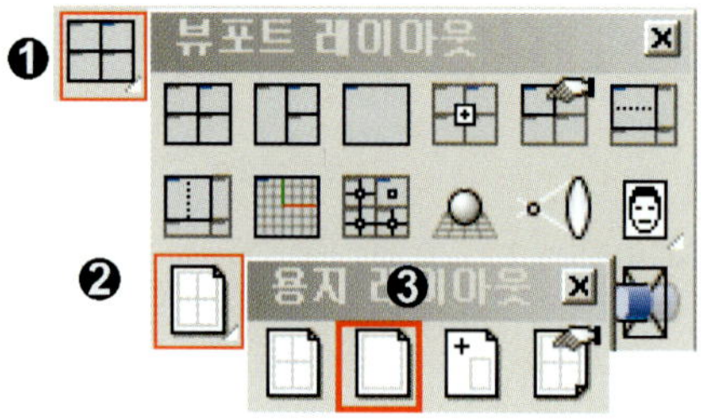


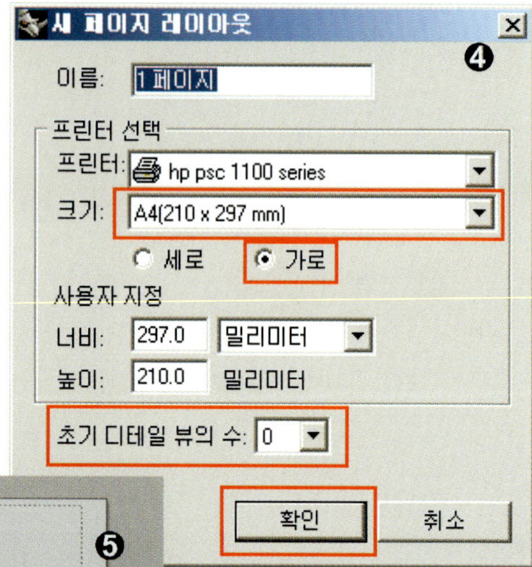


< STEP-14 >

(S-14) 라이노 4.0에서 추가된 기능을 사용해서 1:1 프린트를 하고자 한다. 1.2.3번을 클릭하면 4번과 같은 명령창이 뜨는데 이 때 입력후 확인을 클릭하면 5번 그림과 같은 레이아웃이 만들어진다.

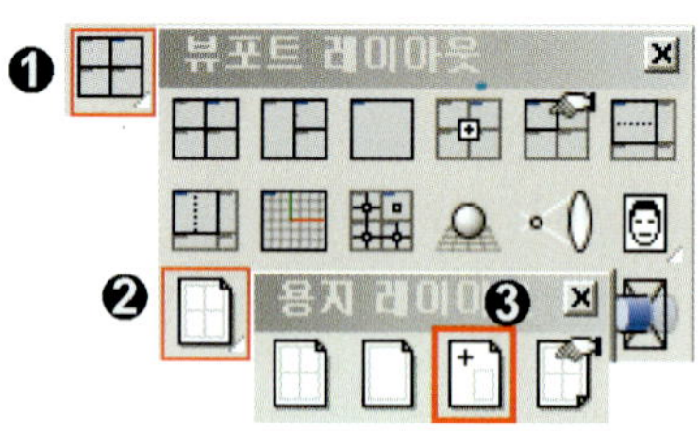


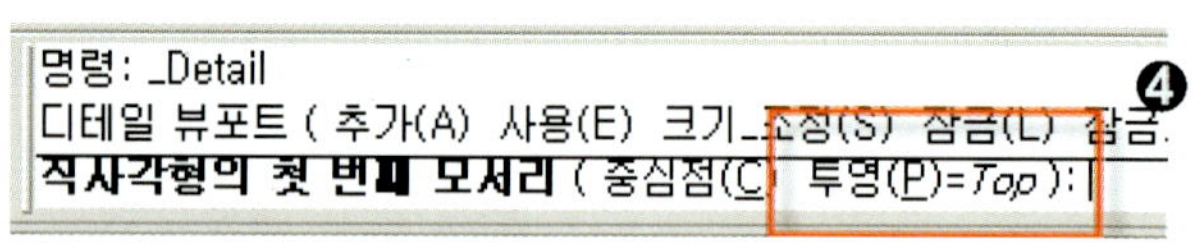


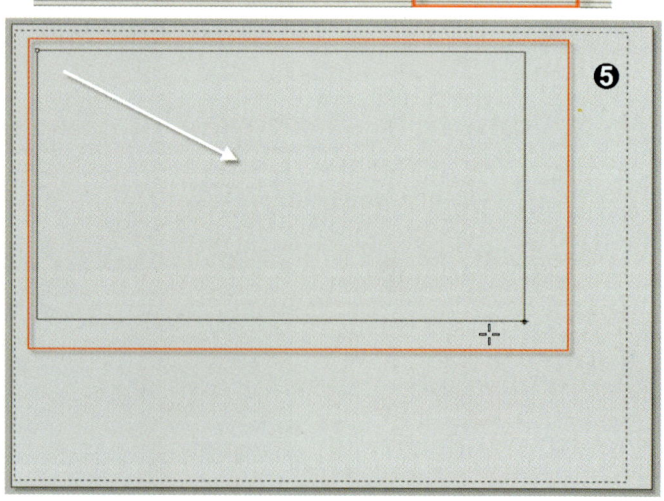

(S-15) 만들어진 레이아웃에 화면을 첨부하기 위해서 1.2.3을 클릭한 후 4번 명령창이 뜰 때 5번 그림과 같이 클릭 드래그 한다. ( 4번의 명령창에 투영이 Top으로 되어있으면 클릭 드래그 했을 때 Top에서 작업한 화면이 첨부된다. 클릭해서 Perspective, Front, Right 화면으로 전환 할 수 있다.)

< STEP-15 >

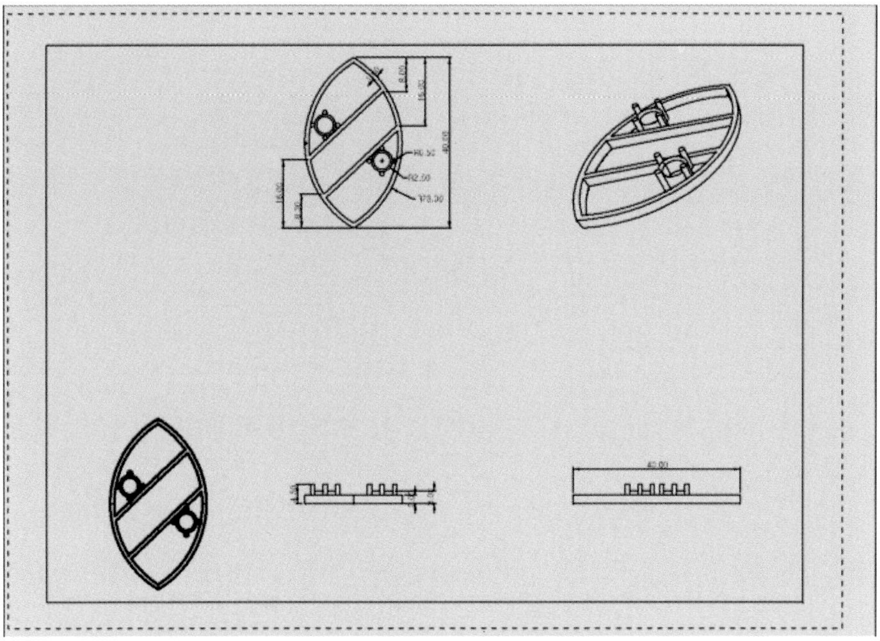

▶ 앞단계에서 클릭, 드래그하면 위의 그림과 같이 완성할 수 있다.

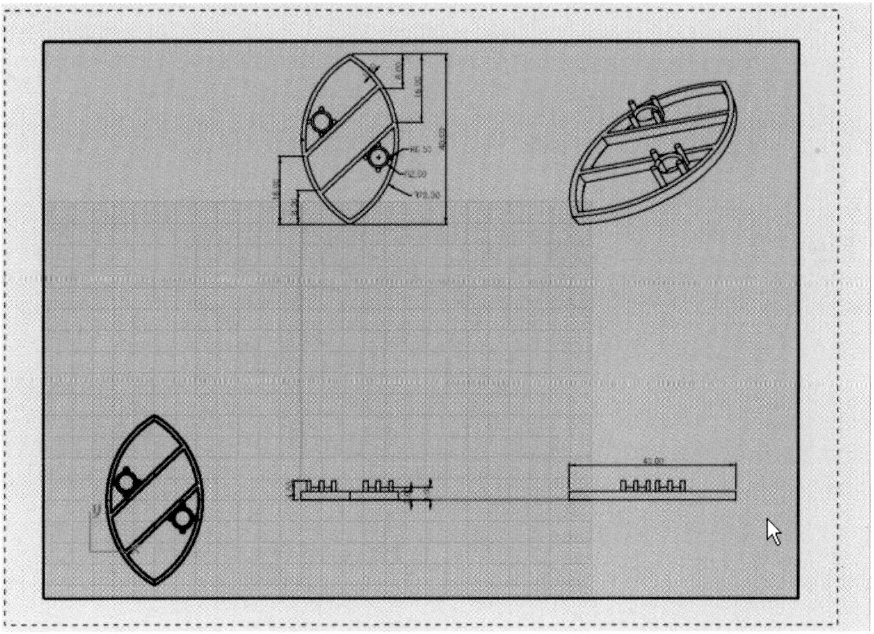

< STEP-16 >

(S-16) 위의 그림과 같이 사각박스 안쪽을 더블 클릭하면 Top화면이 활성화 된다. 활성화 된 Top뷰에서 치수기입, 모델링 수정이 모두 가능하다.

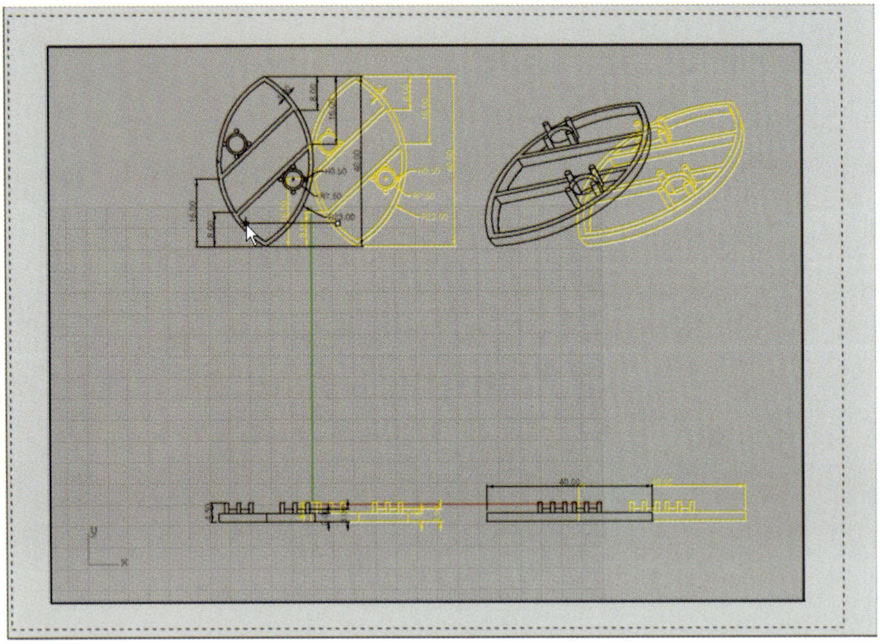

< STEP-17 >

(S-17) 활성화된 뷰에서 모델링 했던 개체는 숨겨둔 뒤 4뷰 2D 도면을 선택해서 위치를 잘 조정하도록 한다.

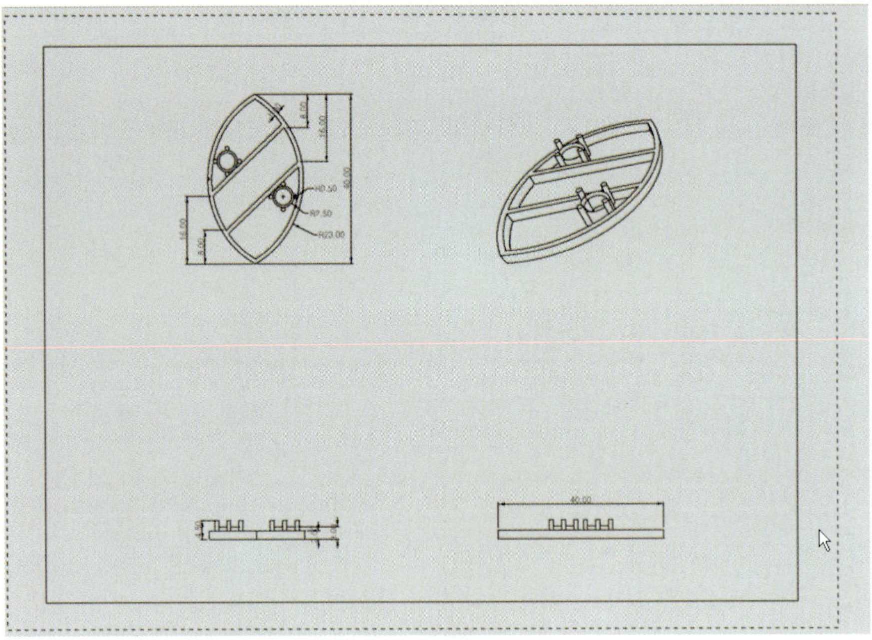

< STEP-18 >

(S-18) 위치조정을 한 다음 사각 박스의 바깥쪽을 더블 클릭해서 활성화를 취소한다

# 17. 산업기사 예제-3

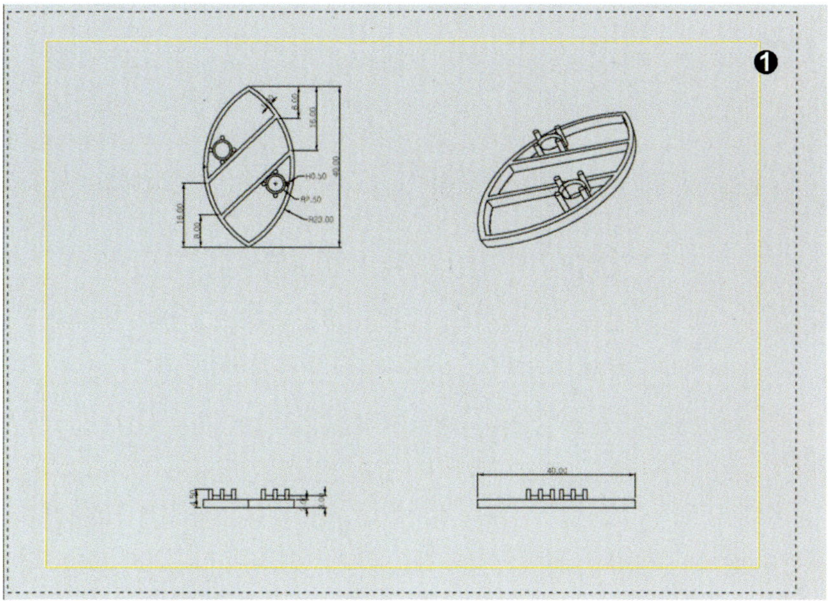

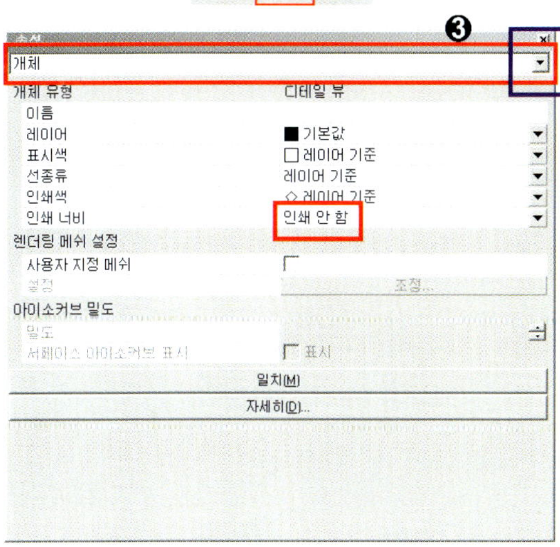


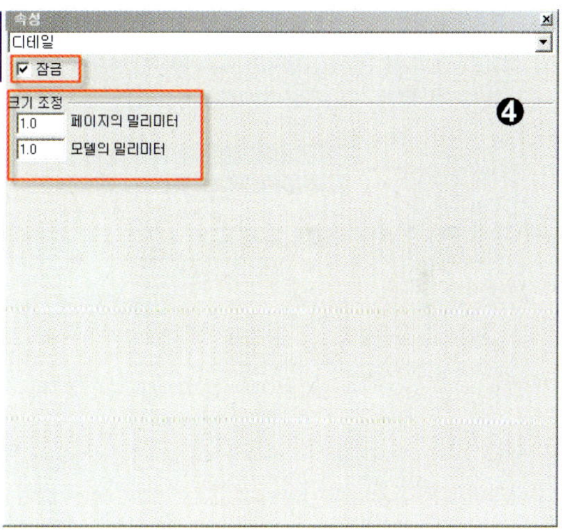


< STEP-19 >

(S-19) 1번 뷰를 1:1 사이즈로 변경하기 위해서 1번 그림처럼 사각박스를 먼저 클릭한 다음 2번 개체 속성을 클릭하면 3번 그림과 같은 명령창이 뜬다. 3번 그림의 표시된 부분을 클릭해서 바꿔준 후 3번의 파란색으로 표시된 곳을 화살표를 클릭하고 디테일을 클릭한다. 그 다음 4번 그림처럼 잠금을 체크한 후 크기조정을 모두 1.0으로 바꿔준다.

잠금을 설정하면 활성화된 뷰포트에서 크기와 이동을 잠가놓는 기능을 한다. 잠금 기능을 클릭하지 않고 다시 뷰를 활성화 시키면 크기가 조정될 수 있기때문에 1:1출력시에 주의해야한다. 출력하기 전 가장 마지막 단계로 하는 것이 좋다.

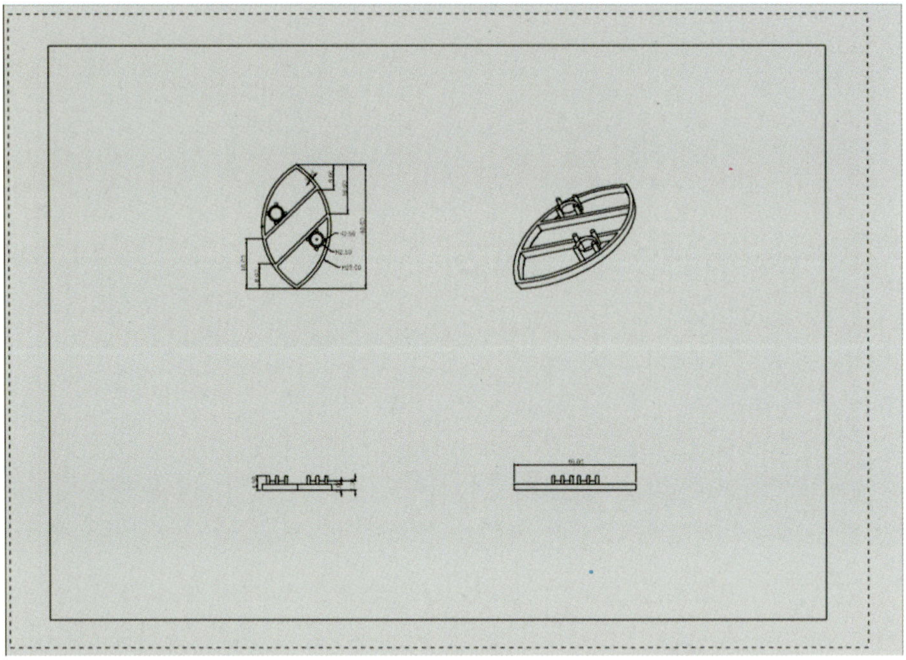

▶ 앞단계에서 1:1 사이즈로 크기 조정을 한 모습이다.

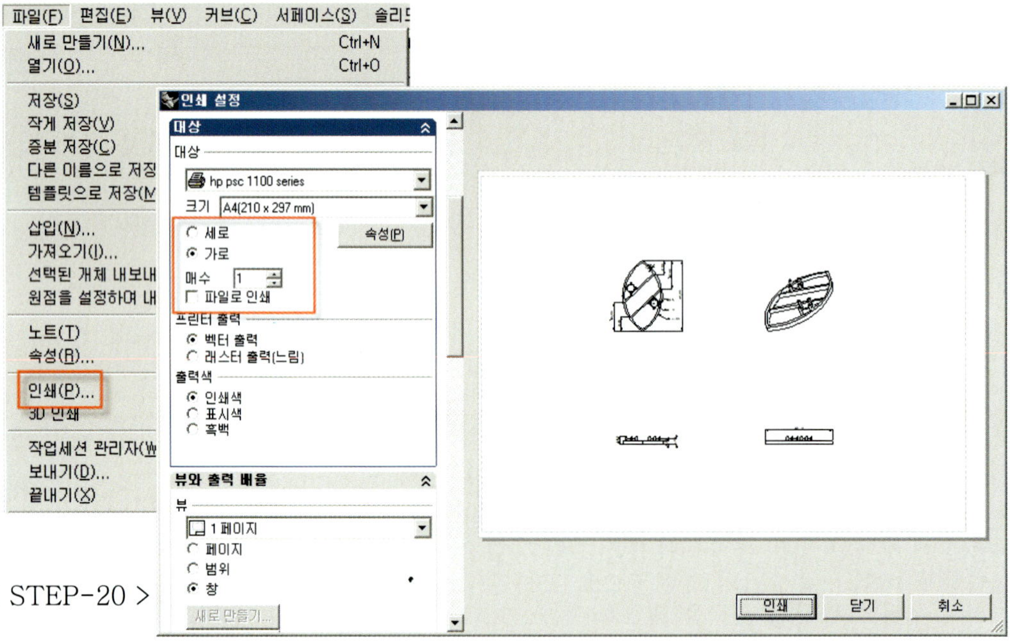


< STEP-20 >

(S-20) 상단의 파일을 클릭하고 인쇄를 클릭하면 오른쪽 그림과 같이 옵션창이뜨는데 이때 그림처럼 표시된 부분을 체크한다.

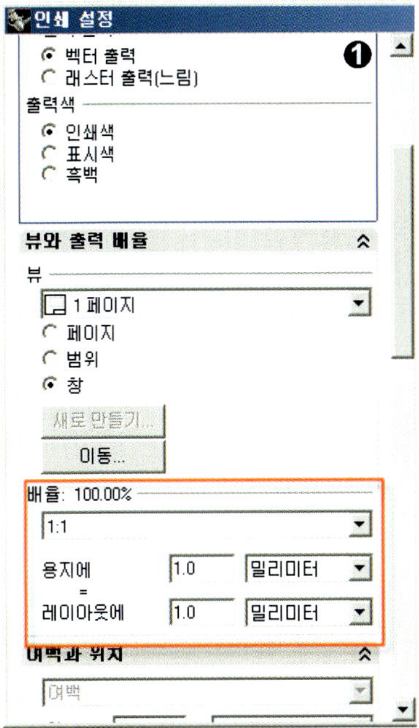


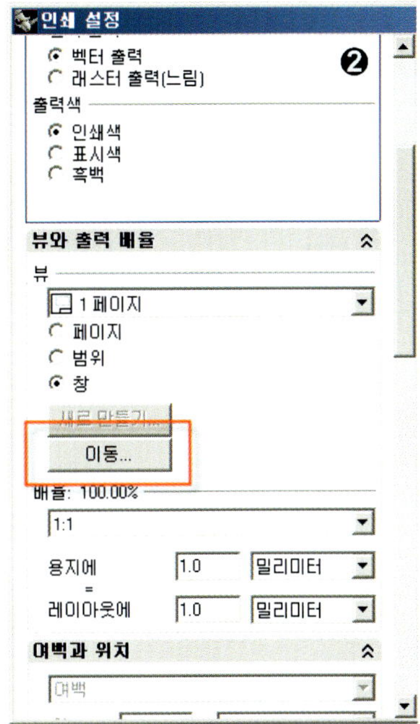


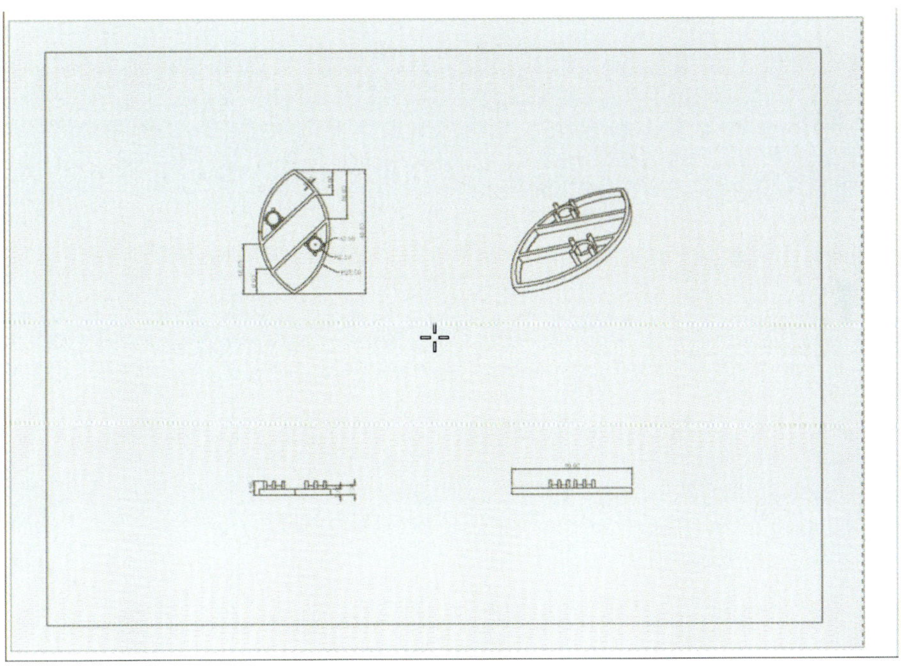

< STEP-21 >

(S-21) 앞단계의 옵션창을 1번 그림처럼 뷰와 출력비율을 표시된 부분처럼 1:1로 맞춰준 다음 2번 이동을 클릭해서 인쇄시 중앙으로 출력할 수 있도록 이동시켜주기 위해서 3번 그림처럼 클릭한 후 이동시켜 중앙으로 맞춰준다.

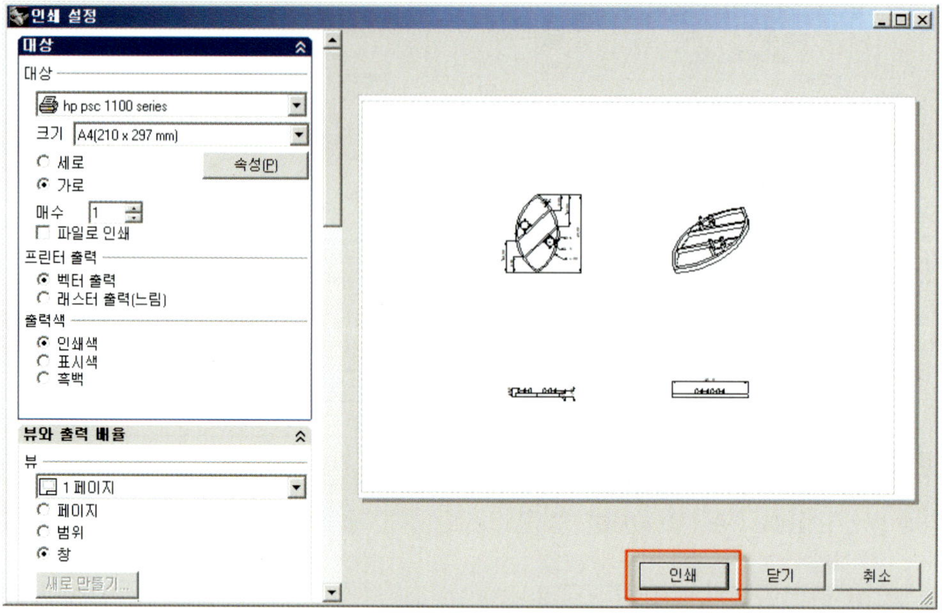

(S-22) 앞단계에서 이동을 해서 중앙을 맞춘 뒤 인쇄를 클릭해서 출력한다.

출력시 다른 방법은 STEP-13에서 2D 도면 만들기를 한 다음 ai로 저장 해서 일러스트로 출력하는 방법도 있다. 하지만 라이노 4.0에 추가된 기능 중에서 1:1사이즈로 바로 출력 할 수 있기때문에 이 방법을 사용하면 정확한 도면을 쉽게 얻을 수 있는 장점이 있다. 또한 가려진 안쪽 면을 점선으로 표현할 수 있으며, 선 종류나 두께를 지정해서 바꿔줄 수 있다. (산업기사 2번째 예제를 참고한다.)

# Rhino3D

## 18. 산업기사 예제-4

## 18. 산업기사 예제-4

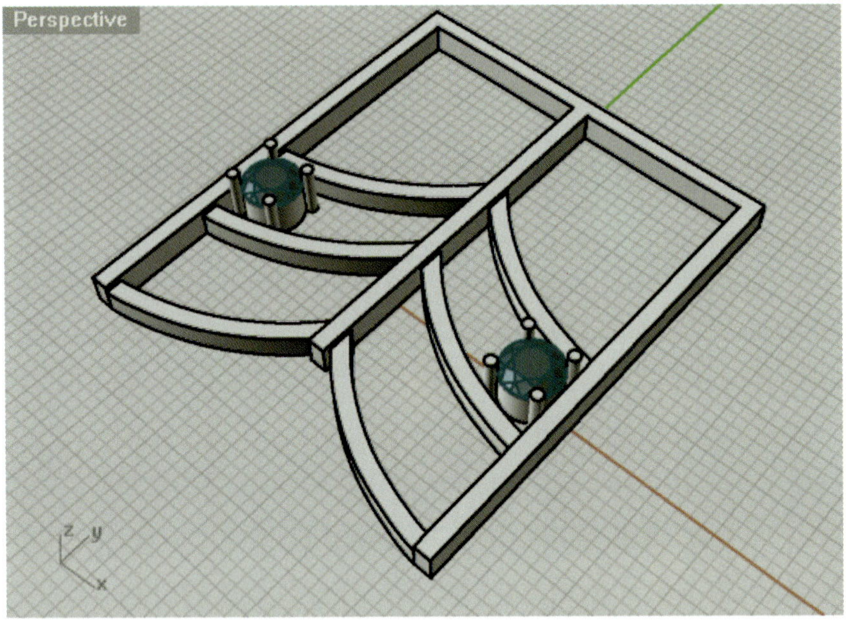


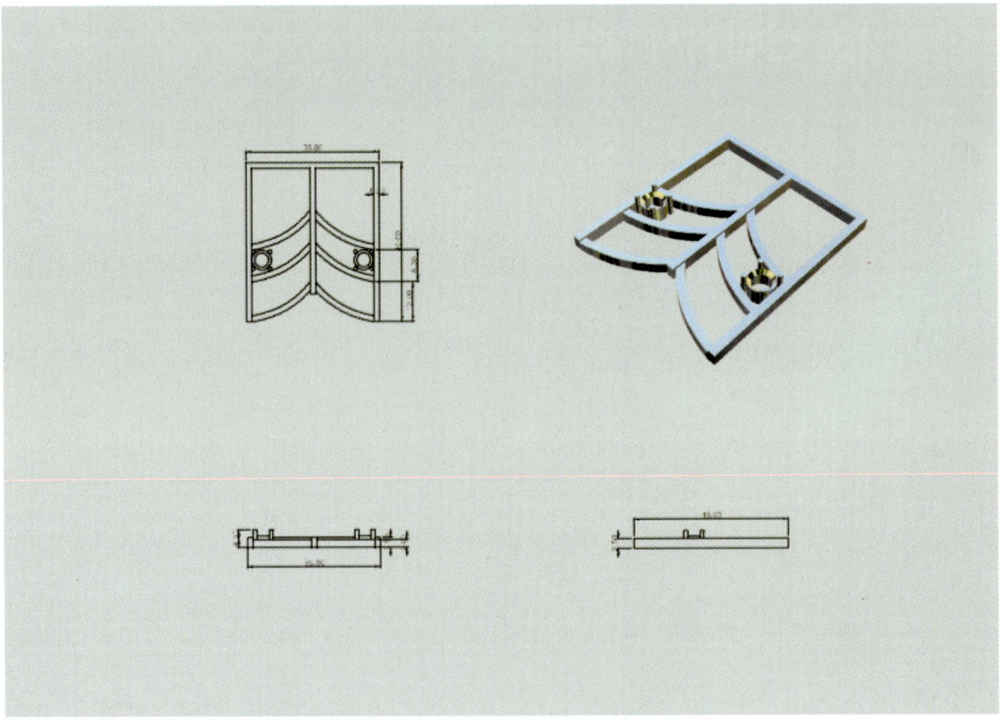

위 그림과 같이 모델링 및 1:1 출력을 하고자 한다.

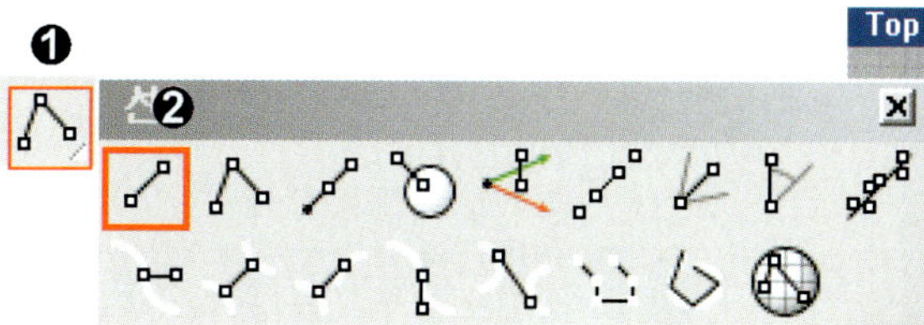


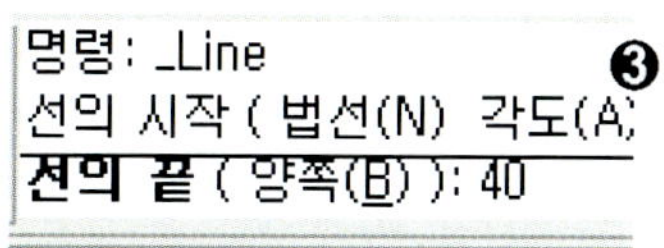


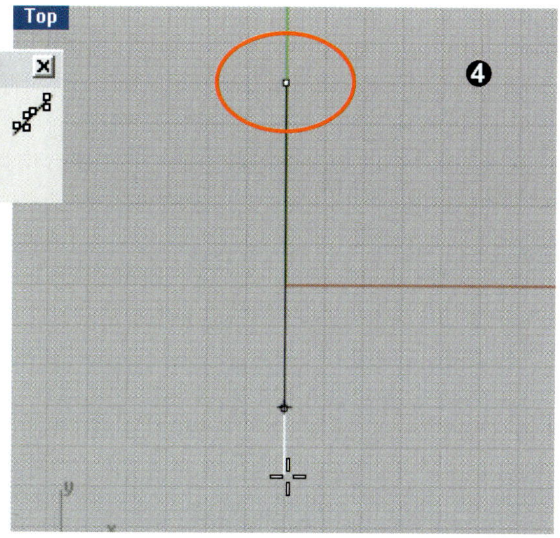


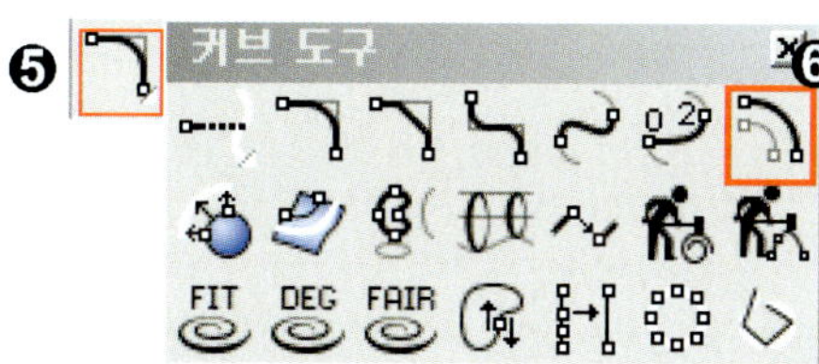


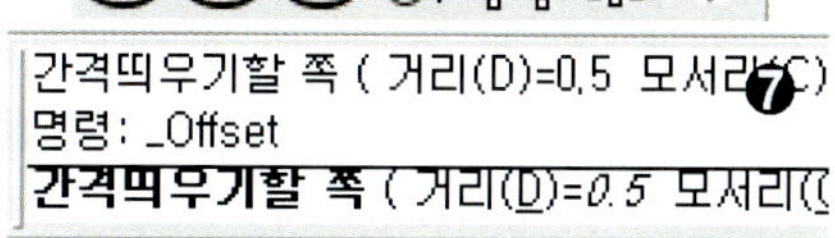


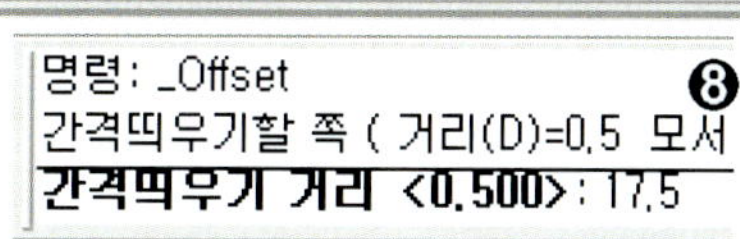


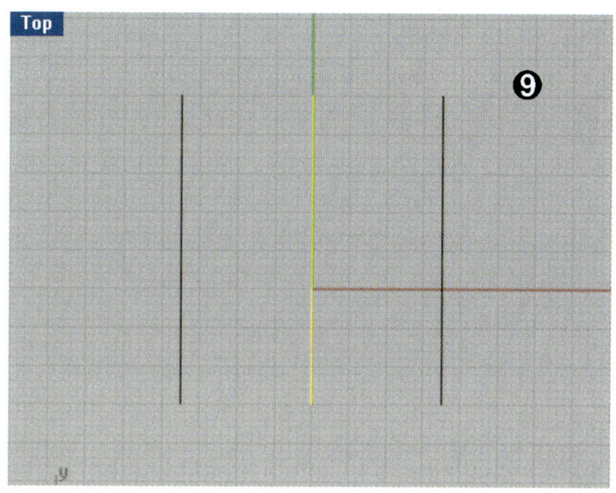


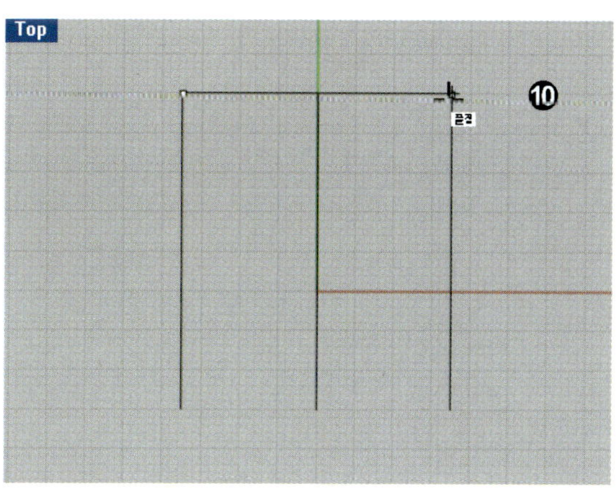


(S-1) 1,2번을 클릭하고 한 점을 클릭한 다음 3번 명령창에 40을 입력하고 Enter 친다. 그 다음 Shift키를 눌러서 4번 그림과 같이 수직이 되도록 한 후 클릭 한다. 커브의 간격을 띄우기 위해서 커브를 선택 한 후 5,6번을 클릭하고 7번 명령창의 거리를 클릭해서 8번 그림과 같이 거리값 17.5를 입력, Enter친다. 9번 그림처럼 양쪽으로 커브 간격띄우기를 한 다음 10번 그림과 같이 하단의 끝점을 체크하고 폴리라인으로 커브를 그려준다.

< STEP-1 >

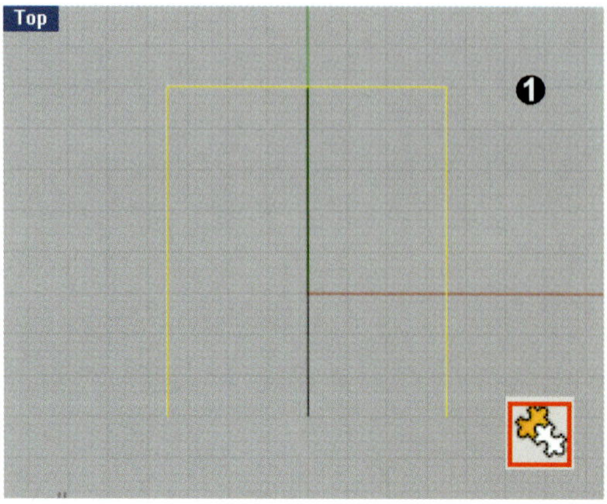


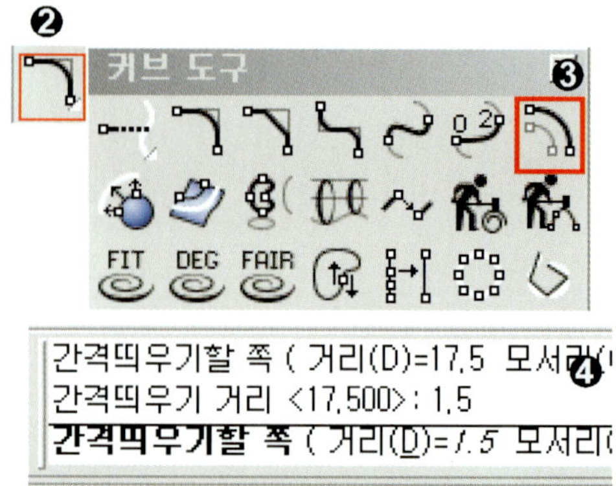


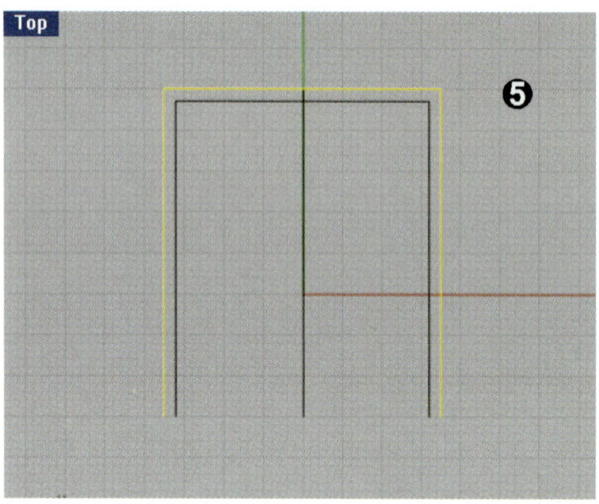


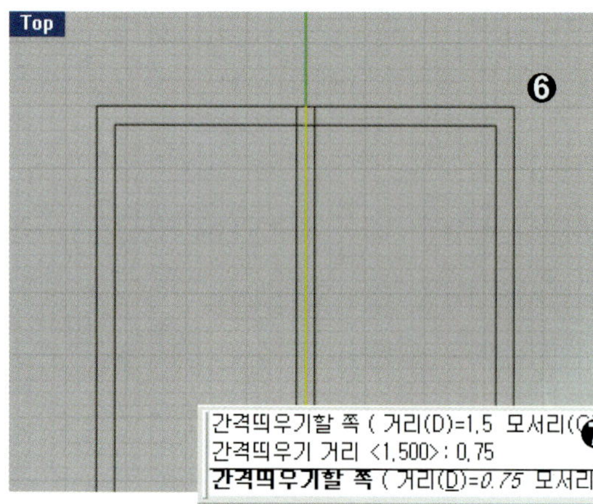


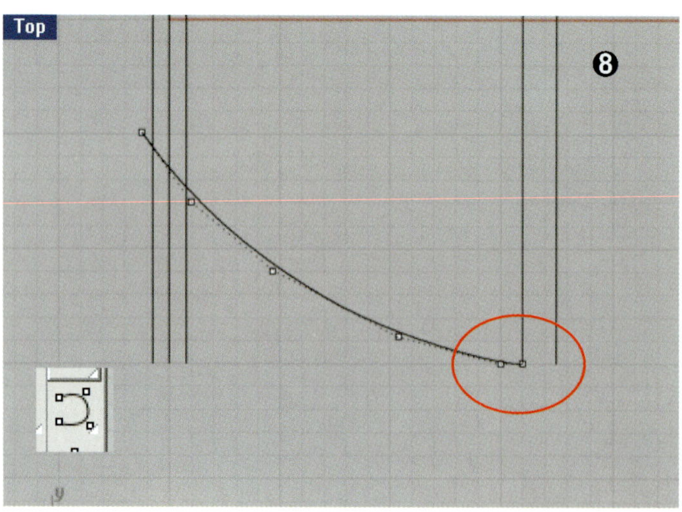


(S-2) 만들어진 3개의 커브를 결합시킨 다음 2.3번을 클릭하고 STEP-1에서 한 방법처럼 명령창에 거리값을 1.5로 입력 Enter쳐서 5번 그림과 같이 완성시킨다. 6번 그림의 가운데 커브도 같은 방법으로 양쪽으로 0.75씩 떨어진 커브를 완성한다. 하단의 끝점을 체크한 후 8번 그림과 같이 제어점 커브로 그리는 데 표시된 부분은 스냅을 켜고 끝점을 연결한 곳과 같은 선상에 놓이도록 한다.

< STEP-2 >

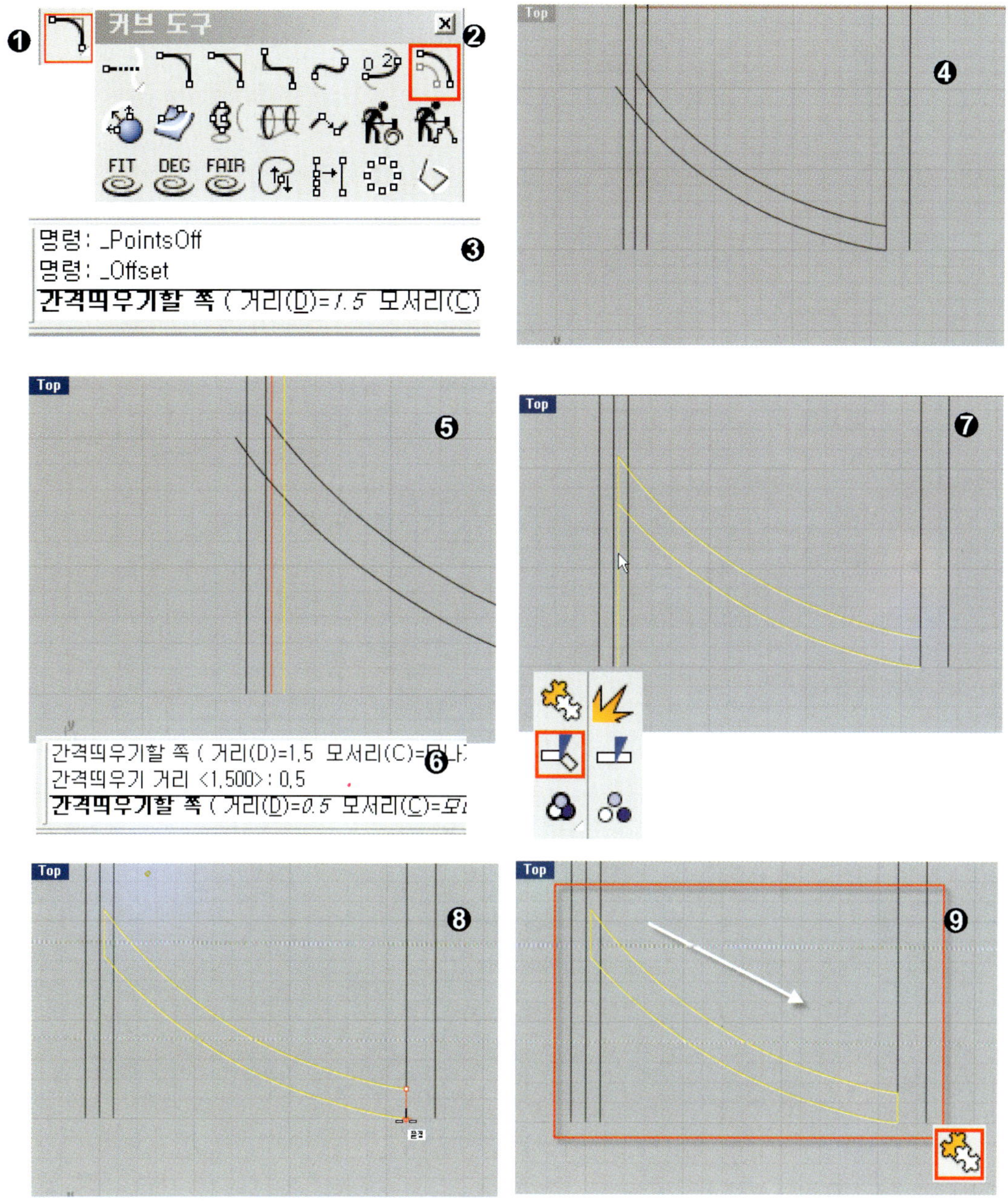


< STEP-3 >

(S-3) 앞단계에서 만들어진 커브를 간격띄우기 위해서 1,2번을 클릭하고 4번과 같이 1.5mm 떨어진 커브를 완성한다. 하나의 커브로 결합시키기 위해서 5번 그림처럼 선택된 커브에서 0.5떨어진 커브간격띄우기를 실행한다. 그 다음 세개의 커브를 선택해서 트림해서 잘라준다. 하단의 끝점을 체크하고 8번 그림과 같이 끝부분을 폴리라인으로 그려준다. 9번 그림처럼 클릭, 드래그 해서 결합시켜 완성한다.

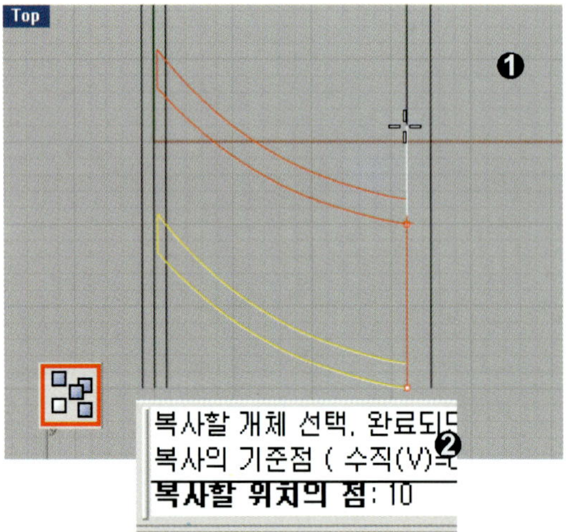


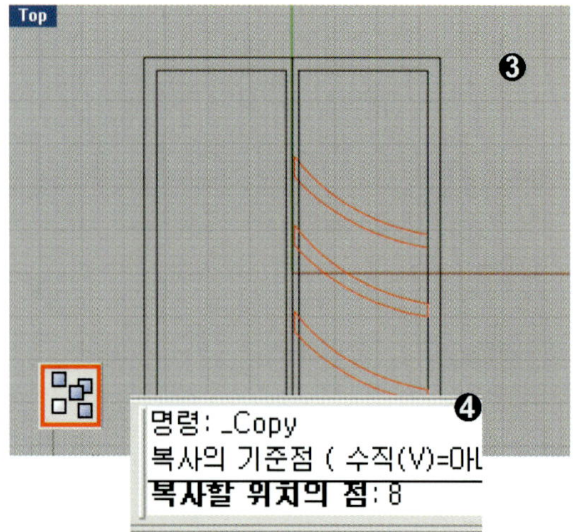


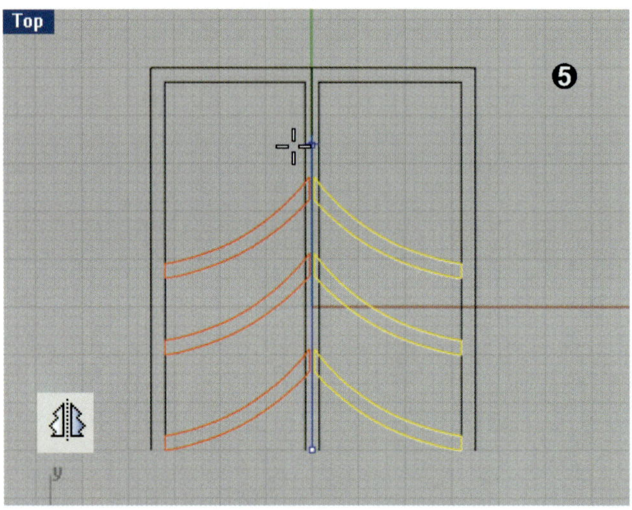


(S-4) 결합된 커브를 복사하기 위해서 하단의 끝점을 체크 하고 1번 그림과 같이 복사 아이콘을 클릭한다. 2번 명령창에 10을 입력, Enter친 후 Shift키를 눌러 수직을 잡아서 클릭 Enter친다. 그 다음 복사된 커브를 클릭해서 같은 방법으로 8mm 떨어진 곳에 커브를 복사한다. 만들어진 3개의 커브를 클릭해서 5번 그림과 같이 미러시킨다.

< STEP-4 >

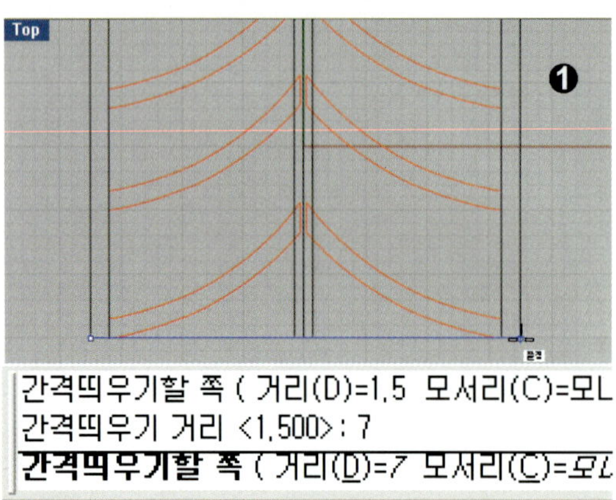


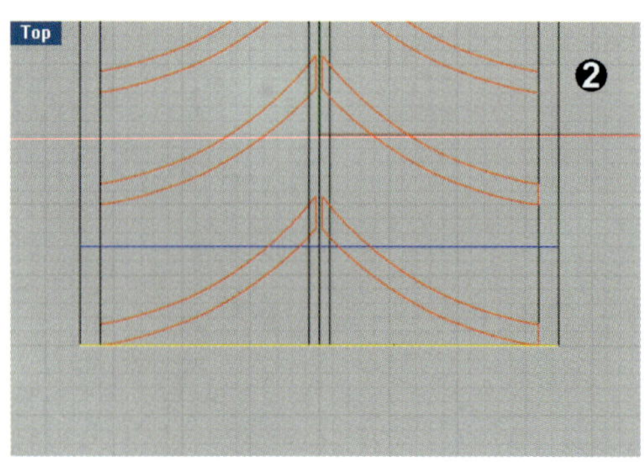


< STEP-5 >

(S-5) 1번 그림과 같이 폴리라인으로 커브를 그린 후 STEP-2에서 한 방법과 같이 명령창에 거리값을 7mm로 입력해서 커브 간격띄우기를 실행한다.

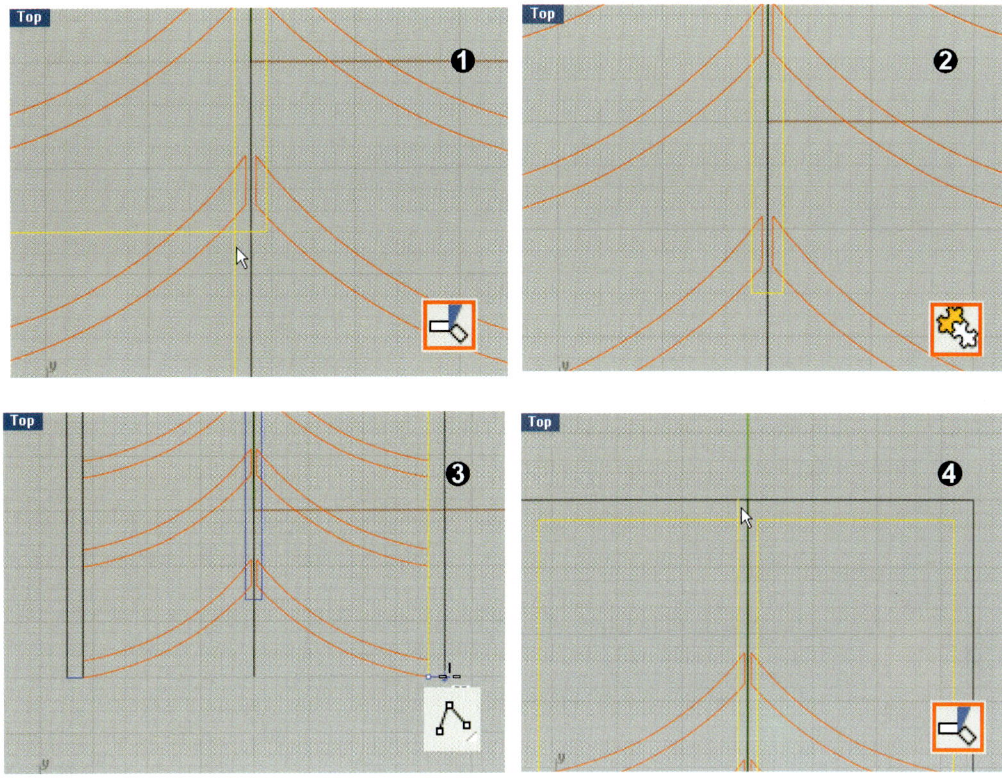


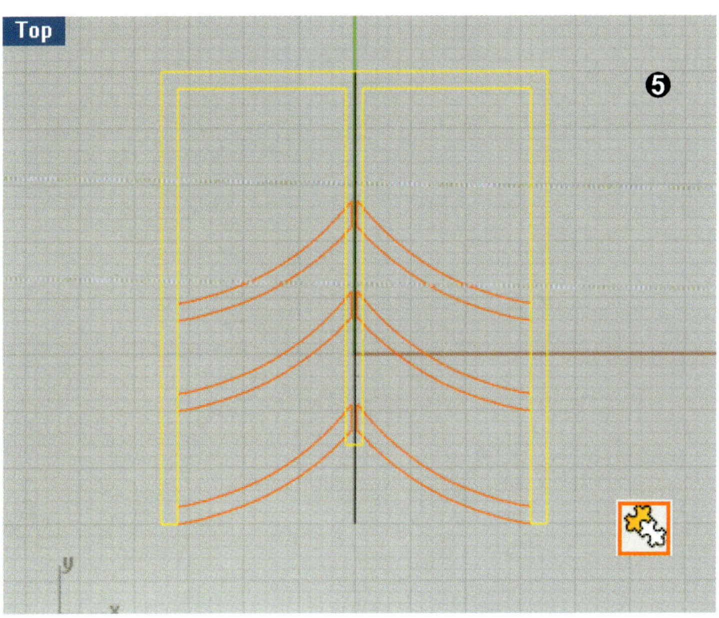


(S-6) 1번 그림과 같이 3개의 커브를 선택한 후 트림시켜서 2번 그림과 같이 결합한다. 그 다음 하단의 끝점을 체크한 후 3번 그림처럼 폴리라인으로 커브를 그린다. 그리고 하나의 커브로 결합하기 위해서 4번 그림처럼 겹쳐진 부분을 트림으로 지워주고 5번 그림과 같이 하나의 커브로 만들어준다.

< STEP-6 >

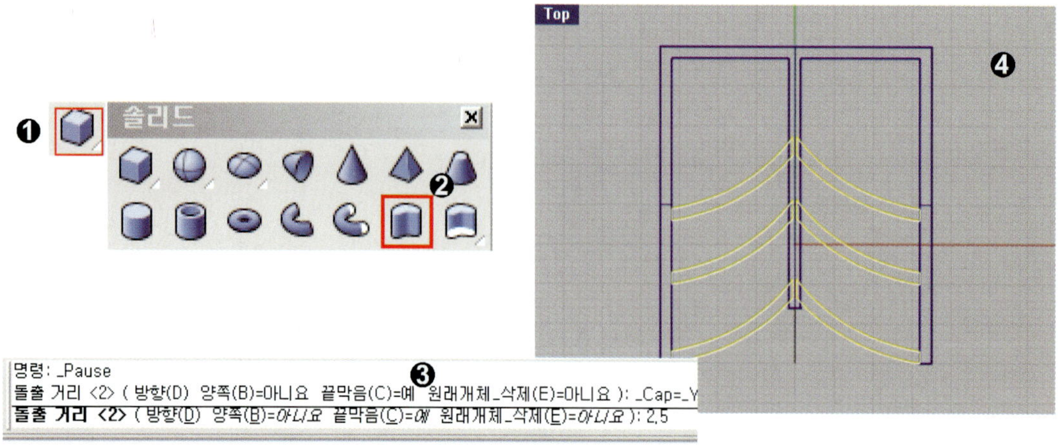


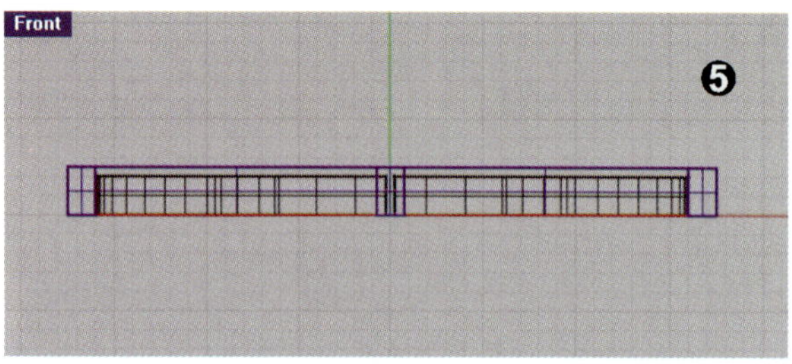


(S-7) 앞단계에서 결합시킨 외형 커브를 클릭하고 1.2번을 클릭 한 후 3번 명령창에 2.5를 입력해서 Enter친다. 그리고 4번 그림과 같이 내부의 6개의 커브를 선택해서 1.2번을 클릭한 다음 3번 명령창에 2를 입력하고 Enter쳐서 5번 그림과 같이 완성한다.

< STEP-7 >

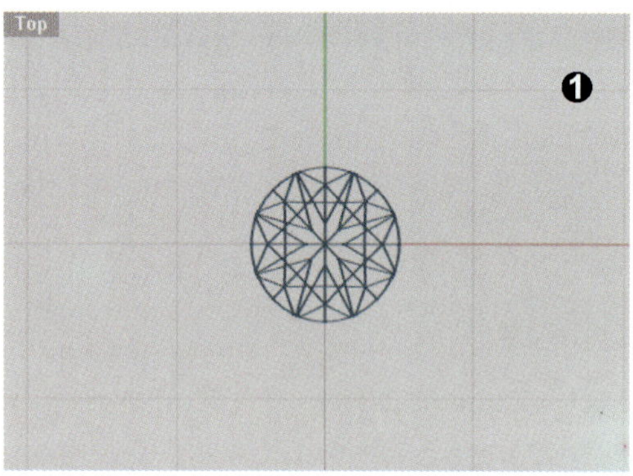


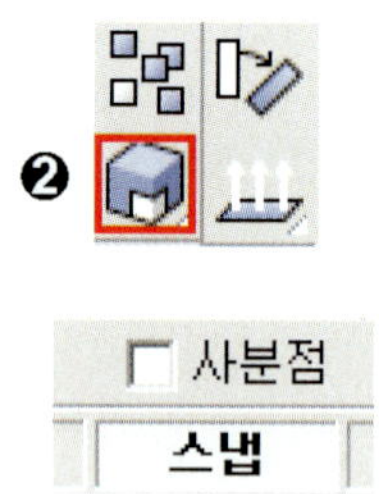


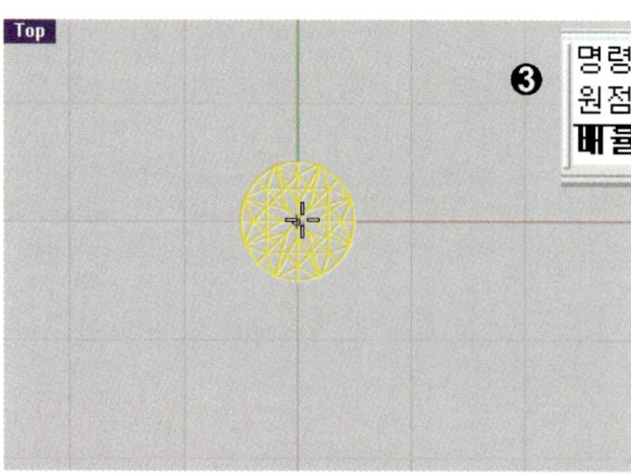


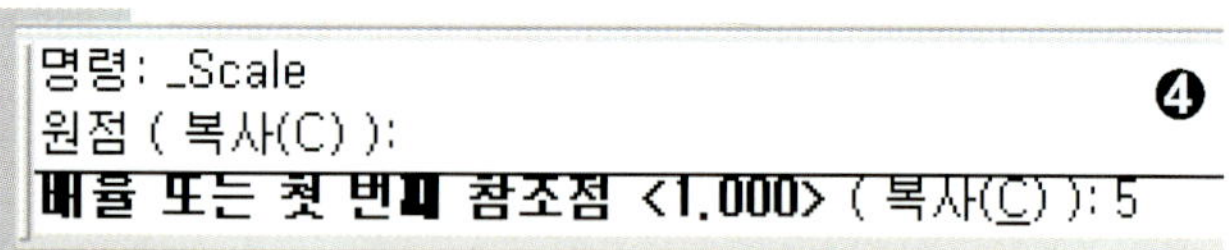


(S-8) STEP-7에서 만든 개체는 숨겨놓고 1번 그림과 같이 보석을 불러온 후 2번 3D 크기 조정을 클릭하고 하단의 스냅을 켠다. 보석을 클릭한후 Enter를 치고 3번 그림처럼 좌표측의 중심점을 클릭하고 4번 명령창에 5를 입력, Enter 친다.

< STEP-8 >

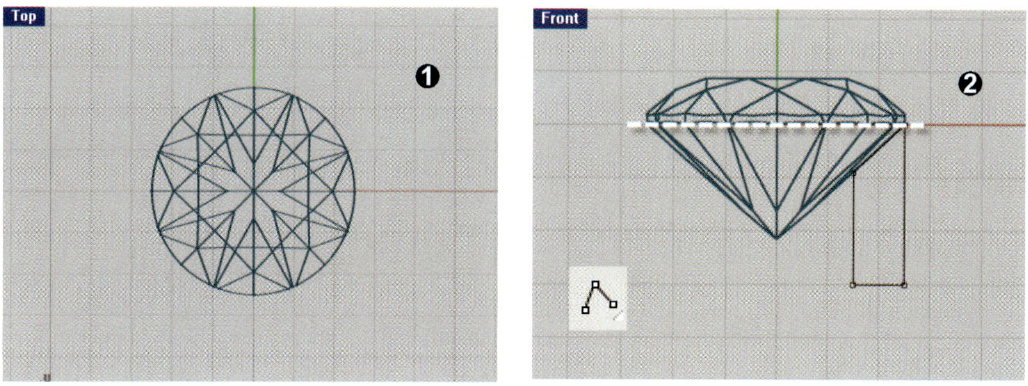


< STEP-9 >

(S-9) 1번 그림과 같이 앞단계에서 크기 조정을 한 보석을 Front에서 2번 그림처럼 보석의 표시된 부분이 빨간 선상에 놓이도록 이동시킨 후 폴리라인으로 커브를 그려 완성한다. (보석 이동시 스냅을 끄고 Shift키를 눌러서 이동시킨다)

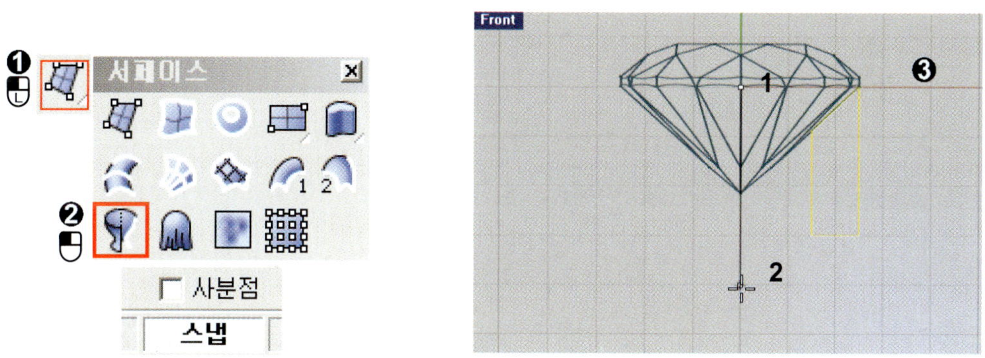


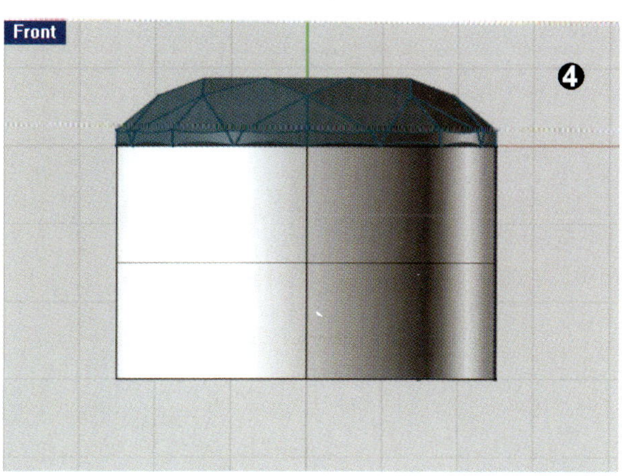


(S-10)난집의 단면 커브를 선택한 다음 1.2번을 클릭하고 하단의 스냅을 켠다. 3번 그림의 순서대로 클릭한 다음 명령창에 시작각도가 0일때 Enter치고 끝각도가 360도 일때 다시 Enter쳐서 4번 그림과 같이 완성시킨다.

< STEP-10 >

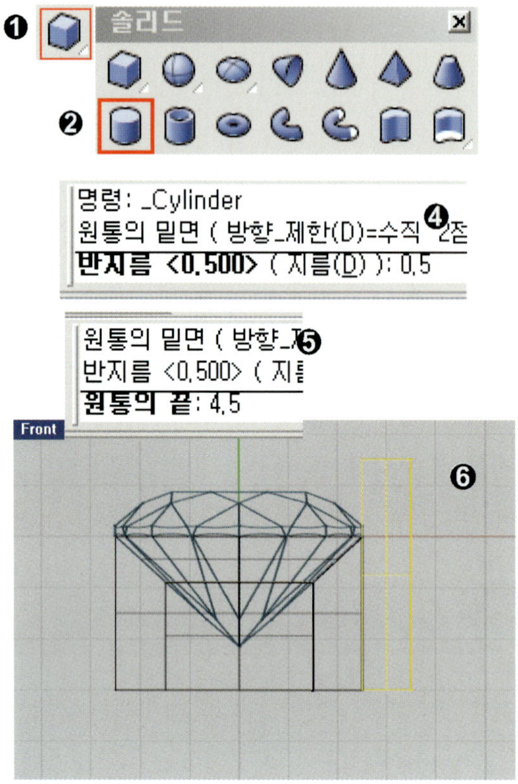


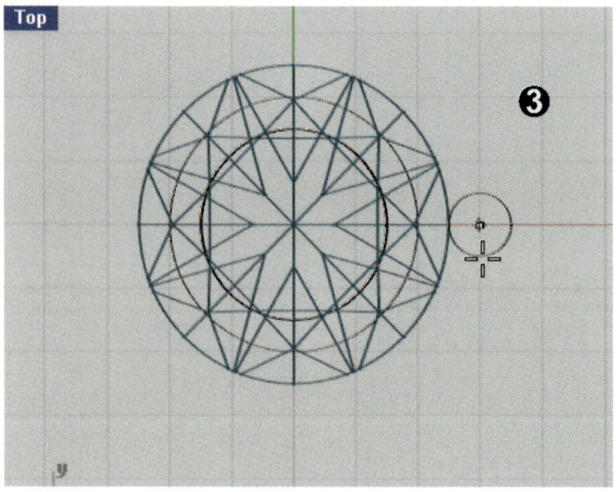


(S-11) 1.2번을 클릭하고 3번 그림과 같이 난발이 놓일 위치의 중심점을 클릭하고 4번 창에 원통의 반지름값을 입력하고 Enter친 다음 5번 명령창에 원통의 길이를 입력한 후 Enter친다.
그 다음 원통을 6번 그림과 같이 이동시킨다.

< STEP-11>

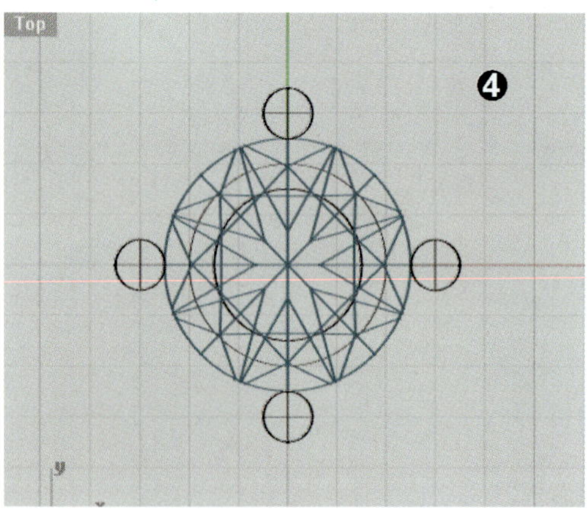


< STEP-12 >

(S-12) 앞단계에서 만들어진 난발을 선택하고 1,2번을 클릭한 다음 하단의 스냅을 켠다. 그리고 보석의 중심점을 클릭한 후 3번 명령창에 4를 입력 하고 Enter를 쳐서 4번 그림과 같이 완성한다.

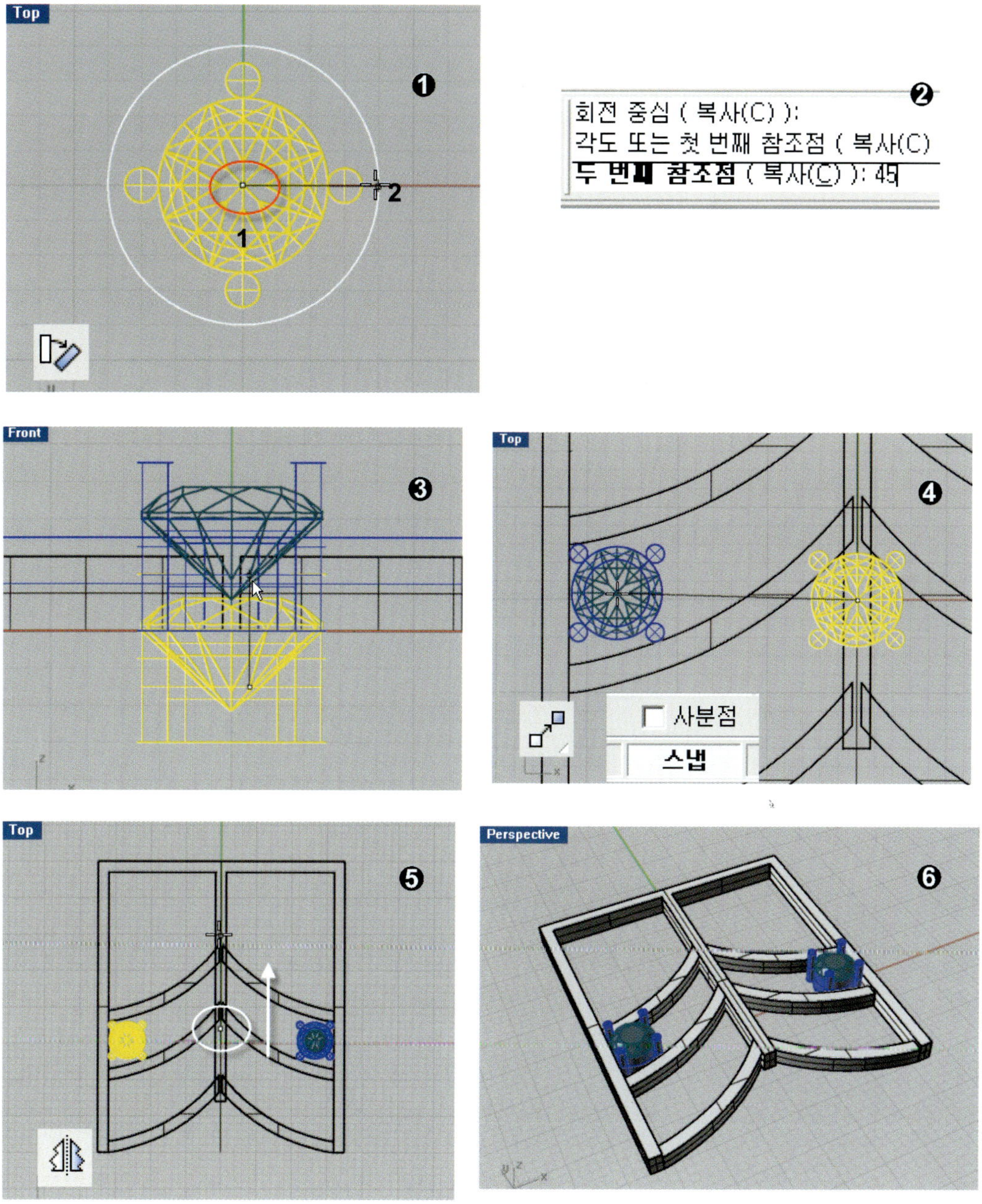


< STEP-13 >

(S-13) 1번 그림과 같이 모두 선택한 다음 회전 아이콘을 클릭하고 그림의 순서대로 클릭한 후 2번 명령창에 45를 입력 Enter친다. 그 다음 숨겨놓았던 개체를 불러와서 3번 그림과 같이 이동시킨다. 그 다음 4번 그림과 같이 자리를 이동시켜준 후 5번 그림처럼 미러시키고 완성한다.

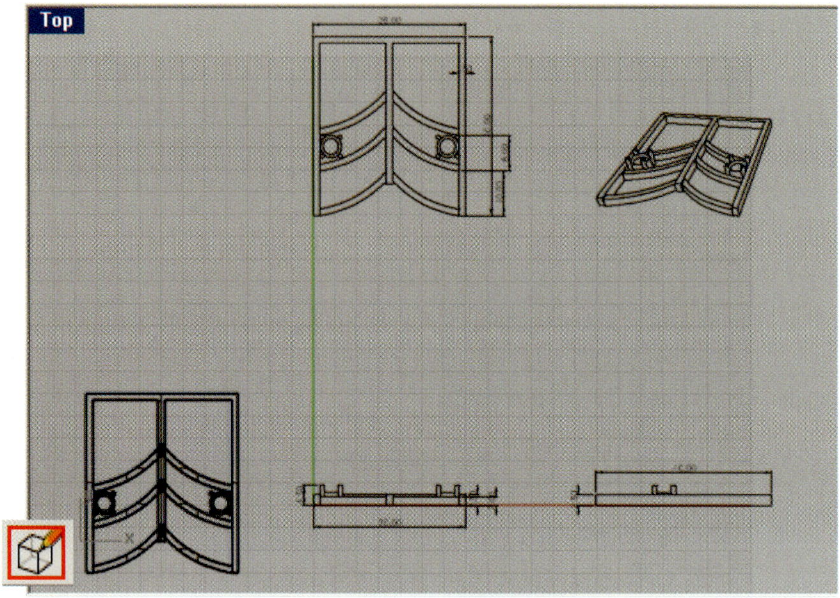

< STEP-14 >

(S-14) 앞의 산업기사 예제를 참고해서 2D 도면을 완성한다.

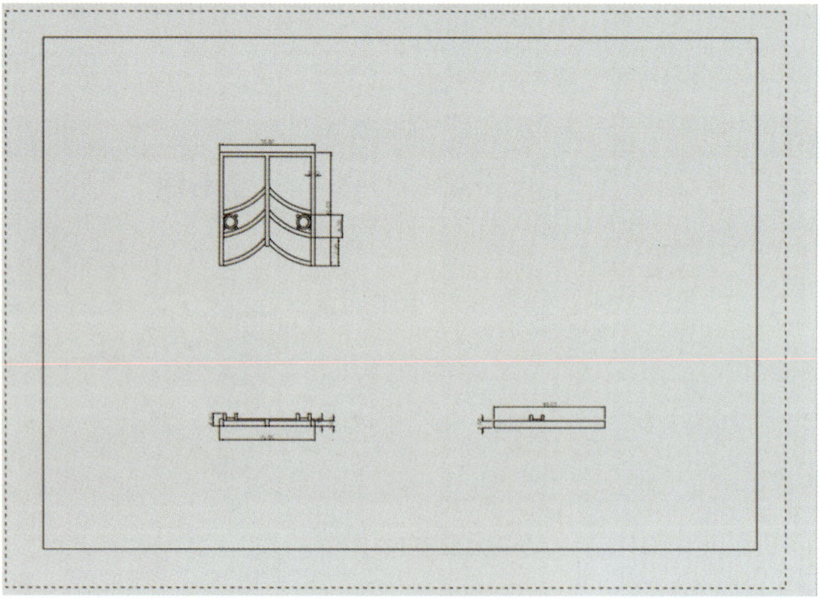

< STEP-15 >

(S-15) 새 레이아웃을 클릭해서 앞의 산업기사 예제와 같이 도면을 첨부한다. 이 때 모델링 한 개체는 숨겨두지 않고 레이아웃 화면 상에 보이지 않도록 이동시킨다.

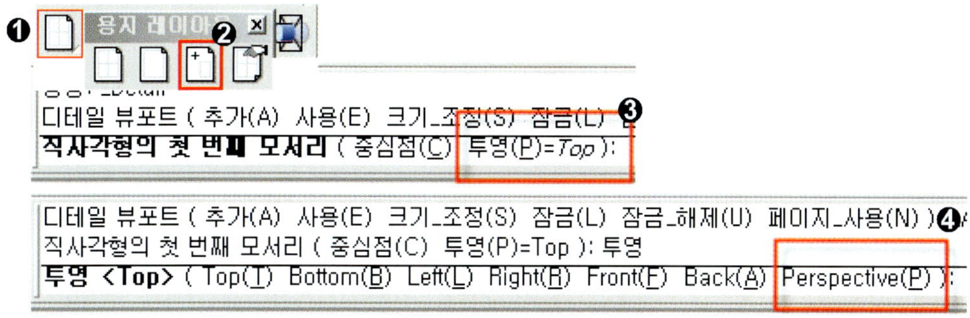


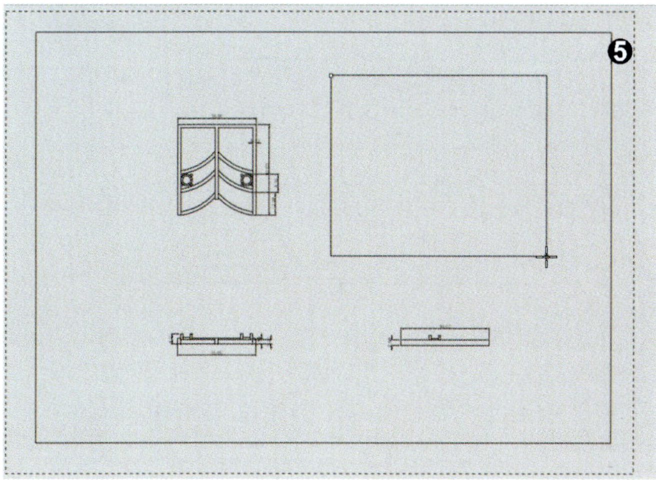

(S-16) 1.2번을 클릭한 후 3,4번 그림의 표시된 부분을 클릭해서 5번과 같이 완성한다.

< STEP-16 >

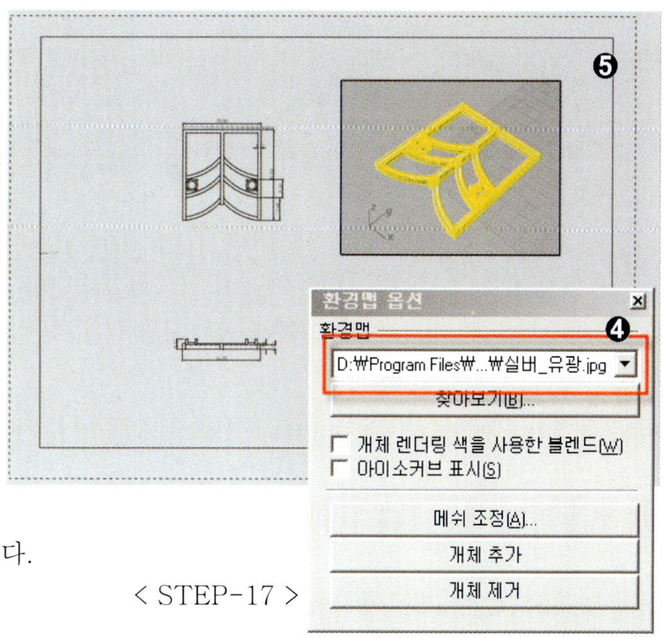


(S-17) Perspective를 활성화 시켜서 개체를 먼저 선택한 후 1.2.3번을 클릭하고, 4번 그림과 같이 옵션창이 뜨면 지정하고자 하는 맵을 클릭한다. 이 옵션창을 지우게되면 선택한 환경맵이 같이 꺼지기 때문에 프린트할때까지 끄지 않도록 한다.

< STEP-17 >

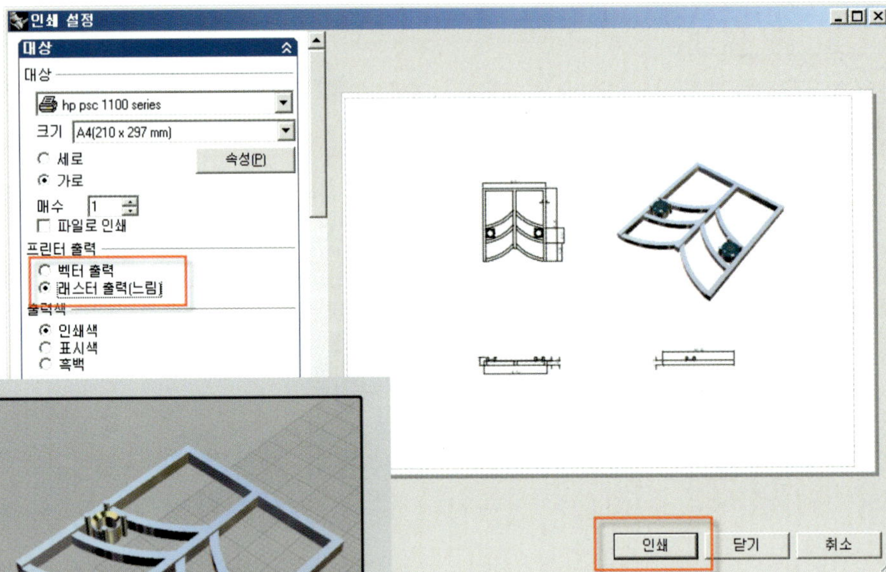


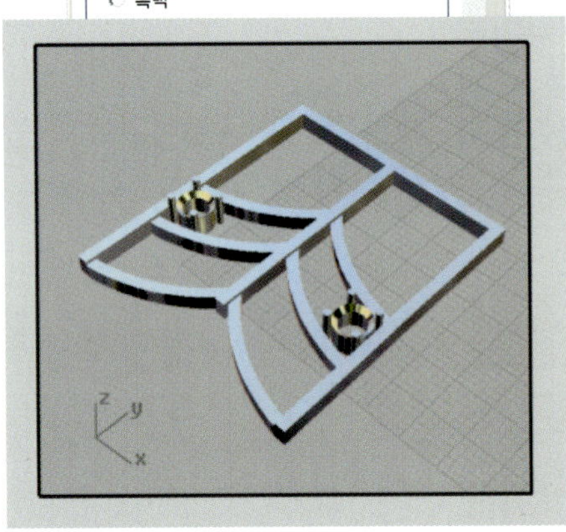

< STEP-18 >

(S-18) 출력시에는 래스터 출력을 체크한다.

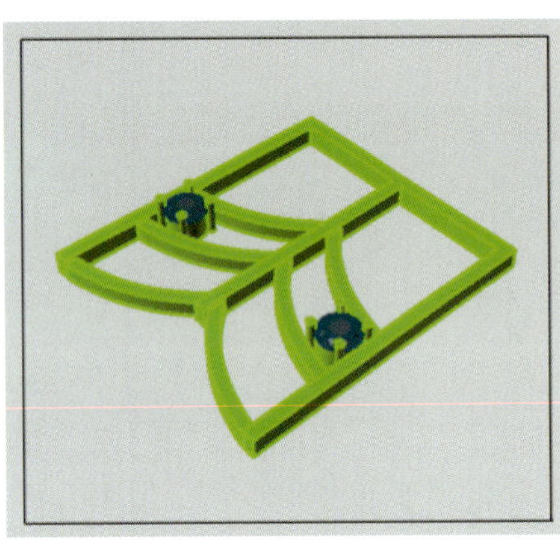

▶ 왼쪽 그림과 같이 음영모드로도 출력이 가능하다.

# Rhino3D

## 19. 산업기사 예제-5

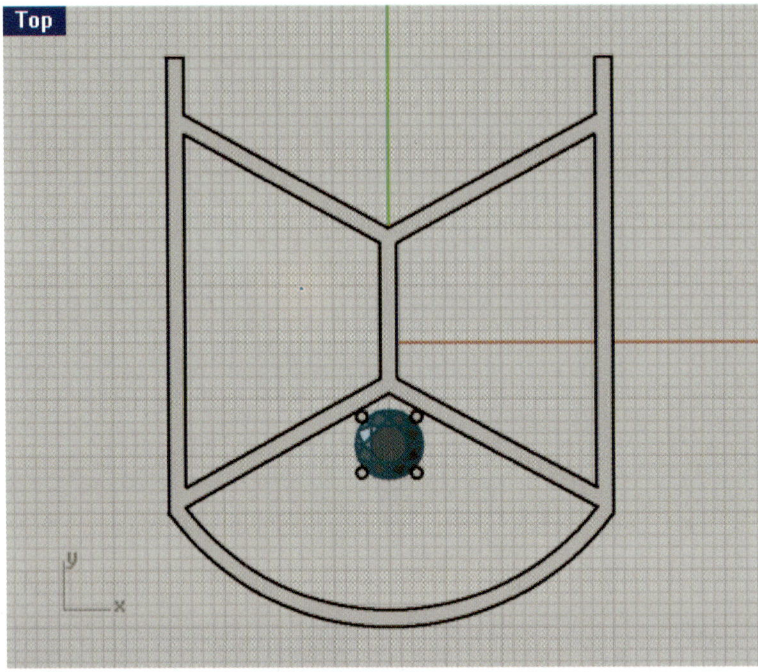
Top

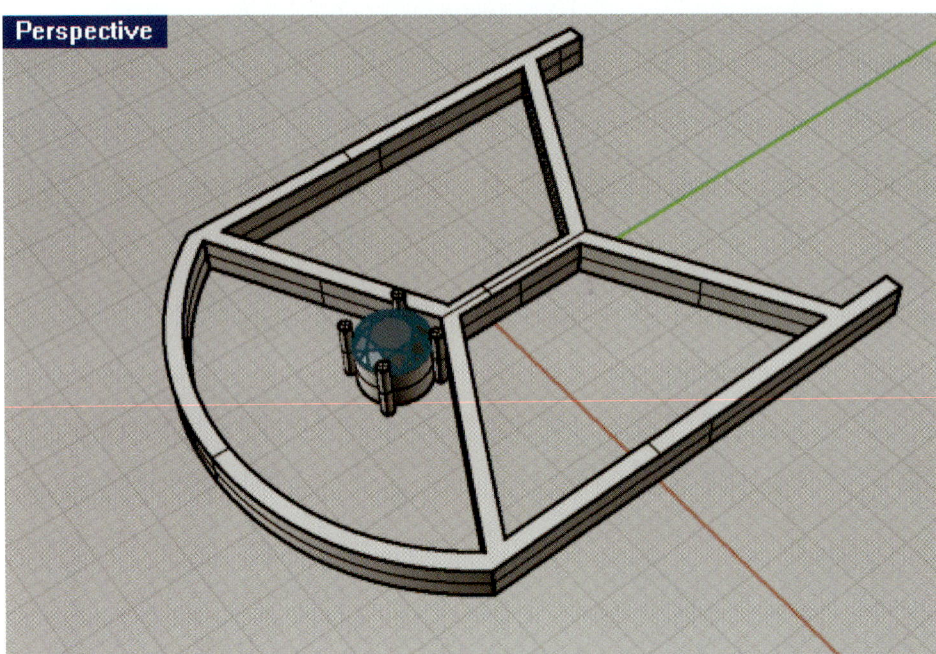
Perspective

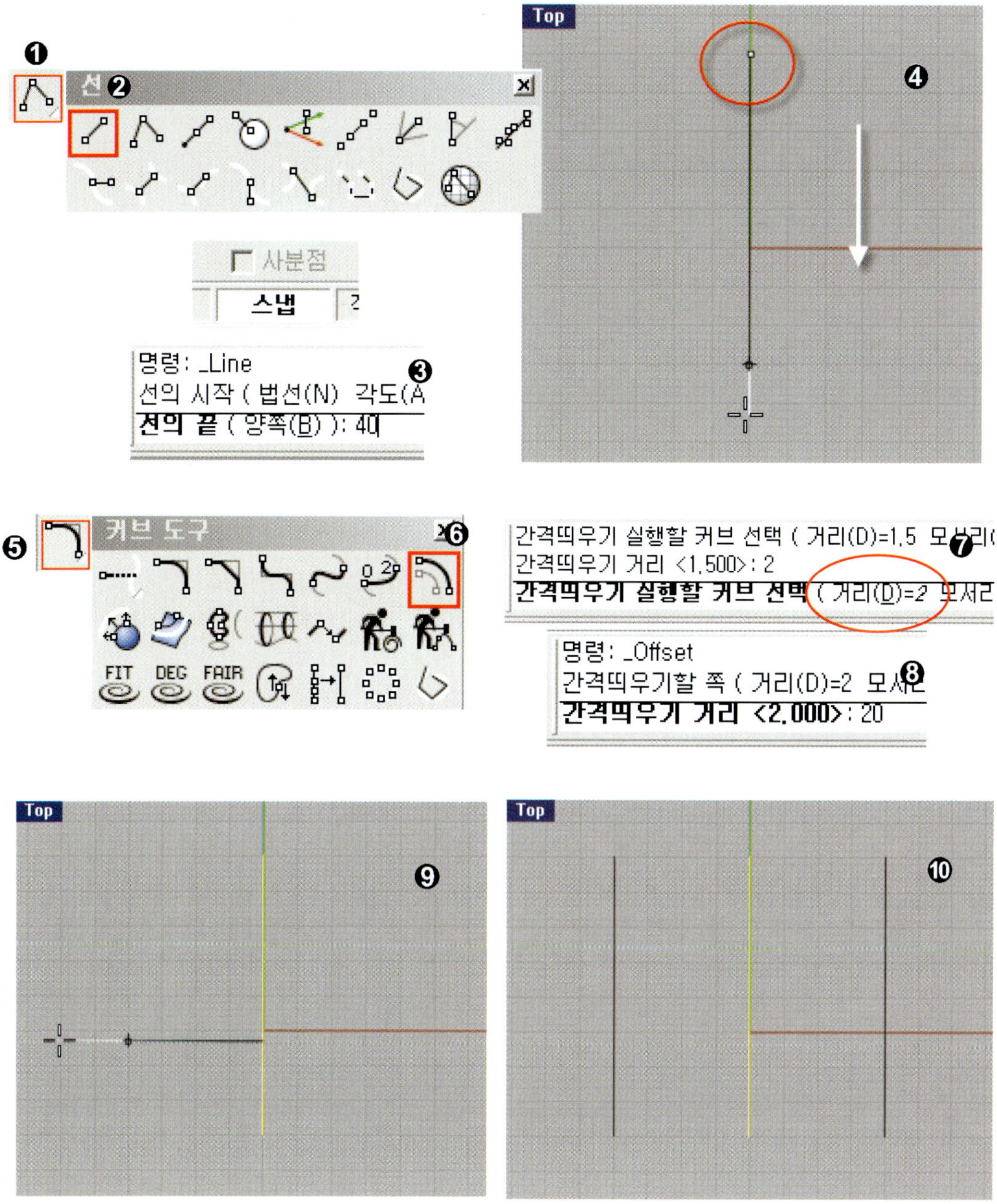


< STEP-1 >

(S-1) 1,2번을 클릭한 후 4번 그림의 표시된 부분을 클릭하고 3번 그림처럼 명령창에 40을 입력, Enter친다. 그 다음 Shift키를 눌러 수직으로 만든 뒤 클릭한다. 5,6번을 클릭한 다음 7번 그림과 같이 거리를 클릭해서 8번에 거리값 20을 입력한 뒤 Enter친다. 9번 그림과 같이 Shift키를 눌러 수직을 맞춘 후 클릭해서 10번 그림처럼 완성한다.

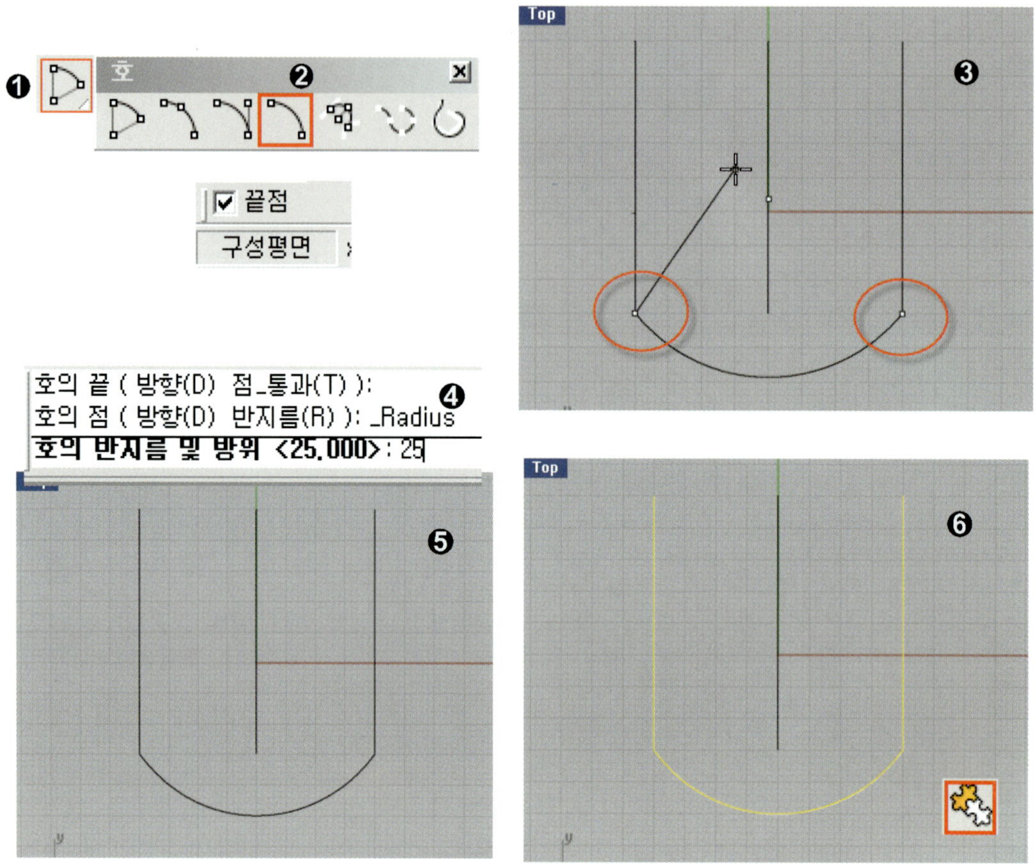


< STEP-2 >

(S-2) 1,2번을 클릭한 후 하단의 끝점을 체크하고 3번 그림의 표시된 부분을 클릭한다. 그다음 4번 명령창에 25를 입력, Enter친 후 클릭해서 5번 그림과 같이 완성한다. 6번 그림처럼 Shift키를 눌러서 커브들을 선택 한 후 하나의 커브로 결합한다.

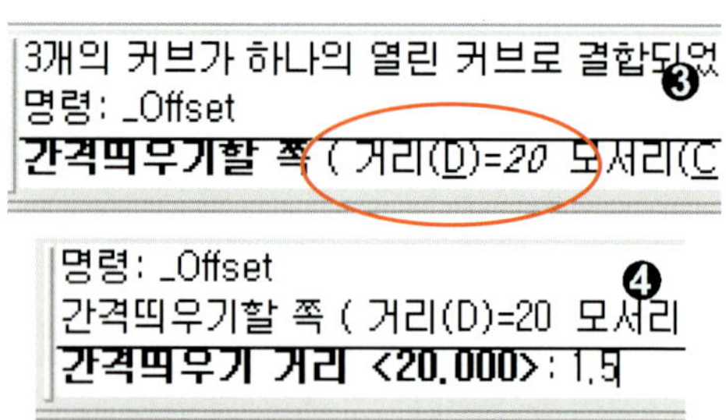


< STEP-3 >

(S-3) 앞단계에서 만들어진 커브의 간격띄우기를 실행하기 위해 커브를 먼저 선택한 후 1,2번을 클릭하고 3번 명령창의 거리를 클릭해서 4번 그림처럼 1.5를 입력, Enter친다.

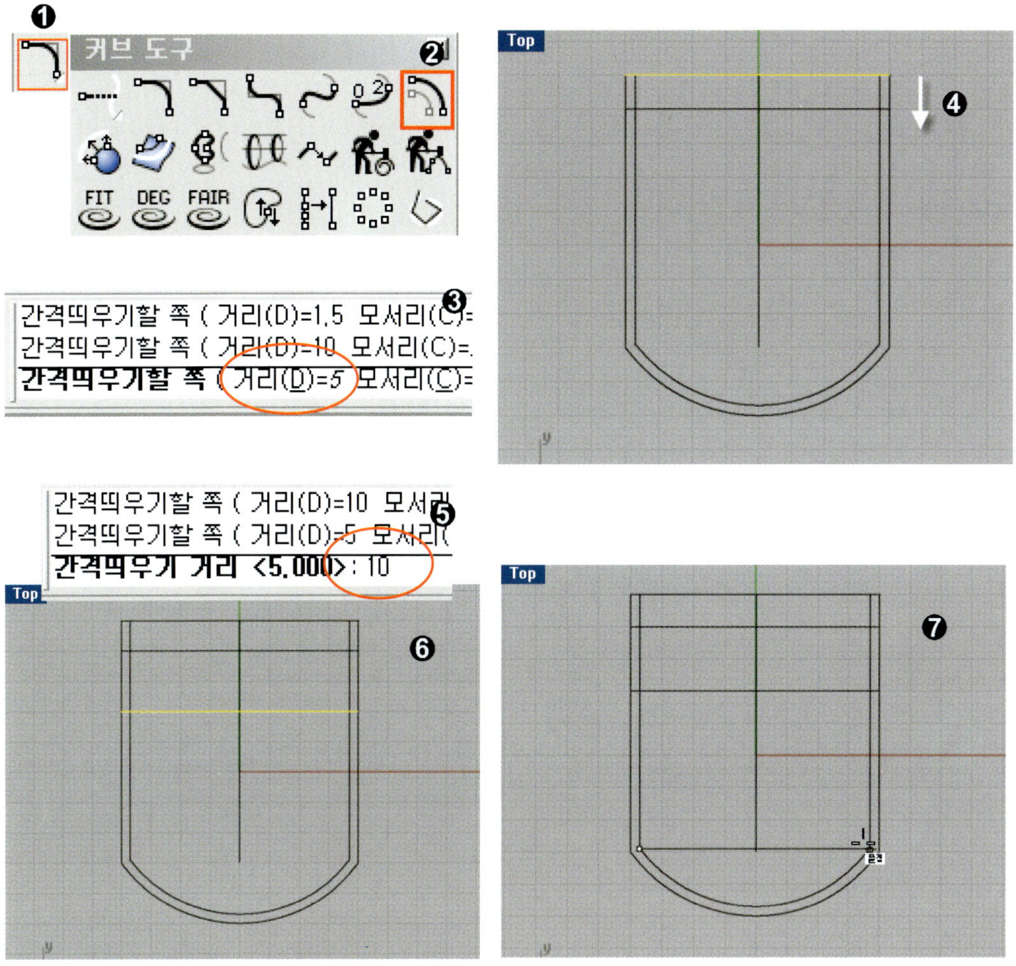


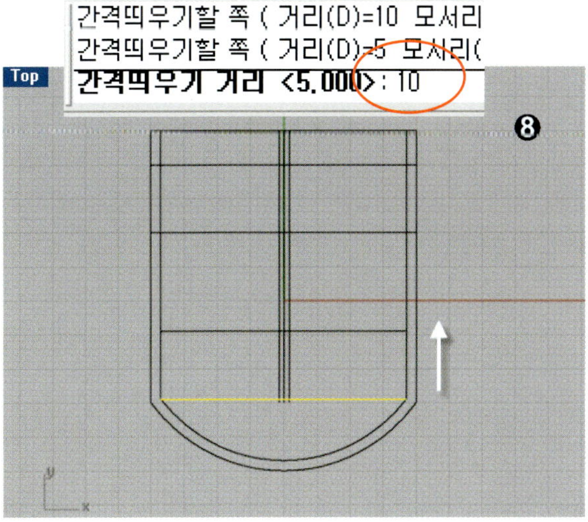


(S-5) 앞단계에서 폴리라인으로 그린 선을 클릭한 후 1,2번을 클릭하고 3번 명령창에 거리값 5를 입력, Enter친다. STEP-1에서 한 방법을 참고한다. 4번 그림과 같이 완성시킨 후 간격띄우기를 한 커브를 선택하고 같은 방법으로 10mm 간격띄우기를 한다음 7번 그림과 같이 하단의 끝점을 잡아서 폴리라인으로 커브를 그려준다.
그 다음 앞에서 한 방법처럼 8번그림과 같이 간격띄우기를 실행한다.

< STEP-5 >

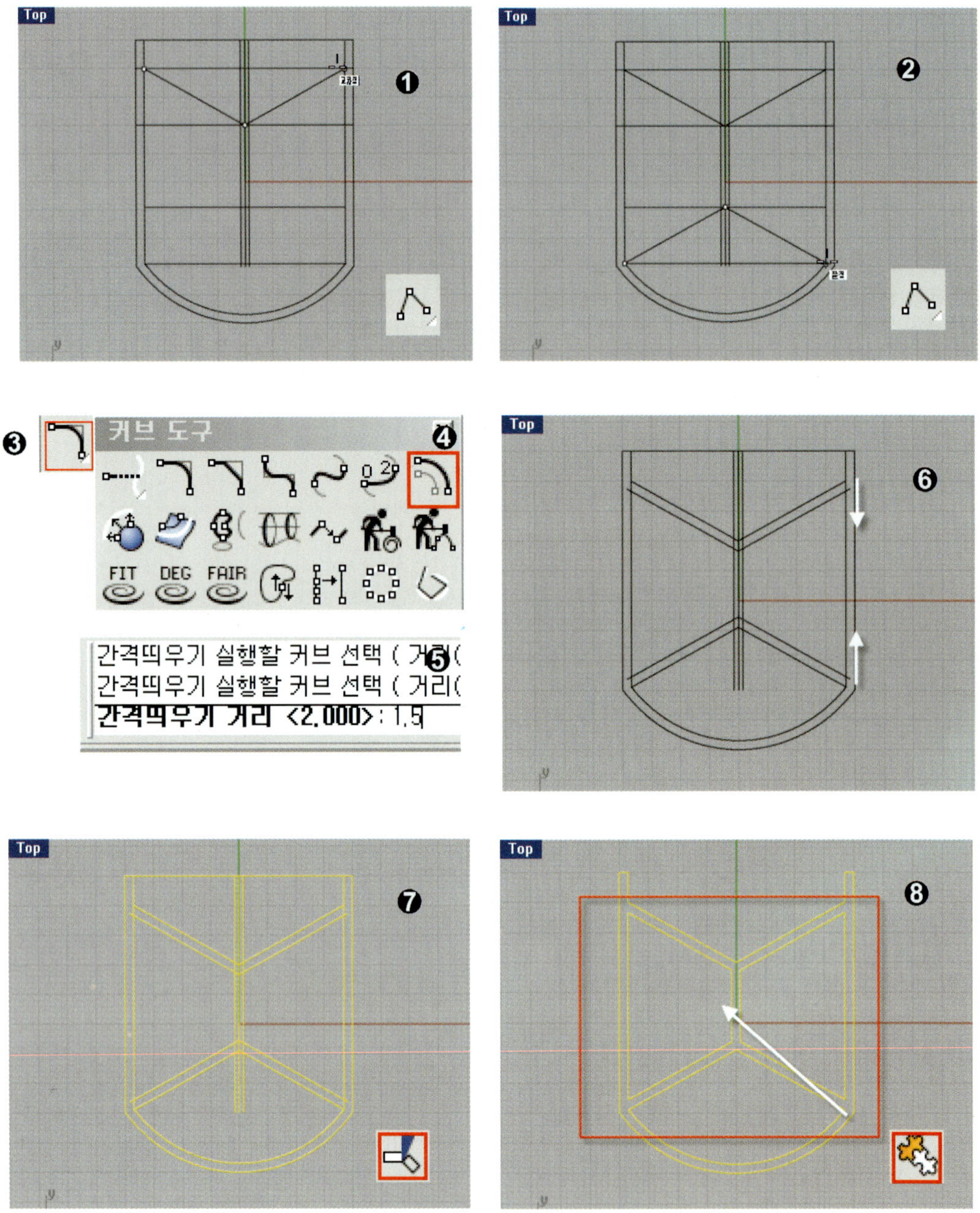


< STEP-6 >

(S-6) 하단의 교차점과 끝점을 체크한 후 폴리라인으로 1,2번과 같이 커브를 그려준다.
3.4번을 클릭해서 STEP-3과 같은 방법으로 실행해서 6번 그림과 같이 완성한다.
그 다음 전체 선택을 한 후 7번 그림처럼 트림으로 교차된 부분을 클릭해서 8번 그림과 같이 지워준 다음 드래그 해서 결합한다.

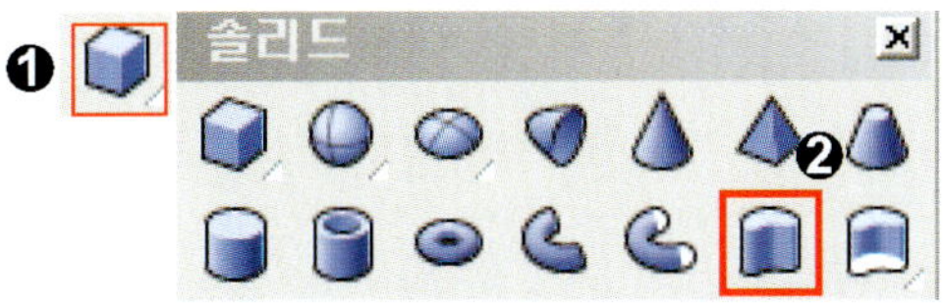


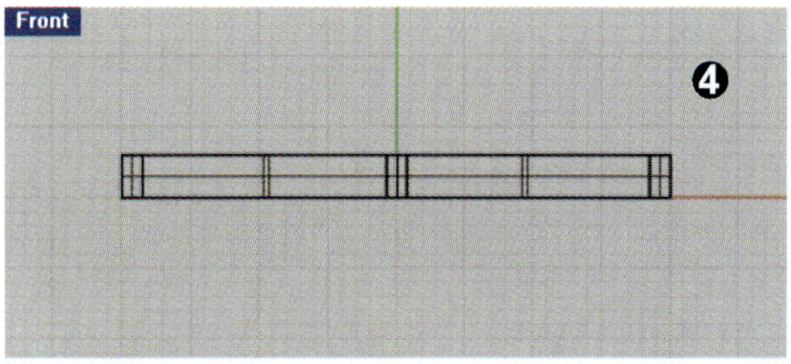


ExtrudeCrv 실행취소하는 중
명령: _ExtrudeCrv
**돌출 거리 <4>** ( 방향(D) 양쪽(B)=*아니요* 끝막음(C)=*예* 원래개체_삭제(E)=*아니요* ): 3
❸

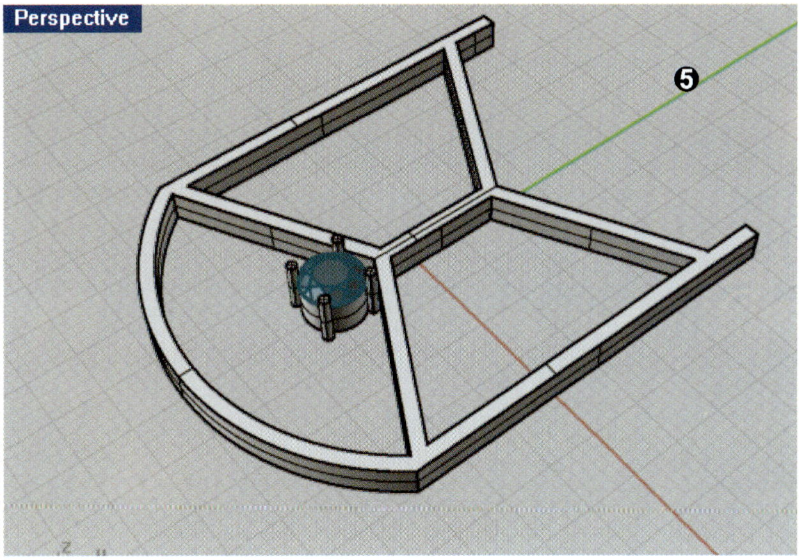


< STEP-7 >

(S-7) 결합된 커브를 전체 선택해서 1,2번을 클릭한 다음 3번 명령창에 돌출 거리 3을 입력, Enter쳐서 4번 그림과 같이 완성한다. 산업기사예제 -1 에서 보석 난집 만드는 걸 참고해서 5번 그림과 같이 지름 6mm보석 난집을 완성한다.

# Rhino3D

## 20. 2레일 기초편

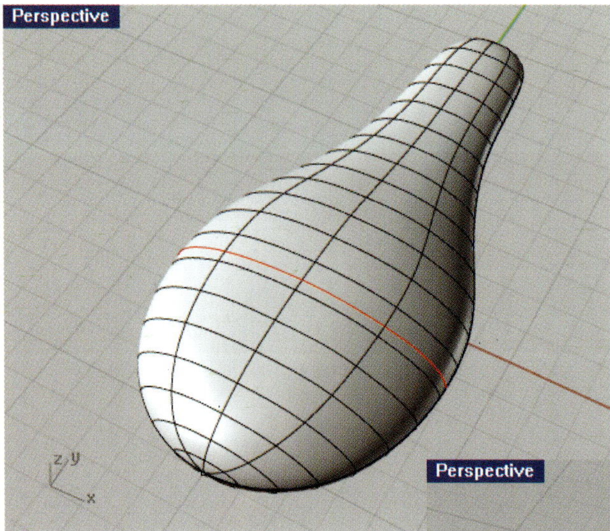
Perspective

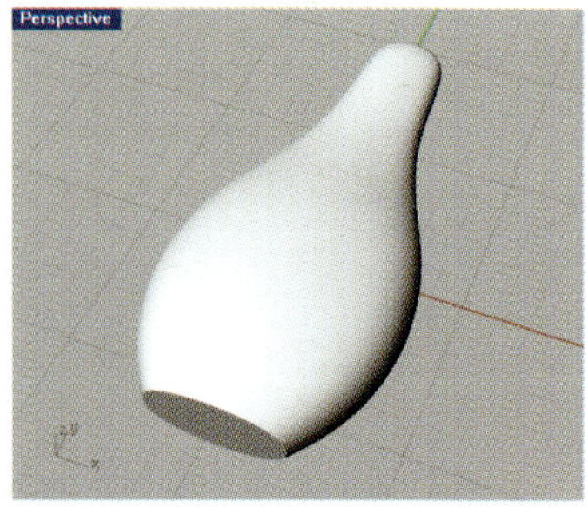
Perspective

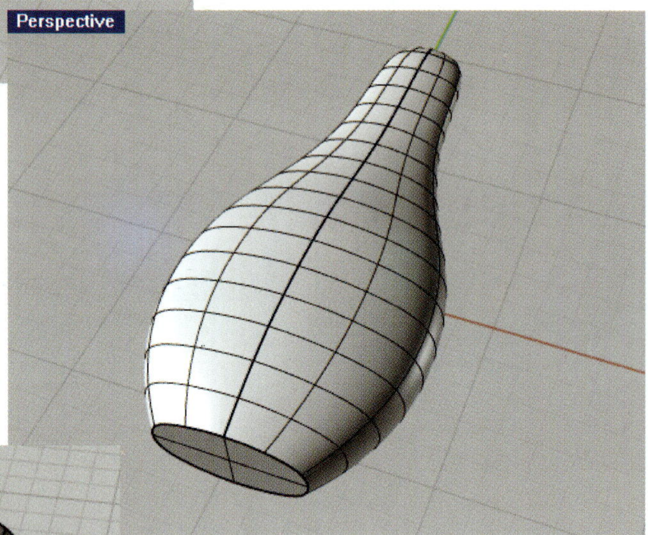
Perspective

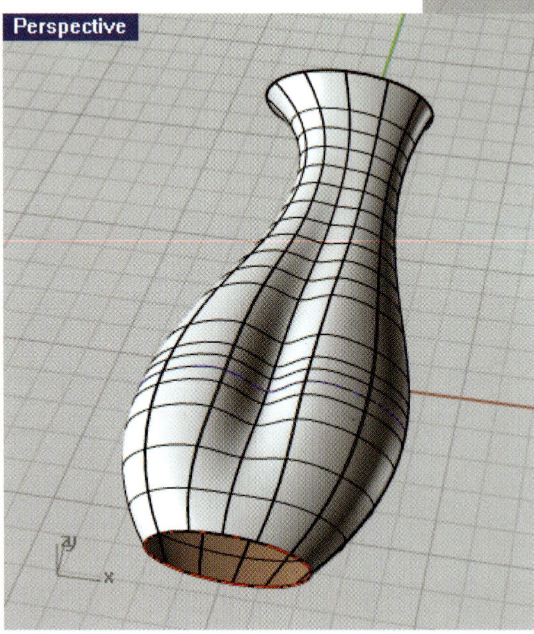
Perspective

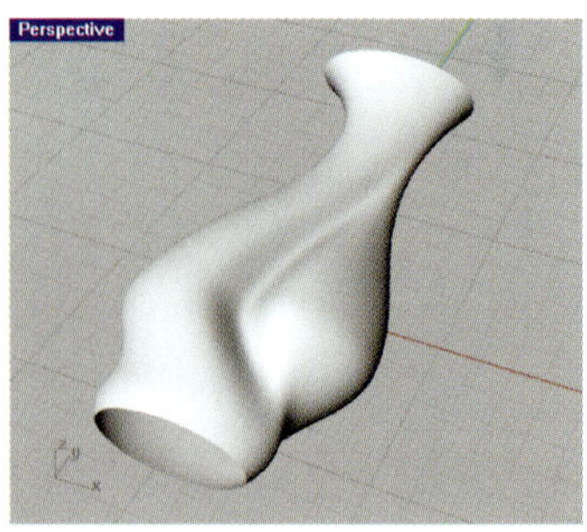
Perspective

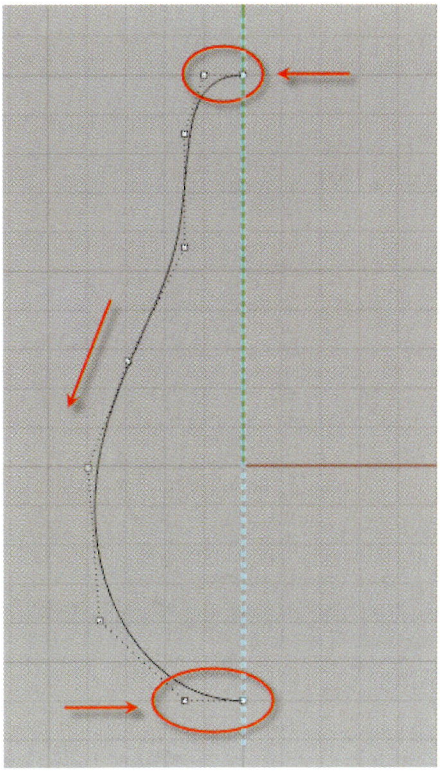

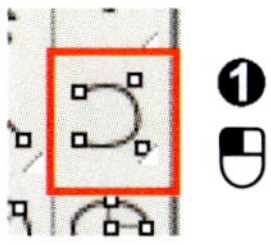

(S-1) 1번 제어점 커브를 클릭하고 그림처럼 화살표 순서대로 그리는데 시작되는 처음점은 스냅을 키고 점선 표시된 축 위에서 시작하고 두번째 점도 수평이 되게 클릭한 후 화살표 방향대로 그려나간다.
마무리 되는 끝에 두점도 위의 두점과 같은 방식으로 그린다.

[ 그려진 커브를 수정하려면 커브를 선택한 후 F10을 눌러 제어점을 킨 다음 수정후 F11을 눌러 제어점을 끈다. ]

*사용함

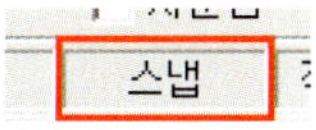


*사용 안함

< STEP-1 >

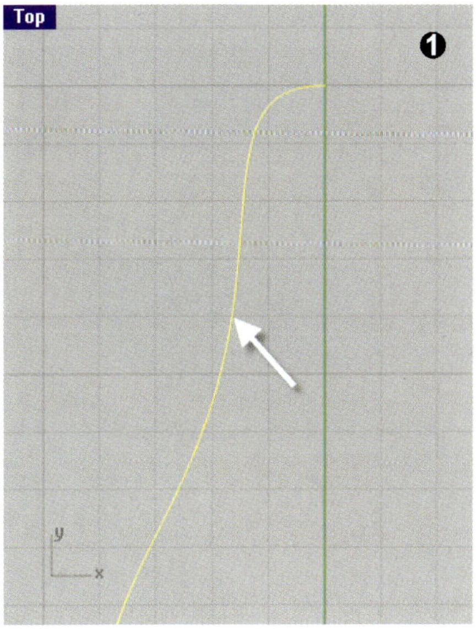


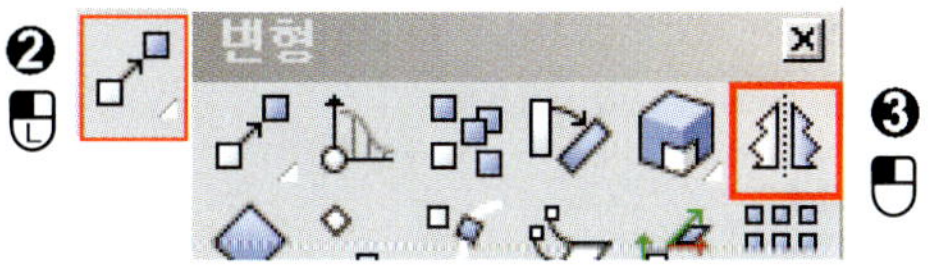


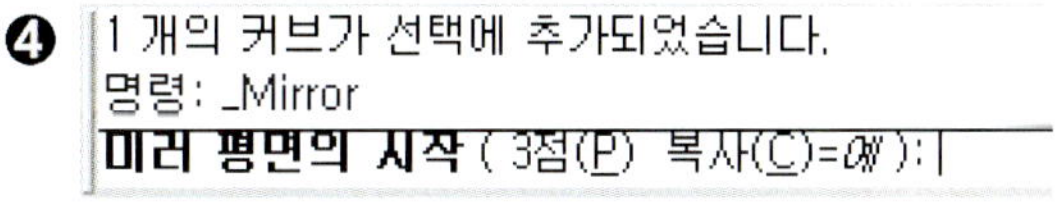


(S-2) 완성된 커브를 선택하고 2번 이동을 길게 클릭한 다음 3번 미러를 클릭하면 4번 같이 명령창이 나온다.

< STEP-2 >

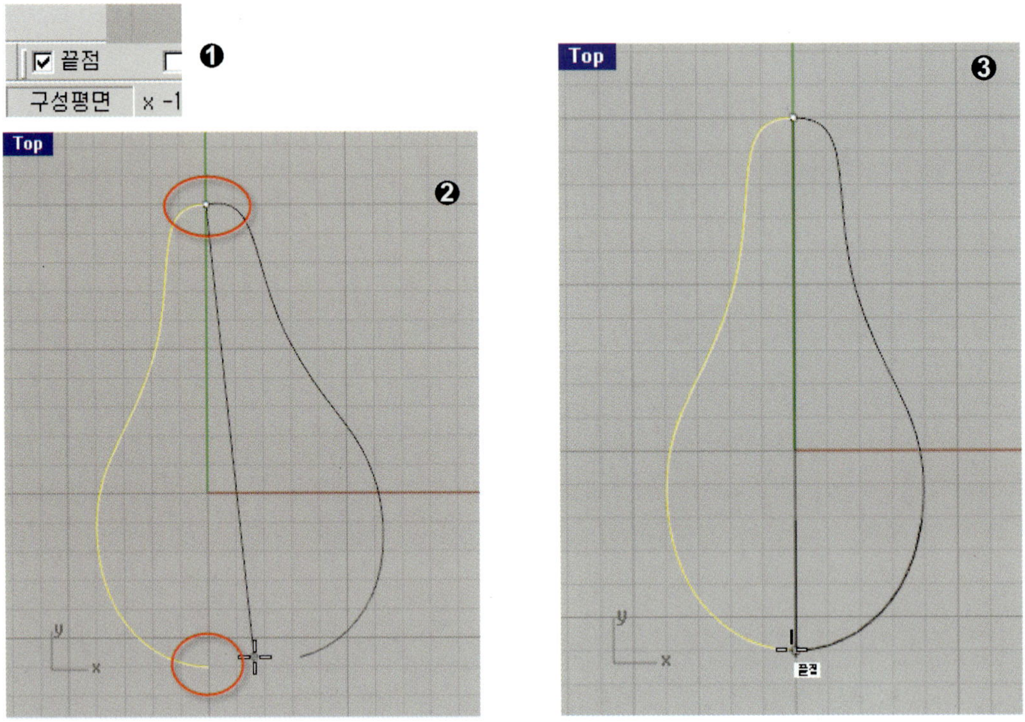


< STEP-3>

(S-3) 이때 하단의 개체 스냅 중 1번 끝점을 체크하고 2번처럼 위쪽 끝과 아래쪽 끝부분을 클릭해서 좌우 대칭되게 3번 그림처럼 완성 시킨다.

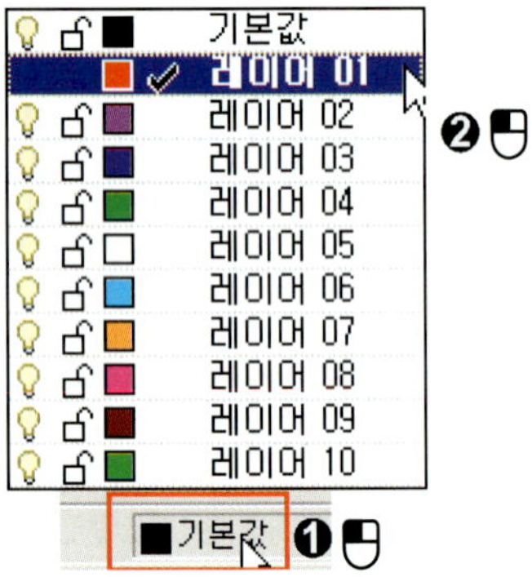


(S-4) 단면 커브의 레이어를 바꾸기 위해 1번 부분을 클릭하면 2번처럼 보여질때 색이 다른 레이어를 선택한다.
이때 문자 부분을 클릭해야 바로 변경이 되고 네모난 색이 있는 부분을 클릭하면 3번 그림처럼 색을 변경 할 수 있는 창이 나오게 된다.

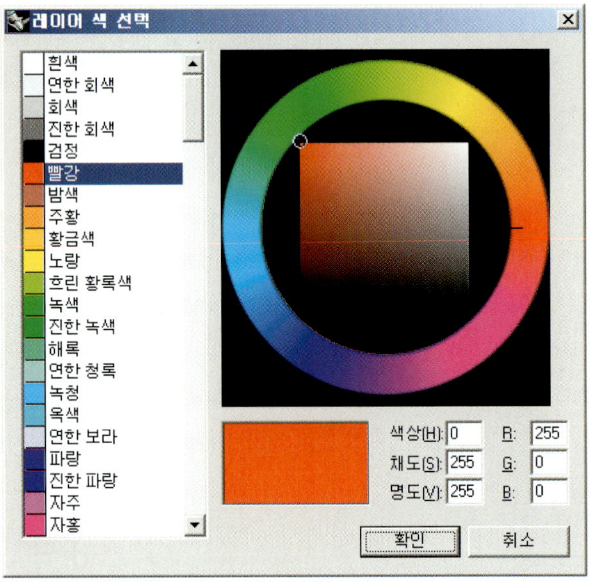


< STEP-4>

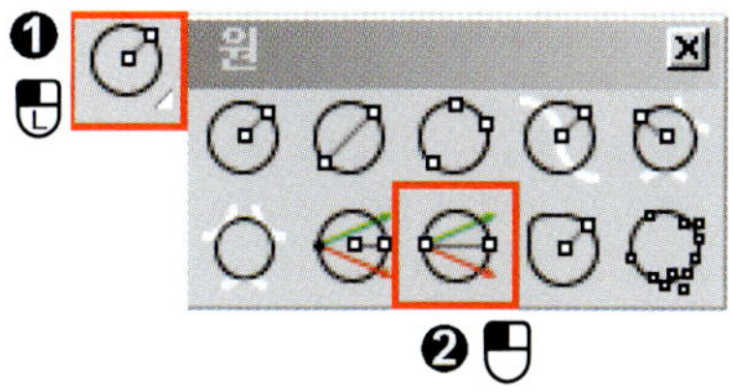

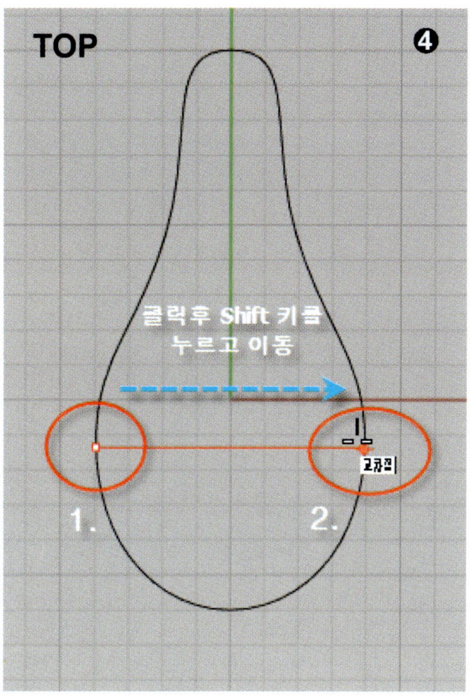


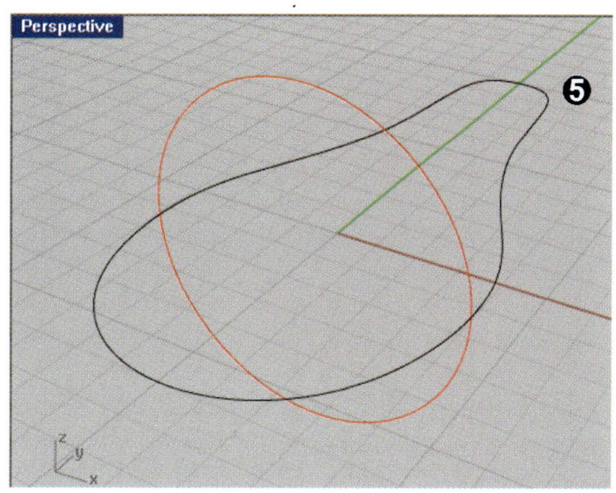


(S-5) 1번 원 툴바를 길게 누르고 2번 아이콘을 클릭하고 하단의 개체 스냅중 근처점을 체크 4번그림의 1번 위치에서 근처점을 선택하고 설명처럼 이동하여 그린다. 이때 그려진 원은 선택한 화면에 수직으로 그려지게 되고 양쪽 끝점이 지름이 되게 그려지는 명령어이다.

< STEP-5 >

(S-6) 1번 크기조정 툴바안에 2번 1D 크기조정을 클릭하고 3번 Front 화면에서 원을 클릭하고 Enter를 친다.

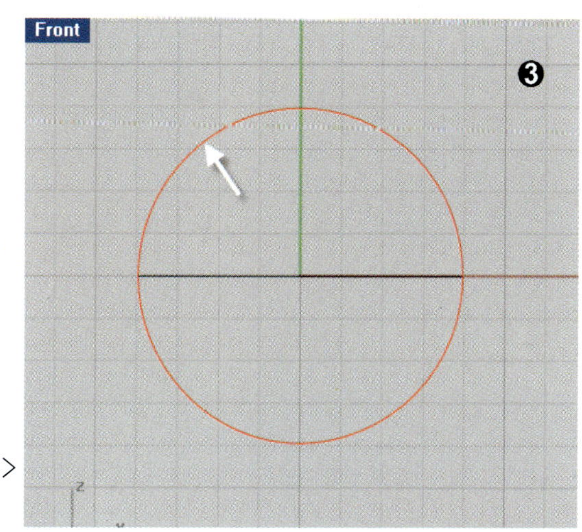


< STEP-6 >

*스냅 설정 *스냅 해제

( 키보드 F9번 키를 누를때 마다
스냅을 설정,해제를 반복 할 수 있다. )

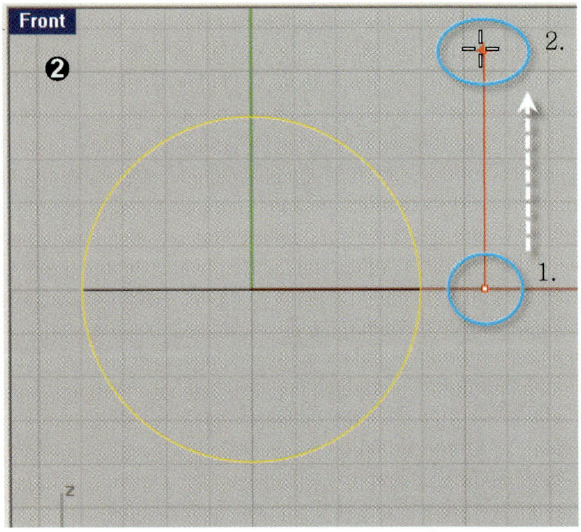

(S-7) 그 다음 화면 하단의 1번 스냅을 켜고 2번 그림의 -1번 부분인 갈색으로 표시되는 X축 라인을 선택하고 대략 -2번 위치에서 클릭한 다음 마우스를 3번 그림 화살표 방향으로 움직여 보면 원이 한쪽 축으로 줄거나 늘어나면서 타원이 되는데 이때는 스냅이 켜있는 상태라 자유롭게 변형이 안되기 때문에 스냅을 끄고 조절하면 부드럽게 조절이 가능하다.

< STEP-7 >

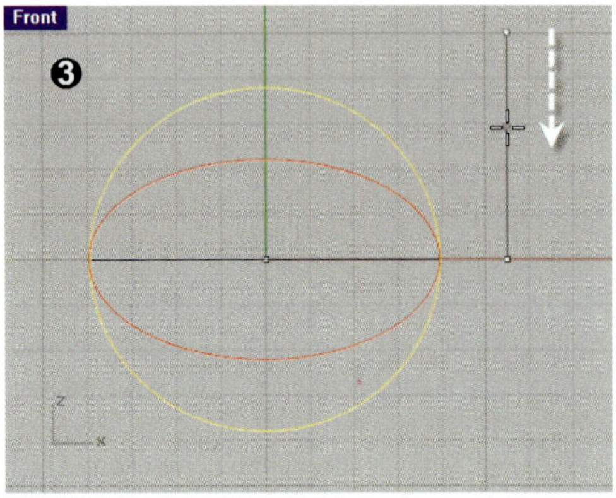

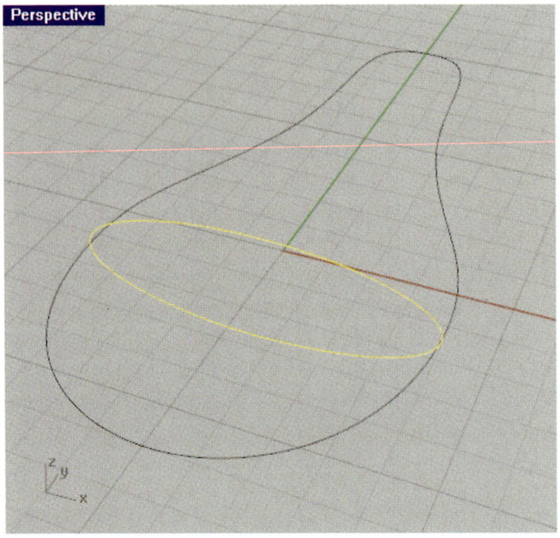

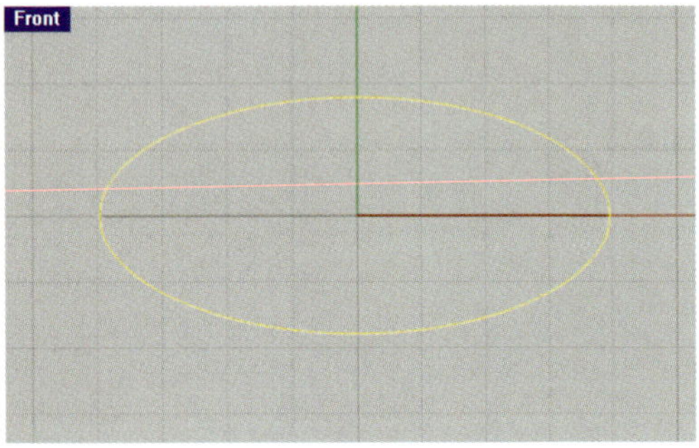

[ 1D 크기조정으로 단면 커브를 수정한 결과이다. ]

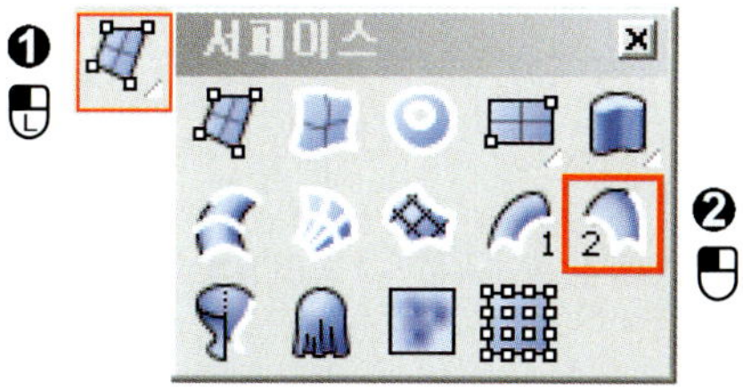


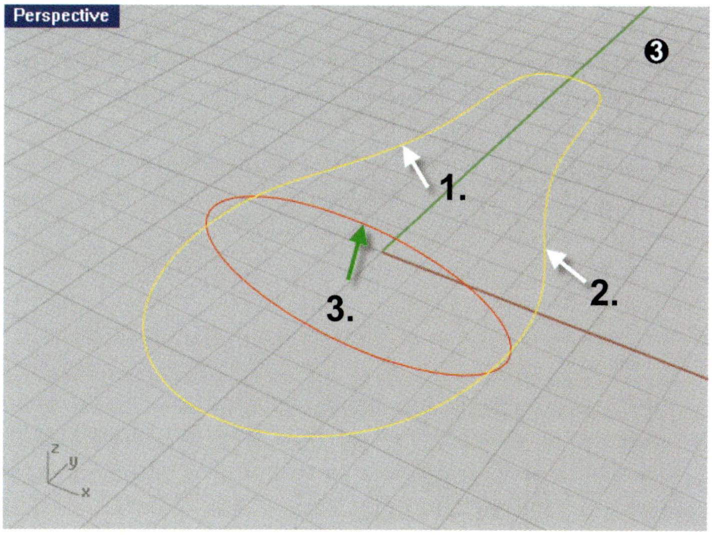


< STEP-8 >

(S-8) 커브가 완성되면 이제 2Rail을 이용해서 입체 형태를 만들 수 있게 되는데 먼저 1번 서페이스 툴바 안에 2번 2Rail을 클릭하고 위의 3번 그림처럼 번호 순서대로 클릭한 다음 Enter를 친다. [이때 마우스 우측 버튼도 키보드의 Enter 와 같은 기능을 하기 때문에 마우스 우측버튼을 눌러도 된다.]

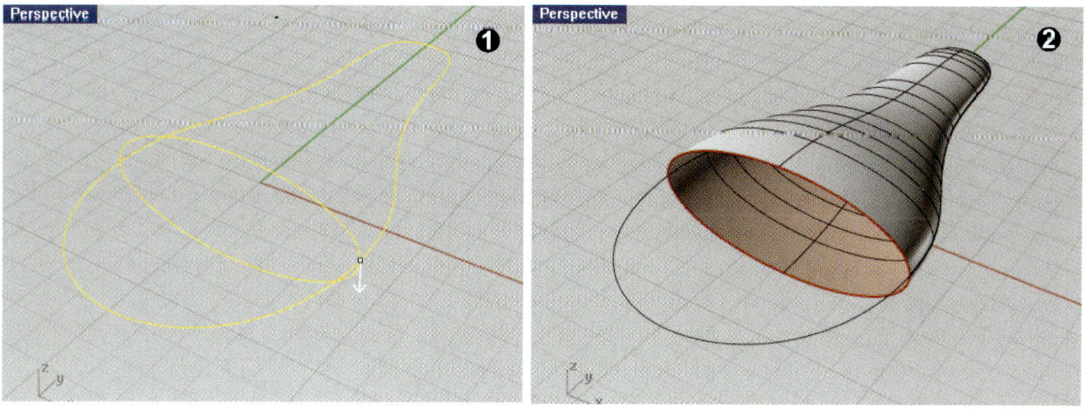


< STEP-9 >

(S-9) Enter를 치면 1번처럼 되는데 이때 다시 Enter를 치면 2번 그림처럼 만들어 진다.

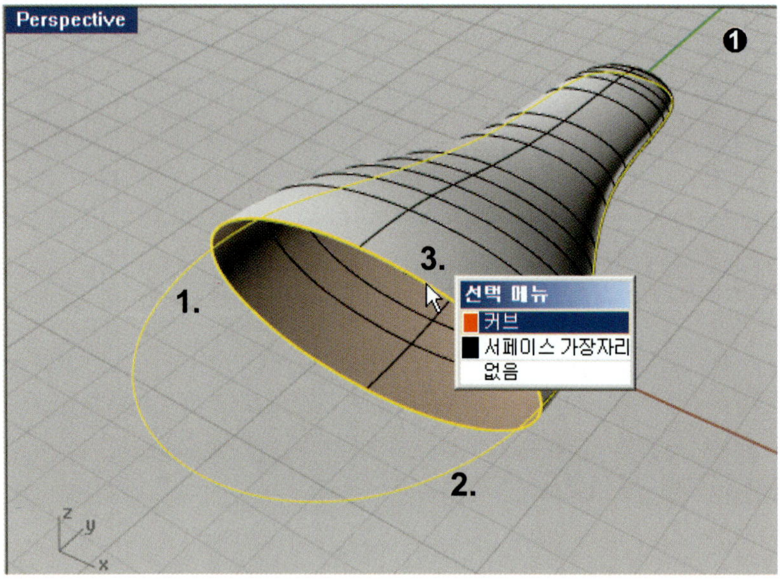


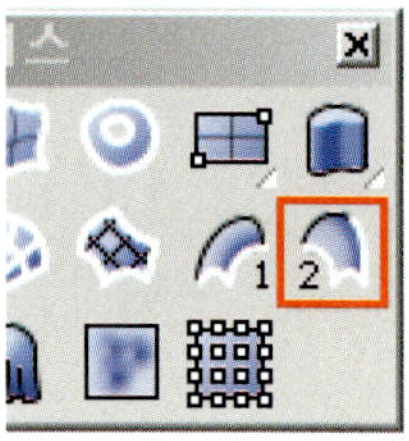

< STEP-10 >

(S-10) 다시 절반을 만들기 위해 2rail 버튼을 클릭하거나 Enter를 치면 2레일이 다시 실행되고 1번 그림의 번호 순서대로 클릭을 하는데 -3의 위치를 클릭 했을때 선택창이 뜬다. 이는 기존의 단면 커브와 이미 만들어진 서페이스 가장자리 중에 어떤것을 선택할 것인지 확인하는 것이다. 이때 커브를 클릭하고 Enter를 친다.

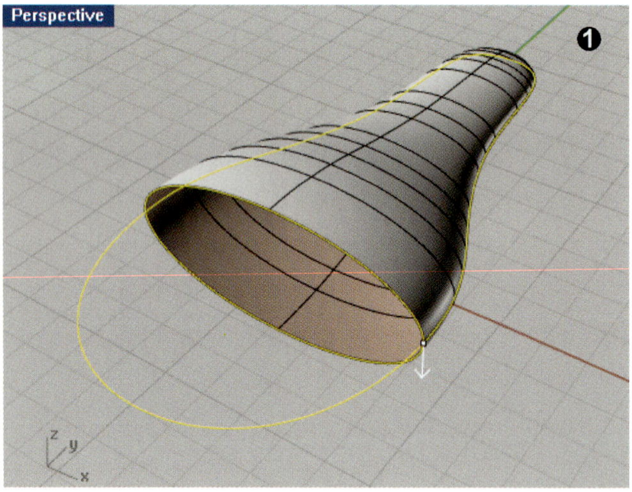


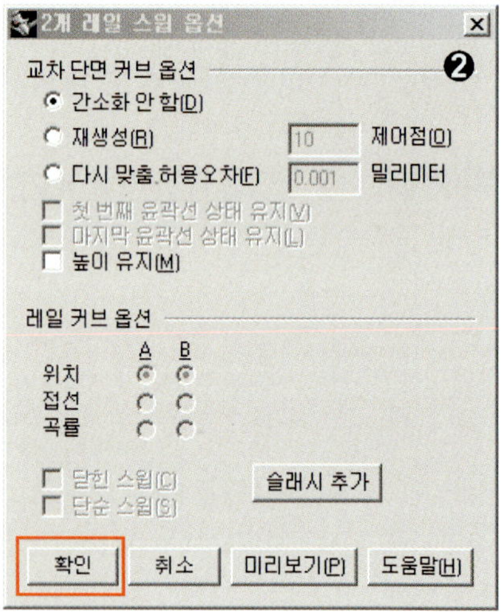


< STEP-11 >

(S-11) 그림 위 1번 그림처럼 나오는데 이때 Enter를 치면 2번 그림의 창이 뜨는데 이때 확인 버튼을 누른다.

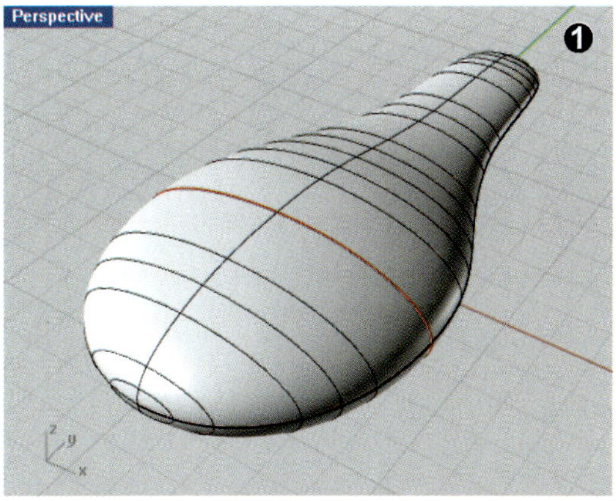


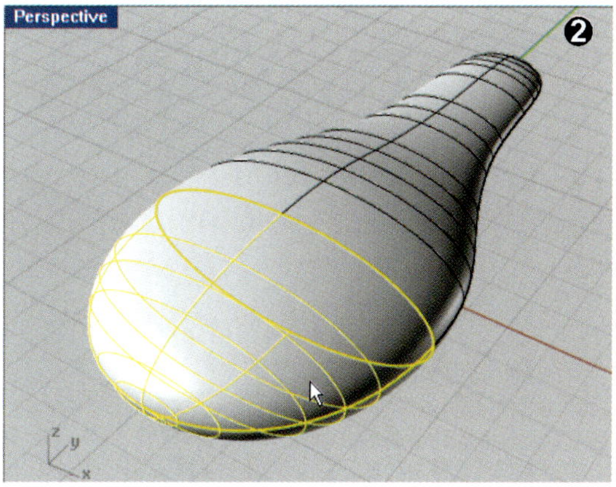


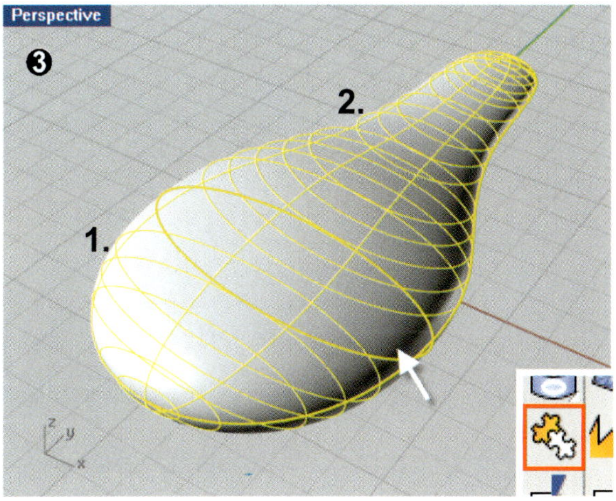


(S-12) 확인을 누르면 1번 그림처럼 나오는데 2번 그림처럼 클릭해 보면 두개로 나누어져 있다. 따라서 하나의 입체로 만들기 위해 결합 버튼을 클릭하고 두개의 서페이스를 클릭하면 3번 그림처럼 하나의 입체로 선택이 된다. 이렇게 되면 RP 장비로 제작할 수 있는 솔리드(Solid)가 된다. 하지만 결합 명령으로 만들어졌기 때문에 폴리서페이스가 되어 제어점을 켤수가 없게 된다.

< STEP-12 >

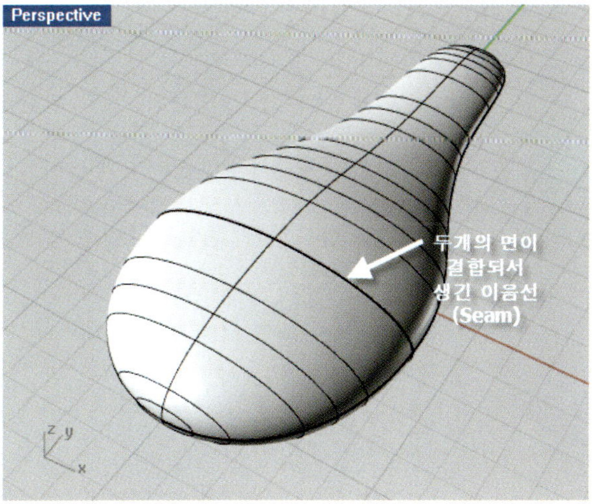


(S-13) 이처럼 만들어진 형식의 입체는 CP(Control Point)라는 제어점을 켤 수가 없어서 제어점을 이용한 형태의 변형을 줄 수가 없다.
물론 4.0에 새로 추가된 케이지(Cage Edit)로 변형을 가할 수 있지만 제어점을 움직여 수정하는것 만큼 정교하고 자유롭지 못하다.

< STEP-13 >

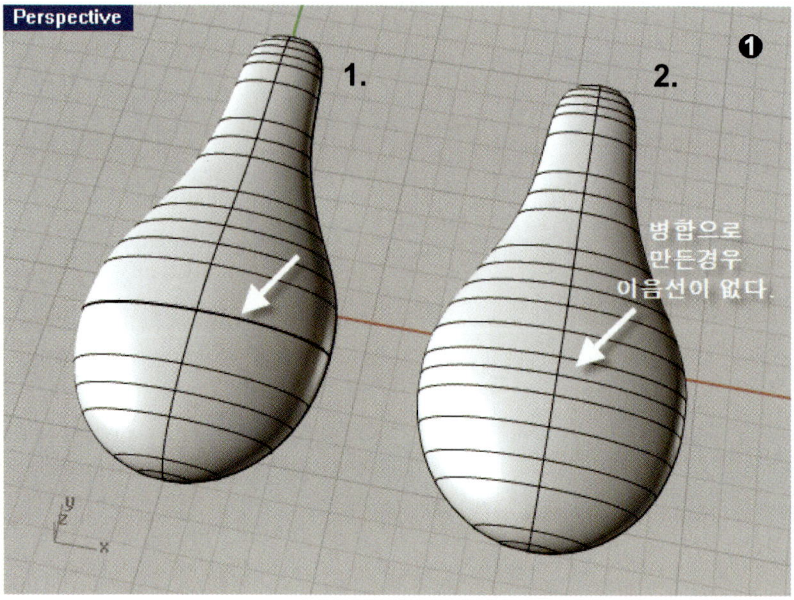


< STEP-14 >

(S-14) 1번그림의 -1번은 결합으로 만든 결과물.

(S-14) -2번은 아래의 서페이스 병합으로 만든 결과물.

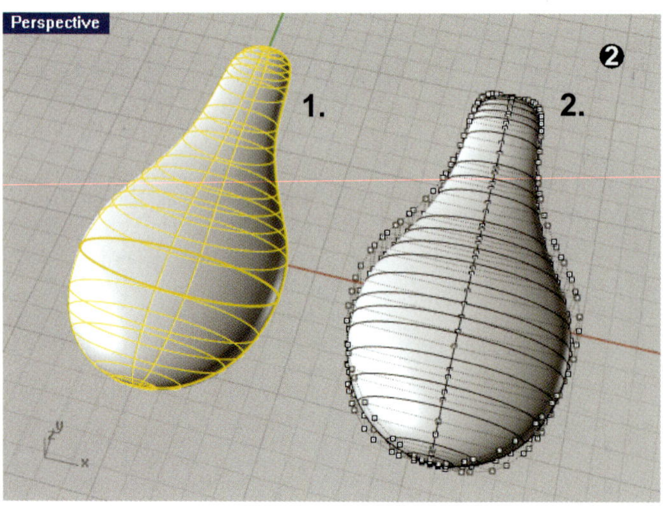


(S-15) 좌측 2번 그림에서-1,-2번을 선택한 후 F10번을 눌러보면 1번은 폴리서페이스라 제어점이 켜지지 않고 2번은 병합을 이용해 두개의 서페이스를 하나로 만들었기 때문에 제어점이 켜진다.

*결합으로 만들어진 1번은 선택후 분해를 클릭하면 다시 두개의 면으로 나누어지고 병합으로 만든 2번은 나누어지지 않는다.

[분해]

< STEP-15 >

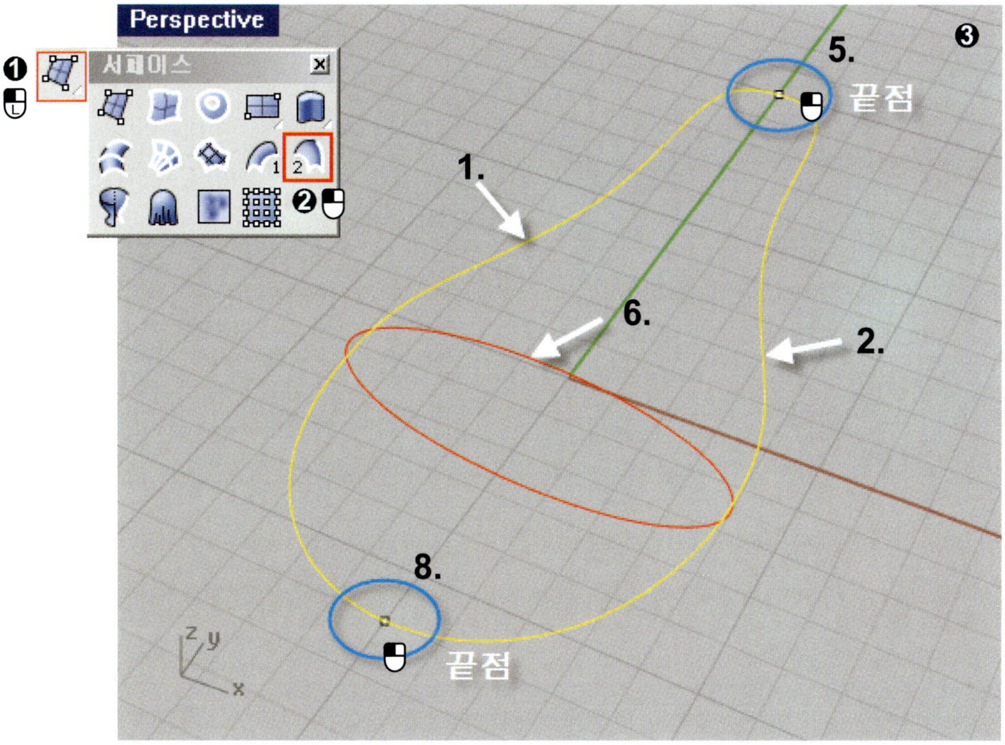


< STEP-16 >

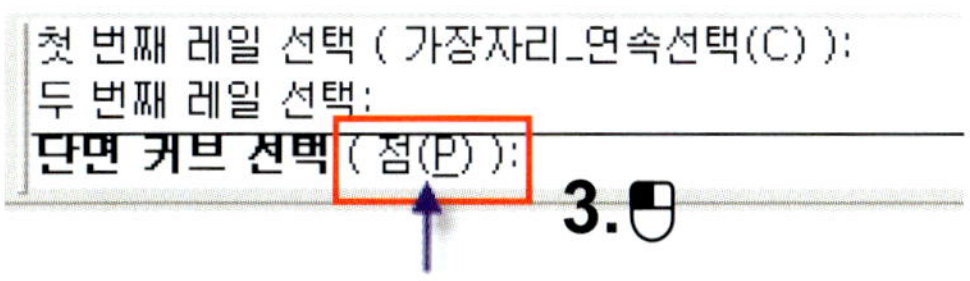


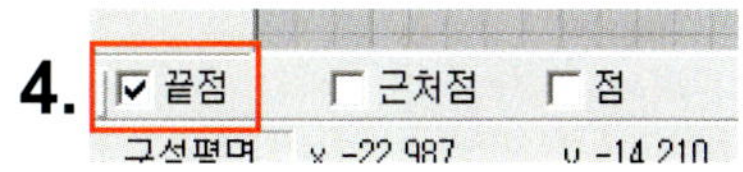


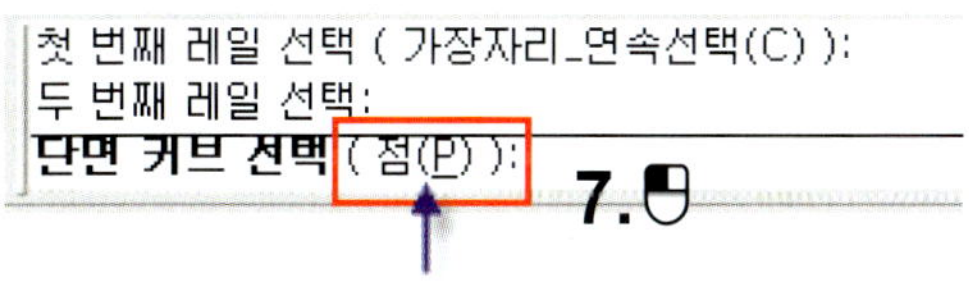


(S-16) 이번 방법은 먼저 한 방식과 달리 두개의 서페이스를 만들어서 결합이나 병합을 시키지 않고 한번에 서페이스를 만드는 방법이다.
먼저 1번을 길게 클릭, 2번 2Rail을 클릭하고 3번 그림의 -1번,-2번 레일을 선택한 다음 앞서 한 방식처럼 번호 -6번 단면을 선택하는 것이 아니라 번호 -3번 명령창 점(P)를 클릭한 다음 화면 하단의 개체스냅 중 -4번 끝점을 체크한다.
그 다음 -5번 레일이 만나는 끝점을 선택하고 -6번 단면을 클릭한다.
그 다음 -7번 명령창의 점(P)를 클릭한 다음 -8번 레일이 만나는 끝점을 클릭하고 Enter를 친다.

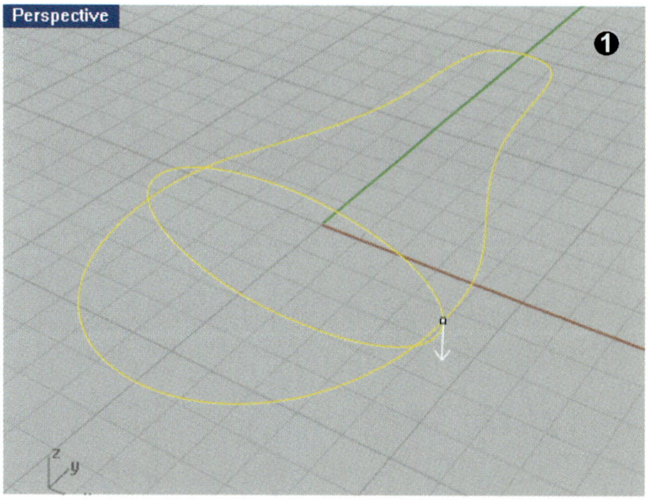


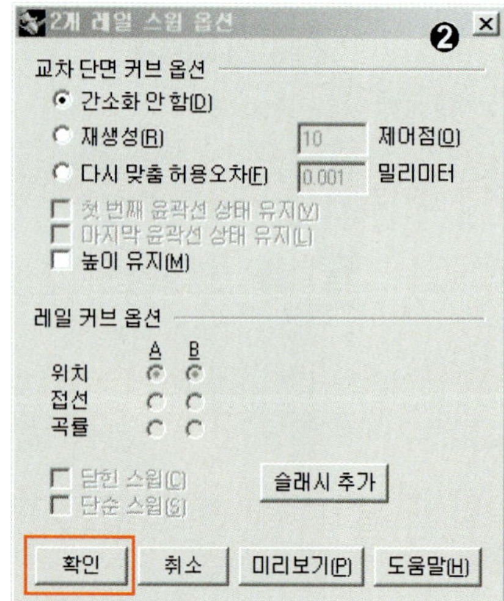


< STEP-17 >

(S-17) Enter를 치면 1번 그림처럼 나오는데 이때 다시 Enter를 치면 2번 그림처럼 나오는데 아래 확인을 누른다.

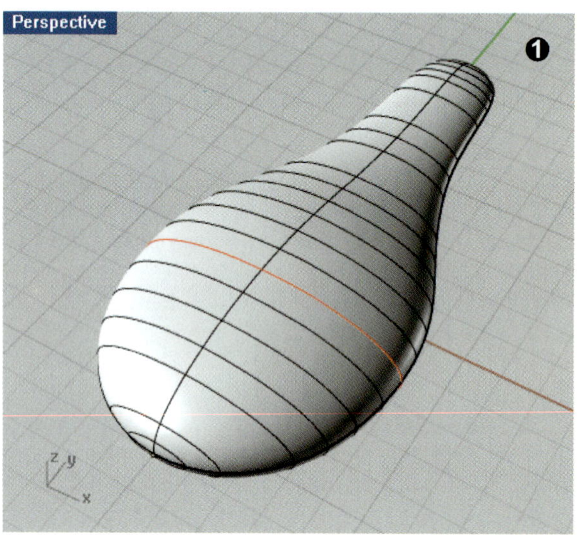


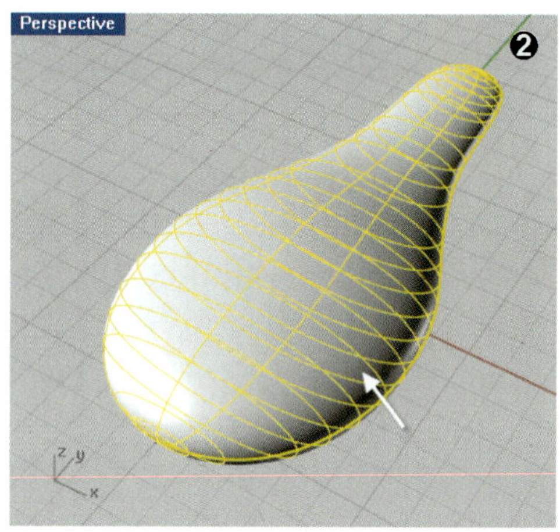


< STEP-18 >

(S-18) 2rail 옵션창을 확인을 클릭하면 1번 그림처럼 만들어지는데 선택해보면 2번 그림처럼 하나로 되어 있고 이렇게 된 경우에는 선택한 다음 키보드 F10 번을 눌러보면 제어점이 켜지게 된다.
따라서 적절하게 제어점 갯수를 적절하게 줄여서 제어점을 이용한 형태의 변형을 줄 수 있다.

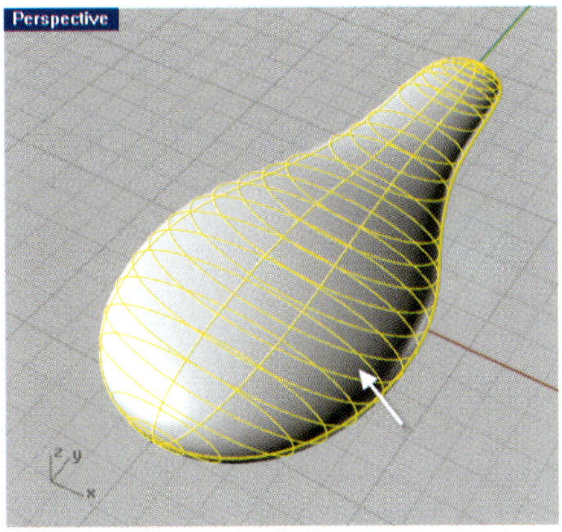


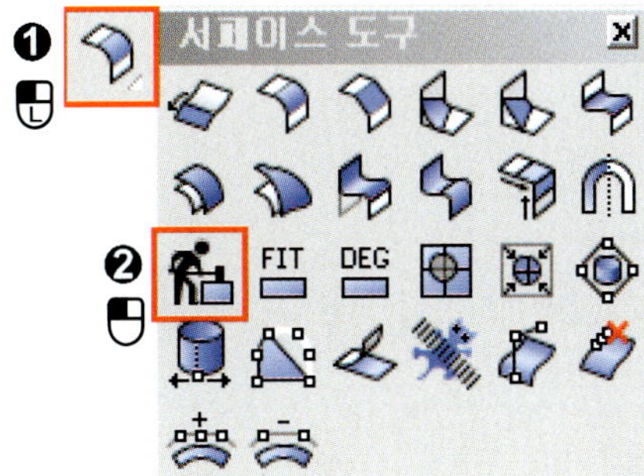


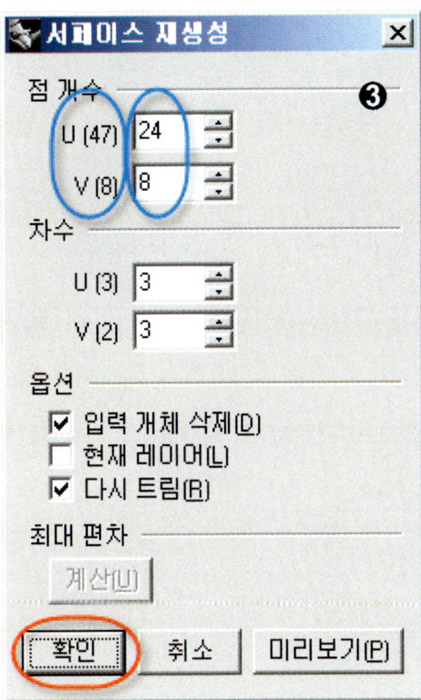


< STEP-19 >

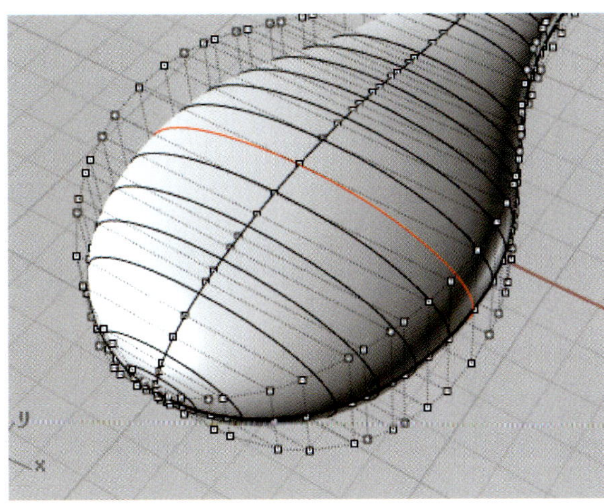

(S-19) 앞단계에서 만들어진 서페이스를 선택한 후 1,2번을 클릭하면 3번 그림같은 창이 뜬다. 파란 타원안의 수를 보면 좌측의 숫자가 기존에 만들어져 있는 숫자이고 우측의 창이 새롭게 변경할 숫자를 입력하는 곳인데 기존보다 너무 많이 수를 줄이면 형태의 변화가 많이 일어나기 때문에 그림에서 가로 단면인 U의 수는 대략 절반 정도로 줄이고 세로 단면인 V는 이런 형태일때 수를 줄이면 단면 형태의 변화가 커서 되도록 그대로 두거나 더 늘릴 경우도 있는데 여기서는 같게 입력한다.
입력후 미리보기 버튼을 누르면 변경되는 형태를 미리 볼 수 있어 U,V 수를 조절하며 형태변화를 줄 수 있다.
(서페이스 재생성 창의 점 갯수는 작업자에 따라 다른 갯수가 나올 수 있습니다.)
미리보기 확인후 확인을 눌러 창을 닫는다.

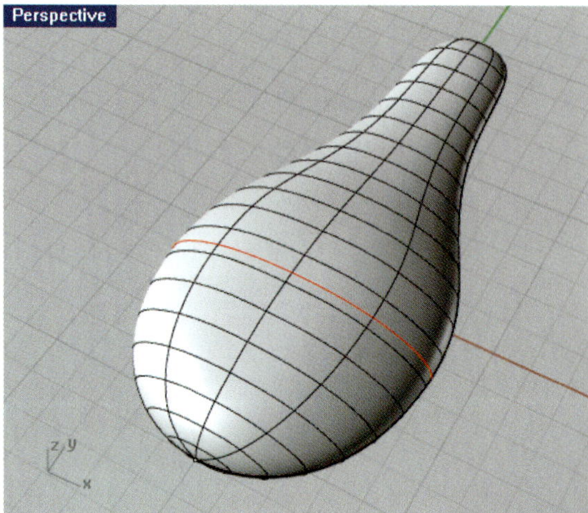


(S-20) 그림 1번은 재생성된 후의 형태의 모습이다.

< STEP-20 >

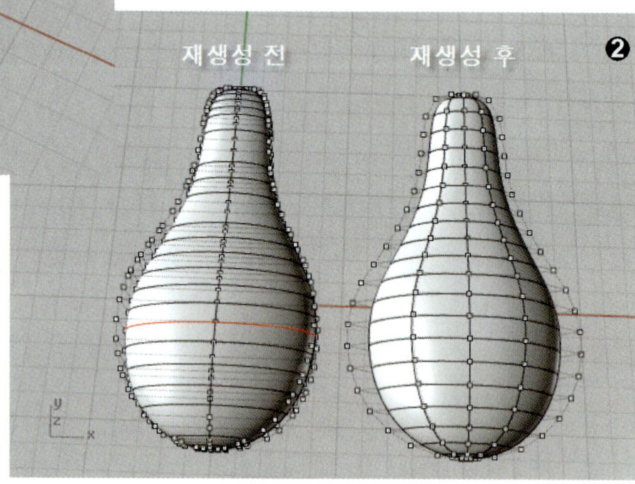


(S-20) 2번 그림은 재생성 하기 전과 후의 모습을 비교하기 위해서 선택한 다음 F10번을 눌러 제어점을 켜 놓은 그림이다.

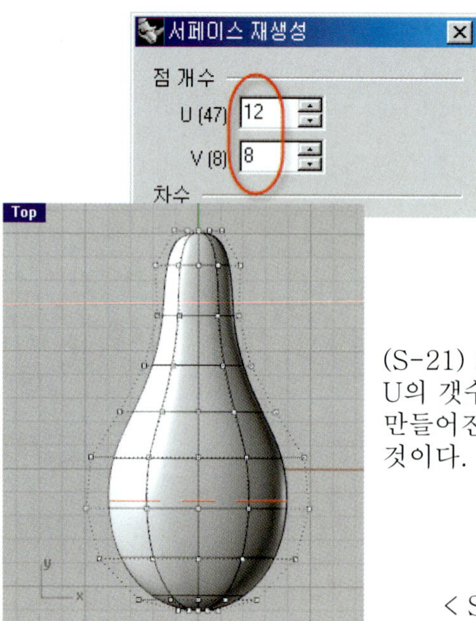


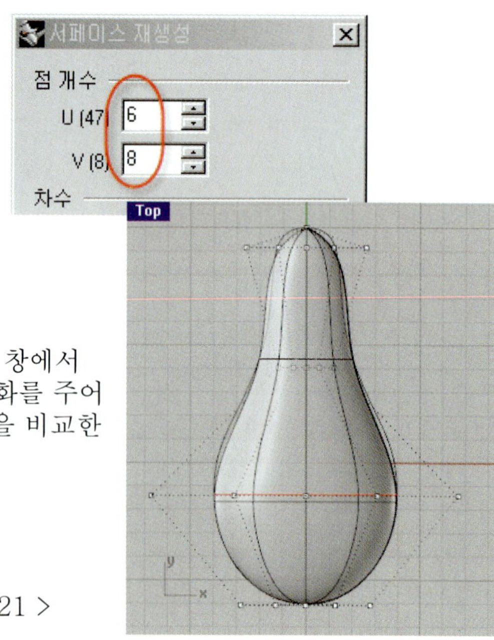


(S-21) 재생성 창에서 U의 갯수를 변화를 주어 만들어진 모습을 비교한 것이다.

< STEP-21 >

# 20. 2레일 기초편(2편)

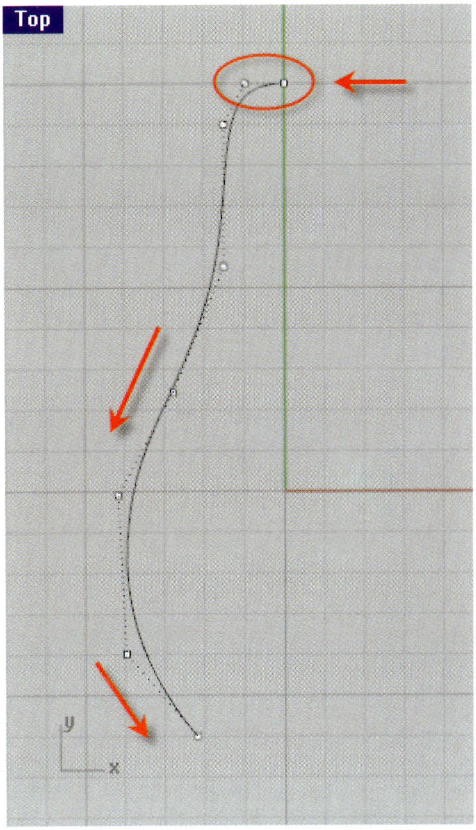


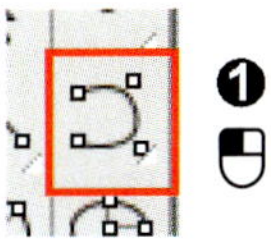


(S-1) 1번 제어점 커브를 클릭하고 그림처럼 화살표 순서대로 그리는데 시작되는 처음점은 스냅을 키고 녹색선(Y축) 위에서 시작하고 두번째 점도 수평이 되게 클릭한 후 화살표 방향대로 그려나간다.
마무리 되는 끝점은 그림과 같이 전 예제와 달리 그림처럼 그린다.

[ 그려진 커브를 수정하려면 커브를 선택한 후 F10을 눌러 제어점을 킨 다음 수정후 F11을 눌러 제어점을 끈다. ]

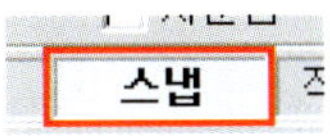


*사용함

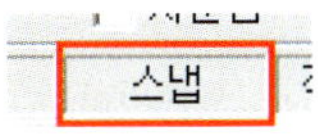


*사용 안함

< STEP-1 >

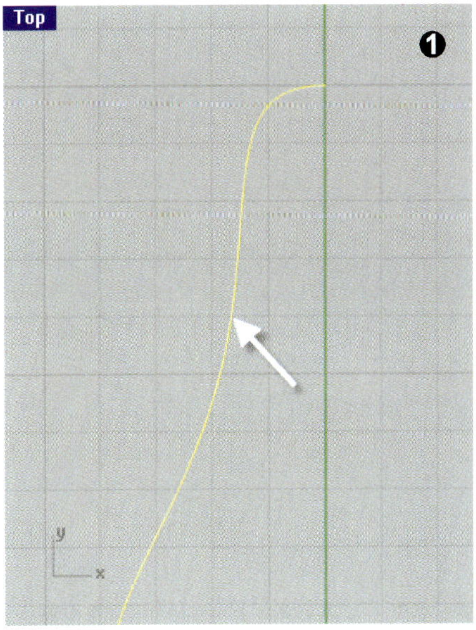


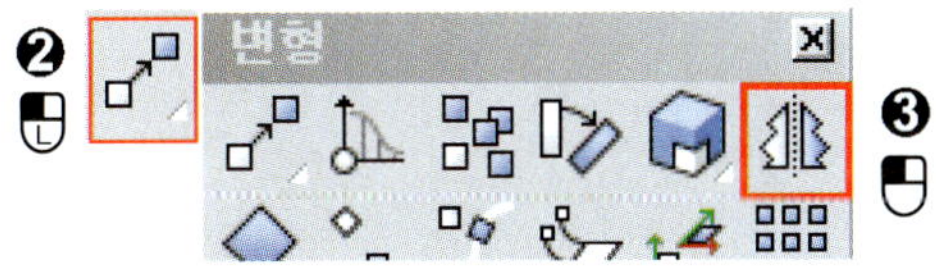


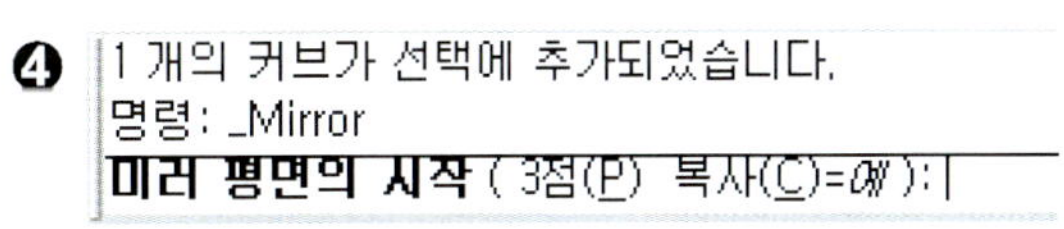


(S-2) 완성된 커브를 선택하고 2번 이동을 길게 클릭한 다음 3번 미러를 클릭하면 4번 같이 명령창이 나온다.

< STEP-2 >

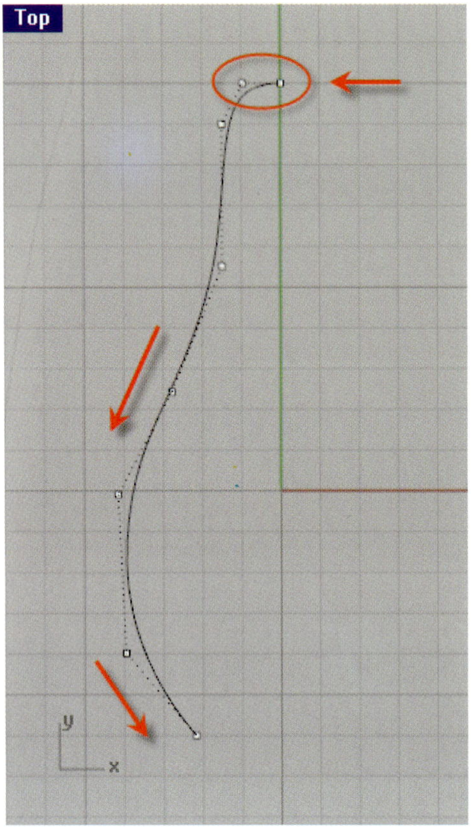


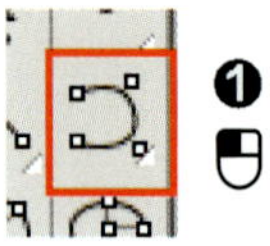

(S-1) 1번 제어점 커브를 클릭하고 그림처럼 화살표 순서대로 그리는데 시작되는 처음점은 스냅을 키고 녹색선(Y축) 위에서 시작하고 두번째 점도 수평이 되게 클릭한 후 화살표 방향대로 그려나간다.
마무리 되는 끝점은 그림과 같이 전 예제와 달리 그림처럼 그린다.

[ 그려진 커브를 수정하려면 커브를 선택한 후 F10을 눌러 제어점을 킨 다음 수정후 F11을 눌러 제어점을 끈다. ]

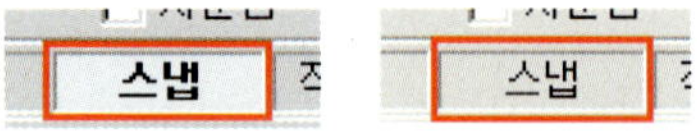


*사용함 *사용 안함

< STEP-1 >

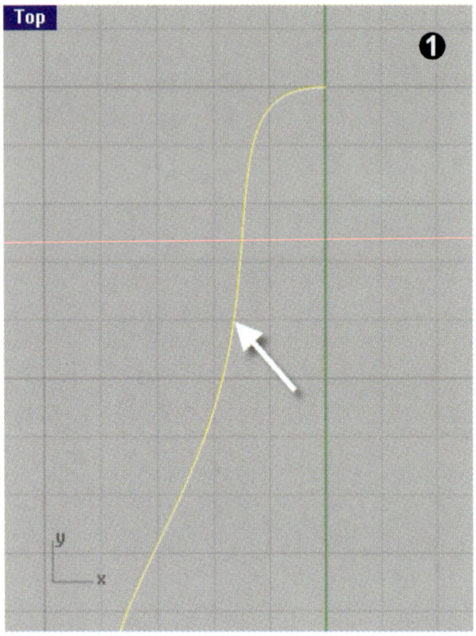


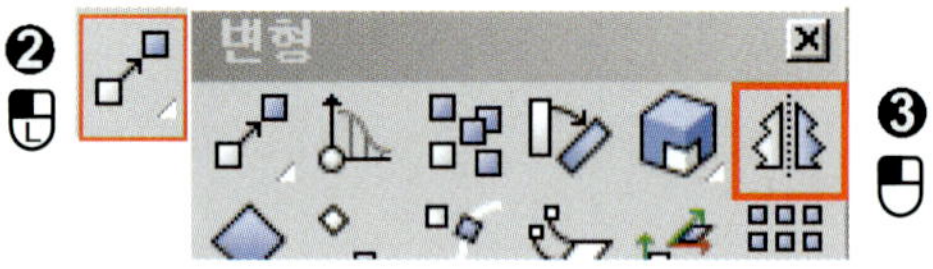


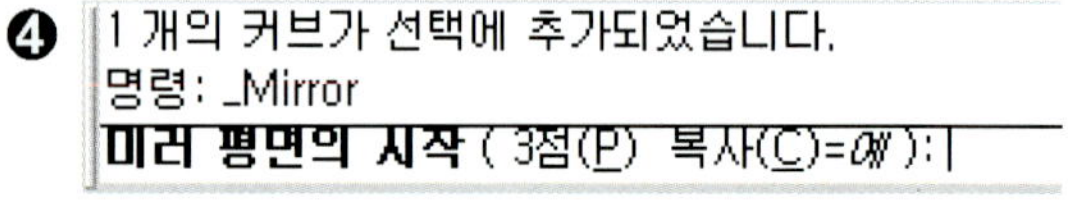


(S-2) 완성된 커브를 선택하고 2번 이동을 길게 클릭한 다음 3번 미러를 클릭하면 4번 같이 명령창이 나온다.

< STEP-2 >

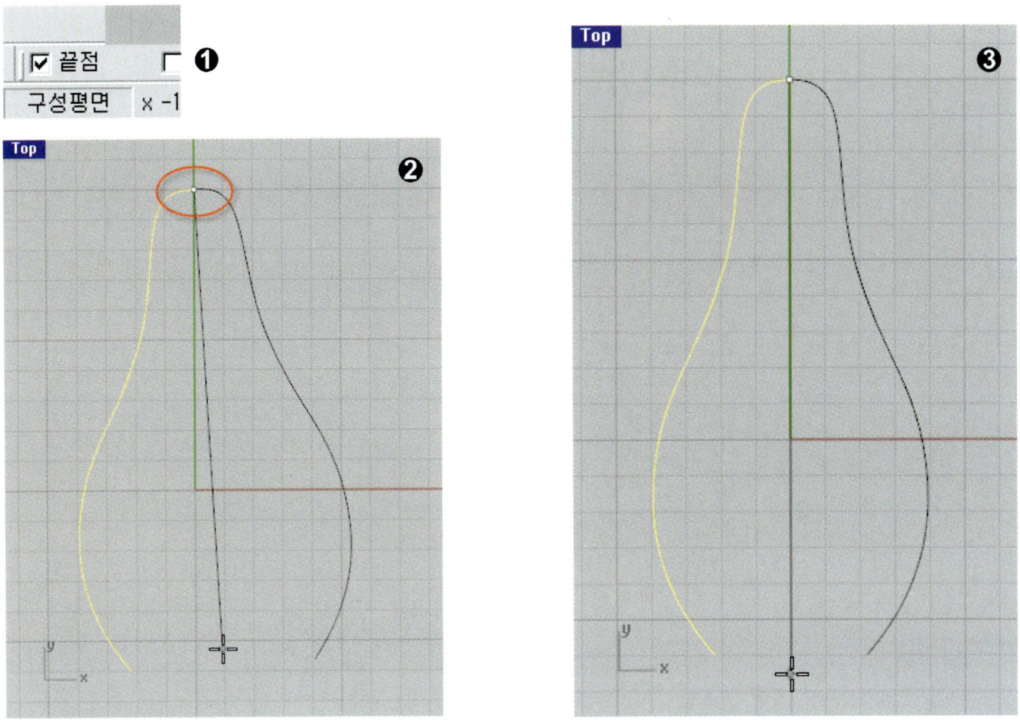


< STEP-3 >

(S-3) 이때 하단의 개체 스냅 중 1번 끝점을 체크하고 2번처럼 커브 위쪽 끝점을 클릭해서 좌우 대칭되게 3번 그림처럼 수직으로 축을 정하고 완성 시킨다.

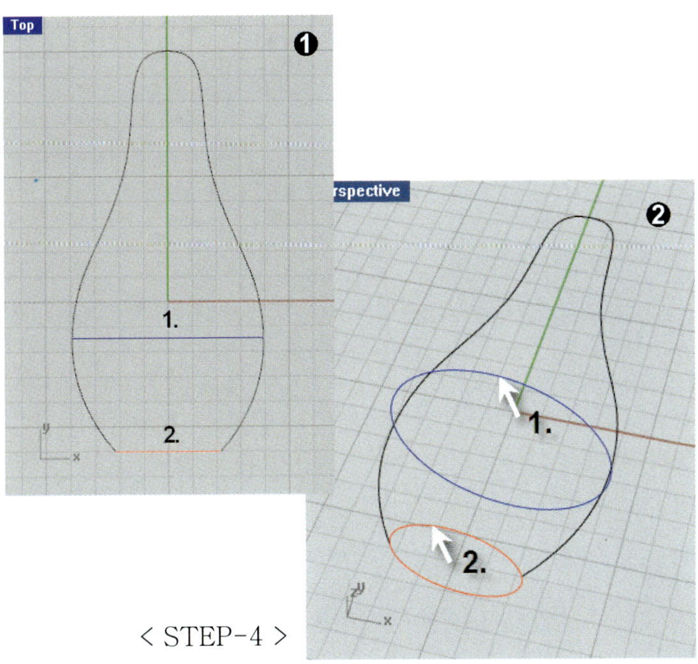


< STEP-4 >

(S-4) 레일 완성후 1,2 번 그림처럼 단면을 그리는데 잎에시 단면 그리는 방법을 참고하여 그림과 같이 그린다.

## 20. 2레일 기초편(2편)

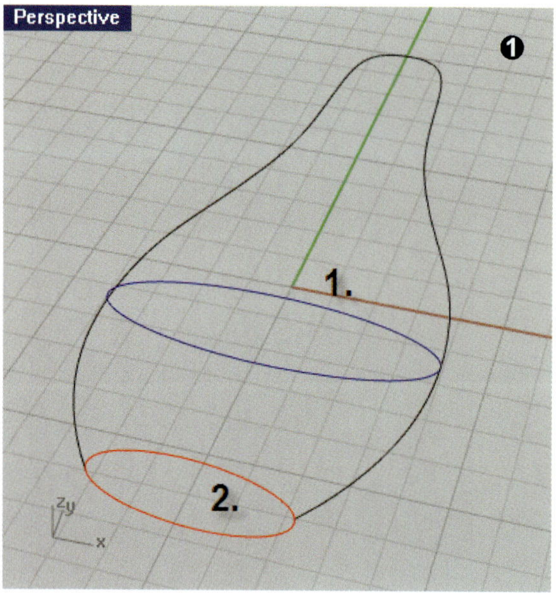


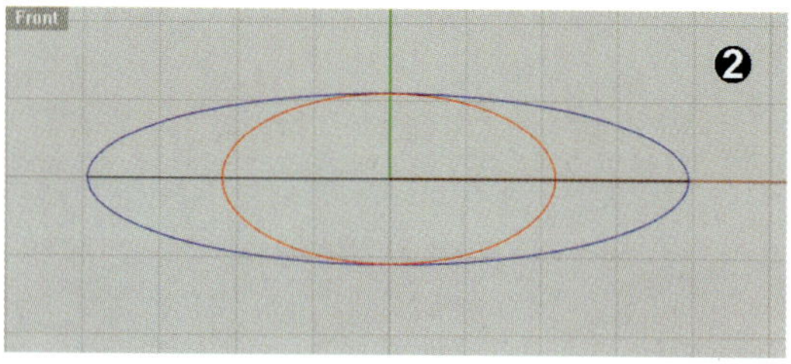


(S-5) 1D 크기조정 부분도 앞에서 설명한 대로 그림 1, 2번처럼 수정을 한다.

< STEP-5 >

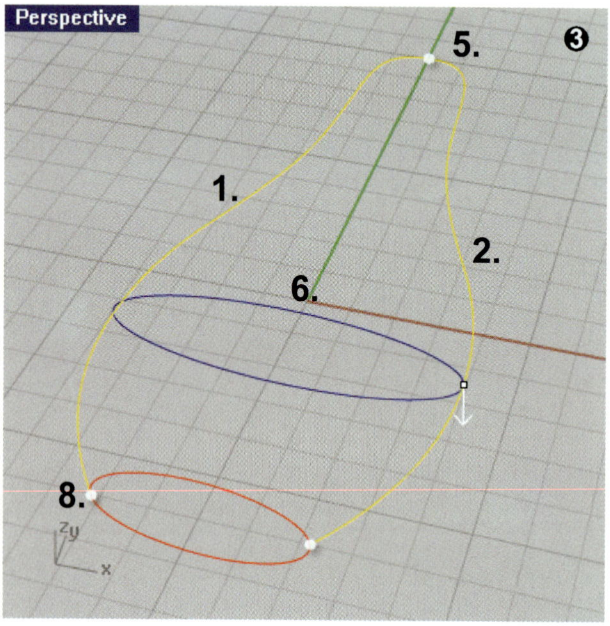


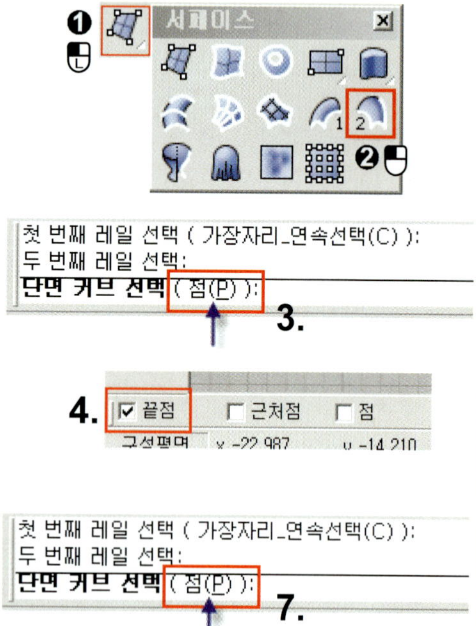


< STEP-6 >

(S-6) 앞에 다루었던 방법과 동일하게 먼저 1번을 길게 클릭, 2번 2Rail을 클릭하고 3번 그림의 -1번,-2번 레일을 선택한 다음 번호 -3번 명령창 점(P)를 클릭한 다음 화면 하단의 개체 스냅 중 -4번 끝점을 체크한다. 그 다음 -5번 레일이 만나는 끝점을 선택하고 -6번 단면을 클릭한 다음 -7번 명령창의 점(P)를 클릭한 다음 끝점을 선택해야 하는데 이번 예는 레일 끝이 만나고 있지 않기 때문에 8번 한곳을 선택하면 다음과 같이 만들어진다.

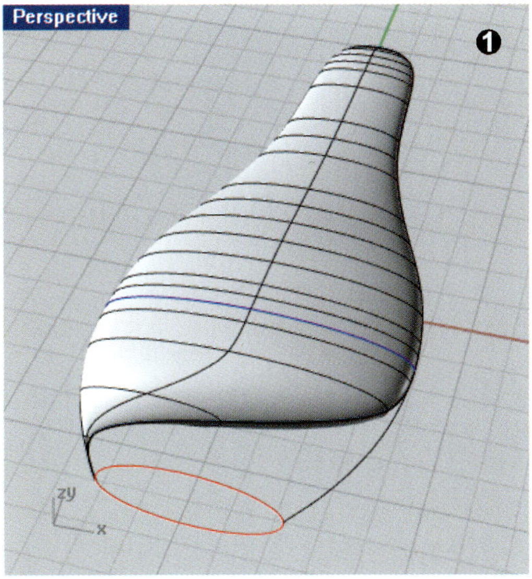


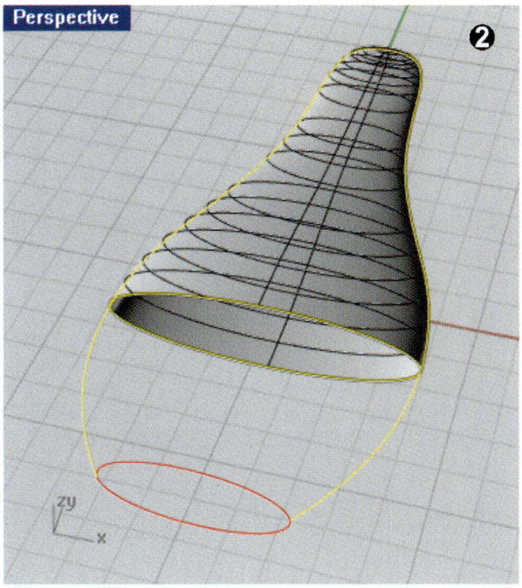


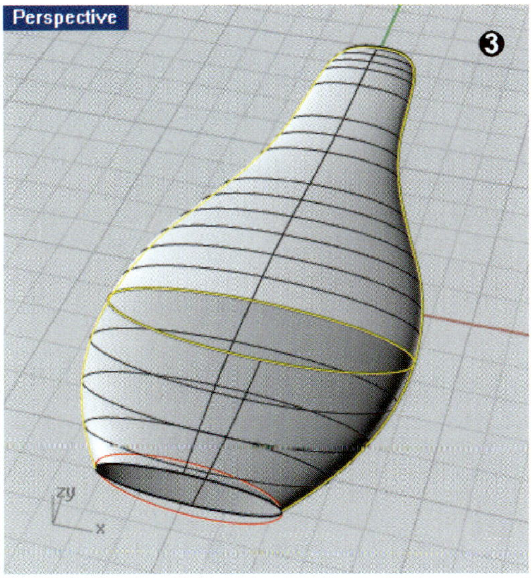


(S-7) 실행 결과 1번처럼 나오기 때문에 전단계로 돌아가 앞서 했던 방법으로 2, 3번 그림처럼 완성을 한다.
그 다음 4.5번을 클릭하고 서페이스 병합을 이용해 6번처럼 하나의 서페이스로 만들어 준다.

< STEP-7 >

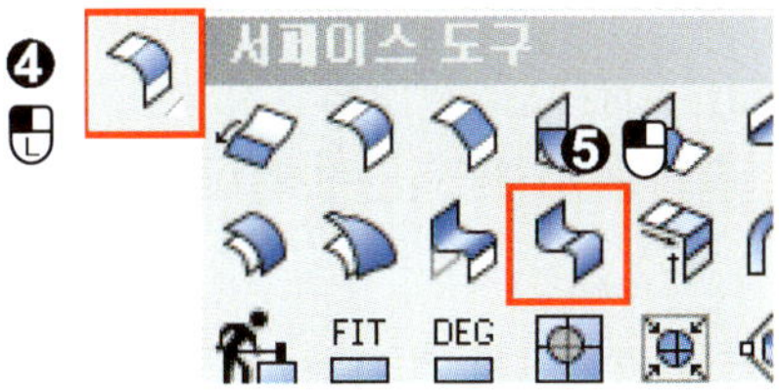


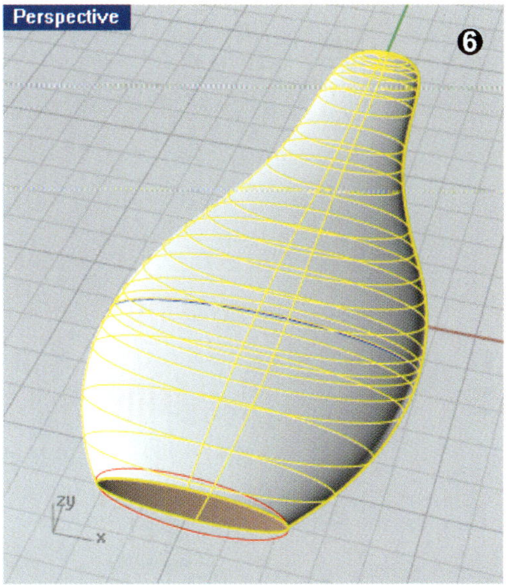

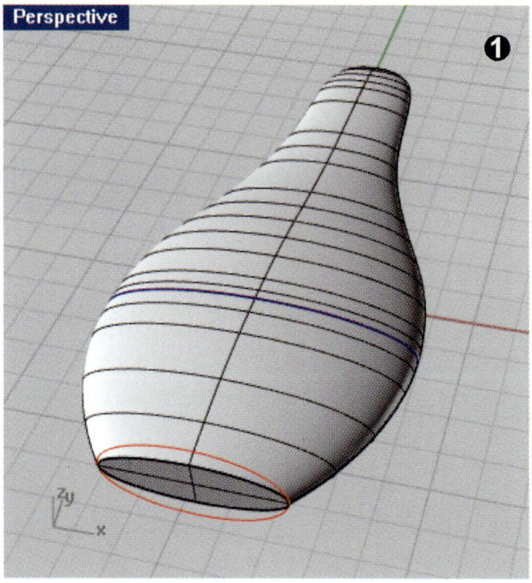


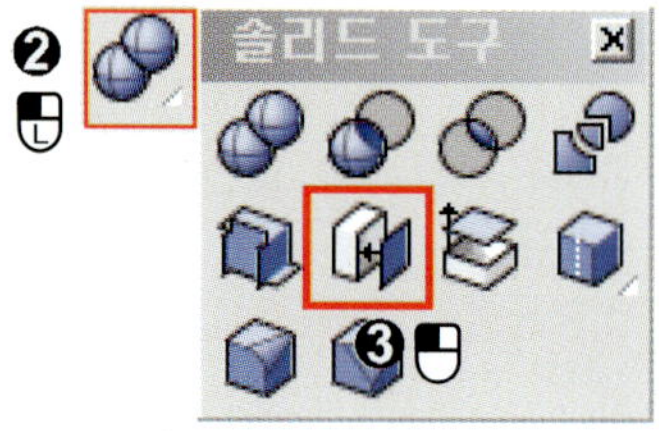


(S-8) 이렇게 만들어진 개체는 솔리드가 아니므로 2,3번 명령으로 1번 그림처럼 만든다.

[솔리드가 되면 서페이스의 제어점을 켤 수가 없다. 제어점을 키고자 한다면 서페이스를 추출하거나 분해하면 다시 켤 수있다.]

< STEP-8 >

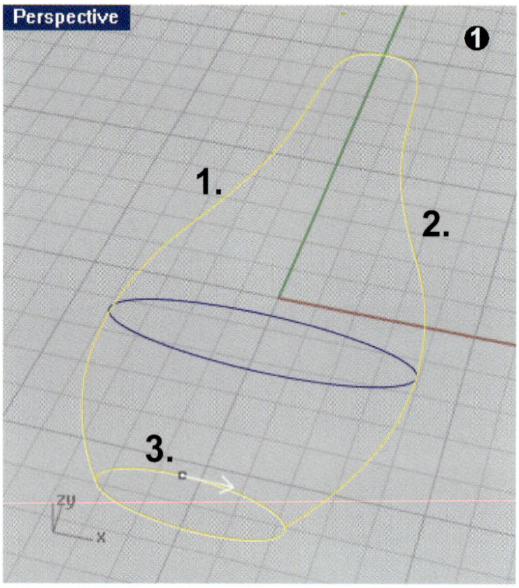


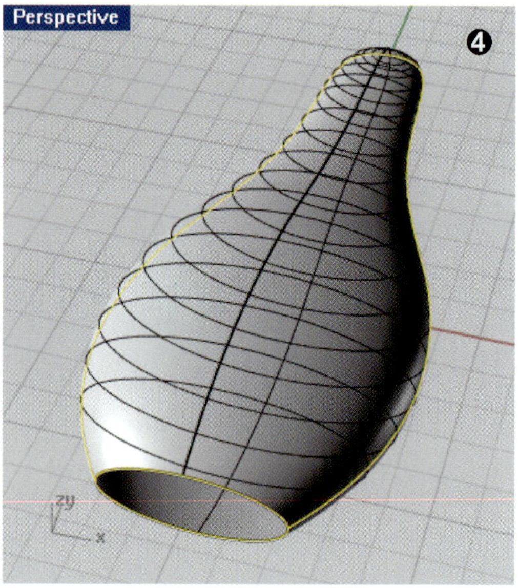


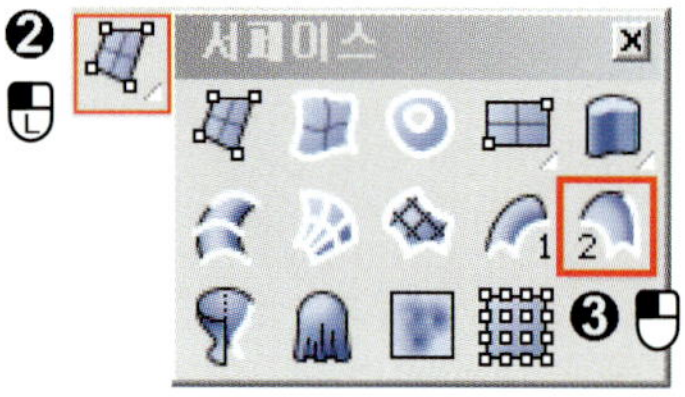

(S-9) 앞에서 한 것 처럼 1번 그림의 번호순으로 완성하는데 이런 경우는 열려있는 레일에 단면이 위치하면 4번 그림처럼 한번에 개체를 만들 수 있다. 이것 또한 위처럼 솔리드로 만들어 완성한다.

< STEP-9 >

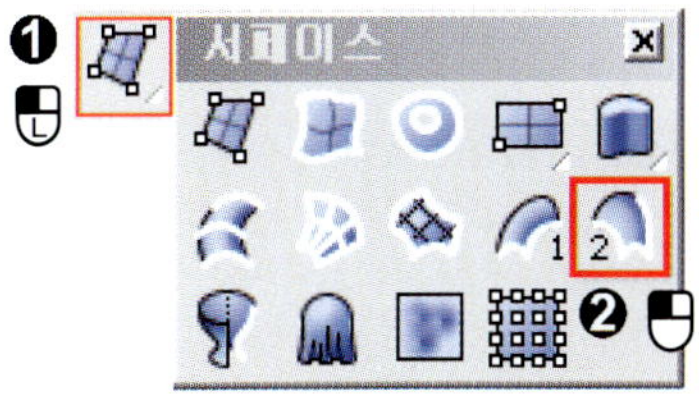


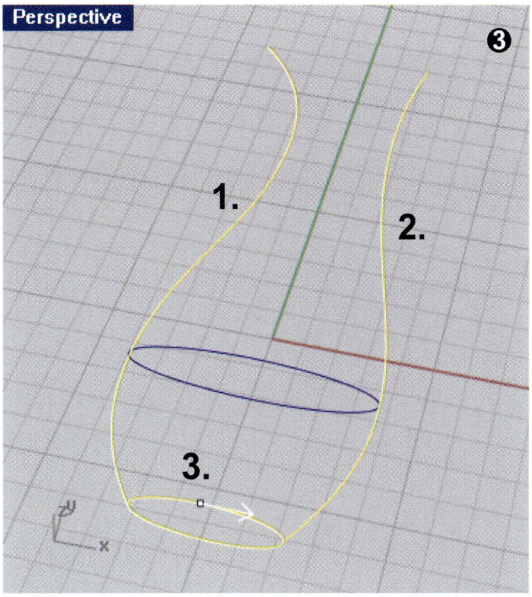


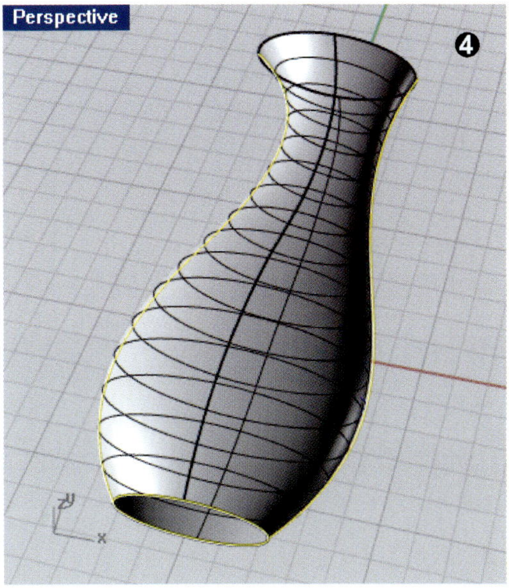


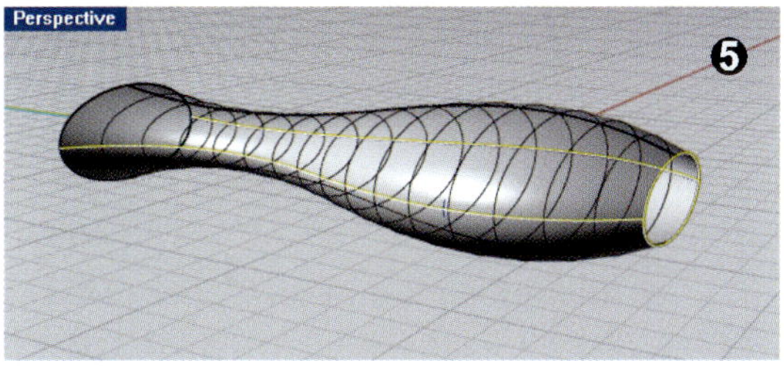


(S-10) 이번 경우는 레일 양쪽이 모두 열려 있는 경우이다. 이 경우도 중간의 단면을 선택하면 위,아래 두개의 서페이스를 만들어야 한다. 따라서 3번 그림처럼 열려있는 곳에 단면을 위치시키고 1, 2번을 클릭해서 3번 그림 번호 순서대로 2레일을 실행하면 한번에 입체를 만들 수 있고 앞에서 한 방법으로 개체를 선택한 다음 6, 7번을 클릭해서 위,아래를 막아 8번 그림처럼 솔리드로 만든다.

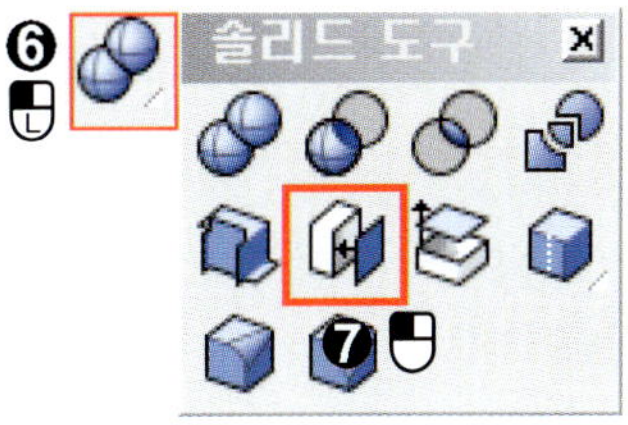


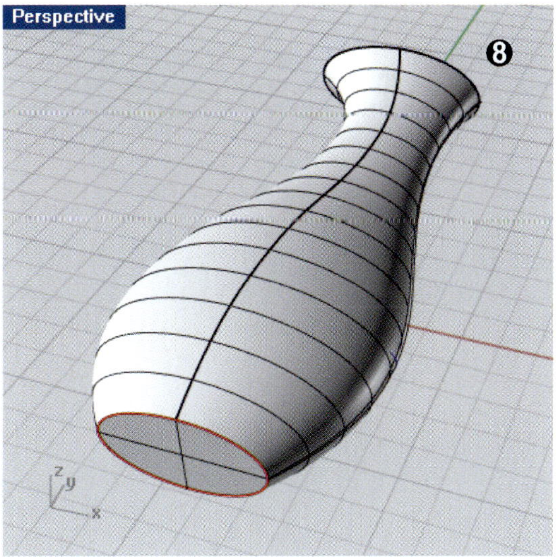


< STEP-10 >

(S-11) 아래 1,2번 경우는 2레일 옵션에서 높이유지 옵션의 체크 유무에 따른 형태의 변화이다.

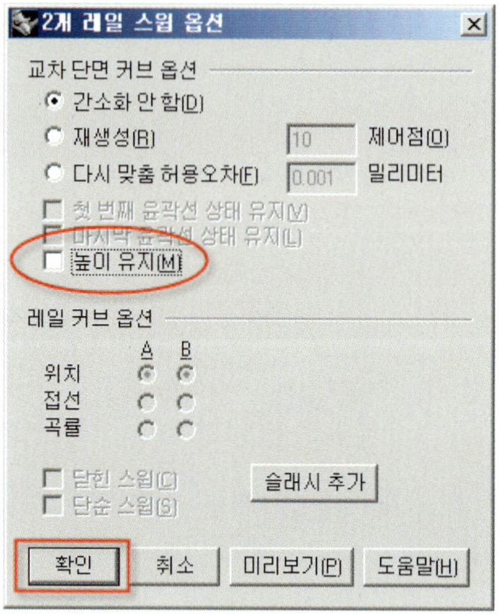


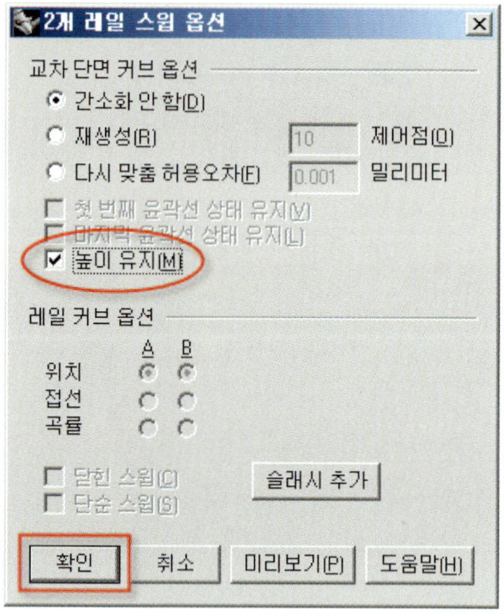


❶

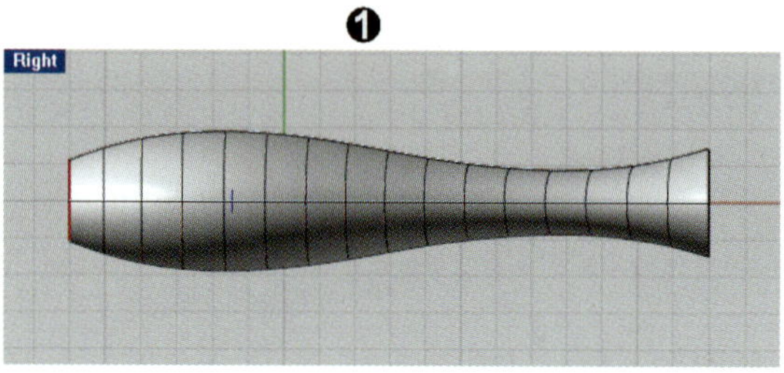


❷

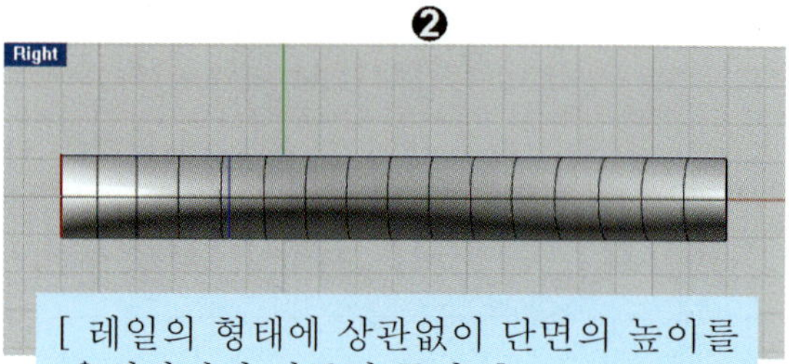


[ 레일의 형태에 상관없이 단면의 높이를 유지하면서 만들어 준다. ]

< STEP-11 >

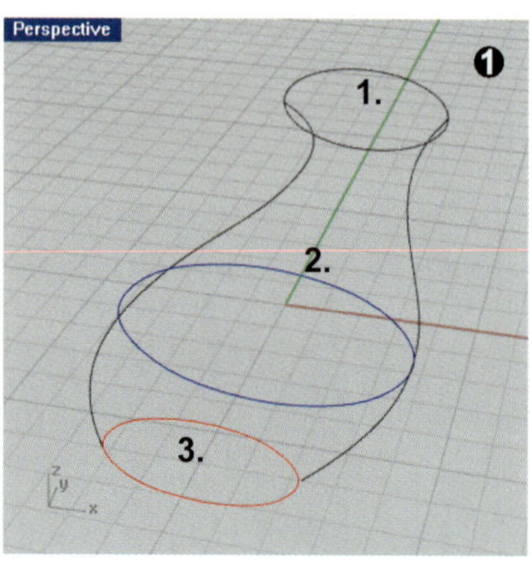


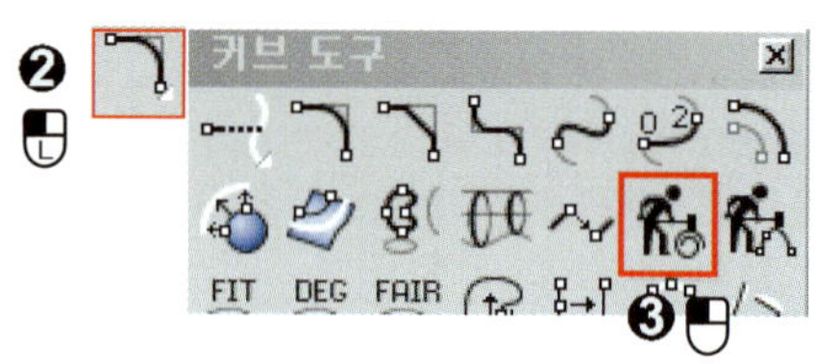


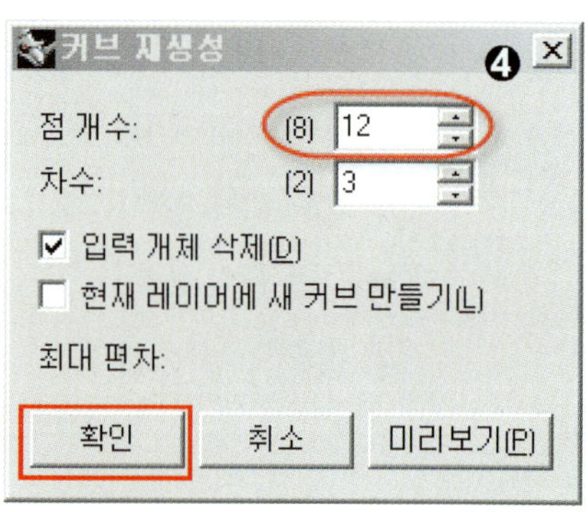


< STEP-12 >

(S-12) 위 그림과 같이 단면을 추가한 다음 단면 커브를 재생성 명령을 이용해 1번 그림의-1,-2, -3을 선택하고 2, 3번을 누르면 4번 같이 나오는데 이와같이 수정하고 확인을 클릭한다,

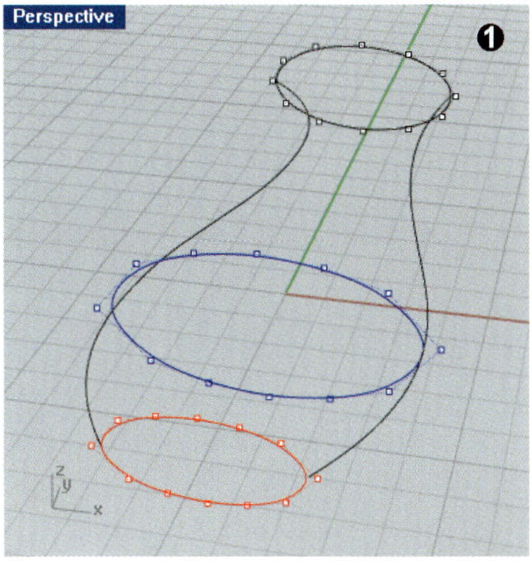


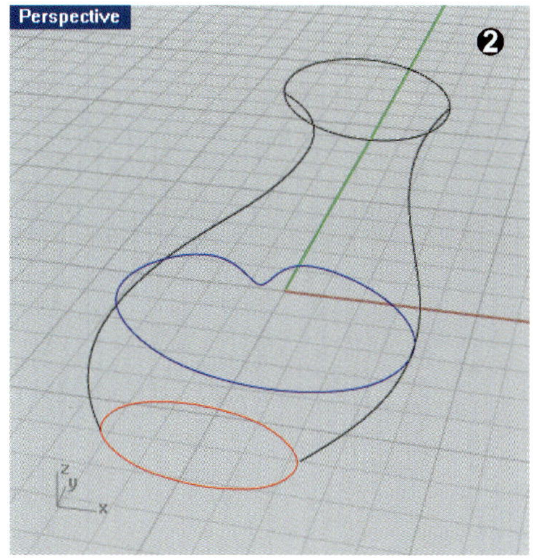


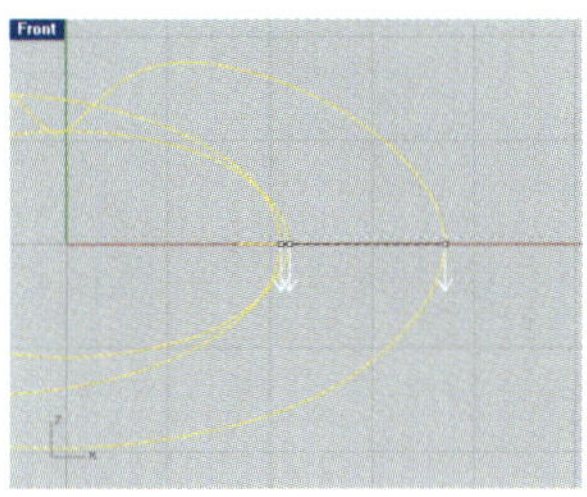


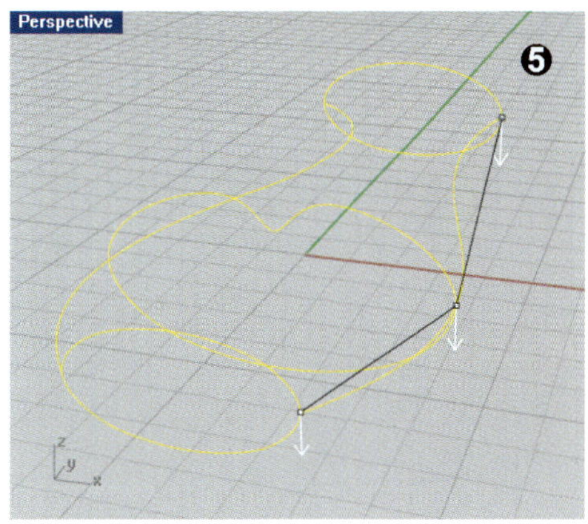

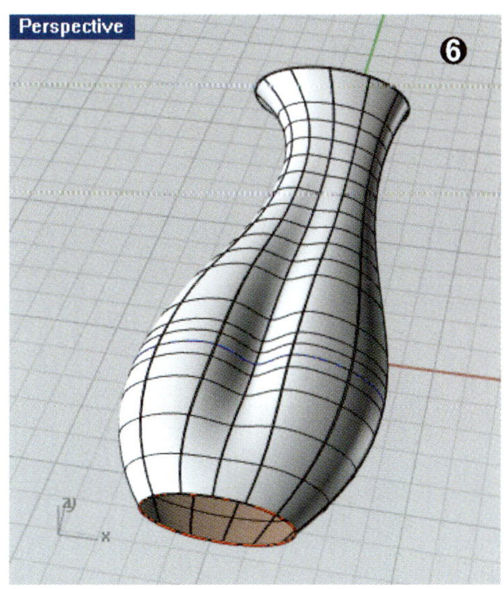


(S-13) 커브 재생성을 하면 1번 그림처럼 바뀌게 되고 가운데 단면을 2번 그림처럼 수징을 한다.
그 다음 2레일 명령을 사용하는데 레일 선택 후에 차례대로 단면을 선택하는데 단면이 3개이기 때문에 화살표가 있는 심(Seam - 시작/끝)의 위치가 같은 방향으로 일치되야 되고 화살표 방향도 일치가 되야 꼬이는 것을 방지 할 수 있다.

< STEP-13 >

# Rhino3D

## 21. 곰인형 만들기

## 21. 곰인형 만들기

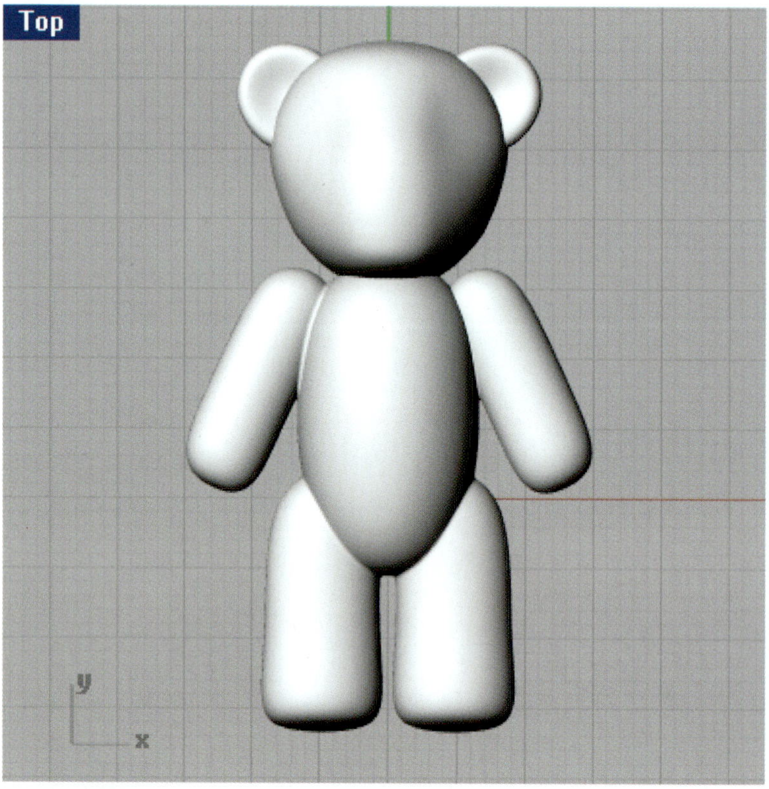


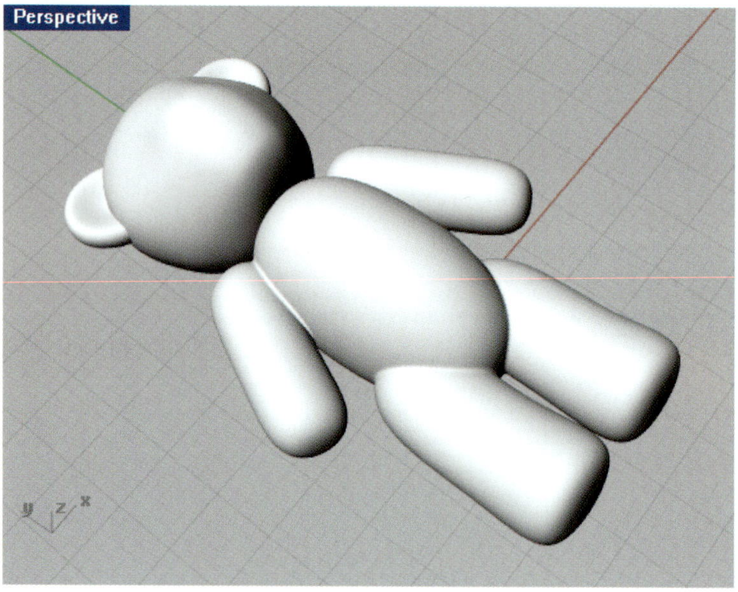


위 그림과 같이 곰인형 모델링을 하고자 한다.

# 21. 곰인형 만들기

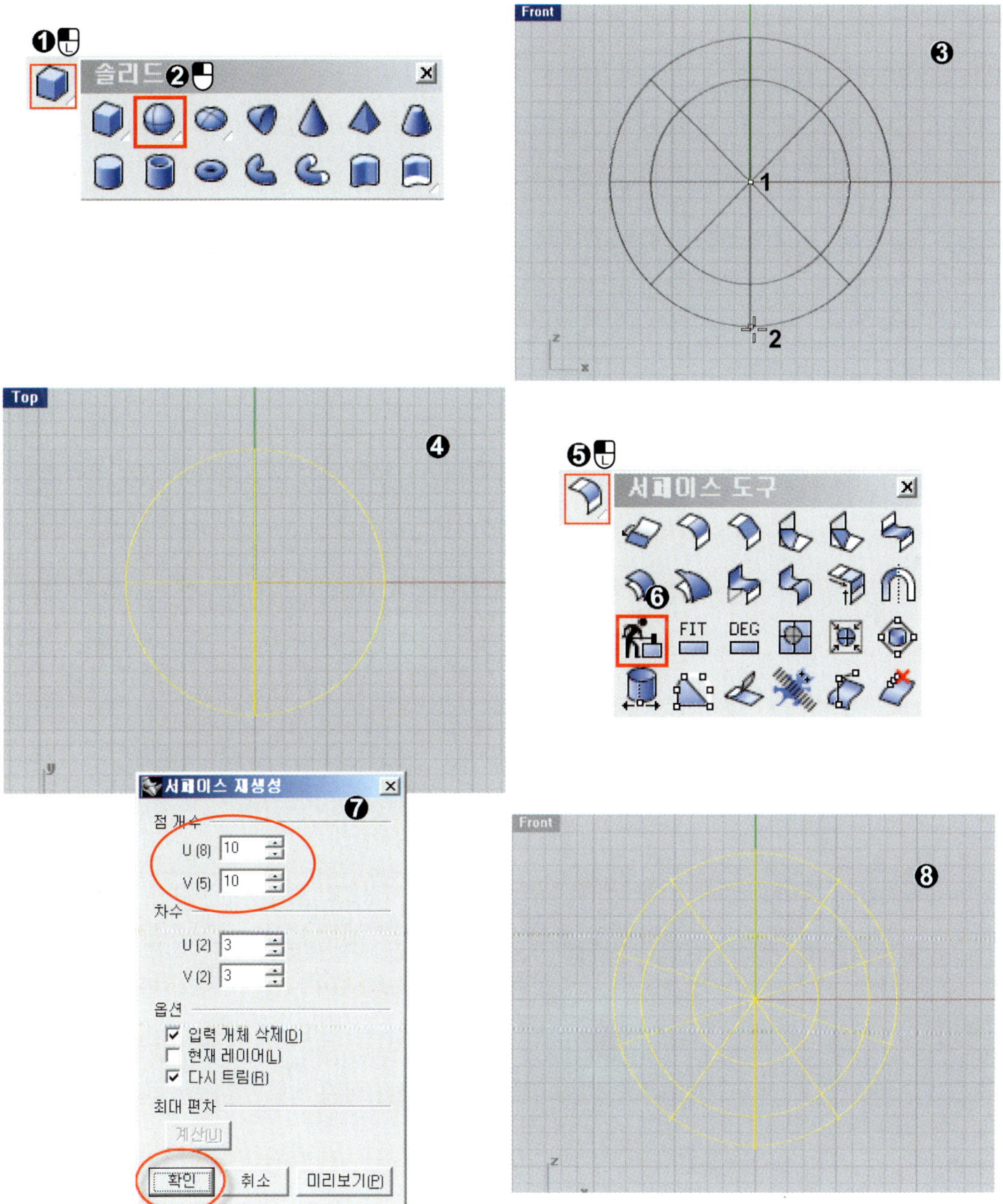


< STEP-1 >

(S-1) 1번 상자를 길게 선택한 후 2번 구:중심점, 반지름을 클릭하고 하단의 스냅을 켠다. 3번 그림의 순서대로 클릭해서 4번 그림과 같이 반지름이 7인 구를 완성한다.
구를 먼저 선택하고 5번 서페이스 필렛을 길게 선택한 후 6번 서페이스 재생성을 클릭한다. 그러면 7번 그림과 같은 옵션창이 뜨는데, 점갯수를 모두 10으로 입력하고 확인을 클릭하면 8번과 같이 변하는 것을 알 수 있다.

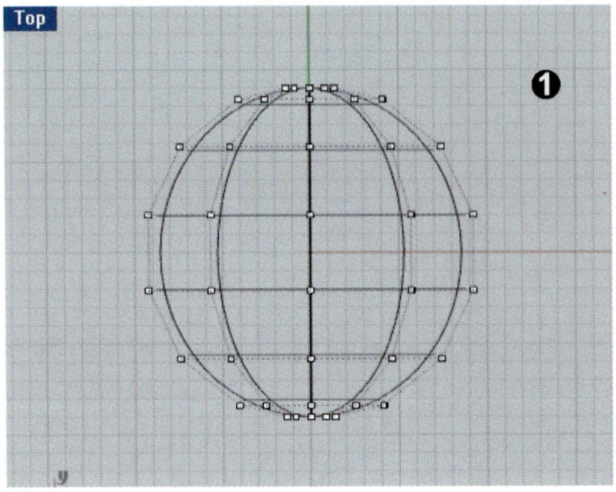


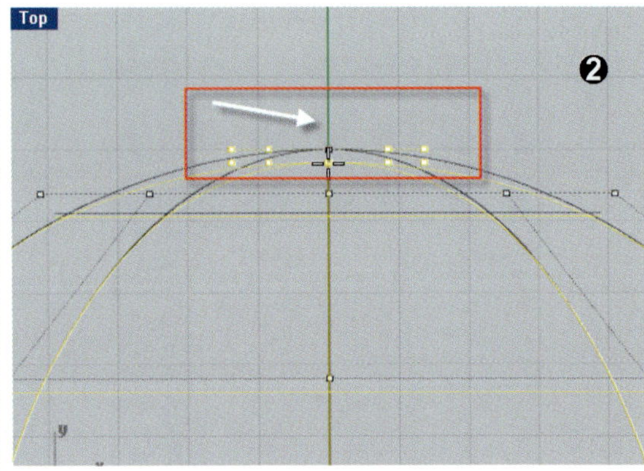


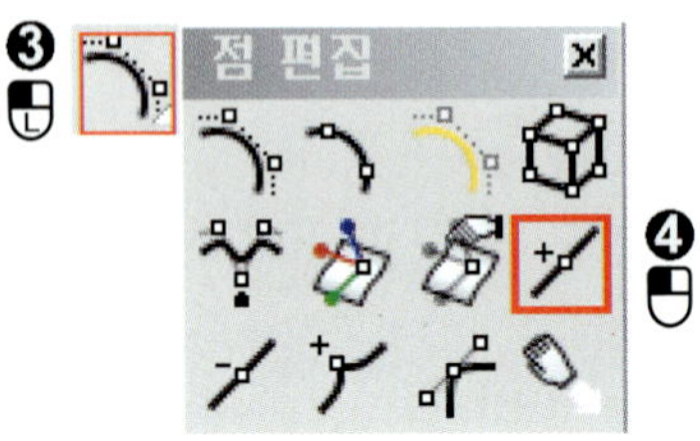


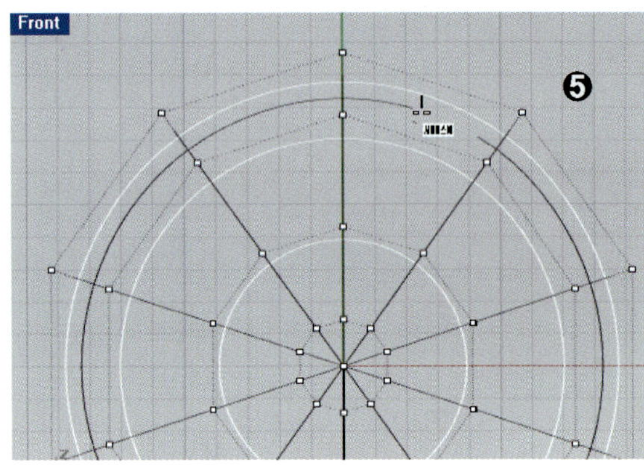


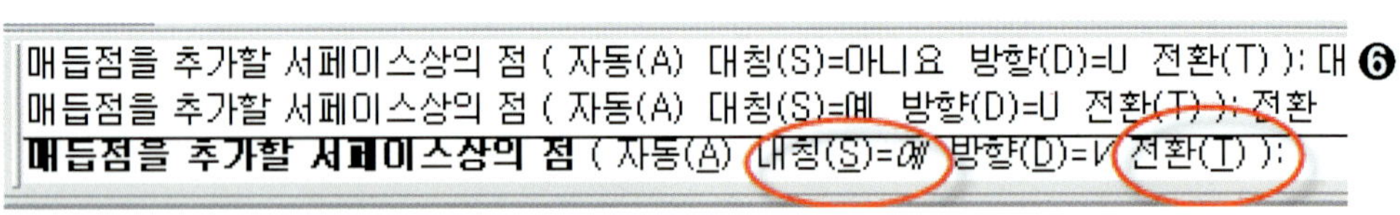


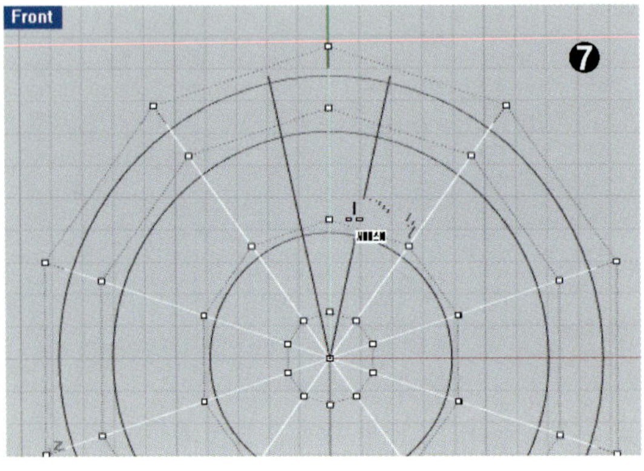


(S-2) 구를 선택하고 F10번을 눌러서 1번 그림과 같이 제어점을 켠다. 2번 그림과 같이 드래그 해서 마우스로 끌어내린다.
3번 제어점 켜기를 길게 누른 후 4번 매듭점 추가를 클릭하고 구를 클릭하면 5번 그림과 같이 서페이스에 매듭점이 생기는 것을 알 수 있다.
방향을 전환 하기 위해서 6번 명령창의 대칭을 클릭해서 예로 선택하고 전환(T)를 클릭하면 7번과 같이 방향성이 바뀌는 것을 알 수 있다.
매듭점을 추가하고자 하는 곳에 클릭하고 Enter쳐서 완성한다.

< STEP-2 >

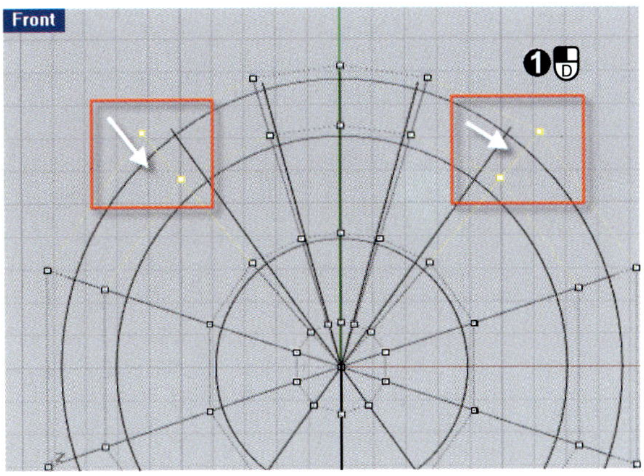

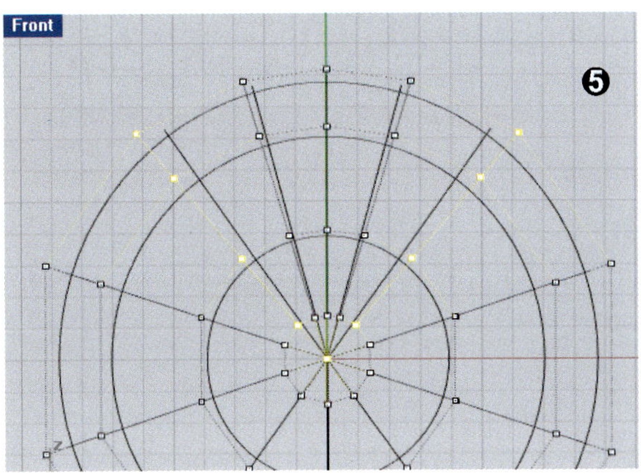


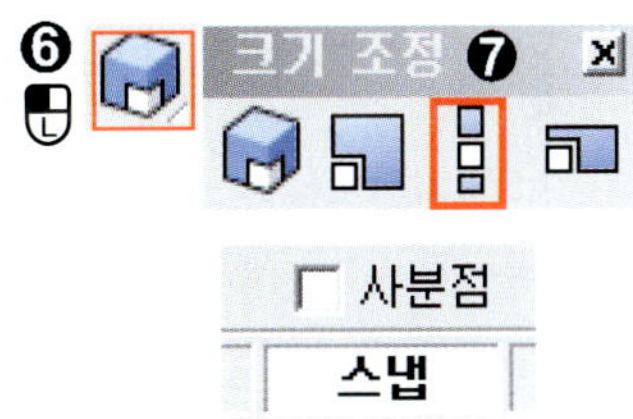


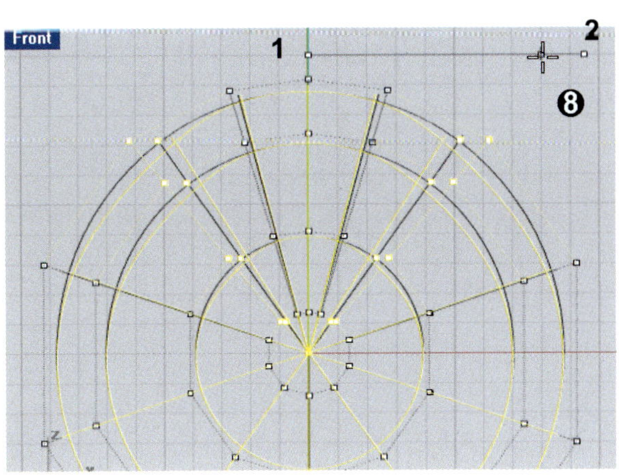


< STEP-3 >

(S-3) 1번 그림처럼 먼저 두 점을 클릭하고 Shift키를 눌러 반대쪽도 같이 드래그한다.
2번 모두 선택을 길게 선택한 후 3번 올가미로 선택을 길게 누르고 4번 V선택을 클릭하면 5번 그림처럼 V방향으로 제어점이 모두 선택되는 것을 알수 있다.
선택된 제어점 부분의 크기를 조정하기 위해서 6번 3D 크기 조정을 길게 선택한 후 7번 1D 크기조정을 클릭하고 하단의 스냅을 켠다.
8번 그림처럼 X축은 0, Z축은 임의 점을 클릭해서 8번 그림의 순서대로 클릭해서 크기를 조정해준다.

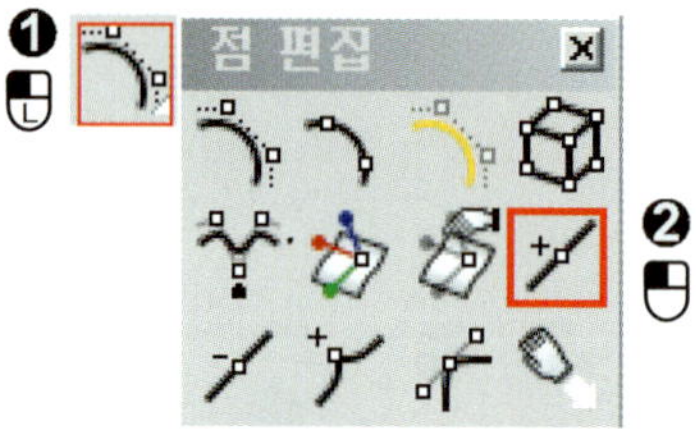


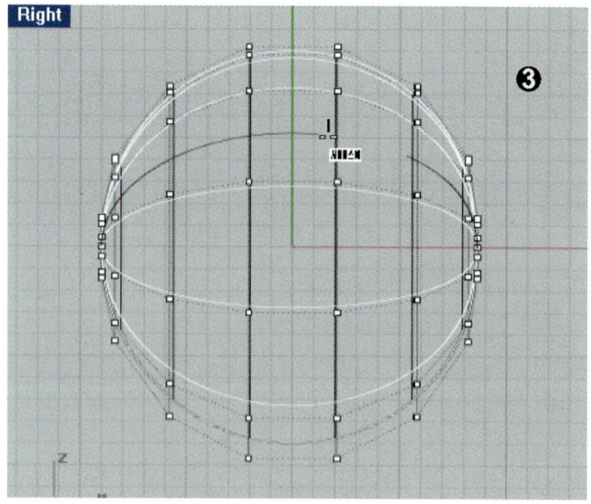


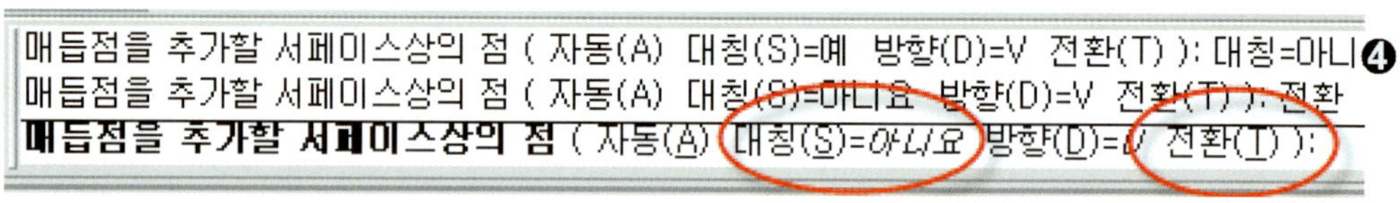


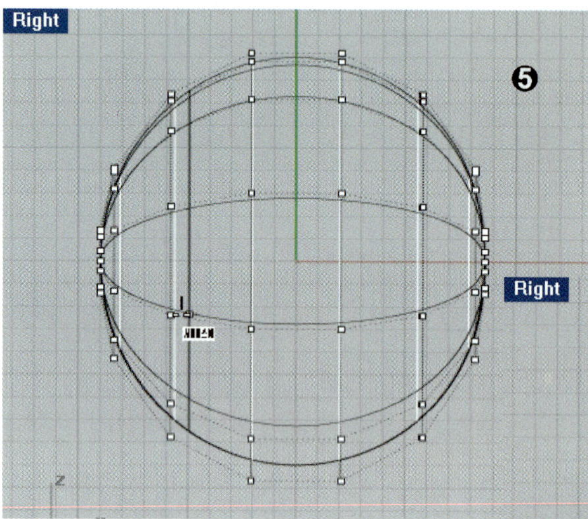


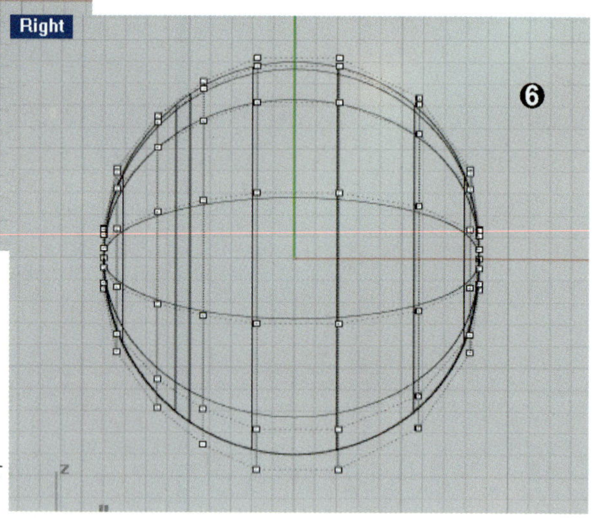


(S-4) 1번 제어점 켜기를 길게 선택 한 후 2번 매듭점 삽입을 클릭하고 Right에서 개체를 클릭하면 3번 그림과 같이 서페이스에 달라붙는 아이소커브가 생기는 것을 알 수 있다.
방향성을 바꾸기 위해서 명령창의 대칭을 클릭해서 아니요로 바꾸고 전환(T)를 클릭하면 5번 그림과 같이 바뀌는 것을 알 수 있다. 놓고자 하는 위치에 클릭 Enter쳐서 6번 그림과 같이 완성한다.

< STEP-4 >

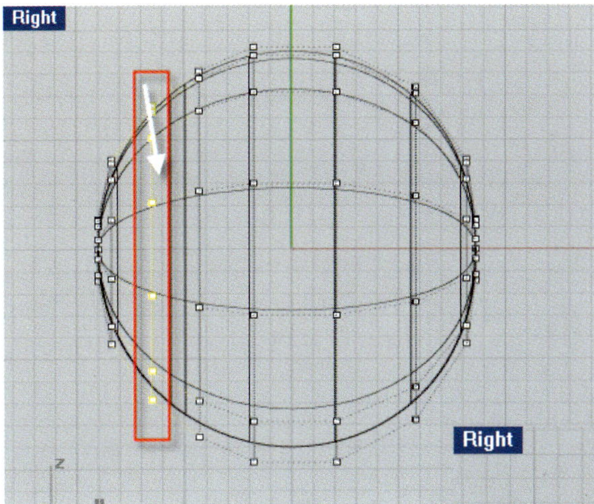


▶그림과 같이 길게 드래그해서 제어점을 선택한다. (STEP-3에서 한것과 같이 한점을 클릭해서 모두 선택툴의 올가미로 선택-U선택을 클릭해도 된다.)

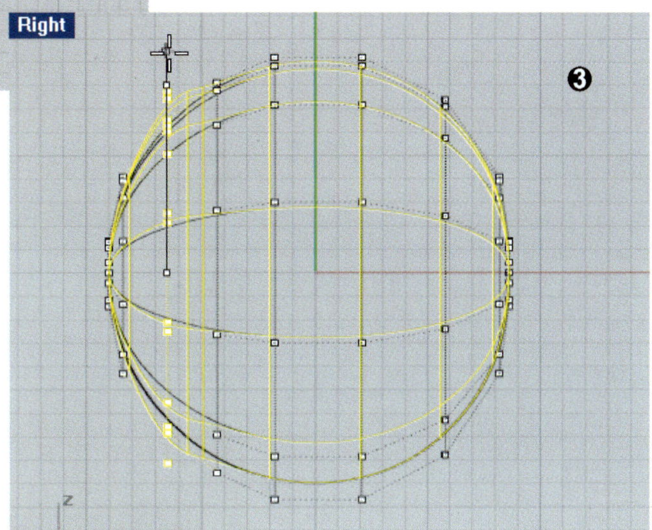

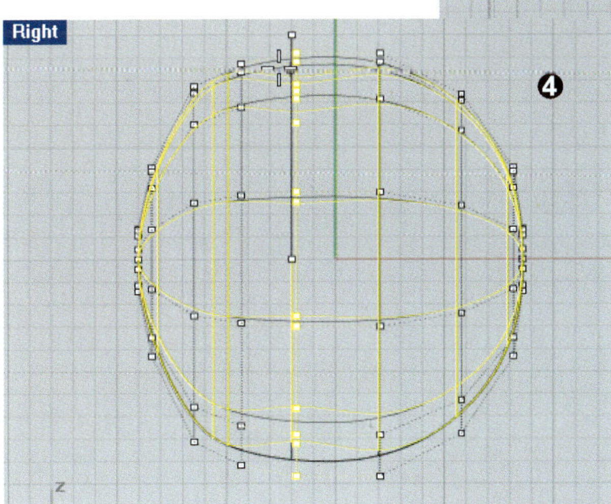


(S-5) 1번 3D 크기조정을 길게 선택한 후 2번 1D 크기조정을 클릭하고 하단의 스냅을 켠다. STEP-4에서 작업한 것과 같이 크기 조정을 한다. 4번 그림과 같이 U방향의 제어점들을 선택해서 비슷한 형태로 완성시킨다.

< STEP-5 >

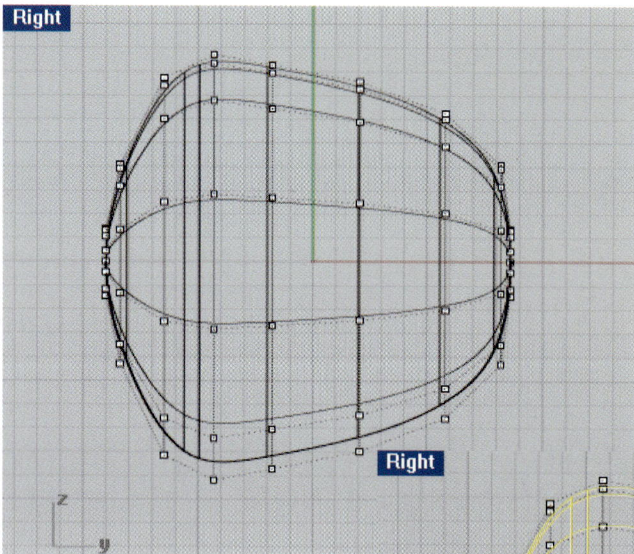


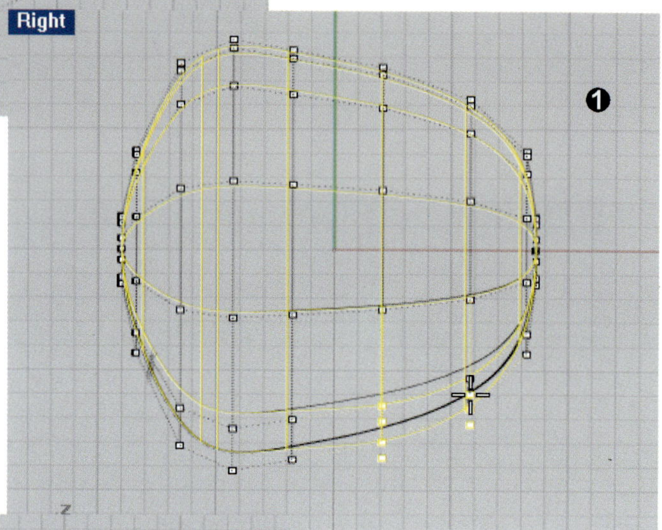


▶ STEP-5와 같이 1D 크기 조정으로 그림과 같이 완성시킨다.

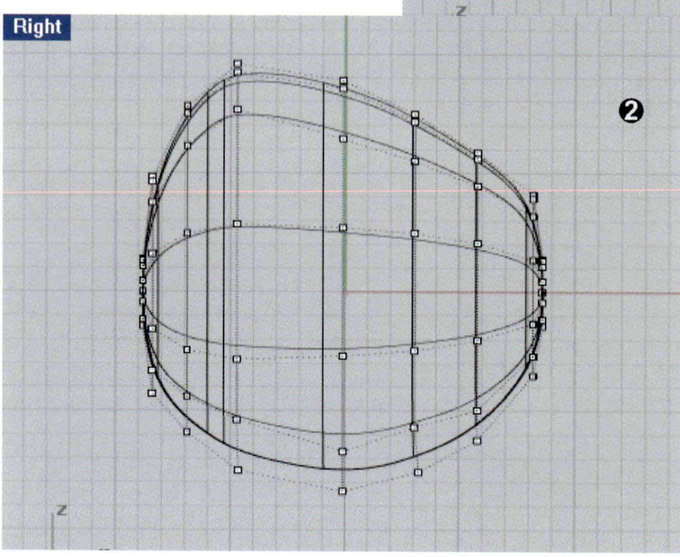


▶ (S-6) 1번 그림과 같이 두 점씩 클릭해서 2번과 같이 완성시킨다.

< STEP-6 >

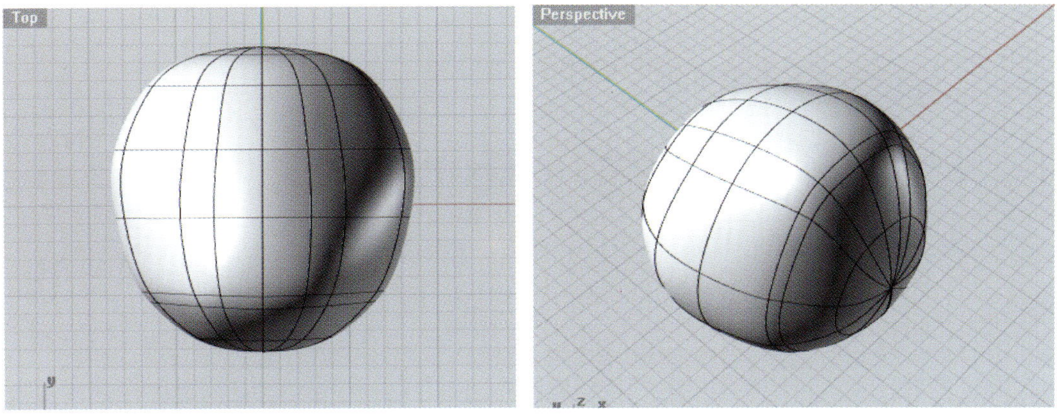


STEP-6에서 작업된 개체를 음영모드로 본 모습이다.

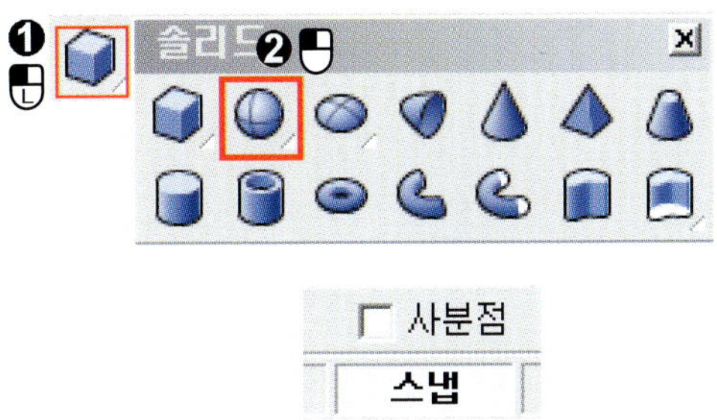


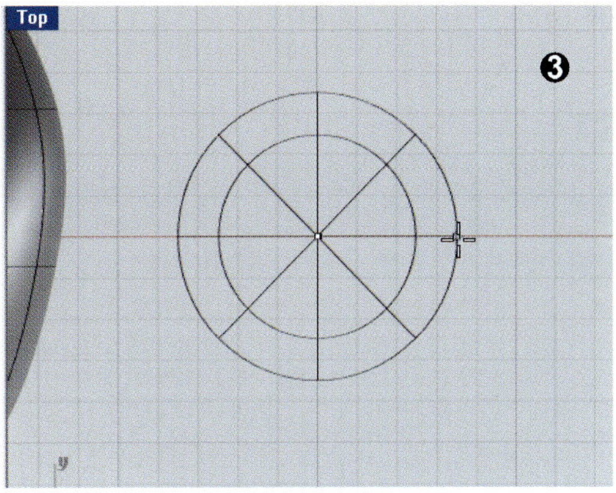


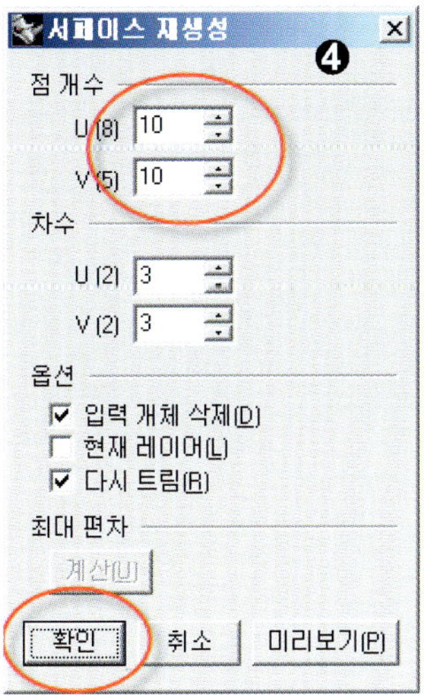

< STEP-7 >

(S-7) 1번 상자를 길게 선택한 후 2번 구:중심점, 반지름을 클릭하고 하단의 스냅을 켠다. 앞에서 작업한 STEP-1,2에서 한 방법으로 지름이 5인 구를 재생성한다.

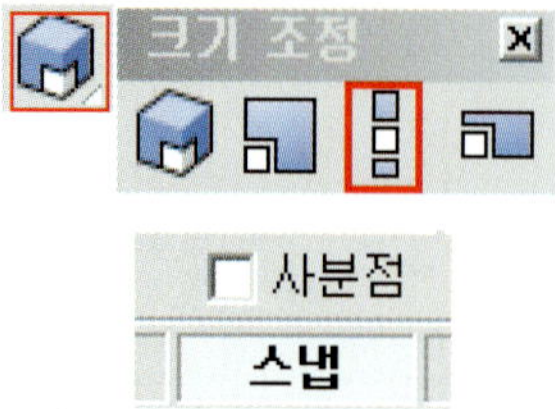


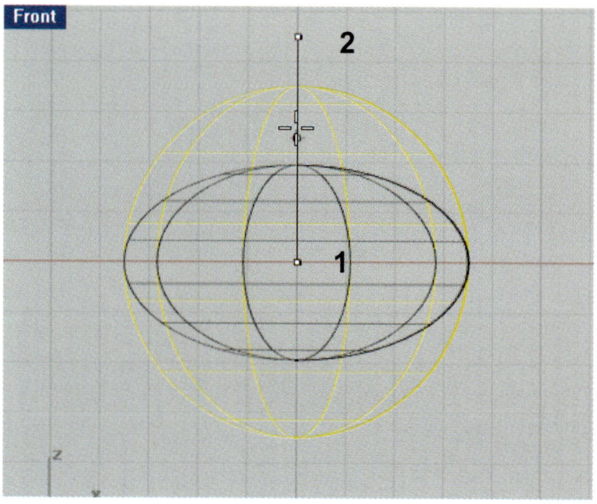


▶ 3D 크기 조정을 길게 선택한 후 1D 크기조정을 클릭하고 하단의 스냅을 켠후 그림의 순서대로 클릭을 해서 타원형태로 크기를 조정해준다.

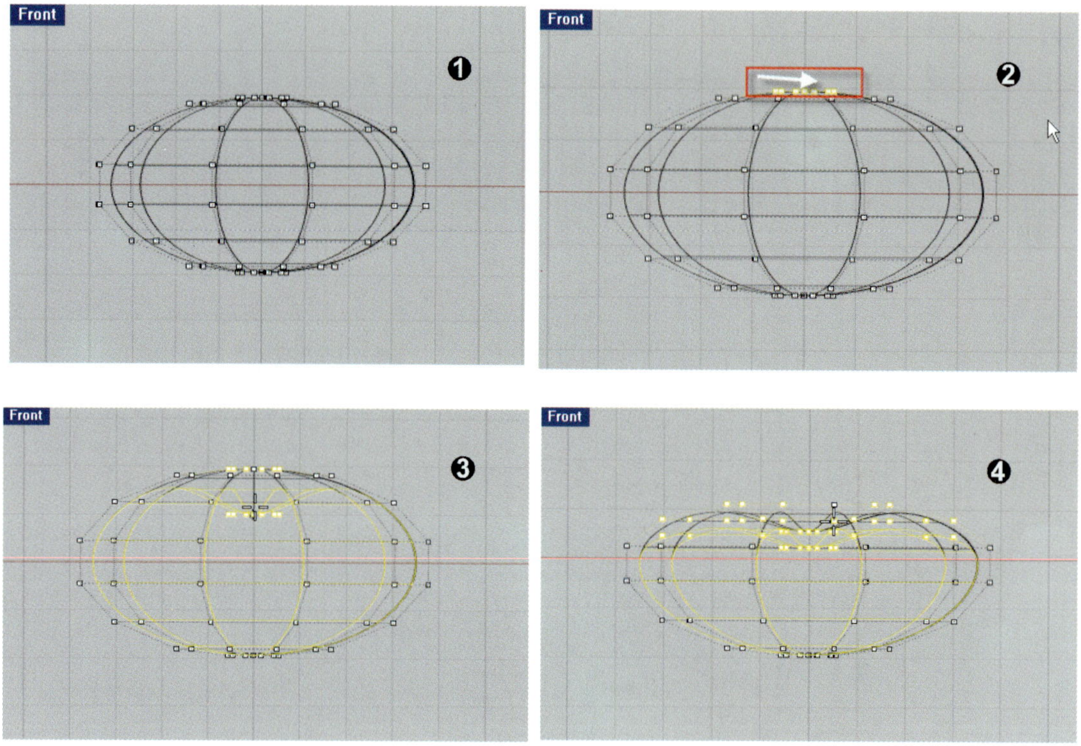


< STEP-8 >

(S-8) 개체를 선택 한 후 F10번을 눌러서 제어점을 켠다. 제어점을 선택해서 위의 단계별 그림처럼 마우스로 끌어내린다.

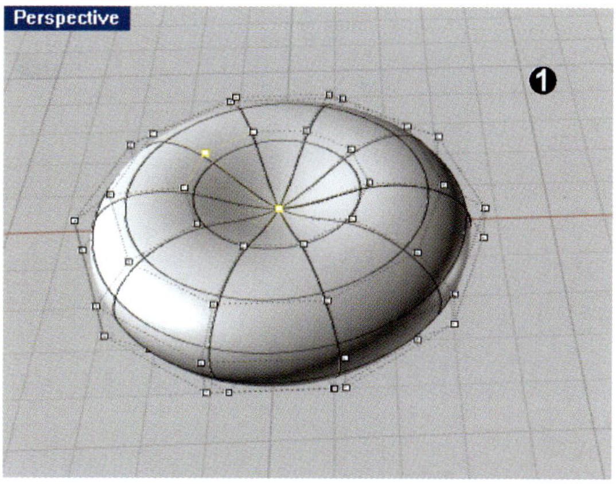

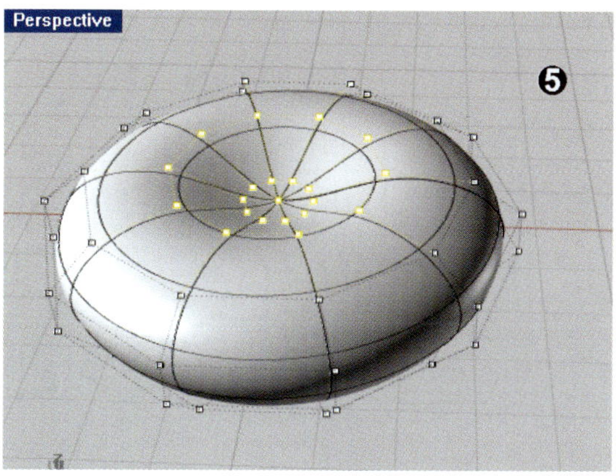


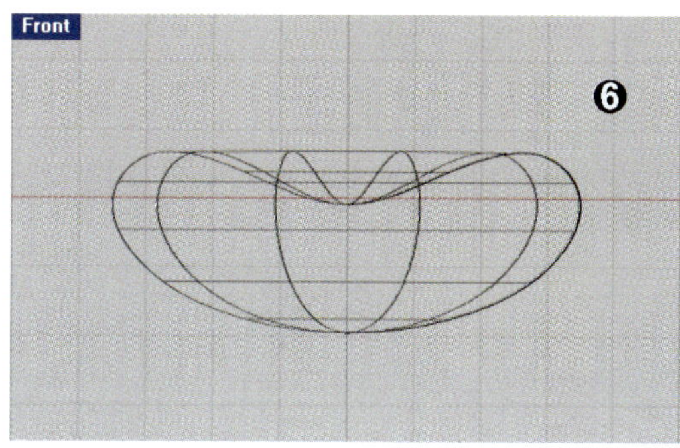


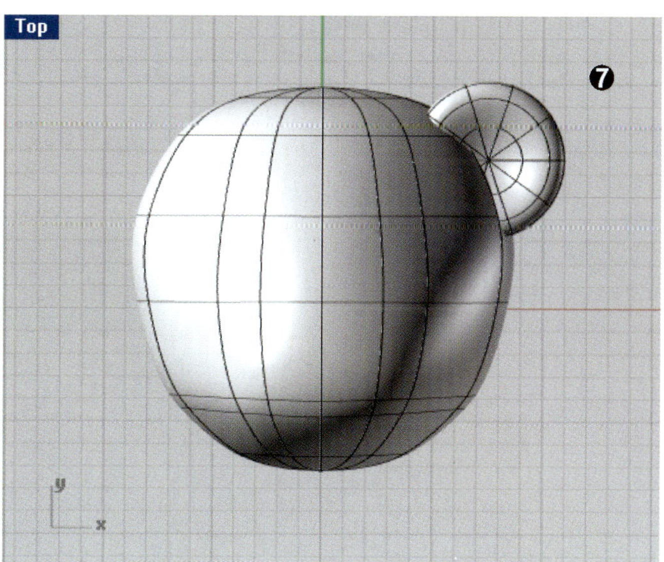


(S-9) 앞단계 STEP-3에서 한 방법과 같이 작업해서 완성한 다음 먼저 만들어놓은 얼굴 부분에 7번 그림과 같이 이동시켜서 완성한다.

< STEP-9 >

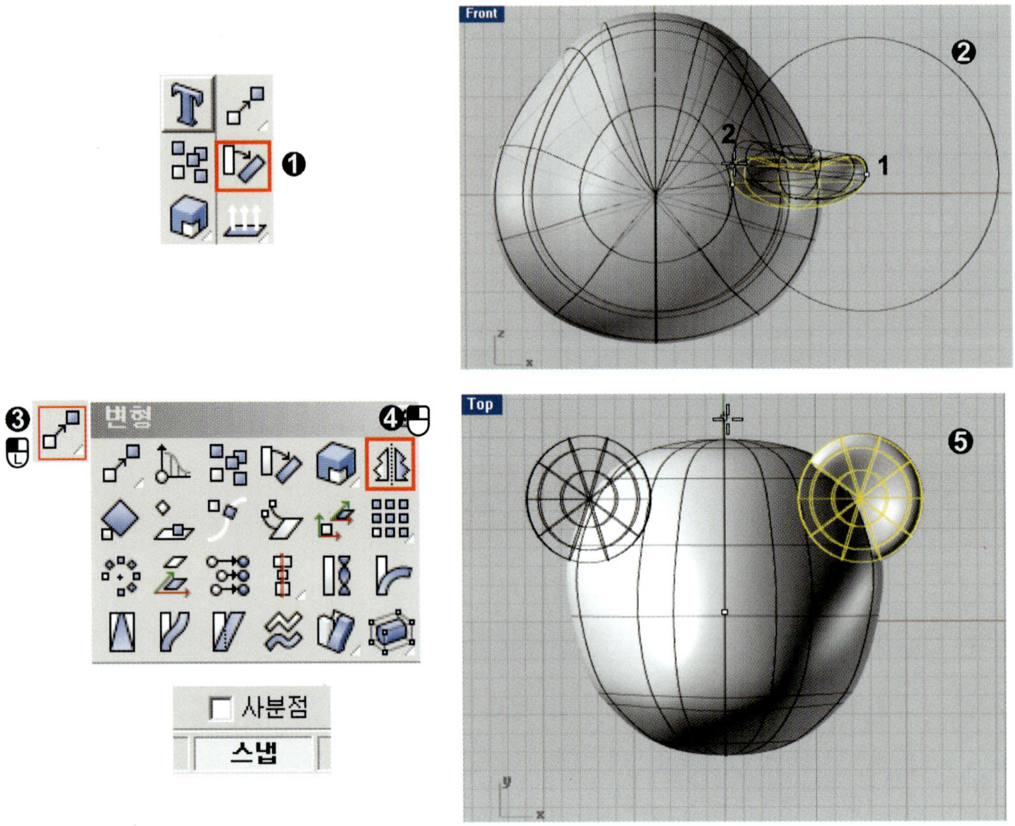


< STEP-10 >

(S-10) 형태를 잡아주기 위해서 귀를 선택하고 1번 회전을 클릭한 후 2번 그림의 순서대로 클릭해서 회전시킨다. 그 다음 3번 이동을 길게 선택하고 4번 미러를 클릭한 후 하단의 스냅을 켜고 5번 그림과 같이 완성시킨다.

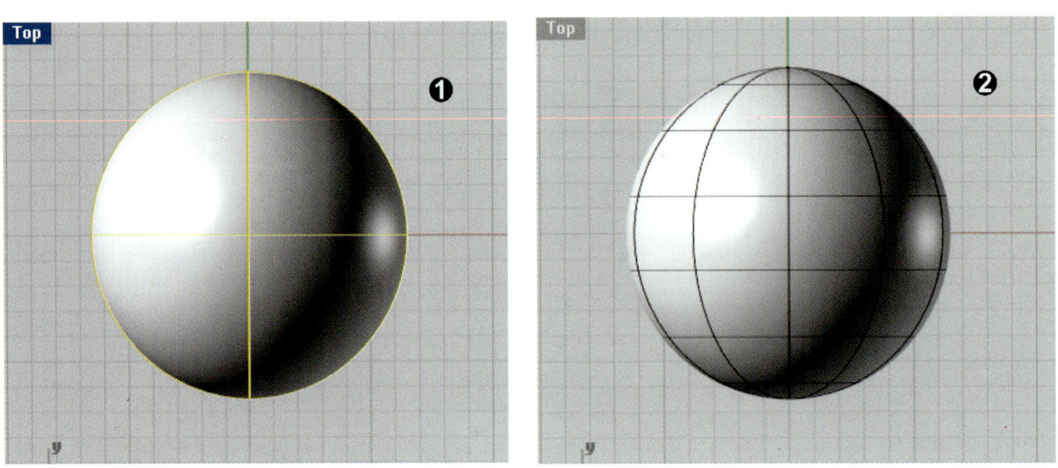

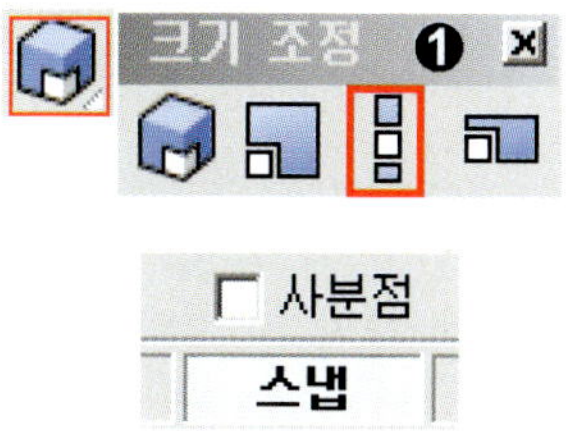


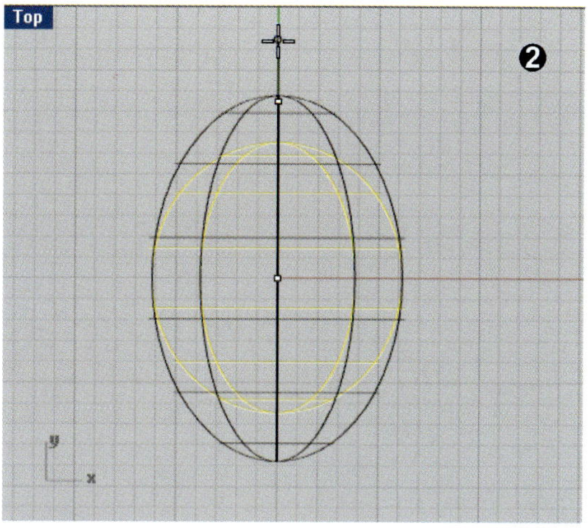


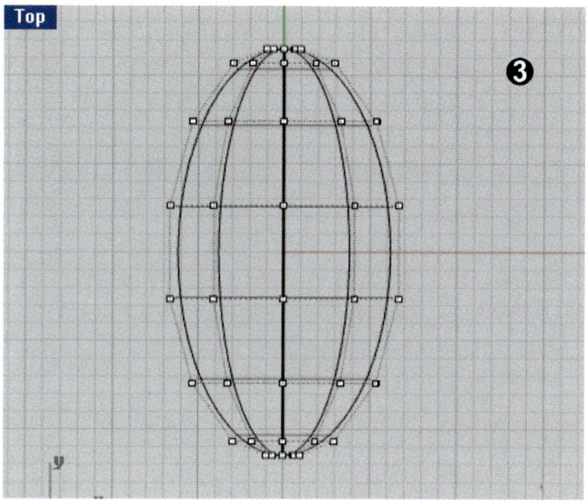


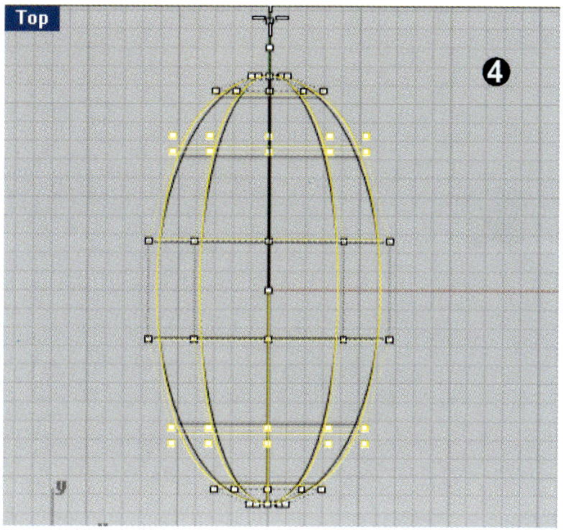


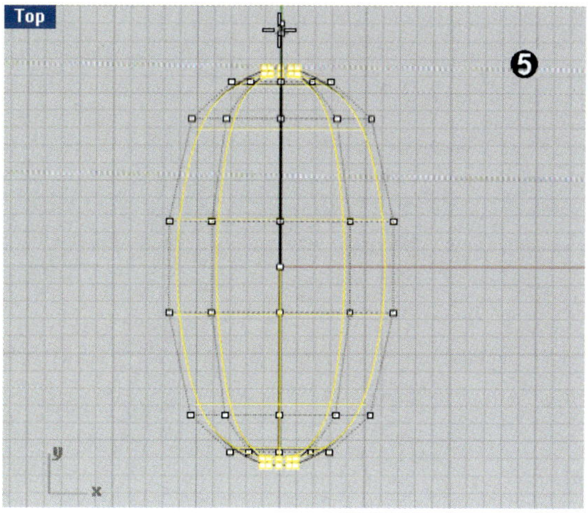


(S-11) 반지름이 6.5mm인 구를 그려서 재생성 시킨 후 STEP-3에서 했던 방법으로 위의 그림과 같이 실행한다.

< STEP-11 >

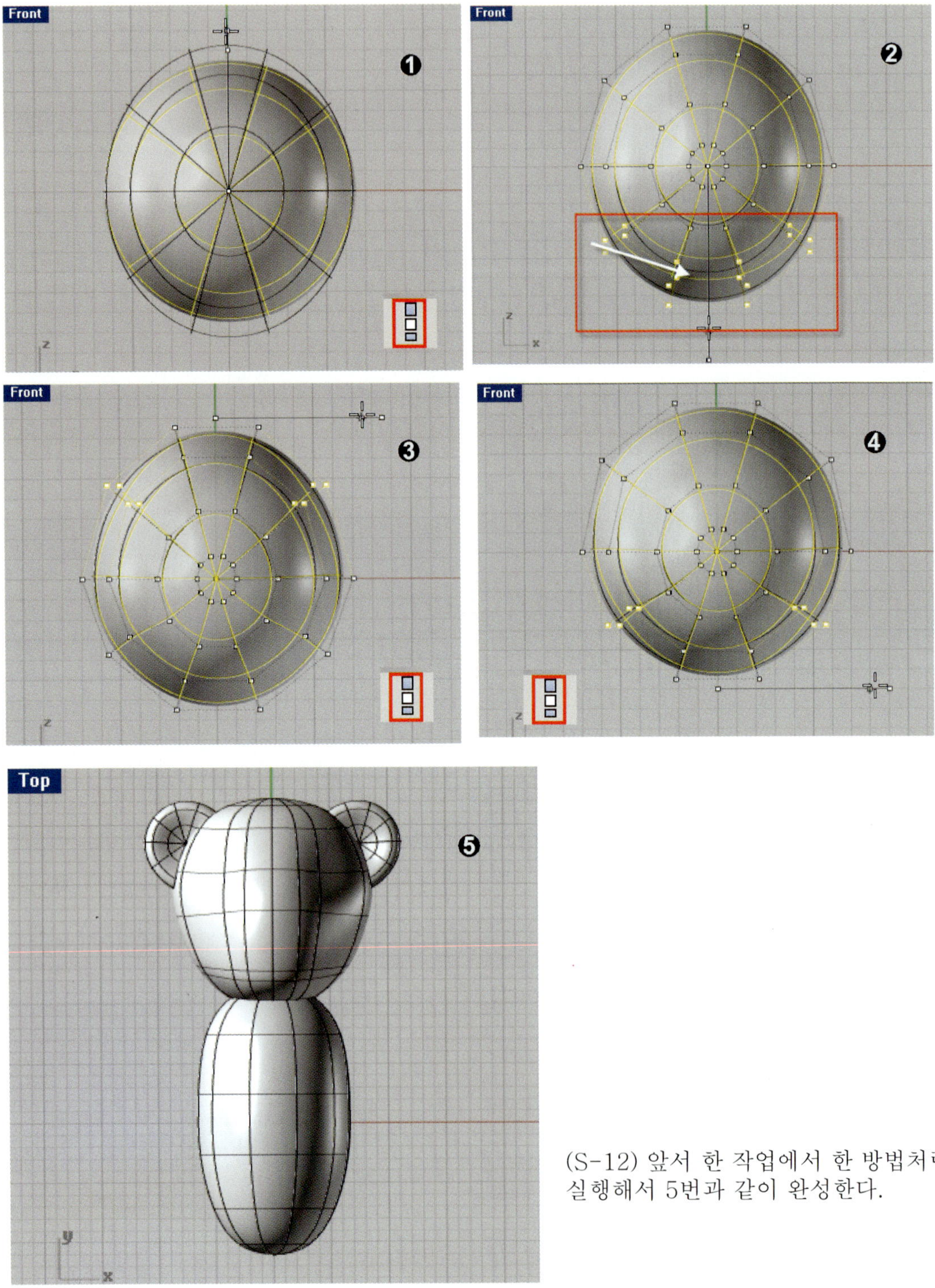


(S-12) 앞서 한 작업에서 한 방법처럼 실행해서 5번과 같이 완성한다.

< STEP-12 >

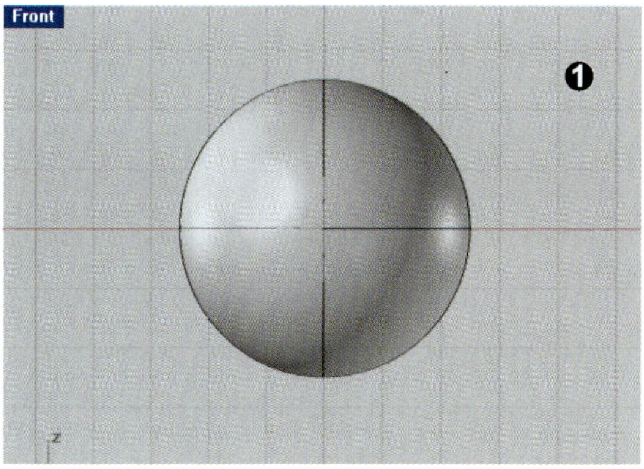


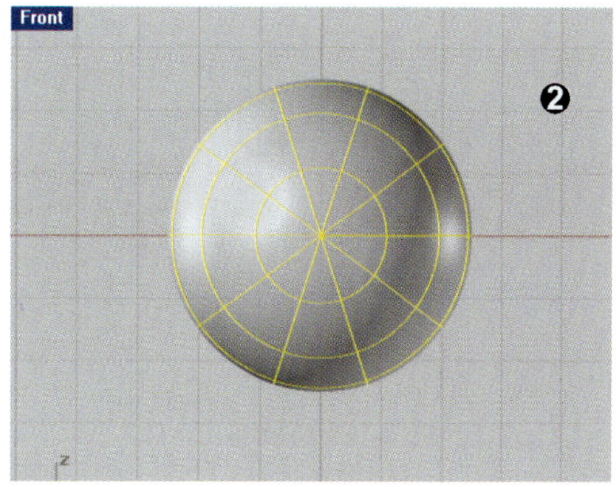


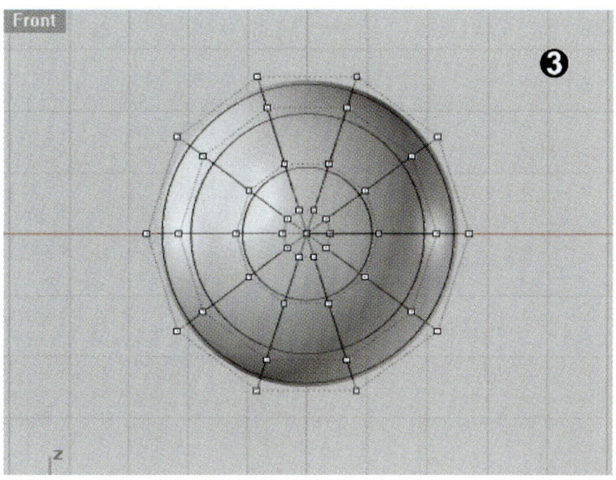


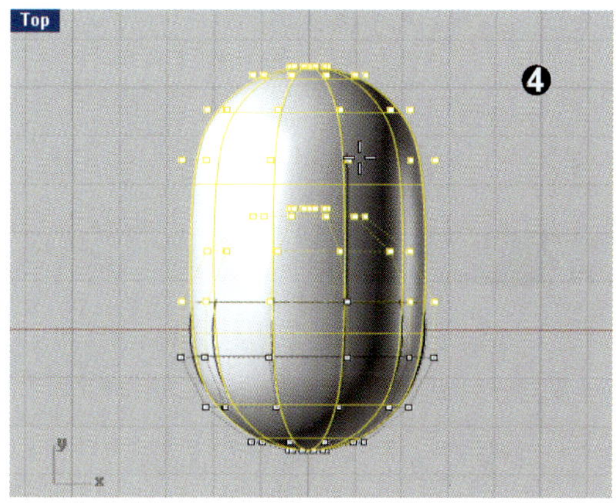


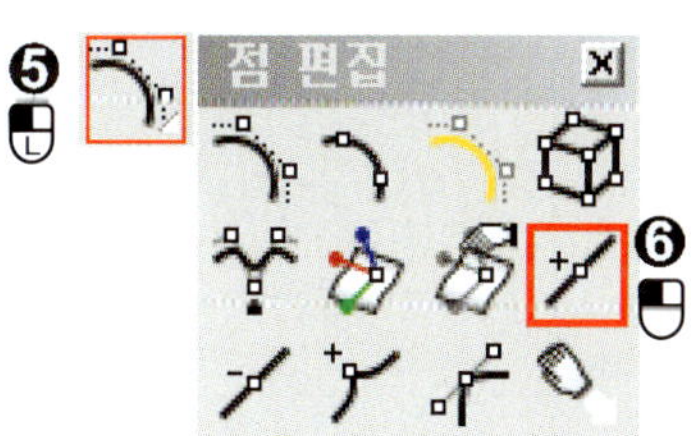


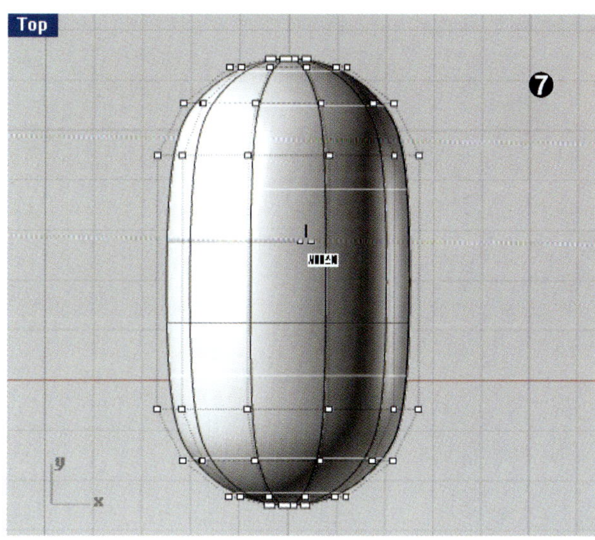


(S-13) 5mm 구를 그린 후 앞단계에서 한 방법처럼 실행해서 그림과 같이 완성한다.

< STEP-13 >

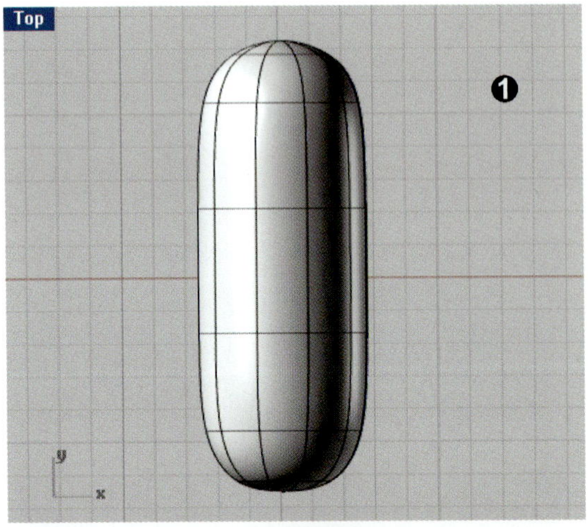

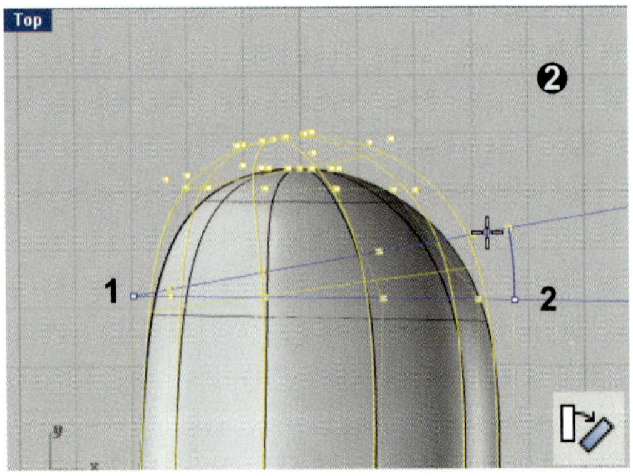


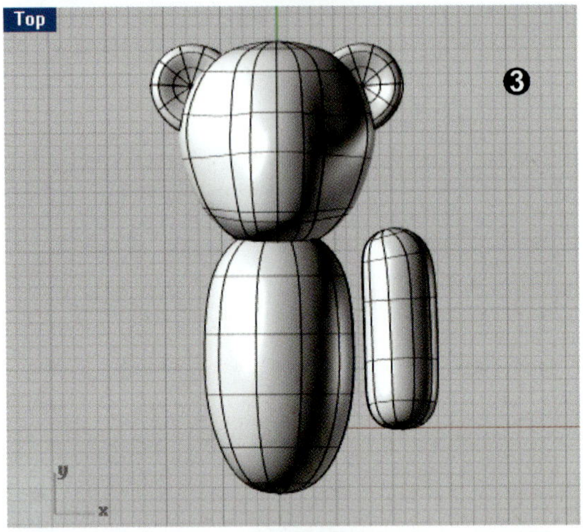

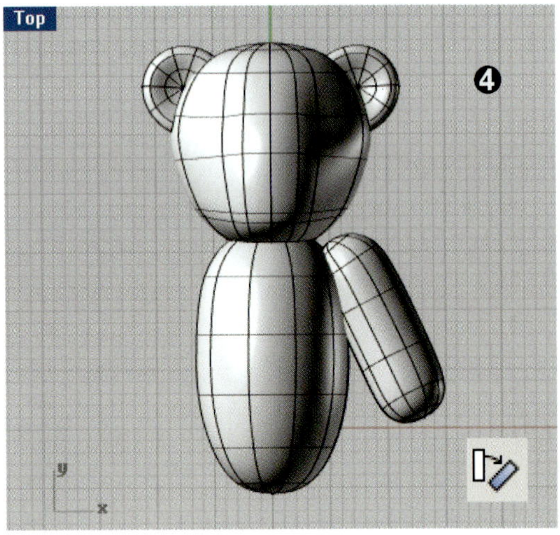

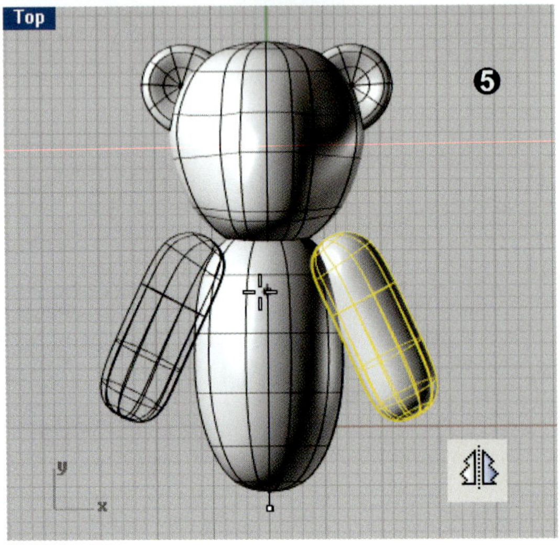

(S-14) 1번과 같이 만들어진 개체를 제어점을 켜서 2번 그림처럼 회전 시켜준다.
그 다음 3번 그림과 같이 만들어진 결과를 4번 그림과 같이 회전 하고 5번과 같이 미러시켜 완성한다.

< STEP-14 >

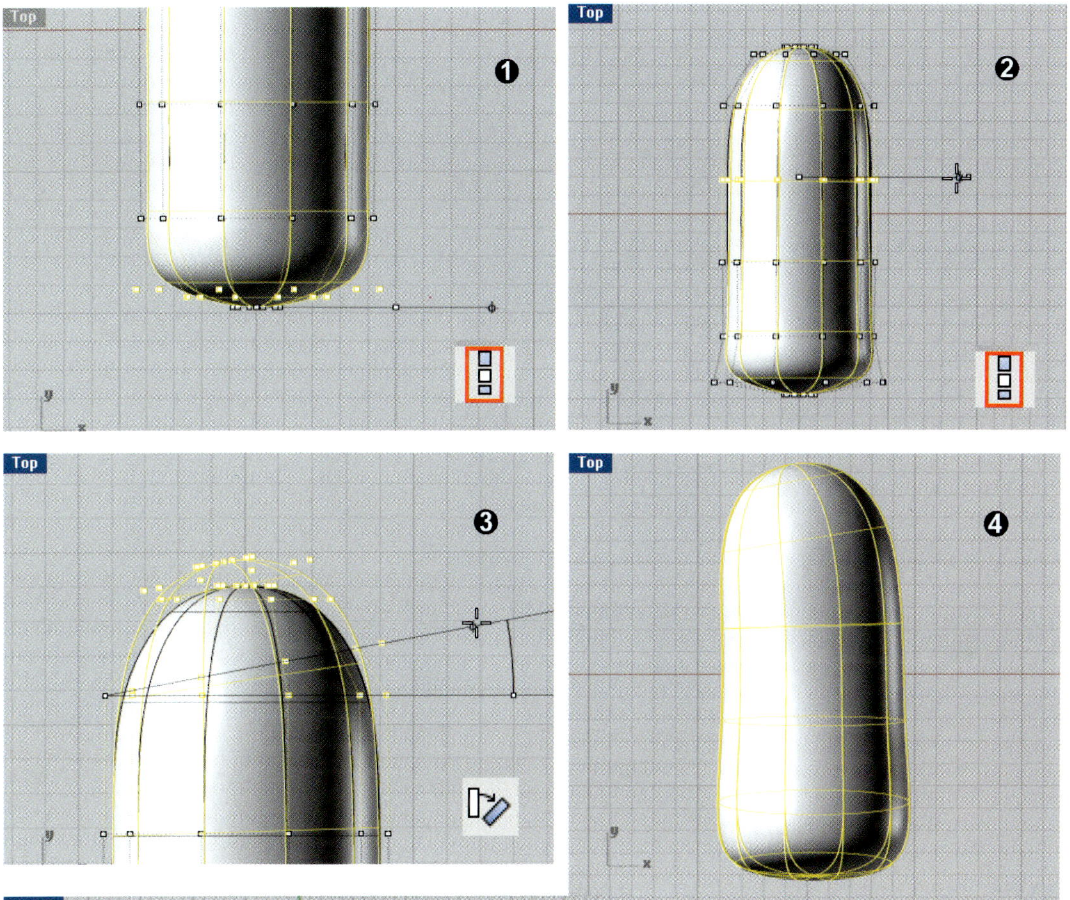

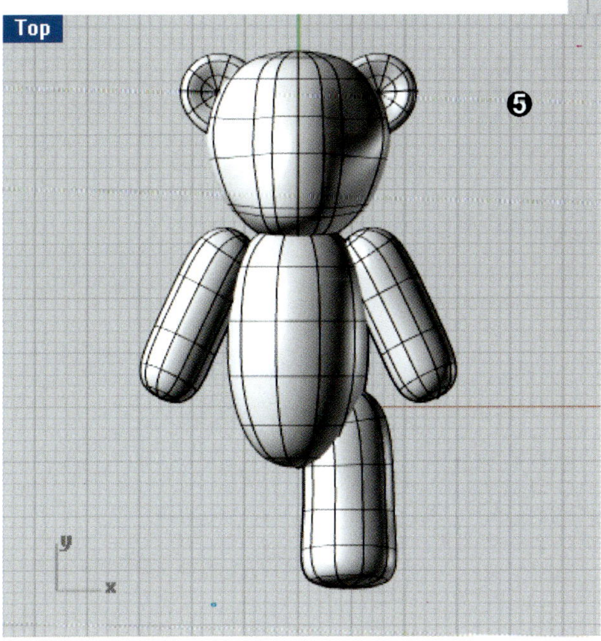

(S-15) 앞 단계에서 한 방법과 같이 실행해서 5번과 같이 완성시킨다.

< STEP-15 >

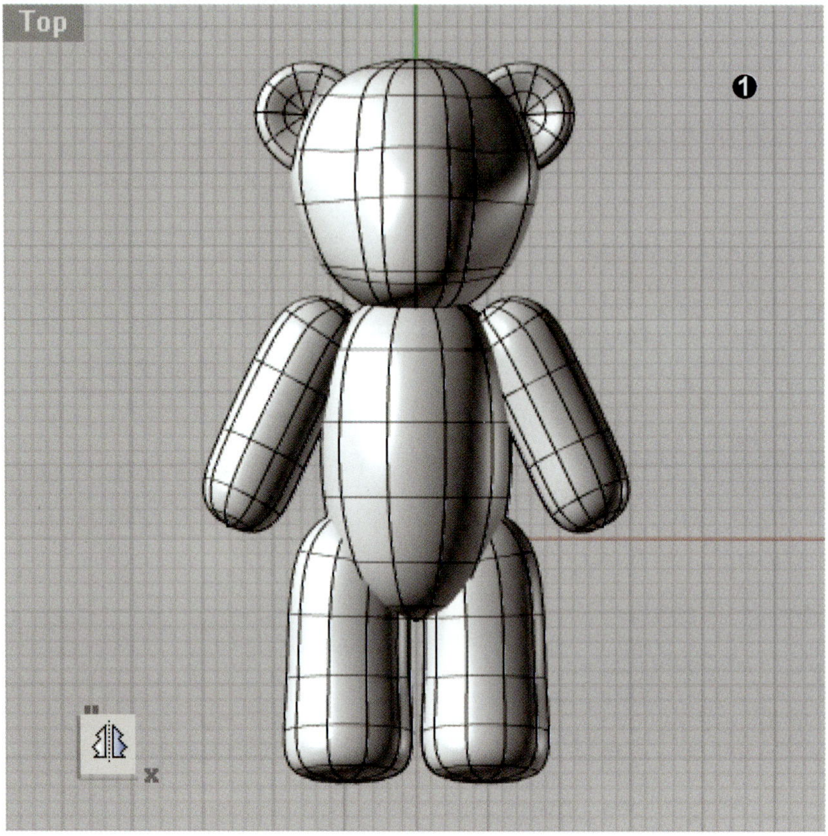


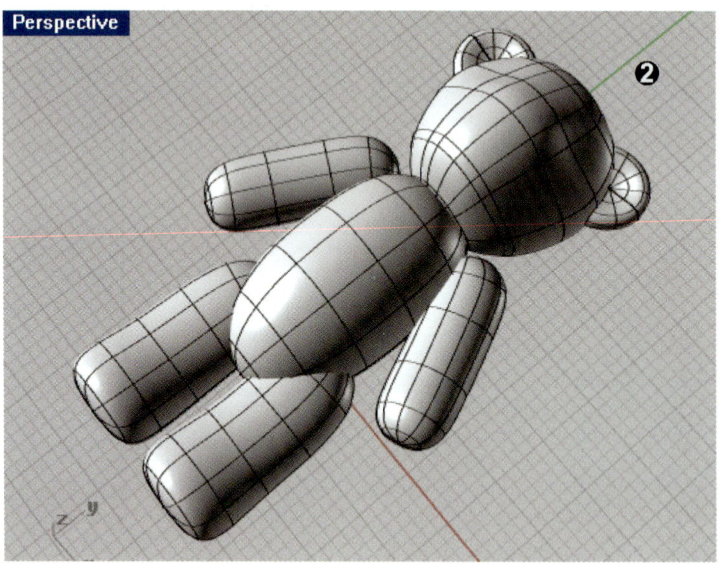


(S-16) 현재까지 작업된 형태이다.

< STEP-16 >

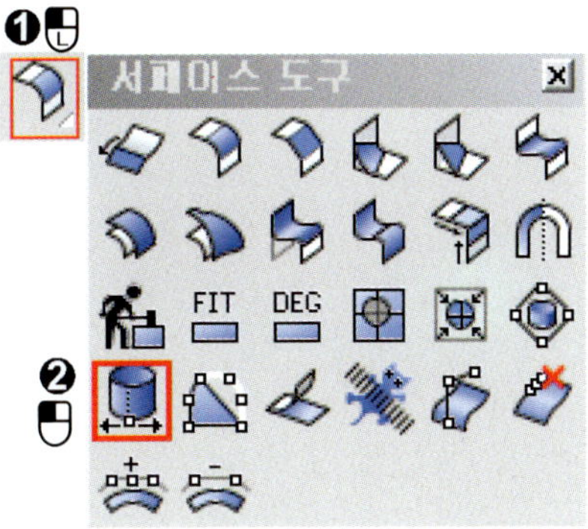


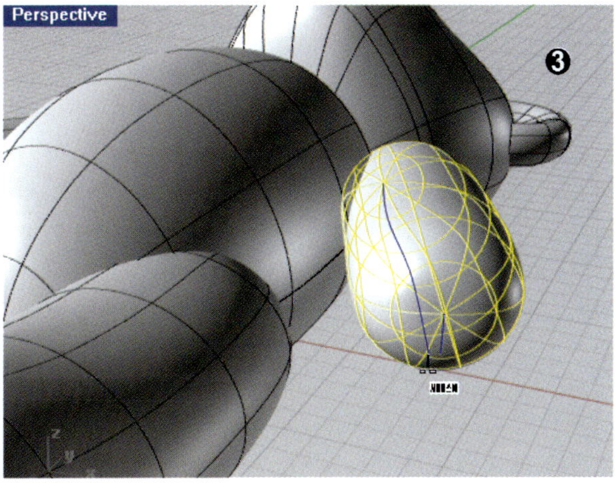


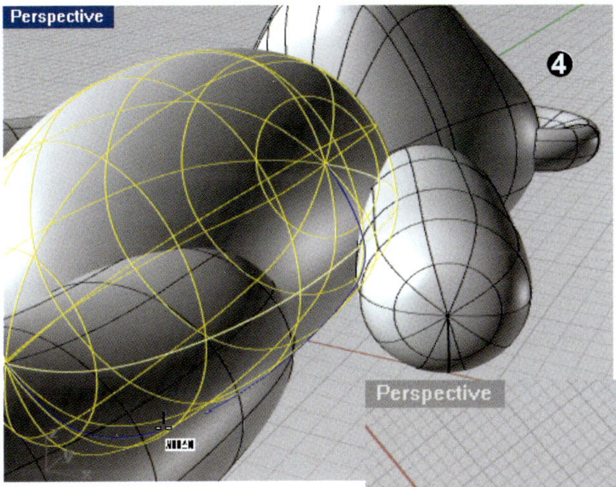


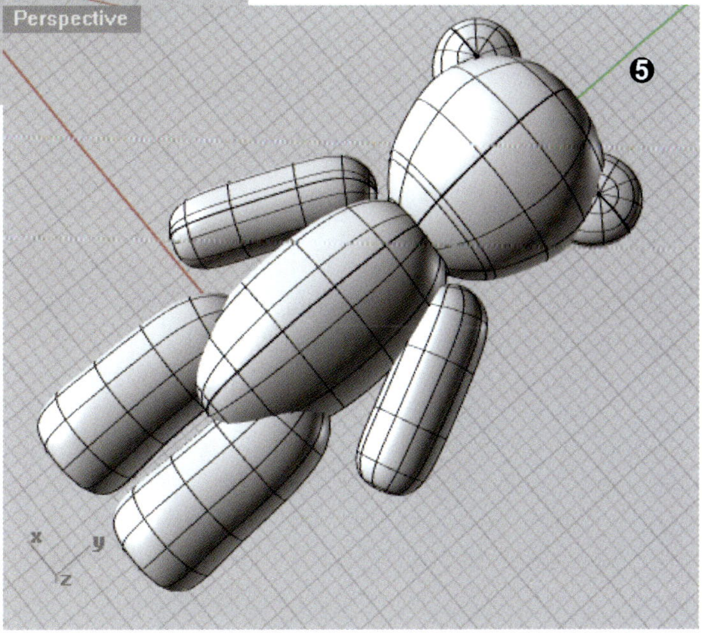


(S-17) 이음새가 되어있는 부분을 절단하게되면 서페이스 작업시 까다롭기 때문에 4.0에 추가된 기능에서 서페이스 심점 (이음새)를 움직여주고자 한다.
1번 서페이스 필렛을 길게 선택한 후 2번 닫힌 서페이스 심 조정을 클릭한다. 그 다음 서페이스를 클릭하면 3번 그림과 같이 이음새가 움직이는 것을 알 수 있다.
그 다음 4번 그림처럼 몸통도 이음새를 아래로 움직여서 4번 그림과 같이 완성한다.

< STEP-17 >

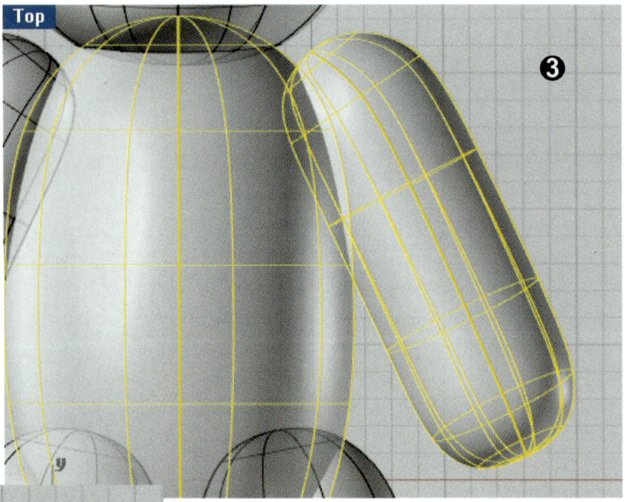


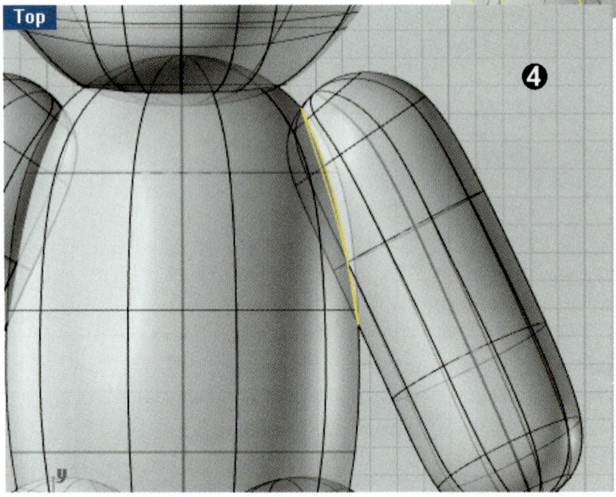


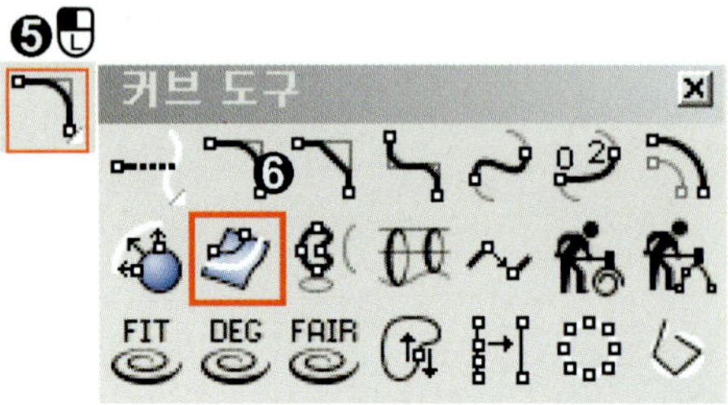


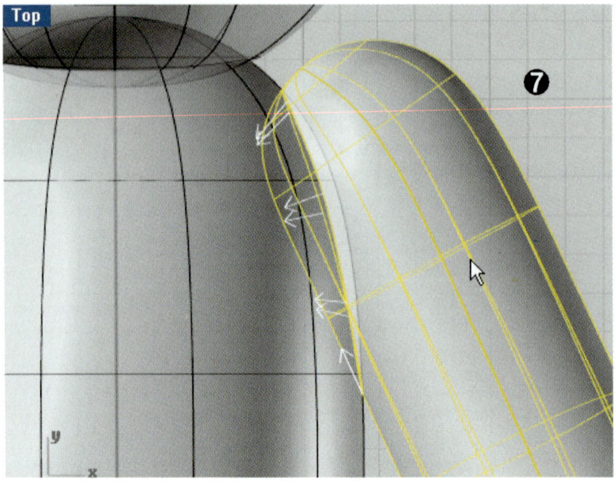


(S-18) 1번 서페이스로 투영을 길게 선택한 후 2번 개체교차를 클릭하고 3번 그림처럼 개체를 하나씩 선택한 후 Enter치면 4번 그림과 같이 두 개체에 교차하는 커브가 그려진다. (이 때 커브가 잘 보이도록 하기 위해서 레이어를 바꿔주었다.)
5번 커브필렛을 길게 선택한 후 6번 서페이스상의 커브 간격띄우기를 클릭하고 개체를 선택하면 7번 그림과 같이 화살표 방향이 향하는 것을 알 수 있다.

< STEP-18 >

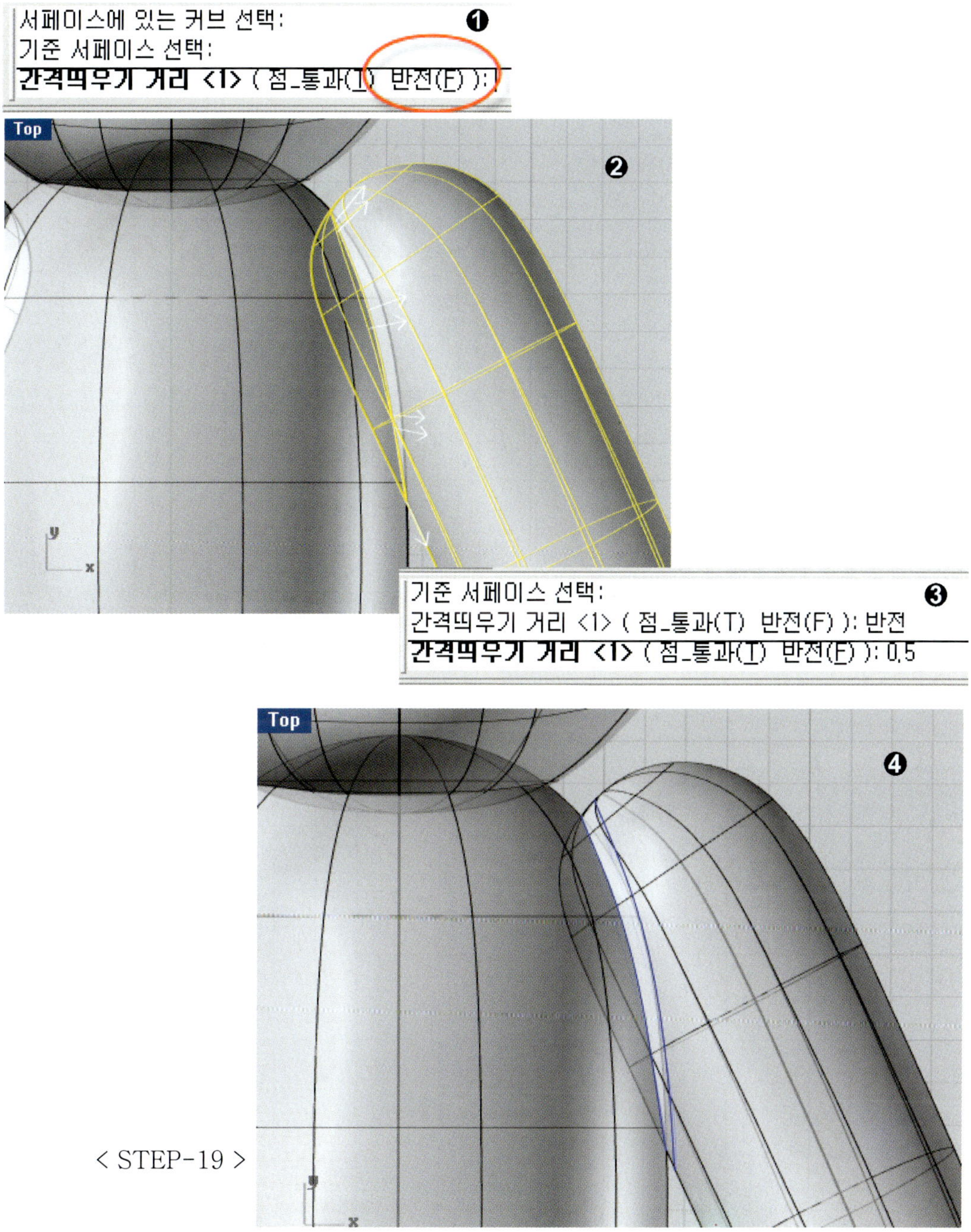


< STEP-19 >

(S-19) 커브가 그려지는 방향성을 바꾸기 위해서 1번 명령창의 반전을 클릭하면 2번 그림처럼 화살표 방향이 바뀐다. 그 다음 3번 명령창에 거리값 0.5를 입력하고 Enter 치면 4번 그림과 같이 서페이스 상에 0.5mm떨어진 커브가 생기는 것을 알 수 있다.

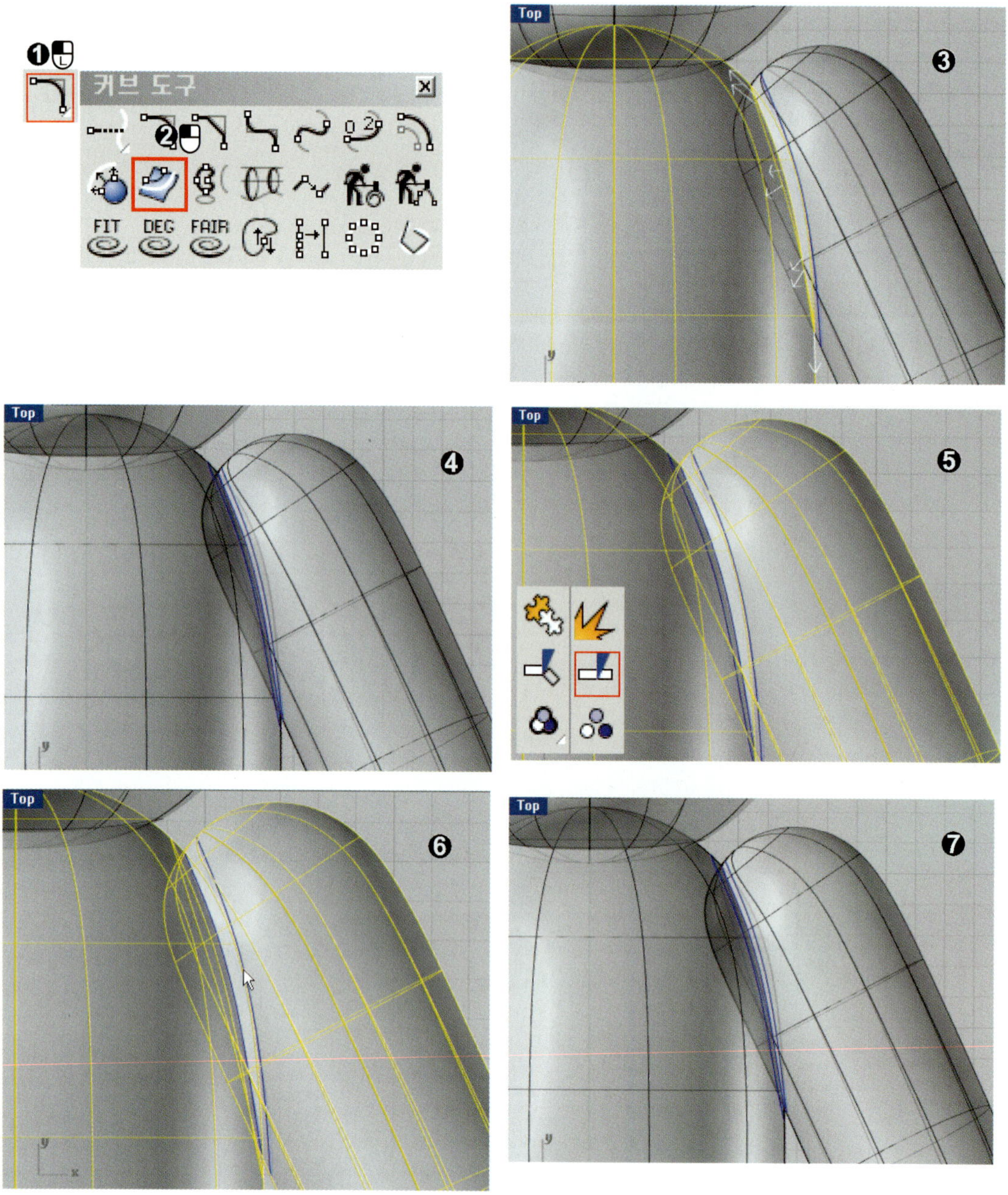


< STEP-20 >

(S-20) STEP-18에서 한 방법과 같이 1번 커브필렛을 길게 누른 후 2번 서페이스상에서 커브 간격띄우기를 클릭한다. 커브를 먼저 클릭하고 서페이스를 선택하면 4번과 같이 서페이스상에 커브가 만들어진다. 5번 분할을 클릭하고 서페이스를 먼저 선택한 후 Enter 치고 6번 그림처럼 커브를 선택하면 7번 그림과 같이 커브로 서페이스가 잘라지는 것을 알 수 있다.

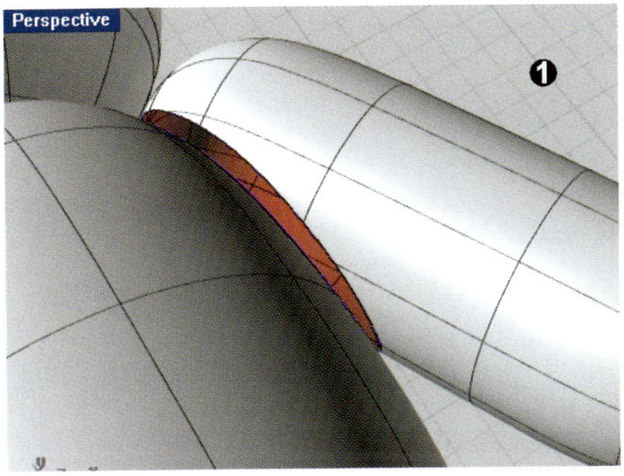


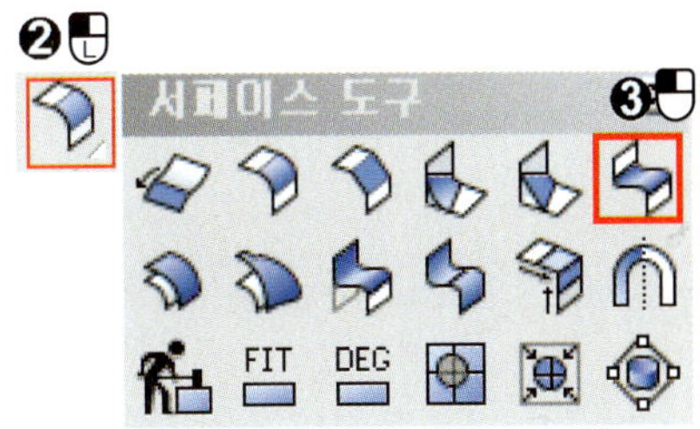

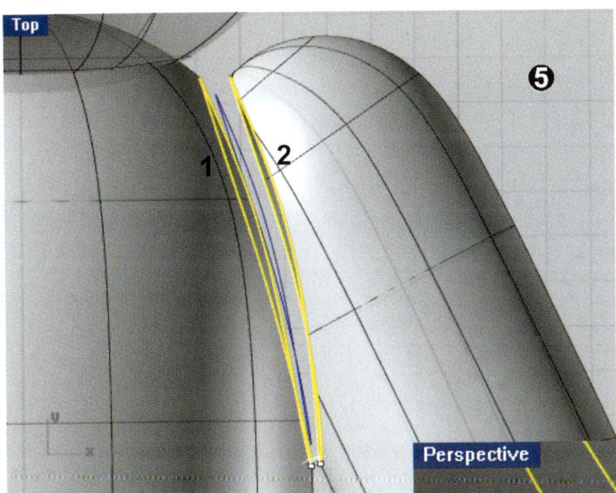


(S-21) 앞단계에서 자른 서페이스를 지워준 후 2번 서페이스 필렛을 길게 선택해서 3번 서페이스 블랜드를 클릭한다.
명령창을 4번과 같이 설정해주고 5번 그림의 순서대로 클릭해주면 6번과 같이 나오면 Enter를 친다.

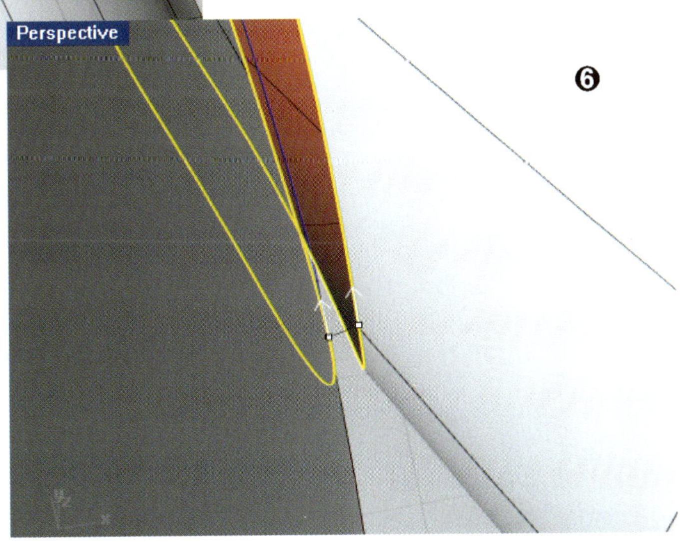


< STEP-21 >

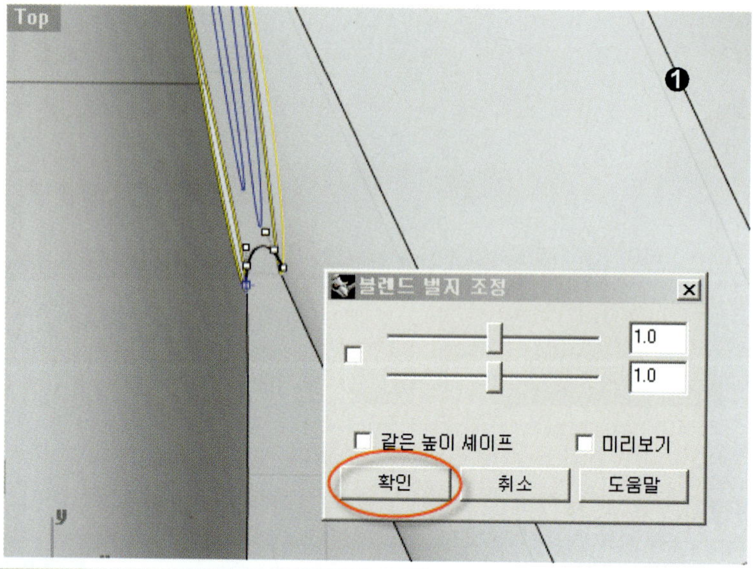


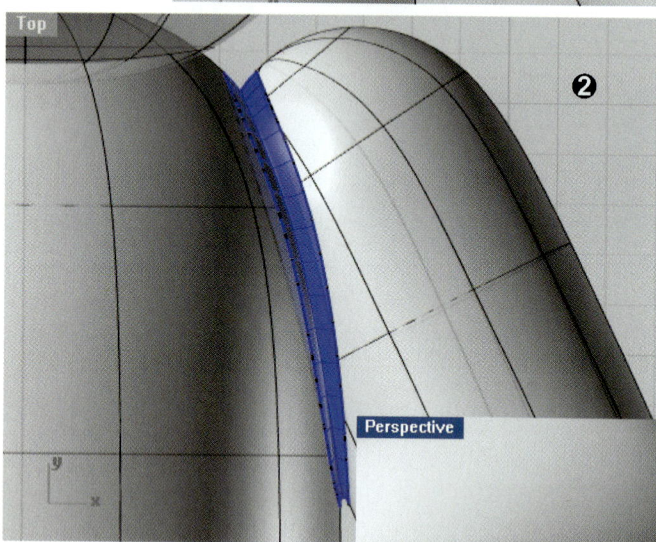


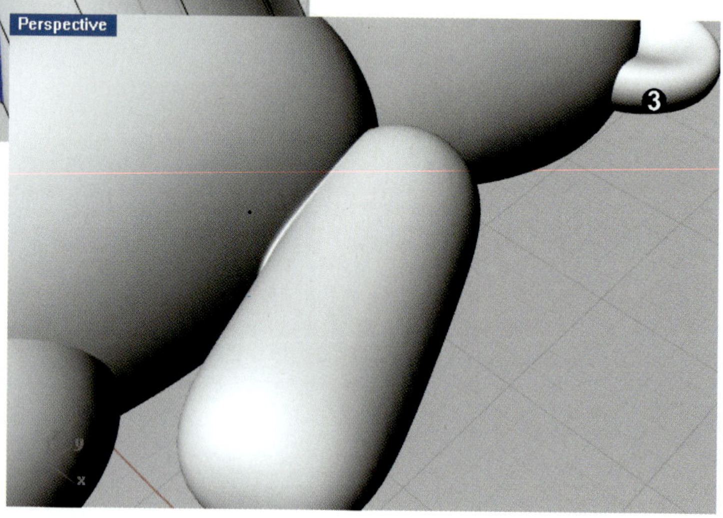


(S-22) STEP-21에서 서페이스의 가장자리를 클릭하고 Enter치면 1번과 같은 옵션 창이 뜬다.
이때 확인을 클릭해주면 2번과 같이 서페이스가 생성된다. 음영으로 보면 3번과 같이 완성된다.

< STEP-22 >

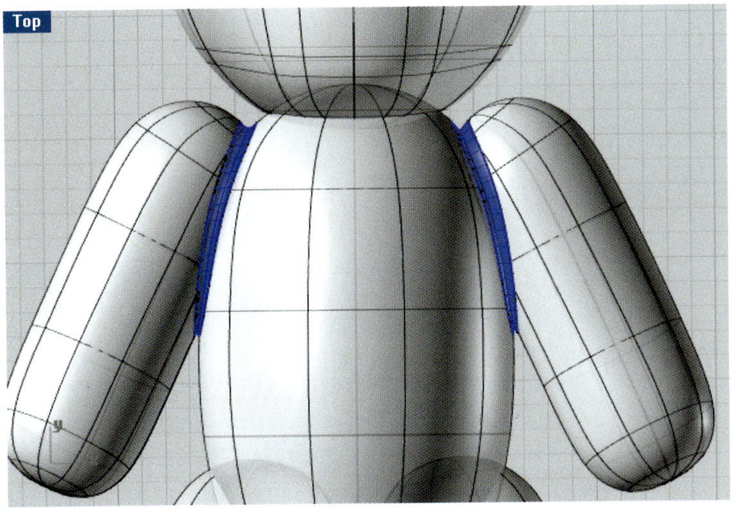


▶ 앞에서 한 방법처럼 반대편 팔도 완성시킨다.

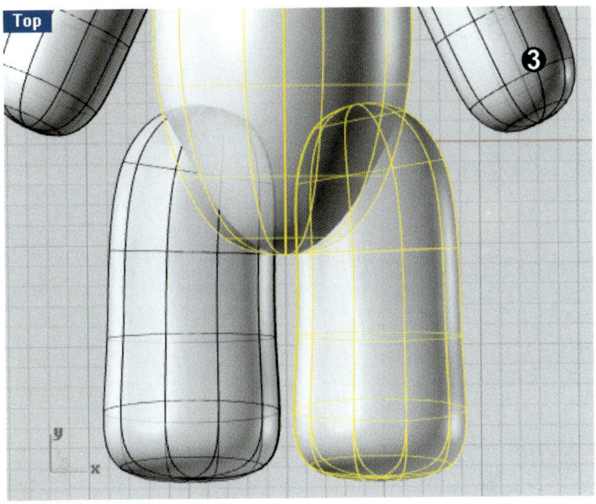


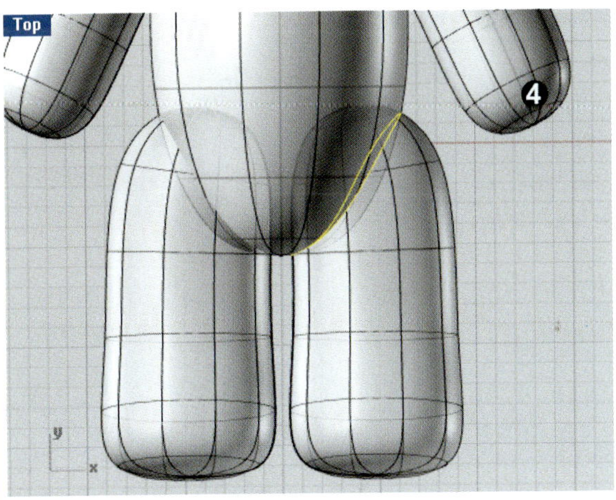


(S-24) STEP-18에서 한 방법처럼 위의 순서대로 완성시킨다.

< STEP-24 >

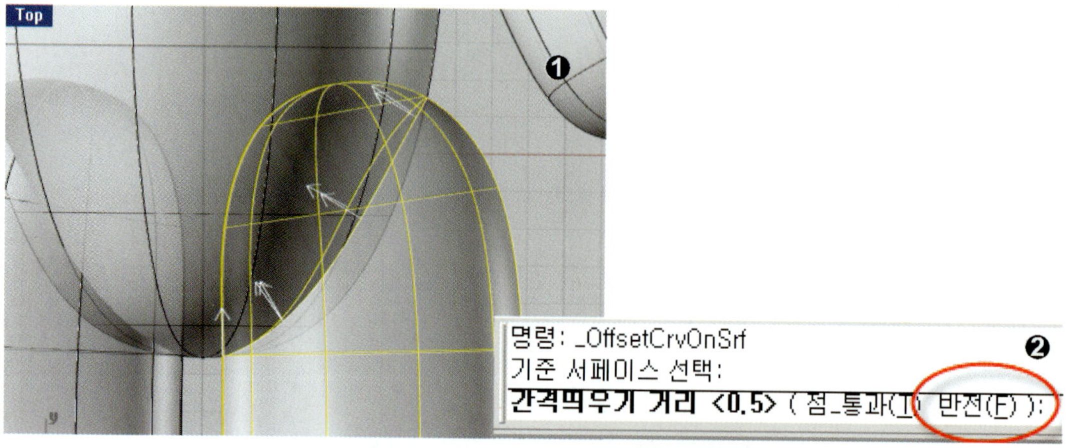


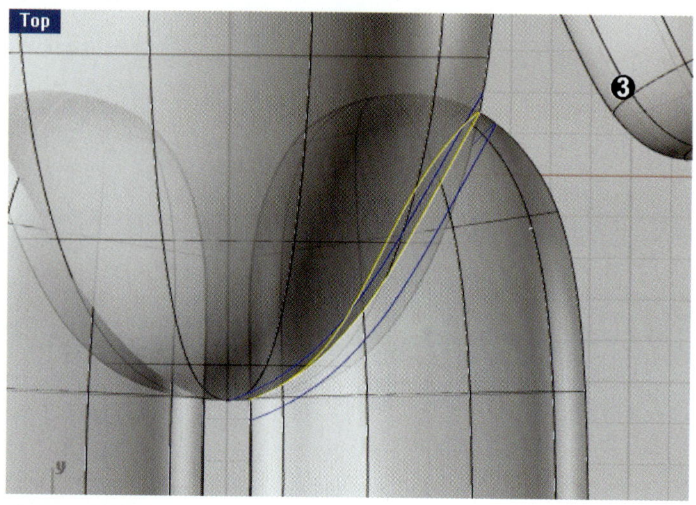


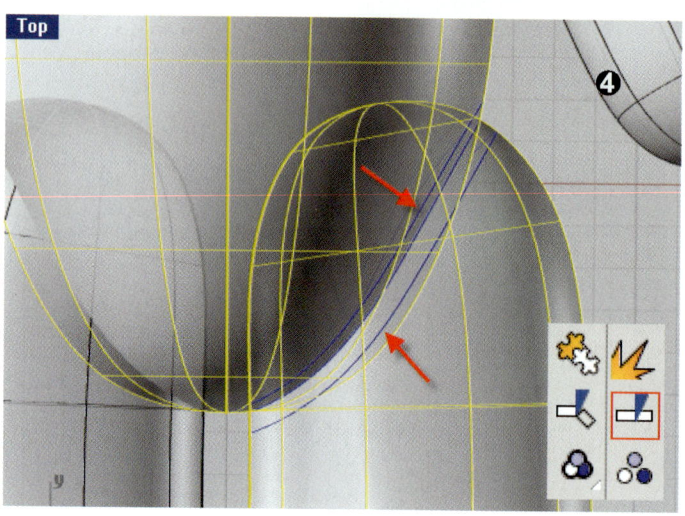


(S-25) STEP-18,19,20에서 한 방법과 같이 실행한다.

< STEP-25 >

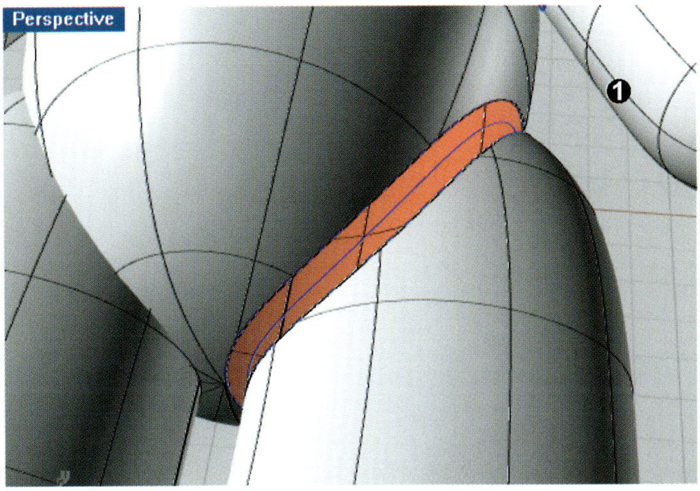

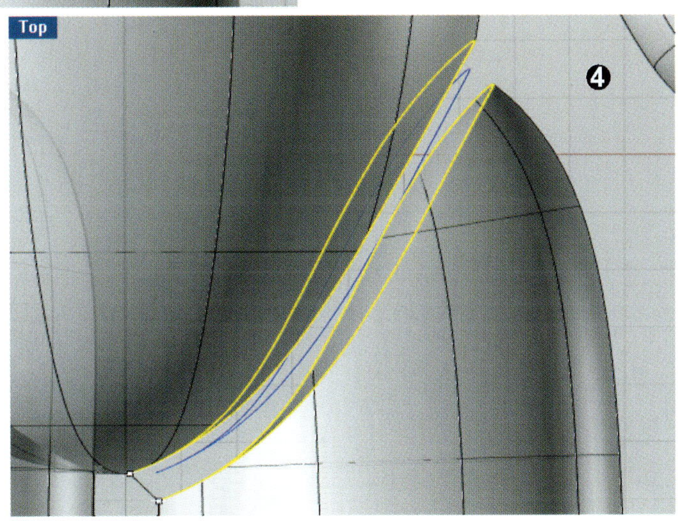


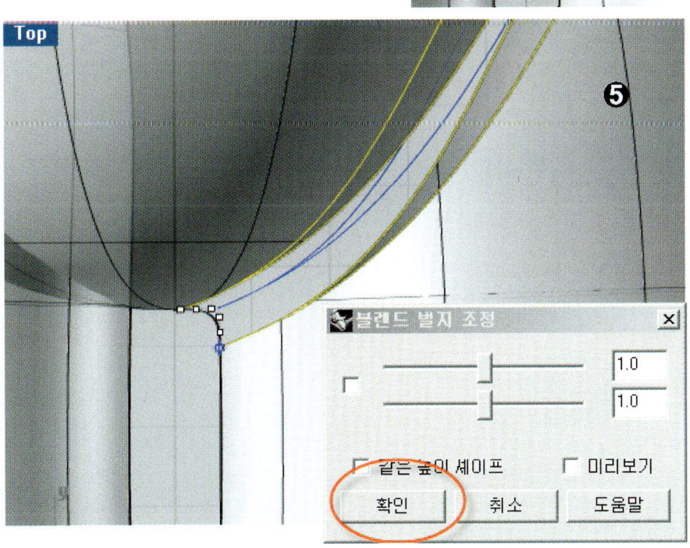


(S-26) 앞단계에서 한 방법 대로 실행한다.

< STEP-26 >

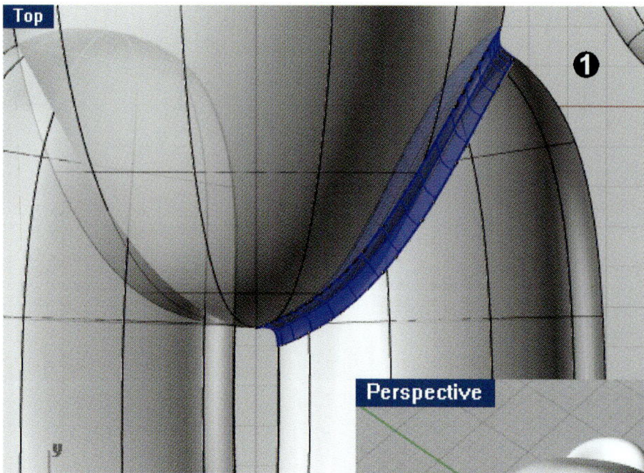


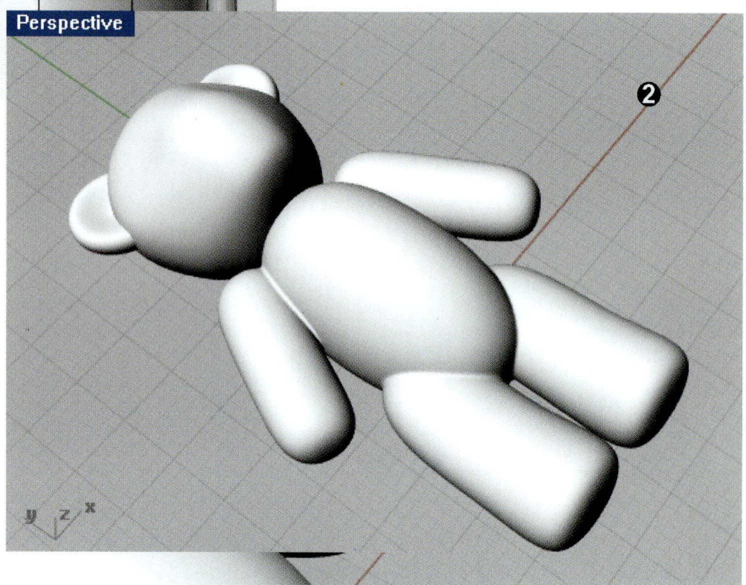


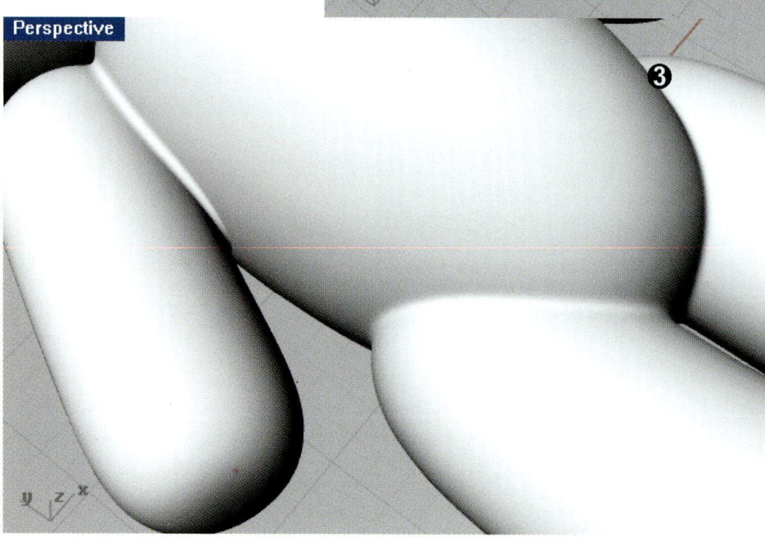


(S-27) 순서대로
완성시킨다.
(눈, 코, 입은 생략한다)

< STEP-27 >

# Rhino3D

## 22. 나비 반지 만들기

## 22. 나비 반지 만들기

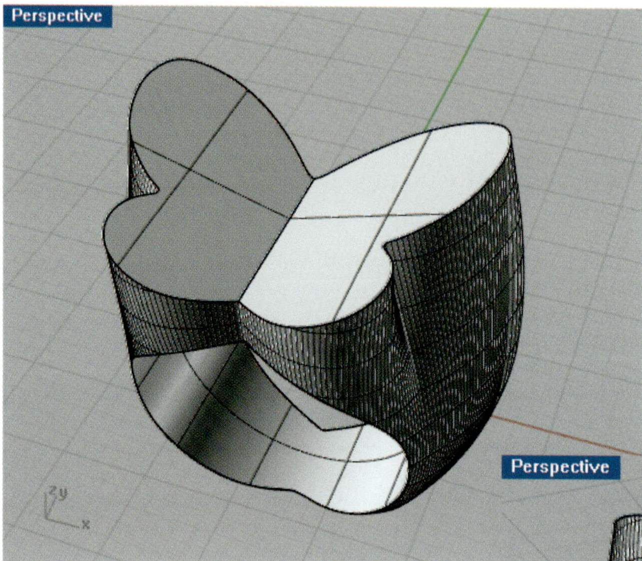


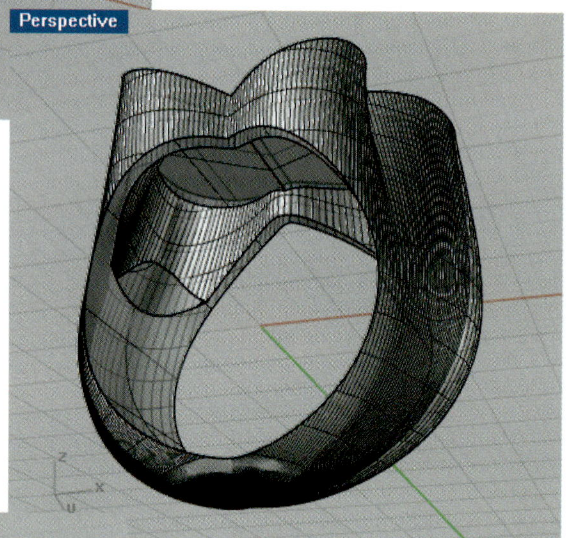


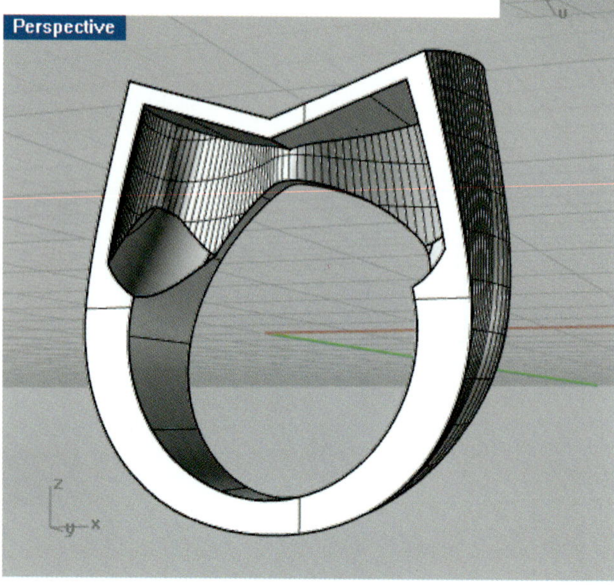

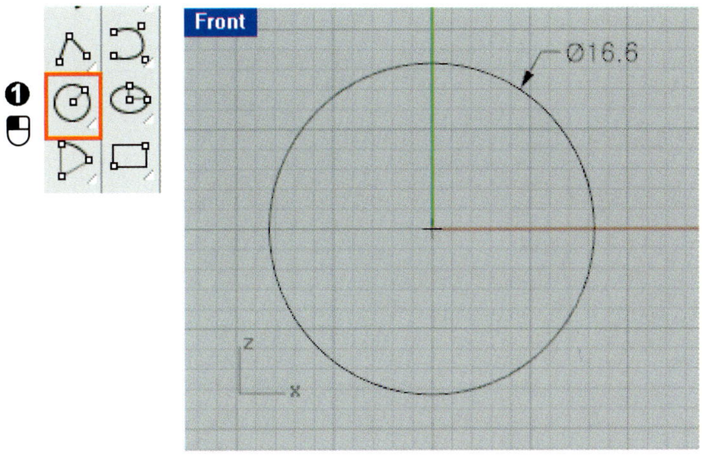


(S-1) 1번을 클릭하고 Front 에서 그림처럼 스냅을 켜고 원점을 클릭한 다음 명령창에 지름 16.6을 입력하고 Enter를 쳐서 그림처럼 그린다.

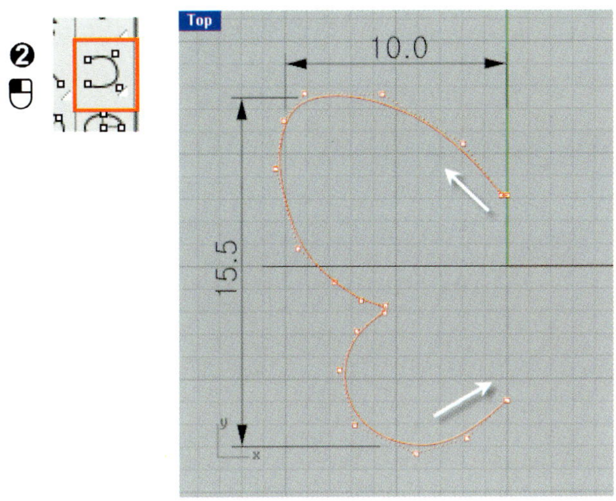


(S-1) 2번을 클릭하고 스냅을 킨 다음 녹색 Y축에서부터 화살표 방향으로 그려 나가는데 시작과 끝점은 스냅을 킨 상태에서 클릭하고 제시된 치수와 유사하게 그리도록 한다.

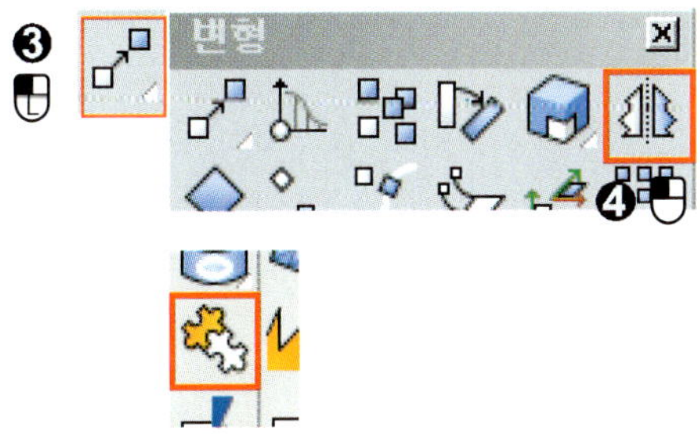


(S-1) 완성된 나비 절반을 선택하고 3, 4번을 클릭한 다음 하단의 개체스냅중 끝점을 체크하고 5번 그림처럼 그려 완성한 다음 결합시켜 하나의 커브로 만든다.

< STEP-1 >

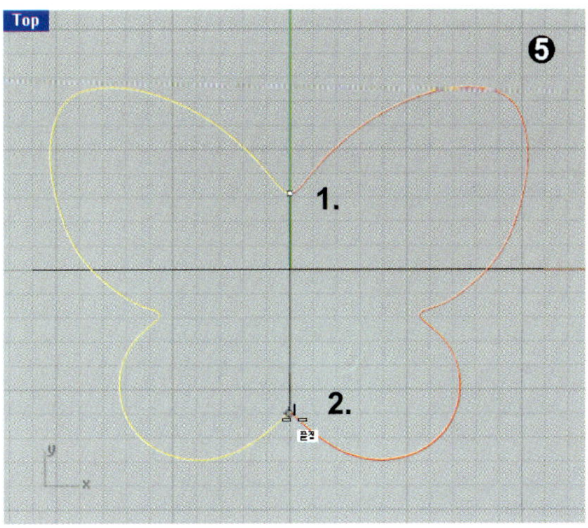

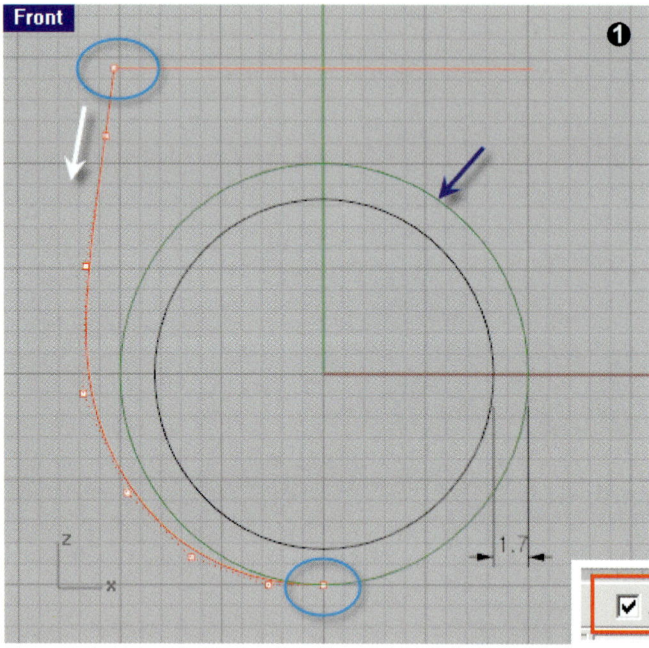


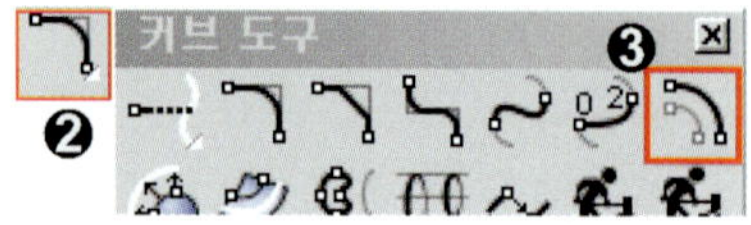


(S-2) Front 에서 파란 화살표로 표시된 녹색의 원을 그린다. 이는 반지 하단의 두께를 정하기 위해서 그리는데 2, 3번을 클릭하여 1.7mm 떨어진 원을 그린다.
(이는 1.5~2mm사이의 값을 정하는데 이는 업체마다 다른 치수로 작업이 된다.)
사분점을 체크하고 화살표 방향대로 그려나가는데 하단의 표시된 부분인 사분점에 연결되게 그린다.

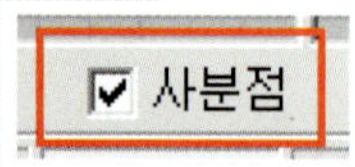


< STEP-2 >

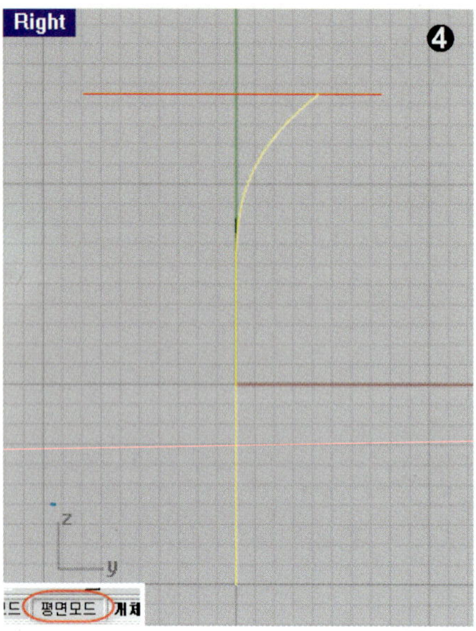


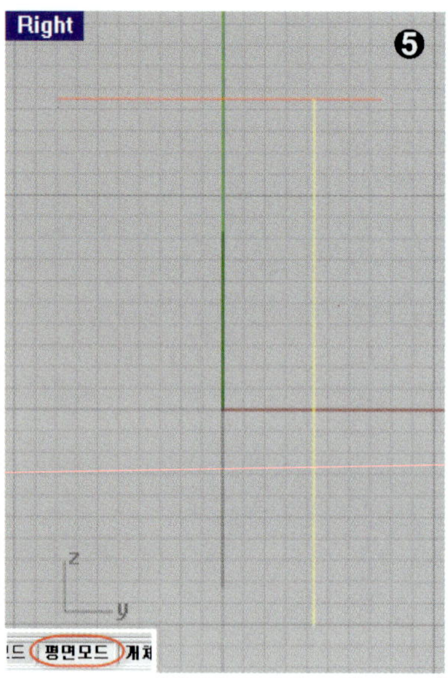


(S-2) 위 커브 작업후 Right에서 보면 4번 그림처럼 나오는 경우 하단의 평면모드가 해제되어 있는 경우이고 5번 그림은 평면모드가 설정되어 있는 경우에 그려진 그림이다.
커브를 수정할 것이기 때문에 여기서는 둘중에 어떻게 그려져도 상관이 없다.

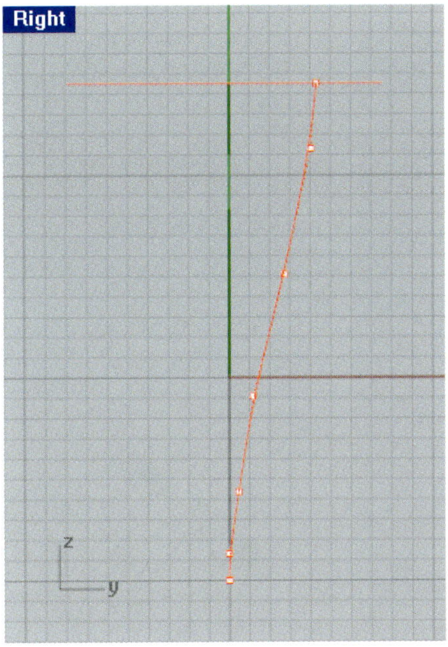


(S-3) 커브를 선택한 다음 제어점을 켜고 그림처럼 수정을 한다.

[그림과 약간 다르게 그려져도 되고 앞에서 평면모드를 켜고 그릴때와 끄고 그릴때의 다른점을 비교해서 연습을 해보는것이 필요하다.
개인적으로는 평면모드를 켜 놓고 작업할때가 더 편한 경우가 많았다.]

< STEP-3 >

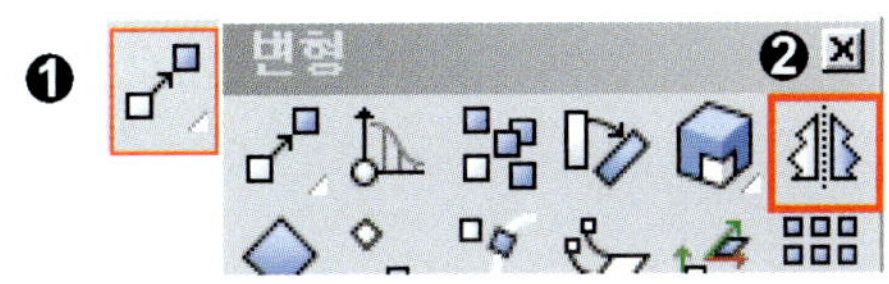


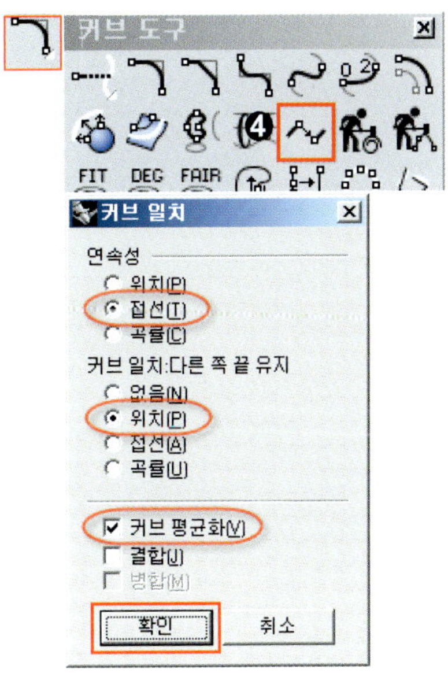


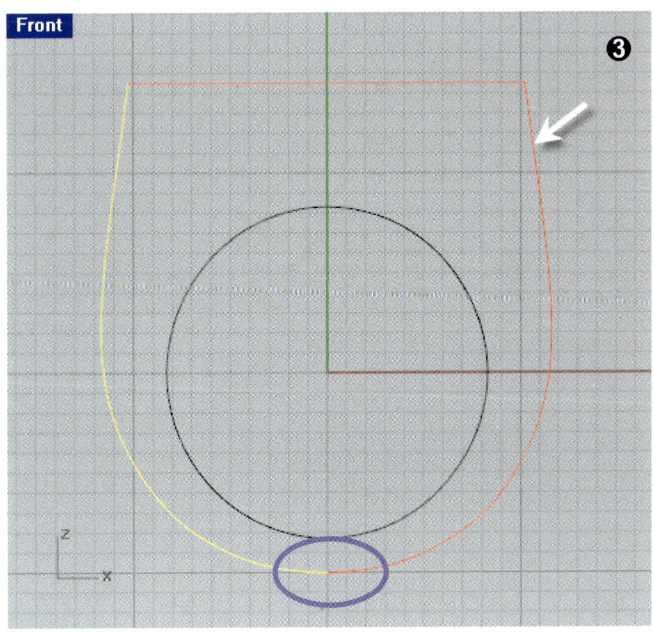


< STEP-4 >

(S-4) Right에서 수정을 하고 3번 그림처럼 미러를 이용해 좌우대칭이 되게 만든다. 하단의 표시된 부분은 4번 커브 일치를 이용해 옵션처럼 해주면 되는데 이는 뒤에 나올 커브 간격 띄우기를 해도 만들어진 양쪽 커브의 끝점이 일치하기 때문에 작업이 용이하게 된다. [전에 그린 녹색의 원은 지워도 된다.]

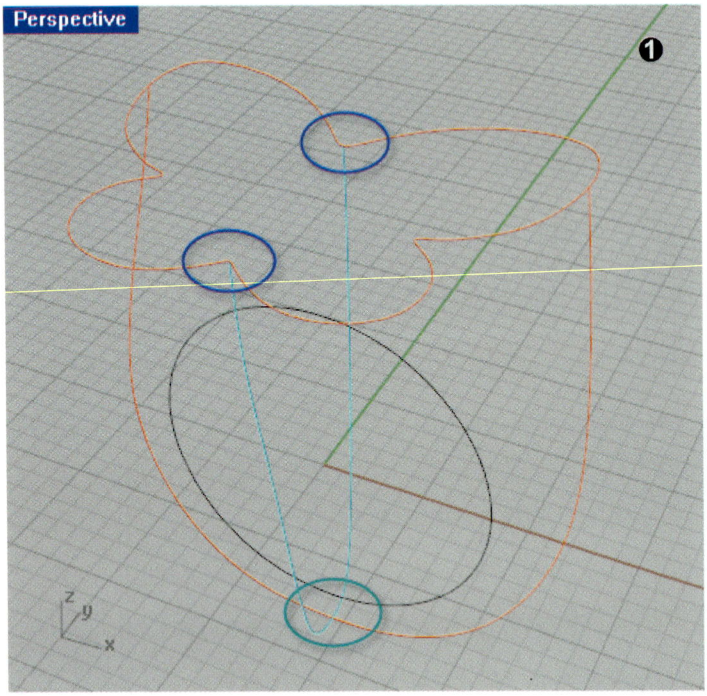


(S-5) 아래 2번 그림처럼 Right에서 또 다른 2개의 레일을 그리는데 좌측 1번 그림처럼 위의 표시된 두 부분인 사분점을 Perspective에서 선택하고 Right로 가서 그려주면 좀 더 쉽게 그릴 수 있다.

< STEP-5 >

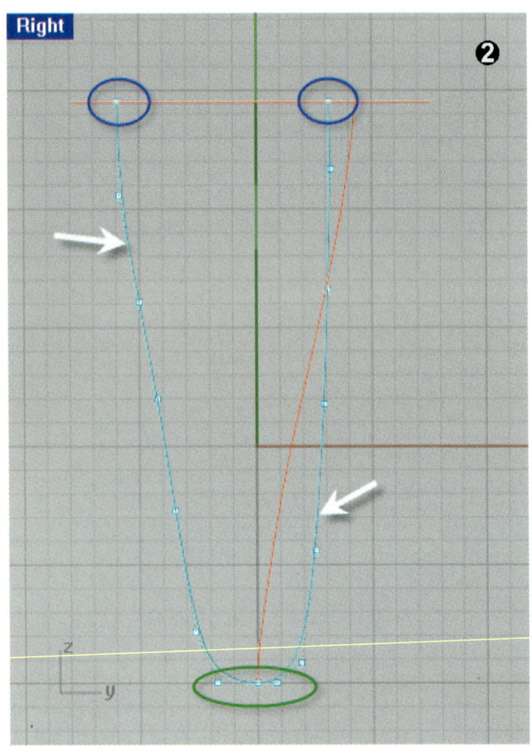


(S-5) 2번 그림처럼 앞서 한 작업과 같이 제어점을 켜서 수정하고 하단의 커브 제어점도 커브일치를 이용해 커브의 연속성을 수정해주면 뒤에 나올 커브 간격띄우기를 해도 만들어진 양쪽 커브의 끝점이 일치하기 때문에 작업이 용이하게 된다.

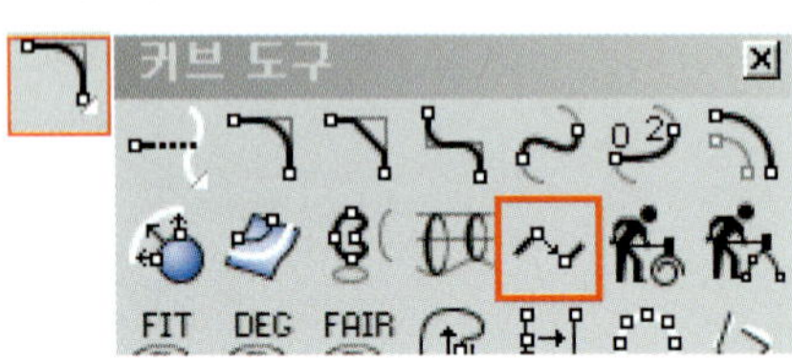

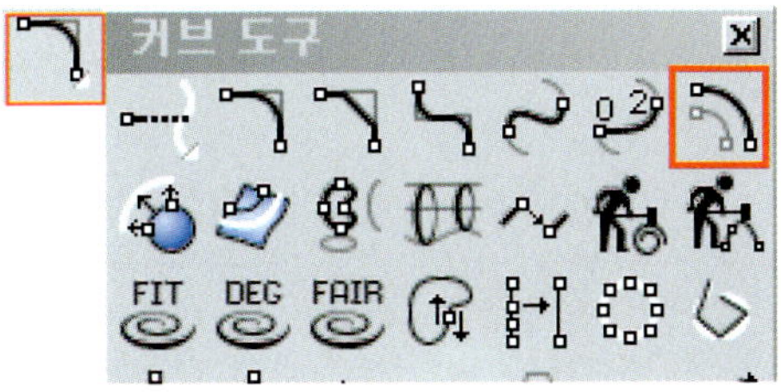


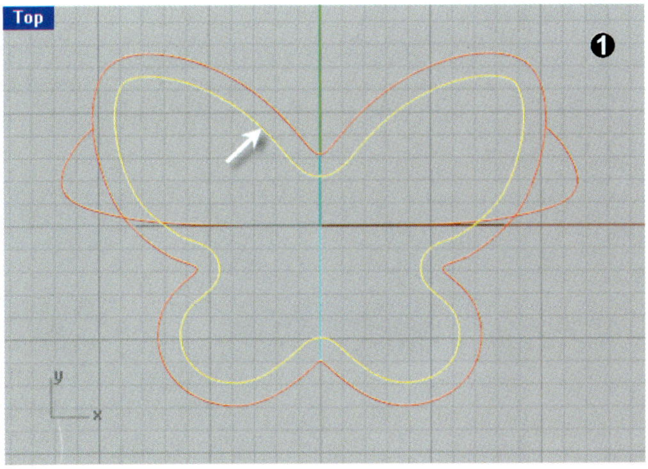


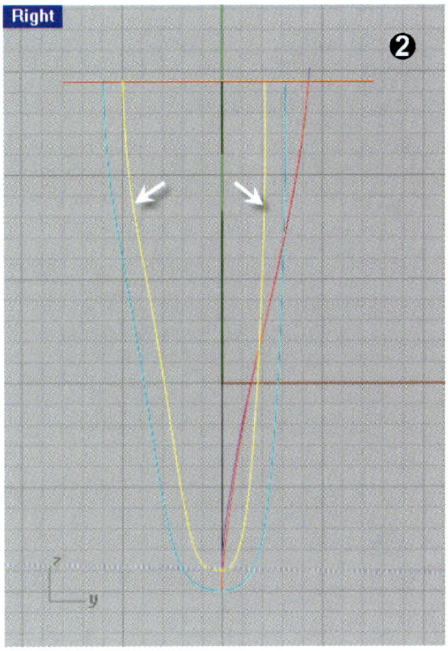


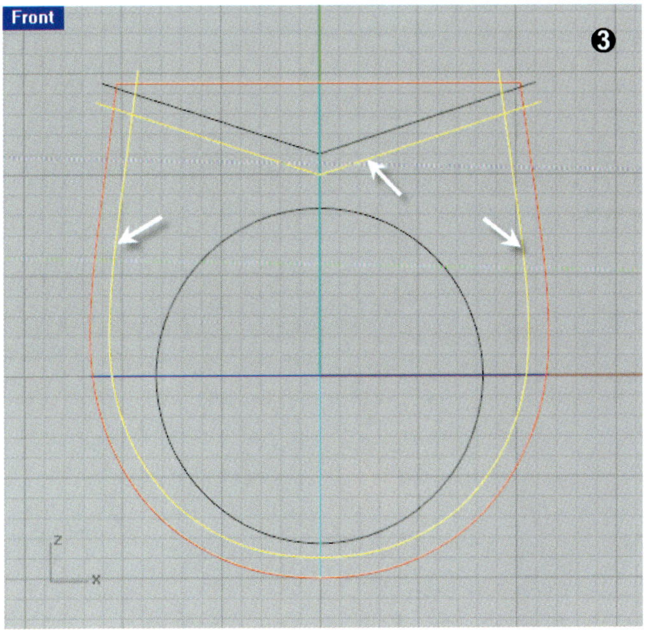


(S-6) 외형 커브가 완성이 되면 속파기를 할 내형 커브를 위의 커브도구에서 간격 띄우기를 이용해서 그림 1, 2, 3번 그림처럼 1mm씩 안쪽으로 클릭해서 만든다.

< STEP-6 >

# 22. 나비 반지 만들기

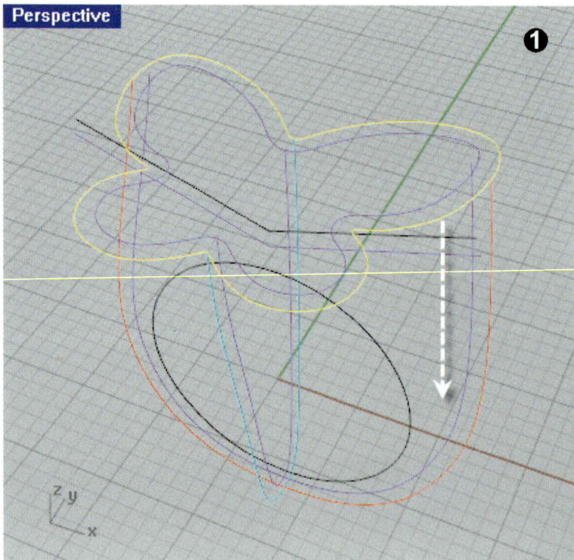


(S-7) 현재 네트워크 서페이스를 사용하기 위해 커브를 그리는데 단면에 해당하는 나비의 커브를 중간 부근에 하나 더 만들기 위해서 1번 맨 위의 나비커브를 2번 그림처럼 내경 중심에 놓이게 복사한다.

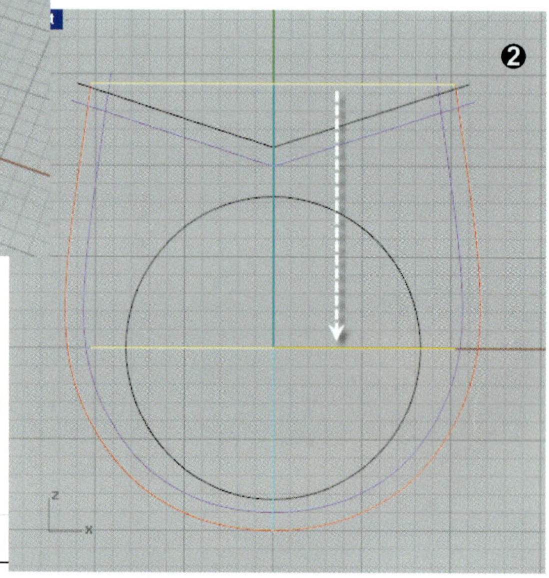


(S-7) 복사한 다음 3번 그림처럼 제어점을 키고 필요에 따라 제어점을 지우고 대칭되게 제어점을 선택한 다음 1D크기조정을 이용해서 그림의 번호 순서대로 중심을 축으로 선택하고 제어점을 이동시켜 만든다.

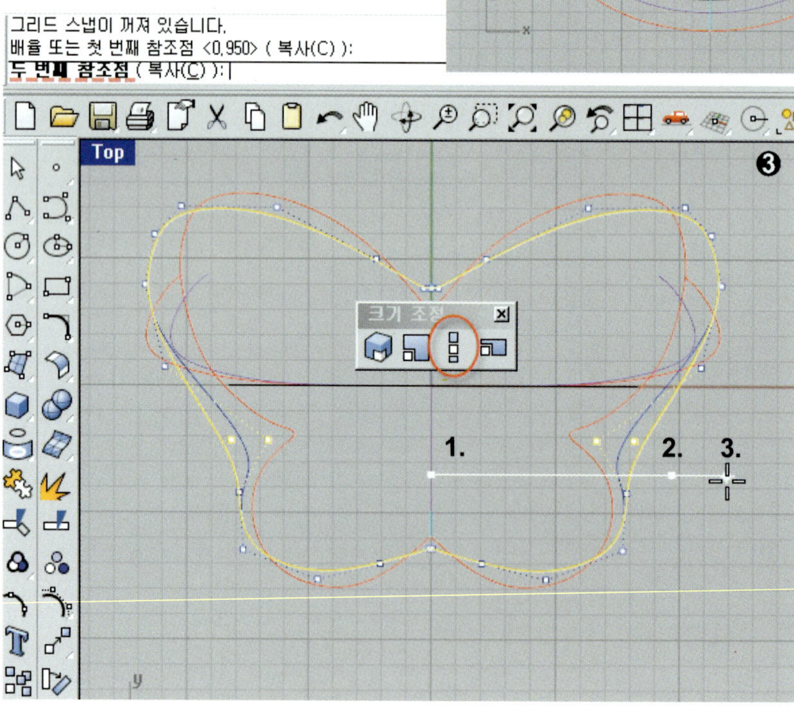


< STEP-7 >

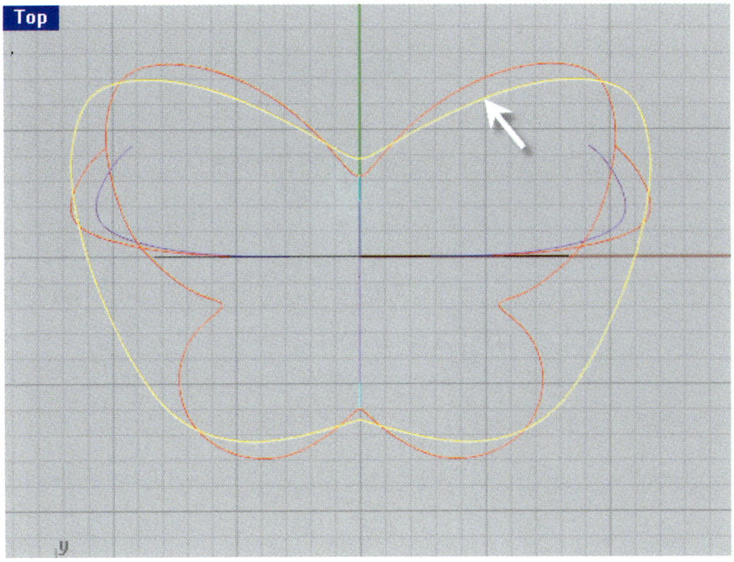


(S-8) 좌측 그림처럼 수정을 하는데 물론 약간의 차이가 있어도 큰 문제가 되지는 않는다.

< STEP-8 >

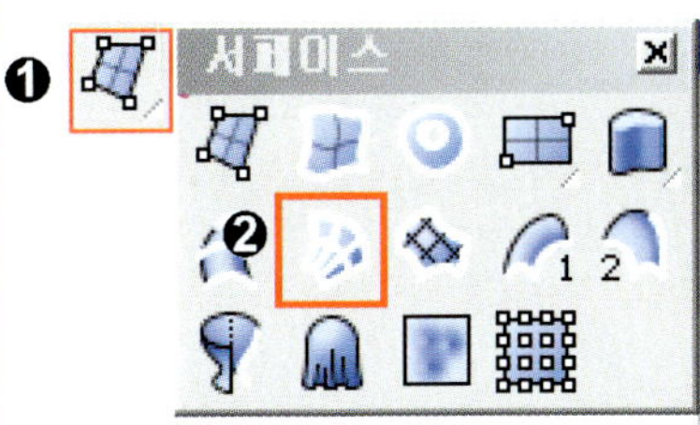


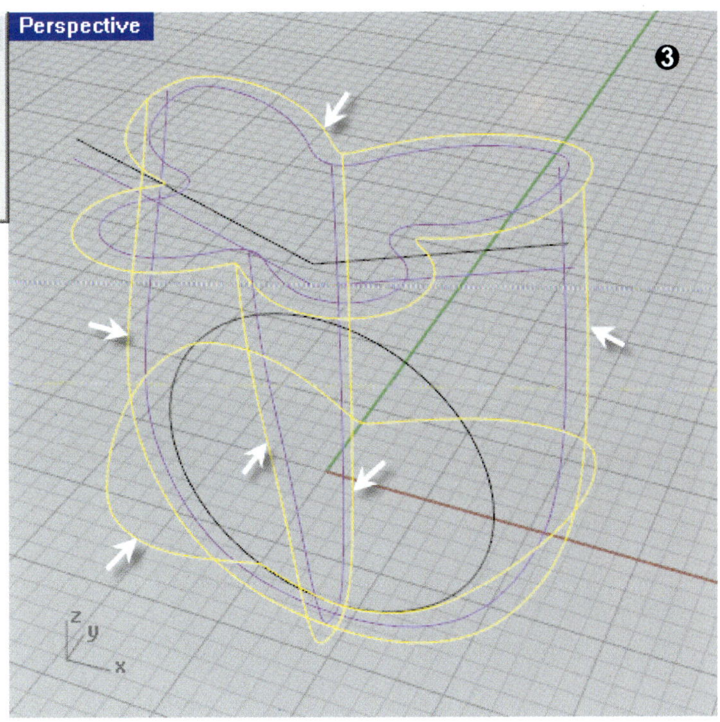


(S-9) 위의 1, 2번 네트워크 서페이스를 클릭하고 3번 그림의 화살표가 표시된 외형 커브만 선택하고 Enter를 치는데 순서는 상관없이 선택해도 된다.

< STEP-9 >

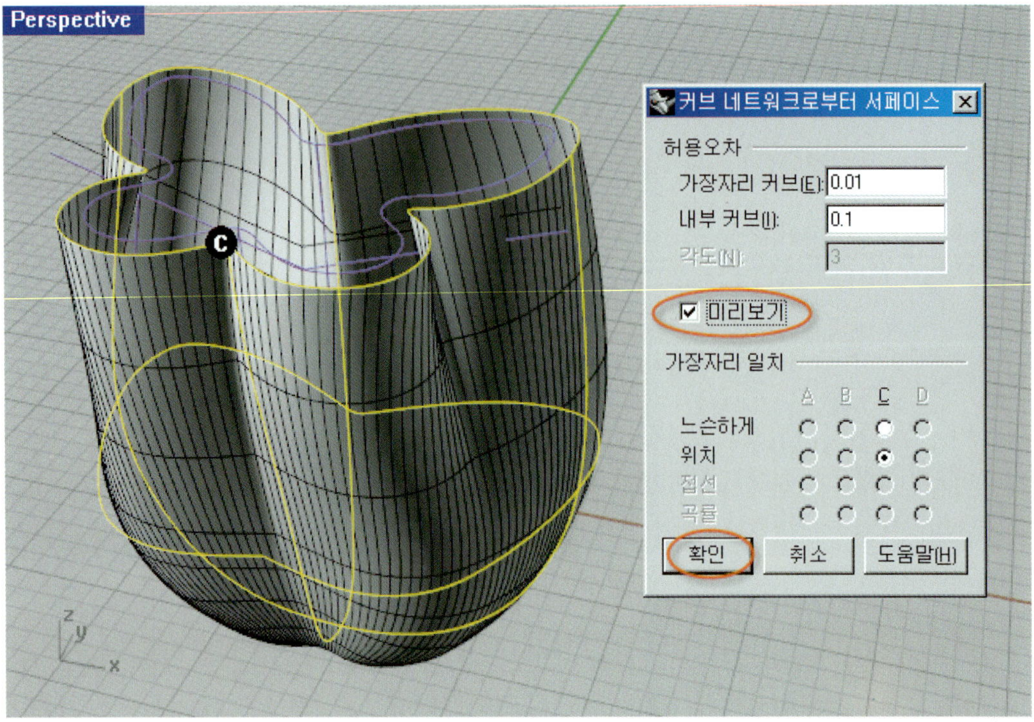


< STEP-10 >

(S-10) 네트워크 서페이스를 실행하면 그림과 같은 창이 뜨는데 기본 설정에서 미리보기를 체크하면 그림과 같이 보여지는데 이때 확인을 눌러 완성한다.

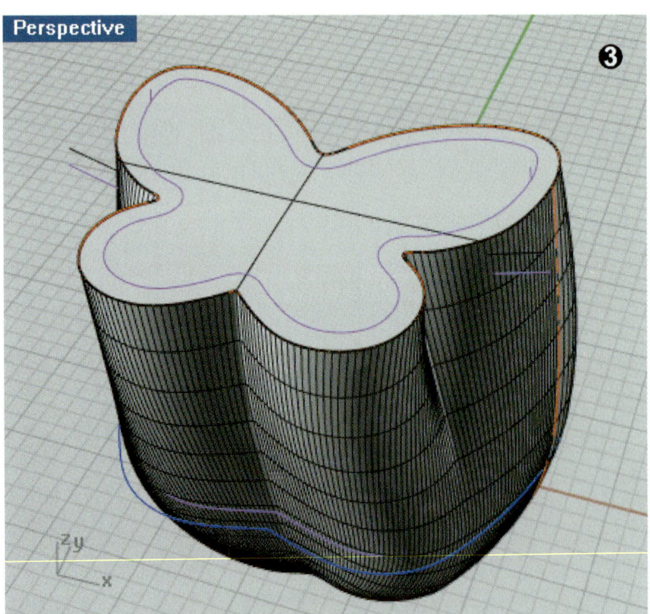


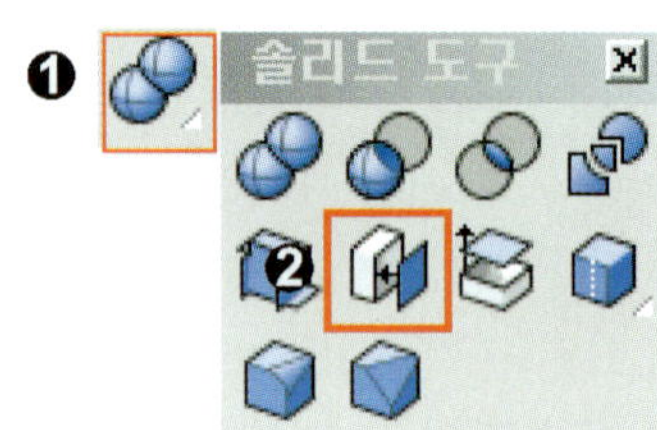


(S-11) 위와 같이 완성후 1,2번을 클릭해서 3번 그림처럼 윗면을 막아서 솔리드가 되도록 완성한다.
(만약 윗면이 생성이 안돼면 윗면의 엣지가 평면이 아니기 때문이며 이때는 평면으로 잘라낸 다음 해도 된다.)

< STEP-11 >

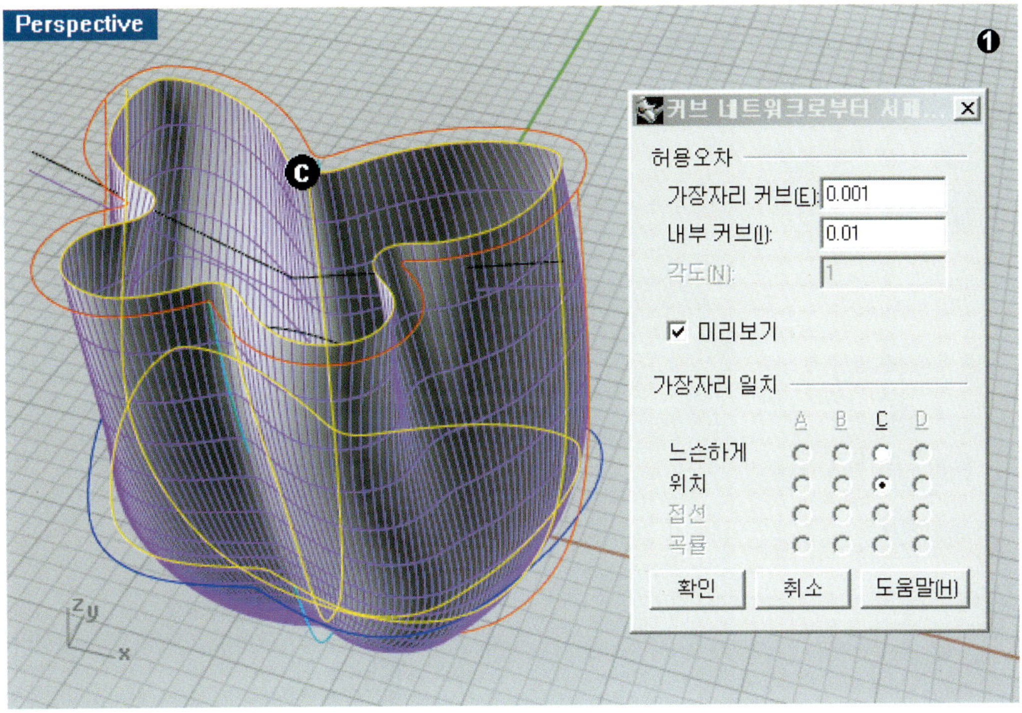


(S-12) 앞단계에서 만들어진 외형은 잠시 숨겨 놓은 후 1번 그림처럼 속파기 내형도 앞에 한 방법처럼 네트워크 서페이스를 사용해서 위와 같이 설정하고 확인을 눌러 완성한다.

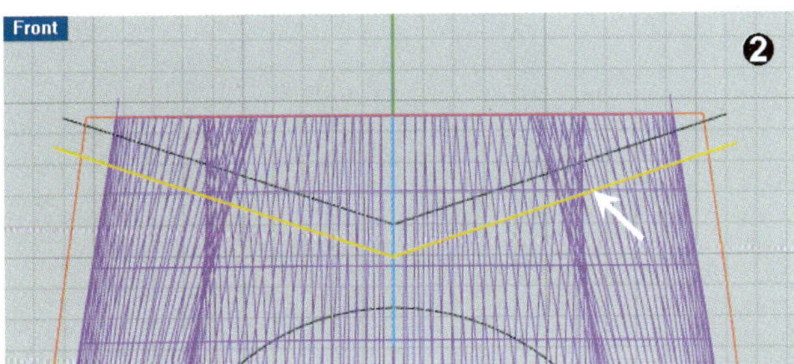

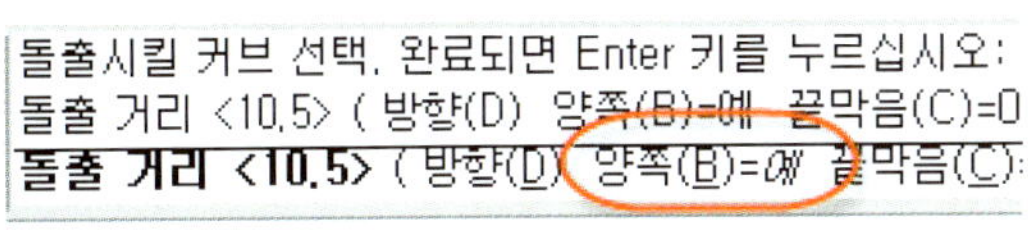


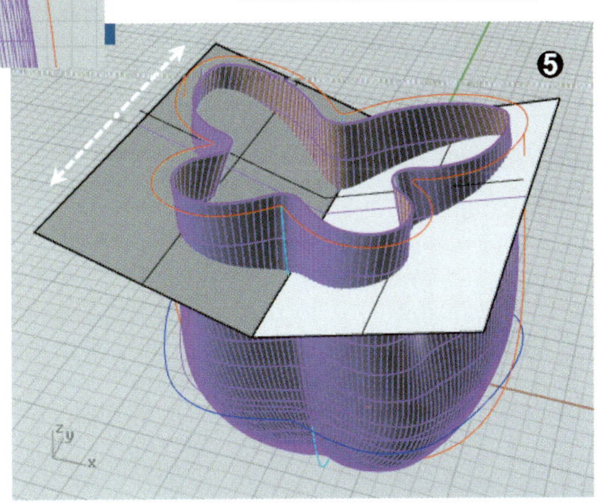

(S-12) 1번처럼 완성이 되면 이번에는 윗면을 막지 않고 기존에 만들어 놓은 커브를 이용해서 서페이스를 만든 다음 이것으로 부울 연산을 실행하려고 한다.

< STEP-12 >

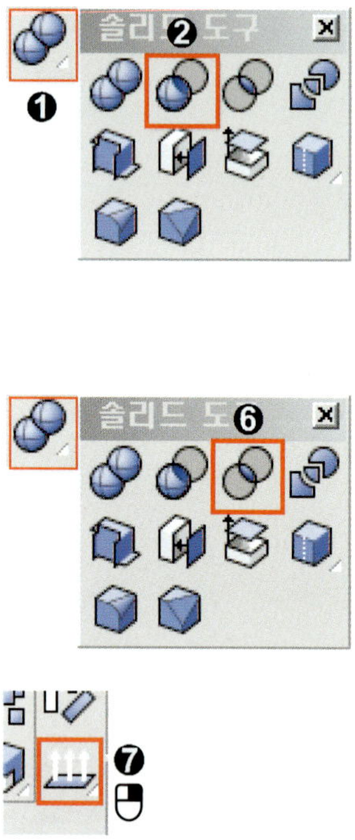


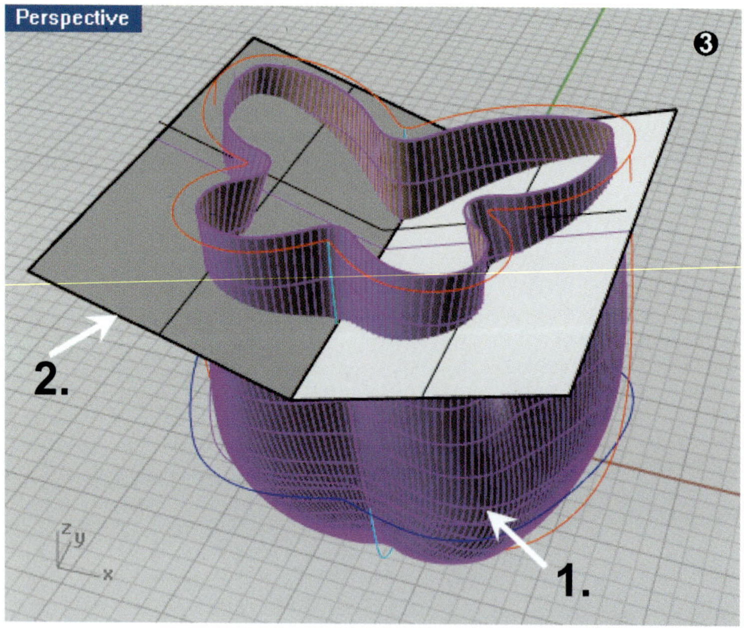


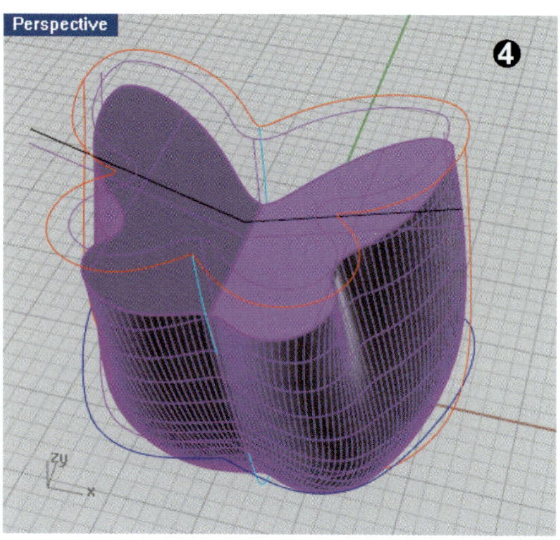


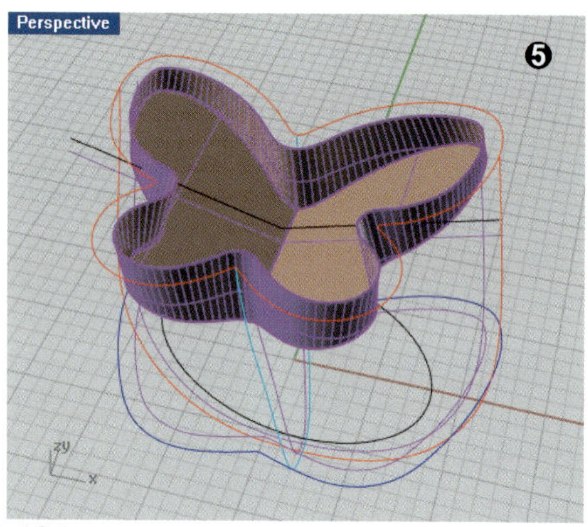


< STEP-13 >

(S-13) 1, 2번 차집합을 클릭하고 3번 그림처럼 1-나비를 선택하고 Enter를 친 다음 2-서페이스를 선택하고 Enter를 치면 4번처럼 나오는데 5번처럼 나오는 경우에는 앞서 다룬 예제와 같이 실행취소로 돌아가서 차집합이 아닌 6번 교집합을 선택해서 동일한 과정으로 실행하면 4번 그림처럼 된다.

또 다른 방법은 3번 그림의 2-서페이스를 7번을 오른 클릭해서 방향성을 바꾸어준 다음 2번 차집합을 실행하면 4번 그림처럼 나오게 된다.

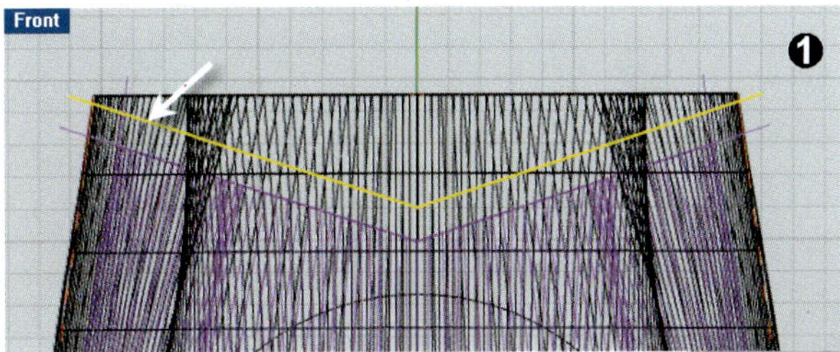


< STEP-14 >

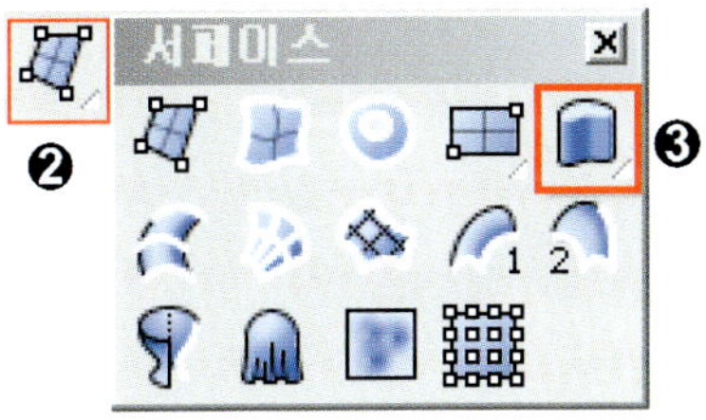


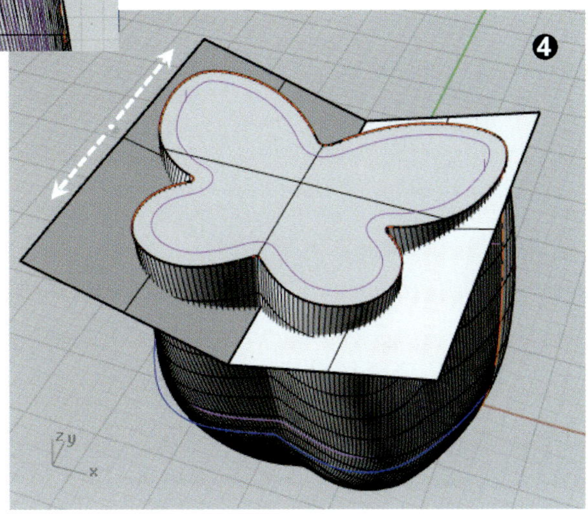


(S-14) 숨겨놓은 외형을 보이게 한 다음 1번 그림처럼 커브를 선택하고 2, 3번을 클릭하면 서페이스가 만들어 지는데 명령창에 양쪽=예로 바꾸면 4번 그림처럼 양쪽으로 돌출된다.

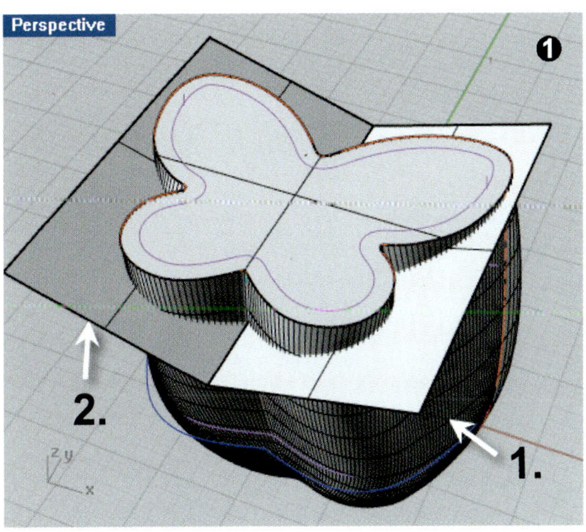


< STEP-15 >

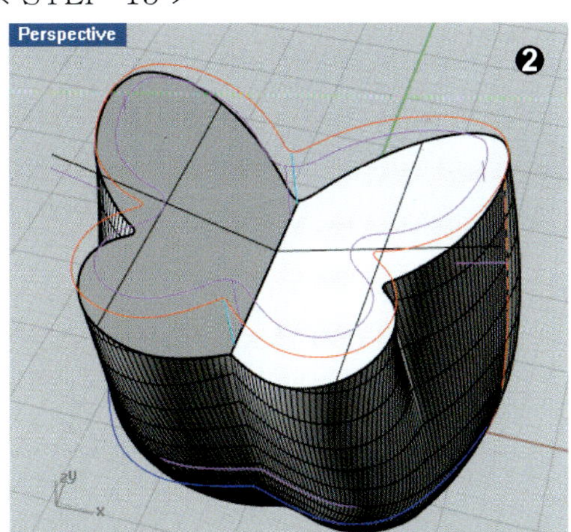


(S-15) 1번 그림처럼 앞에 STEP-13에서 했던 방법과 동일하게 실행하여 2번 그림처럼 만든다.

# 22. 나비 반지 만들기

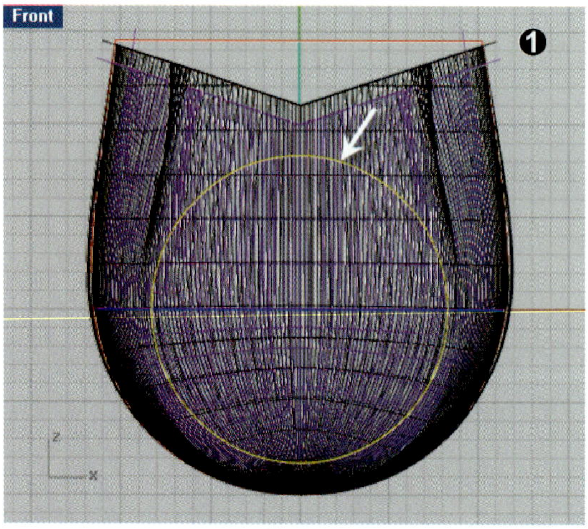


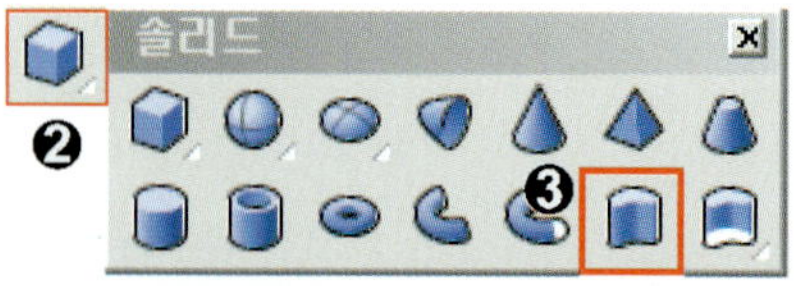


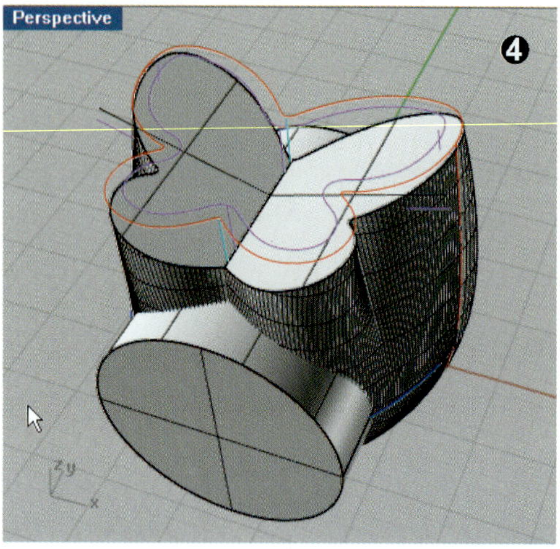


< STEP-16 >

(S-16) 반지 내경을 만들기 위해 기존에 그린 1번의 12호 원을 선택하고 2, 3번을 클릭해서 4번 그림처럼 만든다.

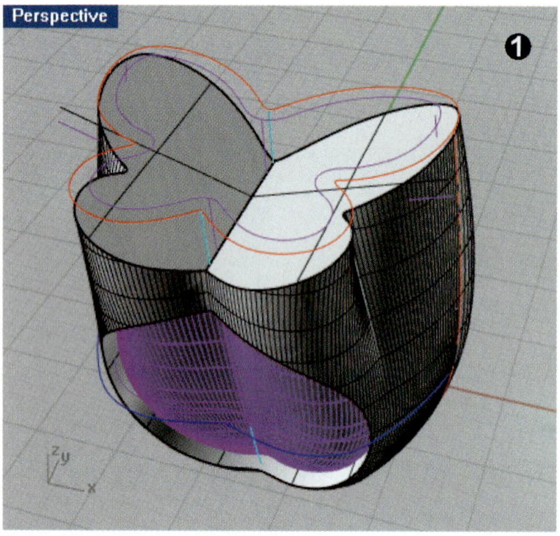


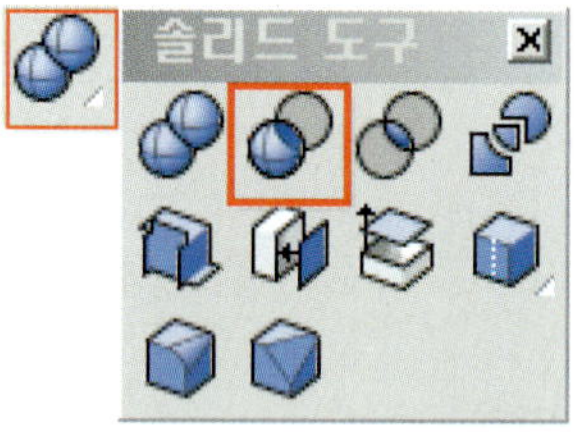


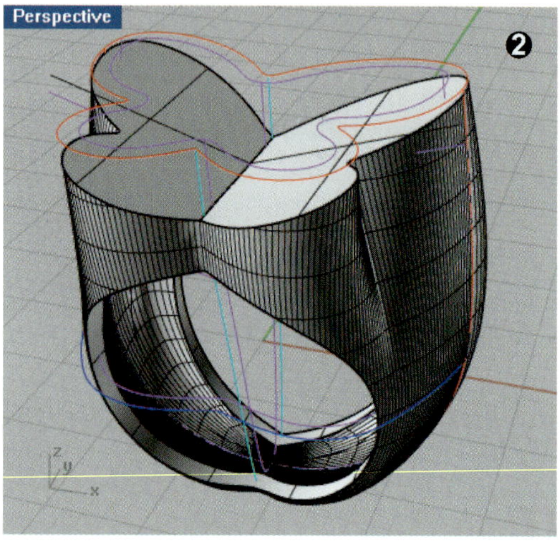


(S-17) 부울 연산을 하고나서 1번 그림처럼 속파기 내형을 숨기지 않았다면 보라색 개체처럼 보여질텐데 이 상태로 속파기를 하면 2번 그림처럼 아래 두께 조절할 부분도 같이 파지게 된다.

< STEP-17 >

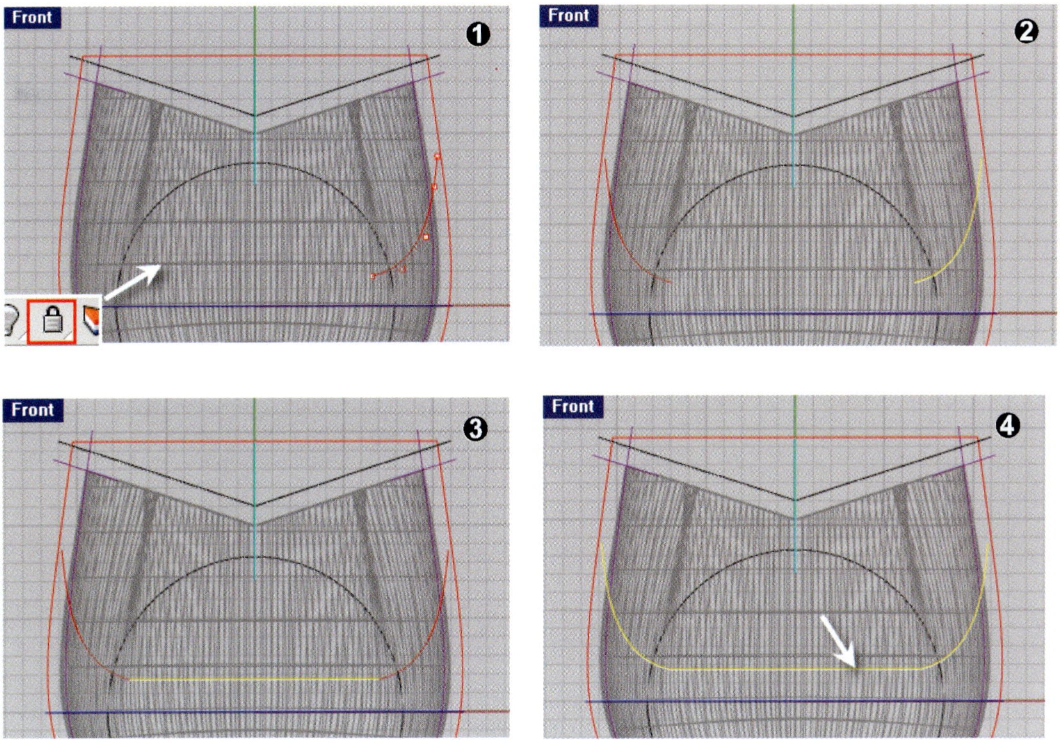


< STEP-18 >

(S-18) 이를 피하기 위해 내형을 선택하고 잠시 선택이 안되게 하기 위해 1번 그림처럼 잠금 버튼을 누르고 그림처럼 커브를 그린다 . 위치는 약간 차이가 나도 지장은 없다.
그다음 미러를 이용하여 2번 그림처럼 만들고 3번 그림처럼 직선으로 끝점을 연결하고 결합 시켜 4번 그림처럼 하나로 완성시킨다.

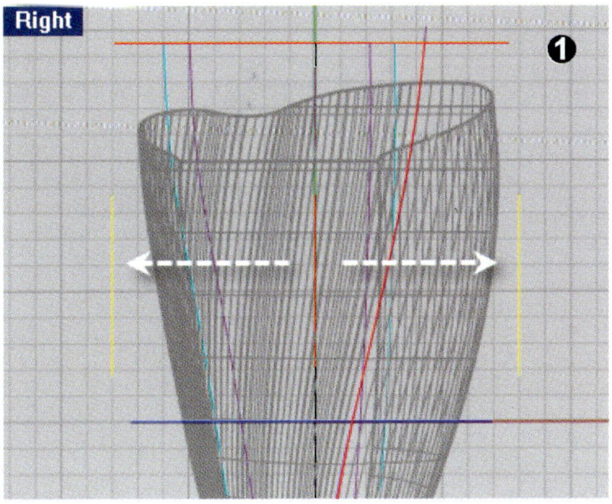


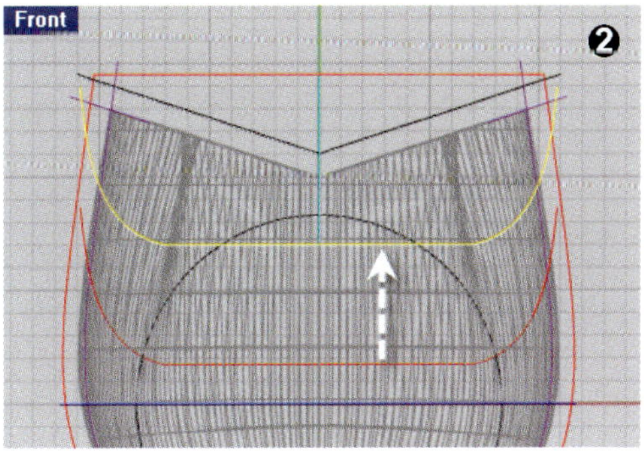


< STEP-19 >

(S-19) 만든 커브를 1번 그림처럼 Right에서 양쪽으로 복사한 다음 양쪽 모두 2번 그림처럼 Front에서 위로 그림처럼 적당히 올려준다.

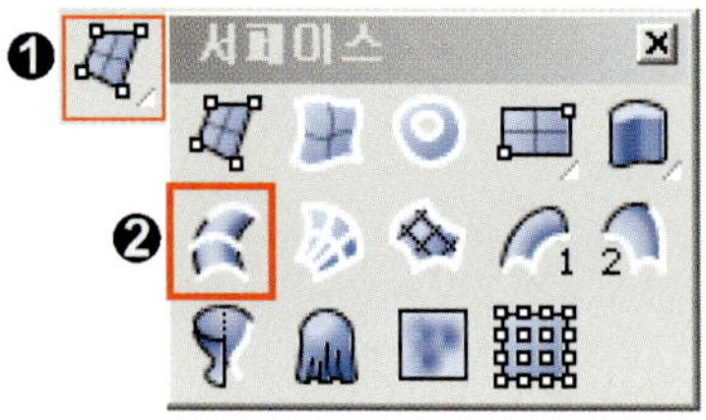


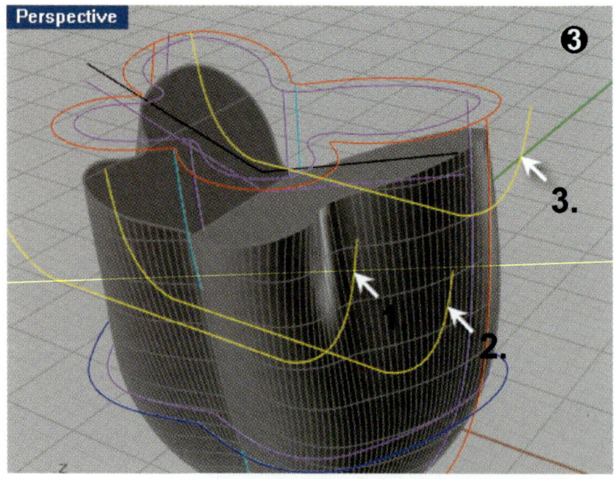


< STEP-20 >

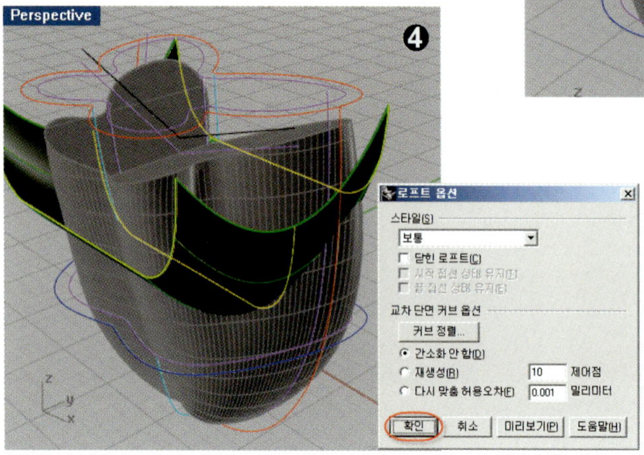


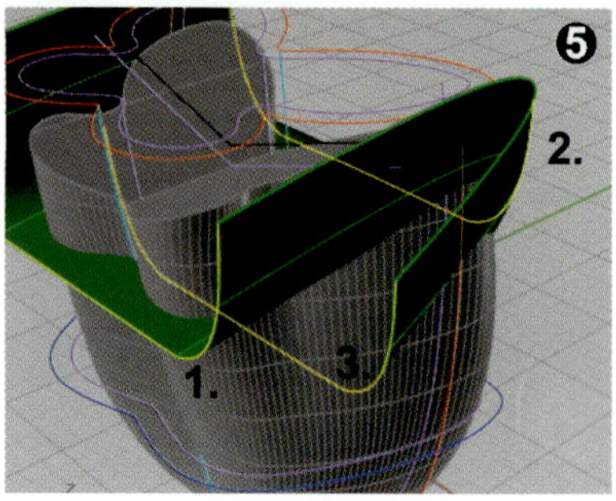


(S-20) 속파기 할 내형을 자르기 위해 1, 2번을 클릭후 3번 그림처럼 차례로 선택하고 Enter를 치면 4번처럼 만들어지며 옵션창이 나오면 확인을 눌러 완성한다.

[ 3번 그림의 1-2-3 커브를 미리 다 선택하고 2번 로프트를 클릭해도 4번처럼 완성된다. 로프트할때 1-2-3번 커브의 선택순서가 바뀌면 5번 그림처럼 서페이스가 꼬이게 된다.]

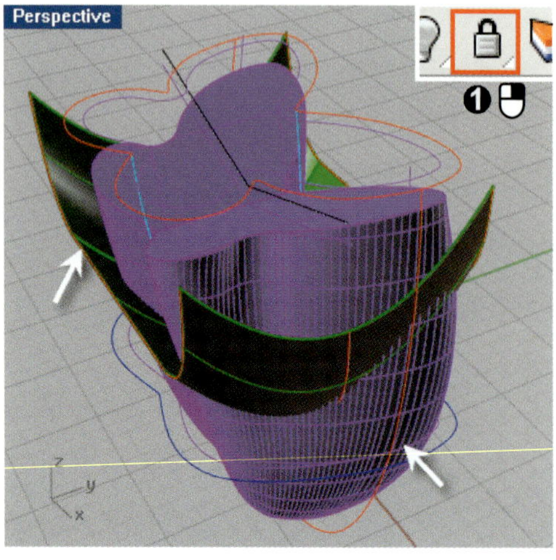


< STEP-21 >

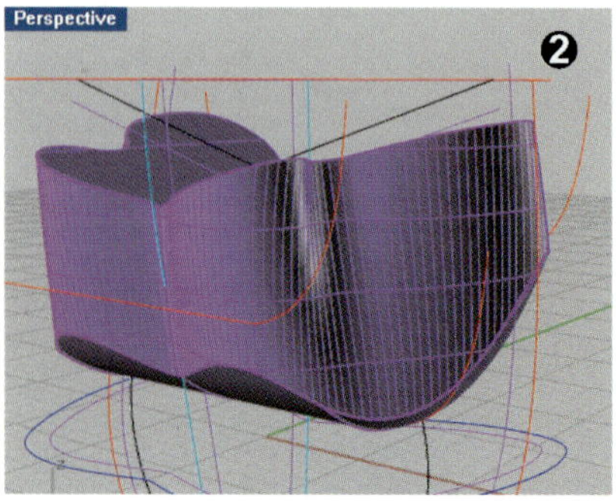


(S-21) 자를 개체인 녹색면을 만들어지면 속파기 할 내형인 1번을 오른 클릭해서 잠금을 해제하고 난뒤 부울 연산중 앞서 설명한 방법을 참고해서 차집합 또는 교집합을 이용해서 2번처럼 완성한다.

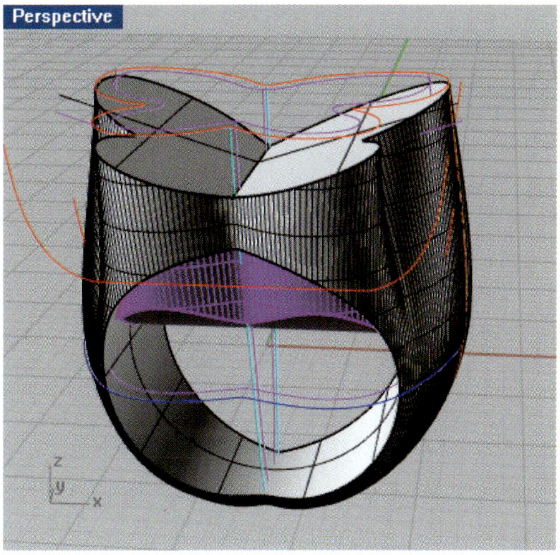


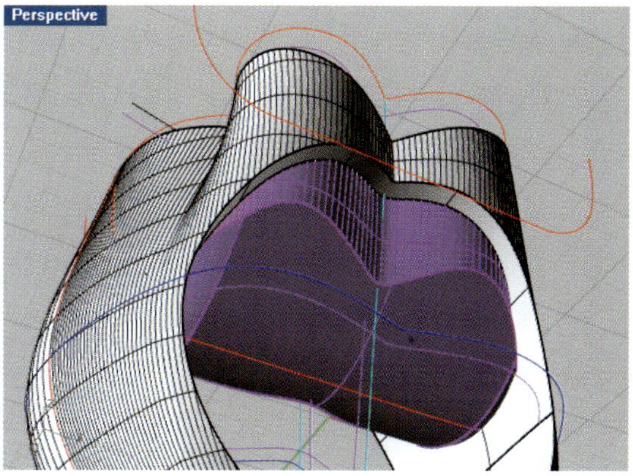


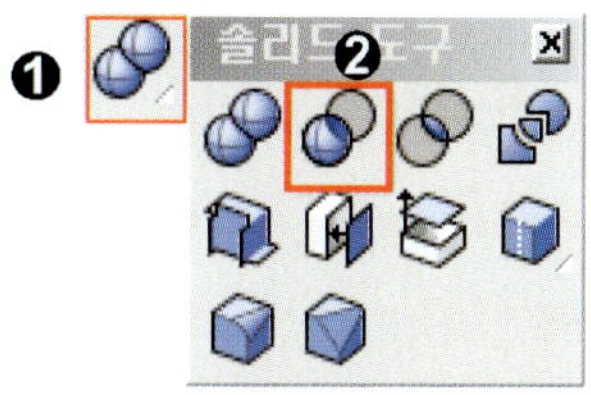


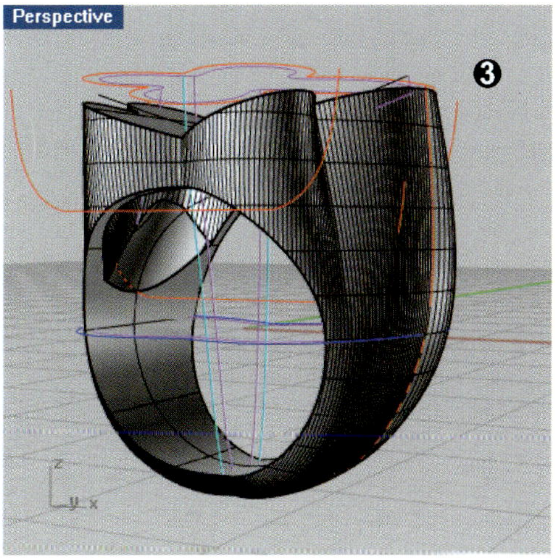


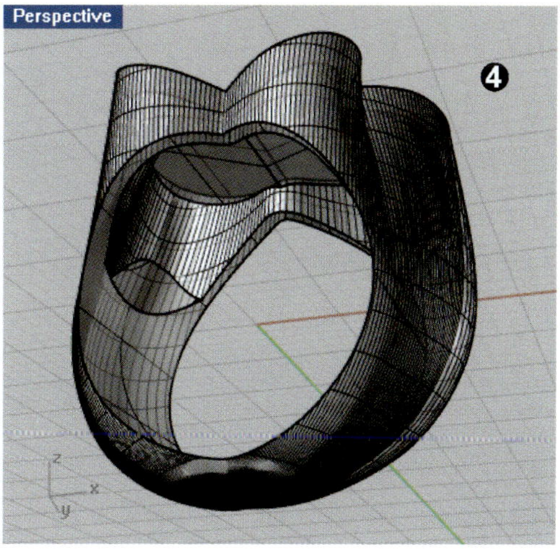


< STEP-22 >

(S-22) 위와같이 개체가 만들어지면 두 개체는 닫힌 솔리드 개체이며 1, 2번을 클릭해서 차집합을 사용하여 3, 4번처럼 만든다.

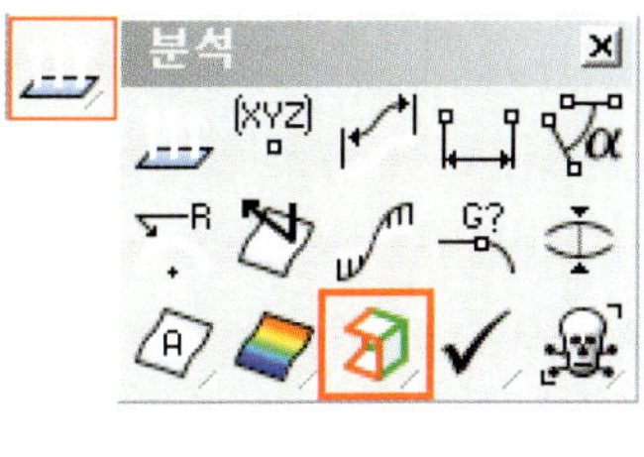


명령: _ShowEdges
총 27개의 가장자리(떨어진 가장자리 없음)가 발견되었습니다.

[ 작업을 완성한 다음 개체가 RP장비로 작업하는데 문제가 없게 하려면 표시된 가장자리 표시를 클릭했을때 명령창에 이처럼 떨어진 가장자리가 없음이라고 나오면 거의 문제 없이 제작 할 수 있다. 이는 작업 중간중간에 수시로 체크해 가면서 작업을 진행해야 한다. ]

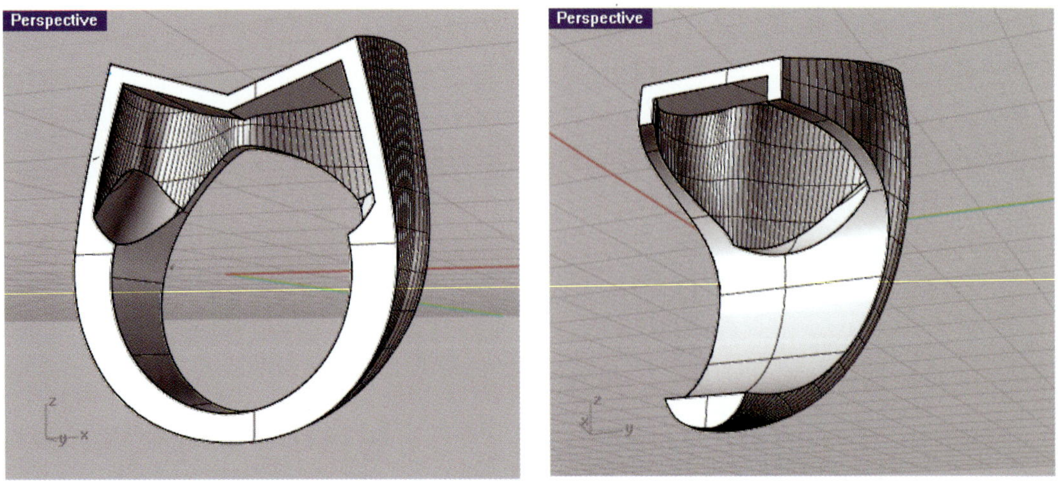


<속파기를 한 후 가로, 세로 단면을 보여준다.>

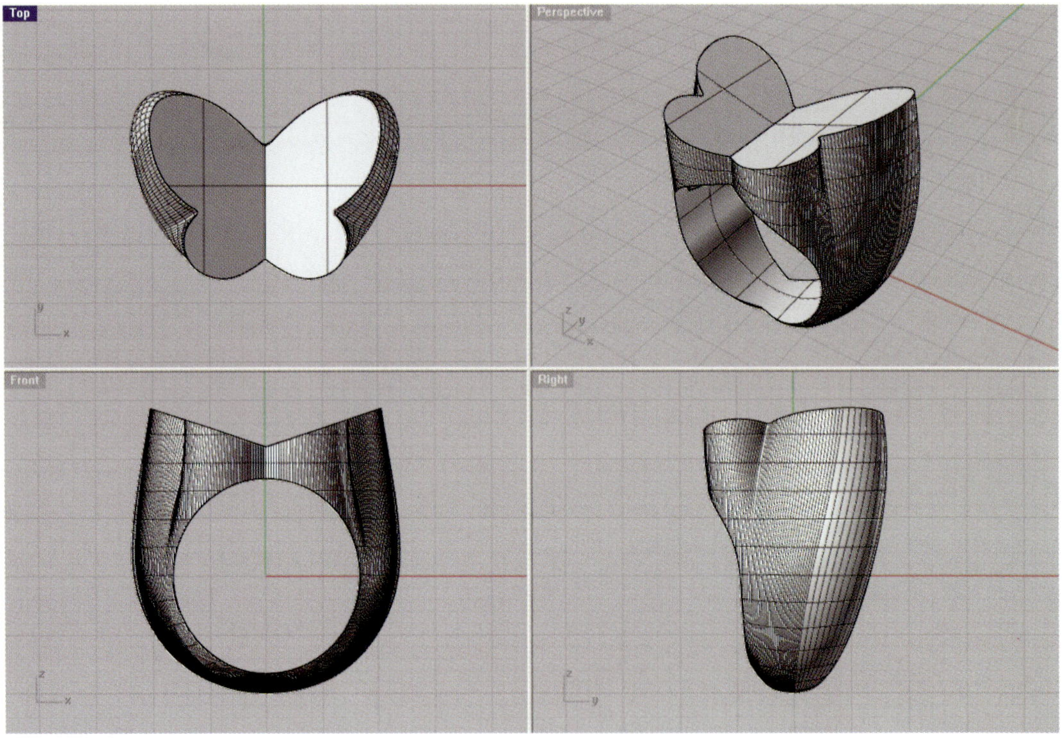


< 속파기를 한 결과를 4개 화면으로 본 완성된 모습이다. >

# Rhino3D

## 23. 서페이스에 배치-예제

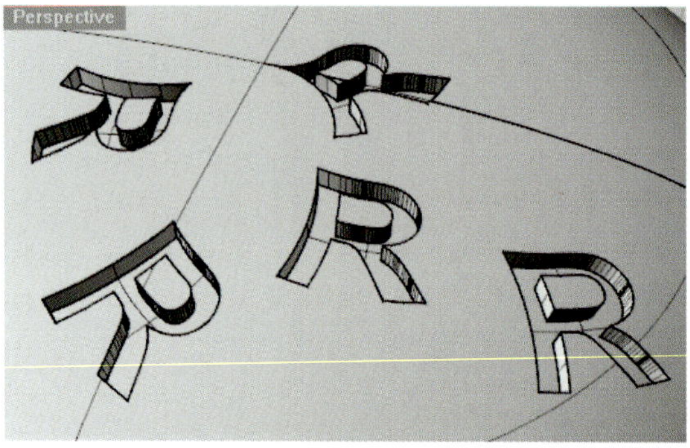
Perspective

Top

Perspective

Perspective

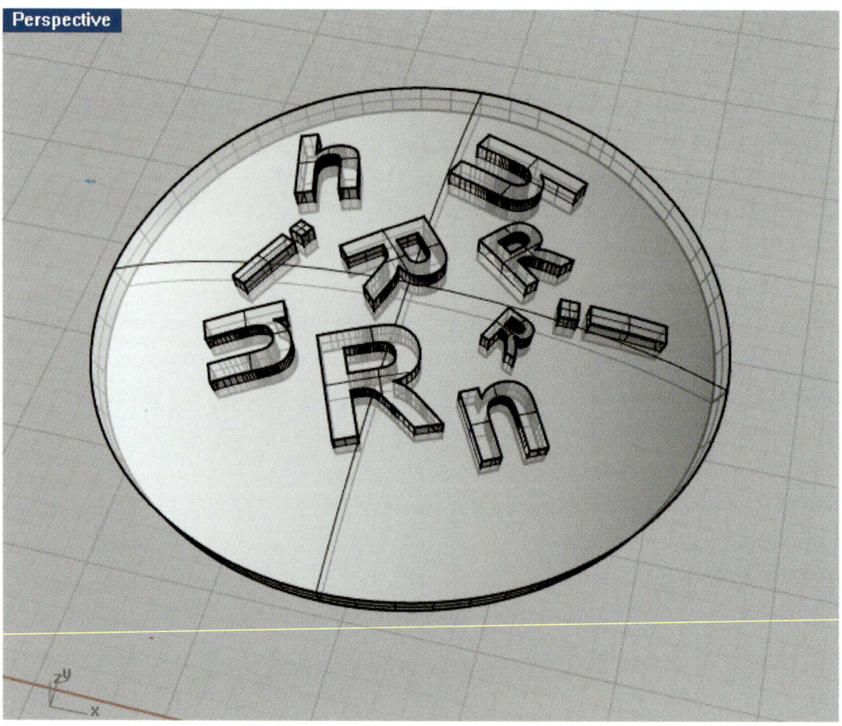
Perspective

# 23. 서페이스에 배치-예제

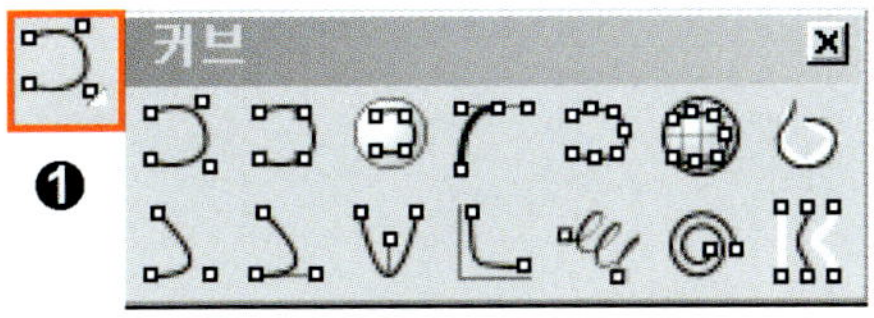


(S-1) 1번 커브명령으로 스냅을 켜고 2번 그림처럼 그려 나가는데 처음 두개의 제어점은 수평이 되게 그린다.

< STEP-1 >

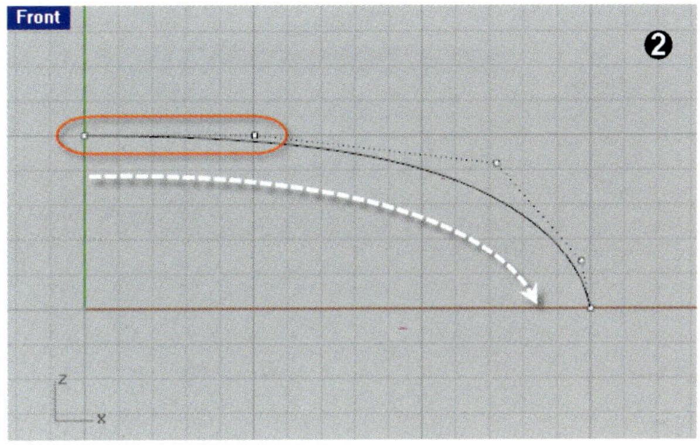


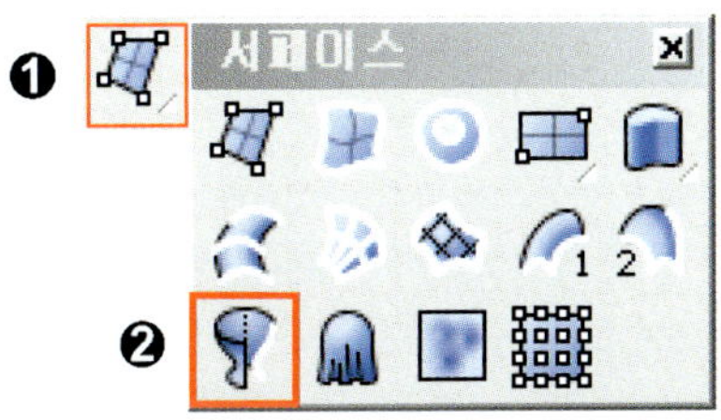


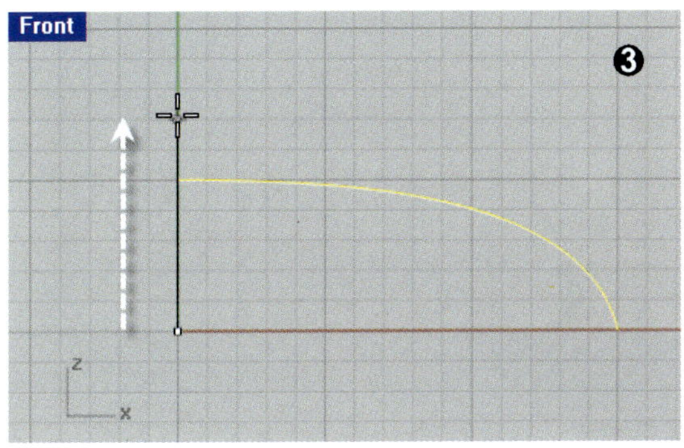


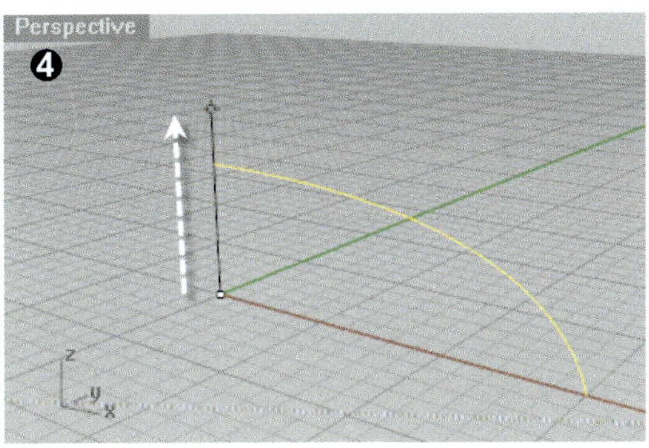


(S-2) 그린 커브를 선택한 다음 1, 2번을 클릭하고 3번 그림처럼 Front에서 스냅을 킨 다음 수직으로 회전축을 설정한다.

< STEP-2 >

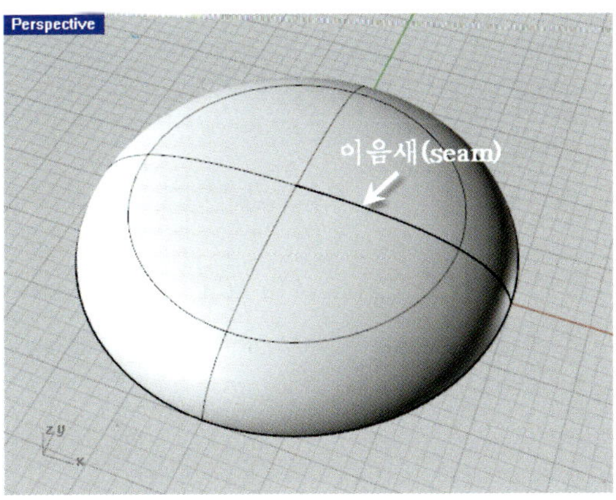


(S-3) 그림은 회전 명령을 이용해서 만든 개체이고 표시된 검은선 부분은 이음새(seam)부분으로 이 부분을 적절히 피해서 서페이스 편집이 되야 작업이 좀더 쉬워지게 된다.

< STEP-3 >

## 23. 서페이스에 배치-예제

❶ 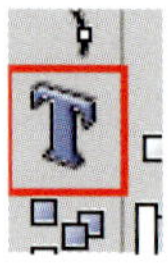

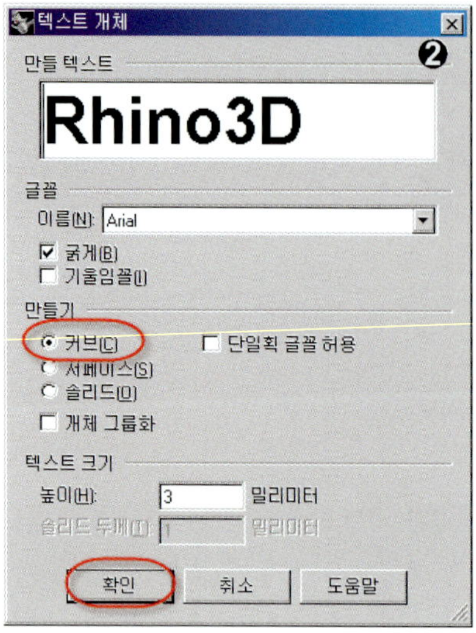


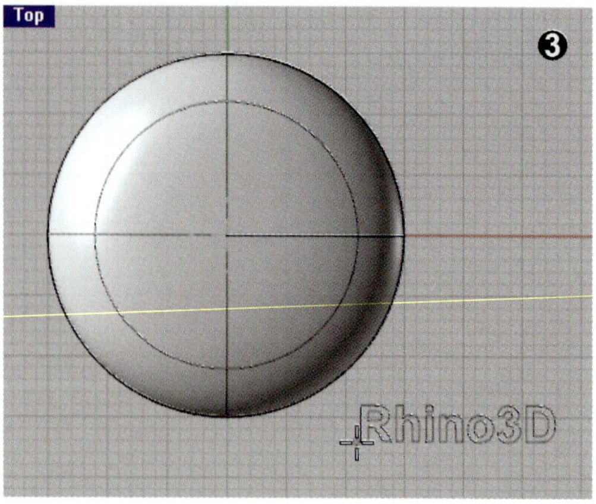


< STEP-4 >

(S-4) 1번을 클릭하면 2번 창이 나오는데 이처럼 입력하고 확인을 누르고 Top에서 클릭해서 Text를 만든다.

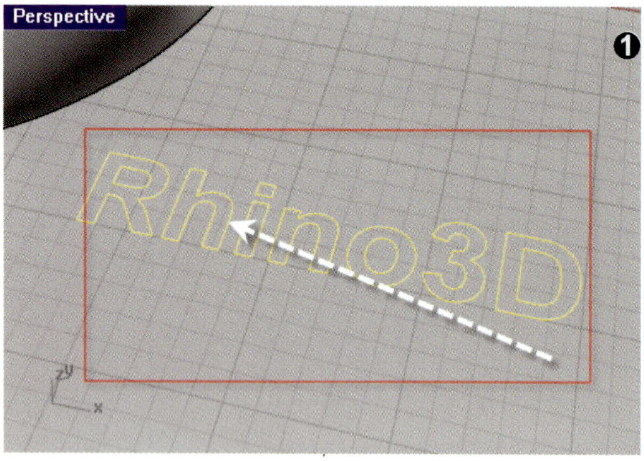


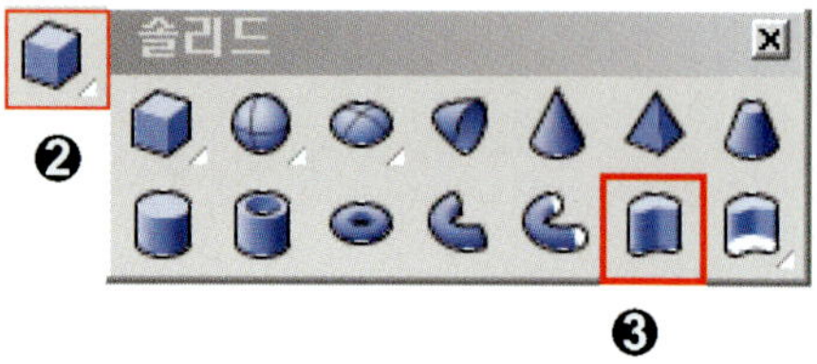


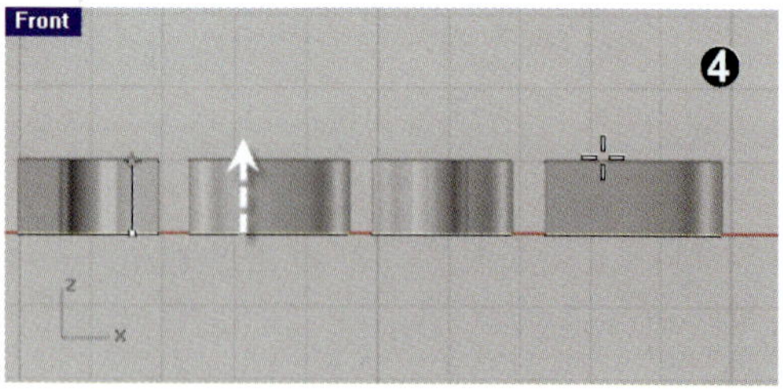

(S-5) 1번 커브를 선택하고 2, 3번을 클릭하면 4번처럼 두께가 생기며 5번처럼 1~2mm 내외로 적당히 높이를 준다.

< STEP-5 >

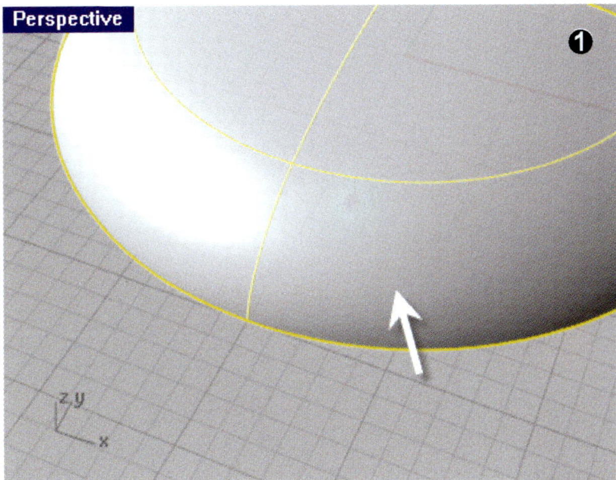


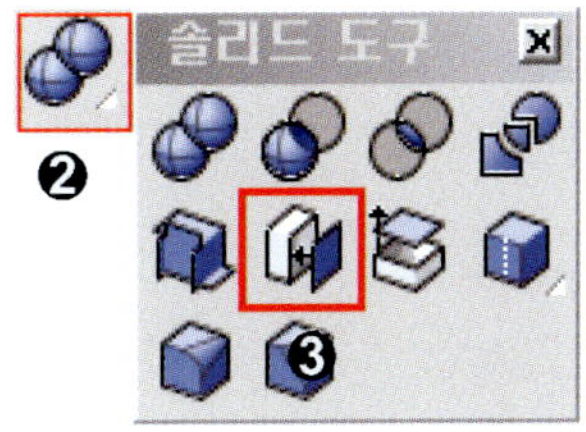


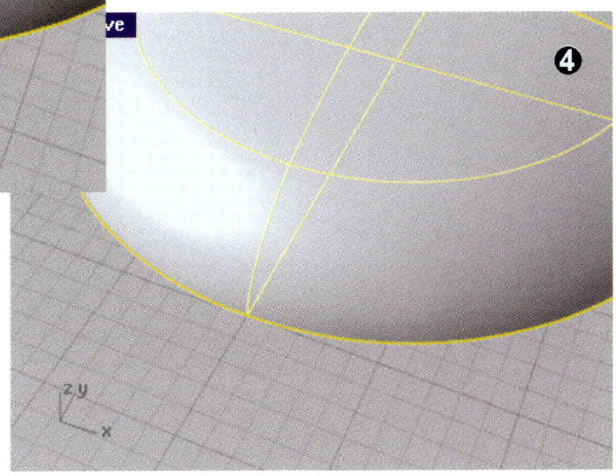

(S-6) 다음 작업을 하기전에 앞에 만들어진 1번 서페이스를 선택하고 2, 3번을 클릭해서 4번 그림처럼 열린 밑부분을 막아 솔리드로 만든다.

< STEP-6 >

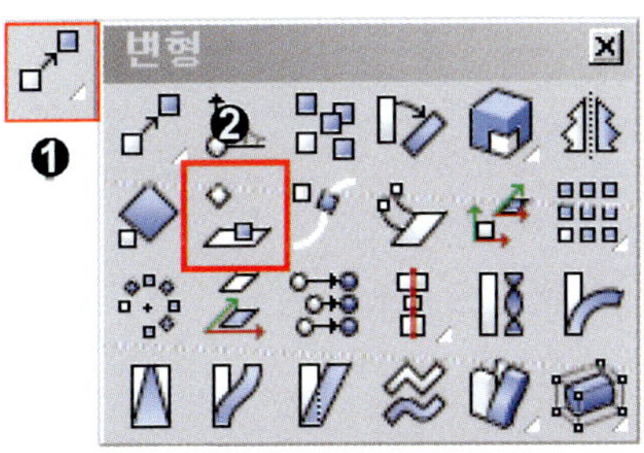


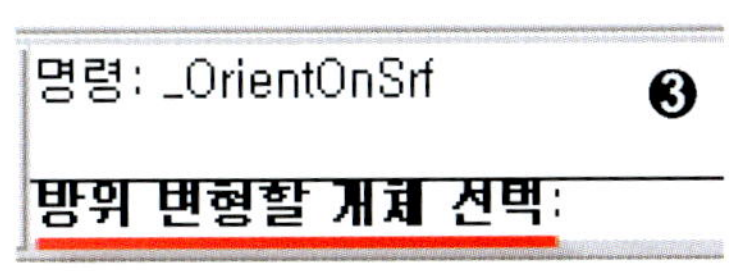


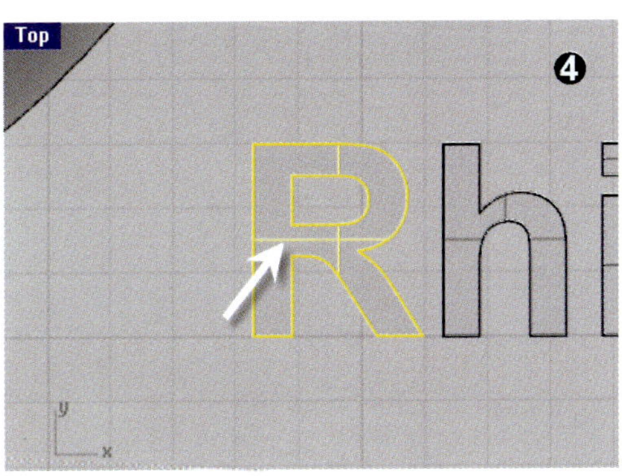


(S-7) 먼저 만든 Text개체를 서페이스면에 배치를 하기 위해 1, 2번을 클릭하고 3번처럼 명령창이 나오면 4번 그림에서 솔리드 개체를 클릭하고 Enter를 친다.

< STEP-7 >

# 23. 서페이스에 배치-예제

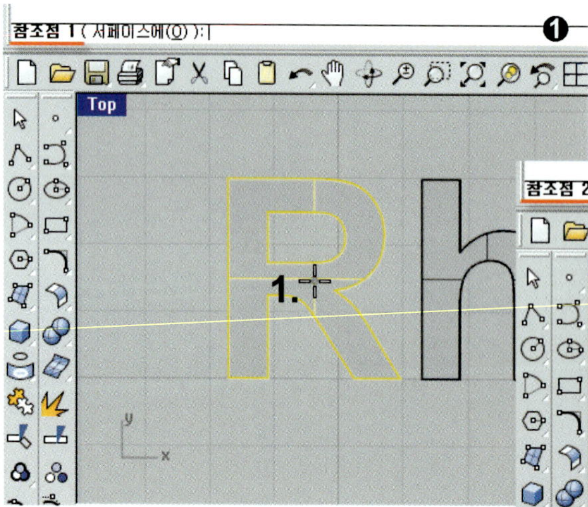


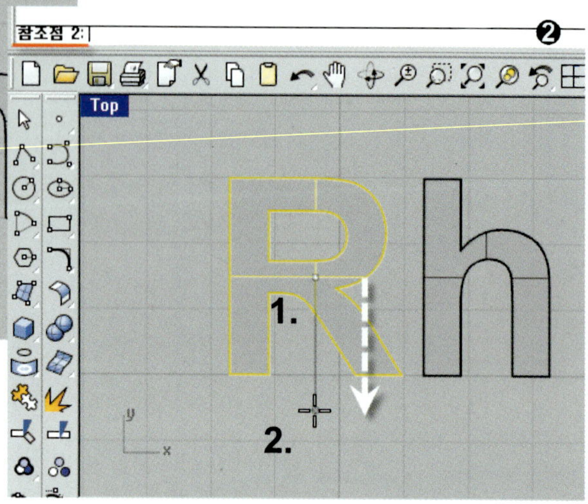


(S-8) Enter를 치면 1번 그림처럼 참조점 1을 선택하고 2번 그림처럼 참조점 2를 선택하는데 길이는 상관이 없다.

(S-8) 3번 명령창을 확인하고 배치할 윗면을 선택하면 4번처럼 창이 나오는데 그림처럼 설정하고 확인을 누른 다음 배치해 보면 5번 그림처럼 배열이 된다.

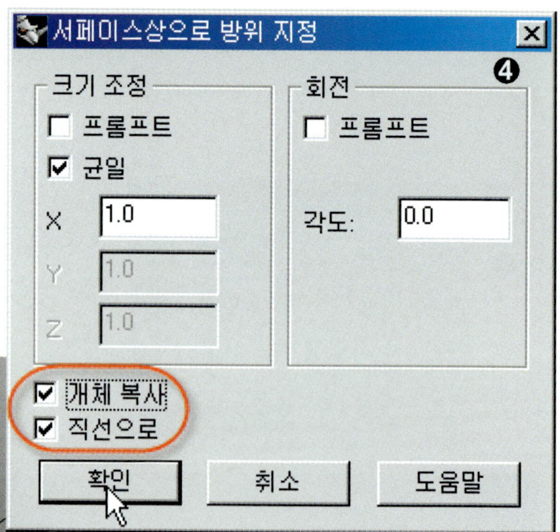

< STEP-8 >

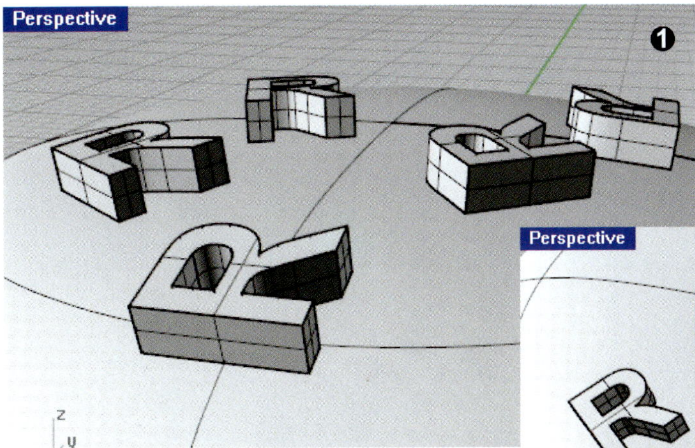

(S-9) R자가 형태의 변화없이 서페이스에 배치는 되는데 가운데로 가면 R자가 회전이 되면서 배치되는 것을 볼 수 있다.

< STEP-9 >

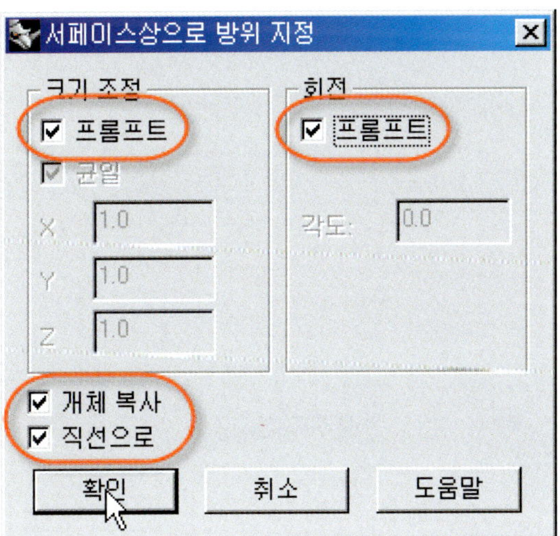


(S-10) 앞의 STEP-8을 참고로 다시 서페이스에 배치를 하는데 1번 그림처럼 옵션창이 나오면 이번에는 다음과 같이 체크한 다음 확인을 누른다.

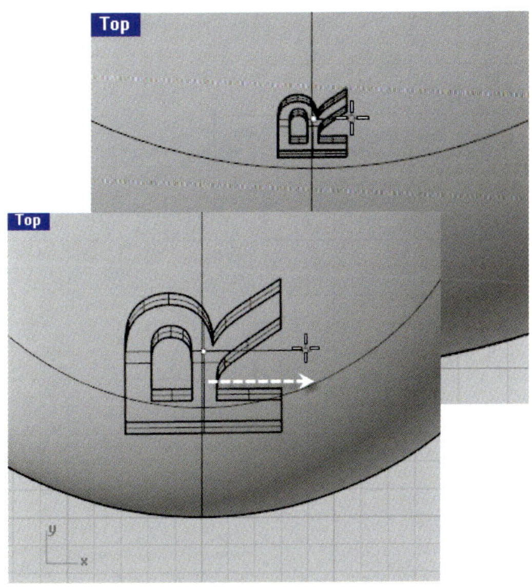


(S-10) 그럼 우측 그림처럼 개체의 크기를 조절 할 수 있게 된다

< STEP-10 >

# 23. 서페이스에 배치-예제

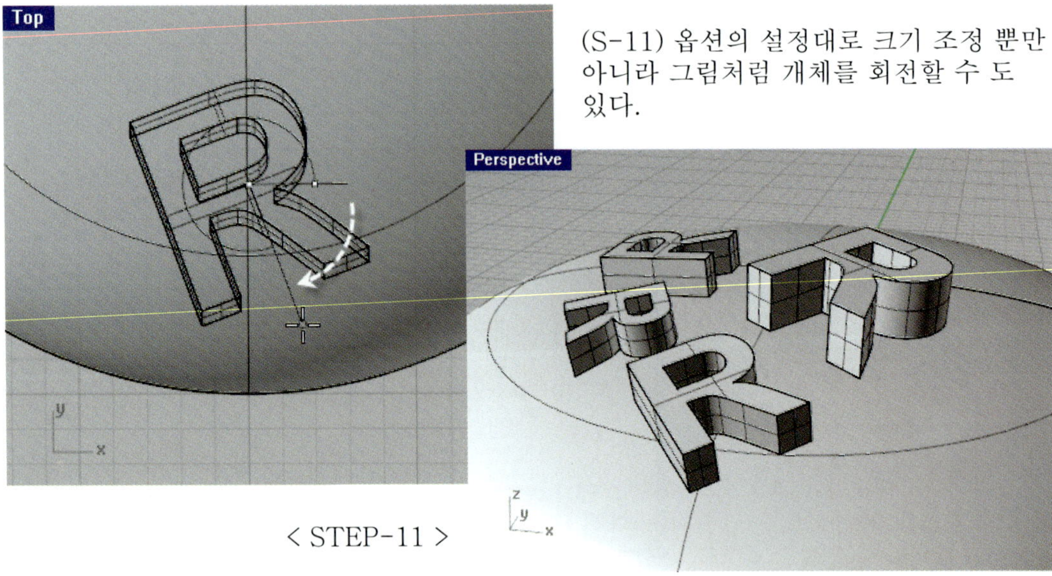


(S-11) 옵션의 설정대로 크기 조정 뿐만 아니라 그림처럼 개체를 회전할 수 도 있다.

< STEP-11 >

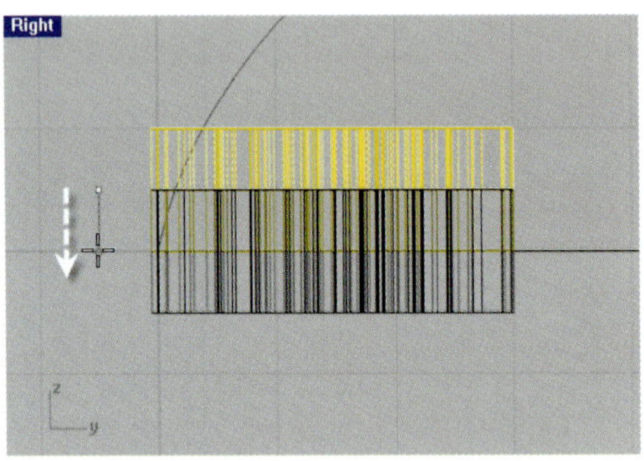


(S-12) 이번 작업은 음각 표현을 하기위해 그림처럼 0.5mm 정도 기준면에서 내리고 배치를 시킨다.

< STEP-12 >

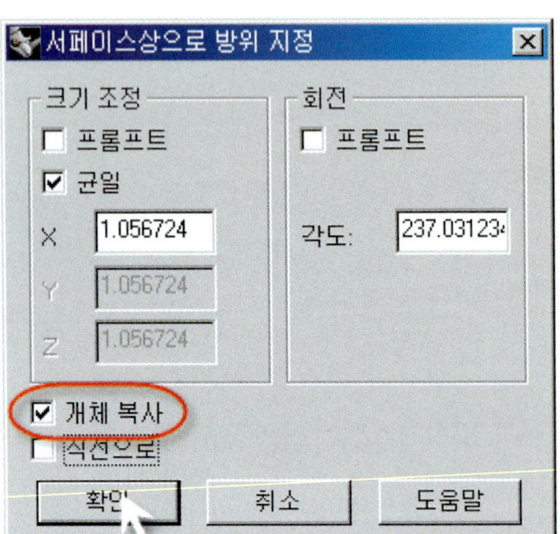


(S-13) 이번에도 앞에서 한것과 같이 작업한 다음 그림과 같이 옵션창을 설정한 다음 확인을 누른다,

< STEP-13 >

# 23. 서페이스에 배치-예제

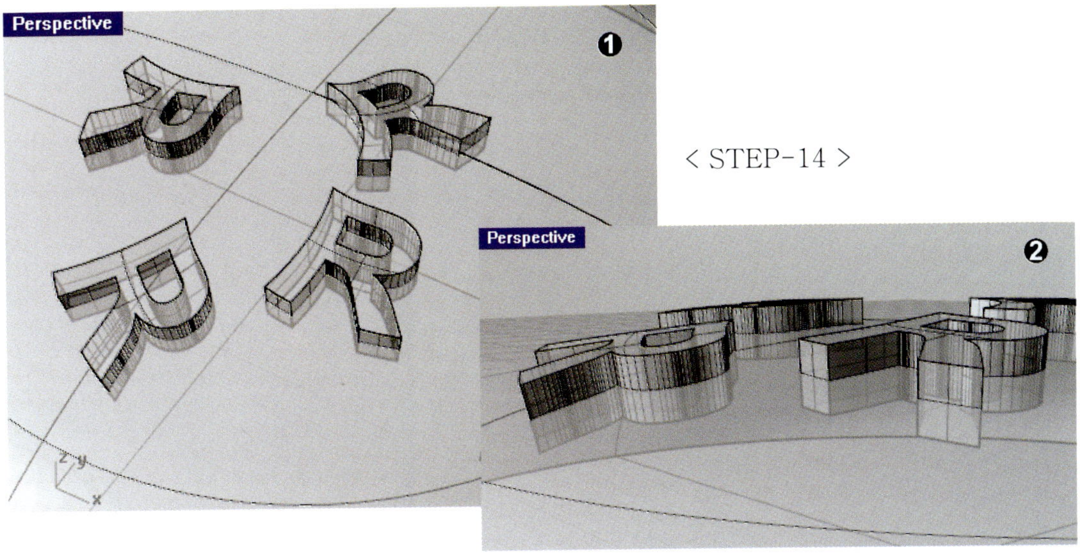


< STEP-14 >

(S-14) 그림을 보면 옵션창에서 직선으로를 체크하지 않고 서페이스에 배치를 하면 1번 그림처럼 형태가 변형이 되는 단점이 있으나 2번 그림을 보면 곡면에 따라 개체가 배치가 되는 장점이 있다.
형태가 변형이 되는 것은 배치되는 서페이스가 어떻게 만들어졌느냐에 따라 변형의 정도 차이가 있다.

여기서 만든 서페이스는 회전으로 만들어졌기 때문에 가운데로 갈수록 변형이 많이 이루어지게 된다.

[ 부울 연산으로 음각표현이 된 형태를 보여주는데 가운데로 갈수록 변형이 많이 되는 것을 볼 수 있다. ]

[ 이것을 피할수 있는 방법은 그림처럼 배치될 서페이스를 회전명령으로 만든 서페이스가 아니고 아래에 보여지는 경우처럼 만들면 앞에서와 같은 변형을 피할 수 있다. ]

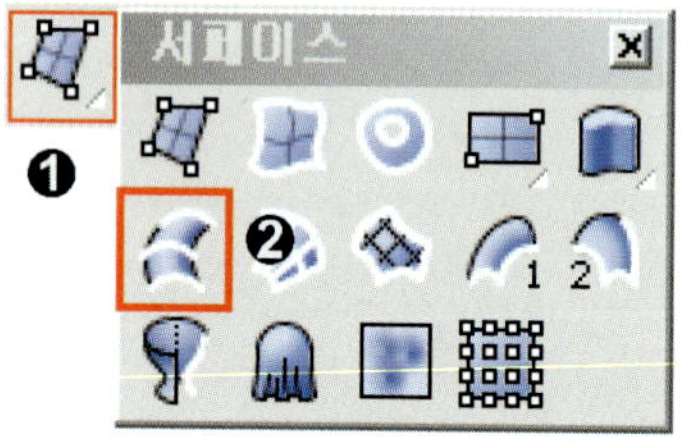


(S-15) 1, 2번을 클릭하고 3번에 표시된 커브 3개를 클릭해 서페이스를 만든다.

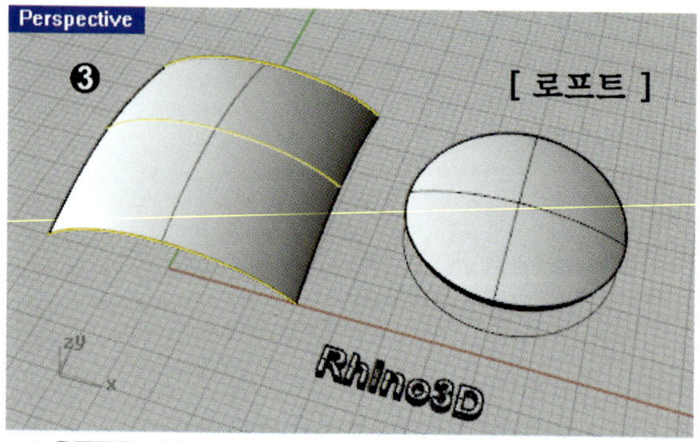


< STEP-15 >

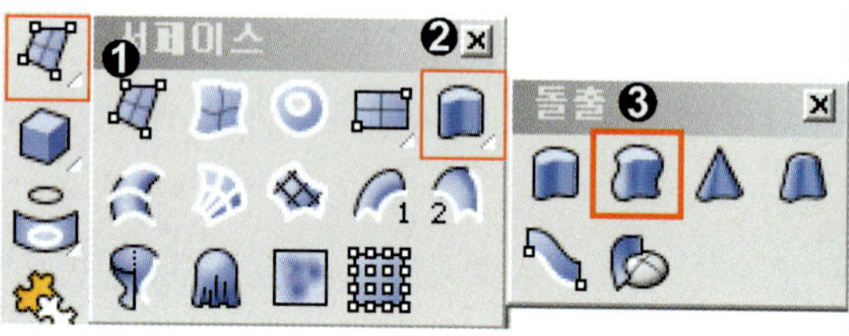


(S-16) 1, 2, 3을 클릭하고 4번 그림에서 -1을 선택한 다음 Enter를 치고 -2를 클릭하면 서페이스가 만들어진다.

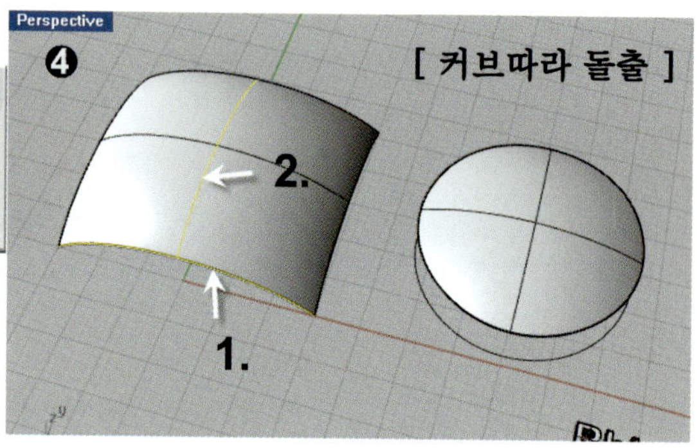


< STEP-16 >

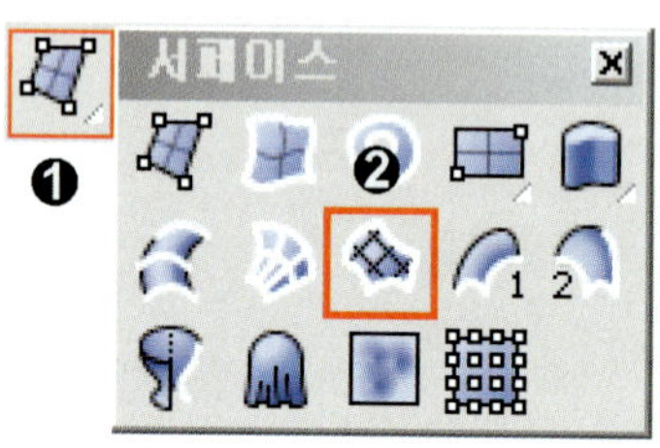


(S-17) 1, 2번을 클릭하고 3번 그림처럼 로프트와 돌출 명령으로 만든 서페이스의 가장자리를 클릭한 다음 Enter를 친다. (커브를 클릭하면 안된다.)

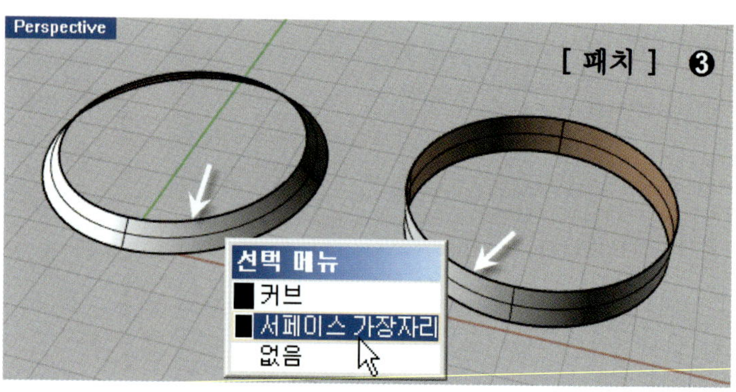


< STEP-17 >

# 23. 서페이스에 배치-예제

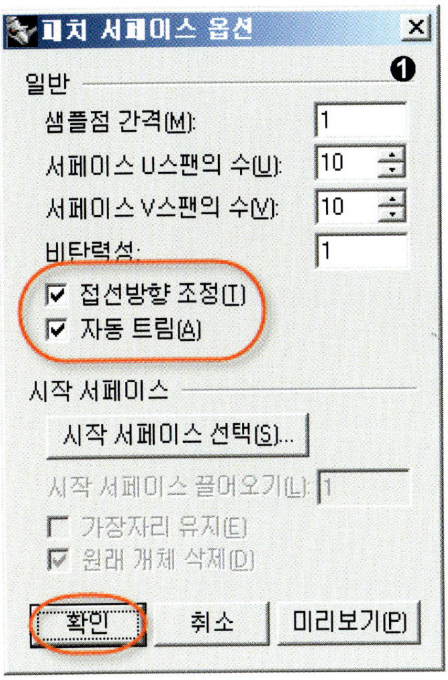


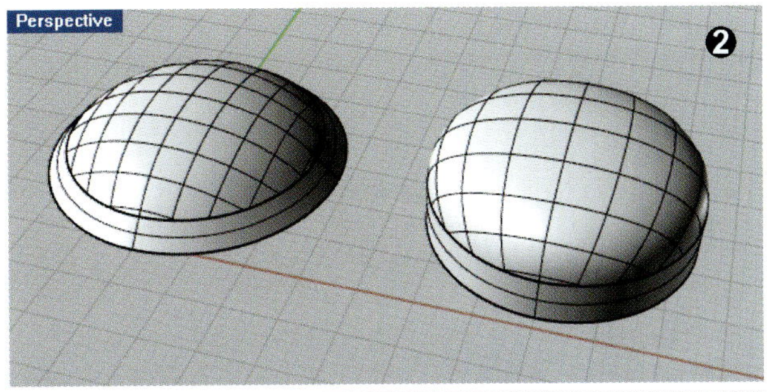


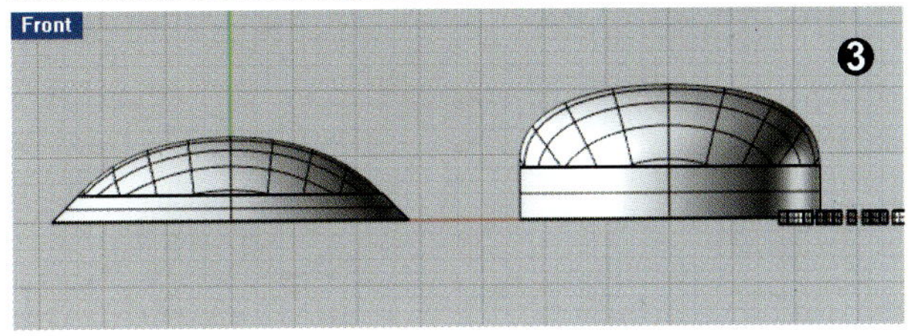


< STEP-18 >

(S-18) Enter를 치면 1번 그림처럼 옵션창이 뜨는데 그림처럼 설정하고 확인을 누르면 2, 3번 그림처럼 생성된다.

[ 이처럼 생성된 서페이스는 다음에 할 작업인 서페이스 상에 배치를 이용해서 개체를 배치하면 측면쪽이 아닐 경우 배열된 개체의 형태 변형이 거의 이루어지지 않는다. ]

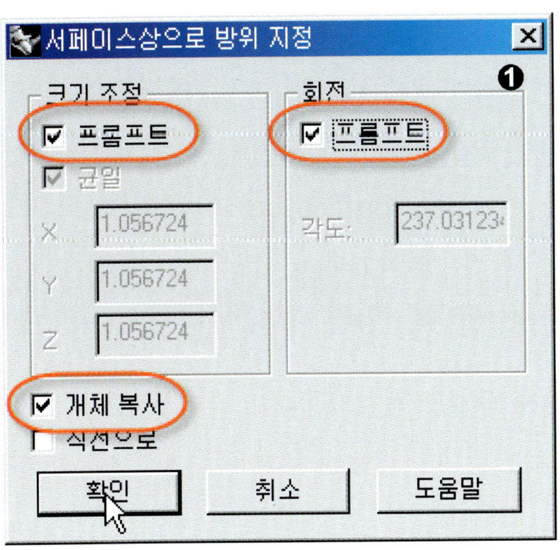


(S-19) 이번에는 앞에서 한 작업을 참고로 로프트, 커브따라 돌출, 패치로 만든 서페이스 중 하나를 선택해서 서페이스 배치를 실행하는데 왼쪽 1번 그림처럼 설정을 하고 실행을 하면 아래 2번 그림처럼 배치가 된다.

< STEP-19 >

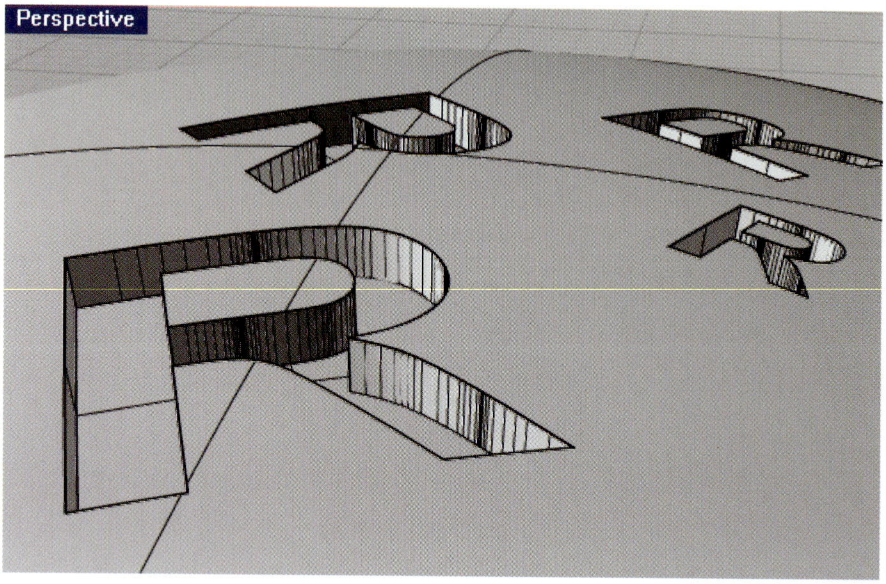


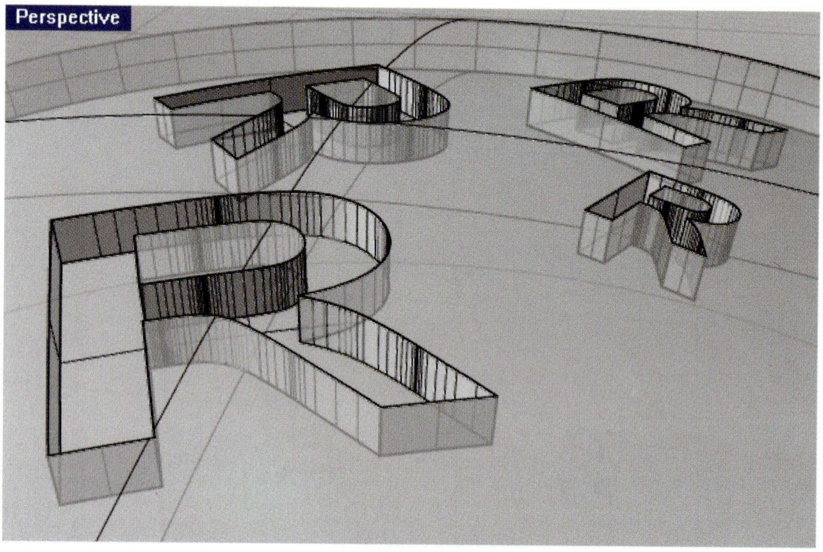


< STEP-20 >

(S-20) 위의 이미지는 부울 연산을 실행하여 음각 작업을 한 결과이다.

# Rhino3D

## 24. 펜던트 만들기(난발세팅)

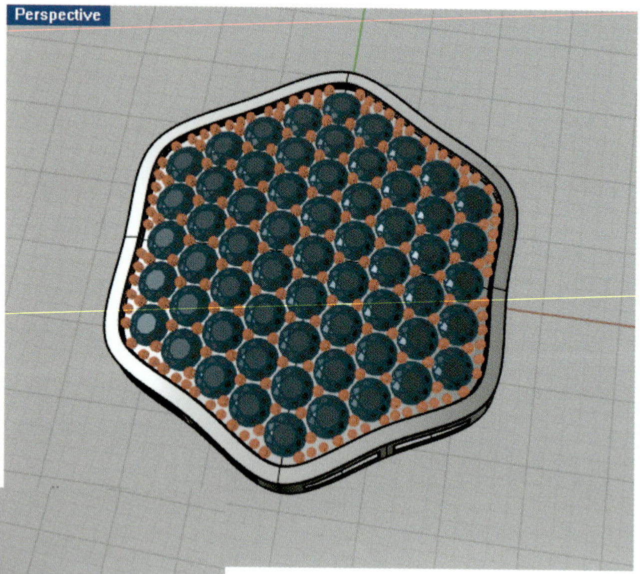
Perspective

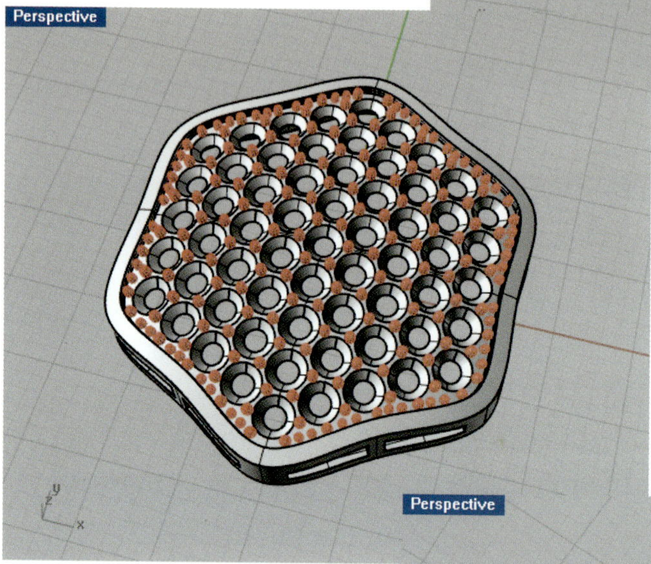
Perspective

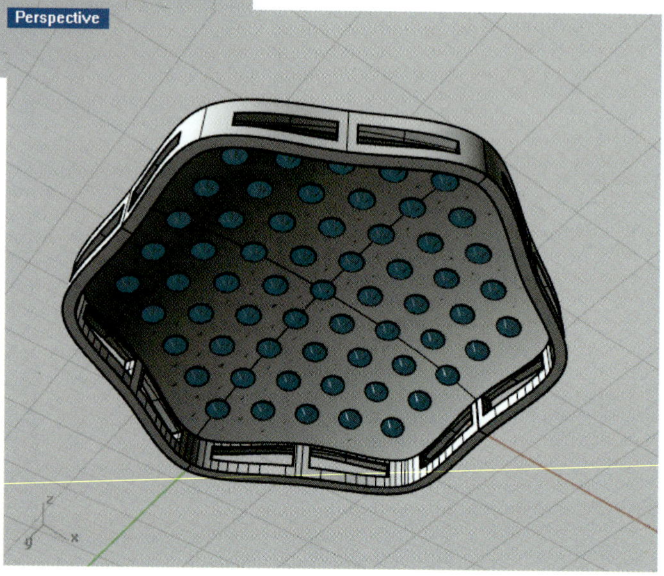
Perspective

# 24. 펜던트 만들기(난발 세팅)

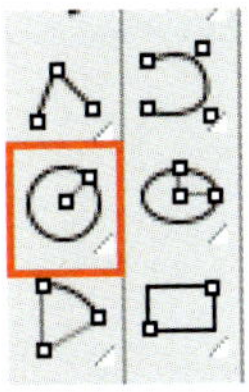

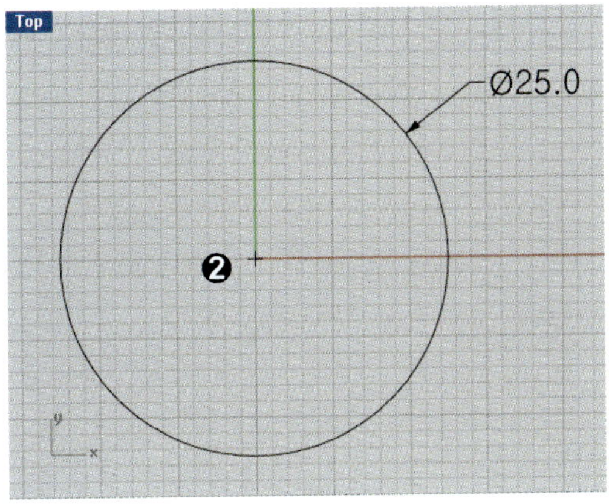


(S-1) 1번을 클릭하고 Top에서 그림처럼 스냅을 켜고 원점을 클릭(키보드에 0을 입력한 뒤 Enter를 쳐도 됨)한 다음 명령창에 지름 25를 입력하고 Enter를 쳐서 그림처럼 그린다.

< STEP-1 >

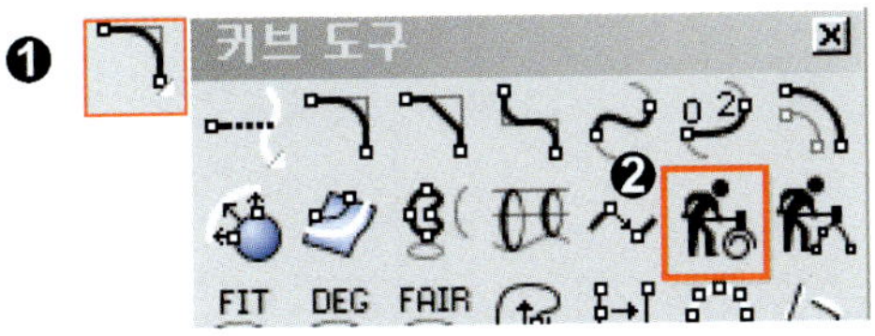


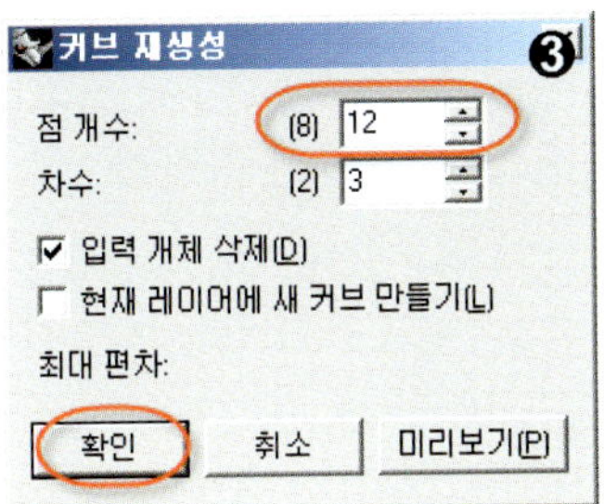


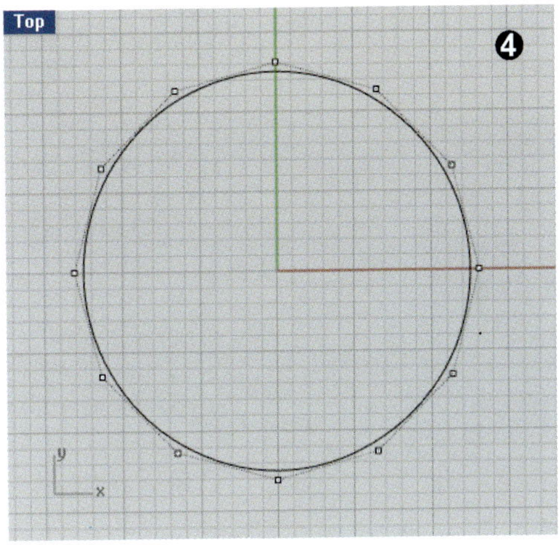


< STEP-2 >

(S-2) 위에 그린 원을 선택하고 1, 2번을 클릭한 다음 3번 옵션창처럼 설정후 확인을 누르고 원을 선택하고 제어점을 켜보면 4번 그림처럼 되어있는 것을 볼 수 있다.

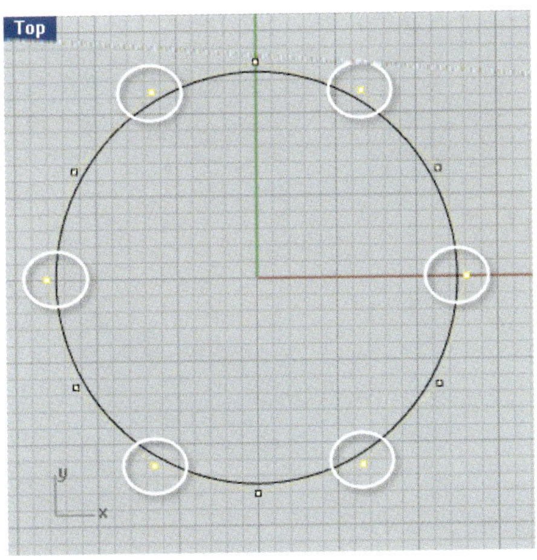


(S-3) 왼쪽 그림처럼 키보드의 Shift키를 누르고 6개를 중복해서 선택을 한다.

< STEP-3 >

# 24. 펜던트 만들기(난발 세팅)

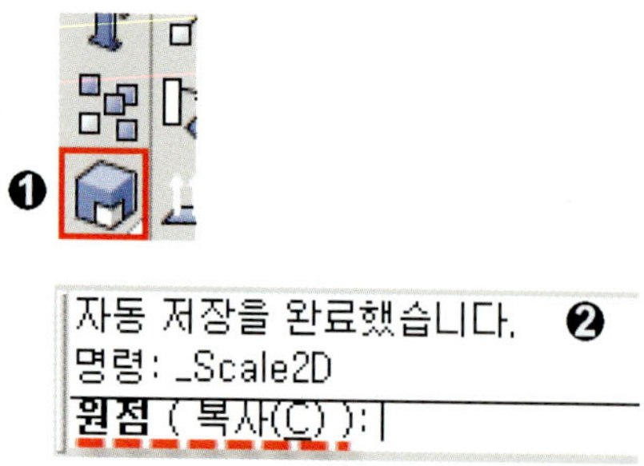


(S-4) 제어점 선택후 1번을 클릭하고 2번같이 나오면 3번 그림처럼 원점을 선택한 다음 번호 순서대로 클릭해서 그림처럼 만든다.

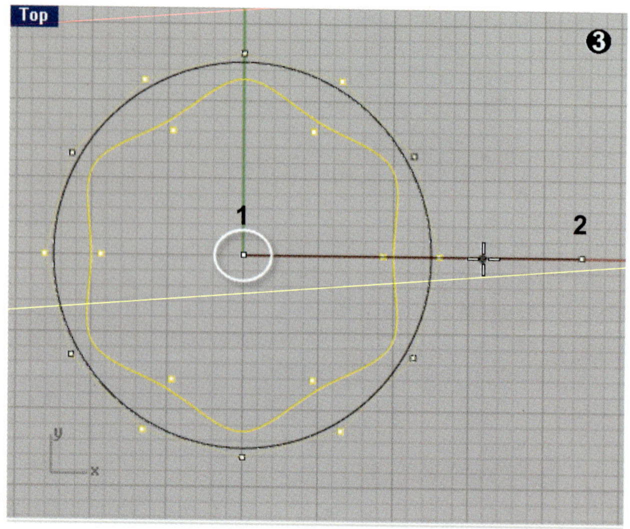


< STEP-4 >

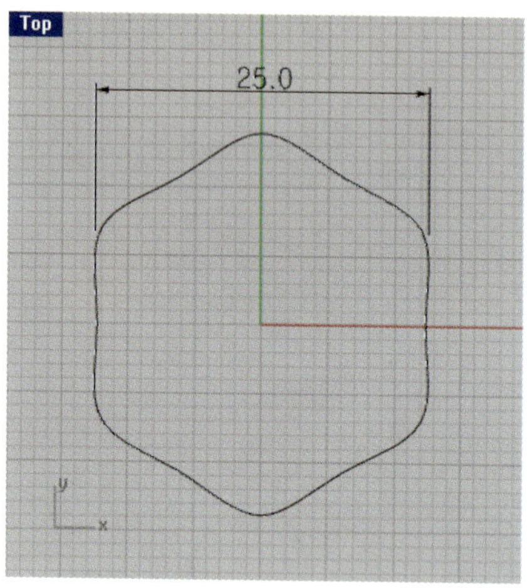


(S-5) 제어점을 이동하여 왼쪽과 그림과 같이 수정을 하는데 크기는 이와같이 되도록 스케일 명령등을 사용하여 수정한다.

< STEP-5 >

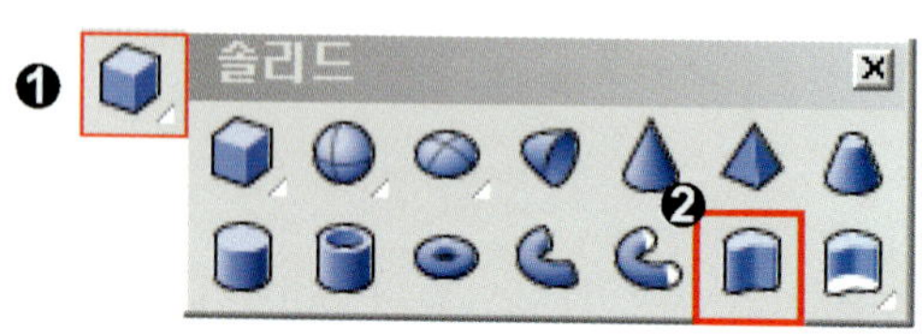


(S-6) 두께를 주기위해  수정된 외형 커브를 선택한 다음 1, 2번을 클릭해서 3번 그림같이 대략 10mm 정도 되게 만든다.

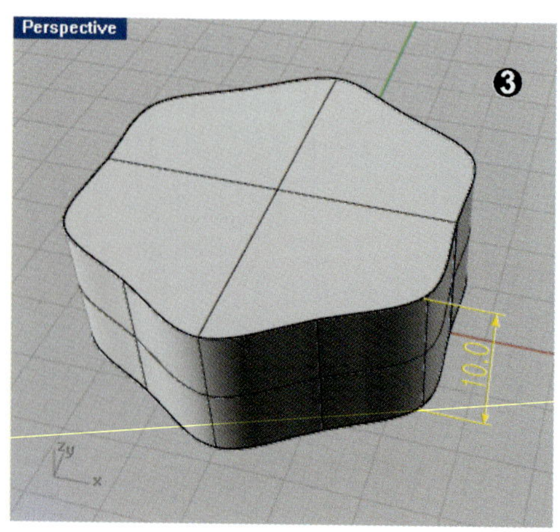


< STEP-6 >

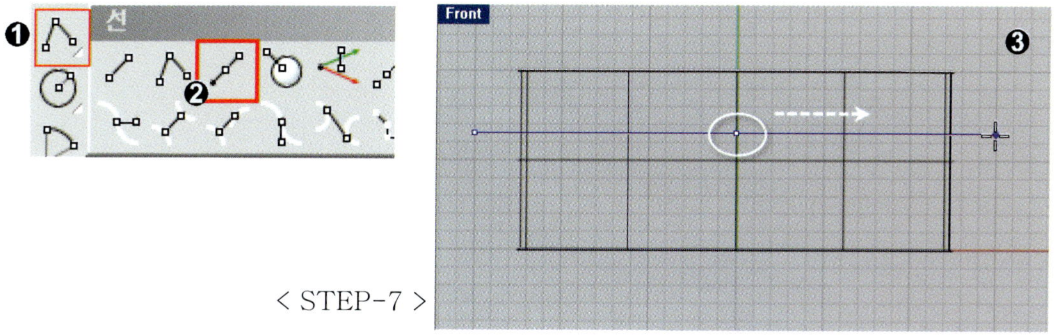

< STEP-7 >

(S-7) 윗면을 자를 서페이스를 만들기 위해 1, 2번을 클릭하고 커브를 선택하고 3번 그림처럼 그린다.(좌우 대칭이 되게 그릴 수 있다.)

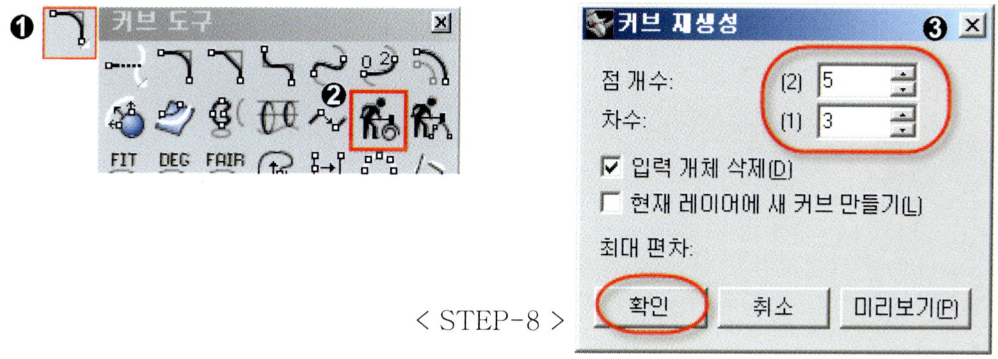


< STEP-8 >

(S-8) 그린 직선을 커브로 만들기 위해 1, 2번을 클릭해서 3번창이 나오면 위처럼 설정을 하고 확인을 누른다.

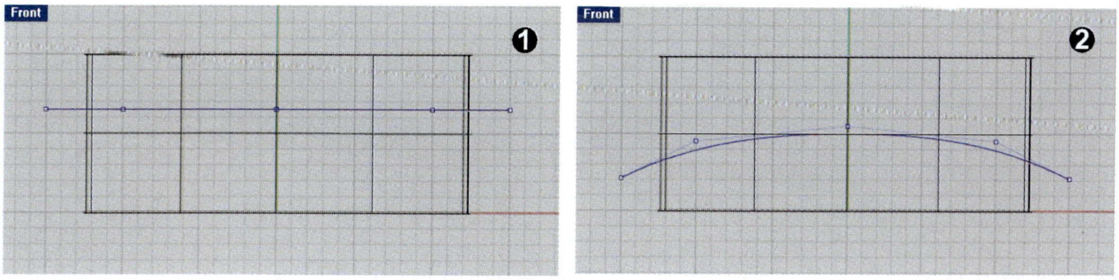

< STEP-9 >

(S-9) 재생성한 커브를 제어점을 켜보면 1번처럼 되는데 2번 그림처럼 제어점을 이동해서 가운데 부분이 5mm정도 되게 수정한다.
( STEP-7에서 중간점으로 직선을 그렸기 때문에 재생성을 하면 제어점의 위치가 좌우 대칭으로 생성되어 2번처럼 수정하기가 쉬워진다.)

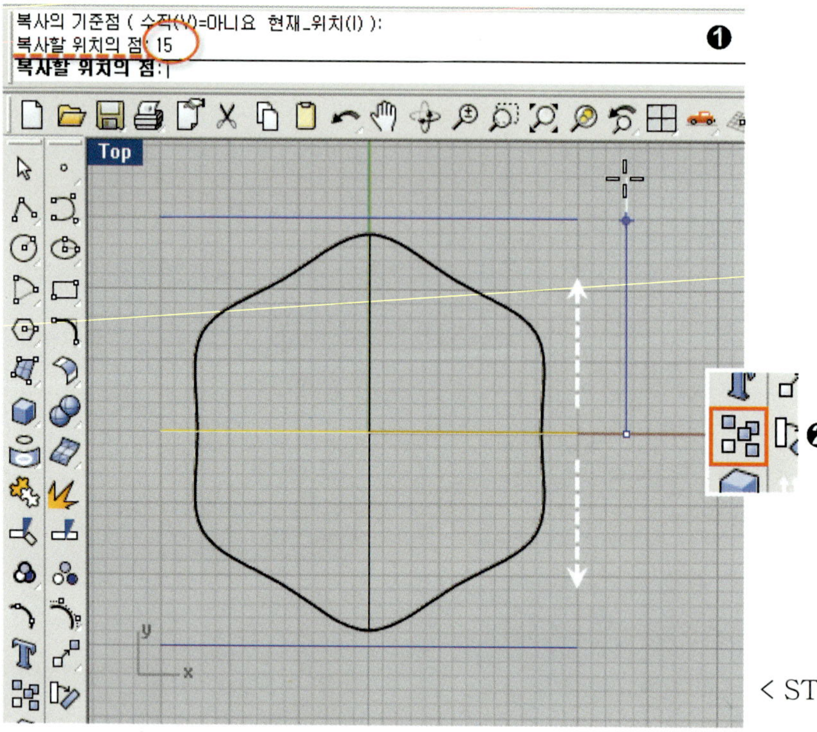


< STEP-10 >

(S-10) 처음 그린 가운데 커브를 선택하고 2번 복사를 클릭한 다음 명령창에 기준점을 선택하라고 나오면 그림처럼 스냅을 켜고 중간을 클릭한다. 그다음 눈금을 보고 15mm를 이동하거나 명령창에 15를 입력하고 Enter를 치면 그림처럼 15mm로 고정이 되며 이때 위,아래로 차례로 복사한다.

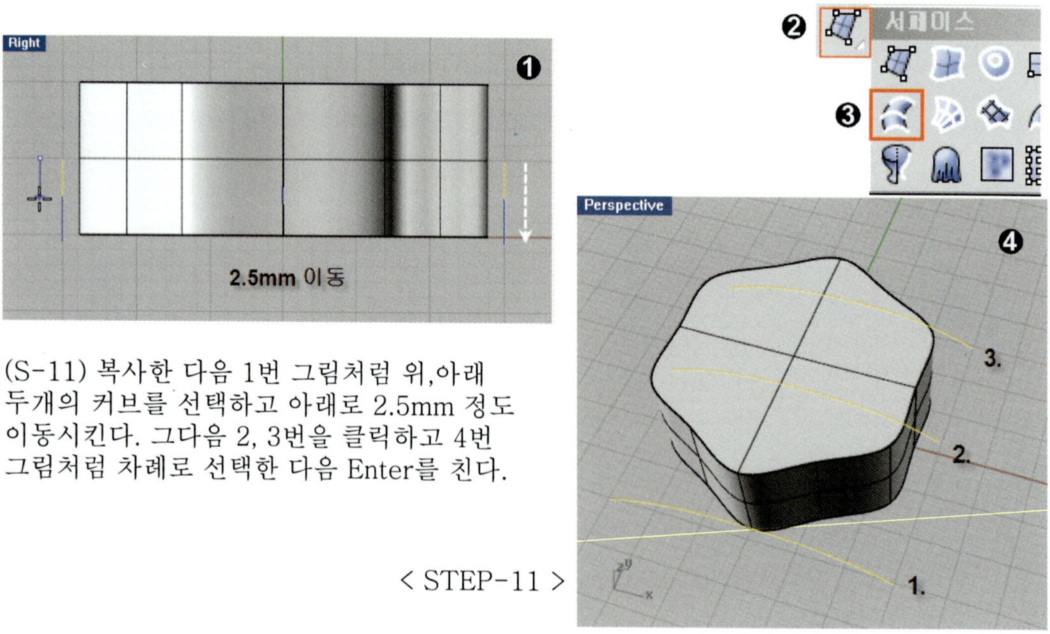


(S-11) 복사한 다음 1번 그림처럼 위,아래 두개의 커브를 선택하고 아래로 2.5mm 정도 이동시킨다. 그다음 2, 3번을 클릭하고 4번 그림처럼 차례로 선택한 다음 Enter를 친다.

< STEP-11 >

## 24. 펜던트 만들기(난발 세팅)

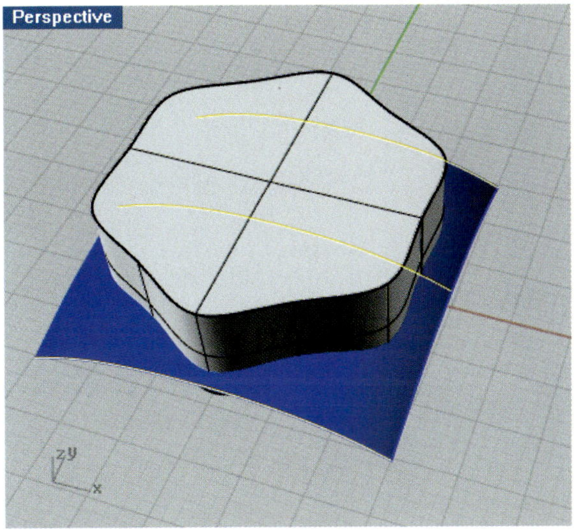


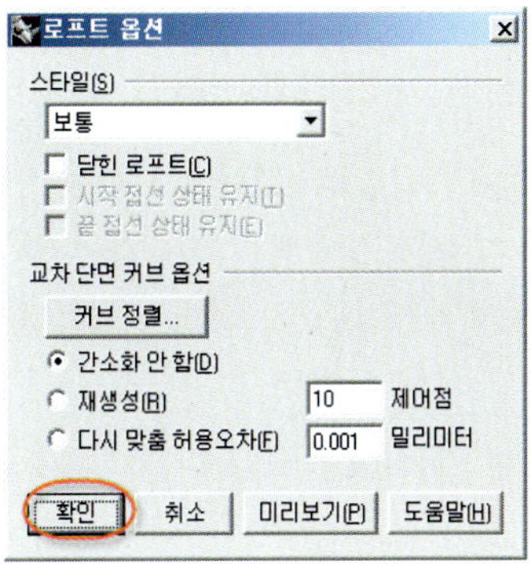


(S-12) 로프트 명령후 Enter를 치면 그림처럼 창이 나오는데 확인을 눌러 완성한다.

< STEP-12 >

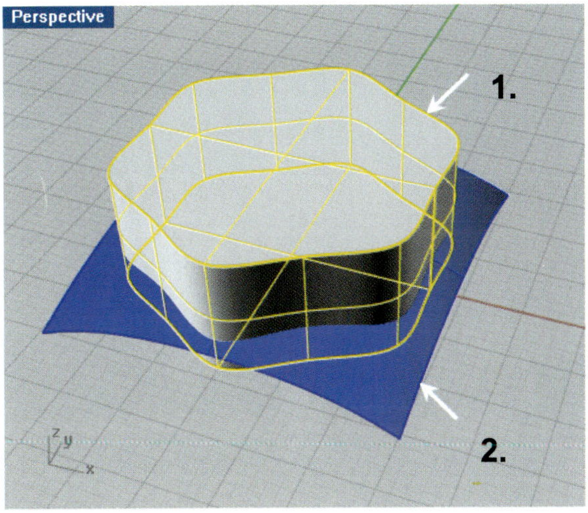


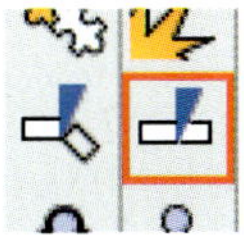

(S-13) 윗면을 편집하기 위해서 부울 연산, 자르기, 분할 모두 가능하지만 여기서는 분할을 이용해서 작업을 하는데 분할을 클릭한 다음 1을 선택하고 Enter를 친 다음 2를 선택하고 다시 Enter를 친다.

[ 이는 쉽게 칼과 종이로 비유해보면 종이를 먼저 선택하고 나중에 칼을 선택한다고 보면 된다. ]

< STEP-13 >

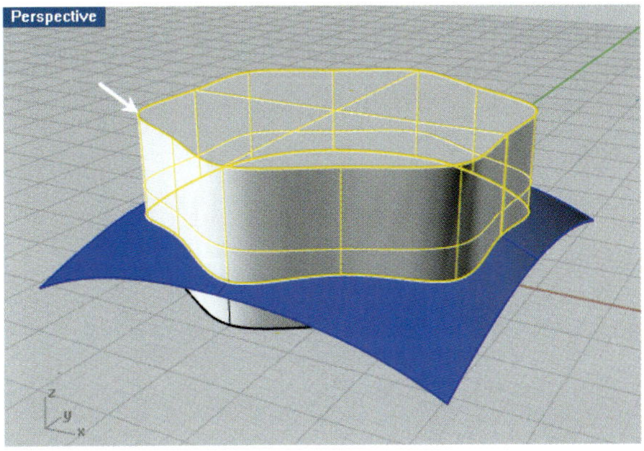


(S-14) 분할 작업후 입체를 선택해 보면 그림처럼 서페이스가 나누어진 것을 알수 있다.

< STEP-14 >

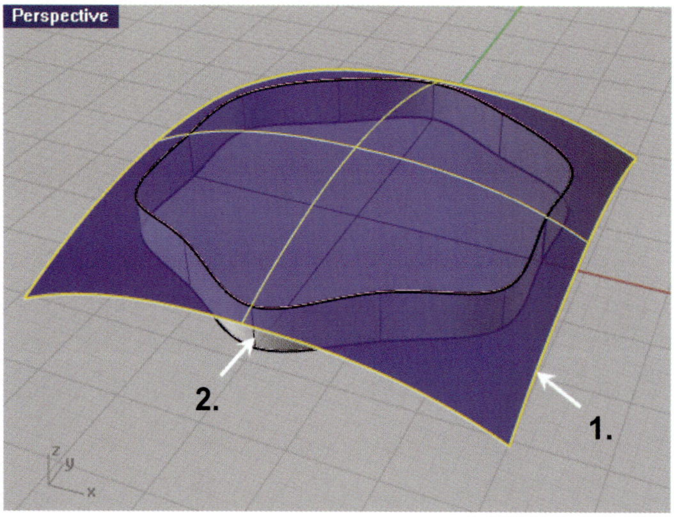


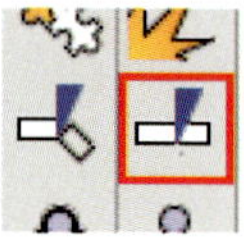

(S-15) 잘린 윗면을 지우고 이번에는 순서를 바꿔서 분할을 클릭한 다음 1-을 선택후 Enter를 치고 2-폴리서페이스를 선택한 다음 Enter를 친다.

< STEP-15 >

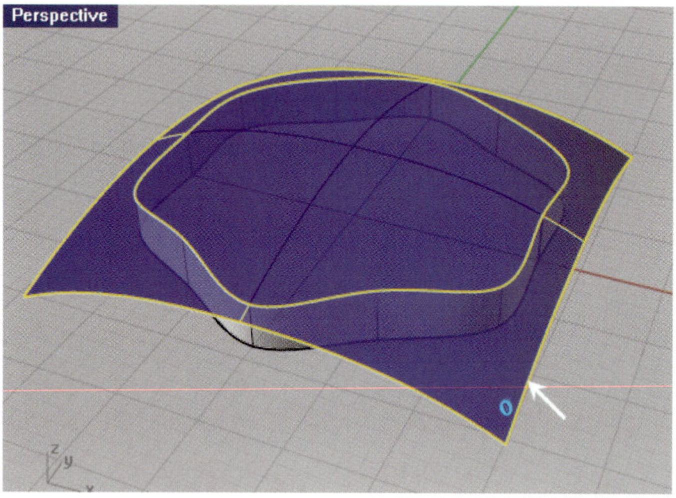


(S-16) 분할후 클릭해보면 그림과 같이 잘려진것을 볼 수 있다. 아래 그림은 잘려진 면을 지우고 결합을 시켜 하나의 닫힌 솔리드로 만든 모습니다. (로프트 시킨 커브는 숨겨 놓는다.)

< STEP-16 >

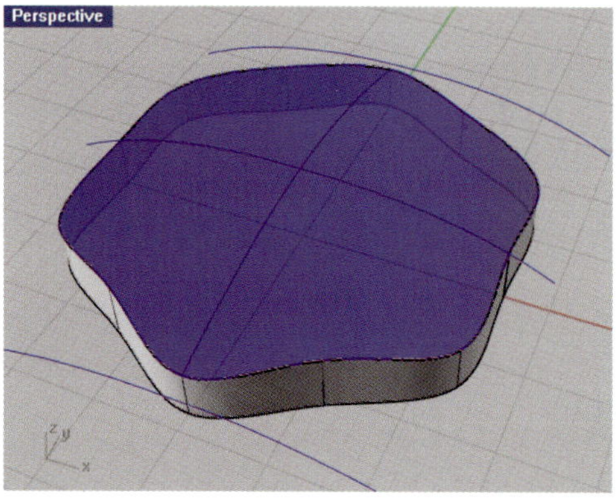


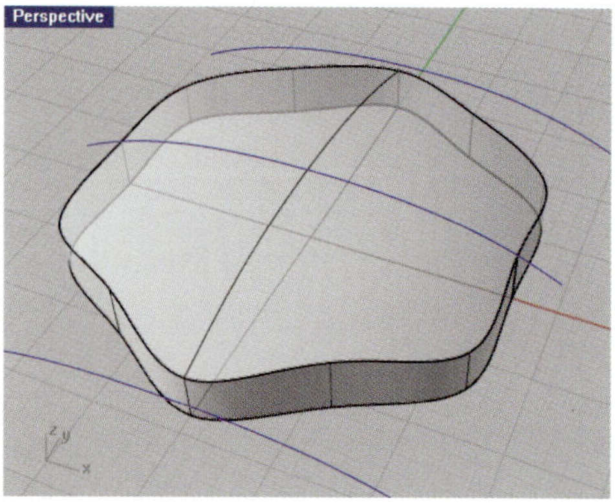

# 24. 펜던트 만들기(난발 세팅)

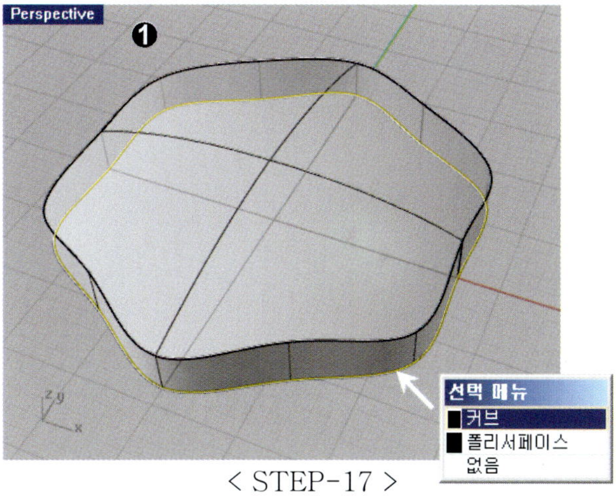


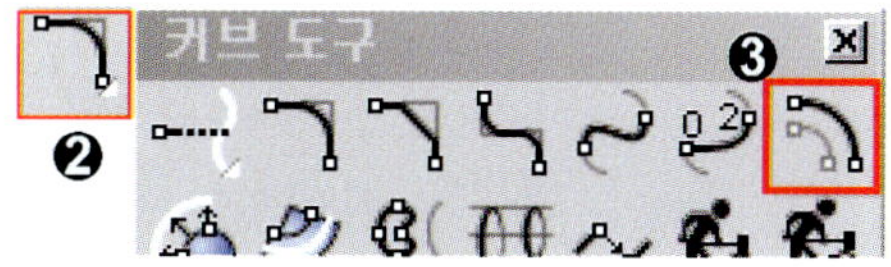


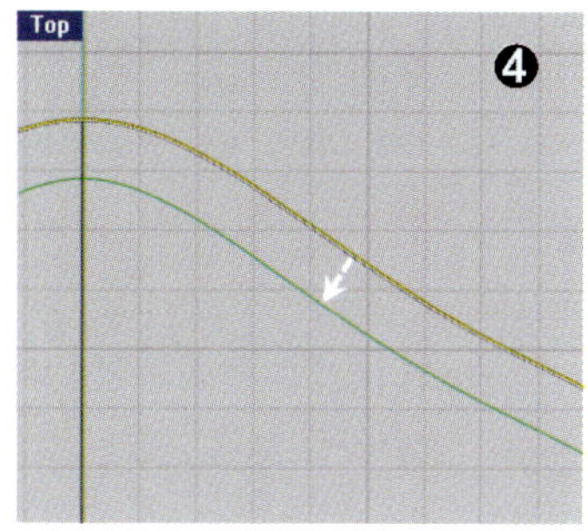


< STEP-17 >

(S-17) 이제 보석을 세팅할 윗면을 잘라내기 위해 1번 그림처럼 외형 커브를 선택하고 2, 3번을 클릭한 다음 Top에서 4번 그림과 같이 안쪽으로 1mm 떨어진 커브를 만든다.

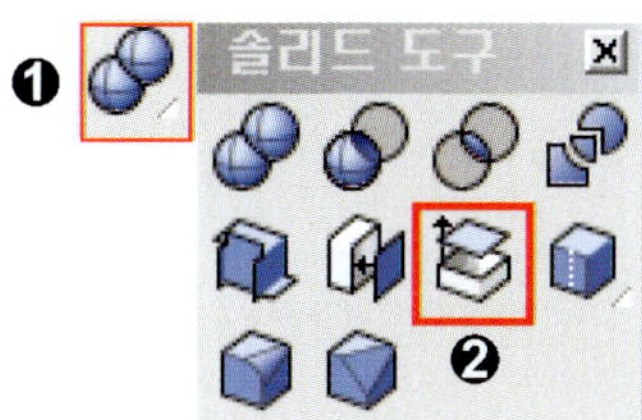


(S-18) 1, 2번을 클릭한 다음 3번 그림처럼 구배진 윗면을 선택하고 Enter를 치면 선택한 윗면만 따로 추출해 낼 수 있다.

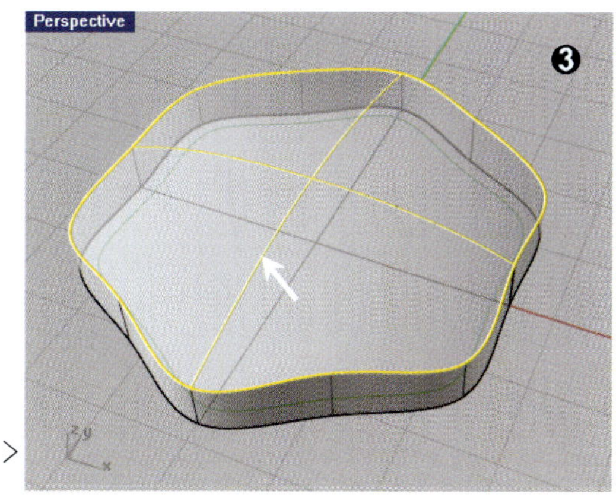


< STEP-18 >

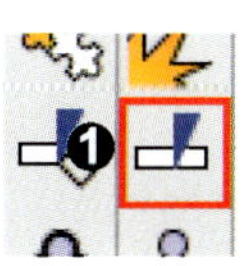

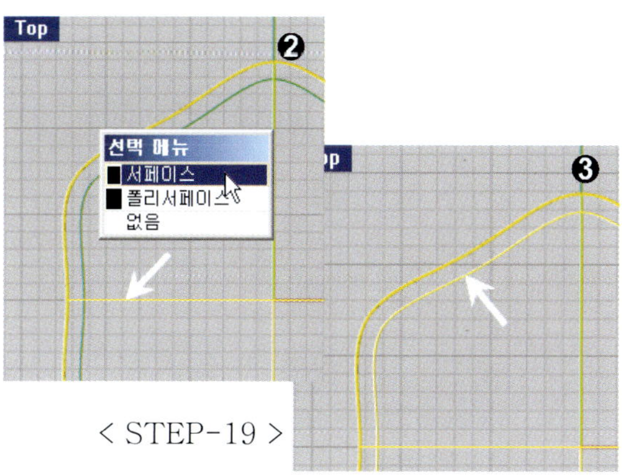


< STEP-19 >

(S-19) 세팅할면을 자르기 위해 1번을 클릭하고 2번 그림처럼 추출된 서페이스를 선택하고 Enter를 친 다음 안쪽으로 만들어진 커브를 선택하고 Enter를 친다.

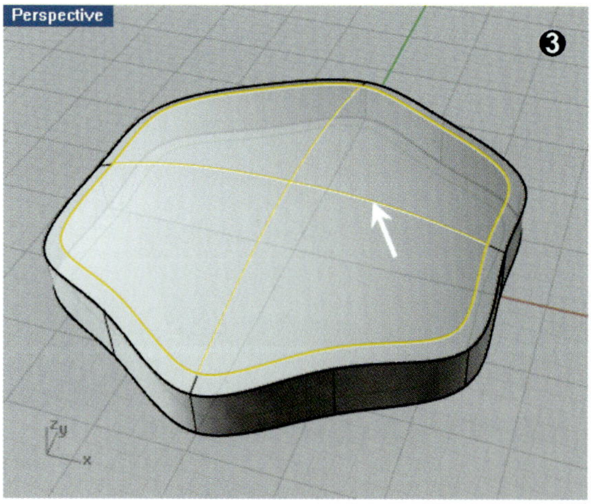

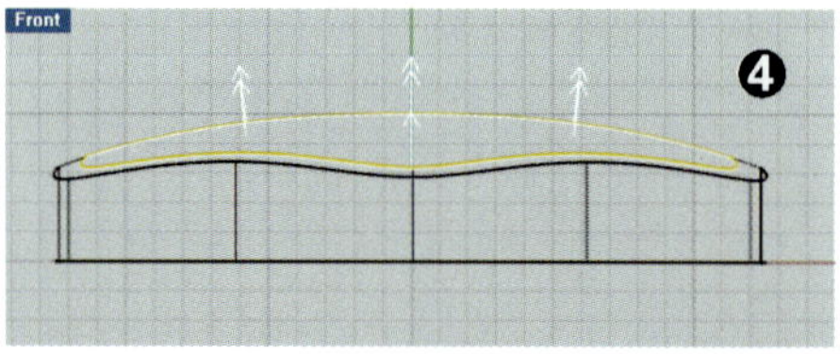

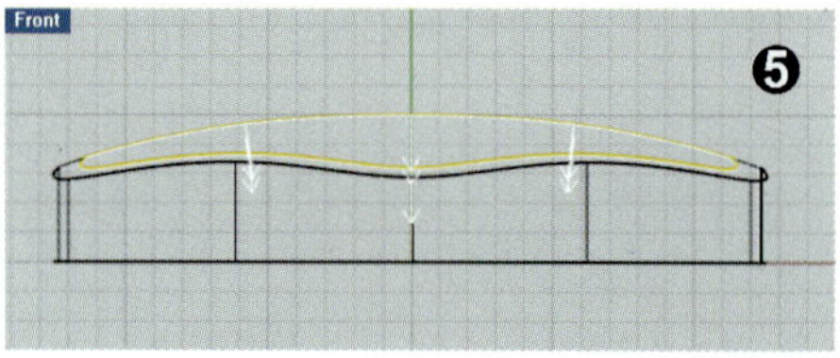

(S-20) 이제 잘려진 세팅할 면을 안쪽으로 간격 띄우기를 이용해서 만드는데 1,2번을 클릭하고 3번의 서페이스를 선택하고 Enter를 치면 방향성이 표시되는데 4번처럼 되면 명령창에 모두_반전을 클릭해서 5번처럼 방향을 바꾸고 거리값은 0.5를 입력하고 Enter를 친다.

< STEP-20 >

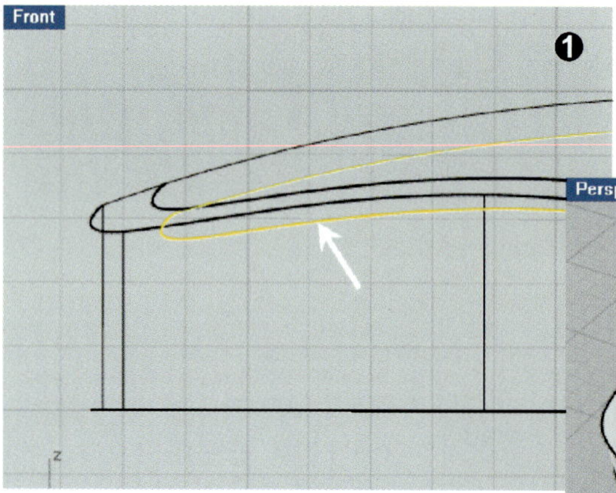

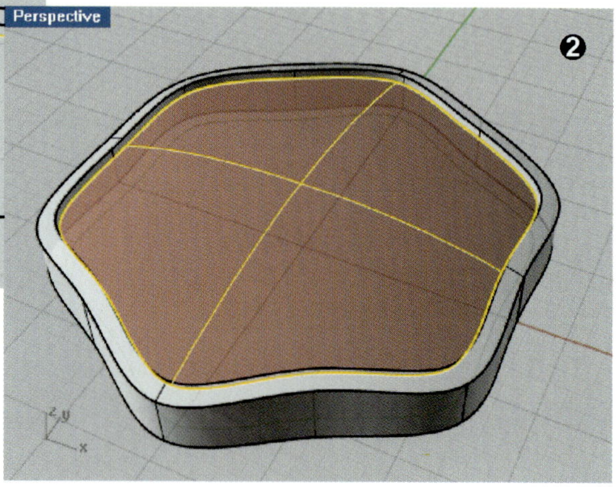

(S-21) 위 결과 1번 그림처럼 안으로 0.5mm 떨어진 서페이스가 생성이 된다. 그다음 기존의 외형 서페이스를 선택해서 지운다.

< STEP-21 >

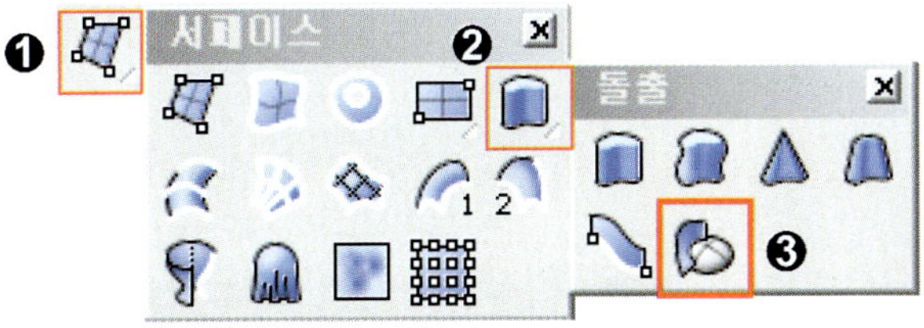


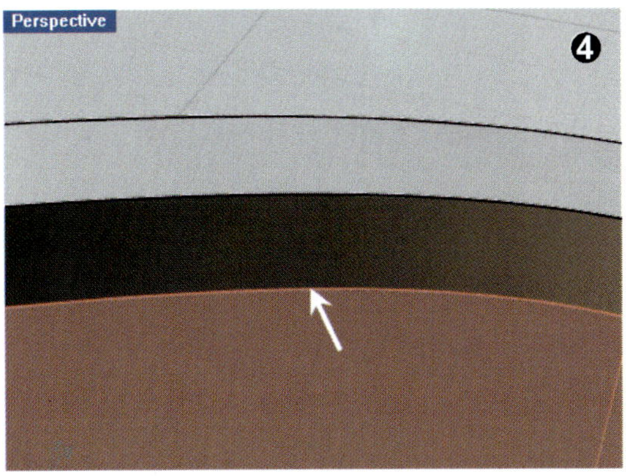


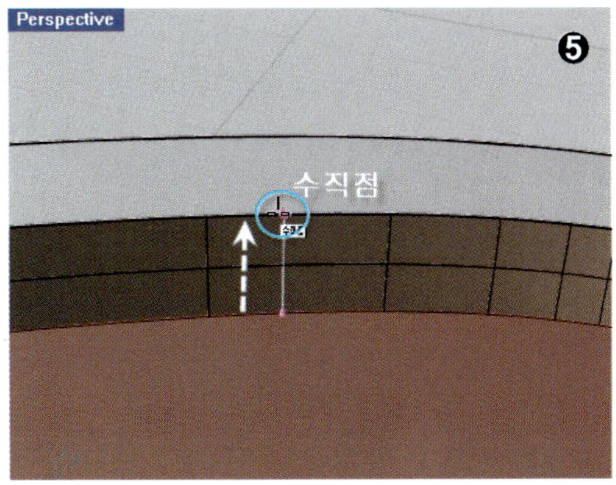


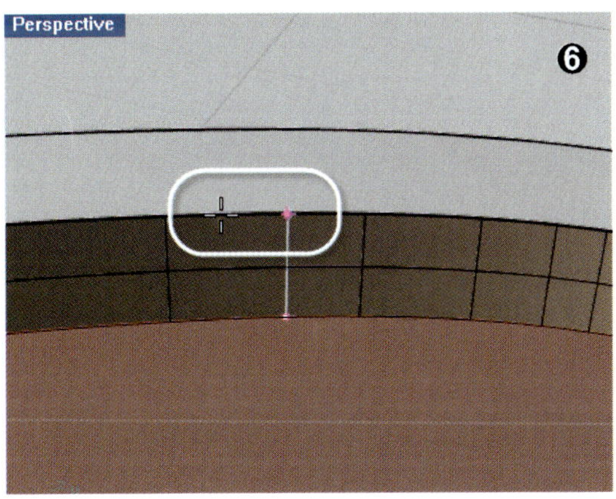


(S-22) 열려있는 옆면을 만들기 위해 1, 2, 3번을 클릭하고 4번 그림의 안쪽면의 가장자리를 선택한다. 그러면 5, 6번 그림처럼 면이 생성되는데 스냅이 꺼진 상태에서 정확하게 만들려면 개체스냅중 수직점을 체크하고 5번 그림처럼 마우스의 보여지는 두개의 커서 마커를 일치시켜 수직점이 선택되면 클릭하고 Enter를 쳐서 완성한다.

6번 그림처럼 커서 마커 두개가 떨어져 있게 되면 수직점이 선택이 되지않아 정확한 서페이스를 만들 수 없게 된다.

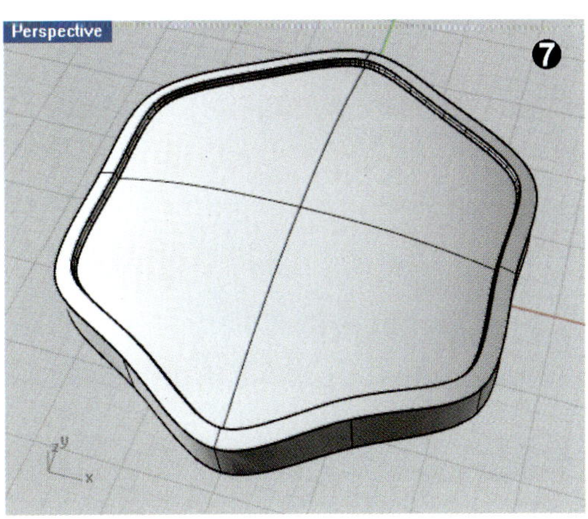


(S-22) 옆면을 완성한 다음 7번 그림처럼 서페이스를 결합시켜 하나의 폴리서페이스(솔리드)로 만든다.

< STEP-22 >

# 24. 펜던트 만들기(난발 세팅)

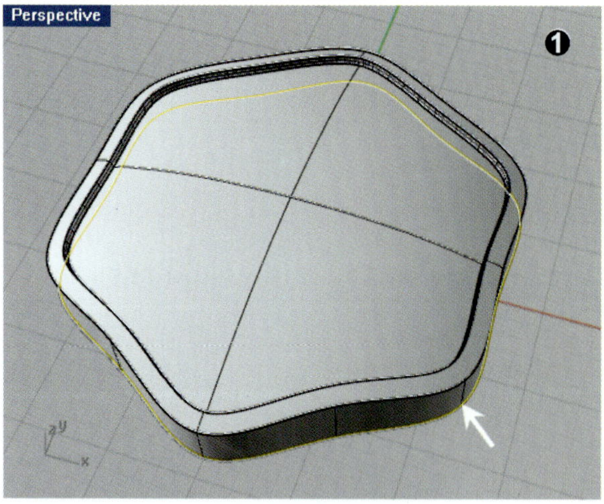


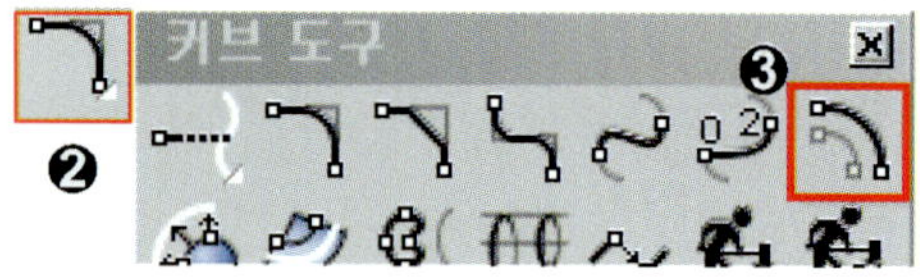


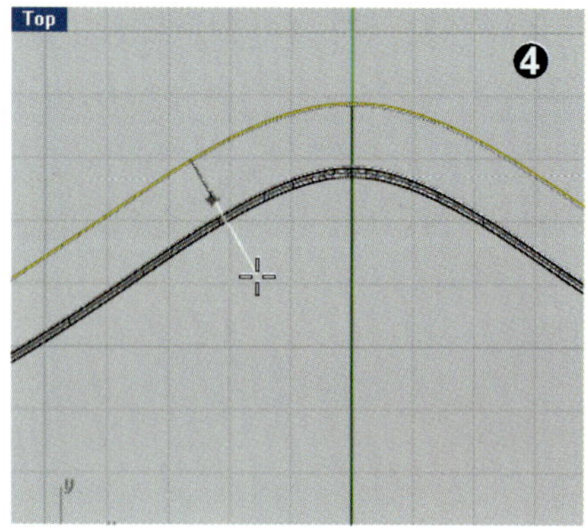


< STEP-23 >

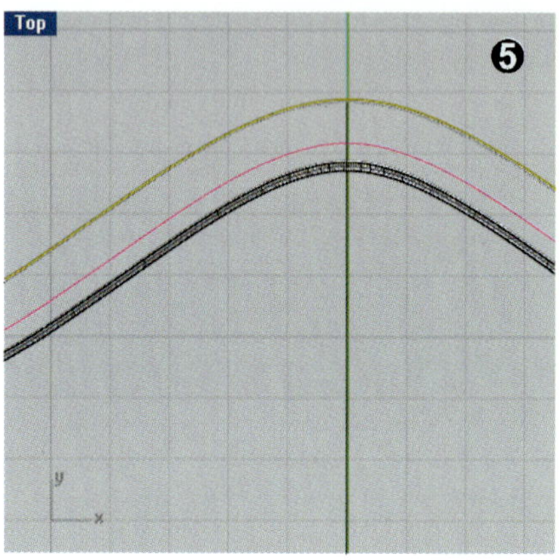


(S-23) 다음은 외형의 속파기를 하기위해 1번 그림의 외형 커브를 선택하고 2, 3번을 클릭하고 4번 그림처럼 안쪽으로 0.7mm 떨어진 커브를 만든다.

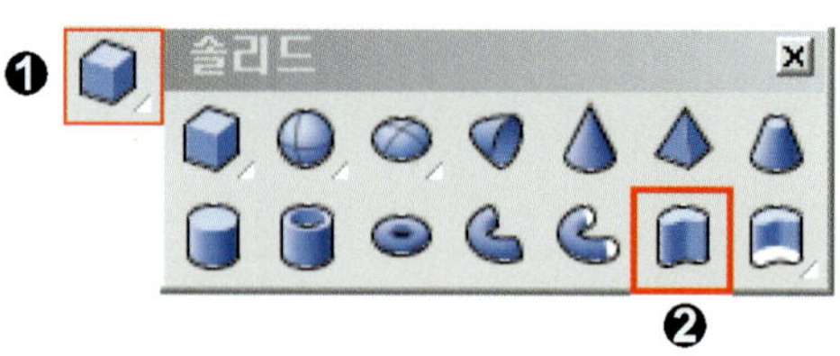


(S-24) 위 커브를 선택한 다음 1, 2번을 클릭해서 3번 그림처럼 조금 넉넉하게 개체를 만든다.
이는 전체 외형의 속파기를 할 개체이며 윗부분을 잘라낼 것이므로 형태 밖으로 돌출되어 나오는것이 작업하기가 더 수월해진다.

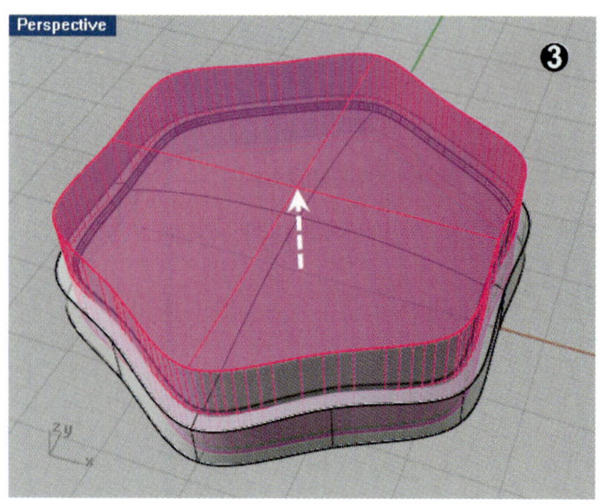


< STEP-24 >

# 24. 펜던트 만들기(난발 세팅)

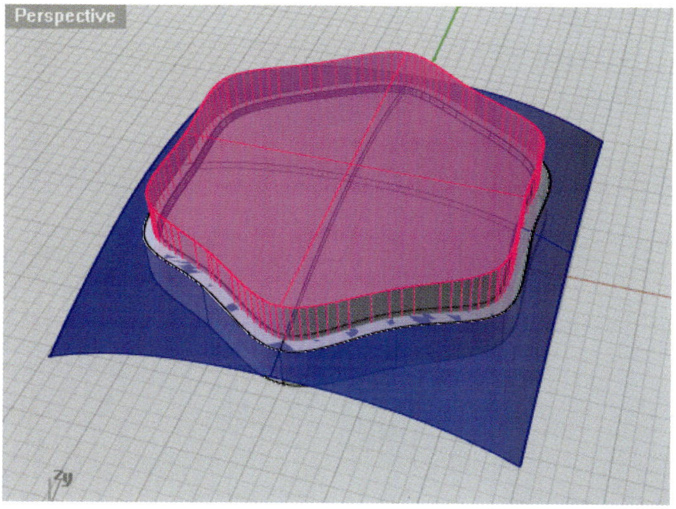


(S-25) 속파기를 하기 위해서 STEP-16에서 숨겨두었던 커브를 다시 불러서 로프트를 사용해서 서페이스를 만들어 준다.

< STEP-25 >

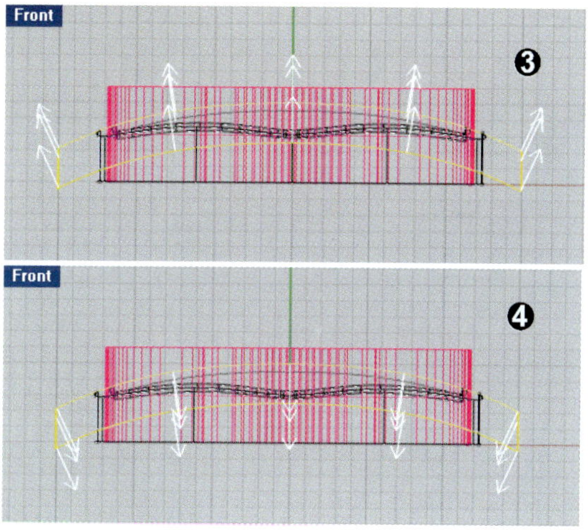


(S-26) 속파기 할 개체를 잘라줘야 하는 면을 만들기 위해서 앞 단계에서 만든 서페이스로 서페이스 간격띄우기를 실행한다.

< STEP-26 >

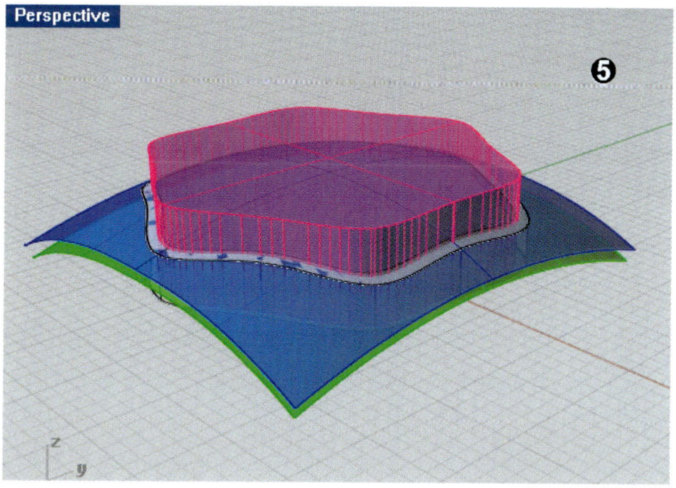


(S-27) STEP-20에서 한 방법과 같이 서페이스를 먼저 클릭한 후 번호 순서대로 클릭해서 서페이스 간격 띄우기를 실행한다. 3번과 같이 방향성이 위로 향해 있을 경우 명령창의 모두_반전을 클릭해서 4번과 같이 방향성을 아래로 향하도록 한 다음 거리값은 1로 입력하고 Enter친다.

< STEP-27 >

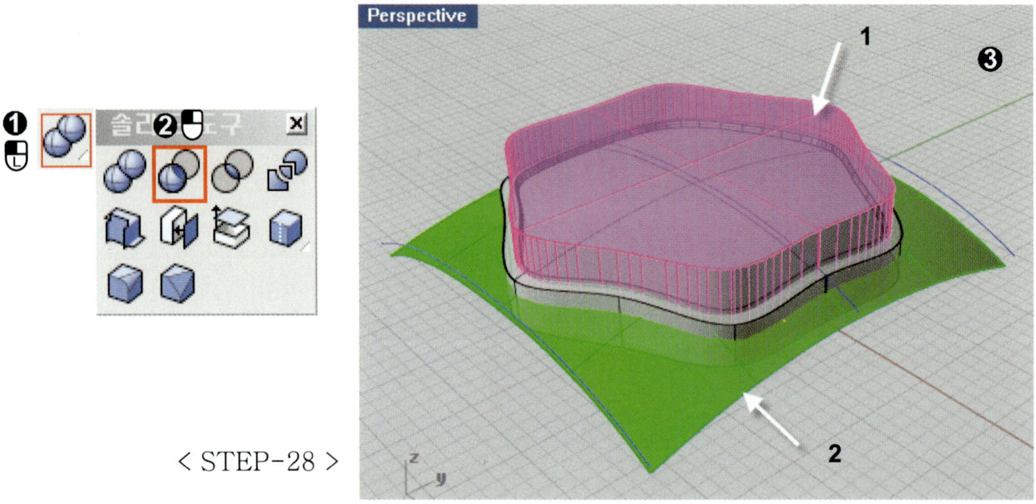


< STEP-28 >

(S-28) 앞단계에서 만들었던 파란색 서페이스는 초록색 서페이스를 얻기 위해서 만들어진 서페이스이기 때문에 클릭해서 지운다. 그 다음 속파기될 개체를 만들기 위해서 1.2번을 클릭하고 3번 그림의 순서대로 -1을 클릭, Enter -2를 클릭, Enter 친다.

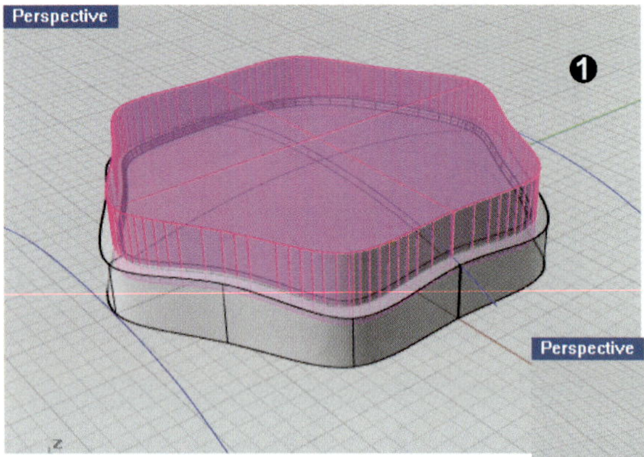


< STEP-29 >

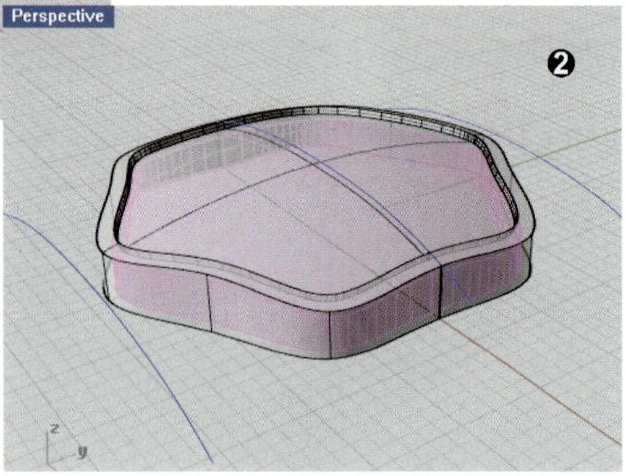


(S-29) 부울 연산 결과가 1번 그림처럼 나오는 경우가 있고 2번 그림처럼 나오는 경우가 있다.
이는 솔리드와 솔리드로 부울 연산하지 않고 솔리드와 서페이스로 할 경우에 서페이스의 방향성 때문에 발생한다.
1번과 같이 결과가 예상과 반대로 나오면 작업을 되돌아가서 교집합을 선택하고 실행순서를 똑같이 하면 2번과 같이 예상한 결과가 나오게 된다.

# 24. 펜던트 만들기(난발 세팅)

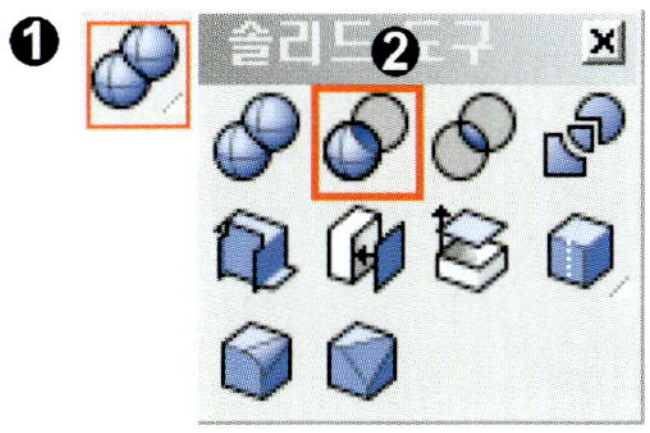


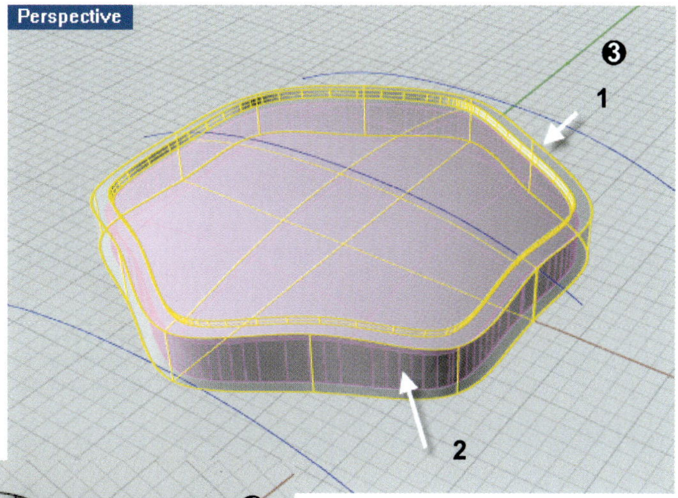


< STEP-30 >

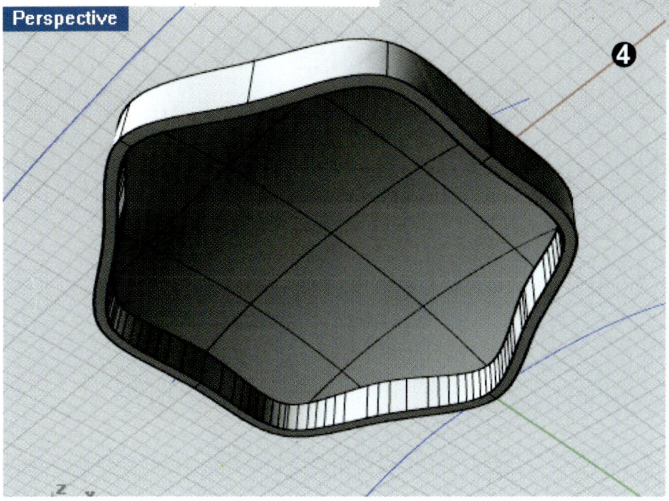


(S-30) 속파기를 하기 위해서 그림의 순서대로 -1을 클릭한 다음 Enter를 치고 -2를 클릭하고 Enter 치면 4번과 같은 결과를 얻을 수 있다.

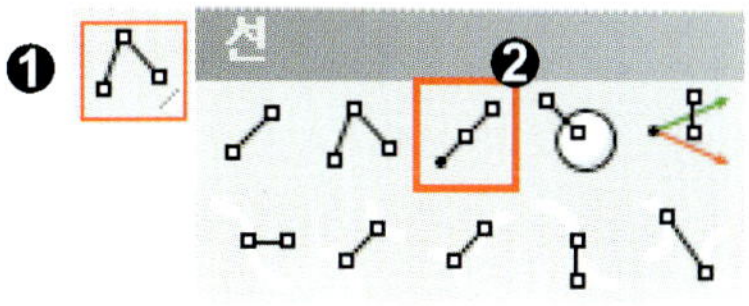


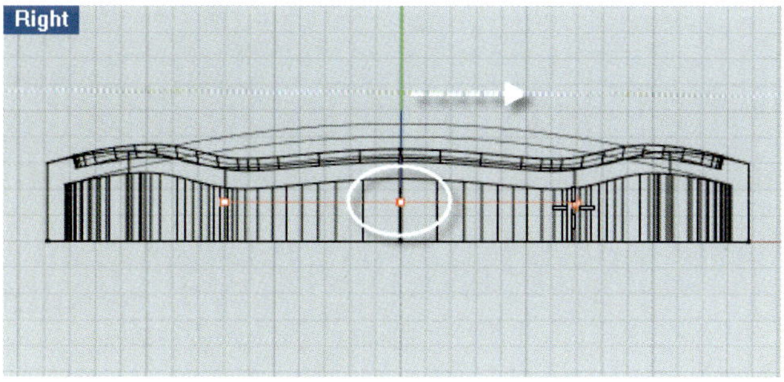


< STEP-31 >

(S-31) 보석의 광채가 나는 효과를 더 주고 중량을 절감하는 것과 디자인적인 측면에서 더 효율적으로 하기 위해서 측면에 구멍을 뚫어줄 개체를 만든다.
이 개체를 만들기 위해서 1, 2번을 클릭하고 3번 그림처럼 그린다.
(좌우 대칭이 되게 그릴 수 있다.)

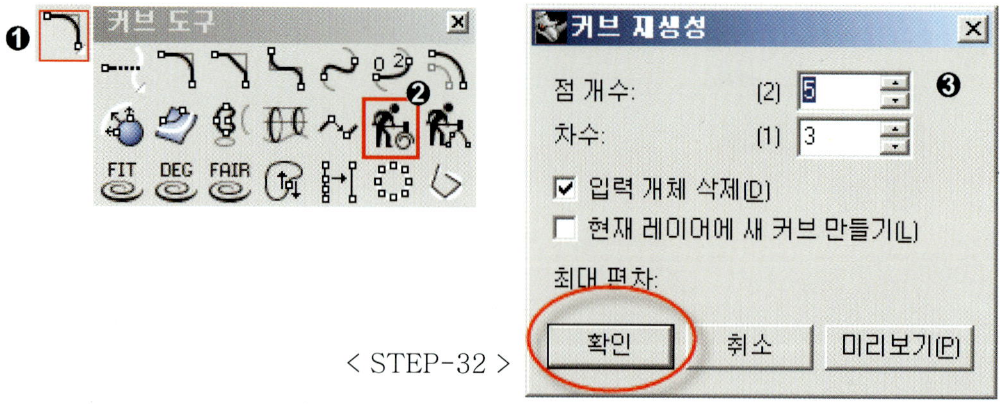


< STEP-32 >

(S-32) 그림 직선을 커브로 만들기 위해 1. 2번을 클릭해서 3번 창이 나오면 위처럼 설정을 하고 확인을 누른다.

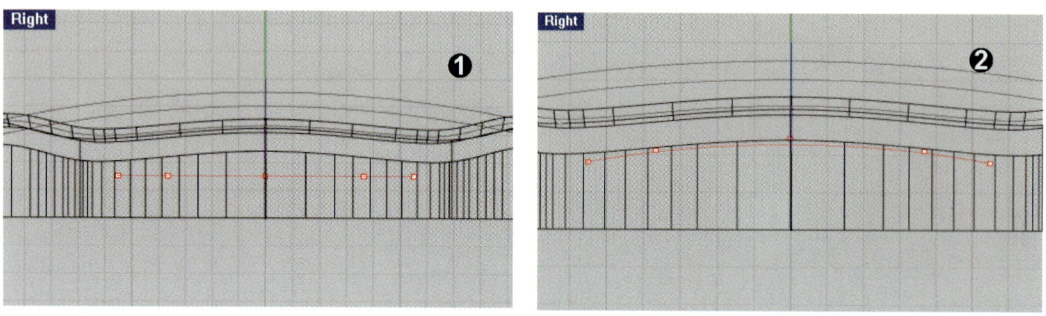


< STEP-33 >

(S-33) STEP-9에서 한 방법처럼 실행해서 2번과 같이 그린다.

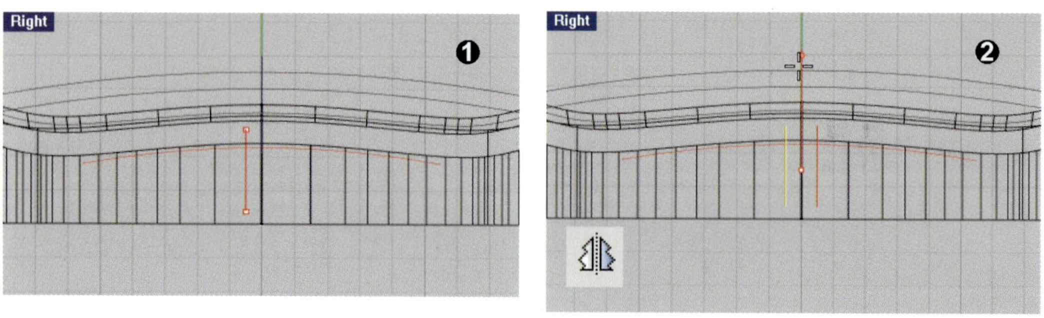


< STEP-34 >

(S-34) 스냅을 켜고 1번 그림처럼 중심에서 0.5mm 떨어진 직선을 긋고, 2번 그림처럼 미러시킨다.

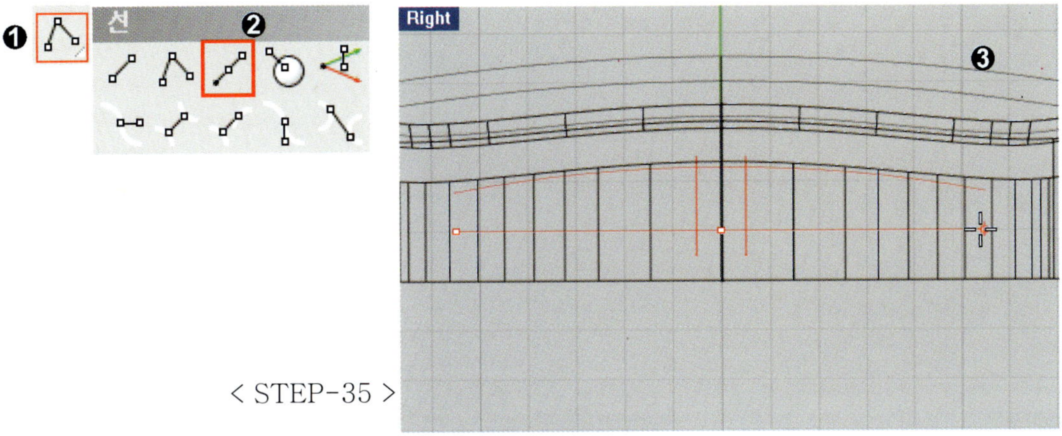


< STEP-35 >

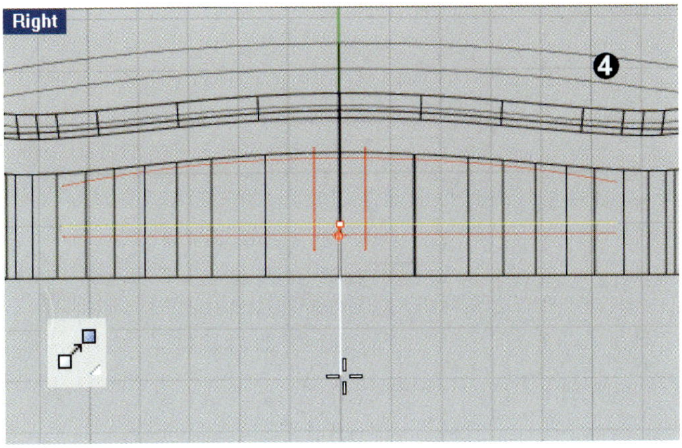


(S-35) 스냅을 켜고 STEP-31에서 한 방법과 같이 1.2번을 클릭해서 3번과 같이 실행한다. 개체를 클릭한 다음 이동을 클릭하고 명령창에 거리값 0.2를 입력해서 4번과 같이 아래쪽으로 이동시킨다.

위와 같이 아래쪽으로 이동시켜주는 이유는 차집합을 하고 난 뒤 남은 아래쪽 부분의 두께를 0.8mm로 남겨서 아래부분이 너무 얇지 않도록 하기 위해서 이다. ( 이 치수는 제작하는 업체마다 차이가 있다.)

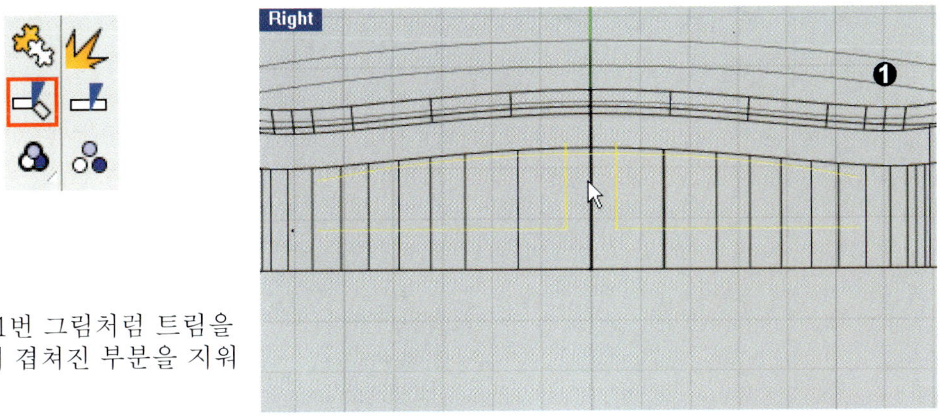


(S-36) 1번 그림처럼 트림을 사용해서 겹쳐진 부분을 지워 준다.

< STEP-36 >

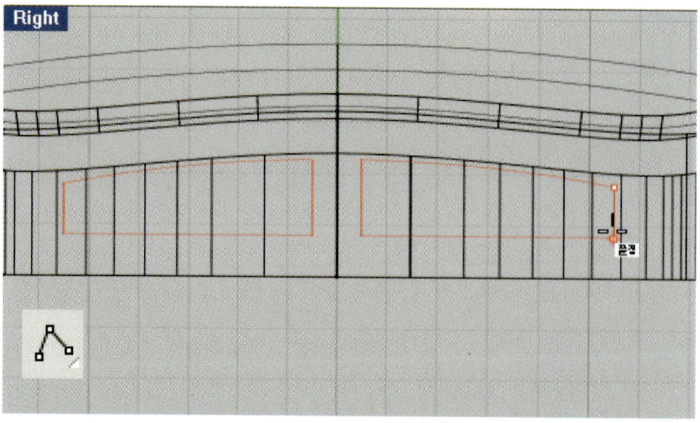


(S-37) 폴리라인을 클릭해서 하단의 개체스냅 끝점을 클릭하고 커브를 완성시킨다.
완성된 커브는 결합시킨다.

< STEP-37 >

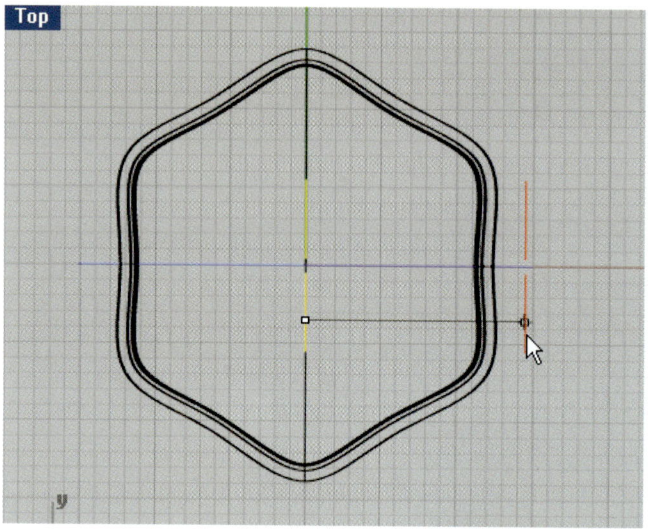


(S-38) 앞 단계에서 만들어진 커브를 그림과 같이 클릭 드래그해서 선택하기 편하게 개체 밖으로 이동시킨다.

< STEP-38 >

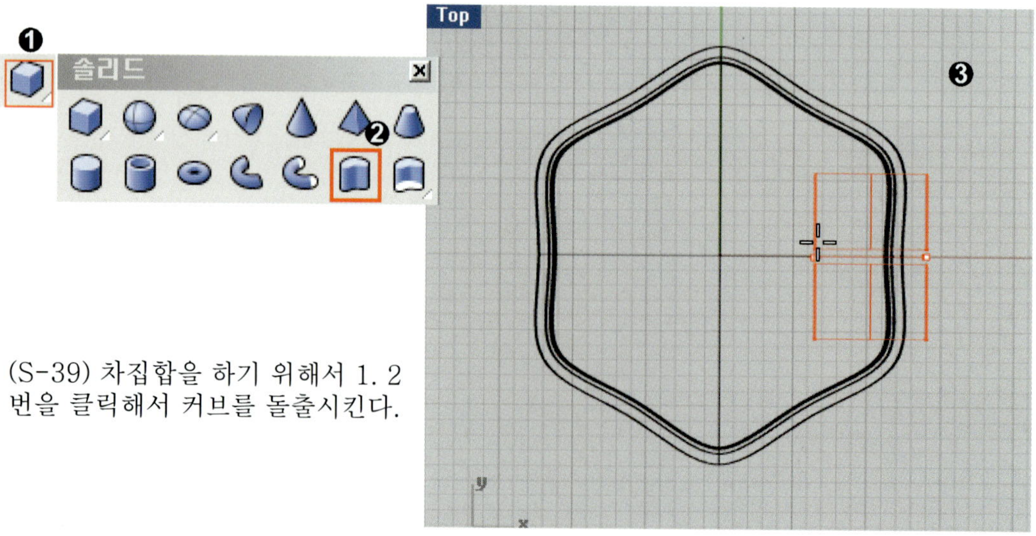


(S-39) 차집합을 하기 위해서 1. 2번을 클릭해서 커브를 돌출시킨다.

< STEP-39 >

# 24. 펜던트 만들기(난발 세팅)

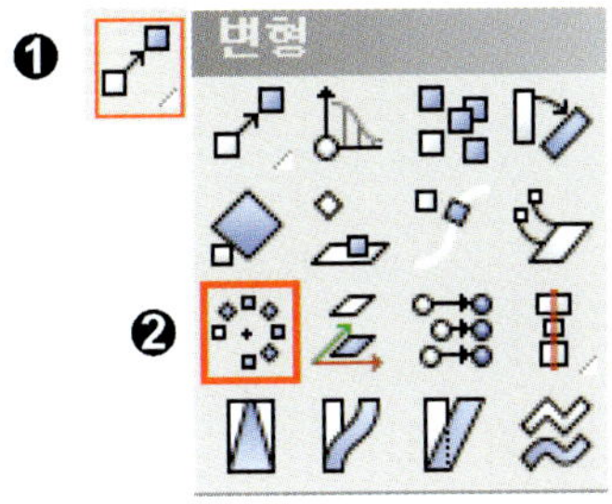


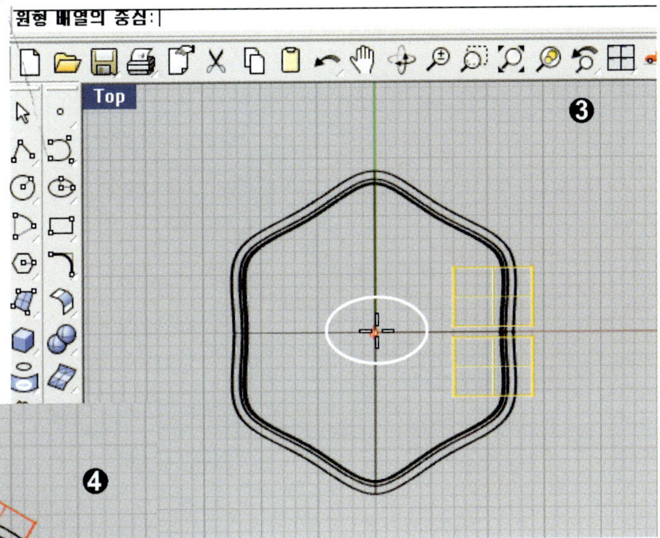


< STEP-40 >

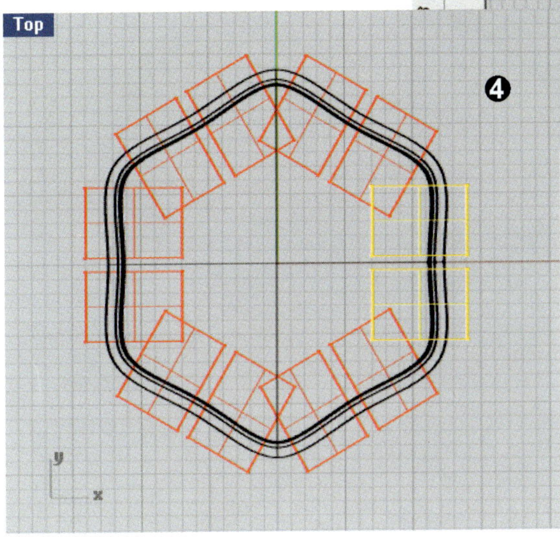


(S-40) 측면을 모두 뚫어주기 위해서 만들어진 개체를 원형배열로 복사한다. 1, 2번을 클릭하고 3번 그림처럼 명령창이 나왔을 때 좌표측의 중심점을 클릭하고 명령창에 6을 입력해서 4번 그림과 같이 만든다.

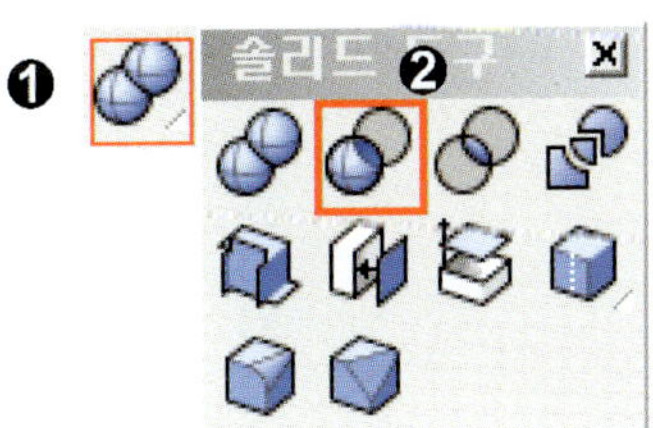

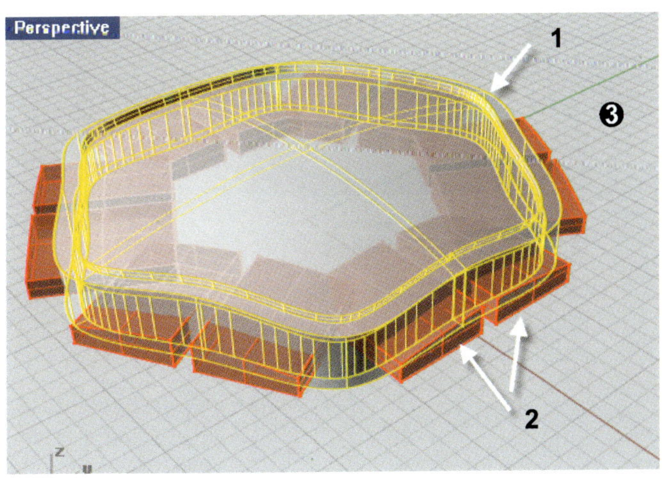


(S-41) 1, 2번을 클릭하고 3번 그림처럼 차례대로 1을 클릭, Enter 2를 클릭, Enter 친다.

< STEP-41 >

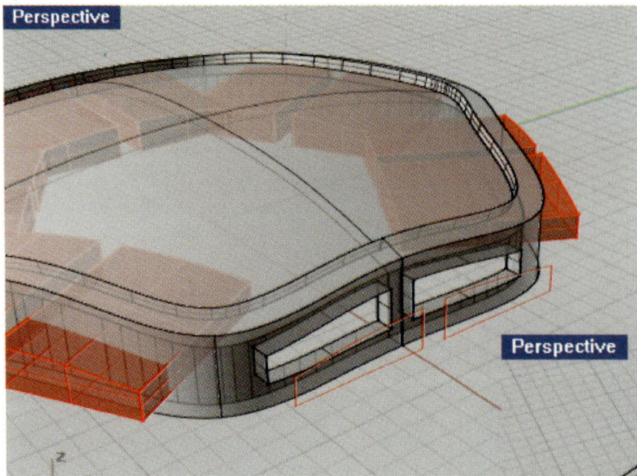


< STEP-42 >

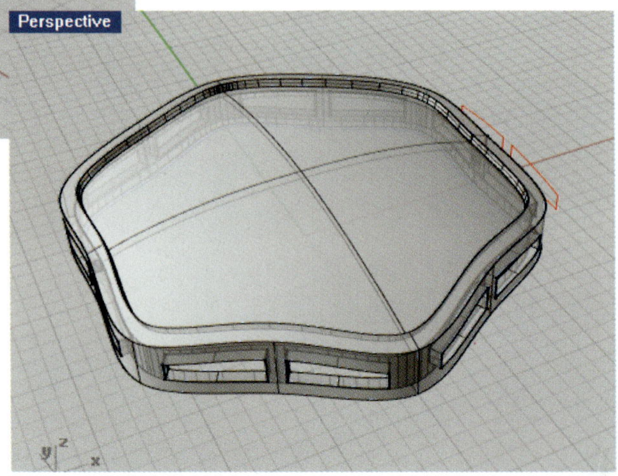


(S-42) STEP-41에서와 같이 다른 개체들도 차집합 해서 완성시킨다.

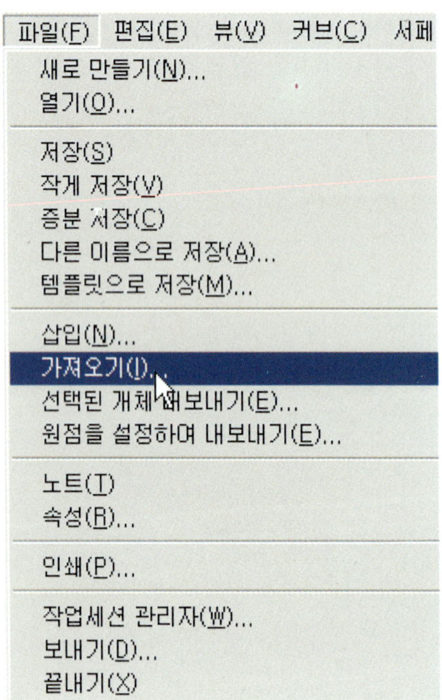


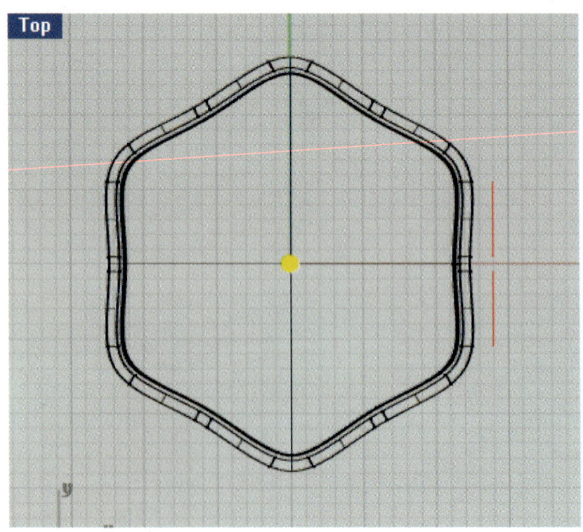


(S-43) 왼쪽 상단의 파일을 클릭하고 가져오기를 클릭하면 가져오기 창이 떴을 때 다운 받아 저장해 놓은 폴더의 위치를 찾아가서 1mm보석을 선택하고 열기를 누른다.

< STEP-43 >

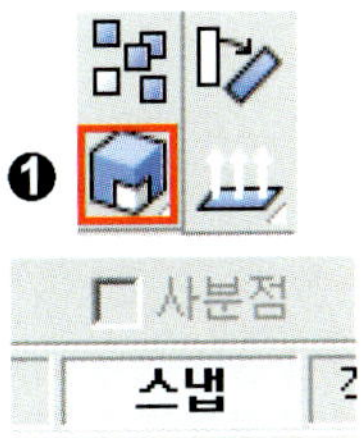


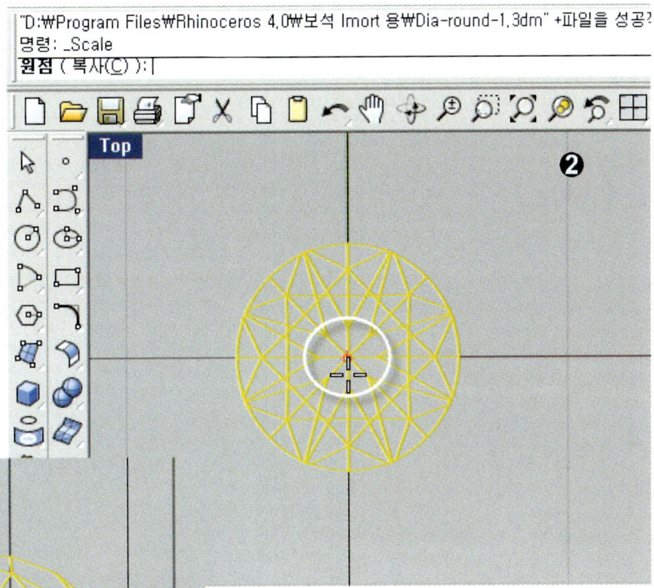


< STEP-44 >

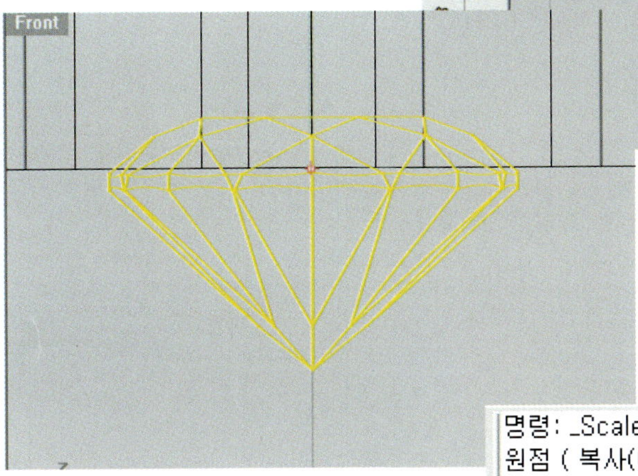


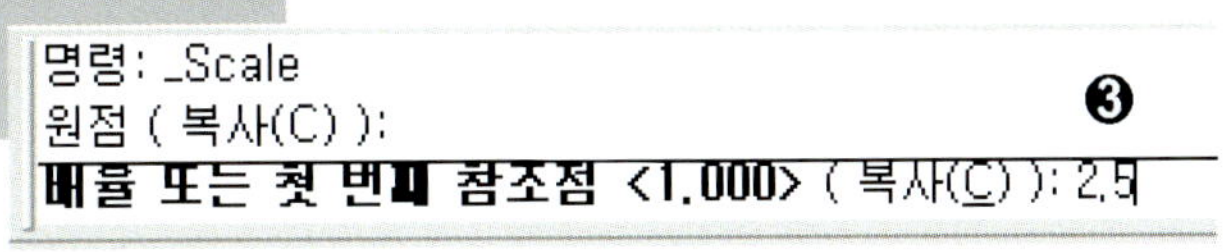


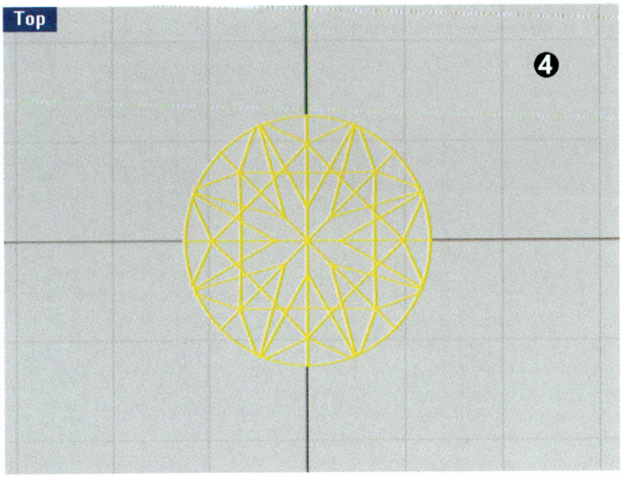


(S-44) 보석의 크기를 2.5mm로 키우기 위해서 1번 3D 크기조정을 클릭하고 하단의 스냅을 켠후 2번 그림처럼 보석의 중심을 클릭한다. 그 다음 명령창에 2.5를 입력하고 Enter치면 4번 그림과 같이 보석의 크기가 커진것을 알 수 있다.

# 24. 펜던트 만들기(난발 세팅)

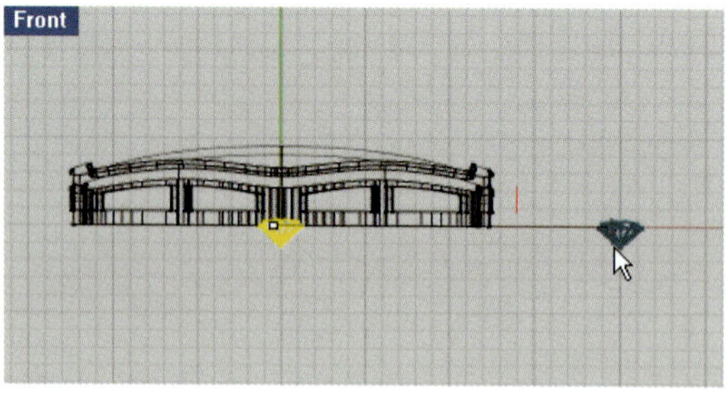


▶ 오른쪽 그림처럼 보석을 옆으로 이동시킨다.

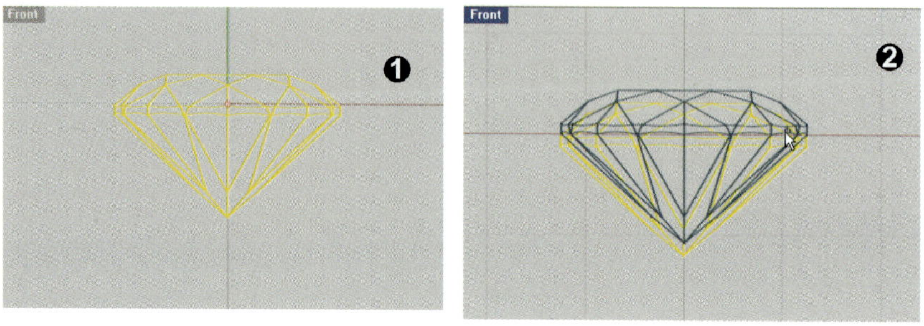


< STEP-45 >

(S-45) x축 빨간색 라인이 세팅을 할 때 금속 표면이라고 가정을 하고 2번 그림처럼 1번 그림처럼 마우스의 커서가 보여지는 부분은 금속의 표면과 맞닿게 되어지는 부분이다. 그래서 2번 그림과 같이 이동시켜준다. 아래 그림은 보석을 이동시키는 이유를 보여주기 위한 예제이다.

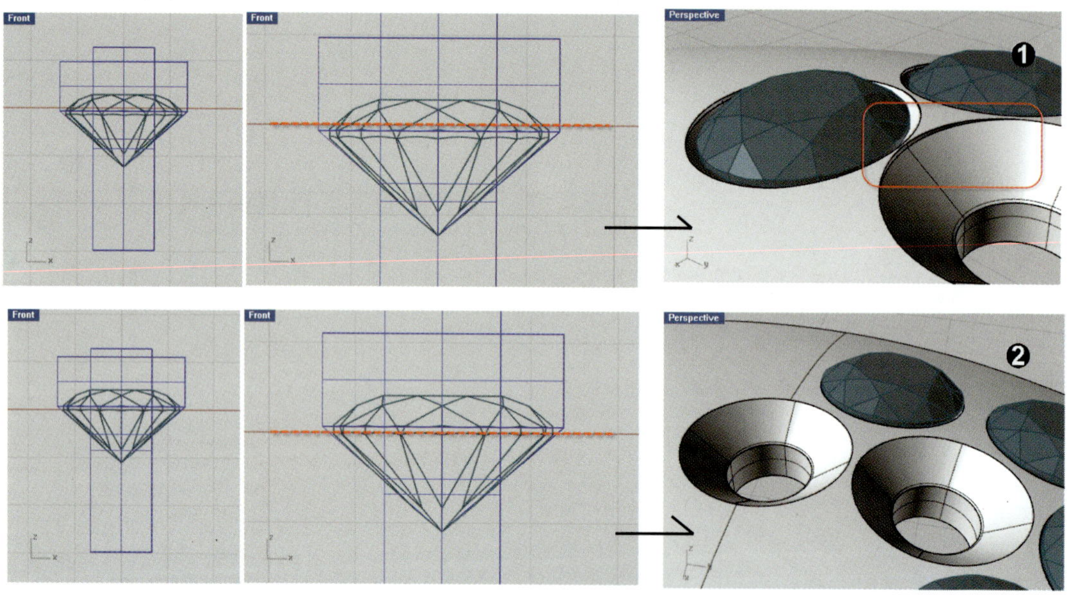


필자가 교육과 원본 제작일을 해오면서 수많은 질문을 받아왔는데 세팅에 있어서 자주 들었던 질문이 1번의 경우처럼 자리파기가 되었을 때 평면이 아닌 곡면에 세팅이 될 때 아주 미세한 면들이 만들어 질 때가 있는데 이 때 이 부분에서 서페이스가 깨지거나, 부울연산이 안되는 경우가 많았다.
그래서 2번 그림처럼 작업을 할 경우 미세한 면도 생성이 되지 않고 데이터의 용량도 작게 되며 부울연산에 문제도 발생하지 않았다.

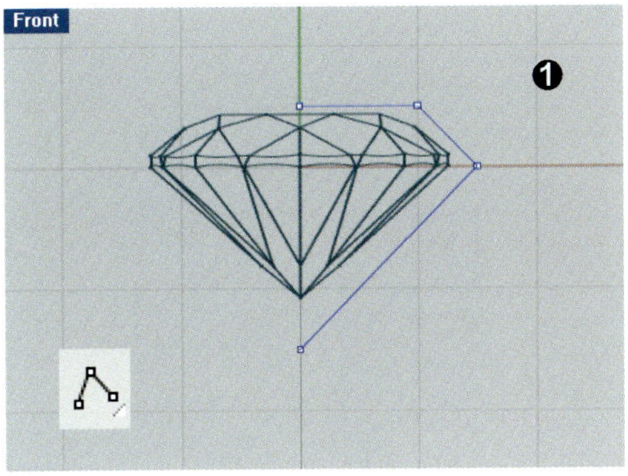


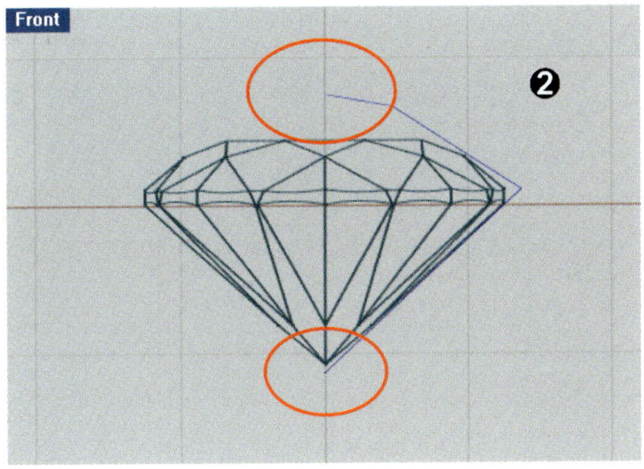


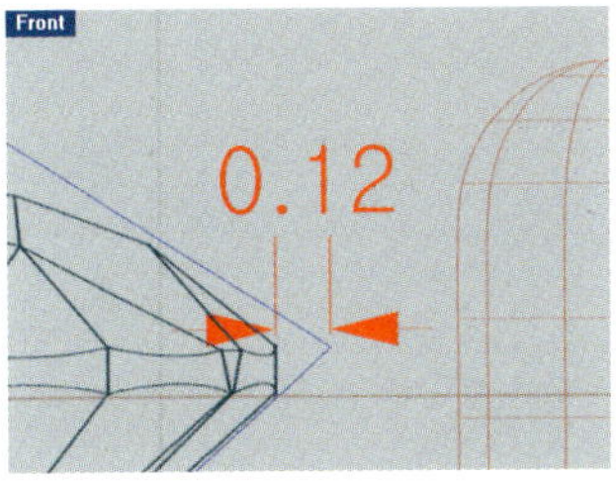


< STEP-46 >

(S-46) 보석이 들어가는 자리를 파주기 위해서 스냅을 켜고 1번 그림과 같이 폴리라인으로 커브를 그린 후 스냅을 끄고 2번 그림과 같이 완성한다. 이때 2번 그림의 표시된 부분은 회전축이 되므로 편집시에 Shift키를 누르고 수직으로만 움직인다. 3번 커브를 0.12 크게 그리는 이유는 STEP-59를 보면 알 수 있다.

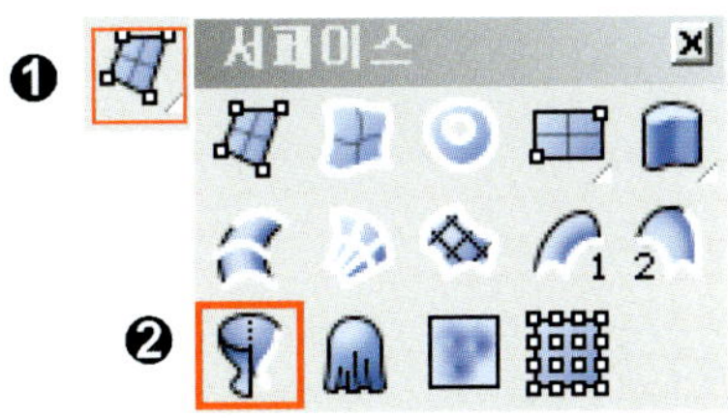

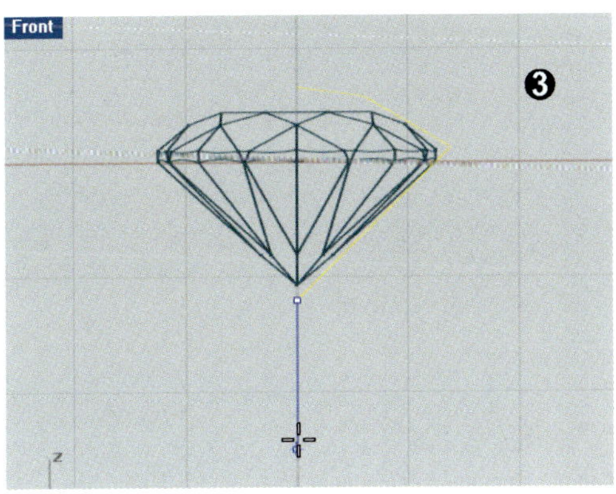


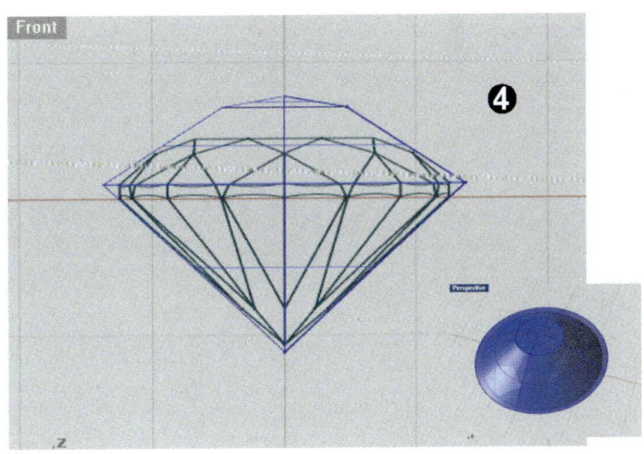


< STEP-47 >

(S-47) 만들어진 커브로 회전을 하기 위해서 1, 2번을 클릭하고 하단의 끝점을 체크한 후 3번 그림처럼 수직방향으로 내려서 축을 잡고 클릭, Enter치면 4번 그림처럼 완성된다.

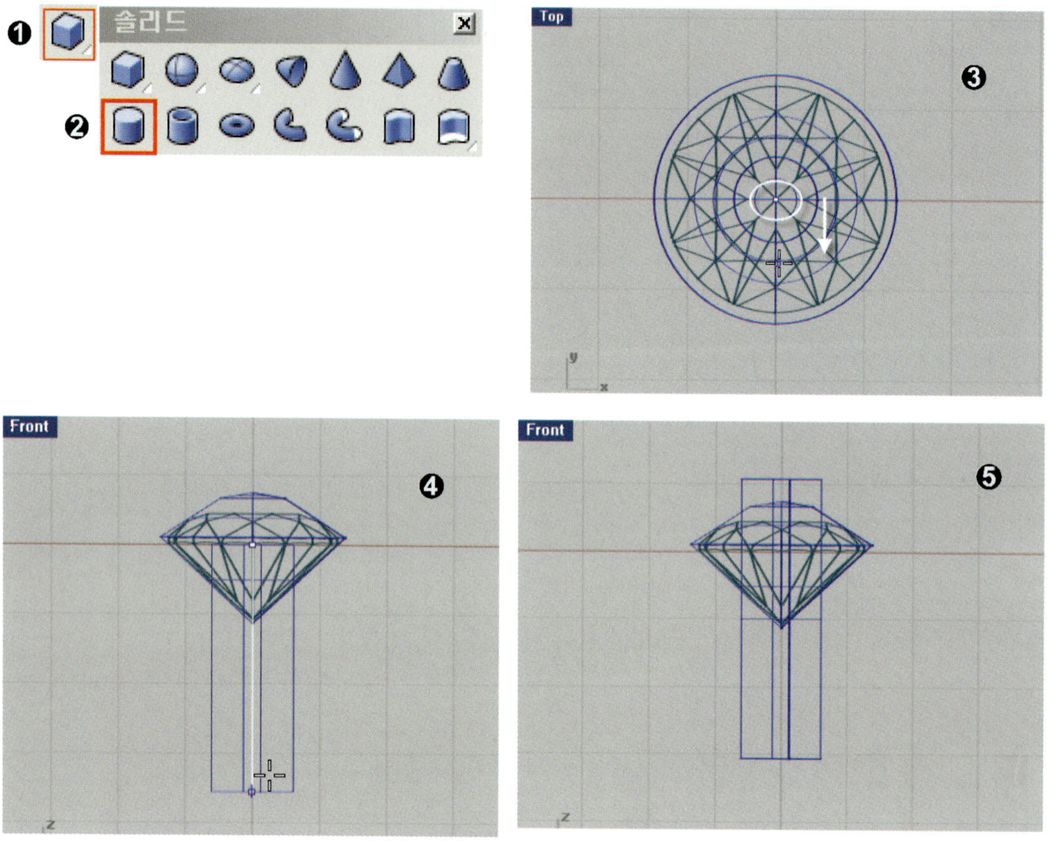


< STEP-48 >

(S-48) 보석의 광채를 좋게 하고 중량도 줄이기 위해서 보석이 들어가는 부분의 금속을 관통시킨다. 이때 원기둥은 위의 그림처럼 여유있게 길게 그린다.

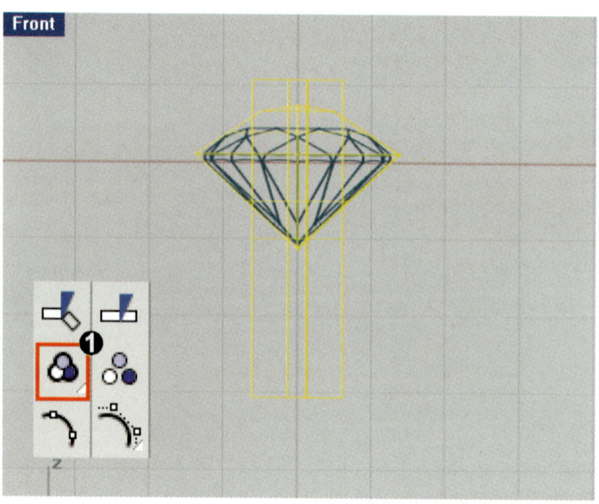


< STEP-49 >

(S-49) 보석이 들어갈 부분의 자리 파기를 하기 위해서 만들어진 두개의 개체를 클릭하고, 1번 그룹을 클릭해서 하나의 개체로 묶어준다.

그룹과 합집합의 다른점은 합집합은 합한 개체를 다시 원래대로 되돌릴 수 없지만 그룹은 그룹 옆의 아이콘 그룹해제를 클릭하면 하나의 개체로 묶기 이전으로 돌아갈 수 있다.

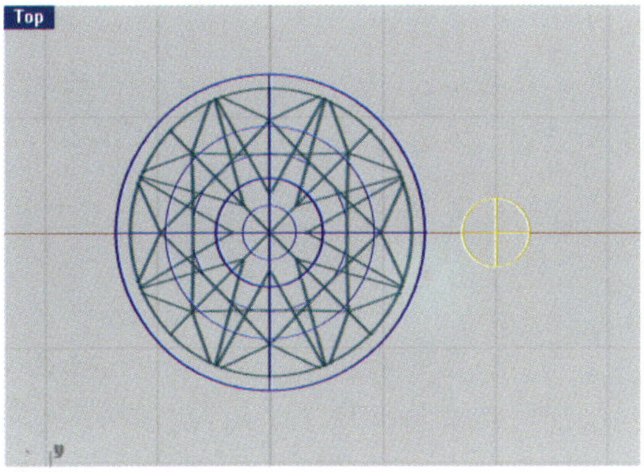


(S-50) 난발을 작업하기 위해서 지름이 0.7mm인 구를 그린다.

< STEP-50 >

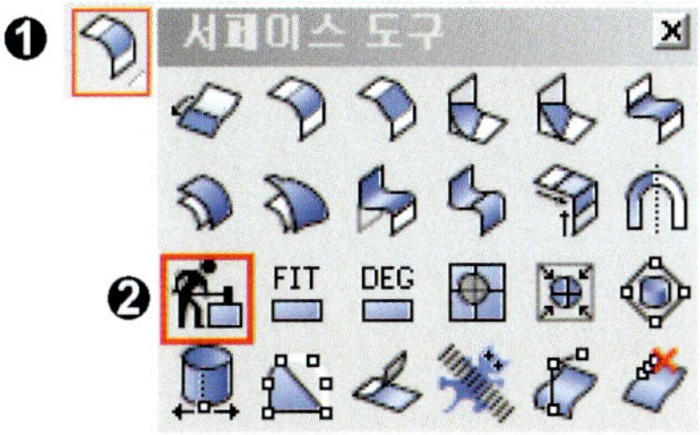


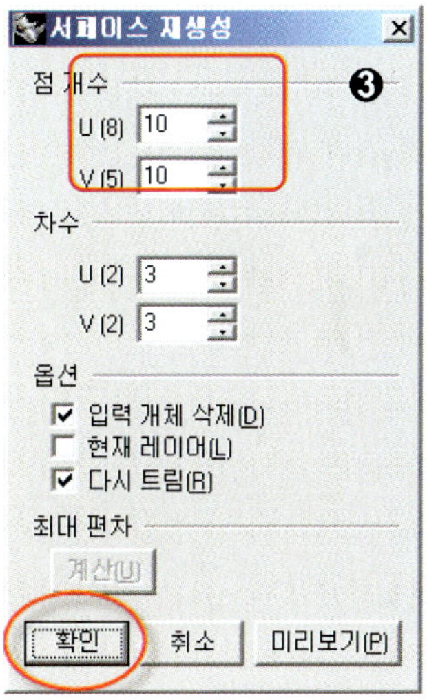


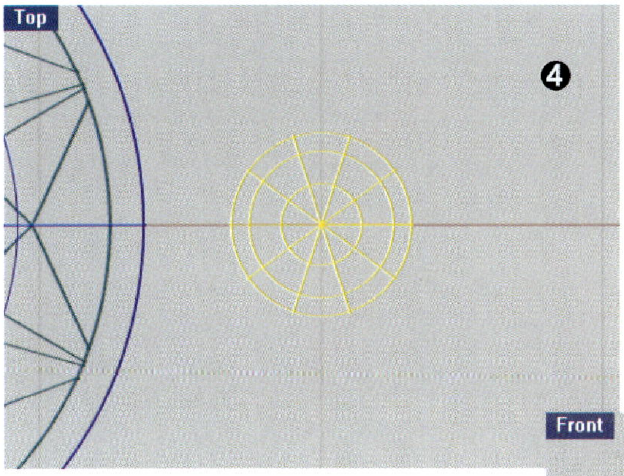


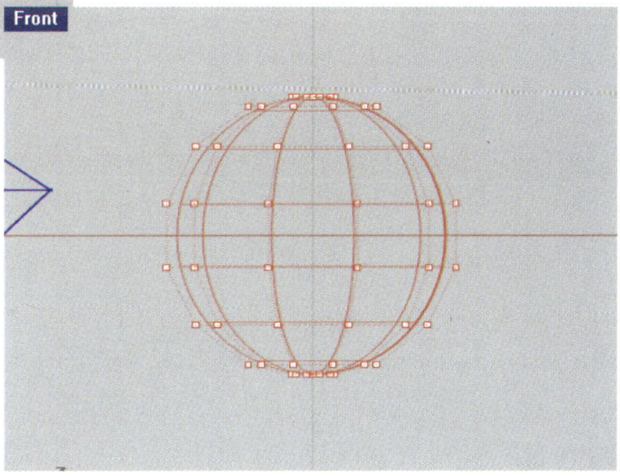


(S-51) 구를 재생성하기 위해서 1, 2번을 클릭하고 옵션창에 점 개수를 3번 그림과 같이 바꿔주고 확인을 클릭해서 4번과 같이 완성한다.

< STEP-51 >

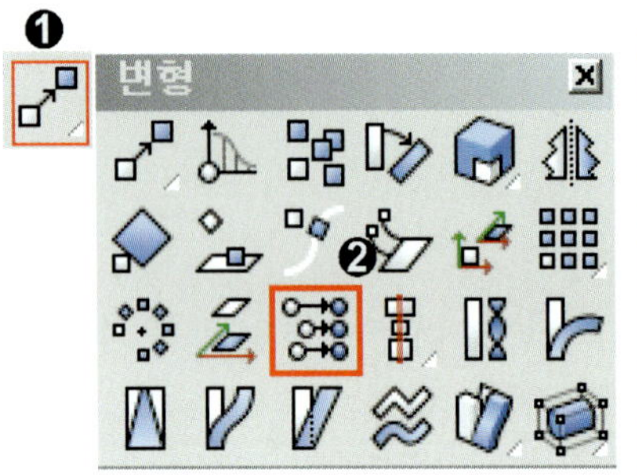


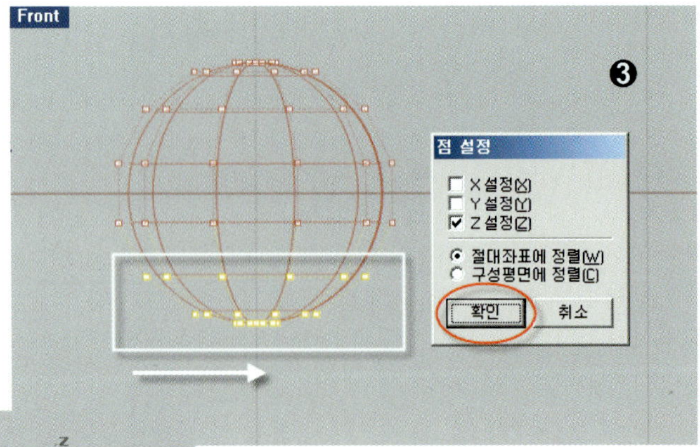


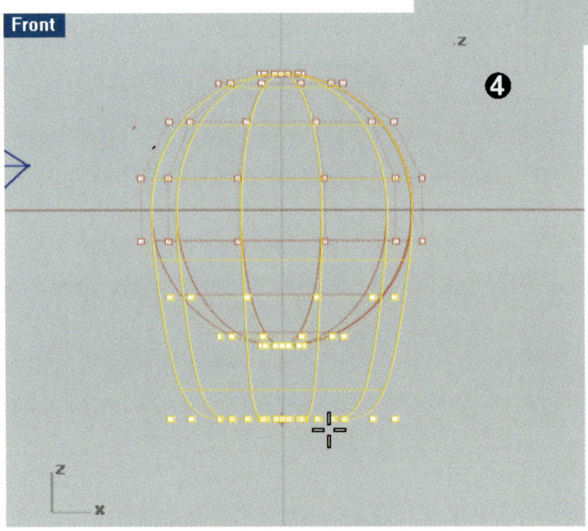


< STEP-52 >

(S-52) 1번 이동을 길게 선택한 후 2번 xyz 좌표 설정을 클릭하고 3번 그림처럼 클릭, 드래그하면 명령창이 뜬다. 이 때 z설정을 체크하고 확인을 클릭하면 4번 그림과 같이 선택한 제어점이 z축 같은 선상에 정렬이 되어지는 것을 알 수 있다.

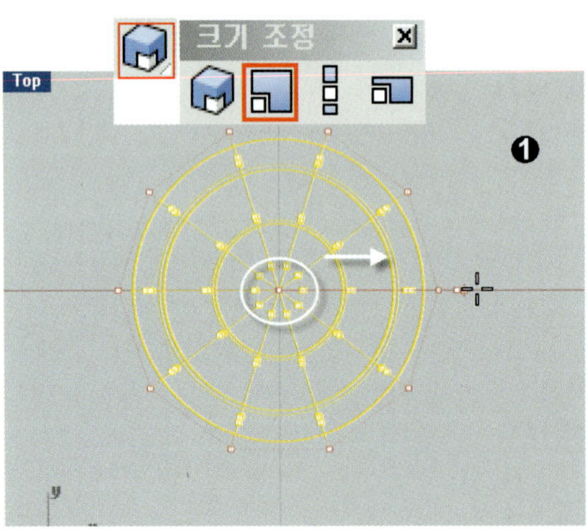


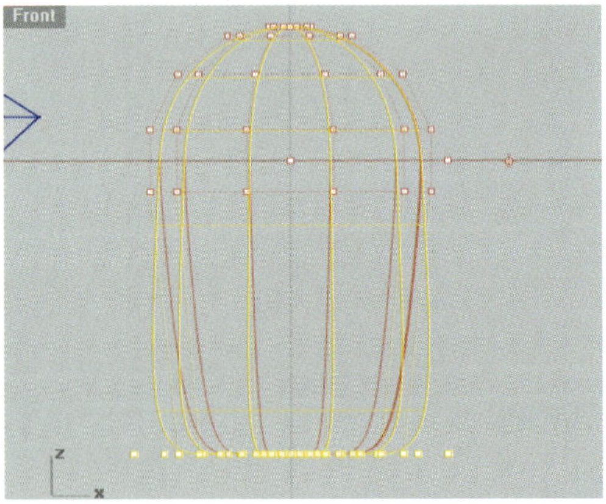


< STEP-53 >

(S-53) 난발의 좁아진 아래부분의 크기를 맞춰주기 위해서 2D 크기조정으로 1번 그림과 같이 크기를 조정한다.

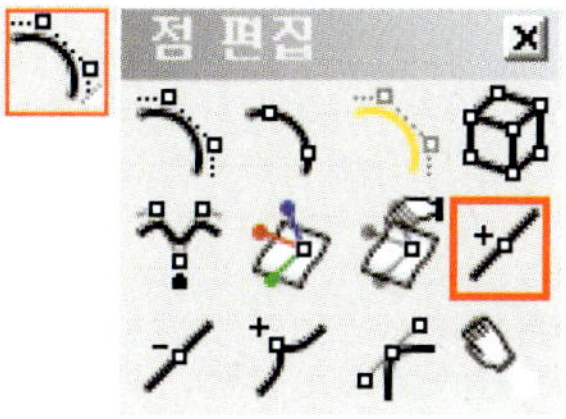


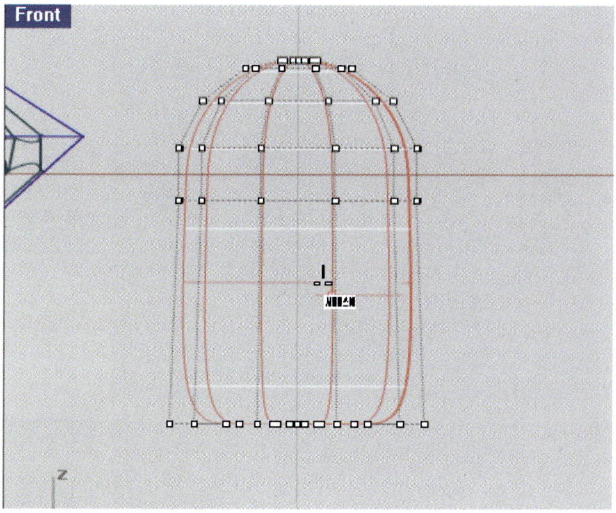


▶ 서페이스 제어점을 더 추가하기 위해서 서페이스에 매듭점을 추가한다.

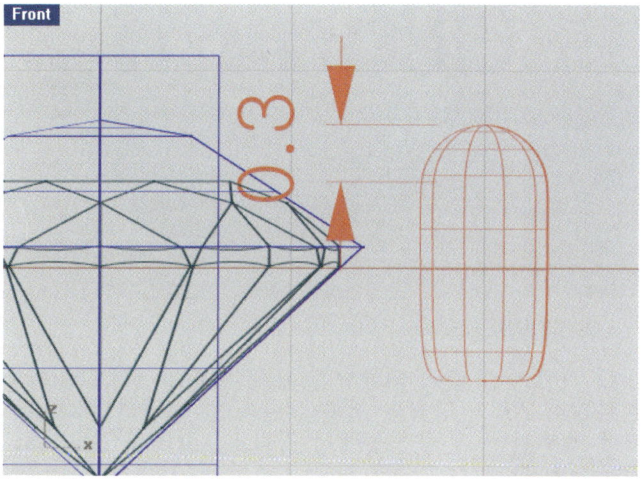


(S-54) 난발은 보석의 테이블 면에서 약0.3~0.5mm 위까지 올라가도록 한다.(이 치수는 보석의 크기과 제작하는 사람마다 다르다.)

< STEP-54 >

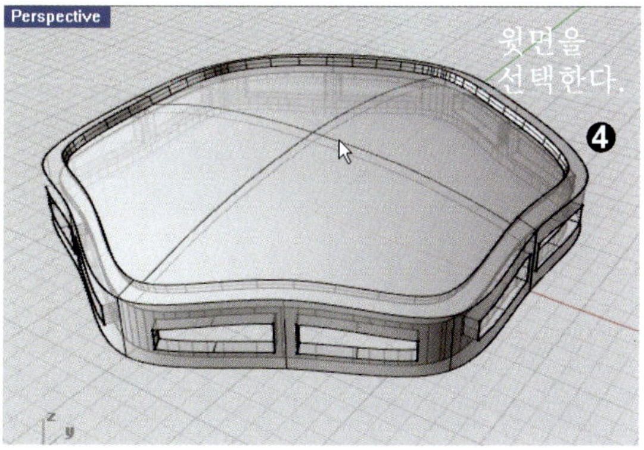


< STEP-55 >

(S-55) 아이소커브를 추출하기 위해서 1번 투영을 클릭하고 2번 서페이스상의 아이소커브추출을 클릭한다. 3번 명령창이 뜨면 4번 그림처럼 윗면을 클릭한다.

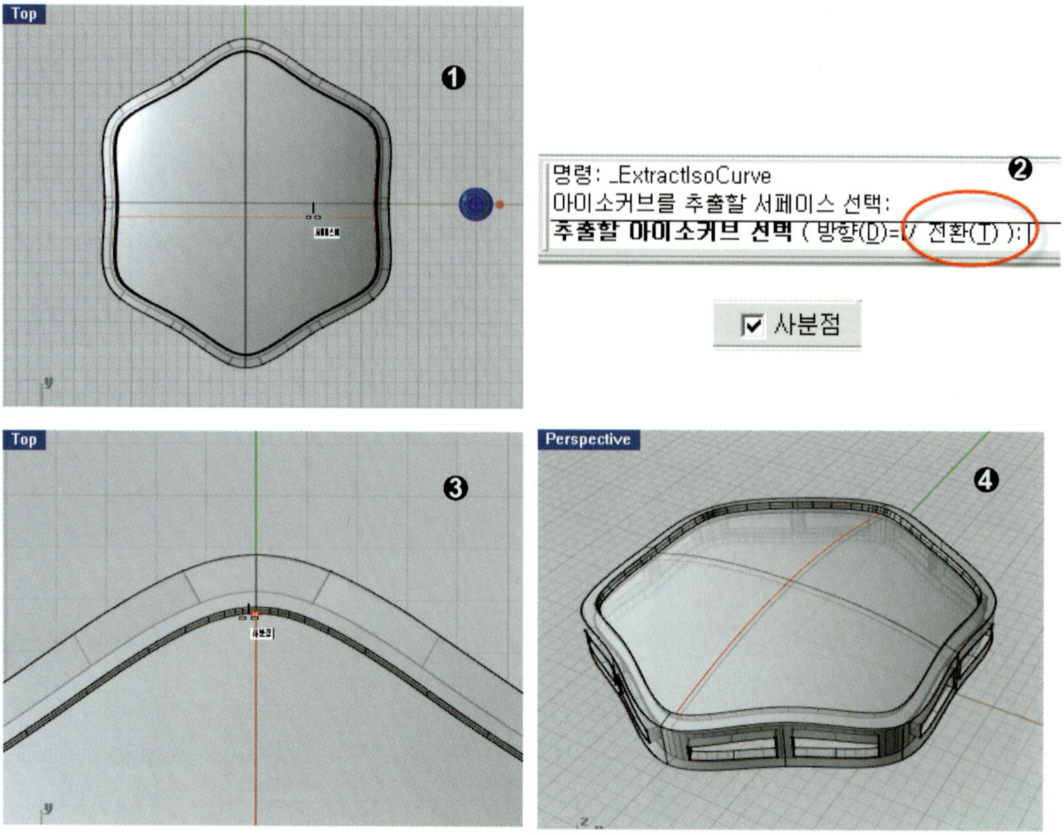


< STEP-56 >

(S-56) 1번 그림과 같이 서페이스상에 커브가 추출이 되는데 커브의 방향이 1번 그림처럼 다를 경우 이 커브의 방향을 바꾸기 위해서 2번 명령창의 전환을 클릭한다. 하단의 개체 스냅 사분점을 클릭하고 3번 그림처럼 사분점이 잡히는 곳에서 클릭 Enter쳐서 4번 그림과 같이 완성한다.

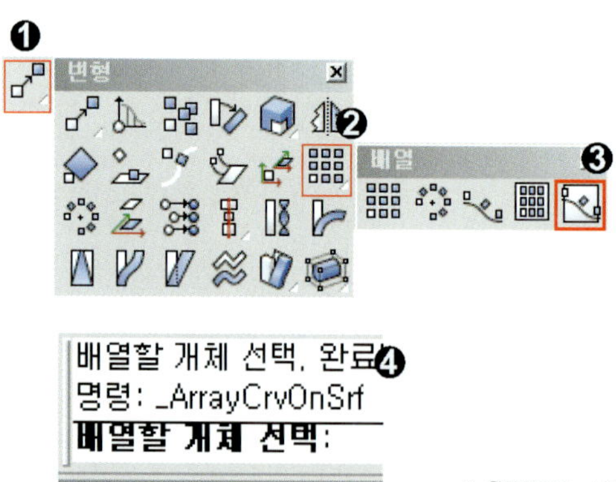


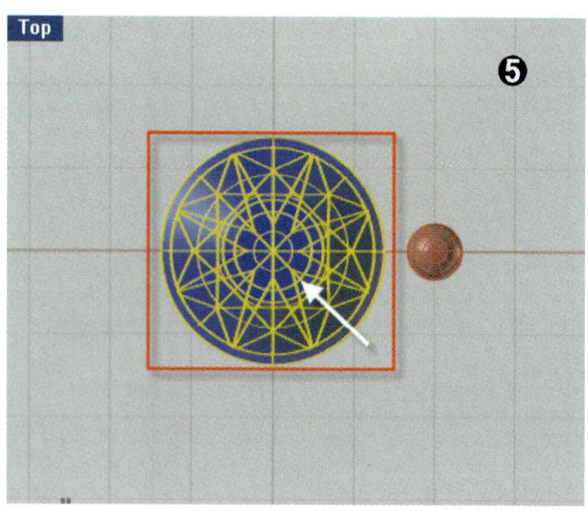


< STEP-57 >

(S-57) 1, 2번을 클릭한 후 3번 서페이스상의 커브에 따라 배열을 클릭한다. 그 다음 4번 명령창이 뜨면 5번 그림처럼 클릭 드래그 한 후 Enter친다.

# 24. 펜던트 만들기(난발 세팅)

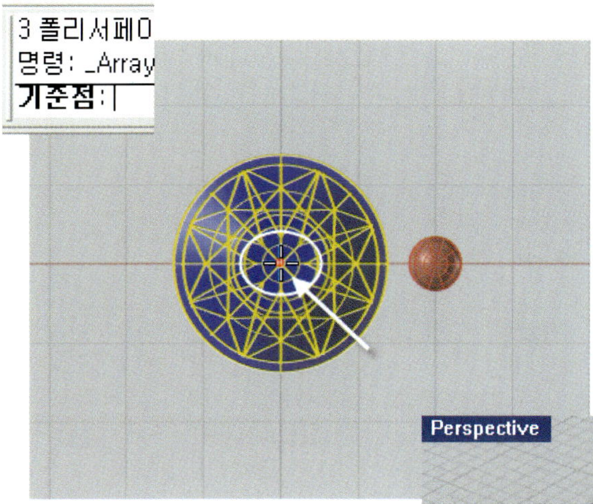


▶ 왼쪽 그림과 같이 명령창이 뜰 때 하단의 스냅은 켜고 개체스냅은 끈다. 그 이유는 개체스냅이 켜 있을 경우 기준점 선택이 잘 못 될 수 있다.

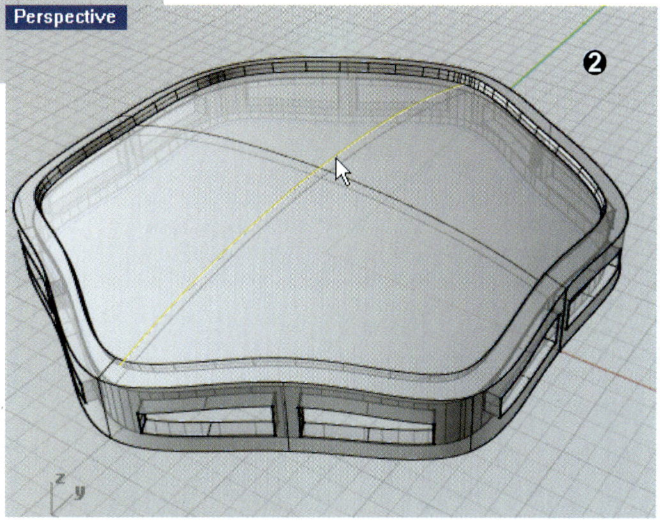


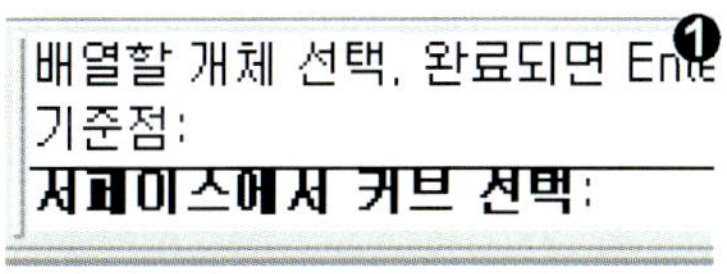


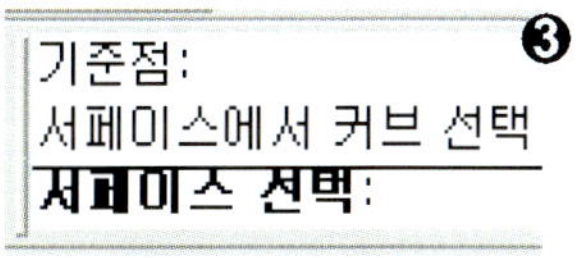


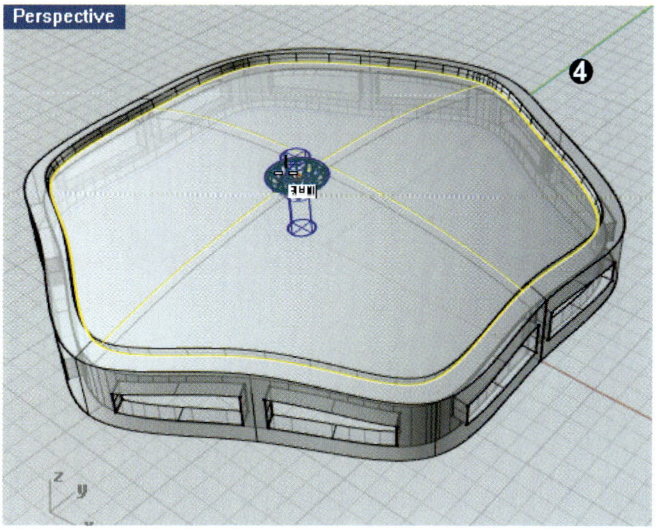


(S-58) 기준점을 잡은 후에 1번 명령창이 뜨면 2번 그림과 같이 클릭한다. 그 다음 3번 명령창이 뜨는데 이때 커브를 추출한 서페이스를 클릭하면 4번 그림과 같이 커브에 따라서 선택된 개체가 움직이는 것을 알 수 있다.

< STEP-58 >

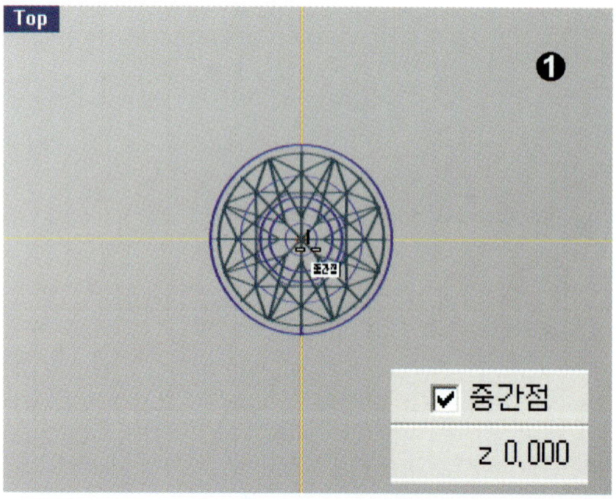


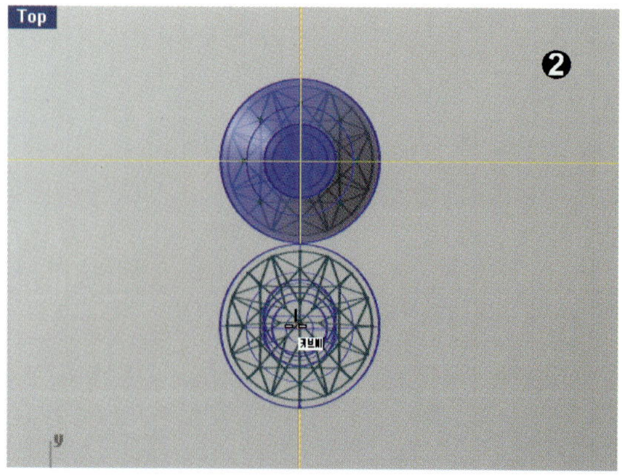


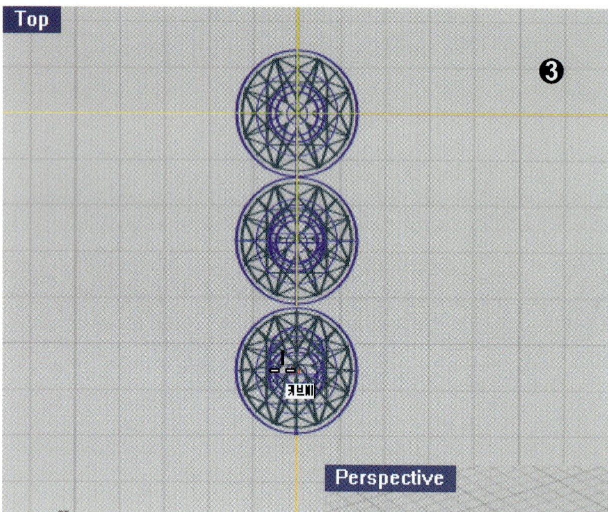


보석을 감싸고 있는 자리파기 외형을 배열시에 옆의 그림처럼 끝이 맞닿게 배열한다. 그 이유는 균일한 배열 간격을 얻기 위해서 이다.(보석상 간격은 0.2~0.3mm 정도이다.) STEP-46에서 커브를 그릴때 0.1~0.15정도 크게 그린다.

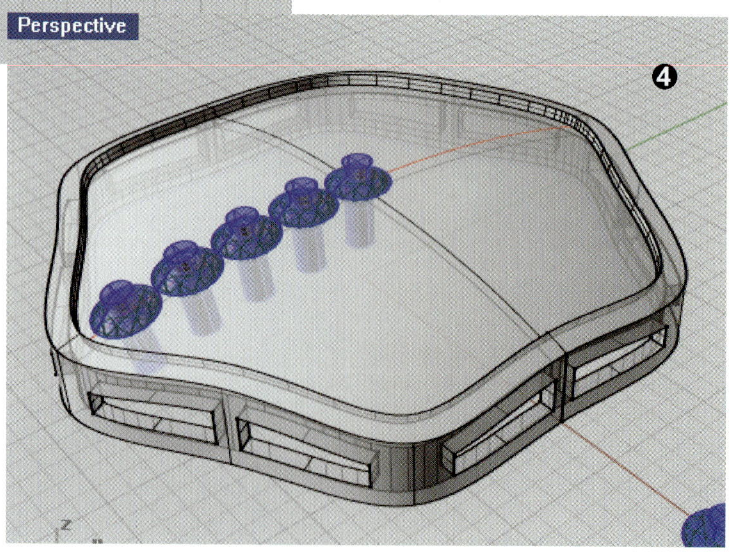


(S-59) 하단의 개체스냅 중 중간점을 체크하고 1번 그림과 같이 보석을 배열한다.
1,2,3번처럼 배열하고 4번 그림처럼 완성시킨다.

< STEP-59 >

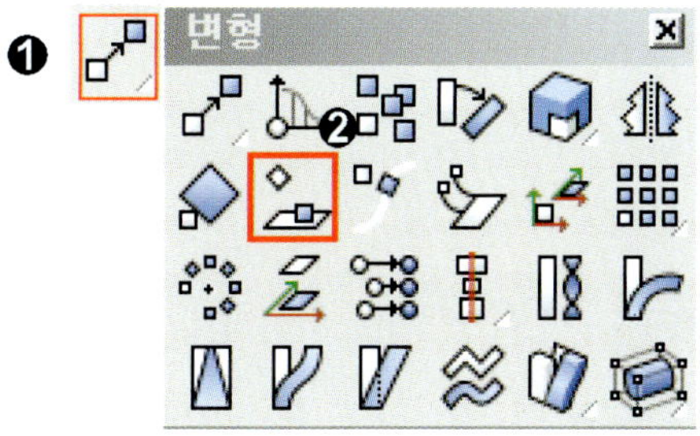

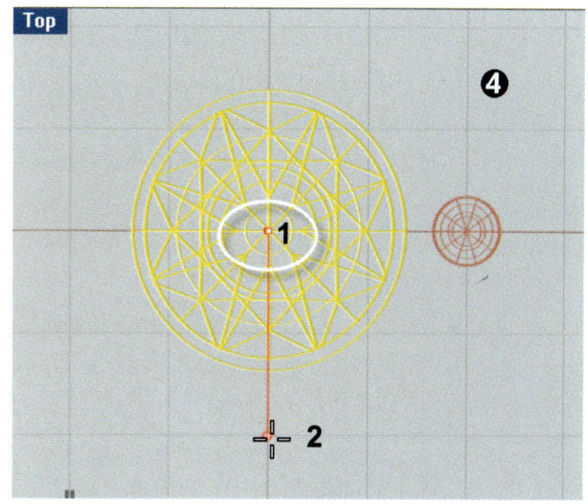


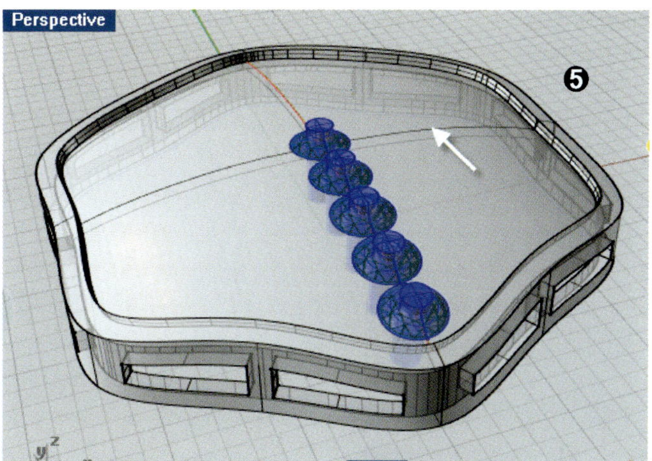


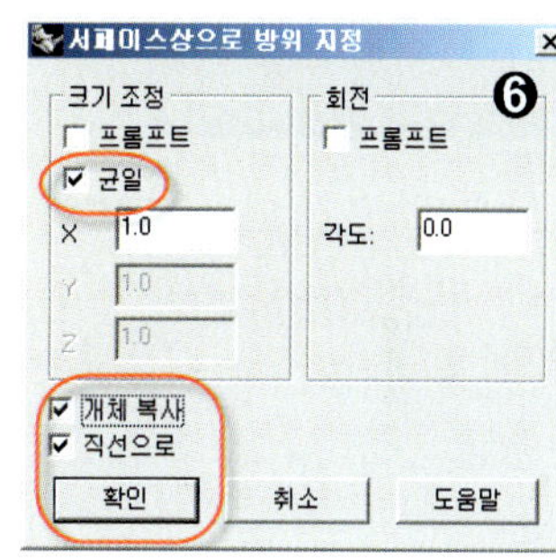


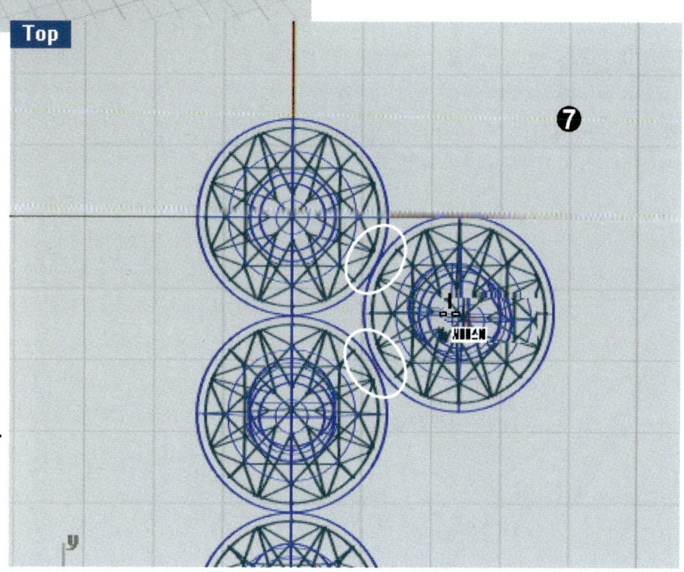


(S-60) 곡면으로 되어있는 서페이스에 보석을 놓기 위해서 서페이스에 위치를 사용한다.
1, 2번을 클릭하고 3번 명령창이 뜨면 하단의 스냅을 켜고 4번 그림의 순서대로 클릭한다. 그 다음 5번 그림처럼 커브가 놓였던 윗면 서페이스를 클릭하면 6번과 같은 창이 뜬다. 이 때 표시된 부분을 클릭하고 7번 그림처럼 보석과 보석이 맞닿도록 한다.

< STEP-60 >

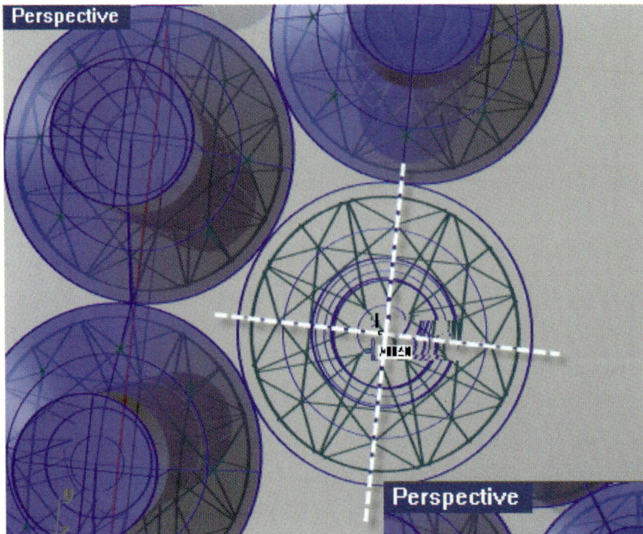


▶ Perspective에서 오른쪽 마우스를 클릭한 상태에서 움직이면서 옆의 그림처럼 표시된 부분이 일직선 상에 놓이도록 한다.

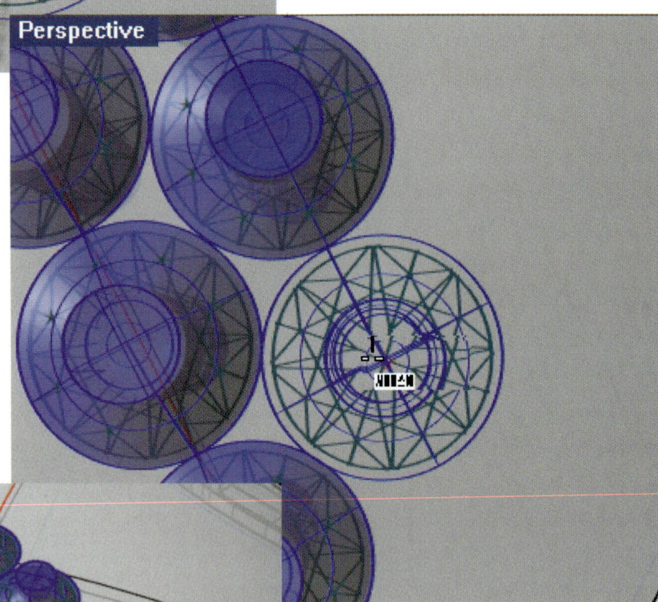

보석을 놓을 때에는 Perspe-ctive에서 작업을 하는데 위의 아이콘을 사용하면 화면의 크기 조정과 마우스 사용시 편리하다.

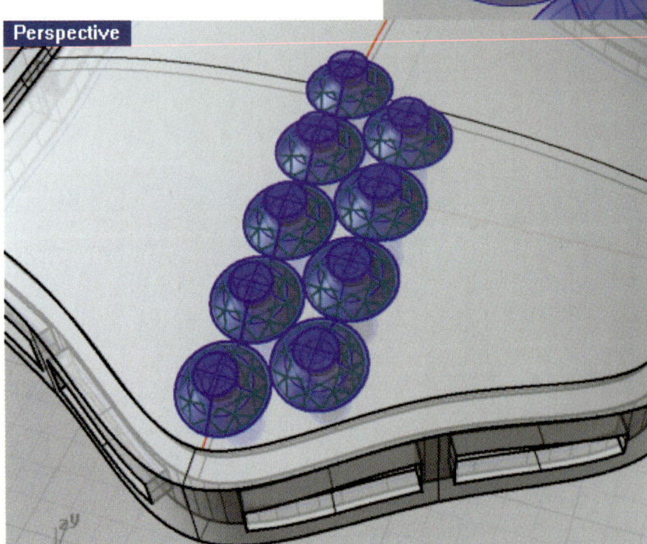


(S-61) 보석의 간격이 왼쪽의 그림과 같이 서로 맞닿도록 완성시킨다.

< STEP-61 >

# 23. 펜던트 만들기(난발 세팅)

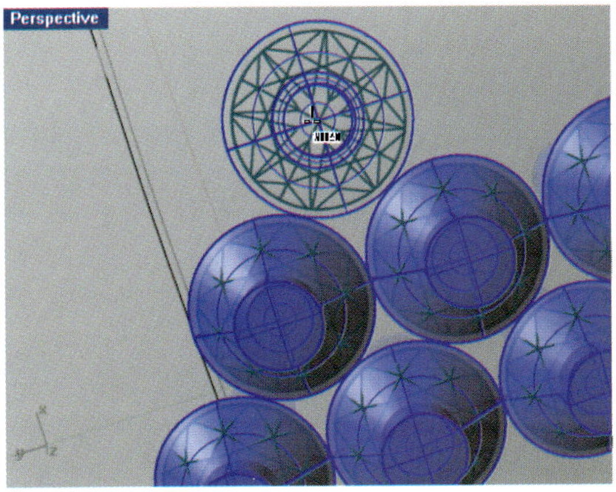


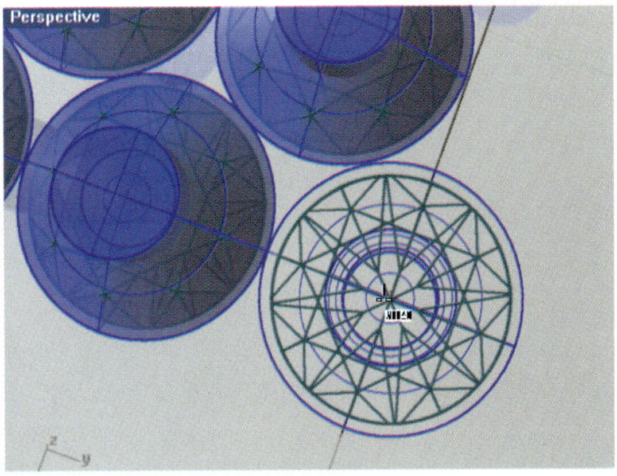


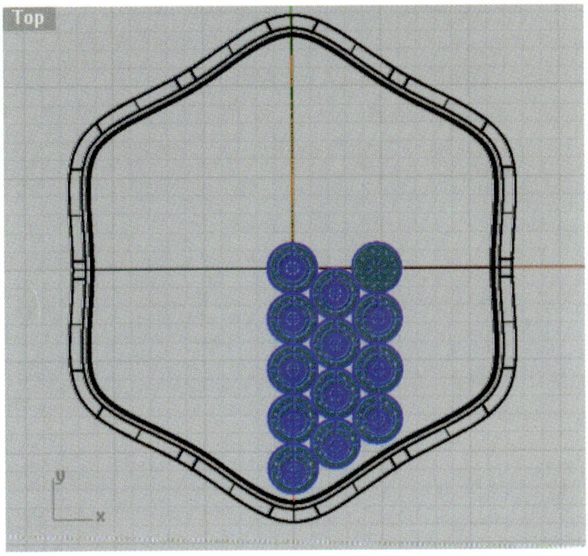


(S-62) 앞단계에서 한 방법으로 보석과 보석이 맞닿도록 배열한다.

< STEP-62 >

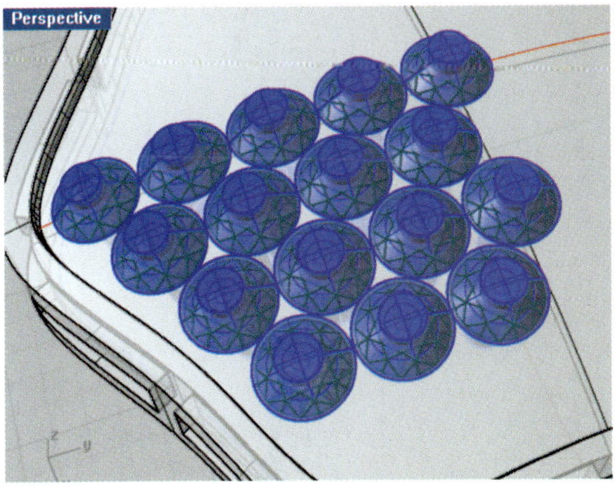

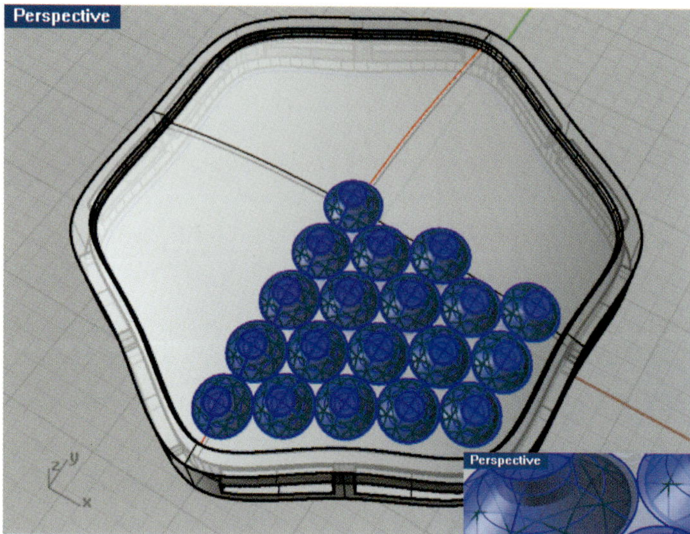


< STEP-63 >

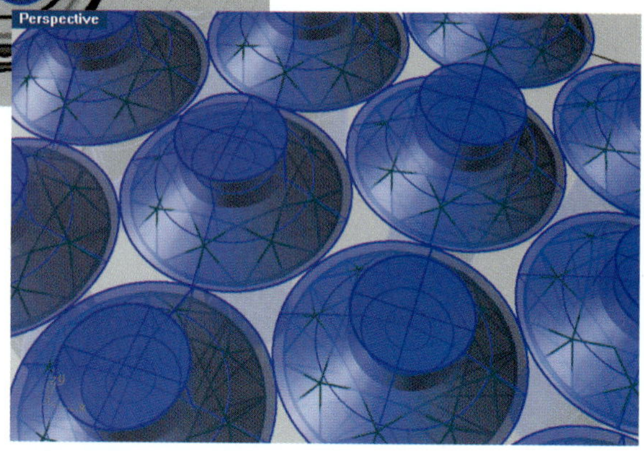


(S-63) 앞단계에서 한 방법과 같이 옆의 그림과 같이 완성시킨다.

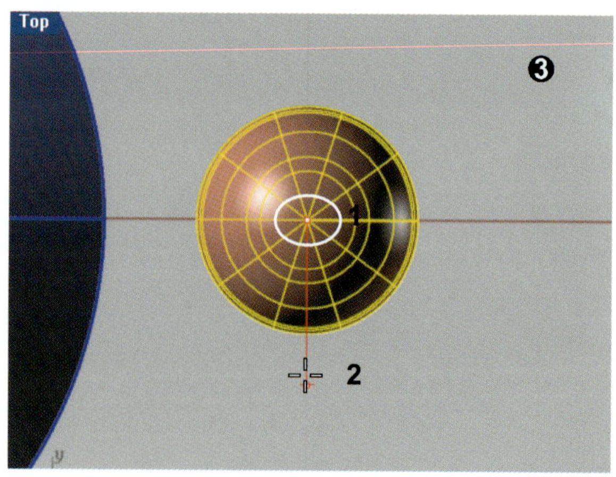


< STEP-64 >

(S-64) 앞서 작업해 둔 난발을 STEP-60에서 보석을 서페이스에 배치했던 방법대로 실행한다. 순서대로 클릭하고 난발을 클릭, Enter친 후 스냅을 켜고 3번 그림과 같이 클릭한다.

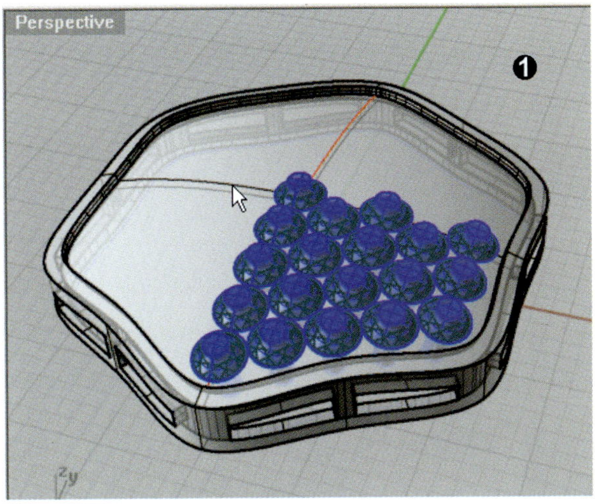


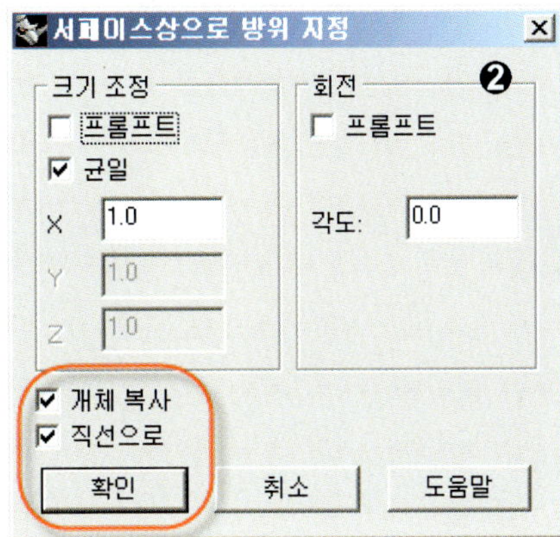


▶ 앞 단계에서 참조점을 잡은 후 1번 그림과 같이 서페이스를 클릭하면 2번과 같은 명령창이 뜬다. STEP-61에서 한 방법대로 실행한다.

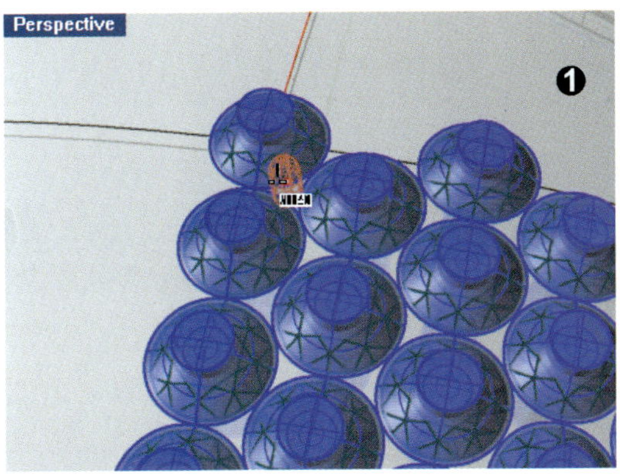


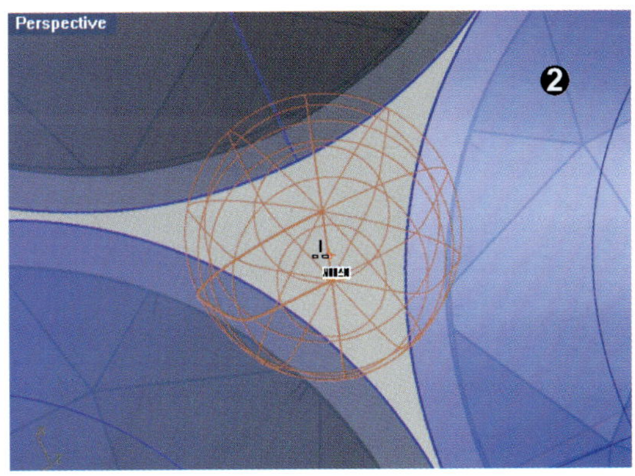


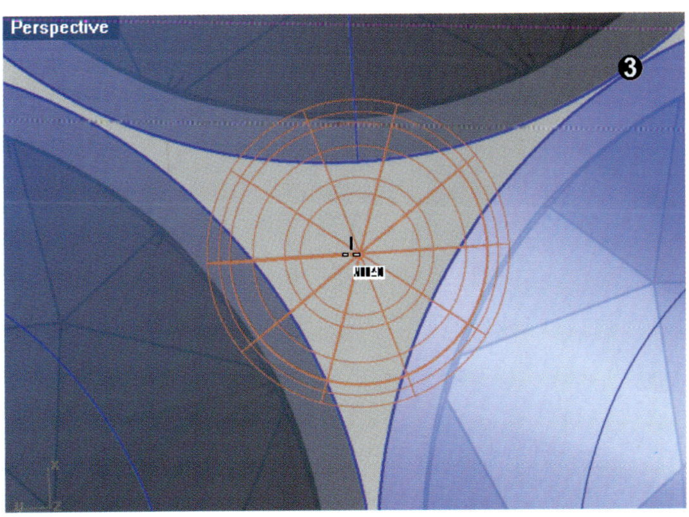


(S-65) 1번 그림과 같이 서페이스에 난발이 놓여지면 그 부분을 크게 확대한 후 2번 그림처럼 오른쪽 마우스로 클릭한 상태로 움직여서 3번 그림처럼 완성시킨다. STEP-61을 참고한다.

< STEP-65 >

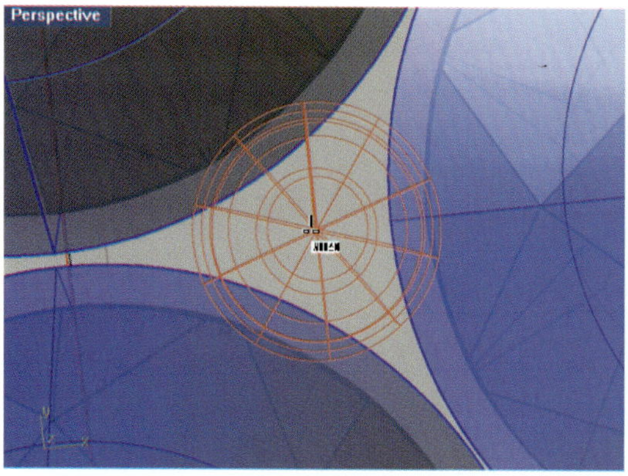


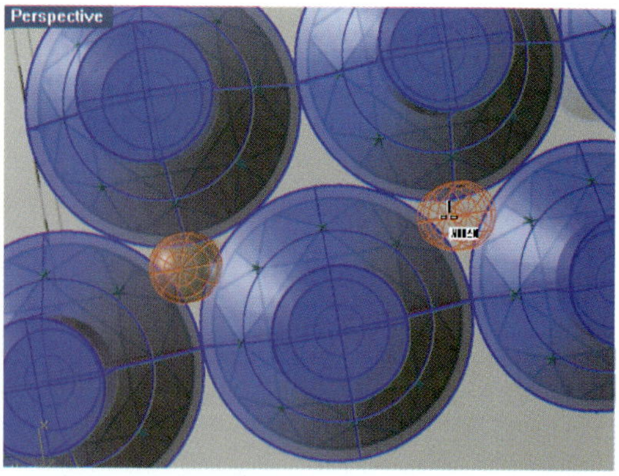


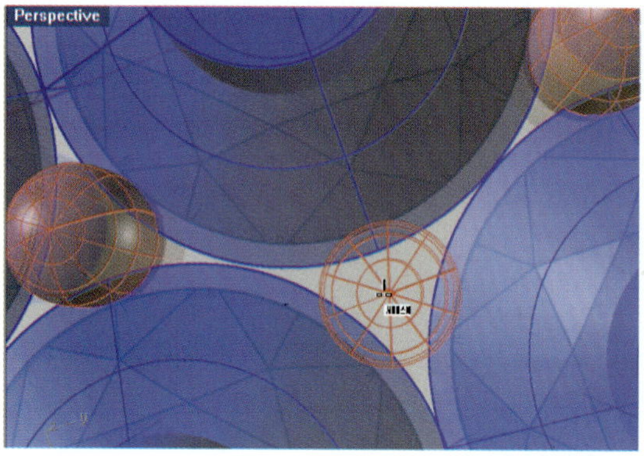


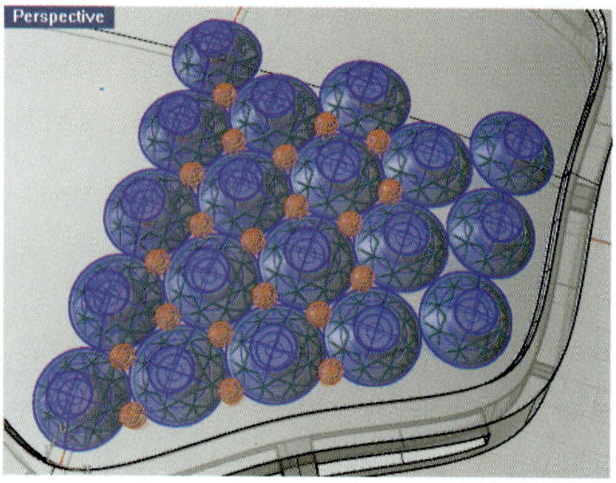


< STEP-66 >

(S-66) 난발을 서페이스에 배치할 때에는 위의 그림과 같이 보석과 보석이 맞닿는 중간 부분에 배열하도록 한다.

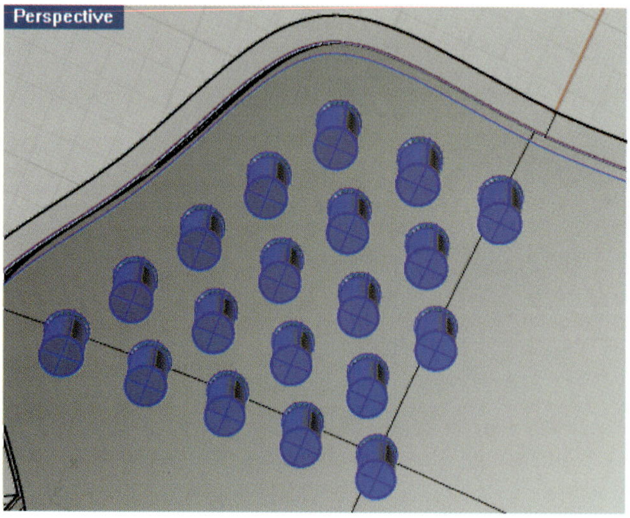


보석의 광채를 주기 위해서 만들어진 원기둥은 서페이스에 홀을 주기 위해서 약간 길게, 난발은 속파기 되어있는 부분에서 튀어나오지 않도록 모델링한다.

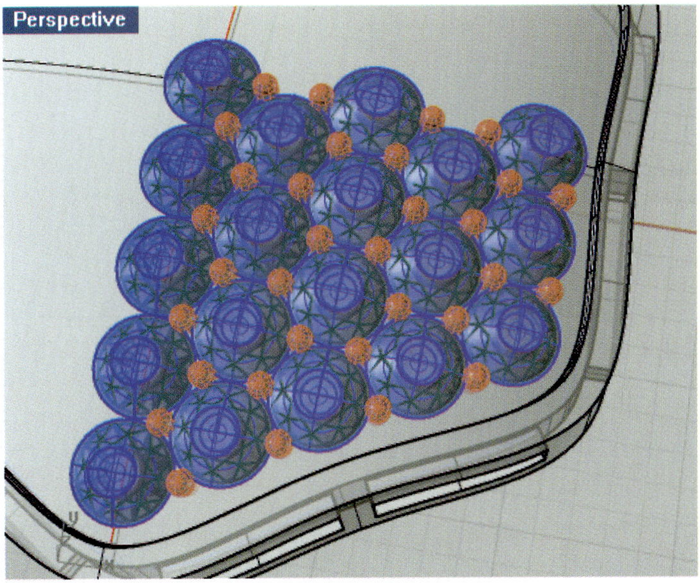


(S-67) 앞 단계에서 실행한 방법대로 왼쪽 그림과 같이 완성한다.

< STEP-67 >

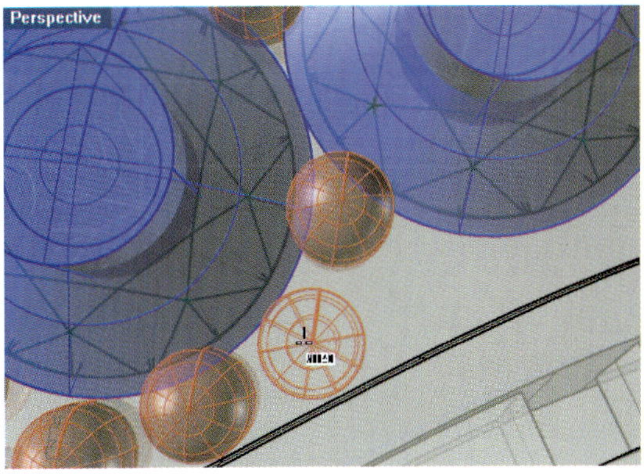


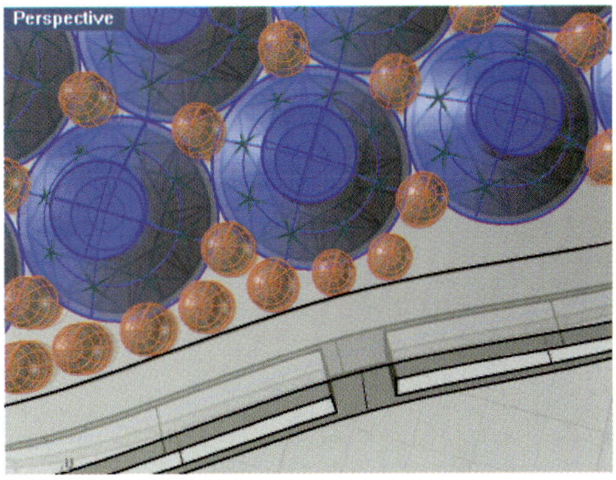


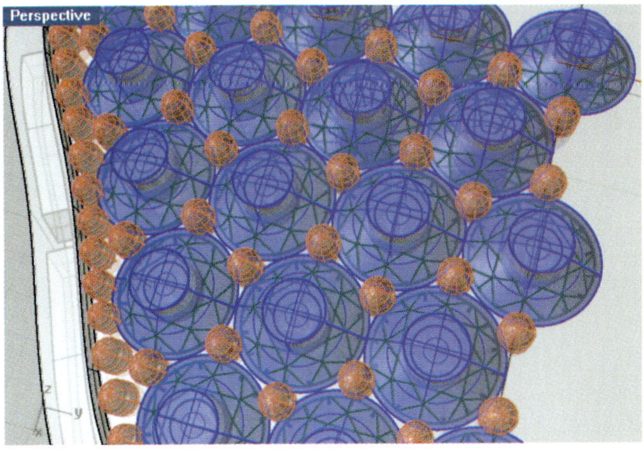


(S-68) 남겨진 가장자리 부분에도 난발을 배치한다. 이 때 0.7mm 난발이 배치될 공간이 되지 않을 경우 0.6mm또는 0.5mm 난발을 만들어서 배치하도록 한다.

< STEP-68 >

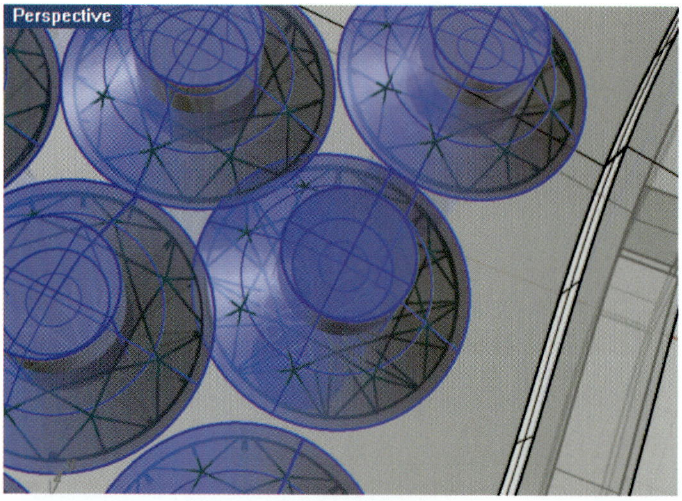


세팅시에 보석이 겹치지 않도록 주의 한다.

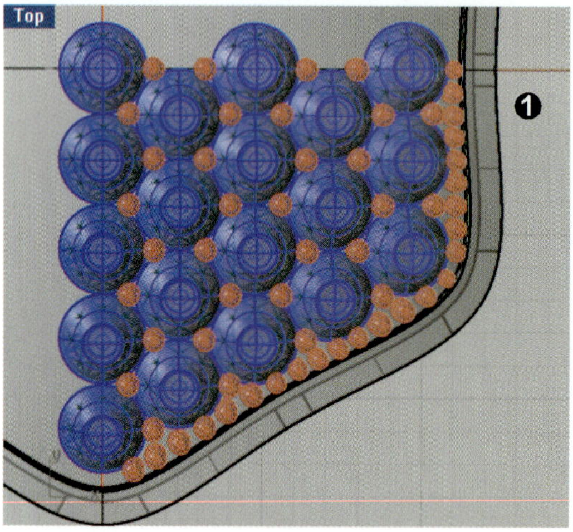


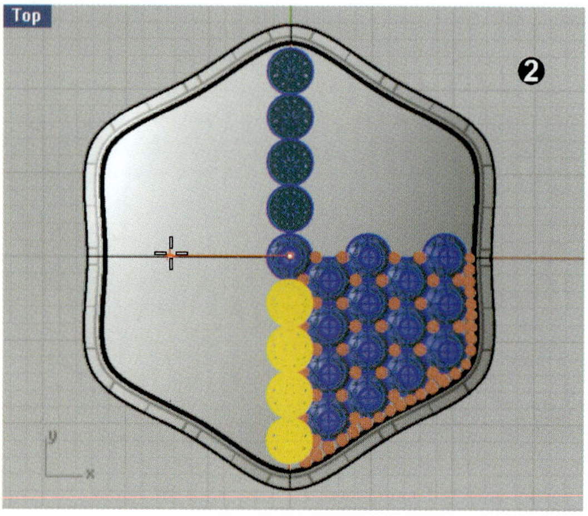


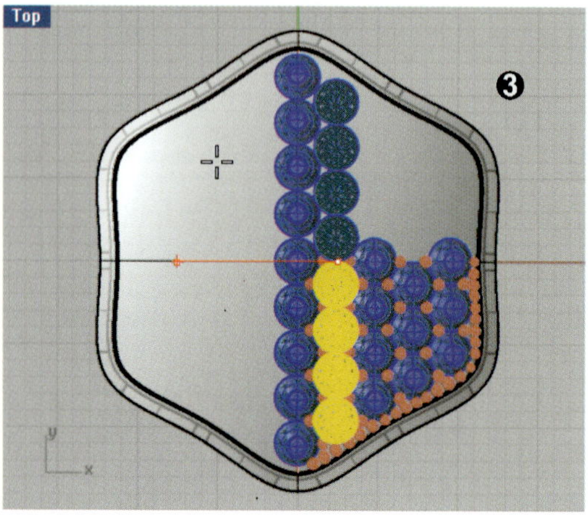


(S-69) 1번 그림과 같이 한쪽 부분을 완성시킨 다음 보석과 보석이 들어갈 자리파기를 위해 만들어준 서페이스를 2번과 같이 선택해서 미러시켜준다. 그다음 차례대로 3번 그림과 같이 실행한다.

< STEP-69 >

# 24. 펜던트 만들기(난발 세팅)

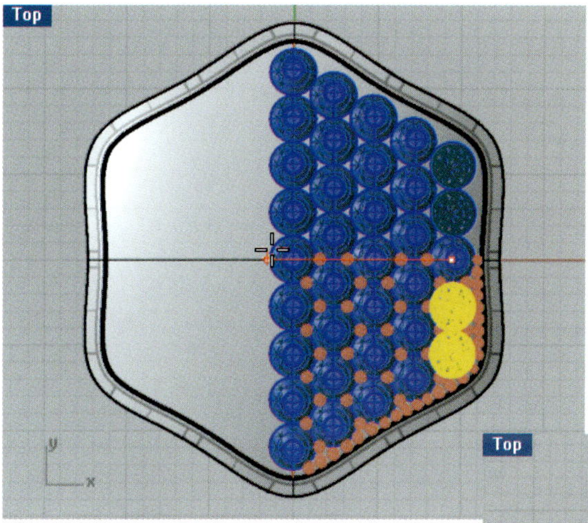


▶ 앞 단계에서 실행한 방법대로 왼쪽 그림처럼 완성시킨다.

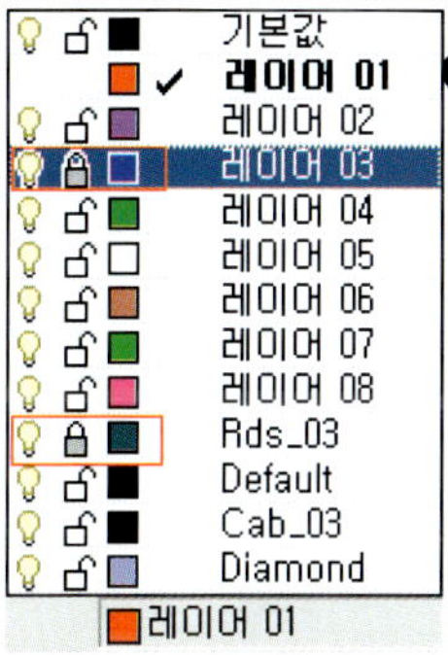


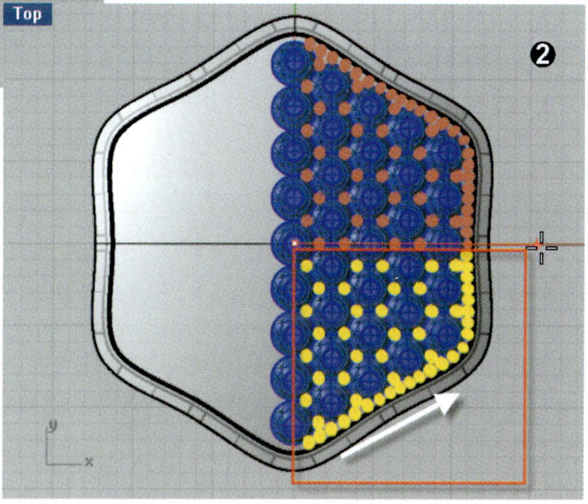


(S-70) 난발선택을 편리 하게 하기 위해 보석과 그룹된 개체를 하단의 레이어에서 1번 그림과 같이 자물쇠 모양을 클릭해서 잠궈주고 2번 그림처럼 난발을 미러시킨다.

< STEP-70 >

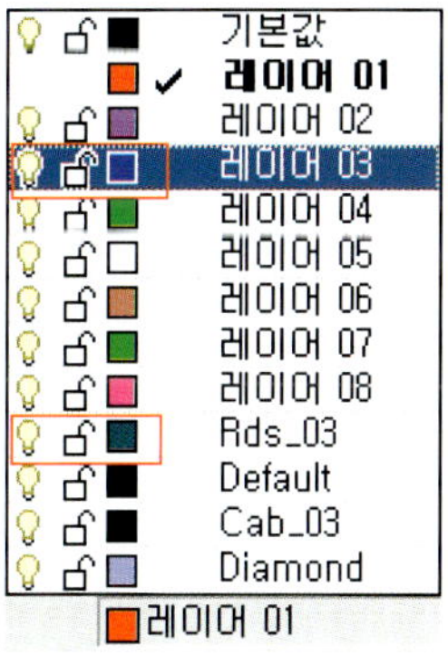


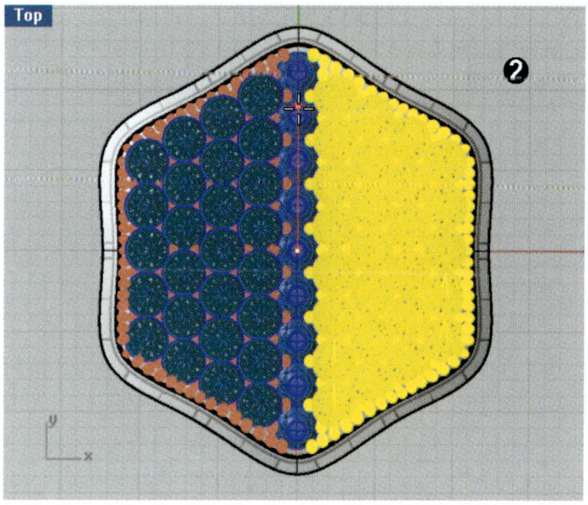


< STEP-71 >

(S-71) 완성된 한 쪽 면을 선택해서 위의 그림과 같이 미러 시킨다. 이 때 잠궈주었던 레이어를 다시 클릭해서 1번 그림과 같이 해제시킨다.

# 24. 펜던트 만들기(난발 세팅)

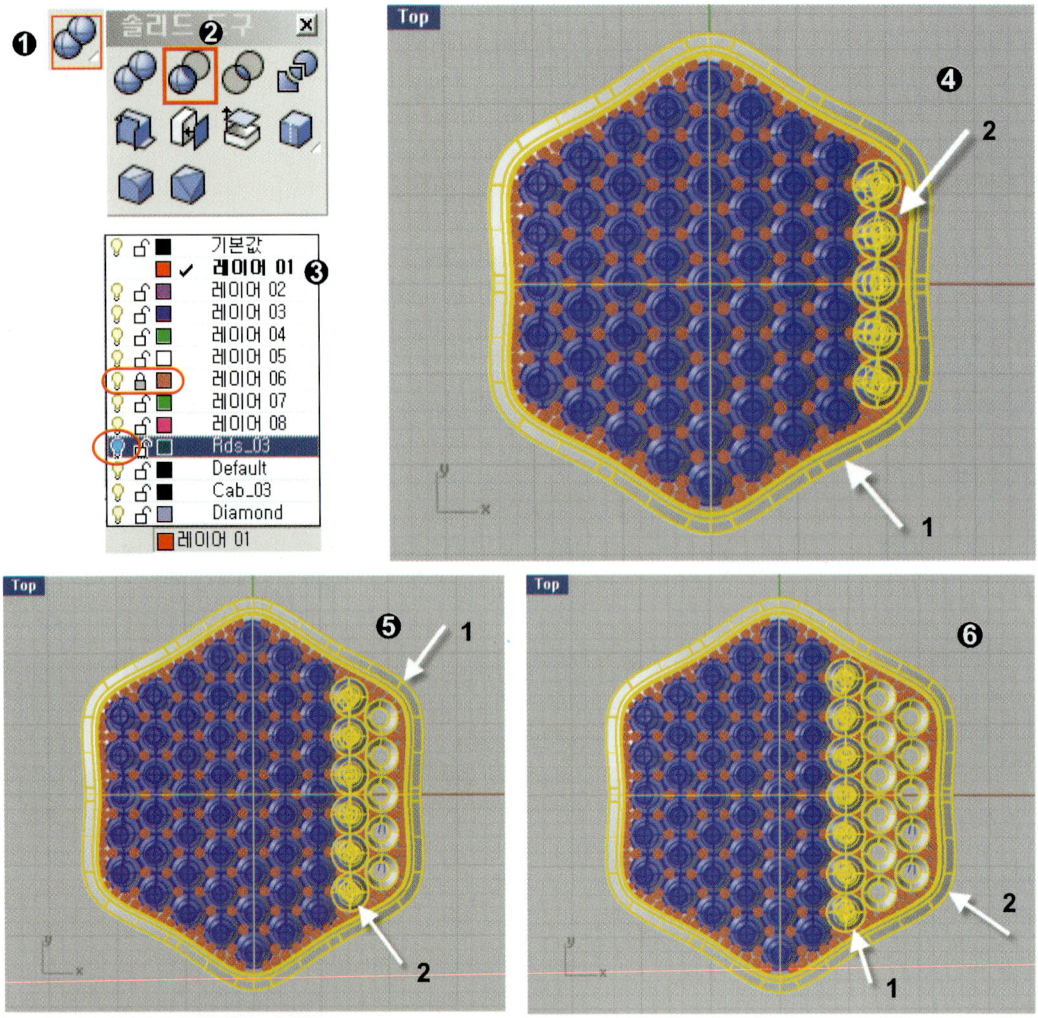


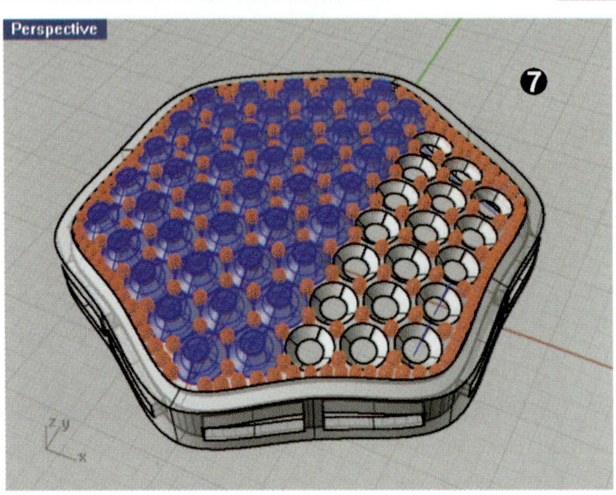


(S-72) 보석의 자리파기를 쉽게 하기 위해서 3번 그림과 같이 하단의 레이어의 표시된 부분을 클릭해서 보석은 숨겨두고 난발은 선택되지 않도록 잠궈둔다. 1번, 2번을 클릭하고 번호 순서대로 클릭해서 7번과 같이 완성한다.

< STEP-72 >

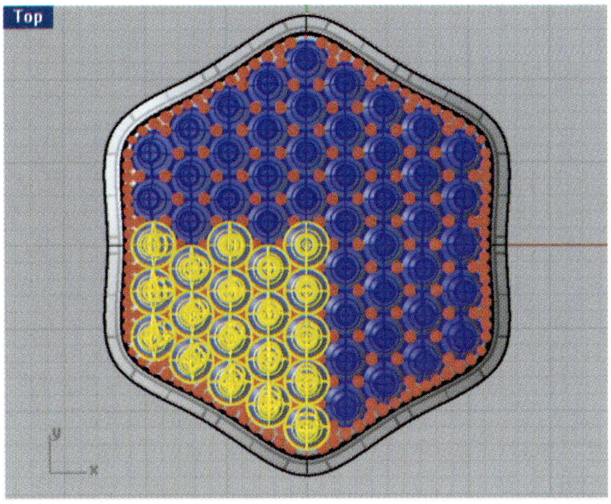


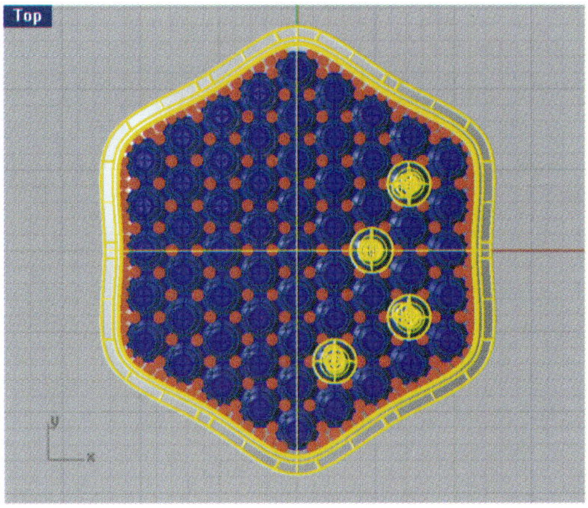


그림과 같이 이웃하고 있는 개체들을 같이 선택해서 차집합이 실패할 경우 2번 그림과 같이 이웃하지 않는 개체들을 선택해서 실행한다.(개체가 교차되어 있을경우 부울연산이 안될 경우가 있다)

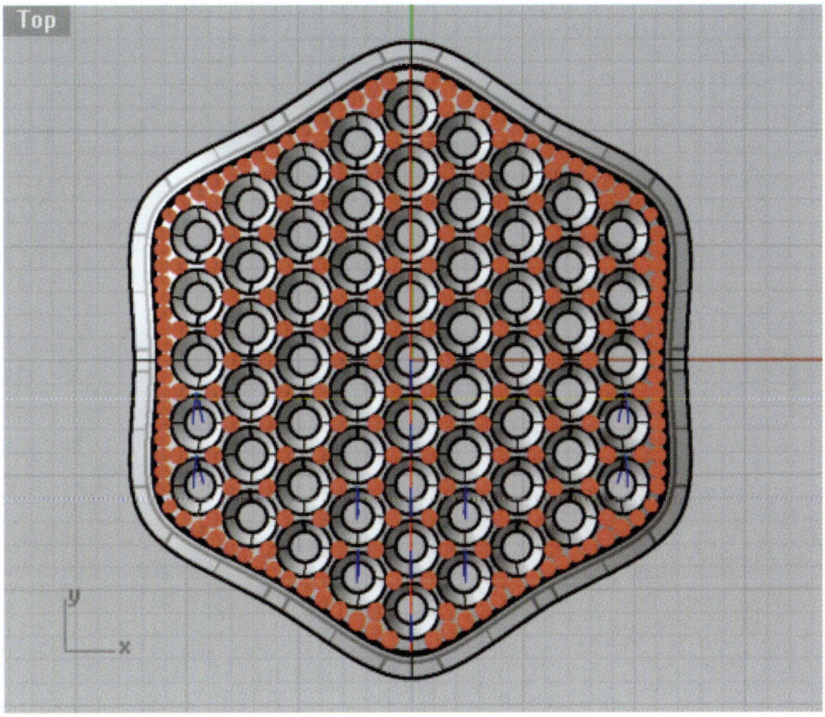


< STEP-73 >

(S-73) 앞 단계에서 한 방법대로 실행해서 위와 같이 완성시킨다.

# Rhino3D

## 25. 2레일 반지 만들기(UDT사용)

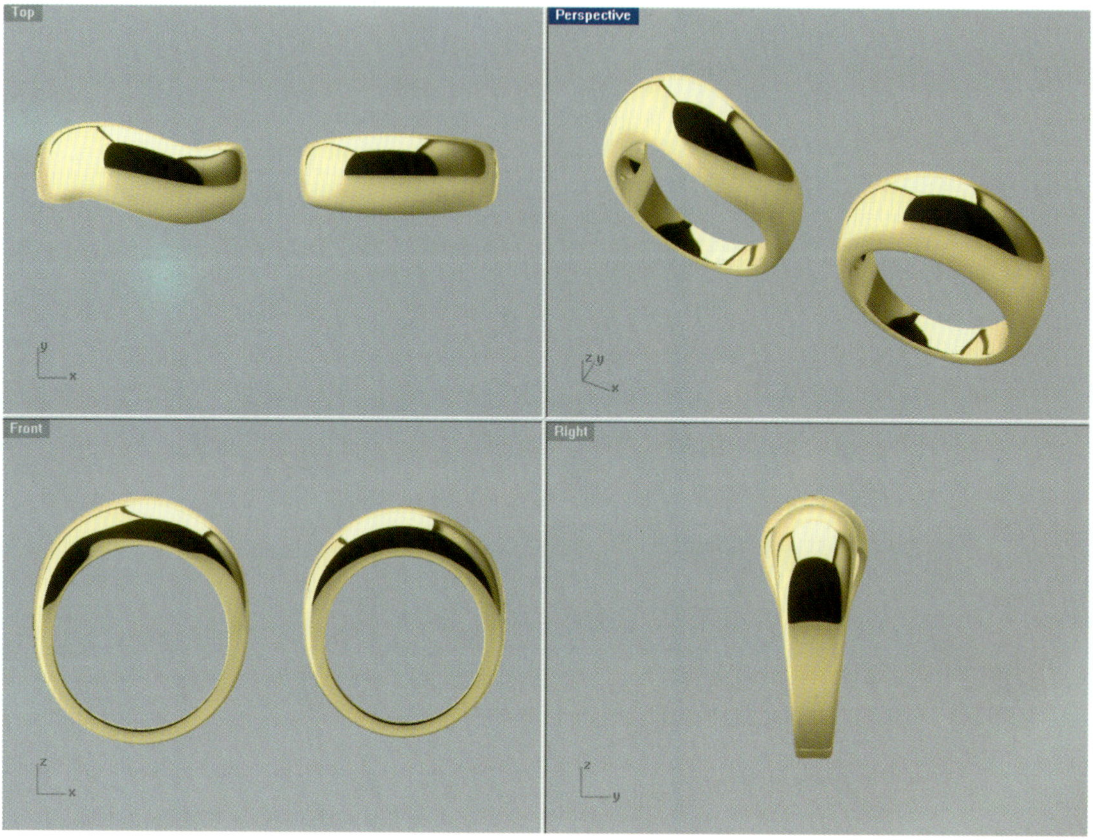
Top
Perspective
Front
Right

## 25. 2레일 반지 만들기(UDT 사용)

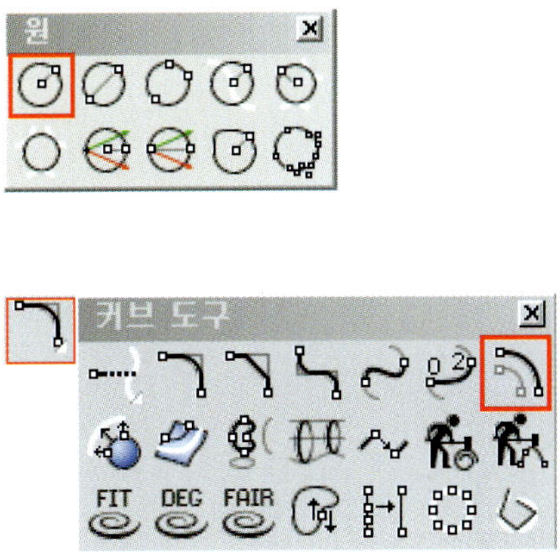


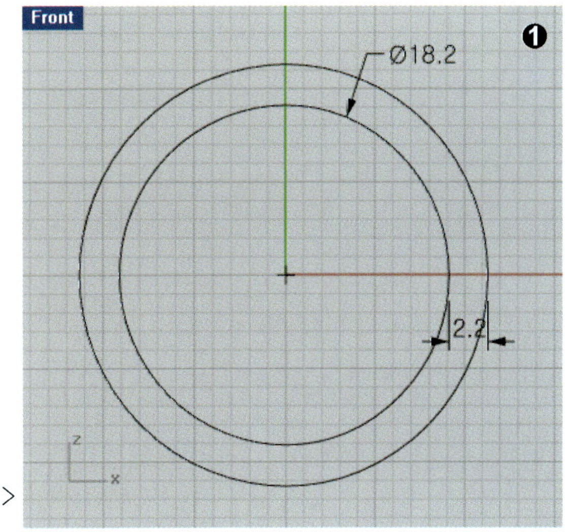


< STEP-1 >

(S-1) 남자 반지의 기본인 17호 사이즈로 제작하기 위해 1번 그림의 치수에 맞게 원을 그리고 간격띄우기를 이용해서 2.2mm 떨어진 원을 그린다.

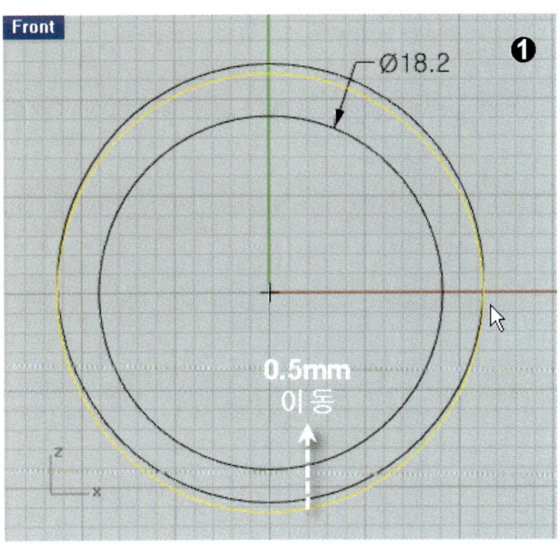


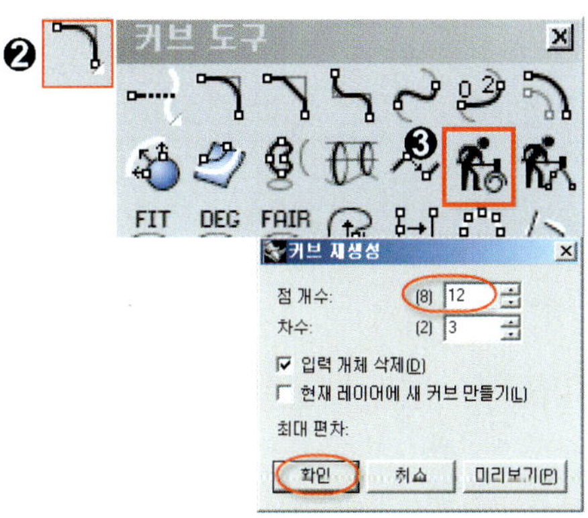


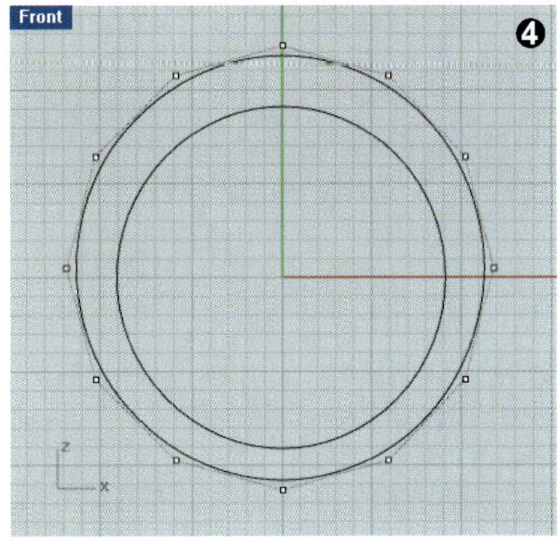


< STEP-2 >

(S-2) 외형 원을 그리고 반지 하단의 두께를 1.7mm정도로 만들기 위해 수직으로 0.5mm 이동시킨다. 그 다음 커브 도구의 재생성을 클릭하고 옵션창처럼 수정후 확인을 눌러 완성한다.

# 25. 2레일 반지 만들기(UDT 사용)

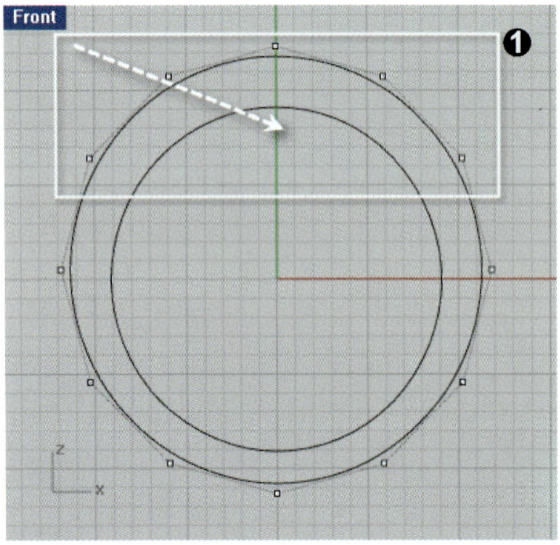


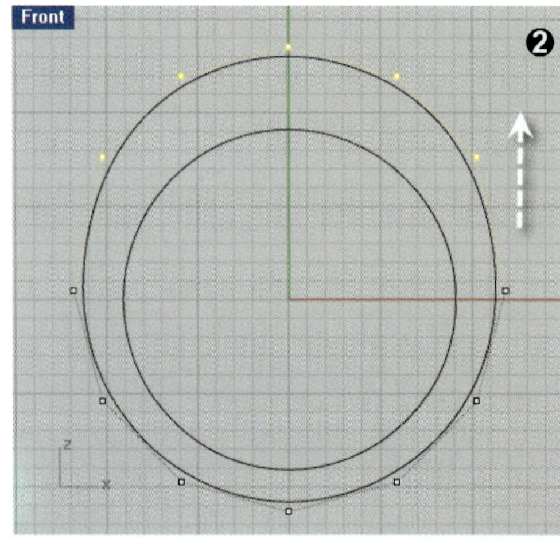


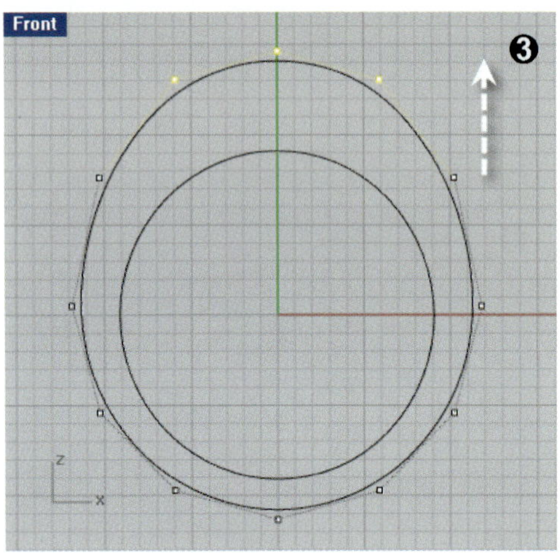


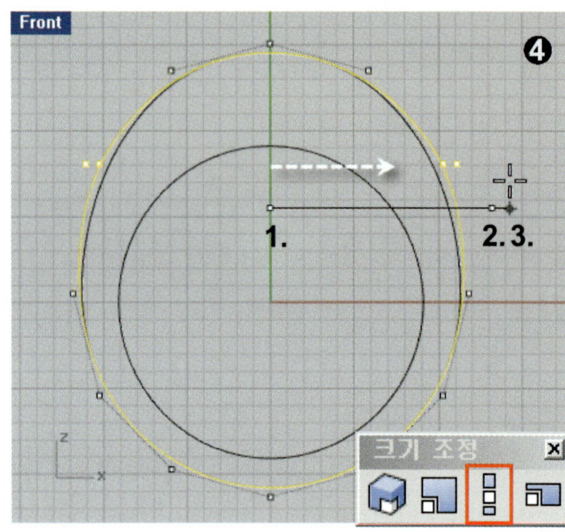


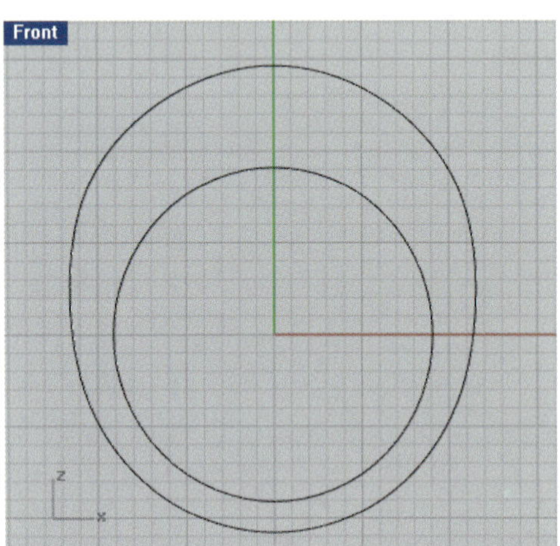


(S-3) 1번 그림처럼 5개의 제어점을 선택하고 2번 그림처럼 수직으로 적당히 이동시키고 3번 안에 다시 가운데 3개를 위로 이동한다. 그 다음 4번 그림처럼 1D 크기조정을 클릭하고 스냅을 켜고 녹색 라인을 중심으로 선택하고 번호 순서대로 클릭해서 제어점을 이동시킨다.

◀ 이와 유사하게 커브를 수정한다.

< STEP-3 >

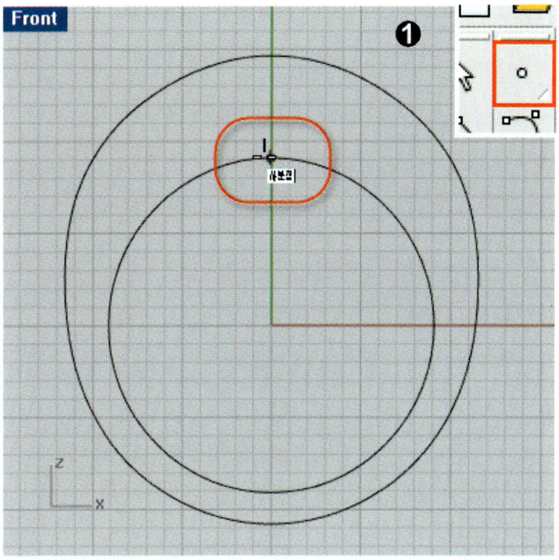


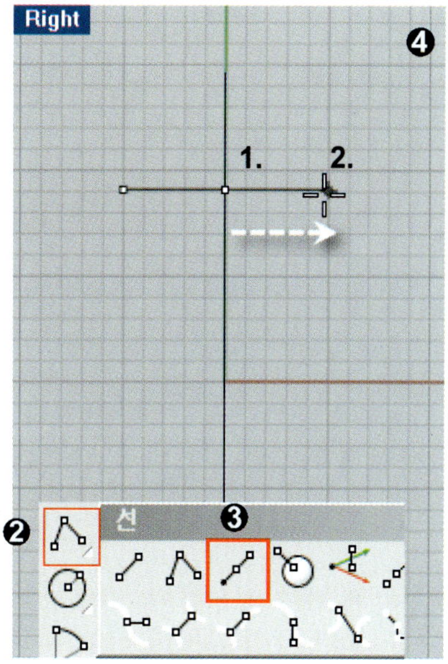


< STEP-4 >

(S-4) 1번 그림처럼 내경의 위 사분점에 점을 추가한다. 그리고 2, 3번 중심선 그리기를 클릭해서 4번 그림처럼 스냅을 켜고 Shift키를 누르고 5mm이동하여 전체 10mm 직선을 완성한다.

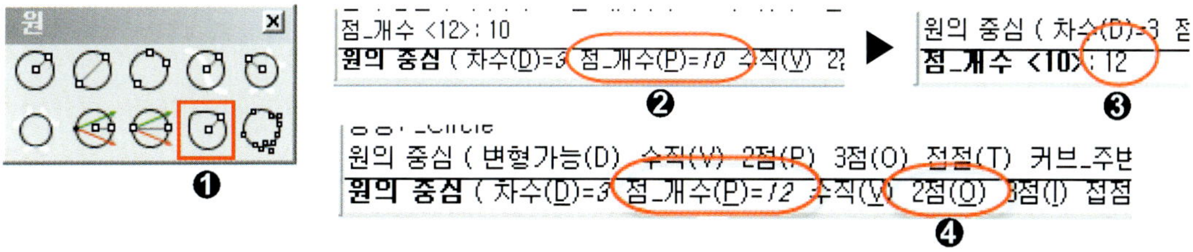


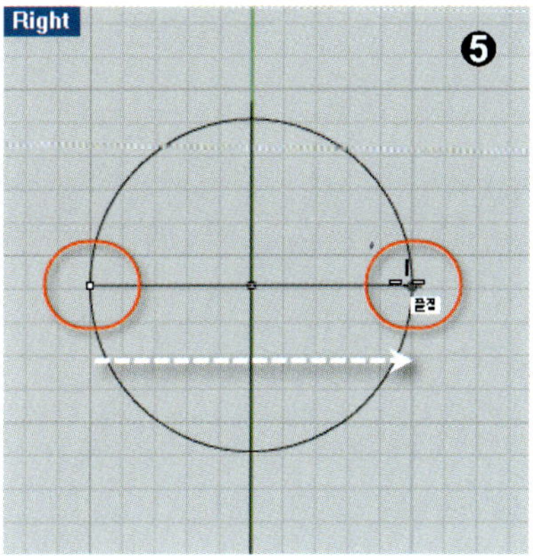


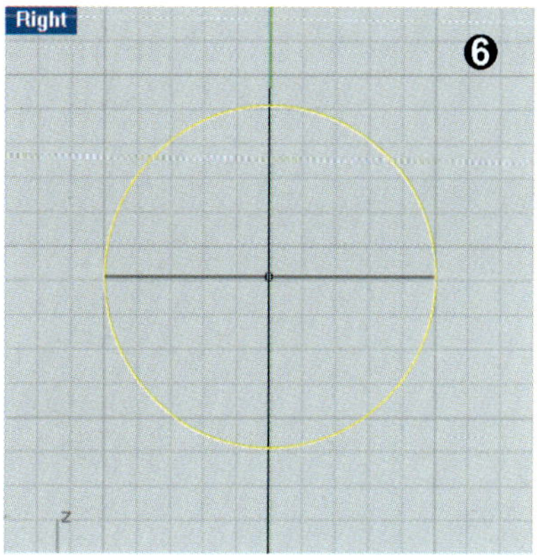


< STEP-5 >

(S-5) 1번을 클릭하고 명령창을 보고 2번을 클릭해 3번처럼 12를 입력하고 Enter를 친다. 그 다음 4번 2점을 클릭하고 5번 그림의 화살표대로 원을 그려 6번처럼 완성한다.

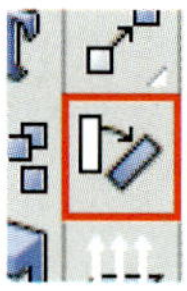

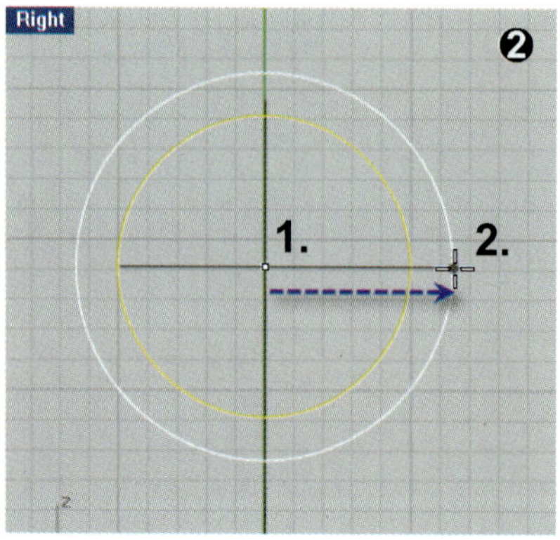


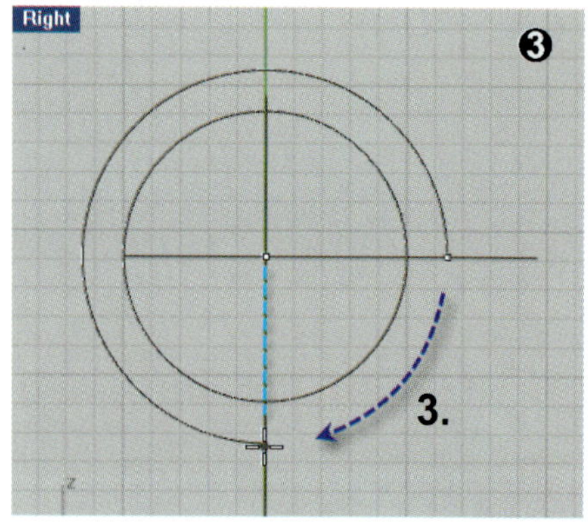


< STEP-6 >

(S-6) 1번 회전을 클릭하고 그려진 원을 선택한 다음 2, 3번 그림의 번호 순서대로 원의 중심을 축으로 해서 90도 회전시킨다. 이는 아래 서페이스를 만든 다음 설명이 되고 있는 부분인데 서페이스가 만들어 질때 이음새(Seam)부분이 생기는데 이 부분을 반지의 안쪽으로 되게 바꾸기 위해서이다.
이 부분이 반지 윗부분에 생길 경우 면이 분할 되는등 작업이 불편해지는 경우가 발생하게 되고 뒤에서 다시 설명이 이루어진다.

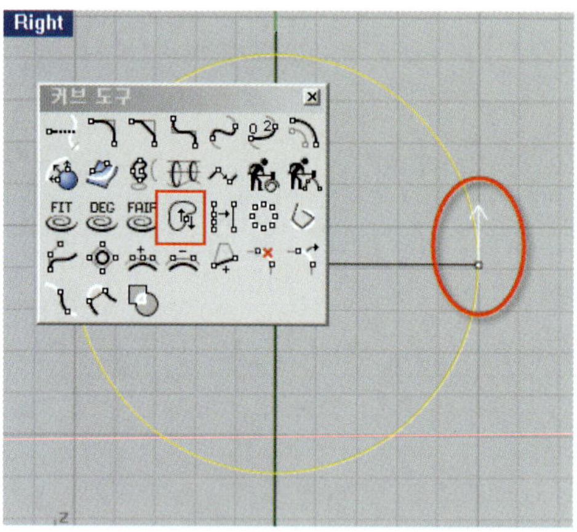


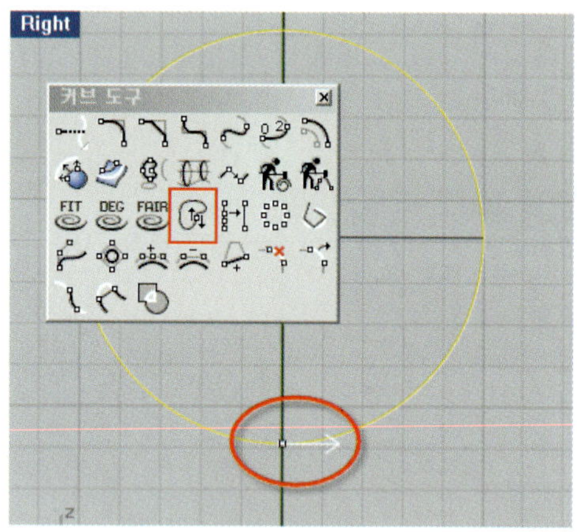


[닫힌 커브심 조정 명령으로 심(seam)의 위치를 알수 있다.]

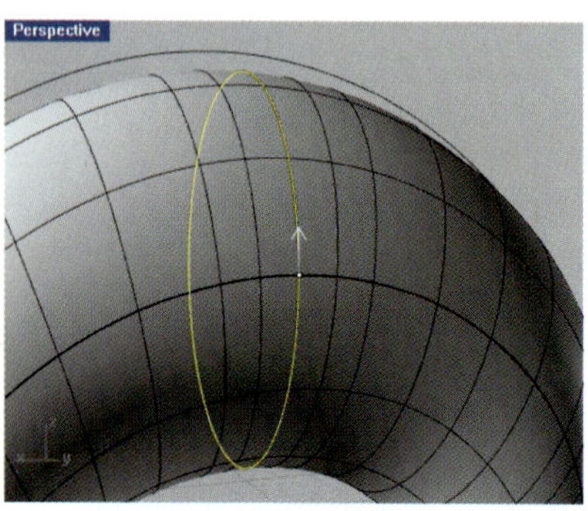


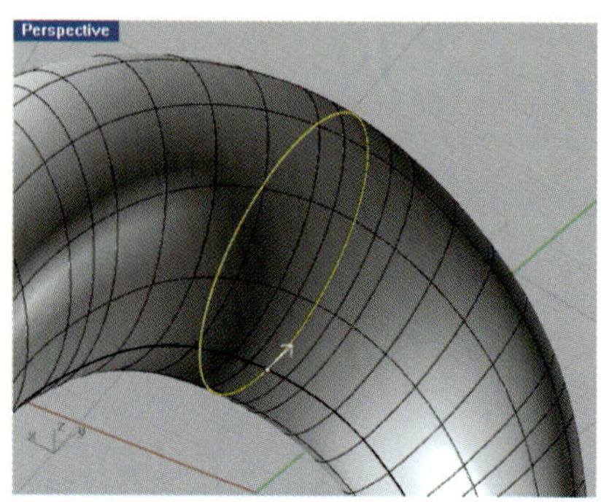


[서페이스 아이소커브중 진하게 표시되는 부분이 심(seam)부분이다.]

# 25. 2레일 반지 만들기(UDT 사용)

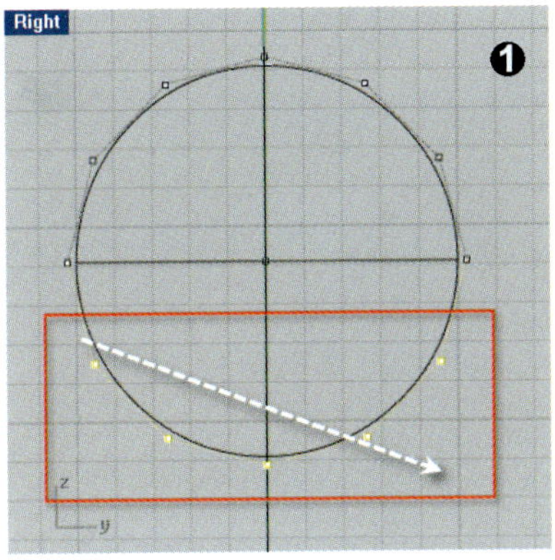

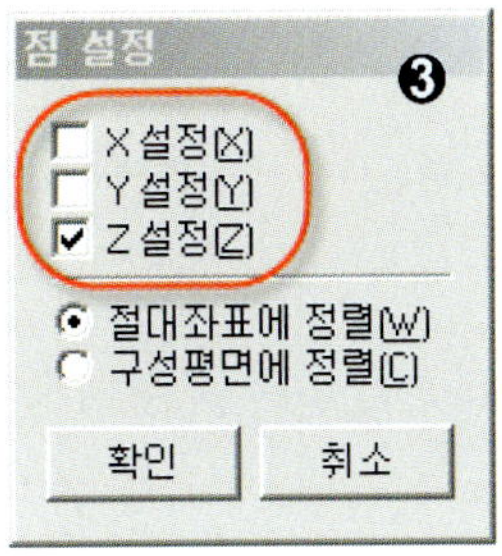


< STEP-7 >

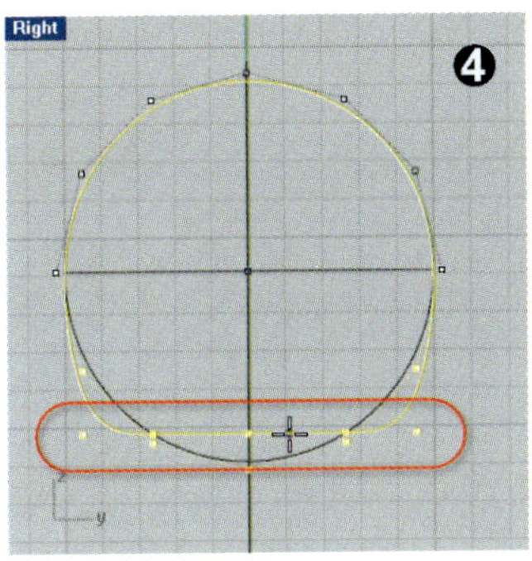


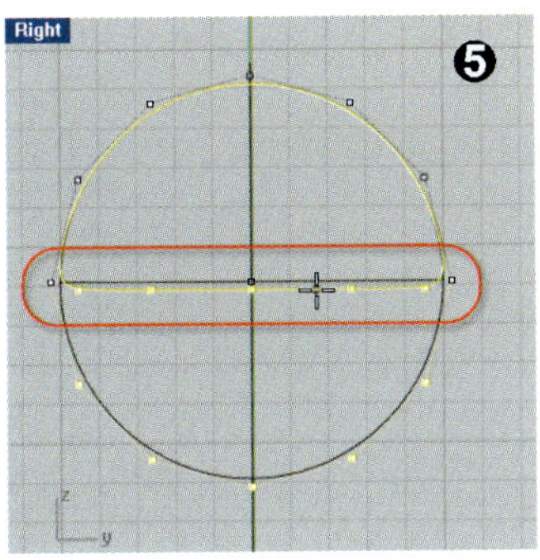


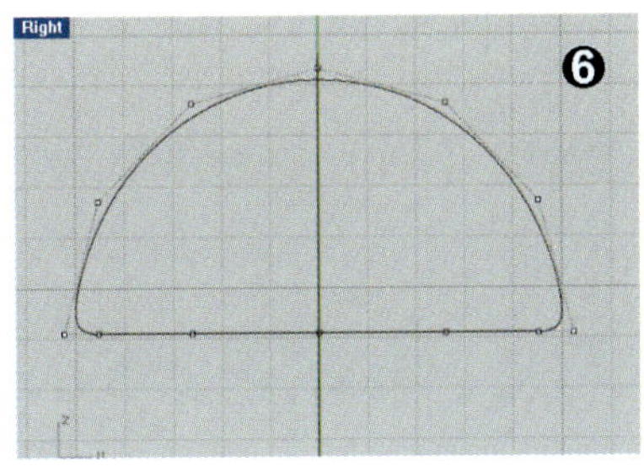


(S-7) 원의 제어점을 켜고 1번 그림처럼 하단의 5개를 선택하고 2번을 클릭하면 3번 창이 나오는데 그림처럼 설정하고 확인을 누른다. 그럼 4번 그림처럼 제어점이 수평으로 정리가 되는데 5번처럼 위로 이동하여 6번같이 원의 중심에 놓이게 완성한다.

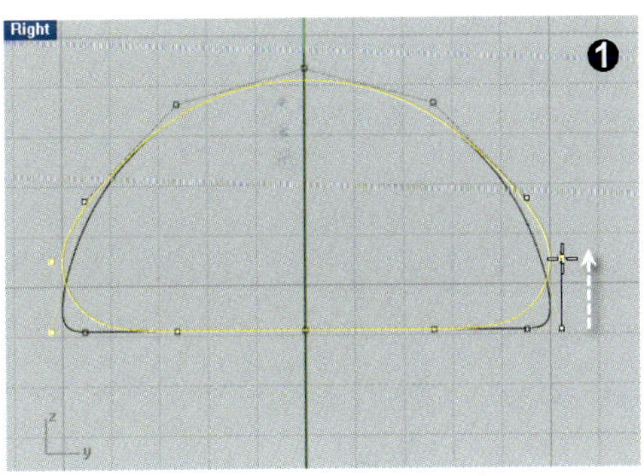


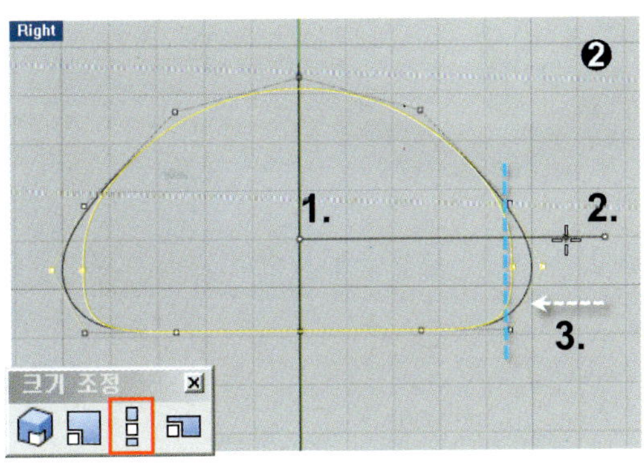


< STEP-8 >

(S-8) 1번 그림처럼 양쪽 두점을 선택해서 위로 올린 다음 2번 그림처럼 다시 두점을 선택한다. 그 다음 1D 크기조정을 클릭해서 번호 순서대로 스냅을 켜고 1-중심점을 선택, 2-위치를 클릭하고 안쪽으로 이동하여 양끝 세점이 수직에 가깝게 놓이게 한다.

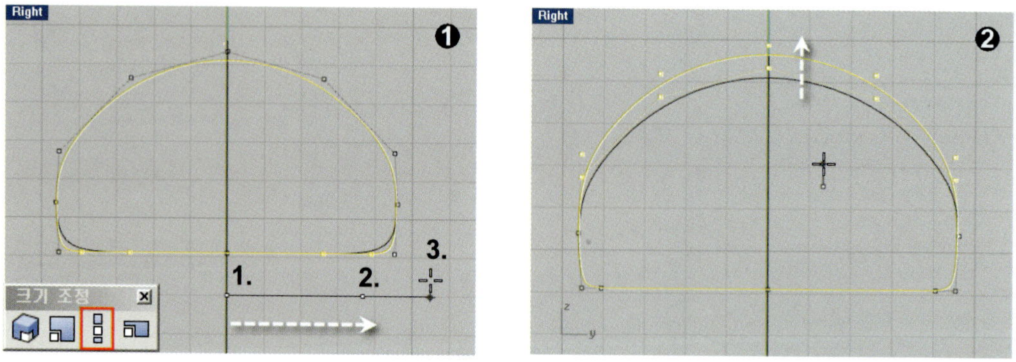


< STEP-9 >

(S-9) 1번 그림에서는 하단의 양쪽 두점을 선택해서 1D 크기조정을 이용하여 양쪽 끝부분으로 이동을 시키는 모습이고 2번 그림은 상단의 5개점을 선택해서 위로 이동시켜 외곽 레일커브에 일치시키는 과정이다.

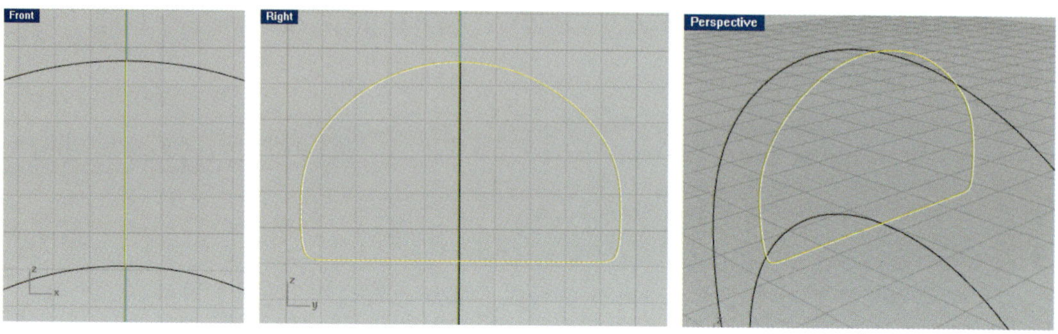


[단면을 레일에 일치시킨 것을 각기 다른 위치에서 본 모습이다.]

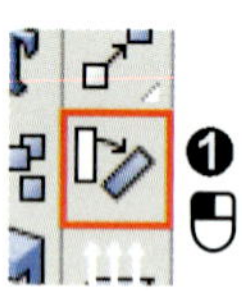

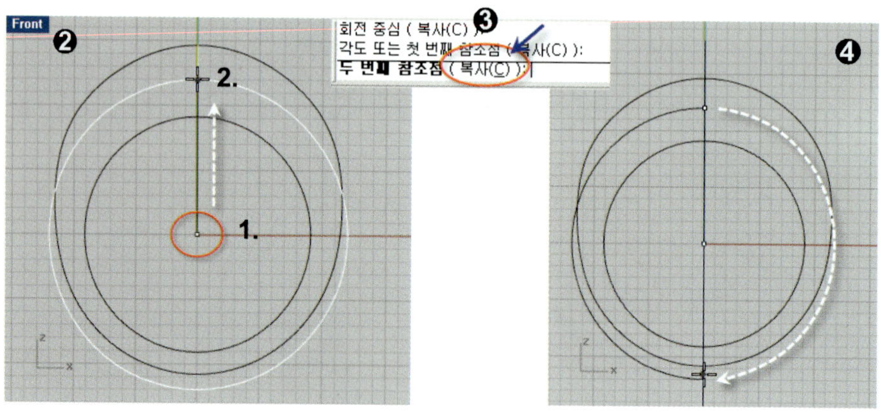


< STEP-10 >

(S-10) 반지의 경우 일반적으로 단면 2개로 작업이 되는데 따로 다시 그리지않고 먼저 그린 단면을 복사해서 사용해도 된다. 따라서 먼저 그린 단면을 선택하고 하단의 스냅을 켠 후 1번 회전을 클릭한 다음 2번 그림의 번호 순서대로 클릭하고 회전시키는데 3번 명령창에 복사를 클릭한 다음 4번처럼 180도 회전시키면 단면이 회전 복사 된다.

# 25. 2레일 반지 만들기(UDT 사용)

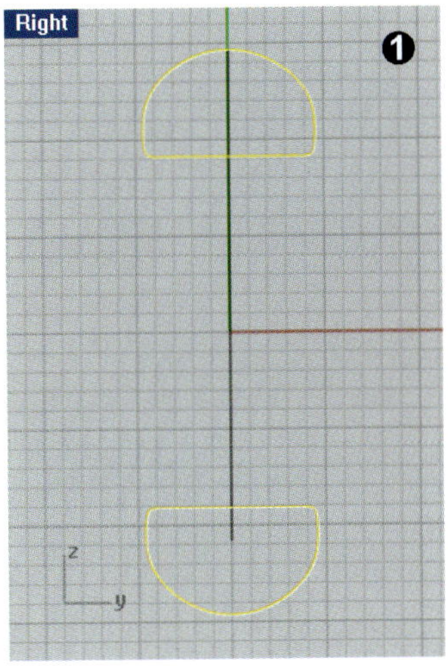

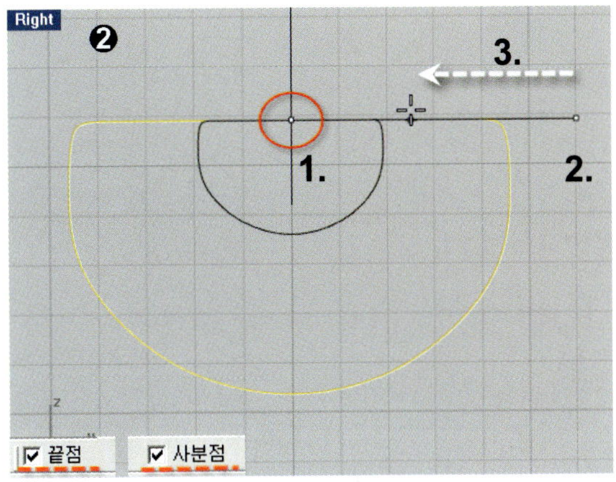


< STEP-11 >

(S-11) 1번 그림은 회전 복사된 결과이고 반지 아래부분의 단면을 수정하기 위해 2D 크기 조정을 클릭하고 2번 그림 순서대로 개체스냅중 끝점이나 사분점을 켜서 1-을 선택하고 shift키를 누르고 2-부분을 클릭, 3-처럼 안쪽으로 이동시켜 크기를 줄인다.

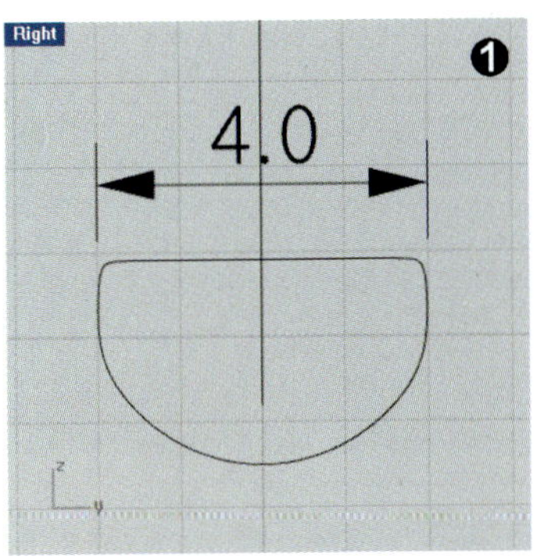


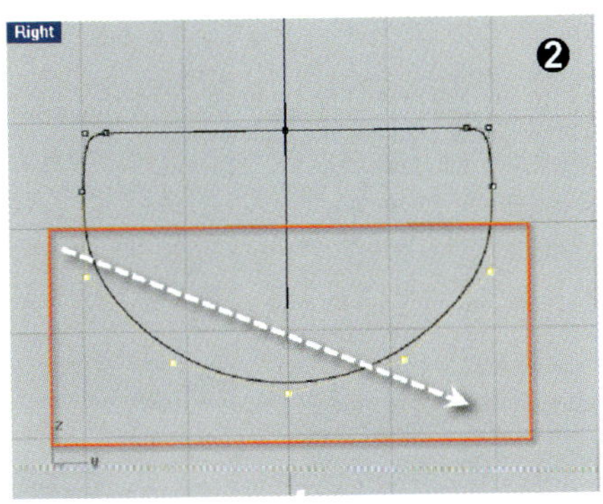

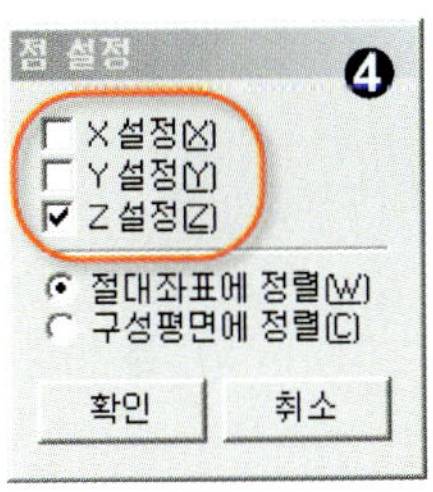


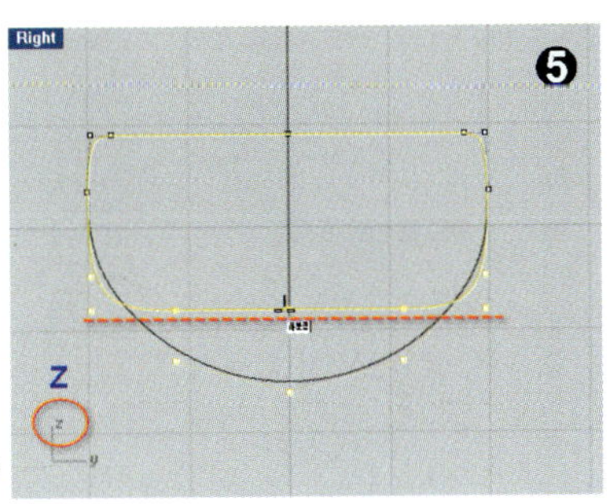


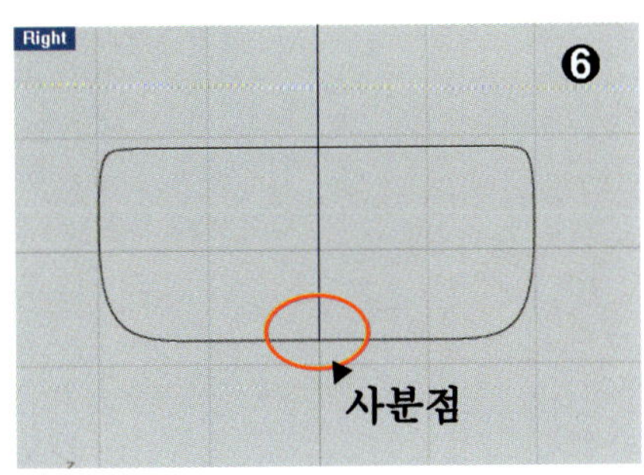


< STEP-12 >

(S-12) 1번 그림처럼 약 4mm정도 크기로 그리고 제어점을 켜고 2번 그림처럼 선택하고 3번을 누르면 4번창이 뜬다. 이때 그림처럼 설정하고 확인을 누르면 5번처럼 제어점이 일치가 되는데 6번처럼 외형 레일 사분점 위치에 일치하게 놓는다.

# 25. 2레일 반지 만들기(UDT 사용)

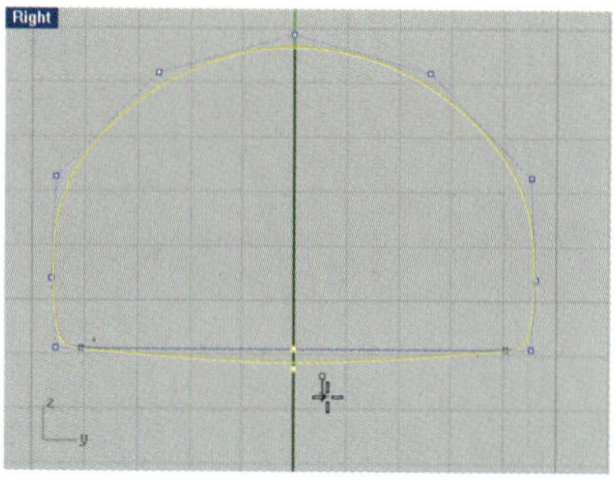


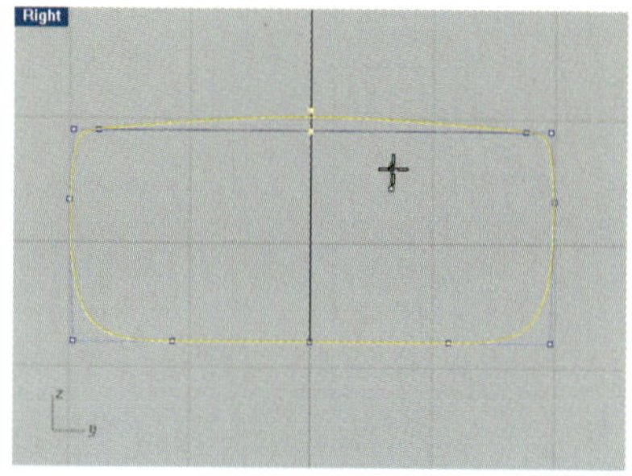


단면을 그린다음 1, 2번처럼 내경이 되는 부분을 그림처럼 약간 구배지게 해도 된다.

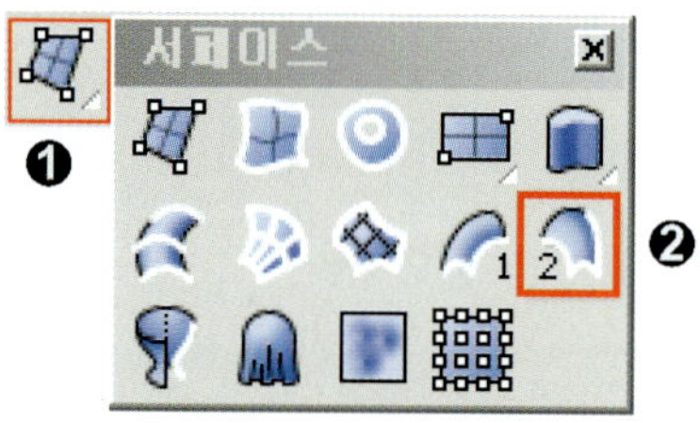


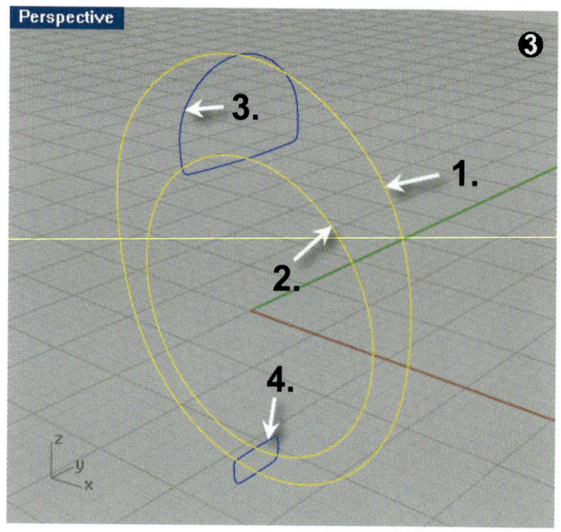


(S-13) 위처럼 완성후 1, 2번 2레일을 클릭하고 3번 그림의 순서대로 선택하고 Enter를 친다. 그러면 4번 그림처럼 나오게 되는데 이때 Enter를 치면 5번 그림처럼 옵션창이 나오고 이때 Enter를 치면 6번 그림처럼 꼬이게 된다. (이때 미리보기를 눌러도 된다)

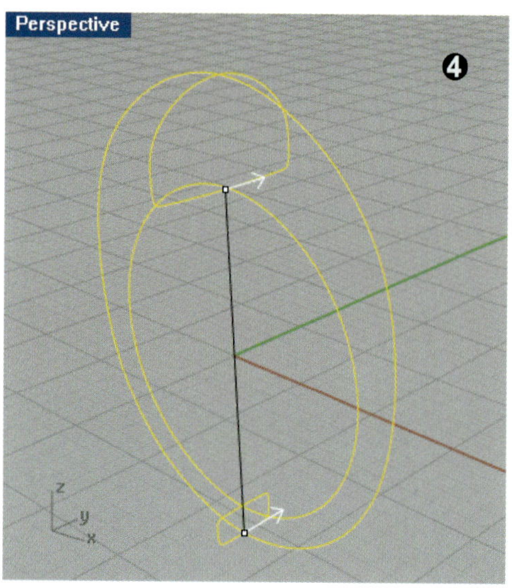


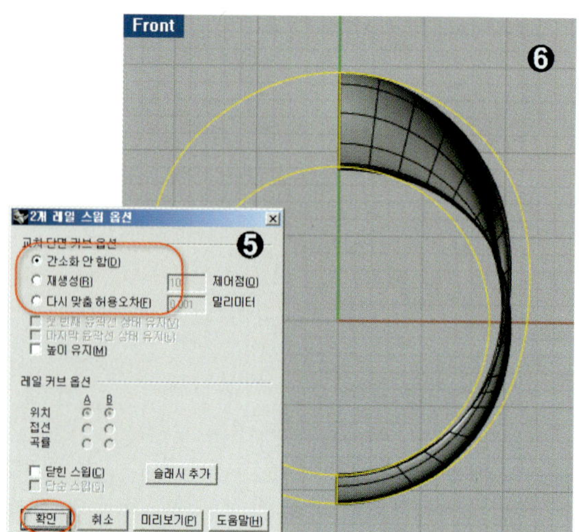


< STEP-13 >

# 25. 2레일 반지 만들기(UDT 사용)

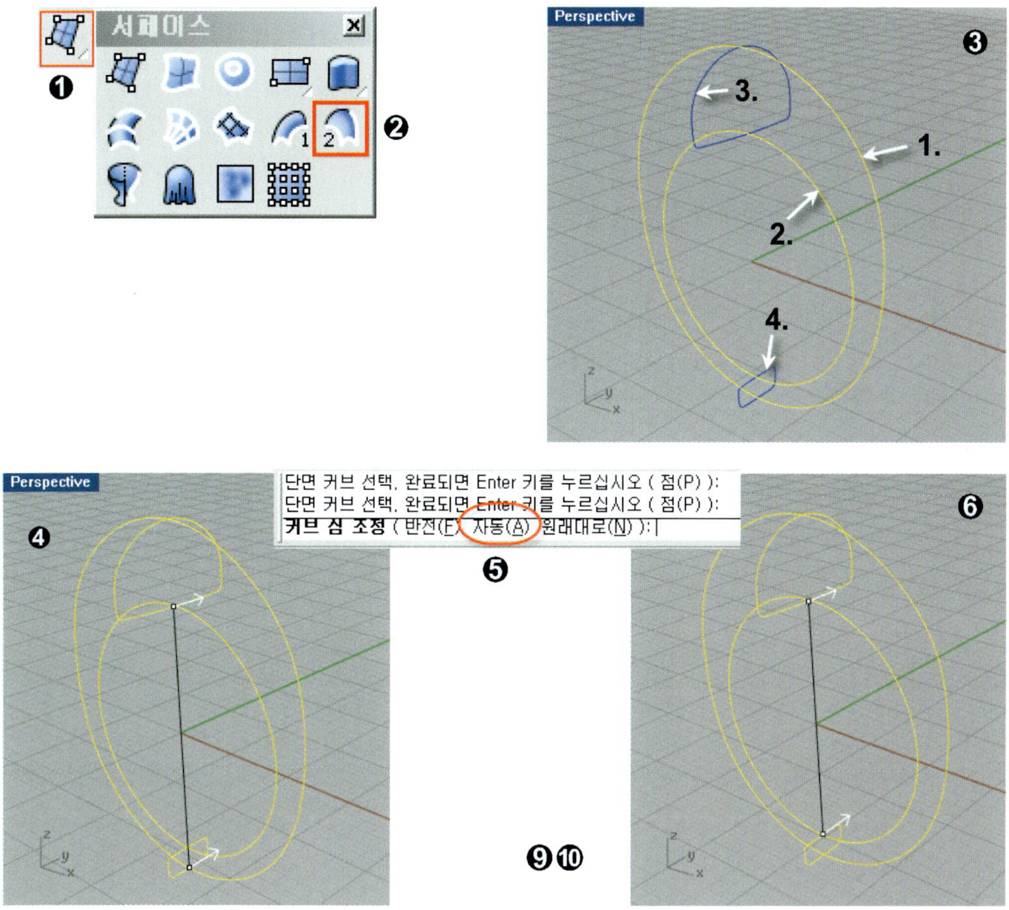


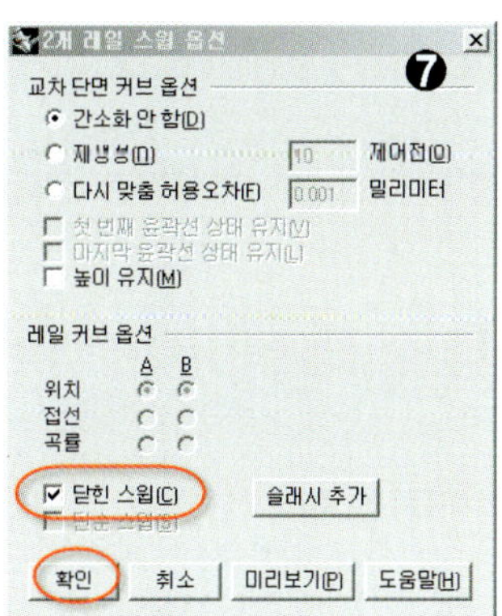


< STEP-14 >

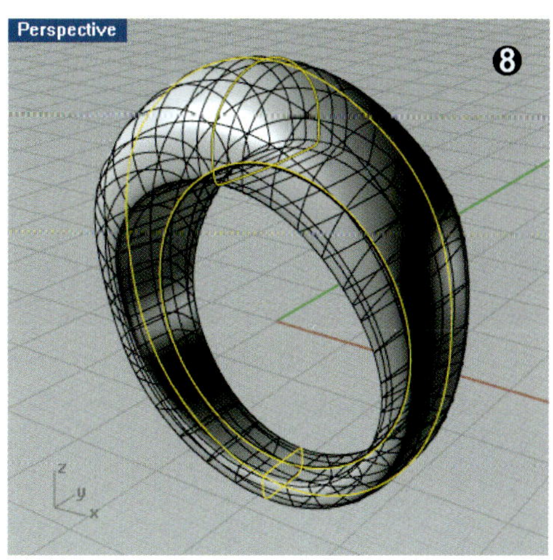


(S-14) 잘못된 작업을 취소하고 다시 2레일을
클릭한 다음 3번 그림의 순서대로 클릭하고
Enter를 치면 4번 같이 나오는데 여기서 명령창에 5번 자동을 클릭하면 6번처럼 방향점이 정리가 된다. 이때 Enter를 치면 7번처럼 창이 나오는데 그림처럼 설정하고 확인을 누르면 8번 그림처럼 완성이 된다.

# 25. 2레일 반지 만들기(UDT 사용)

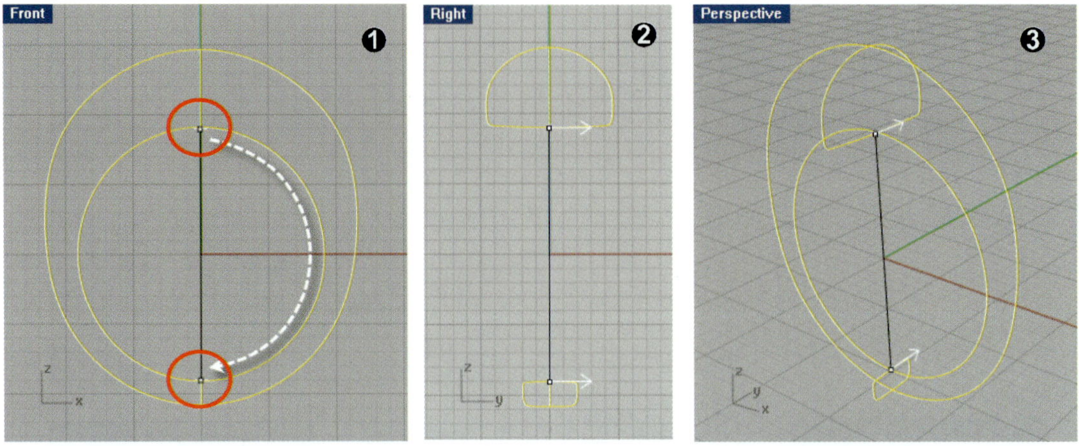


[ 2레일에서 단면의 방향점이 놓일때의 그림인데 화살표의 위치점와 방향이 1,2,3번의 그림 처럼 같은 레일에 있고 화살표 방향이 같아야 만들어지는 면이 꼬이지 않는다. ]

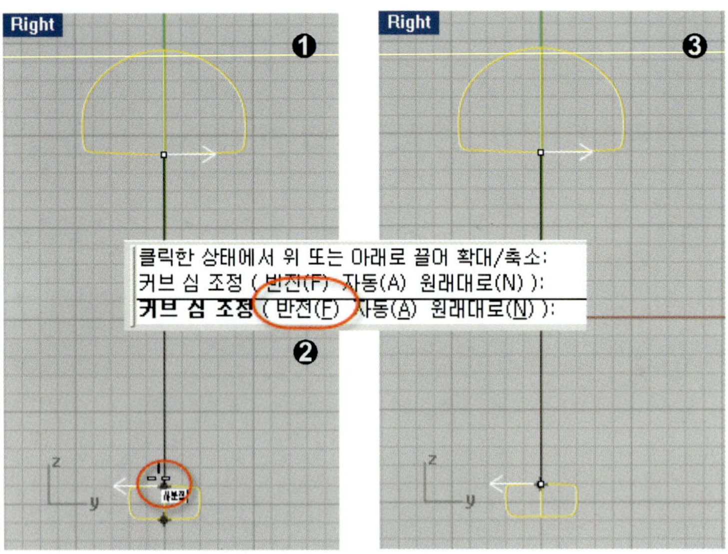


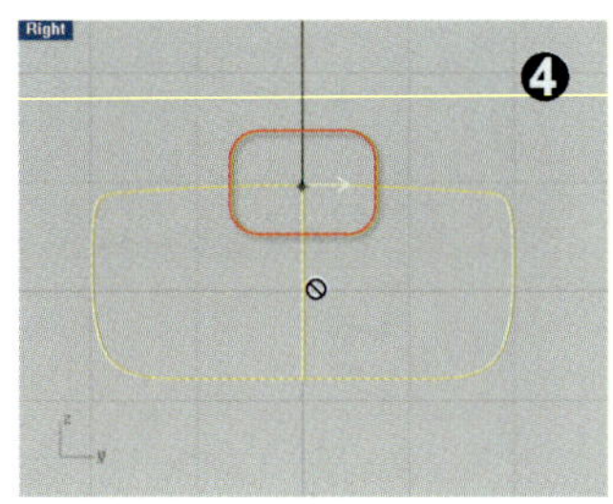

< STEP-15 >

(S-15) 단면의 방향점을 위치 시킬때 앞에 작업한 구배준 단면을 이용할 경우 1번 그림처럼 마우스로 직접 클릭해서 위로 이동시키는데 이때 사분점을 체크하고 가져가면 사분점에 놓이게 되고 3번 그림처럼 화살표 방향이 반대일 경우 2번 명령창에 반전을 클릭하고 화살표를 클릭하면 4번 그림처럼 화살표 방향이 일치한다.

물론 이것은 단면의 형태에 따라 자동으로 정확하게 정렬되지 않는 경우에 사용될 수 있으며 적절한 개체스냅을 이용해야만 꼬이지 않는 정확한 형태를 그릴 수 있다.

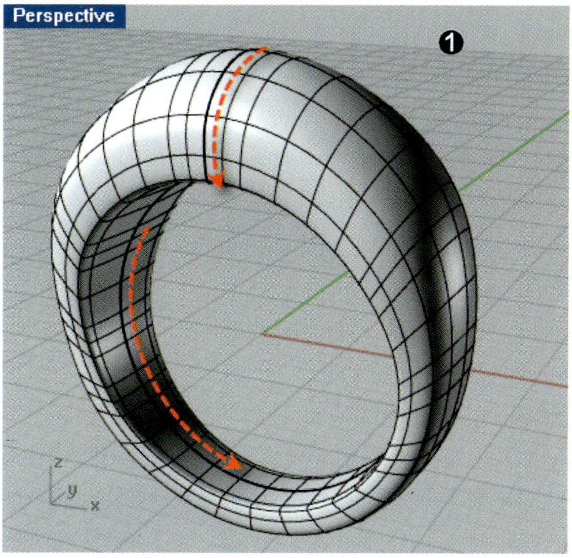


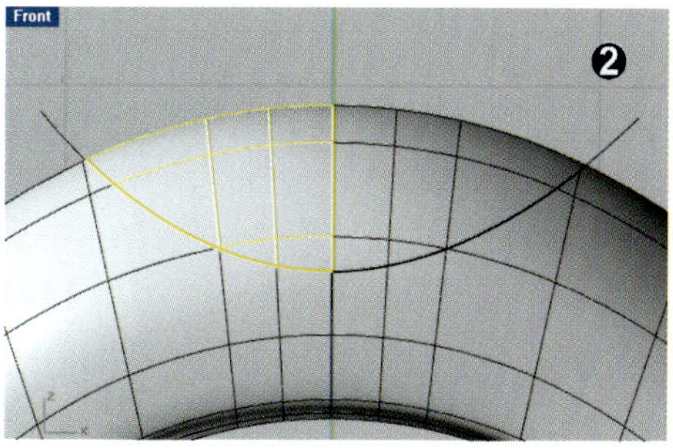


< STEP-16 >

(S-16) 1번은 2레일을 이용하여 완성한 경우인데 점선으로 표시된 부분이 이음새(seam)인데 이 부분을 중심으로 분할을 하면 2번 그림처럼 면이 나누어진다.
이럴경우 작업을 진행하는데 있어서 불편할 경우가 많다.

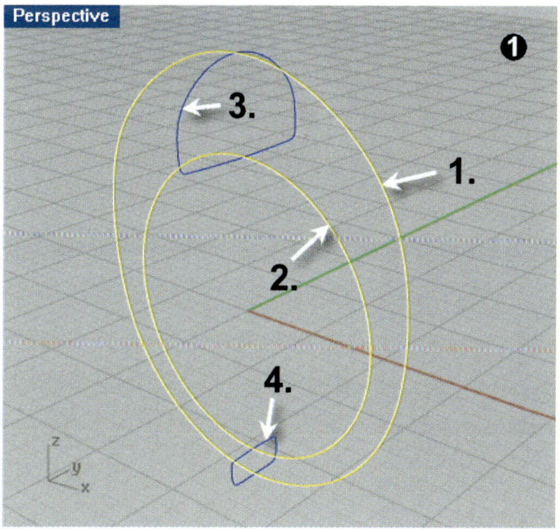


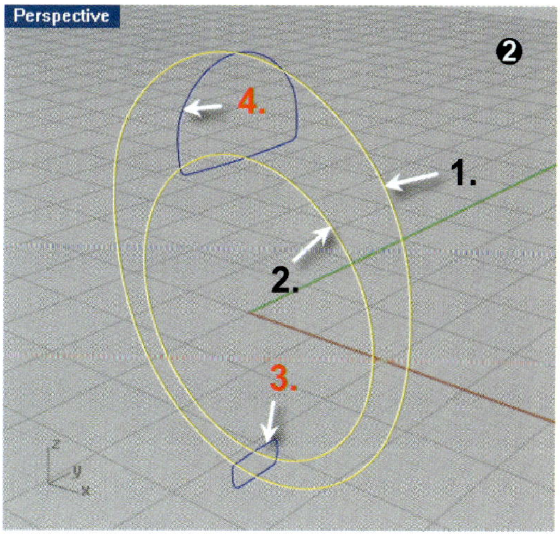


< STEP-17 >

(S-17) 이것을 피하는 방법은 앞선 작업인 STEP-14에서 2레일 명령을 실행할때 2개의 레일을 선택한 다음 단면 커브를 클릭할때 2번 그림처럼 아래 단면을 먼저 클릭하고 윗단면을 클릭하면 다음의 3번 그림처럼 이음새(seam)가 아래 단면 부분에 생기고 4번 그림은 커브로 분할했을 경우 면이 나누어지는 것을 보여준다.

# 25. 2레일 반지 만들기(UDT 사용)

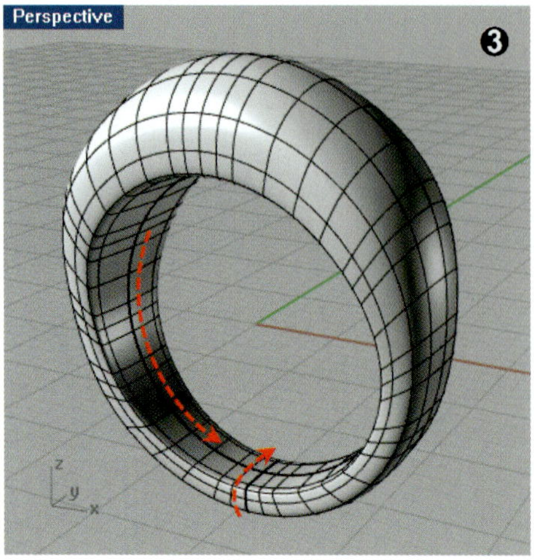


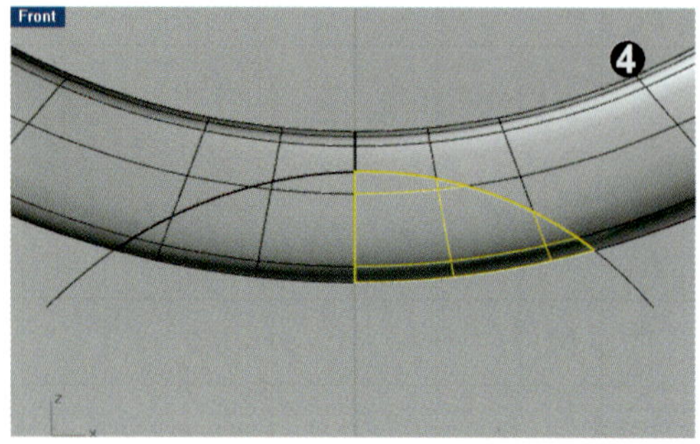


[커브로 분할했을때 면이 나누어진 하단부]

< STEP-17 >

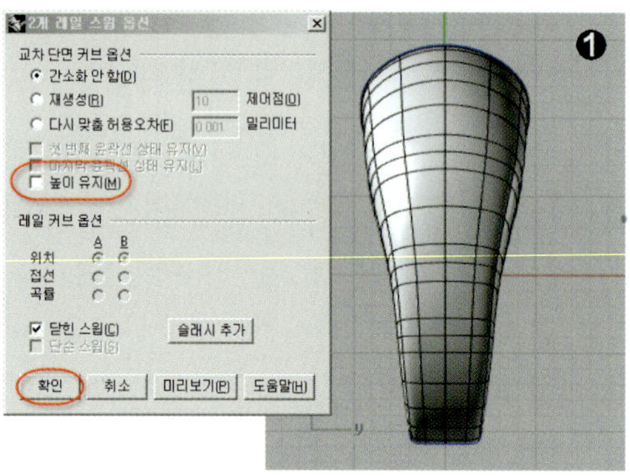


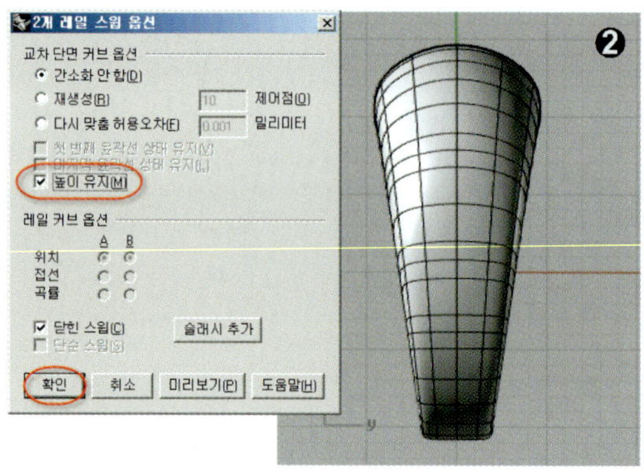


(S-18) 1번 그림은 2레일 옵션창에서 높이유지 옵션을 사용하지 않은 경우이고 2번 그림은 높이유지를 사용한 경우이다. 이는 레일 폭의 변화에 따라 단면의 크기도 변하기 때문이다. 여기서는 높이유지를 사용해서 작업하기로 한다.

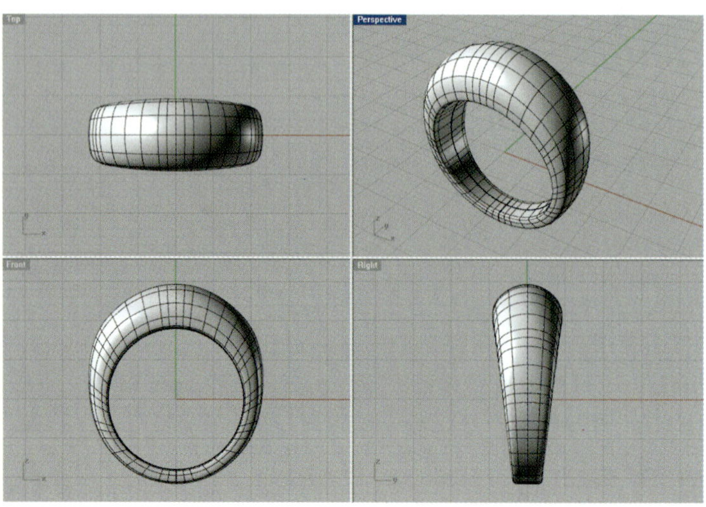

◀ 위와같이 작업한 반지의 완성 모습이다.

< STEP-18 >

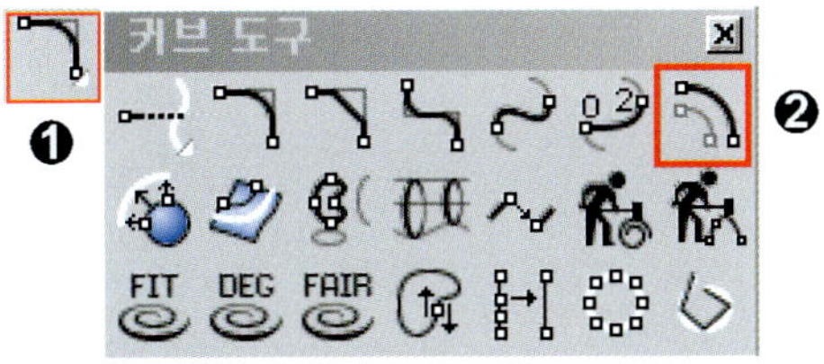


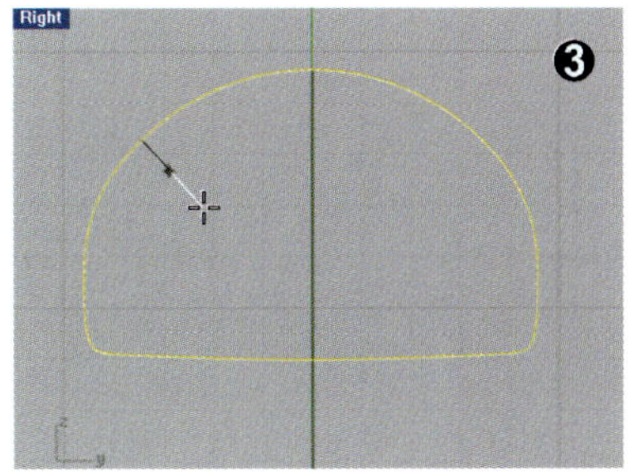

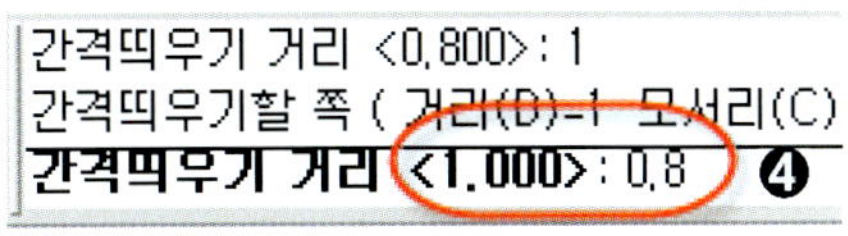


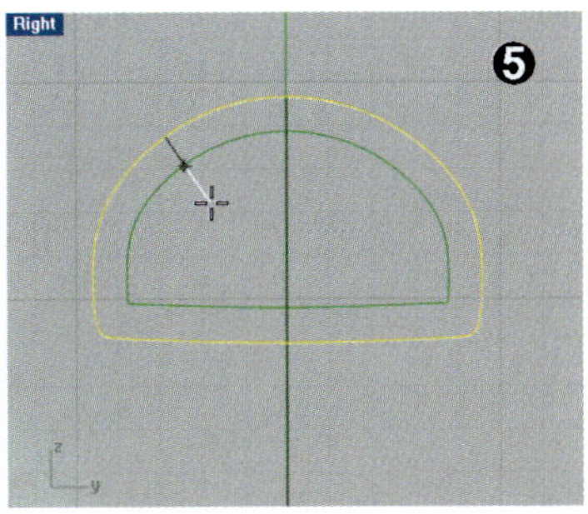

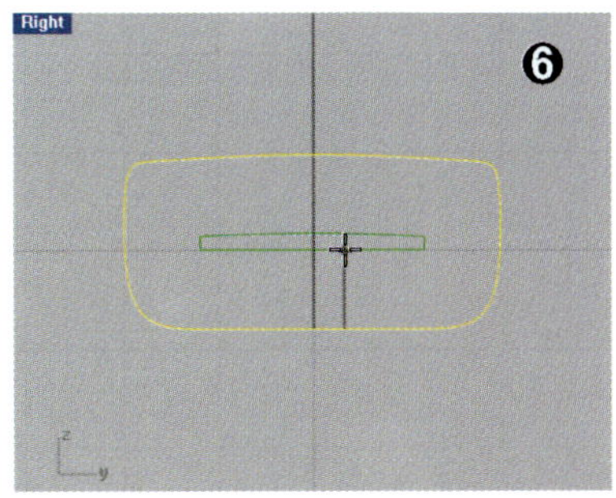

< STEP-19 >

(S-19) 이제 반지의 속파기를 하기 위하여 1, 2번을 클릭, 상부 단면을 클릭하면 3번 그림처럼 커서가 바뀌는데 이때 명령창에 거리를 클릭한 다음 4번 그림처럼 0.8을 입력후 Enter를 치고 5, 6번 그림처럼 안쪽으로 클릭해서 완성한다.

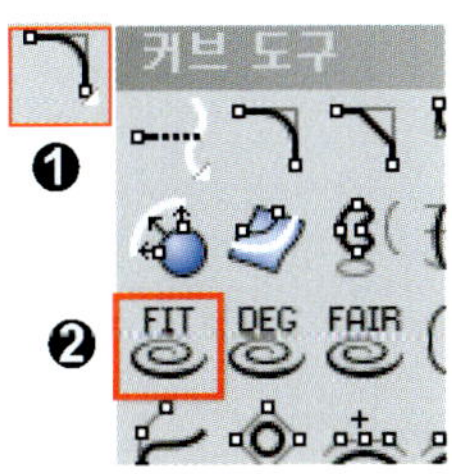


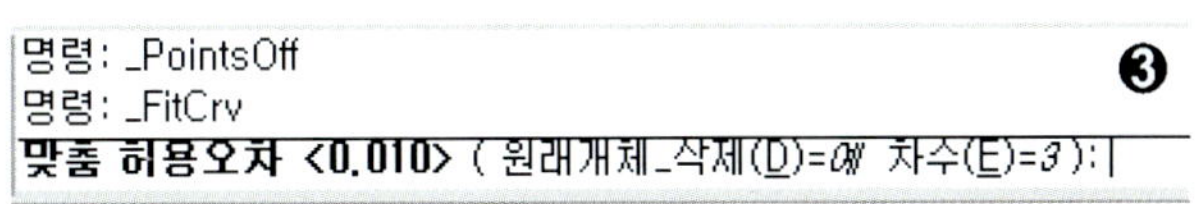


(S-20) 1, 2번 커브 다시 맞추기를 클릭하고 속파기 커브를 선택한 나음 Enter를 치면 3번처럼 명령칭이 나오는데 이때 Enter를 친다. 4, 5번 그림이 Fit 명령 전과 후의 제어점을 비교한 모습인데 재생성과 달리 커브의 변화가 거의 없이 제어점 수를 줄일 수 있다.

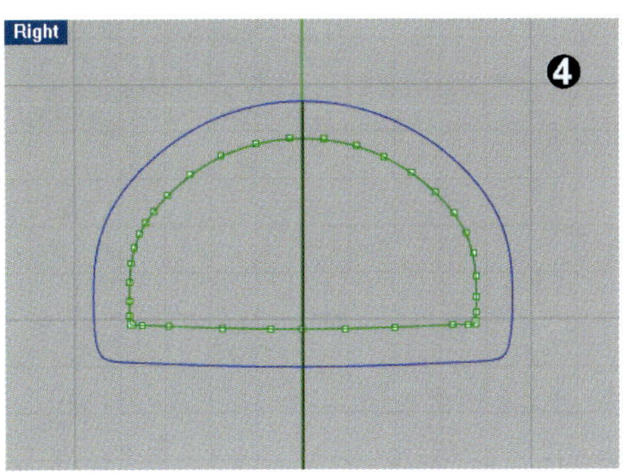

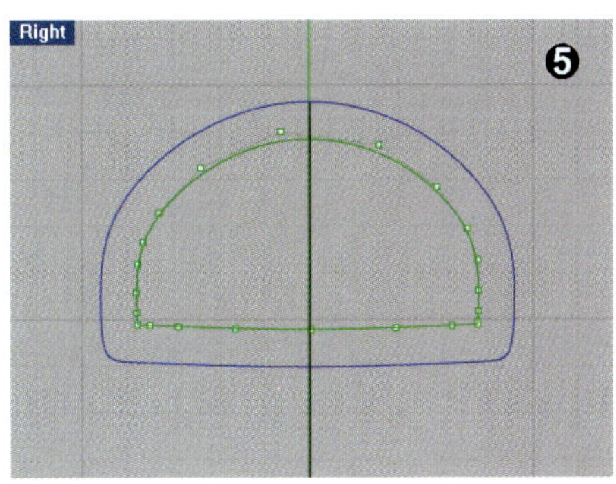

< STEP-20 >

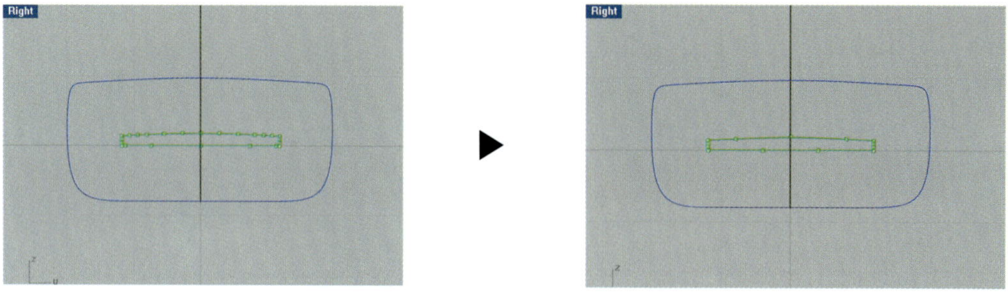


[ 아래 단면도 전 단계와 같이 실행하여 위 그림처럼 변경한다. ]

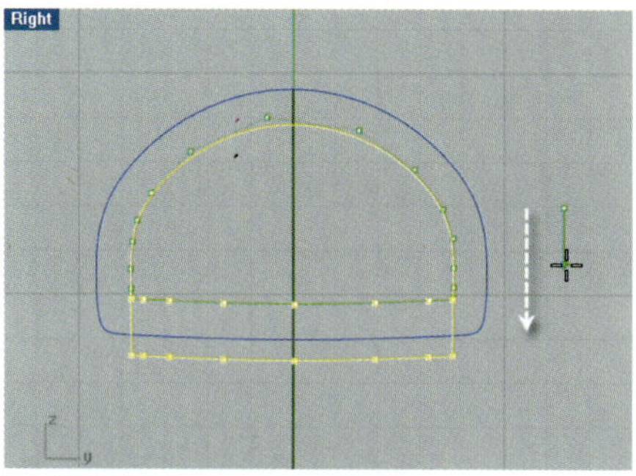


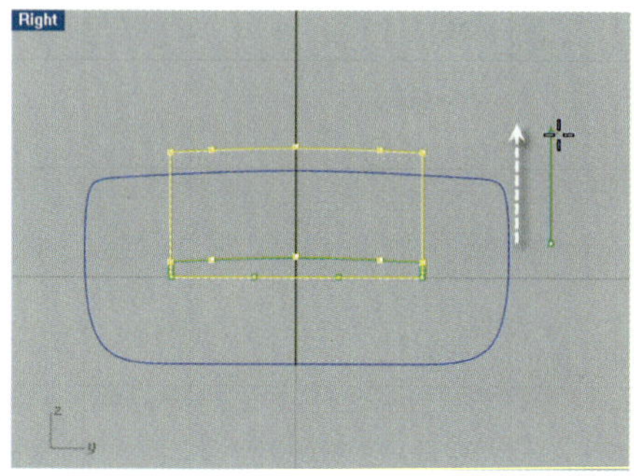


< STEP-21 >

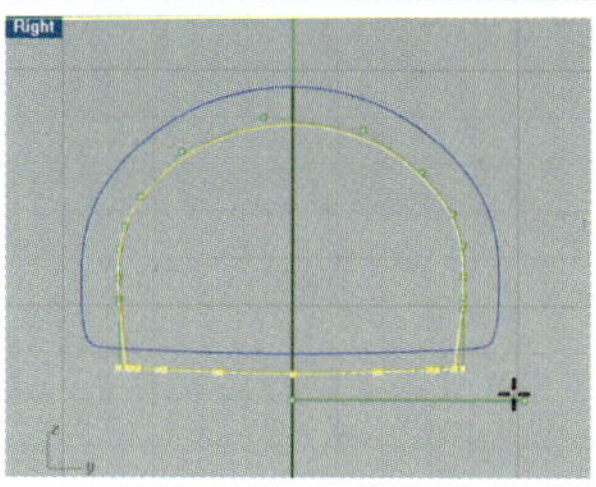


(S-21) 상부 단면과 하부 단면을 그림 1, 2번 그림과 같이 이동시키는데 이는 속파기 단면이 내부에 있게 되면 부울 연산이 되지 않기 때문에 1, 2번처럼 외형 단면 밖으로 맨끝의 제어점들을 이동시킨다.

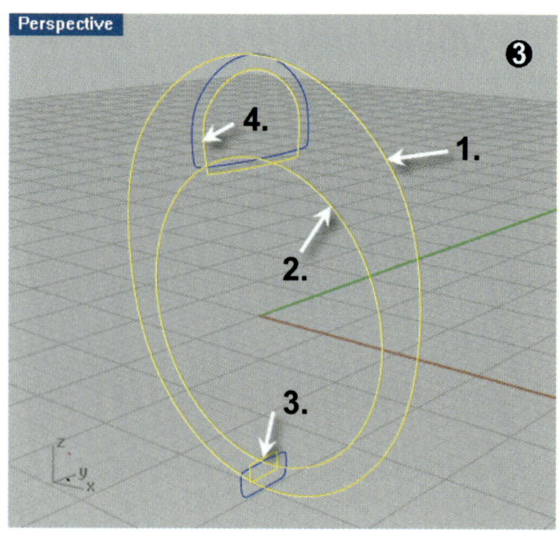


(S-22) 속파기할 반지 내부를 만들기 위해 1, 2번 2레일을 클릭하여 앞서 작업한 동일한 방법으로 3번 그림의 번호 순서대로 선택한 다음 Enter를 친다.

< STEP-22 >

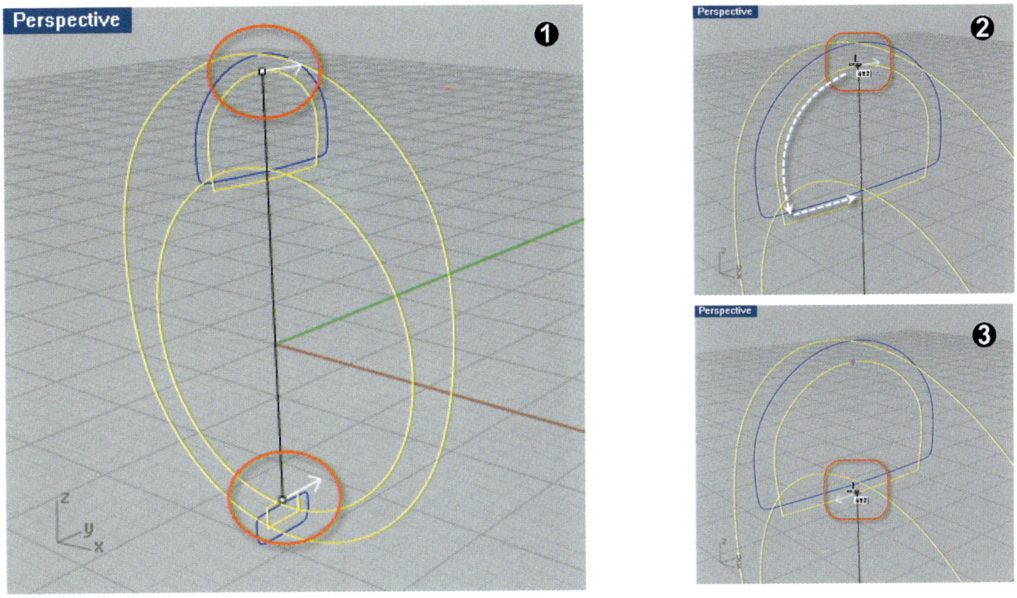


< STEP-23 >

(S-23) 1번 그림처럼 화살표의 위치점이 다른 레일 방향에 놓여있기 때문에 2번 그림의 화살표를 클릭해서 3번 그림처럼 내경의 안쪽이 되는 레일 부분에 놓이도록 개체스냅 중 사분점을 체크하고 단면의 하단 사분점에 위치시킨다.

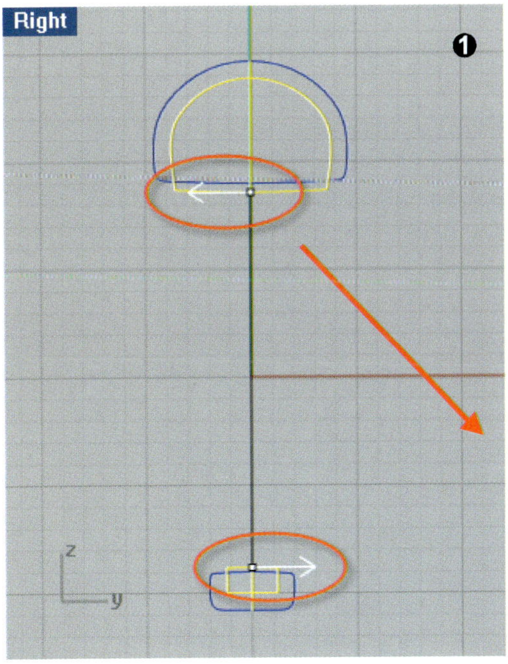


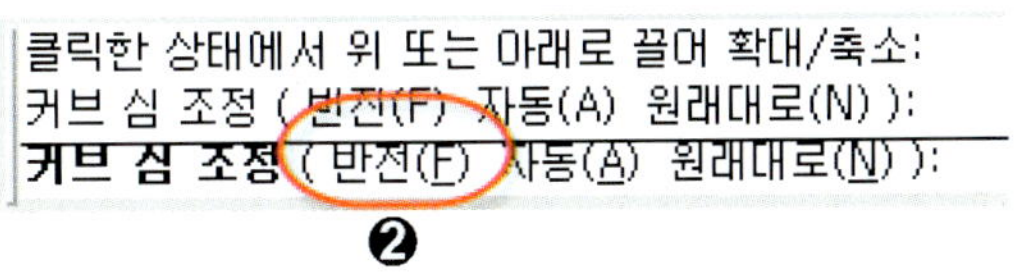


(S-24) 위 STEP-23처럼 한쪽의 단면 화살표 방향점을 클릭, 이동하여 1번 그림처럼 같은 레일 방향에 놓이게 한 다음 화살표 방향이 반대일때가 있는데 이때 명령창에 2번 반전을 클릭하고 둘중 하나의 화살표를 클릭하면 3번 그림처럼 반대 방향으로 바뀌게 된다.

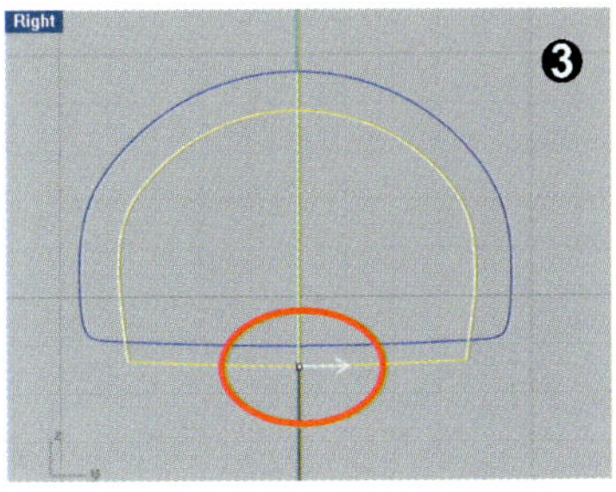


< STEP-24 >

# 25. 2레일 반지 만들기(UDT 사용)

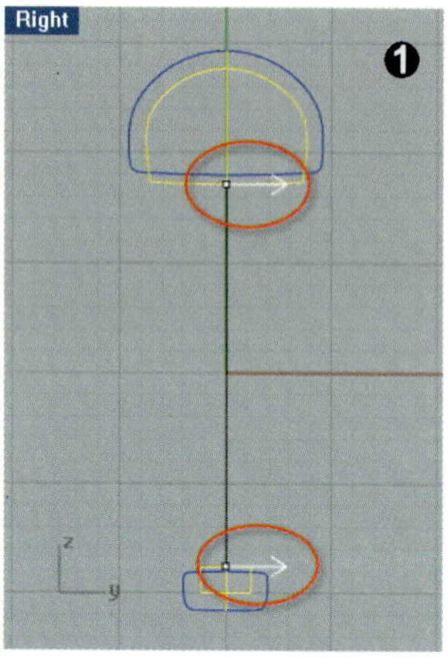


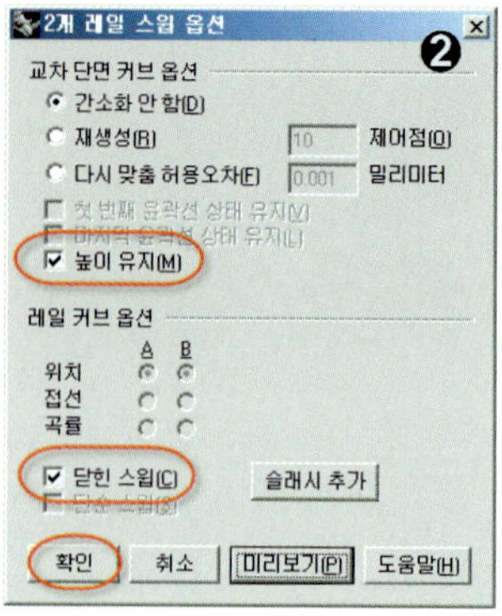


< STEP-25 >

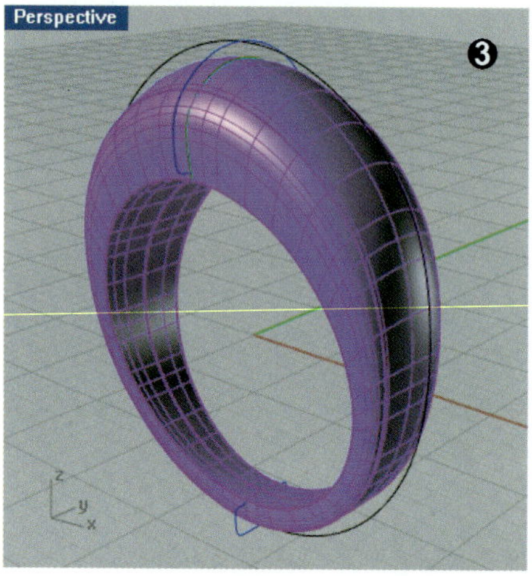


(S-25) 1번 그림처럼 방향점을 맞춘 다음 Enter 를 치면 2번 그림처럼 옵션창이 나오는데 그림처럼 설정한 다음 확인을 누르면 3번 그림과 같이 완성이 된다.

▼ [ 숨겨놓은 외형을 불러온 완성된 모습 ]

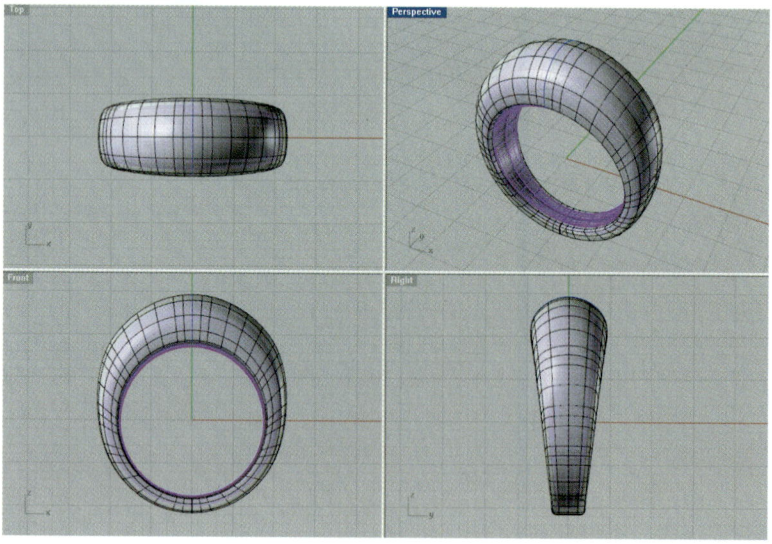

◀ 이 상태에서 부울 연산으로 속파기를 하면 왼쪽 그림처럼 밑에 부분까지 빠지게 된다.

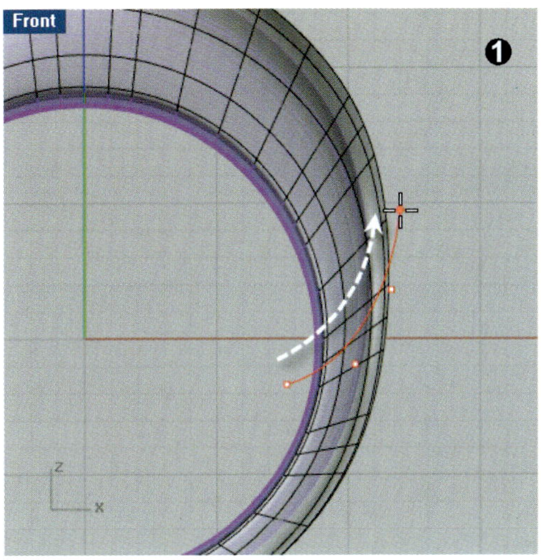


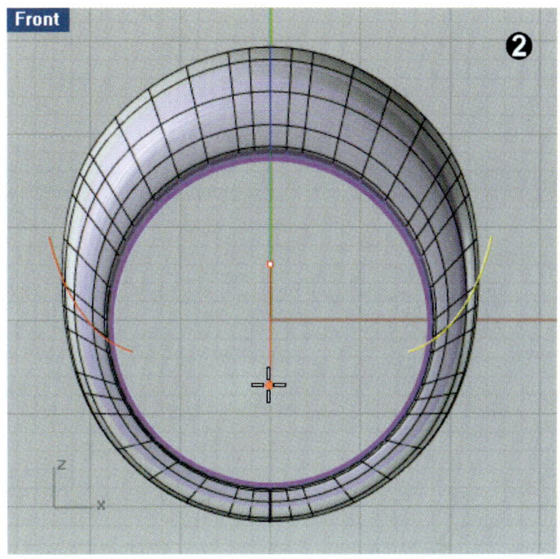


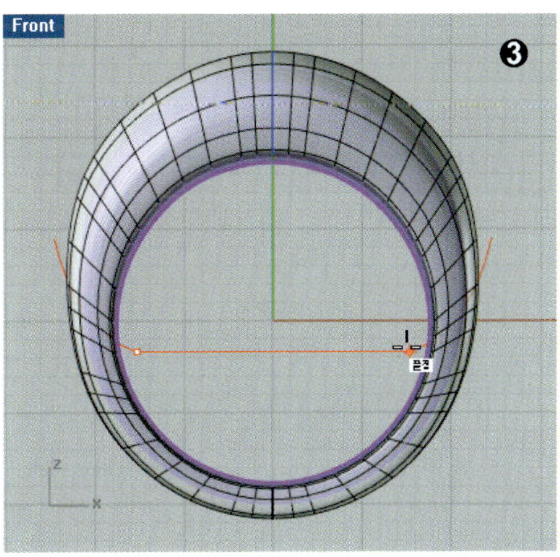


(S-26) 따라서 미리 하단부를 잘라내기 위해 1번 그림처럼 중간정도 되는 부분에 그림처럼 커브를 그린다. 그 다음 2번 그림과 같이 중심 축으로 커브를 미러시키고 3번 그림과 같이 커브 끝을 직선으로 연결시킨 다음 결합시킨다.

< STEP-26 >

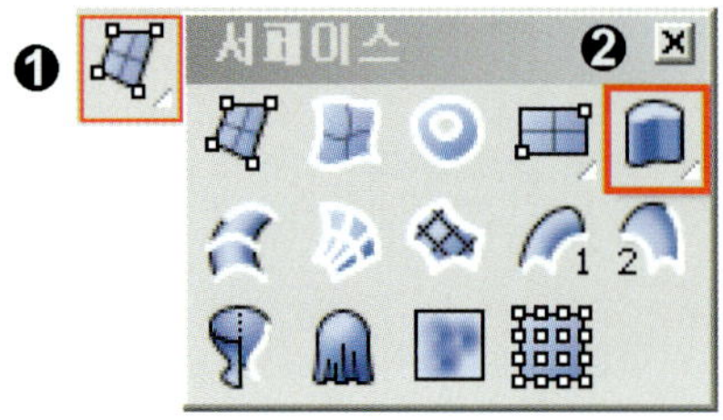


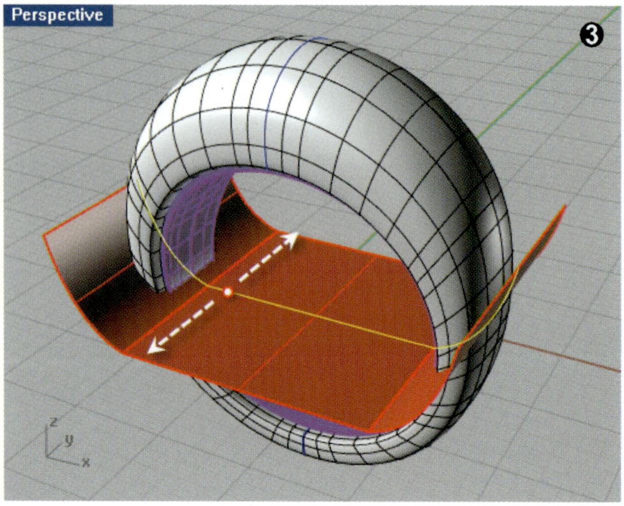


< STEP-27 >

(S-27) 결합시킨 커브를 클릭하고 1, 2번을 클릭하면 2번 그림처럼 서페이스가 생성되는데 그림처럼 여유있게 크게 만든다.

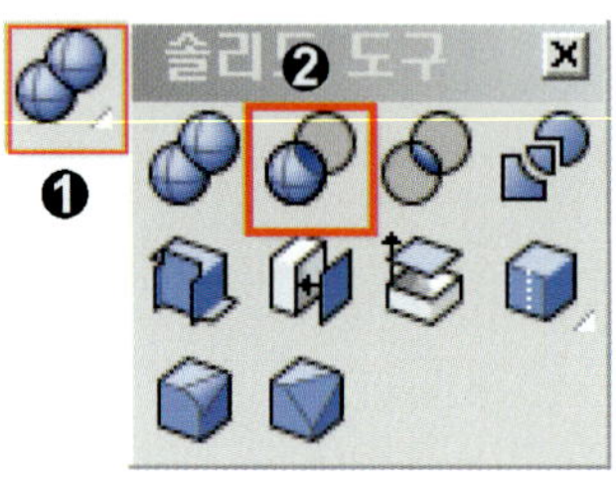

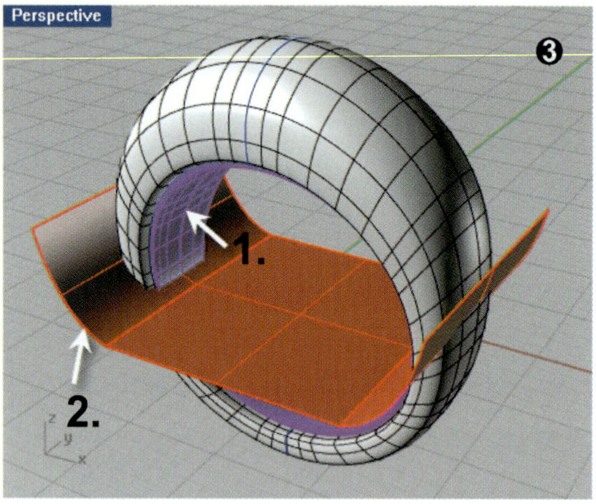


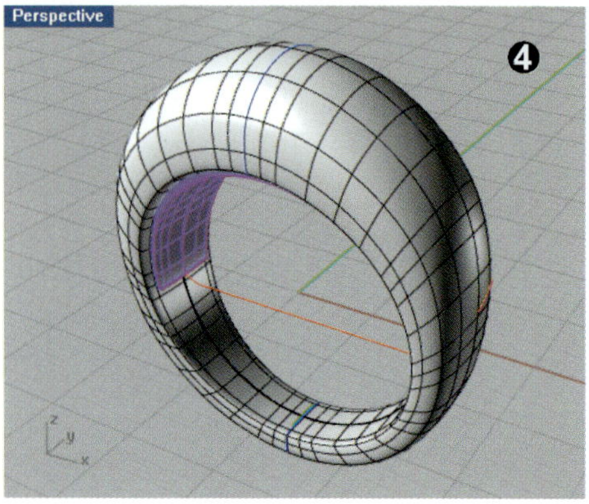


< STEP-28 >

(S-28) 속파기 하단부를 잘라내기 위해 서페이스를 만든 다음 1, 2번 차집합을 클릭하고 3번 그림처럼 그림의 -1을 클릭, Enter를 친 다음 -2를 클릭하고 Enter를 치면 4번 그림처럼 완성된다.

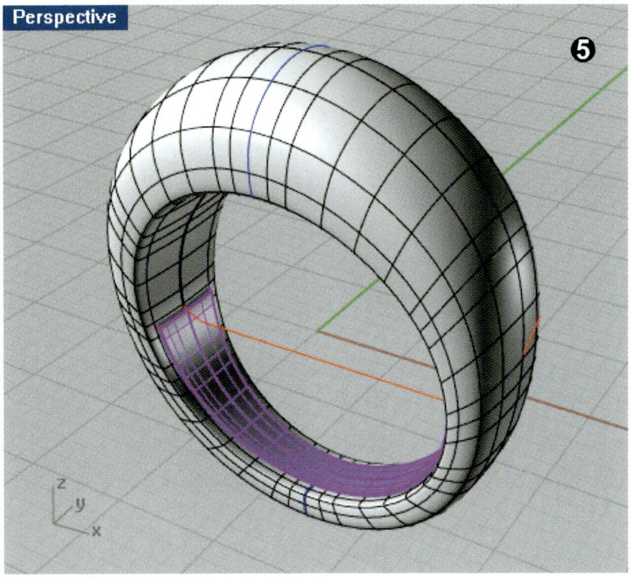


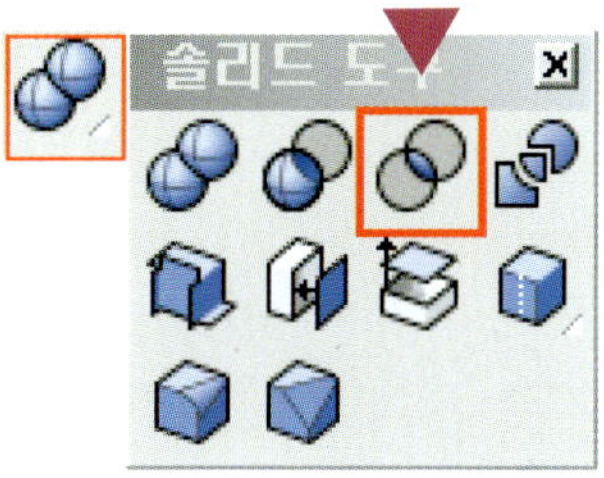


(S-28) 만약 5번 그림처럼 나오게 되면 실행을 취소한 다음 그림에 표시된 교집합으로 동일하게 실행하면 된다

< STEP-28 >

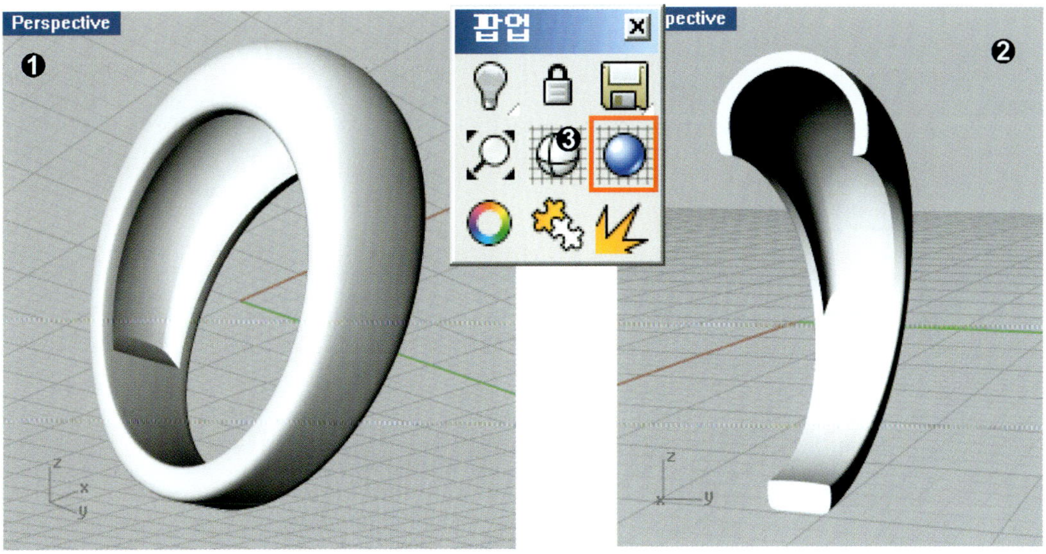


< STEP-29 >

(S-29) 1번 그림은 부울 연산을 실행한 결과이고 2번 그림은 절반을 자른 모습이다. 마우스의 휠을 클릭하면 가운데 그림같이 팝업창이 뜨는데 이때 3번 아이콘 렌더링 미리 보기를 클릭하면 1, 2번 그림처럼 커브가 생략되고 음영 처리된 화면으로 전환된다.

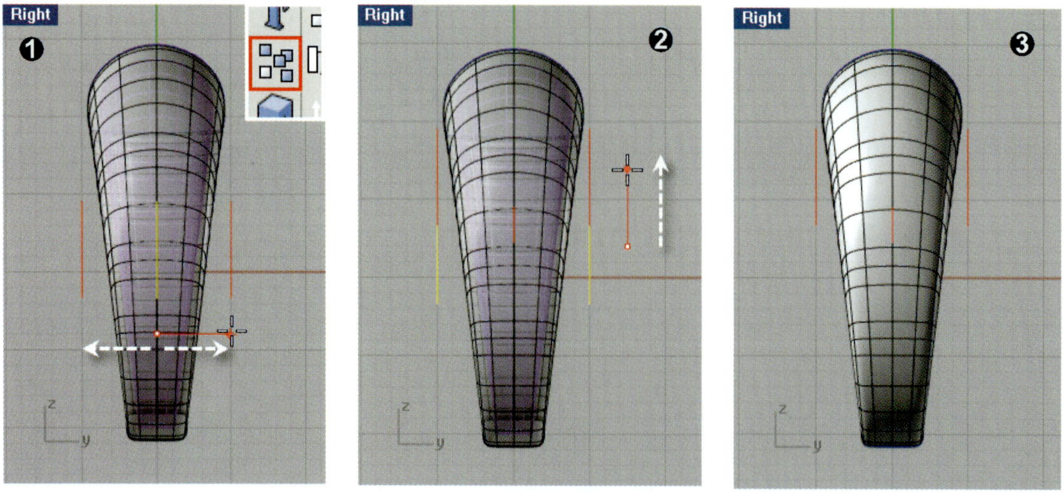


< STEP-30 >

(S-30) 이번 방법은 끝이 둥근 형태로 속파기 형태를 작업하는 것인데 1번 그림처럼 양쪽으로 절단면 커브를 복사한 다음 2번 그림처럼 5mm정도 위로 이동해서 3번 그림처럼 완성한다.

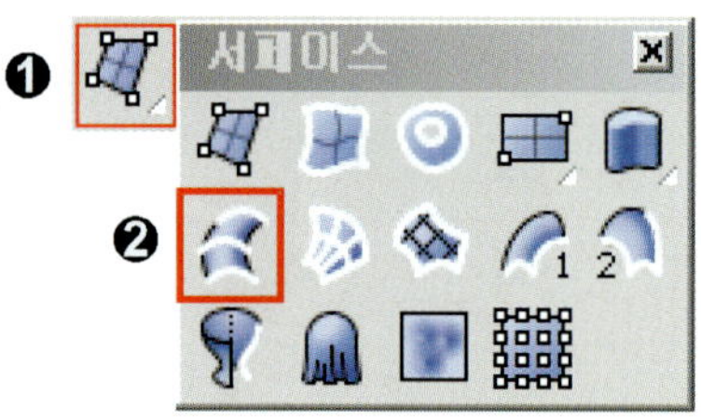


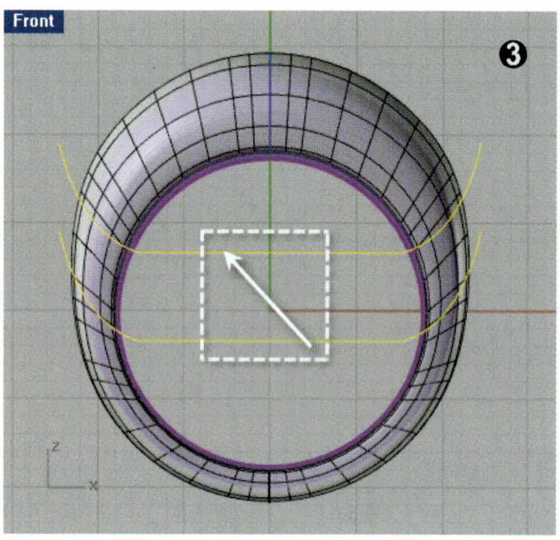


< STEP-31 >

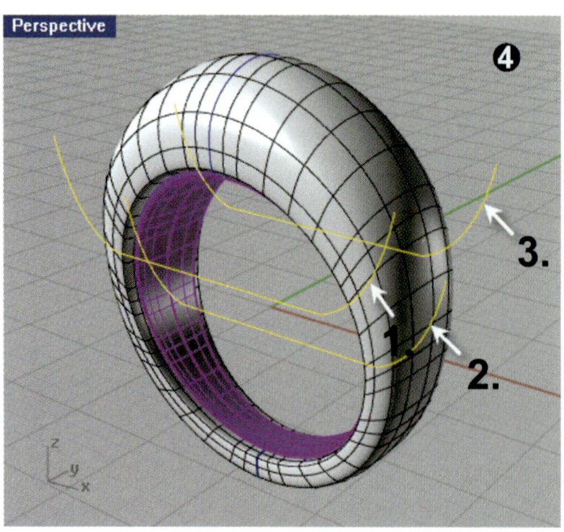


(S-31) 1, 2번 로프트를 클릭하고 3번 그림의 화살표 방향대로 드래그 해서 선택한 다음 Enter를 친다.

[4번 그림처럼 차례로 클릭해서 선택한 다음 Enter를 쳐도 된다.]

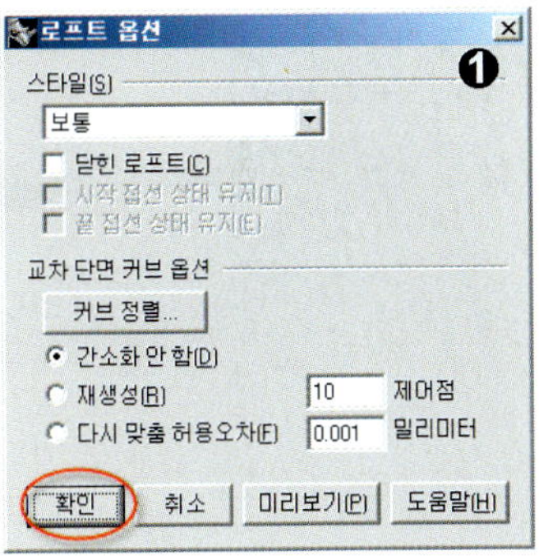


< STEP-32 >

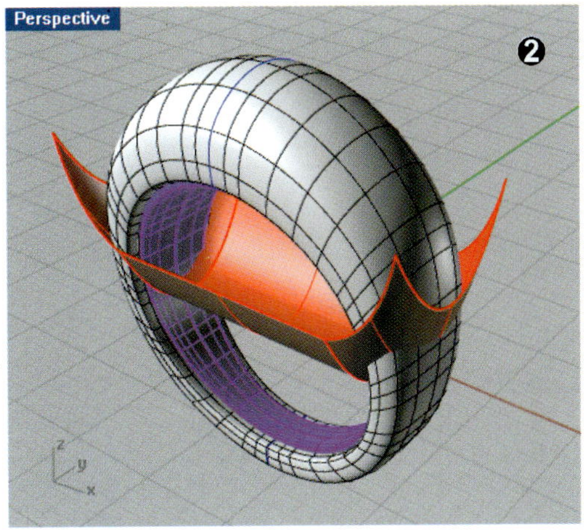


(S-32) Enter를 치면 1번 그림처럼 옵션창이 뜨면서 2번 그림처럼 서페이스가 만들어지는 것을 보여주는데 이때 확인을 눌러 완성한다.

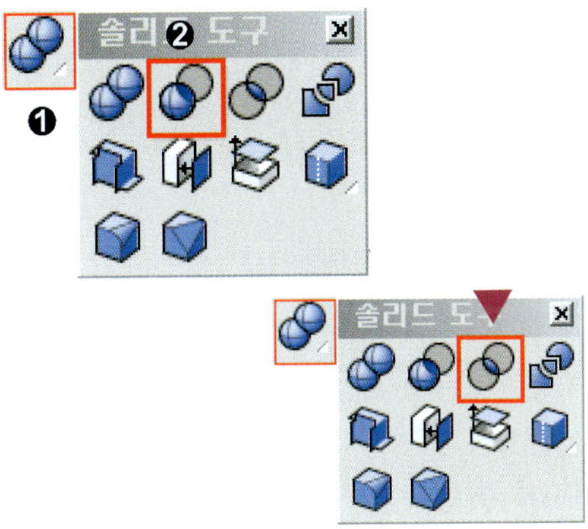


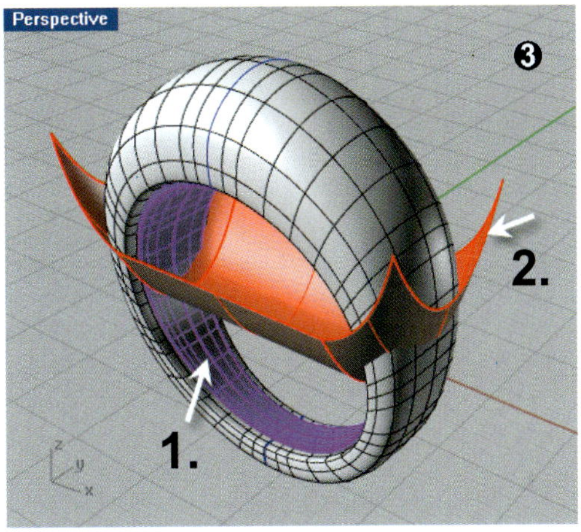


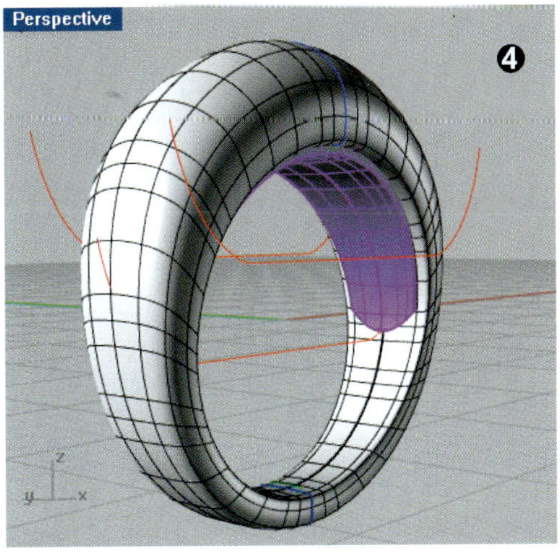


(S-33) 1, 2번을 클릭하고 3번 그림의 번호 순서대로 -1을 선택하고 Enter를 치고 -2를 선택한 다음 Enter를 치면 4번 그림처럼 완성된다.
만약 부울 연산이 반대로 된다면 앞에서 설명한대로 위에 표시된 교집합을 동일한 순서대로 실행하면 된다.

< STEP-33 >

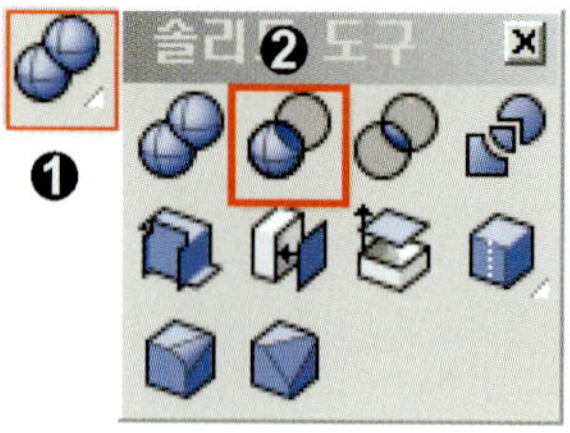


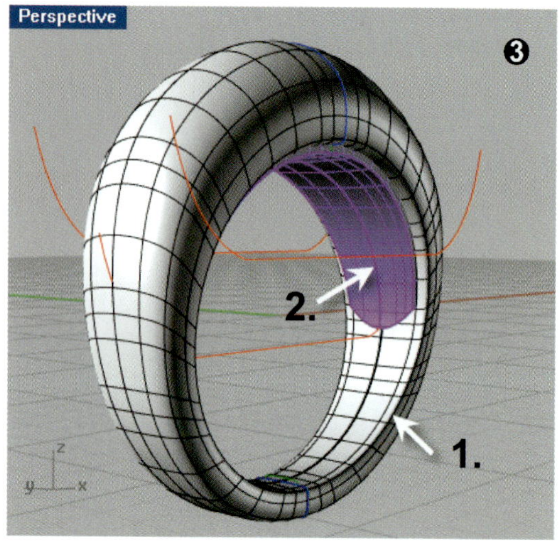


< STEP-34 >

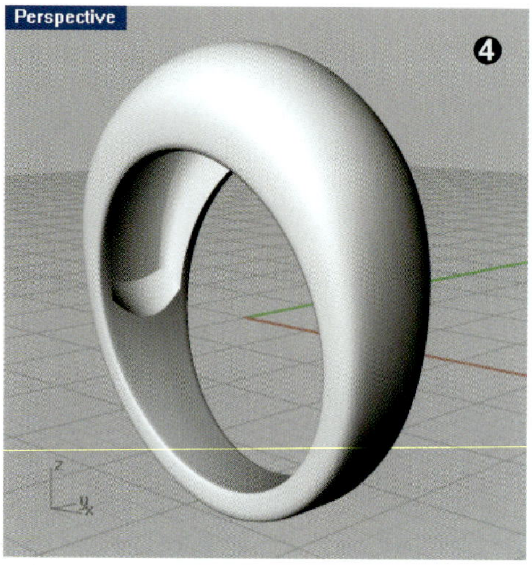


(S-34) 1, 2번을 클릭하고 3번 그림의 순서대로 -1선택후 Enter를 치고 -2를 클릭한 다음 Enter를 치면 4번 그림같이 완성된다.

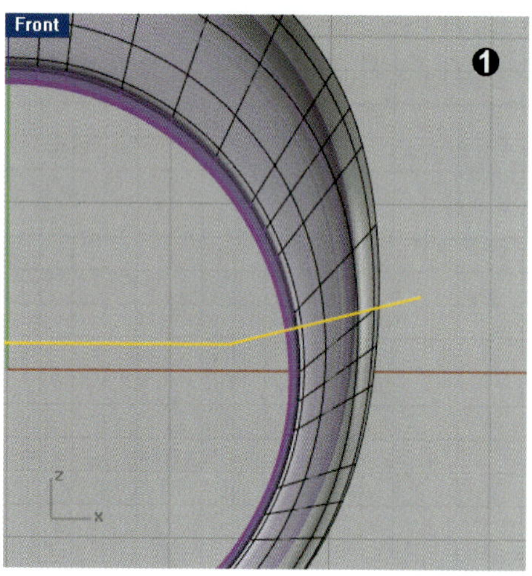


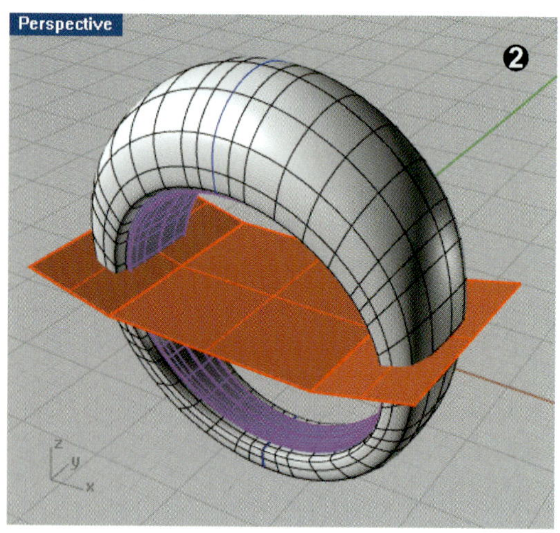


< STEP-35 >

(S-35) 이번 경우는 반지 안막음을 해야할 경우인데 1번 그림처럼 속이 파지는 부분이 직각에 가깝도록 직선을 그려 앞에서 한 방법으로 2번처럼 서페이스를 만든다.

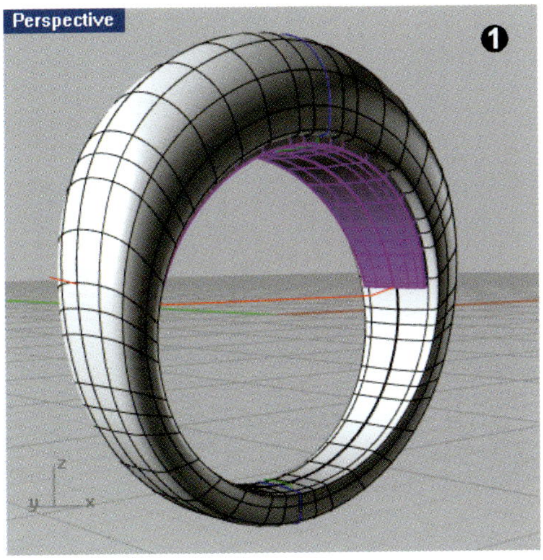


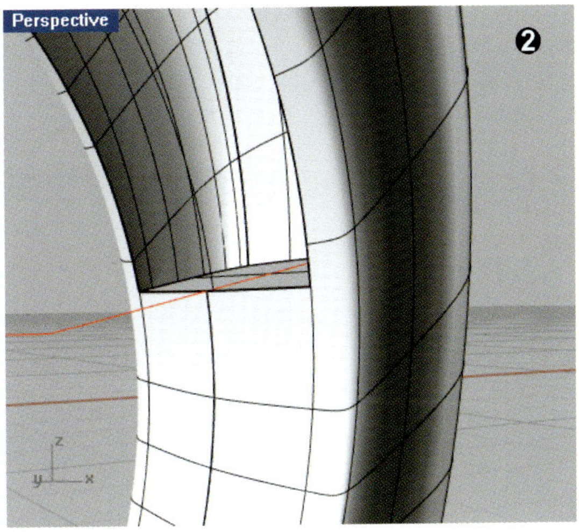


< STEP-36 >

(S-36) 1, 2번 그림도 앞에서 실행한 부울 연산을 사용한 결과이다.
이는 안막음할 선재나 판재를 반지에 결합시키는데 원본에서의 땜 작업이나 왁스 상태에서 미리 녹여 붙여 주조를 하는 제작과정을 용이하게 하기 위함이다.

[ 여기까지 제시한 몇가지 방법은 제작업체에 따라 각기 다른 원본 개념과 형태, 치수로 작업이 되고 있기 때문에 이것은 많은 방법중에 몇가지 방법적인 부분을 제시한 경우입니다. ]

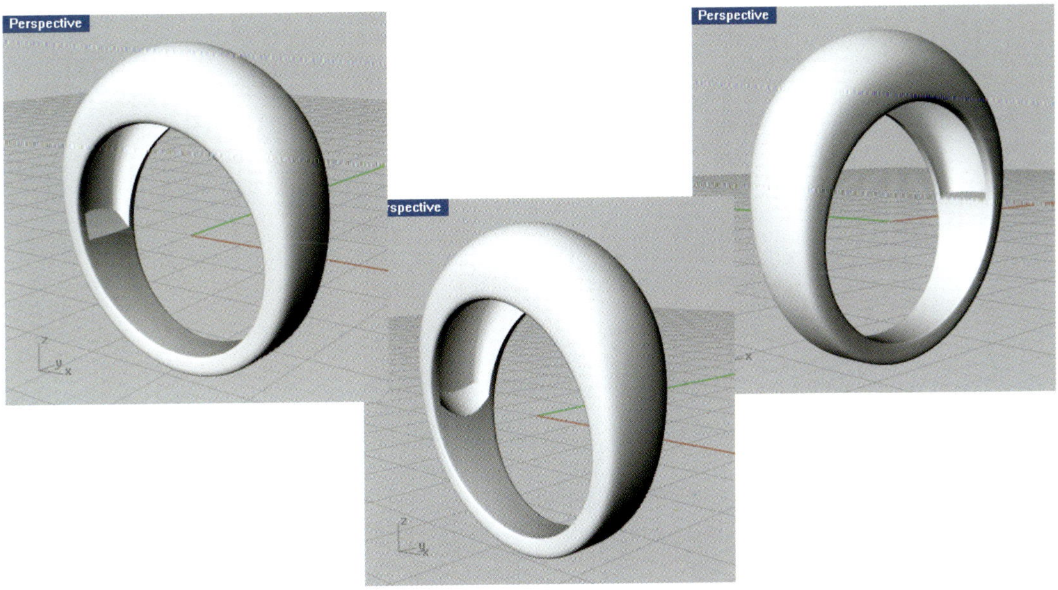

이번 예제는 4.0에서 새로 보강된 UDT 기능으로 3.0에서는 폴리서페이스에는 적용 되지 못하고 단일 서페이스와 메쉬에만 사용이 가능했던 Flow(커브따라 흐름)를 이용하여 지금 만들어본 반지를 호수별로 내경을 조절하는 방법이다.

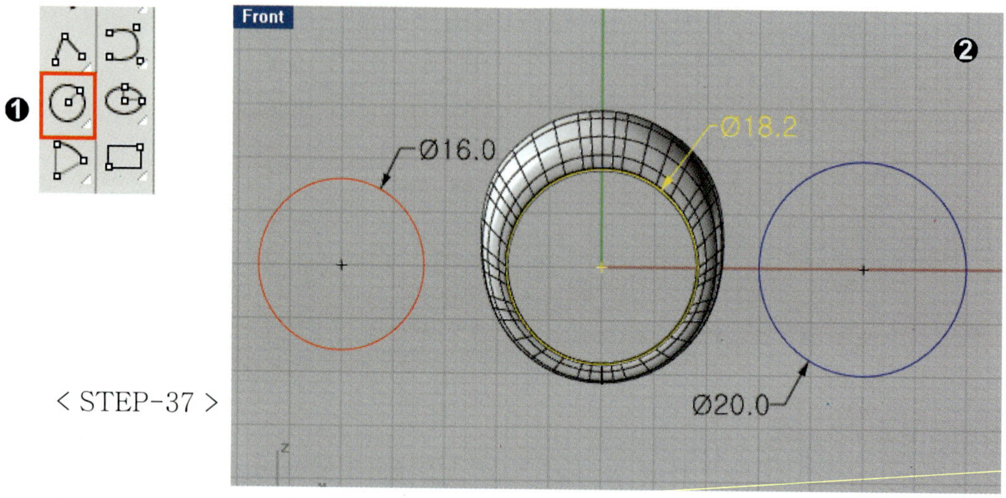


< STEP-37 >

(S-37) 먼저 1번을 클릭해서 2번 그림처럼 좌우로 기입된 치수에 맞게 원을 그리는데 가운데 원은 이전에 작업을 시작할때 그려져있던 기준이 되는 원이다.

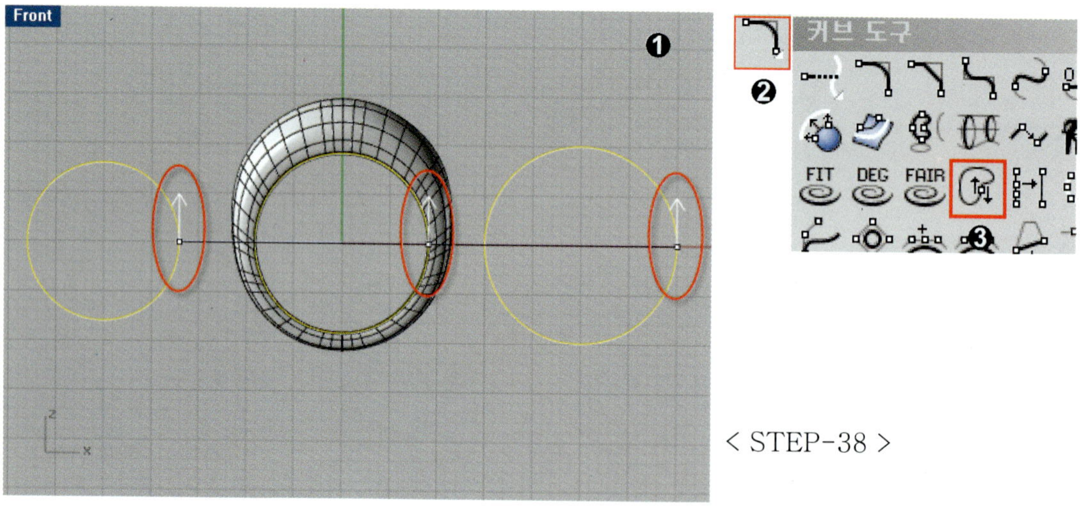


< STEP-38 >

(S-38) STEP-37에서 원을 그릴때 지름을 입력해서 그리게 되면 1번 그림처럼 3시 방향에 심(seam-이음새)이 된다. 이것을 알수 있는 명령어가 3번 닫힌 커브심 조정 명령이다.
1번 그림처럼 원 3개를 선택하고 3번을 클릭하면 심 위치와 방향이 표시된다.
작업전에 이 방향을 알고 시작해야 만들어지는는 위치가 바뀌는것을 방지할 수 있다.

# 25. 2레일 반지 만들기(UDT 사용)

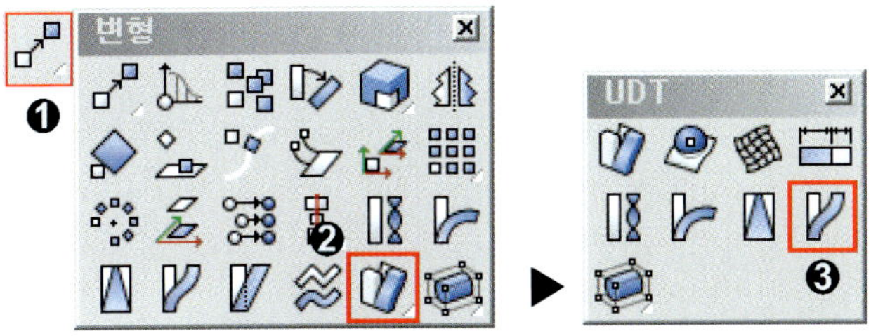


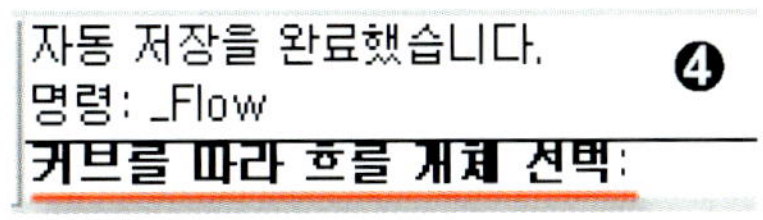


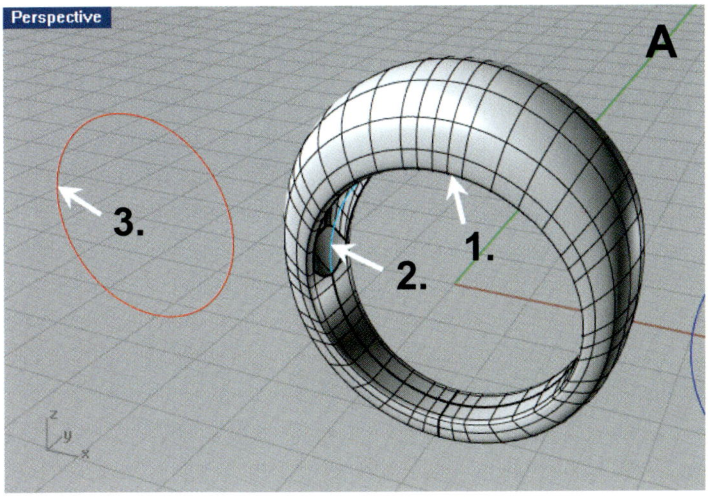


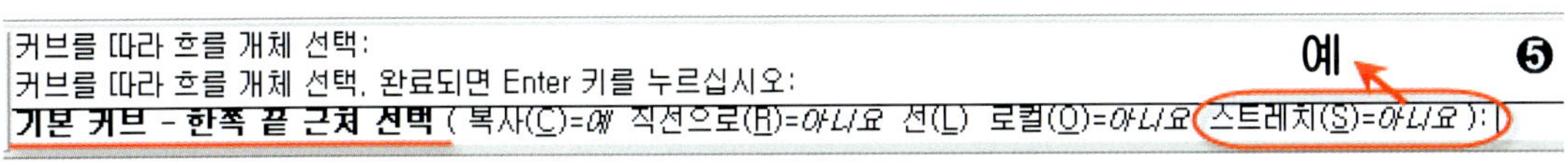


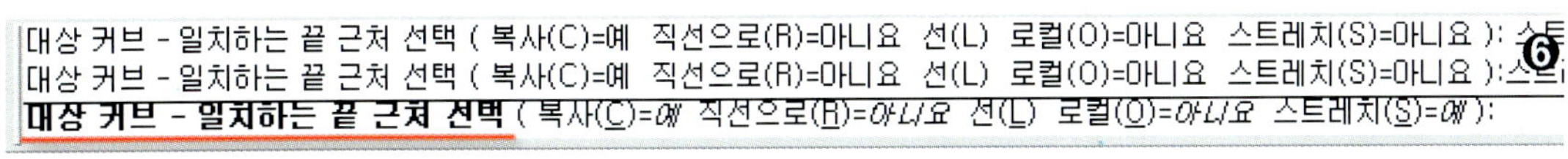


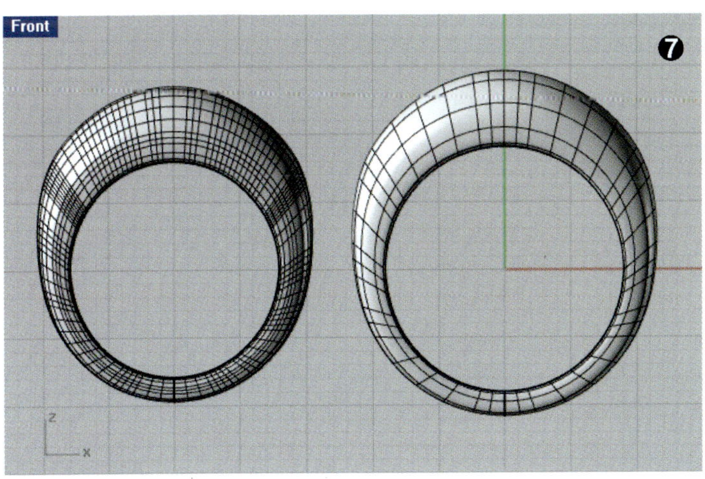


(S-39) 1, 2, 3번 커브따라 흐름을 클릭하면 4번처럼 명령창이 나온다. 이때 A 그림의 -1개체를 선택, Enter를 치면 5번 그림같이 명령창이 나오는데 여기서 체크된 부분을 클릭해서 예로 바꾼다. 그리고 -2 커브를 선택하면 6번처럼 명령창이 나올때 -3 커브를 클릭하면 7번 그림처럼 만들어진다.

< STEP-39 >

## 25. 2레일 반지 만들기(UDT 사용)

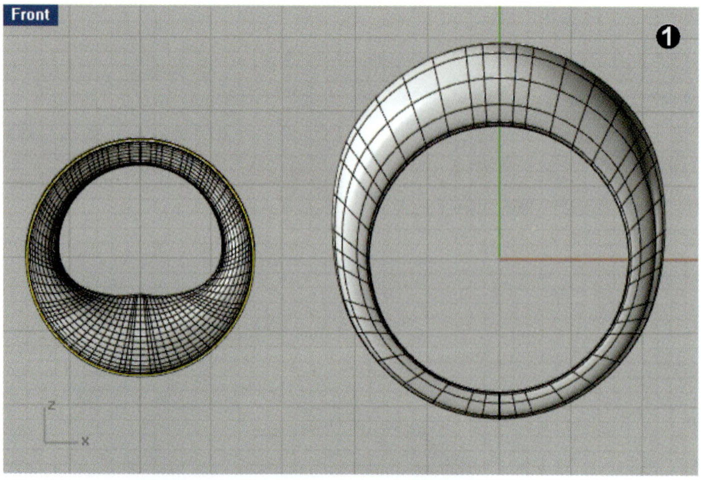


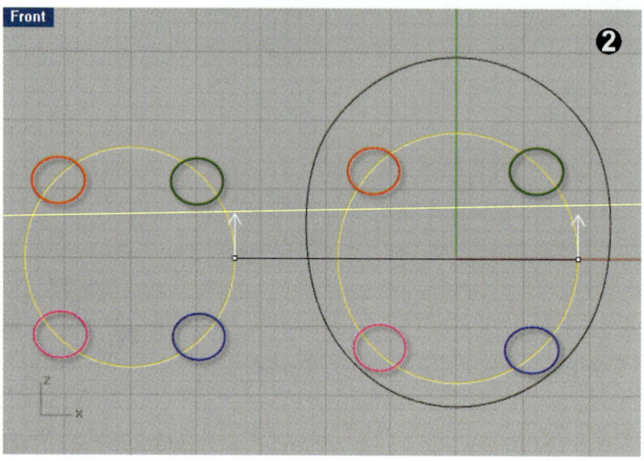


(S-40) 실행한 결과가 1번 그림 처럼 나오는 경우가 있는데 이는 2번 그림처럼 커브의 심(seam)을 기준으로 선택하는 위치가 동일한 부분을 클릭해야 뒤집히거나 방향이 돌아가는 경우를 피할 수 있다.

< STEP-40 >

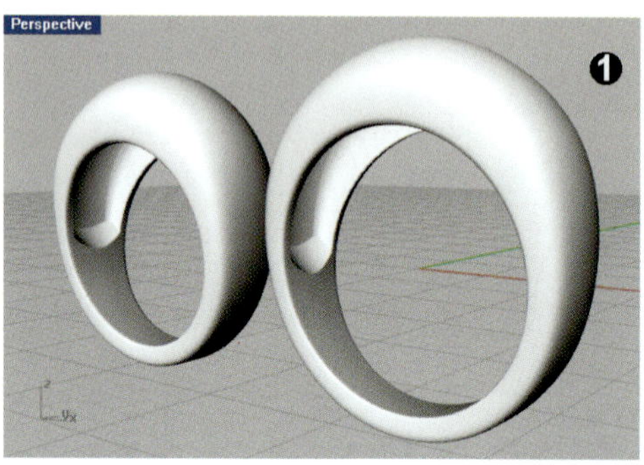


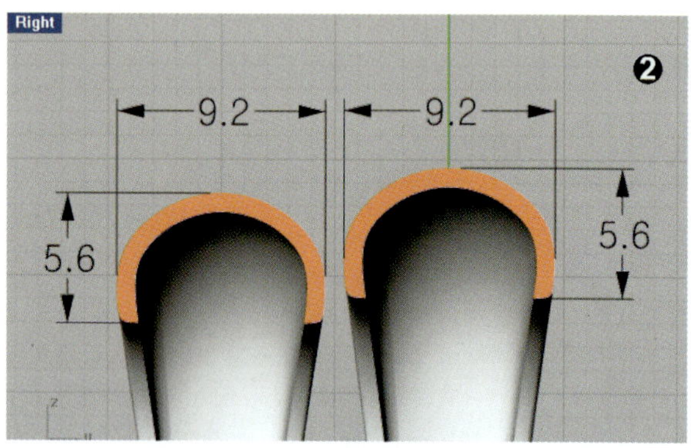


< STEP-41 >

(S-41) 1, 2번 그림은 커브따라 흐름을 이용해서 사이즈에 변화를 줘서 만든 이미지인데 사이즈가 줄어들거나 커져도 단면의 두께나 크기는 변하지 않고 일치하는 특징이 있다. 이는 같은 폭, 같은 두께의 커플링 반지등을 사이즈만 다르게 제작할때 아주 유용하게 사용할 수 있다.

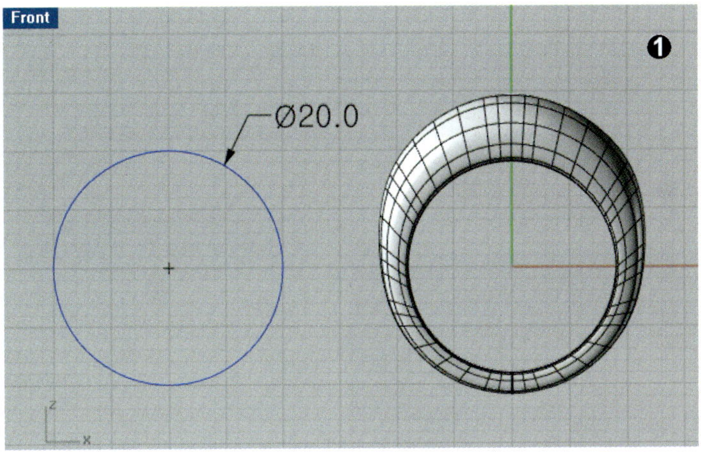


(S-42) 이번 과정은 커브 따라 흐름을 이용해서 만든 반지를 히스토리를 이용해서 변형을 주는 과정인데 1번 그림처럼 지름 20mm인 원을 그린다.

< STEP-42 >

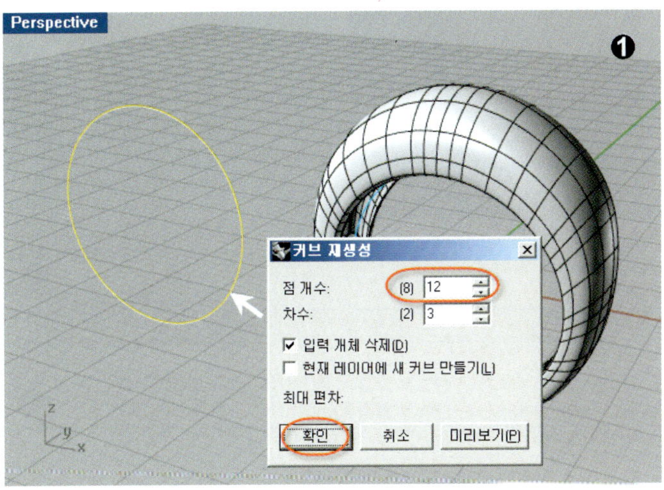


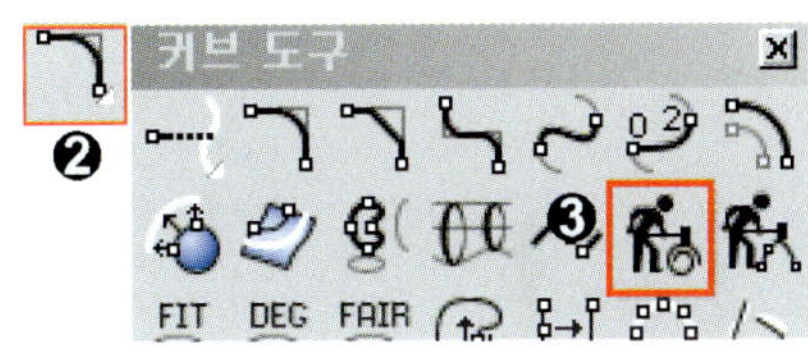


(S-43) 1번 그림의 원을 선택하고 2, 3번 재생성을 클릭하면 재생성 창이 나오는데 표시한 대로 바꿔준 다음 확인을 누른다.

< STEP-43 >

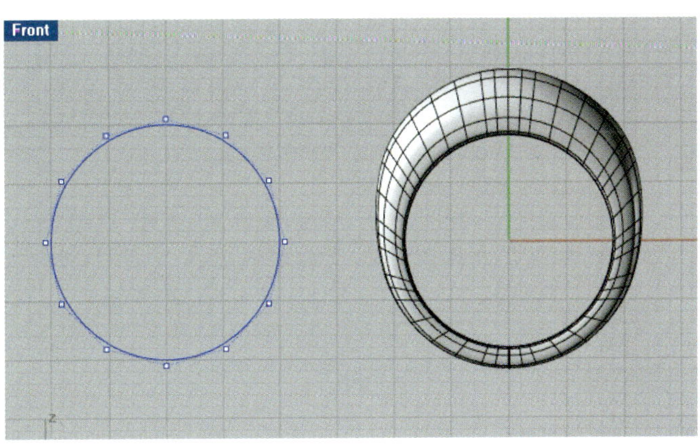


(S-44) 위에서 만든 원을 재생성 하고 제어점을 활성화한 그림인데 이는 히스토리를 적용한 다음 제어점을 움직여 변형을 할때 사용하기 위해서이다.

< STEP-44 >

# 25. 2레일 반지 만들기(UDT 사용)

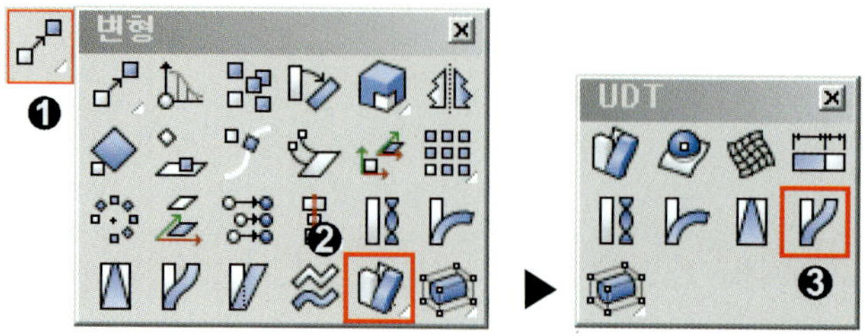


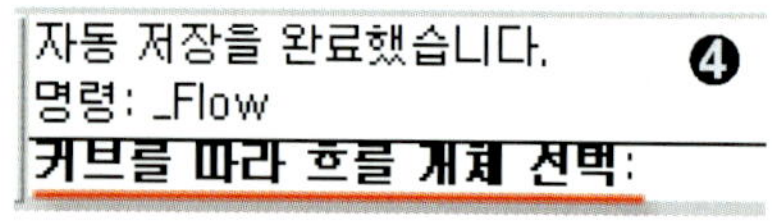

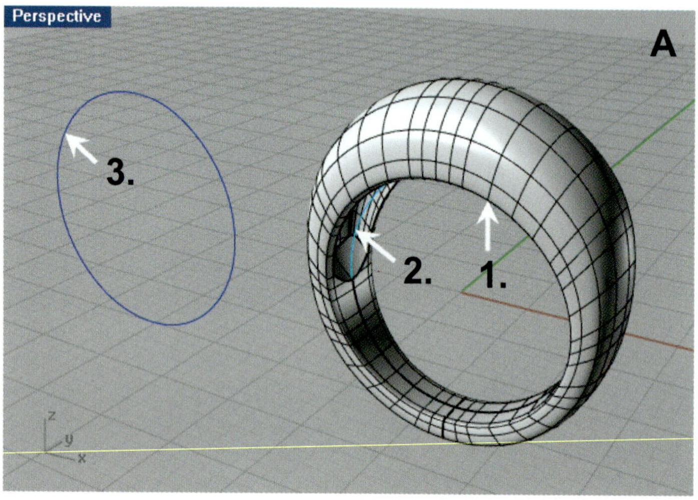


< STEP-45 >

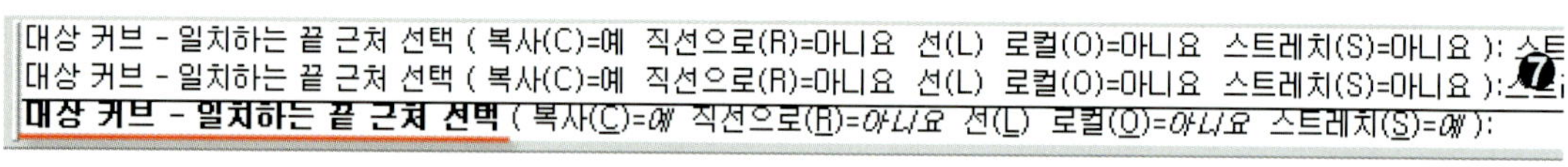


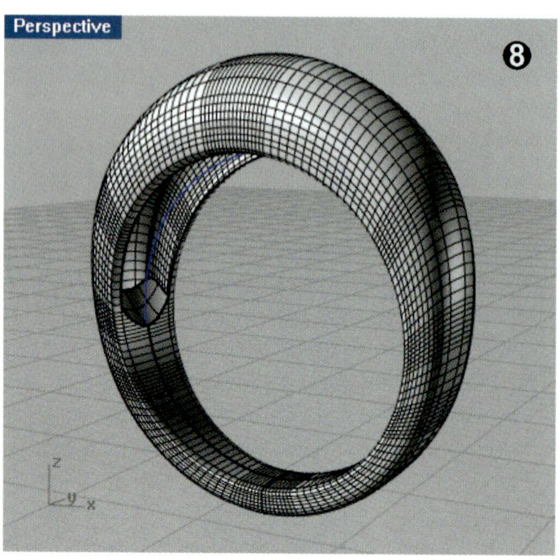


(S-45) 1, 2, 3번 커브따라 흐름을 클릭하면 4번처럼 명령창이 나온다.
이때 화면 하단의 5번 히스토리 기록을 클릭해서 활성화 시킨 다음 A 그림의 반지 몸체인 -1을 선택한 뒤 Enter를 치면 6번 그림같이 명령창이 나오는데 여기서 체크된 부분을 클릭해서 예로 바꾼다.
그리고 -2 커브를 선택하면 7번처럼 명령창이 나올때 -3 커브를 클릭하면 8번 그림처럼 만들어진다.

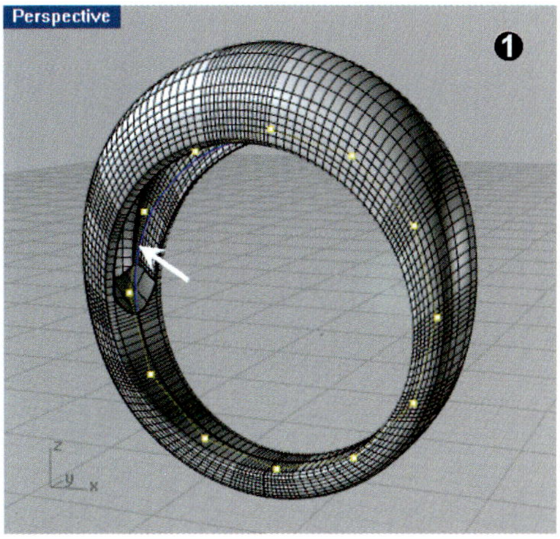

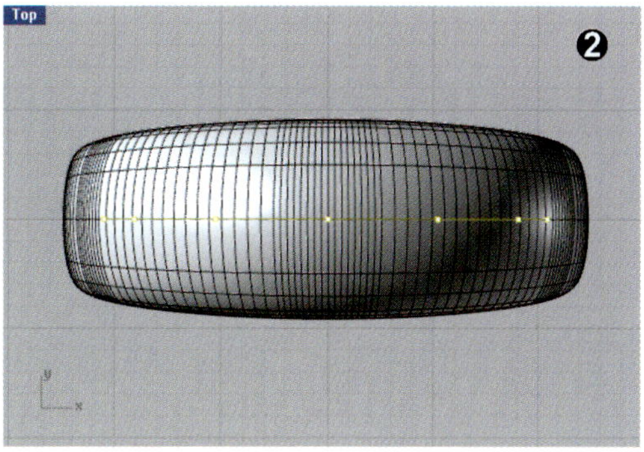


< STEP-46 >

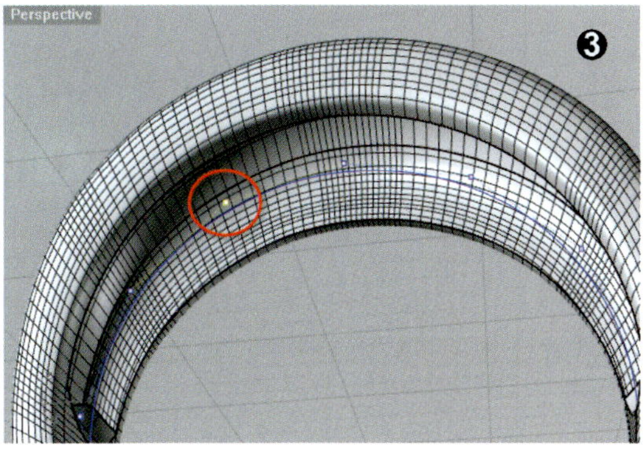

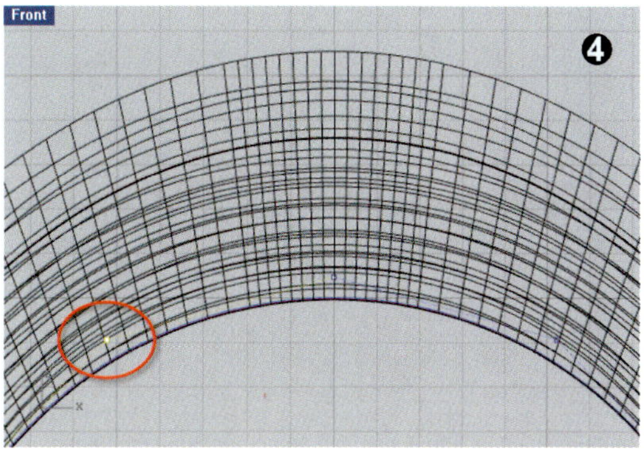


(S-46) 반지를 만든 다음 히스토리를 적용해서 반지를 변형하는데 방법은 아주 간단하다. 앞서 커브 따라 흐름을 실행하기 전에 히스토리 기록을 적용했기 때문에 1, 2번 그림처럼 내경 커브를 선택하고 제어점을 킨 다음 3, 4번 그림에서 표시된 제어점 하나를 선택한다.

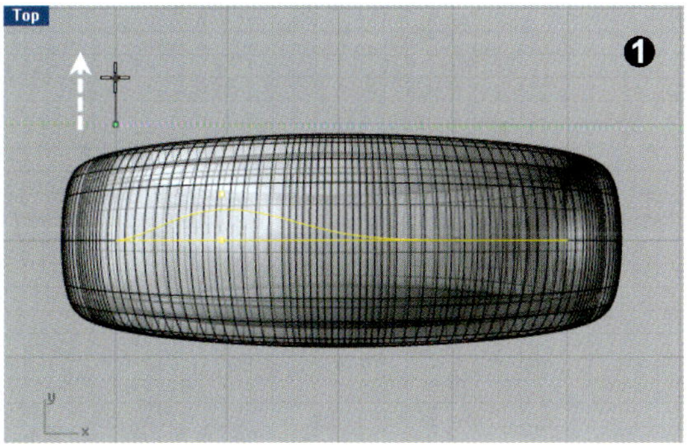

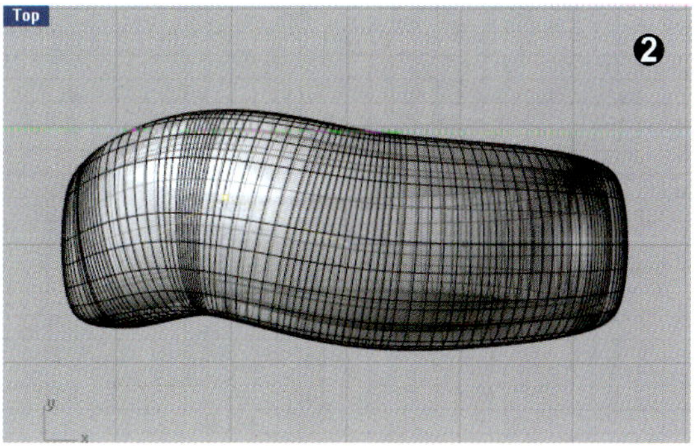


< STEP-47 >

(S-47) 제어점을 선택한 다음 Top에서 1번 그림처럼 스냅을 켜고 2mm정도 이동하면 2번 그림처럼 변형이 되는데 약간의 시간이 소요된다. 이는 커브를 수정하면 입체도 변형이 되는 히스토리 기능의 한 예를 보여준다.

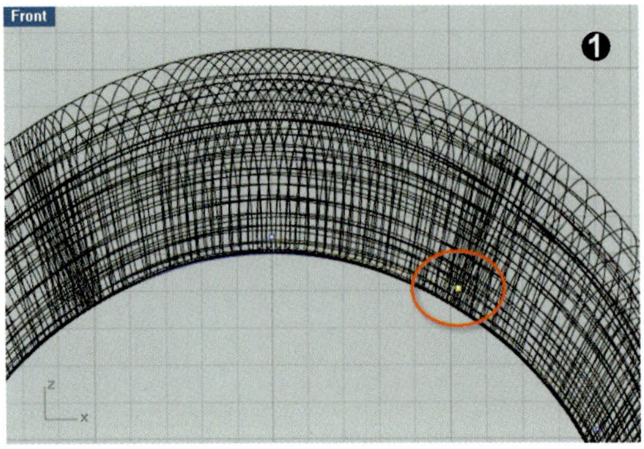


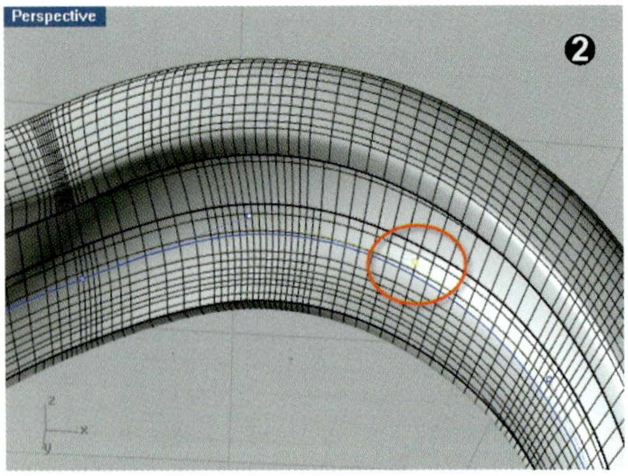


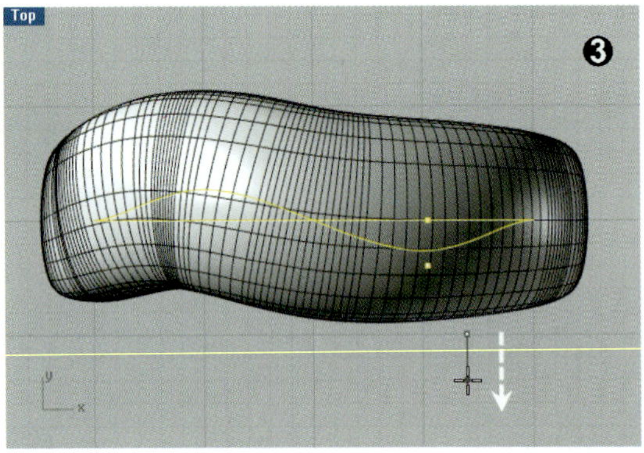


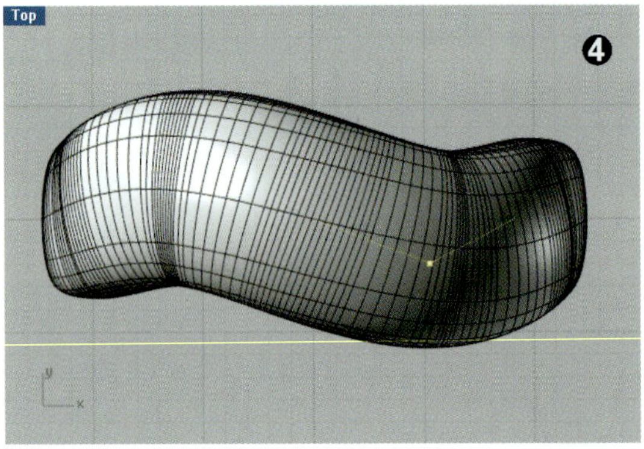


< STEP-48 >

(S-48) 앞에 한 작업과 동일하게 1, 2번 그림에서 대칭이 되는 제어점을 선택하고 3번 그림처럼 Top에서 약 2mm 정도 이동시켜 4번 그림처럼 완성시킨다.

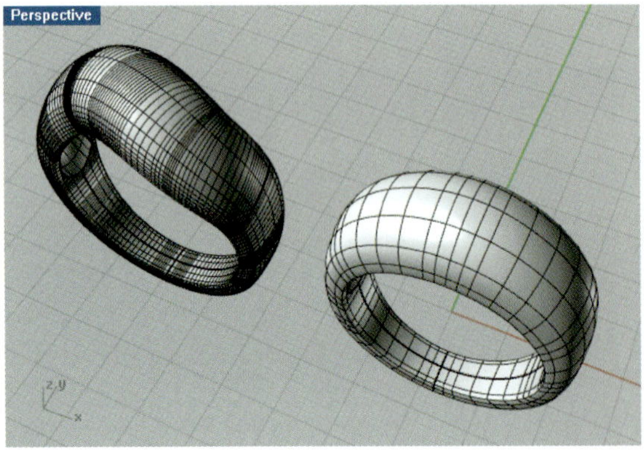


◀ 기존의 2레일을 이용한 반지와 커브 따라 흐름, 히스토리를 이용한 반지의 모습.

▼

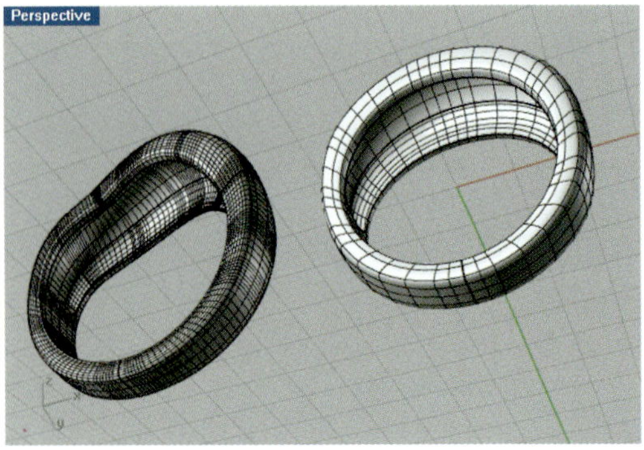

# 25. 2레일 반지 만들기(UDT 사용)

**히스토리 사용 가능 명령**

- Array
- ArrayPolar
- Copy
- Divide
- EdgeSrf
- ExtrudeCrv
- ExtrudeCrvAlongCrv
- ExtrudeCrvTapered
- ExtrudeCrvToPoint
- ExtrudeSrf
- ExtrudeSrfAlongCrv
- ExtrudeSrfTapered
- ExtrudeSrfToPoint
- Flow
- Intersect
- Loft
- Mirror (**복사** 옵션)
- NetworkSrf
- Orient (**복사** 옵션)
- Project
- RailRevolve (**복사** 옵션)
- Revolve (**복사** 옵션)
- Rotate (**복사** 옵션)
- Rotate3D (**복사** 옵션)
- Scale (**복사** 옵션)
- Scale1D (**복사** 옵션)
- Scale2D (**복사** 옵션)
- ScaleNU (**복사** 옵션)
- Shear (**복사** 옵션)
- Symmetry

[ 히스토리 적용이 가능한 명령어 ]

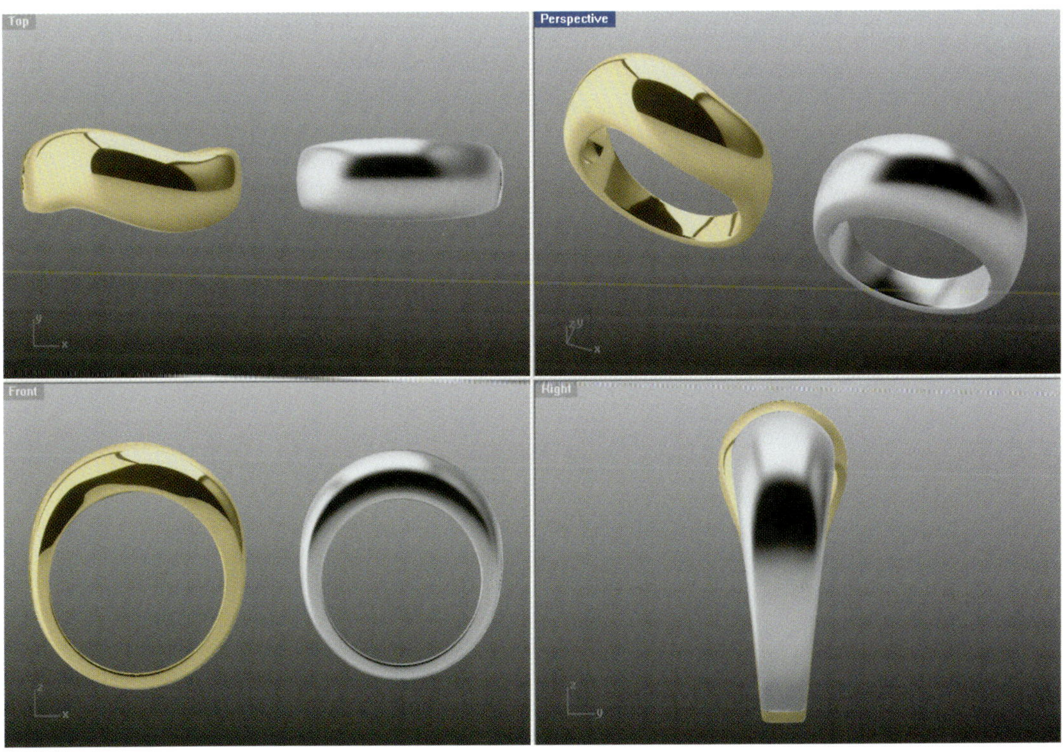


[ 완성후 반지 렌더링 ]

# Rhino3D

## 26. 리본 만들기(UDT-Flow/History)

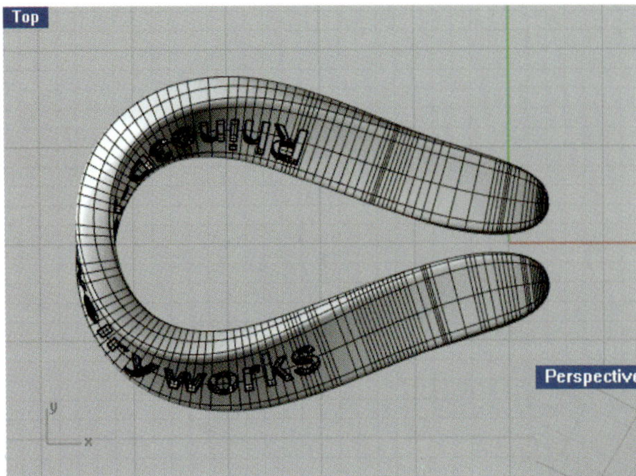
Top

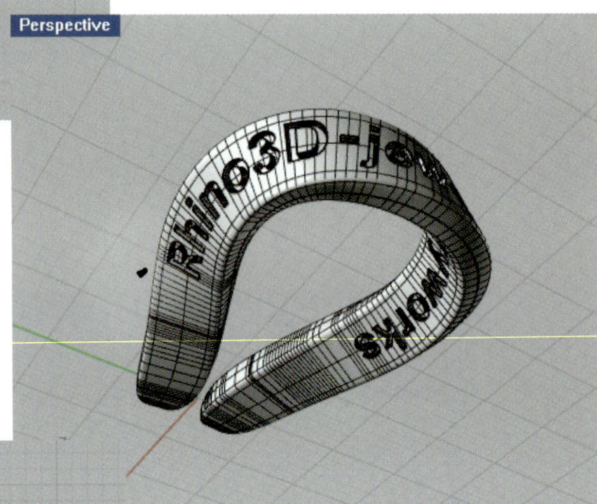
Perspective

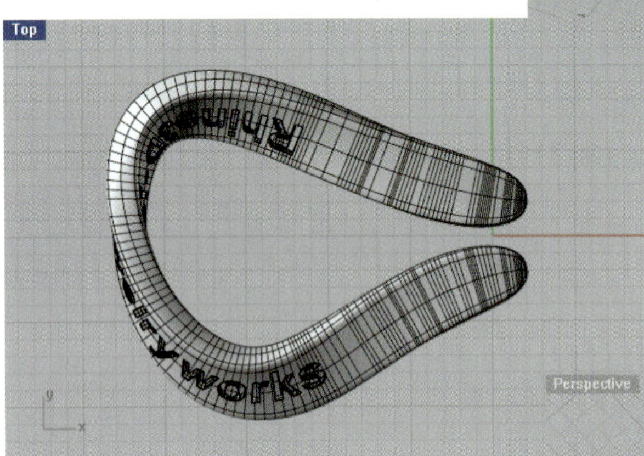
Top

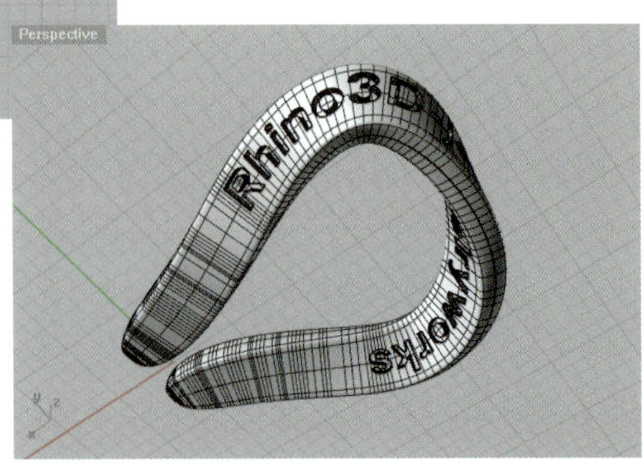
Perspective

# 26. 리본 만들기(UDT-Flow/History)

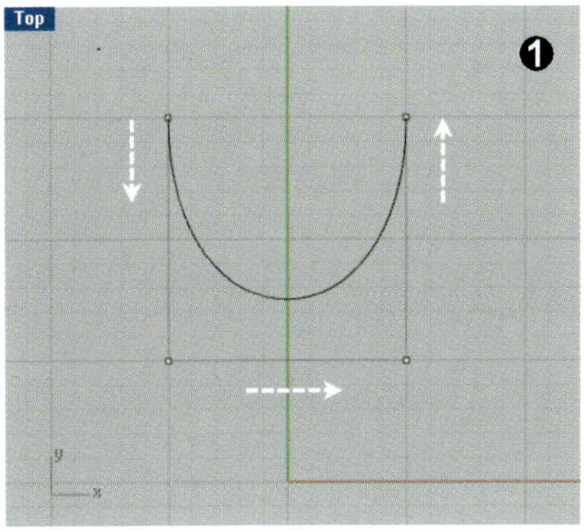


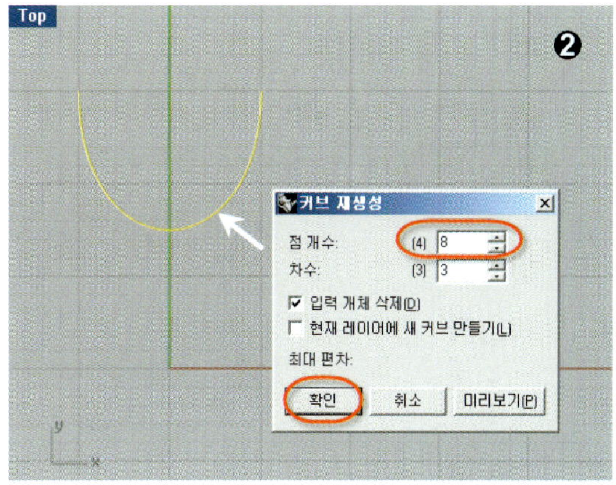


< STEP-1 >

(S-1) 1번 그림처럼 스냅을 키고 커브를 그린 다음 2번 그림의 명령창처럼 치수를 바꿔주고 커브를 재생성한다.

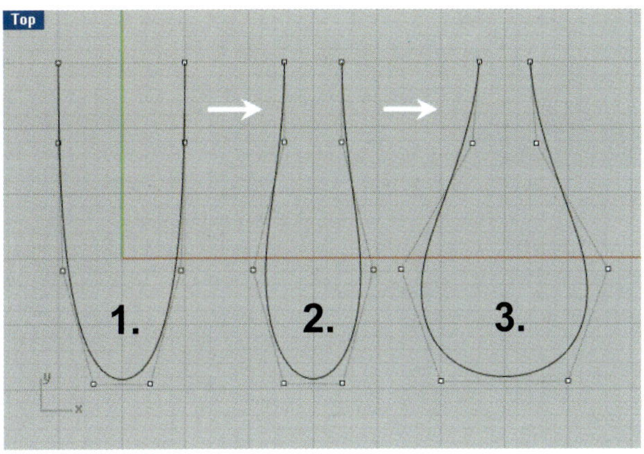


(S-2) 재생성한 커브를 1번 그림 순서와 같이 이동과 1D 크기조정을 적절히 사용해서 -3처럼 수정한다.

< STEP-2 >

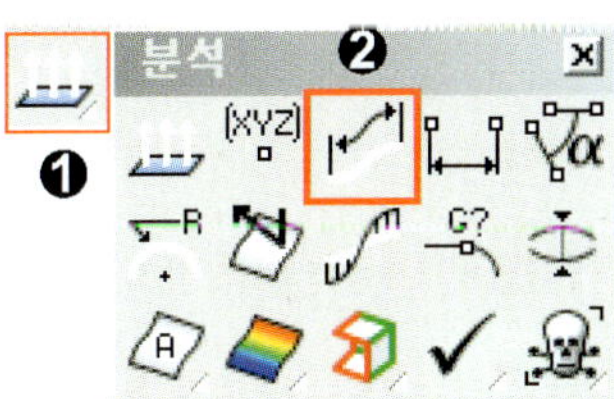


(S-3) 만들어진 커브의 길이를 측정하기 위해 1, 2번을 클릭하고 Enter를 치면 3번 그림처럼 명령창에 길이가 측정되어 나온다.

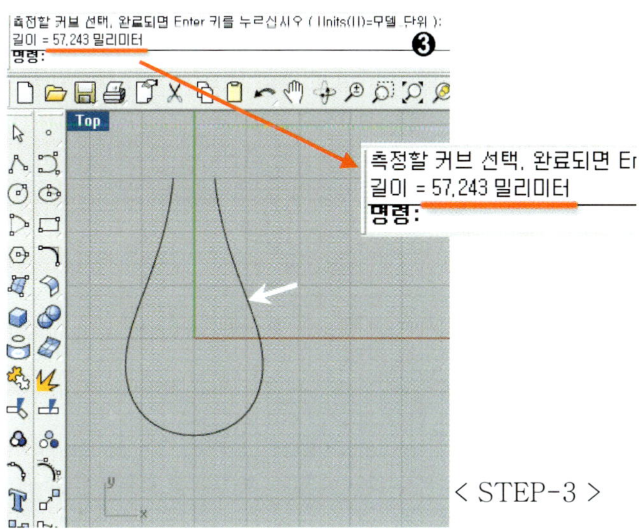


< STEP-3 >

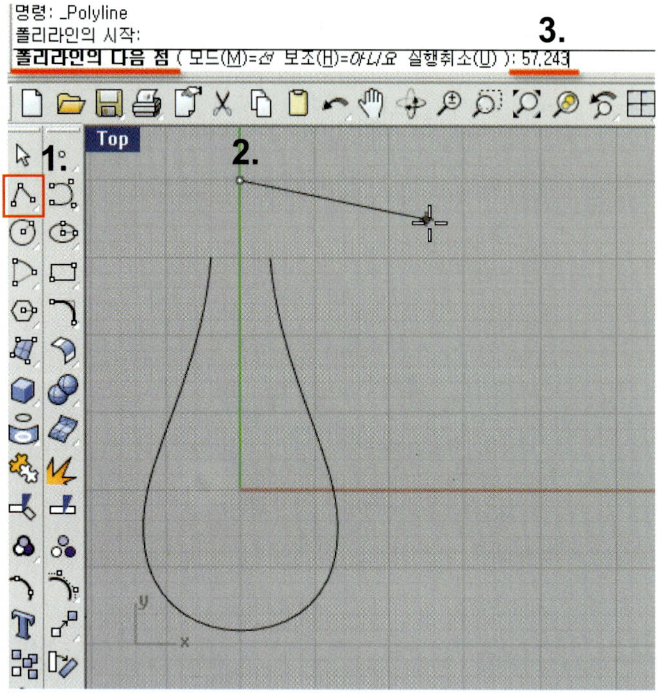


(S-4) 왼쪽 그림처럼 -1번을 클릭하고 스냅을 켜고 -2번 기준점을 선택한 다음 -3번에 커브의 길이값인 57.243을 입력하고 Enter를 친다.
[이값은 그린 커브 길이에 따라 다른값이 나온다.]

< STEP-4 >

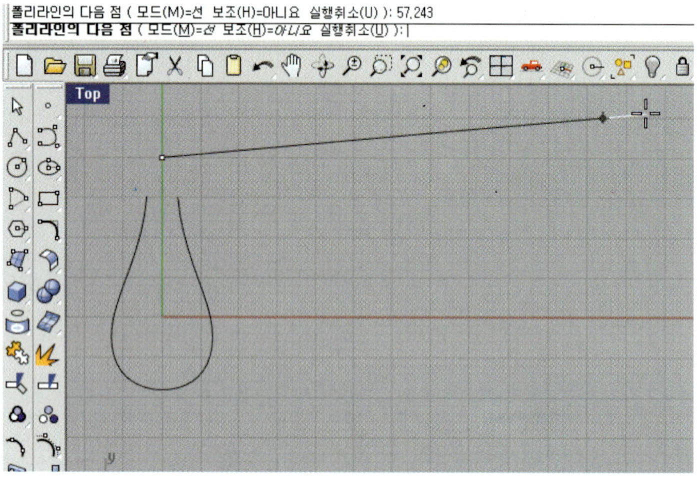


(S-5) Enter를 치면 그림처럼 입력한 길이로 고정이 되는데 이때 Shift키를 누르고 수평이 되게 클릭한다.

< STEP-5 >

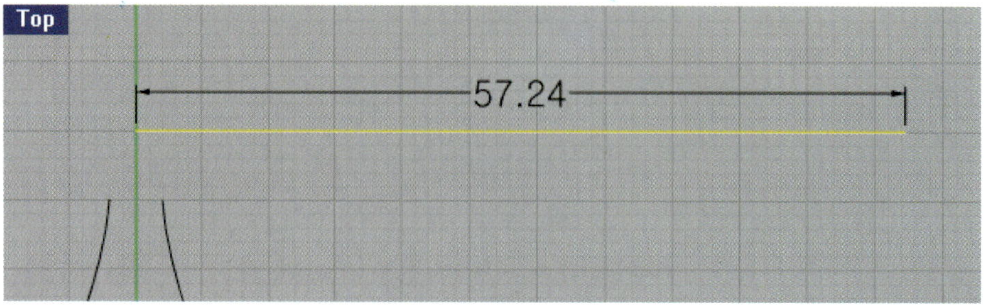

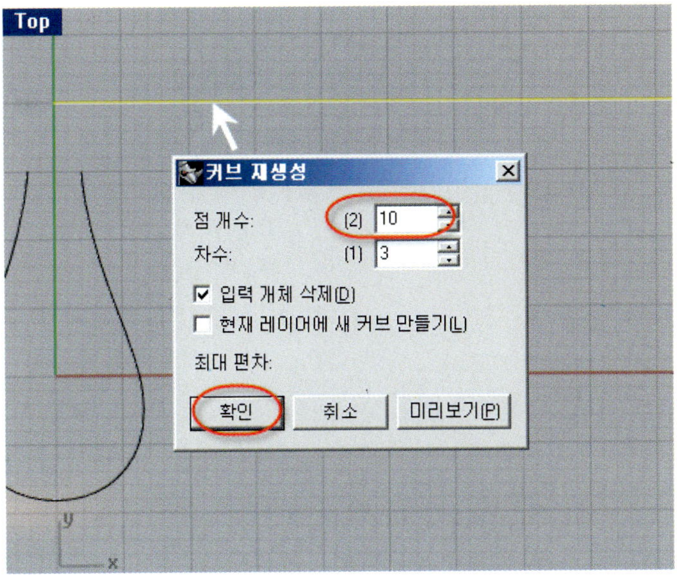


(S-6) 그린 직선을 커브로 만들기 위해 선택한 다음 재생성을 클릭하고 옵션창의 표시대로 수정후 확인을 누른다.

< STEP-6 >

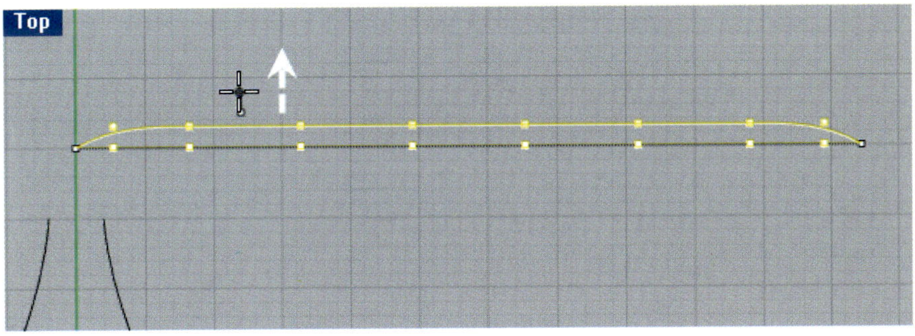


< STEP-7 >

(S-7) 양쪽의 제어점 두개를 제외한 나머지 8개를 선택한 다음 그림처럼 위로 1.5mm 이동시킨다.

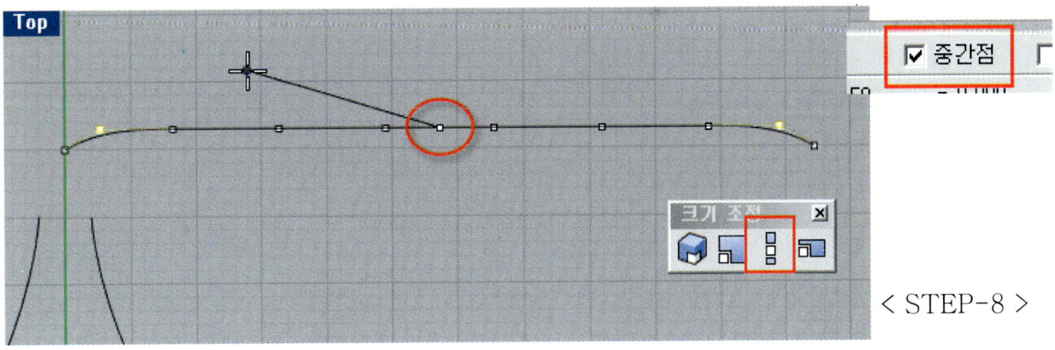


< STEP-8 >

(S-8) 그림에서 표시된 양쪽의 두점을 선택하고 1-스케일을 클릭한다. 그다음 개체스냅의 중간점을 체크하고 커브의 중간점을 선택한다

# 26. 리본 만들기(UDT-Flow/History)

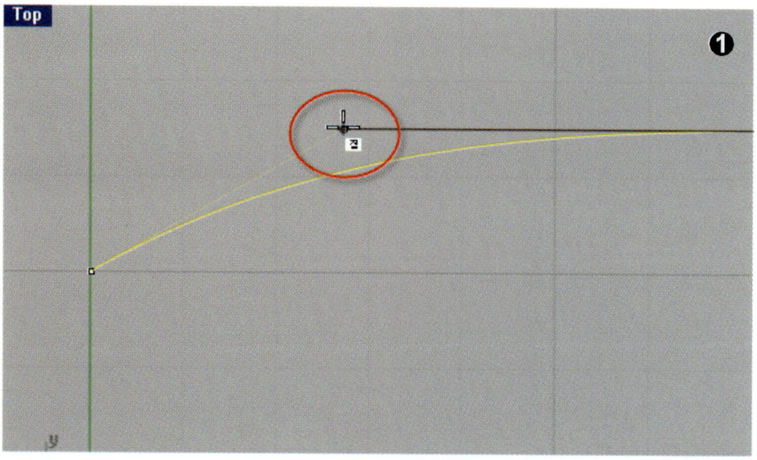


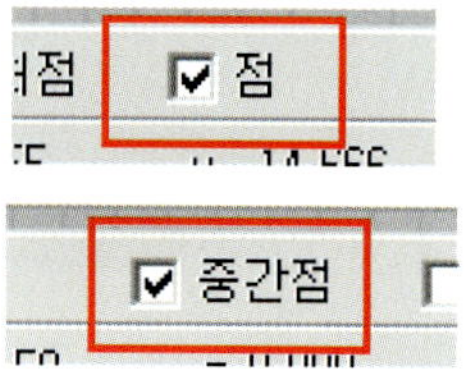


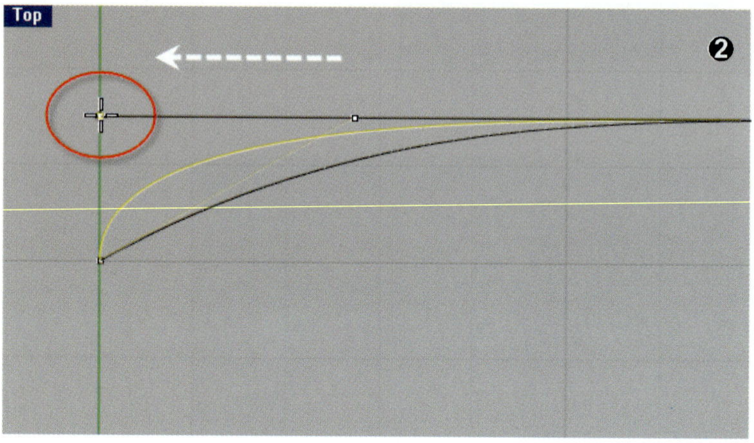


< STEP-9 >

(S-9) 중간점을 클릭한 다음 개체스냅중 점을 체크하고 1번 그림처럼 점을 클릭한 다음 스냅을 켜고 2번 그림처럼 녹색라인까지 이동시키는데 그냥 이동시키면 스냅이 켜져 있는 상태이기 때문에 녹색라인에 정렬이 안되는데 이때 Shift키를 누른 상태로 이동하면 정확히 녹색 기준 라인에 정렬시킬 수 있다. [ 이와 유사한 다른 경우에도 유용하게 쓰일 수 있다. ]

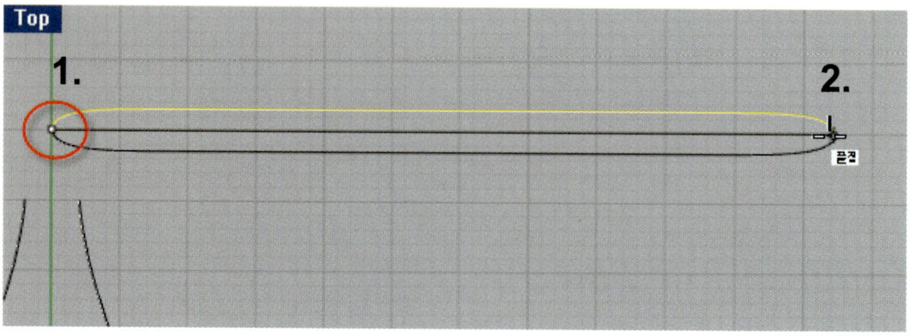


< STEP-10 >

(S-10) 제어점을 수정한 후 커브를 선택한 다음 미러를 클릭하여 그림 순서대로 클릭하여 완성한다.

# 26. 리본 만들기(UDT-Flow/History)

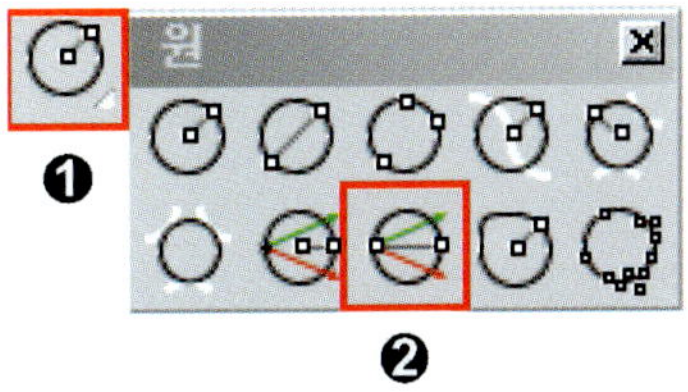


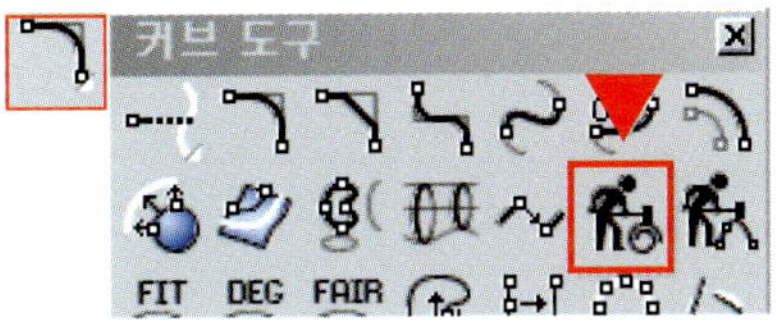


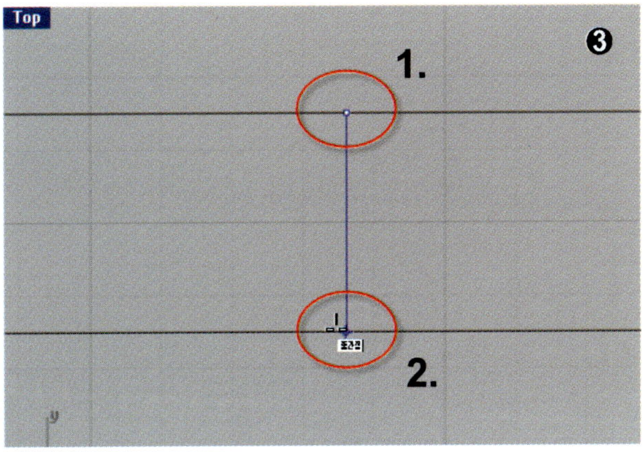


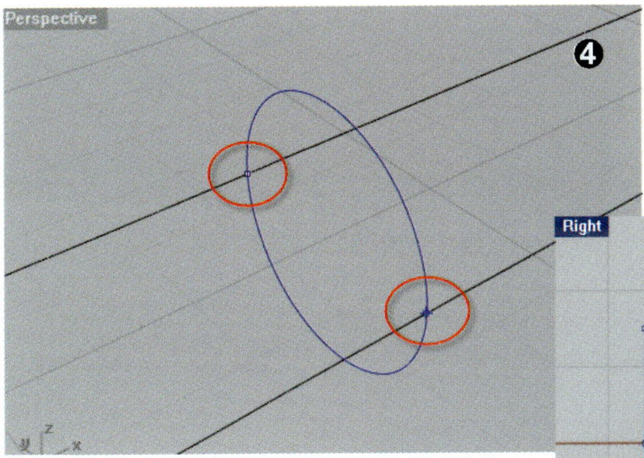


< STEP-11 >

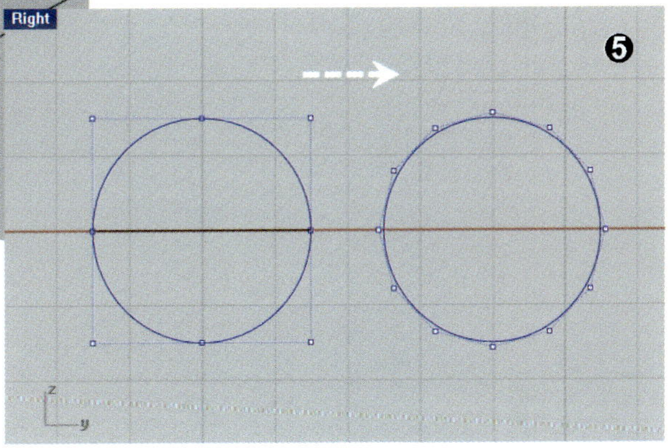


(S-11) 사각형태의 단면을 그리는데 직선이나 커브로 그리지 않고 원을 재생성해서 그리는 방법을 이용할 것이다.
1, 2번을 클릭하고 개체스냅중에 중간점을 체크한 다음 3번 그림의 순서대로 클릭해서 4번 그림처럼 완성한 다음 표시된 재생성 명령을 이용하여 5번 그림처럼 12개 점을 갖도록 원을 재생성 한다.

[ 이렇게 단면을 사각형 또는 직선으로 그려서 입체를 만들게 되면 폴리서페이스가 되어 커브처럼 제어점(Control Point)을 켤수가 없기 때문에 나중에 형태를 변형하거나 수정이 필요할때 불편하기 때문에 단일 서페이스가 되도록 하기 위해서 레일이나 단면을 원이나 커브로 하나의 커브가 되도록 그린다. ]

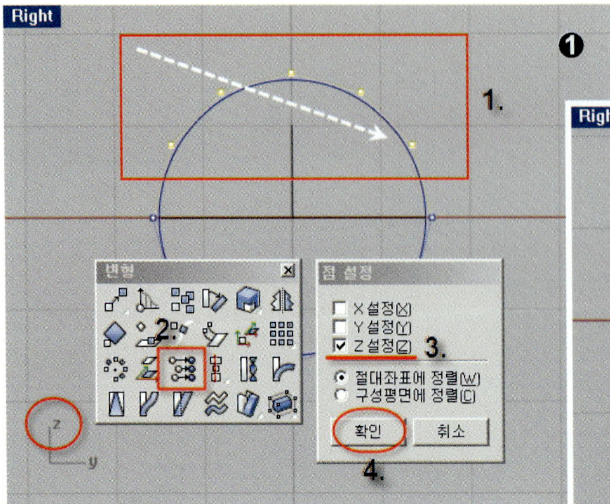


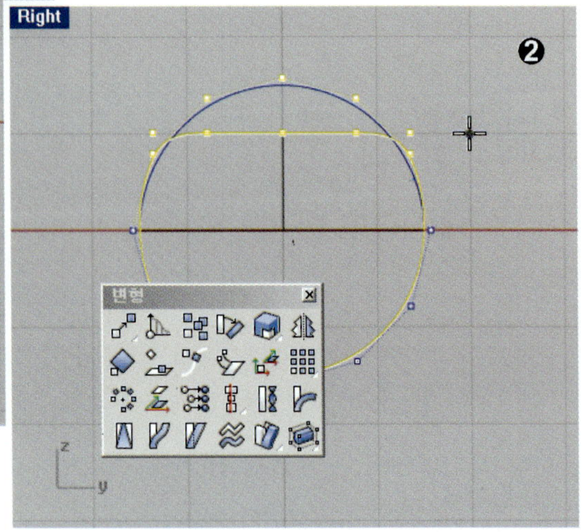


< STEP-12 >

(S-12) 숨겨놓은 단면을 다시 불러온 다음 1번 그림의 순서처럼 설정하면 수평으로 정렬이 되는데 2번 그림처럼 되도록 클릭해서 완성한다.

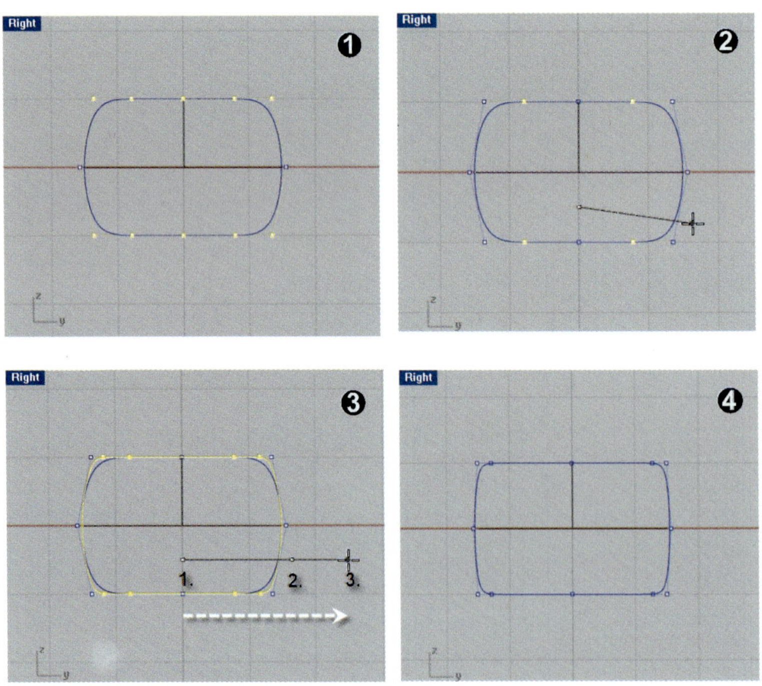


(S-13) 그림을 번호 순서대로 보면서 1D 크기조정이나 이동등을 이용해서 4번 그림처럼 완성시킨다.

< STEP-13 >

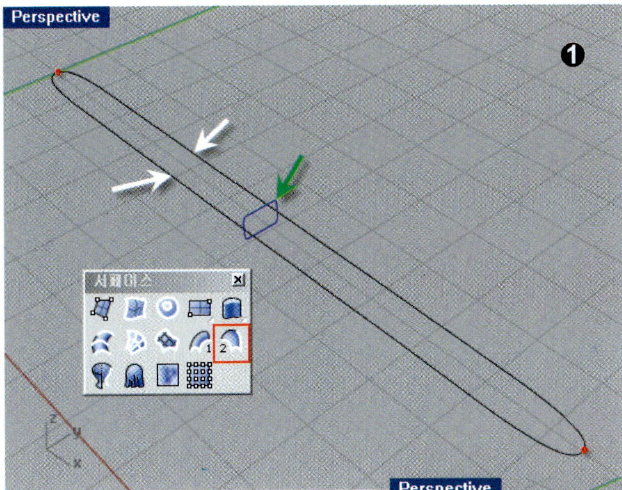


(S-14) 앞에서 그린 2레일과 단면을 이용해서 1번 그림처럼 앞에서 설명한 방법대로 2개의 서페이스를 만들어서 서페이스 병합을 해서 만들어도 되고 시작,단면,끝점을 선택해서 한번에 만드는 방법으로 2번 그림처럼 만든다.

< STEP-14 >

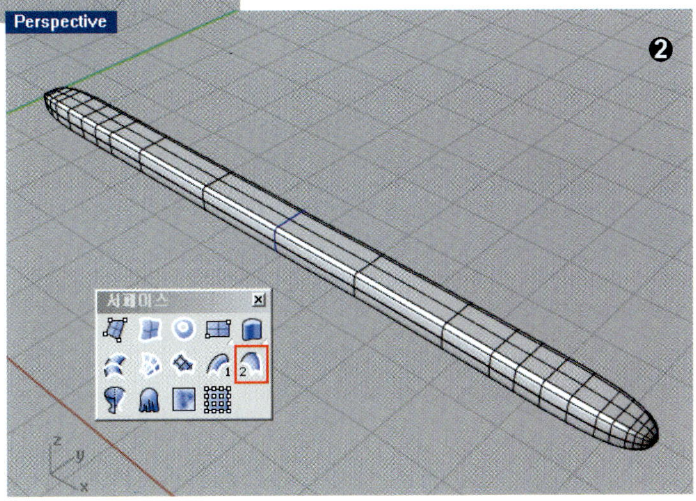


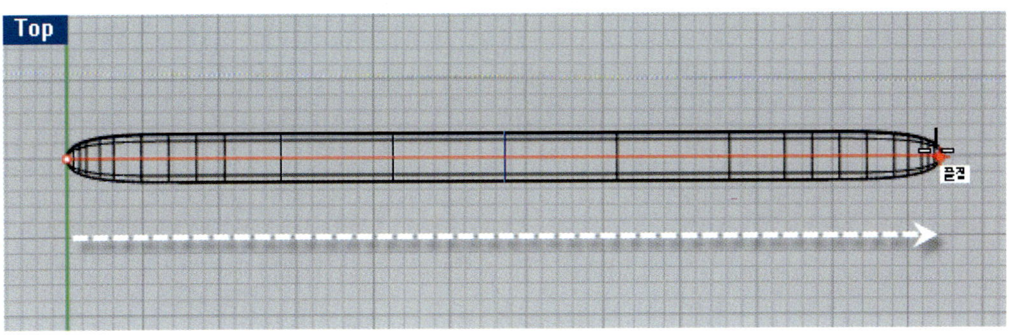


< STEP-15 >

(S-15) 기본 형태의 변형을 하기 위해서 개체의 중심에 끝점과 끝점을 연결하는 직선을 하나 그린다.

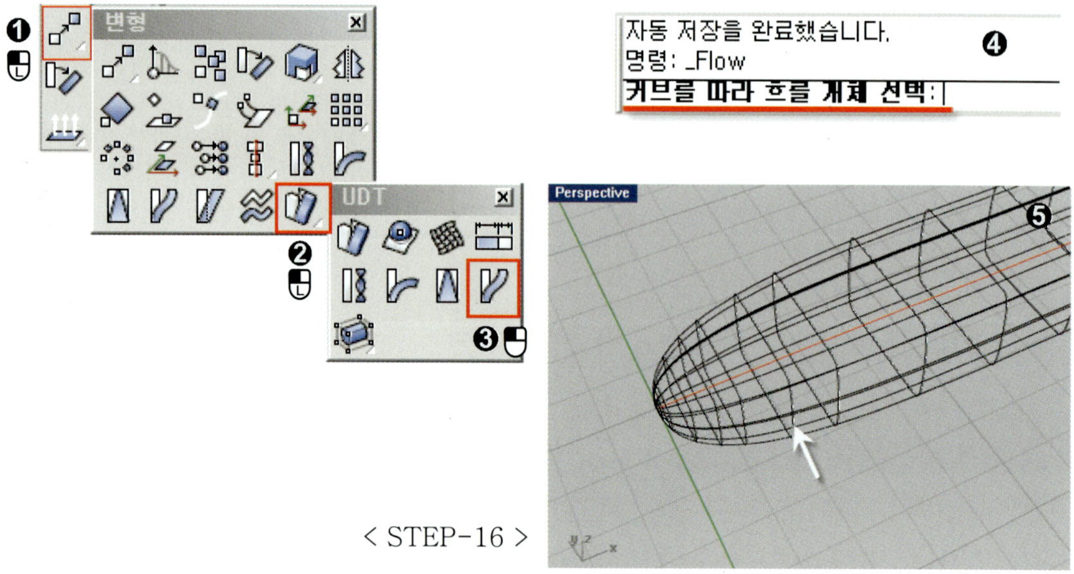


< STEP-16 >

(S-16) 1, 2, 3번을 클릭해서 4번 명령창처럼 나오면 5번 그림처럼 개체를 선택하고 Enter를 친다.

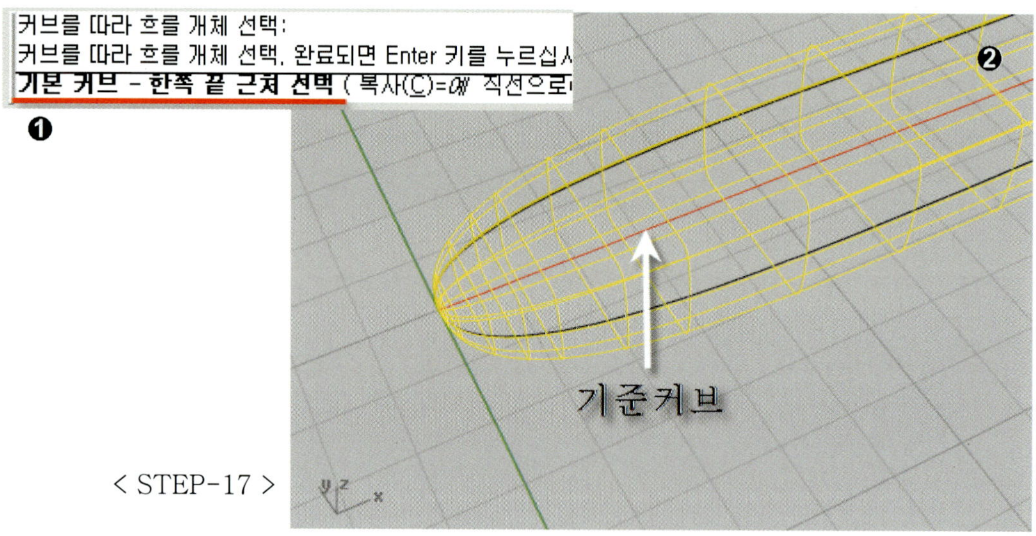


< STEP-17 >

(S-17) Enter를 치면 1번 그림처럼 명령창이 나오는데 이때 2번 그림처럼 앞에서 그린 기본 커브를 선택한다.

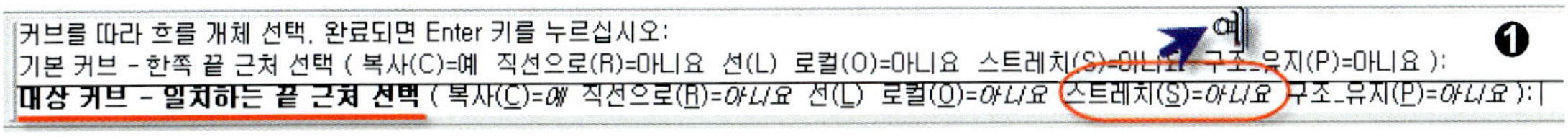


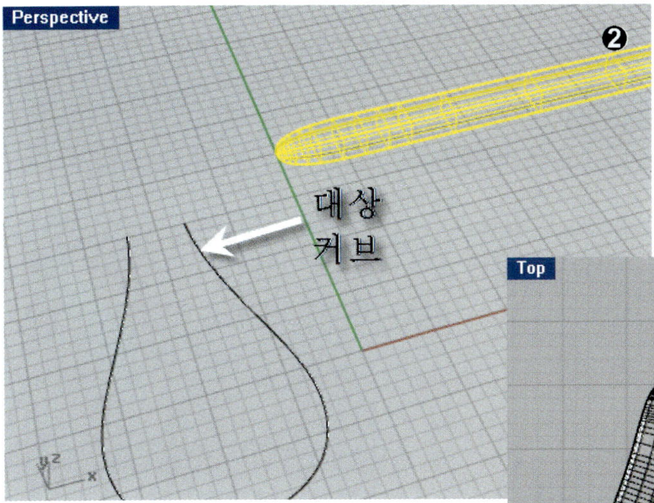


(S-18) 기본 커브를 선택하면 1번 그림처럼 대상커브를 선택하라는 명령창이 나온다.
이때 스트레치를 예로 바꾸고 2번 그림의 대상커브를 선택한다.

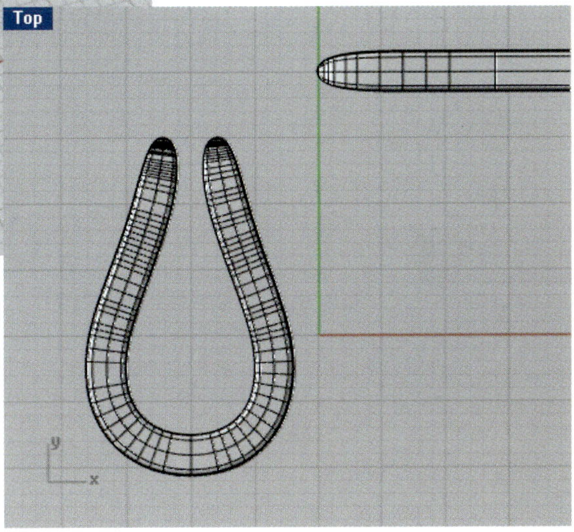


(S-18) 대상커브를 선택하면 3번 그림처럼 완성이 된다.

< STEP-18 >

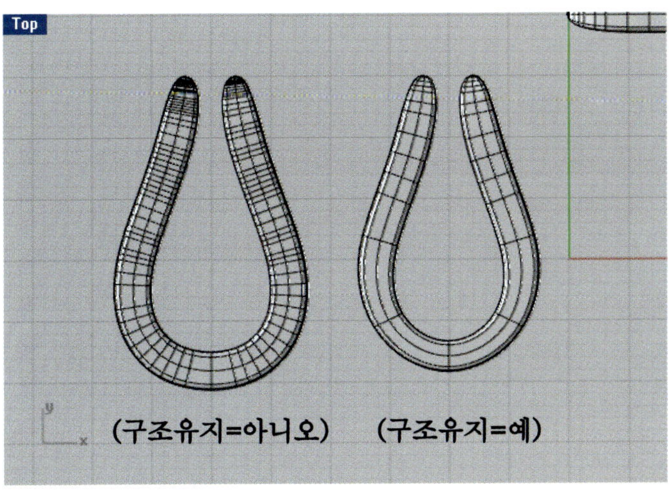


(S-19) 그림은 명령창 옵션중에서 구조유지=아니오 와 구조유지=예를 비교해 본 모습이다. 구조유지를 아니오로 했을경우는 파일의 용량은 커지는 단점이 있으나 형태의 두께나 크기 변화가 없고 예로 했을 경우는 서페이스의 용량 변화는 없으나 형태의 두께나 크기에 변화가 생기는 단점이 있다.

< STEP-19 >

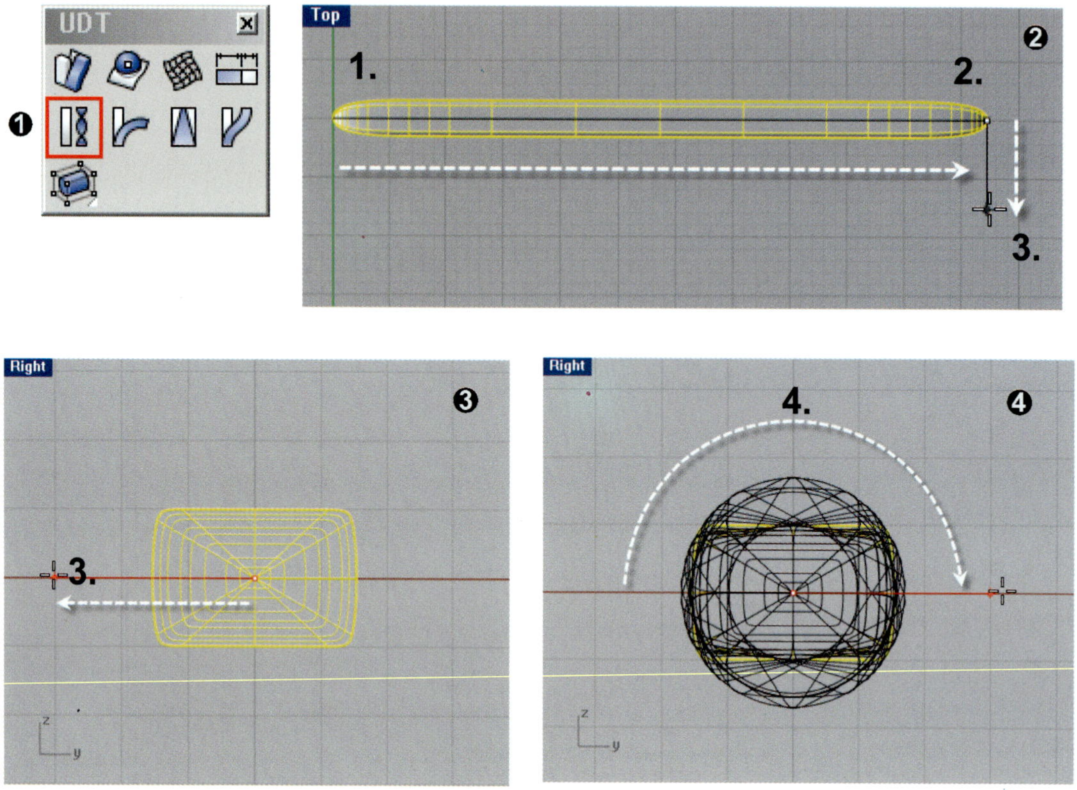


< STEP-20 >

(S-20) 먼저 개체를 선택한 다음 1번 비틀기를 클릭하고 개체스냅중 끝점을 켜고 2번 그림의 번호 순서대로 -1, -2 끝점을 선택하고 -3을 클릭할때는 3번 그림처럼 Right로 가서 수평을 선택하고 4번 그림처럼 180도 회전한다.

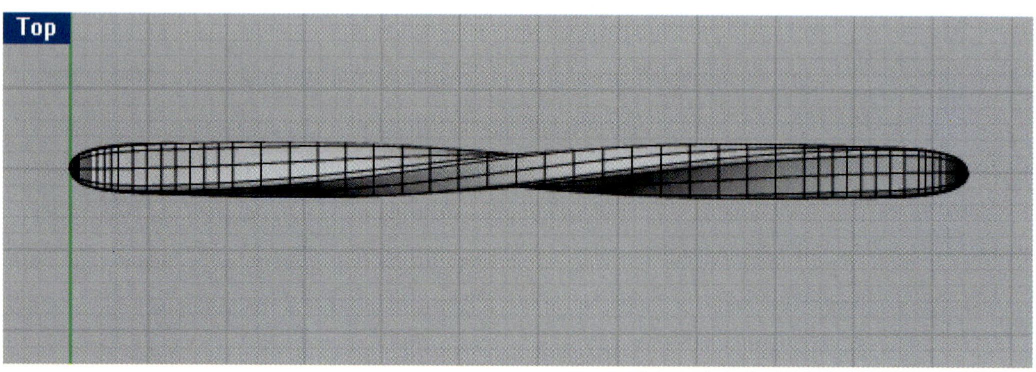


[ 180도 꼬여진 완성된 모습 ]

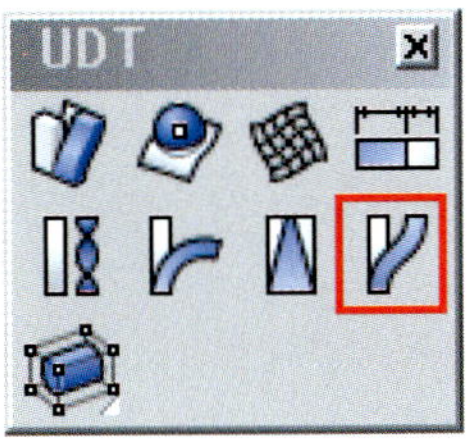


❶

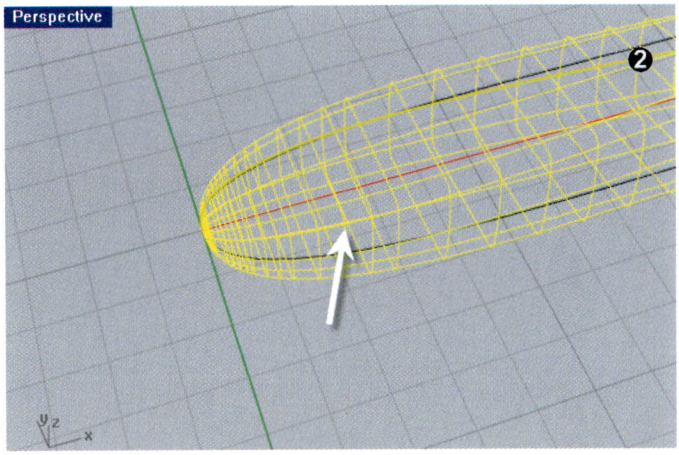


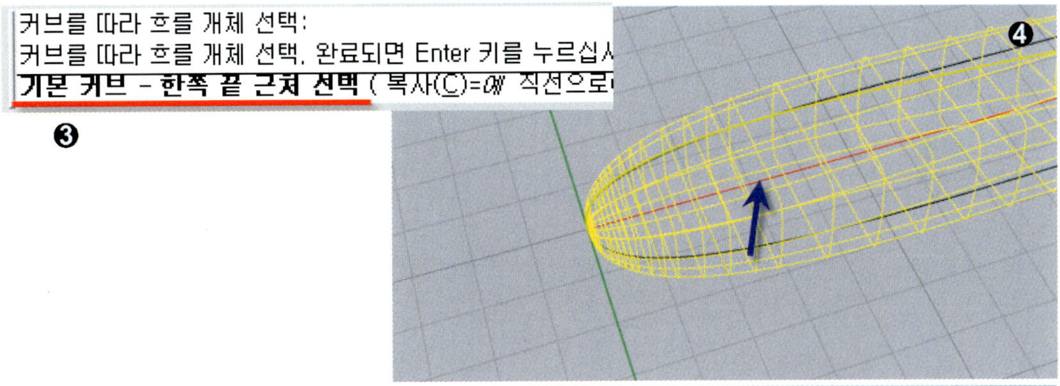


❸

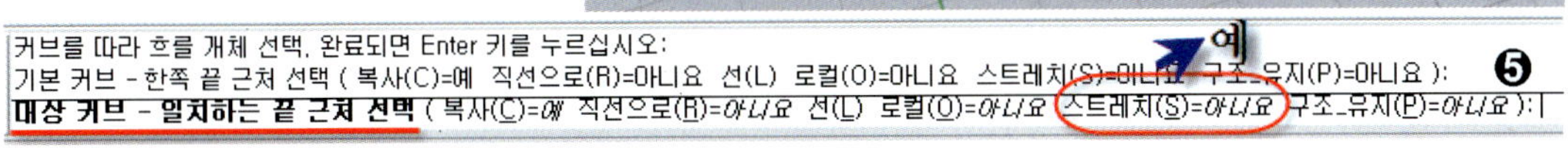


❺

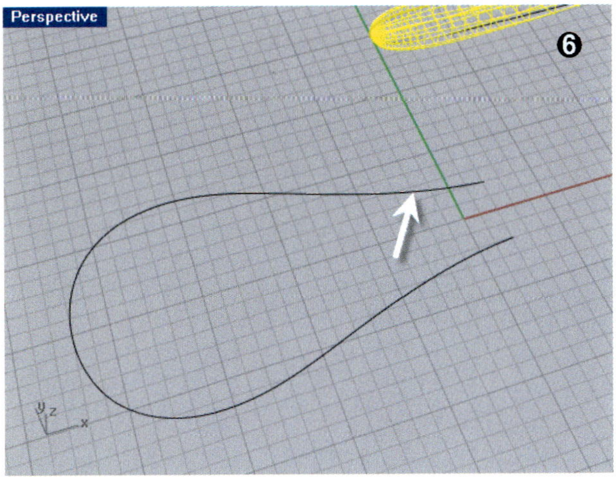


(S-21) 비틀기 작업을 한 다음 1번 커브 따라 흐름을 클릭하고 2번의 개체를 클릭하고 Enter를 진다. 그럼 3번 명령창이 나오는데 앞에서 그린 4번 그림에 표시된 기본 커브를 클릭하고 5번 명령창에서 옵션을 예로 바꿔준 다음 6번 그림에서 표시된 대상 커브를 클릭한다.

< STEP-21 >

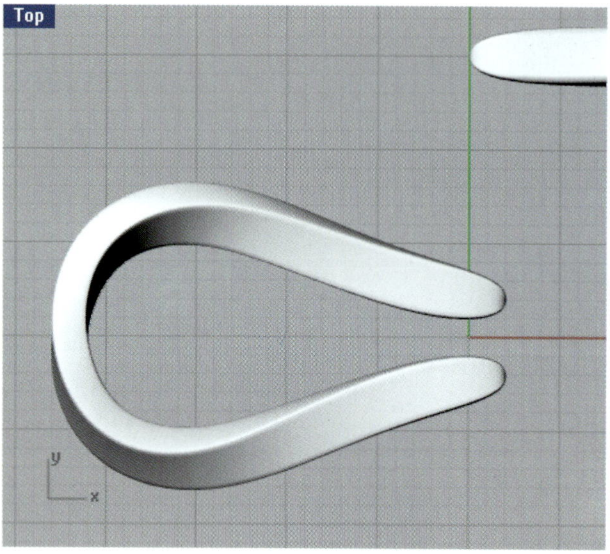


(S-22) 대상커브를 클릭하면 그림처럼 만들어지게 된다.

물론 이 작업은 3.0에서도 가능했던 작업인데 이유는 폴리서페이스가 아니기 때문이다. 하지만 4.0에서는 폴리서페이스도 변형이 가능하기 때문에 3.0보다 좀더 쉽게 난이도 있는 작업이 가능하다.

다음 작업은 폴리서페이스를 가지고 변형을 주는 과정을 보여주며 글자를 음각으로 표현하기 위해 미리 폭을 조금 넓혀서 다시 만든 다음 작업을 한다.

< STEP-22 >

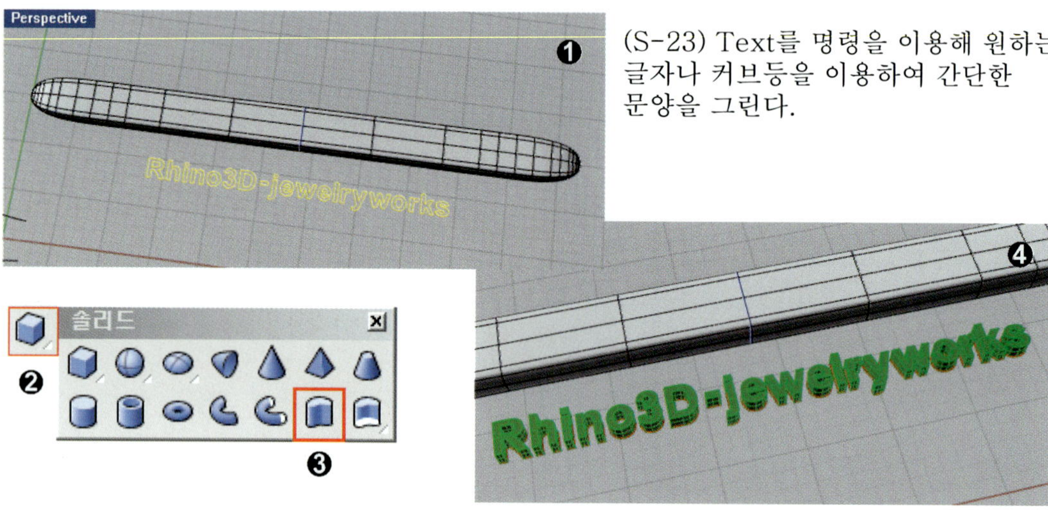


(S-23) Text를 명령을 이용해 원하는 글자나 커브등을 이용하여 간단한 문양을 그린다.

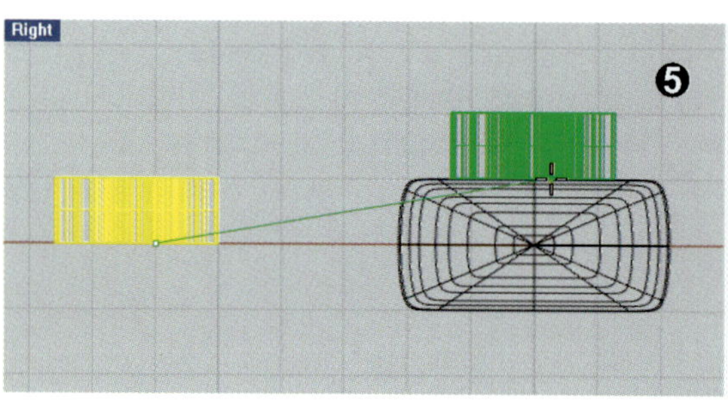


(S-23) 만든 글자나 문양을 선택해 2, 3번을 클릭해 적당한 두께를 준 다음 4번 그림처럼 만들고 5번 그림처럼 개체 위로 바닥과 윗면이 맞닿게 복사한다.

< STEP-23 >

# 26. 리본 만들기(UDT-Flow/History)

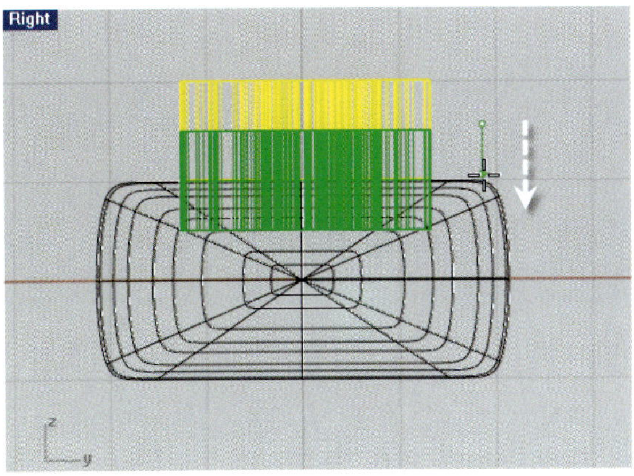


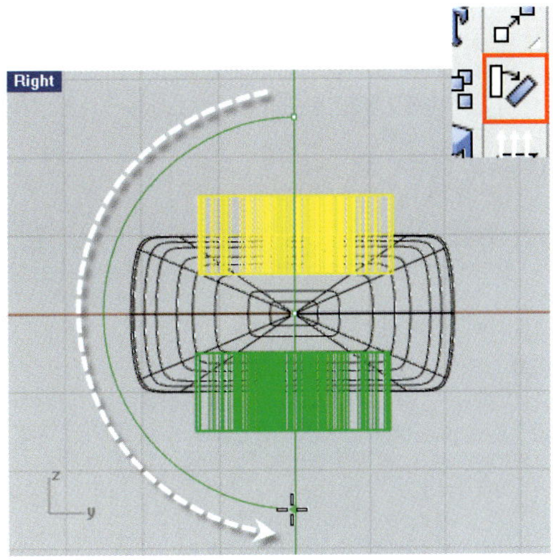


< STEP-24 >

(S-24) 복사후 1번 그림처럼 0.5mm 정도 이동한 다음 2번 그림처럼 회전 복사해서 완성한다. 여기서 회전 복사를 하면 글자나 문양이 뒤집히거나 반대로 되지 않는다.

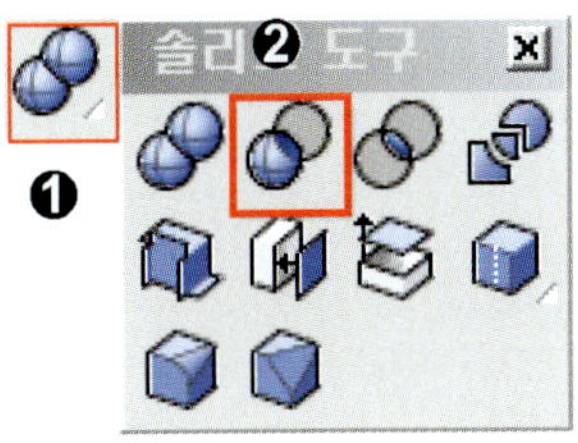


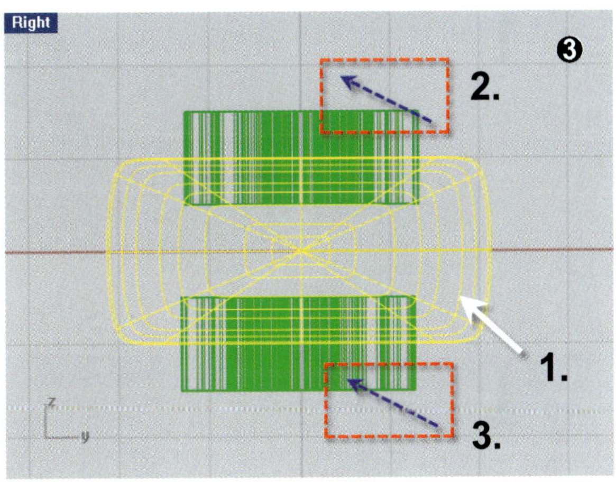


(S-25) 글자를 음각으로 표현하기 위해 1, 2번 차집합을 클릭하고 3번 그림처럼 개체-1을 선택하고 Enter를 클릭한 다음 -2,-3을 클릭하고 Enter를 친다.

< STEP-25 >

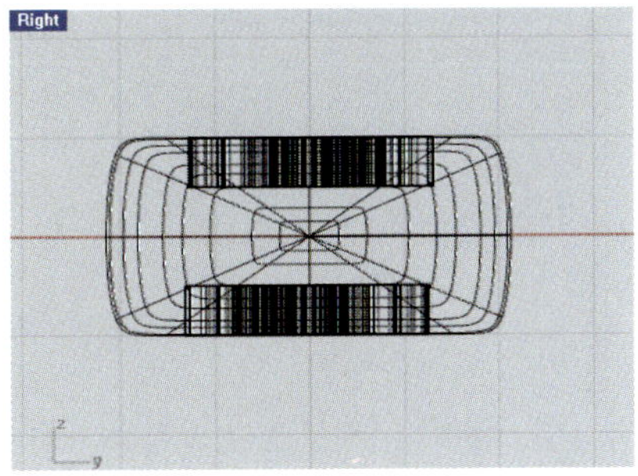


[ 부울 연산의 결과 ]

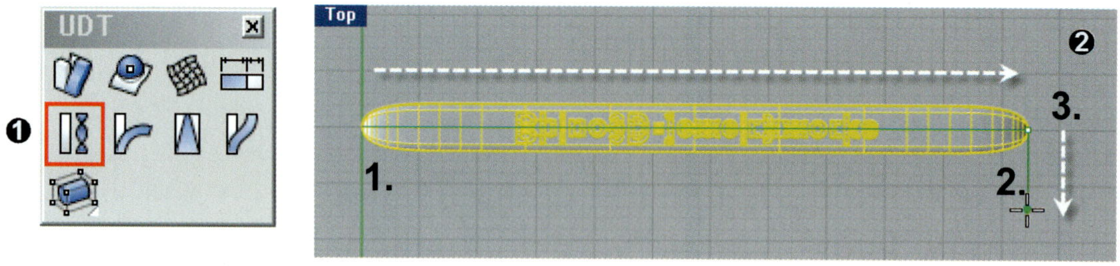


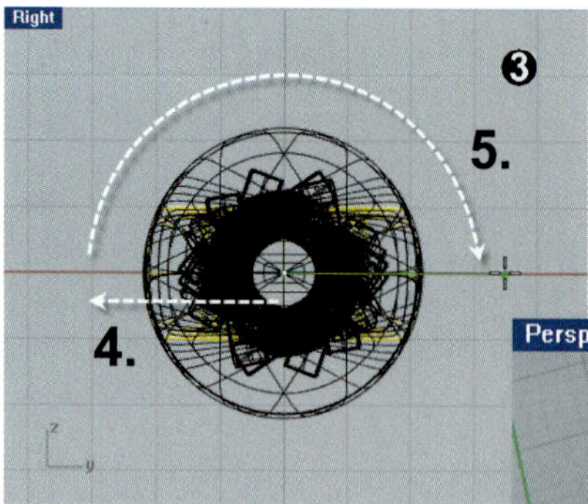


(S-26) 만들어진 개체를 비틀기 위해서 앞에서 한 방법을 참고로 하여 그림의 번호 순서대로 완성한다.

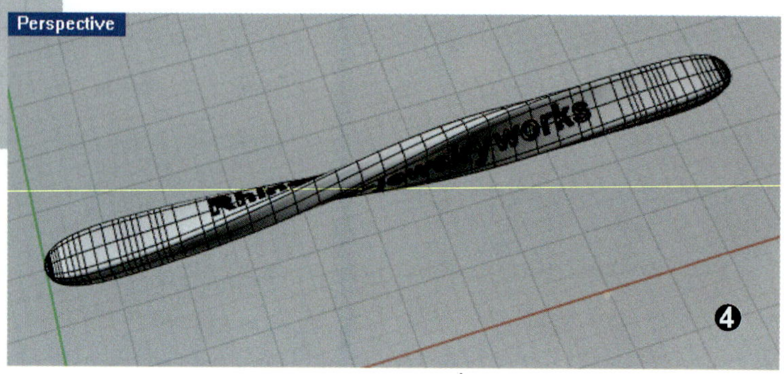


< STEP-26 >

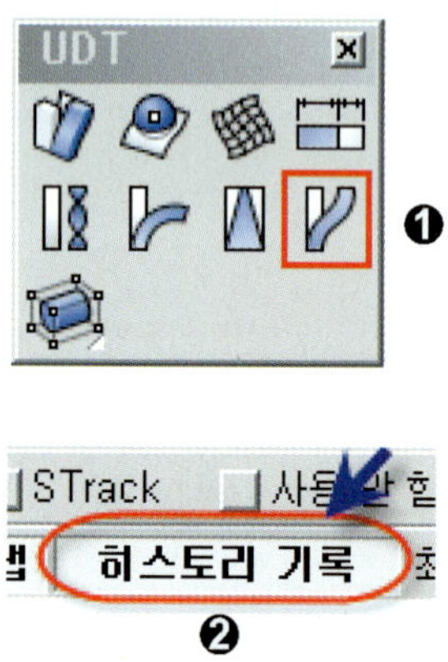


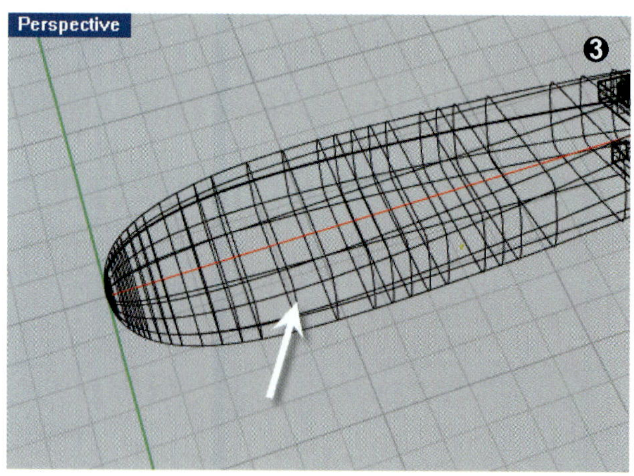


< STEP-27 >

(S-27) 이번에는 히스토리를 같이 사용하는데 먼저 1번 커브따라 흐름을 클릭하고 2번 히스토리 기록을 체크하고 3번 그림의 개체를 선택한 다음 Enter를 친다

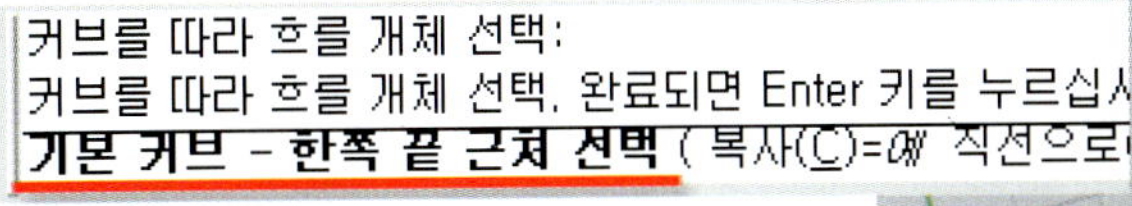


❶

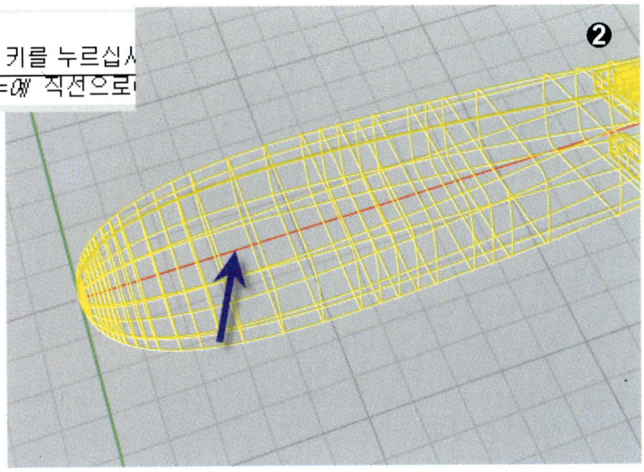


(S-28) 개체선택 후 Enter를 치면 1번처럼 명령창이 나오면 2번 기본 커브를 선택한다.

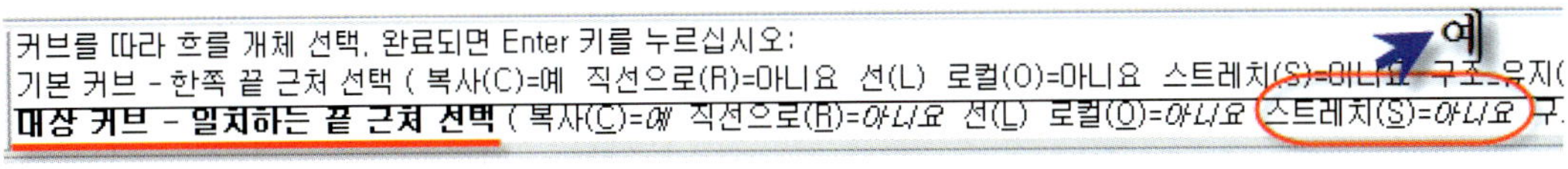


❸

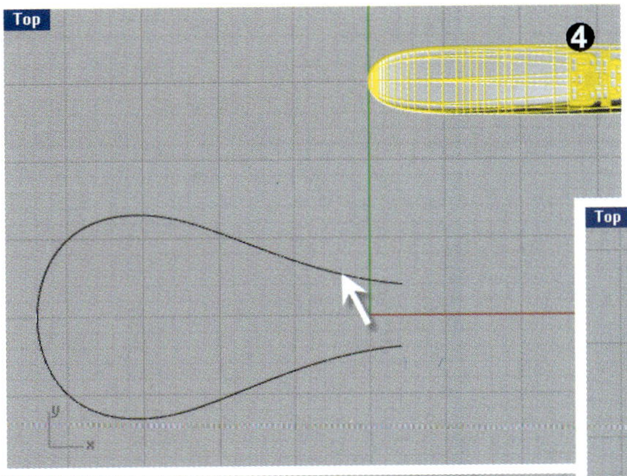


(S-28) 기본커브를 선택하면 3번처럼 명령창이 나오는데 표시된 옵션을 예로 바꾸고 4번 그림의 표시된 대상커브를 선택한다.

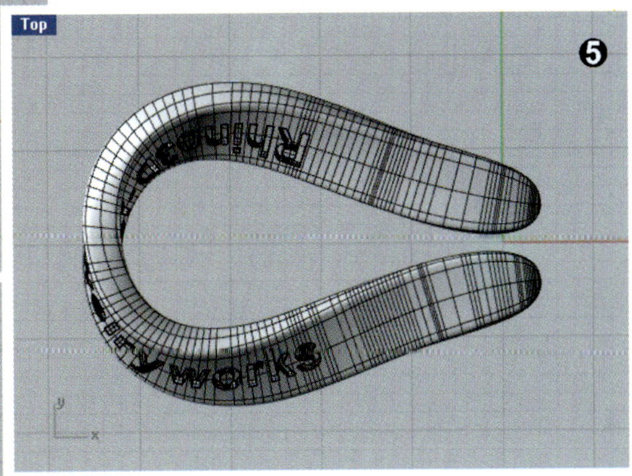


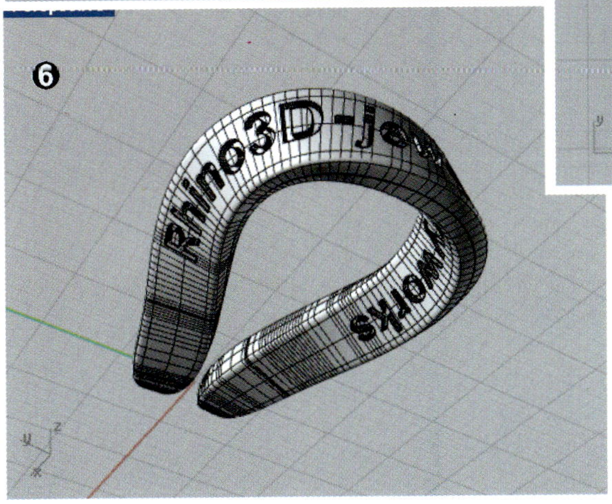


(S-28) 5, 6번 그림은 완성된 모습인데 이는 3.0에서는 mesh에서만 가능했던 부분인데 4.0에서는 폴리서페이스도 가능하게 되어 활용도가 아주 높은 기능중에 하나이다.

< STEP-28 >

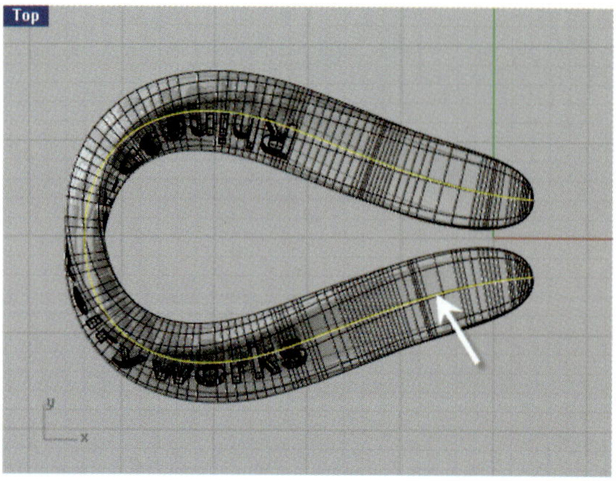


(S-29) 대상커브를 선택하고 F10을 누른다.

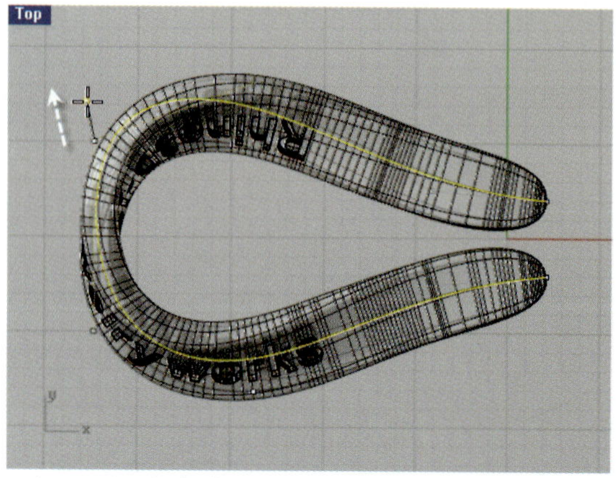


(S-29) 대상커브를 선택후 제어점을 켜서 이동시켜 본다.

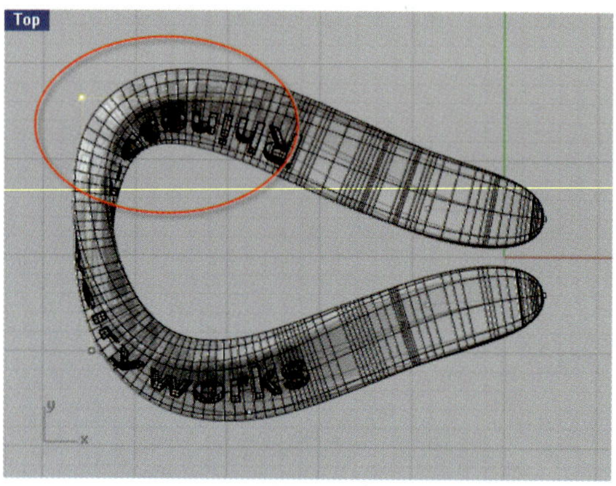


(S-29) 형태가 따라서 변하는데 용량이 커서 약간의 시간이 소요된다.

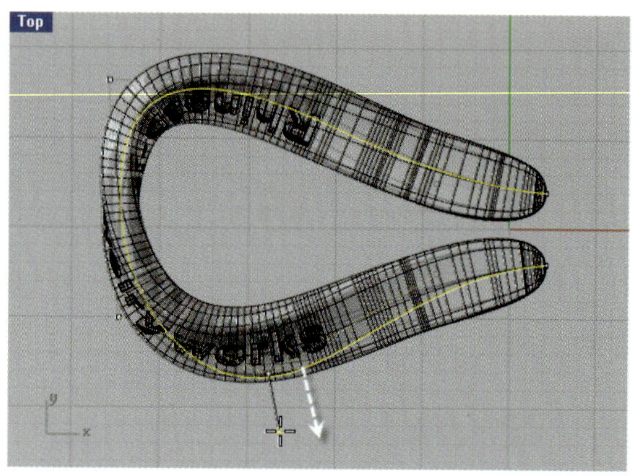


(S-29) 형태를 변형하는데 과도한 변형은 피하는것이 좋고 서페이스간에 서로 접히지 않도록 한다.

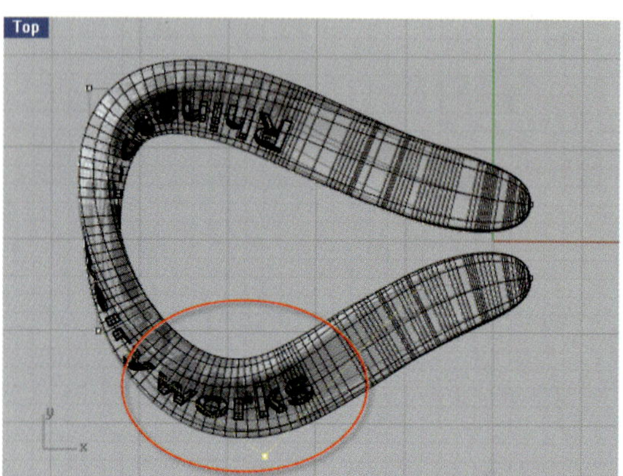


[ 이는 히스토리 기능을 이용해서 커브에 변형을 가하면 입체가 따라서 변형이 되는 4.0에 새롭게 추가된 기능을 보여주는데 이는 다양한 형태의 디자인을 다시 커브를 그려 만들지 않아도 바로 수정이 가능해 짧은 시간에 많은 디자인 변형을 할 수 있는 장점을 가지고 있다. ]

< STEP-29 >

# Rhino3D

## 27. 서페이스 따라 흐름-예제

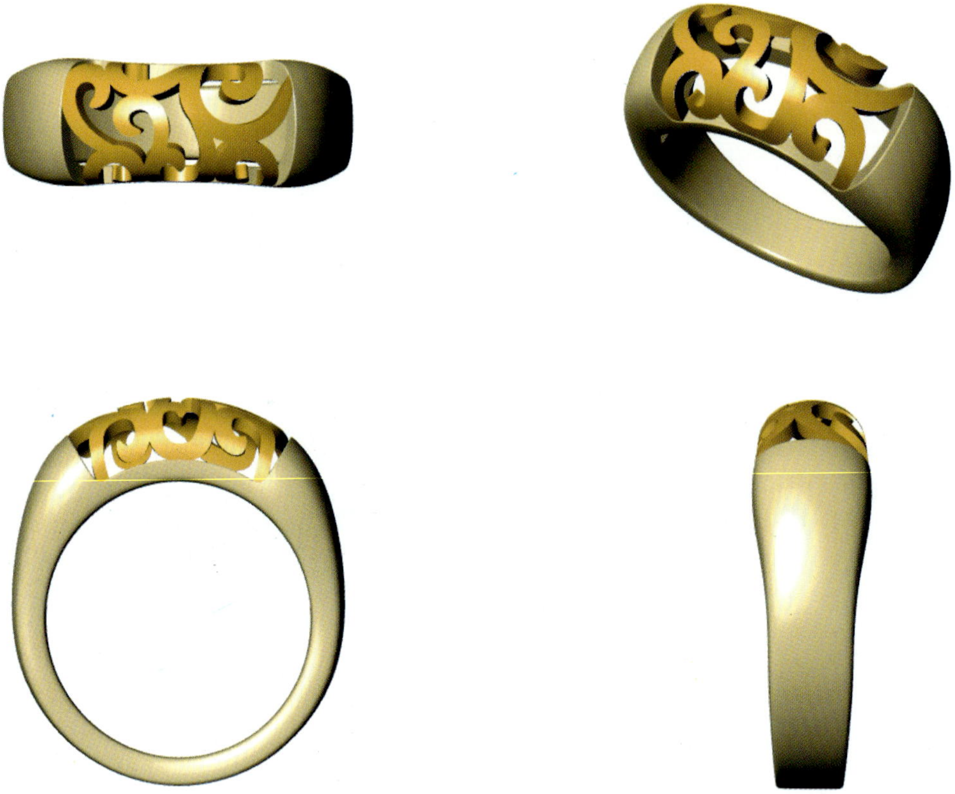

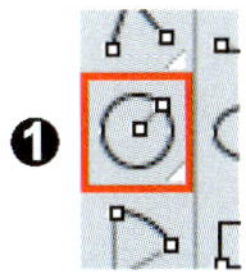

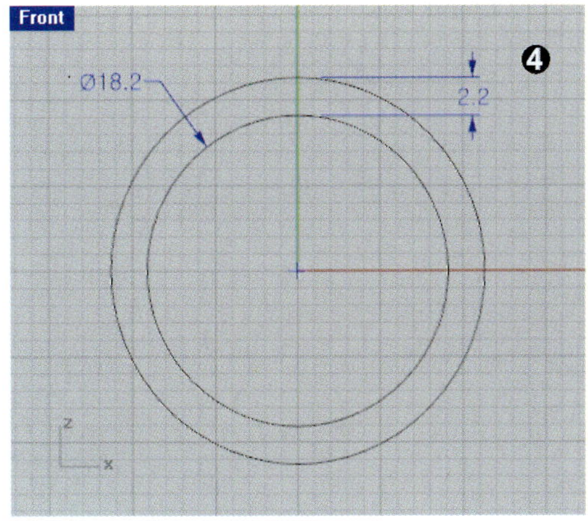


(S-1) 1번을 클릭해서 4번 그림처럼 지름 18.2 mm 원을 그리고 3번을 클릭해서 간격이 2.2mm 더 큰 원을 그린다.

< STEP-1 >

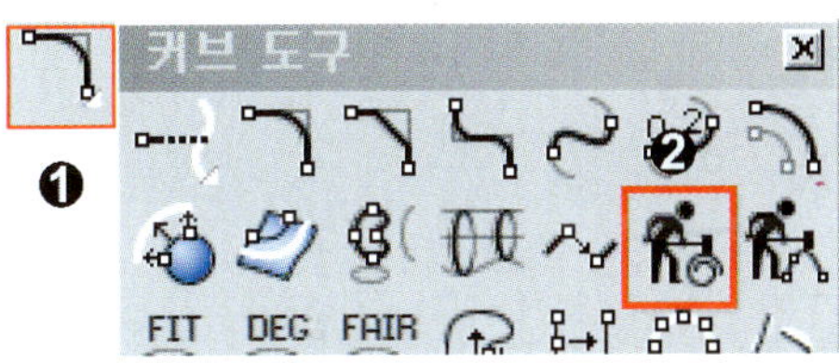


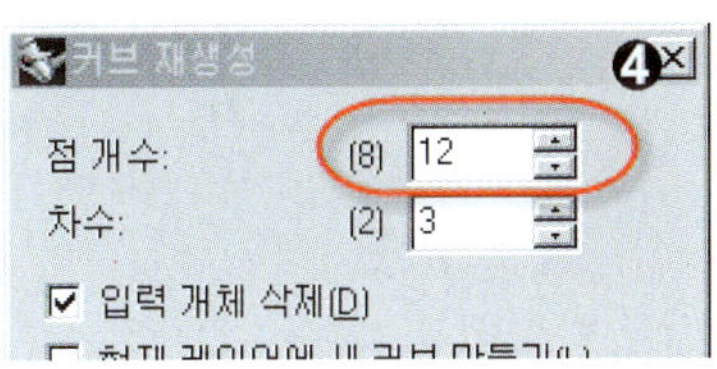


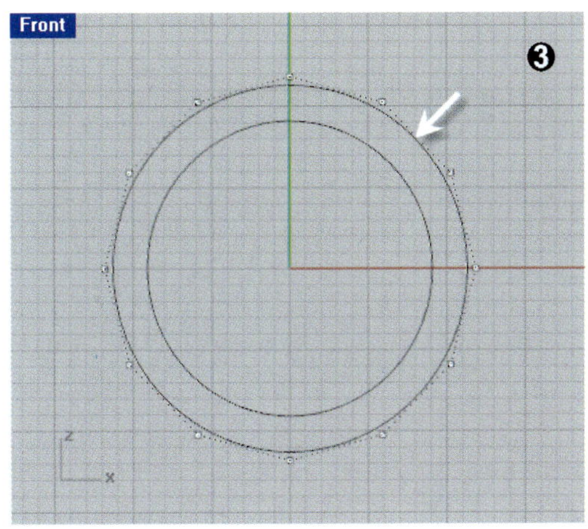


(S-2) 그림의 외형원을 선택한 다음 1, 2번을 클릭해 4번 옵션창처럼 수정한다.

< STEP-2 >

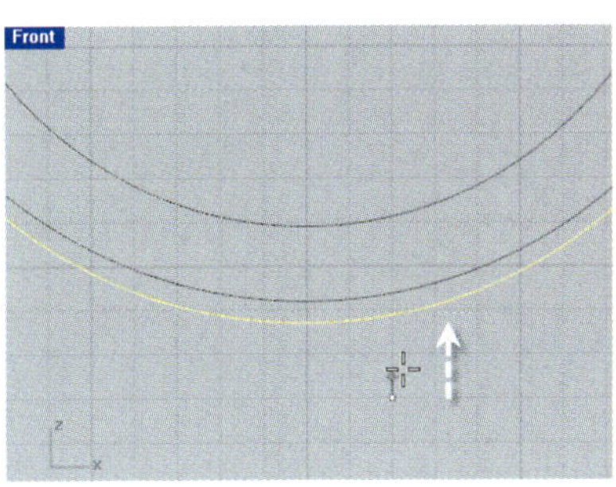


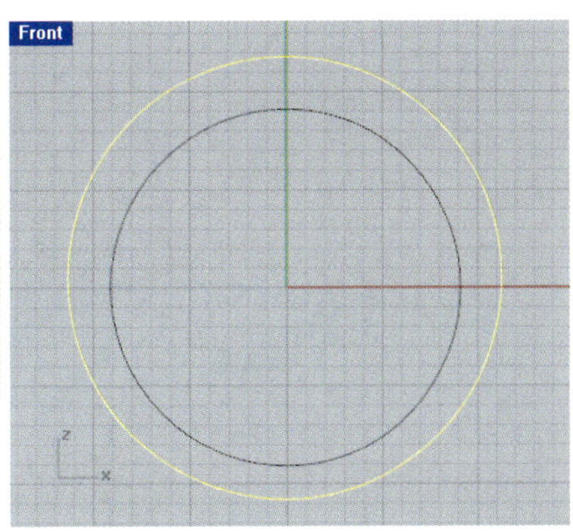


(S-3) 재생성한 원을 클릭해서 0.5mm 위로 이동시킨다.

< STEP-3 >

## 27. 서페이스 따라 흐름-예제

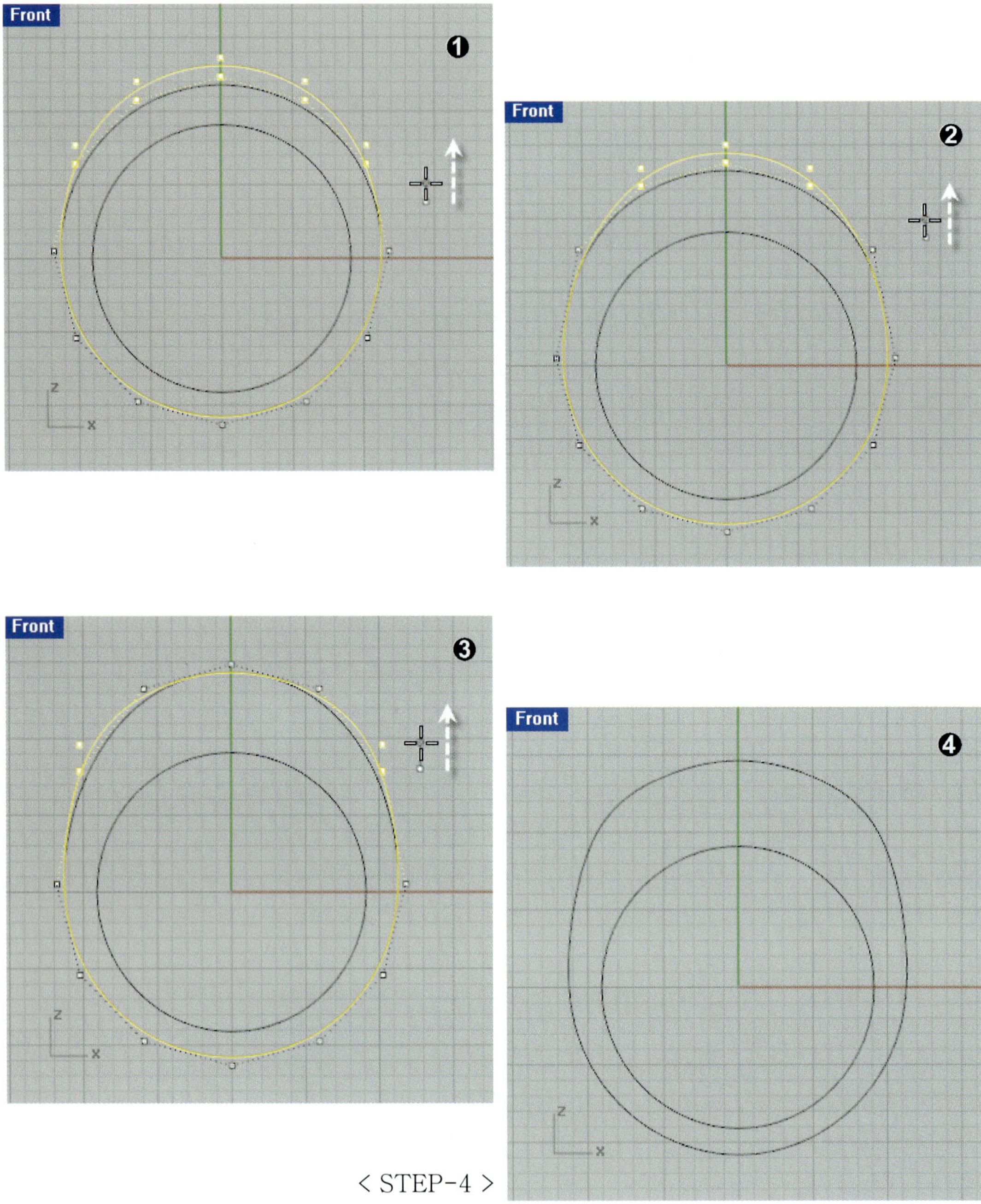


< STEP-4 >

(S-4) 외형 커브를 선택한 다음 제어점을 켜고 1, 2, 3번 그림처럼 제어점을 선택해서 이동시켜 4번 그림과 유사하게 커브를 수정한다.

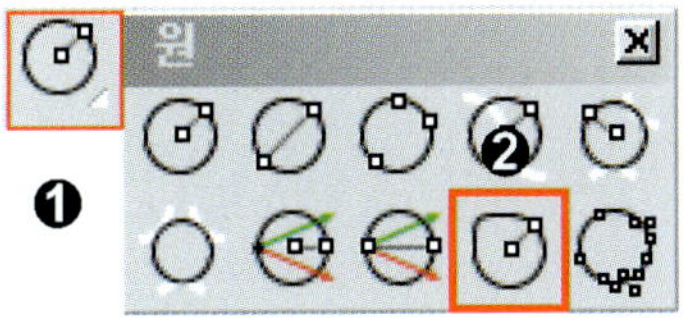

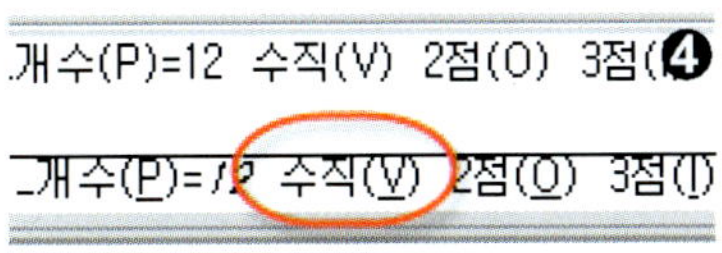


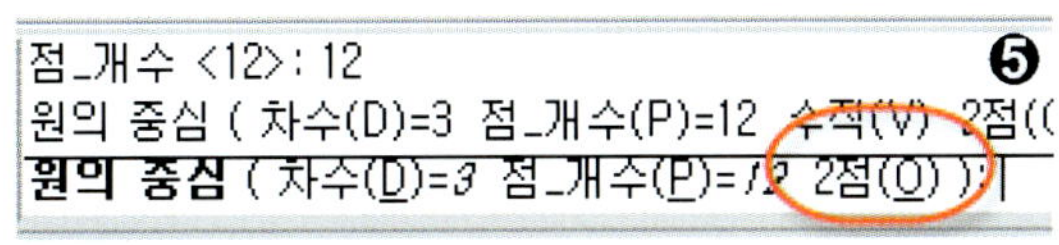

(S-5) 단면을 그리기 위해 1~6번 그림의 순서대로 설정한 다음 7번의 그림처럼 Front에서 원을 그린다.

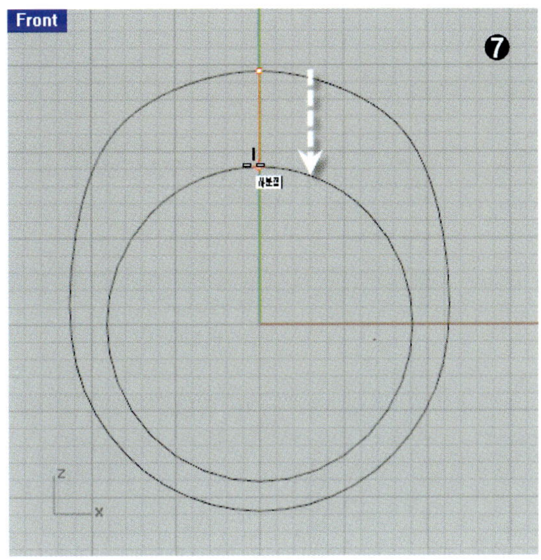


< STEP-5 >

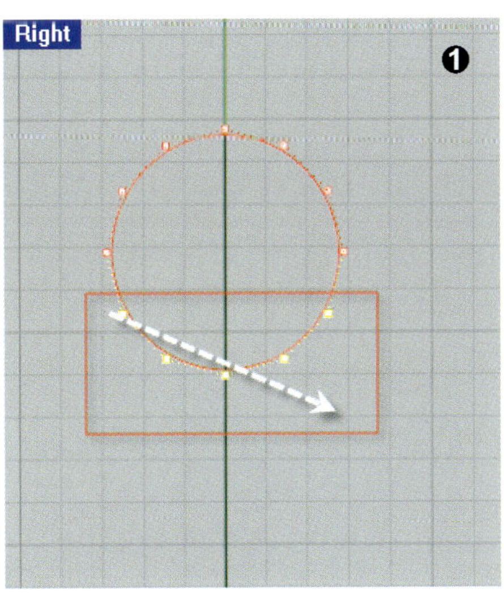


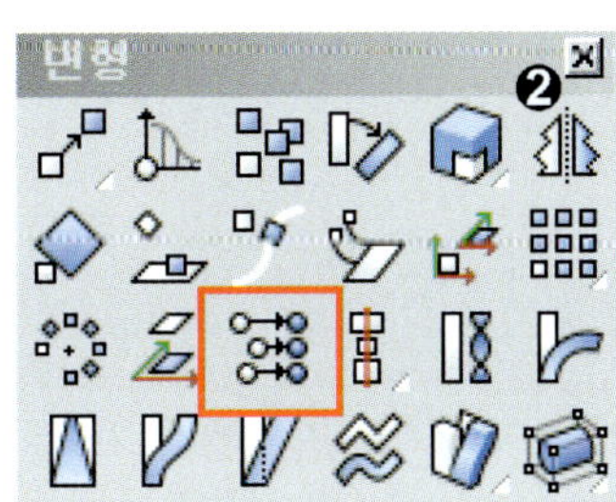


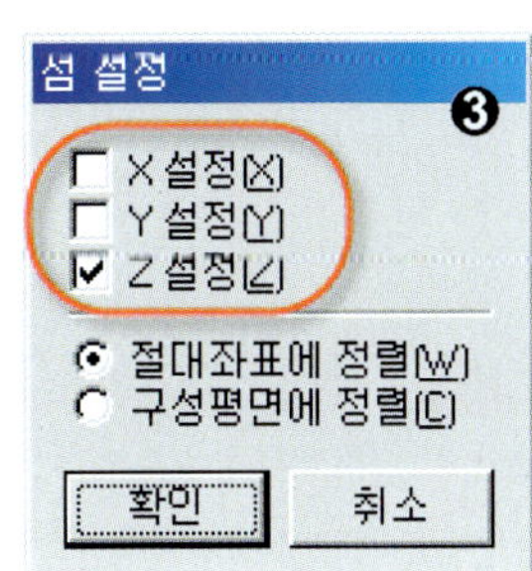


(S-6) Right에서 재생성한 원을 제어점을 켜서 하단부의 제어점을 선택한 다음 2번에 표시된 XYZ 좌표설정을 클릭해 3번처럼 설정후 확인을 누른다.

< STEP-6 >

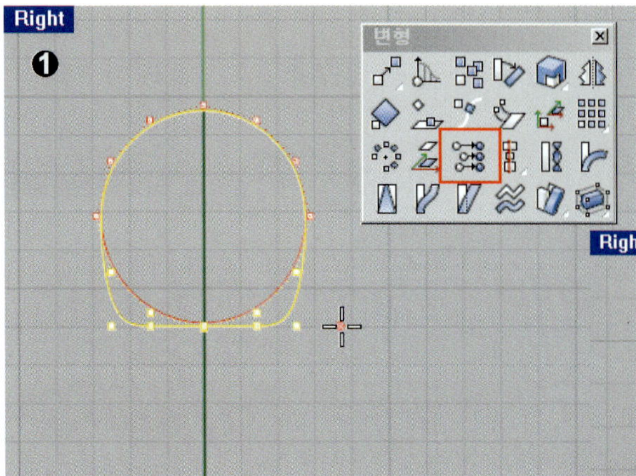


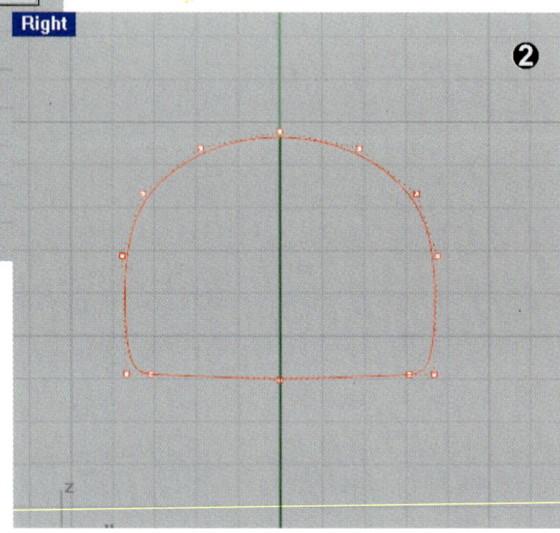


(S-7) STEP-6을 실행하면 1번 그림처럼 정렬이 되면 1D 크기조정이나 이동등을 이용하여 2번 그림처럼 수정한다.

< STEP-7 >

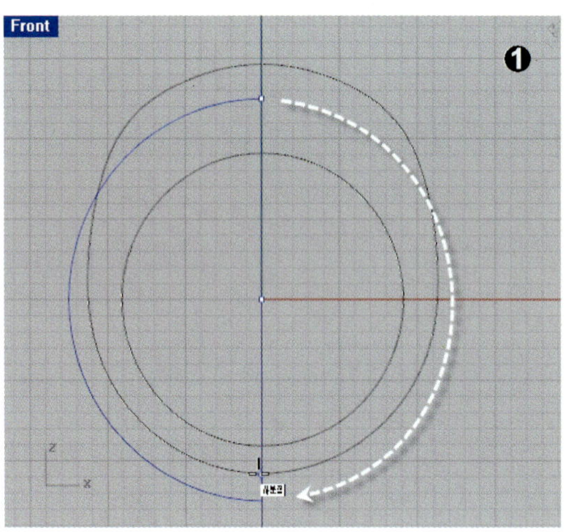


(S-8) 단면 수정이되면 1번 그림처럼 위의 단면을 회전 복사 해서 아래 단면을 만든다. 그리고 2번 그림처럼 2D 크기조정으로 크기를 줄인다.

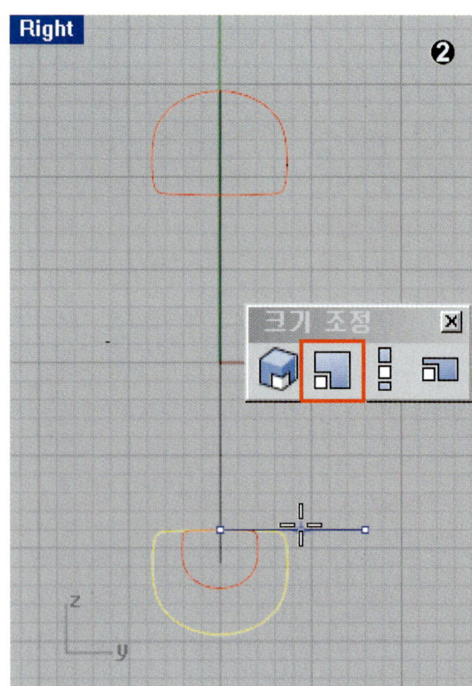


< STEP-8 >

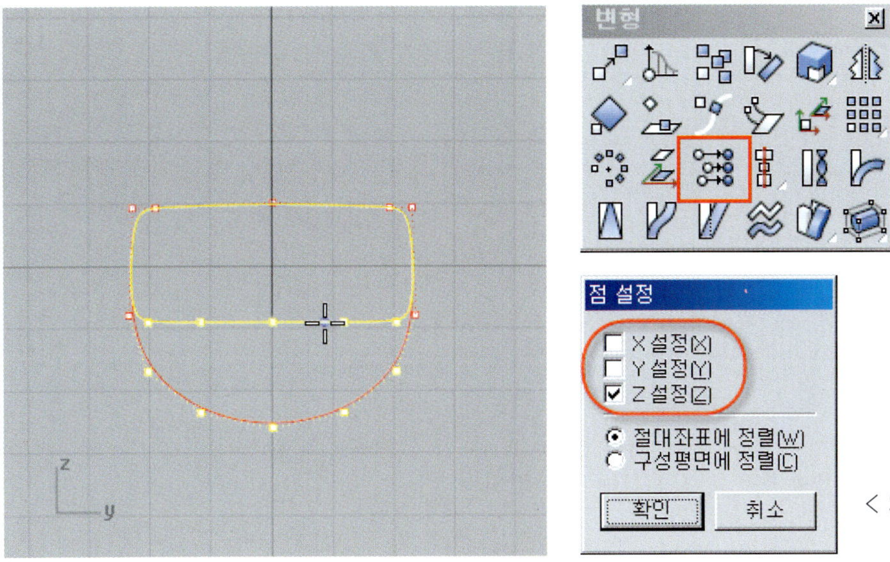


< STEP-9 >

(S-9) 앞의 STEP-6, 7단계를 참고로 하여 그림처럼 수정한다.

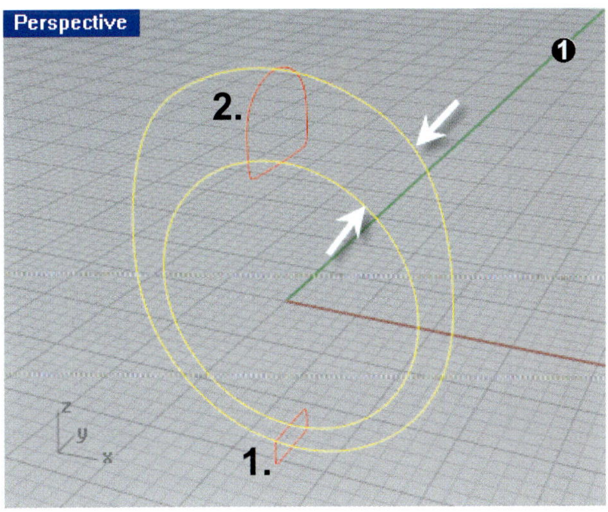


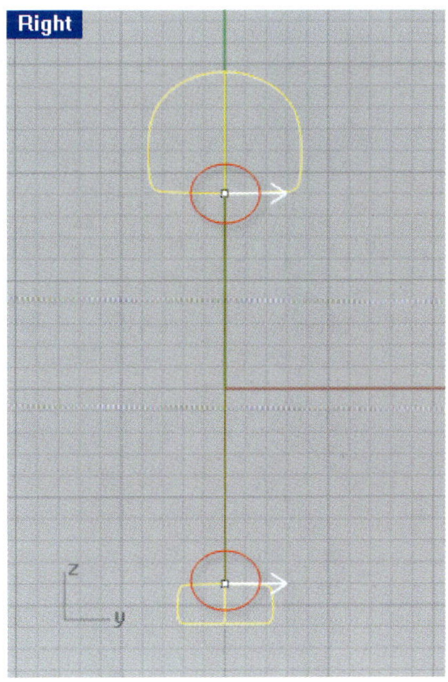


(S-10) 2레일로 반지를 만드는데 2레일 선택후 두개의 레일을 선택하고 단면은 하부 단면을 먼저 선택한 다음 상부 단면을 선택하고 Enter를 친다.
그럼 2번 그림처럼 이음새 위치와 방향을 설정하고 Enter를 치면 명령창이 나오는데 높이 유지는 체크하지 않고 확인을 누른다.

(앞에서 다룬 2레일 예제를 참고한다.)

< STEP-10 >

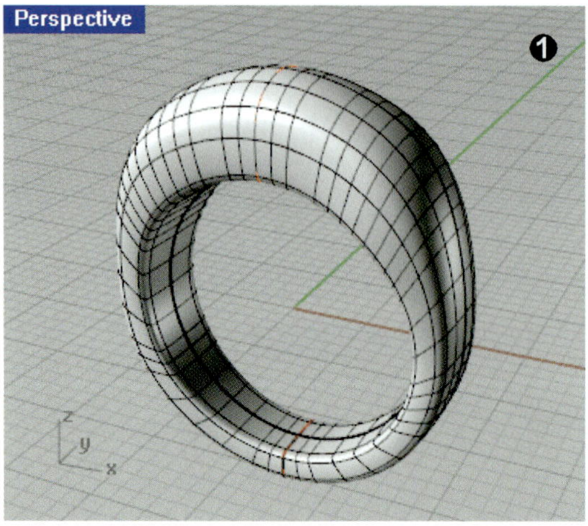


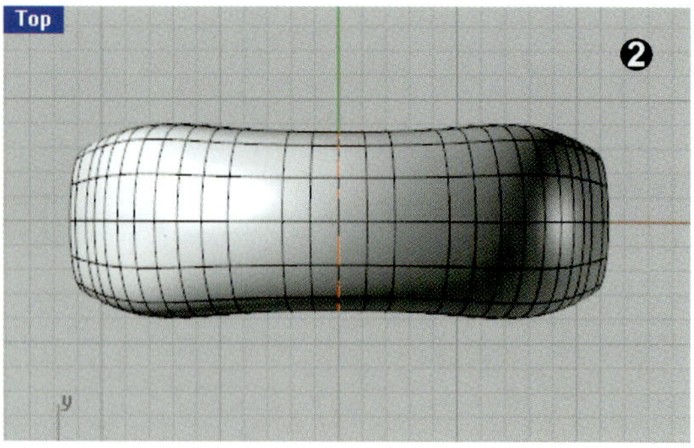


< STEP-11 >

(S-11) 전 단계를 실행하면 1, 2번 그림처럼 만들어진다.

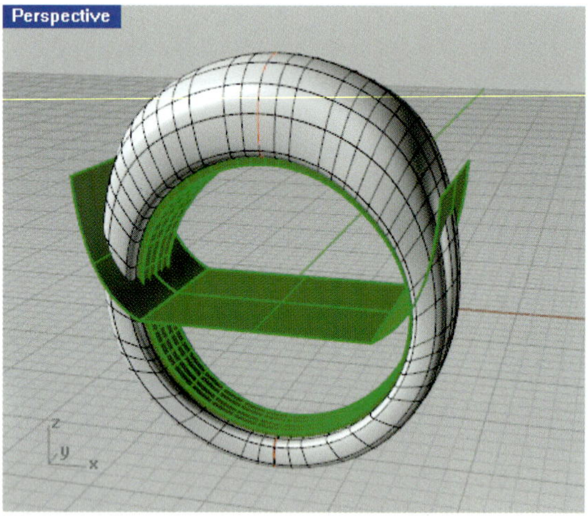


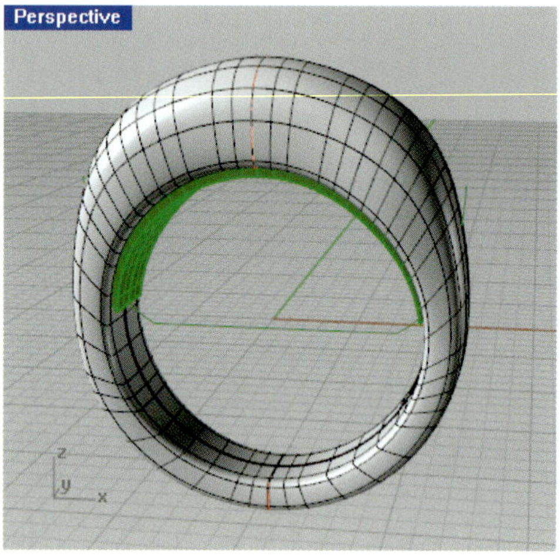


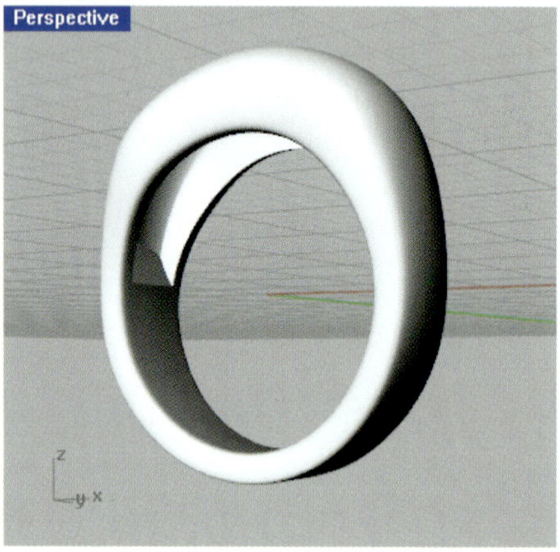


(S-12) 속파기 과정은 앞에서 다룬 예제를 참고하여 1, 2번처럼 만들고 3번 그림은 부울 연산을 이용해서 속파기가 이루어진 모습니다.

< STEP-12 >

# 27. 서페이스 따라 흐름-예제

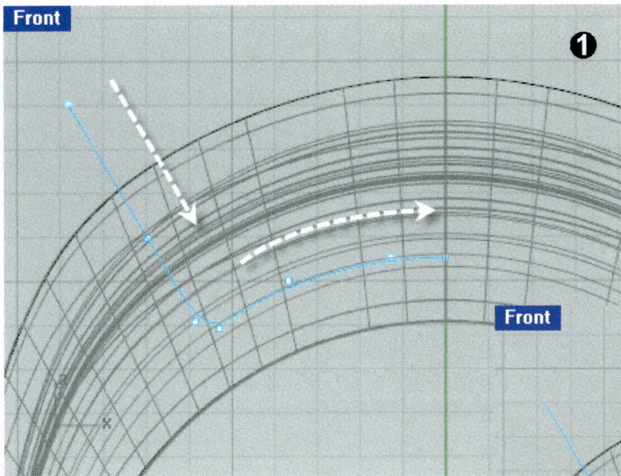


(S-13) 반지 윗부분을 잘라내기 위해 1번 그림처럼 커브를 그리는데 끝부분은 스냅을 켜서 중심선에 놓이도록 하고 미러를 이용해서 2번 그림처럼 완성한다.

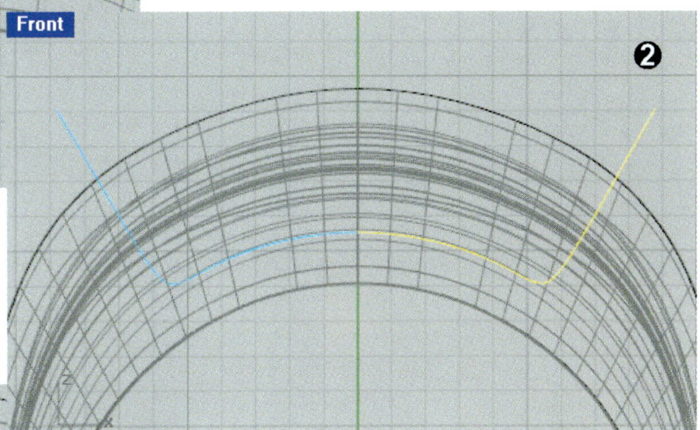


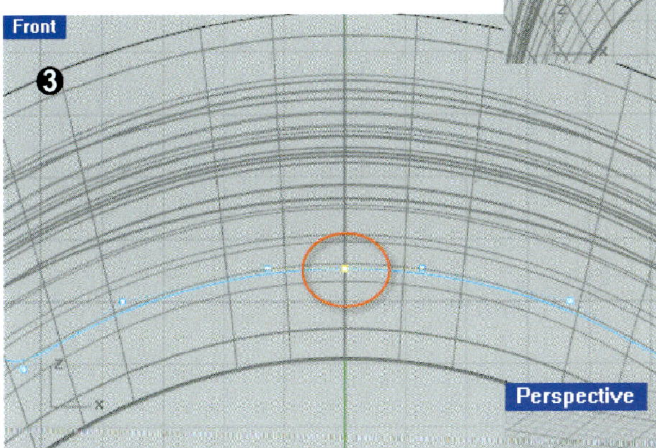


(S-13) 미러시킨 커브를 결합한 다음 제어점을 켜서 3번 그림에 표시된 킹크(kink)점을 지우면 하나의 커브로 된다.

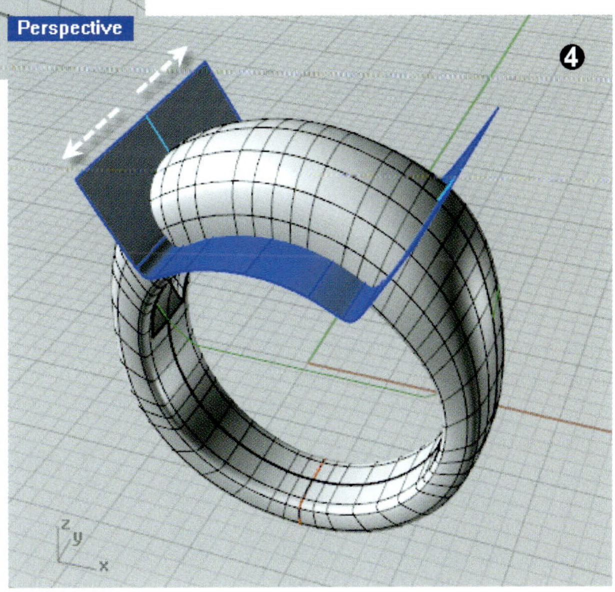


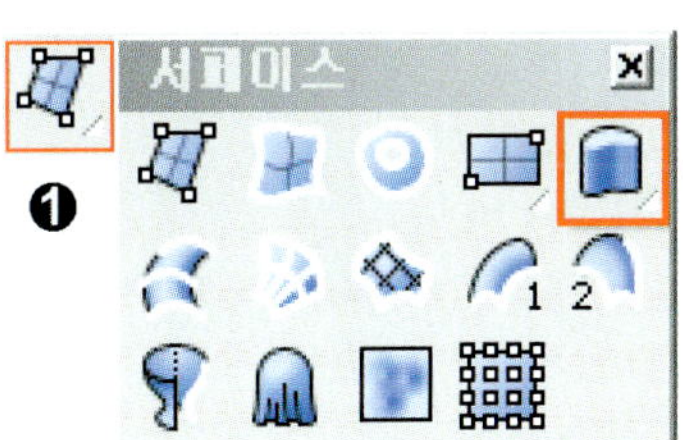


(S-13) 위의 직선 돌출을 선택해서 4번 그림처럼 완성한다.

< STEP-13 >

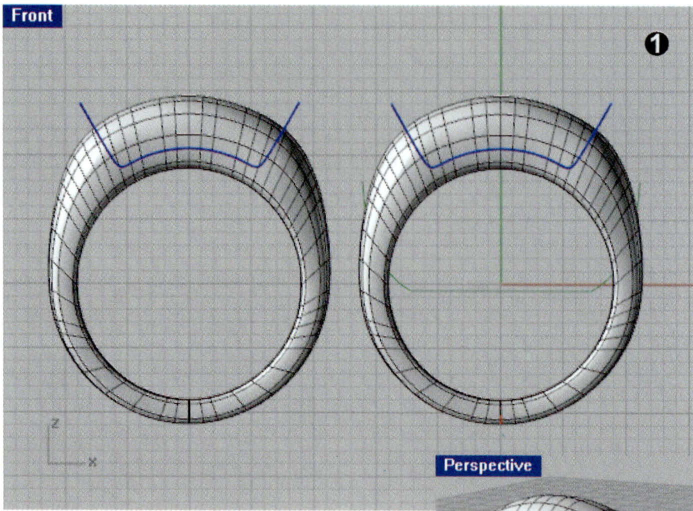


(S-14) 반지를 두개의 파트로 나누어 작업을 하기 위해 그림처럼 스냅을 켜고 복사를 한다.

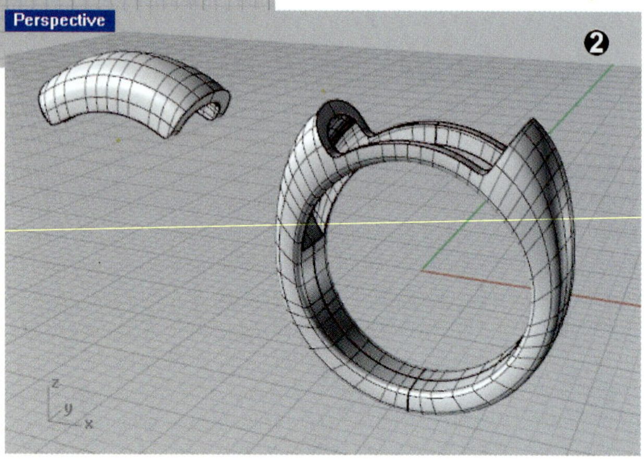


(S-14) 각각 반지의 윗부분과 아래부분으로 각각 남게 하기 위해서 부울 연산을 차집합, 교집합으로 각각 반대로 실행하면 2번 그림처럼 된다.

< STEP-14 >

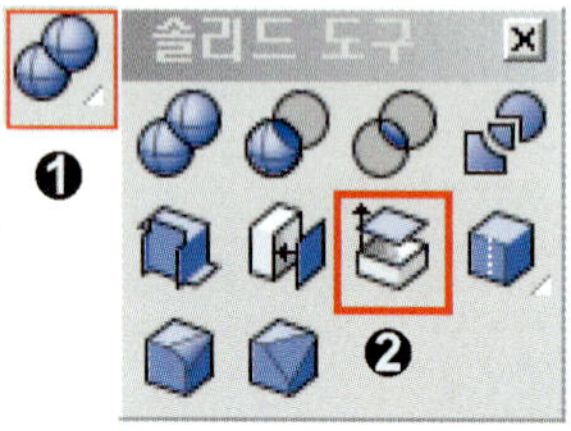


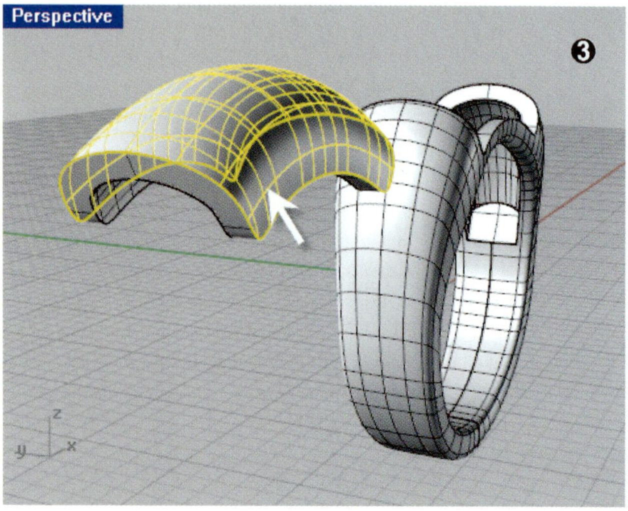


(S-15) 1, 2번 서페이스 추출을 클릭한 다음 3번 그림의 외형 서페이스를 클릭하고 Enter를 쳐서 외형 서페이스를 분리한다.

< STEP-15 >

# 27. 서페이스 따라 흐름-예제

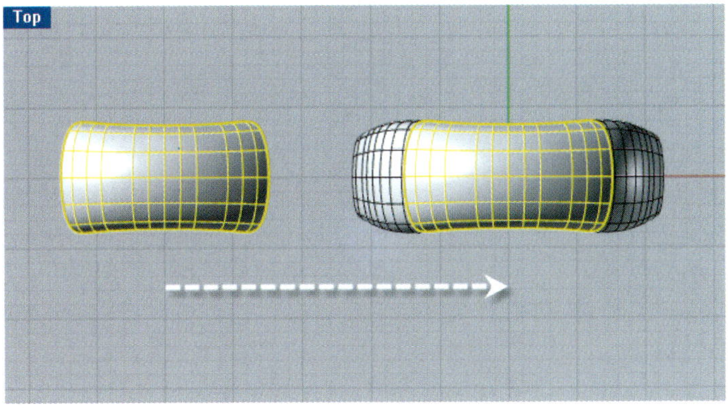


(S-16) 분리해낸 서페이스만 선택해서 그림처럼 스냅을 켜고 이동 하거나 복사해서 원래 위치로 가져간다.

< STEP-16 >

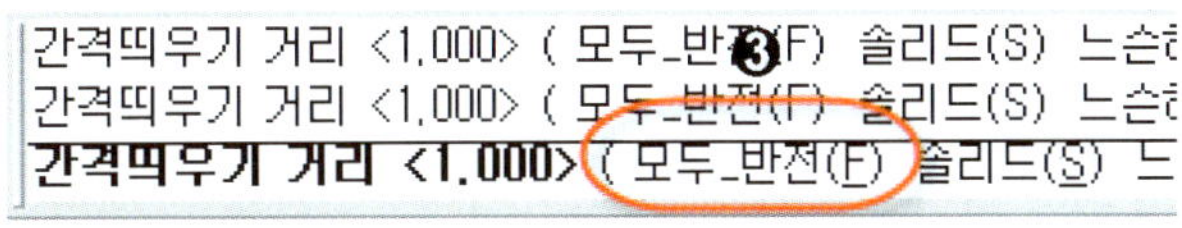


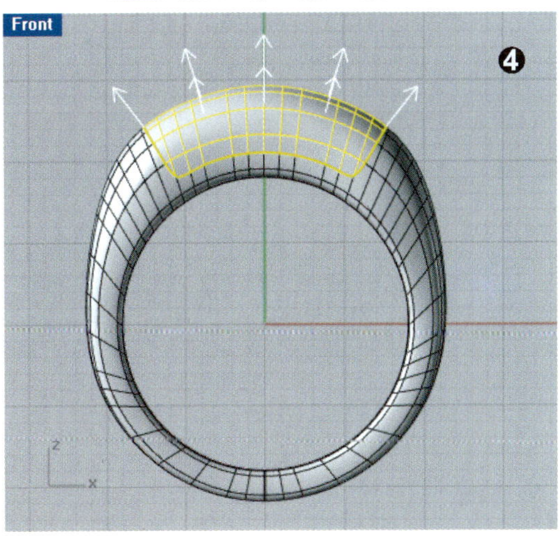


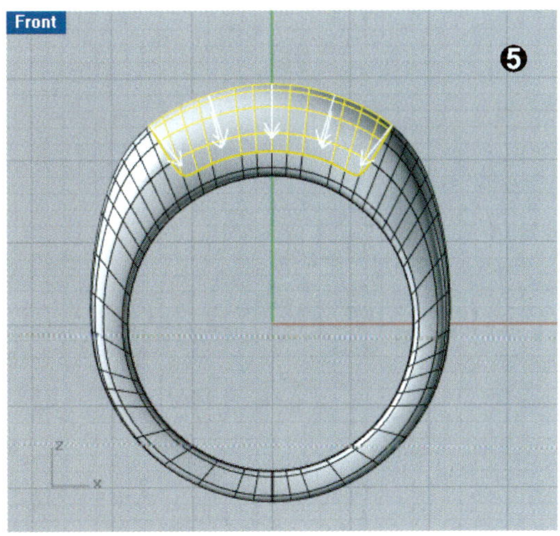


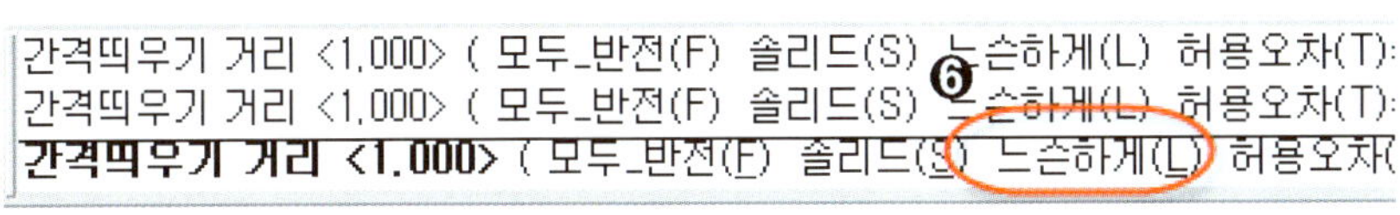


< STEP-17 >

(S-17) 이동한 다음 외형면을 선택하고 1, 2번을 클릭했을때 만약 4번 그림처럼 나오면 3번 반전을 클릭해서 5번처럼 서페이스 방향을 바꿔준다. 하지만 5번 그림처럼 바로 나오게 되면 6번 느슨하게를 클릭하고 간격띄우기 거리를 1로 하고 Enter를 친다.

[ 느슨하게를 선택하면 새로 만들어진 서페이스 면이 기존면과 동일한 면이 생성된다. ]

## 27. 서페이스 따라 흐름-예제

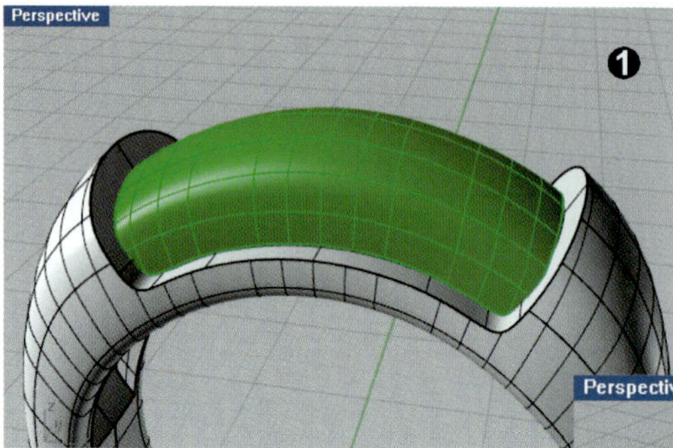

(S-18) Enter를 치면 1번 그림처럼 1mm 떨어진 면이 생성되는데 2번 그림은 복사해서 제어점을 켜놓은 그림인데 A 경우 나중에 개체를 서페이스에 배치할때 문제가 되므로 B 처럼 되도록 하기 위해 3, 4번 서페이스 수축을 클릭한다.

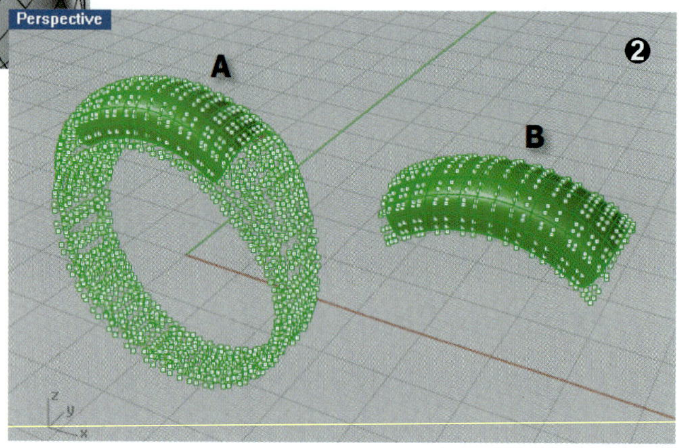


< STEP-18 >

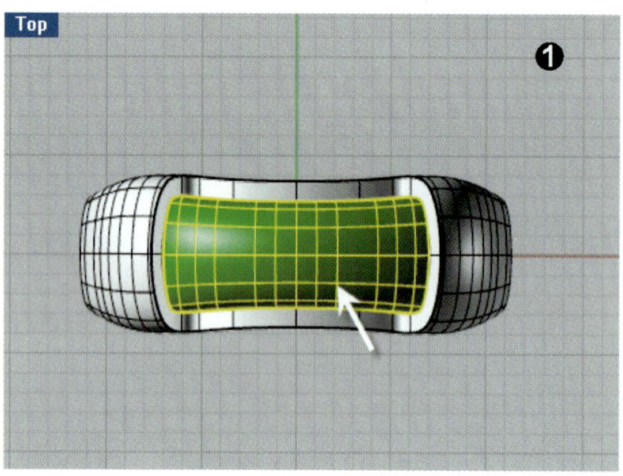


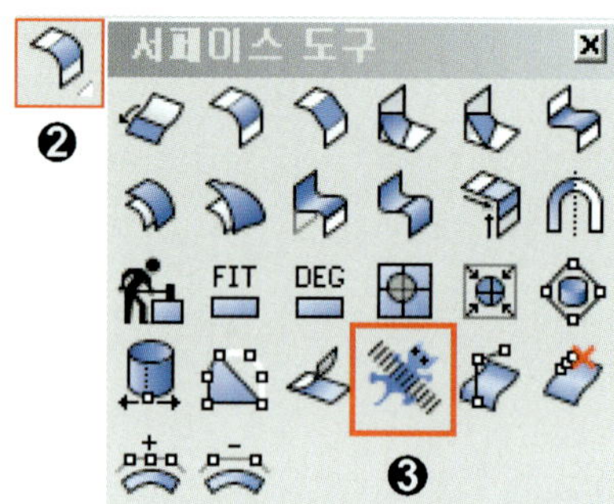


< STEP-19 >

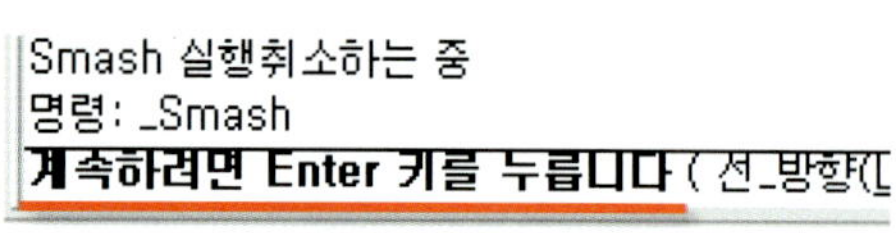


❹

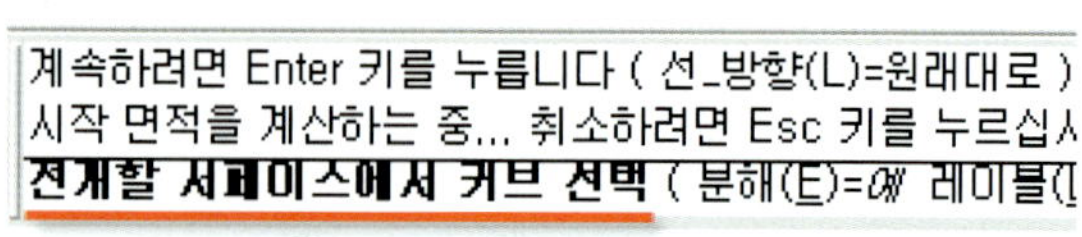


❺

(S-19) 1번 녹색면을 선택하고 2, 3번을 클릭하면 4번처럼 명령창이 나온다. 이때 Enter를 치면 5번 명령창처럼 나오는데 다시 Enter를 친다.

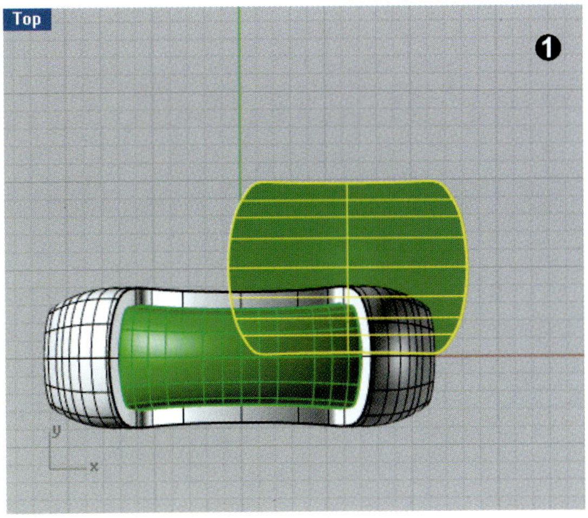


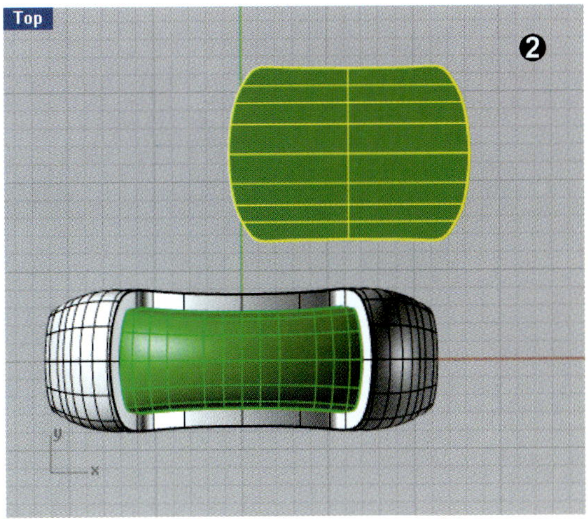


< STEP-20 >

(S-20) Enter를 치면 1번 그림처럼 펼쳐진 서페이스가 만들어지는데 2번 그림처럼 보기 쉽게 위로 약간 이동시킨다.

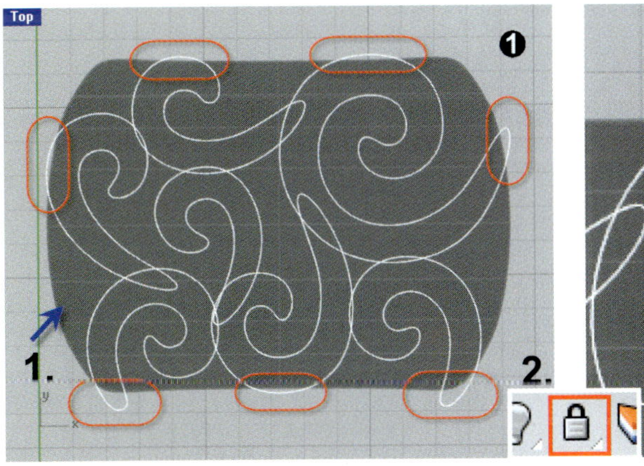


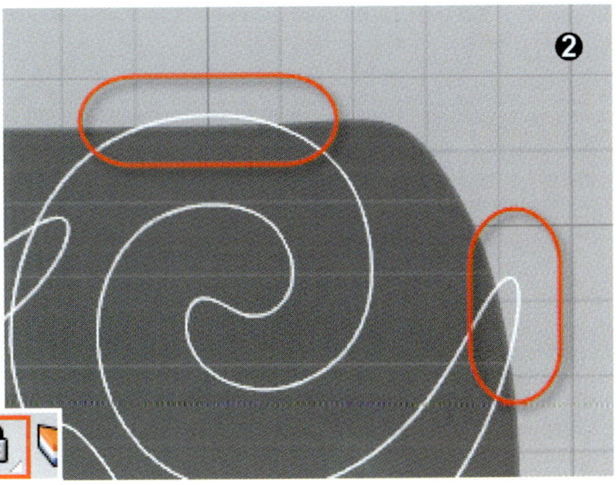

(S-21) 1번 그림에서 -1 스매시로 만들어진 면을 선택한 다음 -2 개체잠금을 클릭해 선택이 안되게 한 다음 레이어를 바꿔 그림과 비슷하게 당초 문양이나 간단한 형태를 그린다.
그릴때 1번 그림에 표시된 당초 문양 커브는 2번 그림처럼 기준면보다 약간 더 나오는 부분이 있도록 그려준다. 그 다음 3번 그림처럼 전체를 선택해서 1mm로 두께를 주는데 이는 앞에서 속파기를 할때 두께를 1mm가 되도록 했기 때문이다.

< STEP-21 >

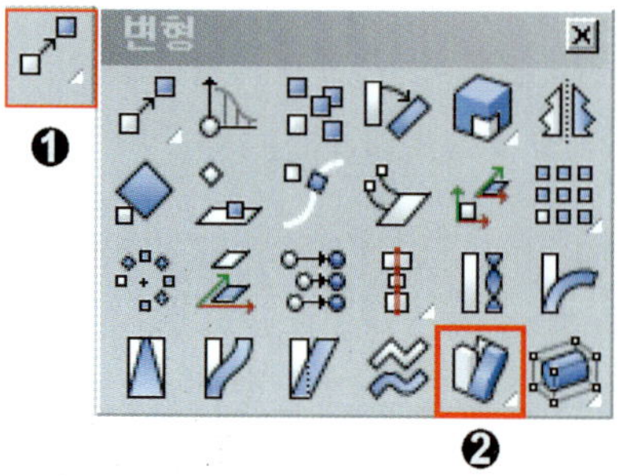

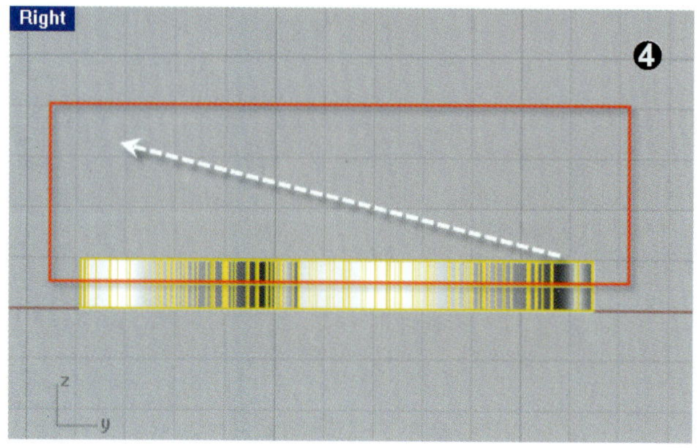


< STEP-22 >

(S-22) 이제 개체를 서페이스에 배치하기 위해 1, 2번 서페이스를 따라 흐름을 클릭하고 3번 명령창을 확인후 4번 그림처럼 Right에서 선택한 다음 Enter를 친다. 이는 커브를 빼고 폴리 서페이스만 선택하기 위해서이다

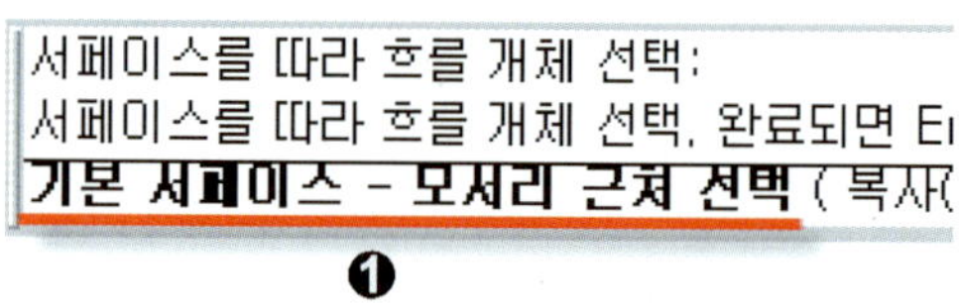

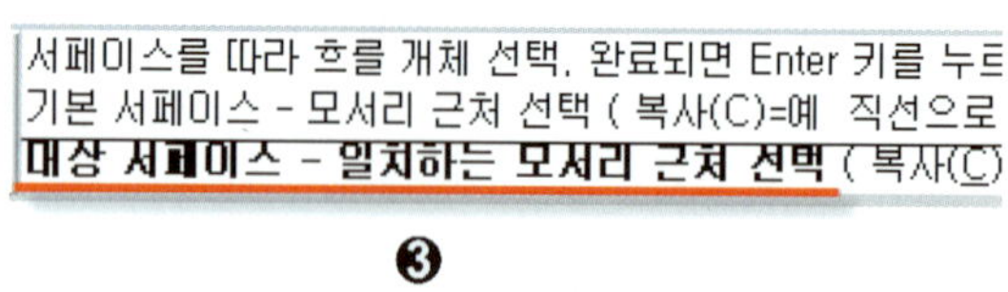


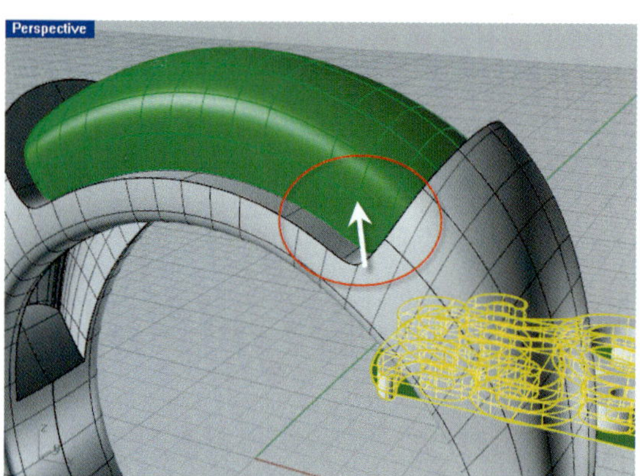


(S-23) Enter를 치면 1번 그림처럼 명령창이 나오는데 이때 2번 그림의 표시된 위치 부근을 클릭한다. 그럼 3번 그림처럼 명령창이 나오면 이때 4번 그림의 표시된 부분을 클릭한다.

[ 여기서 주의할 사항은 기존의 서페이스와 펼쳐진 서페이스의 선택 위치가 같은 부분이 선택되야 제대로 곡면에 배치된다. ]

< STEP-23 >

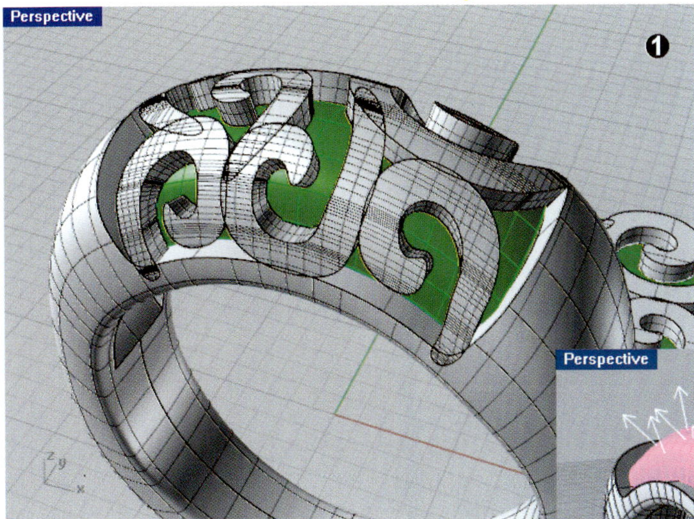


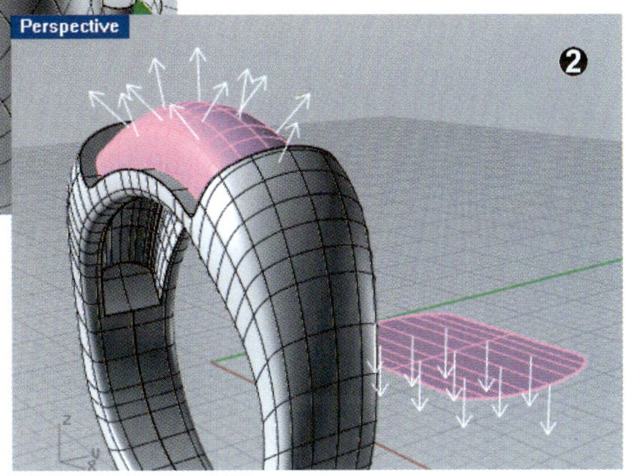

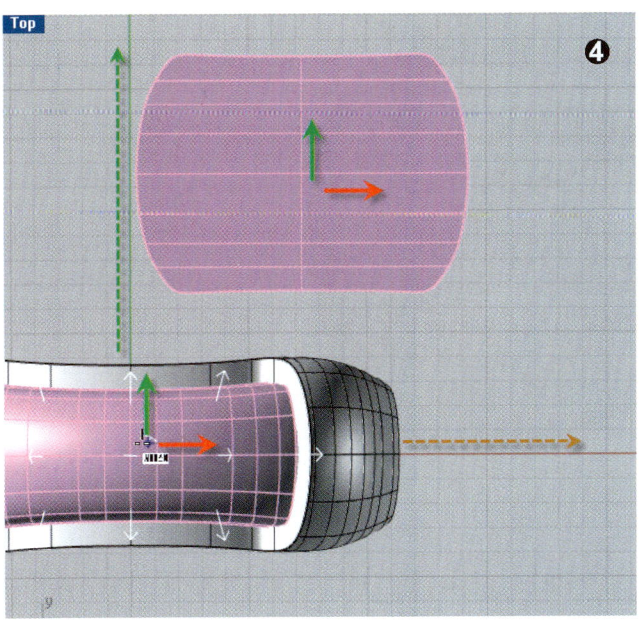


(S-24) 그림 다음과 같이 완성이 되는데 이렇게 완성이 되지 않는 경우도 있을것이다.
이유는 기본 서페이스와 대상 서페이스의 선택된 부뷴이 위치가 다른 경우이거나 2번 그림처럼 서페이스의 면의 방향성이 같지 않은 상태에서 U/V 좌표 방향이 다를때인데 미리 작업하기전에 3번 명령창에 표시된 옵션들을 클릭해 가면서 4번 그림처럼 일치시켜 놓은 다음 작업하게되면 뒤집히거나 거꾸로 나오지 않고 1번 그림처럼 만들어지게 된다.

< STEP-24 >

< STEP-25 >

(S-25) 1번 그림을 보면 앞의 STEP-21에서 기본 서페이스보다 조금 크게 만든 이유가 여기에 있는데 개체들끼리 서로 교차되는 부분이 너무 작게 되면 구조상 불안하게 되므로 디자인을 해치지 않는 범위에서 교차되게 한다.

**Rhino**3D

# 28. 스트레치 - 예제

# 28. 스트레치(Stretch)-예제

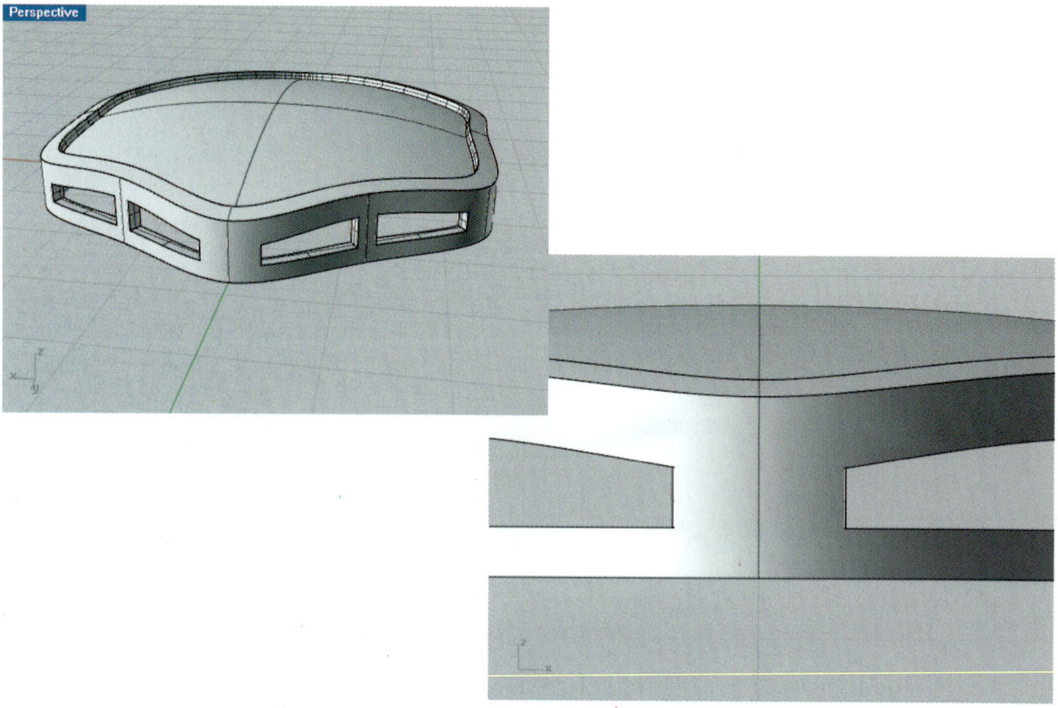


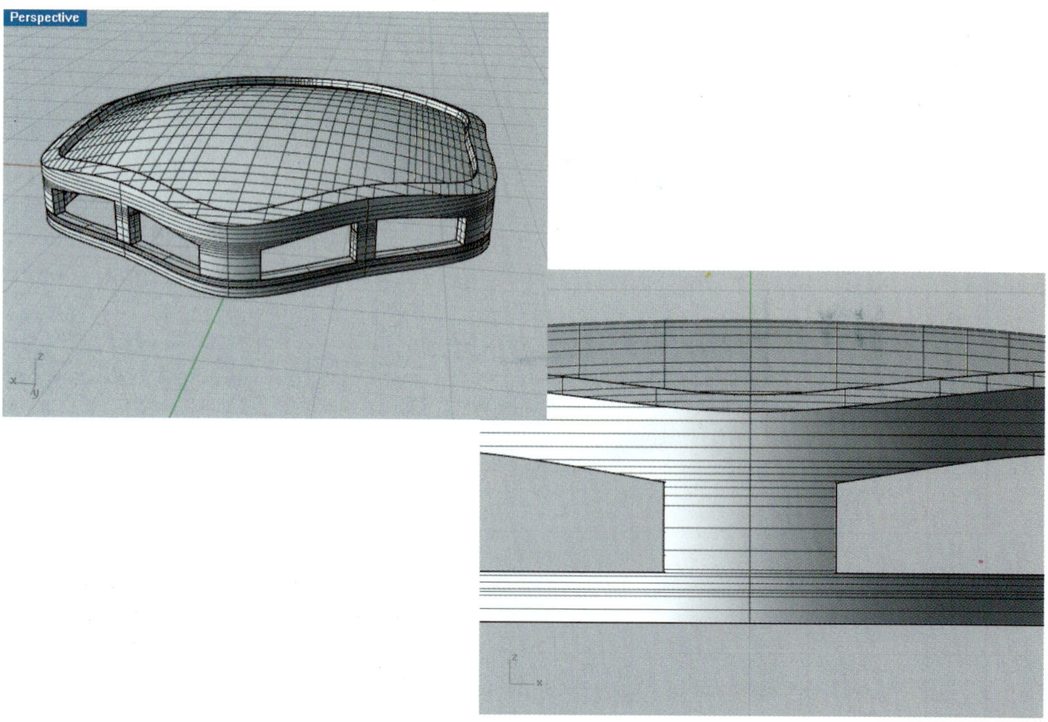

# 28. 스트레치(Stretch)-예제

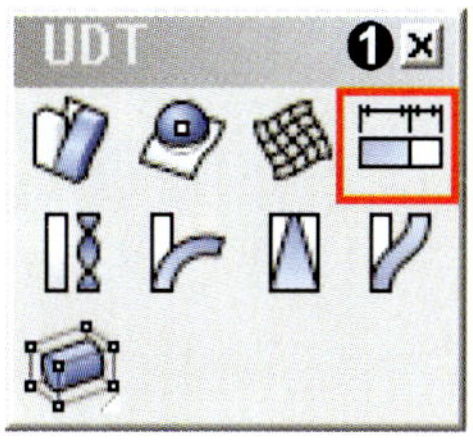


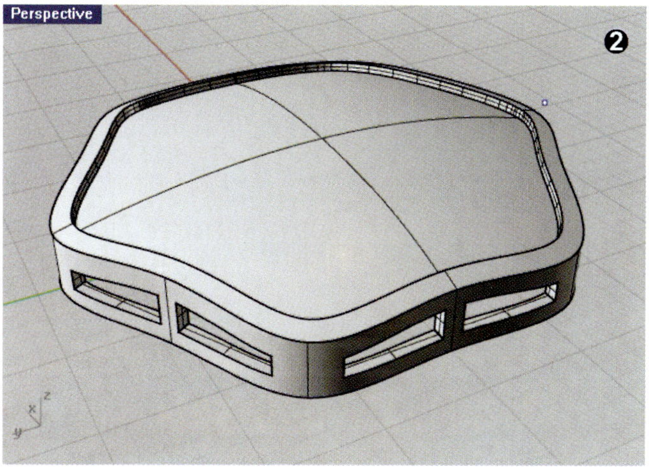


[ 앞서 했던 펜던트의 세팅을 하지 않은 파일을 사용하는데 이와 유사하게 만들어도 된다. 아래 3번 그림의 늘리 치수의 직선을 미리 그려놓고 한다. ]

(S-1) 1번 스트레치를 클릭한 다음 2번그림의 개체를 선택하고 Enter를 친다.

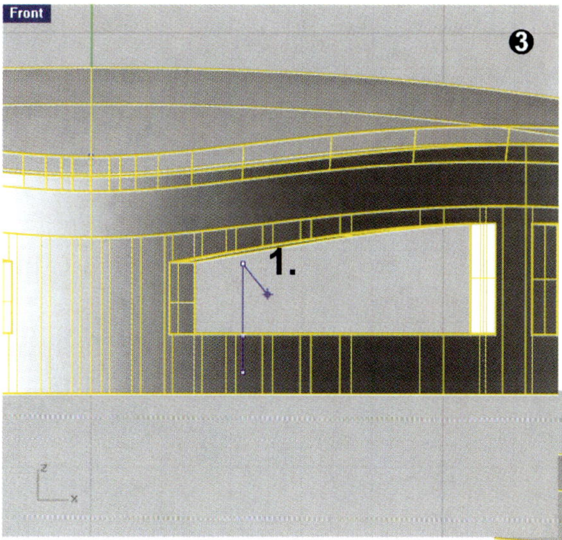


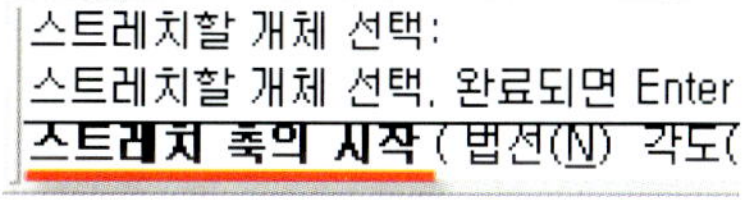


(S-1) 위처럼 명령창이 나오면 3번 그림의 축의 시작점 -1을 선택한다.

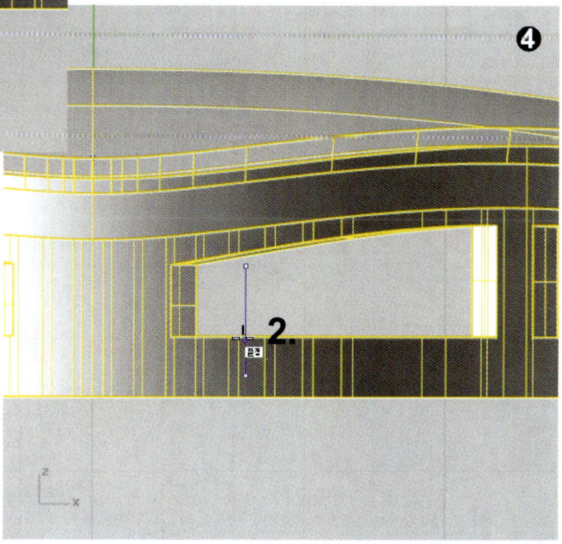


(S-1) -1을 선택한 다음에 4번 그림의 축의 끝점 -2를 클릭한다.

# 28. 스트레치(Stretch)-예제

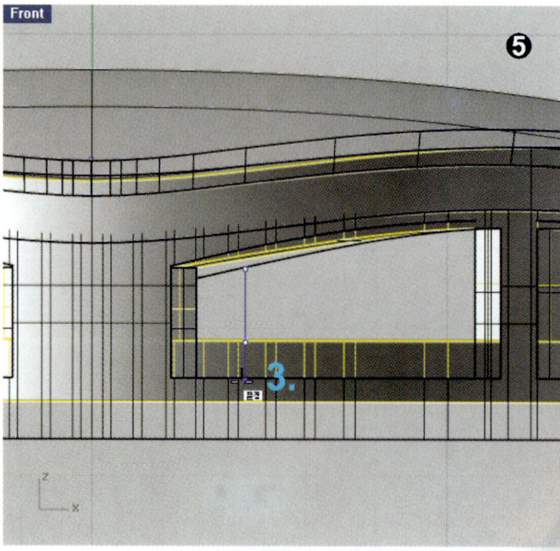


(S-1) 다음에는 축의 목표지점 -3을 클릭하면 6번 그림처럼 표시된 부분의 길이만큼 공간이 늘어나게 된다.

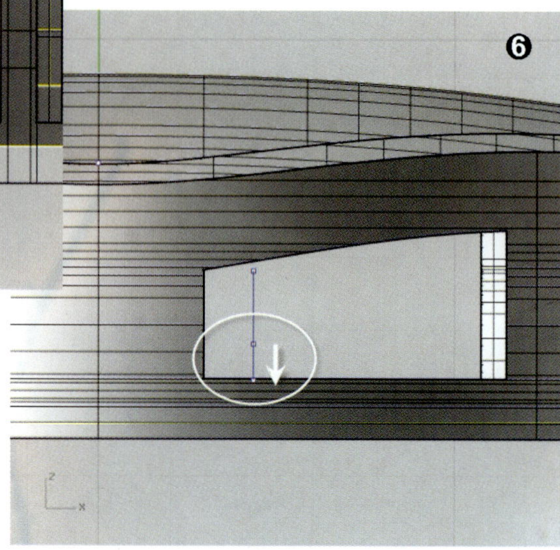


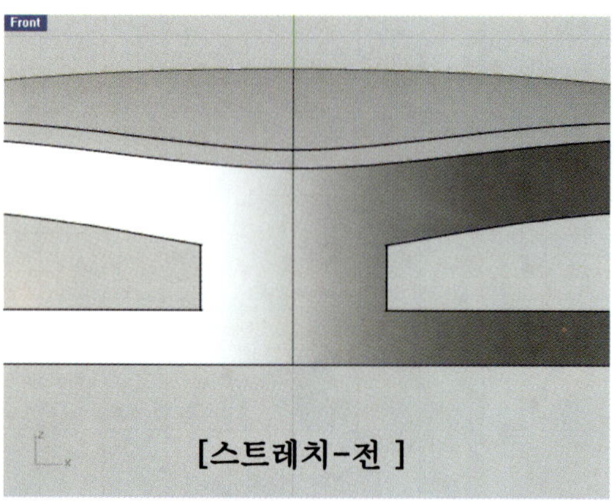


[스트레치-전 ]

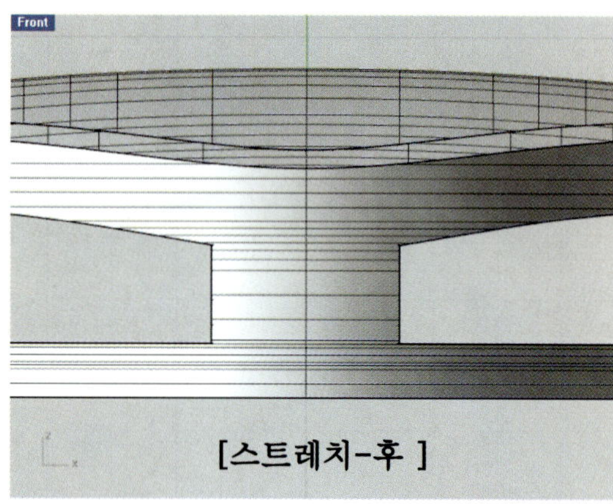


[스트레치-후 ]

[ 이는 작업이 끝난뒤에 공간 폭을 늘려야 할 경우 서페이스를 잘라 내어 면을 연장하는 등의 불편했던 작업을 쉽게 해결할 수 있고 다른 부분에는 형태의 변형이 일어나지 않아 이런 경우에 유용한 명령어이다.

## 홍 성 백

서울산업대학교 금속공예디자인학과 졸업
서울산업대학교 산업대학원 산업공예학과(금속공예전공) 졸업

홍성백 장신구전(동덕갤러리, 2000.9) 〈개인전〉
홍성백 개인전(미국 Pendulum Gallery, 2004.8) 〈개인전〉
김문환, 홍성백 금속공예 2인초대전(고암갤러리 본관, 2005.1) 〈개인전〉
(사)한국미술협회전 외 약 70여회 〈단체전〉
사진의 이미지를 이용한 Brooch디자인 연구(석사학위청구논문, 2001.2)
JEWEL CAD를 이용한 장신구디자인 연구(대학논문, 제11집, 2005.12)
전통문양을 이용한 남성장신구 디자인연구(대학논문, 제12집, 2006.12)
주얼리 캐드를 이용한 남성장신구 디자인 연구(한국귀금속보석학회, 1집, 2007.9)
장애인 직업능력개발 방향에 관한 연구 (대학논문, 제13집, 2007.12)

현) (사)한국장식문화예술진흥협회 회원 및 사무이사
현) (사)한국미술협회 회원
현) (사)한국공예가협회 회원
현) 안성시 안성맞춤공예단지 자문위원(안성시)
현) (재)한국귀금속기술협회 강남지부 자문위원
현) 한국귀금속보석학회 행정이사
현) 한국폴리텍여자대학 귀금속공예과 교수
제7회 한국귀금속공예기술경기대회 출제위원(재,한국귀금속보석기술협회)
국제주얼리디자인공모전 심사위원(사,한국귀금속보석디자인협회)
국제공예트랜드페어 운영위원(재,한국공예문화진흥원)

## 임 병 덕

서울산업대학교 금속공예학과 졸업 (1997년)
(주)한국 엔지니어링&모델 근무 (1997년)
(주)한국 산업모형 근무 (2000년)
주얼캐드캠 아카데미-라이노3D 강사 (2001년)
미니골드 디자인팀 근무 (2002년)
국민대 테크노대학원 라이노CAD 특강 (2003년)
JDMI 라이노CAD 강사 (2004년)
경기도 장애인 기능경기대회 심사위원 (2007년)
서울산업대학교 산업대학원 졸업
현) 서울산업대학교 / 공주대학교 출강
현) 여주대학교 겸임교수
현) 주얼리웍스(Jewelryworks) 운영

제1회 전국 귀금속 디자인 CAD 공모전 〈(주)세중정보기술상 〉 (2002년)
제39회 대한민국산업디자인 전람회 〈중소기업 진흥공단 이사장상〉 (2004년)
한국 현대 장신구 공모전 〈디자인 렌더링부 / 은상〉 (2005년)
제3회 한국 귀금속 장신구 디자인 컨테스트 〈컴퓨터 디자인 / 은상〉 (2005년)

라이노 3D

2013년 12월 25일 1판2쇄 발행

저　자 : 홍성백, 임병덕
발행인 : 이무형
발행처 : 태학원

신고번호 : 제406-2012-000070호(1988년 1월 23일)
주　소 : 경기도 파주시 탄현면 장릉로49번길 26(나동)
전　화 : 031-941-4136
팩　스 : 031- 941-4135

가　격 : 28,000원

ISBN/ 978-89-92832-15-1　93560